中国社会科学院2008年重大课题

哈佛燕京学社藏
纳西东巴经书

第七卷

◆ 中国社会科学院民族学与人类学研究所
◆ 丽江市东巴文化研究院　　编
◆ 哈佛燕京学社

中国社会科学出版社

图书在版编目(CIP)数据

哈佛燕京学社藏纳西东巴经书. 第七卷 / 中国社会科学院民族学与人类学研究所，丽江市东巴文化研究院，哈佛燕京学社编. —北京：中国社会科学出版社，2021. 10

ISBN 978 - 7 - 5203 - 9309 - 6

Ⅰ. ①哈…　Ⅱ. ①中…②丽…③哈…　Ⅲ. ①东巴文—古籍—汇编—中国　Ⅳ. ①H257

中国版本图书馆 CIP 数据核字（2021）第 227008 号

出 版 人　赵剑英
责任编辑　田　文
责任校对　张爱华
责任印制　王　超

出　　版　中国社会科学出版社
社　　址　北京鼓楼西大街甲 158 号
邮　　编　100720
网　　址　http://www.csspw.cn
发 行 部　010 - 84083685
门 市 部　010 - 84029450
经　　销　新华书店及其他书店

印刷装订　北京君升印刷有限公司
版　　次　2021 年 10 月第 1 版
印　　次　2021 年 10 月第 1 次印刷

开　　本　880 × 1230　1/16
印　　张　36. 75
字　　数　675 千字
定　　价　298. 00 元

47－A－06 “超度东巴什罗仪式·人类繁衍的故事(首卷与末卷)”封面

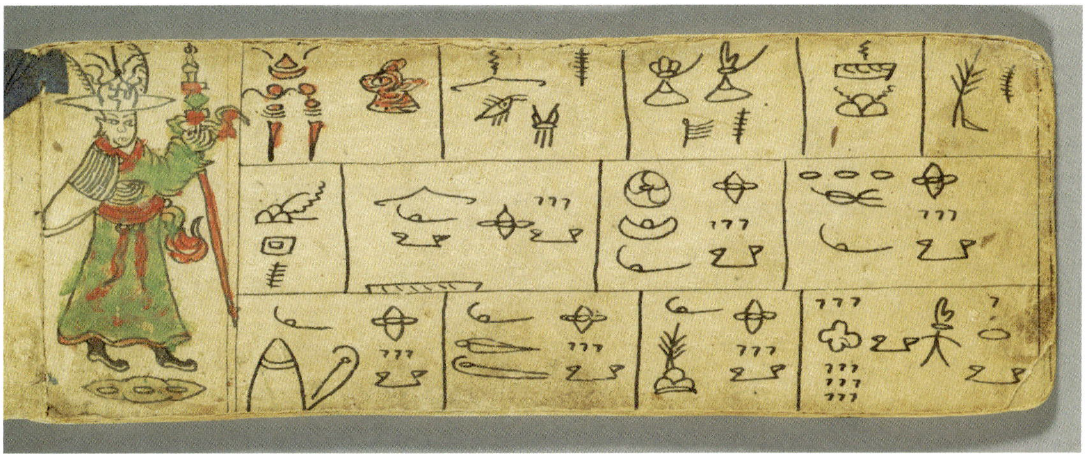

47－A－06 “超度东巴什罗仪式·人类繁衍的故事(首卷与末卷)”第1叶

47－A－06 “超度东巴什罗仪式·人类繁衍的故事(首卷与末卷)”第3叶

47－A－06 “超度东巴什罗仪式·人类繁衍的故事(首卷与末卷)”第6叶

312－B－4 “祭署·药的来历”封面

312－B－4 “祭署·药的来历”第1叶

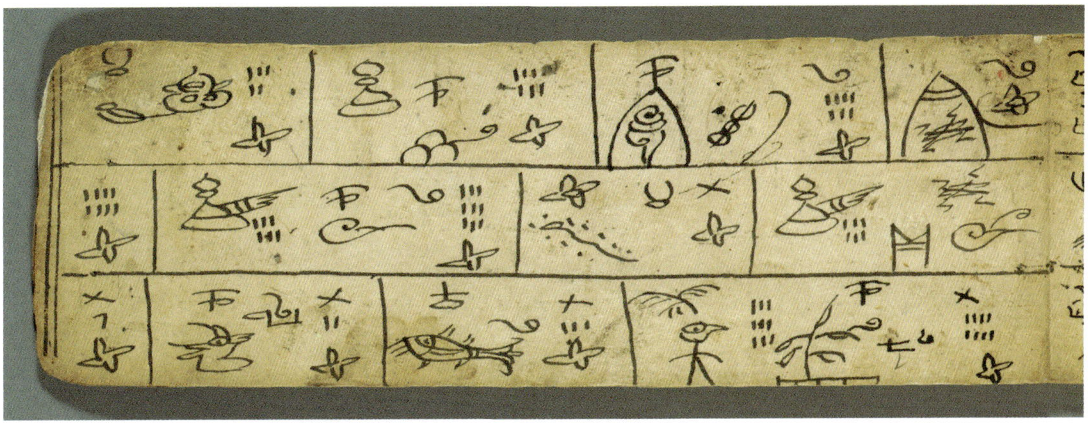

312－B－4 “祭署·药的来历”第2叶

90－B－15 “祭署·杀猛鬼·普蚩乌路的故事”封面

90－B－15 “祭署·杀猛鬼·普蚩乌路的故事”第1叶

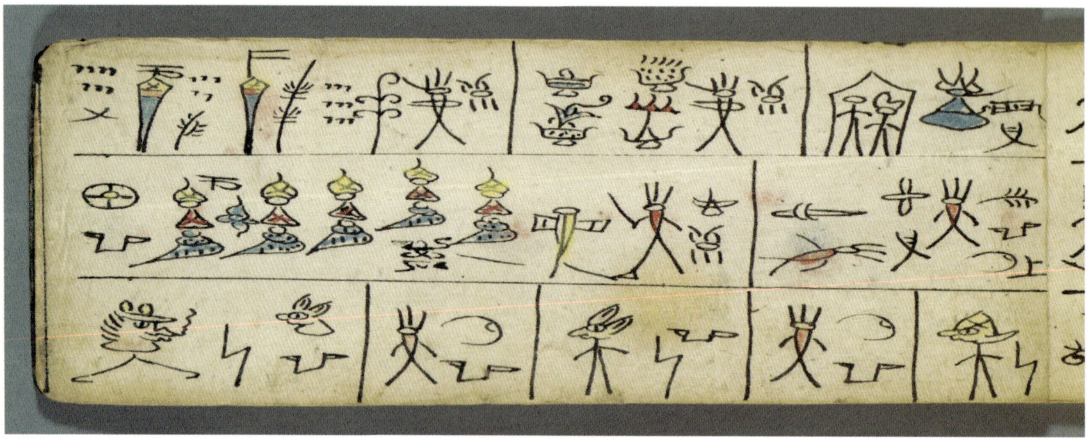

90–B–15 “祭署·杀猛鬼·普蚩乌路的故事”第2叶

90–B–15 “祭署·杀猛鬼·普蚩乌路的故事”第3叶

90–B–15 “祭署·杀猛鬼·普蚩乌路的故事”第4叶

118－B－68 “祭署·东巴什罗开署寨之门”封面

118－B－68 “祭署·东巴什罗开署寨之门”第 1 叶

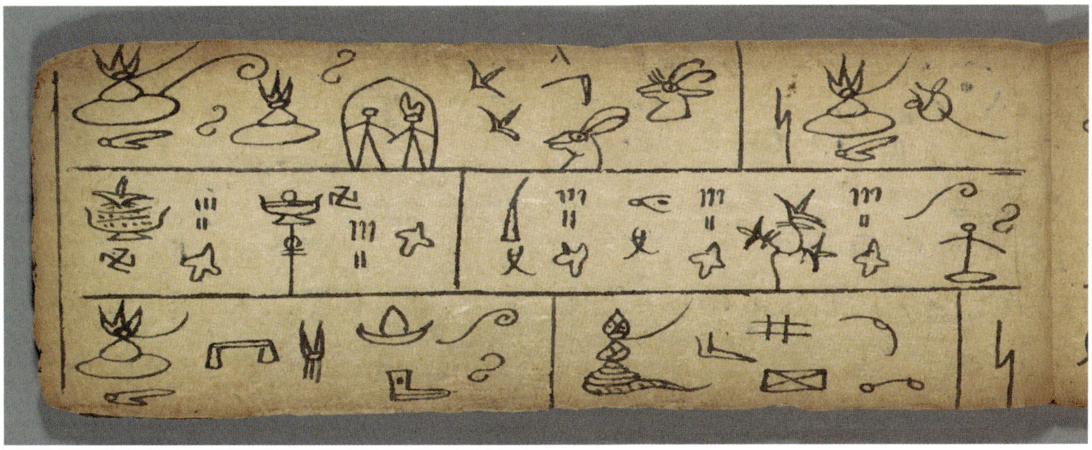

118－B－68 “祭署·东巴什罗开署寨之门”第 2 叶

519－B－81 “车堆思汝故事·梅生督迪故事”第 1 叶

525－C－33 “大祭风·超度楚鬼、尤鬼·说苦道乐·生离死别”封面

525－C－33 “大祭风·超度楚鬼、尤鬼·说苦道乐·生离死别”第 1 叶

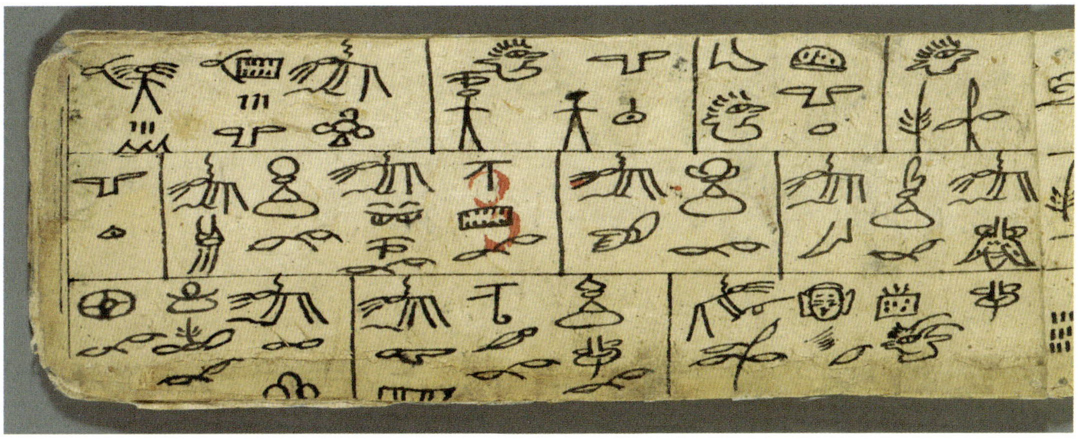

525－C－33 “大祭风·超度楚鬼、尤鬼·说苦道乐·生离死别”第2叶

376－D－60 “向阿明什罗求威灵”封面

376－D－60 “向阿明什罗求威灵”第1叶

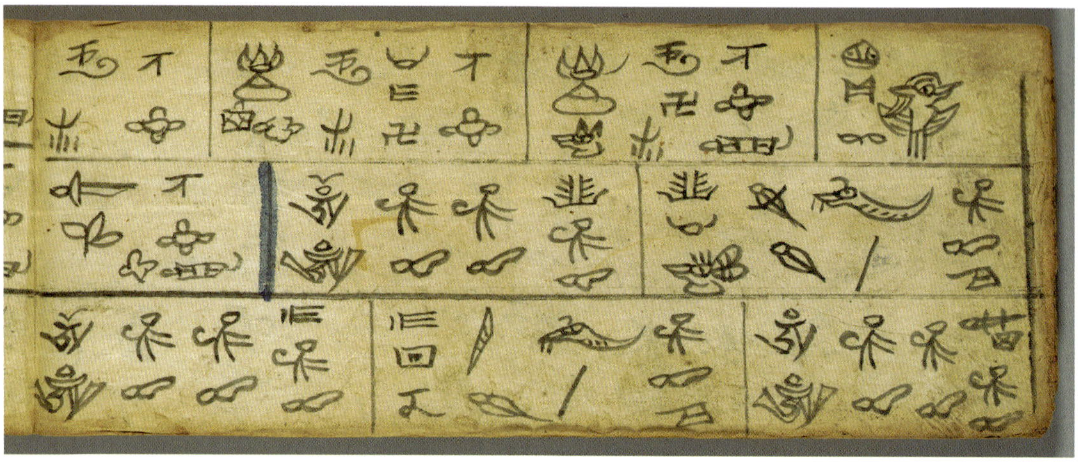

376－D－60 “向阿明什罗求威灵”第 5 叶

70－D－61 “延寿仪式·迎请许冉大神·迎请东巴”封面

70－D－61 “延寿仪式·迎请许冉大神·迎请东巴”第 1 叶

70－D－61 “延寿仪式·迎请许冉大神·迎请东巴”第2叶

80－D－62 “延寿仪式·战神的出处与来历·三十三尊天战神、二十二尊地战神之出处与来历”封面

80－D－62 “延寿仪式·战神的出处与来历·三十三尊天战神、二十二尊地战神之出处与来历”第1叶

378－D－64 “延寿仪式·迎请优麻战神”封面

378－D－64 “延寿仪式·迎请优麻战神”第 1 叶

378－D－64 “延寿仪式·迎请优麻战神”第 2 叶

378 – D – 64 “延寿仪式·迎请优麻战神”第 3 叶

378 – D – 64 “延寿仪式·迎请优麻战神”第 4 叶

71 – D – 65 “延寿仪式·迎请三代祖先·迎接胜神祖先·把胜神祖先送上去”封面

71－D－65 “延寿仪式·迎请三代祖先·迎接胜神祖先·把胜神祖先送上去”第 1 叶

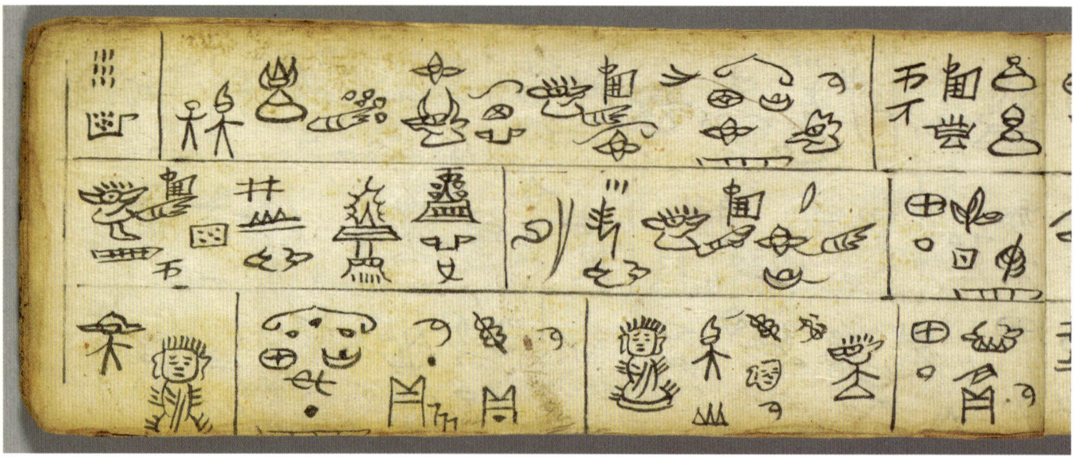

71－D－65 “延寿仪式·迎请三代祖先·迎接胜神祖先·把胜神祖先送上去”第 8 叶

418－D－66 “延寿仪式·撒神粮·竖神石·点神灯·迎请神灵”封面

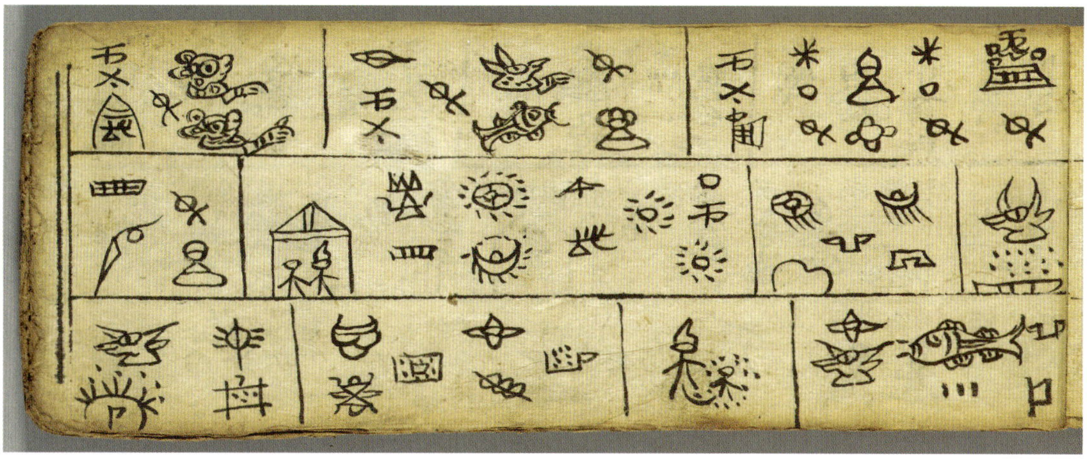

418－D－66 “延寿仪式·撒神粮·竖神石·点神灯·迎请神灵”第 22 叶

397－D－68 “延寿仪式·白羊卜”封面

397－D－68 “延寿仪式·白羊卜”第 1 叶

397－D－68 “延寿仪式·白羊卜”第2叶

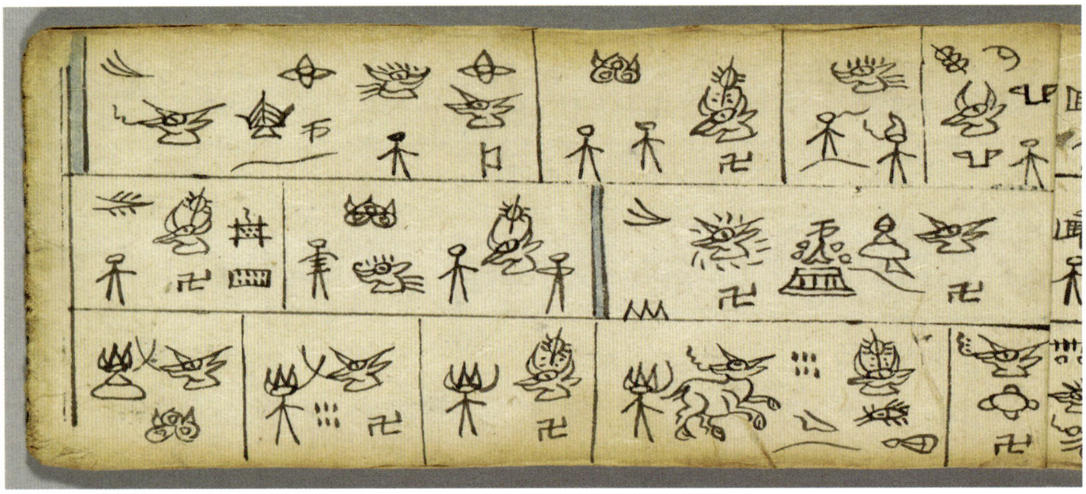

397－D－68 “延寿仪式·白羊卜”第4叶

397－D－68 “延寿仪式·白羊卜”第10叶

385 – D – 69 “搭柏木梯子求神赐与延续寿岁的福泽仪式 · 恭送龙神 · 放倒督树经”封面

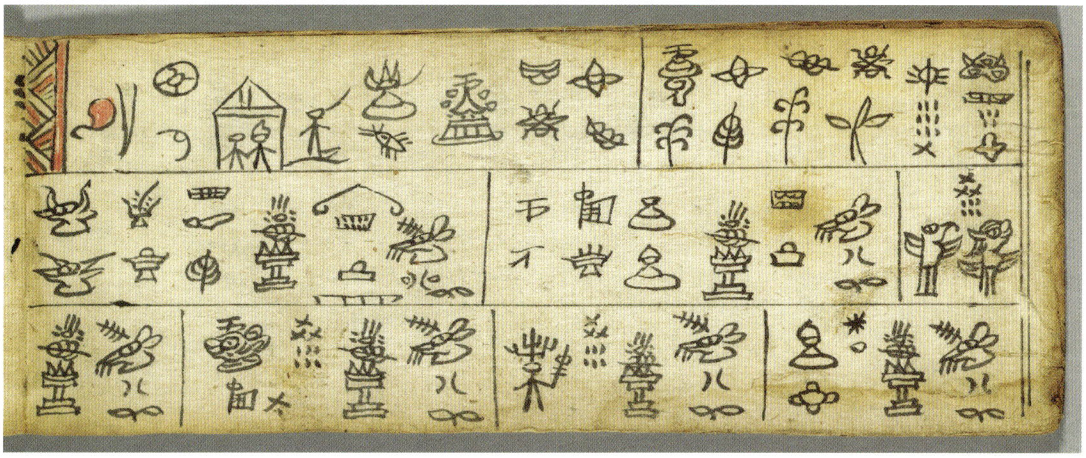

385 – D – 69 “搭柏木梯子求神赐与延续寿岁的福泽仪式 · 恭送龙神 · 放倒督树经”第 1 叶

385 – D – 69 “搭柏木梯子求神赐与延续寿岁的福泽仪式 · 恭送龙神 · 放倒督树经”第 2 叶

514－D－70 “祭壬神仪式·献饭经”封面

514－D－70 “祭壬神仪式·献饭经”第 1 叶

514－D－70 “祭壬神仪式·献饭经”第 2 叶

哈佛燕京学社藏纳西东巴经书

第七卷

顾　　问	黄　行　孙宏开　黄长著　杨沛超　杜维明 郑炯文　李若虹　李在其
主　　编	孙伯君　李德静
副 主 编	聂鸿音　赵世红　和东升　王世英
译　　者	王世英　习煜华　李静生　李　英　和　虹 李例芬　李芝春　和发源　和品正　和宝林 和力民　和庆元　周　净　李四玉
释　　读	和秀东　和桂华　陈四才　和丽军
统稿校对	王世英　李静生　李　英　和　虹
录　　文	赵学梅　王　琴
英文翻译	聂大昕　胡鸿雁
编　　务	李　云　和丽峰　张　磊　和玉英
责任编辑	田　文

目　　录

编译说明

哈佛燕京学社图书馆收藏的598卷东巴经书和三幅东巴教卷轴画，其中有510册是约瑟夫·洛克（Joseph Charles Francis Rock，1884—1962）在中国云南搜集的，而88册得自于昆廷·罗斯福（Quentin Roosevelt）。这些东巴经书的形制大致上为长方形，长约30厘米，宽约9厘米，厚薄不一。麻线装订，一般每页三行，每行以竖线分若干格，从左至右书写。纸为当地产淡黄色构皮纸，竹笔墨书。

约瑟夫·洛克，1884年出生于奥地利维也纳，1905年只身漂洋过海来到美国。最初落脚在夏威夷，凭借他过人的语言天赋和识别植物的能力，洛克得以在夏威夷学院教授语言和植物学，并先后出版了五部专著和大量论文。1920年秋天直到1924年，洛克受美国国家地理学会、美国农业部、哈佛大学植物园和哈佛燕京学社委派，前往中国西南搜集植物标本。最初的几年，洛克的足迹遍及中国黄河沿岸、阿尼马卿山、祁连山、长江沿岸、青海湖，采集了上万种植物标本。1923年7月，洛克进入云南丽江雪嵩村，从此，与纳西族结下了不解之缘。直到1949年离开中国，洛克在丽江断断续续生活了二十多年。

作为第一位系统搜集和研究纳西东巴经书的外国人，洛克不仅精通纳西语，而且能够认读东巴文，晚年，洛克在华盛顿大学远东学院的资助下，出版了《纳西语英语百科辞典》（1961年），向世人系统介绍了纳西东巴文的字形、字义，并有英文音标转写。1962年，洛克在夏威夷病逝，结束了传奇式的一生。

早在1944年，洛克就着手把自己从云南搜集到的大量纳西东巴经典转售给哈佛大学汉和图书馆（燕京图书馆的前身）。据《裘开明年谱》记载，1944年11月13日，哈佛燕京学社董事会决定，“除了摩梭稿本和极少数古籍之外，汉和图书馆不应购买洛克博士的其他藏书”。1946年4月1日，哈佛燕京学社的董事会议通过了1945—1946年度预算，增加800美金用来购买洛克收藏的纳西经典。

1956年，纳西文研究专家李霖灿先生受哈佛燕京图书馆之邀整理这批经书。1995年，曾在云南省博物馆工作的朱宝田先生受吴文津馆长的邀请，为经书编目，最终纂成《哈佛大学哈佛燕京图书馆藏中国纳西族象形文经典分类目录》。朱宝田先生把这批经书分为13类，A类：祭东巴什罗44册，B类：祭龙王83册，C类：祭风82册，D类：求寿73册，E类：祭贤11册，F类：胜利神6册，G类：祭家神21册，H类：替生29册，I类：除秽

39 册，J 类：关死门 5 册，K 类：祭死者 78 册，L 类：占卜 93 册，M 类：零杂经 34 册。又东巴教卷轴画 3 卷。经书中数量最多的是占卜类。

因馆藏经书不能全获解读，所以本书收录经书次序概以哈佛燕京学社图书馆原始扫描件的自然次序为准，暂不强行为之分类。

每卷经书的照片逐叶刊布，照片前标明经书在哈佛燕京学社图书馆的入藏号及序号，其中第一号为封面，第二号为扉叶，扉叶的空白处往往附有约瑟夫·洛克题签，内容包括藏书号、经题及英文翻译等。第三号为首叶。最后为封底，封底或为空白，为了显示装帧情况亦悉数刊布。

刊印出的每卷东巴经书经题下首附内容提要，主体部分为经书的逐叶解读。解读首列经文照片，其下为相应的纳西语串讲和纳西语—汉语词语对译，然后给出最终的汉译文。解读中遇到不易理解的纳西族文化词语，适当出注说明。

哈佛燕京学社所藏经书大部分原为由约瑟夫·洛克于不同的地方搜集。由于在世的东巴和纳西学者均使用丽江古城方言讲读经书，又考虑到丽江古城话为纳西语的通用语，所以本书的纳西语音标记音概以丽江古城话为准。

纳西族老东巴多已过世，故馆藏的少量经书已经无人能够讲读。对于这些经书，本书仅以照片形式逐叶刊布，并不强行为之说解，以留待日后研究。

本书的经文解读由云南省丽江市东巴文化研究院完成，负责人李德静，参加翻译整理项目的人员有：王世英、习煜华、李英、李丽芬、和虹、李静生、和庆元、李芝春、和品正、和发源、和力民、和宝林、赵学梅、王琴、张磊、和丽峰、李云、周净、李四玉、和玉英、和丽军、和秀东、和桂华、陈仕才等。文稿审读王世英。文稿录入赵学梅、王琴。

释读文稿的最终校订、汇编由中国社会科学院民族学与人类学研究所完成，负责人孙伯君，编校者：孙伯君、聂鸿音，序文英译胡鸿雁，提要英译聂大昕。

本书的策划主要由中国社会科学院民族学与人类学研究所黄行研究员和孙宏开研究员发起，同时，在本书的策划、编写和出版过程中，中国社会科学院科研局领导和院图书馆负责同志，中国社会科学出版社原社长孟昭宇，中国社会科学院民族学与人类学研究所原所长郝时远、原书记揣振宇，哈佛燕京学社杜维明博士、郑炯文博士、李若虹博士，著名东巴文专家李霖灿先生的公子李在其博士，以及丽江市委市政府、丽江市古城保护管理局的领导均给了我们极大的支持和帮助。我们向这些领导以及一切帮助过我们的朋友表示衷心的感谢。

Editorial Notes

Among the Harvard-Yenching Library's collection of 598 *Dongba* manuscripts and 3 funeral scrolls pertaining to the *Dongba* religion, 510 were originally acquired by Joseph Francis Charles Rock (1884-1962) in Yunnan, China, and the remaining 88 acquired from Quentin Roosevelt (1919-1948). In terms of physical format, these *Dongba* scriptures, the sheets of which are sewn together at the left edge with twine to form a book, are typically rectangular in shape, measuring about 30cm in length and about 9cm in width, and varying in thickness. In general, there are three horizontal lines in a folio, and vertical lines are used to section off elements of the text in each line. Glyphs are written from left to right and top to bottom. Pale yellow in color, the paper used is hand-made from bast fiber available locally. Writing utensils include sharpened bamboo sticks and black ink made from ash.

Born in Vienna, Austria in 1884, Joseph Rock alone moved across the ocean to the United States in 1905. At first he based himself in Hawaii. With his marked talent in languages and flora recognition, he was given the chance to teach languages and botany at the College of Hawaii, and published 5 monographs and numerous papers. From the autumn of 1920 to 1924, Joseph Rock, sponsored by the National Geographic Society of the United States, the U.S. Department of Agriculture, the Arboretum of Harvard University and the Harvard-Yenching Institute, stayed in Southwestern China for flora specimen collection. During the first few years, he traveled widely in China, along the banks of the Yellow River and the Yangtse River, to the Amnyi Machen Range and Qilian Mountain Range, and around the Qinghai Lake. As a result, he collected around ten thousand specimens. In July, 1923, he went to the Xuesong village in Lijiang, Yunnan. Ever since, he forged an indissoluble tie with the Naxi Ethnic Group. His living in Lijiang lasted off and on for over twenty years until he left China in 1949, punctuated by his rest in the United States and Europe.

Being the first foreigner who systematically collected and studied the *Dongba* scriptures of the Naxi people, Joseph Rock not only had in his full command the Naxi language but also was able to decipher the *Dongba* script. In his later years, he, sponsored by the Far Eastern Institute at the University of Washington, published *A Nakhi-English Encyclopedic Dictionary* (1961), which, with phonetic transcriptions, offers to the world a systematic presentation of the form and meaning of the *Dongba* writing. In 1962, Rock died of disease in Hawaii and drew a close to his legendary life.

As early as in 1944, Rock sold most of his collection of Naxi *Dongba* scriptures from Yunnan to the Chinese and Japanese Library of Harvard University (predecessor of the Harvard-Yenching Library). According to what is recorded in *Qiu Kaiming Nianpu* (*A Chronicle of Qiu Kaiming*), the Board (of Trustees) of the Harvard-Yenching Institute reached the decision on the 13th of November 1944 that, "Except the Mosuo manuscripts and a scanty number of old books, the Chinese and Japanese Library of Harvard University was unadvised to buy other books in Dr. Rock's collection". On April 1st, 1946, the Board of Harvard-Yenching Institute approved the annual budget of 1945-1946, an extra amount of 800 dollars being added for buying other Naxi manuscripts in Rock's collection.

In 1956, Li Lints'an, an expert on the Naxi script, was invited by the Harvard-Yenching Institute to sort out Rock's collection of the *Dongba* scriptures. In 1995, Zhu Baotian, who once worked in the Yunnan Museum, was invited by Wu Wenjin, the Curator of the Harvard-Yenching Library, to catalog the scriptures, the final result being *Hafo Daxue Hafo-Yanjing Tushuguan Cang Zhongguo Naxizu Xiangxingwen Jingdian Fenlei Mulu* (Classified Catalog of the Pictographic Classics of the Naxi Ethnic Group in the Collection of the Harvard-Yenching Library). Mr. Zhu Baotian organized the collection by subject into the following 13 series: A. Worship to the Dongba Shiluo (totaling 44 volumes); B. Worship of the Dragon King (83 volumes); C. Worship to the Wind (82 volumes); D. Prayers for Long Life (73 volumes); E. Worship for the Worthy (11 volumes); F. God of Victory (6 volumes); G. Worship to the House Gods (21 volumes); H. For the Living (29 volumes); I. Remove Filthiness (39 volumes); J. Closing the Door to Death (5 volumes); K. Venerating the Dead (78 volumes); L. Divination (93 volumes); M. Lingza Scripture (34 volumes). Among the scriptures, Series L, Divination, are the most numerous. In addition to these, there are 3 scrolls pertaining to the *Dongba* Belief.

Considering the factor that not all scriptures in the collection can be deciphered, the scriptures included in the present works are ordered according to the natural sequence of the scanned originals offered by the Harvard-Yenching Library, with no tentative classification imposed.

With a collection number and a serial number of the Harvard-Yenching Library indicated before the very first plate, plates of each scripture are published folio by folio, among which Plate No. 1 is the jacket and No. 2 is the flyleaf with Joseph Rock's colophon attached in the blank space, including the collection number, title of the scripture and its English translation. Plate No. 3

is the first folio of the text proper. The last plate is the back cover published for the sake of the original complete book design even if it sometimes is only a blank sheet.

Each volume of published *Dongba* scriptures is attached with a synopsis under the title, and the folio-by-folio decipherment constitutes the main part. The main part includes first the plate, followed by the corresponding deciphered narration in the Naxi language, the word-by-word glossing respectively in Naxi and Chinese, and finally the Chinese translation. Occasionally, commentaries are given whenever words or expressions of the Naxi culture present understanding difficulties for people from other cultures.

The majority of the Naxi manuscripts preserved in the Harvard-Yenching Institute was collected by Joseph Rock (1884-1962) from various places. Yet, however, the phonetic notation of the Naxi texts is rendered universally in International Phonetic Symbols in accordance with the pronunciation of the variety spoken in the Lijiang Old Town as that variety is considered the standard of the Naxi language and all living *Dongbas* and Naxi scholars read and explain the Naxi manuscripts in that variety.

Unfortunately, as most of the senior Naxi *Dongbas* have already passed away, a small portion of the scriptures in the Library collection falls undecipherable. For the sake of future efforts in decipherment and research, these scriptures are published only in plates without any decipherment.

The decipherment of the scriptures in the present works is accomplished by the Institute of *Dongba* Culture at the Yunnan Academy of Social Sciences, headed and supervised by Zhao Shihong. The other participants and translators involved are as follows: Li Dejing, Wang Shiying, Xi Yuhua, Li Ying, Li Lifen, He Hong, Li Jingsheng, He Qingyuan, Li Zhichun, He Pinzheng, He Fayuan, He Limin, He Baolin, Zhao Xuemei, Wang Qin, Zhang Lei, He Lifeng, Li Yun, Zhou Jing, Li Siyu, He Yuying, He Lijun, He Xiudong, He Guihua, and Chen Shicai.

Final revision, proofreading and compilation of the deciphered drafts are undertaken by the Institute of Ethnology and Anthropology, Chinese Academy of Social Sciences, with Sun Bojun being the supervisor. The revisers, proofreaders and editors are Sun Bojun and Nie Hongyin. Preface and editorial notes are translated by Hu Hongyan. Abstracts are translated by Nie Daxin.

The present works were initiated, planned and devised mainly by Deputy Director Prof. Huang Xing and senior researcher Prof. Sun Hongkai, both with the Institute of Ethnology and Anthropology of the Chinese Academy of Social Sciences. In the process of preparation, compilation and publication, lots of support and help have been offered us, by the directors of the Bureau of Scientific Research and the library of CASS, by Meng Zhaoyu, Director of the China Social Sciences Press, by Chuai Zhenyu, the Party Secretary of the Institute of Ethnology and

Anthropology of CASS, by Drs Tu Weiming, Zheng Jiongwen, Li Ruohong and Li Zaiqi, son of the famous expert on the *Dongba* script Li Lints'an, all from the Harvard-Yenching Institute, by the leadership of Lijiang Municipal Party Committee and Municipal Government of the city, as well as by the Lijiang Old Town Conservation and Management Bureau. Sincere gratitude is extended to all of them, all the friends and all leadership for their help.

47-A-06-01

ʂər^{55} lo^{33} ŋv̩^{55} · tsho^{21} bər^{33} tsho^{33} dzo^{21}

kv̩^{33} tʂu^{55} mæ^{55} tʂu^{55}

超度东巴什罗仪式 · 人类繁衍的故事（首卷与末卷）

47-A-06 超度东巴什罗仪式·人类繁衍的故事（首卷与末卷）

【内容提要】

这是一部纳西族的创世史诗，叙述了从混沌到天地日月星宿、山川河流的产生，人类的诞生。人类发展到崇忍利恩（tso ze lɯ ɯ）时代，因兄弟姐妹乱伦而产生了秽，引发了洪水，人类灭绝仅存崇忍利恩（tso ze lɯ ɯ）一人。他与天女衬恒褒白（tse hɯ bu bə）相遇。衬恒褒白（tse hɯ bu bə）把崇忍利恩（tso ze lɯ ɯ）带到天上，他经受天父孜劳阿普（dzɿ lɑ ə phv̩）的重重考验，娶回天女衬恒褒白（tse hɯ bu bə）回到大地上繁衍了人类。

【英文提要】

Salvation Ritual for *to ba ʂər lər*, Story of Human Reproduction (First and Last Volumes)

This is an epic of the creation of the Nahsi, which covers from the primitive chaos to the forming of sky, earth and livelihood, mountains and rivers, as well as human kind. When human moved into the period of *tso ze lɯ ɯ*, the incest among siblings caused the filth and triggered a flood, which human, as a result, became extinct besides *tso ze lɯ ɯ*. He met the fairy *tse hɯ bu bə*, who took *tso ze lɯ ɯ* to the heaven. After passing all the tests given by father of heaven *dzɿ lɑ ə phv̩*, *tso ze lɯ ɯ* married *tse hɯ bu bə*, and back to the earth to generate human kind.

47-A-06-02

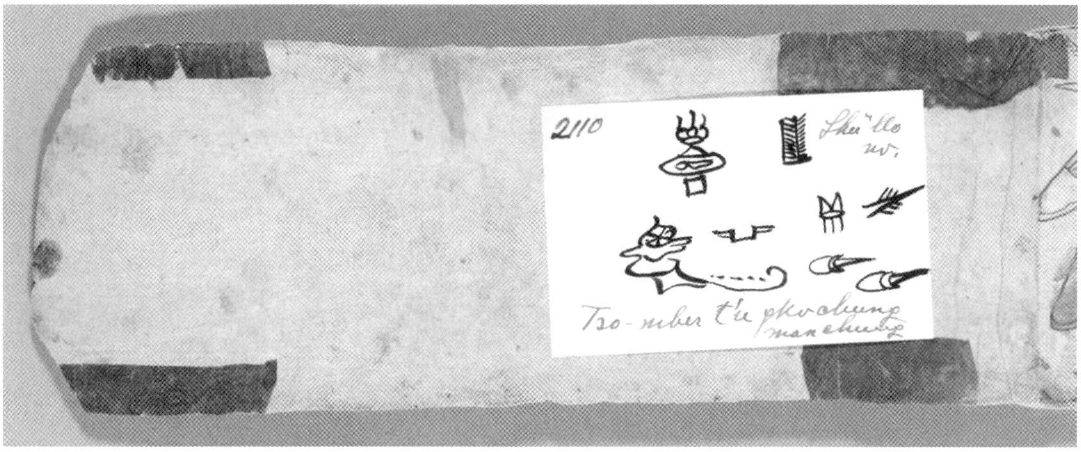

“2110”为洛克收藏纳西东巴古籍时的序号。上方两个东巴文为此书用于 ʂər^{55} lo^{33} ŋv̩^{55}”（超度东巴什罗），中间的东巴文为书名之复写。字母文字为洛克记下这些东巴文的读音。

47-A-06-03

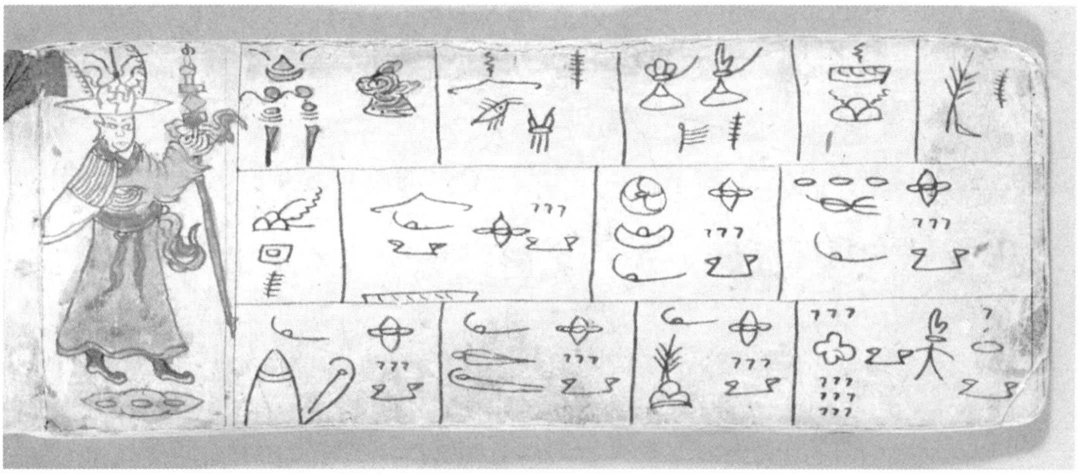

ə^{33} lɑ^{33} mə^{33} ʂər^{55} n̥i^{33}, | mɯ^{33} lɯ^{55} tʂv̩^{55} kv̩^{55} zɿ^{33}, | du^{21} se^{21} ho^{21} kv̩^{55} zɿ^{33}, | tʂɿ^{55} lv̩^{33} n̥ə^{55}
远古的时候 天 地 连接 会 时代 卢神 沈神对歌 会 时代 土 石晃动

n̥ə^{33} zɿ^{33}, | sər^{33} dzɿ^{21} dʑi^{33} kv̩^{55} zɿ^{33}, | lv̩^{33} gɯ^{33} tɑ^{55} kv̩^{55} zɿ^{33}, | mɯ^{33} ne^{21} dy^{21} lɑ^{33} mə^{33} thv̩^{33} sɿ^{33}
时代 树 长 走 会 时代 石 裂 说话 会 时代 天 和 地 也 未 产生 之

thɯ^{33} dʐʅ^{21}, mɯ^{33} o^{21} dy^{21} o^{21} ɯ^{33} me^{33} sɿ^{33} sy^{21} kæ^{33} nɯ^{33} thv̩^{33}. | bi^{33} ne^{21} le^{21} lɑ^{33} mə^{33} thv̩^{33} sɿ^{33}
那 时 天 影 地 影 佳 的 三 样 先 以 产生 太阳 和月亮 也 未 产生 之

thɯ^{33} dʐʅ^{21}, bi^{33} o^{21} le^{21} o^{21} ɯ^{33} me^{33} sɿ^{33} sy^{21} kæ^{33} nɯ^{33} thv̩^{33}. | kɯ^{21} ne^{21} zɑ^{21} lɑ^{33} mə^{33} thv̩^{33} sɿ^{33}
那 时太阳 影月亮影 佳 的 三 样 先 以 产生 星 和 娆星 也 未 产生 之

thɯ^{33} dʐʅ^{21}, kɯ^{21} o^{21} zɑ^{21} o^{21} ɯ^{33} me^{33} sɿ^{33} sy^{21} kæ^{33} nɯ^{33} thv̩^{33}. | dʑy^{21} ne^{21} lo^{21} lɑ^{33} mə^{33} thv̩^{33} sɿ^{33}
那 时 星 影娆星影 佳 的 三 样 先 以 产生 山 和 谷 也 未 产生 之

thɯ^{33} dʐʅ^{21}, dʑy^{21} o^{21} lo^{21} o^{21} ɯ^{33} me^{33} sʅ^{33} sy^{21} kæ^{33} nɯ^{33} thy̩^{33}. | dʑi^{21} ne^{21} khæ^{33} lɑ^{33} mə^{33} thy̩^{33} sʅ^{33}
那 时 山 影 谷 影 佳 的 三 样 先 以 产生 水 和 渠 也 未 产生 之

thɯ^{33} dʐʅ^{21}, dʑi^{21} o^{21} khæ^{33} o^{21} ɯ^{33} me^{33} sʅ^{33} sy^{21} kæ^{33} nɯ^{33} thy̩^{33}. | sər^{33} ne^{21} ly̩^{33} lɑ^{33} mə^{33} thy̩^{33} sʅ^{33}
那 时 水 影 渠 影 佳 的 三 样 先 以 产生 树 和 石 也 未 产生 之

thɯ^{33} dʐʅ^{21}, sər^{33} o^{21} ly̩^{33} o^{21} ɯ^{33} me^{33} sʅ^{33} sy^{21} kæ^{33} nɯ^{33} thy̩^{33}. | sʅ^{33} sy^{21} ɯ^{33} me^{33} gy̩^{33} sy^{21} thy̩^{33},
那 时 树 影 石 影 佳 的 三 样 先 以 产生 三 样 佳 的 九 样 产生

gy̩^{33} sy^{21} ɯ^{33} me^{33} ə^{33} me^{33} dɯ^{33} gy̩^{33} thy̩^{33}.
九 样 佳 的 母体 一 个 产生

远古的时候，天地相连未分的混沌时代，卢神和沈神在对歌之时代，土石在晃动的时代，树木会走路的时代，石头裂开张口会说话的时代，天和地还未形成，先产生似天和地的三种好的影子；太阳和月亮还未产生，先产生像太阳和月亮一样的好的三种影子；星星和娆星还未产生，先产生像星和娆星一样的三种好影子；山和山谷还未产生，先出现像山和山谷一样的三种好影子；水和水渠还未产生，先产生似水似渠的三种好影子；树木和石头还未产生，先产生似树似石的三种好影子；三种好的变成九种，九种变成一个母体。

47-A-06-04

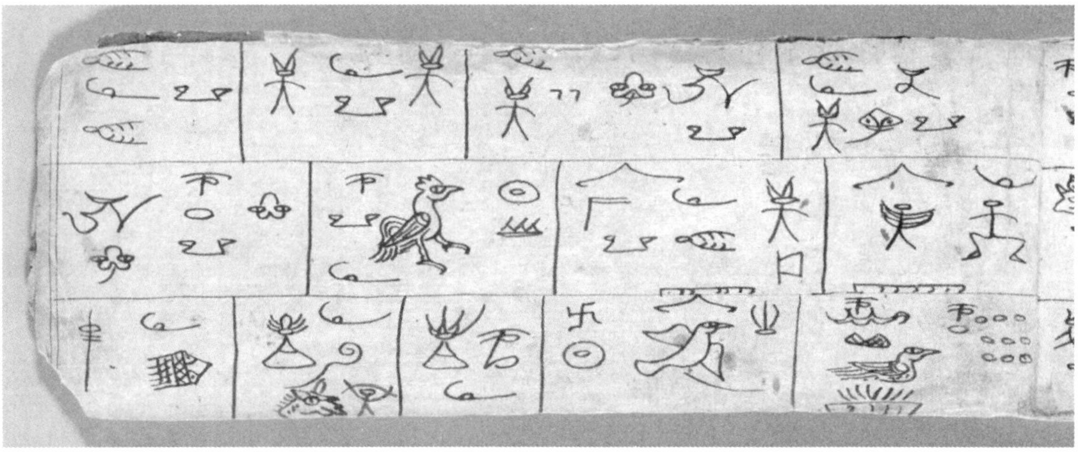

ə^{33} me^{33} dɯ^{33} gy̩^{33} pɯ^{33} pɑ^{33} be^{33}, gɯ^{21} ne^{21} mə^{33} gɯ^{21} thy̩^{33}, | tse^{21} ne^{21} mə^{33} tse^{21} thy̩^{33}. | gɯ^{21}
母体 一 个 变化 作 实 和 不 实 产生 真 与 不 真 产生 真

ne^{21} tse^{21} ȵi^{33} ky̩^{55} nɯ^{33} pɯ^{33} pɑ^{33} be^{33}, i^{33} gy̩^{21} ɑ^{33} kə^{21} the^{21} nɯ^{33} thy̩^{33}. | mə^{33} gɯ^{21} mə^{33} tse^{21} pɯ^{33}
和 实 两 个 以 变化 作 依谷阿格 此 以 产生 不 实 不 真 变化

pɑ^{33} be^{33}, i^{33} gy̩^{33} ti^{33} nɑ^{55} the^{21} nɯ^{33} thy̩^{33}. | i^{33} gy̩^{21} ɑ^{33} kə^{21} pɯ^{33} pɑ^{33} be^{33}, ky̩^{33} phər^{21} dɯ^{33} ly̩^{33}
作 依古丁纳 此 以 产生 依谷阿格 变化 作 蛋 白 一 个

thy̩^{33}. ky̩^{33} phər^{21} pɯ^{33} pɑ^{33} be^{33}, | dzi^{21} ky̩^{55} phər^{21} me^{33} dɯ^{33} me^{33} thy̩^{33}. dzi^{21} ky̩^{55} phər^{21} me^{33}
产生 蛋 白 变化 作 飞 会 白 的 一 只 产生 飞 会 白 的

thɯ33 dɯ33 me33, mi21 tsɿ55 ɕi33 mə33 dʑy21, u33 mi21 u33 le33 tsɿ55, du13 gə33 ɯ33 y21 ɯ33 mɑ21 le33 mi21
这 一 只 名 取 人 没 有 自己 名自己又 取 董 的 恩余恩玛 又 名

be33. | mɯ33 thy̩33 kuə55 mə33 ʂuɑ21, dy21 khu33 khuə55 mə33 gɯ21. | dzi21 ky̩55 dzi21 mə33 thɑ55,
做 天 开 势 不 高 地 辟 势 不 辽阔 飞 会 飞 不 可

tsho33 ky̩55 tsho33 mə33 ȵi21. | ly33 pu55 tsɿ21 mə33 ȵi21, khuɑ55 pu55 dər21 mə33 ȵi21, | dzɿ33 lɯ21
跳 会 跳 不 可 矛 带 竖 不 可 铠 带 横放 不 可 首领 头目

tʂhy̩33 mə33 ȵi21, gu21 tʂhu21 lu21 mə33 ȵi21, | py21 ky̩55 py21 mə33 ȵi21, phɑ21 ky̩55 phɑ21 mə33 ȵi21. |
评判 不 可 马 快 跑 不 可 祭祀 会 祭祀 不 可 占卜 会 占卜 不 可

ɯ33 y21 ɯ33 mɑ21 thɯ33 dɯ33 me33, ʂuɑ33 ʂuɑ21 mɯ33 nɯ33 dzi21 le33 be33, | tɕi33 phər21 sɿ55 thɯ33
恩余恩玛 这 一 只 高 高 天 以 飞 又 做 云 白 三 片

ky̩21 khə55 be33, hy21 be33 dy21 ȵə21 thy̩33. tɕi33 phər21 ky̩21 khə55 lo21, zə̩21 hæ21 i55 khɯ21 lo21, ky̩33
蛋 篮 作 低 做 地 里 到 云 白 蛋 篮 里 草 绿 铺盖 里 蛋

phər21 gy̩33 dzɿ21 ky̩21 le33 tɕi33.
白 九 对 下蛋 又 放

一个母体发生变化，产生实与不实，产生真与不真。实与真发生变化，产生依谷阿格大神。不实与不真发生变化，产生依古丁纳鬼王。依谷阿格作变化，产生一个白蛋。白蛋发生变化，产生一只会飞的飞禽。这飞禽没人给它取名字，自己给自己取名字，就叫董①的恩余恩玛。此时所开的天势不高，所辟的地不辽阔。会飞的飞禽无法飞翔，会跳的无法跳跃。天地之间无法竖立一杆矛，大地上摆不下一件铠甲。首领和头目无法评判是非，骏马不能在大地上奔驰。会作祭祀的祭司无法祭祀；会占卜的卜师不能占卜。这一只恩余恩玛，飞到高处的天上，摘三片白云作下蛋的蛋篮，落到低处的大地上，在白云蛋篮里，青草铺盖里，下了九对白蛋。

47-A-06-05

① 董：被认为是人类祖先“美利董主”的简称。

dɯ33 dzʅ21 phər21 ne21 sæ21 le33 thv̩33, | dɯ33 dzʅ21 gɑ33 ne21 u21 le33 thv̩33, | dɯ33 dzʅ21 o55 ne21
一 对 盘神 和 禅神 又 产生 一 对 嘎神 和 吾神 又 产生 一 对 沃神和

he21 le33 thv̩33, | dɯ33 dzʅ21 du21 ne21 se21 le33 thv̩33, | dɯ33 dzʅ21 kv̩55 ne21 sʅ33 le33 thv̩33. | dɯ33 dzʅ21
恒神又 产生 一 对 卢神 和沈神 又 产生 一 对 会者 和 知者又 产生 一 对

lər55 ne21 tʂhə55 le33 thv̩33, | dɯ33 dzʅ21 dzʅ33 ne21 lɯ21 le33 thv̩33, | dɯ33 dzʅ21 py21 ne21 phɑ21 le33
丈量者 和 筹算者又 产生 一 对 首领 和 头目又 产生 一 对 祭司 和 卜师 又

thv̩33, | dɯ33 dzʅ21 dzi33 ne21 tsho21 le33 thv̩33. | thɯ33 gu21 mæ55 dɯ33 tʂhər55, i33 gv̩21 ti33 nɑ21 thv̩33.
产生 一 对 精人 和 崇人 又 产生 这 之后 尾 一 代 依古丁纳 产生

i33 gv̩33 ti33 nɑ55 pɯ33 pɑ33 be33, kv̩33 nɑ21 dɯ33 ly33 thv̩33. kv̩33 nɑ21 dɯ33 ly33 pɯ33 pɑ33 be33, | æ21 nɑ21
依古丁纳 变化 作 蛋 黑 一 个 产生 蛋 黑 一 个 变化 作 鸡 黑

dɯ33 me33 thv̩33, mi21 ʂu21 kv̩33 mə33 dzʅ21, u33 mi21 u33 le33 tsʅ55, sʅ13 gə33 fv̩55 ʥi33 æ33 nɑ21 le33 mi21
一 只 产生 名 找 处 没 有自己 名 自己又 取 术 的 付金安拿 又 名

be33. | sʅ13 gə33 fv̩55 ʥi33 æ33 nɑ21 nɯ33, kv̩33 nɑ21 gv̩33 dzʅ21 kv̩21 le33 tɕi33. kv̩33 nɑ21 dɯ33 dzʅ21 tshʅ21 ne21
做 术 的 付金安拿 以 蛋 黑 九 对 下蛋 又 放 蛋 黑 一 对 除鬼 和

ȵiə21 le33 thv̩33, dɯ33 dzʅ21 dv̩21 ne21 tse21 le33 thv̩33, | dɯ33 dzʅ21 mu33 ne21 ɯ21 le33 thv̩33, | dɯ33 dzʅ21
忸鬼又 产生 一 对 毒鬼 和 仄鬼又 产生 一 对 猛鬼 和恩鬼 又 产生 一 对

tər21 ne21 lɑ33 le33 thv̩33. | phv̩33 lɑ21 gv̩55 be33 gu33, mɯ33 thv̩33 pɯ55 dʐʅ21 le33 be33 tʂər21, mɯ33 i33
呆鬼 和 佬鬼 又 产生 神 九 兄弟 天 开 师傅 又 作 使 天 是

uɑ21 nɯ33 tʂu55 mə33 kv̩55. | lɑ21 mi55 miə33 hɯ21 ʂər33 zʅ33, dy21 khu33 pɯ55 dʐʅ21 le33 be33 tʂər21, dy21 i33
松石以 接 不 会 神 女 眼 锐 七 个 地 辟 师傅 又作 使 地 是

hæ21 nɯ33 tʂu55 mə33 kv̩55.
金 以 接 不 会

一对白蛋产生出盘神和禅神，一对产生出嘎神和吾神，一对产生出沃神和恒神，一对产生出卢神和沈神，一对产生什么都会做的会者和什么都知晓的知者，一对产生出丈量者和筹算者，一对产生出首领和头目，一对产生出祭司和卜师，一对产生出精人和崇人。

这之后的那个时代，产生依古丁纳鬼王。依古丁纳作变化，产生一个黑蛋。黑蛋发生变化，产生一只黑鸡。这黑鸡无处去寻名字，就自己给自己取名字，称之为黑如炭的术[①]的付金安拿。术的付金安拿黑鸡，下了九对黑蛋。一对黑蛋发生变化，产生了除鬼和忸鬼，一对黑蛋产生出毒鬼和仄鬼，一对黑蛋产生出猛鬼和恩鬼，一对黑蛋产生出呆鬼和佬鬼。

最初，让神之九兄弟做开天师傅，但他们不会用绿松石把天相连接。让长有锐眼的神之七姐妹作辟地师傅，但她们不会用黄金把地相连接，

① 术：音译人名，古代一个部落酋长之名，全称为“美利术主”，“术”是简称。与美利董主为仇敌，被视为“鬼”。

47-A-06-06

mɯ^{33} thv̩^{33} dy^{21} khu^{33} le^{21}mə^{33} ȵi^{21}. | phɑ^{33} lɑ^{21}gv̩^{55} be^{33} gu^{33} mɯ^{33} thv̩^{33} pɯ^{55} dʐʅ^{21} le^{33} be^{33} tʂər^{21}, |
天 开 地 辟 又不 成 神 九 兄弟 天 开 师傅 又 做 使

lɑ^{21} mi^{55} miə^{33} hɯ^{21} ʂər^{33} zʅ^{33} dy^{21} khu^{33} pɯ^{55} dʐʅ^{21} le^{33} be^{33} tʂər^{21}. | ȵi^{33} me^{33} thv̩^{33}, dv̩^{33} phər^{21} to^{55}
神 女 眼 锐 七 个 地 辟 师傅 又 做 使 东方 海螺 白 柱

ʐər^{21} tshɿ^{55}, | i^{33} tʂhʅ^{33} mu^{21}, uɑ^{21} hər^{21} to^{55} ʐər^{21} tshɿ^{55}, | ȵi^{33} me^{33} gv̩^{21}, tʂhu^{21} nɑ^{55} to^{55} ʐər^{21}tshɿ^{55}, |
竖 南方 松石 绿 柱子 竖 西方 墨玉 黑 柱子 竖

ho^{33} gv̩^{33} lo^{21}, hæ^{33} ʂʅ^{21} to^{55} ʐər^{21} tshɿ^{55}, | mɯ^{33} le^{33} dy^{21} ly^{55} gv̩^{33}, ʂu^{33} phər^{21} to^{55} ʐər^{21} tshɿ^{55}. | mɯ^{33}
北方 金 黄 柱子 竖 天 和 地 中央 铁 白 柱子 竖 天

khu^{55} uɑ^{21} nɯ^{33} iə^{21}, uɑ^{21} hər^{21} du^{21} lv̩^{33} mɯ^{33} khu^{33} thv̩^{55} le^{33} zər^{21}, mɯ^{33} dɯ^{21} ko^{33} lo^{33} i^{33} mə^{33} tʂər^{21}.
边 松石 以 弥 松石 绿 卢神 石 天 边 外 又 压 天 大 晃动 的 不 让

hæ^{33} ʂʅ^{21} du^{21} lv̩^{33} dy^{21} khu^{33} thv̩^{55} le^{33} zər^{21}, dy^{21} khu^{55} hæ^{21} nɯ^{33} iə^{21}, dy^{21} dɯ^{21} ȵə^{55} ȵə^{33} i^{33} mə^{33}
金 黄 卢神 石 地 边 处 又 压 地 边 金 以 弥 地 大 摇晃 的 不

tʂər^{21}. | du^{13} gə^{33} ɯ^{33} y^{21} ɯ^{33} mɑ^{21} thɯ^{33}, kv̩^{33} mæ^{55} dɯ^{33} ly^{33} kv̩^{21}. | kv̩^{55} mæ^{55} thɯ^{33} dɯ^{33} ly^{33}, tshɿ^{33}
让 董 的 恩余恩玛 它 蛋 尾 一 个 下蛋 蛋 尾 这 一 个 冬

mɯ^{33} tshɿ^{33} sɿ^{55} he^{33}, tshɿ^{33} mɯ^{33} be^{33} nɯ^{33} bv̩^{21} lɑ^{33} bv̩^{21} le^{33} kv̩^{33} mə^{33} thv̩^{33}; | ʐu^{21} mɯ^{33} ʐu^{21} sɿ^{55}
天 冬 三 月 冬天 雪 以 孵 也 孵 了 蛋 未 出 夏天 夏 三

he^{33}, ʐu^{21} mɯ^{33} hɯ^{21} nɯ^{33} bv̩^{21} lɑ^{33} bv̩^{21} le^{33} kv̩^{33} mə^{33}thv̩^{33}; tshɿ^{55} mɯ^{33} tshɿ^{55} sɿ^{55} he^{33} , tshɿ^{55} mɯ^{33} tʂʅ^{33}
月 夏 天 雨 以 孵 也 孵 又 蛋 不 出 秋天 秋 三 月 秋天 土

nɯ^{33} bv̩^{21} lɑ^{33} bv̩^{21} le^{33} kv̩^{33} mə^{33} thv̩^{33}; | ȵiə^{21} mɯ^{33} ȵiə^{21} sɿ^{55} he^{33}, ȵiə^{21} mɯ^{33} hər^{33} nɯ^{33} bv̩^{21} lɑ^{33}
以 孵 也 孵 又 蛋 不 出 春天 春 三 月 春天 风 以 孵 也

by̩^{21} le^{33} ky̩^{33} mə^{33} thy̩^{33} | uæ^{33} nɯ^{33} hər^{33} phər^{21} thy̩^{33}, i^{21} nɯ^{33} hər^{33} nɑ^{21} thy̩^{33}, ky̩^{33} mæ^{55} hər^{33} nɯ^{33}
孵 又 蛋 不 出 左 以 风 白 起 右 以 风 黑 刮 蛋 尾 风 以

khæ^{55}, ly̩^{21} le^{33} hɯ^{55} ȵiə^{21} thy̩^{33}. hər^{33} nɯ^{33} hɯ^{55} ky̩^{55} iə^{33}, hɯ^{33} nɯ^{33} ky̩^{33} ky̩^{55} iə^{33}, ky̩^{33} dzi^{21} æ^{21} bə^{21}
卷 抬 了 海 里 到 风 以 海 吹荡 海 以 蛋 飘荡 蛋 飞 崖 边

lɑ^{55}, bu^{33} zæ^{33} zi^{33} zə̩r^{33} the^{55} ȵi^{21} æ^{21} ȵiə^{21} gy̩^{33}.
砸 闪闪发光 一样 崖 边 成

开天辟地未成功。再次让神之九兄弟做开天师傅，让眼睛锐利的神之七姐妹做辟地师傅。他们在东方竖起白海螺色的柱子，在南方竖起绿松石色的柱子，在西方竖起黑墨玉色的柱子，在北方竖起金黄色的柱子，在天地中央竖起白铁柱子，以擎天镇地。用绿松石弥天际，用绿松石作卢神石压在天边，用黄金作卢神石压在地边，用黄金弥地。不让高大的天晃动，不让大地摇晃。

董的恩余恩玛下了最后一个蛋，这个蛋由冬三月的白雪孵抱而未能孵出，由夏三月的雨孵抱亦未能孵出，由秋三月的土来孵抱也未能孵出，由春三月的风孵抱也未能孵出。左边吹起一阵白风，右边刮起一阵黑风，把尾蛋吹落在海里。风吹大海，大海起浪，浪掀此蛋，蛋砸崖边，崖边就像闪闪发光一样发亮。

47-A-06-07

ɯ^{33} hy^{21} kho^{33} lɑ^{21} dɯ^{33} me^{33} thy̩^{33}. ə^{33} sɿ^{21} ʂu^{55} y^{21} tɕhy^{33}, ʂu^{55} sɿ^{33} le^{21} mə^{33} y^{21}, kho^{33} sɿ^{33} le^{33} y^{21}
牛 红 角 张开 一 头 产生 父亲 冠 生 类 冠 先 又 未 生 角 先 又 生

tshɿ^{21}. | kho^{33} nɯ^{33} mɯ^{33} tʂu^{55} hə^{21}, mɯ^{33} by̩^{21} kɯ^{21} ʂər^{55} hə^{21}. | ə^{33} me^{33} bə^{33} lo^{21} tʂɿ^{21} y^{21} tɕhy^{33},
来 角 以 天 接 了 天 底 星 满 了 母亲 掌 里 爪 生 类

tʂɿ^{21} sɿ^{33} le^{33} mə^{33} y^{21}, bə^{33} sɿ^{33} le^{33} y^{21} tshɿ^{21}, bə^{33} nɯ^{33} dy^{21} khu^{33} dy^{21} gɯ^{21} hə^{21}. | ə^{33} me^{33} no^{21} y^{21}
爪 先 又 不 生 掌 先 又 生 来 掌 以 地 辟 地 辽阔 了 母亲 绒毛 生

tɕhy^{33}, no^{13} sɿ^{33} mə^{33} y^{21} fy̩^{33} sɿ^{33} le^{33} y^{21} tshɿ^{21}. fy̩^{33} nɯ^{33} zə̩^{21} kɯ^{55} hə^{21}, dy^{21} dʑy^{33} zə̩^{33} ʂər^{55} hə^{21}. |
类 绒毛 先 未 生 毛 先 又 生 来 毛 以 草 除秽 了 地 有 草 满 了

dʑi^{33} tho^{21} ky̩^{55} zo^{33} dʑy^{21}, ky̩^{55} tɕər^{21} le^{33} mi^{55} do^{33}, ky̩^{55} nɯ^{33} mə^{33} ky̩^{55} tsɿ^{55}. | dʑi^{21} kæ^{33} sɿ^{33} zo^{33}
房 后 会者 男子 有 会者 上 又 寻问 会者 以 不 会 说是 房 前 知者男子

dʑy^{21}, sɿ^{33}tɕər^{21} le^{33}mi^{33} do^{33}, sɿ^{33} nɯ^{33} mə^{33} sɿ^{33} tsɿ^{55}. | ŋv̩^{33} lv̩^{33} to^{33} dʑy^{21} o^{33} gə^{33} ɕy^{33} mə^{33} uɑ^{21}, |
有 知者上 又 寻问 知者 以 不 知 说是 雪山 松林带 的 野兽 不 是

bv̩^{33}dʑi^{21} mæ^{33} gə^{33} nɯ^{21} mə^{33} uɑ^{21}. | ho^{33} gv̩^{33} ho^{33} lo^{21} gə^{21} du^{21} khə^{21} le^{33} ʂə^{55} khɯ^{55}. mə^{33} hɯ^{21}
补吉河 尾 的 家畜 不 是 北方 的 卢神 处 又 说 去 不 高兴

du^{21}mə^{33} hɯ^{21}, du^{21} be^{33} be^{33} nɯ^{33} dʐʅ^{21}, dɯ^{33} kho^{55} dɯ^{33} dʐʅ^{21} nɯ^{21}. ɯ^{33} nɯ^{33} dɯ^{33} bɑ^{21} ne^{21}, mɯ^{33}
卢神不 高兴 卢神 斧 以 杀 一 宰 一 杀 着 牛 以 一 吼 着 打雷

gv̩^{33} lɯ^{33} ȵə^{55} ȵə^{33} me^{33} the^{55} ȵi^{21} gv̩^{33}; ɯ^{33} ɕi^{55} dɯ^{33} tʂhu^{33} ne^{21}, mɯ^{33} ɕi^{55} dʑi^{21} thɯ^{21} the^{55} ȵi^{21}
地 晃动 的 一样 成 牛 舌 一 伸 着 天 舌 水 喝 一样

gv̩^{33}; | ɯ^{33} miə^{21} dɯ^{33} do^{55} ne^{21}, gæ^{33} miə^{21} tshy^{55} do^{55} the^{55} ȵi^{21} gv̩^{33}. | i^{33} tʂhʅ^{33} i^{33} mu^{21} dy^{21}, mə^{33}
成 牛 眼 一 眨 着 闪电 一样 成 南方 不

hɯ^{21} se^{21} mə^{33} hɯ^{21}, se^{21} gæ^{21} thɑ^{55} nɯ^{33} dɑ^{55}, dɯ^{33} kho^{55} dɯ^{33} dɑ^{55} ne^{21}. ɯ^{33} nɯ^{33} dɯ^{33} bɑ^{21} ne^{21},
高兴沈神不 高兴 沈神 刀 利 以 砍 一 宰 一 砍 着 牛 以 一 吼 着

lɯ^{33} gv̩^{33} lɯ^{33} ȵə^{55} ȵə^{33} me^{33} the^{55} ȵi^{33} gv̩^{33}. | ɯ^{33} gə^{33} ku^{33} ly^{33} mɯ^{33} kɯ^{55} hə^{21}, | ɯ^{33} nɯ^{33} dy^{21}
地 身 地震 的 一样 成 牛 的 头 天 除秽 了 皮 以 地

kɯ^{55} hə^{21}, tʂhər^{55} nɯ^{33} bi^{33} kɯ^{55} hə^{21}, sər^{55} nɯ^{33} le^{21} kɯ^{55} hə^{21}, o^{33} nɯ^{33} lv̩^{33} kɯ^{55} hə^{21},
除秽 了 肺 以 太阳 除秽 了 肝 以 月亮 除秽 了 骨 以 石 除秽 了

尾蛋产生出一头像红牛，角又张开的怪兽。此兽的父亲本是头上生冠的种类，但它未生冠却生有角。其角抵着天，天上布满了星星。它的母亲是掌上生爪子的种类，但它不长爪只生掌，其掌辟地地变辽阔了。其母是身上长绒毛的种类，但它身上不长绒毛却只长了毛。其毛为草除了秽，大地上便长满了青草。(不知此为何物），就去问住在房后什么都会做的会者，会者说不知该怎样做。去问住在屋前什么都知晓的知者，知者说不知此为何物。这不是雪山松林带出没的野兽，又不是补吉河下游人类饲养的家畜。就去告诉住在北方的卢神。卢神一见此物便非常不高兴，就用利斧杀此怪物。似牛一样的怪物一声叫，恰似打雷响彻大地；其伸一下舌头，似天舌喝水①一样；其眨一下眼，却像闪电一样。住在南方的沈神一见此物也非常不高兴，就用利刀砍此怪物，砍一下似牛的怪物，怪物叫一声，其声像地震一样。用似牛之怪物的头以除天的秽，用其皮以除地的秽，用其肺以除太阳的秽，用其肝以除月亮的秽，用其骨以除石头的秽，

① 天舌喝水：直译，此处是指彩虹。

47-A-06-08

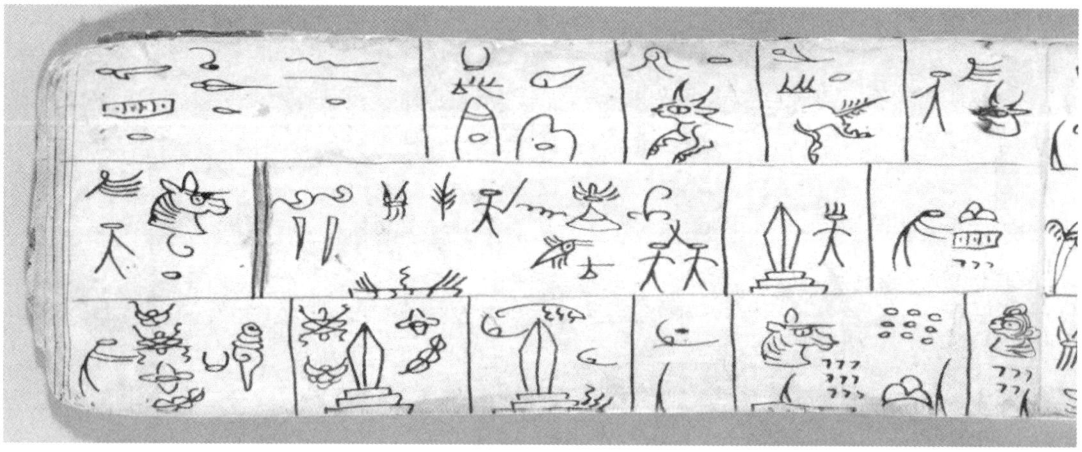

ʂʅ^{33} nɯ^{33} tʂʅ^{33} kɯ^{55} hə^{21}, sæ^{33} nɯ^{33} dʑi^{21} kɯ^{55} hə^{21}, by̩^{33} nɯ^{33} ʐʅ^{33} kɯ^{55} hə^{21}. | khuɑ^{33} nɯ^{33} so^{33} kɯ^{55}
肉 以 土 除秽 了 血 以 水 除秽 了 肠 以 路 除秽 了 角 以 岭 除秽

hə^{21}, he^{33} nɯ^{33} bu^{21} kɯ^{55} hə^{21}. | gy̩^{33} ʂʅ^{33} gə^{21} dzo^{55} lo^{33} nɯ^{33} ho^{33} gy̩^{33} lo^{21} gə^{33} du^{21} kɯ^{55} hə^{21}. |
了 耳 以 坡 除秽 了 身 肉 上半身 以 北方 的 卢神除秽 了

mæ^{33} ʂʅ^{33} mu^{21} dzo^{55} lo^{33} nɯ^{33} i^{33} tʂhʅ^{33} mu^{21} gə^{33} se^{21} kɯ^{55} hə^{21}. | ho^{21} ʂʅ^{33} uæ^{33} dɯ^{33} piə^{33}, mu^{21}
尾 肉 下半身 以 南方 的 沈神 除秽 了 肋 肉 左 一 块 牡

tshɑ^{21} uæ^{33} i^{55} sʅ^{33} kɯ^{55} hə^{21}. | ho^{21} ʂʅ^{33} i^{21} dɯ^{33} piə^{21}, tshʅ^{33} tshɑ^{21} i^{21} i^{55} sʅ^{33} kɯ^{55} hə^{21}. | dzi^{33} dʑiə^{21}
曹弯义斯 除秽 了 肋 肉 右 一 块 初 曹依义斯 除秽 了 人 有

lɑ^{33} lər^{33} dy^{21}, ky̩^{55} ne^{21} sʅ^{33} dzʅ^{21} guə^{33}, lər^{55} ne^{21} tʂhə^{55} dzʅ^{21} guə^{33}, dzʅ^{33} ne^{21} lɯ^{21} dzʅ^{21} guə^{33}, lɯ^{55} mu^{33}
辽阔 地 会者和 知者 商量 测量者和 筹算者 商量 首领 和 头目 商量 人类

lɯ^{55} tʂhʅ^{33} ky̩^{55} le^{33} dzʅ^{21} guə^{33}, | dʑy^{21} nɑ^{55} zo^{55} lo^{33} dʑy^{21} i^{33} tshʅ^{55} dər^{33} tsʅ^{55}. | tʂuɑ^{21} me^{33} tʂuɑ^{21} tʂhʅ^{33}
又 商量 居那若罗 山 的 建 该 说是 男子 和 男子 所有

uɑ^{21}, ly̩^{33} dɯ^{21} sʅ^{55} ly̩^{33} pu^{55}, tʂʅ^{33} nɑ^{55} sʅ^{55} tʂhər^{33} pu^{55}, | ŋy̩^{33} hæ^{21} uɑ^{33} tʂhu^{21}、dy̩^{33} phər^{21} mu^{21} khuɑ^{33}
石 大 三 个 带 土 黑 三 把 带 银 金 松石 墨玉 海螺 白 号角

pu^{55}, | zo^{55} lo^{33} ɳi^{33} phɑ^{33} ŋy̩^{21} ne^{21} hæ^{21} nɯ^{33} tshʅ^{55}. ɳi^{33} phɑ^{33} uɑ^{21} ne^{21} tʂhu^{21} nɯ^{33} tshʅ^{55}. | dʑy^{21} nɑ^{55}
带 若罗山 两 面 银 和 金 以 建 两 面 松石 和 墨玉 以 建 居那

zo^{55} lo^{33} ky̩^{33} nɯ^{33} mɯ^{33} le^{33} bu^{21}, mɯ^{33} dɯ^{21} mə^{33} ly^{55} ly^{33}; zo^{55} lo^{33} khɯ^{33} nɯ^{33} lɯ^{33} le^{33} zər^{21}, dy^{21}
若罗 顶 以 天 又 撑 天 大 不 动摇 若罗山 脚 以 地 又 镇 地

dɯ^{21} mə^{33} tsʅ^{55} to^{33}. | tshʅ^{55} ɕi^{33} dʑy^{21} le^{33} tɕhi^{33} ɕi^{33} mə^{33} dʑy^{21} le^{21} mə^{33} du^{33}. dzi^{33} dʑiə^{21} lɑ^{33} lər^{33} dy^{21},
大 不 震荡 建 人 有 而 守 人 没 有 又 不 兴 人 有 辽阔 地

tɑ^{33} gɯ^{33} gy̩^{55} tso^{33} nɯ^{33}, tɑ^{21} ly̩^{33} gy̩^{55} ly̩^{33} tɕhi^{33}. tɑ^{21} ly̩^{33} gy̩^{55} ly̩^{33} nɯ^{33}, ʐər^{21} lɑ^{33} uɑ^{55} be^{33} tɕhi^{33}. ʐər^{21}
马 九 匹 以 马石 九 颗 守 马石 九 颗 以 豹 虎 五 只 守 豹

la^{33} ua^{55} be^{33} nɯ^{33},
虎 五 只 以

用其肉以除土之秽，用其血以除水之秽，用其肠以除路之秽，用其角以除岭之秽，用其耳以除坡之秽，用其前半身以除住在北方的卢神之秽，用其后半身以除住在南方的沈神之秽，用其左肋之骨肉以除牡曹弯义斯①之秽，用其右肋之肉以除初曹依义斯之秽。

在人类居住的辽阔大地上，会者和知者相商量，丈量者和筹算者相商量，首领和头目相商量，所有的人类相商量，说是应该建造居那若罗神山。所有的男子都带来三个大石头和三把黑土，带来白银和黄金，绿松石、墨玉和白海螺号角。若罗神山两面用金银建造，两面用松石和墨玉建造。若罗神山山顶擎住高天，让天不再晃动；若罗神山山脚镇着大地，让大地不再震动。有建造神山者就不能没有守卫神山者。由九匹骏马守卫九颗拴马石。由九颗拴马石守住五只虎豹。由五只虎豹

47-A-06-09

dy̩^{33} phər^{21} si^{33} gɯ^{33} tɕhi^{33}. dy̩^{33} phər^{21} si^{33} gɯ^{33} nɯ^{33}, hæ^{33} ʂʅ^{21} tsho^{21} ze^{33} tɕhi^{33}. hæ^{33} ʂʅ^{21} tsho^{21} ze^{33}
海螺 白 狮子 守 海螺 白 狮子 以 金 黄 大象 守 金 黄 大象

nɯ^{33}, dʑiə^{33} ka^{21} na^{21} py̩^{55} tɕhi^{33}, dʑiə^{33} ka^{21} na^{21} py̩^{55} nɯ^{33}, zo^{55} lo^{33} dʑy^{21} le^{33} tɕhi^{33}. | tɕhi^{33} ɕi^{33} dʑy^{21}
以 玖嘎纳布 守 玖嘎纳布 以 若罗 山 又 守 守 人 有

le^{33} ty̩^{55} ɕi^{33} mə^{33} dʑy^{21} mə^{33} du^{33}. dẓər^{33} phər^{21} sɿ^{55} thiə^{33} nɯ^{33}, dzɿ^{55} dzɿ^{21} sɿ^{33} khua^{21} ty̩^{55}. dzɿ^{55} dzɿ^{21}
而 撑 人 没 有 不 兴 露 白 三 滴 以 冰凌 三 根 撑 冰凌

sɿ^{55} khua^{21} nɯ^{33}, tʂʅ^{55} na^{21} sɿ^{55} tʂhə^{33} ty̩^{55}. tʂʅ^{55} na^{21} sɿ^{55} tʂhə^{33} nɯ^{33}, ly̩^{33} i^{33} sɿ^{55} ly̩^{33} ty̩^{55}. ly̩^{33} pa^{33} sɿ^{55} ly̩^{33}
三 根 以 土 黑 三 撮 撑 土 黑 三 撮 以 石 是 三 颗 撑 石 三 颗

nɯ^{33}, ẓə^{21} hər^{21} sɿ^{33} pə^{21} ty̩^{55}. ẓə^{21} hər^{21} sɿ^{33} pə^{21} nɯ^{33}, pɯ^{55} lɯ^{33} sɿ^{33} dzər^{21} ty̩^{55}. pɯ^{55} lɯ^{33} sɿ^{33} dzər^{21}
以 草 青 三 根 撑 草 青 三 根 以 蒿枝 三 棵 撑 蒿 枝 三 棵

nɯ^{33}, | tho^{33} phər^{21} sɿ^{33} dzər^{21} ty̩^{55}. tho^{33} phər^{21} sɿ^{33} dzər^{21} nɯ^{33}, | lɯ^{33} phər^{21} sɿ^{33} dzər^{21} ty̩^{55}. lɯ^{33}
以 松 白 三 棵 撑 松 白 三 棵 以 杉 白 三 棵 撑 杉

① 牡曹弯义斯：音译名词，是指方位地名，下文的“初曹依义斯”与此同。

phər^{21} sɿ^{33} dzər^{21} nɯ^{33}, | lɯ^{33} nɑ^{21} sɿ^{33} dzər^{21} tv̩^{55}. lɯ^{33} nɑ^{21} sɿ^{33} dzər^{21} nɯ^{33}, çy^{55} hər^{21} sɿ^{33} dzər^{21} tv̩^{55}.
白 三 棵 以 杉 黑 三 棵 撑 杉 黑 三 棵 以 柏 翠 三 棵 撑

çy^{55} hər^{21} sɿ^{33} dzər^{21} nɯ^{33}, æ^{21} dʑy^{21} sɿ^{33} dʑy^{21} tv̩^{55}. æ^{21} dʑy^{21} sɿ^{33} dʑy^{21} nɯ^{33}, dʑy^{21} nɑ^{21} sɿ^{33} dʑy^{21} tv̩^{55}.
柏 翠 三 棵 以 崖 山 三 座 撑 崖 山 三 座 以 山 大 三 座 撑

dʑy^{21} nɑ^{21} sɿ^{33} dʑy^{21} nɯ^{33}, dʑy^{21} nɑ^{55} zo^{55} lo^{33} tv̩^{55}. dʑy^{21} nɑ^{55} zo^{55} lo^{33} nɯ^{33}, mɯ^{33} tv̩^{55} mɯ^{33} dɯ^{21} mə^{33}
山 大 三 座 以 居那若罗 撑 居那若罗 以 天 撑 天 大 不

ly^{55} ly^{33}; khɯ^{33} nɯ^{33} lɯ^{33} zər^{21} lɯ^{33} dɯ^{21} mə^{33} tsɿ^{55} to^{33}. | tv̩^{55} dʑy^{21} me^{33} i^{33} bu^{21} mə^{33} dʑy^{21} mə^{33} du^{33},
动荡 脚 在 地 镇 地 大 不 震动 撑 有 的 是 扶 没 有 不 兴

tv̩^{55} dʑy^{21} bu^{21} dʑy^{21} dər^{33}. | ə^{55} y^{21}mi^{33} y^{21} bu^{21}, mi^{33} y^{21}lɑ^{21} bɑ^{33} bu^{21}, lɑ^{21} pɯ^{55} le^{55} mɑ^{21} bu^{21}, | kv̩^{55}
撑 有 维护 有 该 阿余米余 维护 米余拉巴 维护 拉巴固拉 维护

lɑ^{21} sɿ^{33} lɑ^{21} bu^{21}, sɿ^{33} lɑ^{21} zi^{33} lɑ^{21} bu^{21}, | phər^{21} pɯ^{55} le^{55} mɑ^{21} bu^{21}, | du^{21} se^{21} kɑ^{33} dɯ^{21} bu^{21}, dv̩^{33}
固拉斯劳 维护 斯劳汝拉 维护 盘贝勒麻 维护 卢 沈 力 大 维护 海螺

phər^{21} si^{33} gɯ^{33} bu^{21}, hæ^{33} ʂʅ^{21} tsho^{21} ze^{33} bu^{21}, dʑiə^{33} kɑ^{21} nɑ^{21} pv̩^{55} bu^{21}, dʑiə^{33} kɑ^{21} nɑ^{21} pv̩^{55} nɯ^{33},
白 狮子 维护 金 黄 大象 维护 玖嘎纳布 维护 玖嘎纳布 以

dʑy^{21} nɑ^{55} zo^{55} lo^{33} bu^{21}, dʑy^{21} nɑ^{55} zo^{55} lo^{33} kv̩^{33} nɯ^{33} mɯ^{33} dɯ^{21} bu^{21}, mɯ^{33} dɯ^{21} mə^{33} ly^{55} ly^{33}; khɯ^{33}
居那若罗 维护 居那若罗 顶 以 天 大 维护 天 大 不 动荡 脚

nɯ^{33} lɯ^{33} le^{33} zər^{21}, lɯ^{33} dɯ^{21} mə^{33} tsɿ^{55} to^{33}. zo^{55} lo^{33} ȵi^{33} phɑ^{33} ŋv̩^{21} ne^{21} hæ^{21} nɯ^{33} tshɿ^{55}, ȵi^{33} phɑ^{33}
以 以 又 镇 地 大 不 震动 若罗山 两 面 银 和 金 以 建 两 面

uɑ^{21} ne^{21} tʂhu^{21} nɯ^{33} tshi^{55}. i^{33} tʂhʅ^{33} mu^{21}、mə^{33}① | dʑy^{21} nɑ^{55} zo^{55} lo^{33} kv̩^{33}
松石 和 墨玉 以 建 居那若罗 山顶

守卫白海螺色的狮子。由白海螺色的狮子，守卫金黄色的大象。由金黄色的大象，守卫大力士玖嘎纳布。由玖嘎纳布守卫居那若罗神山。有了守卫的而不能没有支撑的。三滴白露支撑三根冰凌；三根冰凌支撑三撮黑土；三撮黑土支撑三颗石头；三颗石头支撑三根草；三根草支撑三棵蒿枝；三棵蒿枝支撑三棵白松；三颗白松树支撑三棵云杉；三棵云杉支撑三棵铁杉；三棵铁杉支撑三棵柏树；三棵柏树支撑三座山崖；三座山崖支撑三座大山；三座大山支撑居那若罗神山；居那若罗神山支撑高天，天大而不再动荡；若罗神山山脚镇地，大地不再震动。有了支撑者不能没有维护的。由阿余米余来维护，由米余拉巴来维护，由拉巴固拉来维护，由固拉斯劳来维护，由斯劳汝拉来维护，由盘贝勒麻来维护，由力气大的卢神和沈神来维护，由白海螺色狮子来维护，由金黄大象来维护，由玖嘎纳布来维护，这些都维护居那若罗神山。居那若罗神山山顶维护着高天，使高天不再动荡，若罗神山山脚镇大地，大地不再震动。若罗神山的两面用白银和黄金建造，两面用松石和墨玉建造。

在居那若罗山上，

① i^{33} tʂhʅ^{33} mu^{21}、mə^{33}（南方、不）：这两个东巴文字符无法连读成句，存疑。

47-A-06-10

ɑ^{33} so^{13} tʂhʅ^{33} mə^{33} thv̩^{33}, tʂhuɑ^{55} uɑ^{33} nɑ^{21} sɿ^{33} thv̩^{33}, tʂhuɑ^{55} uɑ^{33} nɑ^{21} nɯ^{33} nɑ^{21} pɯ^{33} nɑ^{33} lɯ^{21} be^{33}

最初 所有 未 产生 蚂蚁 黑 先 产生 蚂蚁 黑 以 黑 出处 黑 来历 做

bə^{21} tsɿ^{55}. tʂhuɑ^{55} uɑ^{33} nɑ^{21} i^{33} thv̩^{33} mə^{33} kv̩^{55}, ʐu^{21} mɯ^{33} ʐu^{21} sɿ^{55} he^{33} ȵə^{21} thv̩^{33}. zo^{55} lo^{33} iə^{21} ʥi^{21}

要 说是 蚂蚁 黑 是 繁衍 不 会 夏 天 夏 三 月 里 繁衍 若罗山 尤吉河

mæ^{33}, ʐu^{21} hɯ^{21} nɑ^{55} nɯ^{33} ʥi^{21} kɑ^{33} do^{33}, tʂhuɑ^{55} uɑ^{33} ʥi^{21} nɯ^{33} pi^{33}, ʐu^{55} pɯ^{21} ʐu^{55} lɯ^{33} lɯ^{55} mə^{33}

尾 夏 雨 大 以 水 暴涨 蚂蚁 水 以 冲 淹没 出处 淹没 来历 若 不

uɑ^{13}, nɑ^{21} pɯ^{21} nɑ^{21} lɯ^{33} be^{33} mə^{33} thv̩^{33}. | nɑ^{21} pɯ^{21} be^{33} me^{33} le^{21} mə^{33} ʥy^{21}, nɑ^{21} pɯ^{33} le^{21} mə^{33}

是 黑 出处 黑 来历 做 不 出 黑 出处 做 者 又 没 有 黑 出处 又 没

thv̩^{33}①. | ɑ^{33} so^{13} dzi^{33} mə^{33} thv̩^{33}, phe^{33} le^{21} phər^{21} sɿ^{33} thv̩^{33}. phe^{33} le^{21} phər^{21} nɯ^{33} phər^{21} pɯ^{33} phər^{21}

产生 最初 人 未 产生 蝴蝶 白 先 出世 蝴蝶 白 以 白 出处 白

lɯ^{21} be^{33} bə^{21} tsɿ^{55}. phe^{33} le^{21} thv̩^{33} mə^{33} kv̩^{55}, | tshʅ^{33} sɿ^{55} he^{33} ȵə^{21} thv̩^{33}. tshʅ^{33} hər^{33} tʂuɑ^{21} nɯ^{33}

来历 做 要 说是 蝴蝶 繁衍 不 会 冬 三 月 里 繁衍 冬 风 狂 以

mu^{21}, ʐə^{21} dzʅ^{21} bu^{21} ȵə^{21} ɕə^{55} le^{33} hə^{21}. ɕə^{55} pɯ^{21} ɕə^{55} lɯ^{21} lɯ^{55} mə^{33} uɑ^{21}, phər^{21} pɯ^{33} phər^{33} lɯ^{21}

吹 惹孜 坡 上 贴 又 去 贴 出处 贴 来历 若 不 是 白 出处 白 来历

thv̩^{33} mə^{33} lo^{21}. | ɑ^{33} so^{13} dzi^{33} mə^{33} thv̩^{33}, tsi^{55} li^{33} phər^{21} sɿ^{33} thv̩^{33}, tsi^{55} li^{33} phər^{21} nɯ^{33} phər^{21} pɯ^{33}

产生 不 能 最初 人 未 出世 鹡鸰 白 先 产生 鹡鸰 白 以 白 出处

phər^{21} lɯ^{21} be^{33} bə^{21} tsɿ^{55}. mə^{33} nɑ^{21} mə^{33} thɑ^{55} thɑ^{33}, pər^{55} lər^{33} dɯ^{33} tiə^{33} nɑ^{21}, nɑ^{21} pɯ^{21} nɑ^{21} lɯ^{33}

白 来历 做 要 说是 不 黑 不 可 胸 一 点 黑 黑 出处 黑 来历

lɯ^{55} mə^{33} uɑ^{21}, phər^{21} pɯ^{21} phər^{21} lɯ^{33} be^{33} le^{33} thv̩^{33} mə^{33} lo^{21}. | ɑ^{33} so^{13} dzi^{33} mə^{33} thv̩^{33}, le^{55} kæ^{21}

若 不 是 白 出处 白 来历 做 又 成功 不 能 最初 人 未 出处 乌鸦

① 这句应为衍文，与前句重，汉译文略。

nɑ^{21} sɿ^{33} thv̩^{33} . le^{55} kæ^{21} nɑ^{21} nɯ^{33} nɑ^{21} pɯ^{21} nɑ^{21} lɯ^{33} be^{33} bə^{21} tsɿ^{55} . dv̩^{33} ne^{21} mæ^{33} tshi^{33} sɿ^{33} pə^{21}
黑 先 产生 乌鸦 黑 以 黑 出处 黑 来历 做 要 说是 翅 和 尾 三 根

phər^{21}, phər^{21} pɯ^{21} phər^{21} lɯ^{33} lɯ^{55} mə^{33} uɑ^{13}, nɑ^{21} pɯ^{21} nɑ^{21} lɯ^{33} be^{33} mə^{33} thv̩^{33}. | ɑ^{33} so^{13} dzi^{33} mə^{33}
白 白 出处 白 来历 若 不 是 黑 出处 黑 来历 做 不 成 最初 人 未

thv̩^{33}, gə^{21} nɯ^{33} kho^{33} gv̩^{33} thv̩^{33}. mu^{21} nɯ^{33} sɑ^{55} gv̩^{33} thv̩^{33}, kho^{33} sɑ^{55} pɯ^{33} pɑ^{33} be^{33}.
出处 上 以 声 佳 出 下 以 气 佳 出 声 气 变化 作

最初，一切都还未产生；先产生出黑蚂蚁。黑蚂蚁说要做黑色的楷模。但黑蚂蚁不会选择繁衍的时机，在夏三月中繁衍。在若罗山麓的尤吉河下游，因夏天连降暴雨而泛滥，黑蚂蚁被洪水冲走而被淹没。黑蚂蚁若不是做被淹没的楷模，就成不了黑色的楷模。

最初，人类还未出世，先产生出白蝴蝶。白蝴蝶说要做白色的楷模。但白蝴蝶不会选择繁衍的时机，在冬三月里繁衍。冬天冬风烈，蝴蝶被冬风刮走贴在惹孜坡上。白蝴蝶若不是做被贴的楷模，就做不成白色的楷模。

最初，人类还未出世，先产生出白色鹳鸰鸟。白色鹳鸰鸟说是要做净白的楷模。似乎白中不可没有一点黑的，无奈鹳鸰鸟的胸上有一点黑。鹳鸰鸟若不是做净黑的楷模，就做不成净白的楷模。

最初，人类还未出世，先产生了黑乌鸦。黑乌鸦说是要做净黑的楷模。无奈在乌鸦的翅膀和尾羽中有三根白色羽毛。黑乌鸦若不是做净白的楷模就成不了净黑的楷模。

最初，人类还未出世，上方产生了佳声，下方产生佳气。声与气发生变化，

47-A-06-11

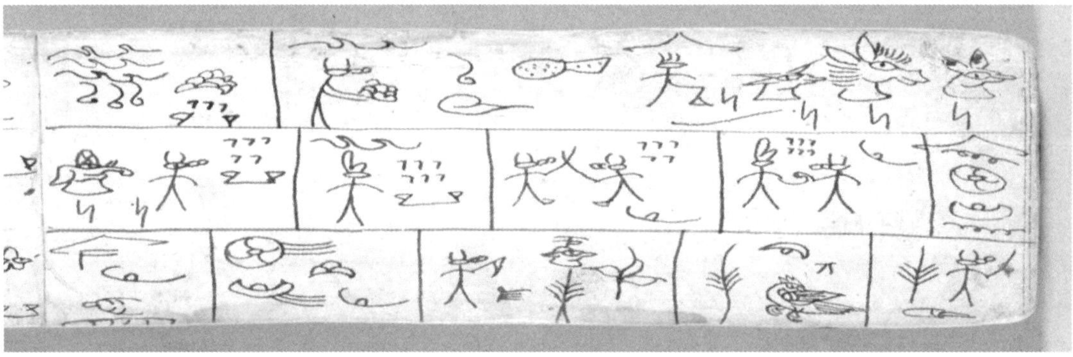

dzər^{21} phər^{21} sɿ^{55} thiə^{33} thv̩^{33}. dzər^{33} phər^{21} sɿ^{55} thiə^{33} pɯ^{33} pɑ^{33} be^{33}, dər^{21} phər^{21} sɿ^{55} dər^{33} thv̩^{33}. | lɯ^{55}
露 白 三 滴 产生 露 白 三 滴 变化 做 泡沫 白 三 团 产生

ɯ^{33} tɕi^{21} gv̩^{33} nɯ^{33}, dər^{33} phər^{21} y^{21} le^{33} hɯ^{55} ȵiə^{21} tɕi^{33}, hɯ^{55} ʂʅ^{21} sɿ^{55} hɯ^{33} thv̩^{33}. hɯ^{55} ʂʅ^{21} sɿ^{55} hɯ^{33}
利恩金古 以 泡沫 白 拿 而 海 里 放 海 黄 三 海 产生 海 黄 三 海

pɯ^{33} pɑ^{33} be^{33}, hɯ^{55} ʂʅ^{21} hɯ^{55} gu^{21} thv̩^{33}. hɯ^{55} ʂʅ^{21} hɯ^{55} gu^{21} pɯ^{33} pɑ^{33} be^{33}, hɯ^{55} ʂʅ^{21} hɯ^{55} ze^{33} thv̩^{33}.
变化 做 恒史恒恭 出世 恒史恒恭 变化 做 恒史恒壬 出世

hɯ^{55} ʂʅ^{21} hɯ^{55} ze^{33} pɯ^{33} pɑ^{33} be^{33}, hɯ^{55} ze^{33} mɯ^{33} ze^{33} thv̩^{33}. hɯ^{55} ze^{33} mɯ^{33} ze^{33} pɯ^{33} pɑ^{33} be^{33},
恒史恒壬 变化 做 恒壬美壬 出世 恒壬美壬 变化 做

mɯ^{33} ze^{33} tshɿ^{33} tshɿ^{21} tʂhər^{55}、tshɿ^{33} tshɿ^{21} tshɿ^{33} y^{21} tʂhər^{55}、tshɿ^{33} y^{21} tshɿ^{33} tɕy^{21} tʂhər^{55}、tshɿ^{33} tɕy^{21}
美壬楚初 代 楚初楚余 代 楚余楚局 代 楚局局忍

tɕy^{21} ze^{33} tʂhər^{55}, tɕy^{21} ze^{33} dzi^{33} ze^{33} tʂhər^{55}、dzi^{33} ze^{33} tsho^{21} ze^{33} tʂhər^{55}、tsho^{21} ze^{33} lɯ^{55} ɯ^{33} thv̩^{33}.
代 局忍精恩 代 精忍崇恩 代 崇忍利恩 出世

tsho^{21} ze^{33} lɯ^{55} ɯ^{33} tʂhər^{55}, lɯ^{55} ɯ^{33} uɑ^{55} be^{33} gu^{33} i^{33} thv̩^{33}, tɕi^{21} mi^{55} tʂhuɑ^{55} me^{33} he^{21} i^{33} the^{21} nɯ^{33}
崇忍利恩 代 利恩 五 兄弟 是 出世 女子 六 姐妹 是 由此 以

thv̩^{33}. | lɯ^{55} ɯ^{33} uɑ^{55} be^{33} gu^{33}, be^{33} gu^{33} æ^{21} tər^{55} thv̩^{33} mə^{33} du^{33}. be^{33} gu^{33} æ^{21} tər^{55} thv̩^{33} se^{33} iə^{33}. |
出世 利恩 五 兄弟 兄弟 争斗 结 产生 不 兴 兄弟 争斗 结 产生 了 的

tɕi^{21} mi^{55} tʂhuɑ^{55} me^{33} he^{21}, bv̩^{21} zɿ^{33} me^{33} he^{21} dzɿ^{21} bu^{21} be^{33} mə^{33} du^{33}, bv̩^{21} zɿ^{33} me^{33} he^{21} dzɿ^{21} bu^{21}
女子 六 姐妹 兄弟 姐妹 夫 妻 做 不 兴 兄弟 姐妹 夫 妻

be^{33} se^{33} iə^{33}. | gə^{21} nɯ^{33} mɯ^{33} tʂhə^{55} thv̩^{33}, mu^{21} nɯ^{33} dy^{21} tʂhə^{55} thv̩^{33}, bi^{33} tʂhə^{55} le^{21} tʂhə^{55} thv̩^{33},
做 了 的 上 以 天 秽 产生 下 以 地 秽 产生 太阳 秽 月亮 秽 产生

kɯ^{21} tʂhə^{55} zɑ^{21} tʂhə^{55} thv̩^{55}. | mɯ^{33} kuə^{55} le^{21} mə^{33} ʂuɑ^{21}, dy^{21} khu^{55} le^{21} mə^{33} gɯ^{21} se^{33} iə^{33}. | bi^{33}
星 秽 娆星 秽 产生 天 势 又 不 高 地 势 又 不 辽阔 了 的 太阳

thv̩^{33} le^{21} mə^{33} lv̩^{21}, le^{21} tshe^{55} le^{21} mə^{33} bu^{33} se^{33} iə^{33}. | tsho^{21} ze^{33} lɯ^{55} ɯ^{33} zo^{33}, dzər^{21} kv̩^{33} huɑ^{33}
出 又 不 暖 月亮 又 不 亮 了 的 崇忍利恩 男子 树 上 白鹇鸟

phər^{21} zv̩^{55}, zv̩^{55} be^{33} n̩ə^{55} ho^{21} se^{21}；dzər^{21} khɯ^{33} æ^{21} nɑ^{55} ɕə^{55}, ɕə^{55} be^{33} n̩ə^{55} ho^{21} se^{21}；| tho^{33} tʂu^{55}
栖 干活 做 你 晚 了 树 脚 鸡 黑 歇 活路 做 你 晚 了 松林带

产生三滴白露。三滴白露发生变化，产生三团泡沫。利恩金古把三团泡沫拿了放入海中①。三个黄海发生变化，产生恒史恒恭。恒史恒恭发生变化，恒史恒壬出世。恒史恒壬发生变化，恒壬美壬出世。恒壬美壬作变化，美壬楚初出世。接着，楚初楚余辈、楚余楚局辈、楚局局忍辈、局忍精恩辈、精忍崇恩辈、崇忍利恩辈相继出世。崇忍利恩辈，有五个兄弟和六个姐妹。兄弟之间不兴结仇，却结上了仇。六个姐妹不兴与兄弟结夫妻，却与兄弟结成了夫妻。因此引起上方的天染上秽，下方的地也被秽缠上，太阳和月亮也被秽浸染，众星和娆星也被秽缠上。天也变得不高远，地也不辽阔。太阳出来也不暖和，月亮也暗谈无光。崇忍利恩五兄弟做什么都已来不及了，白鹇鸟栖于树，你去干活已晚了②；黑鸡歇树下，你去干活已晚了；到雪山松林带

① 此句疑误，利恩金古是经过许多代之后才出世的人物，不可能在此出现。在众多手抄经书中都没有此说。为尊重原文，按原文译之。众多抄本作“三滴白露发生变化，产生三黄海”。

② 此句是谐音句，前文之“zv̩^{55}”，引出下文之“zv̩”。有人又称之为“顶针句”。下句亦然。

47-A-06-12

y21 phər21 ly̩55, ly̩55 be33 n̠ə55 ho21 se21. | tsho21 ze33 lɯ55 ɯ33 zo33, hu33 i33 z̩y̩55 be33 mə33 ky̩55,
绵羊 白 牧 牧 做 你 晚 了 崇忍利恩 男子 晚上 是 干活 不 会

tʂhuɑ55 uɑ33 nɑ21 le33so21; | n̠i55 gə33 z̩y̩55 be33 mə33 ky̩55, phe33 le21 phər21 gu21 so21. | tsho21 ze33 lɯ55
蚂蚁 黑 又 学 昼 的 干活 不 会 蝴蝶 白 跟着 学 崇忍利恩

ɯ33 zo33, le55 lɯ21 mə33 ky̩55 phy̩33 lɑ21 bu33 lɑ33 lɯ21, du21 se21 gɯ33 tɑ33 tɯ33 n̠iə21 thy̩33. | phy̩33 lɑ21
男子 牛 耕 不 会 神 坡 也 耕 卢神 沈神 集中 处 那儿 到 神

gə33 bu21 ʂʅ21 nɯ33, n̠i55 lɯ21 hu21 kə55 phy̩33, | hu21 lɯ21 n̠i55 kə55 phy̩33. | mɯ33 sʅ55 ɑ55 mɯ33 n̠iə21,
的 猪 黄 以 昼 耕 夜 翻 夜 耕 昼 翻 早晨 很早 时

n̠i55 i33 mə33 sʅ33 khɯ21 khɯ55 se21. hu21 i33 mə33 do21 khɯ21 tɕy21 se21 uə33 tsʅ55. tɕy33 ty21 khy̩55 nɯ33
昼 是 不 觉 下扣 了 夜 是 不 见 下扣 了 说是 下扣 夜 以

tɕy21, so21 tɕy21 le33 ly21 khɯ55, du13 gə33 bu21 ʂʅ21 le21 mə33 dər33. | lɯ55 ɯ33 tɕi21 gy̩33、lɯ55 ɯ33
引 早晨 又 看 去 卢神 的 猪 黄 又 不 上扣 利恩金古 利恩

khuɑ33 gy̩33 nɯ33, dy̩33 le33 lɯ21 mə33 ky̩55, du21 ə33 phy̩33 gə33 ky̩33 n̠ə21 dʐʅ21. ə33 phy̩33 ky̩33 gə33 ŋy̩33
夸古 以 犁尖 又 犁 不 会 卢阿普 的 头 上 撞 卢阿普 头 的 银

phər21 tho33 lo33 mə33 khə33 ə33 tshe33 khə33; dy̩33 nɯ33 ə33 dzʅ33 dʐʅ21, ə33 dzʅ33 lɑ21 gy̩33 hæ21 ʂʅ21 mɯ55
白 斗笠 不 破 差点 破 犁尖 以 沈神 撞 沈神 手 中 金 黄 手杖

thy̩33 mə33 tɕhər33 ə33 tshe21 tɕhər33. | du21 khu33 khɑ33 nɯ33 lər21 me33 mɯ33 mi33 hə21, se21 ny̩55 ɕy21
不 断 差点 断 卢神 发怒 以 叫 的 天 听见 了 沈神 利嘴

nɯ33 lər21 me33 dy21 mi33 hə21. | tsho21 ze33 lɯ55 ɯ33 khuɑ33① le33 ʂə55 me33, ə33 phy̩33 gu21 ny̩55
以 叫 的 地 听见 了 崇忍利恩 又 说 是 卢阿普 痛 或

① khuɑ33：此字符无法与其他字符连读成句，存疑。

mə^{33} gu^{21} tsɿ^{55}? tshər^{33} ny̩^{55} mə^{33} tshər^{33} tsɿ^{55}?
不　痛　说是　发热　或　不　发热　说是

去放牧，放牧已迟了①。崇忍利恩众兄弟，晚上不会干活，就跟着黑蚂蚁学干活。白天不会干活，就跟着白蝴蝶学干活。崇忍利恩众兄弟，不会耕田地，竟去犁神的山坡，犁到卢神和沈神会面商量事情的地方。神就派出神的黄猪，让黄猪把利恩几兄弟所犁的田地拱平。利恩他们白天犁了地，黄猪在晚上把地拱平；利恩他们在晚上犁了地，黄猪在白天又把地拱平。利恩他们就去下扣捕黄猪，晚上下了扣，早晨起早去看一看，未捕到黄猪。利恩金古和利恩夸古不会犁地，用犁架撞了美利卢阿普②的头，差点把卢阿普的银斗笠撞破；他俩用犁尖撞了沈阿祖的黄金手杖，差些把沈阿祖的黄金手杖撞断。卢神发怒而怒呼，呼声被天听到；沈神生气而大叫，叫声被地听到。好心的崇忍利恩上前去问候：卢阿普，您痛不痛，您疼不疼？

47-A-06-13

o^{55} dər^{33} mə^{33} dər^{33} tsɿ^{55}; pe^{55} dər^{33} mə^{33} dər^{33} tsɿ^{55}? | ə^{33} phy̩^{33} le^{33} ʂə^{55} me^{33}, gu^{21} me^{33} tshər^{33} me^{33}
拔罐　需　不　需　说是　针砭　需　不　需　说是　卢阿普　又　说　是　疼　的　发热　的

mə^{33} dʑy^{33} tsɿ^{55}, o^{55} ne^{21} pe^{55} lɑ^{33} mə^{33} dər^{33} gy̩^{33}. | ə^{33} phy̩^{33} sɿ^{55} thy̩^{33} mə^{33} dʑi^{33} nɯ^{33}, ny̩^{21} ə^{33}
没　有　说是　拔罐　和　针砭　也　不　需　成　阿普　三　步　未　走　以　你　阿普

phy̩^{33} kæ^{33} nɯ^{33} sɿ^{55} thy̩^{33} lɯ^{55} tʂhu^{21} iə^{33}. | ə^{33} phy̩^{33} sɿ^{33} zu̩^{21} mə^{33} tɑ^{55} nɯ^{33}, ny̩^{21} ə^{33} phy̩^{33} kæ^{33} sɿ^{33}
先　以　三　步　已　早　了　阿普　三　句　未　说　以　你　阿普　先　三

zu̩^{21} tɑ^{55} tʂhu^{21} iə^{33}. | lɯ^{55} ɯ^{33} uɑ^{33} be^{21} gu^{33}, be^{21} gu^{33} dzɿ^{21} mə^{33} dʑy^{21}、dzɿ^{21} tər^{55} æ^{21} se^{33} iə^{33}; | me^{33}
句　说　早　了　利恩　五　兄弟　兄弟　妻　没　有　妻　结　争斗了　的　姐妹

he^{21} bu^{21} mə^{33} dʑy^{21}、bu^{21} tʂu^{55} æ^{21} se^{33} iə^{33}. | mɯ^{33} tʂhə^{55} dy^{21} tʂhə^{55} se^{21}, bi^{33} tʂhə^{55} le^{21} tʂhə^{55} se^{21},
夫　没　有　夫　联　争斗了　的　天　秽　地　秽　了　太阳　秽　月亮　秽　了

① 这几句是以比喻说明崇忍利恩几兄弟犯下不道德的过失已来不及补过了，一切都晚了，大难将临了。

② 美利卢阿普：音译专有名词，是纳西族文化神的全称，有时称“卢阿普”，有时简称“卢”。其妻为“勒启沈阿祖”，有时称“沈阿祖”，简称为“沈”。

kɯ^{21} tʂhə^{55} za^{21} tʂhə^{55} se^{21}. | sɿ^{55} ha^{33} i^{33} so^{21} gv̩^{33}, gə^{21} la^{33} dʑy^{21} i^{33} sər^{33} kv̩^{33} no^{21} tɯ^{33} me^{33}, ʐər^{21} ne^{21}
星 秽 娆星 秽 了 三 天 之晨 到 上 也 山 的 树 上 杂草 长 的 豹 和

la^{33} nɯ^{33} tsa^{55} lɯ^{55} tsa^{55} mə^{33} tha^{55} lɯ^{33} kha^{33} kha^{21} gv̩^{33}; mɯ^{21} nɯ^{33} sər^{33} khɯ^{33} dʑi^{21} i^{33} me^{33}, ʂu^{21} ne^{21}
虎 以 扒 而 扒 不 可 来 似 成 下 以 树 下 水 流 的 水獭 和

ȵi^{33} nɯ^{33} dʐər^{33} lɯ^{55} dʐər^{33} mə^{33} tha^{55} lɯ^{33} kha^{55} kha^{21}gv̩^{33}. | gə^{21} nɯ^{33} dʑy^{33} mi^{21} sɿ^{55} ʂə^{33} thv̩^{33} lɯ^{33}
鱼 以 游 而 游 不 能 来 似 成 上 以 大 山 崩塌 产生 来

kha^{33} kha^{21} gv̩^{33}, mɯ^{21} nɯ^{33} lo^{21} na^{55} po^{55} lo^{33} thv̩^{33} lɯ^{33} kha^{33} kha^{21} gv̩^{33}. dʑy^{21} phər^{21} lər^{33} lər^{21} thv̩^{33},
似 成 下 以 深谷 淹没 产生 来 似 成 小山 喊 叫 产生

lo^{21} na^{55} mə^{33} ʂu^{21} thv̩^{33}. | bi^{33} ne^{21} le^{21} miə^{21} ʂʅ^{21} thv̩^{33} lɯ^{33} kha^{33} kha^{21} gv̩^{33}. du^{21} se^{21} khu^{33} kha^{33} gv̩^{33}.
深 谷 不 干净 产生 太阳 和 月亮 眼 黄 产生 来 似 成 卢神 沈神 发怒 成

mɯ^{33} thv̩^{33} khuə^{55} mə^{33} ʂua^{21}, dy^{21} khu^{33} khuə^{55} mə^{33} gɯ^{21} kha^{33} kha^{21} gv̩^{33}. | tsho^{21} ze^{33} lɯ^{55} ɯ^{33} zo^{33},
天 开 势 不 高 地 辟 势 不 辽阔 似 成 崇忍利恩 男儿

ə^{33} phv̩^{21} khə^{21} ȵə^{21} le^{33} ʂə^{55} khɯ^{55}. mɯ^{33} lɯ^{55} du^{21} ə^{33} phv̩^{33} nɯ^{33} ʂə^{55}:
阿普 跟前 又 说 去 美利卢阿普 以 说

需不需要拔火罐以治痛？要不要用针砭以疗伤？卢阿普回答说，痛也不痛，疼也不疼；不需拔火罐，不需用针砭。（崇忍利恩你），我阿普还未迈开三步，你就先我迈出三步了；我阿普还未说三句话，你就先我说了三句话①。而你的五兄弟，因没有妻子，而为争妻子结了仇；你的六姐妹，因为没有丈夫，就与兄弟结婚联了姻。因兄弟姐妹结成夫妻产生了污秽，污秽污染了天和地，污染了太阳和月亮，污染了星星和娆星。三天之后之早晨，就会发生上方山上的树上长杂草，而这杂草由虎豹扒也难以扒开；下方树下洪水横流，连最善游水的水獭和鱼也不能游的灾难；就将发生大山崩塌，深谷填满淹没的灾害；就将发生小山鸣叫，深谷被污染而不干净的事。日月将昏黄暗淡无光就像害了黄眼病。卢神和沈神就会发怒。所开之天不再高远，所辟之地不再辽阔。崇忍利恩就向卢阿普请教该怎么办？美利卢阿普就对崇忍利恩说：

47-A-06-14

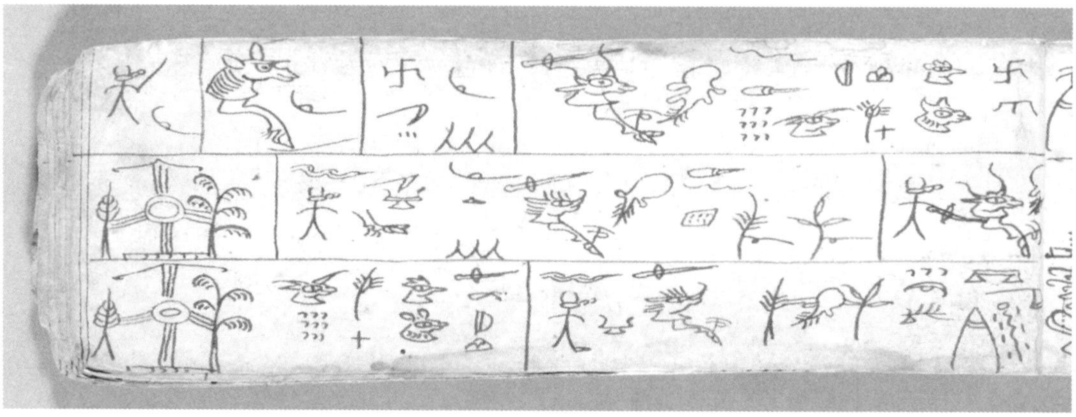

① 此两句是说崇忍利恩为阿普先想好了，以形容崇忍利恩是先为别人着想的好心人。

mə^{33} tɑ^{55} mə^{33} ɯ^{33} zo^{33}, ko^{21} be^{33} zo^{33} mə^{33} ʂʅ^{33} du^{33} mu^{21}; | gu^{33} tʂhu^{21} khɑ^{33} mə^{33} hɯ^{21} du^{33} mu^{33}
不 说 不 好 男儿 亲密 做男儿 不 死 兴 的 马 快 蹄 不 劳累 兴 的

uə^{33} tsʅ^{55}, | ɯ^{33} be^{33} mi^{55} mə^{33} thɑ^{55} uə^{33} tsʅ^{55}. | tsho^{21} ze^{33} lɯ^{55} ɯ^{33} zo^{33}, bər^{21} ʂuɑ^{55} lɑ^{21} phər^{21} kho^{55},
说是 好 做 忘 不 可 说是 崇忍利恩 男儿 牦牛 公 手 白 杀

bər^{21} ɯ^{33} dʐər^{33} dy̩^{21} ʂʅ^{55}, tʂu^{55} tshʅ^{21} khɯ^{21} by^{33} tse^{21}, ʐʅ^{21} le^{33} dze^{33} dze^{33} be^{33}. nɯ^{21} tɕhy^{33} gy̩^{33} tɕhy^{33},
牦牛 皮 鲜 皮囊 剥 锥 细 线 粗 用 缝 而 严密 做 家畜 类 九 样

lər^{55} tshy^{33} tshe^{33} sy^{21} khy̩^{21} nɯ^{33} khɯ^{55}, hæ^{21} ʂʅ^{21} tse^{55} mɑ^{21}、hæ^{21} æ^{55} tsʅ^{21}、hæ^{21} khɯ^{33} n̥i^{33}、hæ^{21}
种子 类 十 样 内 以 放 金 黄 火镰 金 小鸡 金 小狗 金

tshʅ^{55} tho^{33}、hæ^{33} ʐər^{33} the^{33}、kɑ^{21} ne^{21} ɯ^{33} me^{33} khy̩^{21} nɯ^{33} khɯ^{55} dɑ^{21} tsʅ^{55}. | bər^{21} ɯ^{33} dʐər^{33} dy̩^{21}
山羊羔 金 刀 好 和 善 的 内 以 放 说是 牦牛 皮 鲜 囊

i^{33}, ʂu^{21} bər^{33} ʂu^{33} ər^{21} phæ^{33}, ko^{33} ʂuɑ^{21} ko^{21} gy̩^{33} phər^{21}, so^{33} bɑ^{21} ɕy^{55} n̥iə^{21} phæ^{33}, so^{33}bɑ^{21} lɯ^{33} n̥iə^{21}
是 铁 索 铁 绳 拴 高原 高原 身 白 三 根 柏树 上 拴 三 根 杉树 上

phæ^{33} dɑ^{21} tsʅ^{55}. | lɯ^{55} ɯ^{33} tɕi^{21} gy̩^{33} 、lɯ^{55} ɯ^{33} khuɑ^{33} gy̩^{33} i^{33}, mɯ^{33} lɯ^{55} du^{21} ə^{33} phy̩^{33} khə^{21} le^{33} ʂə^{55}
拴 说是 利恩吉古 利恩夸古 是 美利卢阿普 处 又 说

khɯ^{55}. mɯ^{33} lɯ^{55} du^{21} ə^{33} phy̩^{33} nɯ^{33} le^{33} ʂə^{55} me^{33}: khuɑ^{33}be^{33} mi^{55} mə^{33}thɑ^{55} uə^{33} tsʅ^{55}. bu^{21} dy̩^{33} lɑ^{21}
去 美利卢阿普 以 又 说 是 恶 做 忘 不 可 说是 猪 肥 手

phər^{21} kho^{55}, bu^{21} ɯ^{33} dʐər^{33} dy̩^{21} ʂʅ^{55}, tʂu^{55} by^{33} khɯ^{21} tshʅ^{21} tse^{21}, ʐʅ^{21} le^{33} mə^{33} dze^{21} be^{33}, ʐər^{33} mu^{33}
白 杀 猪 皮 鲜 皮囊 剥 锥 粗 线 细 用 缝 而 不 严 做 江边

ʐər^{33} by^{33} sy^{55}, dɯ^{33} ky̩^{33} tho^{33} n̥iə^{21} phæ^{33}, dɯ^{33} ky̩^{33} bɯ^{21} n̥iə^{21} phæ^{33} dɑ^{21} tsʅ^{55}. | tsho^{21} ze^{33} lɯ^{55}
茅 一 头 松树 上 拴 一 头 栗树 上 拴 说是 崇忍利恩

ɯ^{33} zo^{33}, bər^{21} ʂuɑ^{33} lɑ^{21} phər^{21} kho^{55}, bər^{21} ɯ^{33} dʐər^{33} dy̩^{21} ʂʅ^{55}, tʂu^{55} tshʅ^{21} khɯ^{21} by^{33} tse^{21}, ʐʅ^{21} le^{33}
男儿 牦牛 公 手 白 杀 牦牛 皮 鲜 皮囊 剥 锥 细 线 粗 用 缝 而

dze^{33} dze^{21} be^{33}, ko^{33} ʂuɑ^{21} ko^{21} gy̩^{33} phər^{21}, ʂu^{33} bər^{21} ʂu^{33} ər^{21} nɯ^{33}, so^{33} bɑ^{21} ɕy^{55} n̥iə^{21} phæ^{33}, so^{33} bɑ^{21}
严密 做 高原 高 高原 身 白 铁 索 铁 绳 以 三 根 柏 上 拴 三 根

lɯ^{33} n̥iə^{21} phæ^{33}. nɯ^{21} tɕhy^{33} gy̩^{55} tɕhy^{33}、lər^{55} tɕhy^{33} tshe^{33} sy^{21}、hæ^{21} æ^{55} tsʅ^{21}、hæ^{21} khɯ^{33} n̥i^{33}、
杉 上 拴 家畜 类 九 种 种子 类 十 样 金 小鸡 金 小狗

hæ^{21} tshʅ^{55} tho^{33}、hæ^{21} ʐər^{33} the^{33}、hæ^{21} tse^{55} mɑ^{21} i^{33} khy̩^{21} le^{33} khɯ^{55}. | lɯ^{55} ɯ^{33} tɕi^{21} gy̩^{33}、lɯ^{55}
金 山羊 羔 金 刀 金 火镰 是 内 又 放 利恩吉古

ɯ^{33} khuɑ^{33} gy̩^{33} thɯ^{33}, bu^{21} dy̩^{33} lɑ^{21} phər^{21} kho^{55}, bu^{21} dy̩^{33} dʐər^{33} dy̩^{21} ʂʅ^{55}, tʂu^{55} by^{33} khɯ^{33} tshʅ^{21} tse^{21},
利恩夸古 他 猪 肥 手 白 杀 猪 肥 鲜 皮囊 剥 锥 精 线 细 用

ʐʅ^{21} le^{33} mə^{33} dze^{21} be^{33}. ʐər^{33} mu^{33} ʐər^{33} by̩^{33} sʅ^{55}, dɯ^{33} ky̩^{33} tho^{33} ȵiə^{21} phæ^{33}, dɯ^{33} ky̩^{33} bɯ^{21} ȵiə^{21}

缝 而 不 严 做 江边 茅 一 头 松 上 拴 一 头 栗 上

phæ^{33} le^{33} hə^{21}. | sʅ^{55} hɑ^{33} i^{33} so^{21} gy̩^{13}, gə^{21} nɯ^{33} dʑy^{33} mi^{21} sʅ^{55} ʂə^{55} thy̩^{33} le^{33} tshʅ^{21}, mi^{21} nɯ^{33} lo^{21} nɑ^{55}

拴 又 去 三 天 之 晨 到 上 以 山体 崩塌 产生 了 来 下 以 深谷

kɑ^{55} kɑ^{33}thy̩^{33} le^{33} tshʅ^{21}.

淹没 产生 了 来

不是好话不说的男儿，掏出真心待人的男儿是不兴死的；骏马之蹄是不兴疲劳的；对自己好过的人是不该忘记的。崇忍利恩好男儿，你就宰头前脚白的公牦牛，剥下全皮制皮囊，用细锥粗线来缝好，缝得整齐且严密，把九种家畜、十种谷物种放在皮囊里，把金火镰、可爱的金小鸡、金小狗、金山羊羔及金刀放在皮囊内，把所有的好东西放在皮囊里。要把牦牛皮囊用铁索拴住，三根铁索拴在高原上的柏树上，三根拴在杉树上去吧。利恩吉古和利恩夸古也去请教美利卢阿普。美利卢阿普说，对自己做过坏事的人是不会忘记的。你们就去杀一头前脚白的大肥猪，剥下猪的全皮做皮囊，用粗锥细线来缝制，缝得不整齐不严密。用江边的茅草绳，一头拴在松树上，另一头拴在栗树上。

崇忍利恩好男儿，照美利卢阿普所说，杀了一头前脚白的公牦牛，剥下公牦牛的全皮，用细锥粗线缝皮囊，缝得严密又扎实。在高原上，一头用三根铁索拴在柏树上，另一头拴在杉树上。把九种家畜、十种谷物种子、金小鸡、金小狗、金山羊羔、金刀子、金火镰放在皮囊里。利恩吉古和利恩夸古也照美利卢阿普所说，杀了一头前脚白的大肥猪，剥下肥猪全皮，用粗锥细线缝皮囊，缝的皮囊不严密且不扎实，在江边用茅草绳，把猪皮囊一头拴在松树上，另一头拴在栗树上。

第三天之早晨，上方的山体崩塌了，下方的深谷被洪水淹没了。

47-A-06-15

gə^{21} nɯ^{33} dʑy^{33}phər^{21} lo^{21} phər^{21} lər^{33} lər^{21}thy̩^{33}. | bi^{33} le^{21} miə^{21} ʂʅ^{21} thy̩^{33} le^{33} tshʅ^{21}. mə^{33} hɯ^{21} du^{21}

上 以 山 白 谷 白 鸣 产生 太阳 月亮 眼 黄 产生 了 来 不 高兴卢神

mə^{33} hɯ^{21}, du^{21} ne^{21} se^{21} dzʅ^{21} guə^{33}, du^{21} khu^{33} khɑ^{33} nɯ^{33} dʐʅ^{21}, | tho^{33} phər^{21} mɯ^{33} nɯ^{33} gy̩^{33}, lɯ^{55}

不 高兴 卢神 和 沈神 商量 卢神 发怒 以 咒 松 白 天 以 霹

ɯ^{33} tɕi^{21} gy̩^{33} i^{33}, tɕi^{21} phər^{21} gy̩^{33} ty^{55} kɑ^{55}, ze^{21} tshi^{55} ze^{21} iə^{21} hɯ^{33} mə^{33} do^{21}. | se^{21} ny̩^{55} ɕy^{21} nɯ^{33}

利恩吉古 是 云 白 九 层 间 哪里丢失 何处 失踪 去 不 见 沈神 利嘴 以

dʐʅ^{21}, bɯ^{21} ɕy^{21} lɯ^{33} nɯ^{33} by̩^{21}, tʂʅ^{55} nɑ^{21} ʂər^{33} ty^{55} ko^{55}, ze^{21} tshi^{55} ze^{21} iə^{21} hɯ^{33} mə^{33} do^{21}. |
咒 栗 红 地 以 炸 土 黑 七 层 间 哪里 丢失 何处 失踪 去 不 见

ɕy^{55} khɯ^{33} phər^{21} i^{33} mɯ^{33} ə^{33} gy̩^{33}, mɯ^{33} nɯ^{33} le^{21} mə^{33} gy̩^{33}, | lɯ^{33} nɑ^{21} lɯ^{33} ə^{33} dzʅ^{33} gy̩^{33}, lɯ^{33} nɯ^{33}
柏 脚 白 是 天 舅 天 以 又 不 霹 铁杉 地 祖母 成 地 以

le^{21} mə^{33} by̩^{21}. | lɯ^{55} mu^{33} lɯ^{55} mə^{33} dʑy^{21}, kuɑ^{33} ne^{21} kə^{55} i^{33} tɕi^{21} tʂu^{55} lɯ^{55}, | zər^{21} ne^{21} lɑ^{33} i^{33} so^{33}
又 不 炸 人类 没 有 鹤 和 鹰 是 云 霄 逃脱 豹 和 虎 是 岭

ʂuɑ^{21} ky̩^{33} le^{33} lɯ^{55}; | tʂhuɑ^{55} ne^{21} i^{33} ŋy̩^{33} ly̩^{33} lɯ^{21} tʂhʅ^{55} ɯ^{33} le^{33} lɯ^{55}; gy̩^{21} ne^{21} bu^{21} i^{33} bi^{33}
高 处 又 逃脱 鹿 和 山骡 雪山 杉林带 又 逃脱 熊 和 野猪 是 森林

nɑ^{21} kho^{55} le^{33} lɯ^{55}; | tɕhi^{21} ne^{21} le^{33} tho^{33} tshi^{21} sʅ^{55} le^{33} lɯ^{55}; | fy̩^{33} ne^{21} hɯ^{21} i^{33} dzər^{21} dzʅ^{21} ȵi^{33}
大 间 又 逃脱 麂子 和 獐子 松林间 又 逃脱 野鸡 和 箐鸡是 树 长 两

lo^{21} ko^{55} le^{33} lɯ^{55}; | dy̩^{21} ne^{21} dæ^{33} i^{33} dər^{33} lɯ^{33} khɯ^{21} lɯ^{33} tʂu^{55} le^{33} lɯ^{55}; ʂu^{21} ne^{21} ȵi^{33} i^{33} hɯ^{55}
谷 间 又 逃脱 野猫 和 狐狸是 水田 山地 连 又 逃脱 水獭 和 鱼 是大海

nɑ^{21} lo^{21} le^{33} lɯ^{55}. | æ^{21}lɑ^{33} æ^{21} mə^{33} dʑy^{33}, ɕy^{55} khɯ^{33} phər^{21} nɯ^{33} æ^{21} lo^{21} æ^{21}. ə^{33} phy̩^{33} dzʅ^{33} gə^{33} mɯ^{55}
里 又 逃脱 塞 也 塞 没 有 柏 根 白 以 崖 间 塞 祖先 的 手杖

thy̩^{33} sɑ^{21} le^{33} be^{33}. | lɑ^{33} khɑ^{33} dʑy^{21} ȵə^{21} æ^{21},
材 又 做 白杨 山 上 塞

上方的小山和小山谷都在鸣响。太阳和月亮像生了黄眼病一样暗谈无光。卢神感到不高兴，就与沈神相商量。愤怒的卢神发了毒咒，拴着利恩吉古猪皮皮囊的小松树遭雷霹，利恩吉古几兄弟，在九层白云间不知失踪到何方。生有利嘴的沈神发了毒咒，拴猪皮皮囊的栗树被地炸，利恩吉古几兄弟，不知被埋于七层黑土下的什么地方。生有白根的柏树，是天之舅，不曾遭雷击；铁杉是地之祖母，就不被地炸。大地上没有了人类，白鹤与苍鹰逃到云霄中去了，豹子和老虎逃到峻岭上去了，马鹿和獐子逃到松林带去了，野鸡和箐鸡逃到长满树木的两谷之间去了，野猫和狐狸逃到水田与山地相连的地方，水獭和鱼逃到大海里去了。（大地被洪水冲刷，）没有什么东西夹在缝隙中，而柏树的白根却夹在崖石间，就用柏树做祖先的手杖。白杨树夹在山上，

47-A-06-16

tʂhə^{55} ty̩^{55} sər^{33} le^{33} be^{33}. bu^{21} by̩^{33} lo^{21} ȵiə^{21} æ^{21}, hɑ^{55} gə^{33} do^{21} py^{21} sər^{33} le^{33} be^{33}. | zy̩^{55} khɯ^{33}
秽 抵 木 又 做 山茱萸 山谷 处 夹 晚 的 铎鬼 祭 木 又 做 柳 根

phər^{21} nɯ^{33} khæ^{33} thæ^{33} æ^{21}, tʂhə^{55} tɕi^{55} ʐuɑ^{33} le^{33} be^{33}. huɑ^{55} le^{21} huɑ^{55} tse^{33} khɯ^{33}, dʐæ^{21} dər^{33} lo^{21}
白 以 沟 底 夹 秽 驮 马 又 做 土大黄 根 泥塘 里

le^{33} æ^{21}, tʂhə^{55} tʂhər^{33} sɑ^{21} le^{33} be^{33}. ȵi^{33} tse^{21} uɑ^{33} nɯ^{33} dər^{33} thæ^{33} dər^{21}, tʂhə^{55} py^{21} tʂhə^{55} tʂhər^{33}
又 夹 秽 洗 材料 又 做 鱼 骨 以 塘 底 沉 秽 祭 秽 洗

dʑi^{21} le^{33} be^{33}. | tsho^{21} ze^{33} lɯ^{55} ɯ^{33} zo^{33}, dʑi^{33} le^{33} mɯ^{33} ʂuɑ^{21} bu^{21} ʂʅ^{55} bu^{21} ɯ^{33} khu^{33} ȵiə^{21}
水 又 做 崇忍利恩 男儿 走 而 天 高 埔史埔恩 处

thy̩^{33}, | ə^{33} ze^{13} dɯ^{33} tsʅ^{21} ne^{21}, ʂər^{33} he^{33} gy̩^{33} se^{33} iə^{33}. tsho^{21} ze^{33} lɯ^{55} ɯ^{33} zo^{33}, thɯ^{55} ko^{55} hæ^{33}
到 随便 一 算 做 七 月 到 了 的 崇忍利恩 男儿 腰 间 金

ʂʅ^{21} gæ^{21} thɑ^{55} sʅ^{55}, bər^{21} ɯ^{33} ky̩^{55} dy̩^{21} ky̩^{33} kɑ^{55} le^{55} le^{33} dɯ^{33} ly^{21} ne^{21}, | uæ^{33} tɕy^{21} dɯ^{33} ly^{21} nɯ^{21},
黄 刀 利 抽 牦牛 皮 皮囊 盖子 揭 又 一 看 做 左 方 一 看 以

dʑy^{21} nɑ^{21} ky̩^{33} gu^{21} dɯ^{33} me^{33} mə^{33} sʅ^{55}. | i^{21} tɕy^{21} dɯ^{33} ly^{21} nɯ^{21}, zə̢^{21} hər^{21} le^{21} mə^{33} y^{21}, le^{55} dɯ^{33}
山 大 上 马 一 匹 没 现 右 方 一 看 以 草 青 又 不 长 牛 一

phu^{55} mə^{33} dʑy^{21}. | ly^{55} ȵiə^{21} dɯ^{33} ly^{21} nɯ^{21}, dzi^{33} tɕhy^{33} tsho^{21} tɕhy^{33} le^{21} mə^{33} do^{21}, bər^{21} lər^{55} khɯ^{33}
头 不 有 中 方 一 看 做 精人 种 崇人 种 又 不 见 苍蝇 脚

sʅ^{55} so^{33} nɯ^{21} do^{21}. | hæ^{21} æ^{55} tsʅ^{21} nɯ^{33} ɕy^{55} dzər^{21} khɯ^{33} nɯ^{33} tɕy^{21}, tɕy^{21} kho^{33} tʂhʅ^{33} o^{33} o^{33}. æ^{21}
搓 以 见 金 小鸡 以 柏 树 根 以 啼 啼 声 这 喔 喔 鸡

tɕy^{21} sy^{21} tɕy^{21} tsʅ^{55}? ȵə^{55} i^{33} tɕi^{55} ȵiə^{21} tʂhuɑ^{33} phər^{21} dɯ^{33}, dɯ^{21} ȵiə^{21} tʂhuɑ^{33} mə^{33} dɯ^{33}, tʂhuɑ^{33}
啼 为啥 啼 说是 我 是 小 时 米 白 得 大 时 米 不 得 米

phi^{55} tʂhuɑ^{33} ʂu^{21} bɑ^{21} ne^{21} tsʅ^{55}. | hæ^{21} khɯ^{33} ȵi^{55} nɯ^{33} lɯ^{33} nɑ^{21} dzər^{21} khɯ^{33} thy̩^{55} nɯ^{33} ly̩^{21},
失 米 寻 叫 着 说是 金 小狗 以 铁杉 树 根 处 以 吠

ly̩^{21} dɯ^{21} tʂhʅ^{33} tse^{55} tse^{33}. khɯ^{33} ly̩^{21} tʂhʅ^{33} tse^{55} tse^{33}, khɯ^{21} ly̩^{21} sy^{21} ly̩^{21} tsʅ^{55}? ȵə^{55} i^{33} tɕi^{55}
吠 大 这 正 争 狗 吠 这 正 争 狗 吠 为啥 吠 说是 我 是 小

ȵə^{21} no^{33} dʑi^{21} dɯ^{33}, dɯ^{21} se^{33} no^{33} mə^{33} dɯ^{33}, no^{33} phi^{55} no^{33} ʂu^{21} ly̩^{21} ne^{21} tsʅ^{55}. | hæ^{21} tshʅ^{55}
时 奶 水 得 大 了 奶 不 得 奶 失 奶 寻 吠 着 说是 金 山羊

tho^{33} nɯ^{33} lɯ^{33} nɑ^{21} dzər^{21} khɯ^{33} bɑ^{21}. tshʅ^{55} bɑ^{21} sy^{21} bɑ^{21} tsʅ^{55}? ȵə^{55} i^{33} tɕi^{55} ȵiə^{21} zə̢^{21} hæ^{21}
羔 以 铁杉 树 根 叫 山羊 叫 为啥 叫 说是 我 是 小 时 草 青

dɯ^{33}, dɯ^{21} se^{33} zə̢^{21} mə^{33} dɯ^{33}, zə̢^{21} phi^{55} zə̢^{21} ʂu^{21} bɑ^{21} nɯ^{21} tsʅ^{55}. | le^{55} lɯ^{21} u^{21} mə^{33} dʑy^{21},
得 大 了 草 不 得 草 失 草 寻 叫 以 说是 牛 犁 架 没 有

gu^{21} lu^{21} u^{21} mə^{33} ʥy^{21}.
马 遛 对 没 有

就用白杨树干做抵秽气的抵杆。山茱萸被夹在山谷里，就用山茱萸做晚上祭铎鬼的祭木。白根柳树被夹在沟底，就用白根柳枝扎驮秽马。土大黄根夹在泥塘里，就把土大黄根放在洗秽水里以洗秽。鱼骨头沉在水塘底，就把鱼骨放在洗秽水里以洗秽。

崇忍利恩好男儿，躲在牦牛皮囊里，随水漂到高天的埔史埔恩那儿，随便计算了一下，被水淹已有七个月了。崇忍利恩抽出腰间的黄金利刀，撬开牦牛皮囊的盖子，探头往外看一看。往左看一看，大山上不见一匹马的影子。往右看一眼，未生一棵草，未见到一头牛。往中间看一眼，未见到精人和崇人，只见苍蝇歇下在搓脚。忽然听到金黄小鸡在柏树根下喔喔啼鸣，问小鸡因何在啼鸣？小鸡回答说，我小时候能吃到白米，现在长大了吃不到白米，我在为寻找白米而啼叫。又听到金黄小狗在“正争”地狂吠，问小狗何因而狂吠？小狗回答说，我小时有奶喝，长大了反而无奶喝，我在为寻奶水而狂吠。又听到金黄山羊羔在铁杉树下叫，问山羊羔为何而叫唤？小山羊羔回答道，我小时能吃到青草，长大了吃不到青草，我在为寻找丢失了的青草而叫唤。大地上没有一架牛在犁地，没有两匹马在遛跑。

47-A-06-17

tsho^{21} ze^{33} lɯ^{55} ɯ^{33} zo^{33}, sɿ^{33} do^{21} ʥi^{33} me^{33} mu^{21}, | sy^{21} lo^{33} le^{21} mə^{33} ʥy^{33}, khæ^{55} lɯ^{55} gu^{33} pe^{21}
崇忍利恩 男儿 毡 宽大 衣 大 穿 啥 活 又 没 有 弓箭 靶

sɿ^{33} tʂu^{21} tɕi^{33}, khæ^{55} gu^{21} zʅ^{33} phy̩^{55} nɯ^{21} le^{33} tshɿ^{21}. | tsho^{21} ze^{33} lɯ^{55} ɯ^{33} zo^{33}, ly^{21} le^{33} dzi^{33} ne^{21}
三 副 放 射 后 路 行 以 而 来 崇忍利恩 男儿 看 而 精人 和

tsho^{21} mə^{33} ʥy^{21}, ko^{33} ʂuɑ^{21} lɯ^{33} nɑ^{21} dzər^{21} khɯ^{33} thy̩^{55}, ȵi^{33} i^{33} mɯ^{55} khɯ^{21} ly^{33} uɑ^{33} dɯ^{33} gə^{33}
崇人 没 有 高原 高 铁杉 树 旁边 白天 是 烟子 矛 似 大 的

dɯ^{33} kə^{55} thy̩^{55}, hu^{21} i^{33} ʂy̩^{55} æ^{21} phər^{21} dɯ^{33} gə^{33} dɯ^{33} kə^{55} bu^{33} ne^{21}. | ʥi^{33} le^{33} sər^{33} ʥy^{21} ky̩^{33}
一 股 生 夜 是 冠 公鸡 大 的 一 股 亮 着 走 而 树 山 上

lɑ^{33} thy̩^{33}, ȵə^{55} kho^{33} ȵə^{55} dzɿ^{33} be^{33} le^{33} tshɿ^{21}. zo^{55} lo^{33} iə^{21} ʥi^{21} mæ^{33} lɑ^{33} thy̩^{33}, ȵə^{55} khɯ^{33} ȵə^{55}
也 到 自己 声 自己 伴 做 而 来 若罗山 尤吉河 尾 也 到 自己 脚 自己

ʐuɑ^{33} be^{33} le^{33} tshɿ^{21}. | mɯ^{33} lɯ^{55} du^{21} ə^{33} phv̩^{33} nɯ^{33} ʂə^{55} me^{33}, dzi^{33} dʑiə^{21} lɑ^{33} lər^{33} dy^{21}, dzi^{33}

马 做 而 来 美利卢阿普 以 说 是 人 住 辽阔 地 精人

tɕhy^{33} tsho^{21} tɕhy^{33} mə^{33} dʑy^{21} se^{21} uə^{33} tsɿ^{55}, dzi^{33} tɕhy^{33} tsho^{21} tɕhy^{55} tʂu^{55} dər^{33} se^{21} iə^{33} tsɿ^{55}. |

种 崇人 种 没 有 了 说是 精人 种 崇人 种 传 该 了 说是

mɯ^{33} lɯ^{55} du^{21} ə^{33} phv̩^{33} nɯ^{33}, me^{21} sər^{33} huɑ^{33} sər^{33} nɯ^{33}, sər^{33} ɕi^{33} sɿ^{55} tso^{33} tse^{55} le^{33} dy^{21} ȵə^{21}

美利卢阿普 以 五味子 木 桦 木 以 木 人 三 副 做 了 地 上

khɯ^{55}. | sər^{33} ɕi^{33} khu^{33} dzɿ^{21} tɑ^{55} mə^{33} kv̩^{55}, ɕi^{55} li^{55} lo^{33} ne^{21} ȵi^{21}; lɑ^{21} dzɿ^{21} y^{21} mə^{33} kv̩^{55}; miə^{21}

放 木 人 嘴 生 说 不 会 舌 伸缩 着 可 手 生 拿 不 会 眼

dzɿ^{21} miə^{21} tse^{55} to^{33}, miə^{21} dzɿ^{21} ly^{21} mə^{33} kv̩^{55}; khɯ^{33} dzɿ^{21} dʑi^{33} mə^{33} kv̩^{55}, bɯ^{21} tʂʅ^{55} kæ^{33} ne^{21}

生 眼 眨巴 眼 生 看 不 会 脚 生 走 不 会 交换 着

ȵi^{21}. | dzi^{33} tɕhy^{33} tsho^{21} tɕhy^{33} tʂu^{55} mə^{33} kɑ^{33} iə^{33} tsɿ^{55}. | mɯ^{33} lɯ^{55} du^{21} ə^{33} phv̩^{33}, mu^{33} dzo^{33}

可 精人 种 崇人 种 传 不 好 说是 美利卢阿普 猛鬼 引发

du^{21} nɯ^{33} dzo^{33}, mu^{33} sy^{55} du^{21} tɕər^{21} thv̩^{33} le^{33} hə^{21}. dɯ^{33} tso^{33} tshe^{55} le^{33} æ^{21} ȵə^{21} ku^{55}, æ^{21} lo^{21} ə^{55}

卢神 以 引发 猛鬼 杀 卢神 上 到 又 到 一 副 砍 了 崖 间 丢 崖 间

bɯ^{21} mu^{33} piə^{55} hə^{21}; | dɯ^{33} tso^{33} tshe^{55} le^{33} bi^{33} ȵə^{21} ku^{55}, bi^{33} lo^{21} lv̩^{33} me^{33} mu^{33} ɯ^{21} piə^{55} le^{33}

阿崩 猛鬼 变 去 一 副 砍 了 林 间 丢 林 间 鲁美姆恩 变 又

hə^{21}; | dɯ^{33} tso^{33} tshe^{55} le^{33} dʑi^{21} ȵiə^{21} ku^{55}, dʑi^{21} lo^{21} mu^{33} ɯ^{21} piə^{55} le^{33} hə^{21}. | tsho^{21} ze^{33} lɯ^{55}

去 一 副 砍 了 水 里 丢 水 里 猛鬼 恩鬼 变 又 去 崇忍利恩

ɯ^{33} zo^{33}, dzər^{21} kv̩^{33} huɑ^{33} phər^{21} ʐv̩^{55}, ʐv̩^{55} be^{33} ȵiə^{55} ho^{21} se^{21}; dzər^{21} khɯ^{33} æ^{21} nɑ^{55} ɕə^{55}, ɕə^{55}

男儿 树 上 白鹇 白 歇 活路 做 你 晚 了 树 旁 鸡 黑 歇 歇

be^{33} ȵiə^{55} ho^{21} se^{21}; | tho^{33} tʂu^{55} y^{21} phər^{21} lv̩^{55}, lv̩^{55} be^{33} ȵiə^{55} ho^{21} se^{21}. | tsho^{21} ze^{33} lɯ^{55} ɯ^{33}

做 你 晚 了 松 连绵 羊 白 牧 牧 做 你 晚 了 崇忍利恩

zo^{33}, dʑi^{33} le^{33} tv̩^{21} be^{33} dʑiə^{33} lɯ^{55} bu^{21} le^{33} thv̩^{33}, mɯ^{33} lɯ^{55} du^{21} ə^{33} phv̩^{33} le^{33} do^{21}. mɯ^{33} lɯ^{55} du^{21}

男儿 走 而 独本玖利埔 坡 又 到 美利卢阿普 又 见 美利卢阿普

ə^{33} phv̩^{33} nɯ^{33} le^{33} ʂə^{55} me^{33}, tsho^{21} ze^{33} lɯ^{55} ɯ^{33} zo^{33}, dzɿ^{21} to^{55} bu^{21} ʂu^{21} næ^{21} mə^{33} ʂv̩^{33} lɑ^{55} uə^{33}

以 又 说 是 崇忍利恩 男儿 妻 结 夫 找 该 不 想 么 说是

tsɿ^{55}? | dzɿ^{21} khə^{55} bu^{21} ʂu^{21} næ^{21} lɯ^{55} sɿ^{13}, mɯ^{33} ʂuɑ^{21} kɯ^{33} æ^{21} bv̩^{21}, mɯ^{33} mi^{55} miə^{21} tsɿ^{21} miə^{21}

妻 能干 夫 找 该 若 想 美刷庚昂埔 天 女 眼 竖 眼

dər^{21} ȵi^{33} kv̩^{55} dʑy^{21}.

横 两 个 有

崇忍利恩好男儿，身穿宽大的羊毛毡衣，没有啥活干，带着三副弓箭和靶子，一路上把靶往前移，又用弓箭射靶子打发着时光。崇忍利恩四周见不到精人和崇人的影子，他在高原上的铁杉树旁，白天伴着似矛杆粗的烟子，夜晚只见似鸡冠大的火苗在闪烁。崇忍利恩走遍了所有的山林，但只有自己的声音为自己作伴；他走遍了若罗山下的尤吉河，但只有用自己的脚当坐骑。美利卢阿普说，在人类居住的辽阔大地上，已没有精人和崇人①的种了，要想法繁衍精人和崇人了。于是美利卢阿普就用五味子木和桦木削制三副木人放在大地上。但木人有嘴不会说话，其舌只会伸出来缩进去；木人有手不会拿东西，有眼只会眨眼不会看，有脚不会走，只会左右交换伸缩。美利卢阿普说，这木人不可能繁衍精人和崇人。由此，有关猛鬼的事都牵扯美利卢阿普了，杀猛鬼的责任也轮到卢神身上了。（之所以这样）是因卢神把一副木人砍了之后丢到崖间，变成了崖间的阿崩猛鬼；又砍了一副木人，丢到森林之中，变成了森林中的鲁美姆恩猛鬼；再砍一副丢到水中，变成了水中的猛鬼和恩鬼。

崇忍利恩好男儿，似白鹇鸟歇树上，你去干活已晚了；又像黑鸡歇树下，你去歇息也晚了；要到松林间牧绵羊，去放牧也迟了②。崇忍利恩来到独本玖利埔坡，见到美利卢阿普。美利卢阿普说，崇忍利恩好男儿，难到你就不想娶妻结婚么？如果想找个贤惠能干的妻子，那么在美刷庚昂埔，有两个天女，一个是竖眼，一个是横眼。

47-A-06-18

zi^{33}　i^{33} miə^{21} tsɿ^{21} zi^{33}, uɑ^{21} i^{33} miə^{21} dər^{21} uɑ^{21}.｜miə^{21} tsɿ^{21} dy̩^{33} tshi^{33} khy̩^{33} mə^{33} ȵi^{21},｜miə^{21}
漂亮 是　眼　竖 漂亮贤惠是 眼　横 贤惠　眼　竖　翅　偷　不　可　眼

dər^{21} dy̩^{33} tshi^{33} khy̩^{33} dər^{33} tsɿ^{55}.｜tsho^{21} ze^{33} lɯ^{55} ɯ^{33} zo^{33}, gy̩^{33} dɯ^{21} nɯ^{33} mə^{33} gy̩^{21}, nɯ^{33} dzɿ^{33}
横　翅　偷　该　说是　崇忍利恩　男儿 身　大　心　不　敌　心　随

be^{33} pə^{55} tshɿ^{21}.｜phɑ^{33} dɯ^{21} miə^{21} mə^{33} gy̩^{21}, miə^{21} dzɿ^{33} be^{33} le^{33} thy̩^{33}.｜miə^{33} dər^{21} dy̩^{33} tshi^{33} le^{21}
做　而　来　脸　大　眼　不　敌　眼　随 做 而　生　眼　横　翅　又

mə^{33} khy̩^{33}, miə^{21} tsɿ^{21} dy̩^{33} tshi^{33} khy̩^{13} le^{33} tshɿ^{21}.｜tsho^{21} ze^{33} lɯ^{55} ɯ^{33} ne^{13} mɯ^{33} mi^{55} miə^{21} tsɿ^{21}
不　偷　眼　竖　翅　偷　而　来　崇忍利恩　和　天　女　眼　竖

ȵi^{33} ky̩^{55} iə^{33} ko^{21} le^{33} thy̩^{33} ȵiə^{13}, tɑ^{55} dze^{33} dɯ^{33} ʥi^{21} be^{33}. dɯ^{33} khɯ^{33} tʂu^{55} le^{33} tho^{33} le^{33} bɯ^{21}
两　个　家　又　到　时　结合　一　家　做　一　胎　传 而　松　和　栗

① 精人和崇人：“精”、“崇”为音译，为人类祖先，在东巴古籍里多指所有人类。

② 这几个句子的意思是用比喻以说明崇忍利恩因遭洪水而做什么事都无法做了。

khɯ^{33} tʂu^{55}, | dɯ^{33} khɯ^{33} tʂu^{55} le^{33} y^{21} ne^{21} æ^{21} khɯ^{33} tʂu^{55}, | dɯ^{33} khɯ^{33} tʂu^{55} le^{33} zʅ^{21} ne^{21} pɑ^{33}

胎 传 一 胎 传 而 猴 和 野鸡 胎 传 一 胎 传 而 蛇 和 蛙

khɯ^{33} tʂu^{55}, dɯ^{33} khɯ^{33} tʂu^{55} le^{33} gv̩^{21} ne^{21} bu^{21} khɯ^{33} tʂu^{55}. | tsho^{21} ze^{33} lɯ^{33} ɯ^{33} zo^{33}, mɯ^{33} lɯ^{55}

胎 传 一 胎 传 而 熊 和 野猪 胎 传 崇忍利恩 男儿 美利

du^{21} ə^{33} phv̩^{33} khə^{21} le^{33} ʂə^{55} khɯ^{55}. mɯ^{33} lɯ^{55} du^{21} ə^{33} phv̩^{33} nɯ^{33} ʂə^{55}, zo^{33} ɯ^{33} tɑ^{55} mə^{33} sɿ^{55},

卢阿普 处 又 说 去 美利卢阿普 以 说 男儿 好 说话 不 遵从

zo^{33} thɯ^{21} ʥy^{33} se^{33} iə^{33}. | bɯ^{33} ɯ^{33} tɑ^{55} mə^{33} sɿ^{55}, mi^{55} thɯ^{21} ʥy^{33} se^{33} iə^{33}. | tsho^{21} ze^{33} lɯ^{55} ɯ^{33}

男儿 吃亏 有 了 的 女子 好 说话 不 遵从 女 吃亏 有 了 的 崇忍利恩

zo^{33}, tho^{33} khɯ^{33} bɯ^{21} khɯ^{33} tʂu^{55} me^{33} dy^{55} le^{33} tho^{33} dzɿ^{21} bɯ^{21} dzɿ^{21} bu^{21} le^{33} hə^{21}; | y^{21} ne^{21} æ^{21}

男儿 松 胎 栗 胎 传 的 撵 了 松 长 栗 长 坡 又 去 猴 和野鸡

khɯ^{33} tʂu^{55} me^{33} dy^{55} le^{33} æ^{33} ʂuɑ^{21} kho^{55} le^{33} hə^{21}, | gv̩^{21} ne^{21} bu^{21} khɯ^{33} tʂu^{55} me^{33} dy^{55} le^{33} bi^{33}

胎 传 的 撵 了 崖 高 处 又 去 熊 和 野猪 胎 传 的 撵 了 林

dɯ^{21} bv̩^{21} le^{33} hə^{21}, | zʅ^{21} ne^{21} pɑ^{33} khɯ^{33} tʂu^{55} me^{33} dər^{33} hər^{21} ʥi^{21} ȵiə^{21} khɯ^{55} le^{33} hə^{21}. | tsho^{21}

大 底 又 去 蛇 和 蛙 胎 传 的 青苔 水 里 放 又 去

ze^{33} lɯ^{55} ɯ^{33} zo^{33}, dzi^{33} ʥiə^{21} lɑ^{33} lər^{33} dy^{21}, dy^{21} nɯ^{33} dzɿ^{21} mə^{33} ʥy^{21}, dzɿ^{21} ʂu^{21}

崇忍利恩 男儿 人 住 辽阔 地 地 以 妻 没 有 妻 找

说漂亮则是竖眼女漂亮，说贤惠则是横眼女贤惠。你不要偷竖眼女的翅膀把竖眼女娶来，要偷横眼女的翅膀把横眼女娶到家。（崇忍利恩来到美刷庚昂埔，见到漂亮的竖眼女），崇忍利恩高大的身子敌不过自己的心，身子不由心地领了竖眼女；一张大脸不敌一双眼，眼见竖眼女漂亮就让眼做主娶了竖眼女，就不偷横眼女的翅膀却偷了竖眼女的翅膀，领了竖眼女回到家。崇忍利恩和竖眼女结合做一家。他俩第一胎生下松树和栗树，又一胎生下猴子和野鸡，再一胎生下蛇和蛙，第四胎生下老熊和野猪。崇忍利恩无奈地去找美利卢阿普诉说。美利卢阿普说，崇忍利恩呀，好男不听老人话，吃亏在眼前了；好女不听话，吃亏亦在眼前了。崇忍利恩遵照卢神所说，把松树和栗树撵到长松树和栗树的山坡上去，把猴子和野鸡撵到高崖上去，把老熊和野猪撵到大森林里去，把蛇和蛙撵到生青苔的水流里去了。

崇忍利恩好男儿，在人类居住的大地上无妻子可寻，他为找妻子，

47-A-06-19

mɯ^{33} le^{33} do^{33}. tshe^{55} hɯ^{21} bu^{21} bə^{21} mi^{55}, mɯ^{33} nɯ^{33} bu^{21} mə^{33} dʑy^{21}, bu^{21} ʂu^{21} dy^{21} lɑ^{33} zɑ^{21}.
天 又 登 衬恒褒白 女子 天 以 夫 没 有 夫 找 地 又 降

phər^{21} nɑ^{55} lɯ^{33} kæ^{33} tʂu^{55}, sɿ^{21} khɑ^{33} luɑ^{21} bv̩^{33} bɑ^{21}, ȵi^{33} ȵi^{21} tɕhy^{33} tɕhy^{21} bɑ^{21}, ȵi^{33} ne^{21} tɕhy^{21} ko^{33}
白 黑 地 相连 梅 两度 花 需要 相随 开 要 和 随 相遇

pv̩^{55}. tsho^{21} ze^{33} lɯ^{55} ɯ^{33} zo^{33}、tshe^{55} hɯ^{21} bu^{33} bə^{21} mi^{55}, ȵi^{33} le^{33} tɕhy^{21} ko^{33} pv̩^{55}. | tshe^{55} hɯ^{21}
崇忍利恩 男儿 衬恒褒白 女子 要 和 随 相遇 衬恒

bu^{33} bə^{21} nɯ^{33}, tsho^{21} ze^{33} lɯ^{55} ɯ^{33} zo^{33}, ko^{33} phər^{21} dv̩^{33} ȵə^{21} tsɿ^{55}, tɕi^{33} phər^{21} tʂu^{55} nɯ^{33} dzi^{21},
褒白 以 崇忍利恩 男子 鹤 白 翅 间 藏 云 白 间 以 飞

he^{21} i^{33} mɯ^{33} gə^{55} kv̩^{21}, dzɿ^{33} lɑ^{21} ə^{33} phv̩^{33} ko^{21} ȵiə^{21} le^{33} thv̩^{33} tshɿ^{21}. | dzɿ^{33} lɑ^{21} ə^{33} phv̩^{33} gə^{33},
神 的 天 深 处 孜劳阿普 家 里 又 到 来 孜劳阿普 的

gv̩^{33} dʑi^{21} gv̩^{33} tʂuɑ^{55} tho^{21}, khə^{55} tshe^{55} me^{33} khə^{21} lv̩^{55} le^{33} tɕi^{33}. khv̩^{55} i^{33} bv̩^{33} y^{21} tər^{55}, bv̩^{33} y^{21}
九 房 九 间 后 篮 大 处 罩 又 放 晚 是 绵羊 关 绵羊

by^{21} tɑ^{55} dzər^{21} iə^{33} tsɿ^{55}. | so^{21} i^{33} by^{21} khɯ^{33} khɯ^{55}, by^{33} khɯ^{33} khv̩^{21} tɑ^{55} lv̩^{21} iə^{33} tsɿ^{55}. dzɿ^{33}
外 只 惊 的 说是 晨 是 外 狗 放 外 狗 内 只 吠 的 说是

lɑ^{21} ə^{33} phv̩^{33} nɯ^{33}, gæ^{21} sɿ^{33} gæ^{21} tshɑ^{21} ne^{21} le^{33} hə^{21}. | tshe^{55} hɯ^{21} bu^{33} bə^{21} mi^{55} nɯ^{33} ʂə^{55}:
孜劳阿普 以 刀 磨 刀 擦 着 又 去 衬恒褒白 女子 以 说

gæ^{21} sɿ^{33} gæ^{21} tshɑ^{21} sy^{21} be^{33} bɯ^{33} mə^{33} do^{13}? dzɿ^{33} lɑ^{21} ə^{33} phv̩^{33} le^{33} ʂə^{55} me^{33}: | khv̩^{55} i^{33}
刀 磨 刀 擦 啥 做 要 不 知 孜劳阿普 又 说 是 晚 是

by^{21} y^{21} mə^{33} sɑ^{21} iə^{33}, by^{21} lo^{21} dzər^{21} iə^{33} tsɿ^{55}; so^{21} i^{33} bv̩^{33} khɯ^{33} thɯ^{33} mə^{33} sɑ^{21}, khv̩^{21} ly^{21}
绵羊 不 安静 的 圈 里 惊 的 说是 晨 是 牧狗 它 不 安 内 朝

i^{33} lv̩^{21} iə^{33} tsɿ^{55}. dzi^{33} dzər^{33} tsho^{21} dzər^{33} nv̩^{21} iə^{33} tsɿ^{33}. | dzi^{33} sy^{55} gæ^{21} sɿ^{33} gæ^{21} tshɑ^{21} nɯ^{21} mə^{21}
的 吠 的 说是 精人 味 崇人 味 闻 的 说是 精人 杀 刀 磨 刀 擦 以 的

tsɿ^{55}. | tshe^{55} hɯ^{21} bu^{33} bə^{21} mi^{55} nɯ^{33} le^{33} ʂə^{55} me^{33}, gæ^{21} sɿ^{33} gæ^{21} tshɑ^{21} nɯ^{21} mə^{33} dər^{33}, dzi^{33}
说是 衬恒褒白 女子 以 又 说 是 刀 磨 刀 擦 以 不 必 精人

sy^{55} tsho^{21} sy^{21} ne^{21} mə^{33} dər^{33}. | mə^{33} khə^{55} u^{21} mə^{33} phu^{21}, khə^{55} se^{33} u^{21} phu^{21} tshɿ^{21} gə^{33} dɯ^{33}
杀 崇人 杀 的 不 必 不 能干 仆人 不 逃 能干 了 仆人 逃 来 的 一

zo^{33} uɑ^{21}. lv̩^{33} mə^{33} tshər^{33} me^{33} bæ^{33} mə^{33} bər^{33}, lv̩^{33} tshər^{33} bæ^{33} bər^{33} tshɿ^{21} gə^{33} dɯ^{33} kv̩^{55} uɑ^{21}
男子 是 石 不 热 的 蜂 不 迁 石 热 蜂 迁 来 的 一 个 是

iə^{33} tsɿ^{55}. | mɯ^{33} mə^{33} thv̩^{33} mə^{33} du^{33}, mɯ^{33} thv̩^{33} dɯ^{33} ȵi^{33} ly^{33} dʑər^{55} ly^{33} tɕhi^{33} tʂər^{21} bə^{21} tsɿ^{55}.
的 说是 天 不 晴 不 兴 天 晴 一 天 粮食 晒 粮 守 派 要说是

mɯ^{33} mə^{33} dzɑ^{33} mə^{33} du^{33}, mɯ^{33} dzɑ^{33} dɯ^{33} n̩i^{33} dʑi^{21} ʂu^{55} khæ^{33} bæ^{21} tʂər^{21} bə^{21} tsɿ^{55}. | dzɿ^{33} lɑ^{21}
天 不 阴 不 兴 天 阴 一 天 水 引 沟 清扫 派 要 说是 孜劳阿普

ə^{33} phy̩^{33} nɯ^{33} ʂə^{55} me^{33}, gɯ^{21} lɑ^{33} gɯ^{21} iə^{33} tsɿ^{55}, tse^{21} lɑ^{33} tse^{21} iə^{33} tsɿ^{55}. thɯ^{33} lɯ^{55} uɑ^{21} mə^{21} ny̩^{55},
以 说 是 确实 也 确实 的 说是真实也 真实 的说是 这 若 是 的话

khy̩^{21} sɿ^{13} lu^{33} lɑ^{21} tsɿ^{55}. | tshe^{55} hɯ^{21} bu^{33} bə^{21} nɯ^{33}, gy̩^{33} ho^{21} dʑi^{21} nɯ^{33} tʂhər^{33}, phər^{21} dɯ^{21}
里 领 来 吧 说是 衬恒褒白 以 九 河 水 以 洗 白 大

ko^{55} ko^{33} gy̩^{33}; gy̩^{33} ly̩^{55} mɑ^{21} nɯ^{33} mɑ^{33}, huɑ^{21} dɯ^{21} lo^{55}lo^{33} gy̩^{33}, gy̩^{33} tʂu^{21} pər^{55} nɯ^{33} pər^{55},
生生 成 九 饼 酥油 以 搽 光滑 大 溜溜 成 九 把 梳子 以 梳

就把高天登。衬恒褒白好姑娘，天上无丈夫，为了寻夫君，从天降到地。在黑白交界地，有棵两度梅。似这两度梅，崇忍利恩和衬恒褒白，一个需寻妻，一个要寻夫，需要和相随遇到一起了。衬恒褒白就把崇忍利恩藏在白鹤的翅膀下，飞到白云间，来到神的天界里，来到孜劳阿普的家里。衬恒褒白把崇忍利恩藏在孜劳阿普家的九间房的屋背后，用一个大竹篮罩住。（孜劳阿普）傍晚去关绵羊，绵羊惊慌不进圈而只往外跑；清晨把狗放出去而狗只朝家里狂吠。孜劳阿普就把刀子磨快把刀擦亮。衬恒褒白问父亲，您为何要磨刀？为何把刀擦？孜劳阿普说，傍晚去关绵羊而绵羊在圈里惊吓不安；早上放狗出来而狗亦不安地朝家里狂吠。我闻到了精人和崇人的气味。我是为了杀精人和崇人在磨刀和擦刀。衬恒褒白对父亲说，您不必磨刀和擦刀，不需去杀精人和崇人。不能干的仆人不会逃，他是一个逃出来的能干的男仆。石头不发热蜜蜂不会搬家，他是个像因石头发热才搬家的蜜蜂一样的男儿。天不会总阴而不晴，天晴的一天，可让他去晒粮和守粮。天也不会总晴而不阴，天阴的那天，可派他去理沟和引水。孜劳阿普听了这番话，认为姑娘说的很在理，说的也实在。孜劳阿普说，确实是这样的话，就把他领来见我吧！

衬恒褒白姑娘就用九条河水给崇忍利恩洗身子，把崇忍利恩洗得白生生；用九饼酥油搽，搽得崇忍利恩身体滑溜溜；用九把梳子梳头发，

47-A-06-20

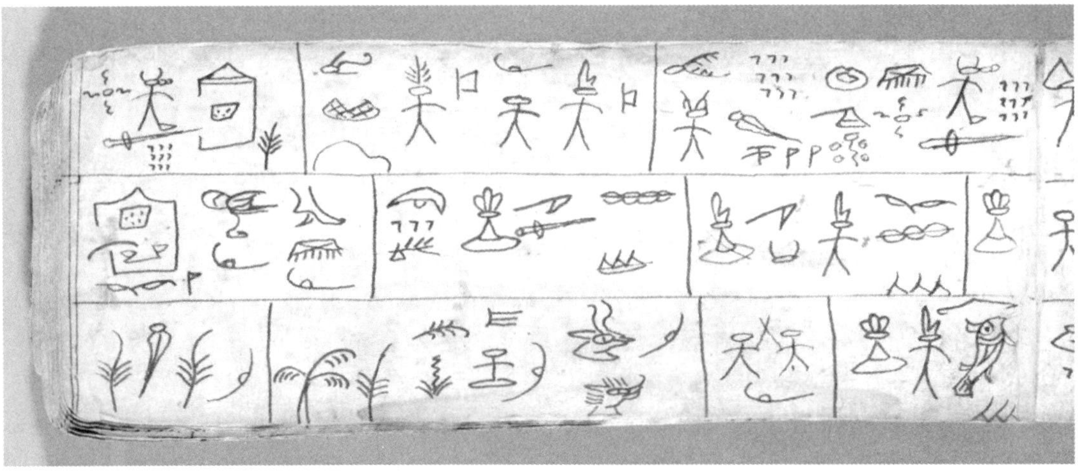

bu^{21} dɯ^{21} zi^{33} ʐæ^{33} gy̩^{33}. dʑi^{33} tho^{21} gæ^{21} thɑ^{55} gy̩^{33} khɯ^{21} ʐʅ^{21} nɯ^{33} sɿ^{13} le^{33} tshɿ^{21}, | dzɿ^{33} lɑ^{21} ə^{33}
亮 大 闪亮 成 屋 后 刀 利 九 把 路 以 领 而 来 孜劳阿普

phy̩^{33} khə^{21} ȵiə^{21} le^{33} thy̩^{33} tshɿ^{21}. dzɿ^{33} lɑ^{21} ə^{33} phy̩^{33} nɯ^{33} dɯ^{33} ly^{21} nɯ^{21} i^{33} le^{33} ʂə^{55} me^{33}: ə^{33} khə^{55}
处 又 到 来 孜劳阿普 以 一 看 以 的 又 说 是 阿扣鲁勒

ly̩^{33} le^{33} bu^{21}, sɿ^{21} khu^{33} zo^{33} mə^{33} tɕi^{33}, me^{33} khu^{33} mi^{55} mə^{33} tɕi^{33} gə^{33} dɯ^{33} ky̩^{55} uɑ^{21} iə^{33} tsɿ^{55}. |
坡 父 嘱咐 儿 不 放 母 嘱咐 女 不 放 的 一 个 是 说是

gɯ^{21} ne^{21} tse^{21} be^{33} gy̩^{33} ho^{21} dʑi^{21} nɯ^{33} tʂhər^{33}, phər^{21} dɯ^{21} ko^{55} ko^{33} gy̩^{33}, gy̩^{33} ly̩^{55} mɑ^{21} nɯ^{33}
实 和 真 地 九 河 水 以 洗 白 大 生生 成 九 饼 酥油 以

mɑ^{33}, ʂu^{55} i^{33} huɑ^{33} huɑ^{21} gy̩^{33}, gy̩^{33} tʂu^{21} phər^{55} nɯ^{33} phər^{55}, bu^{33} dɯ^{21} zi^{33} ʐæ^{33} gy̩^{33}, gæ^{21} thɑ^{55}
搽 脸面 是 光滑 成 九 把 梳子 以 梳 亮 大 闪亮 成 刀 利

gy̩^{33} khɯ^{21} ʐʅ^{33} nɯ^{33} sɿ^{33} bə^{55} iə^{33} ko^{21} le^{33} thy̩^{33} tshɿ^{21}①. lɑ^{21} tɕər^{21} dɯ^{33} ly^{21} nɯ^{21}, sæ^{33} dɯ^{33} thiə^{55}
九 把 路 以 领 了 家里 又 到 来 手 上 一 看 着 血 一 滴

mə^{33} i^{33}; khɯ^{33} bə^{33} dɯ^{33} ly^{21} nɯ^{21}, dʐər^{33} dɯ^{33} thiə^{55} mə^{33} i^{33}; ky̩^{33} ȵiə^{21} dɯ^{33} ly^{21} nɯ^{21}, pər^{55}
没 有 脚 掌 一 看 着 汗 一 滴 没 有 头 上 一 看 着 纹

dɯ^{33} pər^{55} mə^{33} dzɿ^{21}, kæ^{21} mə^{33} i^{33} iə^{33} tsɿ^{55}. | tsho^{21} ze^{33} lɯ^{55} ɯ^{33} zo^{33} nɯ^{33} ʂə^{55} , khy̩^{55}② i^{33} du^{21}
一 纹 没 生 威 没 有 的 说是 崇忍利恩 男儿 以 说 晚 是 卢神

nɯ^{33} be^{33}, du^{21} nɯ^{33} be^{33} me^{33} ɯ^{33} mi^{21} tʂhu^{21} dzɿ^{21} se^{21}. | so^{21} i^{33} se^{21} nɯ^{33} be^{33}, kho^{33} phæ^{55}
以 做 卢神 以 做 的 好 名声 早 扬开 了 晨 是 沈神 以 做 角 顺

he^{33} ɕə^{55} se^{21}, kho^{33} y^{21} he^{33} hɯ^{21} se^{21}, tshe^{55} hɯ^{21} bu^{33} bə^{21} mi^{55}, tʂhu^{21} be^{33} ȵə^{55} iə^{55} lu^{33} uə^{33}
耳 竖 了 声 轻 魂 宁 了 衬恒褒白 女子 早 地 我 给 来 说是

tsɿ^{55}. | dzɿ^{33} lɑ^{21} ə^{33} phy̩^{33} le^{33} ʂə^{55} me^{33}, dzi^{33} dʑiə^{21} lɑ^{33} lər^{33} dy^{21}, dzər^{21} dzɿ^{21} sɑ^{21} i^{33} dʑi^{21} i^{33}
孜劳阿普 又 说 是 人 住 辽阔 地 树 长 地方 是 水 流

ne^{21}, dzər^{21} dzɿ^{21} sɑ^{21} mə^{33} dʑy^{33}, | lɯ^{33} dzɿ^{21} tho^{33} dzɿ^{21} sɑ^{21} mə^{33} dʑy^{33}, ʐə^{21} dzɿ^{21} pɯ^{33} dzɿ^{21} sɑ^{21}
着 树 长 地方 没 有 杉 长 松 生 地方 没 有 草 生 蒿 生 地方

mə^{33} dʑy^{33}; dzi^{33} dzɿ^{21} sɑ^{21} mə^{33} dʑy^{33}, dzɿ^{21} tʂu^{55} bu^{21} tʂu^{55} ky̩^{33} mə^{33} dzɿ^{21}. | dzɿ^{21} æ^{21} bu^{21} æ^{21}
没 有 人 住 地方 没 有 妻 结 夫 结 处 没 有 妻 结仇 夫 结仇

tʂhʅ^{33} the^{21} khɯ^{55} mə^{33} tho^{33} lɑ^{21} uə^{33} tsɿ^{55}, ŋə^{33} mi^{55} ny̩^{21} iə^{55} mə^{33} thɑ^{55} tsɿ^{55}, ny̩^{21} iə^{55} mə^{33} bɯ^{33}
这 的 发生 不 可以 的 说是 我 女儿 你 给 不 可 说是 你 给 不 要

tsɿ^{55}. | dzɿ^{33} lɑ^{21} ə^{33} phy̩^{33} le^{33} ʂə^{55} me^{33}, mɯ^{33} mi^{55} lɯ^{55} ȵi^{33} se^{13},
说是 孜劳阿普 又 说 是 天 女 若 要 的话

① 此段文字看似重笔，前文已陈述，译文中略去。

② 此处有笔误，写成 sɿ^{55} hɑ^{33} so^{21}。现校读为 khy̩^{55} i^{33}……与下句 so^{21} i^{33} 对应。

把崇忍利恩的头发梳得亮光光。衬恒褒白把崇忍利恩从屋后的九把利刀路上领了来，来到父亲孜劳阿普跟前。

孜劳阿普看了看崇忍利恩就说道，你是在阿扣鲁勒坡不曾受父亲教养的儿子，你家的女儿也是不曾受母亲教养的女儿。孜劳阿普看看崇忍利恩的手，其手上未有一点血色；看一看脚掌，脚掌上未见一滴汗渍；看看崇忍利恩的脸面，未见一丝纹，就说是一个不威武的男子。崇忍利恩说：之所以有傍晚是卢神之所为[①]，卢神的好名声就从此远扬了。清晨是由沈神所为，因此一切按规矩就顺耳了，就会耳闻佳音心神宁了。请您孜劳阿普及早地把您的女儿衬恒褒白嫁给我吧！孜劳阿普回答道，在人类居住的辽阔大地上，在树木生长的地方都流着洪水，树都没有生长的地方了，松树杉树也没有生存的地方，杂草和蒿枝无地生长；人类也没有居住之地，没有人可结亲娶嫁了。为避免将来你俩夫妻结仇就不能答应这门亲了，我的女儿就不能嫁给你了，我不会把我的女儿许给你。之后孜劳阿普又说道，如果你确实想要我家天女的话，

47-A-06-21

dæ^{21} lɯ^{55} nɯ^{21} dæ^{21} iə^{33}, khə^{55} lɯ^{55} nɯ^{21} khə^{55} iə^{33}, dæ^{21} me^{33} gv̩^{33} tshər^{21} gv̩^{33} ɕi^{21} tshər^{55} lu^{33}
能干 若 你 能干 的 聪明 若 你 聪明 的 能干 的 九 十 九 林 砍 来

tsɿ^{55}. tshər^{55} se^{33} ɕi^{21} le^{33} bər^{21} lu^{33} uə^{33} tsɿ^{55}. | ɕi^{21} bər^{21} lər^{55} le^{33} phv̩^{55} lu^{33} tsɿ^{55}, phv̩^{55} se^{33} le^{33}
说是 砍 后 林 又 烧 来 说是 林 烧 种 又 撒种 来 说是 撒种 后 又

sɿ^{55} lu^{33} uə^{33} tsɿ^{55}. | lɑ^{33} ȵi^{55} sɿ^{55} thiə^{33} tʂuɑ^{13} lu^{33} tsɿ^{55}. æ^{21} ko^{55} se^{21} hɯ^{21} y^{13} lu^{33} tsɿ^{55}, dʑi^{33} gə^{33}
捡 来 说是 虎 乳 三 滴 挤 来 说是 崖 间 岩羊 肥 拿 来 说是 水 的

ȵi^{33} hɯ^{21} y^{13} lu^{33} tsɿ^{55}. | tsho^{21} ze^{33} lɯ^{55} ɯ^{33} zo^{33} nɯ^{33} ʂə^{55}, dɯ^{33} ɕi^{21} tshər^{55} mə^{33} thɑ^{55}, gv̩^{33}
鱼 肥 拿 来 说是 崇忍利恩 男子 以 说 一 林 砍 不 能 九

tshər^{21} gv̩^{33} ɕi^{21} se^{21} tshər^{55} bə^{21} uə^{33} tsɿ^{55} ? | ȵi^{55} i^{33} bɯ^{21} tʂuɑ^{21} le^{33} dzɿ^{21} guə^{33}, hɑ^{21} i^{33} mi^{33} lv̩^{21}
十 九 林 怎样 砍 要 说是 昼 是 妻 夫 又 商量 夜 是 妻 夫

phɯ^{33} le^{33} thv̩^{55}. tshe^{55} hɯ^{21} bu^{33} bə^{21} mi^{55} nɯ^{33} ʂə^{55} : tsho^{21} ze^{33} lɯ^{55} ɯ^{33} nv̩^{21}, tse^{55} thɑ^{55} gv̩^{33}
点子 又 出 衬恒褒白 女子 以 说 崇忍利恩 你 斧 利 九

① 此句是说，世间的一切规矩是卢神和沈神开创的。

tshər^{21} gv̩^{33} tʂu^{21} pu^{55}, gv̩^{33} tshər^{21} gv̩^{33} ɕi^{21} thæ^{33} i^{33} tɕi^{33} fæ^{33} tsɿ^{55}. nv̩^{21} i^{33} gv̩^{33} tshər^{21} tɕhi^{21} le^{33}
十 九 把 带 九 十 九 林 底 的 放 去 说是 你 是 九 十 麂子 獐子

zo^{33} mə^{33} uɑ^{13}, sɿ^{33} le^{33} bər^{33} bi^{21} kv̩^{33} thər^{55} thər^{33}, bu^{33} tho^{21} i^{55} fæ^{33} tsɿ^{55}. phe^{33} le^{21} phər^{21} kɑ^{33}
儿 不 是 羊毛的 披毡 头 裹 坡 后 睡 去 说是 蝴蝶 白 请

tɕhi^{33}, tʂhuɑ^{55} uɑ^{33} nɑ^{21} kɑ^{33} tɕhi^{33}, n̩ə^{55} kɑ^{33} dɯ^{33} tɕhi^{33} lu^{33} ʂə^{55} fæ^{33} tsɿ^{55}. tsho^{21} ze^{33} le^{55} ɯ^{33}
蚂蚁 黑 请 我 力 一 帮 来 说 去 说是 崇忍利恩

zo^{33}, tshe^{55} hɯ^{21} bu^{33} bə^{21} tʂhʅ^{33} ʂə^{55} kho^{33} le^{33} mi^{33}, tse^{55} thɑ^{55} gv̩^{33} tshər^{21} gv̩^{33} tʂu^{21} pu^{55}, gv̩^{33}
男儿 衬恒褒白 所 说 声 又 听 斧 利 九 十 九 把 带 九

tshər^{21} gv̩^{33} ɕi^{33} thæ^{33} le^{33} tɕi^{33}. tɕhi^{21} le^{33} zo^{33} mə^{33} uɑ^{13}, sɿ^{33} i^{33} bər^{33} bi^{21} kv̩^{33} thər^{55} thər^{33}, bu^{33}
十 九 林 底 又 放 麂 獐 儿 不 是 羊毛 的 披毡 头 裹 坡

tho^{33} i^{55} le^{33} hɯ^{33}. phe^{33} le^{21} phər^{21} kɑ^{33} tɕhi^{33}, tʂhuɑ^{55} uɑ^{33} nɑ^{21} kɑ^{33} tɕhi^{33}, n̩ə^{55} kɑ^{33} le^{33} tɕhi^{33} lu^{33}
后 睡 又 去 蝴蝶 白 请 蚂蚁 黑 请 我 力 又 帮 来

le^{33} ʂə^{55}. n̩i^{33} n̩i^{33} lɑ^{33} mɯ^{33} sɿ^{55}, dɯ^{33} ly^{21} le^{33} nɯ^{21} khɯ^{55}, gv̩^{33} tshər^{21} gv̩^{33} ɕi^{21} tshər^{55} le^{33} tɕi^{33}
又 说 第二天 之 晨 一 看 又 以 去 九 十 九 林 砍 又 放

se^{33} iə^{33}. tsho^{21} ze^{33} lɯ^{55} ɯ^{33} zo^{33}, dʑi^{33} le^{33} dzʅ^{33} lɑ^{21} ə^{33} phv̩^{33} khə^{21} i^{33} le^{33} ʂə^{55} khɯ^{55}, tshe^{55}
了 的 崇忍利恩 男儿 走 了 孜劳阿普 处 的 又 说 去

hɯ^{21} bu^{33} bə^{21} mi^{55}, n̩ə^{55} iə^{55} lu^{33} lɑ^{21} tsɿ^{55}. dzʅ^{33} lɑ^{21} ə^{33} phv̩^{33} le^{33} ʂə^{55} me^{33}, tshe^{55} hɯ^{21} bu^{33} bə^{21}
衬恒褒白 女子 我 给 来 的 说是 孜劳阿普 又 说 是 衬恒褒白

mi^{55}, nv̩^{21} iə^{55} mə^{33} thɑ^{55} tsɿ^{55}. | tsho^{21} ze^{33} lɯ^{55} ɯ^{33} zo^{33}, dæ^{21} lɑ^{33} nv̩^{21} dæ^{21} iə^{33}, khə^{55} lɑ^{33} nv̩^{21}
女 你 给 不 可 说是 崇忍利恩 男儿 能干 也 你 能干 了 聪明 也 你

khə^{55} iə^{33}, gv̩^{33} tshər^{21} gv̩^{33} ɕi^{21} dʑi^{55} lu^{33} uə^{33} tsɿ^{55}. tsho^{21} ze^{33} lɯ^{55} ɯ^{33} zo^{33} nɯ^{21} ʂə^{55}, gv̩^{33} me^{33}
聪明 了 九 十 九 林 烧 来 说是 崇忍利恩 以 说 九 个

zo^{33} lɯ^{55} dɯ^{33} ɕi^{21} dʑi^{55} mə^{33} thɑ^{55} mə^{33} nɯ^{33}, n̩ə^{55} gə^{33} dɯ^{33} me^{33} zo^{33}, sy^{21} be^{33} gv̩^{33} tshər^{21} gv̩^{33}
男 都 一 林 烧 不 能 的 我 的 一 个 男儿 怎样 地 九 十 九

ɕi^{21} dʑi^{55} dɑ^{21} tsɿ^{55}. tsho^{21} ze^{33} lɯ^{55} ɯ^{33} zo^{33}, tshe^{55} hɯ^{21} bu^{33} bə^{21} mi^{55} n̩i^{33} kv̩^{55}, n̩i^{55} i^{33} bɯ^{33}
林 烧 说是 崇忍利恩 男儿 衬恒褒白 女 两 个 昼 是 妻

tʂuɑ^{21} le^{33} dzʅ^{21} guə^{33}, hu^{21} i^{33} mi^{33} ly^{21} phɯ^{33} le^{33} thv̩^{55}. tshe^{55}hɯ^{21} bu^{33} bə^{21} mi^{55} nɯ^{33} ʂə^{55}, ʂu^{55}
夫 又 商量 夜 是 妻 夫 点子 又 出 衬恒褒白 女 以 说是 明子

mɑ^{21} gv̩^{33} tshər^{21} gv̩^{33} thv̩^{21} pu^{55}, gv̩^{33} tshər^{21} gv̩^{33} ɕi^{21} thæ^{33} le^{33} tɕi^{33} fæ^{33} uə^{33} tsɿ^{55}. nv̩^{21} i^{33} gv̩^{33}
九 十 九 把 带 九 十 九 林 底 又 放 去 说是 你 是 九

tshər^{21} tɕhi^{21} le^{33} zo^{33} mə^{33} uɑ^{13}, sɿ^{33} le^{33} bər^{33} bi^{21} kv̩^{33} thər^{55} thər^{33}, bu^{33} tho^{21} i^{55} fæ^{33} tsɿ^{55}. phe^{33} le^{21}
十 鹿 獐 儿 不 是 羊毛 的 披毡 头 裹 坡 后 睡 去 说是 蝴蝶

phər^{21} kɑ^{33} tɕhi^{33}, tʂhuɑ^{55} uɑ^{33} nɑ^{21} kɑ^{33} tɕhi^{33}, ȵə^{55} kɑ^{33} le^{33} tɕhi^{33} lu^{33} i^{33} ʂə^{55} fæ^{33} tsɿ^{55}. tsho^{21} ze^{33}
白 请 蚂蚁 黑 请 我 力 一 帮 来 的 说 去 说是 崇忍利恩

lɯ^{55} ɯ^{33} zo^{33}, ʂu^{55} mɑ^{21} gv̩^{33} tshər^{21} gv̩^{33} thv̩^{21} pu^{55}, gv̩^{33} tshər^{21} gv̩^{33} ɕi^{21} thæ^{33} le^{33} tɕi^{33}, sɿ^{33} le^{33}
男儿 明子 九十 九 把 带 九十 九 林 底 又 放 羊毛 的

bər^{21} bi^{21} kv̩^{33} thər^{55} thər^{33} bu^{33} ȵə^{21} i^{55}, phe^{33} le^{21} phər^{21} kɑ^{33} tɕhi^{33}, tʂhuɑ^{55} uɑ^{33} nɑ^{21} kɑ^{33} tɕhi^{21},
披毡 头 裹 坡 上 睡 蝴蝶 白 请 蚂蚁 黑 请

ȵə^{55} kɑ^{33} dɯ^{33} tɕhi^{33} lu^{33} le^{33} ʂə^{55}. ȵi^{33} ȵi^{33} lɑ^{33} mɯ^{33} sɿ^{55}, dɯ^{33} ly^{21} le^{33} nɯ^{21} khɯ^{21}, gv̩^{33} tshər^{21}
我 力 一 帮 来 又 说 第二天 之 晨 一 看 又 以 去 九十

gv̩^{33} ɕi^{21} dʑi^{55} le^{33} tɕi^{33} se^{33} iə^{33}. tsho^{21} ze^{33} lɯ^{55} ɯ^{33} zo^{33}, dʑi^{33} le^{33} dzɿ^{33} lɑ^{21} ə^{33} phv̩^{33} khə^{21} le^{33} ʂə^{55},
九 林 烧 又 放 了 的 崇忍利恩 男儿 走 而 孜劳阿普 处 又 说

tshe^{55} hɯ^{21} bu^{33} bə^{21} mi^{55}, ȵə^{55} iə^{55} lu^{33} lɑ^{21} tsɿ^{55}. dzɿ^{33} lɑ^{21} ə^{33} phv̩^{33} le^{33} ʂə^{55} me^{33}, tshe^{55} hɯ^{21} bu^{33}
衬恒褒白 女 我 给 来 的 说是 孜劳阿普 又 说 是 衬恒褒白

bə^{21} mi^{55}, nv̩^{21} iə^{55} mə^{33} thɑ^{55} tsɿ^{55}. dæ^{21} lɑ^{33} nv̩^{21} dæ^{21} iə^{33}, khə^{55} lɑ^{33} nv̩^{21} khə^{55} iə^{33}, gv̩^{33} tshər^{21}
女 你 给 不 能 说是 能干也 你 能干 的 聪明 也 你 聪明 的 九十

gv̩^{33} ɕi^{21} dɯ^{33} phv̩^{55} nɯ^{13} lu^{33} tsɿ^{55}. ȵi^{55} i^{33} bɯ^{21} tʂuɑ^{21} le^{33} dzɿ^{21} guə^{33}, hu^{21} i^{33} mi^{33} lv̩^{21} phɯ^{33}
九 林 一 撒种 以 来 说是 昼 是 妻 夫 又 商量 夜 是 妻 夫 点子

le^{33} thv̩^{55}. tsho^{21} ze^{33} lɯ^{55} ɯ^{33} zo^{33}, phe^{33} le^{21} phər^{21} kɑ^{33} tɕhi^{33}, tʂhuɑ^{55} uɑ^{33} nɑ^{21} kɑ^{33} tɕhi^{33}, tɕhi^{21}
又 出 崇忍利恩 男 蝴蝶 白 请 蚂蚁 黑 请 鹿

le^{33} zo^{33} mə^{33} uɑ^{13}, bu^{33} ȵə^{21} le^{33} i^{33} hɯ^{33}. tʂhuɑ^{55} uɑ^{33} phe^{33} le^{21} zo^{33}, lər^{55} pu^{33} lər^{55} phv̩^{55} ne^{21}.
獐 儿 不 是 坡 上 又 睡 去 蚂蚁 蝴蝶 儿 种子 带 种子 撒 着

ȵi^{33} ȵi^{33} lɑ^{33} mɯ^{33} sɿ^{55}, dɯ^{33} ly^{21} le^{33} nɯ^{21} khɯ^{55}, lər^{55} phv̩^{33} le^{33} se^{33} iə^{33}. tsho^{21} ze^{33} lɯ^{55} ɯ^{33}
第二天 之 晨 一 看 又 以 去 种子 撒 又 完 了 崇忍利恩

zo^{33}, dʑi^{33} le^{33} dzɿ^{33} lɑ^{21} ə^{33} phv̩^{33} khə^{21} le^{33} ʂə^{55}. tshe^{55} hɯ^{21} bu^{33} bə^{21} mi^{55}, ȵə^{55} iə^{55} lu^{33} dɑ^{21} tsɿ^{55}.
男儿 走 而 孜劳阿普 处 又 说 衬恒褒白 女 我 给 来 说是

dzɿ^{33} lɑ^{21} ə^{33} phv̩^{33} le^{33} ʂə^{55} me^{33}, tshe^{55} hɯ^{21} bu^{33} bə^{21} mi^{55}, nv̩^{21} iə^{55} mə^{33} thɑ^{55} tsɿ^{55}. tsho^{21} ze^{33}
孜劳阿普 又 说 是 衬恒褒白 女 你 给 不 能 说是 崇忍利恩

lɯ^{55} ɯ^{33} zo^{33}, dæ^{21} lɑ^{33} nv̩^{21} dæ^{21} iə^{33}, khə^{55} lɑ^{21} nv̩^{21} khə^{55} iə^{33}, lər^{55} phv̩^{55} lər^{55} dɯ^{33} sɿ^{55} lu^{33}
男儿 能干 也 你 能干 了 聪明 也 你 聪明 了 种子 撒 种子 一 捡 来

tsɿ55. tsho21 ze33 lɯ55 ɯ33 zo33, lər55 sɿ55 phe33 mu21 le33 khɯ55 y21 bə55 tshɿ21. dzɿ33 lɑ21 ə33 phv̩33
说是 崇忍利恩 男儿 种子 捡 簸箕 又 装 拿 了 来 孜劳阿普

nɯ33, bə33 mu33 lɑ33 ʂər21 ko55 nɯ33 dzɿ21, lər55 tsɿ33 tsɿ21 le33 dzɿ21. sɿ55 ly33 dzɿ21 khuɑ21、sɿ55 ly33
以 宽敞 粮架 以 坐 种子 算 又 坐 三 粒 整 三 粒

dzɿ21 phe55 tʂhə21 mə33 thv̩33 iə33 tsɿ55. | sɿ55 ly33 ɯ33 hɯ21 pər55 lər33 lo21 ȵə21 i33, sɿ55 ly33 dzɿ21
半颗 这儿 没 到 的 说是 三 粒 斑鸠 嗉子 里面 有 三 粒 半颗

phe55 tʂhuɑ55 uɑ33 thɯ55 ȵə21 i33 hɯ33 se21. dɯ33 ȵi33 ȵi33 so21 gv̩33, ɯ33 hɯ21 kho21 kv̩33 dzɿ21,
蚂蚁 腰 里 有 去 了 一 天 两 晨 到 斑鸠 栅 上 落

tsho21 ze33 lɯ55 ɯ33 nɯ33, khæ55 lɯ33 khæ55 tso33 pu55, khæ55 bɯ33 sɿ55 lər55 lər33, lər55 kv̩55 khæ55
崇忍利恩 以 弓箭 射 具 带 射 想要 三 瞄 瞄 会 射

mə33 kv̩55. tshe55 hɯ21 bu33 bə21 nɯ33, sər33 phər21 tɑ55 me33 lɯ55 ɯ33 lɑ21 mu55 thv̩33 i33 dɯ33 hɯ55
不 会 衬恒褒白 以 木 白 梭子 利恩 手关节 的 一 打

nɯ21. | khæ55 ne21 lər55 tɑ55 tɑ33, ɯ33 hɯ21 pər55 lər33 tɕər21 ȵə21 dər33, sɿ55 ly33 tʂhɿ33 le33 thv̩33.
着 射 和 瞄 结合 斑鸠 嗉子 上面 中 三 颗 这 又 出

tsho21 ze33 lɯ55 ɯ33 zo33, ʐuɑ33 mæ33 khɯ33 tshɿ21 pu55, tʂhuɑ55 uɑ33 tɯ55 ȵiə21 tsɿ33, sɿ55 ly33 dzɿ21
崇忍利恩 男儿 马 尾 线 细 带 蚂蚁 腰 上 勒 三 粒 半颗

phe55 tʂhɿ33 le33 thv̩33. | tsho21 ze33 lɯ55 ɯ33 zo33, dzɿ33 lɑ21 ə33 phv̩33 khə21 le33 ʂə55, ɕi21 tshər55 ɕi21
这 又 出 崇忍利恩 男儿 孜劳阿普 处 又 说 林 砍 林

dʑi55 se21, lər55 phv̩55 lər55 sɿ55 bə55 tshɿ21 se21, mi55 hæ21 mi55 zɿ21 ŋv̩21 sɑ55 hæ21 sɑ55 be33 thɑ55 se21.
烧 了 种子 撒 种子 捡 了 来 了 女 娶 女 婚 银 礼 金 礼 做 可 了

tshe55 hɯ21 bu33 bə21 mi55, ȵə55 iə55 lu33 lɑ21 tsɿ55.
衬恒褒白 女 我 给 来 的 说是

若是你能干，若是你聪明，就去为我砍九十九座山林，砍掉之后再烧掉，烧了之后再撒种，撒种之后又把种子捡回来。要为我挤来三滴虎乳，找来崖上的肥岩羊肉，找来水中的肥鱼肉。崇忍利恩回答道，一个人一天都难砍完一座山林，怎能砍完九十九座山林啊？崇忍利恩和衬恒褒白俩，白昼两人相商量，夜晚共同想办法。衬恒褒白说，崇忍利恩呀，你就带上九十九把利斧，放在九十九座山林里，虽然你不是林中的九十九只麂子和獐子，就把羊毛毡子裹住头，睡在山坡后，嘴里要说道，请白蝴蝶来帮忙，请黑蚂蚁来帮忙，请你们为我出把力。崇忍利恩就照衬恒褒白的办法，带上九十九把利斧，放在九十九座山林里。他虽然不是麂子和獐子，但头裹羊毛毡子，睡在山坡后，嘴里说着请白蝴蝶来帮忙，请黑蚂蚁来帮忙，请你们为我帮个忙出把力。

第二天清晨，崇忍利恩去看一看，九十九座山林全砍光了。崇忍利恩来到孜劳阿普跟前，对孜劳阿普说，我已砍完九十九座山林，请把衬恒褒白姑娘嫁给我吧！孜劳阿普说，不能把衬恒褒白嫁给你。崇忍利恩呀，说能干就算你能干了，说聪明也算你聪明吧。你就把砍掉的九十九座山林一把火烧掉吧。崇忍利恩回答道，九个男儿一天也不能把一座山林烧光，我一个男儿怎能在一天里烧掉九十九座山林？崇忍利恩和衬恒褒白俩，白天两个相商量，夜晚两个共同想办法出主意。衬恒褒白说，崇忍利恩呀，你带上九十九把明子火把，放在九十九座山林里。你虽然不是九十九只麂子和獐子，但用羊毛毡子蒙住头，睡到山坡后，嘴里说请白蝴蝶来帮忙，请黑蚂蚁来相助，请你们为我出把力。崇忍利恩好男儿就照衬恒褒白所说，带上九十九把明子火把，放到九十九座被砍光的树木底下，用羊毛毡子裹住头，睡到山坡上，嘴里说着请白蝴蝶来帮忙，请黑蚂蚁来相助，请你们为我出把力。

第二天清晨，崇忍利恩就去看一看，九十九座山林已被全烧尽。崇忍利恩来到孜劳阿普跟前说，请你把衬恒褒白姑娘嫁给我吧！孜劳阿普回答道，衬恒褒白姑娘不能嫁给你。说能干算你能干了，说聪明算你聪明了。你就拿种子撒到九十九座山林里去吧。崇忍利恩和衬恒褒白俩，白天两人相商量，夜里两人共想办法出点子。崇忍利恩又请白蝴蝶帮忙，请黑蚂蚁相助。他虽然不是麂子和獐子，但又睡到坡上了。白蝴蝶和黑蚂蚁带着种子撒遍了九十九座山林。

第二天清晨，崇忍利恩就去看一看，种子全部都撒完了。他就到孜劳阿普那儿去，说种子已撒完，请把衬恒褒白姑娘嫁给我。孜劳阿普说，衬恒褒白姑娘不能嫁给你。崇忍利恩，就算你能干，也算你聪明，那你就把你撒下的种子一粒不少地给我捡回来吧。崇忍利恩照以前的办法，把捡回的种子装在簸箕里拿回交给孜劳阿普。孜劳阿普就坐在宽敞的粮架下数着种子。孜劳阿普说，种子还少三整粒和三半粒。崇忍利恩和衬恒褒白相商量，说是三粒种子肯定就在斑鸠的嗉囊里，那三个半粒就在蚂蚁的腰间。

过了一两天，只见有只斑鸠落在木栅栏上。崇忍利恩拿出弓箭，想射而瞄了三下，但他只会瞄而不会射。衬恒褒白就用手中的白木梭子敲崇忍利恩的手肘，既瞄又射地把箭射出，箭正中斑鸠嗉囊，那三粒种子就出现在他俩眼前。崇忍利恩带上细马尾，在黑蚂蚁腰上勒，那三个半粒也找到了。

崇忍利恩就跟孜劳阿普说，我已照您的要求砍了山林又烧了山林，撒了种子又把种子捡回，这些都可抵金银作娶亲结婚的礼物了，请把您的姑娘衬恒褒白嫁给我吧！

47-A-06-22

dzɿ^{33} lɑ^{21} ə^{33} phʏ̩^{33} le^{33} ʂə^{55} ne^{33}, dæ^{21} lɑ^{33} nʏ̩^{21} dæ^{21} iə^{33}, khə^{55} lɑ^{33} nʏ̩^{21} khə^{55} iə^{33}, dæ^{33} me^{33} lɑ^{33}
孜劳阿普 又 说 是 能干 也 你 能干 了 聪明 了 你 聪明 了 能干 者 虎

ȵi^{55} sɿ^{55} thiə^{33} tʂhuɑ^{13} lu^{33} tsɿ^{55}. tsho^{21}ze^{33} lɯ^{55} ɯ^{33} zo^{33}, be^{33} le^{33} ȵy^{55} kʏ̩^{55} se^{21}, bi^{21} le^{33} ʐʏ̩^{55} me^{33}
乳 三 滴 挤 来 说是 崇忍利恩 男儿 做 的 我 会 了 生活 的 平安 的

ȵy^{55} kv̩^{55} se^{21} uə^{33} tsɿ^{55}. | tsho^{21} ze^{33} lɯ^{55} ɯ^{33} zo^{33}, tshe^{55} hɯ^{21} bu^{33} bə^{21} tɕy^{21} i^{33} le^{21} mə^{33} ʂə^{55},
我 会 了 说是 崇忍利恩 男儿 衬恒褒白 方 的 又 不 说

bɯ^{21} tʂuɑ^{21} mə^{33} dzɿ^{21} guə^{33}. | tsho^{21} ze^{33} lɯ^{55} ɯ^{33} zo^{33}, dər^{33} lɯ^{33} khɯ^{21} lɯ^{33} tʂu^{55}, dv̩^{21} ȵi^{55}
妻 夫 不 商量 崇忍利恩 男儿 水 田 山 地 间 野猫 乳

dæ^{33} ȵi^{55} sɿ^{55} thiə^{33} tʂhuɑ^{13} le^{33} tshɿ^{21}. | dzɿ^{33} lɑ^{21} ə^{33} phv̩^{33} nɯ^{33}, dɯ^{33} thiə^{55} dzɿ^{21} le^{33} bər^{21} bv̩^{21}
狐狸 乳 三 滴 挤 了 来 孜劳阿普 以 一 滴 犏牛 和 牦牛 圈

dɯ^{33} khɯ^{55} nɯ^{21}, dzɿ^{21} le^{33} bər^{21} tʂhʅ^{33} uɑ^{21}, ə^{55} mu^{33} mə^{33} tɕi^{55} sɿ^{33}. | ɯ^{33} le^{33} ʐuɑ^{33} bv̩^{21} lo^{21} i^{33}
一 放 着 犏牛 和 牦牛 所有 毫无反应 牛 和 马 圈 里 的

dɯ^{33} thiə^{55} khɯ^{55}, ɯ^{33} ne^{21} ʐuɑ^{33} tʂhʅ^{33} uɑ^{21}, ə^{55} mu^{33} mə^{33} tɕi^{55} sɿ^{33}. | dɯ^{33} thiə^{55} tshɿ^{55} le^{33} y^{21}
一 滴 放 牛 和 马 所有 毫无反应 一 滴 山羊 和 绵羊

bv̩^{21} lo^{21} i^{33} dɯ^{33} khɯ^{55} ne^{21}, tshɿ^{55} nɯ^{21} y^{21} tʂhʅ^{33} uɑ^{21}, ə^{55} mu^{33} mə^{33} tɕi^{55} sɿ^{33}. | dɯ^{33} thiə^{55} æ^{21}
圈 里 的 一 放 着 山羊 和 绵羊 所有 毫无反应 一 滴 鸡

bv̩^{21} lo^{21} i^{33} dɯ^{33} khɯ^{55} ne^{21}, æ^{21} dʐər^{21} æ^{21} tsho^{33} hə^{21}. | dzɿ^{33} lɑ^{21} ə^{33} phv̩^{33} le^{33} ʂə^{55} me^{33}, lɑ^{33} ȵi^{55}
圈 里 的 一 放 着 鸡 惊 鸡 跳 了 孜劳阿普 又 说 是 虎 乳

sɿ^{55} thiə^{33} tʂhʅ^{33} mə^{33} uɑ^{13}, | dər^{33} lɯ^{33} khɯ^{21} lɯ^{33} tʂu^{55}, dv̩^{21} ȵi^{55} dæ^{33} ȵi^{55} sɿ^{55} thiə^{55} tʂhʅ^{33} uɑ^{21}
三 滴 这 不 是 水田 山 地 间 野猫 乳 狐狸 乳 三 滴 这 是

iə^{33} mə^{21} tsɿ^{55}. | ŋə^{33} mi^{55} ȵi^{33} lɯ^{55} se^{13}, lɑ^{33} ȵi^{55} sɿ^{55} thiə^{33} tʂhuɑ^{13} lu^{33} tsɿ^{55}. | tsho^{21} ze^{33} lɯ^{55} ɯ^{33}
的 说是 我 女 要 若 的话 虎 乳 三 滴 挤 来 说是 崇忍利恩

zo^{33}, tshe^{55} hɯ^{21} bu^{33} bə^{21} mi^{55}, ȵi^{55} i^{33} bɯ^{33} tʂuɑ^{21} le^{33} dzɿ^{21} guə^{33}, hu^{21} i^{33} mi^{33} lv̩^{21} phɯ^{33} le^{33}
男儿 衬恒褒白 女 昼 是 妻 夫 又 商量 夜 里 妻 夫 点子 又

thv̩^{55}. tshe^{55} hɯ^{21} bu^{33} bə^{21} le^{33} ʂə^{55} me^{33}, lɑ^{33} zo^{33} ʥy^{33} nɑ^{21} dɑ^{21} phu^{55} ʥy^{21}, lɑ^{33} me^{33} bɑ^{21} phu^{55}
出 衬恒褒白 又 说 是 虎 仔 山 大 阴方 有 虎 母 阳方

ʥy^{21}. lv̩^{33} nɑ^{21} i^{33} lv̩^{33} pu^{55}, lɑ^{33} zo^{33} kv̩^{33} ȵə^{21} ty^{33}, lɑ^{33} ɯ^{33} so^{33} le^{33} ʂʅ^{55}, lɑ^{33} ɯ^{33} gv̩^{33} ȵə^{21} mu^{21}.
有 石 大 一个 带 虎 仔 头 上 砸 虎 皮 全 又 剥 虎 皮 身 上 穿

gv̩^{33} nɯ^{33} lɑ^{33} i^{55} be^{33}, khu^{33} nɯ^{33} lɑ^{33} lər^{21} sɿ^{55} dzy^{21} be^{33}. dæ^{21} me^{33} lɑ^{33} ɕy^{21} thɯ^{33}, zo^{33} nɯ^{33}
身 以 虎 睡 做 嘴 以 虎 叫 三 声 做 能干 的 虎 赤 它 儿 以

lər^{21} tɕi^{55} mi^{33}, the^{33} ȵə^{21} thv̩^{33} lɯ^{33} tsɑ^{21}. lɑ^{21} nɯ^{33} lɑ^{33} ȵi^{55} sɿ^{55} thiə^{33} tʂhuɑ^{13} lu^{33} tsɿ^{55}.
喊 以为 这 儿 到 来 会的 手 以 虎 乳 三 滴 挤 来 说是

孜劳阿普回答说，说能干就算你能干吧，说聪明就算你聪明吧，你能干和聪明就去给我挤来三滴虎乳吧！崇忍利恩认为自己什么都会做了，认为自己能自立平安度日了。他就不与衬恒褒白姑娘商量。他自己到水田山地之间去挤来三滴野猫和狐狸乳。孜劳阿普把一滴乳滴在关犏牛和牦牛的圈里，所有的犏牛和牦牛都毫无反应。又把一滴滴在牛圈和马圈里，所有的牛和马也毫无反应。再把一滴滴在山羊和绵羊圈里，所有的山羊和绵羊都毫无反应。又把一滴滴在鸡圈里，所有的鸡都被吓得又飞又跳。孜劳阿普说，崇忍利恩你挤来的乳不是虎乳，而是水田山地间的野猫乳和狐狸乳。你若真要娶我的女儿，你就去为我挤来三滴虎乳吧！

崇忍利恩只好又与衬恒褒白相商量，请衬恒褒白想办法出点子。衬恒褒白说，虎仔在大山的阴面，母虎在阳面，你就带个大石头，砸于虎仔头，砸死虎仔，剥下全皮，把虎皮穿在身，像虎仔一样躺在地上，学虎仔叫三声。凶猛的母虎就会认为虎儿在叫母亲，就会来到虎仔旁。你就乘机用手挤来三滴虎乳吧。

47-A-06-23

tsho^{21} ze^{33} lɯ^{55} ɯ^{33} zo^{33}, bɯ^{33} ʥə^{21} kho^{33} le^{33} mi^{33}, dæ^{21} be^{33} lɑ^{33} n̡i^{55} sɿ^{55} thiə^{33} tʂhuɑ^{13} le^{33}
崇忍利恩 男儿 妻 贤 话 又 听 能干 地 虎 乳 三 滴 挤 了

tshɿ^{21}. | dzɿ^{33} lɑ^{21} ə^{33} phʏ^{33} nɯ^{33}, dzɿ^{21} le^{33} bər^{21} bʏ^{21} dɯ^{33} tse^{55} ne^{21}, dzɿ^{21} dʐər^{21} bər^{21} dʐər^{21}
来 孜劳阿普 以 犏牛 和 牦牛 圈 一 放 着 犏牛 惊 牦牛 惊

tʂhʅ^{33} lo^{33}lo^{33}. | ɯ^{33} le^{33} ʐuɑ^{33} bʏ^{21} dɯ^{33} tse^{55} ne^{21}, ɯ^{33} dʐər^{21} ʐuɑ^{33} dʐər^{21} tʂhʅ^{33} lo^{33} lo^{33}. | tshɿ^{55}
失措 牛 和 马 圈 一 放 着 牛 惊 马 惊 失措 山羊

le^{33} y^{21} bʏ^{21} dɯ^{33} tse^{55} ne^{21}, tshɿ^{55} dʐər^{21} y^{21} dʐər^{21} tʂhʅ^{33} lo^{33} lo^{33}. | æ^{21} bʏ^{21} lo^{21} i^{33} dɯ^{33} tse^{55}
和 绵羊 圈 一 放 着 山羊 惊 绵羊 惊 失措 鸡 圈 里 的 一 放

ne^{21}, ə^{55} mu^{33} mə^{33} tɕi^{55} sɿ^{33}. dzɿ^{33} lɑ^{21} ə^{33} phʏ^{33} le^{33} ʂə^{55} me^{33}, lɑ^{33} n̡i^{55} tʂhʅ^{33} uɑ^{21} se^{21}. | tsho^{21} ze^{33}
着 毫无反应 孜劳阿普 又 说 是 虎 乳 这 是 了 崇忍利恩

lɯ^{55} ɯ^{33} zo^{33} nɯ^{33} ʂə^{55}, tʂhʅ^{33} nɯ^{33} mi^{55} hæ^{21} mi^{55} zɿ^{21} gə^{33}, ŋʏ^{21} sɑ^{55} hæ^{21} sɑ^{55} phʏ^{33} be^{33} bə^{21} tsɿ^{55},
男儿 以 说 这 以 女 娶 女 讨 的 银 礼 金 礼 价 做 要 说是

tshe^{55} hɯ^{21} bu^{33} bə^{21} mi^{55}, ŋə^{21} iə^{55} lu^{33} uə^{33} tsɿ^{55}. | dzɿ^{33} lɑ^{21} ə^{33} phʏ^{33} le^{33} ʂə^{55} me^{33}, dæ^{21} nʏ^{55} nʏ^{21}
衬恒褒白 女 我 给 来 说是 孜劳阿普 又 说 是 能干 的 你

dæ^{21} iə^{33}, khə^{55} lɑ^{33} ny̩^{21} khə^{55} iə^{33}, ə^{55} dzʅ^{33} lɑ^{33} ȵi^{33} ky̩^{55}, æ^{21} gə^{33} se^{21} hɯ^{21} ʂu^{21} iə^{55} lu^{33} lɑ^{21}
能干 了 聪明 也 你 聪明 了 我俩 之 两 个 崖 的 岩羊 肥 找 给 来 吧

tsʅ^{55}. | tsho^{21} ze^{33} lɯ^{55} ɯ^{33} zo^{33}, tshe^{55} hɯ^{21} bu^{33} bə^{21} mi^{55}, mi^{33} ly̩^{21} ȵi^{33} ky̩^{55} le^{33} dzʅ^{21} guə^{33}.
说是 崇忍利恩 男儿 衬恒褒白 女 妻 夫 两 个 又 商量

tshe^{55} hɯ^{21} bu^{33} bə^{21} mi^{55} nɯ^{33} ʂə^{55}, ə^{33} phy̩^{33} hu^{21} kho^{33} hu^{21} mə^{33} kho^{33}, æ^{21} ʂuɑ^{21} ky̩^{33} nɯ^{33} i^{55},
衬恒褒白 女 以 说 阿普 半夜 夜 未 半 崖 高 顶 以 睡

no^{33} lɑ^{21} sʅ^{21} tshʅ^{33} tshʅ^{33}, mə^{33} no^{33} sʅ^{21} tshʅ^{33} tshʅ^{33} ky̩^{55} i^{55}, tsho^{21} ze^{33} lɯ^{55} ɯ^{33} zo^{33}, sʅ^{33} phər^{21}
醒 也 三 蹬脚 未 醒 三 蹬脚 会 的 崇忍利恩 男儿 毡 白

sər^{33} dy̩^{33} khɯ^{33} mæ^{33} tɕi^{33}, se^{21} ɕi^{21} æ^{21} by̩^{21} tɑ^{21} bɯ^{33} næ^{21} uə^{33} tsʅ^{55}. | hu^{21} kho^{33}hu^{21} mə^{33} kho^{33},
木 桩 脚 尾 放 岩羊 网 崖 下 扯 去 该 的 说是 夜 半 夜 未 半

dzʅ^{33} lɑ^{21} ə^{33} phy̩^{33} thɯ^{33}, no^{33} i^{33} sʅ^{55} tshʅ^{33} tshʅ^{33}, mə^{33} no^{33} sʅ^{55} tshʅ^{33} tshʅ^{33}, sər^{33} dy̩^{33} tshʅ^{33} le^{33}
孜劳阿普 他 醒 也 三 蹬脚 未 醒 三 蹬脚 木 桩 蹬 了

æ^{21} ko^{55} dʐu^{21}, æ^{21} gə^{33} se^{21} dʐər^{21} hə^{21}, se^{21} dʐər^{21} ɕi^{21} lo^{21} dər^{33} le^{33} hə^{21}. | so^{21} sʅ^{55} ə^{55} mu^{33} ȵə^{55},
崖 间 掉 崖 的 岩羊 惊 了 岩羊 惊 网 里 中 又 去 次日 天蒙亮

lɯ^{55} ɯ^{33} se^{21} y^{21} mæ^{33}. | ə^{33} phy̩^{33} kuə^{21} ʐʅ^{33} ʥi^{33} le^{33} hə^{21}. lɯ^{55} ɯ^{33} ty̩^{55} ʐʅ^{33} ʥi^{33}. | ə^{33} phy̩^{33} mə^{33}
利恩 岩羊 拿 得 阿普 绕 路 走 又 去 利恩 近 路 走 阿普 未

thy̩^{33} nɯ^{33}, | lɯ^{55} ɯ^{33} tʂhu^{21} be^{33} iə^{33} ko^{21} thy̩^{33}. | ə^{33} phy̩^{33} iə^{33} ko^{21} le^{33} thy̩^{33}ȵə^{13}, tsho^{21} ze^{33} lɯ^{55}
到 以 利恩 早 地 家里 到 阿普 家里 又 到 时 崇忍利恩

ɯ^{33} zo^{33} nɯ^{33} ʂə^{55}, ə^{33} phy̩^{33} u^{55} gə^{33} se^{21} ʂʅ^{33} ʂu^{13} tshʅ^{21} se^{21}, ə^{33} so^{13} bər^{33} lɯ^{33} me^{33} dɯ^{33} ȵi^{33},
男儿 以 说 阿普 您 的 岩羊 肉 找 来 了 今后 客 来 的 一 天

bər^{33} tshy^{55} ʐuɑ^{21} lɑ^{21} tsʅ^{55}. bər^{33} mə^{33} lɯ^{33} dɯ^{33} ȵi^{33}, hɑ^{55} gə^{33} tʂhu^{21} dzʅ^{33} thy̩^{55} ʂər^{55} be^{33} lɑ^{21} tsʅ^{55}.
客 招待 吧 说是 客 不 来 一 天 晚 的 晚餐 菜 做 吧 说是

崇忍利恩照衬恒褒白所说挤得了三滴虎乳，交给孜劳阿普。孜劳阿普把虎乳放在犏牛和牦牛圈里，犏牛和牦牛闻到虎乳味而显得惊慌发抖。他把虎乳放进牛圈和马圈里，牛和马也吓得发抖。他把虎乳放在山羊和绵羊圈里，山羊和绵羊都吓得发抖。孜劳阿普把虎乳放在鸡圈里，所有的鸡都毫无反应。孜劳阿普说，这是真正的虎乳了。崇忍利恩就对孜劳阿普说，这可当作金银以作娶妻的礼物了，请您把您的女儿衬恒褒白嫁给我吧！孜劳阿普说，你倒是能干了，也算你聪明吧，我俩一道去找崖上的肥岩羊肉吧！

崇忍利恩和衬恒褒白相商量。衬恒褒白说，夜半三更时，孜劳阿普会睡在高崖顶，他醒着也会蹬三脚，不醒也会蹬三脚。崇忍利恩你，就用白毡裹住木桩放在阿普的脚跟处，捉岩羊的网设在崖下吧。

崇忍利恩随孜劳阿普去猎崖羊，夜半三更时，孜劳阿普似醒也蹬三脚，似睡也蹬三脚，把木桩蹬落于崖间，崖上的岩羊受惊吓，被惊吓的岩羊掉落网中。次日天蒙亮，崇忍利恩就获得了岩羊。孜劳阿普走绕道，崇忍利恩抄近路，在孜劳阿普之前就赶到了家里。当孜劳阿普回到家，崇忍利恩对孜劳阿普说，阿普您的岩羊肉我帮您找来了。今后若有客人到，您就用岩羊肉待客。若是没有客人来，您就用岩羊肉做晚餐的菜了。

47-A-06-24

æ^{21} gə^{33} se^{21} hɯ^{21} se^{21} ʂʅ^{33} nɯ^{33}, mi^{55} hæ^{21} mi^{55} zʅ^{21} ŋv̩^{21} sɑ^{55} hæ^{21} sɑ^{55} phɑ^{33} bɑ^{21} be^{33}, u^{55} mi^{55}

崖 的 岩羊 肥 岩羊 肉 以 女 娶 女 结 银 礼 金 礼 礼物 做 您 女

ŋə^{21} iə^{55} lu^{33} dɑ^{21} tsʅ^{55}. dzʅ^{33} lɑ^{21} ə^{33} phv̩^{33} nɯ^{33} ʂə^{55} me^{33}, ŋə^{33} mi^{55} nv̩^{21} iə^{55} mə^{33} thɑ^{55} tsʅ^{55}. |

我 给 来 说是 孜劳阿普 以 说 是 我 女 你 给 不 可 说是

tsho^{21} ze^{33} lɯ^{55} ɯ^{33} zo^{33}, dæ^{21} lɑ^{33} nv̩^{21} dæ^{21} iə^{33}, khə^{55} lɑ^{33} nv̩^{21} khə^{55} iə^{33}, dʑi^{21} gə^{33} ȵi^{33} hɯ^{21}

崇忍利恩 男儿 能干也 你 能干 了 聪明 也 你 聪明 了 水 的 鱼 肥

phɑ^{33} bɑ^{21} ʂu^{21} iə^{55} lu^{33} uə^{33} tsʅ^{55}. | tsho^{21} ze^{33} lɯ^{55} ɯ^{33} zo^{33}, tshe^{55} hɯ^{21} bu^{33} bə^{21} mi^{55}, mi^{33} lv̩^{21}

礼物 找 给 来 说是 崇忍利恩 男儿 衬恒褒白 女 妻夫

ȵi^{33} kv̩^{55} le^{33} dzʅ^{21} guə^{33}. tshe^{55} hɯ^{21} bu^{33} bə^{21} le^{33} ʂə^{55} me^{33}, ə^{33} phv̩^{33} dʑi^{21} khu^{33} i^{55}, no^{33} lɑ^{33} sʅ^{55}

两 个 又 商量 衬恒褒白 又 说 是 阿普 水 边 睡 醒 也 三

tshʅ^{33} tshʅ^{33}, mə^{33} no^{33} sʅ^{55} tshʅ^{33} tshʅ^{33}. lv̩^{33} nɑ^{21} sʅ^{33} lv̩^{55} lv̩^{33}, le^{33} y^{21} khɯ^{33} mæ^{33} tɕi^{33}, ȵi^{33} ɕi^{21}

蹬脚 未 醒 三 蹬脚 石 大 毡 裹 又 拿 脚 尾 放 鱼 网

dʑi^{33} mæ^{33} tɑ^{21} fæ^{33} tsʅ^{55}. tsho^{21} ze^{33} lɯ^{55} ɯ^{33} zo^{33}, sʅ^{33} dv̩^{33} lv̩^{33} nɑ^{21} lv̩^{55}, ə^{33} phv̩^{33} khɯ^{33} mæ^{33}

水 尾 扯 去 说是 崇忍利恩 男儿 毡 石 大 裹 阿普 脚 尾

tɕi^{33}, ȵi^{33} ɕi^{21} dʑi^{33} mæ^{33} tɑ^{21} le^{33} tɕi^{33}. | hu^{21} kho^{33} hu^{21} mə^{33} kho^{33}, ə^{33} phv̩^{33} no^{33} lɑ^{33} sʅ^{55} tshʅ^{33}

放 鱼 网 水 尾 扯 又 放 夜 半 夜 未 半 阿普 醒 也 三 蹬脚

tshʅ^{33}, mə^{33} no^{33} sʅ^{55} tshʅ^{33} tshʅ^{33}, lv̩^{33} tshʅ^{33} dʑi^{21} kv̩^{33} dzu̥^{21}, dʑi^{21} kv̩^{33} ȵi^{33} dzə̣r^{21} hə^{21}, | ȵi^{33} dzə̣r^{21}

未 醒 三 蹬脚 石 蹬 水 头 掉 水 头 鱼 惊 了 鱼 惊

ɕi^{21} lo^{21} dər^{33} . so^{21} sɿ^{55} ə^{55} mu^{33} ȵə^{55}, lɯ^{55} ɯ^{33} ȵi^{33} y^{21} dɯ^{33}. | ə^{33} phv̩^{33} kuə^{21} ʐʅ^{33} ʥi^{33}. | lɯ^{55} ɯ^{33}
网 里 落 第二天 早晨 利恩 鱼 拿 得 阿普 绕 路 走 利恩

u^{21} hɯ^{21} tv̩^{55} ʐʅ^{33} ʥi^{33}, tʂhu^{21} be^{33} iə^{33} ko^{21} thv̩^{33}. | ə^{33} phv̩^{33} iə^{33} ko^{21} le^{33} thv̩^{33} ȵə^{21}, tsho^{21} ze^{33} lɯ^{55}
男仆 近 路 走 早 也 家里 到 阿普 家里 又 到 时 崇忍利恩

ɯ^{33} zo^{33} nɯ^{33} ʂə^{55}, ə^{33} phv̩^{33} u^{55} gə^{33} ʥi^{21} gə^{33} ȵi^{33} hɯ^{21} phɑ^{33} bɑ^{21} ʂu^{13} tshɿ^{21} se^{21} uə^{33} tsɿ^{55}, ə^{33}
男儿 以 说 阿普 您 的 水 的 鱼 肥 礼物 找 来 了 说 是 今后

so^{13} bər^{33} lɯ^{33} dɯ^{33} ȵi^{33} se^{13}, bər^{33} tshy^{55} ʐuɑ^{21} dɑ^{21} tsɿ^{55}; bər^{33} mə^{33} lɯ^{33} dɯ^{33} ȵi^{33}, hɑ^{55} gə^{33} tʂhu^{21}
客 来 一 天 的话 客 待 吧 说是 客 不 来 一 天 晚上 的 晚饭

dzɿ^{33} tʂhu^{21} ʂər^{55} be^{33} dɑ^{21} tsɿ^{55}. | ʥi^{21} gə^{33} ȵi^{33} hɯ^{21} ȵi^{33} ʂʅ^{33} nɯ^{33}, mi^{55} hæ^{21} mi^{55} zɿ^{21} ŋv̩^{21} sɑ^{55}
菜 做 吧 说是 水 的 鱼 肥 鱼 肉 以 女 娶 女 结 银 礼

hæ^{21} sɑ^{55} be^{33}, ɯ^{33} y^{21} o^{33} dze^{33} phɑ^{33} bɑ^{21} be^{33} bə^{21} tsɿ^{55}, u^{55} mi^{55} ŋə^{21} iə^{55} lu^{33} uə^{33} tsɿ^{55}. | dzɿ^{33}
金 礼 做 牛 绵羊 财物 礼物 做 要 说是 您 女 我 给 来 说是

lɑ^{21} ə^{33} phv̩^{33} le^{33} ʂə^{55} me^{55}, tsho^{21} ze^{33} lɯ^{55} ɯ^{33} nv̩^{21}, nv̩^{21} tɕhy^{33} sy^{21} tɕhy^{33} uɑ^{21} dɑ^{21} tsɿ^{55}ʔ | tsho^{21}
孜劳阿普 又 说 是 崇忍利恩 你 你 宗族 怎样 宗族 是 说是

ze^{33} lɯ^{55} ɯ^{33} nɯ^{33} ʂə^{55} me^{33}, ȵy^{55} i^{33} gv̩^{33} lu^{21} mɯ^{33} be^{33} tɕhy^{33}, mɯ^{33} thv̩^{33} tɕhy^{33} uɑ^{21} tsɿ^{55}. |
崇忍利恩 以 说 是 我 是 九 兄弟 天 做 宗族 天 开 宗族 是 说是

ʂər^{33} lu^{21} dy^{21} be^{33} tɕhy^{33}, dy^{21} khu^{33} tɕhy^{33} uɑ^{21} tsɿ^{55}. dv̩^{33} phər^{21} si^{33} gɯ^{33} tɕhy^{33}, hæ^{33} ʂʅ^{21} tsho^{21}
七 兄弟 地 做 宗族 地 辟 宗族 是 说是 海螺 白 狮子 宗族 金 黄 大象

ze^{33} tɕhy^{33}, ʥiə^{33} kɑ^{21} nɑ^{21} pv̩^{55} tɕhy^{33}. gv̩^{33} tshər^{21} gv̩^{33} bu^{21} lo^{55}, gv̩^{33} gə^{21} dɯ^{21} me^{33} tɕhy^{33}, ʂər^{33}
宗族 玖嘎纳布 宗族 九十 九 坡 越 身 夸 的 宗族 七

tshər^{21} ʂər^{33} bu^{21} lo^{55}, ʂər^{33} gə^{21} dɯ^{21} me^{33} tɕhy^{33}. o^{33} sɿ^{55} tʂər^{33} i^{33} dɯ^{33} khæ^{33} be^{33}, æ^{21} mə^{33} kv̩^{55}
十 七 坡 越 事 夸 的 宗族 骨 三 节 的 一 咬 做 哽 不 会

me^{33} tɕhy^{33}; by^{21} sɿ^{21} py^{33} i^{33} dɯ^{33} mɑ^{55} be^{33}, phɑ^{33} mə^{33} kv̩^{55} me^{33} tɕhy^{33}; tse^{55} thɑ^{55} gv̩^{33} ȵiə^{21}
的 宗族 炒面 三 升 的 一 吞 做 呛 不 会 的 宗族 斧 利 身 上

dzɿ^{55}, gu^{21} mə^{33} kv̩^{55} me^{33} tɕhy^{33}, gæ^{21} thɑ^{55} ko^{21} ȵə^{21} gv̩^{21}, ʂʅ^{33} mə^{33} kv̩^{55} me^{33} tɕhy^{33}; zo^{55} lo^{33}
砍 疼 不 会 的 宗族 刀 利 体内 里 戳 死 不 会 的 宗族 若罗

ʥy^{21} dɯ^{21} dv̩^{21} ȵə^{21} khɯ^{55}, gɯ^{33} mə^{33} kv̩^{55} me^{33} tɕhy^{33}; dɑ^{33} ʥi^{21} hɯ^{55} dɯ^{21} khu^{33} ȵə^{21} tso^{21},
山 大 肚 里 装 饱 不 会 的 宗族 达吉 海 大 嘴 里 灌

ko^{21} mə^{33} kv̩^{55} gə^{33} tɕhy^{33} uɑ^{21} tsɿ^{55}. | dzɿ^{33} lɑ^{21} ə^{33} phv̩^{33} nɯ^{33} ʂə^{55} me^{33}, tsho^{21} se^{33} lɯ^{55} ɯ^{33} zo^{33},
醉 不 会 的 宗族 是 说是 孜劳阿普 以 说 是 崇忍利恩 男儿

dzɿ^{21} phv̩^{33} bu^{21} phv̩^{33} sy^{21} pu^{55} sy^{21} ʐuɑ^{21} tshɿ^{21} dɑ^{21} tsɿ^{55}? dzɿ^{21} khə^{55} ʐuɑ^{21} phv̩^{33} sy^{21} pu^{55} tshɿ^{21}
妻 价 夫 价 什么 带 什么 抵 来 不知 说是 妻 贤 抵 价 什么 带 来

dɑ^{21} tsɿ^{55}?
不知 说是

用崖间的岩羊肉，当作金银，以作娶您女儿的聘礼吧！请把您的女儿嫁给我吧！孜劳阿普说，我不能把女儿嫁给你。崇忍利恩呀，就算你能干，就数你聪明，你就去为我把水里的肥鱼肉找来作礼物吧。

崇忍利恩又和衬恒褒白相商量。衬恒褒白对崇忍利恩说，你俩一起去拿鱼，阿普会睡在河边，似醒踢三脚，似睡蹬三脚，你用毡子包个大石头，放在他脚跟处，鱼网撒在河下游。果然在夜半三更时，孜劳阿普似醒踢三脚，似睡蹬三脚，将石头蹬落入水中。水中鱼儿受惊吓，受惊的鱼儿入网中。次日之清晨，崇忍利恩获得水中鱼。阿普绕道回家，崇忍利恩抄近路而回，提前回到家。当阿普回到家，崇忍利恩对他说，阿普您要的水里肥鱼我作礼物给您找来了。今后某一天，若有客人可待客；若无客人的日子里，可作晚饭时下饭的菜了。我就把水中的肥鱼，作娶您女儿的金银聘礼了，就作为牛、绵羊等财物以作娶妻的礼物吧。请您把您的女儿嫁给我吧。

孜劳阿普问崇忍利恩，你这个崇忍利恩，到底是什么样的种族呀？

崇忍利恩回答道，我是开天九兄弟的后裔，是能开天的宗族。我是辟地七兄弟的后裔，是能辟地的宗族。我是白海螺色狮子的宗族，是金黄大象的宗族，是大力神久嘎拿补的后裔；翻越九十九座山，九十九座山上的人都夸奖的宗族；翻过七十七个坡，七十七个坡上的人都称赞的宗族；三根骨头一口咬而吞下也不会哽于喉，三升炒面一口咽也不会呛的宗族；利斧砍于身也不会有疼痛，利刀插于体也不会被杀死的宗族；把若罗神山吃进肚也不觉饱；喝了达吉神海之水一样的酒也不会醉的宗族。

孜劳阿普又问道。崇忍利恩你来说亲到底带来什么作聘礼，你要娶妻又带来什么礼物呢？

47-A-06-25

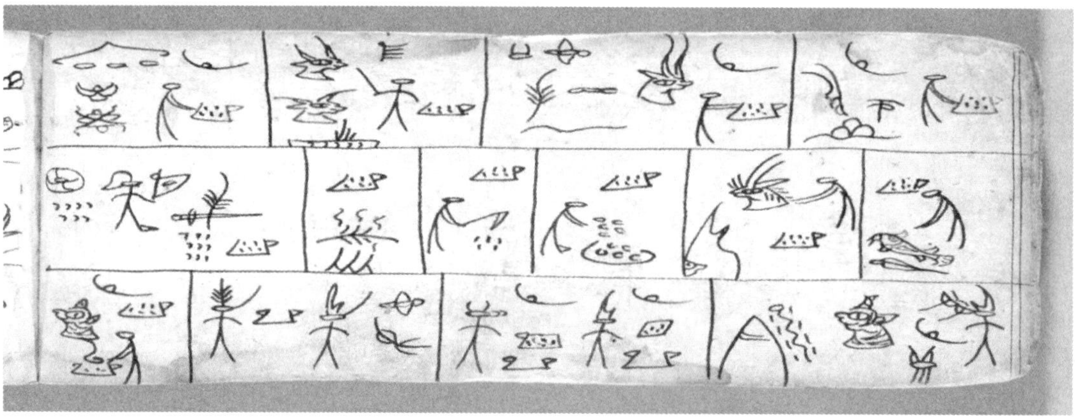

tsho^{21} ze^{33} lɯ^{55} ɯ^{33} le^{33} ʂə^{55} me^{33}, ŋə^{55} i^{33} ŋv̩^{33} hæ^{21} mɯ^{33} bv̩^{21} kɯ^{21} iə^{21} dʑy^{33}, pu^{55} le^{33} mɯ^{33}
崇忍利恩 又 说 是 我 是 银 金 天 下 星 似 有 带 而 天

tɕər^{21} thv̩^{33} mə^{33} thɑ^{55}, dzɿ^{21} phv̩^{33} bu^{21} phv̩^{33} ʐuɑ^{21} mə^{33} thɑ^{55} iə^{33} mu^{21}. | dy^{21} tɕər^{21}ɯ^{33} y^{21} ʐə^{21}
上 到 不 能 妻 价 夫 价 抵 不 能 了 的 地 上 牛 绵羊 草

be^{33} dʑy^{21}, ho^{21} le^{33} mɯ^{33} tɕər^{21} thv̩^{33} mə^{33} thɑ^{55} iə^{33} tsɿ^{55}. | bər^{21} dzɿ^{21} sər^{33} hər^{21} be^{33} le^{33} dʑy^{21},
似 有 赶 了 天 上 到 不 有 了 说是 牦牛 犏牛 树 青 像 又 有

ʐʅ^{33} tʂər^{55} kho^{33} iə^{33} tsɿ^{55}, ho^{21} le^{33} thv̩^{33} mə^{33} thɑ^{55}, dzɿ^{21} phv̩^{33} bu^{21} phv̩^{33} ʐuɑ^{21} mə^{33} thɑ^{55}. |
路 段 远 了 说是 赶 而 到 不 能 妻 价 夫 价 抵 不 能

khuɑ^{33} dzɿ^{21} lv̩^{33} phər^{21} uə^{33} be^{33} dʑy^{21}, ho^{21} le^{33} thv̩^{33} mə^{33} thɑ^{55}, dzɿ^{21} phv̩^{33} bu^{21} phv̩^{33} ʐuɑ^{21} mə^{33}
蹄 生 石 白 似 地 有 赶 而 到 不 能 妻 价 夫 价 抵 不

thɑ^{55} iə^{33} tsɿ^{55}. | ə^{33} ȵi^{33} lɑ^{33} ʂər^{55} ȵi^{33}, dæ^{21} be^{33} gv̩^{33} tshər^{21} gv̩^{33} ɕi^{21} tshər^{55}, dzɿ^{21} phv̩^{33} bu^{21} phv̩^{33}
能 了 说是 昨天 又 前天 能干 地 九十 九 林 砍 妻 价 夫 价

dɯ^{33} thv̩^{33} ʐuɑ^{21}. | ɕi^{21} tshər^{55} ɕi^{21} le^{33} dʑi^{55}, dzɿ^{21} phv̩^{33} bu^{21} phv̩^{33} dɯ^{33} thv̩^{33} ʐuɑ^{21}. | ɕi^{21} dʑi^{55}
一 桩 抵 林 砍 林 又 烧 妻 价 夫 价 一 桩 抵 林 烧

lər^{55} le^{33} phv̩^{55}, dzɿ^{21} phv̩^{33} bu^{21} phv̩^{33}dɯ^{33} thv̩^{33} ʐuɑ^{21}. | lər^{55} phv̩^{55} lər^{55} le^{33} sɿ^{55}, dzɿ^{21} phv̩^{33} bu^{21}
种子 又 撒 妻 价 夫 价 一 桩 抵 种子 撒 种子 又 捡 妻 价 夫

phv̩^{33} dɯ^{33} thv̩^{33} ʐuɑ^{21}. | æ^{21} gə^{33} se^{21} hɯ^{21} phɑ^{33} bɑ^{21} ʂu^{21}, dzɿ^{21} phv̩^{33} bu^{21} phv̩^{33} dɯ^{33} thv̩^{33}
价 一 桩 抵 崖 的 岩羊 肥 礼物 找 妻 价 夫 价 一 桩

ʐuɑ^{21}. | dʑi^{21} gə^{33} ȵi^{33} hɯ^{21} phɑ^{33} bɑ^{21} ʂu^{21}, dzɿ^{21} phv̩^{33} bu^{21} phv̩^{33} dɯ^{33} thv̩^{33} ʐuɑ^{21}. | dæ^{21} be^{33}
抵 水 的 鱼 肥 礼物 找 妻 价 夫 价 一 桩 抵 能干 地

lɑ^{33} ȵi^{55} sɿ^{55} thiə^{33} tʂhuɑ^{21}, dzɿ^{21} phv̩^{33} bu^{21} phv̩^{33} ʐuɑ^{21} be^{33} mə^{33} thɑ^{55} sɿ^{33} lɑ^{55} tsɿ^{55}. | nɯ^{21} thv̩^{33}
虎 乳 三 滴 挤 妻 价 夫 价 抵 做 不 能 还 怎样 说是 生儿 出

ə^{33} sɿ^{21} bv̩^{21} lɑ^{33} thv̩^{33}, uɑ^{21} zɑ^{21} ə^{33} me^{33} bv̩^{21} lɑ^{33} thv̩^{33}. | tsho^{21} ze^{33} lɯ^{55} ɯ^{33} zo^{33}, tshe^{55} hɯ^{21}
父亲 处 也 到 育女 降 母亲 处 也 到 崇忍利恩 男儿 衬恒

bu^{33} bə^{21} mi^{55}, sɿ^{33} me^{33} le^{21} mə^{33} thv̩^{33}, lər^{55} me^{33} le^{21} mə^{33} tɕhy^{21}. | tsho^{21} ze^{33} lɯ^{55} ɯ^{33} zo^{33},
褒白 女 想 的 又 不 出 瞄 的 又 不 顺 崇忍利恩 男儿

zo^{33} ɯ^{33} tʂhv̩^{55} mə^{33} dʑy^{33}, tʂhv̩^{55} ʂu^{21} bɯ^{33} dər^{33} tsɿ^{55}. lɑ^{33} dʑy^{21} so^{33} nɯ^{33} dʑy^{21}, tse^{21}dʑi^{21} kv̩^{33} nɯ^{33}
男 好 新装 没 有 新装 找 去 该 说是 虎 有 岭 以 有 正吉河 上游 以

dʑy^{21}. lɑ^{33} do^{21} ɕi^{33} mə^{33} dʑy^{21}, lɑ^{33} do^{21} bɯ^{33} nɯ^{33} do^{21}, bɯ^{33} miə^{21} thɑ^{55} nɯ^{33} do^{21}.
有 虎 见 人 没 有 虎 见 妻 以 见 妻 眼 锐 以 见

崇忍利恩回答说，我在大地上有天上星星一样多的金和银，却无法带到天上来，这就无法作说亲娶妻的聘礼了。我在大地上有青草一样多的牛和羊，却无法赶到天上来。我在大地上有林中树木一样多的犏牛和牦牛，只是路程太遥远，赶不到这儿，无法作说亲娶妻的聘礼。生蹄的家畜多似地上的白石，都无法作说亲娶妻的聘礼。不久前几天，我能干地为您砍了九十九座山林，这可作说亲娶妻的聘礼吧。为您烧了砍掉的九十九座山林，也可作说亲娶妻的聘礼了。烧了山林又撒种子，也可作聘礼了。撒了种子又捡种，可抵作聘礼。找来肥岩羊肉作礼物送给您，也可抵作聘礼。拿来水中的肥鱼作礼送给您，可抵作聘礼。冒险能干地挤来三滴虎乳，这些都还不够作说亲娶妻的礼物么？崇忍利恩求了生儿的父亲，求了育女的母亲。崇忍利恩和衬恒褒白，心想事不成，似瞄准了而未能中靶。

崇忍利恩好男儿，好男无新装，说是要去找新装。峻岭之上有猛虎，猛虎就在正吉河上游。而没人看见虎，虎由妻子看到，由妻子的锐眼看到。

47-A-06-26

lɑ^{33} khæ^{55} tʂuɑ^{21} nɯ^{33} khæ^{55}, tʂuɑ^{21} ɯ^{33} lɑ^{21} tv̩^{21} zo^{33} nɯ^{33} khæ^{55}. lɑ^{33} ɯ^{33} so^{55} le^{33} ʂʅ^{55}. lɑ^{33} ɯ^{33}
虎 射 夫 以 射 夫 好 手 准 男子 以 射 虎 皮 全皮 又 剥 虎 皮

gæ^{21} dʑi^{33} be^{33}, lɑ^{33} ho^{21} lɯ^{33} me^{33} be^{33}, lɑ^{33} o^{33} lɯ^{33} thɑ^{55} ly^{33} thɑ^{55} be^{33}, lɑ^{33} ɯ^{33} lɯ^{33} py^{33} be^{33},
刀 鞘 做 虎 肋骨 弓 做 虎 骨 箭利 矛 利 做 虎 皮 箭囊 做

lɑ^{33} ɯ^{33} tɕi^{55} thy^{55} be^{33}. tsho^{21} ze^{33} lɯ^{55} ɯ^{33} tʂhv̩^{55} ʂu^{21} tʂhv̩^{55} dɯ^{33} se^{21}. | tshe^{55} hɯ^{21} bu^{33} bə^{21}
虎 皮 鞍褥 做 崇忍利恩 新装 找 新装 得 了 衬恒褒白

mi^{55}, tsho^{33} zɑ^{21} tʂhv̩^{33} mə^{33} dʑy^{33}, tʂhv̩^{33} ʂu^{21} bɯ^{33} dər^{33} tsʅ^{55}. uɑ^{21} hər^{21} tʂhu^{21} nɑ^{55} dʑy^{21} kv̩^{33} dʑy^{33},
女 人 迁 新装 没 有 新装 找 去 该 说是 松石 绿 墨玉 黑 山 上 有

uɑ^{21} hər^{21} tʂhu^{21} nɑ^{21} do^{21} le^{33} ɕi^{33} mə^{33} dʑy^{21}, tʂuɑ^{21} miə^{21} thɑ^{55} nɯ^{33} do^{21}. kv̩^{55} ʐʅ^{33} zo^{33} nɯ^{33} dɑ^{55},
松石 绿 墨玉 黑 见 之 人 没 有 夫 眼 锐 以 见 会者 男 以 削制

sʅ^{33} mi^{55} nɯ^{33} tʂhu^{21} ly^{33} uɑ^{21} ly^{33} tʂu^{55}, sər^{33} dzʅ^{21} ȵi^{33} æ^{21} kv̩^{33} nɯ^{33} tʂu^{55} le^{33} dzʅ^{21}. | uɑ^{21} hər^{21}
知者 女 以 墨玉 珠 松石 珠 串 树 生 两 崖 上 以 串 而 坐 松石 绿

kv̩^{33} ə^{21}、| uɑ^{21} hər^{21} tʂhu^{21} bv̩^{33}、uɑ^{21} dʑi^{33} tʂhu^{21} dʑi^{33}, uɑ^{21} hər^{21} lɑ^{21} dʑy^{21} dɯ^{33}. | tshʅ^{33} mɯ^{33}
发卡 松石 绿 项链 松石 衣 墨玉 衣 松石 绿 手镯 得 秋天

tshʅ^{33} sʅ^{55} he^{33}, tshʅ^{55} tɕi^{33} bv̩^{33} ko^{21} zɑ^{21}, | tɕi^{55} thɑ^{55} bv̩^{33} sʅ^{33} tshʅ^{33}, bv̩^{33} sʅ^{33} phər^{21} le^{33} dɯ^{33}; uɑ^{33}
秋 三 月 秋末 绵羊 高原 下 剪刀 利 绵羊 毛 剪 绵羊 毛 白 又 得 五

kɯ^{21} sʅ^{33} phər^{21} ku^{55}, dɯ^{21} kɯ^{21} ku^{33} mu^{21} ku^{55}, tɕi^{21} phu^{55} bɯ^{33} kɯ^{55} ku^{55}, tshe^{33} kɯ^{21} le^{33} phər^{21}
斤 披毡 白 擀 一 斤 帽 擀 斤 半 腰带 擀 十 斤 裤 白

ku^{55}. tshe^{55} hɯ^{21} bu^{33} bə^{21} mi^{55}, tsho^{33} zɑ^{21} tʂhv̩^{33} le^{33} dɯ^{33}. tsho^{21} ze^{33} lɯ^{55} ɯ^{33} zo^{33}, dzʅ^{33} lɑ^{21} ə^{33}
擀 衬恒褒白 女 人 迁 新装 又 得 崇忍利恩 男儿 孜劳阿普

phv̩^{33} nɯ^{33}, mə^{33} iə^{55} sy^{21} mə^{33} dʑy^{33}, ʂu^{33} phər^{21} gæ^{21} thɑ^{55} dzʅ^{55} dzʅ^{21} iə^{55}, | dzæ^{33} gu^{21} gv̩^{33} dzæ^{33}
以 没 给 啥 没 有 铁 白 刀 利 成对 给 骑 马 九 匹

iə^{55}, | tɕi^{55} gu^{21} ʂər^{33} dzæ^{33} iə^{55}; | lɯ^{21} ɯ^{33} gv̩^{33} u^{21} iə^{55}, kə^{55} ɯ^{33} ʂər^{33} u^{21} iə^{55}; | ŋv̩^{21} khuɑ^{55}
给 驮马 七 匹 给 耕 牛 九 架 给 耙 牛 七 架 给 银 碗

gv̩^{33} dze^{21} iə^{55}, hæ^{21} khuɑ^{55} ʂər^{33} dze^{21} iə^{55}, uɑ^{21} khuɑ^{55} gv̩^{33} dze^{21} iə^{55},
九 对 给 金 碗 七 对 给 松石 碗 九 对 给

由丈夫射虎，丈夫善射之手射到虎，剥下虎的全皮。用虎皮做刀鞘，虎的肋骨做大弓，虎骨做利箭和利矛，做虎皮箭囊和虎皮鞍褥。崇忍利恩所找的新装找到了。

衬恒褒白姑娘，要降到人间去却还没有新装，应该去找新装。松石和墨玉藏于山，无人看见它。由丈夫看见松石和墨玉。由什么都会做的男子来削制松石珠和墨玉珠，由什么都知道的女子串松石珠和墨玉珠，坐在长有树木的两崖上串珠子。衬恒褒白姑娘就得到松石发卡，得到绿松石和墨玉项链，得到松石衣和墨玉衣，得到了绿松石手镯。秋天秋三月，秋末绵羊下高原，用锋利的剪刀剪羊毛，得到白羊毛；用五斤羊毛擀制白披毡，一斤羊毛擀制白毡帽，半斤羊毛擀腰带，十斤羊毛擀裤子。衬恒褒白姑娘，要迁到人间的新装得到了。

对崇忍利恩男儿，孜劳阿普没有什么不给的，给了两把锋利的铁刀，给九匹骏马当坐骑，给七匹马当驮马；给九架耕牛，七架耙地的牛；给九对银碗，给七对金碗，给九对松石碗，

47-A-06-27

uɑ^{21} khuɑ^{55} gv̩^{33} dze^{21} iə^{55}, tʂhu^{21} khuɑ^{55} ʂər^{33} dze^{21} iə^{55}. | py^{21} kv̩^{55} gv̩^{33} nv̩^{21} iə^{55}, phɑ^{21} kv̩^{55} ʂər^{33}
松石 碗 九 对 给 墨玉 碗 七 对 给 祭祀 会 九 个 给 占卜 会 七

nv̩^{21} iə^{55}. | bv̩^{33} le^{21} do^{21} ə^{55} iə^{21}, u^{21} tɕhy^{33} be^{33} le^{33} iə^{55}. bv̩^{33} le^{21} do^{21} ʂʅ^{21}, dʑy^{21} tɕhy^{33} be^{33} le^{33}
个 给 补勒朵阿尤 男仆 族 做 又 给 补勒朵阿史 女仆 族 做 又

iə55. nɯ21 tɕhy33 gy̩55 tɕhy33 iə55, hua55 le21 tɕhy33 mə33 iə55. hua55 le21 nɯ21 tɕhy33 tsɿ55, nɯ21 ty̩21
给 家畜 类 九 种 给 猫 种 不 给 猫 家畜 类 说是 家畜 之后

gu21 le33 tshɿ21. | tʂʅ21 me33 ɕi33 lər55 iə55, khɯ33 dy̩21 lər55 mə33 iə55. khɯ33 dy̩21 tʂʅ21 tɕhy33 tsɿ55,
又 来 五谷 百 种 给 野紫苏 种 不 给 野紫苏 五谷 类 说是

tʂʅ21 ty̩21 gu21 le33 tshɿ21. | le55 me33 kɯ21 tsɿ21 ɯ33 me33 iə55, ʥiə33 ka21 ha55 tsɿ21 ɯ33 le33 iə55,
五谷 之后 而 来 勒美 星 算 善 者 给 久嘎 日子 算 善 又 给

sɿ33 tho21 za21 tsɿ21 ɯ33 me33 iə55, la33 hy21 tshy55 tsɿ21 ɯ33 me33 iə55. | tsho21 ze33 lɯ55 ɯ33 zo33,
司托 娆星 算 善于 者 给 拉许 闪电 算 善 者 给 崇忍利恩 男子

tsho21 bər33 tshɿ21 thɯ33 ȵi33, tsho21 bər33 khɯ33 mə33 sɿ33, bər33 py̩55 mə33 du33 by33, khy̩21 by21
人 迁 来 那 天 人 迁 狗 未 带 客 邻 不 分清 内 外

mə33 tse33 ka33. | tsho21 bər33 khɯ33 phər21 le33 sɿ13 tshɿ21, bər33 py̩55 le33 du33 by33, khy̩21 by21
不 分清 人 迁 狗 白 又 带 来 客 邻 又 分清 内 外

le33 tse33 ka33. | tshe55 hɯ21 bu33 bə21 mi55, tsho21 za21 tshɿ21 thɯ33 ȵi33, tsho21 bər33 æ21 mə33
又 分清 衬恒褒白 女 人 迁 来 那 天 人 迁 鸡 未

pu55, | ȵi55 hu21mə33 du33 by33. tshe55hɯ21 bu33 bə21 mi55, æ21 na55 la21 phu33 ty55, ȵi55 hu21 le33、
带 昼 夜 未 分清 衬恒褒白 女 鸡 大 手 中 架 昼夜 又

du33 by33. | tsho21 ze33 lɯ55 ɯ33 zo33, mi55 tshy33 mi33 thy̩21 tʂʅ55, zi33 zæ33 ne21 le33 tshɿ21. tshɿ55
分清 崇忍利恩 男儿 明子 火 把 点 照亮 地 而 来 山羊

phər21 ta55 sɿ55 nɯ21 ky̩33 sɿ33, ʥi33 le33 lər33 lər21 be33 le33 tshɿ21; ə55 gɯ21 æ33 ky̩33 sɿ33, y21 le33
白 话 懂 家畜 前 领 走 而 叫 地 又 来 甜荞 粮食 前 领 生长 和

ba21 be33 ne21 le33 tshɿ21. | tsho21 ze33 lɯ55 ɯ33 zo33, bi33 ȵi55 sɿ55 thiə33 tʂha21, | dɯ33 ha55 bi33
开花 做 着 而 来 崇忍利恩 男儿 太阳 乳 三 滴 挤 一 天 太阳

nɯ33 ha55, bi33 nɯ33 mə33 gu33 ə33 sɿ21 be33 le33 tshɿ21. dɯ33 ha55 le21 khy̩21 ha55, le21 nɯ33 mə33 gu33
以 歇 太阳 以 不 分开 父亲 作为 而 来 一 夜 月亮 里 歇 月亮 以 不 分开

ə33 me33 be13 le33 tshɿ21.
母亲 作为 而 来

给九对松石碗①，给七对墨玉碗。还给补勒朵阿尤②等男仆群，给补勒朵阿史等女婢。给九种家畜，却没给猫种。但猫属家畜，就随着家畜而来。给百样的五谷种，却不给野紫苏种③。

① 此句写重，但译时遵原文译出。

② 补勒朵阿尤：音译，为一男仆人名。下句“补勒朵阿史”为一女婢名。

③ 此句不同的手写本有不同的说法。有的说“不给蔓菁种”，有的译为“野贝子”，而东巴和开祥说是“野紫苏”。译者从东巴和开祥之说而译。

但野紫苏是属五谷，随着五谷种而来到人间。还给了善于算星的勒美卜师、善于算日子的久嘎卜师、善于算娆星的司托卜师和善于算闪电的拉许卜师。

崇忍利恩在迁回人间的那天，未随人把狗带来，因而远客和近邻难分清，家人和外人分不清。崇忍利恩又带着白狗而来，又能分清远客和近邻，又能分清家人和外人。衬恒褒白姑娘，随崇忍利恩迁回人间的那天，未随人把鸡带来，就分不清昼夜。衬恒褒白又抱着公鸡而来，又分清了昼夜。崇忍利恩好男儿，手持点燃的明子火把，一路明明亮亮踏上迁回人间的路上。听话的白山羊走在家畜的前面，边走边叫着而来；甜荞走在五谷的前面，边生长边开花而来。崇忍利恩挤来三滴太阳乳，在太阳上歇了一天，从此就和太阳永不分开，把太阳当作父亲而来。又有一天歇在月亮上，从此就和月亮永不分开，把月亮当作母亲而来。

47-A-06-28

tsho^{21} bər^{33} ty̩^{55} zʅ^{33} lo^{21} nɯ^{33} tshɿ^{21}, mɯ^{33} ʂuɑ^{21} kɯ^{33} æ^{21} by̩^{21} nɯ^{33} zɑ^{21}, bæ^{33} tshi^{33} li^{21} ȵiə^{21} thy̩^{33}.

人　迁　近 路　里　以　来　　美刷庚昂埔　　　　以　下　班齐立　　处　到

bæ^{33} tshɿ^{33} li^{21} nɯ^{33} zɑ^{21}, y^{21} ho^{21} bu^{21} le^{33} thy̩^{33}. y^{21} ho^{21} bu^{21}nɯ^{33} zɑ^{21}, sɿ^{21} æ^{21} ko^{55} ȵiə^{21}thy̩^{33}, |

班齐立　　以　迁　余禾　坡　又　到　余禾　坡　以　迁　三 崖 间　处 到

sɿ^{33} lu^{21} kɑ^{33} thɑ^{55} thɑ^{33}, sɿ^{33} lu^{21} kɑ^{33} mə^{33} thɑ^{55}. | sɿ^{55} tʂhə^{33} by̩^{21} mu^{55} mu^{33}, sɿ^{55} tʂhə^{33} by̩^{21} mə^{33}

三 庹　跨　似乎　三 庹 跨　不　能　三 肘长　爬　似可　三　肘　爬　不

thɑ^{55}. | tsho^{21} ze^{33} lɯ^{55} ɯ^{33} zo^{33}, ʥi^{33} bɯ^{33} zʅ^{33} mə^{33} dɯ^{33}, ɕy^{33} phu^{21} zʅ^{33} mə^{33} dɯ^{33}. | ŋy̩^{33} phər^{21}

能　崇忍利恩　男儿　走　要　路　不　得　兽　逃　路　不　得　银　白

kho^{33} dzɿ^{21} uə^{33} lɯ^{55} thy̩^{33}, ŋy̩^{21} be^{33} tɑ^{33} tshe^{33} zɿ^{33}, ŋy̩^{21} phər^{21} le^{33} ʥi^{21} tso^{55} i^{33} zɑ^{21} i^{33} be^{33} le^{33}

角　生　寨　又　到　银　做　达泽　男子 银　白　梯　搭　的　迁　的　做　又

tshɿ^{21}. | hæ^{33} ʂʅ^{21} miə^{21} dzɿ^{21} uə^{33} lɯ^{55} thy̩^{33}, hæ^{21} be^{33} tɕi^{55} tshe^{33} zɿ^{33}, hæ^{33} ʂʅ^{21} i^{33} tʂʅ^{55} ʂʅ^{21}, ty̩^{55} i^{33}

来　金　黄　眼　生　寨　又　到　金　做　景泽　男子 金　黄 索　设　缩 且

tʂhu^{33} i^{33} be^{33} zɑ^{21} le^{33} tshɿ^{21}. | tsho^{21} bər^{33} tshɿ^{33} tshɿ^{21} ky̩^{33} le^{33} thy̩^{33}, tshɿ^{33} tshɿ^{21} ky̩^{33} nɯ^{33} zɑ^{21}.

伸　且 地 迁　又　来　人　迁　楚此山　上　又　到　楚此山　上　以　迁

sɿ^{33} dʑi^{21} kv̩^{33} le^{33} thv̩^{33}. | sɿ^{33} dʑi^{21} kv̩^{33} nɯ^{33} zɑ^{21}, | zo^{55} lo^{33} kv̩^{33} le^{33} thv̩^{33}. o^{33} ɯ^{33} sɿ^{33} sy^{21} du^{21}
斯吉河上游 又 到 斯吉河 上游 以 迁 若罗山 顶 又 到 财 好 三 样 卢神

nɯ^{33} zɿ^{33}, no^{33} tʂhɑ^{21} sɿ^{55} no^{33} tʂhɑ^{21}, dɯ^{33} so^{21} tʂhɑ^{21} me^{33} sɿ^{33} thv̩^{21} dɯ^{33}. khv̩^{55} i^{33} o^{33} ɯ^{33} gə^{21}
以 司掌 奶 挤 三 奶 挤 一 晨 挤 的 三 桶 得 傍晚 是 财 好 往上

lɯ^{55} hɯ^{33} tɕi^{55} mi^{33}, o^{33} ɯ^{33} gə^{21} lɯ^{55} hɯ^{33} me^{33} tʂhɿ^{33} mə^{33} uɑ^{21}; | ə^{33} phv̩^{33} zɿ^{21} mə^{33} dʑy^{21},
逃脱 去 以为 财 好 往上 逃脱 去 的 这 不 是 阿普 仇 没 有

zɿ^{33} tər^{55} thv̩^{33} tɕi^{55} mi^{55}, kv̩^{33} gə^{33} ŋv̩^{33} phər^{21} tho^{33} lo^{33} phv̩^{55}, mɯ^{33} ȵiə^{21} sɿ^{21} hu^{55} hu^{33}, o^{33} ɯ^{33}
仇 结 产生 以为 头 的 银 白 斗笠 脱 天 朝 三 摇晃 财 好

dze^{33} ɯ^{33} gə^{21} lɯ^{55} hɯ^{33} mə^{33} tʂər^{21}, mɯ^{33} zɿ^{33} kho^{33} ɕi^{33} kho^{33} lo^{13} kho^{33} tv̩^{55} dʐɿ^{33} tv̩^{55} gə^{21}
物 好 往上 逃脱 去 不 让 美汝柯兴可罗 夸鬼 抵 支鬼 抵 往上

le^{33} tv̩^{55}. | dʑy^{21} nɑ^{55} zo^{55} lo^{33} khɯ^{33} ȵiə^{21} thv̩^{33}, ə^{33} dzɿ^{33} so^{21} i^{33} dze^{33} ɕy^{21} dze^{33} bɑ^{21} so^{55}, dɯ^{33}
又 抵 居那若罗 麓 处 到 阿祖 晨 的 麦 红 麦 穗 搓 一

so^{21} so^{55} me^{33} sɿ^{55} tʂhər^{33} dɯ^{33}, sɿ^{33} so^{21} so^{55} me^{33} gv̩^{33} tʂhər^{55} dɯ^{33}. so^{21} i^{33} o^{33} hɑ^{55} dze^{33} hɑ^{55}
晨 搓 的 三 把 得 三 晨 搓 的 九 把 得 晨 的 财 好 物 好

gə^{21} lɯ^{55} hɯ^{33} tɕi^{55} mi^{33}, o^{33} ɯ^{33} dze^{33} ɯ^{33} gə^{21} lɯ^{55} hɯ^{33} mə^{33} uɑ^{13}; | ə^{33} dzɿ^{33} zɿ^{21} mə^{33} dʑy^{21},
往上 逃脱 去 以为 财 好 物 好 往上逃脱 去 不 是 阿祖 仇 没 有

zɿ^{21} thv̩^{33} lɯ^{33} tɕi^{55} mi^{33}. kæ^{55} kæ^{33} lɑ^{33} tʂɿ^{21} dv̩^{33} mæ^{33} kæ^{33} i^{33} dɯ^{33} tər^{55} ne^{21}, o^{33} lɯ^{55} tʂɿ^{21}
仇 产生 来 以为 衬衫 下摆 往前 的 一 结 着 五谷神 逃脱 五谷

lɯ^{55} hɯ^{33} mə^{33} tʂər^{21}, | mɯ^{33} gv̩^{33} tho^{21} gə^{33} tʂhə^{55} tv̩^{55} mi^{33} tv̩^{55} gə^{21} le^{33} tv̩^{55}. | tsho^{21} ze^{33} lɯ^{55}
逃脱 去 不 让 天 深 处 的 秽鬼 抵 火鬼 抵 往上又 抵 崇忍利恩

ɯ^{33} zo^{33}, tshe^{55} hɯ^{21} bu^{33} bə^{21} mi^{55}, mɯ^{33} nɯ^{33} tsho^{21} bər^{33} tsho^{33} zɑ^{21} tshɿ^{21} dɯ^{33} ȵi^{33},
男儿 衬恒褒白 女子 天 由 人 迁 人 下 来 一 天

崇忍利恩和衬恒褒白从迁回人间的近路而来，从美刷庚昂埔坡上下来，来到班齐立。从班齐立下来，来到余禾坡。从余禾坡下来，来到三座悬崖之间。这三座悬崖之间，看似只有三庹长的路能跨过去，而这三庹长的路却无法跨过去。看似只有三肘长的路能爬过去，而这三肘长的路却无法爬过去。崇忍利恩他俩，要走而无路，就连野兽行走的路也没有。崇忍利恩来到形似生角的银锭一样的寨子里，由会制作银器的达泽男子，为他俩搭建白银梯子而下来。来到似耀眼的金锭一样的寨子里，由会打金器的景泽男子，为他俩架设黄金索，他俩顺着金索一伸一缩地溜下来。他俩来到楚此山，又从楚此山上下来，来到斯吉河上游。从斯吉河上游下来，来到若罗山山顶。在若罗山上，卢神司掌着三样好财物。他挤奶挤三下，一天早晨能挤到三桶牛奶。今晚他认为好财物逃脱到上方去了，但这不是好财物逃脱到上方去；卢神是没有仇敌的，但他认为有人来寻仇。卢神就脱下头上的白银斗笠，朝天上挥了三下，不让好财好物逃脱到上方去，把美汝柯兴可罗[①]放下来的夸鬼支鬼抵上去。崇忍利恩他俩来到若罗山麓，在若罗山麓的沈神老祖母，早晨在搓红麦穗，一早晨能搓得三把麦粒，搓三天早晨搓得九把麦穗。一天早晨她认为好财好物逃脱到上方去了，但这不是好财好物逃脱到上方去；沈神老祖母，她没有仇人，但她感到有人来寻仇。她就把衬衫的下摆往前打个结，不让五谷神和五谷逃脱到上方去，把从深天处降下的秽鬼和火鬼抵到上方去。崇忍利恩和衬恒褒白姑娘，在从天上迁回人间的那天，

47-A-06-29

zy^{21} bu^{21} kv̩^{33} n̩ə^{21} thv̩^{33}, | zy^{21} bu^{21} kv̩^{33} nɯ^{33} zɑ^{21}, zy^{21} tshi^{21} bu^{21} n̩ə^{21} thv̩^{33}. le^{55} me^{33} kɯ^{21} tsɿ^{21}
蕊崩坡 上 面 到 蕊崩坡 上 以 迁 蕊齐 坡 上 到 勒美 星 算

ɯ^{33} nɯ^{33} kɯ^{21} mə^{33} tsɿ^{21}, lɑ^{33} ɕy^{21} tshy^{55} tsɿ^{21} ɯ^{33} nɯ^{33} tshy^{55} mə^{33} tsɿ^{21}, kɯ^{21} ne^{21} zy^{21} æ^{21} hə^{21},
善 以 星 未 算 拉许 闪电 算 善 以 闪电 未 算 星 和 蕊星 争斗 了

zy^{21} æ^{21} zy^{21} phy^{55} hə^{21}, zy^{21} phy^{55} mɯ^{33} dzɑ^{33} hə^{21}. mu^{33} mu^{21} sɿ^{55} mu^{33} mu^{21}, mɯ^{33} khuə^{55} ʂuɑ^{55}
蕊星 斗蕊星 吐 了 蕊星 吐 天 阴 了 昏蒙 三 昏蒙 天 势 高

mə^{33} n̩i^{21}, dy^{21} khuə^{55} gɯ^{21} mə^{33} n̩i^{21}, i^{33} bi^{21} dʑi^{21} sɿ^{33} ho^{21}, mə^{33} ʂu^{21} dʑi^{21} tʂhə^{55} hə^{21}. | tsho^{21} ze^{33}
不 能 地 势 辽阔 不 能 江 水 三 条 不 纯 水 污秽 了 崇忍利恩

lɯ^{55} ɯ^{33} zo^{33}, dʑi^{33} bɯ^{33} zʅ^{33} mə^{33} dɯ^{33}; tshe^{55} hɯ^{21} bu^{33} bə^{21} mi^{55}, gv̩^{33} bɯ^{33} dzo^{21} mə^{33} dɯ^{33}. |
男儿 走 要 路 不 得 衬恒褒白 女 涉水 要 桥 不 得

lɑ^{33} ɕy^{21} tshy^{55} tsɿ^{21} ɯ^{33} nɯ^{33} tshy^{55} le^{33} tsɿ^{21}, | le^{55} me^{33} kɯ^{21} tsɿ^{21} ɯ^{33} nɯ^{33} kɯ^{21} le^{33} tsɿ^{21}, | sɿ^{33}
拉许 闪电 算 善 以 闪电 又 算 勒美 星 算 善 以 星 又 算 司托

tho^{21} zɑ^{21} tsɿ^{21} ɯ^{33} nɯ^{33} zɑ^{21} le^{33} tsɿ^{21}. | tsho^{21} ze^{33} lɯ^{55} ɯ^{33} zo^{33}, tʂuɑ^{21} nɯ^{33} ɯ^{33} ɕy^{21} mɑ^{21} sɿ^{55}
娆星 算 善 以 娆星又 算 崇忍利恩 男儿 夫 以 牛 红 酥油 三

① 美汝柯兴可罗：音译人名，为衬恒褒白舅舅的儿子，相传衬恒褒白姑娘曾许给他，但却嫁给了相爱的崇忍利恩。美汝柯兴可罗为报夺妻之仇，就降下灾难病痛到人间。

ly̩^{33} le^{33} pu^{55}, bɯ^{33} nɯ^{33} dze^{33} ʂu^{21} by^{21} sɿ^{55} py^{33} pu^{55} le^{33} be^{33}, | ʥy^{21} tʂhʅ^{33} phu^{55}、lo^{21} tʂhʅ^{33} phu^{55}
饼 又 带 妻 以 麦 纯 面 三 升 带 又 做 山 这 面 谷 这 面

gə^{33} sɿ^{21} ne^{21} ly̩^{21} gə^{33} tʂhu^{55} pɑ^{33} be^{33}①. ʂuɑ^{33} ʂuɑ^{21} sɿ^{55} ʂuɑ^{33} ʂuɑ^{21}, mɯ^{33} ʥy^{33} khuə^{55} le^{33} ʂuɑ^{21};
的 署 和 龙 的 供养 做 高 高 又 高 高 天 有 势 又 高

gɯ^{33} gɯ^{21} sɿ^{55} gɯ^{33} gɯ^{21}, dy^{21} ʥy^{33} khuə^{55} le^{33} gɯ^{21}; ʂu^{33} ʂu^{21} sɿ^{55} ʂu^{33} ʂu^{21}, i^{33} bi^{21} ʥi^{21} sɿ^{33}
阔 阔 又 阔 阔 地 有 势 又 阔 纯 纯 又 纯 纯 江 水 三

ho^{21}, mə^{33} tʂhə^{55} le^{33} ʂu^{21} hə^{21}. | tsho^{21} ze^{33} lɯ^{55} ɯ^{33} zo^{33}, ʥi^{33} bɯ^{33} ʐʅ^{33} le^{33} dɯ^{33}; | tshe^{55} hɯ^{21}
条 不 污秽 又 纯 了 崇忍利恩 男儿 走 要 路 又 得 衬恒褒白

bu^{33} bə^{21} mi^{55}, gy̩^{33} bɯ^{33} dzo^{21} le^{33} dɯ^{33}. | bu^{33} nɑ^{21} lu^{55} khɯ^{33} phər^{21}, dər^{33} me^{33} le^{33} sɿ^{55} tshʅ^{21}.
女 涉水 要 桥 又 得 猪 黑 四 脚 白 错 的 又 认 来

dɯ^{33} tɕi^{33} ʂu^{55} æ^{21} phər^{21}, dər^{33} me^{33} le^{33} ty̩^{55} tshʅ^{21}. | tsho^{21} bər^{33} mɯ^{33} ly̩^{55} gy̩^{33} nɯ^{33} bər^{33},
大 冠 公鸡 错 的 又 抵 来 人 迁 天 中间 以 迁

zy^{21} tshi^{21} bu^{21} ky̩^{33} thy̩^{33}. | zy^{21} tshi^{21} bu^{21} nɯ^{33} zɑ^{21}, zo^{55} lo^{33} ky̩^{33} ȵə^{21} thy̩^{33}. zo^{55} lo^{33} ky̩^{33}
蕊齐 坡 上 到 蕊齐 坡 以 迁 若罗山 顶 上 到 若罗 顶

nɯ^{33} zɑ^{21}, zo^{55} lo^{33} thɯ^{55} ȵə^{21} thy̩^{33}. zo^{55} lo^{33} thɯ^{55} nɯ^{33} zɑ^{21}, zo^{55} lo^{33} khɯ^{33} ȵə^{21} thy̩^{33}.
以 迁 若罗山 腰 处 到 若罗山 腰 以 迁 若罗山 麓 处 到

来到蕊崩②坡上。又从蕊崩坡上迁下来，来到蕊齐坡上。那一天，未请善于算星的卜师勒美算星，未请善于算闪电的卜师拉许测算闪电，正值星星与蕊星发生争斗，蕊星因争斗呕吐了。因蕊星吐而天阴了。天空昏蒙蒙，天不高远了，地也不辽阔了，三条大江之水也不纯净而污秽了。崇忍利恩要走没有路，衬恒褒白要过河找不到桥。他俩请善于算闪电的拉许测算闪电，请善于算娆星③的司托测算娆星。丈夫崇忍利恩带着三饼红牛乳制的酥油，妻子衬恒褒白带着三升纯麦面，以供养山这面、谷那面的署④和龙。高啊高，天又高远了；阔啊阔，地又辽阔了；纯呀纯，三条江水不污秽而又纯净了。崇忍利恩好男儿，要走又有路；衬恒褒白姑娘，要涉水又寻得桥。他俩用四脚白的黑猪作牺牲，向天认了错；用大冠的公鸡作祭品，向天认了错。他俩从天中间迁下来，来到蕊齐坡上。从蕊齐坡上迁下来，来到若罗神山山顶。从若罗山顶来到若罗山腰。从若罗山腰迁到若罗山麓。

① 此格里有“khæ^{33}”、“phər^{21}”两个东巴文字符，无法与其他字符连读成句，存疑。

② 蕊崩：音译名词，为纳西族二十八宿之一。下文之“蕊齐”亦是一宿名。“蕊”是二十八宿中带“蕊”的九宿之总称。

③ 娆星：音译名词，一种星名。相传日蚀和月蚀是因娆星吞食了日月而发生。

④ 署：音译名词，为一种掌管大自然野生动植物的精灵，相传与人类是同父异母的兄弟。

47-A-06-30

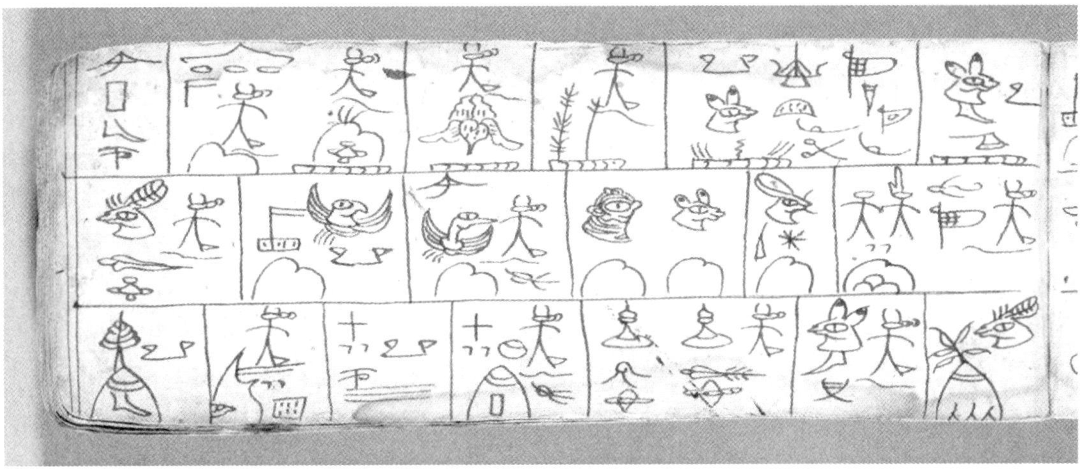

mɯ^{33} lɯ^{55} to^{55} khɯ^{33} phər^{21} nɯ^{33} mu^{21}, | mɯ^{33} ʂuɑ^{21} kɯ^{33} iə^{21} bu^{21} nɯ^{33} mu^{21}, dy^{21} dɯ^{21} z̩ə^{21}
美利垛肯盘 以 往下 美刷庚尤埔 坡 以 往下 敦迪惹孜

dzʅ^{21} bu^{21} nɯ^{33} mu^{21}, tsho^{21} bər^{33} tsho^{33} zɑ^{21} mu^{21} le^{33} tshʅ^{21}. | py̩^{21} be^{33} dʑy^{33} lɯ^{33} tɯ^{33}、no^{33}
坡 以 往下 人 迁 人 移 往下 又 来 补本居里迪

be^{33} sɑ^{33} lɯ^{33} kho^{55} nɯ^{33} mu^{21}, tsho^{21} bər^{33} tsho^{33} zɑ^{21} mu^{21} le^{33} tshʅ^{21}, | dzi^{33} dʑiə^{21} lɑ^{33} lər^{33} dy^{21}
诺本沙里课 以 往下 人 迁 人 移 往下 又 来 精久拉朗敦 地

ȵiə^{21} thy̩^{33}, sʅ^{55} ly̩^{33} no^{55} ly̩^{33} the^{33} mə^{33} tɕi^{33}, gɑ^{33} kho^{21} the^{33} mə^{33} tho^{55} le^{33} bər^{33} le^{33} tshʅ^{21}. | dzi^{33}
处 到 素神 石 诺神 石 又 不 放 胜利 桩 又 不 插 而 迁 又 来

khɯ^{33} ʂu^{33} tho^{21} tɯ^{33} ȵiə^{21} thy̩^{33}, | lo^{33} do^{33} by̩^{33} dʑi^{21} dɯ^{21} nɯ^{33} mu^{21}, tsho^{21} bər^{33} tsho^{33} zɑ^{21} mu^{21}
精肯苏托迪 处 到 拉冬补吉迪河 以 往下 人 迁 人 移 往下

le^{33} tshʅ^{21}. | lɯ^{33} ʂuɑ^{21} kə^{55} tɯ^{33} bu^{21} ȵiə^{21} thy̩^{33}, | mɯ^{33} lɯ^{55} kɑ^{33} tɯ^{33} bu^{21} nɯ^{33} mu^{21}, tsho^{21}
又 来 俚刷构迪埔 处 到 美利嘎迪埔 坡 以 往下 人

bər^{33} tsho^{33} zɑ^{21} mu^{21} le^{33} tshʅ^{21}. | lɑ^{33} mu^{33} lɑ^{33} tsɑ^{21} bu^{21} nɯ^{33} mu^{21}, gy̩^{21} mu^{33} gy̩^{21} tsɑ^{21} bu^{21}
迁 人 移 往下 又 来 拉姆拉兆埔 以 往下 古姆古兆埔

nɯ^{33} mu^{21}, | le^{55} tɕhi^{33} ty̩^{21} dzʅ^{21} bu^{21} nɯ^{33} mu^{21}, | mi^{33} ly̩^{21} ɑ^{55} gɑ^{33} bu^{21} nɯ^{33} mu^{21}, tsho^{21} bər^{33}
以 往下 楞启督孜埔 以 往下 米鲁阿嘎埔 坡 以 往下 人 迁

tsho^{33} zɑ^{21} mu^{21} le^{33} tshʅ^{21}. | bə^{33} mu^{33} ɕy^{55} dzʅ^{21} dʑy^{21} ȵiə^{21} thy̩^{33}, | to^{21} mɑ^{33} ȵi^{33} ʐʅ^{33} sʅ^{55} nɯ^{33}
人 移 往下 又 来 崩姆训孜局 处 到 铎玛尼日素 以

mu^{21}, | tshe^{21} ȵi^{33} ʐʅ^{33} phər^{21} dzʅ^{21} ȵiə^{21} thy̩^{33}, | tshe^{21} ȵi^{33} to^{55} thy̩^{33} ky̩^{33} nɯ^{33} mu^{21}, tho^{21} bər^{33}
往下 乘尼日盘孜 处 到 乘尼垛土股 以 往下 人 迁

tsho^{33} zɑ^{21} mu^{21} le^{33} tshʅ^{21}. | o^{21} iə^{55} he^{21} ʥi^{21} kʏ̩^{33} nɯ^{33} o^{21} iə^{55} he^{21} ʥi^{21} mæ^{33} nɯ^{33} mu^{21}, tsho^{21}
人 移 往下 又 来 俄佑 恒吉河 上游 以 俄佑 恒吉河 下游 以 往下 人

bər^{33} tsho^{33} zɑ^{21} mu^{21} le^{33} tshʅ^{21}. | dzi^{33} khɯ^{33} se^{33} me^{21} kho^{55} nɯ^{33} mu^{21}, | lo^{33} do^{33} huɑ^{33} ɕy^{21}
迁 人 移 往下 又 来 精肯申枚课 以 往下 罗垛华许

ʥy^{21} nɯ^{33} mu^{21},
山 以 往下

从若罗山麓往下迁，到美利垛肯盘。从美利垛肯盘往下迁，又从美利庚尤埔坡往下迁，再从敦迪惹孜坡迁下来，崇忍利恩他俩就这样从此地到彼地迁移下来。从补本居里迪、诺本沙里课迁下来，来到精久拉朗敦，但未立素神石和诺神石，未插胜利桩地迁下来，又到精肯苏托迪，再到拉冬补吉迪河，崇忍利恩就这样往下迁移而来。迁到俚刷构迪埔坡，又到美利嘎迪埔坡，再从此地往下迁。从拉姆拉兆埔坡往下迁，从古姆古兆埔坡往下迁，从楞启督孜埔坡往下迁，从米鲁阿嘎埔坡往下迁，到崩姆训孜局山，又迁到铎玛尼日素，又迁到乘尼日盘孜，又从乘尼垛土股往下迁，从俄佑恒吉河上游迁到俄佑恒吉河下游。从精肯申枚课往下迁，从罗垛华许山往下迁，

47-A-06-31

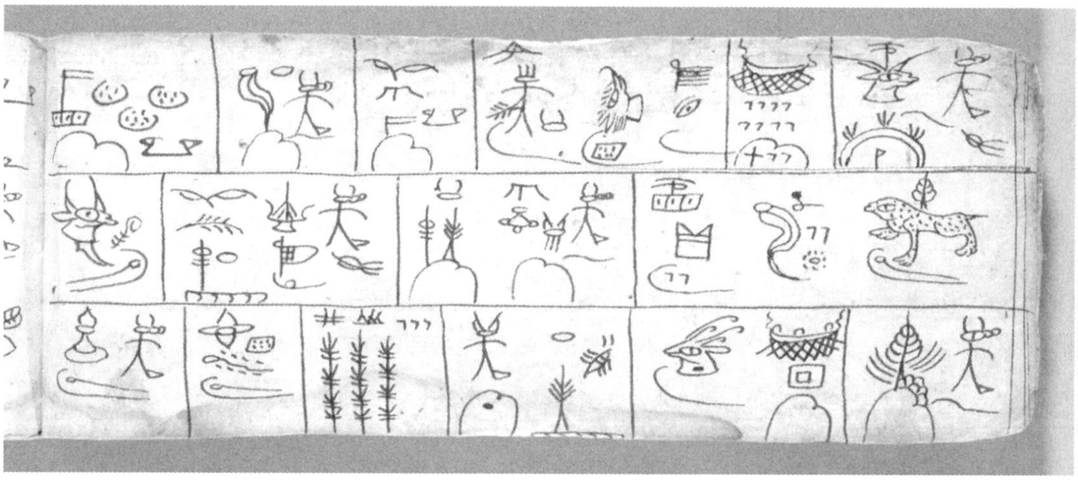

lɯ^{33} ʂuɑ^{21} dzæ^{21} dər^{33} bu^{21} ȵiə^{21} thʏ̩^{33}, | lɯ^{33} ʂuɑ^{21} ʥi^{21} gʏ̩^{33} bu^{21} nɯ^{33} mu^{21}, tsho^{21} bər^{33} tsho^{33}
里刷章丹 坡 处 到 里刷吉古 坡 以 往下 人 迁 人

zɑ^{21} mu^{21} le^{33} tshʅ^{21}. | lɯ^{33} ʂuɑ^{21} iə^{21} kɑ^{55} lɑ^{33} nɯ^{33} mu^{21}, | mɯ^{33} lɯ^{55} sʅ^{33} lo^{21} kho^{33} nɯ^{33} mu^{21},
移 往下 又 来 里刷尤告拉 以 往下 美利苏罗柯 以 往下

sʅ^{33} lo^{21} bu^{21} kʏ̩^{33} tsʅ^{21} nɯ^{33} mu^{21}, ho^{21} phu^{55} lo^{21} nɯ^{33} mu^{21}, | tshe^{21} ȵi^{33} ɕi^{33} ho^{55} bu^{21}nɯ^{33} mu^{21}, |
苏罗崩古紫 以 往下 禾普罗 以 往下 衬尼西贺 坡 以 往下

y^{33} le^{21} phər^{21} dzʅ^{21} ko^{21} nɯ^{33} mu^{21}, tsho^{21} bər^{33} tsho^{33} zɑ^{21} mu^{21} le^{33} tshʅ^{21}. | ɯ^{33} hɯ^{21} dɯ^{21} tʂhʏ̩^{55}
宇冷盘孜各 高原 以 往下 人 迁 人 移 往下 又 来 恩恒迪初罗

lo^{21} nɯ^{33} mu^{21}, | iə^{21} pɯ^{55} dy^{21} ly^{55} gỵ^{33} nɯ^{33} mu^{21}, sɿ^{55} lỵ^{33} no^{55} lỵ^{33} le^{21} mə^{33} tɕi^{33}, gɑ^{33} kho^{21}
以 往下 尤贝敦吕古 以 往下 素神 石诺神 石 又 不 放 胜利 桩

the^{21} mə^{33} tshɿ^{55}, tsho^{21} bər^{33} tsho^{33} zɑ^{21} mu^{21} le^{33} tshɿ^{21}. | ly^{55} i^{33} tho^{33} khɑ^{33} uə^{33} nɯ^{33} mu^{21}, kɑ^{55}
又 不 竖 人 迁 人 移 往下 又 来 律依通卡坞 以 往下

dɯ^{21} uə^{33} kỵ^{33} nɯ^{33} mu^{21}, tsho^{21} bər^{33} tsho^{33} zɑ^{21} mu^{21} le^{33} tshɿ^{21}. | ȵi^{33} lo^{21} tʂʅ^{55} phər^{21} uə^{33} nɯ^{33}
嘎迪坞古 以 往下 人 迁 人 移 往下 又 来 尼罗志盘坞 以

mu^{21}, ʥi^{33} nɑ^{55} ȵi^{55} bər^{21} khɑ^{33} nɯ^{33} mu^{21}, ɕy^{55} tso^{33} lo^{21} nɯ^{33} mu^{21}, | he^{21} dzɿ^{21} lo^{21} nɯ^{33} mu^{21},
往下 吉纳尼班卡 以 往下 许佐罗 以 往下 恒孜罗 以 往下

tsho^{21} bər^{33} tsho^{33} zɑ^{21} mu^{21} le^{33} tshɿ^{21}. | sɿ^{55} o^{21} tʂhỵ^{33} ʥi^{21} lo^{21} nɯ^{33} mu^{21}, | tse^{33} mi^{21} sɑ^{33} sɿ^{21} lɯ^{33}
人 迁 人 移 往下 又 来 素俄初吉罗 以 往下 增明沙苏里

nɯ^{33} mu^{21}, | tse^{55} nɑ^{21} uə^{33} nɯ^{33} mu^{21}, sər^{33} i^{33} kɯ^{33} tho^{21} lɯ^{33} nɯ^{33} mu^{21}, | tɕhi^{21} nɑ^{21} lo^{21} nɯ^{33}
以 往下 正纳坞 以 往下 斯依给通利 以 往下 琴纳罗 以

mu^{21}, | ɕi^{21} tɑ^{21} bu^{21} nɯ^{33} mu^{21}, | nɑ^{33} tsɑ^{21} bu^{21} nɯ^{33} mu^{21}, tsho^{21} bər^{33} tsho^{33} zɑ^{21} mu^{21} le^{33}
往下 西达 坡 以 往下 纳扎 坡 以 往下 人 迁 人 移 往下 又

tshɿ^{21}.
来

从里刷章丹坡往下迁，从里刷吉古坡往下迁，从里刷尤告拉往下迁，从美利苏罗柯往下迁，从苏罗崩古紫往下迁，从禾普罗往下迁，从衬尼西贺坡往下迁，从宇冷盘孜各高原往下迁，从恩恒迪初罗往下迁，到尤贝敦吕古，在此地未立素神石和诺神石，未插胜利桩地迁下来，从律依通卡坞迁下来，从嘎迪坞古迁下来，从尼罗志盘坞迁下来，从吉纳尼班卡迁下来，从许佐罗迁下来，从恒孜罗迁下来，从素俄初吉罗迁下来，从增明沙苏里迁下来，从正纳坞迁下来，从斯依给通利迁下来，从琴纳罗迁下来，从西达坡迁下来，从纳扎坡迁下来，这样从一个地方又迁到另一个地方地迁下来。

47-A-06-32

tɕi^{55} sɑ^{55} kɑ^{33} lɑ^{33} bu^{21} nɯ^{33} mu^{21}, ə^{33} khɑ^{33} be^{33} nɯ^{33} mu^{21}, bə^{33} ʂər^{21} dy^{21} nɯ^{33} mu^{21}, | lɯ^{33}
敬绍高拉 坡 以 往下 阿卡本 以 往下 崩什地 以 往下 利桑

sər^{33} dʑy^{21} nɯ^{33} mu^{21}, ɯ^{33} ʂʅ^{55} dʑi^{21} thy̩^{33} uə^{33} nɯ^{33} mu^{21}, | tho^{33} kho^{21} hɯ^{55} dy̩^{21} nɯ^{33} mu^{21},
山 以 往下 恩什吉土坞 以 往下 妥科恒督 以 往下

khɯ^{33} kho^{55} tɯ^{33} nɯ^{33} mu^{21}, | le^{33} tho^{21} tɯ^{33} nɯ^{33} mu^{21}, ze^{21} ʂə^{55} by̩^{33} bər^{33} tɯ^{33} nɯ^{33} mu^{21}, |
肯课迪 以 往下 冷妥迪 以 往下 壬寿补班迪 以 往下

ʐu^{21} gy̩^{33} khu^{33} nɯ^{33} mu^{21}, tshʅ^{33} gy̩^{33} khu^{33} nɯ^{33} mu^{21}, tsho^{21} bər^{33} tsho^{33} zɑ^{21} mu^{21} le^{33} tshʅ^{21}. |
夏渡口 以 往下 冬渡口 以 往下 人 迁 人 搬 往下 又 来

phər^{21} iə^{55} dɑ^{33}gy̩^{33} dy^{21} nɯ^{33} mu^{21}, gy̩^{33} sʅ^{33} ko^{21} nɯ^{33} mu^{21}, | dʑi^{33} phər^{21} lɯ^{33}, dʑi^{33} nɑ^{21} lɯ^{33}
盘佑达古 地 以 往下 古苏各 以 往下 水 白 地 水 黑 地

nɯ^{33} mu^{21}, | gə^{21} gæ^{33} bæ^{21} nɯ^{33} mu^{21}, mu^{21} gæ^{33} bæ^{21} nɯ^{33} mu^{21}, tsho^{21} bər^{33} tsho^{33} zɑ^{21} mu^{21}
以 往下 上 冈班 以 往下 下 冈班 以 往下 人 迁 人 移 往下

le^{33} tshʅ^{21} | bɯ^{21} dzər^{21} lɯ^{33} nɯ^{33} mu^{21}, ly̩^{33} phər^{21} bu^{21} nɯ^{33} mu^{21}, ly̩^{33} nɑ^{21} bu^{21} nɯ^{33} mu^{21},
又 来 崩章里 以 往下 鲁盘埔坡 以 往下 鲁纳坡 以 往下

tho^{33} phər^{21} dy^{21} nɯ^{33} tho^{33} nɑ^{21} dy^{21} nɯ^{33} mu^{21}, | sɑ^{33} sʅ^{21}khæ^{33} nɯ^{33} mu^{21}, | bə^{33}ʂʅ^{21} dy^{21} n̩ə^{21}
妥盘敦 至 妥纳敦 以 往下 沙术康 以 往下 崩史敦 处

thy̩^{33}. | tsho^{21} ze^{33} lɯ^{55} ɯ^{33} tʂuɑ^{21} nɯ^{33} ky̩^{55} dʑi^{21} thy̩^{21}, bɯ^{21} nɯ^{33} ʂu^{21} mi^{33} khɯ^{55}, gɑ^{33} kho^{21}
到 崇忍利恩 夫 以 毡 房 搭 妻 以 铁 火 放 胜利 桩

tho^{55}, gɑ^{33} ly̩^{33} tsʅ^{21} le^{33} dzʅ^{21}. | dzʅ^{33} tshʅ^{55} uə^{33} tshʅ^{55} nɯ^{21} le^{33} dzʅ^{21}, gɑ^{33} dzo^{21} zi^{33} dzo^{21}
插 胜利 石 竖 又 住 村 建 寨 建 以 又 住 胜利 事 美丽 事

be^{33}. | dər^{33} ɯ^{33} khɯ^{21} ɯ^{33} ky̩^{33} nɯ^{33} dzʅ^{21}, hɯ^{21} dzo^{21} dzæ^{33} dzo^{21} be^{33} le^{33} dzʅ^{21}.
做 水田 山地 处 以 往 富 事 强 事 做 又 住

从敬绍高拉坡迁下来，从阿卡本迁下来，从崩什地迁下来，从利桑山迁下来，从恩什吉土坞迁下来，从妥科恒督迁下来，从肯课迪迁下来，从冷妥迪迁下来，从壬寿补班迪迁下来，从夏渡口到冬渡口迁下来，从盘佑达古坝迁下来，从古苏各高原迁下来，从白水到黑水地迁下来，从上冈班到下冈班地迁下来，从崩章里迁下来，从鲁盘埔坡迁下来，从鲁纳坡迁下来，从妥盘敦迁下来，从妥纳敦迁下来，从沙术康迁下来，来到崩史敦坝子里。崇忍利恩和衬恒褒白，丈夫搭毡房，妻子用铁火镰打火，把火烧起来。他俩插上胜利桩，烧上胜利火而居住下来。他俩建村又建寨，做着常胜的事，干着漂亮的事而定居下来。他们住在水田和山地间，富裕强盛地居住着。

47-A-06-33

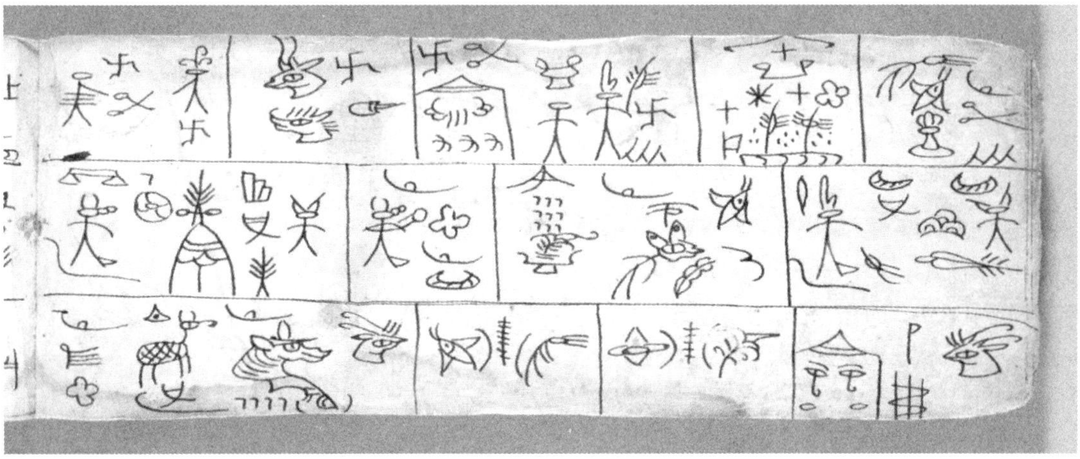

kho^{21} ɯ^{33} dɯ^{33} ɯ^{33} tɕi^{33} le^{33} dzʅ^{21}, | dzʅ^{21} ɯ^{33} bu^{21} ɯ^{33} tʂu^{55} le^{33} dzʅ^{21}, | be^{33} ɯ^{33} pv̩^{55} ɯ^{33} tɕi^{33}
亲 好 戚 好 认 而 住 妻 好 夫 好 结 而 住 村 好 邻 好 认

le^{33} dzʅ^{21}, zo^{33} ɯ^{33} mi^{55} ɯ^{33} ɕi^{21} le^{33} dzʅ^{21}. | tshe^{21} mɯ^{33} thv̩^{33}、tshe^{33} dy^{21} khu^{33} le^{33} dzʅ^{21}, tʂʅ^{21}
而 住 儿 好 女 好 养 而 住 十 天 开 十 地 辟 而 住 五谷

me^{33} tv̩^{21} le^{33} ɕi^{33} sy^{21} phv̩^{55} le^{33} dzʅ^{21}. | ə^{33} ȵi^{33} la^{33} ʂər^{55} ȵi^{33}, y^{21} mu^{55} nɯ^{21} dɯ^{33} sʅ^{21}, ʂʅ^{33} le^{33}
类 千 与 百 样 撒 而 住 昨天 又 前天 死者 你 一 位 死 又

mu^{55} du^{33} mə^{33} tɕi^{55} mi^{33}. | tsho^{21} ze^{33} lɯ^{55} ɯ^{33} zo^{33}, tsho^{21} bər^{21} tshʅ^{21} gə^{33} tʂhʅ^{33} dɯ^{33} ȵi^{33}, ŋv̩^{33}
老 兴 不 以为 崇忍利恩 男儿 人 迁 来 的 这 一 天 雪山

lv̩^{33} tho^{33} dʑi^{21} ua^{33}, dzʅ^{21} me^{33} sər^{33} dzʅ^{21} tse^{55}, | pu^{55} me^{33} mə^{33} pu^{55} sy^{21} mə^{33} dʑy^{33}, | mɯ^{33} lɯ^{55}
松林带 生 的 树 生 全 带 的 未 带 样 没 有 天 地

gv̩^{33} tʂhər^{33} pu^{55} mə^{33} kv̩^{55}, dzi^{33} ɯ^{33} kv̩^{33} phər^{21} tʂhu^{21} be^{33} mu^{55} se^{33} iə^{33}. | tshe^{55} hɯ^{21} bu^{33} bə^{21}
九 药 带 不 会 人 好 头 白 早 地 去世 了 的 衬恒褒白

mi^{55}, tsho^{33} za^{21} tshʅ^{21} tʂhʅ^{33} ȵi^{33}, dʑi^{33} kv̩^{33} dʑi^{21} mæ^{33} khu^{33}, dʑy^{33} me^{33} lv̩^{33} dʑy^{33} tse^{55}, ho^{21} i^{33} mə^{33}
女 人 移 来 这 天 水 头 水 尾 边 有 的 石 有 全 赶 是 不

ho^{21} sy^{21} mə^{33} dʑy^{33}, lɯ^{33} ʂua^{21} khæ^{33} me^{33} kɯ^{21}, thɯ^{33} kɯ^{21} ho^{21} mə^{33} kv̩^{55}, gu^{21} tʂhu^{21} lu^{55}
赶 样 没 有 里刷康美庚 这 胆 赶 不 会 马 快 四

khua^{33} thɯ^{33}, dɯ^{33} khua^{33} gɯ^{21} se^{33} iə^{33}. | sʅ^{21} ne^{21} mu^{55} ka^{55} gɯ^{33}, dɯ^{33} zʅ^{33} ʐʅ^{21} mu^{55} se^{21}; |
蹄 这 一 蹄 裂 了 的 活 与 死 之间 一 个 死者去世 了

hər^{21} ne^{21} le^{21} ka^{55} gɯ^{33}, dɯ^{33} zʅ^{33} ʐʅ^{21} le^{21} se^{21}; | iə^{33} ko^{21} kho^{21} lɯ^{33} miə^{21} bər^{33} thv̩^{33} se^{33} iə^{33}.
绿 和 枯 之间 一 个 死者 枯 了 家里 亲 戚 眼泪 出 了 的

他们互认亲戚而居住，相互结亲娶嫁而定居，互认远村近邻而居住，养着好儿好女而住下，开十片天，辟十块地，撒千百样谷类而住下。

不久以前，您这位死者，没想到人都会老死。崇忍利恩从天上迁回人间的那一天，像雪山松林带所有树木都生长在这里一样，他样样都从天上带下来，就不会把天地间的九种长生不死药带下来，今天，您这位满头白发的好人过早地去世了。衬恒褒白姑娘，从天上迁到人间的那一天，像江河上下游两岸的各种石头一样多的牲畜，都从天上赶下来，却不会把天兽里刷康美庚①赶下来，骏马的四蹄有一蹄裂开了。在生与死之间，有一位活者去世了，如在青与枯之间，有的植物枯死了一样，家里的亲戚眼中落泪了。

47-A-06-34

ŋv̩^{33} lv̩^{33} tho^{33} dʑy^{21} uɑ^{33}, dzʅ^{21} me^{33} mə^{33} biə^{21} mə^{33} pər^{33} me^{33}, sər^{33} dzʅ^{21} mu^{55} se^{33} iə^{33}. | ʐər^{33} dy^{21}
雪山 松林带 长 有 不 倒 不 朽 的 树 长 老死 了 的 江边

dʑi^{33} kv̩^{33} dʑi^{33} mæ^{33} dʑy^{33} me^{33} lv̩^{33} mə^{33} gɯ^{33}, lv̩^{33} mu^{55} lv̩^{33} le^{33} gɯ^{33} se^{33} iə^{33}, | he^{33} ɕy^{21} o^{33} ɕy^{21}
水 头 水 尾 有 的 石 不 裂 石 老 石 又 裂 了 的 精神 虚 骨 虚

se^{21}. | sʅ^{55} pɯ^{55} ho^{21} pɯ^{55} iə^{21} pɯ^{55} ə^{33} gv̩^{33} zo^{33}, | dɯ^{33} mu^{55} sʅ^{55} mu^{55} se^{21}, sʅ^{55} mu^{55} ʐʅ^{21} tse^{55}
了 束 出生禾 出生 尤 出生 舅舅 儿 一 去世活者去世 了 活者去世 日 变

se^{21}, | ʐʅ^{21} i^{33} y^{21} tse^{55} se^{21}. gu^{33} lu^{21} y^{21} ly^{21} dər^{33}, kɑ^{33} le^{21} y^{21} ly^{21} dər^{33}. | dɯ^{33} y^{21} uə^{13} zo^{33}
了 日 是 祖先 变 了 保佑 祖先 盼 该 赐福 祖先 盼 该 孝儿

ɯ^{33}, zo^{33} ɕi^{21} zo^{33} mə^{33} ɕi^{21}, zo^{33} ɕi^{21} mu^{55} the^{13} be^{33}. | æ^{33} phv̩^{55} æ^{33} mə^{33} phv̩^{55}, æ^{33} phv̩^{55} ʐu^{21}
儿 养 儿 的 养 儿 养 老 而 做 粮 撒 粮 的 撒 粮 撒 饿

the^{21} be^{33}. tʂhər^{33} hæ^{21} tʂhər^{33} mə^{33} hæ^{21}, tʂhər^{33} hæ^{21} y^{21} khu^{33} phv̩^{55} the^{21} be^{33}. | zo^{33} ɕi^{21} sʅ^{21}
而 做 媳 娶 媳 的 娶 媳 娶 公婆 规矩 传 而 做 儿 养 父

khu^{33} phv̩^{55}, mi^{55} ɕi^{21} me^{33} khu^{33} phv̩^{55}. | dɯ^{33} y^{21} uə^{55} zo^{33} ɯ^{33}, mɯ^{33} phv̩^{33} dy^{21} phv̩^{33} ʐuɑ^{21},
规矩 传 女 养 母 规矩 传 孝儿 天 价 地 价 还

① 里刷康美庚：音译名词，一种天兽的名称，相传此兽有三个胆，而此胆能使人起死回生。

dzɿ^{33} phʏ̩^{33} uə^{33} phʏ̩^{33} ʐ̩uɑ^{21},
村　价　寨　价　还

在雪山松林带，不倒不朽的所生长的树，如今已老死了。江边上游至下江的石头不曾裂，如今已老已裂了。令人神虚无力了。

出生于束①、出生于禾、出生于尤支系的像舅舅一样的男子，您这活者已去世了，活者去世了就变成日②了，日又变成祖先了。要得到保佑则祈盼着祖先，要得到赐福盼着祖先。孝儿呀孝女，养儿养好儿，养儿则是为防老；撒种收粮食，撒种收粮是为防饥。娶媳娶好媳，娶媳是为公婆传下好规矩，养儿为传父亲的规矩，养女为传母亲的规矩。孝儿与孝女，要向去世的父母偿还留给孝儿女的天和地之价，偿还留给孝儿女的村和寨之价，

47-A-06-35

dər^{33} phʏ̩^{33} khɯ^{21} phʏ̩^{33} ʐ̩uɑ^{21}; | ə^{33} sɿ^{21} to^{21} phʏ̩^{33} tshy^{55} le^{33} ʐ̩uɑ^{21}, mi^{55} i^{33} ə^{33} me^{33} ɕi^{21} phʏ̩^{33}
水田　价　山地　价　还　父　抱　价　偿　又　还　女　是　母　养　价

tshy^{55} le^{33} ʐ̩uɑ^{21}. kɑ^{21} gə^{33} n̩i^{55} phʏ̩^{33} ʐ̩uɑ^{21}, to^{55} gə^{33} mɑ^{21} phʏ̩^{33} ʐ̩uɑ^{21}, mu^{55} le^{33} gu^{33} lu^{21} kɑ^{33} le^{21}
偿　又　还　胸　的　乳　价　还　额　的　酥油　价　还　去世　而　保佑　赐福

phʏ̩^{33} le^{33} ʐ̩uɑ^{21}. | dɯ^{33} y^{21} zo^{33} ɯ^{33} nɯ^{33}, tshe^{33} nɯ^{21} dɯ^{33} kho^{55} be^{33}, tshe^{33} tʂɿ^{21} dɯ^{33} tɕiə^{55} be^{33},
价　又　还　孝儿　以　十　家畜　一　杀　做　十　五谷　一　煮　做

tshe^{33} dʑi^{33} dɯ^{33} lo^{55} be^{33}, | mə^{33} lo^{55} dʑi^{33} i^{33} gə^{21} the^{21} be^{33}. | dzɿ^{33} kʏ̩^{55} thʏ̩^{33} tʂhɿ^{33} lo^{21}, py^{21} kʏ̩^{55}
十　衣　一　摞　做　未　摞　衣　是　往上　而　做　首领　会　产生　这　伙　祭　会

ŋə^{21} tʂhɿ^{33} uɑ^{21}, tshɿ^{21} py^{21} ly^{55} khu^{33} tɯ^{33}, y^{21} pʏ̩^{55} gə^{21} le^{33} pʏ̩^{55}, ɯ^{33} pʏ̩^{55} y^{21} pʏ̩^{55} ʐ̩uɑ^{33} pʏ̩^{55} gə^{21}
我　这伙　鬼　祭　举行　门　处　祖先　送　往上　又　送　牛　送　绵羊　送　马　送　往上

le^{33} tɕi^{33}, o^{55} dy^{21} he^{21} dy^{21} ɯ^{33} me^{33} sɿ^{33} tshər^{21} sɿ^{33} dy^{21} gə^{21} le^{33} pʏ̩^{55}, | y^{21} dzɿ^{21} dzɿ^{33} khə^{21} gə^{21}
又　放　沃神　地　恒神　地　吉　的　三　十　三　界　往上　又　送　祖先　住　伴侣　处　往上

① 束：音译名词，为纳西族古代四大支系之一，后文的“禾”、“尤”亦然。
② 日：音译名词，是纳西族对死者未曾超度成祖先时的亡灵之称谓。

le^{33} pɣ̩^{55}, se^{21} ɕy^{55} æ^{21} khə^{21} gə^{21} le^{33} pɣ̩^{55}.
又 送 塞许昂 处 往上又 送

偿还留给后代的水田和山地之价；报答父亲抱于怀之恩，孝女要报答母亲养育之恩。孝儿女要报答母亲用胸前的乳汁养育之恩，要报答娶妻结婚时为儿与媳举行额上点圣油之婚礼的恩德，要报答去世后给予保佑赐以福泽之恩。孝儿与孝女，十种家畜一齐杀以献牲，十种五谷一道煮了以献饭，十件衣服做成一摞敬献给死者，未摞之衣服也供献在上方。

47-A-06-36

y^{21} lɑ^{33} gɣ̩^{33} hɯ^{21} he^{33} hɯ^{21} se^{21}, tshɿ^{55} zi^{33} bu^{21} zi^{33} se^{21}. | phɣ̩^{33} ʂʅ^{33} gɣ̩^{33} du^{33} zɿ^{33}, dzɿ^{33} nɯ^{33}
祖先 也 身 安 魂 宁 了 马 美 鬃 美 了 祖父 死 九 个 代 首领 以

pu^{55} me^{33} gu^{21} mə^{33} uɑ^{21}; | phe^{21} ʂʅ^{33} ʂər^{33} du^{33} zɿ^{33}, py^{21} nɯ^{33} tɑ^{55} me^{33} kho^{33} mə^{33} dər^{33}. | dzɿ^{33}
带 的 背 不 是 祖母 死 七 个 代 祭司 以 说 是 声 不 差错 首领

mi^{21} dɯ^{33} y^{21} lɣ̩^{33} gɯ^{33} tɑ^{33}.
名 一 拿 石 裂 到

祖先也身安魂宁了，犹如马肥鬃亦美一样了。

逝去的九代祖呀，我们这些首领带给您们的不会成为您们的负担；逝去的七世祖母呀，我们祭司在祭仪中所说的也没有差错。像把首领之名声刻于石一样（我们祭司把所诵读的写于此）。

47-A-06-37

封底，内容与 47-A-06-36 一致。

（翻译：王世英）

312-B-4-01

ʂv̩^{21} gv̩^{21} • tʂhər^{33} thv̩^{33} tʂhər^{33} pɯ^{55} mɯ^{33} me^{55}

祭署·药的来历

312-B-4 祭署·药的来历

【内容提要】

在祭署仪式中，给众署施以药是一项重要的程序，经书讲述了药之来历[①]。

【英文提要】

Worshipping the *ʂv* (*the God of Nature*). The Origin of Medicine

In the sacrifice ritual of worshipping the *ʂv*, to medicine all kinds of *ʂv* is a kernel process. This book, relevantly, introduces the origin of the medicine.

① 说明：本经书的翻译参考了《纳西东巴古籍译注全集》第 8 卷中的《祭署·白梭刷的来历·药的来历》及第九卷中的《祭署·给署许愿·给署施药·偿署债》。

312-B-4-02

左上角 2100 为藏书号，右上角为经书所用仪式的纳西语记音，中间的东巴文是经书书名：祭署 • 药的来历。最下方是“药的来历”之纳西语记音。

312-B-4-03

ɑ^{33} lɑ^{33} mɑ^{33} ʂər^{55} ȵi^{33}, phy̩^{33} lɑ^{21} gɑ^{33} lɑ^{21} sɿ^{21} ɕi^{33} tʂhuɑ^{55} tshər^{21} tʂhər^{33} le^{33} khɯ^{55}, ʂy̩^{21} ne^{21}
远古的时候 神 战神 三 百 六 十 药 又 施 署 和

ly̩^{21} sɑ^{21} dɑ^{55} tʂhər^{33} le^{33} khɯ^{55} bɯ^{33} me^{33}, | tʂhər^{33} ɯ^{33} | tshe^{21} ho^{55} sy^{21} thy̩^{33} le^{33} pɯ^{55} ky̩^{33}
龙 刹道 药 又 施 要（助） 药 十 八 种 出 和 来 处

mə^{33} sɿ^{33} me^{33}, thy̩^{33} le^{33} pɯ^{55} dzo^{21} be^{33} mə^{33} ȵi^{21}. | mɯ^{33} ne^{21} dy^{21} nɯ^{33} pɯ^{55} pɑ^{33} be^{33}, tʂhər^{33} ɯ^{33}
不 知（助） 出 和 来 事 做 不 要 天 和 地 来 变化 作 药

the^{21} nɯ^{33} thy̩^{33}. | mɯ^{33} lɯ^{55} du^{21} dzɿ^{33}、i^{21} ʂʅ^{55} o^{33} dzo^{33} nɯ^{33} phər^{21} me^{33} nɯ^{33} tʂhər^{33} ɯ^{33} thy̩^{33}
那 从 出 美利董主 益世窝佐 来 白 的 来 药 出处

ky̩^{33} pɯ^{55} ky̩^{33} be^{33}. | mɯ^{33} lɯ^{55} du^{21} dzɿ^{33} gə^{33} ɕy^{55} hər^{21} dzər^{21} ko^{33} to^{55} nɯ^{33} | tʂhər^{33} ɯ^{33} dɯ^{33}
来 处 做 美利董主 的 柏树 绿 树 上方 从 药 一

sy^{21} thy̩^{33}; | du^{21} gə^{33} dzər^{33} phər^{21} tʂhər^{33} ɯ^{33} ȵi^{33} sy^{21} thy̩^{33}; | mɯ^{33} lɯ^{55} du^{21} dzɿ^{33} gə^{33} hɯ^{55}
种 出 董 的 露 白 药 两 种 出 美利董主 的 海

phər^{21} lo^{21} nɯ^{33} tʂhər^{33} ɯ^{33} sɿ^{33} sy^{21} thỵ^{33}; | du^{21} gə^{33} dʑy^{21} phər^{21} kỵ^{33} nɯ^{33} thỵ^{33} me^{33} tʂhər^{33}
白 中 从 药 三 种 出 董 的 山 白 上 从 出 的 药

phər^{21} lu^{55} sy^{21} thỵ^{33}; | mɯ^{33} lɯ^{55} du^{21} dzɿ^{33}
白 四 种 出 美利董主

远古的时候，要给三百六十尊神、战神施药，要给署和龙施药，却不知道十八种药的出处来历，就不要做有关药的事。天和地作变化，药从那里出。由美利董主、益世窝佐始创了好药。美利董主的翠柏树上出了一种药，美利董主的白露出了两种药，美利董主的白海中出了第三种药，美利董主的白山上出了第四种药；美利董主的

312-B-4-04

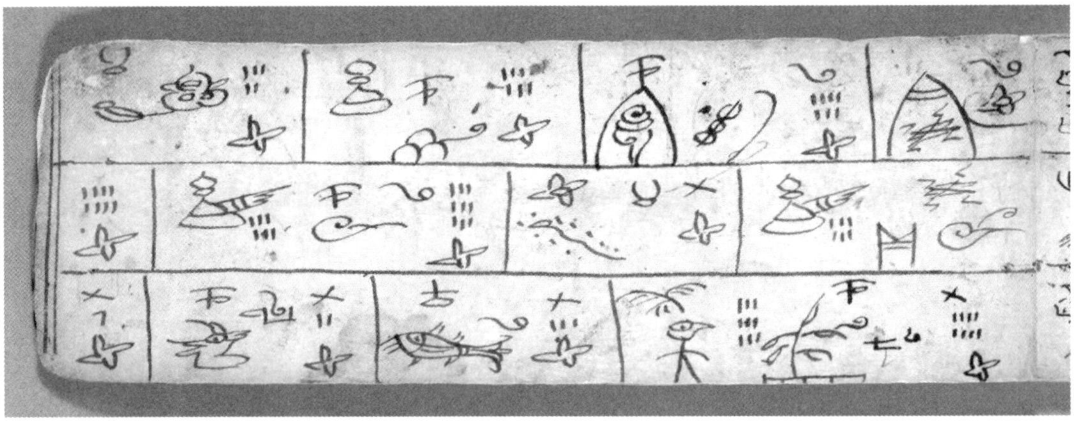

dʑi^{2331} kho^{33} khu^{33} nɯ^{33} thỵ^{33} gə^{33} tʂhər^{33} ɯ^{33} uɑ^{33} sy^{21} thỵ^{33}; | du^{21} gə^{33} lỵ^{33} phər^{21} kỵ^{33} nɯ^{33} thỵ^{33}
水 泉 边 从 出 的 药 五 种 出 董 的 石 白 上 从 出

gə^{33} tʂhər^{33} ɯ^{33} tʂhuɑ^{55} sy^{21} thỵ^{33}; | dỵ^{33} phər^{21} dʑy^{21} ʂuɑ^{21} kỵ^{33}, tʂhu^{55} nɑ^{55} lo^{21} nɑ^{21} lo^{21} nɯ^{33}
的 药 六 种 出 海螺 白 山 高 上 墨玉 黑 谷 黑 中 从

tʂhər^{33} ɯ^{33} ʂər^{33} sy^{21} thỵ^{33}; | hæ^{33} dʑy^{21} uɑ^{21} lo^{21} nɯ^{33} | tʂhər^{33} ɯ^{33} ho^{55} sy^{21} thỵ^{33}; | iə^{21} lɑ^{55} di^{33}
药 七 种 出 金 山 松石 谷 从 药 八 种 出 尤拉丁端

duɑ^{33} gə^{33} hɯ^{55} phər^{21} lo^{21} nɯ^{33} tʂhər^{33} ɯ^{33} gỵ^{33} sy^{21} thỵ^{33}; | nɯ^{21} ne^{21} uɑ^{21} gə^{33} tʂhỵ^{33} kho^{33} kỵ^{33}
的 海 白 中 从 药 九 种 出 福 和 禄 的 硝 泉 上

nɯ^{33} tʂhər^{33} ɯ^{33} tshe^{21} sy^{21} thỵ^{33}; | iə^{21} lɑ^{55} di^{33} duɑ^{33} gə^{33} uə^{33} khɯ^{33} huɑ^{21} dʑi^{21} hɯ^{55} ʂɿ^{21} lo^{21}, |
从 药 十 种 出 尤拉丁端 的 寨子 旁 华神 水 海 黄 中

tʂhər^{33} ɯ^{33} tshe^{21} dɯ^{33} sy^{21} i^{33} the^{21} nɯ^{33} thỵ^{33}; | he^{21} i^{33} ɯ^{33} me^{33} phər^{21} gə^{33} no^{33} le^{33} tʂhɑ^{21}
药 十 一 种（助）那 从 出 神 的 牛 母 白 的 奶 又 挤

tʂhər^{33} ɯ^{33} tshe^{21} ȵi^{33} sy^{21} i^{33} the^{21} nɯ^{33} thỵ^{33}; | i^{33} bi^{21} ȵi^{33} lu^{21} khu^{33} nɯ^{33} tʂhər^{33} ɯ^{33} tshe^{21} sɿ^{33}
药 十 二 种（助）那 从 出 江 鱼 嘴 从 药 十 三

sy^{21} i^{33} the^{21} nɯ^{33} thv̩^{33}; | tho^{33} kə^{55} gv̩^{55} zʅ^{33} gə^{33} tʂhu^{21} dzər^{21} kv̩^{33} be^{33} ȵi^{55} khu^{33} nɯ^{33} tʂhər^{33}
种（助）那 从 出 妥构 九兄弟 的 墨玉 树 上 雪霜 中 从 药

ɯ^{33} tshe^{21} ho^{55} sy^{21} thv̩^{33}; |
十 八 种 出

泉水边出了第五种药；董的白石上出了第六种药；白海螺般的高山上、墨玉石般的山谷里出了第七种药；金山松石般的山谷里出了第八种药；尤拉丁端的白海子里出了第九种药；有福泽的硝水泉出了第十种药；尤拉丁端的寨子旁华神的水和黄海里出了第十一种药；挤出神的白母牛的奶，出了第十二种药；江鱼嘴里出了第十三种药；妥构九兄弟的墨玉树上霜雪中出了第十八种药。

312-B-4-05

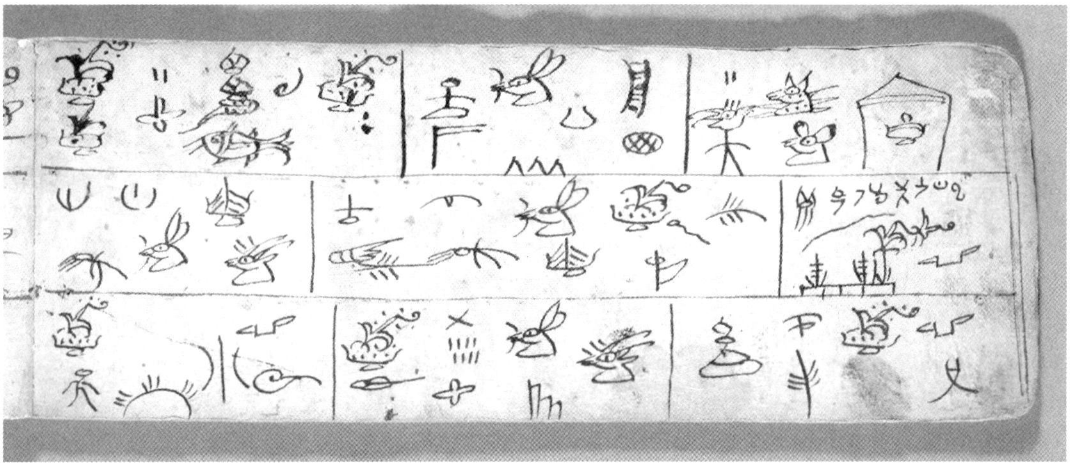

tʂhər^{33} ne^{21} dv̩^{21} ȵi^{33} sy^{21} the^{21} nɯ^{33} thv̩^{33}. ʂv̩^{21} ne^{21} ȵi^{33} tʂhər^{33} le^{33} khɯ^{55}. | ʂuɑ^{21} be^{33} tʂhər^{33} le^{33}
药 和 毒 两 种 那 从 出 署 和 尼 药 又 施 高处 药 又

khɯ^{55}, tʂhər^{33} khɯ^{55} mi^{33} dər^{33} me^{33} pɯ^{21} lɯ^{33} ʂu^{33} mu^{21} the^{21} nɯ^{33} thv̩^{33}. | i^{33} dɑ^{13} hɑ^{55} i^{33}
施 药 施 有效 （助） 来历 规矩 那 从 出 主人 日 久

se^{21}. | zə^{21} ʂʅ^{33} zə^{21} le^{33} sʅ^{55} se^{21}. | tʂhʅ^{33} sʅ^{21} lɑ^{33} kv̩^{33} mæ^{55}, mə^{33} ʂʅ^{33} sʅ^{55} gə^{33} tʂhər^{33} ɯ^{33} the^{21}
了 草 死 草 又 活 了 这 以后 不 死 活 的 药 这

nɯ^{33} pɯ^{55}. | dzi^{33} dʑə^{21} lɑ^{33} lər^{33} dy^{21}, zə^{21} kv̩^{33} bɑ^{21} gə^{33} tʂhər^{33} ɯ^{33} thv̩^{33}, | tʂhər^{33} ɯ^{33} ko^{21} ne^{21}
从 来 辽阔大地上 草 上 花 的 药 出 药 高原 和

hɯ^{55} ko^{55} gɯ^{33} nɯ^{33} thv̩^{33} me^{33} tʂhər^{33}, | tʂhər^{33} dʑi^{21} tshe^{21} ho^{55} sy^{21} le^{33} dzʅ^{21} se^{21}. | he^{21} gə^{33}
海 间 从 出 的 药 药 水 十 八 种 又 长 了 神 的

tho^{33} phər^{21} dzər^{21} gə^{33} khu^{33} nɯ^{33} thv̩^{33} me^{33} tʂhər^{33}, |
松 白 树 的 口 从 出 的 药

毒和药这两种从这里出来了。给署和尼施药。从高处施药，施药有效了，出处来历就由此产生了。主人家日子长久了。死草又复活了。这以后，不死的药从此出世了。辽阔大地上，草花上出了药。在高原和海子间长了十八种药。神的白松树口中出的药，

312-B-4-06

he^{21} gə^{33} bɯ^{33} phər^{21}① dzər^{21} khu^{33} nɯ^{33} thy̩^{33} me^{33} tʂhər^{33}; | çy^{21} mi^{33} bæ^{33} mi^{33} ky̩^{33} nɯ^{33}
神 的 栗 白 树 口 从 出 的 药 柏 火 油灯 上 来

khy̩^{21}. | he^{21} gə^{33} bu^{33} dɯ^{21} ly̩^{55} la^{33} gə^{33} dʑy^{21} phər^{21} ky̩^{33} dzər^{21} sy^{21} dzər^{21} tse^{55} dzɿ^{21} me^{33} the^{55}
请 神 的 光 大 灿烂 的 山 白 上 树 种 树 有 长 的 那

ȵi^{21} gy̩^{33}. | tʂhu^{21} dʑy^{21} ky̩^{33} nɯ^{33} le^{33} thy̩^{33} tshɿ^{21} me^{33} phər^{21} gə^{33} tʂhər^{33}. | si^{33} dzæ^{21} lər^{21} mu^{33}
样 成 墨玉 山 上 从 又 出 来 的 白 的 药 新长朗本补

by̩^{33} to^{55} ky̩^{33} nɯ^{33} thy̩^{33} me^{33} tʂhər^{33}; | kha^{33} dzæ^{21} lər^{21} ky̩^{33} si^{33} to^{55} ky̩^{33} nɯ^{33} thy̩^{33} me^{33}
坡 上 从 出 的 药 卡长朗古新 坡 上 从 出 的

tʂhər^{33}; | ly̩^{21} dʑə^{33} dzər^{21} ko^{33} to^{55} nɯ^{33} thy̩^{33} me^{33} tʂhər^{33}; | mɯ^{33} lɯ^{55} da^{33} dʑi^{21} hɯ^{55} ko^{33} lo^{21},
药 鲁久汁果 坡 从 出 的 药 美利达吉海 里

dər^{33} phər^{21} dʑi^{21} phər^{21} khu^{33} nɯ^{33} | tʂhər^{33} ɯ^{33} tshe^{21} ho^{55} sy^{21} i^{33} le^{33} dzɿ^{21} se^{21}. | tʂhɿ^{33} ȵi^{33}
泡沫 白 水 白 口 从 药 十 八 种（助）又 长 了 这天

tho^{33} kə^{55} gy̩^{55} zɿ^{33} dzɿ^{21} me^{33} dy^{21} nɯ^{33} mi^{21} dɯ^{55} dɯ^{33}, | o^{33} tso^{33} |
妥构 九 兄弟 住 的 地 从 下 往下 窝佐

神的白栗树口中出的药。在柏木香火和油灯上请下来。神灯好像光芒四射的神山上长了各种各样的树。墨玉山上出的药、新长朗本补坡上出的药、卡长朗古新坡上出的药、鲁久汁果坡上出的药、美利达吉海里白泡沫上出的十八种药。今天从妥构九兄弟住的下方，从窝佐

① 在《纳西东巴古籍译注全集》第 8 卷《祭署・白梭刷的来历・药的来历》中经文为 bɯ^{33} hy^{21} 红栗。

312-B-4-07

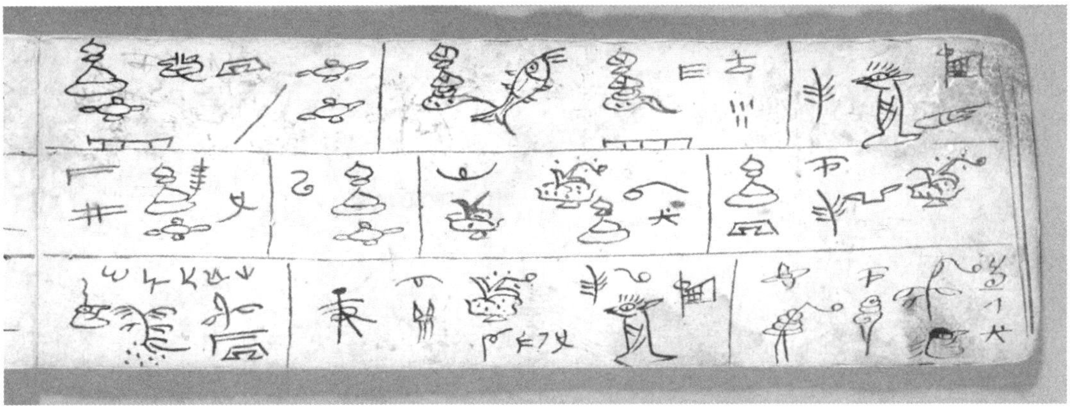

he^{33} dɯ^{21} dy^{21} nɯ^{33} gə^{21} dɯ^{55}dɯ^{33}, | ʂv̩^{21} ȵi^{33}sa^{21} da^{55} tʂhʅ^{33}ua^{21}me^{33}, | sʅ^{33} bv̩^{33} y^{21} ga^{33} la^{21}, |
神 大 地 从 上 往上 署 尼 刹道 所有 的 斯补 祖先 战神

ʂua^{21} dzʅ^{21} ɕy^{21} gu^{33} lu^{21} be^{33} ho^{55}, | gu^{33} lu^{21} dɯ^{33} be^{33} ho^{55}. | dv̩^{21} mə^{33} ua^{21} gə^{33} tʂhər^{33} ɯ^{33} nɯ^{33}
高 住 低 保佑 作 愿 保佑 得到 愿 毒 不 是 的 药 来

he^{21} tʂhər^{33} gə^{21} le^{33} khɯ^{55}. | he^{21} gə^{33} tho^{33} phər^{21} khu^{33} nɯ^{33} thv̩^{33} me^{33} tʂhər^{33}, | lɯ^{33} na^{21} ʂə^{55}
神 药 上 又 施 神 的 松 白 口 从 出 的 药 杉 黑 杉林

bi^{33} khu^{33} nɯ^{33} thv̩^{33} me^{33} gə^{33} tʂhər^{33}, | phæ^{55} mə^{33} kv̩^{55} me^{33} gə^{33} tʂhər^{33}, sʅ^{33} bv̩^{33} y^{21} ga^{33} la^{21} la^{33}
中 从 出 的 药 发作 不 会（助）的 药 斯补 祖先 战神 也

tʂhər^{33} le^{33} khɯ^{55}. | ɕy^{55} hər^{21} dzər^{21} ko^{33} to^{55} nɯ^{33} thv̩^{33} me^{33} tʂhər^{33}; dv̩^{33} phər^{21} hua^{33} phər^{21}
药 又 施 柏 绿 树 上方 从 出 的 药 海螺 白 桦 白

dzər^{21} ko^{33} to^{55} nɯ^{33} thv̩^{33} me^{33} tʂhər^{33} le^{33} khɯ^{55}. |
树 上方 从 出 的 药 又 施

神地往上，给所有的刹道署尼施药。斯补祖先战神，坐在上方的请保佑下方的。愿得到保佑。给神施上不是毒的药。给斯补战神施放从神的白松口出的药，从黑杉林地出的药，不会发作的药，施放从绿柏树上出的药，施上白海螺般的桦树上出的药。

312-B-4-08

dzi^{33} dʑə^{21} lɑ^{33} lər^{33} dy^{21}, ʂy̩^{21} ne^{21} ly̩^{21}、sɑ^{21} dɑ^{55} ty̩^{33} ty̩^{21} kɯ^{33} kɯ^{55} tʂhər^{33} le^{33} khɯ^{55}. | ʂuɑ^{21} i^{33}
辽阔 大地 署 和 尼 刹道 成千 上万 药 又 施 高 的

bɯ^{21} dzər^{21} ky̩^{33} nɯ^{33} thy̩^{33} me^{33} tʂhər^{33}, sʅ^{33} by̩^{33} y^{21} gɑ^{33} lɑ^{21} lɑ^{33} tʂhər^{33} le^{33} khɯ^{55}. | tʂhər^{33} ɯ^{33}
栗 树 上 从 出 的 药 斯补 祖先 战神 也 药 又 施 药

tshe^{21} ho^{55} sy^{21} le^{33} thy̩^{33} tshʅ^{21} me^{33} nɯ^{33} phy̩^{33} lɑ^{21} dæ^{21} ne^{21} tʂhu^{21} me^{33} | sʅ^{21} ɕi^{33} tʂhuɑ^{55} tshər^{21}
十 八 种 又 出 来 的 从 神 能干 和 快捷 的 三 百 六 十

tʂhər^{33} le^{33} khɯ^{55}. | sʅ^{33} by̩^{33} phy̩^{33} sʅ^{55} tʂhər^{33} gə^{33} y^{21} gɑ^{33} lɑ^{21} lɑ^{33} tʂhər^{33} le^{33} khɯ^{55}. | ə^{33} me^{33}
药 又 施 斯补 祖先 三 代 的 祖先 战神 也 药 又 施 母亲

tʂhʅ^{33} py̩^{55} tʂhʅ^{33} be^{33} lo^{21}, phy̩^{33} sʅ^{55} tʂhər^{33} gə^{33} y^{21} gɑ^{33} lɑ^{21} lɑ^{33} tʂhər^{33} le^{33} khɯ^{55}. | dzʅ^{33} ne^{21} uə^{33}
这 村 这 寨 中 祖先 三 代 的 祖先 战神 也 药 又 施 村 和 寨

gə^{33} | phy̩^{33} lɑ^{21} gɑ^{33} lɑ^{21} tʂhər^{33} le^{33} khɯ^{55}. | mɯ^{33} lɯ^{55} du^{21} dzʅ^{33} gə^{33} dʑy^{21} phər^{21} æ^{21} phər^{21} hɯ^{55}
的 神 战神 药 又 施 美利董主 的 山 白 悬崖 白 海

phər^{21} tʂhər^{33} le^{33} khɯ^{55}. | mɯ^{33} lɯ^{55} du^{21} dzʅ^{33} gə^{33} hæ^{21} dʑy^{21} uɑ^{21} lo^{21} tʂhər^{33} le^{33} khɯ^{55}. | dy̩^{33}
白 药 又 施 美利董主 的 金 山 松石 谷 药 又 施 海螺

phər^{21} dʑy^{21} ʂuɑ^{21}, tʂhu^{55} nɑ^{55} lo^{21} nɑ^{21} tʂhər^{33} le^{33} khɯ^{55}. |
白 山 高 墨玉 黑 谷 山 药 又 施

给辽阔大地上成千上万的刹道署尼施药。给斯补祖先战神施高处栗树上出的药。把十八种出来的药施给三百六十尊能干快捷的神，施给三代祖先战神。给村寨中的三代祖先战神施药。给村寨神施药，给美利董主的白山白悬崖白海子施药，给美利董主的金山松石谷施药，给白海螺高山、黑墨玉谷施药。

312-B-4-09

mɯ^{33} lɯ^{55} du^{21} dzʅ^{33} gə^{33} uæ^{33} i^{33} dʑy^{21} phər^{21} tʂhər^{33} le^{33} khɯ^{55}. |
美利董主 的 左边 的 山 白 药 又 施

dɯ33 tʂhər55, ɕə13 to33 dʐʅ33 i33、iə21 lɑ55 di33 duɑ33、thɑ55 i33 lɑ33 mu33 gə33 uɑ21 hər21 dʑy21 lɑ33
一 代 雄多支依 尤拉丁端 套依拉姆 的 松石 绿 山 也

tʂhər33 le33 khɯ55; | mɯ33 lɯ55 du21 dzʅ33 gə33 dʑy21 phər21 kʏ33, | mə33 dzʅ21 sy21 mə33 dʑy33 me33
药 又 施 美利董主 的 山 白 上 不 长 种 没有 的

tʂhər33 le33 khɯ55; | mɯ33 lɯ55 du21 dzʅ33、tshʅ55 tʂuɑ33 dʑi33 mu33 tʂhər33 le33 khɯ55. | mɯ33 lɯ55
药 又 施 美利董主 茨爪金姆 药 又 施 美利

du21 dzʅ33 gə33 sər33 kʏ33 lu55 dʐʅ21 he33 dɯ21 tʂhər33 le33 khɯ55; | ɕə21 se33 to33 i33 he33 dɯ21 tʂhər33
董主 的 四季 神 大 药 又 施 雄森多依 神 大 药

le33 khɯ55; | uæ33 khu33 bər21 i21 khu33 lɑ33 lɑ33 tʂhər33 le33 khɯ55. | tsho21 ze33 lɯ55 ɯ33、tshe55
又 施 左边 门 牦牛 右边 门 虎 也 药 又 施 崇忍利恩

hɯ21 bu33 bə21 gə33 dzi33 dʑə21 lɑ33 lər33 dy21 tʂhər33 le33 khɯ55, | dzʅ33 ne21 uə33 lɑ33 tʂhər33 le33
衬恒褒白 的 辽阔大地 药 又 施 村 和 寨 也 药 又

khɯ55. | dʑi33 bɯ33 ʐʅ33 sʅ33 phe33. gʏ33 bɯ33 dzo21
施 走 要 路 头目 渡 要 桥

给美利董主左边的白山施药。

一代，给雄多支依、尤拉丁端、套依拉姆的绿松石般的山施药；给美利董主的白山上所有的树施药；给美利董主、茨爪金姆施药；给美利董主施药，给四季大神施药；给雄森多依大神施药；给守左门的牦牛、守右门的老虎施药；给崇忍利恩、衬恒褒白施药；给辽阔大地施药；给村村寨寨施药；给路的头目之神，给桥

312-B-4-10

sʅ33 phe33 lɑ33 tʂhər33 le33 khɯ55. | ʂuɑ21 gə33 dʑy21 dɯ21 kʏ33 gə33 tʂhər33 le33 sɑ55. | dʑy21 ɯ33 lo21
头目 也 药 又 施 高 的 山 大 上 的 药 又 取 山 好 箐

ɯ33 dy21 ɯ33 kʏ33 gə33 tʂər33 le33 sɑ55, | y21 gɑ33 lɑ21 lɑ33 tʂhər33 le33 khɯ55. | zo33 ko21 mi55 ko21
好 地 好 处 的 药 又 放 祖 战神 也 药 又 施 男 好 女 好

gə^{21} dẓy̩^{33} me^{33} gɑ^{33} lɑ^{21} tṣhər^{33} le^{33} khɯ^{55}, | iə^{21} lɑ^{55} di^{33} duɑ^{33} gɑ^{33} zo^{33} tṣhər^{33} le^{33} khɯ^{55}, |
上 增 的 战神 药 又 放 尤拉丁端 神 男 药 又 施

mɯ^{33} lɯ^{55} du^{21} dzʅ^{33} gɑ^{33} lɑ^{21} tṣhər^{33} le^{33} khɯ^{55}; | sʅ^{33} by̩^{33} y^{21} gɑ^{33} lɑ^{21} tṣhər^{33} le^{33} khɯ^{55}; | ṣy̩^{21}
美利董主 战神 药 又 放 斯补 祖先 战神 药 又 放 署

ne^{21} ȵi^{33} sɑ^{21} dɑ^{55} dɯ^{33} ty̩^{21} dɯ^{33} kɯ^{21} tṣhər^{33} le^{33} khɯ^{55}; | ṣuɑ^{21} le^{33} mɯ^{33} nɯ^{33} dzʅ^{21} lɑ^{33} tṣhər^{33}
和 尼 刹道 一 千 一 万 药 又 放 高 的 天 上 住 也 药

le^{33} khɯ^{55}; ɕy^{21} me^{33} dy^{21} nɯ^{33} dzʅ^{21} me^{33} ṣy̩^{21} lɑ^{33} tṣhər^{33} le^{33} khɯ^{55}; | dʑy^{21} phɑ^{33} tṣhə^{21} tṣhʅ^{33}
又 放 低 的 地 上 住 的 署 也 药 又 放 山 面 这 所

tsʅ^{21}, lo^{21} phɑ^{33} tṣhə^{21} tṣhʅ^{33} ly^{21} me^{33} dzʅ^{21} me^{33} ṣy̩^{21} tṣhʅ^{33} uɑ^{21} lɑ^{33} tṣhər^{33} le^{33} khɯ^{55}; |
竖 箐 面 这 所 面 的 住 的 署 所有 也 药 又 放

的头目之神施药；取来高大山上的药，取来好山好箐好地的药给祖先战神施药；给家里增加好儿女的战神施药；给常胜的尤拉丁端男神施药；给美利董主战神施药；给斯补祖先战神施药；给成千上万的署、尼、刹道施药；给住在高天上的署、住在低地上的署施药；给所有住在面朝这边的山、面朝这边的箐沟的署施药；

312-B-4-11

uæ^{33} i^{33} bi^{33} thy̩^{33} ly̩^{21} me^{33} gɑ^{33} lɑ^{21} tṣhər^{33} le^{33} khɯ^{55}; | i^{21} i^{33} le^{21} tshe^{55} zi^{33} zæ^{33} me^{33} gɑ^{33} lɑ^{21}
左边 太阳 出 暖 的 战神 药 又 放 右边 的 月光 灿烂 的 战神

tṣhər^{33} le^{33} khɯ^{55}; | kɯ^{21} ly^{33} dɯ^{21} dẓy̩^{33} me^{33} gɑ^{33} lɑ^{21} tṣhər^{33} le^{33} khɯ^{55}; | tɕi^{21} phər^{21} hɯ^{21} me^{33}
药 又 放 星星 大 增 的 战神 药 又 放 云 白 富 的

gɑ^{33} lɑ^{21} tṣhər^{33} le^{33} khɯ^{55}; | tṣhər^{33} ɯ^{33} thɯ^{21}, gu^{21} me^{33} le^{33} ȵi^{21} the^{55} ȵi^{21} gy̩^{33} be^{33} ho^{55}. tṣhər^{33}
战神 药 又 放 药 喝 病 了 又 好 那样 成为 愿 药

ɯ^{33} thɯ^{21} gu^{21} me^{33} le^{33} the^{33} ȵi^{21} gy̩^{33} be^{33} ho^{55}. | py^{33} by̩^{21} lɑ^{21} gə^{33} tshi^{21} ko^{21} me^{33} le^{33} ɯ^{33} ho^{55}. |
喝 病 的 又 愈 那样 成为 愿 东巴 手 的 占卜 的 又 好 愿

dɯ^{33} tʂhər^{55}, ʂy̩^{21} ne^{21} ly̩^{21} tʂhər^{33} khɯ^{55}, | he^{21} gə^{33} y^{21} phər^{21} no^{33} le^{33} tshɑ^{21}, gɑ^{33} gə^{33} zʅ^{21}
一 代 署 和 龙 药 施 神 的 羊 白 奶 又 挤 嘎神 的 蛇

phər^{21} tʂhər^{33} le^{33} khɯ^{55}. | he^{21} gə^{33} tho^{33} phər^{21} ko^{33} to^{55} thy̩^{33} me^{33} tʂhər^{33},
白 药 又 放 神 的 松 白 上 出 的 药

左边日出暖，给左边的战神施药；右边月光明，给右边的战神施药；给增加星宿的战神施药；给富有的白云战神施药。愿喝了药，病痛好转。愿东巴占卜出现好征兆。

一代，给署和尼施药，挤神的白羊奶，给嘎神的蛇施药。从神的白松上出的药，

312-B-4-12

he^{21} gə^{33} tshʅ^{55} phər^{21} no^{33} le^{33} tshɑ^{21}, | ɯ^{33} ɕy^{21} no^{33} le^{33} tshɑ^{21}, ɕy^{55} hər^{21} dzər^{21} ko^{33} to^{55} nɯ^{33}
神 的 山羊 白 奶 又 挤 牛 红 奶 又 挤 柏 绿 树 上 以

thy̩^{33} me^{33} tʂhər^{33}, | thɯ^{33} uɑ^{33} sy^{21} nɯ^{33} ʂy̩^{21} ne^{21} ȵi^{33} tʂhʅ^{33} uɑ^{21} lɑ^{33} tʂhər^{33} le^{33} khɯ^{55}. | so^{33}
出 的 药 这 五 种 来 署 和 尼 所有 也 药 又 放 梭刷

ʂuɑ^{21} phər^{21} me^{33} gy̩^{33} tshər^{21} gy̩^{33} thy̩^{21} tsʅ^{33} le^{33} dʑi^{55}, ʂy̩^{21} ne^{21} ȵi^{33} tʂhə^{55} nɯ^{33} mə^{33} ȵə^{55} tʂhə^{55} le^{33}
火把 白 的 九 十 九 把 扎 了 烧 署 和 尼 秽 来 不 污染 秽 又

kɯ^{55}. | ky̩^{33} gy̩^{21} kə^{55} by̩^{21}① tʂhər^{33}, | ɑ^{55} ly^{33} tshʅ^{55} gə^{33} no^{33}, tɕi^{55} ly^{33} tshʅ^{55} ȵi^{55} no^{33} nɯ^{33} | ʂy̩^{21}
除 古古构补 药 阿吕 山羊 的 奶 敬吕 山羊 奶 来 署

ne^{21} ly̩^{21} tʂhʅ^{33} uɑ^{21} | so^{33} ʂuɑ^{33} phər^{21} nɯ^{33} tʂhə^{55} le^{33} kɯ^{55}. mɯ^{33} nɯ^{33} dzʅ^{21} gə^{33} o^{55} ne^{21} he^{21}
和 龙 所有 梭刷 白 来 秽 又 除 天 在 住 的 沃神 和 恒神

lɑ^{33} tʂhə^{55}le^{33} kɯ^{55}, | mɯ^{33} ne^{21} dy^{21} ly^{55} ky̩^{33} o^{55} mi^{55} he^{21} mi^{55} dzy̩^{33} me^{33} tʂhər^{33} le^{33} khɯ^{55}. |
也 秽 又 除 天 和 地 之间 沃神 女 恒神 女 增加 的 药 又 除

dy^{21} gə^{33} sɑ^{21} dɑ^{55} tʂhər^{33} le^{33} khɯ^{55}, |
地 的 刹道 药 又 放

① ky̩^{33} gy̩^{21} kə^{55} by̩^{21}、ɑ^{55} ly^{33}、tɕi^{55} ly^{33}：分别写在药、山羊之前。不知其意。意译。

挤神的白山羊奶，挤红牛奶，从翠柏树上出的药，用这五种①药作所有署和尼的药。扎九十九把白梭刷火把烧上，给署和尼除秽。古古构补药、阿吕山羊奶、敬吕山羊奶，给所有署和龙施药。用白梭刷火把除秽。为天上的沃神、恒神除秽；为天和地之间增加的沃神女、恒神女除秽。给地上的刹道施药。

312-B-4-13

u^{33} gə^{33} phy̩^{33} sɿ^{55} tʂhər^{33} gə^{33} y^{21} gɑ^{33} lɑ^{21} tʂhər^{33} le^{33} khɯ^{55}. | se^{21} me^{33} mæ^{33} phər^{21} no^{33} le^{33}
自家 的 祖先 三 代 的 祖先 战神 药 又 施 岩羊 母 尾 白 奶 又

tshɑ^{21}, uæ^{33} phu^{55} ʂy̩^{21} ne^{21} ly̩^{21} tʂhər^{33} gə^{21} le^{33} khɯ^{33}, | i^{21} phu^{55} tʂhər^{33} ɯ^{33} nɯ^{33} sɑ^{21} dɑ^{55} ʂy̩^{21}
挤 左 边 署 和 龙 药 上 又 施 右 边 药 来 刹道 署

i^{33} tʂhər^{33} le^{33} khɯ^{55}. | ɕy^{33} be^{33} se^{33} kho^{33} tho^{21}, i^{33} dɑ^{13} nɯ^{21} ne^{21} uɑ^{21} hə^{21}. | bi^{33} thy̩^{33} mə^{55}
(助) 药 又 施 仪式 作 完 以后 主人 生儿 和 育女 了 太阳 出 不

tʂhɿ^{33} ȵi^{33}, se^{21} me^{33} mæ^{33} phər^{21} no^{33} le^{33} tshɑ^{21}, i^{21} phu^{55} tʂhər^{33} le^{33} khɯ^{55}. | sɿ^{33} by̩^{33} ky̩^{33} dɯ^{33}
这 天 岩羊 母 尾 白 奶 又 挤 右 边 药 又 施 斯补 头 一

tʂhər^{55} gə^{33} du^{33} mu^{21} le^{33} ly^{21}. | y^{21} tɕy^{55} tʂhər^{55}, y^{21} ly^{55} tʂhər^{33} gə^{33} tɕhy^{33} tʂhɿ^{21} ky̩^{33} mæ^{55}
代 的 规矩 又 看 祖先 最早 代 祖先 中间 代 的 宗族 后裔

gy̩^{33} me^{33} nɯ^{33}, | he^{21} gə^{33} hɯ^{55} phər^{21} i^{33} me^{33} the^{55} ȵi^{21} gy̩^{33}. | he^{21} gə^{33} hɯ^{55} phər^{21} lo^{21}, ə^{55} ly̩^{33}
成为 的 来 神 的 海 白 有 的 那样 成 神 的 海 白 里 铜镜

mi^{21} ly̩^{33} bu^{33} me^{33} the^{55} ȵi^{21} gy̩^{33}. he^{21} gə^{33} tshɿ^{55} me^{33} phər^{21} gə^{33} no^{33} le^{33} tshɑ^{21}, |
亮 的 那样 成 神 的 山羊 母 白 的 奶 又 挤

给自家的三代祖先战神施上药。挤白尾母岩羊的奶，给左边的署和龙施上药，给右边的刹道署施上药。仪式之后，主人家生儿育女子孙兴旺了。太阳晴好的这一天，挤出白尾母山羊奶，给右边的施药。看着斯补头一代的规矩，先祖的后裔，像神的白海一样，像神的白海里有明亮的镜子似的。挤出神的白母山羊的奶，

① 五种：前面只提到“四种”，存疑。

312-B-4-14

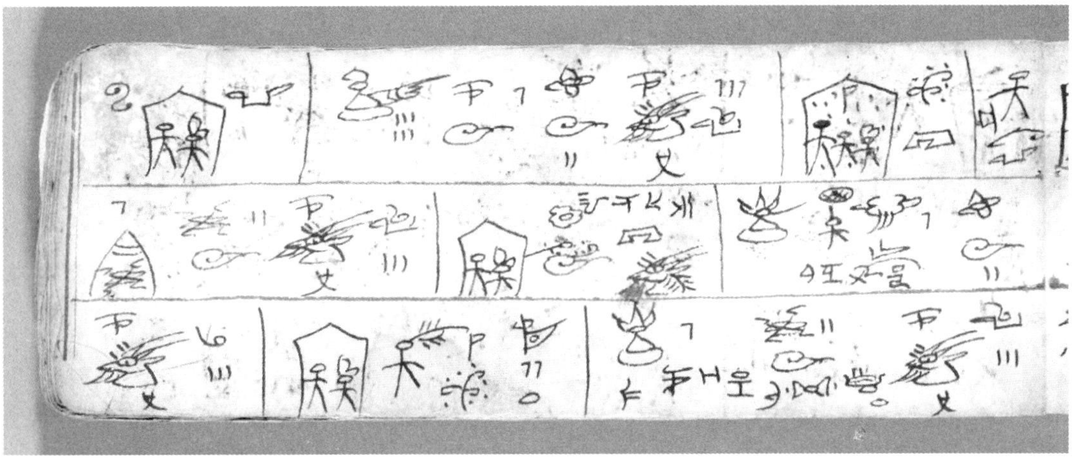

i^{33} dɑ^{13} tʂhər^{33} le^{33} khɯ^{55}, i^{33} dɑ^{13} be^{33} me^{33} le^{33} be^{33} thy̩^{33}. | iə^{21} lɑ^{55} di^{33} duɑ^{33} gə^{33} hɯ^{55} phər^{21}

主人 药 又 施 主人 做事 (助) 又 做 出 尤拉丁端 的 海 白

dɯ^{33} hɯ^{55} thy̩^{33}, hɯ^{55} hər^{21} ȵi^{33} hɯ^{55} thy̩^{33}. tshɿ^{55} me^{33} phər^{21} gə^{33} no^{33} le^{33} tshɑ^{21}, phər^{21} me^{33} thɯ^{33}

一 海 出 海 绿 两 海 出 山羊 母 白 的 奶 又 挤 白 的 这

sɿ^{33} sy^{21} nɯ^{33} | i^{33} dɑ^{13} tʂhər^{33} i^{33} the^{21} le^{33} khɯ^{55}. i^{33} dɑ^{13} gə^{21} dzy̩^{33} me^{33}, zo^{33} ko^{21} mi^{55} ko^{21} gə^{21}

三 种 来 主人 药 (助) 那 又 施 主人 上 增 是 儿 好 女 好 上

dzy̩^{33} me^{33} gy̩^{33} be^{33} ho^{55}. | uæ^{33} i^{33} mɯ^{33} khu^{33} khɯ^{55} nɯ^{33} thy̩^{33}, | hæ^{21} ʥy^{21} ky̩^{33} tʂhər^{33} ɯ^{33}

增 成为 愿 左边 的 天 旁边 从 出 金 山 上 药

dɯ^{33} sy^{21} ʥy^{33}, hæ^{21} hɯ^{55} lo^{21} tʂhər^{33} ɯ^{33} ȵi^{33} sy^{21} thy̩^{33}, tshɿ^{55} me^{33} phər^{21} gə^{33} no^{33} le^{33} tshɑ^{21},

一 种 有 金 海 中 药 两 种 出 山羊 母 白 的 奶 又 挤

tʂhər^{33} ɯ^{33} phər^{21} me^{33} sɿ^{33} sy^{21} thy̩^{33}. | i^{33} dɑ^{13} tʂhʅ^{33} dɯ^{33} ʥi^{13}, hɯ^{55} sɿ^{21} ʂər^{55} le^{33} i^{33} be^{33} gy̩^{33} be^{33}

药 白 的 三 种 出 主人 这 一 家 海一样 满 又 有 (地）成为

ho^{55}. | mu^{33} dy̩^{21} by̩^{21} zər^{21} me^{33} tʂhər^{33} ɯ^{33} dɯ^{33} sy^{21} thy̩^{33}, uɑ^{21} hər^{21} hɯ^{55} ko^{33} lo^{21} nɯ^{33} thy̩^{33}

愿 猛鬼 毒鬼 下 压 的 药 一 种 出 松石 绿 海 中 从 出

me^{33} tʂhər^{33} ɯ^{33} ȵi^{33} sy^{21} thy̩^{33}, | tshɿ^{55} me^{33} mæ^{33} phər^{21} no^{33} le^{33} tshɑ^{21}, tʂhər^{33} ɯ^{33} phər^{21} me^{33}

的 药 两 种 出 山羊 母 尾 白 奶 又 挤 药 白 的

sɿ^{33} sy^{21} thy̩^{33}. | i^{33} dɑ^{13} ɕi^{33} ko^{21} gə^{21} dzy̩^{33} the^{55} ȵi^{21} gy̩^{33} be^{33} ho^{55}. | ly^{55} ky̩^{33} py^{33} by̩^{21} nɯ^{33}

三 种 出 主人 人家 上 增 那样 成为 愿 贤能 东巴 来

mə^{33} phər^{21} u^{33} kɯ^{55} mɯ^{21} le^{33} zər^{21}. hæ^{33} ʂʅ^{21} hɯ^{55} ko^{33} lo^{21} nɯ^{33} thy̩^{33} me^{33} tʂhər^{33} ɯ^{33} ȵi^{33} sy^{21}

没盘五给 下 又 压 金 黄 海 中 从 出 的 药 两 种

thv̩^{33}. | tshʅ^{55} phər^{21} no^{33} le^{33} tshɑ^{21}, tʂhər^{33} ɯ^{33} phər^{21} me^{33} sʅ^{55} sy^{21} nɯ^{33},

出　山羊 白 奶 又 挤 药 白 的 三 种 来

给主人家施药，主人家要做的事也做成了。出现尤拉丁端的一个白海子，两个绿海子，挤出白母山羊的奶，白的这三样药施给主人家，愿主人家增加人丁，增加好儿好女。天的左边出的药，金山上的一种药，金海里的两种药，挤白母山羊奶，出这三种白的药。愿主人家增人丁，像溢满的海子。出了一种压猛鬼恩鬼的药，绿松石海中出两种药，挤白母山羊的奶，出这样三种药。愿主人家增加人丁。贤能的东巴把没盘五给鬼镇压下去。金黄的海子里边出两种药，挤出白母山羊奶，用三种白的药，

312-B-4-15

i^{33} dɑ^{13} ɕi^{33} ko^{21} gə^{21} dʐv̩^{33} gv̩^{33} mæ^{55} i^{33} zʅ^{33} ʂər^{21} hɑ^{55} i^{33} gv̩^{33} be^{33} ho^{55}. | mə^{33} zər^{21} kɯ^{55} y^{21}.

主人 人家 上 增 成 后面（助）寿 长 日 增 成为 愿 没汝给余

mə^{33} zər^{21} gv̩^{33} tso^{33} kv̩^{33}, ŋv̩^{21} phər^{21} hɯ^{55} ko^{33} lo^{21} nɯ^{33} thv̩^{33} me^{33} tʂər^{33} ɯ^{33} ȵi^{33} sy^{21} thv̩^{33}, he^{21}

没汝古左古 银 白 海 中 从 出 的 药 两 种 出 神

gə^{33} tshʅ^{55} phər^{21} no^{33} le^{33} tsɑ^{21}, tʂhər^{33} ɯ^{33} sʅ^{33} sy^{21} nɯ^{33}, | i^{33} dɑ^{13} ɕi^{33} ko^{21} gə^{21} dʐv̩^{33} gv̩^{33} be^{33}

的 山羊 白 奶 又 挤 药 三 种 来 主人 人 家 上 增 成为

ho^{55}. | ly^{55} kv̩^{33} py^{33} bv̩^{21} gə^{33} tʂhu^{21} nɑ^{55} hɯ^{55} ko^{33} lo^{21}, tʂhər^{33} ɯ^{33} ȵi^{33} sy^{21} thv̩^{33}, he^{21} gə^{33} tshʅ^{55}

愿 贤能的 东巴 的 墨玉 黑 海 中 药 两 种 出 神 的 山羊

phər^{21} no^{33} le^{33} tshɑ^{21}, tʂhər^{33} ɯ^{33} sʅ^{55} sy^{21} nɯ^{33}, | i^{33} dɑ^{13} tʂhər^{33} le^{33} khɯ^{55}, i^{33} dɑ^{13} nɯ^{21} uɑ^{21}

白 奶 又 挤 药 三 种 来 主人 药 又 施 主人 生儿 育女

ho^{55}. | lo^{21} nv̩^{21} dɯ^{21} me^{33} nɯ^{33}, no^{21} hɯ^{55} phər^{21} ko^{33} lo^{21}, tʂhər^{33} ɯ^{33} ȵi^{33} sy^{21} thv̩^{33}, tshʅ^{55} me^{33}

愿 罗奴 大 的 来 羽毛 海 白 里 药 两 种 出 山羊 母

phər^{21} no^{33} le^{33} tshɑ^{21} tʂhər^{33} ɯ^{33} sʅ^{33} sy^{21} nɯ^{33}, | i^{33} dɑ^{13} tʂhər^{33} le^{33} khɯ^{55}, i^{33} dɑ^{13} nɯ^{21} dʐv̩^{33}

白 奶 又 挤 药 三 种 来 主人 药 又 施 主人 牲畜 增

no^{55} dzy̩^{33}, u^{33} dzy̩^{33} dzʅ^{21} dzy̩^{33} gy̩^{33} be^{33} ho^{55}. | gy̩^{33} gɯ^{33} sɿ^{33} mɑ^{21} gə^{33}, mɑ^{33} phər^{21} hɯ^{55} ko^{33}
畜神 增 五谷 增 谷神 增 成为 愿 古给斯麻 的 酥油 白 海 中

lo^{21}, tʂhər^{33} ɯ^{33} ȵi^{33} sy^{21} thy̩^{33},
药 两 种 出

（给主人家施药）愿主人家增加人丁。愿日后家人延年益寿。在没汝给余、没汝古左古东巴的白色银海中，出了两种药，挤神的白山羊奶，用这三种白的药，（给主人家施药。）愿主人家增加人丁。贤能的东巴的黑墨玉海中，出了两种药，挤神的白山羊奶，用这三种药给主人家施药，愿主人家生儿育女。在大东巴罗奴的像绒毛的海子里，出了两种药，挤白母山羊奶，用三种药，给主人家施药，愿主人家牲畜增殖，粮食丰收。在古给斯麻东巴的白酥油海子里，出了两种药，

312-B-4-16

he^{21} gə^{33} tshɿ^{55} phər^{21} no^{33} le^{33} tshɑ^{21}, tʂhər^{33} ɯ^{33} sɿ^{33} sy^{21} phər^{21} me^{33} nɯ^{33}, | i^{33} dɑ^{13} tʂhər^{33} le^{33}
神 的 山羊 白 奶 又 挤 药 三 种 白 的 来 主人 药 又

khɯ^{55}, i^{33} dɑ^{13} ɕi^{33} ko^{21} gə^{21} hɯ^{21} gy̩^{33} be^{33} ho^{55}. nɯ^{21} ne^{21} no^{55}、u^{33} ne^{21} dzʅ^{21} gə^{21} dzy̩^{33} me^{33}
施 主人 人 家 上 富 成为 愿 牲畜 和 畜神 五谷 和 谷神 上 增 的

mə^{33} ko^{55} gy̩^{33} be^{33} ho^{55}. | uə^{33} si^{33} phər^{21} mu^{33} nɯ^{33}, | i^{33} tʂhʅ^{33} nɯ^{21} hɯ^{55} ko^{33} lo^{21} nɯ^{33} tʂhər^{33}
不 干 成为 愿 吾西盘木 来 南方 福泽 海 中 来 药

ɯ^{33} ȵi^{33} sy^{21} thy̩^{33}, he^{21} gə^{33} tshɿ^{55} me^{33} phər^{21} gə^{33} no^{33} le^{33} tshɑ^{21}, tʂhər^{33} ɯ^{33} sɿ^{33} sy^{21} nɯ^{33}, |
两 种 出 神 的 山羊 母 白 的 奶 又 挤 药 三 种 来

i^{33} dɑ^{13} tʂhər^{33} le^{33} khɯ^{55}. i^{33} dɑ^{13} nɯ^{21} ne^{21} uɑ^{21} le^{33} gy̩^{33} be^{33} ho^{55}. | i^{33} phy̩^{33} lɑ^{21} kə^{55} nɯ^{33}, hæ^{33}
主人 药 又 施 主人 生儿 和育女 又 成为 愿 依普拉构 来 金

ʂʅ^{21} hɯ^{55} ko^{33} lo^{21} nɯ^{33} tʂhər^{33} ɯ^{33} ȵi^{33} sy^{21} thy̩^{33}, | tshɿ^{55} me^{33} phər^{21} gə^{33} no^{33} le^{33} tshɑ^{21}, tʂhər^{33}
黄 海 中 从 药 两 种 出 山羊 母 白 的 奶 又 挤 药

ɯ^{33} sɿ^{33} sy^{21} nɯ^{33}, | i^{33} dɑ^{13} ɕi^{33} ko^{21} tʂhər^{33} le^{33} khɯ^{55}, i^{33} dɑ^{13} ɕi^{33} ko^{21} sɿ^{55} khuɑ^{21}① gə^{21} dzy̩^{33}
三 种 来 主人 人 家 药 又 施 主人 人 家 素神 上 增

gy̩^{33} be^{33} ho^{55}. | sər^{33} pɑ^{33} gə^{21} mu^{33} nɯ^{33}, uɑ^{21} hər^{55} hɯ^{55} ko^{33} lo^{21} nɯ^{33} tʂhər^{33} ɯ^{33} ȵi^{33} sy^{21} thy̩^{33},
成为 愿 斯巴构姆 来 松石 绿 海 中 从 药 两 种 出

he^{21} gə^{33} tshɿ^{55} phər^{21} no^{33} le^{33} tshɑ^{21}, tʂhər^{33} ɯ^{33} sɿ^{33} sy^{21} nɯ^{33}, |
神 的 山羊 白 奶 又 挤 药 三 种 来

挤白母山羊奶，用三种白的药，施给主人家。愿主人富裕。愿牲畜增殖，粮食丰收。东巴吾西盘木南方之福泽的海中出了两种药，挤神的白山羊奶，用三种药，施给主人，愿主人生儿育女，子孙兴旺。东巴依普拉构的金黄海中出了两种药，挤神的白母山羊奶，用此三种药，给主人施药，愿素神保佑主人家人畜兴旺。东巴斯巴构姆的绿松石海中出了两种药，挤神的白母山羊奶，用这三种药，

312-B-4-17

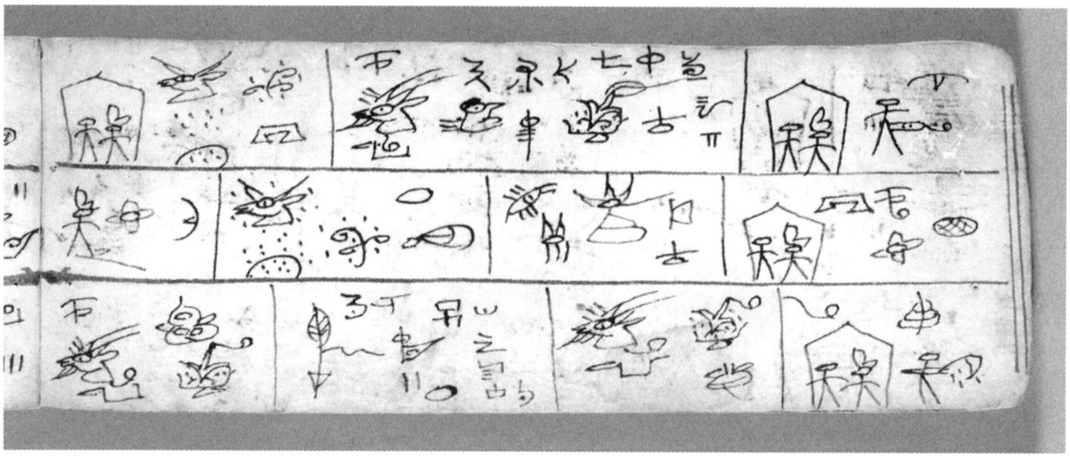

i^{33} dɑ^{13} tʂhər^{33} le^{33} khɯ^{55}. i^{33} dɑ^{13} nɯ^{21} ne^{21} no^{55}、u^{33} ne^{21} dzʅ^{21} i^{33} gə^{21} dzy̩^{33} ho^{55}. | he^{21} gə^{33}
主人 药 又 施 主人 牲畜 和 畜神 五谷 和 谷神 (助) 上 增 愿 神 的

tshɿ^{55} me^{33} phər^{21} gə^{33} no^{33} le^{33} tshɑ^{21}, tshɿ^{55} ny̩^{55} me^{33} huɑ^{33} ly^{55} ky̩^{33} gə^{33} tʂhər^{33} ɯ^{33} tʂhʅ^{33} nɯ^{33} |
山羊 母 白 的 奶 又 挤 山羊 心 中间 的 药 这 来

i^{33} dɑ^{13} tʂhər^{33} le^{33} khɯ^{55}. | i^{33} dɑ^{13} ə^{33} sɿ^{21} nɯ^{21} bər^{33} zʅ^{33} lɑ^{33} tʂhə^{55} nɯ^{33} tər^{33} mə^{33} tʂər^{21}, |
主人 药 又 施 主人 父亲 生儿 路 也 秽 来 挡 不 让

ə^{33} me^{33} uɑ^{21} zɑ^{21} zʅ^{33} lɑ^{33} tʂhə^{55} nɯ^{33} hu^{33} mə^{33} tʂər^{21}. | nɯ^{21} ne^{21} uɑ^{21} gy̩^{33} le^{33} tshɿ^{21}. | lɯ^{55} ky̩^{33}
母亲 育女 路 也 秽 来 堵 不 让 生儿 和 育女 成 又 来 贤能的

py^{33} by̩^{21} khu^{33} nɯ^{33} tʂhʅ^{33} ʂə^{55} me^{33}, | i^{33} dɑ^{13} tʂhʅ^{33} dʑi^{13} gə^{33} nɯ^{21} ne^{21} uɑ^{21} tʂhər^{33} gə^{33} dɯ^{33} mu^{33}
东巴 嘴 来 所 说 的 主人 这 家 的 生育 和 育女 药 的 一 仪式

① sɿ^{55}：音译为“素”，为司掌人类、家畜生命的神灵，也译为家神。

be^{33} se^{21} me^{55}. | he^{21} gə^{33} tshʅ^{55} phər^{21} no^{33} gə^{33} tʂhər^{33} ɯ^{33} me^{33}, | no^{21} by^{55} lɯ^{33} sʅ^{33} tɕər^{21} ȵə^{21}
作 了（助） 神 的 山羊 白 奶 的 药 （助） 宝贝 箭 上

tɕi^{33} me^{33} the^{55} ȵi^{33} gy̩^{33}. | tshʅ^{55} phər^{21} no^{33} gə^{33} tʂhər^{33} ɯ^{33} nɯ^{33}, | i^{33} dɑ^{13} tʂhər^{33} le^{33} khɯ^{55}. ɕy^{33}
放 的 那样 成 山羊 白 奶 的 药 来 主人 药 又 施 仪式

be^{33}
作

给主人家施药，愿主人牲畜增殖，粮食丰收。挤神的白母山羊奶，山羊心中间出的药，给主人家施药，愿主人父亲的生儿道不被秽挡住，母亲的育女道也不被秽堵塞，生儿育女，子孙兴旺。贤能的东巴嘴里说，为这一主人家子孙兴旺作了施药之仪。神的白山羊奶的药，好像又拴在素神篓①中的素箭上似的。用白山羊奶的药，给主人家施药。作仪式

312-B-4-18

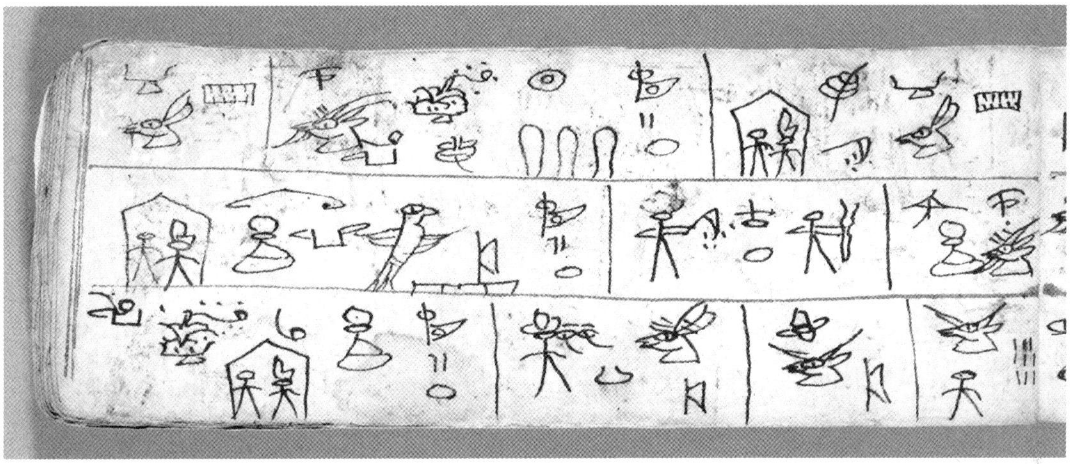

khuɑ^{33} le^{33} hə^{21}. | tshʅ^{55} phər^{21} no^{33} le^{33} tshɑ^{21} gə^{33} tʂhər^{33} ɯ^{33} nɯ^{33} mɑ^{33} phər^{21} ly̩^{55} i^{33} piə^{55} be^{33}
有益 了 山羊 白 奶 又 挤 的 药 来 酥油 白 饼(助) 变 做

ho^{55}, mɑ^{33} phər^{21} kuɑ^{21} ly̩^{55} be^{33} dʐər^{21} mə^{33} ky̩^{55} the^{55} ȵi^{21} gy̩^{33} be^{33} ho^{55}. | i^{33} dɑ^{13} ɕy^{33} be^{33} khuɑ^{33}
愿 酥油 白 灶 石 做 化 不 会 那样 成为 愿 主人 仪式 做 受益

le^{33} hə^{21}. | i^{33} dɑ^{13} tʂhʅ^{33} dɯ^{33} dʑi^{13}, du^{21} gə^{33} mɯ^{33} thy̩^{33} dy^{21} khu^{33} me^{33} dzi^{33} khu^{33} the^{55} ȵi^{21} gy̩^{33}
了 主人 这 一 家 董 的 天 开 地 辟 的 五行 那样 成为

be^{33} ho^{55}. | tʂhʅ^{33} be^{33} tʂhʅ^{33} gy̩^{33}, tʂhʅ^{33} bi^{21} tʂhʅ^{33} zy̩^{21} thy̩^{33} be^{33} ho^{55}. | mɯ^{33} lɯ^{55} du^{21} dzʅ^{33} gə^{33}
愿 这 做 这 成 这 搓绳 这 紧 出 成 愿 美利董主 的

se^{55} se^{33}② ɕy^{33} mæ^{33} phər^{21} gə^{33} | no^{33} le^{33} tshɑ^{21}, tʂhər^{33} ɯ^{33} phər^{21} me^{33} nɯ^{33} i^{33} dɑ^{13} tʂhər^{33} le^{33}
胜圣 兽 尾 白 的 奶 又 挤 药 白 的 来 主人 药 又

① 素神篓：纳西人母房火塘边柱子上拴有一竹篓，其内置一箭及一小木梯，称素神篓。
② se^{55} se^{33}：美利董主的白尾神兽名。这里是音译。

khɯ^{55}, mɯ^{33} lɯ^{55} du^{21} dzʅ^{33} the^{55} ȵi^{21} gv̩^{33} be^{33} ho^{55}. | phv̩^{33} do^{21} lɯ^{55} do^{21} gv̩^{33} be^{33} ho^{55}. | nɯ^{21}
施 美利董主 那样 成为 愿 祖 见 孙 见 成为 愿 生儿

ne^{21} ua^{21} be^{33} gv̩^{33} be^{33} ho^{55}. | nɯ^{21} zo^{33} gv̩^{33} kv̩^{55} thv̩^{33}
和 育女 做 成为 愿 福 儿 九 个 出

见效了。愿白山羊奶的药变成酥油饼，并以酥油饼做灶石，愿它不会化。给主人家作仪式见效了。这一主人家，董神开天辟地，愿开成金木水火土五行之门。愿做什么事都成，像搓麻绳搓得紧。挤美利董主的白尾兽“胜圣”的奶，用这白药给主人家施药，愿像美利董主一样，能长寿到祖孙相见。愿子孙兴旺。得九个有福气的儿子。

312-B-4-19

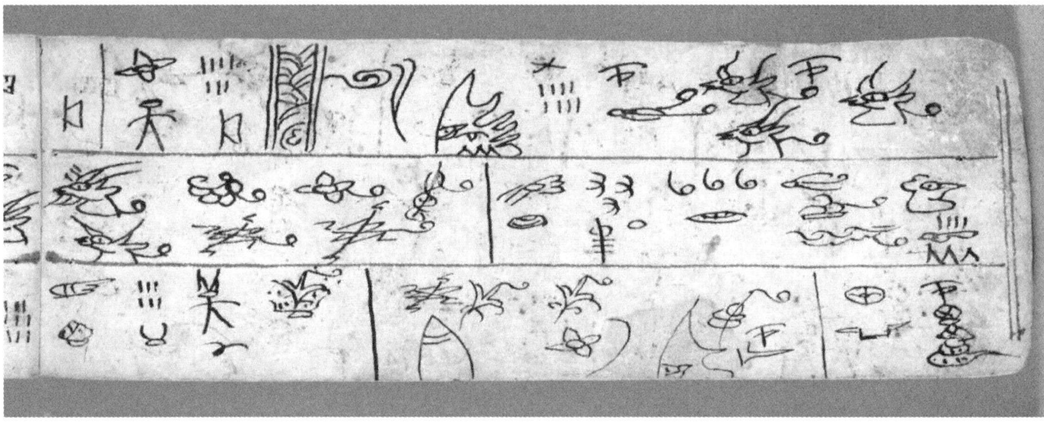

gv̩^{33} be^{33} ho^{55}. | ua^{21} mi^{55} ʂər^{33} kv̩^{55} thv̩^{33} gv̩^{33} be^{33} ho^{55}. | ma^{55} mi^{33} pa^{33} lər^{33} ʥy^{21} ʥy^{21} kv̩^{33} dɯ^{33}
成为 愿 福 女 七 个 出 成为 愿 冒米巴朗山 山 上 一

ɕi^{33} tshe^{21} ho^{55} ga^{33} la^{21} kv̩^{33} tʂhər^{33} ʥi^{21} phər^{21} me^{33} sʅ^{33} ho^{21} i^{33}. he^{21} gə^{33} dzʅ^{21} me^{33} bər^{21} me^{33}
百 十 八 杈 上 药 水 白 的 三 条 有 神 的 犏牛 母 牦牛 母

phər^{21} nɯ^{33} do^{21}, dzʅ^{21} me^{33} bər^{21} me^{33} phər^{21} nɯ^{33} thɯ^{21}, dzʅ^{21} me^{33} bər^{21} me^{33} phər^{21} gə^{33} no^{33} le^{33}
白 来 见 犏牛 母 牦牛 母 白 来 喝 犏牛 母 牦牛 母 白 的 奶 又

tsha^{21}. he^{21} gə^{33} ɯ^{33} me^{33} phər^{21} nɯ^{33} do^{21}, ɯ^{33} me^{33} phər^{21} nɯ^{33} thɯ^{21}, ɯ^{33} me^{33} phər^{21} gə^{33} no^{33}
挤 神 的 牛 母 牛 来 见 牛 母 白 来 喝 牛 母 白 的 奶

le^{33} tsha^{21}; | tshʅ^{55} me^{33} y^{21} me^{33} phər^{21} nɯ^{33} do^{21}, tshʅ^{55} me^{33} y^{21} me^{33} phər^{21} nɯ^{33} thɯ^{21}, tshʅ^{55}
又 挤 山羊 母 绵羊 母 白 来 见 山羊 母 绵羊 母 白 来 喝 山羊

me^{33} y^{21} me^{33} phər^{21} gə^{33} no^{33} le^{33} tsha^{21}, ŋv̩^{55} sa^{55} hæ^{21} sa^{55} ua^{21} sa^{55} tʂhu^{21} sa^{55} lv̩^{21}gə^{33} tʂhər^{33}, |
母 绵羊 母 白 的 奶 又 挤 银 气 金 气 松石 气 墨玉 气 暖 的 药

tshʅ^{33} ly^{21} ly^{33} ʐu^{21} da^{33} pia^{21} gə^{33} tʂhər^{33}, ə^{55} lv̩^{33} ə^{55} tɕi^{21}① tʂhər^{33}, o^{21} bv̩^{33} | la^{21} pa^{55} tʂhər^{33}, tʂhua^{55}
石柏 的 药 阿鲁阿吉 药 佛掌参 药

① ə^{55} lv̩^{33} ə^{55} tɕi^{21}、tʂhua^{55} ko^{33} tse^{21} na^{21}：从前后文看似为一种植物，不知汉意。这里音译为阿鲁阿吉、爪可曾那。

kho^{33} tse^{21} nɑ^{55} tʂhər^{33} hæ^{21} ʥy^{21} kv̩^{33} gə^{33} tʂhər^{33}, uɑ^{21} hər^{21} lo^{21} gə^{33} tʂhər^{33}, æ^{21} ʂuɑ^{21} ɕy^{55} khɯ^{33}
爪可曾那 药 金 山 上 的 药 松石 绿 箐 的 药 悬崖 高 柏 脚

phər^{21} gə^{33} tʂhər^{33} nɯ^{33} tʂhər^{33} le^{33} khɯ^{55}. | ȵi^{33} me^{33} thv̩^{33} gə^{33} ʂv̩^{21} phər^{21}
白 的 药 来 药 又 施 东方 的 署 白

七个有福气的女儿。在有一百一十八个山峰的冒米巴朗山上，流出三条白色的药水河。药水被神的白母犏牛、白母牦牛看见，被白母犏牛、白母牦牛喝了，挤白母犏牛、白母牦牛的奶；被神的白母牛看见，被白母牛喝了，挤出白母牛的奶；被母山羊、母绵羊看见，被母山羊、母绵羊喝了，挤出母山羊、母绵羊的奶；用金银暖气为药，绿松石黑墨玉为药。以石柏为药，以阿鲁阿吉为药，以佛掌参为药，以爪可曾那为药，以金山上的药、绿松石箐沟里的药，悬崖柏树的药来施药。给东方的白色的署和

312-B-4-20

lv̩^{21} phər^{21} tʂhər^{33} le^{33} khɯ^{55}; | i^{33} tʂhʅ^{33} mɯ^{21} gə^{33} ʂv̩^{21} hər^{21} lv̩^{21} hər^{21} tʂhər^{33} le^{33} khɯ^{55}; | ȵi^{33}
龙 白 药 又 施 南方 的 署 绿 龙 绿 药 又 施

me^{33} gv̩^{21} ʂv̩^{21} nɑ^{21} lv̩^{21} nɑ^{21} tʂhər^{33} le^{33} khɯ^{55}; | ho^{33} gv̩^{33} lo^{21} | ʂv̩^{21} ʂʅ^{21} lv̩^{21} ʂʅ^{21} tʂhər^{33} le^{33}
西方 署 黑 龙 黑 药 又 施 北方 署 黄 龙 黄 药 又

khɯ^{55}; | mɯ^{33} ne^{21} dy^{21} ly^{55} kv̩^{33} ʂv̩^{21} dzæ^{21} lv̩^{21} dzæ^{21} tʂhər^{33} le^{33} khɯ^{55}; | ʥy^{21} nɑ^{55} ʐo^{55} lo^{33}
施 天 和 地 之间 署 花 龙 花 药 又 施 居那若罗神山

kv̩^{33} ȵi^{55} tʂʅ^{33} ko^{21} uɑ^{33}① tʂhər^{33} le^{33} khɯ^{55}; | sɑ^{21} dɑ^{33} o^{33} bv̩^{33} | ʥi^{33} bv̩^{33} tʂhər^{33} le^{33} khɯ^{55}; |
上 尼直哥瓦 药 又 施 刹道 窝补吉补 药 又 施

sɑ^{21} dɑ^{55} lɑ^{33} i^{33} o^{33} bv̩^{33} ʥə^{21} ʐʅ^{33} tʂhər^{33} le^{33} khɯ^{55}; | sɑ^{21} dɑ^{55} lɑ^{21} pɑ^{55} tʂhʅ^{33} bv̩^{33} tʂhər^{33} le^{33}
刹道 拉依窝补玖日 药 又 施 刹道 拉巴斥补 药 又

khɯ^{55}; | sɑ^{21} i^{33}
施 刹依

① 其他经文中曾述及居住在居那若罗山上的是鲁支金布署，此处疑东巴误写。

龙施药；给南方绿色的署和龙施药；给西方黑色的署和龙施药；给北方黄色的署和龙施药；给天和地花色的署和龙施药；给居那若罗神山上的尼直哥瓦施药；给刹道窝补吉补施药；给刹道拉依窝补玖日施药；给刹道拉巴斥补施药；

312-B-4-21

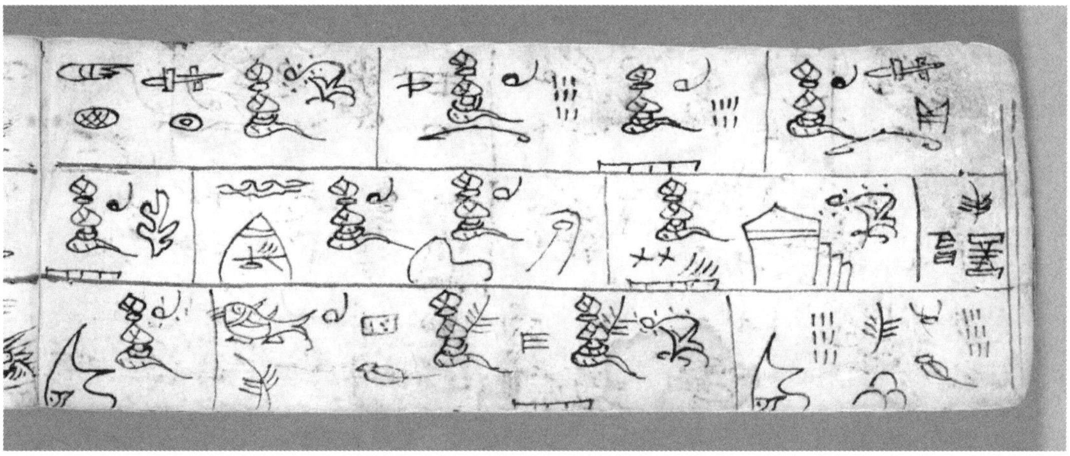

lɑ^{33} mu^{33} ty^{33} mɑ^{21} tʂhər^{33} le^{33} khɯ^{55}; | phər^{33} gə^{33} gv̩^{33} tshər^{21} gv̩^{33} dzʅ^{33} mɯ^{33} nɯ^{33} dzʅ^{21}, nɑ^{21}
拉母屯麻 药 又 施 白 的 九 十 九 尊 天 在 住 黑

me^{33} ʂər^{33} tshər^{21} ʂər^{33} dzʅ^{33} dy^{21} nɯ^{33} dzʅ^{21} me^{33} tʂhər^{33} le^{33} khɯ^{55}; | n̥ə^{55} gə^{33} ty^{33} uə^{21} mɯ^{33} nɯ^{33}
的 七 十 七 尊 地 在 住 的 药 又 施 纽格敦乌 天 来

dzʅ^{21} me^{33} tʂhər^{33} le^{33} khɯ^{55}; | n̥ə^{55} sɑ^{33} ɕy^{33} lo^{21} dy^{21} nɯ^{33} dzʅ^{21} me^{33} tʂhər^{33} le^{33} khɯ^{55}; | tɕi^{21}
住 的 药 又 施 纽莎许罗 地 在 住 的 药 又 施 云

lɯ^{33} so^{33} lɯ^{33} mɯ^{33}, bu^{21} lɯ^{33} lo^{21} lɯ^{33} mɯ^{33} tʂhər^{33} le^{33} khɯ^{55}; | dʑi^{21} lɯ^{33} dæ^{21} lɯ^{33} mɯ^{33},
里美 山 里美 坡 里美 谷 里美 药 又 施 房 里美 宅基 里美

dzʅ^{33} lɯ^{33} uə^{33} lɯ^{33} mɯ^{33} tʂhər^{33} le^{33} khɯ^{55}; | ty^{33} gə^{33} sʅ^{33} phe^{33} | æ^{21} nɯ^{33} dzʅ^{21} me^{33} tʂhər^{33}
村 里美 寨 里美 药 又 施 敦 的 头目 崖 来 住 药

le^{33} khɯ^{55}; | n̥i^{33} gə^{33} sʅ^{33} phe^{33} dzər^{21} nɯ^{33} dzʅ^{21} me^{33} tʂhər^{33} le^{33} khɯ^{55}; sɑ^{21} dɑ^{55} sʅ^{33} phe^{33}
又 施 尼 的 头目 树 来 住 的 药 又 施 刹道 头目

dy^{21} nɯ^{33} dzʅ^{21} me^{33} tʂhər^{33} le^{33} khɯ^{55}; | æ^{21} sər^{33} gv̩^{33} tər^{55} khɯ^{33}, æ^{21} lv̩^{33} gv̩^{33} lv̩^{33} bv̩^{21}, dʑi^{21}
地 在 住 的 药 又 施 崖 木 九 棵 旁 崖 石 九 个 下 水

kho^{33} gv̩^{33} kho^{33} khɯ^{33} nɯ^{33} dzʅ^{21} me^{33}
泉 九 眼 旁 在 住 的

给刹依拉母屯麻施药；给住在天上白的九十九尊署、住在地上黑的七十七尊署施药；给天上的署酋纽格敦乌施药；给住在地上的署酋纽莎许罗施药；给云里美、山里美、坡里美、谷里美施药；给房里美、宅基里美、村里美、寨里美施药；给住在崖上的敦署酋、住在树上的尼署酋施药；给住在地上的刹道署酋施药；给住在九棵崖树旁、九个崖石下、九眼水井边的

312-B-4-22

ʂv̩^{21} ne^{21} lv̩^{21} lɑ^{33} tʂhər^{33} le^{33} khɯ^{55}; | dɯ^{33} ʥy^{21} lɯ^{33} mɯ^{33} dzɿ^{21}, dɯ^{33} lo^{21} lɯ^{33} mɯ^{33} bæ^{21} me^{33}
署 和 龙 也 药 又 施 一 山 里美 住 一 谷 里美 跑 的

tʂhər^{33} le^{33} khɯ^{55}; | ʥy^{21} phɑ^{21} tʂhə^{21} tʂhʅ^{33} tsɿ^{21}, lo^{21} phɑ^{33} tʂhə^{21} tʂhʅ^{33} lv̩^{21} nɯ^{33} dzɿ^{21} me^{33} ʂv̩^{21}
药 又 施 山 面 这 所 面 谷 面 这 所 看 在 住 的 署

ne^{21} lv̩^{21} lɑ^{33} tʂhər^{33}; | mi^{21} tsɿ^{21} ze^{33} dɯ^{21} ʥy^{21} nɯ^{33} dzɿ^{21}, mi^{21} tsɿ^{21} ze^{33} dɯ^{21} lo^{21} nɯ^{33} dzɿ^{21} me^{33}
和 龙 也 药 有名 很 大 山 来 住 有名 很 大 谷 来 住 的

mi^{21} tsɿ^{21} ze^{21} dɯ^{21} ko^{21} nɯ^{33} dzɿ^{21} ʂv̩^{21} ne^{21} lv̩^{21} lɑ^{33} tʂhər^{33} le^{33} khɯ^{55}; | uɑ^{21} hər^{21} mɯ^{33} dzər^{33}
有名 很 大 高原 来 住 署 和 龙 也 药 又 施 松石 绿 天 龙

mɯ^{33} nɯ^{33} dzɿ^{21}, dv̩^{33} phər^{21} si^{33} gɯ^{33} so^{33} nɯ^{33} dzɿ^{21}, ɕə^{33} tɕhy^{21} hæ^{21} i^{33} bɑ^{33} dɑ^{21} dzər^{21} nɯ^{33} dzɿ^{21}
天 在 住 白海螺 狮子 山 在 住 大鹏 含依巴达树 在 住

me^{33} tʂhər^{33} le^{33} khɯ^{55}; ʥy^{21} nɑ^{55} ʐo^{55} lo^{33} kv̩^{33} lv̩^{21} ʥə^{33} tʂhər^{33} le^{33} khɯ^{55}; lɯ^{55} tʂhu^{21} bi^{33} nɑ^{21}
的 药 又 施 居那若罗山上 鲁久 药 又 施 冷杉 林 大

kho^{55}, hæ^{33} ʂɿ^{21} lɑ^{33} ʂɿ^{21} tʂhər^{33} le^{33} khɯ^{55}; | hæ^{33} ʂɿ^{21} y^{21} ʂɿ^{21} æ^{21} nɯ^{33} dzɿ^{21} me^{33} tʂhər^{33} le^{33}
中 金黄虎 黄 药 又 施 金 黄 猴 黄 悬崖 在 住 的 药 又

khɯ^{55}; | mɯ^{33} lɯ^{55} dɑ^{33} ʥi^{21} hɯ^{55} ko^{33} lo^{21}, ɑ^{55} bɑ^{13} kɯ^{33} dɯ^{33} lɯ^{21}① phər^{21} gə^{33} uɑ^{21} gə^{33} nɑ^{21}
施 美利达吉海 中 蝌蚪 白 的 绿 的 黑

① ɑ^{55} bɑ^{13} kɯ^{33} dɯ^{33} lɯ^{21}：蝌蚪。据东巴讲，这里特指还未成蛙的美利达吉神海中金黄大蛙之蝌蚪形态。

gə^{33} tʂhər^{33} le^{33} khɯ^{55}; | hæ^{33} ʂʅ^{21} pɑ^{55} me^{33} lɯ^{33} nɯ^{33} dzʅ^{21} me^{33}tʂhər^{33} le^{33} khɯ^{55}; | pɑ^{33} lər^{21} o^{33}
的 药 又 施 金 黄 蛙 大 地 在 住 的 药 又 施 巴朗窝佐

tso^{33}① nɯ^{33} mi^{21} dɯ^{55} dɯ^{33}; |
从 往下

署和龙施药；给住在山里的里美、跑在箐沟里的里美、面朝这边的山、对朝这边的箐沟的署和龙施药；给住在有名的山上、有名的箐沟里、有名的高原上的署和龙施药；给住在天上的绿松石色天龙、住在山上的白海螺色的狮子、住在含依巴达树上的大鹏神鸟施药；给居那若罗山上的鲁久施药；给冷杉林中的金黄老虎施药；给悬崖上的金黄大蛙施药；给美利达吉海中的蝌蚪施白的、绿的、黑的药；给在地上的金黄大蛙施药；从巴朗窝佐地往下，

312-B-4-23

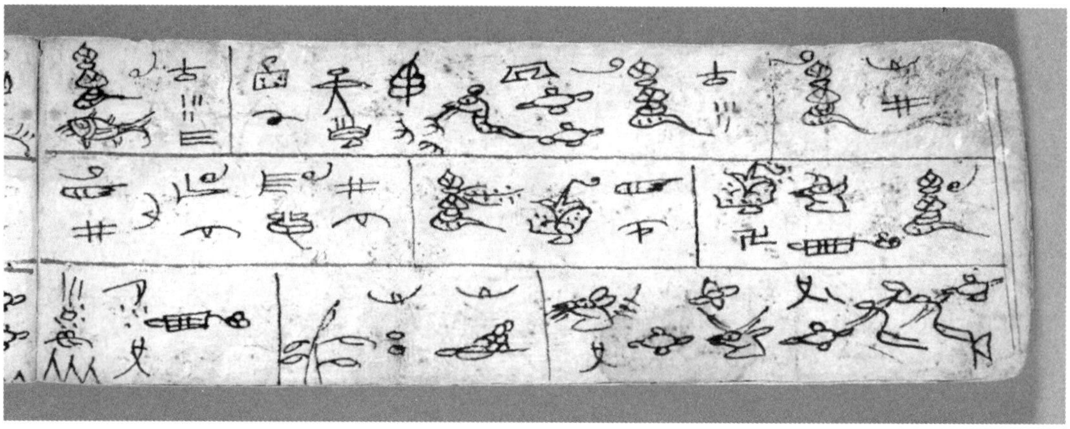

nɯ^{33} dzʅ^{21} me^{33} ʂv̩^{21} ne^{21} ȵi^{33} sɑ^{21} dɑ^{55} tʂhʅ^{33} uɑ^{21} tʂhər^{33} le^{33} khɯ^{55}; | dʑə^{21} nɑ^{55} lu^{33} u^{33} ɕy^{55} be^{33}
在 住 的 署 和尼 刹道 所有 药 又 施 究纳鲁瓦许本日

zʅ^{33} nɯ^{33} gə^{21} dɯ^{55} dɯ^{33} nɯ^{33} dzʅ^{21} me^{33} ʂv̩^{21} ne^{21} lv̩^{21} tʂhʅ^{33} uɑ^{21} lɑ^{33} tʂhər^{33} le^{33} khɯ^{55}; | ʂv̩^{21}
从 往上 在 住 的 署 和 龙 所有 也 药 又 施 署

ne^{21} lv̩^{21} i^{33} kv̩^{33} gu^{21} kv̩^{33} tʂhər^{33} khɯ^{55}, kv̩^{33} le^{33} mə^{33} gu^{21} se^{21}; | lɑ^{33} gu^{21} lɑ^{21} tʂhər^{33} khɯ^{55},
和 龙（助）头 痛 头 药 施 头 又 不 痛 了 手 痛 手 药 施

lɑ^{21} le^{33} mə^{33} gu^{21} se^{21}; khɯ^{33} gu^{21} khɯ^{33} tʂhər^{33} khɯ^{55}, khɯ^{33} le^{33} mə^{33} gu^{21} se^{21}; nɯ^{33} gu^{21} nɯ^{33}
手 也 不 痛 了 脚 痛 脚 药 施 脚 又 不 痛 了 心 痛 心

tʂhər^{33} khɯ^{55}, nɯ^{33} le^{33} mə^{33} gu^{21} se^{21}. | ly^{21} lo^{33} miə^{21}、y^{21} lo^{33} lɑ^{21}、tɒ^{55} lo^{21} ɕi^{55} lɑ^{33} tʂhər^{33} le^{33}
药 施 心 又 不 痛 了 看 司 眼 拿 司 手 说 司 舌 也 药 又

khɯ^{55}; | ʂv̩^{21} ne^{21} lv̩^{21} gə^{33} tʂhər^{33} le^{33} khɯ^{55}, ʂv̩^{21} ne^{21} lv̩^{21} dʐu^{33} ʐuɑ^{21}. | ʂv̩^{21} ne^{21} lv̩^{21} gə^{33} tʂhu^{55}
施 署 和 龙 的 药 又 施 署 和 龙 债 还 署 和 龙 的 天香

① pɑ^{33} lər^{21} o^{33} tso^{33}：音译为巴朗窝佐，为西藏之地名。

pɑ^{33} be^{33} me^{33} dzu̩^{33} le^{33} zu̩ɑ^{21}. ① | ʂv̩^{21} ne^{21} lv̩^{21} khə^{21} khv̩^{55} me^{55} khv̩^{55} dɯ^{33}, uɑ^{21} me^{55} uɑ^{21} dɯ^{33},
烧（助）债 又 还 署 和 龙 处 年份 要 年份 得 福 要 福 得

nɯ^{21} me^{55} nɯ^{21} dɯ^{33} gv̩^{33} be^{33} ho^{55}. |
福 要 福 得 成为 愿

住的所有署和尼、刹道署施药；给住在究纳鲁瓦许本日往上的所有署和龙施药。署和龙头痛就给头施药，头不痛了；手痛就给手施药，手不痛了；脚痛就给脚施药，脚不痛了；心痛就给心施药，心也不痛了。给司看的眼、司拿的手、司说的舌施药；给署和龙施药，并偿还署和龙债。给署和龙烧天香并偿还署债。愿主人家向署和龙祈要年份得年份，祈要福泽得福泽。

312-B-4-24

i^{33} dɑ^{13} mə^{33} gu^{21} mə^{33} tshər^{33}, mə^{33} tɕhi^{55} mə^{33} by^{21} gv̩^{33} be^{33} ho^{55}. | kho^{33} y^{21} he^{33} hɯ^{21}, dʑi^{21} i^{33}
主人 不 病 不 发热 不 冷 不 悸 成为 愿 声 轻 神 安 水 流

dər^{33} ʂər^{55}, nɯ^{21} ne^{21} uɑ^{21}, hɯ^{21} ne^{21} dzæ^{33} gv̩^{33} be^{33} ho^{55}. | lv̩^{55} me^{33} nɯ^{21} dzv̩^{33}, phv̩^{55} me^{33} æ^{33}
塘 满 生儿 和 育女 富 和 强 成为 愿 放牧（助）牲畜 增 撒（助）粮食

dzv̩^{33}. | mi^{55} hæ^{21} tsho^{21} dzv̩^{33}, | dɯ^{33} zo^{33} ɕi^{21} me^{33} tshe^{33} uə^{33} tsɿ^{55}, dɯ^{33} mi^{55} ɕi^{21} me^{33} tshe^{33}
增 女 娶 人 增 一 儿 养（助）十 村 建 一 女 养（助） 十

dy^{21} khu^{33} gv̩^{33} be^{33} ho^{55}. |
地 辟 成为 愿

祝愿主人家不病不痛，不得冷病悸病。愿心安神宁，过上流水满塘的生活，子孙兴旺、生活富强。愿放牧牲畜增殖，撒种粮食增收，愿娶妻生儿育女人丁旺。愿生养一个儿子建十个村寨，生养一个女儿开辟十个地盘。

① 此后一格存疑。

312-B-4-25

ʂə^{55} me^{33} dɯ^{33} ty̩^{21} le^{33} kɑ^{33} se^{21}, | mɯ^{33} sy^{21} le^{33}sy̩^{33} dy̩^{33} me^{55}. | mi^{33} mi^{33} tʂhy̩^{33} tʂhy̩^{33} me^{33}, |
说的 一 千 又 好 了 万 种 又 想 要 匆匆忙忙

ɕi^{33} si^{33} | ʂə^{55} mə^{33} du^{33}. | mə^{33} tɑ^{21} the^{21} ʥy^{33} ho^{55}, | the^{21} ʥy^{33} le^{33} hɯ^{33} ho^{55}. | ʂə^{55} hɯ^{21} be^{33}
人 穷 说 不 兴 不 高兴（助）有 算了 （助）有 又 去 算了 说 容易 做

gɑ^{33} nɑ^{55}, | ȵi^{33} hɯ^{21} tɕhy^{33} gɑ^{33} nɑ^{55}, ny̩^{55} me^{33} sɿ^{55} ko^{55} tʂuɑ^{33}, ə^{33} ze^{13} le^{33} sɿ^{33} dy̩^{33} me^{55}. | py^{21}
困难 虽 要 容易 做 困难 虽 心 三 层 慢慢 又 想 （助） 东巴

zɿ^{33} ʂər^{21}, phɑ^{21} hɑ^{55} i^{33} iə^{55} ho^{55}. |
寿 长 卜师 长寿 愿

说了千种都好了，也想了万件事。匆匆忙忙地不兴说人穷。有不高兴的也由它吧，由它去吧。虽说说的容易做的难，要说容易办成也难，但是心有三层，慢慢地想吧。祝愿东巴长寿，卜师长寿。

312-B-4-26

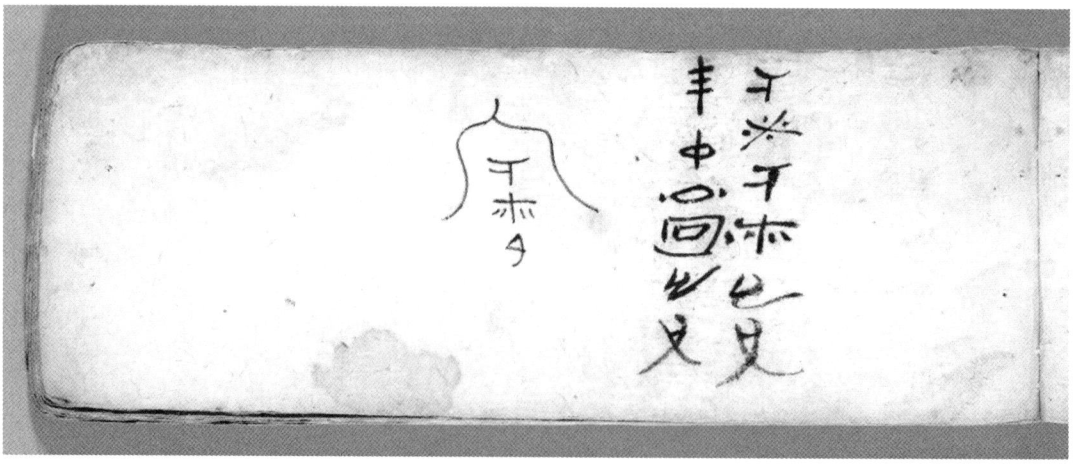

最左侧哥巴文读作 sɿ^{33} dze^{21} me^{55}，意为“三册”。右侧竖排的哥巴文左边一列因第一字不识，不能连读读出，存疑。右边一列读为 sɿ^{33} tshər^{21} sɿ^{55} dze^{21} uɑ^{21} me^{55}，意为“共三十三册”。

312-B-4-27

封底

（翻译：李英）

90-B-15-01

ʂv̩^{21} gv̩^{21} · mu^{33} tshɿ^{21} sy^{55} ·

phv̩^{33} tʂhʅ^{33} uə^{33} lv̩^{55} tʂər^{55} dzo^{21}

祭署 · 杀猛鬼 · 普蚩乌路的故事

90–B–15　祭署·杀猛鬼·普蚩乌路的故事

【内容提要】

人们祭署时猛鬼来捣乱，人们便追杀猛鬼，把猛鬼杀死在下面。

普蚩乌路请来东巴什罗，但没有正确地对待东巴什罗，东巴什罗离开了普蚩乌路的家。东巴什罗让署美拿布把狗和马放到普蚩乌路的家。普蚩乌路在去看水、看地时受到惊吓，从马上跌下，回到家后就生病了。普蚩乌路的家人请来东巴什罗，东巴什罗为普蚩乌路做法事，做完法事后普蚩乌路的病痛好了。

【英文提要】

Worshipping *ʂv* (*the God of Nature*). Exorcising *the Preyed Ghost*. The Story of *phv tʂhɿ uə lv*

People chase and kill *the preyed ghost* since its disrupting during the ritual of worshipping *ʂv*. *phv tʂhɿ uə lv* invites *to ba ʂər lər* to come but treats him inequitably. After leaving, *to ba ʂər lər* makes *ʂɿ me na pv* to dispatch hounds and mustangs to the house of *phv tʂhɿ uə lv*. On the way of errands, *phv tʂhɿ uə lv* is frightened by these creatures and falls from the saddle which leads him into sickness. The family of *phv tʂhɿ uə lv* asks *to ba ʂər lər* to set a ritual that exorcises the sickness in the end.

90-B-15-02

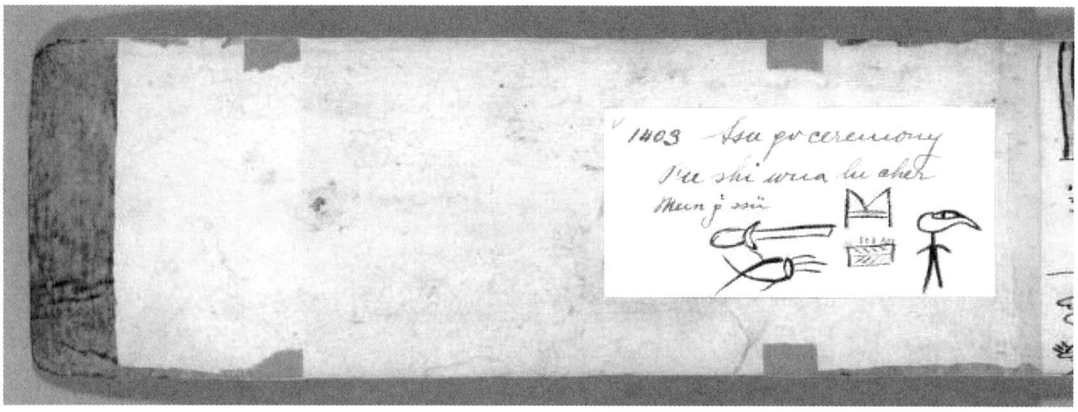

“1403”为洛克收藏纳西东巴古籍的序号。五个东巴文字是这本书名的复写。

90-B-15-03

ɑ^{33} lɑ^{33} mə^{33} ʂər^{55} ȵi^{33}, mɯ^{33} lɑ^{33} kɯ^{21} tʂhʅ^{33} dzʅ^{21}, kɯ^{21} dzʅ^{21} tʂhʅ^{33} ȵi^{33} ɯ^{33}. dy^{21} lɑ^{33} zə̣^{21}
很久以前 天 也 星 这 出 星 出 这 天 好 地 也 草

tʂhʅ^{33} y^{21}, zə̣^{21} y^{21} tʂhʅ^{33} ȵi^{33} hər^{21}. uæ^{33} nɯ^{33} bi^{33} thy̩^{33} ly̩^{21}, i^{21} nɯ^{33} le^{21} tshe^{55} bu^{33}. gə^{21} i^{33} lɑ^{33}sɑ^{21}
这 生 草 生 这 天 绿 左边 来 太阳出 暖 右边来 月光 亮 上 是 拉萨

to^{55} khɯ^{33} phər^{21}, gy̩^{33} dzʅ^{21} khy̩^{55} tsʅ^{21} ɯ^{33}, khy̩^{55} lɑ^{33} tʂhʅ^{33} khy̩^{55} ɯ^{33}, mɯ^{21} i^{33} by̩^{33} ly̩^{55} zʅ^{33} zɑ^{21}
垛肯盘 藏族 年 算 善 年 也 这 年 好 下边 是 补鲁日饶满

mæ^{33}, le^{33} by̩^{33} he^{33} tsʅ^{21} ɯ^{33}, he^{33} lɑ^{33} tʂhʅ^{33} he^{33} ɯ^{33}, dzi^{33} dʑə^{21} ly^{55} gy̩^{33} ɑ^{21}, nɑ^{21} ɕi^{33} hɑ^{55} tsʅ^{21} ɯ^{33},
白族 月 算 善 月 也 这 月 好 人类 中间 聚 纳西 日 算 善

hɑ^{55} lɑ^{33}tʂhʅ^{33} hɑ^{55} ɯ^{33}. mɯ^{33} by̩^{21} kɯ^{21} ɯ^{33}、ȵi^{55} ɯ^{33}、hɑ^{55} ɯ^{33}、khy̩^{55}ɯ^{33}、he^{33} ɯ^{33} tʂhʅ^{33} dɯ^{33} ȵi^{33},
日 也 这 日 好 天 下 星 好 昼 好 夜 好 年份 好 月份 好 这 一 天

i^{33} dɑ^{21} tʂhʅ^{33} dɯ^{33} dʑi^{21}, ze^{55} tɕi^{33} bə^{33} y^{21} tʂər^{21}, ly^{55} ky̩^{33} py^{33} by̩^{21} dy^{55} le^{33} py^{21}, sʅ^{33} i^{33} bər^{33} phər^{21}
主人 这 一 家 年轻 脚 轻 使 中央 东巴 请 又 祭 羊毛 毡子 白

zʅ^{21} ly̩^{33} tɯ^{21}, dze^{33} i^{33} tʂhuɑ^{33} phər^{21} kɑ^{55} le^{33} o^{55}, ŋy̩^{21} hæ^{21} o^{33} tʂhu^{21} i^{33} dɑ^{55} be^{33} le^{33} tɕi^{33},
神坛 设 麦子 和 米 白 神粮 又 倒 银 金 绿松石 墨玉石 酬物 做 又 放

nɑ^{33} tsɑ^{21}gv̩^{33} tsɑ^{21} tshʅ^{55}, ʂv̩^{21} uə^{33} gv̩^{33} uə^{33} thv̩^{21}. ʂər^{33} ɕi^{33} khuɑ^{55} phər^{21} be^{33}, uɑ^{33} ɕi^{33} khuɑ^{55} ʂuɑ^{21}
纳召 九个 建 署 寨 九 寨 建 七 百 木牌 白 做 五 白 木牌 高

be^{33}, mɯ^{55} tshe^{21} gv̩^{33} o^{21} be^{33}, lɑ^{33} khɑ^{33} gv̩^{33} bi^{33} be^{33}, | khɯ^{21} ʂʅ^{21} khɯ^{21} hər^{21} be^{33}, bɑ^{21} ʂʅ^{21} bɑ^{21}
做 竹子 九 丛 做 白杨 九 片 做 线 黄 线 绿 做 花 黄 花

hər^{21} be^{33}, no^{33} hɑ^{33} tʂʅ^{21} hɑ^{33} be^{33}, tʂhər^{33} ʥi^{21} no^{33} ʥi^{21} be^{33}, ɕy^{21} mi^{33} bæ^{33} mi^{33} be^{33}, | tʂhuɑ^{55}
绿 做 糯米饭 粳米饭 做 药 水 奶 水 做 香火 神灯 做 鹿

tshy^{55} i^{33} tshy^{55} be^{33}, tɕhi^{21} tshy^{55} le^{33} tshy^{55}, gv̩^{21} tshy^{55} bu^{21} tshy^{55} be^{33}, fv̩^{33} tshy^{55} hɯ^{21} tshy^{55} be^{33},
还 野牛 还 做 麂子 还 獐子 还 熊 还 猪 还 做 野鸡 还 箐鸡 还 做

sər^{33} kv̩^{33} zʅ^{21} tshy^{55}, lv̩^{33} kv̩^{33} pɑ^{33} tshy^{55}, | ʂv̩^{21} tshy^{55} ʐuɑ^{21} me^{33}, bi^{33} lo^{21} tsho^{21} phu^{55} me^{33} nɯ^{21}
树 上 蛇 还 石 上 蛙 还 署 债 还 是 林中 崇铺 这 来

dʐuɑ^{55} i^{33} kv̩^{55},
抢 也 会

很久以前，天上出现星星，星星明亮的这天，地上长出青草；青草嫩绿的这天，左边升起了温暖的太阳，右边升起了明亮的月亮。上面拉萨垛肯盘的藏族善于算年份，算着今年是一个好年份。下面补鲁日饶满的白族善于算月份，算着这个月是一个好月份。居住在中间的纳西族善于算日子，今天是个好日子。今天是星好、昼好、夜好、年份好、月份好的一天，这家主人使年轻脚快的小伙子去请东巴来祭祀。东巴用白羊毛毡子设起神坛，用麦子和白米作为神粮倒在神坛上，用银子、金子、绿松石、墨玉石作为酬物放在神坛上。建起九个纳召、建起九个署寨。做七百块白木牌、做五百块高木牌，做九丛竹子，做九片白杨，做上黄线和绿线，做上黄花和绿花，做上糯米饭和粳米饭，做上药水和奶水，做上香火和神灯。偿还署的鹿和野牛，偿还署的麂子和獐子，偿还署的熊和野猪，偿还署的野鸡和箐鸡，偿还给署树上的蛇和石上的蛙。偿还给署的债会被林中的崇铺猛鬼抢去。

90-B-15-04

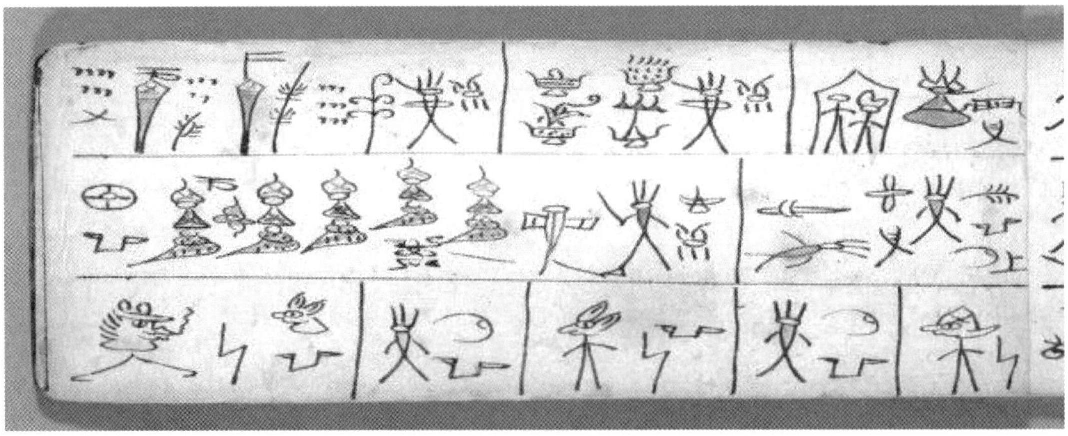

ʂər^{33} ɕi^{33} khuɑ^{55} phər^{21}, uɑ^{33} ɕi^{33} khuɑ^{55} ʂuɑ^{21}, mɯ^{33} tshe^{21} gv̩^{33} o^{21}, lɑ^{33} khɑ^{33} gv̩^{33} bi^{33} mu^{33} nɯ^{33}
七 百 木牌 白 五 百 木牌 高 竹子 九 丛 白杨 九 片 猛鬼 来

dʐuɑ55 i33 kv̩55, no33 hɑ33、tʂʅ21 hɑ33, tʂhər33 dʑi21 no33 dʑi21、ɕy21 sər33 bæ33 mi33 mu33 nɯ33 dʐuɑ55 i33
抢 也 会 糯米饭 粳米饭 药 水 奶 水 香火 神灯 猛鬼 来 抢 也

kv̩55. | i33 dɑ21 tʂhʅ33 dɯ33 dʑi21 ly55 kv̩33 py33 bv̩21 khv̩21 me33, | ȵi33 me33 thv̩33 gə33 ʂv̩21 phər21
会 主人 这 一 家 东巴 请 是 东方 的 署 白

lv̩21 phər21 dʑi33 bɯ33 dzo21 i33 mu33 nɯ33 tər21 i33 kv̩55, i33 tʂhʅ33 mɯ21 gə33 ʂv̩21 hər21 lv̩21 hər21 dʑi33
龙 白 走 要 桥 是 猛鬼 来 堵 也 会 南方 的 署 绿 龙 绿 走

bɯ33 dzo21 i33 mu33 nɯ33 tər21 i33 kv̩55, ȵi33 me33 gv̩21 gə33 ʂv̩21 nɑ21 lv̩21 nɑ21 dʑi33 bɯ33 dzo21 i33 mu33
要 桥 是 猛鬼 来 堵 也 会 西方 的 署 黑 龙 黑 走 要 桥 是 猛鬼

nɯ33 tər21 i33 kv̩55, ho33 gv̩33 lo21 gə33 ʂv̩21 ʂʅ21 lv̩21 ʂʅ21 dʑi33 bɯ33 dzo21 i33 mu33 nɯ33 tər21 i33 kv̩55,
来 堵 也 会 北方 的 署 黄 龙 黄 是 要 桥 是 猛鬼 来 堵 也 会

mɯ33 le33 dy21 ly55 gv̩33 gə33 ʂv̩21 dʐæ21 lv̩21 dʐæ21 dʑi33 bɯ33 dzo21 i33 mu33 nɯ33 tər21 i33 kv̩55. | mu33
天 和 地 中间 的 署 花 龙 花 走 要 桥 是 猛鬼 来 堵 也 会 猛鬼

tshʅ21 sy55 me33, mu33 thv̩33 mu33 pɯ55 kv̩33 mə33 sʅ33, mu33 dzo21 ʂə55 mə33 ȵi21. | mɯ33 ze33 tɕy21
杀 是 猛鬼 出处 猛鬼来历 处 不 知 猛鬼 事 说 不 要 美壬居（人名）

dɯ33 tʂhər55, dzi33 thv̩33 | mu33 mə33 thv̩33, | dzi33 thv̩33 me33 dɯ33 tʂhər55, | dzi33 thv̩33 mu33 mə33
这 代 精人 出 猛鬼 不 产生 精人 产生 的 这 代 人 产生 猛鬼 不

thv̩33, | dzi33 se33 tsho21 dɯ33 tʂhər55
产生 精人 后 崇人 这 代

七百块白木牌、五百块高木牌、九丛竹子、九片白杨也会被猛鬼抢去。糯米饭、粳米饭、药水、奶水、香火、神灯也会被猛鬼抢去。这家主人去请东巴祭祀，猛鬼会来堵东方的白署和白龙过的桥，猛鬼会来堵南方的绿署和绿龙过的桥，猛鬼会来堵西方的黑署和黑龙要过的桥，猛鬼会来堵北方的黄署和黄龙要过的桥，猛鬼会来堵天和地中央的花署和花龙要过的桥。要杀猛鬼，如果不知道猛鬼的出处和来历，就不要说猛鬼的事。美壬居这代，人产生出来了，猛鬼没有产生；精人这代，人产生出来了，猛鬼没有产生，精人后面是崇人这代，

90-B-15-05

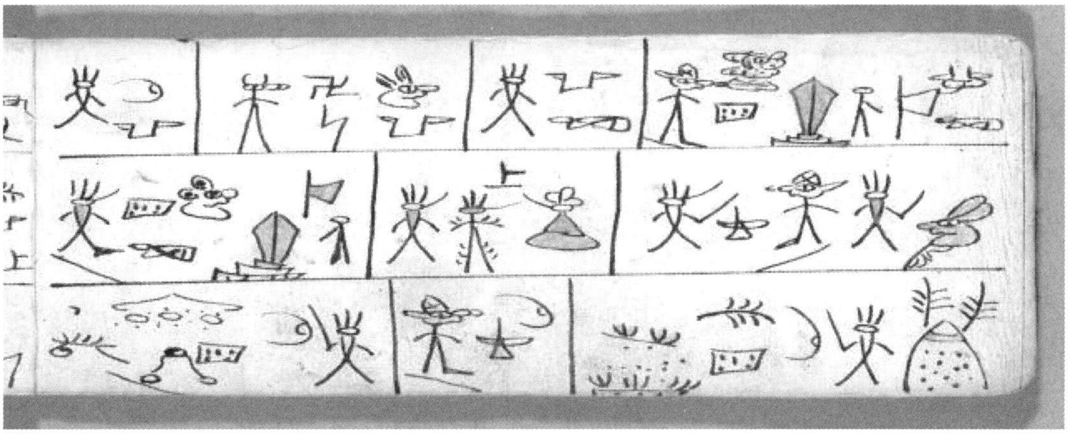

dzi^{33} thv̩^{33} mu^{33} mə^{33} thv̩^{33}, | tsho^{21} ze^{33} lɯ^{55} ɯ^{33} tʂhər^{55},dzi^{33} thv̩^{33} | mu^{33} thv̩^{33} tshɿ^{21}. | tsho^{21}
崇人 产生猛鬼 不 产生 崇忍利恩 代 人 产生 猛鬼 产生 来 人类

bər^{33} lɑ^{33} nɯ^{33} ʂv̩^{33}, zo^{55} lo^{33} i^{21} ʥə^{21} khu^{33} nɯ^{33} tshɿ^{21}. | mu^{33} tshɿ^{21} gv̩^{21} nɯ^{33} ʂv̩^{33}, zo^{55} lo^{33}
迁徒 虎 来 领 若罗神山右 边 由 来 猛鬼 来 熊 来 领 若罗神山

uæ^{33} ʥə^{21} khu^{33} nɯ^{33} tshɿ^{21}. | mu^{33} ne^{21} ɯ^{21} tʂhʅ^{33} uɑ^{21} nɯ^{33} mɯ^{33} lɯ^{55} du^{21} ə^{33} phv̩^{33} n̥ə^{21} ʂə^{55},
左 边 由 来 猛鬼 和 恩鬼 这 些 来 美利卢阿普 上 说

dzi^{33} bər^{33} tsho^{21} bər^{33} ʐʅ^{33}, nɯ^{21} bər^{33} ɕy^{33} bər^{33} ʐʅ^{33} i^{33} le^{33} tər^{21} tsɿ^{55}. | dɯ^{33} so^{21} kɯ^{21} bər^{33} ʐʅ^{33}
精人迁徒 崇人 迁徒 路 畜 迁徒 野兽 迁徒路 是 又 堵 说 一 早 星 迁徒 路

i^{33} le^{33} hu^{33} khɯ^{55}, kɯ^{21} bər^{33} zy^{21} nɯ^{33} ʂv̩^{33}, kɯ^{21} dzɿ^{21} mɯ^{33} ʂər^{55} pə^{55} le^{33} hə^{21}, mɯ^{33} gə^{33} kɯ^{21}
是又 拦 去 星 迁徒蕊星 来 领 星 生 天 满 了 又去 天 的 星

bər^{33} ʐʅ^{33} lɑ^{33} hu^{33} mə^{33} thɑ^{55}, | tsho^{21} bər^{33} ʐʅ^{33} lɑ^{33} tər^{21} mə^{33} thɑ^{55}. | dɯ^{33} so^{21} dy^{21} gə^{33} ʐə^{21}
迁徒 路 也 拦 不 能 崇人 迁徒 路 也 堵 不 能 一 早 地 的 草

bər^{33} ʐʅ^{33} i^{33} le^{33} hu^{33} khɯ^{55}, ʐə^{21} bər^{33} pɯ^{33} nɯ^{33} ʂv̩^{33}, ʐə^{21} y^{21} dy^{21} ʂər^{55} pə^{55} le^{33} hə^{21}, dy^{21} gə^{33} ʐə^{21}
迁徒 路是 又 拦 去 草 迁徒 蒿草 来 领 草 生 地 满 又 去 地 的 草

bər^{33} ʐʅ^{33} lɑ^{33} hu^{33} mə^{33} thɑ^{55}. dɯ^{33} so^{21} ʥy^{21} gə^{33} sər^{33} bər^{33} ʐʅ^{33} i^{33} le^{33} hu^{33} khɯ^{55},
迁 路也 拦 不 能 一 早 山 的 树 迁 路是 又 拦 去

崇人产生出来了，猛鬼没有产生。崇忍利恩这代，人类产生出来了，猛鬼也产生出来了。人类迁徒的路由虎来领，人类从若罗神山的右边迁徒下来。猛鬼来的路由熊来领，猛鬼从若罗神山的左边下来。猛鬼恩鬼对美利卢阿普说，我们要拦堵人类迁徒的路，拦堵牲畜和野兽迁徒的路。一天早晨，猛鬼去拦星星迁徒的路，星星由蕊星领着走，星星布满了天空，猛鬼拦不住星星迁徒的路，猛鬼也拦堵不了人类迁徒的路。一天早晨，猛鬼去拦大地上青草迁徒的路，青草由蒿草领着走，大地上长满了青草，猛鬼拦堵不了大地上青草迁徒的路。一天早晨，猛鬼去拦堵山上树木的迁徒路，

90-B-15-06

sər^{33} bər^{33} mu^{21} nɯ^{33} ʂv̩^{33}, sər^{33} dzʅ^{21} ʥy^{21} ʂər^{55} pə^{55} le^{33} hə^{21}, ʥy^{21} gə^{33} sər^{33} bər^{33} ʐʅ^{33} lɑ^{33} hu^{33} mə^{33}
树 迁 杜鹃 来 领 树 生 山 满 了 又 去 山 的 树 迁 路 也 拦 不

thɑ^{55}, dzi^{33} bər^{33} tsho^{21} bər^{33} ʐʅ^{33} lɑ^{33} hu^{33} mə^{33} thɑ^{55}. | dɯ^{33} so^{21}, gv̩^{33} ʥy^{21} kv̩^{33} i^{33} mu^{33} sy^{55} dər^{33},
能 精人 迁 崇人 迁 路 也 拦 不 能 一 晨 九 山 上 是 猛鬼 杀 需要

ʂər^{33} lo^{21} mæ^{33} i^{33} mu^{33} sy^{55} dər^{33}, | mu^{33} nɯ^{33} mɯ^{33} lɯ^{55} du^{21} ə^{33} phv̩^{33} ȵə^{21} ʂə^{55}, | mu^{33} nɯ^{33}
七 沟 下 是 猛鬼 杀 需要 猛鬼 来 美利董阿普 上 说 猛鬼 来

hu^{21} kho^{33} tsho^{21} i^{55} ʂv̩^{55}, æ^{21} ʨy^{21} khɯ^{33} i^{33} pər^{55}. | mɯ^{33} lɯ^{55} du^{21} ə^{33} phv̩^{33} nɯ^{33} tsho^{21} ze^{33} lɯ^{55}
深夜 崇人 扰醒 鸡 鸣 狗 扰醒 美利董阿普 来 崇忍利恩

ɯ^{33} zo^{33} ȵə^{21} ʂə^{55}: tsho^{21} ze^{33} lɯ^{55} ɯ^{33} zo^{33}, mu^{33} do^{55} khɯ^{33} phər^{21} iə^{55}, mu^{33} dy^{55} ʐuɑ^{33} tʂhu^{21} iə^{55},
儿 上 说 崇忍利恩 儿 猛鬼 扑咬 狗 白 给 猛鬼 追 马 快 给

ər^{33} lɯ^{33} ʂu^{21} lɯ^{33} iə^{55}, ər^{33} sʅ^{33} ʂu^{21} sʅ^{33} iə^{55}. | tsho^{21} ze^{33} lɯ^{55} ɯ^{33} zo^{33}, mu^{33} ʂu^{21} mu^{33} dy^{55} tʂhʅ^{33}
铜 弓 铁 弓 给 铜 箭 铁 箭 给 崇忍利恩 儿 猛鬼 找 猛鬼 追 这

sʅ^{21} dɯ^{33} dy^{21} thv̩^{33}, dər^{33} lɯ^{33}、khɯ^{21} lɯ^{33} tʂu^{55} gə^{33} dv̩^{21} dæ^{33} lo^{21} dɯ^{33} dzʅ^{21}, tshv̩^{33} ʂu^{21} le^{33}
样 一 地 到 肥田 荒地 间 的 野猫 狐狸 强健 一 对 早饭 找 又

ko^{33} pv̩^{55}, tsho^{21} ze^{33} lɯ^{55} ɯ^{33} zo^{33} nɯ^{33} ʂə^{55}: mu^{33} ʥy^{21} nv̩^{21} do^{33} do^{21}? ɯ^{33} ʥy^{21} nv̩^{21} mi^{33} mi^{33}?
遇见 崇忍利恩 儿 来 说 猛鬼 有 你 看见 恩鬼 有 你 听见

dv̩^{21} dæ^{33} le^{33} ʂə^{55} me^{33}, ȵy^{55} tshv̩^{33} ȵy^{55} ʂu^{21} mə^{21}, mu^{33} ʥy^{21} ȵy^{55} mə^{33} do^{21}, ɯ^{33} ʥy^{21} ȵy^{55} mə^{33}
野猫 狐狸 又 说 也 我 早饭 我 找 也 猛鬼 有 我 不 见 恩鬼 有 我 不

mi^{33}, ʂv̩^{21} i^{55} i^{55} mə^{33} ʂv̩^{33}, khɯ^{33} i^{55} i^{55} mə^{33} pər^{55}. | tsho^{21} ze^{33} lɯ^{55} ɯ^{33} zo^{33}, ʥi^{33} le^{33} sər^{33} dzʅ^{21}
听见 署 睡睡 不 扰醒 狗 睡 睡 不 扰醒 崇忍利恩 儿 走 又 树 生

ȵi^{33} lo^{21} kho^{33} ȵə^{21} thv̩^{33}, fv̩^{33} hɯ^{21} lo^{21} dɯ^{33} dzʅ^{21}, tshv̩^{33} ʂu^{21} le^{33} ko^{33} pv̩^{55}, tsho^{21} ze^{33} lɯ^{55} ɯ^{33}
两 山 沟 里 到 野鸡 箐鸡 强健 一 对 早饭 找 又 遇见 崇忍利恩

zo^{33} nɯ^{33} ʂə^{55}, mu^{33} ʥy^{21} nv̩^{21} do^{33} do^{21}; ɯ^{33} ʥy^{21} nv̩^{21} mi^{33} mi^{33}? fv̩^{33} hɯ^{21} le^{33} ʂə^{55} me^{33}, ȵy^{55}
儿 来 说 猛鬼 有 你 看见 恩鬼 有 你 听见 野鸡 箐鸡 又 说 也 我

tshv̩^{33} ȵy^{55} ʂu^{21} mə^{21}, mu^{33} ʥy^{21} ȵy^{55} mə^{33} do^{21}, ɯ^{33} ʥy^{21} ȵy^{55} mə^{33} mi^{33}. | tsho^{21} ze^{33} lɯ^{55} ɯ^{33}
早饭 我 找 也 猛鬼 有 我 不 见 恩鬼 有 我 不 听见 崇忍利恩

zo^{33}, ʥi^{33} le^{33} ŋv̩^{33} lv̩^{33} tho^{33} tshi^{21} sv̩^{55} ȵə^{21} thv̩^{33}, ʨhi^{21} le^{33} lo^{21} dɯ^{33} dzʅ^{21}, tshv̩^{33} ʂu^{21} le^{33} ko^{33} pv̩^{55},
儿 走 又 雪山 松林带 里 到 麂子獐子强健 一 对 早饭 找 又 遇见

tsho^{21} ze^{33} lɯ^{55} ɯ^{33} zo^{33} nɯ^{33} ʂə^{55}, mu^{33} ʥy^{21} nv̩^{21} do^{33} do^{21}? ɯ^{33} ʥy^{33} nv̩^{21} mi^{33} mi^{33}? ʨhi^{21} le^{33}
崇忍利恩 儿 来 说 猛鬼 有 你 看见 恩鬼 有 你 听见 麂子 獐子

le^{33} ʂə^{55} me^{33}, ȵy^{55} tshy̩^{33} ȵy^{55} ʂu^{21} mə^{21}, mu^{33} ʥy^{33} ȵy^{55} mə^{33} do^{21}, ɯ^{33} ʥy^{33} ȵy^{55} mə^{33} mi^{33}. tsho^{21}
又 说 也 我 早饭 我 找 也 猛鬼 有 我 不 见 恩鬼 有 我 不 听见

ze^{33} lɯ^{55} ɯ^{33} zo^{33} ʥi^{33} le^{33} lɑ^{33} do^{33} bi^{33} dɯ^{21} by̩^{21} ȵə^{21} thy̩^{33}, gy̩^{21} bu^{21} lo^{21} dɯ^{33} dzʅ^{21}, tshy̩^{33} ʂu^{21}
崇忍利恩 儿 走 又 深沟 林 大 下 面 到 熊 野猪 强健 一 对 早饭 找

le^{33} ko^{33} py̩^{55}, tsho^{21} ze^{33} lɯ^{55} ɯ^{33} zo^{33} nɯ^{33} ʂə^{55}, mu^{33} ʥy^{21} ny̩^{21} do^{33} do^{21}? ɯ^{33} ʥy^{21} ny̩^{21} mi^{33}
又 遇见 崇忍利恩 儿 来 说 猛鬼 有 你 看见 恩鬼 有 你 听见

mi^{33}? gy̩^{21} bu^{21} le^{33} ʂə^{55} me^{33}, ȵy^{55} tshy̩^{33} ȵy^{55} ʂu^{21} mə^{21}, mu^{33} ʥy^{33} ȵy^{55} mə^{33} do^{21}, ɯ^{33} ʥy^{33} ȵy^{55}
熊 野猪 又 说 是 我 早饭 我 找 也 猛鬼 有 我 不 见 恩鬼 有 我

mə^{33} mi^{33}. tsho^{21} ze^{33} lɯ^{55} ɯ^{33} zo^{33} ʥi^{33} le^{33} ŋy̩^{33} ly̩^{33} lɯ^{21} tʂhʅ^{55} ɯ^{33} ȵə^{21} thy̩^{33}
不 听见 崇忍利恩 儿 走 又 雪山 里斥恩 上 到

树木由杜鹃木领着走，山上长满了树，猛鬼拦堵不了山上树木迁徙的路，猛鬼也拦堵不了精人和崇人迁徙的路。这天早晨，需要把九座山上的猛鬼杀死，需要把七条沟里的猛鬼杀死。猛鬼对美利董阿普说，猛鬼要在深夜扰醒崇人的睡眠，让鸡鸣叫，扰醒狗。美利董阿普对崇忍利恩说：崇忍利恩，我给你扑咬猛鬼的白狗，给你追赶猛鬼的快马，给你铜弓铁弓，给你铜箭和铁箭。崇忍利恩在追赶猛鬼，寻找猛鬼时来到了这样一个地方，在肥田和荒地间崇忍利恩遇见了一对强健的野猫和狐狸正在寻早饭，崇忍利恩对它们说：你们有没有看见猛鬼？听说有恩鬼？野猫和狐狸说，我们正在寻找自己吃的早饭，我们没有看见猛鬼，没听说有恩鬼。睡着的署没有被吵醒，睡着的狗没有被吵醒。崇忍利恩追赶猛鬼来到了长着树木的山沟里，在山沟里崇忍利恩遇见了一对强健的野鸡和箐鸡正在寻早饭，崇忍利恩对它们说：你们有没有看见猛鬼？听说有恩鬼？野鸡和箐鸡说，我们正在寻找自己吃的早饭，我们没有看见猛鬼，没听说有恩鬼。崇忍利恩追赶猛鬼又来到了雪山松林带，崇忍利恩在这里遇见了一对强健的麂子和獐子正在寻找自己吃的早饭。崇忍利恩对它们说：你们有没有看见猛鬼？听说有恩鬼？麂子和獐子说：我们正在寻找自己吃的早饭，我们没有看见猛鬼，没听说有恩鬼。崇忍利恩追赶猛鬼来到了深沟的树林下，崇忍利恩在这里遇见了一对强健的熊和野猪正在寻找自己吃的早饭，崇忍利恩对它们说：你们有没有看见猛鬼，听说有恩鬼？熊和野猪说：我们正在寻找自己吃的早饭，我们没有看见猛鬼，也没听说有恩鬼。崇忍利恩来到了里斥恩雪山

90-B-15-07

tʂhuɑ55 i33 lo21 dɯ33 dzʅ21, tshv̩33 ʂu21 le33 ko33 pv̩55, tsho21 ze33 lɯ55 ɯ33 zo33 nɯ33 ʂə55, mu33 ʥy21
鹿 野牛 强健 一 对 早饭 寻 又 遇见 崇忍利恩 儿 来 说 猛鬼 有

nv̩21 do33 do21? ɯ33 ʥy21 nv̩21 mi33 mi33? tʂhuɑ55 i33 le33 ʂə55 me33, ȵy55 tshv̩33 ȵy55 ʂu21 mə21, mu33
你 见到 恩鬼 有 你 听见 鹿 野牛 又 说 道 我 早饭 我 寻 也 猛鬼

ʥy21 ȵy55 mə33 do21, ɯ33 ʥy21 ȵy55 mə33 mi33. tsho21 ze33 lɯ55 ɯ33 zo33 ʥi33 le33 lɑ33 ʥə21 so33 gv̩33
有 我 不见 恩鬼 有 我 不 听见 崇忍利恩 儿 走 又 虎 在 山 上

phər21 ȵə21 thv̩33, zər21 lɑ33 lo21 dɯ33 dzʅ21, tshv̩33 ʂu21 le33 ko33 pv̩55, tsho21 ze33 lɯ55 ɯ33 zo33
白 里 到 豹子 老虎 强健 一 对 早饭 寻 又 遇见 崇忍利恩 儿

nɯ33 ʂə55, mu33 ʥy21 nv̩21 do33 do21?ɯ33 ʥy21 nv̩21 mi33 mi33?zər21 lɑ33 le33 ʂə55 me33, ȵy55 tshv̩33 ȵy55
来 说 猛鬼 有 你 看见 恩鬼 有 你 听见 豹子老虎 又 说 是 我 早饭 我

ʂu21 mə21, mu33 ʥy21 ȵy55 mə33 do21, ɯ33 ʥy21 ȵy55 mə33 mi33. | tsho21 ze33 lɯ55 ɯ33 zo33 ʥi33 le33
寻 也 猛鬼 有 我 不 见 恩鬼 有 我 不 听见 崇忍利恩 儿 走 又

mɯ33 lɯ55 ʨi33 phər21 tʂu55 ȵə21 thv̩33, ko33 kə55 lo21 dɯ33 dzʅ21, tshv̩33 ʂu21 le33 ko33 pv̩55, tsho21 ze33
天 地 云 白 接 里 到 鹤 鹰 强健 一 对 早饭 寻 又 遇见 崇忍利恩

lɯ55 ɯ33 zo33 nɯ33 ʂə55, mu33 ʥy21 nv̩21 do33 do21? ɯ33 ʥy21 nv̩21 mi33 mi33? ko33 kə55 le33 ʂə55 me33,
儿 来 说 猛鬼 有 你 看见 恩鬼 有 你 听见 鹤 鹰 又 说 是

ȵy55 tshv̩33 ȵy55 ʂu21 mə21, mu33 ʥy33 ȵy55 mə33 do21, ɯ33 ʥy33 ȵy55 mə33 mi33. | tsho21 ze33 lɯ55 ɯ33
我 早饭 我 寻 也 猛鬼 有 我 不 见 恩鬼 有 我 不 听见 崇忍利恩

zo33, ʥi33 le33 mɯ33 be33 kɯ33 hər21 kho33 ȵə21 thv̩33, kɯ21 hər21 uɑ21 mi55 ʨi33 le33 ko33 pv̩55, tsho21
儿 走 又 美奔庚罕柯 里 到 庚含娃命姬 又 遇见

ze33 lɯ55 ɯ33 zo33 nɯ33 ʂə55, mu33 ʥy21 nv̩21 do33 do21? ɯ33 ʥy21 nv̩21 mi33 mi33? kɯ21 hər21 uɑ21
崇忍利恩 儿 来 说 猛鬼 有 你 看见 恩鬼 有 你 听见 庚含娃命姬

mi55 ʨi33 nɯ33 ʂə55. mu33 ʥy21 ȵy55 nɯ33 do21, ɯ33 ʥy21 ȵy55 nɯ33 mi33, do21 phv̩33 lo21 phv̩33 sy21
来 说 猛鬼 有 我 来 看见 恩鬼 有 我 来 听见看见 报酬 说 报酬怎样

be33 iə55 bə21 tsʅ55? mi33 phv̩33 lo21 phv̩33sy21 be33 iə55 bə21 tsʅ55? tsho21 ze33 lɯ55 ɯ33 zo33 nɯ33 le33 ʂə55
给 要 说 听见 报酬 说 报酬 怎样 给 要 说 崇忍利恩 儿 来 又 说

me33, kv̩33 gə33 ku33 mu21 iə55 bə21 tsʅ55, gv̩33 gə33 thər21 phər21 iə55 bə21 tsʅ55, khɯ33 gə33 zɑ33 nɑ21 iə55
是 头 的 帽子 给 要 说 身 的 裙 白 给 要 说 脚 的 鞋 黑 给

bə21 tsʅ55. | kɯ21 hər21 uɑ21 mi55 ʨi33 nɯ33 tsho21 ze33 lɯ55 ɯ33 zo33 ȵə21 ʂə55, mu33 hɑ55 me33 i33
要 说 庚含娃命姬 来 崇忍利恩 儿 上 说 猛鬼 栖息 是

no^{33} no^{21} sɑ^{33} sɑ^{21} kv̩^{33} ṇə^{21} hɑ^{55}, mu^{33} kv̩^{33} tɕi^{33} ṇə^{21} tʂu^{55}, ko^{33} dẓər^{21} gə^{55} dẓər^{21} tʂhʅ^{33} lo^{33} lo^{33},
杂 乱 处 栖息 猛鬼 头 云 里 接 鹤 惊 鹰 惊 这 发抖

mu^{33} khɯ^{33} ʥi^{21} lo^{21} tʂhu^{33}, ṇi^{33} dẓər^{21} ʂu^{21} dẓər^{21} tʂhʅ^{33} lo^{33} lo^{33}, | mu^{33} ho^{21} æ^{33} ṇə^{21} tshv̩^{55}, se^{21}
猛鬼 脚 水 里 伸 鱼 惊 水獭 惊 这 发抖 猛鬼 肋 崖 上 擦 岩羊

dẓər^{21} tʂhʅ^{33} lo^{33} lo^{33}. | tsho^{21} ze^{33} lɯ^{55} ɯ^{33} zo^{33}, lɯ^{33} me^{33} lɯ^{33} sʅ^{33} pu^{55}, mɯ^{33} bv̩^{21} tɕi^{21} ṇə^{21} khæ^{55},
惊 这 发抖 崇忍利恩 儿 弓 箭 带 天 下 云 里 射

dzi^{33} phɑ^{33} mə^{33} dzʅ^{21}, y^{21} phɑ^{33} dæ^{33} phɑ^{33} dzʅ^{21} me^{33} mu^{33} le^{33} sy^{55}, | so^{33} kv̩^{33} phər^{21} ṇə^{21} khæ^{55},
人 脸 不 生 猴 脸 狐狸 脸 生 的 猛鬼 又 杀 山 上 白 里 射

dzi^{33} pər^{55} mə^{33} dzʅ^{21}, zər^{21} pər^{55} lɑ^{33} pər^{55} dzʅ^{21} me^{33} mu^{33} le^{33} sy^{55}.
人 纹 不 生 豹子 纹 老虎 纹 生 的 猛鬼 又 杀

崇忍利恩在这里遇见了一对强健的鹿和野牛正在寻找自己吃的早饭，崇忍利恩对它们说：你们有没有看见猛鬼？听说有恩鬼？鹿和野牛说：我们正在寻找自己吃的早饭，我们没有看见猛鬼，也没听说有恩鬼。崇忍利恩来到有老虎的雪山上，崇忍利恩在这里遇见了一对强健的豹子和老虎正在寻找自己吃的早饭，崇忍利恩对它们说：你们有没有看见猛鬼？听说有恩鬼？豹子和老虎说：我们正在寻找自己吃的早饭，我们没有看见猛鬼，也没听说有恩鬼。崇忍利恩来到白云连接着天地的地方，崇忍利恩在这里遇见了一对强健的鹤和鹰正在寻找自己吃的早饭，崇忍利恩对它们说：你们有没有看见猛鬼？听说有恩鬼？鹤和鹰说：我们正在寻找自己吃的早饭，我们没有看见猛鬼，也没听说有恩鬼。崇忍利恩来到美奔庚罕柯，崇忍利恩在这里遇见了庚含娃命姬，崇忍利恩对她说：你有没有见到猛鬼？有没有听说有恩鬼？庚含娃命姬说：我见到了猛鬼，我听说了有恩鬼。你要知道我见到猛鬼的事，那么你给我什么作为酬谢？你要知道我听到有恩鬼的事，那么你给我什么作为酬谢？崇忍利恩说："我给你头上戴的帽子，给你身上穿的裙子，给你脚上穿的黑鞋子。"庚含娃命姬对崇忍利恩说："猛鬼栖息在杂乱的地方，猛鬼的头一直伸到了云里，鹤和鹰都被吓得发抖。猛鬼的脚伸到水里，鱼和水獭都被吓得发抖。猛鬼在崖上擦一下肋，崖上的岩羊被吓得发抖。"崇忍利恩带着弓箭，把箭对着天上的云射去，把没有生人脸，而是长着猴脸和狐狸脸的猛鬼杀死。崇忍利恩把箭对着雪山射去，把没有生着人纹，而是长着豹子和老虎斑纹的猛鬼杀死。

90-B-15-08

kv̩^{33} nɯ^{33} mɯ^{33} bv̩^{21} tɕi^{21} ṇə^{21} tʂu^{55} me^{33} mu^{33} tshɿ^{21} mɯ^{21} le^{33} sy^{55}, khɯ^{33} nɯ^{33} dʑi^{21} ṇə^{21} tʂhu^{33}
头　来　天　下　云　里　接　的　　猛鬼　　向下 又 杀　　脚　　来　水　里　伸

me^{33} mu^{33} tshɿ^{21} mɯ^{21} le^{33} sy^{55}, ho^{21} nɯ^{33} æ^{21} ṇə^{21} tshv̩^{55} me^{33} mu^{33} tshɿ^{21} mɯ^{21} le^{33} sy^{55}. | ɕi^{33}
的　　猛鬼　向下 又　杀　肋　来　崖 上　　擦　　的　　猛鬼　向下 又　杀　　人

nɯ^{33} mə^{33} i^{33}, bu^{21} nɯ^{33} gv̩^{21} nɯ^{33} i^{33} me^{33} mu^{33} tshɿ^{21} mɯ^{21} le^{33} sy^{55}. | ɕi^{33} phɑ^{33} mə^{33} dzɿ^{21}, ɕy^{33}
心　不 有 野猪 心　熊　心　有 的　　猛鬼　　向下 又 杀　　人 脸　　不　生　野兽

tɕi^{33} phɑ^{33} dzɿ^{21} me^{33} mu^{33} tshɿ^{21} mɯ^{21} le^{33} sy^{55}. | ɕi^{33} pər^{55} mə^{33} dzɿ^{21}, zər^{21} pər^{55} lɑ^{33} pər^{55} dzɿ^{21}
　脸　　生　的　　猛鬼　向下 又 杀　　　人　纹　不　　生 豹子 班纹老虎 斑纹 生

me^{33} mu^{33} tshɿ^{21} mɯ^{21} le^{33} sy^{55}. | miə^{21} nɯ^{33} ər^{33} bv̩^{33} dɯ^{33} me^{33} mu^{33} tshɿ^{21} mɯ^{21} le^{33} sy^{55}. hu^{55}
的　猛鬼　　向下 又　杀　　　眼　　来 铜　锅　大　的　　猛鬼　　向下 又　杀　肚

nɯ^{33} hæ^{21} dæ^{33} dɯ^{33} me^{33} mu^{33} tshɿ^{21} mɯ^{21} le^{33} sy^{55}. | bi^{33} lo^{21} tsho^{21} phu^{55} mɯ^{21} le^{33} sy^{55}. | sər^{33}
来　水塘　大　的　　猛鬼　向下 又 杀　　林 中　崇铺　　向下 又 杀　　木

mu^{33} phɑ^{33} phər^{21} ȵi^{33} me^{33} thv̩^{33} le^{33} sy^{55}, mi^{33} mu^{33} phɑ^{33} hər^{21} i^{33} tʂhʅ^{33} mɯ^{21} le^{33} sy^{55}. | ʂu^{21}
猛鬼 脸　白　　东方　　又 杀　火　猛鬼 脸　绿　　南方　　又 杀　　铁

mu^{33} phɑ^{33} nɑ^{21} ȵi^{33} me^{33} gv̩^{21} le^{33} sy^{55}. dʑi^{21} mu^{33} phɑ^{33} ʂʅ^{21} ho^{33} gv̩^{33} lo^{21} le^{33} sy^{55}. | tʂʅ^{33} mu^{33}
猛鬼 脸　黑　　西方　　又　杀　水 猛鬼 脸　黄　　北方　　又　杀　　土 猛鬼

phɑ^{33} dzæ^{21} mɯ^{33} le^{33} dy^{21} ly^{55} gv̩^{33} le^{33} sy^{55}. | lɑ^{33} do^{33} bɯ^{33} ʂʅ^{21} bi^{33},
脸　花　天　和 地　中央　又 杀　　　拉朵　栗树 黄 林

把头伸到云里的猛鬼杀死在下面。把脚伸到水里的猛鬼杀死在下面。把用肋擦崖的猛鬼杀死在下面。把没有长人心，而是生着野猪心、生着熊心的猛鬼杀死在下面。把没有长人脸，而是生着野兽脸的猛鬼杀死在下面。把没有生着人纹，而是长着豹子斑纹和老虎斑纹的猛鬼杀死在下面。把眼有铜锅大的猛鬼杀死在下面。把肚子有水塘大的猛鬼杀死在下面。把林中的崇铺杀死在下面。把东方属木的白脸猛鬼杀死，把南方属火的绿脸猛鬼杀死。把西方属铁的黑脸猛鬼杀死。把北方属水的黄脸猛鬼杀死。把天和地中央属土的花脸猛鬼杀死。在拉朵黄栗树林里，

90-B-15-09

la33 do33 bɯ33 ʂʅ21 dzər21 khɯ33 thy̩55, bu21 dzæ21 thɑ55 me33 dɯ33 sɿ55 the21 n̩ə21 khɯ21, bu21 dzæ21
拉朵 栗树 黄 树 旁 猪 牙 利 的 一 窝 这 是 做窝 猪 牙

thɑ55 me33 le33 ʂə55:"ə33 gə33 zo33 mi55 the21 n̩ə21 dʑy21, ə33 gə33 zo33 mi55 thɯ33, tsi55 li33 tʂər21 lər33
利 的 又 说 我 的 儿 女 这 儿 在 我 的 儿 女 这些 叽里喳啦

zər21 tʂər21 la33 mə33 thɑ55." mi33 me33 o21 iə55 o21 ty̩33 mi55 nɯ33 mi33. | o21 iə55 o21 ty̩33 mi55 thɯ55
响 让 也 不 能 听 是 俄佑俄都命 来 听到 俄佑俄都命 腰

ko55 gæ21 le33 ʂy̩55, bu21 dzæ21 thɑ55 me33 he33 le33 tshər55, bər33 bər21 tsi55 li33 tʂər21 lər33 zər21, bu21
间 刀 又 抽 猪 牙 利 的 耳 又 割 小猪 叽里喳啦 响 猪

lər21 gy̩33 dʑy21 ky̩33 nɯ33 mi33, bu21 lər21 ʂər33 lo21 nɑ21 n̩ə21 mi33, bu21 dzæ21 thɑ55 nɯ33 mu33 le33
叫 九 山 上 来 听到 猪 叫 七 沟 大 里 听到 猪 牙 利 来 猛鬼 又

do55, mu33 sy55 ɯ33 sy55 dɯ33 thy̩33 sy55. | mu33 zo33 tɕi55 li33 me33 nɯ33 ʂə55: tshʅ33 hɯ21 uə33 ky̩33
咬 猛鬼 杀 恩鬼 杀 一 次 杀 猛鬼 儿 这 来 说 马 壮 村 头

phæ33, tshʅ33 bɑ21 tshʅ33 lər21 mə33 tɕi55 tɕi55 iə33 tsɿ55, | uə33 mæ33 mu21 hɯ21 phæ33, mu21 phæ33 zə21
拴 马 啸 马 叫 不 怕 怕 也 说 村 尾 牛 壮 拴 牛 拴 草

mə33 ku55, mu21 lər21 thy̩21 kho33 thy̩55, mu21 lər21 mu21 bɑ21 mə33 tɕi55 tɕi55 iə33 tsɿ55. | to33 bɑ21 py21
不 喂 牛 叫 千 声 出 牛 叫 牛 吼 不 怕 怕 也 说 东巴 诵经

kho33 tɕi55 iə33 tsɿ55. | tho33 ne21 bɯ21 huɑ55 kho55, tshʅ55 ʂuɑ33 lɑ21 dze33 phər21, kho33 y33 ʂu21 kho33
声 怕 也 说 松树 和 栗树 混 里 山羊 手 杆 白 角 是 铁 角

pu55. ɑ55 ly̩33 mi21 ly̩33 to55 n̩ə21 tʂhʅ33, lɑ21 nɯ33 dʑi21 tsɑ55 dʑi21 bæ21 ne21, khu33 nɯ33 bi33 li33 be33 le33
生 镜子 额头 上 挂 手 来 水 扒 水 拍 在 嘴 来 比里 本楞

ne21, thɯ33 do21 tɕi55 iə33 tsɿ55. o21 iə55 o21 ty̩33 mi55, tshʅ55 ɯ33 gy̩33 n̩ə21 mu21, ɑ55 ly̩33 mi21 ly̩33 to55
着 它 见 怕 也 说 俄佑俄都命 山羊 皮 身 上 穿 镜子 额

n̩ə21 tʂhʅ33, lɑ21 nɯ33 dʑi21 tsɑ55 dʑi21 bæ21 ne21, mu33 tshʅ21 tɕi55 iə33 tsɿ55, mu33 phu21 ɑ55 tshæ55 ko55 i33
上 挂 手 来 水 扒 水 拍 着 猛鬼 怕 也 说 猛鬼 逃 昂产柯 是

le33 u55 hɯ33, o21 iə55 o21 ty̩33 mi55 mi33 thy̩21 lɑ21 phu33 ty55, dʑi33 tshe21 dzər21 le33 bər21, mu33 sy55 ɯ21
又 去 俄佑俄都命 火把 手 里 拿 棕树 又 烧 猛鬼 杀恩鬼

sy55 dɯ33 thy̩33 sy55. | mu33 zo33 tɕi55 li33 mə33 mæ33 lu55 ky̩33 lɯ55, lɯ55 hɯ33 mu33 zo33 thɯ33 lu55
杀 一 次 杀 猛鬼 不 杀着 四 个 逃脱 逃脱 去 猛鬼 这 四

ky̩33, dɯ33 gy̩33 mu33 phu21 ho33 gy̩33 lo21 i33 hɯ33, mu33 nɯ33 gy̩33 le33 ʂʅ33, dɯ33 gy̩33 mu33 phu21 i33
个 一 个 猛鬼 逃 北方 也 去 雷 来 击 又 死 一 个 猛鬼 逃

tʂhʅ^{33} mɯ^{21} i^{33} hɯ^{33}, lɯ^{33} nɯ^{33} bv̩^{21} le^{33} ʂʅ^{33},
南方　地　来　崩　又　死

在拉朵黄栗树旁，有一窝长尖牙的猪，长尖牙的猪说，我的儿女在这儿，不要让我的儿女叽里喳啦地叫。俄佑俄都命听到了尖牙猪说的话，俄佑俄都命从腰间抽出刀子，用刀去割尖牙猪的耳朵，小猪叽里喳啦地叫了起来。猪叫的声音九座山上都能听到，猪叫的声音七条沟里都能听到，尖牙猪出来咬猛鬼，把猛鬼杀死。猛鬼们说村头上拴骏马，骏马的啸声让我们害怕。村尾拴着壮牛，人们不喂牛草，壮牛的吼声让我们害怕。东巴诵经的声音让我们害怕。在长着松树和栗树的地方，有一只前脚白色的山羊，头上生着铁角，额头上挂着镜子，山羊用前脚扒水拍水，嘴里比里本楞地哼着，猛鬼们说见到这只山羊害怕了。俄佑俄都命身上披着山羊皮，额头上挂着镜子，用手扒水拍水，猛鬼看到后害怕了，猛鬼又逃往昂产柯，俄佑俄都命手里拿着火把，把昂产柯的棕树烧着，把猛鬼和恩鬼烧死。没有被火烧死的有四个猛鬼逃脱了，一个逃到北方后被雷击死，一个逃到南方后土崩时被压死，

90-B-15-10

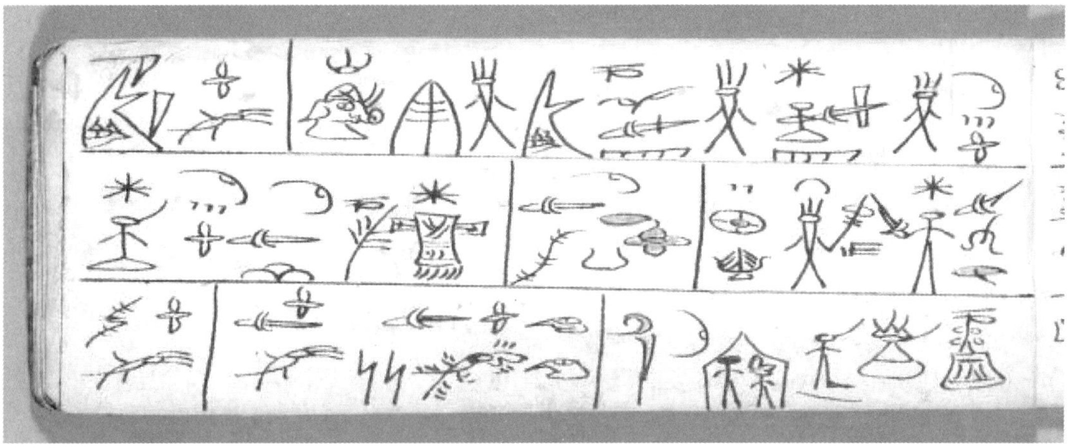

dɯ^{33} gv̩^{33} mu^{33} phu^{21} æ^{33} hy^{21} ko^{55} i^{33} hɯ^{33}, lɑ^{33} mɑ^{21} bə^{33} dɯ^{21} nɯ^{33} khu^{33} nɯ^{33} huɑ^{55} ly^{33} tʂhu^{33},
一　个　猛鬼　逃　崖　红　间　也　去　喇嘛　来　嘴　来　咒　语　念

æ^{33} ʂuɑ^{21} dzʅ^{33} nɯ^{33} dzʅ^{33}, æ^{33} ʂuɑ^{21} tsɑ^{55} nɯ^{33} tsɑ^{55}, mu^{33} sy^{55}, ɯ^{33} sy^{55} dɯ^{33} thv̩^{33} sy^{55}. | dɯ^{33} gv̩^{33}
崖　高　凿　来　凿　崖　高　锛　来　挖　猛鬼　杀　恩鬼杀　一　次　杀　一　个

mu^{33} phu^{21} dʑy^{21} ȵə^{21} hɯ^{33}, lo^{33} tʂhu^{21} dɑ^{33} hɯ^{21} kho^{33} thɑ^{55} kho^{33} zər^{21} ne^{21}, dʑy^{21} ȵə^{21} do^{55} le^{33} ʂʅ^{33},
猛鬼　逃　山　里　去　东巴　声　响　声　响　在　山　里　跌　又　死

dɯ^{33} gv̩^{55} mu^{33} phu^{21} phər^{21} iə^{55} dɑ^{33} gv̩^{33} dy^{21} le^{33} hɯ^{33}, lɑ^{33} pə^{21} tv̩^{55} tsʅ^{21} zo^{33} ko^{21} thv̩^{33}, ȵə^{21} lɑ^{33}
一　个　猛鬼　逃　盘优达古敦　又　去　剌伯杜竹若（人名）家　到　我　也

lɑ^{33} pə^{21} tv̩^{55} tsʅ^{21} zo^{33}, sy^{55} sy^{33} tɑ^{55} tɑ^{33} lɯ^{33} dɑ^{21} tsʅ^{55}. lɑ^{33} pə^{21} tv̩^{55} tsʅ^{21} zo^{33} khv̩^{55} gə^{33} gæ^{21} sʅ^{33}
剌伯杜竹若　杀　砍　来　说　剌伯杜竹若　晚上　的　刀　磨

ne^{21}, so^{21} gə^{33} gæ^{21} tshɑ^{21} ne^{21}. mu^{33} zo^{33} me^{33} nɯ^{33} ʂə^{55}: "lɑ^{33} pə^{21} tv̩^{55} tsʅ^{21} zo^{33}, khv̩^{55} gə^{33} gæ^{21} sʅ^{33}
在　早晨　的　刀　擦　着　猛鬼　儿　这　来　说　剌伯杜竹若　晚上　的　刀磨

se^{21} sɿ^{33} tsɿ^{55}? so^{21} gə^{33} gæ^{21} tshɑ^{21} se^{21} sɿ^{33} tsɿ^{55}." lɑ^{33} pə^{21} tv̩^{55} tsɿ^{21} zo^{33} nɯ^{33} ʂə^{55}: gæ^{21} thɑ^{55}

怎么 磨 说 早晨 的 刀 擦 怎样 擦 说 刺伯杜竹若 来 说 刀 快

dɑ^{55} le^{33} ȵi^{21} gə^{33} sɿ^{33} sy^{21} dʑy^{33}, dɑ^{55} mə^{33} ȵi^{21} gə^{33} sɿ^{21} sy^{21} dʑy^{33}, bər^{21} kho^{33} dɑ^{55} le^{33} ȵi^{21}, lv̩^{33} nɑ^{21}

砍 又 能 的 三 样 有 砍 不 能 的 三 样 有 牦牛 角 砍 又 能 石 大

dɑ^{55} le^{33} ȵi^{21}, tho^{33} phər^{21} dɑ^{55} le^{33} ȵi^{21}, dɑ^{33} mə^{33} ȵi^{21} gə^{33} sɿ^{33} sy^{21} thɯ^{33}, mə^{33} sɿ^{33} mə^{33} thɑ^{55} se^{21}.

砍 又 能 松 白 砍 又 能 砍 不 能 的 三 样 这 不 知 不 能 了

dv̩^{33} kho^{33} tsə^{33} dʑi^{33} dɑ^{55} me^{33} khə^{33} mə^{33} kv̩^{55}, | sɑ^{33} uɑ^{33} hər^{21} dɑ^{55} tɕhər^{33} mə^{33} kv̩^{55}, be^{21} phy^{33}

黄瓜 铠甲 砍 是 破 不 会 麻 杆 绿 砍 断 不 会 胡芦

hər^{21} dɑ^{55} khə^{33} mə^{33} kv̩^{55}. mu^{33} zo^{33} nɯ^{33} mə^{33} i^{33}, gɯ^{33} lɑ^{33} gɯ^{21} tɕi^{55} mi^{33}, mə^{33} kv̩^{55} thɯ^{33} sɿ^{33}

绿 砍 破 不 会 猛鬼 儿 心 不 有 真 也 真 认为 不 会 这 三

sy^{21} mɯ^{21} nɯ^{33} gə^{21} ʂu^{21} tsɿ^{21}. | ȵi^{33} ȵi^{33} lɑ^{33} mɯ^{33} sɿ^{55}, mu^{33} zo^{33} tɕi^{55} li^{33} nɯ^{33} sɑ^{33} o^{33} lv̩^{33} thɑ^{55}

样 下 来 上 找 来 二 天 也 早晨 猛鬼 儿 来 麻 杆 矛 尖

pu^{55}, be^{21} phy^{33} bu^{21} kə^{21} thæ^{33}, dv̩^{33} kho^{33} tsə^{33} dʑi^{33} mu^{21}, lɑ^{33} pə^{21} tv̩^{55} tsɿ^{21} zo^{33} ko^{21} sy^{55} sy^{33}

拿 胡芦 帽子 戴 黄瓜 铠甲 穿 刺伯杜竹若 家 杀

dɑ^{55} dɑ^{33} le^{33} u^{55} tshɿ^{21}, lɑ^{33} pə^{21} tv̩^{55} tsɿ^{21} zo^{33} be^{21} phy^{33} dɑ^{55} le^{33} mu^{33} kv̩^{33} khə^{33}, dv̩^{33} kho^{33} dɑ^{55}

砍 又 来 刺伯杜竹若 胡芦 砍 又 猛鬼 头 破 黄瓜 砍

le^{33} mu^{33} ko^{21} pɯ^{55}. sɑ^{33} o^{33} dɑ^{55} le^{33} mu^{33} lɑ^{21} tɕhər^{33}, mu^{33} sy^{55} mɯ^{21} le^{33} sy^{55}, | mu^{33} sy^{55} tʂhər^{33}

又 猛鬼 心 出 麻 杆 砍 又 猛鬼 手 断 猛鬼 杀 向下 又 杀 猛鬼 杀 坚固

tʂhər^{21} se^{21}, ɯ^{33} sy^{55} ko^{33} ko^{21} se^{21}. | ɑ^{33} lɑ^{33} mə^{33} ʂər^{55} ȵi^{33}, i^{33} dɑ^{21} tʂhʅ^{33} dɯ^{33} dʑi^{21}, ze^{55} tɕi^{33} bə^{33}

了 恩鬼 杀 牢固 了 很久以前 主人 这 一 家 轻脚 轻

y^{21} tʂər^{21}, ly^{55} kv̩^{33} py^{33} bv̩^{21} dy^{55} le^{33} py^{21}, ly^{55} kv̩^{33} py^{33} bv̩^{21} nɯ^{33} sɿ^{33} phər^{21} ʐʅ^{21} lv̩^{33} tɯ^{21}, tʂhuɑ^{33}

使 东巴 请 又 祭 东巴 来 羊毛 白 神坛 设 米

phər^{21} ko^{55} le^{33} o^{55}, tshɿ^{33} ʂu^{33} phər^{21} me^{33} du^{21} lv̩^{21} gə^{21} nɯ^{33} tsɿ^{21},

白 祭粮 又 撒 犁铧 白 的 神坛 上 来 竖

一个猛鬼逃到了红崖上，喇嘛嘴里念咒语，用凿子凿红崖，用锛挖红崖，把猛鬼、恩鬼杀死。一个猛鬼逃进了山里，东巴用响声驱鬼，猛鬼在山里跌死了。一个猛鬼逃到了盘优达古敦，逃到了刺伯杜竹若的家。猛鬼说我是到刺伯杜竹若这里来杀来砍的。刺伯杜竹若晚上在磨刀，早晨在擦刀。猛鬼问刺伯杜竹若：晚上为什么要磨刀，早晨为什么要擦刀？刺伯杜竹若说：这把快刀可以砍的有三样，不可以砍的有三样，可以砍牦牛角，可以砍大石头，可以砍白松树，可以砍的这三样不能不知道。不能砍的有三样，不能砍的这三样不能不知道，黄瓜铠甲砍不烂，绿麻杆砍不断，绿胡芦砍不破。猛鬼没有心，认为是真的，把快刀不能砍烂的这三样从下面找到拿上来。第二天早晨，猛鬼的手里拿着麻杆矛，头上戴着胡芦帽子，身上穿着黄瓜铠甲到刺伯杜竹若的家来砍杀。刺伯杜竹若用刀砍向胡芦，猛鬼的头被砍破了，用刀砍向黄瓜，猛鬼的心被砍出来了，用刀砍向麻杆，猛鬼的手被砍断了，把猛鬼杀死在下面，把恩鬼杀死在下面，坚固地把猛鬼杀死在下面，牢固地把恩鬼杀死在下面。

很久以前，这家主人使年轻脚快的小伙子去请东巴来祭祀，东巴用白羊毛毡子设起神坛，在上面撒上白米作祭粮，在上面竖起白铁犁铧作为神坛，

90-B-15-11

ŋv̩^{21} hæ^{21} o^{33} tʂhu^{21} pv̩^{33}lɑ^{21} i^{33} dɑ^{55} be^{33} le^{33} tɕi^{33}, | he^{21} i^{33} o^{33} dʑi^{21} kv̩^{33} nɑ^{33} tsɑ^{21} gv̩^{33} tsɑ^{21} tshɿ^{55},
银 金松石 墨玉 神 供品 做 又 放 恒依窝吉 头 纳召 九 个 建

ʂv̩^{21} uə^{33} gv̩^{33} uə^{33} thv̩^{21}, mɯ^{55} tshe^{21} gv̩^{33} o^{21} be^{33}, ʂər^{33} ɕi^{33} khuɑ^{55} phər^{21} be^{33}, uɑ^{33} ɕi^{33} khuɑ^{55} ʂuɑ^{21}
署 寨 九 寨 建 竹子 九 丛 做 七 百 木牌 白 做 五 百 木牌 高

be^{33}, no^{33} hɑ^{33} tʂʅ^{21} hɑ^{33} be^{33}, tʂhər^{33} dʑi^{21} no^{33} dʑi^{21} be^{33}, ɕy^{21} sər^{33} bæ^{33} mi^{33} be^{33}, khɯ^{21} ʂʅ^{21} khɯ^{21}
做 糯米饭 粳米饭 做 药 水 奶 水 做 香火 神灯 做 线 黄 线

hər^{21} be^{33}, bɑ^{21} ʂʅ^{21} bɑ^{21} hər^{21} be^{33}, | tʂhuɑ^{55} tshy^{55} i^{33} tshy^{55} be^{33}, bu^{21} tshy^{55} gv̩^{21} tshy^{55} be^{33}, tɕhi^{21}
绿 做 花 黄 花 绿 做 鹿 还 野牛 还 做 野猪 还 熊 还 做 麂子

tshy^{55} le^{33} tshy^{55} zər^{21} tshy^{55} lɑ^{33} tshy^{55} be^{33}, fv̩^{33} tshy^{55} hɯ^{21} tshy^{55} be^{33}, ŋv̩^{21} hæ^{21} o^{33} tʂhu^{21} ʂv̩^{21}
还 獐子 还 豹子 还 老虎 还 做 野鸡 还 箐鸡 还 做 银 金 松石 墨玉 署

dʐu^{33} ȵi^{21} dʐu^{33} ʐuɑ^{21}. | tʂhər^{33} dʑi^{21} no^{33} dʑi^{21} be^{33}, ly^{55} kv̩^{33} py^{33} bv̩^{21} nɯ^{33} o^{21} he^{33} ʂv̩^{21} ȵə^{21} mə^{33}
债 尼 债 还 药 水 奶 水 做 东巴 来 魂 署 那儿 不

æ^{33} be^{33}, o^{21} ʂər^{55} tʂhu^{21} le^{33} ʂər^{55}. | i^{33} dɑ^{21} tʂhʅ^{33} dɯ^{33} dʑi^{21}, tʂuɑ^{21} nɯ^{33} mɑ^{21} kv̩^{33} dzʅ^{21} tshʅ^{55},
滞留 地 魂 招 快 又 招 主人 这 一 家 男 来 跪拜

bɯ^{33} nɯ^{33} lo^{55} po^{33} dzʅ^{55} dzʅ^{21} ty^{33}, dzər^{21} kv̩^{33} tshe^{55} le^{33} me^{55}, tshe^{55} khu^{33} bɑ^{21} le^{33} me^{55}, bɑ^{21} khu^{33}
女 来 磕头 树 上 叶 又 要 叶 边 花 又 要 花 边

ly^{33} le^{33} me^{55}, dʑi^{21} khu^{33} dər^{21} gə^{33} bɑ^{21} phər^{21} thɯ^{33} le^{33} me^{55}.
果 又 要 水 边 泡沫 的 花 白 这 又 要

在恒依窝吉河水头，用银、金、松石和墨玉给神作供品，建起九个纳召，建起九座署寨，做九丛竹子，做七百块白木牌，做五百块高木牌，做上糯米饭，粳米饭，放上药水和奶水，烧起香火，点上神灯。放上黄线和绿线，放上黄花和绿花。用鹿和野牛，野猪和熊，麂子和獐子，豹子和老虎，野鸡和箐鸡偿还给署，用银、金、松石和墨玉偿还署和尼的债。东巴给署供上药水和奶水，把主人家的魂招回，不让魂滞留在署那儿。这家主人，男子在树旁跪拜，女子在树旁磕头，他们向树求要长出树叶，向树叶求要开出花，向花求要结出果来，他们在水边向水求要翻出泡沫白花。

90-B-15-12

……①ŋy̩^{21} dʑy^{21} ky̩^{33}i^{33}ŋy̩^{21}khuɑ^{55}tʂhu^{55}, hæ^{21} dʑy^{21} ky̩^{33} i^{33} hæ^{21} khuɑ^{55} tʂhu^{55}, o^{21} dʑy^{21} ky̩^{33} i^{33} o^{21}
银山　上　是　银　木牌　插　　金　山　上　　是　金　木牌　插　绿松石山上是绿松石

khuɑ^{55} tʂhu^{55}, tʂhu^{21} dʑy^{21} ky̩^{33} i^{33} tʂhu^{21} khuɑ^{55} tʂhu^{55}. ʂy̩^{21} lɑ^{33} o^{33} do^{21} the^{33} ko^{33} lo^{33} mə^{33} du^{33},
木牌　插　墨玉石　山　上　是　墨玉石　木牌　插　署　也　财物　见　伤心　不　兴

ʐə^{21} ʐuɑ^{33} ʐə^{21} ku^{55} zo^{33}, ʐə^{21} do^{21} the^{33} nɯ^{33} gu^{21} mə^{33} du^{33}. ｜i^{33} dɑ^{21} tʂhʅ^{33} dɯ^{33} dʑi^{21}, mə^{33} gu^{21}
草　马　草　丢　男儿　草　见　心疼　不　兴　主人　这　一　家　不　病

mə^{33} tshər^{33}, mə^{33} tɕi^{55} mə^{33} by^{21}, ko^{33} y^{21} he^{33} hɯ^{21}, dʑi^{21} i^{33} dər^{33} ʂər^{55}, le^{33} nɯ^{21} le^{33} uɑ^{21} gy̩^{33} be^{33}
不　热　不　怕　不　抖　声　轻　魂　安　水　流　塘　满　又　男育　又　女孕　成　做

ho^{55}. ɑ^{33} lɑ^{33} mə^{33} ʂər^{55} ȵi^{33}, mɯ^{33} thy̩^{33} dy^{21} khu^{33} zʅ^{33}, bi^{33} thy̩^{33} le^{21} thy̩^{33} zʅ^{33}, kɯ^{21} thy̩^{33} zɑ^{21} thy̩^{33}
愿　很久以前　天　开　地　辟　时　日　出　月　出　时　星　出　娆星　出

zʅ^{33},
时

……②在银山上插上银木牌，在金山上插上金木牌，在绿松石上插上绿松石木牌，在墨玉石上插上墨玉石木牌，署见到财物不兴伤心，如同给马喂草的男儿见到草不伤心一样。这家主

① 前三组不知读音，无法对译。
② 不知读音，无法直译。

人不病不疼了，不怕也不发抖了，声轻魂安，流水满塘，男育女育了。

很久以前，开天辟地的时候，日月产生的时候，星星和娆星产生的时候，

90-B-15-13

phər^{21} thy̩^{33} ʂæ^{21} thy̩^{33} zɿ^{33}, gɑ^{33} thy̩^{33} o^{21} thy̩^{33} zɿ^{33}, u^{55} thy̩^{33} he^{21} thy̩^{33} zɿ^{33}, du^{21} thy̩^{33} se^{21} thy̩^{33}
盘神 出 禅神 出 时 嘎神 出 沃神 出 时 吾神 出 恒神 出 时 卢神 出 沈神 出

zɿ^{33}, | ky̩^{55} thy̩^{33} sɿ^{33} thy̩^{33} zɿ^{33}, lər^{55} thy̩^{33} tʂhə^{55} thy̩^{33} zɿ^{33}, dzɿ^{33} thy̩^{33} dɯ^{21} thy̩^{33} zɿ^{33}, py^{21} thy̩^{33}
时 会者 出 知者 出 时 测者 出 量者 出 时 酋长 出 长者 出 时 东巴 出

phɑ^{21} thy̩^{33} zɿ^{33}, dzi^{33} thy̩^{33} tsho^{21} thy̩^{33} zɿ^{33}, ʂy̩^{21} thy̩^{33} ȵi^{33} thy̩^{33} dʐʅ^{21}, | to^{33} bɑ^{21} ʂər^{55} lər^{33} thy̩^{33}
卜师 出 时 精人 出 崇人 出 时 署 出 尼 出 时 东巴什罗 出

thɯ^{33} dʐʅ^{21}, | phy̩^{33} tʂhʅ^{33} uə^{33} ly̩^{55} thy̩^{33}, | ȵi^{33} me^{33} gy̩^{21} mɑ^{55} mi^{33} pɑ^{33} luɑ^{33} dʑy^{21} khɯ^{33} thy̩^{55},
那 时 普蚩乌路 产生 西方 冒米巴朗 山 脚 下

ʂy̩^{21} me^{33} nɑ^{21} py̩^{55} thy̩^{33} thɯ^{33} dʐʅ^{21}, | ……①sɿ^{55} ky̩^{33} thy̩^{33} thɯ^{33} dʐʅ^{21}, | dɯ^{33} lɑ^{33} dɯ^{33} ȵi^{33}
署美拿布 产生 那 时 三 个 产生 那 时 一 也 一 天

gy̩^{33}, phy̩^{33} tʂhʅ^{33} uə^{33} ly̩^{55} nɯ^{33} mɯ^{33} ʂʅ^{55} thy̩^{33}, dy^{21} ʂʅ^{55} khu^{33},
到 普蚩乌路 来 天 新 开 地 新 辟

盘神和禅神产生的时候，嘎神和沃神产生的时候，吾神和恒神产生的时候，卢神和沈神产生的时候，会者和知者产生的时候，测者和量者产生的时候，酋长和长者产生出来的时候，东巴和卜师产生出来的时候，精人和崇人产生出来的时候，署和尼产生出来的时候，东巴什罗产生出来的时候，普蚩乌路产生出来的时候，在西方的冒米巴朗山脚下，署美拿布产生的那时，产生出……②三位工匠的那时，一天普蚩乌路去开辟新的天地，

① 不知读音，无法对译。
② 不知读音，无法直译。

90-B-15-14

n̩i^{33} me^{33} gv̩^{21}, mɑ^{55} mi^{33} pɑ^{33} luɑ^{33} dʑy^{21} khɯ^{33} thv̩^{55}, phv̩^{33} tʂhʅ^{33} uə^{33} lv̩^{55} nɯ^{33}, uə^{33} be^{33} uə^{33} dzʅ^{33}
西方 冒米巴朗 山 脚 下 普蚩乌路 来 自己 做 自己 吃

ne^{21}, uə^{33} lv̩^{55} uə^{33} tʂhɑ^{21} ne^{21}. | phv̩^{33} tʂhʅ^{33} uə^{33} lv̩^{55} nɯ^{33}, to^{33} bɑ^{21} ʂər^{55} lər^{33} dy^{55}, to^{33} bɑ^{21} ʂər^{55}
在 自己 牧自己 挤奶 在 普蚩乌路 来 东巴什罗 请 东巴什罗

lər^{33} zo^{33}, gə^{21} tɕy^{21} le^{33} dzʅ^{21} tʂər^{21}, to^{33} bɑ^{21} ʂər^{55} lər^{33} nɯ^{33}, phər^{21} gu^{21} ʂæ^{21} gu^{21} ne^{21}, ʂv̩^{21} uə^{33} gə^{21}
男儿 上 面 又 坐 让 东巴什罗 来 盘神 祈 禅神祈 在 署寨 上

nɯ^{33} thv̩^{21}, ʂv̩^{21} gv̩^{21} ʂv̩^{21} dʐu^{33} ʐuɑ^{21}, phv̩^{33} tʂhʅ^{33} uə^{33} lv̩^{55} ne^{21} ʂv̩^{21} n̩i^{33} dʑi^{13} ʂə^{55} ʂə^{33} æ^{33} æ^{21} mə^{33}
来 建 祭 署 署 债 还 普蚩乌路 和 署 二 家 争吵 争斗 不

dʑy^{33} be^{33}, phv̩^{33} tʂhʅ^{33} uə^{33} lv̩^{55} nɯ^{33} lɑ^{21} kv̩^{55} ʂu^{21} ty^{33} pɯ^{55} dzʅ^{21} zo^{33} le^{33} dy^{55}, phv̩^{33} tʂhʅ^{33} uə^{33} lv̩^{55}
有 的 普蚩乌路 来 手 会 铁 打 工匠 男儿 又 请 普蚩乌路

gə^{33} tse^{55} thɑ^{55} be^{33} thɑ^{55} le^{33} ty^{33} tʂər^{21}, ʂu^{21} ty^{33} pɯ^{55} dzʅ^{21} zo^{33} mɯ^{21} tɕy^{21} le^{33} dzʅ^{21} tʂər^{21}. phv̩^{33}
的 锛 利 偏斧利 又 打 让 铁 打 工匠 男儿 下 面 又 坐 让

tʂhʅ^{33} uə^{33} lv̩^{55} nɯ^{33}, dv̩^{33} tse^{33} kə^{33} tse^{33} kv̩^{55} me^{33} pɯ^{55} dzʅ^{21} zo^{33} le^{33} dy^{55}, phv̩^{33} tʂhʅ^{33} uə^{33} lv̩^{55} gə^{33}
普蚩乌路 来 犁 制作耙 做 会 的 工匠 男儿 又 请 普蚩乌路 的

dv̩^{33} tse^{33} kə^{33} tse^{33} tʂər^{21}, dv̩^{33} tse^{33} kə^{33} tse^{33} pɯ^{55} dzʅ^{21} zo^{33} mɯ^{21} tɕy^{21} le^{33} dzʅ^{21} tʂər^{21}. phv̩^{33} tʂhʅ^{33}
犁 做 耙 制作 使 犁 做 耙 制作 工匠 男儿 下 面 又 坐 让 普蚩

uə^{33} lv̩^{33} nɯ^{33} dʑi^{33} tshər^{55} dʑi^{33} ʐʅ^{21} kv̩^{55} me^{33} pɯ^{55} dzʅ^{21} zo^{33} le^{33} dy^{55}, phv̩^{33} tʂhʅ^{33} uə^{33} lv̩^{55} gə^{33} dʑi^{33}
乌路 来 衣 剪 衣 缝 会 的 工匠 男儿 又 请 普蚩乌路 的 衣

zi^{33} le^{33} tshər^{55} le^{33} ʐʅ^{21} tʂər^{21}, dʑi^{33} tshər^{55} dʑi^{33} ʐʅ^{21} pɯ^{55} dzʅ^{21} mɯ^{21} tɕy^{21} le^{33} dzʅ^{21} tʂər^{21}. | phv̩^{33}
美 又 剪 又 缝 让 衣 剪 衣 缝 工匠 下 面 又 坐 让

tʂhʅ^{33} uə^{33} lv̩^{55} tʂhʅ^{33} dɯ^{33} dʑi^{21}, le^{33} uɑ^{21} le^{33} nɯ^{21}, le^{33} hɯ^{21} le^{33} dʐæ^{33} dɯ^{33} zʅ^{33} thv̩^{33}. | dɯ^{33} lɑ^{33}
普蚩乌路 这 一 家 又 女孕 又 男育 又 富 又 强 一 代 出 一 也

dɯ^{33} ɳi^{33} gv̩^{33}, lɑ^{21} kv̩^{55} pɯ^{55} dzʅ^{21} zo^{33} sɿ^{55} kv̩^{33} nɯ^{33} phv̩^{33} tʂhʅ^{33} uə^{33} lv̩^{55} khə^{21} ɳə^{21} ʂə^{55}, | phv̩^{33}
一 天 到 手 会 工匠 男儿 三 个 来 普蚩乌路 处 说

tʂhʅ^{33} uə^{33} lv̩^{55} nɯ^{33} gə^{33} uɑ^{21} ne^{21} nɯ^{21}, hɯ^{21} ne^{21} dʐæ^{33} gɑ^{33} ne^{21} zi^{33} me^{33} ȵy^{55} nɯ^{33} be^{33}, | ȵy^{55}
普蚩乌路 你 的 女孕 和 男育 富 和 强盛 胜 和 美 的 我 来 做 我

nɯ^{33} nɯ^{21} ne^{21} uɑ^{21} be^{33} me^{33}, hɯ^{21} ne^{21} dʐæ^{33} be^{33} me^{33},
来 男育 和 女孕 做 是 富裕 和 强盛 做 是

在西方的冒米巴朗山脚下，普蚩乌路自己劳动，自己收获自己吃，自己放牧，自己挤奶。普蚩乌路请来东巴什罗，让东巴什罗坐在上方，东巴什罗为普蚩乌路向盘神和禅神祈祷，在上面给署建起寨子，偿还署的债，普蚩乌路与署没有争吵和争斗。普蚩乌路请来会打铁的工匠，普蚩乌路让工匠打制锋利的锛，打制锋利的偏斧。普蚩乌路让打铁的工匠住在下方。普蚩乌路请来会制作犁和耙的工匠，让工匠制作犁耙，普蚩乌路让制作犁耙的工匠住在下方。普蚩乌路请来会剪衣服缝衣服的工匠，普蚩乌路让工匠剪裁缝制漂亮的衣服，普蚩乌路让缝衣服的工匠住在下方。普蚩乌路这一代男育女孕，又富又强。有一天会手艺的这三位工匠对普蚩乌路说：普蚩乌路你家的男育和女孕、富裕和强盛、胜利和美丽都是我们为你做的。我们为你做了很多，使你能够男育和女孕、富裕和强盛，

90-B-15-15

gə^{21} kv̩^{55} dzʅ^{21} mə^{33} tʂər^{21}, mɯ^{21} tɕy^{21} le^{33} dzʅ^{21} tʂər^{21}, | to^{33} bɑ^{21} ʂər^{55} lər^{33} thɯ^{33}, mə^{33} be^{33} dzʅ^{33}
上面 住 不 让 下 面 又 住 让 东巴什罗 他 不 做 吃

mu^{21} tsɿ^{55}, mə^{33} lv̩^{55} tʂhɑ^{21} mu^{21} tsɿ^{55}, gə^{21} kv̩^{55} dzʅ^{21} le^{33} tʂər^{21}, | phv̩^{33} tʂhʅ^{33} uə^{33} lv̩^{55} i^{33}, nv̩^{55} me^{33}
也 说 不 牧 挤奶 也 说 上面 住 又 让 普蚩乌路 也 心

sɿ^{33} dv̩^{33} ɯ^{33} me^{33}, gɯ^{21} lɑ^{33} gɯ^{21} tɕi^{55} mi^{33}, uɑ^{21} lɑ^{33} uɑ^{21} tɕi^{55} mi^{33}, dzʅ^{33} nv̩^{55} me^{33} i^{33} tʂhər^{21} nɯ^{33}
想 好 的 是 也 是 认为 是 也 是 认为 头领 心 肥肉 来

tər^{55}, phæ^{21} miə^{21} thɑ^{55} i^{33} tʂhə^{55} nɯ^{33} gu^{21}, | phv̩^{33} tʂhʅ^{33} uə^{33} lv̩^{55} i^{33} lɑ^{21} kv̩^{55} pɯ^{55} dzʅ^{21} zo^{33} sɿ^{55}
阻塞 卜师 眼 尖 是 秽 来 盖 普蚩乌路 也 手 会 工匠 男儿 三

kv̩^{33}, dzɿ^{33} gə^{33} gə^{21} kv̩^{33} le^{33} dzɿ^{21} tʂər^{21}, to^{33} bɑ^{21} ʂər^{55} lər^{33} zo^{33} mɯ^{21} tɕy^{21} le^{33} dzɿ^{21} tʂər^{21}, to^{33} bɑ^{33}
位 寨 的 上面 又 住 让 东巴什罗 男儿 下 面 又 住 让 东巴

ʂər^{55} lər^{33} mə^{33} hɯ^{21} khu^{33} khɑ^{33} dʑy^{33}, to^{33} bɑ^{21} ʂər^{55} lər^{33} i^{33} mɯ^{21} nɯ^{33} gə^{21} le^{33} hə^{21}. | phv̩^{33}
什罗 生气不想说话 有 东巴什罗 也 下 来 上 又 去

tʂhɿ^{33} uə^{33} lv̩^{55} nv̩^{21}, ɯ^{33} be^{33} tɕi^{33} phər^{21} tʂu^{55} ȵə^{21} phi^{55},tʂhɿ^{33} mɑ^{55} tshe^{33} le^{33} be^{33} se^{21} tsɿ^{55}, to^{33} bɑ^{21}
普蚩乌路 你 好 的 云 白 间 丢 土 尘 盐 又 做 了 说 东巴

ʂər^{55} lər^{33} i^{33}, ȵi^{33} me^{33} gv̩^{21} mu^{55} mi^{33} pɑ^{33} luɑ^{33} dʑy^{21} khɯ^{33} thv̩^{55}, ʂv̩^{21} me^{33} nɑ^{21} pv̩^{55} khə^{21} ȵə^{21}
什罗 是 西方 冒米巴朗 山 脚 下 署美拿布 处

thv̩^{33}, ʂə^{55} tər^{55} æ^{21} tər^{55} le^{33} khɯ^{55} hɯ^{33}, to^{33} bɑ^{21} ʂər^{55} lər^{33} me^{33} nɯ^{33} ʂə^{55}, tʂhɿ^{33} sɿ^{21} lɑ^{21}gv̩^{33} mæ^{55},
到 争吵 结 争斗 结 又 放 去 东巴什罗 他 来 说 从这以后

phv̩^{33} tʂhɿ^{33} uə^{33} lv̩^{55} ko^{21}, mə^{33} ty^{21} bu^{21} lo^{55} bɯ^{33}, nɯ^{21} mə^{33} be^{33} se^{21} tsɿ^{55}, | ʂv̩^{21} me^{33} nɑ^{21} pv̩^{55}
普蚩乌路 家 不精神 坡 越 要 福 不 做 了 说 署美拿布

nɯ^{21} ʂv̩^{21} khɯ^{33} khɯ^{55} thɑ^{55} se^{21}, ʂv̩^{21} ʐuɑ^{33} ly^{55} thɑ^{55} se^{21}. to^{33} bɑ^{21} ʂər^{55} lər^{33} thɯ^{33}, dʑy^{21} nɑ^{33} zo^{55}
你 署 狗 放 能 了 署 马 溜 能 了 东巴什罗 他 居那若罗

lo^{33} kv̩^{33}, i^{21} po^{33} kv̩^{55} dʑi^{21} bv̩^{21}, |
上 缎子 毡房

但你却不让我们住上方，你让我们住在下面。这个东巴什罗什么也不做却给他吃的，不放牧，却让他挤奶。普蚩乌路心里想后认为确实是这样，普蚩乌路如同头领的心被肥肉阻塞了，卜师的眼被秽来盖住了。普蚩乌路让有手艺的三位工匠住在上面，让东巴什罗住到寨子的下面。东巴什罗生气不说话，他从上面往下去了，普蚩乌路的做法如同把好的东西丢到白云间去，把尘土当盐用了。东巴什罗来到西方冒米巴朗山的山脚下，在署美拿布那儿他去做争吵和结仇的事。东巴什罗对署美拿布说，从这以后，我没精神翻山去普蚩乌路家了，不做对他家有福的事了。署美拿布你可以把狗和马放到普蚩乌路家了。东巴什罗去到了居那若罗山顶上的缎子毡房里，

90-B-15-16

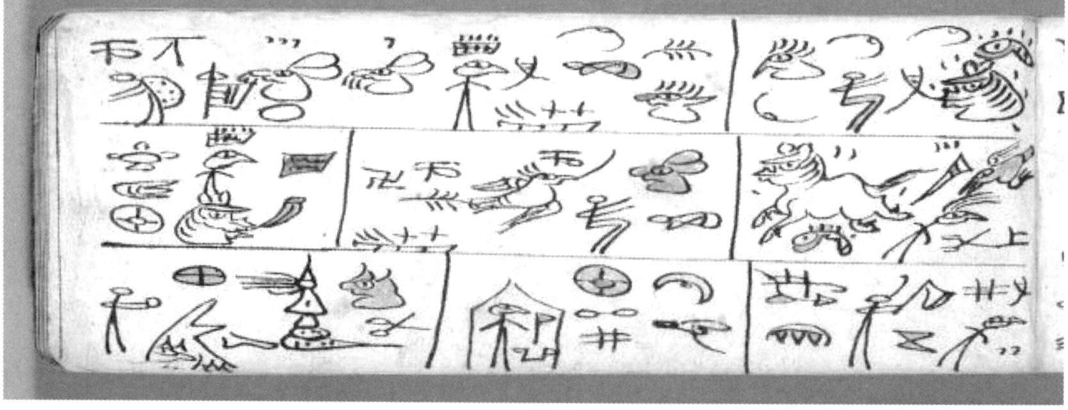

to^{33} bɑ^{21} ʂər^{55} lər^{33} nɯ^{33} phər^{21} gu^{21} ʂæ^{21} gu^{21} ne^{21}, gɑ^{33} gu^{21} u^{21} gu^{21} ne^{21}, sɿ^{55} kv̩^{33} gv̩^{33} le^{33} hə^{21}.
东巴什罗 来 盘神 祈 禅神 祈 在 嘎神 祈吾神 祈 在 三 年成 了 去

dɯ^{33} lɑ^{33} dɯ^{33} kv̩^{55} gv̩^{33}, phv̩^{33} tʂhʅ^{33} uə^{33} lv̩^{55} me^{33} gə^{33} dy^{21} n̥ə^{21} ẓə^{21} hæ^{21} y^{21} mə^{33} tshɿ^{21}, pɯ^{33}
一 又 一 年 到 普蚩乌路 的 地 上 草 青 生 不 来 蒿草

phər^{21} y^{21} le^{33} tshɿ^{21}. | ……①dɯ^{33} lɑ^{33} dɯ^{33} n̥i^{33} gv̩^{33}, phv̩^{33} tʂhʅ^{33} uə^{33} lv̩^{55} gu^{21} tʂhu^{21} dɯ^{33}
白 生 又 来 一 也 一 天 到 普蚩乌路 骏马 一

phu^{55} dẓæ^{33}, mɯ^{33} ʂʅ^{55} dy^{21} ʂʅ^{55} le^{33} ly^{21} hɯ^{33}, dʑi^{21} ʂʅ^{55} khæ^{33} ʂʅ^{55} le^{33} ly^{21} hɯ^{33}. | dy^{21} n̥ə^{21} ẓə^{21}
匹 骑 天 新 地 新 又 看 去 水 新 沟 新 又 看 去 地 里 草

hæ^{21} lo^{21} fv̩^{33} phər^{21} dɯ^{33} me^{33} tɯ^{33} le^{33} tshɿ^{21}, | fv̩^{33} tɯ^{33} ẓuɑ^{33} dẓər^{21} hɯ^{21}, ẓuɑ^{33} dẓər^{21} gə^{21} i^{33}
青 里 野鸡 公 一 只 起飞 又 来 野鸡 起飞 马 惊吓 了 马 惊 上 也

dɯ^{33} tsho^{33} ne^{21}, phv̩^{33} tʂhʅ^{33} uə^{33} lv̩^{55} the^{21} n̥ə^{21} do^{55} le^{33} hə^{21}, fv̩^{33} phər^{21} tʂhʅ^{33} me^{33} nɯ^{33} phv̩^{33}
一 跳 也 普蚩乌路 这 里 跌 又 去 野鸡 公 这 只 来

tʂhʅ^{33} uə^{33} lv̩^{55} gə^{33} kv̩^{33} tshi^{33} sɿ^{33} no^{21} pər^{21} le^{33} hə^{21}, fv̩^{33} phər^{21} tʂhʅ^{33} me^{33} nɯ^{33} kv̩^{33} tshi^{33} sɿ^{33} no^{21}
普蚩乌路 的 头发 三 撮 拔 又 去 野鸡 公 这 只 来 头发 三 撮

pu^{55}, dʑi^{21} i^{33} n̥i^{33} me^{33} gv̩^{21}, mɑ^{55} mi^{33} pɑ^{33} luɑ^{33} dʑy^{21} khɯ^{33} thv̩^{55}, ʂv̩^{21} me^{33} nɑ^{21} pv̩^{55} khu^{33} n̥ə^{21}
带 西方 冒米巴朗 山脚 下 署美拿布 嘴 里

khɯ^{55} le^{33} tɕi^{33}, | phv̩^{33} tʂhʅ^{33} uə^{33} lv̩^{55} i^{33} iə^{33} ko^{21} le^{33} thv̩^{33} n̥ə^{21}, gu^{21} thv̩^{33} tshər^{33} thv̩^{33} tshɿ^{21},
放 又 置 普蚩乌路 也 家 又 到 时 病 产生 发热 产生 来

n̥i^{55} i^{33} o^{33} gv̩^{33} gu^{21}, hu^{21} i^{33} nɑ^{55} tʂʅ^{33} tɕhi^{33}, | phv̩^{33} tʂhʅ^{33} uə^{33} lv̩^{55} i^{33} ze^{55} tɕi^{33} bə^{33} y^{21} tʂər^{21}, ʂu^{21}
白天 骨 疼 夜里 肉 痛 普蚩乌路 也 年轻 脚轻 使 铁

ty^{33} tshʅ^{33} ʂu^{33} pɯ^{55} dẓʅ^{21} dy^{55}, ʂu^{21} ty^{33} pɯ^{55} dẓʅ^{21} nɯ^{33}, ʂu^{21} ty^{33} mɯ^{33} gv̩^{33} be^{33}, mi^{33} bɑ^{21} kə^{55} dzi^{21}
打 犁铧 铁 工匠 请 铁 打 工匠 来 铁 打 打雷 做 火 花 鹰 飞

be^{33}, khv̩^{55} dv̩^{21} lɑ^{33} bɑ^{21} be^{33}, tshɿ^{21} sy^{55} tshɿ^{21} sy^{55} tsɿ^{55}. phv̩^{33} tʂhʅ^{33} uə^{33} lv̩^{55} i^{33}, gu^{21} me^{33} tshər^{33}
做 风 箱 虎 啸 做 鬼 杀 鬼 杀 说 普蚩乌路 是 病 也 发热

me^{33} le^{21} mə^{33} n̥i^{21}. |
也 又 不 好

东巴什罗在向盘神和禅神、嘎神和吾神祈祷。三年过去了，又到了一年，普蚩乌路的地上不长青草了，长出了白蒿草。……②一天普蚩乌路骑了一匹骏马，去看他的新天新地，去看他的新沟新水。在地里的青草里飞起来一只公野鸡，飞起来的野鸡把马吓着了，受惊的马向上

① 该组不知读音，无法对译。
② 不知读音，无法直译。

一蹦，普蚩乌路从马背上跌下来了，这只公野鸡飞来拔去了普蚩乌路头上的三撮头发。这只公野鸡把这三撮头发放置在西方的冒米巴朗山脚下的署美拿布的嘴里。普蚩乌路回到家后便生病了，普蚩乌路白天骨头痛，夜里肌肉疼。普蚩乌路让年轻的小伙子去请打制犁铧的工匠，打铁的工匠用力打铁，打铁的声音像打雷一样响，打铁的火花像鹰飞一样，拉风箱的声音像虎叫一样，嘴里喊着杀鬼杀鬼。但是普蚩乌路的病痛还是没有好。

90-B-15-17

lɑ^{33} hɑ^{55} gu^{21} le^{33} hə^{21}. | phʏ^{33} tʂhʅ^{33} uə^{33} lʏ^{55} i^{33} dʏ^{33} tse^{55} kə^{55} tse^{55} pɯ^{55} dzʅ^{21} dy^{55}, dʏ^{33} tse^{55} kə^{55}
更加 病 又 去 普蚩乌路 是 犁 做 耙 做 工匠 请 犁 做 耙

tse^{55} pɯ^{55} dzʅ^{21} nɯ^{33}, tse^{55} thɑ^{55} be^{33} thɑ^{55} pu^{55}, dzʅ^{33} kɯ^{21} tsɑ^{55} kɯ^{21} pu^{55}, tshʅ^{21} sy^{55} tshʅ^{21} dy^{55}
做 工匠 来 偏斧 利 偏斧 利 带 凿斧 锛斧 带 鬼 杀 鬼 赶

tʂər^{21}, tshʅ^{21} dy^{55} kæ^{33} mə^{33} dʑi^{33}, phʏ^{33} tʂhʅ^{33} uə^{33} lʏ^{55} gə^{33} gu^{21} me^{33} le^{33} mə^{33} ȵi^{21}. phʏ^{33} tʂhʅ^{33} uə^{33}
让 鬼撵 前 不 走 普蚩乌路 的 病 是 又 不 好 普蚩乌路

lʏ^{55} i^{33} dʑi^{33} tsər^{55} dʑi^{33} zʅ^{21} pɯ^{55} dzʅ^{21} dy^{55}, tshʅ^{21} sy^{55} tshʅ^{21} dy^{55} tʂər^{21}, dʑi^{33} tshər^{55} dʑi^{33} zʅ^{21} zo^{33},
是 衣 剪 衣 缝 工匠 请 鬼 杀 鬼 赶 使 衣 剪 衣 缝 男儿

ko^{21} tshʅ^{21} ko^{21} by^{33} pu^{55}, ʂu^{33} phər^{21} tshər^{33} te^{21} pu^{55}, tshʅ^{21} sy^{55} tshʅ^{21} dy^{55} nɯ^{21}, phʏ^{33} tʂhʅ^{33} uə^{33} lʏ^{55}
针 细 针 粗 带 铁 白 剪子 带 鬼 杀 鬼 赶 在 普蚩乌路

i^{33}, gu^{21} me^{33} le^{21} mə^{33} ȵi^{21}. lɑ^{33} hɑ^{55} gu^{21} le^{33} hə^{21}. | phʏ^{33} tʂhʅ^{33} uə^{33} lʏ^{55} ze^{55} tɕi^{33} bə^{33} y^{21} tʂər^{21},
是 病 是 又 不 好 更加 病 又 去 普蚩乌路 年轻 脚轻 使

dʑy^{21} nɑ^{33} ʐo^{55} lo^{33} kʏ^{33} to^{33} bɑ^{21} ʂər^{55} lər^{33} dy^{55}, to^{33} bɑ^{21} ʂər^{55} lər^{33} me^{33} nɯ^{33} ʂə^{55}, sy^{55} ʂə^{55} sy^{21} ʂu^{21}
居那若罗 山顶 东巴什罗 请 东巴什罗 这 来 说 什么说 什么 寻

tshʅ^{21} dɑ^{21} tsʅ^{55}? | ze^{55} tɕi^{33} bə^{33} y^{21} me^{33} nɯ^{33} ʂə^{55}, phʏ^{33} tʂhʅ^{33} uə^{33} lʏ^{55} gu^{21} ne^{21} tshər^{33} le^{33} dʑy^{33},
来 说 年轻 脚轻 这 来 说 普蚩乌路 病 和 痛 又 有

to^{33} bɑ^{21} ʂər^{55} lər^{33} le^{33} dy^{55} tʂər^{21} mu^{33} tsʅ^{55}. | to^{33} bɑ^{21} ʂər^{55} lər^{33} me^{33} nɯ^{33} ʂə^{55}, phʏ^{33} tʂhʅ^{33} uə^{33}
东巴什罗 又 请 使 说 东巴什罗 这 来 说 普蚩乌路

lv̩^{55} nv̩^{21} ɯ^{33} be^{33} tɕi^{33} phər^{21} tʂu^{55} ȵə^{21} phi^{55} kv̩^{55} iə^{33}, tʂʅ^{33} mɑ^{55} tshe^{33} le^{33} be^{33} se^{21} tsʅ^{55}. | ze^{55} tɕi^{33}
你 好 的 云 白 间 丢 会 也 土 尘 盐 又 做 了 说 年轻

bə^{33} y^{21} me^{33} nɯ^{33} ʂə^{55}, thɯ^{33} sʅ^{21} lɑ^{21} gv̩^{33} mæ^{55}, ɯ^{33} be^{33} tɕi^{33} phər^{21} tʂu^{55} ȵə^{21} phi^{55} mə^{33} du^{33} se^{21}
脚轻 这 来 说 这 以后 好 的 云 白 间 丢 不 兴 了

tsʅ^{55}, tʂʅ^{33} mɑ^{55} tshe^{33} le^{33} be^{33} mə^{33} du^{33} se^{21} tsʅ^{55}. | ……① | zo^{33} ɯ^{33}
说 土 尘 盐 又 放 不 兴 了 说 男儿 好

病痛更加重了。普蚩乌路请来做犁耙的工匠，做犁耙的工匠拿着偏斧和锛，去杀鬼、赶鬼，鬼没有赶走，普蚩乌路的病没有好。普蚩乌路请来剪制衣服、缝衣服的工匠，让工匠赶鬼、杀鬼，剪制衣服、缝衣服的工匠拿着细针和粗针，拿着白铁剪子去赶鬼和杀鬼，普蚩乌路的病还是不好，病痛更加重了。普蚩乌路使年轻脚快的小伙子去居那若罗山顶上请东巴什罗。当小伙子来到居那若罗山顶上时，东巴什罗说，你是来说什么？还是寻什么？年轻脚快的小伙子说，普蚩乌路生病了，让我来请东巴什罗。东巴什罗说，普蚩乌路会把好的东西丢到白云间去，把尘土当做盐。年轻脚快的小伙子说，从这以后普蚩乌路不会把好的东西丢到白云间去，不会把尘土当做盐。……②好男儿

90-B-15-18

ɕi^{33} nɯ^{33} tʂər^{21}, mə^{33} ty^{21} ʂə^{55} mə^{33} du^{33}, | gu^{21} tʂhu^{21} ɕi^{33} nɯ^{33} lu^{21}, mə^{33} gə^{21} mə^{33} be^{33} se^{21}, |
别人来 使 不 精神 说 不 兴 马 快 人 来 骑 遗憾 不 做 了

ze^{55} tɕi^{33} bə^{33} y^{21} nɯ^{33}, to^{33} bɑ^{21} ʂər^{55} lər^{33} gə^{33} lɑ^{21} tɕər^{21} the^{21} tʂhər^{55} i^{33}, tshʅ^{33} zʅ^{33} kɯ^{33} zʅ^{33} nɯ^{21},
年轻 脚轻 来 东巴什罗 的 手 上 这 握 住 跪 着 打拱 在

to^{33} bɑ^{21} ʂər^{55} lər^{33} thɯ^{33}, ze^{55} tɕi^{33} bə^{33} y^{21} me^{33} nɯ^{33} ʂər^{21} le^{33} tshʅ^{21}. | to^{33} bɑ^{21} ʂər^{55} lər^{33} i^{33} phv̩^{33}
东巴什罗 他 年轻 脚轻 这 来 牵 又 来 东巴什罗 也

tʂhʅ^{33} uə^{33} lv̩^{55} ko^{21} ȵə^{21} thv̩^{33}, phv̩^{33} tʂhʅ^{33} uə^{33} lv̩^{55} ko^{21}, to^{33} bɑ^{21} ʂər^{55} lər^{33} nɯ^{33}, sʅ^{33} phər^{21} ʐʅ^{21} lv̩^{33}
普蚩乌路 家里 到 普蚩乌路 家 东巴什罗 来 毡 白 神坛

① 不知读音，无法对译。
② 不知读音，无法直译。

tɯ^{21}, tʂhuɑ^{33} phər^{21} ko^{55} le^{33} o^{55}, ŋv̩^{21} hæ^{21} o^{33} tʂhu^{21} i^{33} dɑ^{55} be^{33} le^{33} tɕi^{33}. | ʂv̩^{21} uə^{33} gv̩^{33} uə^{33}

设 米 白 神粮 又 撒 银 金 松石 墨玉 供品 做 又 放 署 寨 九 寨

tshɿ^{55}, he^{21} i^{33} o^{33} ʥi^{21} khɯ^{33}, khuɑ^{55} phər^{21} gə^{21} le^{33} tshɿ^{55}, ɕy^{55} hər^{21} nɑ^{33} tsɑ^{21} tshɿ^{55}, mɯ^{55} tshe^{21}

建 恒依窝吉 旁 木牌 白 上 又 插 柏 绿 纳召 建 竹子

gv̩^{33} o^{21} be^{33}, lɑ^{33} khɑ^{33} gv̩^{33} bi^{33} be^{33}, no^{33} hɑ^{33} tʂʅ^{21} hɑ^{33} be^{33}, tʂhər^{33} ʥi^{21} no^{33} ʥi^{21} be^{33}, ɕy^{21} mi^{33}

九 丛 做 白杨 九 片 做 糯米饭 粳米饭 做 药 水 奶 水 做 香火

bæ^{33} mi^{33} be^{33}, bər^{21} phər^{21} dɯ^{33} tv̩^{21}, bər^{21} nɑ^{21} dɯ^{33} kɯ^{21} be^{33}, o^{33} nɯ^{33} miə^{21} ʂər^{55} be^{33}, ʂv̩^{21} dʐu̩^{33}

神灯 做 牦牛 白 一 千 牦牛 黑 一 万 做 财物 来 眼 满 做 署 债

be^{33} le^{33} ʐuɑ^{21}. | to^{33} bɑ^{21} ʂər^{55} lər^{33} nɯ^{33} ʂv̩^{21} me^{33} nɑ^{21} pv̩^{55} dy^{21} n̥ə^{21} tʂhu^{55} pɑ^{33} ʥi^{55}, |

做 又 还 东巴什罗 来 署美拿布 地 里 天香 烧

别人来请时，不兴说没有精神，快马被人骑，不要有遗憾。年轻脚快的小伙子用手握住东巴什罗的手，跪着请求东巴什罗。这样东巴什罗被年轻脚快的小伙子牵着下来了。东巴什罗来到普蚩乌路的家里，东巴什罗在普蚩乌路的家里设起白毡子神坛，把白米作为神粮倒在神坛上，在神坛上放上金、银、绿松石和墨玉石作为给神的供品。建起九个署寨，在恒依窝吉河边插上白木牌，建起绿柏纳召，做九片竹子，做九片白杨，给署糯米饭、粳米饭，给药水和奶水，给署烧上香火，点上神灯，用一千头白牦牛，一万头黑牦牛，盖满眼睛的财物来偿还署的债。在署美拿布的地方，东巴什罗烧起天香，

90-B-15-19

to^{33} bɑ^{21} ʂər^{55} lər^{33} nɯ^{33} khu^{33} nɯ^{33} sɑ^{55} ɯ^{33} dɯ^{33} sɑ^{55} thv̩^{55}, y^{21} ʂʅ^{21} dɯ^{33} me^{33} nɯ^{33}, le^{55} nɑ^{21} dɯ^{33}

东巴什罗 来 嘴 来 气 好 一 气 出 猴 黄 一 只 来 獐子 黑 一

phu^{55} dʐæ^{33}, | ʐʅ^{21} hər^{21} mæ^{33} dʐu̩^{33} lɑ^{21} phu^{33} ty^{55}, sɿ^{33} phər^{21} dv̩^{33} lv̩^{21} dɯ^{33} phu^{55} pu^{55}, le^{55} nɑ^{21}

只 骑 蛇 青 鞭子 手 里 拿 羊毛 白 线团 一 手 带 獐子 黑

sɿ^{55} tsho^{33} tsho^{33}, y^{21} ʂʅ^{21} sɿ^{55} phe^{33} phe^{33}, ʐʅ^{21} hər^{21} mæ^{33} dʐu̩^{33} so^{33} hu^{55} hu^{33}, sɿ^{33} phər^{21} khɯ^{21} dv̩^{21}

三 跳 跳 猴 黄 三 颠 颠 蛇 青 鞭子 三 挥 羊毛 白 线 团

lv̩33 i33 so33 phe33 phe33, ʂv̩21 me33 nɑ21 pv̩55 gə33 gv̩33 tʂhər55 zæ21 mə33 kv̩55 thɯ33 gv̩33, pɯ21 lɯ55
也 三 抖 抖 署美拿布 的 九 辈 笑 不 会 这 个 呗哩

pɯ21 lɯ55 tsɿ55 gə21 i33 dɯ33 zæ21 ne21, phv̩33 tʂhʅ33 uə33 lv̩55 gə33 kv̩33 tshi33 dɯ33 no21 gə21 le33
呗哩 说 上 也 一 笑 在 普蚩乌路 的 头发 一 撮 上 又

lɯ55. | dzi33 ɯ33 dɯ33 gv̩33 nɯ33, ʐuɑ33 phər21 mæ33 dv̩33 dɯ33 phu55 dʑæ33, lv̩33 phər21 lv̩33 zo33
脱 人 好 一 个 来 马 白 尾 秃 一 匹 骑 石 白 石 小

dɯ33 khə55 tsɑ33, lv̩33 phər21 sɿ55 lv̩33 lɑ21 phu33 ty55, ʐuɑ33 phər21 mæ33 dv̩33 sɿ55 tsho33 tsho33, dzi33
一 篮 背 石 白 三 石 手 里 拿 马 白 尾 秃 三 跳 跳 人

ɯ33 sɿ55 phe33 phe33, lv̩33 phər21 sɿ55 phe33 phe33, ʂv̩21 me33 nɑ21 pv̩55 gə33, gv̩33 tʂhər55 zæ21 mə33 kv̩55
好 三 颠 颠 石 白 三 颠 颠 署美拿布 的 九 代 笑 不 会

thɯ33 gv̩33, pɯ55 lɯ55 pɯ21 lɯ33 tsɿ55, gə21 i33 dɯ33 zæ21 ne21, phv̩33 tʂhʅ33 uə33 lv̩55 gə33 kv̩33 tshi33 ȵi33
这 个 呗里 呗里 说 上 也 一 笑 在 普蚩乌路 的 头 发 二

no21 gə21 le33 lɯ55. | dzi33 bə21 phər21 dɯ33 me33, ɕə21 gu55 dɯ33 me33 dʑæ33, no21 gu21 dɯ33 gu21
撮 上 又 脱 蝙蝠 白 一 只 大雕 一 只 骑 羽毛 背 一 背

pu55, ɕə21 gu55 dv̩33 tshi33 so33 hu55 hu33, dzi33 bə21 sɿ55 tʂʅ55 tʂʅ33, no21 phər21 sɿ55 sɑ33 sɑ21, ʂv̩21 me33
带 大雕 翅膀 三 摆动 蝙蝠 三 晃动 羽毛 白 三 飘散 署美

nɑ21 pv̩55 gə33 gv̩33 tʂhər55 zæ21 mə33 kv̩55 thɯ33 gv̩33, pɯ33 lɯ33 pɯ21 lɯ33 tsɿ55, gə21 i33 dɯ33 zæ21
拿布 的 九 代 笑 不 会 这 个 呗哩 呗哩 说 上 也 一 笑

ne21, phv̩33 tʂhʅ33 uə33 lv̩55 gə33 kv̩33 tshi33 sɿ33 no21 gə21 le33 lɯ55, | (| ……① |) phv̩33 tʂhʅ33 uə33
在 普蚩乌路 的 头发 三 撮 上 又 脱 普蚩乌路

lv̩55 mə33 gu21 mə33 tshər33, kho33 y21 he33 hɯ21, dʑi21 i33 dər33 ʂər55. | phɯ33 bu21 ʐə21 pɯ33 bu21,
不 病 不 痛 声 轻 魂 安 水 流 塘 满 蒿枝 坡 草 蒿枝 坡

nɑ33 pɯ21 kæ33 nɯ33 dʑy33, æ33 phər21 ʂu21 lɑ55 mu21, ʂu33 mu21 kæ33 nɯ33 dʑy33, ɑ33 lɑ33 mə33 ʂər55
规矩 前 来 有 铜 白 铁 模子 铁 模 前 就 有 很久以前

ȵi33, i33 dɑ21 tʂhʅ33 dɯ33 dʑi21, phv̩33 tʂhʅ33 uə33 lv̩55 gə33 tɕhy33 tʂhʅ33 gv̩33 mæ55 gv̩33, | i33 dɑ21 tʂhʅ33
主人 这 一 家 普蚩乌路 有 宗族 后裔 成 主人 这

dɯ33 dʑi21, ze55 tɕi33 bə33 y21 tʂər21, lɯ55 kv̩33 py33 bv̩21 dy55, lɯ55 kv̩33 py33 bv̩21 nɯ33, sɿ33 phər21
一 家 年轻 脚轻 使 贤能 东巴 请 贤能 东巴 来 羊毛毡子 白

ʐʅ21 ly33 tɯ21, tʂhuɑ33 phər21 ko55 le33 o55, ŋv̩21 hæ21 o33 tʂhu21 i33 dɑ55 be33 le33 tɕi33. |
神坛 设 米 白 神粮 又 倒 银 金 绿松石 墨玉石 供品 做 又 放

① 不知读音，无法对译。

东巴什罗嘴里吹出一口好气作变化，一只黄猴骑着一只黑色的獐子，黄猴手里拿着青蛇的鞭子，另一只手拿着白羊毛线团，黑色的獐子跳三下，骑在背上的黄猴也颠了三下，手里的青蛇鞭子挥了三下，白羊毛线团也被抖了三下。九辈里都不曾笑一下的署美拿布笑了，署美拿布呗哩呗哩地在笑时，普蚩乌路的一撮头发从署美拿布的嘴里逃脱了。东巴什罗嘴里吹出的这口好气作变化，一位善良的人骑着一匹秃尾的白马，背上背着一篮白色的小石头，手里拿着三个白色的石头，这匹秃尾的白马跳了三下，骑在上面的人被颠了三下，白石头也颠了三下。九辈里都不曾笑一下的署美拿布笑了，署美拿布呗哩呗哩地在笑时，普蚩乌路的第二撮头发从署美拿布的嘴里逃脱了。东巴什罗嘴里吹出的这口好气作变化，一只白蝙蝠骑着大雕，蝙蝠背上背着一背羽毛，大雕抖动了三下翅膀，蝙蝠在大雕的背上晃动了三下，白色的羽毛飘散了三次，九辈里都不曾笑一下的署美拿布笑了，署美拿布呗哩呗哩地在笑时，普蚩乌路的第三撮头发从署美拿布的嘴里逃脱了。……①普蚩乌路不病不痛，声轻魂安，流水满塘。蒿坡蒿草坡，规矩先前就有，白铜铁模子，铁模子先前就有。很久以前，这家主人是普蚩乌路的宗族后裔，这家主人使年轻脚快的小伙子去请贤能的东巴，贤能的东巴来到这家主人家，在这家主人家设起神坛，在神坛上倒上白米作为神粮，把金、银、绿松石、墨玉石放在神坛上，作为给神的供品。

90-B-15-20

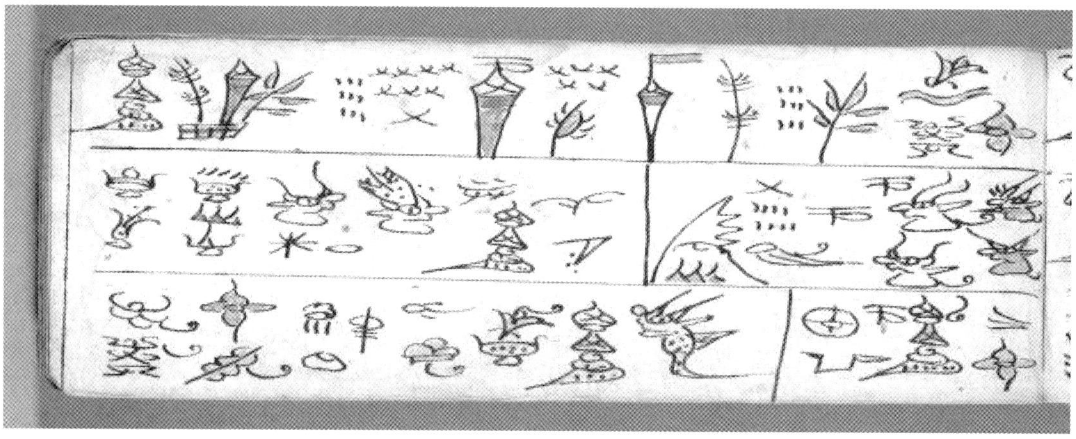

ʂv̩^{21} uə^{33} gv̩^{33} uə^{33} thv̩^{21}, ʂər^{33} ɕi^{33} khuɑ^{55} phər^{21} be^{33}, uɑ^{33} ɕi^{33} khuɑ^{55} ʂuɑ^{21} bə^{33}, mɯ^{55} tshe^{21} gv̩^{33} o^{21}
署 寨 九 寨 建 七 百 木牌 白 做 五 百 木牌 高 做 竹子 九 丛

be^{33}, lɑ^{33} khɑ^{33} gv̩^{33} bi^{33} be^{33}, bɑ^{21} ʂʅ^{21} bɑ^{21} hər^{21} be^{33}, khɯ^{21} ʂʅ^{21} khɯ^{21} hər^{21} be^{33}, no^{33} hɑ^{33} tʂʅ^{21}
做 白杨 九 片 做 花 黄 花 绿 做 线 黄 线 绿 做 糯米饭 粳米饭

hɑ^{33} be^{33}, tʂhər^{33} ʥi^{21} no^{33} ʥi^{21} be^{33}, ɕy^{21} mi^{33} bæ^{33} mi^{33} be^{33}, bər^{21} pər^{21} dɯ^{33} tv̩^{21} dɯ^{33} kɯ^{21} be^{33},
做 药 水 奶 水 做 香火 神灯 做 牦牛 白 一 千 一 万 做

dze^{33} nɯ^{33} ʂv̩^{21} gə^{33} miə^{21} ʂər^{55} be^{33} le^{33} iə^{55}. | mɑ^{55} mi^{33} pɑ^{33} luɑ^{33} ʥy^{21}, ʥy^{21} kv̩^{33} dɯ^{33} ɕi^{33} tshe^{21}
财物 来 署 的 眼 满 做 又 给 冒米巴朗 山 山 头 一 百 十

ho^{55} gɑ^{55} lɑ^{33} dzʅ^{21}, ʥy^{21} khɯ^{33} dɯ^{33} phu^{55} dzʅ^{21} me^{33} ʥy^{21} ko^{33} to^{55}, tʂhər^{33} ʥi^{21} no^{33} ʥi^{21} phər^{21}
八 峰 生 山 脚 一 只 生 的 山 上 面 药 水 奶 水 白

① 原文不知读音，无法直译。

me^{33} sɿ^{33} ho^{21} i^{33}, he^{21} i^{33} dzɿ^{21} me^{33} bər^{21} me^{33} phər^{21} nɯ^{33} thɯ^{21}, dzɿ^{21} me^{33} bər^{21} me^{33} no^{33} le^{33}
的 三 股有 神 的 犏牛 母 牦牛 母 白 来 喝 犏牛 母 牦牛 母 奶 又

tʂhɑ^{21}. lɑ^{33} do^{33} tshɿ^{55} phər^{21} y^{21} phər^{21} me^{33} nɯ^{33} thɯ^{21}, tshɿ^{55} phər^{21} y^{21} phər^{21} no^{33} le^{33} tʂhɑ^{21}, tɕi^{33}
挤 拉多 山羊 白 绵羊 白 母 来 喝 山羊 白 绵羊 白 奶 又 挤 云

phər^{21} dẓər^{33} phər^{21} tʂhər^{33}, æ^{33} ʂuɑ^{21} bæ^{33} gə^{33} tʂhər^{33}, ŋv̩^{21} sɑ^{55} hæ^{21} sɑ^{55} lv̩^{21} gə^{33} tʂhər^{33}, uɑ^{33} sɑ^{55}
白 露 白 药 崖 高 蜂 的 药 银 气 金 气 暖 的 药 绿松石 气

tʂhu^{21} sɑ^{55} lv̩^{21} gə^{33} tʂhər^{33}, ʂv̩^{21} tʂhər^{33} lv̩^{21} tʂhər^{33} khɯ^{55}. | n̡i^{33} me^{33} thv̩^{33} gə^{33} ʂv̩^{21} phər^{21} tʂhər^{33}
墨玉 气 暖 的 药 署 药 龙 药 放 东方 的 署 白 药

le^{33} khɯ^{55}, bv̩^{33} dʑi^{21} mæ^{33} gə^{33}
又 放 南方 的

给署建起九个署寨，做七百块白木牌，做五百块高木牌，做九丛竹子，做九片白杨，做黄花和绿花，做黄线和绿线，做糯米饭和粳米饭，做上药水和奶水，烧起香火，点上神灯，给署一千一万的白牦牛，给署盖满眼的财物。冒米巴朗山，山头上生着一百一十八个山峰，只生着一个山脚，在这个山脚的上面，流淌着三股白色的药水和奶水，神的白色的母犏牛和白色的母牦牛来喝这个白色的药水和奶水。挤来白色母犏牛的奶，挤来白色母牦牛的奶。拉多的白山羊和白绵羊来喝这三股白色的药水和奶水，挤来白山羊和白绵羊的奶。用白云上的白露药，用高崖上蜂的药，用暖的银气、金气药，用暖的绿松石气和墨玉石气药给署施药，给龙施药。给东方的白署施药。给南方的

90-B-15-21

ʂv̩^{21} hər^{21} tʂhər^{33} le^{33} khɯ^{55}, n̡i^{33} me^{33} gv̩^{21} gə^{33} ʂv̩^{21} nɑ^{21} tʂhər^{33} le^{33} khɯ^{55}, ho^{33} gv̩^{33} lo^{21} gə^{33} ʂv̩^{21}
署 绿 药 又 放 西方 的 署 黑 药 又 放 北方 的 署

ʂɿ^{21} tʂhər^{33} le^{33} khɯ^{55}, mɯ^{33} le^{33} dy^{21} ly^{55} gv̩^{33} gə^{33} ʂv̩^{21} dzæ^{21} tʂhər^{33} le^{33} khɯ^{55}. | phər^{21} me^{33} gv̩^{33}
黄 药 又 放 天 和 地 中央 的 署 花 药 又 放 白 的 九

tshər^{21} gv̩^{55} dzʅ^{33} mɯ^{33} nɯ^{33} dzʅ^{21} me^{33} tʂhər^{33} le^{33} khɯ^{55}, dy^{21} gə^{33} nɑ^{21} me^{33} gv̩^{33} tshər^{21} gv̩^{33} lɯ^{33}
十 九 尊 天 在 住 的 药 又 放 地 的 黑 的 九 十 九 里母

mɯ^{33}, ʂər^{33} tshər^{21} ʂər^{33} dzʅ^{33} tʂhər^{33} le^{33} khɯ^{55}, | dʑy^{21} thɯ^{55} dzʅ^{21} me^{33} uɑ^{33} tshər^{21} uɑ^{55} dzʅ^{33}
七 十 七 尊 药 又 放 山 腰 住 的 五 十 五 尊

tʂhər^{33} le^{33} khɯ^{55}, lo^{21} n̩ə^{21} dzʅ^{21} me^{33} sʅ^{33} tshər^{21} sʅ^{55} lɯ^{33} tʂhər^{33} le^{33} khɯ^{55}, uə^{33} kv̩^{33} dzʅ^{21} me^{33}
药 又 放 沟 里 住 的 三 十 三 里母 药 又 放 村 头 住 的

tʂhər^{33} le^{33} khɯ^{55}, dʑy^{21} kv̩^{33} dzʅ^{21} me^{33} tʂhər^{33} le^{33} khɯ^{55}, | mɯ^{33} tɕər^{21} dzʅ^{21} me^{33} lv̩^{21} hər^{21} tʂhər^{33}
药 又 放 山 顶 住 的 药 又 放 天 上 住 的 龙 青 药

le^{33} khɯ^{55}, so^{33} kv̩^{33} dzʅ^{21} me^{33} si^{33} gɯ^{33} tʂhər^{33} le^{33} khɯ^{55}, | mɑ^{55} mi^{33} pɑ^{33} luɑ^{33} dʑy^{21} kv̩^{33} dzʅ^{21}
又 放 山 上 住 的 狮子 药 又 放 冒米巴朗 山 上 住

me^{33} y^{21} ʂʅ^{21} tʂhər^{33} le^{33} khɯ^{55}, lɯ^{33} nɯ^{33} dzʅ^{21} me^{33} hæ^{33} ʂʅ^{21} pɑ^{33} me^{33} tʂhər^{33} le^{33} khɯ^{55}, | ty^{33}
的 猴 黄 药 又 放 地 在 住 的 金 黄 蛙 大 药 又 放 敦

gə^{33} sʅ^{33} phe^{33} æ^{21} nɯ^{33} dzʅ^{21} me^{33} tʂhər^{33} le^{33} khɯ^{55}, n̩i^{33} gə^{33} sʅ^{33} phe^{33} dzər^{21} nɯ^{33} dzʅ^{21} me^{33}
的 酋 岩 在 住 的 药 又 放 尼 的 酋 树 在 住 的

tʂhər^{33} le^{33} khɯ^{55}, ʂv̩^{21} gə^{33} sʅ^{33} phe^{33} dʑi^{21} nɯ^{33} dzʅ^{21} me^{33} tʂhər^{33} le^{33} khɯ^{55}, sɑ^{21}dɑ^{55} sʅ^{33} phe^{33} lɯ^{33}
药 又 放 署 的 酋 水 在 住 的 药 又 放 刹道 酋 地

nɯ^{33} dzʅ^{21} me^{33} tʂhər^{33} le^{33} khɯ^{55}, | dʑy^{21} tʂhʅ^{33} dʑy^{33} me^{33} dʑy^{21} nɯ^{33} dzʅ^{21} me^{33} ʂv̩^{21} tʂhər^{33} khɯ^{55},
在 住 的 药 又 放 山 这 有 的 山 在 住 的 署 药 放

lo^{21} tʂhʅ^{33} dʑy^{33} me^{33} lo^{21} nɯ^{33} dzʅ^{21} me^{33} ʂv̩^{21} tʂhər^{33} khɯ^{55}, lɑ^{21} gu^{21} lɑ^{21} tʂhər^{33} khɯ^{55}, khɯ^{33} gu^{21}
沟 这 有 的 沟 在 住 的 署 药 放 手 痛 手 药 放 脚 痛

khɯ^{33} tʂhər^{33} khɯ^{55}, ʂv̩^{21} zo^{33} ʂʅ^{33} mə^{33} dzʅ^{33},
脚 药 放 署 儿 肉 不 吃

绿署施药，给西方的黑署施药，给北方的黄署施药，给天和地中央的花署施药。给九十九尊住在天上的白色的署施药，给住在地上的黑色的九十九里母、七十七尊里母施药。给住在山上的五十五尊署施药，给住在山谷里的三十三尊里母施药，给住在村头的署施药，给住在天上的青龙施药，给住在山上的狮子施药，给住在冒米巴朗山上的黄猴施药，给住在地上的金黄大蛙施药，给住在岩上的敦的酋施药，给住在树上的尼的酋施药，给住在水里的署的酋施药，给住在地上的刹道的酋施药，给所有山上住着的署施药，给所有山谷里住着的署施药。署的手痛就给署的手施药，署的脚痛就给署的脚施药。署不吃肉，

90-B-15-22

tʂhər^{33} phe^{55} no^{33} phe^{55} le^{33} dzɿ^{33} lu^{33}, ʂɣ^{21} zo^{33} ʐʅ^{33} mə^{33} thɯ^{21}, tʂhər^{33} dʑi^{21} no^{33} dʑi^{21} le^{33} thɯ^{21} lu^{33}.
药 渣 奶 渣 又 吃 来 署 儿 酒 不 喝 药 水 奶 水 又 喝 来

i^{33} dɑ^{21} tʂhʅ^{33} dɯ^{33} dʑi^{21}, tʂhər^{33} khɯ^{55} tʂhər^{33} dʐu^{33}, mə^{33} gu^{21} mə^{33} tshər^{33} mə^{33} tɕhi^{55} mə^{33} by^{21} gɣ^{33}
主人 这 一 家 药 放 药 完 不 病 不 痛 不 冷 不 抖 成

be^{33} ho^{55}.
做 愿

就来吃药渣和奶渣，署不喝酒，就来喝药水和奶水。

这家主人施完药后便不病不痛，不冷不抖。

90-B-15-23

封底

（翻译：和庆元）

118-B-68-01

ʂv^{21} gv̩^{21} · nɑ^{21} tɑ^{55} uo^{55} ko^{21}①

祭署·东巴什罗开署寨之门

① nɑ^{21} tɑ^{55} uo^{55} ko^{21}（纳道沃各）：不知其意，据释读者和秀东的说法，疑似“署酋供养署家之神”。校译者王世英根据经书的内容认为应是“东巴什罗开署寨之门”，可从。

118-B-68 祭署·东巴什罗开署寨之门

【内容提要】

经文讲述：东巴什罗打开署寨之门，让五方署酋供养署家之神尼补劳端（ȵi bv̩ lɑ dər）；请尼补劳端（ȵi bv̩ lɑ dər）给主人家保福保佑；不让所有的署给主人家施放病痛；让主人家向署酋、女神祈求福泽与子嗣，求富强、求寿岁。

【英文提要】

Worshipping *ʂv* (the God of Nature), *to ba ʂər lər* Opening the *ʂv* Village

This scripture describes that *to ba ʂər lər* opens the gate of the *ʂv* village, making the *ʂv* chiefs in five directions to consecrate the god of *ʂv* tribe: *ȵi bv̩ la dər*, Asking *ȵi bv̩ la dər* for befalling and blessing the family; Preventing all *ʂv* from releasing disease; Making the family pray to *ʂv* for bestowing fortune in posterity, felicity and longevity.

118-B-68-02

“1376”为洛克收集经书的编号，上、下字母为洛克注音时使用的音标，中间图画字为东巴象形文，其读音：nɑ^{21} tɑ^{55} uo^{55} ko^{21}，其义不明。

118-B-68-03

ɑ^{33} lɑ^{33} mə^{33} ʂər^{55} ȵi^{33}, to^{33} bɑ^{21} ʂər^{55} lər^{33} nɯ^{33}, i^{33} dɑ^{21} tʂhʅ^{33} dʑə^{13} tɕər^{21}, | ȵi^{33} me^{33} thv̩^{33} gə^{33}
啊 也 不 说 日 东巴什罗 来 主人 这 家 上 东方 的

gu^{33} lu^{21} kɑ^{33} le^{21} dɯ^{33} bu^{33} iə^{55} me^{33}, | tʂuɑ^{33} tɕər^{21} ȵə^{21} gə^{33} the^{33} ɯ^{33} tshe^{21} sʅ^{55} sy^{21} nɯ^{33}, | gu^{33}
保福 保佑 一 份 给 么 床 上 边 的 书 十 三 种 来 保

lu^{21} kɑ^{33} le^{21} be^{33} le^{33} dzʅ^{21}, ʂu^{33} phər^{21} bv̩^{33}, hæ^{33} ʂʅ^{21} tsər^{33} lər^{21},uɑ^{33} hər^{21} dɑ^{33} khə^{21} khuɑ^{33} nɯ^{33},
福 保佑 的 又 坐 铁 白 锅 金 黄 板铃 绿松石 绿 皮鼓 声 来

gu^{33}lu^{21} kɑ^{33} le^{21} thy^{55} me^{33} thɯ^{33}, | tʂu^{55} mə^{33} phɯ^{55} be^{33}, i^{33} dɑ^{21} tʂhʅ^{33} dʑə^{13} tɕər^{21} thy^{55} le^{33} tɕi^{33}
保福 保佑 给 的 这 接 不 断 的 主人 这 家 上 给 又 置

iə^{55} se^{33}, | i^{33} dɑ^{21} tʂhʅ^{33} dɯ^{33} dʑə^{13}, ʂv̩^{21} ne^{21} lv̩^{21} nɯ^{33}, gu^{21} ne^{21} tshər^{33} khɯ^{55} lɯ^{33} mə^{33} tʂər^{21}.
给了 主人 这 一 家 署 与 龙 来 病 与 痛 放 来 不 让

很古的时候，东巴什罗把东方的保福保佑的份额赐给主人家，由（火塘边的）床上的十三种经书给（主人家）保福保佑，由白铁锅，金黄色的板铃，绿松石色的皮鼓声为主人家，接连不断的保福保佑，不让署与龙给主人家施放病痛。

118-B-68-04

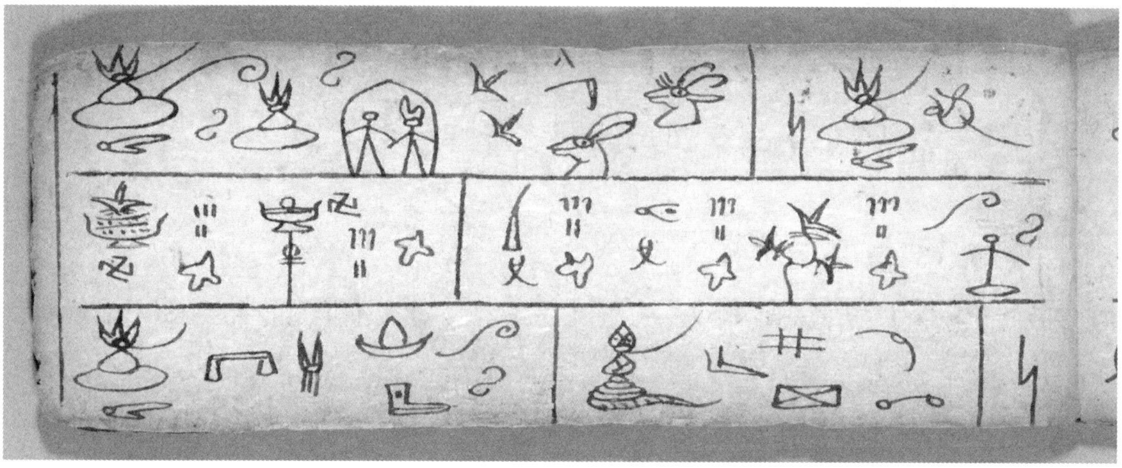

to^{33} bɑ^{21} ʂər^{55} lər^{33} nɯ^{33}, lɯ^{55} kv̩^{33} py^{33} bv̩^{21} tɕər^{21} ṇə^{21} gu^{33} lu^{21} kɑ^{33} le^{21} tʂhʅ^{33} le^{33} thy^{55}, lɯ^{55} kv̩^{33}
东巴什罗 来 高明 东巴 上 边 保福 保佑 这 又 给 高明

py^{33} bv̩^{21} nɯ^{33}, i^{33} dɑ^{21} tʂhʅ^{33} dʑə^{13} tɕər^{21}, gu^{21} lu^{21} kɑ^{33} le^{21} bæ^{33} bæ^{21} be^{33} thy^{55} iə^{55} se^{21}. | thɯ^{33}
东巴 来 主人 这 家 上 保福 保佑 高兴 的 给 了 它

gu^{21} mæ^{55} thɯ^{33} tʂhər^{55}, to^{33} bɑ^{21} ʂər^{55} lər^{33} nɯ^{33}, tʂhər^{33} ɯ^{33} uɑ^{33} sy^{21} be^{33}, hɑ^{33} ly^{33} ɯ^{33} me^{33} uɑ^{33}
后面 这 代 东巴什罗 来 药 五 种 做 粮食 好 的 五

sy^{21} be^{33}, | tɕhi^{21} me^{33} uɑ^{33} sy^{21}, khɑ^{33} me^{33} uɑ^{33} sy^{21} be^{33}, bɑ^{55} bɑ^{33} zi^{33} me^{33} uɑ^{33} sy^{21} nɯ^{33}, gu^{33}
种 做 甜的 五 种 苦的 五 种 做 花 美 的 五 种 来 保福

lu^{21} kɑ^{33} le^{21} tʂhʅ^{33}le^{33} thy^{55} iə^{55} se^{21}, to^{33} bɑ^{21} ʂər^{55} lər^{33} gə^{33} kv̩^{33} gə^{33} ku^{33} mu^{21}, khɯ^{33} gv̩^{33} zɑ^{33}
保佑 这 又 给 了 东巴什罗 的 头 的 帽子 脚 上 鞋

nɑ^{21} nɯ^{33}, gu^{33} lu^{21} kɑ^{33}le^{21} be^{33}, | ʂv̩^{21} nɯ^{33} gu^{21} khɯ^{55} tshər^{33} khɯ^{55} lɯ^{33} mə^{33} tʂər^{33}. | thɯ^{33}
黑 来 保福 保佑 做 署 来 病 放 痛 放 来 不 让 它

gu^{21} mæ^{55} thɯ^{33} tʂhər^{55},
后面 这 代

东巴什罗给高明的东巴保福保佑，高明的东巴高高兴兴地给主人家保福保佑。其后这代，东巴什罗做五种药和五种好粮，五种甜的，五种苦的，五种美花，给（主人家）保福保佑，东巴什罗用头上的帽子，脚上的黑鞋，给（主人家）保福保佑，不让署（给主人家）施放病痛。其后这代，

118-B-68-05

to^{33} bɑ^{21} ʂər^{55} lər^{33} nɯ^{33}, ʂu^{33} phər^{21} kə^{55} tʂʅ^{21}① lɑ^{21} phə^{33} ty^{55}, | ʂv̩^{21} ne^{21} lv̩^{21} tɕi^{33} khu^{33} khuɑ^{33} lv̩^{55}
东巴什罗 来 铁 白 老鹰 爪 手 中 拿 署 与 龙 署寨

uɑ^{55} sy^{21}② gə^{33} ʂv̩^{21} khu^{33} phu^{33} le^{33} tɕi^{33}. ɲi^{33} me^{33} thv̩^{33}, lər^{21} bv̩^{33} tʂhʅ^{33}③ gə^{33} dv̩^{33} phər^{21} dɯ^{33} khu^{33}
五 种 的 署 门 开 又 置 东方 八宝 的 海螺 白 一 门

phu^{33}, | ʂv̩^{13} gə^{33} sɿ^{33} phe^{33} dzv̩^{33} lɯ^{55} nɯ^{33}, bɑ^{13} bɑ^{33} tʂhər^{33} ɯ^{33} ɕiɑ^{33} luɑ^{21} bu^{33} dɯ^{21} lu^{55} lɑ^{33} me^{55}
开 署 的 酋 祖利 来 花 药 珊瑚 闪闪发光 要

me^{33} the^{33} ɲə^{21} tɕi^{33}. | i^{21} ʂʅ^{55} ɲi^{33} bv̩^{33} nɯ^{33}, i^{33} dɑ^{21} tʂhʅ^{33} dʑə^{13} tɕər^{21} gu^{33} lu^{21} kɑ^{33} le^{21} tʂhʅ^{33} le^{33}
的 那 里 放 伊世尼补 来 主人 这 家 上 保福 保佑 这 又

thy^{55}, | ʂv̩^{21}、
给 署

东巴什罗手拿白银做的钥匙，在署与龙的寨子里，打开署寨五方之门。东方，开一道白海螺色的八宝（署寨）之门，（东巴什罗）把署酋祖利所要的像珊瑚似的闪闪发光的花药放在（署寨）那里。伊世尼补（东巴）给主人家保福保佑，不让所有的署、

118-B-68-06

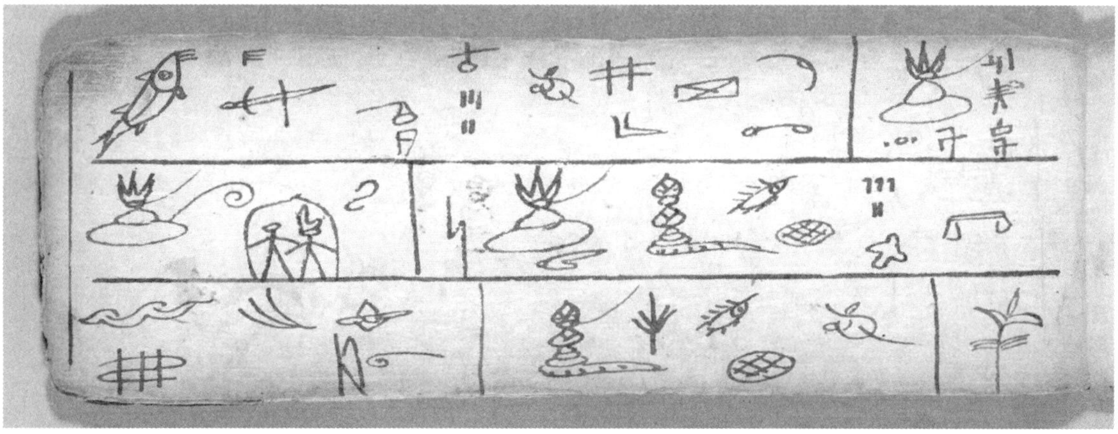

① ʂu^{33} phər^{21} kə^{55} tʂʅ^{21}：释读者认为原文有误，应为 ŋv̩^{33} phər^{21} dzɿ^{33} kv̩^{21}(白银钥匙)。
② uɑ^{55} sy^{21}（五种）：这里指署寨五色。五方有五色相配，故称“uɑ^{55} sy^{21}”。
③ lər^{21} bv̩^{33} tʂhʅ^{33}：藏语，意指八宝。

ȵi^{33}、sɑ^{21} dɑ^{55}、ty^{33} tʂhʅ^{33} uɑ^{21} nɯ^{33}, i^{33} dɑ^{21} tʂhʅ^{33} dʑə^{13} tɕər^{21}, gu^{21} khɯ^{55} tshər^{33} khɯ^{55} lɯ^{33} mə^{33}
尼 刹道 敦 所有 来 主人 这 家 上 病 放 痛 放 来 不

tʂər^{21}. | i^{21} ʂʅ^{55} ȵi^{33} by̩^{33} py^{33} by̩^{21} nɯ^{33}, lɯ^{55} ky̩^{33} py^{33} by̩^{21} tɕər^{21} ȵə^{21} gu^{33} lu^{21} thy^{55}, lɯ^{55} ky̩^{33} py^{33}
让 伊世尼补 东巴 来 高明 东巴 上 边 保福 给 高明 东巴

by̩^{21} nɯ^{33}, i^{33} dɑ^{21} tʂhʅ^{33} dʑə^{13} tɕər^{21} gu^{33} lu^{21} kɑ^{33} le^{21} tʂhʅ^{33} le^{33} thy^{55} be^{33} se^{21}. | thɯ^{33} gu^{21} mæ^{55}
来 主人 这 家 上 保福 保佑 这 又 给 做 了 它 后面

thɯ^{33} tʂhər^{55}, to^{33} bɑ^{21} ʂər^{55} lər^{33} nɯ^{33}, ʂy̩^{21}、lɯ^{33} mɯ^{33} uɑ^{33} sy^{21} gə^{33} tɕi^{21} khu^{33} khuɑ^{33} ly̩^{55} i^{33} tʂhʅ^{33}
这 代 东巴什罗 来 署 里母 五 种 的 署寨 南方

mɯ^{21} gə^{33} uɑ^{33} hæ^{21} dɯ^{33} khu^{33} phu^{33} be^{33} se^{21}. | ʂy̩^{13} gə^{33} sɿ^{33} phe^{33}、lɯ^{33} mɯ^{33} nɯ^{33}, | bɑ^{13} bɑ^{33}
的 绿松石绿 一 门 开 做 了 署 的 酋 里母 来 花

尼署、刹道署、敦署给主人家施放病痛。伊世尼补东巴给高明的东巴保福，高明的东巴给主人家保福保佑。其后这代，东巴什罗在署、里母署的署寨五方中的南方，开了一道绿松石色的（署寨）之门。由署酋、里母署酋把花

118-B-68-07

tʂhər^{33} ɯ^{33} nɯ^{33}, ȵi^{33} by̩^{33} lɑ^{21} dər^{33}① tʂhu^{55} pɑ^{33} gə^{21} le^{33} be^{33}. | i^{33} dɑ^{21} tʂhʅ^{33} dʑə^{13} tɕər^{21} gu^{33} lu^{21}
药 来 尼补劳端 供养 上又 做 主人 这 家 上 保福

kɑ^{33} le^{21} tʂhʅ^{33} le^{33} thy^{55}, ʂy̩^{21} nɯ^{33} gu^{21} khɯ^{55} tshər^{33} khɯ^{55} lɯ^{33} mə^{33} tʂər^{21}. thɯ^{33} gu^{21} mæ^{55} thɯ^{33}
保佑 这 又 给 署 来 病 放 病 放 来 不 让 它 后面 这

tʂhər^{55}, to^{33} bɑ^{21} ʂər^{55} lər^{33} lɑ^{21} nɯ^{33}, ʂy̩^{21}、lɯ^{33} mɯ^{33} uɑ^{33} sy^{21} gə^{33} | tɕi^{21} khu^{33} khuɑ^{33} ly̩^{55} ȵi^{33} me^{33}
代 东巴什罗 手 来 署 里母 五 种 的 署寨 西方

gy̩^{21} gə^{33} tʂhu^{21} nɑ^{55} dɯ^{33} khu^{33} phu^{33}. | ʂy̩^{13} gə^{33} sɿ^{33} phe^{33} ly̩^{33} zʅ^{33} nɯ^{33}, | bɑ^{13} bɑ^{33} tʂhər^{33} ɯ^{33} zi^{33}
的 墨玉石 黑 一 门 开 署 的 酋长 鲁汝 来 花 药 美

① ȵi^{33} by̩^{33} lɑ^{21} dər^{33}（尼补劳端）：署家之神，故有署酋来做供养之说。

me^{33} bu^{33} dɯ^{21} lu^{55} lɑ^{33} nɯ^{33}, ȵi^{33} by̩^{33} lɑ^{21} dər^{33}、
的 闪闪发光 来 尼补劳端

药供给尼补劳端神。（尼补劳端神）给主人家保福保佑，不让署（给主人家）施放病痛。其后这代，东巴什罗用手给署、里母署的署寨五方中的西方，开一道黑墨玉石色的（署寨）之门。署酋鲁汝用闪闪发光的美丽的药

118-B-68-08

tʂhu^{55} pɑ^{33} gə^{21} le^{33} be^{33}. i^{33} dɑ^{21} tʂhʅ^{33} ʥə^{13} tɕər^{21} gu^{33} lu^{21} kɑ^{33} le^{21} dɯ^{33} thy̩^{33} tʂhʅ^{33} le^{33} thy^{55} be^{33}
供养 上 又 做 主人 这 家 上 保福 保佑 一 桩 这 又 给 做

se^{21}, | ʂy̩^{21} ne^{21} ly̩^{21}、ȵi^{33}、sɑ^{21} dɑ^{55} tʂhʅ^{33} uɑ^{21} nɯ^{33}, | gu^{21} khɯ^{55} tshər^{33} khɯ^{55} lɯ^{33} mə^{33} tʂər^{21}. |
了 署 与 龙 尼 刹道 所有 来 病 放 痛 放 来 不 让

thɯ^{33} gu^{21} mæ^{55} thɯ^{33} tʂhər^{55}, to^{33} bɑ^{21} ʂər^{55} lər^{33} lɑ^{21} nɯ^{33}, ʂy̩^{21}、lɯ^{33} mɯ^{33} uɑ^{33} sy^{21} gə^{33}, | tɕi^{21}
它 后面 这 代 东巴什罗 手 来 署 里母 五 种 的 署

khu^{33} khuɑ^{33} ly̩^{55} ho^{33} gy̩^{33} lo^{21} tʂhʅ^{33} phɑ^{33}, hæ^{33} ʂʅ^{21} dɯ^{33} khu^{33} phu^{33}. ʂy̩^{21} gə^{33} sʅ^{33} phe^{33} dy̩^{21} pɑ^{33}
寨 北方 这 方 金黄 一 门 开 署 的 酋 都巴

nɯ^{33}, | zʅ^{33} ʂər^{21} bɑ^{13} bɑ^{33} bu^{33} dɯ^{21} lu^{55} lɑ^{33} nɯ^{33}, ȵi^{33} by̩^{33} lɑ^{21} dər^{33}、
来 寿 长 花 闪闪发光 来 尼补劳端

供养尼补劳端。（尼补劳端神）给主人家保福保佑，不让所有的署与龙、尼署、刹道署（给主人家）施放病痛。其后这代，东巴什罗用手给所有的署、里母署的署寨五方中北面的这一方，开一道金黄色的（署寨）之门。署酋都巴用闪闪发光的长寿花，供养尼补劳端神，

118-B-68-09

tʂhu^{55} pa^{33} gə^{21} le^{33} be^{33}. i^{33} da^{21} tʂhʅ^{33} dʑə^{13} tɕər^{21} gu^{33} lu^{21} ka^{33} le^{21} tʂhʅ^{33} le^{33} thy^{55} be^{33} se^{21}, | ʂy̩^{21}
供养 上 又 做 主人 这 家 上 保福 保佑 这 又 给 做 了 署

nɯ^{33} gu^{21} khɯ^{55} tshər^{33} khɯ^{55} lɯ^{33} mə^{33} tʂər^{21}. | thɯ^{33} gu^{21} mæ^{55} thɯ^{33} tʂhər^{55}, to^{33} ba^{21} ʂər^{55} lər^{33}
来 病 放 痛 放 来 不 让 它 后面 这 代 东巴什罗

la^{21} nɯ^{33}, ʂy̩^{21}、lɯ^{33} mɯ^{33}、ua^{33} sy^{21} gə^{33} | ɯ^{33} dzʅ^{21} tɯ^{33}, æ^{33} ɕy^{21} dɯ^{33} khu^{33} phu^{33}, | ʂy̩^{13} gə^{33} sʅ^{33}
手 来 署 里母 五 种 的 东北方 铜 红 一 门 开 署 的

phe^{33} ȵi^{33} gə^{21} uo^{55} nɯ^{33}, | hæ^{33} ʂʅ^{21} po^{21} ba^{33} khu^{33} nɯ^{33} thy̩^{33} me^{33} tʂhər^{33} nɯ^{33}, ȵi^{33} by̩^{33} la^{21}
酋 尼格沃 来 金 黄 净水壶 嘴 从 出 者 药 来 尼补劳端

dər^{33} tʂhu^{55} pa^{33} gə^{21} le^{33} be^{33}. | i^{33} da^{21} tʂhʅ^{33} dʑə^{13} tɕər^{21} gu^{33} lu^{21} ka^{33} le^{21} tʂhʅ^{33} le^{33} thy^{55} be^{33} se^{21},
供养 上 又 做 主人 这 家 上 保福 保佑 这 又 给 做 了

| zʅ^{33} ʂər^{21} ha^{55} i^{33}、
寿 长 日 有

（尼补劳端神）给主人家保福保佑，不让署（给主人家）施放病痛。其后这代，东巴什罗用手给署、里母署的署寨五方中的东北方，开一道红铜色的（署寨）之门。署酋尼格沃用金黄色净水壶嘴中出的药水，供养尼补劳端神。（尼补劳端神）给主人家保福保佑，愿（主人家）延年益寿。

118-B-68-10

gy̩^{33} be^{33} ho^{55}. | thɯ^{33} gu^{21} mæ^{55} thɯ^{33} tʂhər^{55}, to^{33} bɑ^{21} sər^{55} lər^{33} lɑ^{21} nɯ^{33}, | ly̩^{33} dzʅ^{21} tɯ^{33} gə^{33}
成 作 愿 它 后面 这 代 东巴什罗 手 来 东南方 的

ʂy̩^{21}、lɯ^{33} mɯ^{33} uɑ^{33} sy^{21} gə^{33} dy̩^{33} phər^{21} dɯ^{33} khu^{33} phu^{33}. | ʂy̩^{13} gə^{33} sʅ^{33} phe^{33} thɑ^{55} iə^{21} nɯ^{33}, |
署 里母 五 种 的 海螺 白 一 门 开 署 的 酋 套尤 来

u^{33} ɯ^{33} uɑ^{33} sy^{21} nɯ^{33}, ȵi^{33} by̩^{33} lɑ^{21} dər^{33} tʂhu^{55} pɑ^{33} gə^{21} le^{33} be^{33}. i^{33} dɑ^{21} tʂhʅ^{33} ʥə^{13} tɕər^{21}, gu^{33}
宝物好五 种 来 尼补劳端 供养 上 又 做 主人 这 家 上 保

lu^{21} kɑ^{33} le^{21} thy^{55} be^{33} se^{21}, | ʂy̩^{21} nɯ^{33} gu^{21} khɯ^{55} tshər^{33} khɯ^{55} lɯ^{33} mə^{33} tʂər^{21}. | thɯ^{33} gu^{21}
福 保佑 给 做 了 署 来 病 放 痛 放 来 不 让 它 后

mæ^{55} thɯ^{33} tʂər^{55}, to^{33} bɑ^{21} ʂər^{55} lər^{33} lɑ^{21} nɯ^{33},
面 这 代 东巴什罗 手 来

其后这代，东巴什罗用手给署、里母署的署寨五方中的东南方，开一道白海螺色的（署寨）之门。署酋套尤用五种好宝物，供给尼补劳端神。（尼补劳端神）给（主人家）保福保佑，不让署（给主人家）施放病痛。其后这代，东巴什罗用手给

118-B-68-11

y^{33} dzɿ^{21} tɯ^{33} gə^{33} ʂv̩^{21}、lɯ^{33} mɯ^{33} uɑ^{33} sy^{21} gə^{33}, | tʂhu^{21} nɑ^{55} dɯ^{33} khu^{33} phu^{33}. | ʂv̩^{13} gə^{33} sɿ^{33} phe^{33}
西南方 的 署 里母 五 种 的 墨玉石黑 一 门 开 署 的 酋

uo^{55} lər^{21} nɑ^{21} pv̩^{55} nɯ^{33}, | hæ^{33} ʂʅ^{21} ȵi^{33} lu^{21} nɯ^{33}, ȵi^{33} bv̩^{33} lɑ^{21} dər^{33} tʂhu^{55} pɑ^{33} gə^{21} le^{33} be^{33}. | i^{33}
卧朗纳布 来 金 黄 鱼 来 尼补劳端 供养 上 又 做 主

dɑ^{21} tʂhʅ^{33} dʑə^{13} tɕər^{21}, gu^{33} lu^{21} kɑ^{33} le^{21} tʂhʅ^{33} le^{33} thy^{55} be^{33} se^{21}, | ʂv̩^{21} nɯ^{33} gu^{21} khɯ^{55} tshər^{33}
人 这 家 上 保福 保佑 这 又 给 做 了 署 来 病 放 痛

khɯ^{55} lɯ^{33} mə^{33} tʂər^{21}. | thɯ^{33} gu^{21} mæ^{55} thɯ^{33} tʂhər^{55}, | to^{33} bɑ^{21} ʂər^{55} lər^{33} lɑ^{21} nɯ^{33}, | khɯ^{33}
放 来 不 让 它 后面 这 代 东巴什罗 手 来

dzɿ^{21} tɯ^{33} gə^{33} ʂv̩^{21}、lɯ^{33} mɯ^{33} uɑ^{33} sy^{21}
西北方 的 署 里母 五 种

署、里母署的署寨五方中的西南方，开一道黑墨玉石色的（署寨）之门。署酋卧朗纳布用金黄色的鱼，供养尼补劳端神。（尼补劳端神）给主人家保福保佑，不让署（给主人家）施放病痛。其后这代，东巴什罗用手给署、里母署的署寨五方中的西北方，

118-B-68-12

gə^{33}, | uɑ^{33} hæ^{21} dɯ^{33} khu^{55} phu^{33}. | ʂv̩^{13} gə^{33} sɿ^{33} phe^{33} tso^{33} nɑ^{33} lɯ^{33} tʂhʅ^{55} nɯ^{33}, | hæ^{33} ʂʅ^{21} dʑə^{33}
的 绿松石绿 一 门 开 署 的 酋 左纳里斥 来 金 黄 宝

tshe^{33}、tʂhər^{33} ɯ^{33} bɑ^{13} bɑ^{33} bu^{33} dɯ^{21} lu^{55} lɑ^{33} nɯ^{33}, ȵi^{33} bv̩^{33} lɑ^{21} dər^{33} tʂhu^{55} bɑ^{33} gə^{21} le^{33} be^{33}.
伞 药 花 闪闪发光 来 尼补劳端 供养 上 又 做

| i^{33} dɑ^{21} tʂhʅ^{33} dʑə^{13} tɕər^{21} gu^{33} lu^{21} kɑ^{33} le^{21} tʂhʅ^{33} le^{33} thy^{55} be^{33} se^{21}，| ʂv̩^{21} nɯ^{33} gu^{21} khɯ^{55} tshər^{33}
主人 这 家 上 保福 保佑 这 又 给 做 了 署 来 病 放 痛

khɯ^{55} lɯ^{33} mə^{33} tʂər^{21}. | thɯ^{33} gu^{21} mæ^{55} thɯ^{33} tʂhər^{55}, to^{33} bɑ^{21} ʂər^{55} lər^{33} lɑ^{21} nɯ^{33}, | ʂv̩^{21}、lɯ^{33}
放 来 不 让 它 后面 这 代 东巴什罗 手 来 署 里

mɯ^{33} uɑ^{33} sy^{21} gə^{33} | tɕi^{21} khu^{33} khuɑ^{33} ly̩^{55}, | mɯ^{33} ne^{21} dy^{21} ly^{55} gy̩^{33}, hæ^{33} ʂɿ^{21} dɯ^{33} khu^{33} phu^{33},
母 五 种 的 署寨 天 与地 中央 金 黄 一 门 开

开一道绿松石色的（署寨）之门。署酋左纳里斥用金黄色的宝伞和闪闪发光的药花，供养尼补劳端神。（尼补劳端神）给主人家保福保佑，不让署（给主人家）施放病痛。其后这代，东巴什罗用手给署、里母署的署寨五方中的天地中央，开一道金黄色的（署寨）之门。

118-B-68-13

ʂy̩^{13} gə^{33} sɿ^{33} phe^{33} ʥi^{21} lɯ^{55} u^{33} de^{33} to^{21} tɕy^{55} nɯ^{33}, | no^{21} by^{33} lo^{21} by̩^{33} tʂhʅ^{33} nɯ^{33}, ȵi^{33} by̩^{33} lɑ^{21}
署 的 酋 吉利吾登垛锯 来 诺补罗补蚩（宝物） 来 尼补劳端

dər^{33} tʂhu^{55} pɑ^{33} gə^{21} le^{33} be^{33}. i^{33} dɑ^{21} tʂhʅ^{33} ʥə^{13} tɕər^{21}, gu^{33} lu^{21} kɑ^{33} le^{21} tʂhʅ^{33} le^{33} thy^{55} be^{33} se^{21},
供养 上 又 做 主人 这 家 上 保福 保佑 这 又 给 做 了

| ʂy̩^{21} nɯ^{33}gu^{21} khɯ^{55} tshər^{33} khɯ^{55} lɯ^{33} mə^{33} tʂər^{21}. | thɯ^{33} gu^{21} mæ^{55} thɯ^{33} tʂhər^{55}, to^{33} bɑ^{21} ʂər^{55}
署 来 病 放 痛 放 来 不 让 它 后面 这 代 东巴什罗

lər^{33} lɑ^{21} nɯ^{33}, ʂy̩^{21} khu^{33} gə^{21} le^{33} phu^{33}. ʂy̩^{13} gə^{33} py^{33} by̩^{21} i^{21} ʂɿ^{55} ȵi^{33} by̩^{33} nɯ^{33}, | ky̩^{33} ȵə^{21} hæ^{33}
手 以 署 门 上 又 开 署 的 东巴 伊世尼补 来 头 上 金

ʂʅ^{21} ʥə^{33} tshe^{33} sɑ^{33} i^{33} khæ^{55} me^{33} the^{55} ȵi^{33} be^{33},
黄 宝伞 呀 打 着 似的

署酋吉利吾登垛锯用诺补罗补蚩（宝物），供养尼补劳端神。（尼补劳端神）给主人家保福保佑，不让署（给主人家）施放病痛。其后这代，东巴什罗用手打开署寨之门。署的伊世尼补东巴头上好像打着金黄色的宝伞，

118-B-68-14

i^{33} dɑ^{21} tʂhʅ^{33} ʥə^{13} tɕər^{21} i^{21} ʂʅ^{55} ȵi^{33} by̩^{33} py^{33} by̩^{21} nɯ^{33}, gu^{33} lu^{21} kɑ^{33} le^{21} dɯ^{33} thy̩^{33} the^{33} ȵə^{21} thy^{55}

主人 这 家 上 伊世尼补 东巴 来 保福 保佑 一 桩 那 里 给

be^{33} se^{21}, | ɑ^{55} ly̩^{33} mi^{21} ly̩^{33} mi^{21} ly̩^{33} kə^{33} uɑ^{21}, bu^{33} dɯ^{21} lu^{55} lɑ^{33} the^{55} ȵi^{33} gy̩^{33}, ʂy̩^{33} gə^{33} sʅ^{33}

做 了 镜子 闪闪发光 似的 署 的 酋

phe^{33} tʂhʅ^{33} uɑ^{21} nɯ^{33}, gu^{21} khɯ^{55} tshər^{33} khɯ^{55} lɯ^{33} mə^{33} tʂər^{21}.

所有 来 病 放 痛 放 来 不 让

ɑ^{33} lɑ^{33} mə^{33} ʂər^{55} ȵi^{33}, zʅ^{33} ʂər^{21} hɑ^{55} i^{33} me^{33} gə^{33} i^{21} ʂʅ^{55} ti^{33} tsər^{33} po^{33} bɑ^{21} ʥi^{21} nɯ^{33}, i^{33} dɑ^{21}

啊 也 不 说 日 寿 长 日 有 者 的 净水壶 水 来 主人

tʂhʅ^{33} ʥə^{13} tɕər^{21}, gu^{33} lu^{21} kɑ^{33} le^{21} tʂhʅ^{33} le^{33} thy^{55}, | mæ^{33} mə^{33} ky̩^{55} me^{33} gə^{33} mɯ^{33} tɕər^{21} tɕi^{33}

这 家 上 保福 保佑 这 又 给 得 不 会 的 天 上 云

phər^{21} the^{55} ȵi^{33} me^{33}, bu^{33} dɯ^{21} lu^{55} lɑ^{33} me^{33}. | ȵə^{21} mu^{33} ȵə^{21} sʅ^{55} he^{33}, tʂhy̩^{55} mu^{33} tʂhy̩^{55} sʅ^{55}

白 似的 闪闪发光 春 天 春 三 月 秋 天 秋 三

he^{33}, zu̩^{21} mu^{33} zu̩^{21} sʅ^{55} he^{33},

月 夏 天 三 月

给主人家保福保佑，这保福保佑就犹如明镜般闪亮，（伊世尼补东巴）不让所有的署酋（给主人家）施放病痛。

很古的时候，用延年益寿的净水壶中的水，给主人家保福保佑，这保福保佑就犹如不能得到的天上闪闪发光的白云。春天三个月，秋天三个月，夏天三个月，

118-B-68-15

tshɿ^{33} mu^{33} tshɿ^{33} sɿ^{55} he^{33}, | sər^{33} kv̩^{33} lu^{55} dʐʅ^{21} n̠ə^{21}, po^{21} bɑ^{33} dʐər^{21} dɯ^{21} ʥi^{21} nɯ^{33} i^{33} dɑ^{21} tʂhʅ^{33}
冬 天 冬 三 月 一年 四季 里 净水壶 威力 大 水 来 主人 这

ʥə^{13} tɕər^{21} gu^{33} lu^{21} kɑ^{33} le^{21} tʂhʅ^{33} le^{33} thy^{55} be^{33} se^{21}. | thɯ^{33} gu^{21} mæ^{55} thɯ^{33} tʂhər^{55}, tho^{33} dʐʅ^{33}
家 上 保福 保佑 这 又 给 做 了 它 后面 这 代

de^{33} uə^{33} the^{33} ʂʅ^{21} ne^{21} | po^{21} bɑ^{33} dʐər^{21} dɯ^{21} ʥi^{21} nɯ^{33} i^{33} dɑ^{21} tʂhʅ^{33} ʥə^{13} tɕər^{21}, gu^{33} lu^{21} kɑ^{33} le^{21}
妥支 登威特史 与 净水壶 威力 大 水 来 主人 这 家 上 保福 保佑

tʂhʅ^{33} le^{33} thy^{55} be^{33} se^{21}. ʂv̩^{21} ne^{21} n̠i^{33} tʂhʅ^{33} uɑ^{21} nɯ^{33}, nɯ^{21} nɯ^{33} uɑ^{21}、hɯ^{21} nɯ^{33} dzæ^{33} py^{33} bv̩^{21}
这 又 给 做 了 署 与 尼 所有 来 福泽 与 子嗣 富 与 强 东巴

tɕər^{21} n̠ə^{21} iə^{55}. py^{33} bv̩^{21} nɯ^{33}, i^{33} dɑ^{21} tʂhʅ^{33} ʥə^{13} tɕər^{21} tʂhʅ^{33} le^{33} iə^{55} be^{33} se^{21}.
上 边 给 东巴 来 主人 这 家 上 这 又 给 做 了

冬天三个月，在一年四季里，由大威力的净水壶中的水，给主人家保福保佑。其后这代，由妥支登威特史神与大威力的净水壶，给主人家保福保佑。所有的署与尼给东巴福泽、子嗣、富强，东巴又给主人家（福泽、子嗣、富强）这些。

118-B-68-16

ʂv̩^{21} ne^{21} lv̩^{21} tʂhʅ^{33} uɑ^{21} nɯ^{33}, hɯ^{21} dzæ^{33} tʂhʅ^{33} le^{33} iə^{55} be^{33} se^{21}. | nɑ^{21} gɑ^{33} phv̩^{13} lɯ^{21} sɿ^{13} sɿ^{21} so^{21}
署 与 龙 所有 来 富 强 这 又 给 做 了 纳 嘎 普 里 斯 思 梭

uɑ^{33} hɑ^{33} gə^{33} dɯ^{33} ʐu^{21} huɑ^{55}. | dɯ^{33} tʂhər^{55}, dʑi^{21} lɯ^{55} sɿ^{33} phe^{33} nɯ^{33}, ʂv̩^{13} gə^{33} sɿ^{33} phe^{33} tv̩^{21} tso^{33}
瓦 哈 的 一 句 咒 一 代 吉利 酋 由 署 的 酋 都左

nɯ^{33}, | gv̩^{33} mu^{33} bu^{33} dɯ^{21} lu^{55} lɑ^{33} the^{55} ȵi^{33} gv̩^{33}, | ȵi^{33} me^{33} khuɑ^{33} lv̩^{55} kv̩^{33} ɑ^{55} ʂu^{21} tsɑ^{55}① |
由 身体 闪闪发光 似的

pv̩^{55} ʂʅ^{21} po^{21} bɑ^{33} lɑ^{21} phə^{33} ty^{55},
琥珀 净水壶 手 中 拿

所有的署与龙（给主人家）富强。（东巴）念了一句咒语：“纳嘎普里斯思梭瓦哈”。又一代，吉利署酋、都左署酋的身体好像在闪闪发光……手持着琥珀色的净水壶，

118-B-68-17

i^{33} dɑ^{21} tʂhʅ^{33} dʑə^{13} tɕər^{21}, khv̩^{55} by^{33} zɿ^{33} by^{33} tʂhʅ^{33} iə^{55} be^{33} le^{33} dzɿ^{21}, | i^{21} ʂʅ^{55} po^{21} bɑ^{33} dʐər^{33} dɯ^{21}
主人 这 家 上 年岁 分 寿岁 分 这 给 的 又 坐 净水壶 威力 大

me^{33} nɯ^{33}, i^{33} dɑ^{21} tʂhʅ^{33} dʑə^{13} tɕər^{21} gu^{33} lu^{21} kɑ^{33} le^{21} tʂhʅ^{33} le^{33} thy^{55} be^{33} se^{21}. thɯ^{33} gu^{21} mæ^{55}
者 来 主人 这 家 上 保福 保佑 这 又 给 做 了 它 后面

thɯ^{33} tʂhər^{55}, he^{21} mi^{55} uɑ^{55} kv̩^{33} nɯ^{33}, | i^{21} ʂʅ^{55} ti^{33} tsər^{33} po^{21} bɑ^{33} dʐər^{33} dɯ^{21} the^{33} ȵə^{21} tɕi^{33} le^{33}
这 代 神 女 五 个 来 净水壶 威力 大 那 儿 放 又

dʑə^{21}, | dʑy^{21} nɑ^{55} ʐuɑ^{55} luɑ^{33} the^{55} ȵi^{33} gv̩^{33} se^{33} iə^{33}, i^{21} ʂʅ^{55} ti^{33} tsər^{33} po^{21} bɑ^{33} ɕy^{55} hæ^{21} khuɑ^{33} ȵə^{21}
有 居那若罗 似的 成 了 净水壶 柏 绿 口 里

tʂhu^{55} le^{33} tɕi^{33}, | khuɑ^{21} me^{33} dzɑ^{33} me^{33} mɯ^{21} le^{33} zər^{21} be^{33} se^{21}, | i^{21} ʂʅ^{55} ti^{33} tsər^{33} po^{21} bɑ^{33}
插 又 放 坏 者 凶 者 下 又 压 做 了 净水壶

① ȵi^{33} me^{33} khuɑ^{33} lv̩^{55} kv̩^{33} ɑ^{55} ʂu^{21} tsɑ^{55}：这八个东巴文字符无法连读成句，存疑。

dẓər^{21} dɯ^{21} nɯ^{33}, i^{33} dɑ^{21} tṣhʅ^{33} dʑə^{13} tɕər^{21}, gu^{33} lu^{21} kɑ^{33} le^{21}
威力 大 来 主人 这 家 上 保福 保佑

（署酋）给主人家分年岁和寿岁（让主人家）安居下来，由大威力的净水壶给主人家保福保佑。其后这代，由五位女神，把大威力的净水壶放在那儿（作仪之家），（这净水壶）像居那若罗神山似的，净水壶口中插上翠柏放着，把邪恶压了下去，大威力的净水壶给主人家

118-B-68-18

tṣhʅ^{33} uɑ^{21} le^{33} thy^{55} se^{21}. | nɑ^{21} gɑ^{33} phy̩^{55} lɯ^{21} sʅ^{13} sʅ^{21} so^{33} uɑ^{33} hɑ^{33} gə^{33} dɯ^{33} ẓu^{21} huɑ^{55}. | thɯ^{33}
所有 又 给 了 纳 嘎 普 里 斯 思 梭 瓦 哈 的 一 句 咒 它

gu^{21} mæ^{55} thɯ^{33} tṣhər^{55}, huɑ^{55} ly^{33} tṣhu^{55} me^{33} i^{33} dɑ^{21} tṣhʅ^{33} dʑə^{13} tɕər^{21} ȵə^{21} i^{21} ṣʅ^{55} ti^{33} tsər^{33} po^{21}
后面 这 代 咒语 念 呀 主人 这 家 上 面 净水壶

bɑ^{33} dẓər^{21} dɯ^{21} the^{33} ȵə^{21} tɕi^{33}. | ṣy̩^{13} gə^{33} sʅ^{33} phe^{33} so^{33} dʑi^{21} nɯ^{33}, dzi^{33} uə^{21} uɑ^{33} sy^{21} gə^{33} tɕi^{21}
威力 大 那 里 放 署 的 酋 梭吉 来 五行 五 种 的 署

khu^{33} lo^{21}, | ṣy̩^{13} gə^{33} sʅ^{33} phe^{33} ty̩^{21} so^{33} nɯ^{33}, le^{33} hɯ^{55} hɯ^{33} le^{33} tɕi^{33},
寨 里 署 的 酋 都梭 由 又 转 又 放

所有的保福保佑。（东巴）念了一句咒语："纳嘎普里斯思梭瓦哈"。其后这代，（东巴）念了咒语后，大威力的净水壶就犹如放在了主人家中（给主人家长期的保佑）。署酋都梭（手持净水壶向四周）转后，（把净水壶）放在署酋梭吉的五行五种的署寨里，

118-B-68-19

i^{21} ʂʅ^{55} ti^{33} tsər^{33} po^{21} bɑ^{33} dzə̣r^{21} dɯ^{21} nɯ^{33}, i^{33} dɑ^{21} tʂhʅ^{33} ʥə^{13} tɕər^{21}, gu^{33} lu^{21} kɑ^{33} le^{21} tʂhʅ^{33} le^{33}
净水壶 威力 大 来 主人 这 家 上 保福 保佑 这 又

thy^{55} be^{33} se^{21}. | thɯ^{33} gu^{21} mæ^{55} thɯ^{33} tʂhər^{55}, u^{33} ɯ^{33} so^{33} uə^{33} tshʅ^{55}, he^{21} mi^{55} lɑ^{21} nɯ^{33} y^{21}, i^{33}
给 做 了 它 后面 这 代 宝物 好 巅 村 建 神 女 手 来 拿 主

dɑ^{21} tʂhʅ^{33} ʥə^{13} tɕər^{21} khy̩^{55} by^{33} zʅ^{33} by^{33} tʂhʅ^{33} le^{33} iə^{55}, nɯ^{21} by^{33} uɑ^{21} by^{33} tʂhʅ^{33} le^{33} iə^{55} be^{33} se^{21}.
人 这 家 上 年岁 分 寿岁 分 这 又 给 福泽 分 子嗣 分 这 又 给 做 了

| thɯ^{33} gu^{21} mæ^{55} thɯ^{33} tʂhər^{55}, i^{33} dɑ^{21} tʂhʅ^{33} dɯ^{33} ʥi^{13}, i^{21} ʂʅ^{55} ti^{33} tsər^{33} po^{21} bɑ^{33} tɕi^{33} le^{33} dzʅ^{21},
它 后面 这 代 主人 这 一 家 净水壶 放 又 住

ʥy^{21} uə^{33} tɕi^{21} khu^{33} lo^{21}, | ʂy̩^{13} gə^{33} sʅ^{33} phe^{33} ʥi^{21}
山 寨 署寨 里 署 的 酋 吉利

大威力的净水壶给主人家保福保佑。其后这代，（人们用）宝物建造山巅寨子（模型），由女神握着，给主人家分年岁与寿岁、福泽与子嗣。其后这代，主人家在家中放置着净水壶安居下来。署酋吉利（把净水壶）放在山寨、署寨

118-B-68-20

lɯ^{55} nɯ^{33}, | khuɑ^{33} lv̩^{55} kuɑ^{55} ȵə^{21} tɕi^{33}, | khuɑ^{21} me^{33} dzɑ^{33} me^{33} mɯ^{21} le^{33} zər^{21}. | i^{21} ʂʅ^{55} ti^{33} tsər^{33}
来 宝座 上 边 放 坏 的 凶 的 下 又 压 净水壶

po^{21} bɑ^{33} dʐər^{33} dɯ^{21} nɯ^{33}, i^{33} dɑ^{21} tʂhʅ^{33} dʑə^{13} tɕər^{21} gu^{33} lu^{21} kɑ^{33} le^{21} tʂhʅ^{33} le^{33} thy^{55}, khv̩^{55} by^{33}
威力 大 来 主人 这 家 上 保福 保佑 这 又 给 年岁 分

zʅ^{33} by^{33} me^{55} me^{33} tʂhʅ^{33} le^{33} iə^{55} be^{33} se^{21}. | thɯ^{33} gu^{21} mæ^{55} thɯ^{55} tʂhər^{55}, bi^{33} thv̩^{33} mu^{55} tʂhʅ^{33}
寿岁分 要 么 这 又 给 做 了 它 后面 这 代 太阳 出 的 这

ȵi^{33}, i^{21} ʂʅ^{55} ti^{33} tsər^{33} po^{21} bɑ^{33} thɯ^{33}, sʅ^{33} phər^{21} zv̩^{55} lɯ^{33} kv̩^{33}, tʂhuɑ^{33} phər^{21} kuɑ^{55} mu^{21} lo^{21} ȵə^{21}
天 净水壶 它 毡子 白 神坛 上 米 白 祭粮 簸箕 里 边

tɕi^{33}. ʂv̩^{13} gə^{33} sʅ^{33} phe^{33} dzv̩^{33} lɯ^{55} nɯ^{33} | i^{33} dɑ^{21} tʂhʅ^{33} dʑə^{13} kv̩^{33} ȵə^{21} gu^{33} lu^{21} kɑ^{33} le^{21} be^{33} le^{33}
放 署 的 酋 祖利 来 主人 这 家 上 边 保福 保佑 的 又

thy^{55}; | ʂv̩^{13} gə^{33}
给 署 的

的宝座上，把坏的凶恶的东西压下。由大威力的净水壶给主人家保福保佑，（给主人家）分了所祈求的年岁和寿岁。其后这代，天气晴朗的这天，（作仪东巴）把净水壶放在用白（羊毛）毡子铺设的神坛上的放置着祭米的簸箕里。署酋祖利给主人家保福保佑；署

118-B-68-21

sʅ^{33} phe^{33} lv̩^{33} zʅ^{33} nɯ^{33}, gu^{33} lu^{21} kɑ^{33} le^{21} the^{33} ȵə^{21} le^{33} thy^{55} tshʅ^{21}; | ʂv̩^{13} gə^{33} sʅ^{33} phe^{33} dv̩^{21} pɑ^{55}
酋 鲁汝 来 保福 保佑 那 里 又 给 来 署 的 酋 都抱

nɯ^{33}, i^{33} dɑ^{21} tʂhʅ^{33} dʑə^{13} tɕər^{21}, gu^{33} lu^{21} kɑ^{33} le^{21} le^{33} thy^{55} tshʅ^{21}; | ʂv̩^{13} gə^{33} sʅ^{33} phe^{33} lv̩^{33} lɯ^{55}
来 主人 这 家 上 保福 保佑 又 给 来 署 的 酋 鲁利

nɯ^{33}, i^{33} dɑ^{21} tʂhʅ^{33} dʑə^{13} tɕər^{21}, gu^{33} lu^{21} kɑ^{33} le^{21} tʂhʅ^{33} le^{33} thy^{55}; lɯ^{55} kv̩^{33} py^{33} bv̩^{21} lɑ^{21} nɯ^{33} thy^{55}
来 主人 这 家 上 保福 保佑 这 又 给 高明 东巴 手 来 给

be^{33} se^{21}. | i^{33} dɑ^{21} tʂhʅ^{33} dɯ^{33} ʥə^{13}, ʂy̩^{13} gə^{33} sɿ^{33} phe^{33} tʂhʅ^{33} uɑ^{21} tɕər^{21} ȵə^{21} kɯ^{33}, mɑ^{21} ky̩^{33} dzɿ^{55}
做了 主人 这 一 家 署 的 酋 所有 上 边 作揖 膝盖 双

dzɿ^{21} tshɿ^{55}, khy̩^{55} by^{33} zɿ^{33} by^{33} tʂhʅ^{33} le^{33} me^{55}, nɯ^{21} by^{33} uɑ^{21} by^{33} tʂhʅ^{33}
跪 年岁 分 寿岁 分 这 又 要 福泽 分 子嗣 分 这

酋鲁汝给那里（主人家）保福保佑；署酋都抱给主人家保福保佑；署酋鲁利给主人家保福保佑；高明的东巴用手给主人家保福保佑。这一主人家向所有署酋作揖，并跪下双膝，祈求分给年岁与寿岁、福泽与子嗣。

118-B-68-22

le^{33} me^{55}. | ʂy̩^{21} nɯ^{33} gu^{21} khɯ^{55} tshər^{33} khɯ^{55} lɯ^{33} mə^{33} tʂər^{21}; | ɯ^{33} hy^{21} khu^{33} tho^{21} dər^{33} khɯ^{55}
又 要 署 来 病 放 痛 放 来 不 让 牛 红 后面 瘟疫 放

lɯ^{33} mə^{33} tʂər^{21}; | by̩^{33} phər^{21} khu^{33} tho^{21} phɑ^{21} khɯ^{55} lɯ^{33} mə^{33} tʂər^{21}; | ɕi^{33} phər^{21} fy̩^{33}, dze^{33} hy^{21}
来 不 让 羊 白 后面 豺 放 来 不 让 稻 白 病 麦 红

huɑ^{55} i^{33} le^{33} khɯ^{55} lɯ^{33} mə^{33} tʂər^{21}, | i^{33} dɑ^{21} tʂhʅ^{33} ʥə^{13} tɕər^{21}, gu^{33} lu^{21} kɑ^{33} le^{21} tʂhʅ^{33} le^{33} thy^{55}.
锈 呀 又 放 来 不 让 主人 这 家 上 保福 保佑 这 又 给

| thɯ^{33} gu^{21} mæ^{55} thɯ^{33} tʂhər^{55}, bi^{33} thy̩^{33} mu^{55} tʂhʅ^{33} ȵi^{33}, i^{21} ʂʅ^{55} ti^{33} tsər^{33} po^{21} bɑ^{33} dʐər^{21} dɯ^{21}
它 后面 这 代 太阳 出 的 这 天 净水壶 威力 大

nɯ^{33}, | i^{33} dɑ^{21} tʂhʅ^{33} ʥə^{13} tɕər^{21}, khy̩^{55} by^{33} zɿ^{33} by^{33} me^{55} me^{33} tʂhʅ^{33} le^{33} iə^{55}, nɯ^{21} by^{33} uɑ^{21} by^{33}
来 主人 这 家 上 年岁 分 寿岁 分 要 的 这 又 给 福泽 分 子嗣 分

me^{55} me^{33}
要 的

不让署（给主人家）施放病痛；不让（署）在红牛背后施放瘟疫；不让（署）在白羊背后放来豺；不让（署）给庄稼放来白稻病、红麦锈病。（署给主人家）保福保佑。其后这代，天气晴朗的这天，由大威力的净水壶给主人家分了所祈求的年岁和寿岁、福泽与子嗣、

118-B-68-23

tʂhʅ^{33} le^{33} iə^{55} be^{33} se^{21}, | hɯ^{21} dzæ^{33} nɯ^{21} uɑ^{21} me^{33} me^{55} tʂhʅ^{33} le^{33} iə^{55} be^{33} se^{21}. | nɑ^{21} gɑ^{33} sæ^{33}

这 又 给 做 了 富 强 福泽 子嗣 要 的 这 又 给 做 了 纳 嘎 桑

ʂʅ^{21} tsɑ^{55} lo^{13}, lo^{21} sɿ^{33} tsɿ^{33}, lər^{13} tsɿ^{21} lər^{21}, nɑ^{21} gɑ^{33} mu^{13} lo^{21}, ne^{21} ty̩^{13} ny̩^{21} iə^{13} lɑ^{21} so^{33} lɯ^{55}, so^{33}

施 照 落 罗 斯 孜 连 子 良 纳 嘎 孟 罗 能 都 呢 尤 劳 梭 利 梭

uɑ^{33} hɑ^{33}gə^{33} dɯ^{33} zu̩^{21} huɑ^{55}. | i^{33} dɑ^{21} tʂhʅ^{33} dʑə^{13} tɕər^{21}, khy̩^{55} by^{33} zɿ^{33} by^{33}, nɯ^{21} by^{33} uɑ^{21} by^{33}

瓦 哈的 一 句 咒 主人 这 家 上 年岁 分 寿岁分 福泽 分 子嗣 分

me^{55} me^{33} tʂhʅ^{33} le^{33} iə^{55} be^{33} se^{21}, iə^{55} me^{33} zɿ^{33} ʂər^{21} hɑ^{55} i^{33} ho^{55}.

要 的 这 又给 做了 给 的 寿 长 日 有 愿

富与强。（东巴念一句咒语）“纳嘎桑施照落，罗斯孜，连子良，纳嘎孟罗，能都呢尤劳梭利，梭瓦哈”。（署给）主人家分了所祈求的年岁和寿岁、福泽与子嗣，愿分给（的这些）能长久。

118-B-68-24

thɯ^{33} gu^{21} mæ^{55} thɯ^{33} tʂhər^{55}, bi^{33} thy̩^{33} mu^{55} tʂhʅ^{33} ȵi^{33}, i^{33} dɑ^{21} tʂhʅ^{33} dɯ^{33} dʑə^{13}, khy̩^{55} by^{33} zɿ^{33}

它 后面 这 代 太阳 出 的 这 天 主人 这 一 家 年岁 分 寿岁

by^{33}, nɯ^{21} by^{33} uɑ^{21} by^{33} me^{55} me^{33} tʂʅ^{33} le^{33} iə^{55} be^{33} se^{21}. |
分 福泽 分 子嗣 分 要 的 这 又 给 做 了

thy̩^{33} ky̩^{33} pɯ^{55} ky̩^{33} mə^{33} thy̩^{33} mə^{33} pɯ^{55} sʅ^{33} thɯ^{33} dʐʅ^{21}, | mɯ^{33} thy̩^{33} dy^{21} khu^{33} zʅ^{33}, |
出 处 来历 处 不 出 不 来历 的 那 时 天 开 地 辟 时代

he^{21} mi^{55} sɑ^{33} tər^{21} y^{21} so^{33} thy̩^{33} thɯ^{33} zʅ^{33}, he^{21} mi^{55} sɑ^{13} tər^{21} y^{21} so^{33} zʅ^{33} ʂər^{21} hɑ^{55} i^{21} me^{33} gə^{33},
神女 刹呆余梭 出世 那 时代 神 女 刹呆余梭 寿 长 日 有 者 的

khy̩^{55} by^{33} zʅ^{33} by^{33} tʂʅ^{33} le^{33} me^{55}. | he^{21} mi^{55} sɑ^{33} tər^{21} y^{21} so^{33} the^{55} ȵi^{33}
年岁 分 寿岁分 这 又 要 神 女 刹呆余梭 似的

其后这代，天气晴朗的这天，（署给）主人家分了所祈求的年岁与寿岁、福泽与子嗣。

出处和来历还没有出现的那个时代，开天辟地的那个时代，刹呆余梭女神出世的那个时代，（主人家）向长寿的刹呆余梭女神，祈求分给年岁与寿岁。（东巴）愿（主人家）像刹呆余梭（女神）似的

118-B-68-25

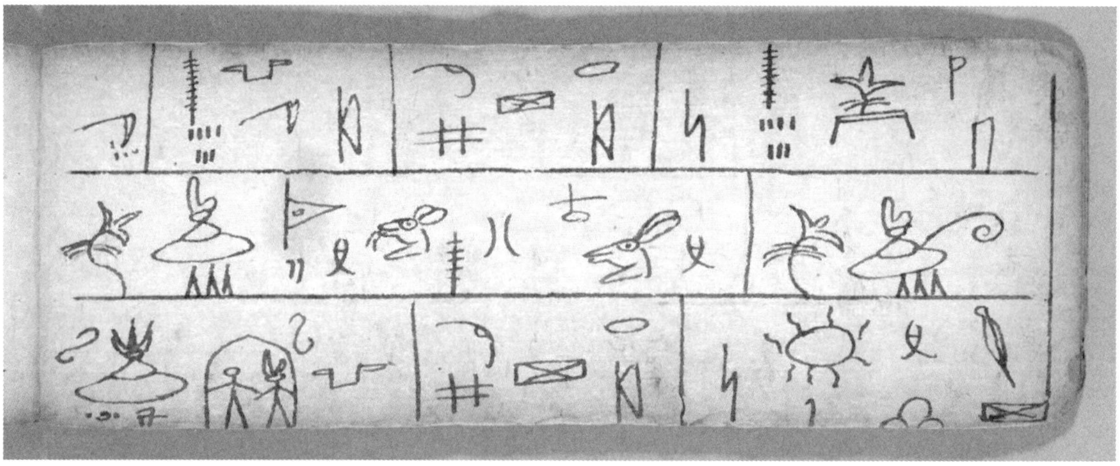

be^{33}, | zʅ^{33} ʂər^{21} thy̩^{33} be^{33} ho^{55}; | mə^{33} gu^{21} mə^{33} tshər^{33} gy̩^{33} be^{33} ho^{55}. | thɯ^{33} gu^{21} mæ^{55} thɯ^{33}
寿 长 出现 作 愿 不 病 不 痛 成 作 愿 它 后面 这

tʂhər^{55}, zʅ^{33} ʂər^{21} bɑ^{13} bɑ^{33} khuɑ^{33} ly̩^{55} tʂuɑ^{33} ky̩^{33} to^{33}, bɑ^{21} zi^{33} he^{21} mi^{55} the^{55} ȵi^{33} me^{33} khə^{21}, khy̩^{55}
代 寿 长 花 宝座 上 边 花 鲜 神 女 似的 者 处 年岁

by^{33} zʅ^{33} by^{33} tʂʅ^{33} le^{33} me^{55}. | bɑ^{21} zi^{33} he^{21} mi^{55} nɯ^{33}, lɯ^{55} ky̩^{33} py^{33} by̩^{21} tɕər^{21}, gu^{33} lu^{21} kɑ^{33} le^{21}
分 寿岁分 这 又 要 花 鲜 神 女 来 高明 东巴 上 保福 保佑

tʂʅ^{33} le^{33} thy^{55}. lɯ^{55} ky̩^{33} py^{33} by̩^{21} nɯ^{33}, i^{33} dɑ^{21} tʂʅ^{33} dʑə^{13} tɕər^{21} gu^{33} lu^{21} kɑ^{33} le^{33} tʂʅ^{33} le^{33} thy^{55}
这 又 给 高明 东巴 来 主人 这 家 上 保福 保佑 这 又 给

be^{33} se^{21}, | i^{33} dɑ^{13} mə^{33} gu^{21} mə^{33} tshər^{33} gy̩^{33} be^{33} ho^{55}. | thɯ^{33} gu^{21} mæ^{55} thɯ^{33} tʂhər^{55}, bu^{33} dɯ^{21}
做了 主人 不 病 不 痛 成 作 愿 它 后面 这 代 闪闪

lu55 lɑ33 me33 gə33 dʑə33 tshe33
发光 者 的 宝伞

长寿；愿（主人家）不病不痛。其后这代，（主人家向）放着长寿之花的宝座上的如鲜花似的女神跟前，祈求分给年岁与寿岁。如鲜花似的女神，给高明的东巴保福保佑。高明的东巴给主人家保福保佑，愿主人家不病不痛。其后这代，（主人家向）闪闪发光的犹如打着宝伞

118-B-68-26

he21 mi55 the55 ȵi33 me33, | ky̩55 by33 zɿ33 by33 tʂhʅ33 le33 me55. | dʑə33 tshe33 he21 mi55 nɯ33, lɯ55 ky̩33
神 女 似的 者 年岁 分 寿岁分 这 又 要 宝伞 神 女 来 高明

py33 by̩21 tɕər21, gu33 lu21 kɑ33 le21 tʂhʅ33 le33 thy55. lɯ55 ky̩33 py33 by̩21 nɯ33, i33 dɑ13 tʂhʅ33 dʑə13 tɕər21,
东巴 上 保福 保佑 这 又 给 高明 东巴 来 主人 这 家 上

gu33 lu21 kɑ33 le21 tʂhʅ33 le33 thy55, | i33 dɑ13 mə33 gu21 mə33 tshər33 gy̩33 be33 ho55. | thɯ33 gu21 mæ55
保福 保佑 这 又 给 主人 不 病 不 痛 成 作 愿 它 后面

thɯ33 tʂhər55, he21 mi55 ny̩55 me33 kɑ33 le33 ɯ33 me33 sy̩33, ŋy̩33 phər21 he21 mi33 the55 ȵi33 me33, khy̩55
这 代 神 女 心 好 与 善 的 想 银 白 神 女 似的 者 年岁

by33 zɿ33 by33 tʂhʅ33 le33 me55. | ŋy̩33 phər21 he21 mi55 nɯ33, lɯ55 ky̩33 py33 by̩21 tɕər21, gu33 lu21 kɑ33
分寿岁 分 这 又 要 银 白 神 女 来 高明 东巴 上 保福 保

le21 tʂhʅ33 le33 thy55. lɯ55 ky̩33 py33 by̩21 nɯ33 i33 dɑ21 tʂhʅ33 dʑə13 tɕər21, gu33 lu21 kɑ33 le21 tʂhʅ33 le33
佑 这 又 给 高明 东巴 来 主人 这 家 上 保福 保佑 这 又

thy55 be33 se21, i33 dɑ21 tʂhʅ33 dʑi13 lɑ33, mə33 gu21 mə33 tshər33
给 做了 主人 这 家 也 不 病 不 痛

似的女神，祈求分给年岁与寿岁。打着宝伞（似的）女神给高明的东巴保福保佑。高明的东巴给这一主人家保福保佑，愿主人家不病不痛。其后这代，（主人家向）心怀善意犹如银白

色的女神，祈求分给年岁与寿岁。银白色的女神给高明的东巴保福保佑。高明的东巴给这一主人家保福保佑，愿这一主人家不病不痛。

118-B-68-27

gv̩^{33} be^{33} ho^{55}. | thɯ^{33} gu^{21} mæ^{55} thɯ^{33} tʂhər^{55}, he^{21} mi^{55} nɯ^{33} hæ^{33} ʂʅ^{21} sɑ^{33} i^{33} lɑ^{21} phə^{33} ty^{55}, sɑ^{33}
成 作 愿 它 后面 这 代 神 女 来 金 黄 伞 呀 手 中 拿 伞

i^{33} khæ^{55} me^{33}, | kv̩^{33} ȵə^{21} hæ^{33} ʂʅ^{21} sɑ^{33} i^{33} khæ^{55}, khæ^{55} me^{33} the^{55} ȵi^{33} gv̩^{33}. | khv̩^{55} by^{33} zʅ^{33}
呀打 着 头 上 金 黄 伞 呀 打 打 着 似的 年岁 分 寿岁

by^{33} tʂhʅ^{33} le^{33} me^{55}. | hæ^{33} ʂʅ^{21} dʑə^{33} tshe^{33} the^{55} ȵi^{33} gə^{33} he^{21} mi^{55} nɯ^{33} lɯ^{55} kv̩^{33} py^{33} bv̩^{21} tɕər^{21}
分 这 又 要 金 黄 宝伞 似的 神 女 来 高明 东巴 上

gu^{33} lu^{21} kɑ^{33} le^{21} tʂhʅ^{33} le^{33} thy^{55}. lɯ^{55} kv̩^{33} py^{33} bv̩^{21} nɯ^{33}, i^{33} dɑ^{21} tʂhʅ^{33} dʑə^{13} tɕər^{21}, gu^{33} lu^{21} kɑ^{33}
保福 保佑 这 又 给 高明 东巴 来 主人 这 家 上 保福 保

le^{21} tʂhʅ^{33} le^{33} thy^{55}be^{33} se^{21}, i^{33} dɑ^{13} tʂhʅ^{33} dʑə^{13} lɑ^{33} mə^{33} gu^{21} mə^{33} tshər^{33} gv̩^{33} be^{33} ho^{55}. | thɯ^{33}
佑 这 又 给做 了 主人 这 家 也 不 病 不 痛 成 作 愿 它

gu^{21} mæ^{55} thɯ^{33} tʂhər^{55}, he^{21} mi^{55} dv̩^{33} phər^{21} fv̩^{55} ze^{33} lɑ^{21} nɯ^{33} zʅ^{33}, | khu^{33} nɯ^{33} dv̩^{33} phər^{21} fv̩^{55}
后面 这 代 神 女 海螺 白 海螺 手 来 拿 口 来 海螺 白 海螺

ze^{33} mu^{21} me^{33} the^{55} ȵi^{33} gv̩^{33}, | khv̩^{55} by^{33} zʅ^{33}
吹 的 似的 年 分 寿

其后这代，女神手持金黄色的宝伞，打着宝伞，（女神的头）像打着金黄色的宝伞。（主人家向）女神祈求分给年岁与寿岁。像打着金黄色宝伞的女神给高明的东巴保福保佑。高明的东巴给主人家保福保佑，愿主人家不病不痛。其后这代，女神手持白海螺，好像口在吹白海螺似的，（主人家向女神）祈求分给年岁与寿岁。

118-B-68-28

by^{33} tʂʅ^{33} le^{33} me^{55}. | he^{21} mi^{55} dv̩^{33} phər^{21} fv̩^{55} ze^{33} lɑ^{21} nɯ^{33} zʅ^{33}, lɯ^{55} kv̩^{33} py^{33} bv̩^{21} tɕər^{21}, gu^{33}
分 这 又 要 神 女 海螺 白 海螺 手 来 拿 高明 东巴 上 保

lu^{21} kɑ^{33} le^{21} thy^{55}. lɯ^{55} kv̩^{33} py^{33} bv̩^{21} nɯ^{33}, i^{33} dɑ^{21} tʂʅ^{33} dʑə^{13} tɕər^{21}, gu^{33} lu^{21} kɑ^{33} le^{21} tʂʅ^{33} le^{33}
福 保佑 给 高明 东巴 来 主人 这 家 上 保福 保佑 这 又

thy^{55} be^{33} se^{21}, i^{33} dɑ^{21} tʂʅ^{33} dʑə^{13} lɑ^{33} mə^{33} gu^{21} mə^{33} tshər^{33} gv̩^{33} be^{33} ho^{55}. thɯ^{33} gu^{21} mæ^{55} thɯ^{33}
给 做了 主人 这 家 也 不 病 不 痛 成 作 愿 它 后面 这

tʂhər^{55}, he^{21} mi^{55} dzər^{21} dɯ^{21} nɯ^{33}, khuɑ^{33} lv̩^{55} lɑ^{21} nɯ^{33} zʅ^{33}, khuɑ^{33} lv̩^{55} the^{55} ɲi^{33} tʂʅ^{33} le^{33} me^{55},
代 神女 威力 大 来 法轮 手 来 拿 法轮 似的 这 又 要

| khv̩^{55} by^{33} zʅ^{33} by^{33} tʂʅ^{33} le^{33} me^{55}. | he^{21} mi^{55} khuɑ^{33} lv̩^{55} lɑ^{21} phə^{33} ty^{55} me^{33} nɯ^{33}, lɯ^{55} kv̩^{33}
年岁 分寿岁分 这 又 要 神 女 法轮 手 中 拿 的 来 高明

py^{33} bv̩^{21} tɕər^{21}, gu^{33} lu^{21} kɑ^{33} le^{21} thy^{55}. lɯ^{55} kv̩^{33} py^{33} bv̩^{21}nɯ^{33}, gu^{33} lu^{21} kɑ^{33} le^{21} i^{33} dɑ^{13} tʂʅ^{33} dʑə^{21}
东巴 上 保福 保佑 给 高明 东巴 来 保福 保佑 主人 这 家

tɕər^{21}ɲə^{21} thy^{55}, i^{33} dɑ^{21} tʂʅ^{33} dʑə^{13} mə^{33} gu^{21} mə^{33} tshər^{33} gv̩^{33} be^{33} ho^{55}. | thɯ^{33} gu^{21} mæ^{55} thɯ^{33}
上 边 给 主人 这 家 不 病 不 痛 成 作 愿 它 后面 这

tʂhər^{55},
代

女神手持白海螺，给高明的东巴保福保佑。高明的东巴给主人家保福保佑，愿主人家不病不痛。其后这代，大威力的女神手持法轮，（主人家向女神）祈求分给犹如法轮似的年岁与寿岁。手持法轮的女神，给高明的东巴保福保佑。高明的东巴给主人家保福保佑，愿主人家不病不痛。其后这代，

118-B-68-29

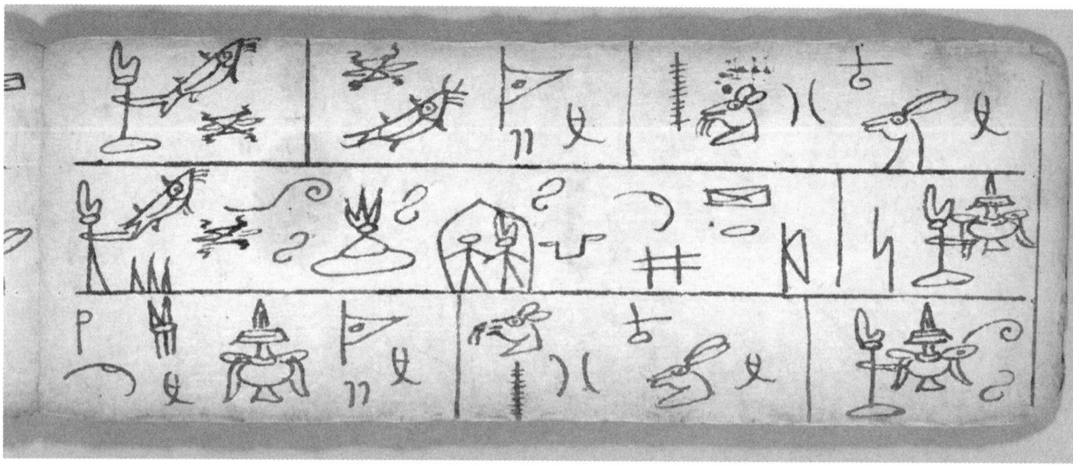

he^{21} mi^{55} hæ^{33} ʂʅ^{21} ȵi^{33} lu^{21} lɑ^{21} nɯ^{33} zʅ^{33}, | hæ^{33} ʂʅ^{21} ȵi^{33} lu^{21} the^{55} ȵi^{33} gv̩^{33} me^{33} | khv̩^{55} by^{33} zʅ^{33}
神 女 金 黄 鱼 手 来 握 金 黄 鱼 似的 成 的 年岁 分 寿岁

by^{33} tʂhʅ^{33} le^{33} me^{55}. he^{21} mi^{55} hæ^{33} ʂʅ^{21} ȵi^{33} lu^{21} lɑ^{21} nɯ^{33} zʅ^{33} me^{33} nɯ^{33}, lɯ^{55} kv̩^{33} py^{33} bv̩^{21} tɕər^{21},
分 这 又要 神 女 金 黄 鱼 手 来 握 者 来 高明 东巴 上

gu^{33} lu^{21} kɑ^{33} le^{21} tʂhʅ^{33} le^{33} thy^{55}. lɯ^{55} kv̩^{33} py^{33} bv̩^{21} nɯ^{33}, i^{33} dɑ^{21} tʂhʅ^{33}dʑə^{13} tɕər^{21}, gu^{33} lu^{21}kɑ^{33} le^{21}
保福 保佑 这 又 给 高明 东巴 来 主人 这 家 上 保福 保佑

tʂhʅ^{33} le^{33} thy^{55} be^{33} se^{21}, i^{33} dɑ^{21} tʂhʅ^{33} dʑə^{13} lɑ^{33} mə^{33} gu^{21} mə^{33} tshər^{33} gv̩^{33} be^{33} ho^{55}. | thɯ^{33} gu^{21}
这 又 给 做 了 主人 这 家 也 不 病 不 痛 成 作 愿 它 后

mæ^{55} thɯ^{33} tʂhər^{55}, he^{21} mi^{55} hæ^{33} ʂʅ^{21} po^{21} bɑ^{33} lɑ^{21} nɯ^{33} zʅ^{33}, hæ^{33} ʂʅ^{21} po^{21} bɑ^{33} dʑi^{21} i^{33} ko^{55} mə^{33}
面 这 代 神 女 金 黄 净水壶 手 来 握 金 黄 净水壶 水 有 干涸 不

kv̩^{55} gə^{33}, zʅ^{33} ʂər^{21} po^{21} bɑ^{33} the^{55} ȵi^{33} tʂhʅ^{33} le^{33} me^{55}, | khv̩^{55} by^{33} zʅ^{33} by^{33} tʂhʅ^{33} le^{33} me^{55}. | he^{21}
会 的 寿 长 净水壶 似的 这 又 要 年岁 分 寿岁 分 这 又 要 神

mi^{55} hæ^{33} ʂʅ^{21} po^{21} bɑ^{33} zʅ^{33}, gu^{33} lu^{21} kɑ^{33} le^{21}
女 金黄 净水壶 拿 保福 保佑

女神手持金黄色的鱼，（主人家向女神）祈求分给犹如金黄色的鱼似的年岁与寿岁。手持金黄色的鱼的女神，给高明的东巴保福保佑。高明的东巴给主人家保福保佑，愿主人家不病不痛。其后这代，女神手持金黄色的净水壶，（主人家向女神）祈求分给犹如金黄色的净水壶永远（长寿）不会干涸似的年岁与寿岁。女神手持金黄色的净水壶，给东巴保福保佑，

118-B-68-30

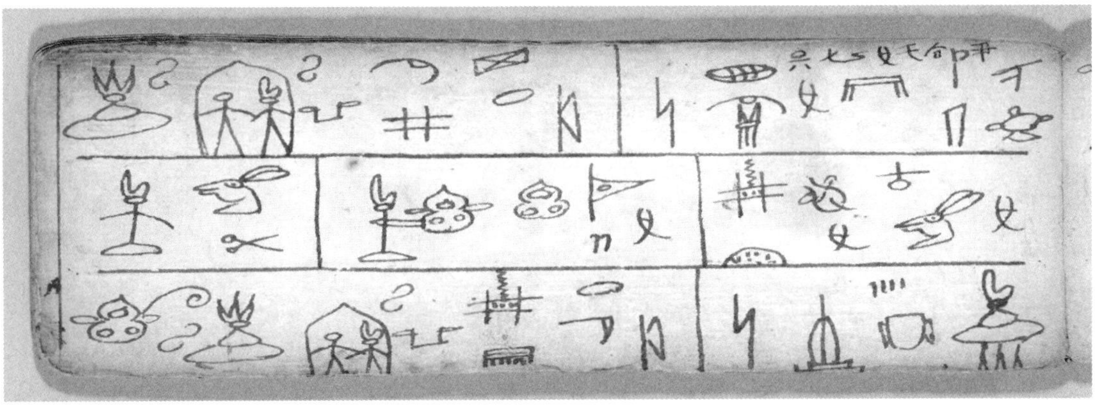

lɯ^{55} kv̩^{33} py^{33} bv̩^{21} tɕər^{21} n̩ə^{21} thy^{55}. lɯ^{55} kv̩^{33} py^{33} bv̩^{21} nɯ^{33}, i^{33} dɑ^{21} tʂhʅ^{33} dʑə^{13} tɕər^{21} gu^{33} lu^{21} kɑ^{33}
高明 东巴 上 边 给 高明 东巴 来 主人 这 家 上 保福 保佑

le^{21} tʂhʅ^{33} le^{33} thy^{55} be^{33} se^{21}, i^{33} dɑ^{21} tʂhʅ^{33} dʑə^{13} lɑ^{33} mə^{33} gu^{21} mə^{33} tshər^{33} gv̩^{33} be^{33} ho^{55}. | thɯ^{33}
这 又 给 做 了 主人 这 家 也 不 病 不 痛 成 作 愿 它

gu^{21} mæ^{55} thɯ^{33} tʂhər^{55}, tʂhər^{33} ne^{21} piə^{55} mə^{33} kv̩^{55}, khuɑ^{33} lv̩^{55} tʂuɑ^{33} kv̩^{33} to^{55}, he^{21} mi^{55} dzər^{21}
后面 这 代 腐烂 与 变坏 不 会 宝座 上 方 神 女 威力

dɯ^{21} dzʅ^{21} le^{33} tɕi^{33}. | he^{21} mi^{55} dzər^{21} dɯ^{21} nɯ^{33}, no^{21} by^{33} lɑ^{21} phə^{33} ty^{55} me^{33} the^{55} n̩i^{33} tʂhʅ^{33} le^{33}
大 坐 又 放 神 女 威力 大 来 宝物 手 中 拿 的 似的 这 又

me^{55}. | nɯ^{21} uɑ^{21} hɯ^{21} dzæ^{33} nɯ^{21} khv̩^{55} by^{33} zʅ^{33} by^{33} me^{55} me^{33} tʂhʅ^{33} le^{33} thy^{55}. u^{33} ɯ^{33} dze^{33} ɯ^{33}
要 福泽子嗣 富 强 与 年岁 分 寿岁 分 要 的 这 又 给 宝物 好 财物好

gə^{33} gu^{33} lu^{21} kɑ^{33} le^{21} lɯ^{55} kv̩^{33} py^{33} bv̩^{21} tɕər^{21} n̩ə^{21} thy^{55}. lɯ^{55} kv̩^{33} py^{33} bv̩^{21} nɯ^{33}, i^{33} dɑ^{21} tʂhʅ^{33}
的保福 保佑 高明 东巴 上 边 给 高明 东巴 来 主人 这

dʑə^{13} tɕər^{21}, gu^{33} lu^{21} kɑ^{33} le^{21} tʂhʅ^{33} le^{33} thy^{55} be^{33} se^{21}, i^{33} dɑ^{21} tʂhʅ^{33} dʑə^{13} lɑ^{33}, nɯ^{21} uɑ^{21} hɯ^{21} dzæ^{33},
家 上 保福 保佑 这 又 给 做 了 主人 这 家 也 福泽 子嗣 富 强

gɑ^{33} zi^{33} dæ^{21} tʂhu^{21}, mə^{33} gu^{21} mə^{33} tshər^{33} gv̩^{33} he^{33} no^{55}. | thɯ^{33} gu^{21} mæ^{55} thɯ^{33} tʂhər^{33}, zo̩^{55} lo^{33}
赢 美 能干 快 不 病 不 痛 成 作 愿 它 后面 这 代 若罗

lu^{55} phɑ^{33} gə^{33} he^{21} mi^{55}
四 方 的 神 女

高明的东巴给主人家保福保佑，愿主人家不病不痛。其后这代，具有大威力的女神，坐在不会腐烂与变坏的宝座上。（主人家向女神）祈求分给犹如大威力的女神手持宝物似的（年岁与寿岁）。（女神分给主人家）所祈求的福泽、子嗣、富与强、年岁与寿岁。（女神）把好宝物、好财物的保福保佑，给予高明的东巴。高明的东巴给主人家保福保佑，愿主人家，有福泽、有子嗣、富与强、战无不胜、美丽而能干、（做事）快捷、不病不痛。其后这代，居那

若罗（神山）四方的四尊大女神，

118-B-68-31

dɯ^{21} me^{33} lu^{55} kv̩^{33} ʂv̩^{33}, | khv̩^{55} by^{33} zʅ^{33} by^{33} me^{55} me^{33} tʂhʅ^{33} le^{33} iə^{55}. | he^{21} mi^{55} lu^{55} kv̩^{33} nɯ^{33},
大 者 四 个 想 年岁 分 寿岁 分 要 的 这 又 给 神 女 四 个 来

gu^{33} lu^{21} kɑ^{33} le^{21} tʂhʅ^{33} dʑy^{33}, lɯ^{55} kv̩^{33} py^{33} bv̩^{21} tɕər^{21} ȵə^{21} thy^{55}. lɯ^{55} kv̩^{33} py^{33} bv̩^{21} nɯ^{33}, i^{33} dɑ^{21}
保福 保佑 所有 高明 东巴 上 边 给 高明 东巴 来 主人

tʂhʅ^{33} dʑə^{13} tɕər^{21} gu^{33} lu^{21} kɑ^{33} le^{21} tʂhʅ^{33} le^{33} thy^{55} be^{33} se^{21}, i^{33} dɑ^{21} tʂhʅ^{33} dʑə^{13} lɑ^{33} mə^{33} gu^{21} mə^{33}
这 家 上 保福 保佑 这 又 给 做 了 主人 这 家 也 不 病 不

tshər^{33} gv̩^{33} be^{33} ho^{55}, | kho^{33} dʑy^{33} he^{33} hɯ^{21}, dʑi^{21} i^{33} dər^{33} ʂər^{55} gv̩^{33} be^{33} ho^{55}. | ①
痛 成 作 愿 声 有 耳 安 水 流 塘 满 成 作 愿

想分给主人家所祈求的年岁与寿岁。由四尊女神把所有的保福保佑都给予了高明的东巴。高明的东巴给主人家保福保佑，愿主人家不病不痛，耳闻佳音，流水满塘。

118-B-68-32

封底

（释读：和秀东　翻译：李芝春）

---

① 其后为标音文字，释读者无力连读成句，不知其意。

110-B-70-01

ʂʏ̩^{21}gʏ̩^{21} · phʏ̩^{33} tshɿ^{33} uə^{33} lʏ̩^{55} tʂər^{55} dzo^{21}

祭署·普蚩乌路的故事

110–B–70 祭署·普蚩乌路的故事

【内容提要】

在普蚩乌路时代，富有的普蚩乌路请来铁匠、木匠、裁缝和东巴什罗，让工匠们替他打造农具，修建房子，裁制衣服。待吃饭时，普蚩乌路把工匠当作上宾，让他们坐在上位，而让东巴什罗坐下方，并说东巴什罗光吃不做事，怠慢了东巴什罗。东巴什罗怀恨在心，他施出毒计，与署家勾结，打算找机会报复。三年后的一天，普蚩乌路骑马外出时，被署抓去他的灵魂，回到家中便病倒了。他请来曾以上宾相待的工匠，但工匠们没有办法治好他的病，最后请来东巴什罗，作了祭署之仪，才治好了他的病。

【英文提要】

Worshipping *ʂv* (*the God of Nature*). The Story of *phv tʂhʅ uə lv*

In the period of *phv tʂhʅ uə lv*, the affluent *phv tʂhʅ uə lv* invited blacksmith, carpenter, tailor and *to ba ʂər lər* to come. He asked craftsmen to make farm tools, to build houses and to tailor garments instead of him. Before the food served, *phv tʂhʅ uə lv* treated the craftsmen as the esteemed guests and placed them at the honored seats while placed *to ba ʂər lər* the seat beneath and insulted him as reaping without sowing. this slighted *to ba ʂər lər*, who harbored resentment in his bosom and made venomous scheme to take the revenge in collusion with the famlily *ʂv*. Three years later, when *phv tʂhʅ uə lv* was on a ride, his spirit was captured by *ʂv*, after which *phv tʂhʅ uə lv* fell sick. In order to recover, *phv tʂhʅ uə lv* invited the same craftsmen but they could not heal him, after which was *to ba ʂər lər* invited and cured him by holding the ritual of worshipping *ʂv*.

110-B-70-02

“3160”是洛克的藏书编号。上方的两个东巴文为“ʂv̩^{21} gv̩^{21}”，音译为“祭署”。中间的四个东巴文是人名 phv̩^{33} tshʅ^{33} uə^{33} lv̩^{55} 普蚩乌路。下方字母文字是对四个东巴字的注音。

110-B-70-03

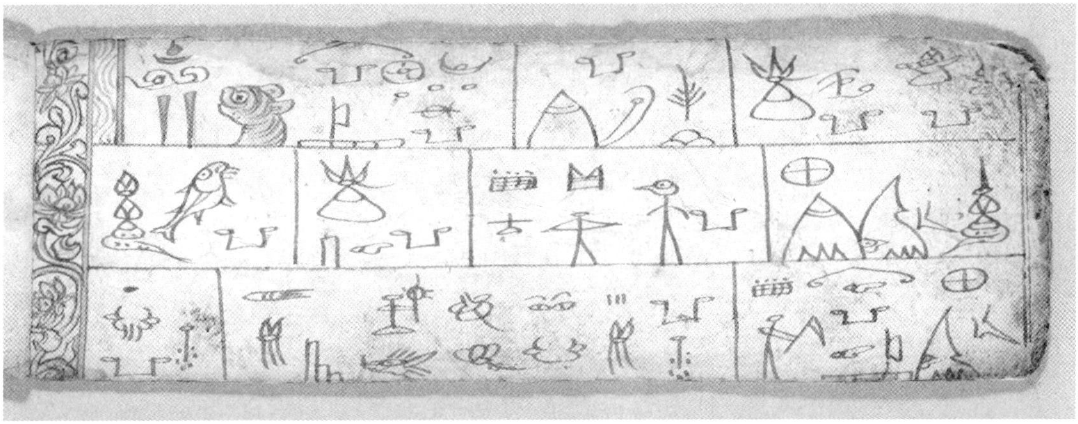

ɑ^{13} ho^{55} , ɑ^{33} lɑ^{33} mə^{33} ʂər^{55} ȵi^{33}, mɯ^{33} thv̩^{33} dy^{21} khu^{33} dʐʅ^{21}, bi^{33} thv̩^{33} le^{21} thv̩^{33} dʐʅ^{21}, kɯ^{21} ȵe^{13}
啊 霍 啊 也 不 说 日 天 出 地 辟 时 太阳 出 月 出 时 星 和

za^{21} thv̩^{33} dʐʅ^{21}, | dʑy^{21} thv̩^{33} lo^{21} thv̩^{33} khæ^{33} thv̩^{33} sər^{33} thv̩^{33} lv̩^{33} thv̩^{33} dʐʅ^{21}, | py^{21} thv̩^{33} pha^{21}
饶星 出 时 山 出 壑 出 沟 出 木 出 石 出 时 东巴 出 巫师

thv̩^{33} dʐʅ^{21}, dʑi^{33} thv̩^{33} tsho^{21} thv̩^{33} dʐʅ^{21}, | ʂv̩^{21} ne^{12} ȵi^{33} thv̩^{33} dʐʅ^{21}, | to^{33} ba^{21} ʂər^{55} lər^{33} thv̩^{33} thɯ^{33}
出 时 精人 出 崇人 出 时 署 和 尼 出 时 东巴什罗 出 这

dʐʅ^{21}, | Phv̩^{33} tʂhʅ^{33} uə^{33} lv̩^{55} thv̩^{33} thɯ^{33} dʐʅ^{21} , | ȵi^{33} me^{33} gv̩^{21} gə^{33} dʑy^{33} ɕy^{21} æ^{33} ɕy^{21} ko^{55},
时 普蚩乌路 出 这 时 太阳 落 的 山 红色 山崖 红 间

mɑ^{55} mi^{33} pɑ^{33} luɑ^{33} dʑy^{21} khɯ^{33} thv̩^{55}, | ʂv̩^{21} me^{33} nɑ^{21} pv̩^{55} thv̩^{33} thɯ^{33} dʐʅ^{21}, | lɑ^{21} kv̩^{55} dʑʅ^{33} bu^{21}
冒米巴朗 山 脚 下 署美拿布 出 这 时 手艺精湛

sʅ^{55} kv̩^{33} thv̩^{33} thɯ^{33} dʐʅ^{21} , | phv̩^{33} tʂhʅ^{33} uə^{33} lv̩^{55} thɯ^{33}, mɯ^{33} ʂʅ^{55} thv̩^{33} dy^{21} ʂʅ^{55} khu^{33} le^{33} tɕi^{33}
三 个 出 这 时 普蚩乌路 他 天 新 出 地 新 辟 又 放

thɯ^{33} dʐʅ^{21},dʑi^{21} gə^{33} ȵi^{33} me^{33} gv̩^{21}, mɑ^{55} mi^{33} pɑ^{33} luɑ^{33} dʑy^{21} khɯ^{33} thv̩^{55},
这 时 水 的 太阳 落 冒米巴朗 山 脚 下

很古很古的时候，开天辟地的时候，太阳月亮出现的时候，星星出现的时候，饶星出现的时候，山壑沟谷出现的时候，树木和石头出现的时候，东巴巫师出现的时候，精人和崇人出现的时候，署和尼出现的时候，东巴什罗出现时，普蚩乌路出生时，在西方的红山红崖间，冒米巴朗山脚下，署美拿布出现时，三个手艺精湛的师傅出现时，普蚩乌路他呀，开出新天、辟出新地的时候，在西方的冒米巴朗山脚下，

110-B-70-04

ȵy^{55} be^{33} ȵy^{55} dʑʅ^{33} ȵy^{33} lv̩^{55} ȵy^{33} tʂhua^{21} tʂhɯ^{33} dʐʅ^{21}, | thɑ^{13} gə^{33} lɯ^{55} kv̩^{33} py^{33} bv̩^{21} gə^{21}
自己 做 自己 吃 自己 放牧 自己 挤奶 这 时 他家 的 高明 东巴 上

nɯ^{33} le^{33} dʑʅ^{21} tʂər^{21}, lɯ^{55} kv̩^{33} py^{33} bv̩^{21} thɯ^{33}, phər^{21} gu^{21} ʂæ^{21} gu^{21} gɑ^{33} gu^{21} u^{55} gu^{21} he^{21} gu^{21}
（助）又 坐 让 高明 东巴 他 盘神 后 禅神 后 嘎神 后 吾神 后 恒神 后

o^{55} gu^{21} ne^{21} le^{33} dʑʅ^{21}, lɯ^{33} mɯ^{33} ʂu^{21} ne^{21} lv̩^{33} hua^{55} tshʅ^{55} . | la^{21} kv̩^{55} dʑʅ^{33} bu^{21} sʅ^{55} kv̩^{33} dy^{55},
沃神 后 着 又 坐 里母 署 与 龙 寨 建造 手艺精湛 三 个 请

dɯ^{21} me^{33} dv̩^{33} tse^{55} kə^{55} tse^{55} pɯ^{55} dʐʅ^{21} dy^{55}, ly^{55} me^{33} ʂu^{21} ty^{33} ər^{33} ty^{33} pɯ^{55} dʐʅ^{21} dy^{55}, | tɕi^{55} me^{33}
大 者 犁架 造 耙 造 师傅 请 中间 者 铁 打 铜 打 师傅 请 小 者

dʑi^{33} tshər^{55} dʑi^{33} zʅ^{21} pɯ^{55} dʐʅ^{21} dy^{55} me^{33} mɯ^{21} le^{33} dʑʅ^{21} , | phv̩^{33} tʂhʅ^{33} uə^{33} lv̩^{55} ne^{21} se^{33} tʂuɑ^{33}
衣 裁 衣 缝 师傅 请（助）下方 又 坐 普蚩乌路 与 沈爪勾姆

kə^{33} mu^{33} me^{33} ȵi^{33} kv̩^{55}, ta^{55} dʑo^{33} dɯ^{33} dʑi^{21} be^{33} le^{33} dʑʅ^{21}, ȵy^{55} nɯ^{21} ȵy^{55} uɑ^{21} ȵy^{55} hɯ^{21} ȵy^{55}
（助）两 个 结合 一 家 做 又 住 自己 福泽 自己 子嗣 自己 富 自己

dzæ^{21} ne^{21} le^{33} dʑʅ^{21}, zʅ^{33} ʂər^{33} ha^{33} i^{33} gɯ^{33} da^{33} ne^{21} le^{33} dʑʅ^{21}. | tʂhʅ^{33} lɑ^{33} dɯ^{33} ȵi^{33}mə^{33} tv̩^{33} tv̩^{21},
强 着 又 住 寿命 长 富足 聚集 着 又 住， 这 也 一 日 不 凑巧

phv̩^{33} tʂhʅ^{33} uə^{33} lv̩^{55} thɯ^{33}, lɑ^{21} kv̩^{55} dʑʅ^{33} bu^{21} sʅ^{55} kv̩^{33} khə^{21} ȵə^{21} le^{33} ʂu^{21} khɯ^{55}, lɑ^{21} kv̩^{55} dʑʅ^{33} bu^{21}
普蚩乌路 他 手艺精湛 三 个 那里 又 找 去 手艺精湛

sɿ^{55} kỵ^{33} nɯ^{33} phỵ^{33} tʂhɿ^{33} uə^{33} lỵ^{55} tɕər^{21} n̩ə^{21} le^{33} ʂə^{55} me^{33}, | nɯ^{21} ne^{33} ua^{21} hɯ^{21} ne^{33} dʐæ^{33}
三 个 （助） 普蚩乌路 那里 又 说 道 福泽 和 子嗣 富 和 强

gɑ^{33} ne^{21} zi^{33} me^{33} ȵy^{55} nɯ^{33} be^{33}, | ȵy^{55} i^{33} ȵy^{55} hɯ^{21} ȵy^{55} ua^{21} ȵy^{55} nɯ^{21} mi^{33} i^{33} le^{33} ʥɿ^{21}
胜利 和 漂亮（助） 我 来 做 我 么 我 富 我 子嗣 我 福泽 下方 又 坐

tʂər^{21}, | lɯ^{55} kỵ^{33} py^{33} bỵ^{33} thɯ^{33}, mə^{33} be^{33} ʥɿ^{33} mu^{21} tsɿ^{55}, mə^{33} lỵ^{55} tʂhua^{21} iə^{21} tsɿ^{55}, gə^{21} nɯ^{33}
让 高明 东巴 他 不 做 吃 的 说 不 牧 挤奶 的 说 上方（助）

le^{33} ʥɿ^{21} tʂər^{21},
又 坐 让

普蚩乌路自己播种自己吃，自己放牧自己挤奶。他让高明的东巴随盘神、禅神、噶神、吾神、恒神、沃神坐上位，建造里母署与龙的寨子。普蚩乌路邀请大师傅建造犁和耙，邀请二师傅打造铜和铁，邀请小师傅裁衣又缝衣。普蚩乌路与沈爪勾姆两人结合做一家，（他们）有福泽、有子嗣，过着长寿富足的日子。一天不凑巧，普蚩乌路来到三个手艺精湛的师傅那里，三个师傅跟普蚩乌路说道：福泽、子孙、兴旺、胜利、漂亮都是我们创造的，却让我们坐下方。高明的东巴他光吃不做事，光挤奶不放牧，却让他坐在上位。

110-B-70-05

phỵ^{33} tʂhɿ^{33} uə^{33} lỵ^{55} gɯ^{21} lɑ^{33} gɯ^{21}, tse^{21} lɑ^{33} tse^{21} dɑ^{21} tshɿ^{55}, | lɑ^{21} kỵ^{55} ʥɿ^{33} bu^{21} gə^{21} nɯ^{33} le^{33}
普蚩乌路 真 也 真 是 也 是 要 说是 手艺精湛 上方（助）又

ʥɿ^{21} tʂər^{21}, lɯ^{55} kỵ^{55} py^{33} bỵ^{21} mɯ^{21} le^{33} ʥɿ^{21}, lɯ^{55} kỵ^{55} py^{33} bỵ^{21} mə^{33} hɯ^{21} ku^{33} kha^{33} ne^{21} le^{33}
坐 让 高明 东巴 下方 又 坐 高明 东巴 不 高兴 生气 着 又

hə^{21}, | ɯ^{33} be^{33} mu^{33} iə^{55} me^{33}, tɕi^{33} phər^{21} tʂu^{55} n̩ə^{21} phi^{55} kỵ^{55} da^{21} tsɿ^{55}, | i^{21} be^{33} tshe^{33} khɯ^{55}
去 好 的 牲畜 给 是 云 白 间 处 丢 会 说是 好吃 的 盐 放

me^{33},tʂɿ^{55} na^{21} bỵ^{21} n̩ə^{21} phi^{55} kỵ^{55} iə^{33}, ȵi^{33} me^{33} gỵ^{21} gə^{33} mɑ^{55} mi^{33} pɑ^{33} luɑ^{33} ʥy^{21} khɯ^{33} thỵ^{55},
是 土 黑 下 边 失 会 的 太阳 落 的 冒米巴朗 山 脚 下

ʂỵ^{21} me^{33} nɑ^{21} pỵ^{55} khə^{21} n̩ə^{21} le^{33} ʂə^{55} khɯ^{55}, | tʂhɿ^{33} se^{21} mæ^{55}, phỵ^{33} tʂhɿ^{33} uə^{33} lỵ^{55} ko^{21}, mə^{33}
署美拿布 住处 又 说 去 这 以后 普蚩乌路 家 不

ty^{21} bu^{21} lo^{55} bɯ^{33}, mə^{33} ty^{21} dy^{21} dər^{21} mə^{33} bɯ^{33} se^{21}, | ʂv̩^{21} ne^{21} lv̩^{21} gə^{33} khɯ^{33} lv̩^{21} ʐua^{33} lər^{33}
精神 坡 越 要 不 精神 地 走 不 去 了 署 和 龙 的 狗 吠 马 鸣

fæ^{33} la^{21} tsɿ^{55}, | to^{33} ba^{21} ʂər^{55} lər^{33} thɯ^{33}, dʑy^{21} na^{33} zo^{55} lo^{33} kv̩^{33} nɯ^{33} dʑɿ^{21}, phər^{21} gu^{21} ʂæ^{21} gu^{21}
去 了 吧 东巴什罗 他 居那若罗 上（助） 住，盘神 后 禅神 后

ga^{33} gu^{21} u^{55} gu^{21}, he^{21} gu^{21} ne^{21} le^{33} dʑɿ^{21}, | sɿ^{55} khv̩^{33} gv̩^{33} me^{33} dɯ^{33} ȵi^{33}, phv̩^{33} tʂhɿ^{33} uə^{33} lv̩^{55}
嘎神 后 吾神 后，恒神 后 着 又 坐 三 年 到（助） 一 日 普蚩乌路

me^{33}, dy^{21} ȵə^{21} ʐə^{21} hæ^{21} mə^{33} y^{21} pɯ^{55} le^{33} y^{21}, | fv̩^{33} hɯ^{21} mə^{33} tɯ^{33} me^{33} ʐua^{33} dʐər^{21} dʑo^{33} dʑo^{21}
（助）地 上 草 绿 不 长 蒿 又 长 野鸡 不 起身（助）马 惊 样子

be^{33},
做

普蚩乌路认为确实是这样，应该让手艺精湛的师傅坐上位，高明的东巴坐下方，高明的东巴生气不高兴了。他说道："普蚩乌路你，给你好的牲畜，你会丢到白云深处，往好吃的东西里放盐，你却把盐埋在黑土底下。"高明的东巴到西方的冒米巴朗山脚下对署美拿布说："从此以后，我没有精神去普蚩乌路家，没有精神越坡，没有精神过平坝了，让署和龙的狗吠叫马嘶鸣捣乱普蚩乌路家吧。" 东巴什罗又到居那若罗神山上，随盘神、禅神、嘎神、吾神、恒神坐上位。三年后，普蚩乌路的土地上不长青草只长野蒿。没有野鸡起身，马匹却总受惊。

110-B-70-06

tʂhɿ^{33} la^{33} dɯ^{33} ȵi^{33} le^{33} gv̩^{33} ȵiə^{13}, phv̩^{33} tʂhɿ^{33} uə^{33} lv̩^{55} thɯ^{33}, tʂhv̩^{55} hɯ^{21} bu^{33} phər^{21} dzæ^{33}, dʑi^{21}
这 也 一 天 又 到 时 普蚩乌路 他 马 强壮 鬃 白 骑 水

tshər^{33} dʑi^{33} dər^{21} hə^{21}, | dʑi^{33} le^{33} dər^{33} lɯ^{33} kɯ^{21} lɯ^{33} tʂu^{55} lɯ^{55} thv̩^{33}, gə^{33} nɯ^{33} kuə^{13} kuə^{13}
渡 水 淌 去 走 又 水田 旱地 间 又 出 上面 从 咕 咕

kuə^{13} kuə^{13} tsɿ^{55}, fv̩^{33} phər^{21} sɿ^{33} dʑɿ^{21} tɯ^{33} le^{33} tshɿ^{21}, fv̩^{33} tɯ^{33} ʐua^{33} dʐər^{21} ne^{21}, phv̩^{33} tʂhɿ^{33} uə^{33}
咕 咕 说 野鸡 公 三 对 起身 又 来 野鸡 起身 马 惊 着 普蚩乌路

ly̩^{55} do^{55} le^{33} tɕi^{33}, phy̩^{33} tʂhʅ^{33} uə^{33} ly̩^{55} gə^{33}, ky̩^{33} gə^{33} luɑ^{33} pɑ^{21} tɕi^{55} tɕi^{33} na^{21} me^{33} thɯ^{33} sʅ^{33} khɯ^{21},
跌 又 放 普蚩乌路 的 头上 的 头发 小 小 黑色 的 他 三 根

tɕi^{55} ʂə^{33} le^{33} kæ^{21} me^{33} nɯ^{33} ʥər^{55} pə^{55} hə^{21}, | ʥər^{55} le^{33} ʥi^{21} gə^{33} ȵi^{33} me^{33} gy̩^{21}, ma^{55} mi^{33} pɑ^{33}
喜鹊 乌鸦 （助）由 拔 去 了 拔 又 水 的 太阳 落 冒米巴朗

luɑ^{33} ʥy^{21} khɯ^{33} thy̩^{55}, ʂy̩^{21} me^{33} nɑ^{21} py̩^{55} khu^{33} ȵə^{21} tshʅ^{55} le^{33} tɕi^{33} se^{33} iə^{33}, | phy̩^{33} tʂhʅ^{33} uə^{33} ly̩^{55}
山 脚 下 署美拿布 口 里 藏 又 放 了（助） 普蚩乌路

thɯ^{33} tɕi^{55} le^{33} iə^{33} ko^{21} le^{33} thy̩^{33} ȵə^{13}, ȵi^{55} i^{33} ua^{33} gy̩^{33}gu^{21}, hu^{21} i^{33} na^{55} ʂʅ^{33} tɕhi^{21} le^{33} ʥy̩^{33}. |
他 惊吓 又 家里 又 到 时 白天（助）筋骨 痛 夜晚（助）肌肉 痛 又 有

phy̩^{33} tʂhʅ^{33} uə^{33} ly̩^{55} nɯ^{33} ze^{55} tɕi^{33} bə^{33} y^{21} tʂər^{21}, lɯ^{55} ky̩^{33} py^{33} by̩^{21} le^{33} dy^{55} hɯ^{21}, lɯ^{55} ky̩^{33} py^{33}
普蚩乌路 （助） 年轻人 脚 轻 使 高明 东巴 又 请 去 高明 东巴

by̩^{21} le^{33} ʂə^{55} me^{33},ȵy^{55} dy^{55} lɯ^{33} mə^{33} ȵi^{21}, dɯ^{21} me^{33} dy̩^{33} tshe^{55} khə^{55} tshe^{55} phɯ^{55} dʐʅ^{21} le^{21} dy^{55}
又 说 是 我 请 来 不 要 大 者 犁架 造 耙 造 师傅 又 请

khɯ^{55},dy̩^{33} tshe^{55} khə^{55} tshe^{55} pɯ^{55} dʐʅ^{21} nɯ^{33} be^{33} be^{33} sʅ^{21} lər^{55} lər^{55}, tʂhu^{33} tɕi^{33} sʅ^{21} dy^{33} ne^{21},
去 犁架 造 耙 造 师傅 （助） 斧头 三次 比划 偏斧 三次 敲 着

khu^{33} nɯ^{33} uə^{33} tsɑ^{33} uə^{33} tsɑ^{33} ʂə^{55}, phy̩^{33} tʂhʅ^{33} uə^{33} ly̩^{55} thɯ^{33}, le^{33} gu^{21} mə^{33} ua^{21} me^{33}, le^{33} ȵi^{21}
口 里 威召 威召 说 普蚩乌路 他 又 病 而外 （助）又 痊愈

ʥo^{33} mə^{33} ʥy^{33}. ly^{55} me^{33} ʂu^{21} dy^{33} ər^{33} dy^{33} pɯ^{55} dʐʅ^{21} dɑ^{33} dy̩^{33} sʅ^{21} dy^{33} nɯ^{33}, mi^{33} gæ^{21} sʅ^{55} lər^{55}
样子 没 有 中间 者 铁 打 铜 打 师傅 铁锤 三次 敲（助） 火钳 三次 比划

lər^{33}, khu^{33} nɯ^{33} uə^{33} tsɑ^{33} uə^{33} tsɑ^{33} ʂə^{55}, phv^{33} tʂhʅ^{33} uə^{33} ly̩^{55} thɯ^{33}, le^{33} gu^{21} mə^{33} uɑ^{21} me^{33}, le^{33}
口里（助） 威召 威召 说 普蚩乌路 他 又 病 而外 （助）又

ȵi^{21} ʥo^{33} mə^{33} ʥy^{21}. | tɕi^{55} me^{33} ʥi^{33} tshər^{55} ʥi^{33} ʐʅ^{21} pɯ^{55} dʐʅ^{33} le^{33} dy^{55} nɑ^{13} gə^{33} ʥi^{33} tshər^{55}
痊愈 样子 没 有 小 者 衣 裁 衣 缝 师傅 又 请 你家 的 衣 裁

ʥi^{33} ʐʅ^{21} pɯ^{55}dʐʅ^{21}dɯ^{21} me^{33} sʅ^{55} ky̩^{33} gə^{21} nɯ^{33} le^{33} ʥʅ^{21} tʂər^{21}, thɯ^{33} dy^{55} fæ^{33} dɑ^{21} tshʅ^{55}, ʥi^{33}
衣 缝 师傅 大 者 三 个 上（助）又 坐 让 他 请 去 要 说是 衣

tshər^{55} ʥi^{33} ʐʅ^{21} pɯ^{55} dʐʅ^{21} nɯ^{33}, ʂu^{21} phər^{21} gæ^{33} te^{21} pu^{55}, ʂu^{21} phər^{21} ko^{21} tshʅ^{21} pu^{55} , tshʅ^{21} tʂu^{21}
裁 衣 缝 师傅 （助） 铁 白 剪刀 带 铁 白 针 细 带 鬼 缝

tshʅ^{21} gæ^{21} tsʅ^{55}, phy̩^{33} tʂhʅ^{33} uə^{33} ly̩^{55} thɯ^{33} le^{33} gu^{21} mə^{33} ua^{21} me^{33}, le^{21} ȵi^{33} ʥo^{33} mə^{33} ʥy^{33}. |
鬼 剪 说 普蚩乌路 他 又 痛 而外 （助）又 痊愈 样子 没 有

phy̩^{33} tʂhʅ^{33} uə^{33} ly̩^{55} nɯ^{33}, ze^{55} tɕi^{33} bə^{33} y^{21} tʂər^{21}, ʥy^{21} nɑ^{55} zo^{55} lo^{33} ky̩^{33}, thy̩^{33} phe^{55} phər^{21} me^{33}
普蚩乌路 （助） 年轻人 脚 轻 使 居那若罗 顶上 土布 白色 的

i^{33} po^{33} kʏ^{55} ʥi^{33} bʏ^{21}, to^{33} bɑ^{21} ʂər^{55} lər^{33} kho^{21} ȵə^{21} le^{33} ʂə^{55} khɯ^{55}, to^{33} bɑ^{21} ʂər^{55} lər^{33} le^{33} ʂə^{55}
绸缎 毡房 下 东巴什罗 住处 又 说 去 东巴什罗 又 说

me^{33}, nɯ^{33} i^{33} sy^{21} ʂu^{21} sy^{21} ʂə^{55} tshɿ^{21} dɑ^{21} tshɿ^{55}? | ze^{55} tɕi^{33} bə^{33} y^{21} le^{33} ʂə^{55} me^{33}, ȵy^{55} i^{33} sy^{21}
是 你 是 谁 找 什么 说 来 要 说是 年轻人 脚 轻 又 说 是 我 是 谁

ʂu^{21} sy^{21} ʂə^{55} tso^{33} mə^{33} ʥy^{33}, phʏ^{33} tʂhʅ^{33} uə^{33} lʏ^{55} thɯ^{33}, gu^{21} ne^{13} tshər^{33} le^{33} ʥy^{33}, gu^{21} me^{33} le^{33}
找 谁 说 事情 没 有 普蚩乌路 他 痛 与 热 又 有 病 是 又

mə^{33} ȵi^{21}, tshər^{33} me^{33} le^{33} mə^{33} to^{21} iə^{21} tsɿ^{55}, to^{33} bɑ^{21} ʂər^{55} lər^{33} ŋʏ^{55} dy^{55} hɯ^{33} tʂər^{21} mu^{33}.
不 痊愈 痛 是 又 不 好转 说 是 东巴什罗 您 邀请 去 使唤 呢

有一天，普蚩乌路骑着强壮的白鬃马淌过河，来到田间，从上面传来“咕、咕、咕”的声音，三对野鸡起身惊吓到马，普蚩乌路从马上跌了下来，喜鹊和乌鸦拔了三根头发，藏进西方冒米巴朗山脚下署美拿布的口中。普蚩乌路受惊吓回到家后就生病了，白天筋骨痛，晚上肌肉疼。于是，普蚩乌路派年轻捷足者去请高明的东巴，高明的东巴说：“你们应该去请那三个技艺精湛的师傅。”于是，请来了造犁和耙的师傅，师傅用斧头比划了三次，偏斧敲了三次，口中念着“威召威召”，但普蚩乌路只觉疼痛，病情没好转。又请来打铁制铜的二师父，师傅用铁锤敲了三次，火钳三比划，口中念着“威召威召”，但普蚩乌路只觉疼痛，病情没好转。又请来缝纫小师傅，师傅带着白铁剪刀、白铁细针，说是缝鬼剪鬼，但普蚩乌路只觉疼痛，病情没好转。普蚩乌路又派年轻捷足者，去请住在居那若罗神山之上，白色绸缎毡房下的东巴什罗。东巴什罗说：“你来找谁，有什么要说的吗？”年轻捷足者说：“我不是找谁来说什么。只是普蚩乌路疼痛难忍，病情不见好转，所以来请您呢。”

110-B-70-07

to^{33} bɑ^{21} ʂər^{55} lər^{33} le^{33} ʂə^{55} me^{33}, ɯ^{33} be^{33} mu^{33} iə^{55} me^{33}, tɕi^{33} phər^{21} tʂu^{55} ȵə^{21} phi^{55} kʏ^{55} da^{21} tsɿ^{55},
东巴什罗 又 说 是 好 的 牲畜 给 呀 云 白 间 处 丢 会 说是

i^{21} be^{33} tshe^{33} khɯ^{55} me^{33},tʂʅ^{55} na^{21} bʏ^{21} ȵə^{21} phi^{55} kʏ^{55} tsɿ^{55}, | ze^{55} tɕi^{33} bə^{33} y^{21} le^{33} ʂə^{55} me^{33},
好吃 的 盐 放 么 土 黑 下 边 失 会 说 年轻人 脚 轻 又 说 是

tɕi^{33} phər^{21} tʂu^{55} ȵə^{21} phi^{5} mə^{33} bə^{21}, i^{21} be^{33} tshe^{33} khɯ^{55} me^{33}, tʂʅ^{33} na^{21} bʏ^{21} ȵə^{21} phi^{55} mə^{33}
云 白 间 处 丢 不 了 好吃 的 盐 放（助） 土 黑 下 边 丢 不

bə^{21} | dʐʅ^{33} mu^{33} do^{21} me^{33} le^{33} ʂə^{55} me^{33},to^{33} bɑ^{21} ʂər^{55} lər^{33} nɯ^{21}, mə^{33} ty^{21} thɯ^{33} bɯ^{33} iə^{55} dɑ^{21}
了 酋长 长老 看见 了 又 说 是 东巴什罗 你 不 愿意 这 去 给 说是

tsʅ^{55}, | zo^{33} ɯ^{33} ɕi^{33} nɯ^{33} tʂər^{21}, mə^{33} ty^{21} be^{33} mə^{33} lu^{33}, gu^{33} tʂhu^{21} ɕi^{33} nɯ^{33} lu^{21}, mə^{33} gə^{21} be^{33}
男子 好 人（助）使唤 不 愿意 的 不 兴 马 快 人 来 骑 遗憾 感到

mə^{33} lu^{33} , | mə^{33} i^{21} khu^{33} nɯ^{33} ʂə^{55} mə^{33} lu^{33}, dɯ^{33} zɑ^{21} bɯ^{33} iə^{55} dɑ^{21} uə^{33} thʅ^{55}, | to^{33} bɑ^{21} ʂər^{55}
不 兴 不 好吃 嘴里 来 说 不 兴 一 下 去 给 要 说是 东巴什罗

lər^{33} thɯ^{33}, ze^{55} tɕi^{33} bə^{33} y^{21} gu^{21} le^{33} tshʅ^{21}, phy̩^{33} tʂhʅ^{33} uə^{33} ly̩^{55} ne^{21} se^{21} tʂua^{33} kə^{33} mu^{33} ko^{21}ȵə^{21}
他 年轻人 脚 轻 后 又 来 普蚩乌路 和 沈爪勾姆 住处

le^{33} thy̩^{33} ȵə^{21}, py^{33} by̩^{33} nɯ^{33} sʅ^{33} i^{33} bər^{33} phər^{21} ʐy̩^{55} ly̩^{33} gə^{21} nɯ^{33} tɯ^{21}, zʅ^{33} i^{33} tʂhua^{33} phər^{21} kuɑ^{55}
又 到 时 东巴 （助）毡子 毡 白 神座 上（助）搭 青稞 米 白 祭粮

gə^{21} nɯ^{33} o^{55} le^{33} tɕi^{33}, ŋy̩^{33} hæ^{21} uɑ^{33} tʂhu^{21} phy̩^{33} lɑ^{33} i^{33} dɑ^{55} be^{33}, | ʂu^{21} huɑ^{55} gy̩^{33} huɑ^{55} gə^{21}
上 （助）倒 又 放 银 金 松石 墨玉 神 报酬 做 署 寨 九 寨 上

nɯ^{33} tshʅ^{55},
（助）建

东巴什罗说："普蚩乌路你把好的牲畜丢失在了白云间，把给提味好吃的盐巴埋在了黑土底下。"年轻捷足者说："白云间不会再丢东西，提味好吃的盐也不会再埋在黑土下。"酋长、长老说："东巴什罗你，不愿也要去。好男儿被人邀请，不兴不愿意，骏马有人来骑，不兴感到遗憾。不好吃，不兴说出来，你还是下去一趟吧。"东巴什罗跟随年轻捷足者来到普蚩乌路和沈爪勾姆的住处。东巴用白色毡子铺设神座，用青稞白米做祭粮，以金银、绿松石、墨玉石作为神的酬物供奉在神坛上，建署的九个寨子，

110-B-70-08

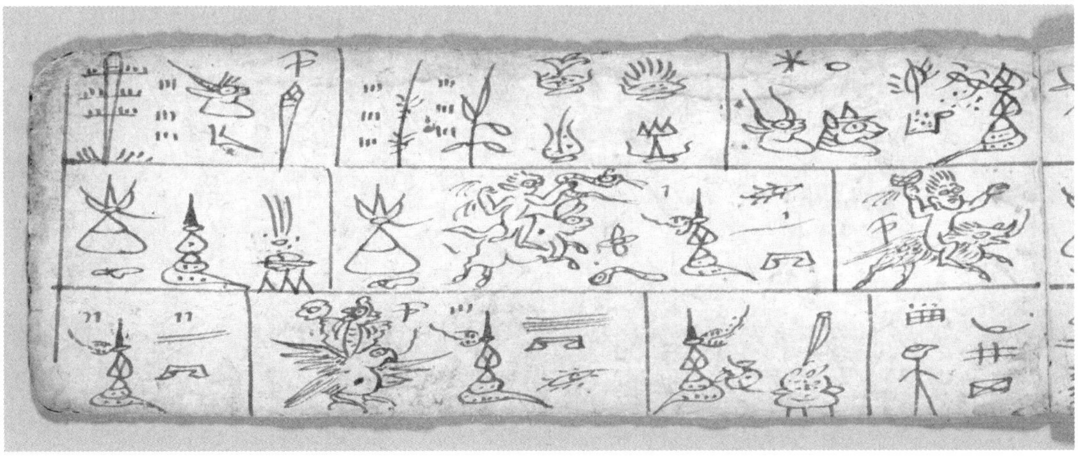

ʂu^{21} thɑ^{55} gy̩^{33} thɑ^{55} gə^{21} nɯ^{33} tshʅ^{55}, dʑi^{33} khɯ^{33} se^{21} me^{33} ko^{55}, me^{21} sər^{33} khua^{55} phər^{21} dɑ^{55}, gy̩^{33}
署 塔 九 塔 上 （助）造 精肯生梅课 梅 木 木牌 白 砍 九

ɕi33 khuɑ55 phər21 be33, | mɯ33 tshe21 gʏ33 bi33 be33, lɑ33 khɑ33 gʏ55 uə33 be33, tʂhər33 ʥi21 tʂhər33

百 木牌 白 做 竹子 九 丛 做 白杨 九 片 做 药水 药

khuɑ55 be33, ʐʅ33 sɑ55 le33 sɑ55 be33, ɕy21 mi33 bæ33 mi33 be33, | bər33 phər21 dɯ33 tʏ21, bər33 nɑ21

碗 做 酒 气 茶 气 做 香炷 油灯 做 牦牛 白 一 千 牦牛 黑

kɯ33 be33, ʐuɑ33 ʂuɑ33 dɯ33 tʏ21, ʐuɑ21 mu33 dɯ33 kɯ21 be33, ʂu21 ne13 lʏ21 tɕər21 u55 nɯ33 miə21

万 做 马 枣红 一 千 马 灰黄 一 万 做 署 和 龙 处 财物（助）眼

ʂər55, ʥe33 nɯ33 miə21 kɑ55 be33 le33 iə55. | to33 bɑ21 ʂər55 lər33 nɯ33, ʂʏ21 me33 nɑ21 phʏ55 khə21

满 货物（助）眼 遮 做 又 给 东巴什罗 （助） 署美拿布 住处

ȵə21 tʂhu55 bɑ33 gə21 le33 be33. | to33 bɑ21 ʂər55 lər33 nɯ33, khu33 nɯ33 pɯ55 bɑ33 piə55 huɑ55 dɯ33

烧天香 上 又 做 东巴什罗 （助） 口 里 变化 变化 一

thʏ33 be33, y21 zo33 le55 nɑ21 ʥæ33, ʐʅ21 hər21 mæ21 dʐu33 lɑ33 phu21 ty55, dɯ33 ʥo33 ʂu21 dy21

样 做 猴子 小 獐子 黑 骑 蛇 绿 尾巴 松弛 手 掌上 持 一 件 署 地方

khɯ55 le33 tshʅ21, ʂʏ21 me33 nɑ21 pʏ55 thɯ33, khu33 nɯ33 hɑ33 hɑ33 ʂə55 dɯ33 ʐu21 zæ21 le33 tshʅ21, phʏ33

放 又 来 署美拿布 他 口 （助）哈 哈 说 一 句 笑 又 来

tʂhʅ33 uə33 lʏ55 gə33, kʏ33 gə33 luɑ33 pɑ21 tɕi55 tɕi33 nɑ21 me33 dɯ33 khɯ21 gə21 le33 lɯ55, | to33 bɑ21

普蚩乌路 的 头上 的 头发 小 小 黑 的 一 根 上 又 脱 东巴什罗

ʂər55 lər33 nɯ33 pɯ33 bɑ33 piə55 huɑ55 dɯ33 thʏ33 be33, sʅ33 phʏ33① bu21 nɑ21 ʥæ33, dɯ33 ʥo21 ʂu21 dy21

（助） 变化 变化 一 样 做 斯普 猪 黑 骑 一件事 署 地方

khɯ55 le33 tshʅ21, | ʂʏ21 me33 nɑ21 pʏ55 thɯ33, khu33 nɯ33 hɑ33 hɑ33 ȵi33 ʐu21 zæ13 le33 tshʅ21, phʏ33

放 又 来 署美拿布 他 口 里 哈 哈 两 声 笑 又 来

tʂhʅ33 uə33 lʏ55 gə33 luɑ33 pɑ33 tɕi55 tɕi33 nɑ21 me33 ȵi33 khɯ21 gə21 le33 lɯ55. | to33 bɑ21 ʂər55 lər33 nɯ33

普蚩乌路 的 头发 小 小 黑 的 两 根 上 又 脱 东巴什罗 由

pɯ33 bɑ33 piə55 huɑ55 sʅ21 thʏ33 be33, ʥi33 bɑ21 ɕə21 gu55 ʥæ33, dɯ33 ʥo33 ʂu21 dy21 khɯ55 le33 tshʅ21,

变化 变化 三 样 做 蝙蝠 黑鹰 骑 一 件事 署 地 放 又 来

ʂʏ21 me33 nɑ21 pʏ55 thɯ33, khu33 nɯ33 hɑ33 hɑ33 sʅ33 ʐu21 zæ21 le33 tshʅ21, phʏ33 tʂhʅ33 uə33 lʏ55 gə33 kʏ33

署美拿布 他 口 里 哈 哈 三 声 笑 又 来 普蚩乌路 的 头

gə33 luɑ33 pɑ21 tɕi55 tɕi33 nɑ21 me33 sʅ33 khɯ21 gə21 le33 lɯ55 le33 tshʅ21. | ʂʏ21 me33 nɑ21 pʏ55 thɯ33,

上 头发 小 小 黑 的 三 根 上 又 脱 又 来 署美拿布 他

khu33 zæ21 nɯ33 tɕhi55 ne33 le33 ʥy21, tɕiə55 le33 ʥi33 mə33 tʂhər33, uɑ33 phər21 do21 se33 iə33, | phʏ33

口 笑 心 冷（助）又 有 煮 又 水 不 添 骨 白 见 了 呀

① sʅ33 phʏ33 音译，斯普，指楞启斯普鬼。

tʂhʅ^{33} uə^{33} lỵ^{55} thɯ^{33},gu^{21} me^{33} sʅ^{21} thỵ^{33} le^{33} ȵi^{21}, tshər^{33} me^{33} sʅ^{21} thỵ^{33} le^{33} do^{21} se^{21}, mə^{33} gu^{21} mə^{33}
普蚩乌路 他 病 是 三 样 又 痊愈 痛 是 三 样 又 好转 了 不 病 不

tshər^{33}, mə^{33} tɕhi^{55} mə^{33} zʅu^{21},
痛 不 冷 不 饿

建九座署塔。在精肯生梅课，做九百块梅木白木牌，九丛竹子，九片白杨，做药水药碗，做祭献的酒茶，做香炷和油灯。做白牦牛一千，黑牦牛一万，枣红马一千，灰黄马一万。偿还署与龙满眼满目的好财物。东巴什罗给署美拿布烧天香，东巴什罗作变化，变成小猴子，骑着黑獐子，手抓绿尾巴蛇。署美拿布一见张嘴“哈哈”笑，含于口中的普蚩乌路的一根头发掉了下来。东巴什罗第二次作变化，变作斯普骑着一头黑猪，署美拿布张嘴“哈哈”笑了两声，含于它口中的普蚩乌路的第二根头发掉了下来。东巴什罗第三次作变化，变作一只蝙蝠，骑于一只大雕，署美拿布张嘴“哈哈”笑了三声，含于它口中的普蚩乌路的第三根头发掉了下来，署美拿布他嘴里笑着，但心却凉了，就像煮东西不添水，只见一堆白骨一样。普蚩乌路他，病好了三分，痛也好了三分，不病不痛，不冷不饿。

110-B-70-09

khuɑ^{33} y^{21} he^{33} hɯ^{21}, dʑi^{33} i^{33} dər^{33} ʂər^{55} le^{33} gỵ^{33} se^{21}, nɯ^{21} ne^{33} uɑ^{21} , hɯ^{21} ne^{33} dʐæ^{33}, gɑ^{33} zi^{33}
声 轻 耳 安 水 流 塘 满 又 成 了 福泽 与 子嗣 富 与 强 胜利 美丽

dæ^{21} tʂhu^{21}, | zʅ^{33} ʂər^{21} hɑ^{55} i^{33} gỵ^{33} be^{33} ho^{55}. | pɯ^{33} bu^{21} zʅə^{21} pɯ^{33} bu^{21}, nɑ^{33} pɯ^{21} kæ^{33} nɯ^{33}
能干 快捷 长寿 富足 成 做 愿 蒿枝 坡 草 蒿枝 坡 规矩 前 就

dʑy^{33}, æ^{33} phər^{21} ʂu^{21} lɑ^{55} mu^{21}, du^{33} mu^{21} kæ^{33} nɯ^{33} dʑy^{33}, lɯ^{33} sʅ^{33} phi^{21} lɯ^{33} hɯ^{55}, pɯ^{21} lɯ^{33} ʂu^{33}
有 铜 白 铁 模子 规矩 前 就 有 箭 胶 羽毛 粘 规矩 模子

mu^{33} kæ^{33} nɯ^{33} dʑy^{33}. bi^{33} thỵ^{33} mu^{55} tʂhʅ^{33} ȵi^{33}, i^{33} dɑ^{21} tʂʅ^{33} dɯ^{33} dʑi^{21}, phỵ^{33} tʂhʅ^{33} uə^{33} lỵ^{55} gə^{33},
前 就 有 太阳 出 （助） 这 日 主人 这 一 家 普蚩乌路 的

tɕhy^{33} tʂhʅ^{33} kỵ^{33} mæ^{55} gỵ^{33} me^{33} nɯ^{33}, | lɯ^{33} kỵ^{55} py^{33} bỵ^{21} dy^{55}, lɯ^{55} kỵ^{33} py^{33} bỵ^{21} nɯ^{33}, sʅ^{33} i^{33}
宗族 后裔 成为 （助） 精明 东巴 请 精明 东巴 （助） 毡子

bər^{33} phər^{21} zʅỵ^{55} lỵ^{33} gə^{21} nɯ^{33} tɯ^{21}, zi^{33} i^{33} tʂhuɑ^{33} phər^{21} kuɑ^{55} gə^{21} nɯ^{33} o^{55}, ŋỵ^{33} hæ^{33} uɑ^{33}
毡 白 神座 上 （助） 铺 青稞 米 白 祭粮 上 由 倒 银 金 松石

tʂhu^{21}, | phy̩^{33} lɑ^{21} i^{33} dɑ^{55} be^{33}, ʂu^{21} uə^{33} gy̩^{55} uə^{33} tshʅ^{55}, ʂər^{55} ɕi^{33} khuɑ^{55} phər^{21}, uɑ^{33} ɕi^{33} khuɑ^{55}
墨玉 神 报酬 做 署 寨 九 寨 建 七 百 木牌 白 五 百 木牌

ʂuɑ^{21} be^{33}, mɯ^{33} tshe^{21} gy̩^{33} bi^{33}, lɑ^{33} khɑ^{33} gy̩^{55} uə^{33} be^{33}, khɯ^{21} ʂʅ^{21} khɯ^{21} hər^{21} be^{33}, | ŋy̩^{21} bɑ^{21}
高 做 竹子 九 丛 白杨 九 片 做 线 黄 线 绿 做 银 花

hæ^{21} bɑ^{21} be^{33}, bɑ^{21} ʂʅ^{21} bɑ^{21} hər^{21} be^{33}, no^{55} hɑ^{33} tʂʅ^{21} hɑ^{33} be^{33}, ʐʅ^{33} ky̩^{55} sɑ^{55} sɑ^{55} be^{33}, hɑ^{33} khuɑ^{55}
金 花 做 花 黄 花 绿 做 糯米 粮食 做 酒 头 气 气 做 饭 碗

ku^{33} mu^{21} be^{33},ɕy^{21} mi^{33} bæ^{33} mi^{33} be^{33}, ɕy^{55} dy^{21} ly^{21} ly^{33} tʂʅ^{55}, | bər^{33} phər^{21} dɯ^{33} ty̩^{21}, bər^{21} nɑ^{55}
帽子 做 香炷 油灯 做 香炷 圆圆的 烧 牦牛 白 一 千 牦牛 黑

dɯ^{33} kɯ^{21} be^{33},ʐuɑ^{21} ʂuɑ^{33} dɯ^{33} ty̩^{21}, ʐuɑ^{21} mu^{33} dɯ^{33} kɯ^{21} be^{33}, ʂy̩^{21} ne^{21} ly̩^{21} ȵiə^{21} u^{55} nɯ^{33} miə^{21}
一 万 做 马 枣红 一 千 马 灰黄 一 万 做 署 与 龙 处 财物（助）眼

ʂər^{55}, dʑe^{33} nɯ^{33} miə^{21} ka^{55} be^{33} le^{33} iə^{55}, mɑ^{55} mi^{33} pɑ^{33} luɑ^{33} dʑy^{21} ky̩^{33} dɯ^{33} ɕi^{33} tshe^{21} ho^{55} gə^{55} lɑ^{33},
满 货物（助）眼 遮 的 又 给 冒米巴朗 山 头 一 百 十 八 峰

愿心安神宁，流水满塘，愿生活富强，愿子孙兴旺，愿胜利美丽，能干迅速，长寿富足。蒿坡蒿草坡，规矩先前就有。白铜铁模子，铁模子先前就有，箭尾粘羽毛，规矩模子先前就有。天气晴朗的一天，普蚩乌路后裔的主人家，请来会作仪的东巴，东巴用白毡子铺设了神坛，用青稞、白米做神粮，以金银、绿松石、墨玉石做神的酬物供奉于神坛上。建署的九个寨子，做七百块白木牌，五百块高木牌，九丛竹子，九片白杨，做黄线绿线，做金花银花，黄花绿花，做糯米白米，做头道酒，饭碗举过头顶，如同戴帽子，做香油灯，烧香炷，做白牦牛一千，黑牦牛一万，做枣红马一千，灰黄马一万，偿还署与龙满眼满目的好财物。冒米巴朗山有一百一十八个山峰，

110-B-70-10

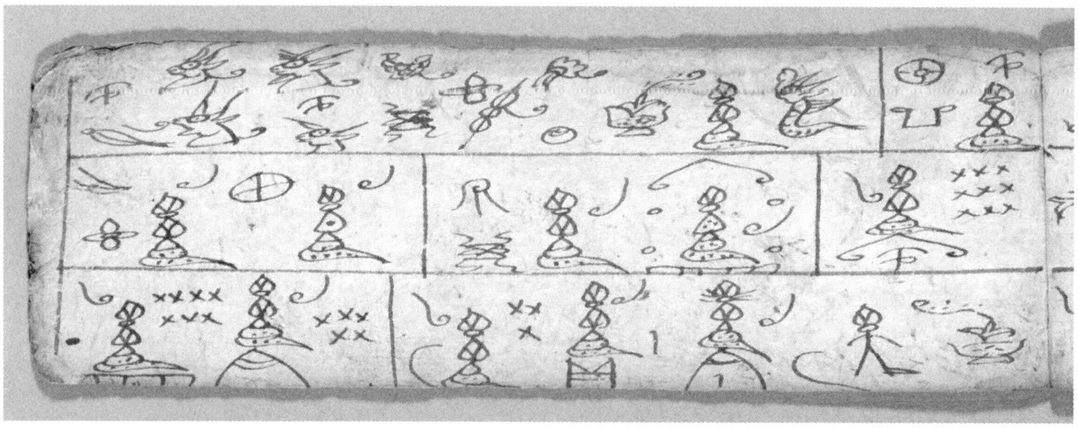

dʑy^{21} khɯ^{33} dɯ^{33} phu^{55} dʐʅ^{21}, tʂhər^{33} dʑi^{21} no^{33} dʑi^{21} phər^{21} me^{33} dɯ^{33} ho^{21} i ^{3} ,thɯ^{33} do^{21} ɕi^{33} mə^{33}
山 脚 一 脚 生 药 水 奶 水 白 的 一 条 有 他 见 人 不

dʑy^{21},dʐʅ^{21} me^{33} bər^{21} me^{33} pər^{21} nɯ^{33} do^{21}, dʐʅ^{21} me^{33} bər^{21} me^{33} phər^{21} gə^{33} no^{33} le^{33} tʂhuɑ^{21}, lɑ^{33} do^{33}
有 犏牛 母 牦牛 母 白（助）见 犏牛 母 牦牛 母 白 的 奶 又 挤 拉多

tshʅ55 le33 y21 me33 phər21 nɯ33 thɯ21, tshʅ55 le33 y21 me33 phər21 gə21 no33 le33 tʂhuɑ21, pɑ33 iə55
山羊 又 绵羊 母 白 （助）喝 山羊 又 绵羊 母 白 的 奶 又 挤 宽角

ɯ33 me33 phər21 nɯ33 thɯ21, pɑ21 iə55 ɯ33 me33 phər21 gə33 no21 le33 tʂhuɑ21, ŋv̩21 sɑ55 hæ21 sɑ55 lv̩21
牛 母 白 （助） 喝 宽角 牛 母 白 的 奶 又 挤 银 气 金 气 暖

gə33 tʂhər33, uɑ21 sɑ55 tʂhu21 sɑ55 lv̩21 gə33 tʂhər33, ko33 ʂuɑ21 ɕy55 gə33 æ33 ʂuɑ21 bæ33,ɯ33 ɕy21 mɑ21
的 药 松石 气 墨玉 气 暖 的 药 高原 高 柏 的 岩 高 蜂 牛 红 油

gə33 tʂhər33, ʂv̩21 ne21 lv̩21 tʂhər33 gə21 le33 khɯ55. | ȵi33 me33 thv̩33, ʂv̩21 phər21 lv̩21 phər21 tʂhər33
的 药 署 和 龙 药 上 又 放 太阳 出 署 白 龙 白 药

le33 khɯ55, i33 tʂhʅ33 mɯ21, ʂv̩21 hər21 lv̩21 hər21 tʂhər33 le33 khɯ55, ȵi33 me33 gv̩21, ʂv̩21 nɑ21 lv̩33 nɑ21
又 放 南方 署 绿 龙 绿 药 又 放 太阳 落 署 黑 龙 黑

tʂhər33 le33 khɯ55, | ho33 gv̩33 lo21, ʂv̩12 ʂʅ21 lv̩33 ʂʅ21 tʂhər33 le33 khɯ55, mɯ33 ne21 dy21 ly55 gv̩33, ʂv̩21
药 又 放 北方 署 黄 龙 黄 药 又 放 天 与 地 中间 署

dʑæ21 lv̩21 dʑæ21 tʂhər33 le33 khɯ55. | phər21 be33 gv̩33 lɯ33 mɯ33, gv̩33 tshər21 gv̩33 lɯ33 mɯ33 mɯ33
花斑 龙 花斑 药 又 放 白 的 九 里母 九 十 九 里母 天

nɯ33 dʐʅ33 me33, ʂv̩21 ne21 lv̩21 tʂhər33 gə21 le33 khɯ55, nɑ21 be33 ʂər33 lɯ33 mɯ33, ʂər33 tshər21 ʂər33
（助）住 的 署 和 龙 药 上 又 放 黑 的 七 里母 七 十 七

lɯ33 mɯ33 dy21 nɯ33 dʐʅ33 me33, ʂv̩21 ne21 lv̩21 tshər33 gə21 le33 khɯ55, uɑ33 tshər21 uɑ55 lɯ33 mɯ33 dʑy21
里母 地（助）住 的 署 和 龙 药 上 又 放 五 十 五 里母 山

nɯ33 dʐʅ21 me33, ʂv̩21 ne21 lv̩21 tʂhər33 gə21 le33 khɯ55, | sʅ55 tshər21 sʅ55 lɯ33 mɯ33 lo21 nɯ33 dʐʅ21
（助）住 的 署 和 龙 药 上 又 放 三 十 三 里母 山箐（助）住

me33, ʂv̩21 ne21 lv̩21 tʂhər21gə21 le33 khɯ55, dɯ33 uə33 kv̩33 gə33 dɯ33 dʐʅ33, dɯ33 dʑy21 kv̩33 gə33 dɯ33
的 署 和 龙 药 上 又 放 一 寨 头 的 一 住 一 山 头 的 一

dʐʅ33, dɯ33 lo21 nɑ21 gə33 tʂər33 le33 khɯ55, lɯ33 mɯ33 ʂv̩21 ne21 lv̩21 tʂhər33 gə21 le33 khɯ55,
住 一 谷 大 的 药 又 放 里母 署 和 龙 药 上 又 放

只有一个山脚，有一股奶水般的药水，却没人看见，被白色的母犏牛、母牦牛看见，喝奶水般的药水，挤白母犏牛、母牦牛的奶。被“拉多”白母山羊、绵羊来喝，挤白山羊、绵羊的奶。宽角白母牛来喝，挤宽角白母牛的奶。金银暖气为药，绿松石墨玉石的暖气为药。高原的柏为药，高岩的蜂为药，牛的红油为药，给署和龙施药。给东方白色的署与龙施药，给南方绿色的署与龙施药，给西方黑色的署与龙施药，给北方黄色的署与龙施药，给天地中央杂色的署与龙施药，给住在天上的九十九尊白里母施上署和龙的药，给住在地上的七十七尊黑里母施上署和龙的药，给住在山上的五十五尊里母施药，给住在山箐中的三十三尊里母施上署和龙的药，给住在村头的、山头的、大山谷里的都施上药。

110-B-70-11

mɯ^{33} gə^{33} o^{21} hər^{21} mu^{33} dzər^{21} tʂhər^{33} le^{33} khɯ^{55}, dy^{33} phər^{21} si^{33} gɯ^{33} tʂhər^{33} le^{33} khɯ^{55}, æ^{33} ʂuɑ^{21}
天 的 青龙 药 又 放 海螺 白 狮子 药 又 放 崖 高

kv̩^{33} gə^{33} hæ^{33} ʂʅ^{21} y^{21} ʂʅ^{21} tʂhər^{33} le^{33} khɯ^{55}, | dʑi^{33} dʑiə^{21} lɑ^{33} lər^{33} dy^{21}, hæ^{33} ʂʅ^{21} pɑ^{55} me^{33} tʂhər^{55}
头 的 金 黄 猴 黄 药 又 放 人类 辽阔 地 金 黄 蛙 大 药

le^{33} khɯ^{55}, ty^{33} gə^{33} sʅ^{33} phe^{33} æ^{33} nɯ^{33} dʐʅ^{21} me^{33} tʂhər^{33} le^{33} khɯ^{55}, | n̥i^{33} gə^{33} sʅ^{33} phe^{33} dʐər^{21}
又 放 敦 的 酋长 崖（助）住 的 药 又 放 尼 的 酋长 树

nɯ^{33} dʐʅ^{21} me^{33} tʂhər^{33} le^{33} khɯ^{55}, ʂv̩^{13} gə^{33} sʅ^{33} phe^{33} dʑi^{21} nɯ^{33} dʐʅ^{21} me^{33} tʂhər^{33} le^{33} khɯ^{55}, sɑ^{21}
（助）住 的 药 又 放 署 的 酋长 水（助）住 的 药 又 放 刹道

dɑ^{55} sʅ^{33} phe^{33} nɯ^{33} dʐʅ^{21} me^{33} tʂhər^{33} le^{33} khɯ^{55}, | tʂhʅ^{33} dʑy^{21} kv̩^{33}, tʂhʅ^{33} lo^{21} na^{21} nɯ^{33} dʐʅ^{21} ,
酋长（助）住 的 药 又 放 这 山 头 这 山箐 大（助）住

lɯ^{33} mu^{33} ʂv̩^{21} ne^{21} lv̩^{21} tʂhʅ^{33} uɑ^{21} i^{33}, tʂhər^{33} i^{33} gə^{21} le^{33} khɯ^{55},lɯ^{33} mu^{33} ʂv̩^{21} ne^{21} lv̩^{21} tʂhʅ^{33}
里母 署 和 龙 所有（助 ）药 是 上 又 放 里母 署 和 龙 所有

uɑ^{21}, | kv̩^{33} mə^{33} gu^{21} nɯ^{33} kv̩^{33} tʂhər^{33} khɯ^{33}, lɑ^{21} mə^{33} gu^{21} nɯ^{33} lɑ^{21} tʂhər^{33} khɯ^{55}, khɯ^{33} mə^{33}
身体 不 痛 是 身体 药 放 手 不 痛（助）手 药 放 脚 不

gu^{21} nɯ^{33} khɯ^{33} tʂhər^{33} khɯ^{55}, | ʂv̩^{21} ne^{21} lv̩^{21} tʂhʅ^{33} uɑ^{21}, mə^{33} dʐʅ^{33} khu^{33} nɯ^{33} so^{33}, mə^{33} thɯ^{21}
痛（助）脚 药 放 署 和 龙 所有 不 吃 口 来 尝 不 喝

tʂhər^{33} khuɑ^{55} dɯ^{33} thɯ^{21} lu^{33},
药 碗 一 喝 来

给所有的里母都施上署和龙的药。给天上的青龙施药，给白海螺般的白狮子施药，给高山崖上住的黄金色的猴子施黄药，给人类大地上住的金黄大蛙施药，给崖上住的敦酋长施药，给树上住的尼署酋长施药，给水里住的署酋长施药，给地上住的刹道酋长施药，给所有在山上住和箐里住的里母署与龙施药，里母署与龙身体不痛也施身体痛的药，手不痛也施手痛的药，脚不痛也施脚痛的药。所有的署和龙，即使不吃，也要尝一尝药水，不喝也要来喝一碗药水。

110-B-70-12

miə^{33} nɑ^{21} miə^{33} tsʅ^{55} do^{33}, tʂhər^{33} khuɑ^{55} le^{33} ly^{21} lu^{55}, | lɑ^{21} bə^{33} phər^{21} zi^{55} zæ^{33} tʂhər^{33} khuɑ^{55}
眼睛 眼睛眨 药 碗 又看 来 手 掌 白 嫩嫩 药 碗

dɯ^{33} zʅ^{33} lu^{33}, | hɯ^{33} khɯ^{33} phər^{21} sɑ^{55} sa^{33} tʂhər^{33} dʑi^{33} dɯ^{33} so^{33} lu^{33}, | tʂhər^{33} khɯ^{55} ɯ^{33} me^{33}
一 握 来 牙根 白 生生 药 水 一 尝 来 药 放 好 的

tʂhər^{33} i^{33} le^{33} dʐu^{33} lu^{33}. | i^{33} dɑ^{13} tʂhʅ^{33} dɯ^{33} dʑi^{13}, lɯ^{55} kɣ^{33} py^{33} bɣ^{21} thɯ^{33}, lɯ^{33} mu^{33} ʂɣ^{21} ne^{13} lɣ^{21}
药 呀 又 拿 来 主人 这 一 家 高明 东巴 他 里母 署 和 龙

ȵiə^{21} mə^{33} æ^{21} uɑ^{21} le^{33} ʂər^{55} , he^{33} le^{33} me^{55}. | i^{33} dɑ^{13} tʂhʅ^{33} dɯ^{33} dʑi^{13}, tʂuɑ^{21} ɯ^{33} mɑ^{21} kɣ^{33} dʐʅ^{21},
处 不 羁留 灵魂 又 招 灵魂 又 要 主人 这 一 家 男人 好 作揖

bɯ^{21} ɯ^{33} mɑ^{21} khɣ^{55} dʐʅ^{21},tʂuɑ^{21} ne^{21} bɯ^{21} ȵi^{33} kɣ^{55}, lɯ^{33} mu^{33} ʂɣ^{21} ne^{33} lɣ^{21} ȵiə^{21}, | khɣ^{55} mə^{33}
女子 好 作揖 夫 与 妇 两个 里母 署 和 龙 处 年 不

lɣ^{21} me^{33} kɣ^{55} le^{33} me^{55}, khɣ^{55} me^{55} khɣ^{55} dɯ^{33}, zʅ^{33} me^{55} zʅ^{33} dɯ^{33}, nɯ^{21} me^{55} nɯ^{21} dɯ^{33},
充足 的 年 又 祈要 年 要 年 得到 长寿 要 长寿 得到 福泽 要 福泽 得到

uɑ^{21} me^{55} ua^{21} dɯ^{33}, hɯ^{21} me^{55} hɯ^{21} dɯ^{33}, dʐæ^{21} me^{55} dʐæ^{21} dɯ^{33} gɣ^{33} be^{33} ho^{55}. | i^{33} dɑ^{13} tʂhʅ^{33}
子嗣 要 子嗣 得到 富 要 富 得到 强 要 强 得到 成 这 但愿 主人 这

dɯ^{33} dʑi^{21}, mə^{33} gu^{21} mə^{33} tshər^{33},mə^{33} tɕhi^{55} mə^{33} by^{21}, khuɑ^{33} y^{21} he^{33} hɯ^{21}, dʑi^{33} i^{33} dər^{33} ʂər^{55},
一 家 不 病 不 痛 不 惧 不 悸 声 轻 耳 安 水 流 塘 满

眨动的眼睛来看药碗，白嫩嫩的手来拿药碗，白生生的牙齿来尝药水，施好药又来拿药。作仪的人家，高明的东巴为主人招魂，魂灵不被羁留在里母署龙处。主人这一家，好男人作揖，好女子也作揖，夫妇俩向里母署与龙，祈求年岁得年岁，祈求长寿得长寿，祈求福泽得福泽，祈求子嗣得子嗣，祈求富强得富强，但愿主人这一家，不病不痛，不悸不惧，心安神宁，流水满塘，

110-B-70-13

nɯ^{21} uɑ^{21} hɯ^{21} dʐæ^{33} gṿ^{33} be^{33} ho^{55}！｜æ^{33} phṿ^{33} æ^{33} dʐụ^{33}, bɑ^{21} phṿ^{55} bɑ^{21} ɯ^{33} gṿ^{33} be^{33}
福泽 子嗣 富 强 成 这 愿 庄稼 种 庄稼 增加 庄稼 撒 庄稼 好 成 这

ho^{55}！｜nɯ^{21} lṿ^{55} nɯ^{21} dʐụ^{21} gṿ^{33} be^{33} ho^{55}！｜ mi^{55} hæ^{21} tsho^{21} dʐụ^{33} gṿ^{33} be^{33} ho^{55}！｜ ɕi^{33}
愿 牲畜 放 牲畜 增加 成 这 愿 媳妇 娶 人 增加 成 这 愿 百

zo^{33} y^{21} me^{33} ɕi^{33} uə^{33} le^{33} tshɿ^{55} lu^{33} ,｜ ɕi^{33} mi^{55} ɕi^{21} me^{33} ɕi^{33} khu^{55} lu^{21} , zɿ^{33} ʂər^{21} hɑ^{55} i^{33}
男人 生 的 百 村 又 建 来 百 女人 养 是 百 开辟 寿 长 富足

gṿ^{33} be^{33} ho^{55}！
成 这 愿

愿主人家生活富裕，庄稼丰收、牲畜成群！愿娶妻人丁兴旺！愿百个男人建起百个村寨，百个女人辟百个地方！愿长寿富足！

110-B-70-14

封底

（释读：和秀东 翻译：周净 审校：李英）

120-B-75-01

ʂv̩^{21} gv̩^{21} · ʂv̩^{21} ɗo^{21} py^{21}①

祭署 · 祭傻署

① 据东巴所述，这本经典封面书名为“祭傻署”，可里边的内容与祭傻署没什么关系，是关于祭蛇鬼和拉鬼的经书。

120–B–75 祭署·祭傻署

【内容提要】

经书讲述了蛇鬼的来历，蛇鬼、豹鬼和虎鬼联合起来作祟于主人家，使主人家得病与痛，生活不顺畅。主人家就请来东巴作祭祀仪式，东巴就请来盘神、沈神等诸神，并讲述如何作仪式驱赶了蛇鬼、豹鬼与虎鬼，偿还了鬼债，从而使主人家中的病痛痊愈，生活顺畅。

【英文提要】

Worshipping *ʂv* (*the God of Nature*). Worshipping the Inutile *ʂv*

This scripture records the origin of *the Serpent Ghost*. Ghosts of *the Serpent*, *the Leopard* and *the Tiger* ganged up and haunted the host family for illness and bad luck. The host family invited *to ba ʂər lər* for the sacrifice ritual, who, then, prayed the descending of Gods *phər* and *se*. This scripture also records the ritual process for exorcising these ghosts and cure the host family with healthy and good luck after paying the debt.

120-B-75-02

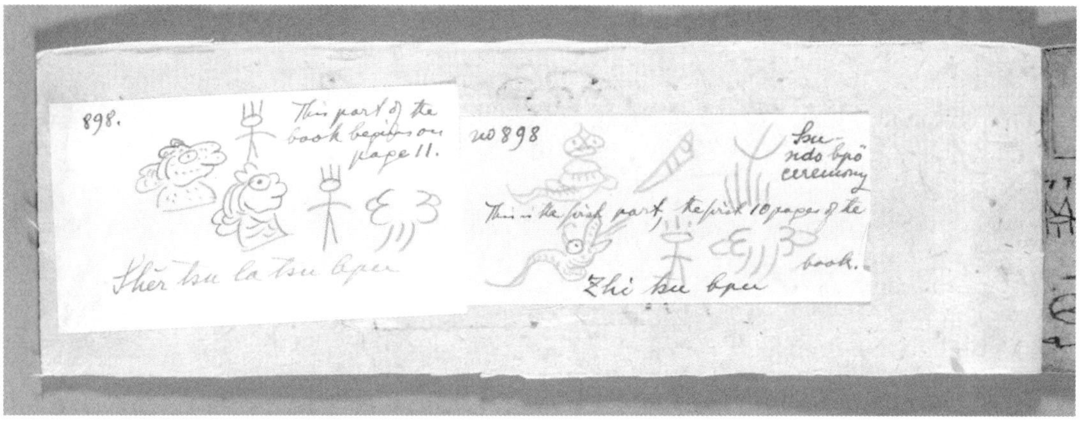

第一张标注是经过核实以后的确切书名。其第一行的“898”为洛克的藏书编号，其后为洛克用英文标注的“署古”。第二行是此经书的东巴文书名：送支鬼拉鬼。第三行是洛克音标标注的书名。

第二张标注第一行“vo898”为洛克的藏书编号，其后为东巴文书名：送傻署。再后为洛克音标标注的“署古”。第二行是此经书的英文标注书名。第三行为此经书的东巴文书名：送蛇鬼。第四行是洛克音标标注的书名。

120-B-75-03

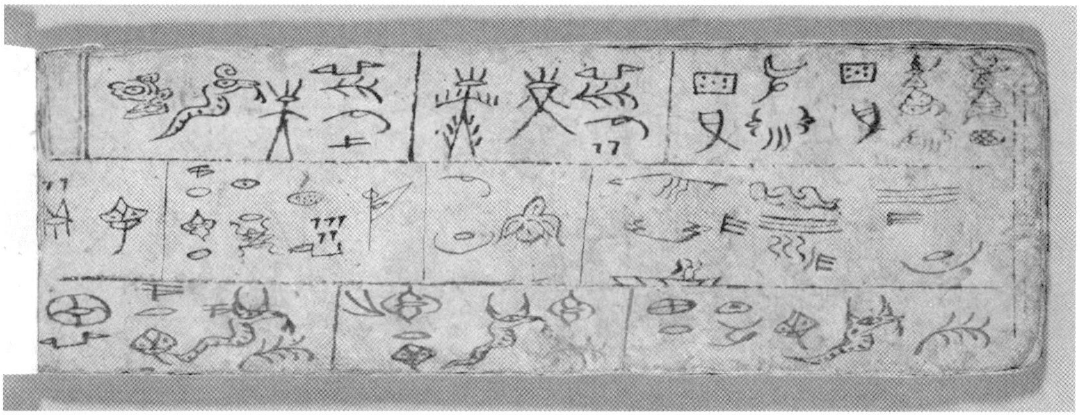

ɑ^{33} lɑ^{33} mə^{33} ʂər^{55} ȵi^{33},ʐʅ^{21} tshʅ^{21} thy̩^{33} le^{33} pɯ^{55} ky̩^{33} mə^{33} sʅ^{33} me^{33} ，thy̩^{33} le^{33} pɯ^{55} dzo^{21} ʂə^{55}

啊 也 不 说 日 蛇鬼 出处与 来历 不 知 者 出处与 来历 说

mə^{33} ȵi^{21} ，thy̩^{33} le^{33} pɯ^{55} ky̩^{33} mə^{33} sʅ^{33}me^{33} ，thy̩^{33} le^{33} pɯ^{55} dzo^{21} be^{33} mə^{33} ȵi^{21}.|mu^{21} ne^{13}

不 要 出处与 来历 不 知者 出处与 来历 做 不 要 猛鬼与

ɯ^{21} ȵi^{33} ky̩^{55} thy̩^{33} le^{33} pɯ^{55} ky̩^{33} mə^{33} sʅ^{33} me^{33} ，thy̩^{33}le^{33} pɯ^{55} dzo^{21} ʂə^{55} mə^{33}ȵi^{21} ，thy̩^{33} le^{33}

恩鬼两 个 出处 与 来历 不 知 者 出处与 来历 说 不 要 出处与

pɯ^{55} ky̩^{33} mə^{33} sʅ^{33} me^{33} ，thy̩^{33} le^{33} pɯ^{55} dzo^{21} be^{33} mə^{33} ȵi^{21}.|ʂy̩^{21} me^{33} nɑ^{21} py̩^{55} ne^{21} ʂy̩^{21}

来历 不 知 者 出处 与 来历 做 不 要 署美拿布 和

me^{33} nɑ^{21} mu^{33} ȵi^{33} ky̩^{55} pɯ^{33} pɑ^{33} be^{33} ，ky̩^{33} phər^{21}ky̩^{33} hər^{21} ky̩^{33} nɑ^{21} ky̩^{33} ʂʅ^{21} ky̩^{33} dzæ^{21}

署美纳姆 两 个 交媾 做 蛋 白 蛋 绿 蛋 黑 蛋 黄 蛋 斑

uɑ⁵⁵ ly³³ the²¹ nɯ²¹ thy̩³³.｜ky̩³³ ky̩²¹ ɕi³³ dʑy²¹ lɑ³³ ky̩³³ by̩²¹ ɕi³³ mə³³ dʑy ²¹ .｜mɯ³³ sɑ⁵⁵ dy²¹
五 个 这 由 产生 蛋 下 人 有 也 蛋 孵 人 不 有 天 气 地

sɑ⁵⁵ ly̩²¹ nɯ³³ by̩²¹ ， tɕi²¹ le³³ hæ³³ sɑ⁵⁵ ly̩²¹ nɯ³³ by̩²¹ .｜n̩.i³³ me³³ thy̩³³ gə³³ ky̩³³ phər²¹ pɯ³³
气 温 由 孵 云 和 风 气 温 由 孵 东方 的 蛋 白 变化

pa³³ be³³ ，zʅ²¹ phər²¹ the²¹ nɯ³³ thy̩³³ the²¹ nɯ³³ pɯ⁵⁵ le³³ tshɿ²¹.｜i³³ tʂhʅ³³ mi²¹ gə³³ ky̩³³ hər²¹
作 蛇 白 这 从 出 这 从 产生 又 来 南方 的 蛋 绿

pɯ³³ pa³³ be³³，zʅ²¹ hər²¹ the²¹ nɯ³³ thy̩³³ the²¹ nɯ³³ pɯ⁵⁵ le³³tshɿ²¹.｜n̩.i³³ me³³ gy̩²¹ gə³³ ky̩³³
变化 作 蛇 绿 这 从 出 这 从 产生 又 来 西方 的 蛋

na²¹ pɯ³³ pɑ³³ be³³ ， zʅ²¹ nɑ²¹ the²¹ nɯ³³ thy̩³³ the²¹ nɯ³³ pɯ⁵⁵ le³³ tshɿ²¹.｜
黑 变化 作 蛇 黑 这 由 出 这 由 产生 又 来

远古的时候，不知道蛇鬼的出处与来历，就不要说有关蛇鬼的出处与来历，也不要做有关它的仪式；不知道猛鬼和厄鬼的出处与来历，就不要说有关猛鬼和厄鬼的出处与来历，也不要做有关它的仪式。署美拿布、署美纳姆两个作变化，产生出白蛋、绿蛋、黑蛋、黄蛋、花蛋五个蛋。虽有下蛋的，却没有来孵蛋的，是温暖的天气和地气、云气和风气来孵化。东方的白蛋作变化，产生出白蛇；南方的绿蛋作变化，产生出绿蛇；西方的黑蛋作变化，产生出黑蛇；

120-B-75-04

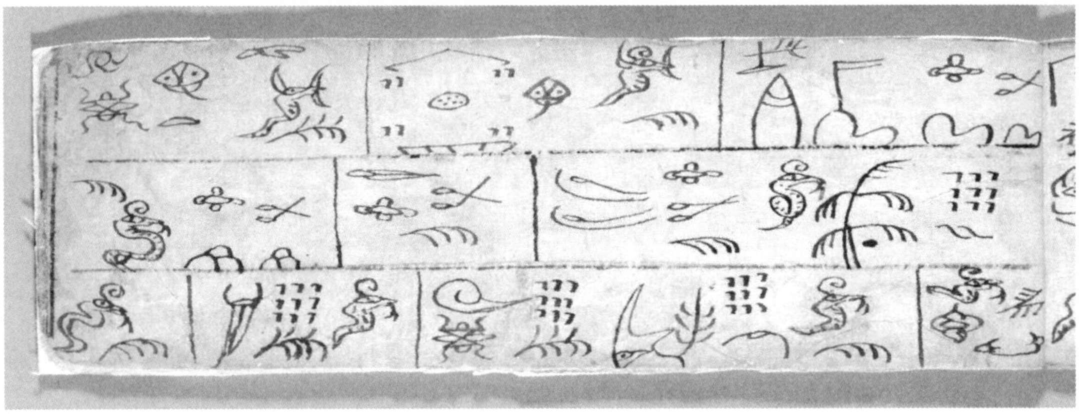

ho²¹ gy̩³³ lo²¹ gə³³ ky̩³³ ʂʅ²¹ pɯ³³ pɑ³³ be³³ ， zʅ²¹ ʂʅ²¹ the²¹ nɯ³³ thy̩³³ the²¹ nɯ³³ pɯ⁵⁵ le³³
北方 的 蛋 黄 变化 作 蛇 黄 这 从 出 这 从 产生 又

tshɿ²¹.｜mɯ³³ ne²¹ dy²¹ ly̩⁵⁵ gy̩³³ ky̩³³ dzæ²¹ pɯ³³ pa³³ be³³ ， zʅ²¹ dzæ²¹ the²¹ nɯ³³ thy̩³³ the²¹
来 天地中间 蛋 斑 变化 作 蛇 斑 这 从 出 这

nɯ³³ pɯ⁵⁵ le³³ tshɿ²¹.｜so³³ ʂua²¹ bu²¹ suɑ²¹ ky̩³³ ， bu²¹ dɯ²¹ bu²¹ tɕi⁵⁵ko⁵⁵，｜the²¹ nɯ²¹ thy̩³³
从 产生 又 来 高原 高 坡 高 地方 坡 大 坡 小 间 这 从 出

the²¹ nɯ²¹ pɯ⁵⁵ le³³ tshɿ²¹ ， ly̩³³ dɯ²¹ ly̩³³ tɕi⁵⁵ ko⁵⁵ nɯ³³ pɯ⁵⁵ le³³ tshɿ²¹.｜dʑi²¹ dɯ²¹ dʑi²¹ tɕi⁵⁵
这 从 产生 又 来 石头 大 石头 小 间 从 产生 又 来 水 大 水 小

ko^{55} nɯ^{33}pɯ^{55} le^{33} tshɿ^{21}.|lo^{21} dɯ^{21} lo^{21} tɕi^{55} ko^{55} nɯ^{33} pɯ^{55} le^{33} tshɿ^{21}，lɯ^{33} nɑ^{21} ʂə^{55} bi^{33} gv̩^{33}
间 从 产生又 来 箐 大 箐 小 间 从 产生 又 来 冷杉 黑 云杉林 九

bi^{33} ko^{55} pɯ^{55} le^{33} tshɿ^{21}.|dʑi^{33} kho^{33} gv̩^{33} kho^{33} nɯ^{33} pɯ^{55} le^{33} tshɿ^{21}.| hɯ^{55} ʂʅ^{21} gv̩^{33} hɯ^{55} lo^{21}
片 间 产生 又 来 水 源 九 眼 从 产生 又 来 海 黄 九 海 里

nɯ^{33}pɯ^{55}le^{33}tshɿ^{21}，æ^{21} sɿ^{33} gv̩^{33} ter^{55}，æ^{21} lv̩^{33} gv̩^{33} lv̩^{33} lo^{21} nɯ^{33} pɯ^{55} le^{33} tshɿ^{21}.|ʐʅ^{21} zi^{33}
从 产生 又 来 岩 树 九 棵 岩 石头九 个 里 从 产生 又 来 蛇漂亮

tɕər^{33} hər^{21}，ʐʅ^{21} zi^{33} mæ^{33} pv̩^{21} i^{33}
脖 绿 蛇漂亮 尾 干 由

北方的黄蛋作变化，产生出黄蛇；天与地中间的花蛋作变化，产生出花蛇。产生出高山高岭上的蛇，产生出大坡小坡上的蛇，产生出大石小石旁的蛇，产生出急流浅水中的蛇，产生出森林里的蛇，产生出九个泉眼里的蛇，产生出九个黄湖里的蛇，产生了九棵岩树、九个岩石里的蛇。青脖美蛇、干尾美蛇

120-B-75-05

ue^{33} dzv̩^{21} kv̩^{21}，ue^{33} dzv̩^{21} mæ^{33} nɯ^{33} pɯ^{55}.|ʂv̩^{21} nɯ^{33} zo^{33} ne^{13} mi^{55} tʂhʅ^{33} huɑ^{55} tɕər^{21}，gu^{21}
寨子 头 寨子 尾 从 产生 署 由 男 与 女 他们 上 病

khɯ^{55} tshɿ^{33} khɯ^{55} tshɿ^{21} i^{33} kv̩^{55}.|ʂv̩^{21} gə^{33} ʐʅ^{21} khɯ^{33} le^{33} khɯ^{55} tshɿ^{21}，ʂv̩^{21} gə^{33} ʐʅ^{21} ʐuɑ^{33}
施 疾 施 来 也 会 署 的 蛇鬼 狗 又 放 来 署 的 蛇鬼 马

le^{33} khɯ^{55} tshɿ^{21} dɯ^{21} ȵi^{33}.|bi^{21} thv̩^{33} mə^{55} tʂhʅ^{33} ȵi^{33}，i^{33} dɑ^{21} tʂhʅ^{33} thɯ^{33} dʑi^{13} miə^{21} nɯ^{33}
又 放 来 一 天 日 出 的 这 天 主人 这 一 家 眼 用

ʂv̩^{21} tshɿ^{21} ʐʅ^{21} tshɿ^{21} le^{33} ly^{21} la^{33} mə^{33} khɯ^{55}，he^{33} nɯ^{33} ʂv̩^{21} ne^{13} ʐʅ^{21} kho^{33} le^{33} mi^{33} lɑ^{33}
署 鬼 蛇 鬼 又 看 也 不 去 耳 用 署 和 蛇 声 又 听 也

mə^{33} khɯ^{55}，khɯ^{33} nɯ^{33} ʂv̩^{21} ne^{13} ʐʅ^{21} lɑ^{33} mə^{33} thv̩^{55}，lɑ^{21} nɯ^{33} ʐʅ^{21} mə^{33} dʐə^{21}.|ʂv̩^{21} le^{33} ʐʅ^{21}
不 去 脚 用 署 和 蛇 又 不 踩 手 用 蛇 不 抓 署 和 蛇

tshʅ^{21} gv̩^{33} kv̩^{55} nɯ^{33} , i^{33} dɑ^{21} tʂhʅ^{33} dʑi^{13} tɕər^{21} , gu^{21} thv̩^{33} gu̩^{21} khɯ^{55} tshɿ^{33} thv̩^{33} tshɿ^{33}
这 九 个 被 主人 这 家 上 病 出 病 施 疾 出 疾

khɯ^{55} tshʅ^{21} i^{33} kv̩^{55}.| ə^{33} ȵi^{33} lɑ^{33} ʂə^{55} ȵi^{33} , dɯ^{33} khv̩^{55} gv̩^{33} dzy^{21} mi^{33} nɯ^{33} kɑ^{33} , ʐʅ^{21}
施 来 也 会 昨天 的 前天 一 年 九 山 火 来 烧 蛇

zi^{33} tɕər^{33} hər^{21} mi^{21} nɯ^{33} dʑi^{55} le^{33} ʂʅ^{33} , i^{33} dɑ^{21} tʂhʅ^{33} dʑi^{13} mu^{21} mə^{33} i^{33}.|
漂亮 脖 绿 火 被 烧 又 死 主人 这 家 原因 没有

在村头寨尾产生。署向所有的男女放来疾病，放来署的蛇鬼之狗，放来署的蛇鬼之马。日出的这一天，这户主人家，他们的眼睛也没有去看署鬼和蛇鬼，耳朵不去听署鬼和蛇鬼的声音，脚也没有去踩署和蛇鬼，手也没有去抓署和蛇鬼。然而，九个署和蛇鬼对这一户人家放来疾病。从前，曾经有一年，九座山起了大火，青脖美蛇被火烧焦，这与这户主人无干系。

120-B-75-06

gə^{21} i^{33} lɑ^{33} sɑ^{21} to^{55} khɯ^{33} phər^{21} , gv̩^{33} dzy^{21} phv̩^{55} lɯ^{33} zo^{33} , zo^{33} i^{33} ze^{21} zo^{33} uɑ^{21} mə^{33}
上方是 拉萨 坡 脚 白 藏族 猎鲁 男 男 是 哪 男 也 不

do^{21} , thɯ^{33} nɯ^{33} be^{33} iə^{33} mu^{21}.| dɯ^{33} khv̩^{55} ʂər^{33} lo^{21} dʑi^{21} ko^{33} do^{21} , pɑ^{55} hæ^{33} lɑ^{33} tʂʅ^{33}
知 他 是 做 的 是 一 年 七 沟 水 爆发 青蛙 趾

le^{33} sy^{55} bɯ^{33} lɑ^{33}.| i^{33} dɑ^{21} tʂhʅ^{33} dʑi^{13} mu^{21} mə^{33} i^{33} , mu^{21} i^{33} bæ^{33} ɕi^{21} kə^{55} le^{33} bv̩^{33},
来 杀 去 也 主人 这 家 原因 没 有 下方是 班喜构 白族

mi^{55} i^{33} ze^{21} mi^{55} uɑ^{21} mə^{33} do^{21} , thɯ^{33} nɯ^{33} be^{33} iə^{33} mu^{21}.| ə^{33} phv̩^{33} do^{21} sɑ^{33} ŋɑ^{33} thv̩^{55}
女 是 哪 女 也 不 知 她 是 做 的 是 祖父 都沙敖吐

nɯ^{33} ʂv̩^{21} zo^{33} ȵə^{55} se^{33} ɕy^{33} lo^{33} sy^{55} le^{33} ʂʅ^{33} bu^{33} lɑ^{33} , i^{33} dɑ^{21} tʂhʅ^{33} dʑi^{13} mu^{21} mə^{33} i^{33}.|
来 署 子 纽生许罗 杀 被 死 去 也 主人 这 家 原因 没 有

u^{21} zo^{33} lo^{33} mə^{33} dzy^{33} , ʐʅ^{21} zi^{33} tɕər^{33} hər^{21} le^{33} sy^{55} bu^{33} lɑ^{33} , u^{21} zo^{33} sɿ^{33} ʂu^{21} zo^{33}
仆 男 事 没 有 蛇 漂亮 脖 绿 来 杀 即使 仆 男 柴 找 男

nɯ^{33} be^{33} iə^{33} mu^{21} , tʂhʅ^{21} lɑ^{33} i^{33} dɑ^{21} tʂhʅ^{33} dʑi^{13} mu^{21} mə^{33} i^{33} .| tɕiə^{21} mi^{55} tʂe^{55} thv̩^{33}
由 做 是 的 这 也 主人 这 家 原因 没 有 仆 女 木 桶

pu^{55} , ʂər^{33} lo^{21} dʑi^{21} uo^{55} ʐʅ^{21} zi^{33} kv̩^{33} phər^{21} lɑ^{55} le^{33} ʂʅ^{21} bu^{33} lɑ^{33} , i^{33} dɑ^{21} tʂhʅ^{33} dʑi^{13}
拿 七 沟 水 倒 蛇 漂亮 头 白 打 被 死 也 是 主人 这 家

mu^{21} mə^{33} i^{33}.| tɕiə^{21} mi^{55} dʑi^{21} uo^{55} mi^{55} nɯ^{33} be^{33} iə^{33} mu^{21}.| pv̩^{55} zo^{33} khu^{33} khɑ^{33} , be^{33}
原因 没 有 仆 女 水 倒 女 由 做 是 的 寨 男 口 苦 村

mi^{55}nv̩^{55} ɕy^{21} mi^{55} nɯ^{33} be^{33} iə^{33} mu^{21} .| lo^{33} nɑ^{55} mɯ^{55} hæ^{21} dɑ^{55} , ʐʅ^{21} phər^{21} , ʐʅ^{21} nɑ^{21},
女 嘴 红 女 由 做 是 的 沟 大 竹 绿 砍 蛇 白 蛇 黑

ʐʅ^{21} hər^{21} , ʐʅ^{21} ʂʅ^{21} , ʐʅ^{21} dzæ^{21} , pɑ^{33} hæ^{21} lɑ^{33} tʂʅ^{21} le^{33} sy^{55} bɯ^{33} mə^{33} n̥i^{21} ,
蛇 绿 蛇 黄 蛇 斑 青蛙 趾 又 杀 去 不 要

是上方拉萨踩肯盘的来卖氆氇的藏族男所为。曾经有一年，七条沟壑发洪水，生脚趾的青蛙被石头砸着而死掉，也与这户主人无干系，是下方做生意的白族女所为。都沙敖吐杀死纽生许罗也与这户主人无干系；男仆没事做杀死了青脖美蛇，是上山砍柴的男佣干的，与这户主人无干系；仆女拿着木桶往七条沟里倒水，打死了白头美蛇，也与这户主人无干系，是爱骂人的村男和爱挑弄是非的寨女所为。在深山里砍竹的这一天，不要杀白蛇、黑蛇、绿蛇、黄蛇和花蛇，不要去杀生脚趾的青蛙，

120-B-75-07

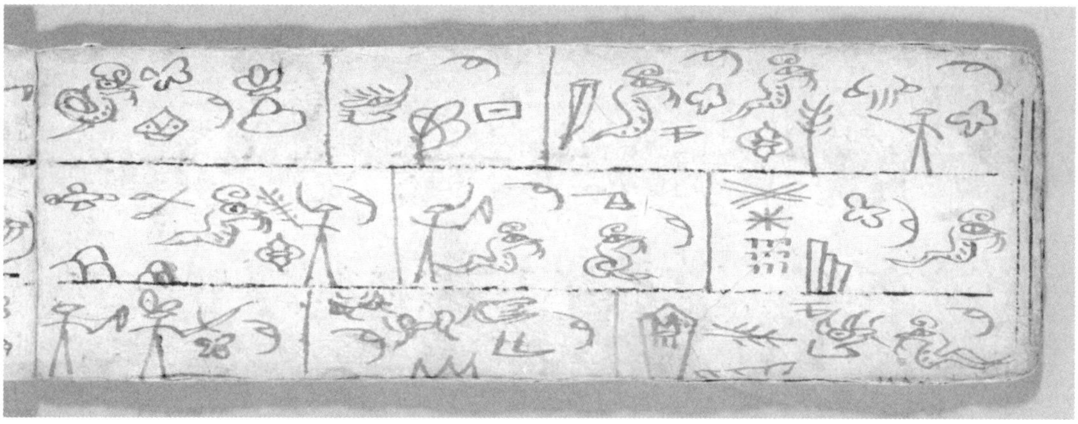

ʐʅ^{21} sy^{55} pɑ^{33} sy^{55} bɯ^{33} mə^{33} lu^{33} .| uə^{33} kv̩^{33} æ^{21} nɯ^{33} lɑ^{33} mə^{33} pe^{55} , uə^{33} khɯ^{33} bu^{21} nɯ^{33}
蛇 杀 蛙 杀 去 不 要 寨 头 鸡 由 也 没 扒 寨 尾 猪 由

la^{33} mə^{33} phæ^{55}.| dʑi^{21} kv̩^{33} ʐʅ^{21} phər^{21} , sər^{33} kv̩^{33} ʐʅ^{21} hər^{21} sy^{55} mə^{33} khɯ^{55} , lv̩^{33} dɯ^{33} lv̩^{33}
也 不 撬 水 上 蛇 白 树 上 蛇 绿 杀 不 去 石 大 石

tɕi^{55} ko^{55} , mɯ^{55} pu^{55} ʐʅ^{21} zi^{33} tɕər^{33} hər^{21} le^{21} mə^{33} sy^{55} .| mɯ^{55} luɑ^{33} tse^{55} pe^{33} tsho^{33} kv̩^{55}
小 间 竹 拿 蛇 漂亮 脖 绿 也 不 杀 竹 杆 斧子 锄头

pu^{55} , ʐʅ^{21} sy^{55} lɑ^{33} mə^{33} khɯ^{55}.| tv̩^{33} tv̩^{21}gv̩^{55} ʐʅ^{21} dzv̩^{21} , u^{21} zo^{33} lo^{33} mə^{33} dʑy^{33} , mɯ^{55} luɑ^{33}
拿 蛇 杀 也 没 去 直 九 路 住 佣 男 事 没 有 竹 杆

tse^{55} pe^{33} pu^{55}，ʐʅ^{21} zi^{33} tɕər^{33} hər^{21} lɑ^{33} mə^{33} ɕy^{55}，u^{21} mi^{55} lo^{33} mə^{33} dʑy^{33}，lɑ^{33} kv̩^{33} zər^{33}
斧子 拿 蛇 漂亮 脖 绿 也 没 杀 佣 女 事 没 有 手 上 刀

thɑ^{55} pu^{55}，ʐʅ^{21} zi^{33} tɕər^{33} hər^{21} lɑ^{33} le^{33} sy^{55} mə^{33} khɯ^{55}.| miə^{21} nɯ^{33} ʐʅ^{21} ly^{21} lɑ^{33} mə^{33}
锋利拿 蛇 漂亮 脖 绿 也 又 杀 没 去 眼 用 蛇 看 也 没

khɯ^{55}，he^{33} nɯ^{33} ʐʅ^{21} kho^{33} lɑ^{33} mə^{33} mi^{33}，lɑ^{21} nɯ^{33} ʐʅ^{21} lɑ^{55} lɑ^{33} mə^{33} khɯ^{55}，khɯ^{33} nɯ^{33}
去 耳 用 蛇 声 也 没 听 手 用 蛇 打 也 没 去 脚 用

ʐʅ^{21} thv̩^{55} lɑ^{33} mə^{33} khɯ^{55}.| dʑi^{21} kv̩^{33} dʑi^{21} mæ^{33} khɯ^{33} phər^{33} lo^{33} mə^{33} dʑy^{33}，ʐʅ^{21} zi^{33}
蛇 踩 也 没 去 房 前 屋 后 狗 白 事 没 有 蛇漂亮

tɕər^{33} hæ^{21} lɑ^{33}mə^{33} do^{55}.|
脖 绿 也 没 咬

不要去杀蛇与青蛙。寨头的鸡没有去啄，寨尾的猪也没有去撬。不去杀水上的白头美蛇、树上的青蛇。在大石小石间，也没有拿竹杆去打杀青脖美蛇。手拿锄头、斧子也没有去杀蛇。直直的九条道上，男佣没事做，手拿斧子也没有去砍青脖美蛇；女佣没事做，手拿锋利砍刀也没有去砍青脖美蛇。眼睛不去看蛇，耳朵不去听蛇的声音，手不去打蛇，脚也不去踩蛇。房前屋后，白狗没事做也不去咬青脖美蛇。

120-B-75-08

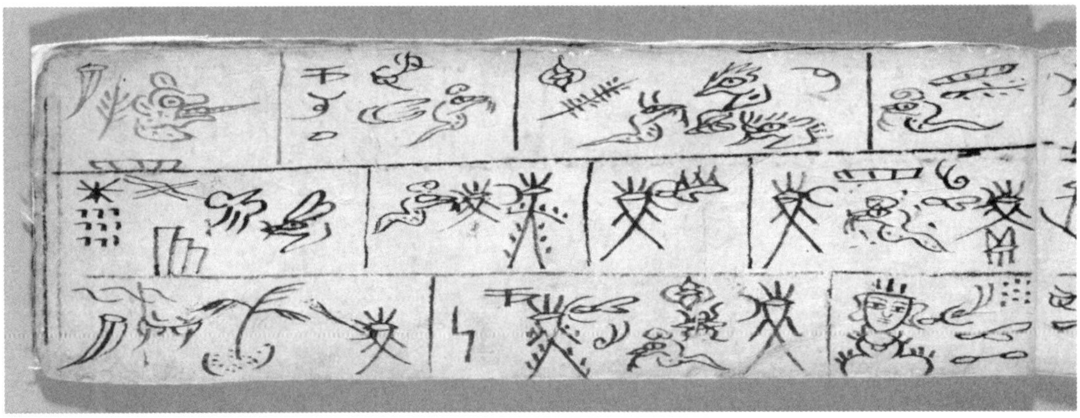

he^{13} i^{33} sʅ^{33} dʑi^{21} kv̩^{33}，dʐʅ^{21} zi^{33} lo^{33} mə^{33} dʑy^{33}，ʐʅ^{21} zi^{33} mæ^{33} pu^{33} lɑ^{33} mə^{33} do^{55}.| phər^{33}
恒依 苏吉 上 豹 漂亮 事 没 有 蛇 漂亮 尾 干 也 没有 咬 盘人

nɑ^{55} bə^{33} u^{21} tʂhʅ^{33}huɑ^{21} me^{33}，miə^{21} nɑ^{55} lo^{33} mə^{33} dʑy^{33}，miə^{21} nɯ^{33} ʐʅ^{21} mə^{33} ly^{21}，lɑ^{21} bæ^{21}
纳人崩人吴人 这伙 是 眼 大 事 没 有 眼 用 蛇 不 看 手 好动

ʐʅ^{21} mə^{33} lɑ^{55}.| mɯ^{55} hæ^{21} ʐʅ^{21} mə^{33} dʐʅ^{21}. æ^{21} nɑ^{55} lo^{33} mə^{33} dʑy^{33}，ʐʅ^{21} zi^{33} tɕiæ^{33} hæ^{21} lɑ^{33}
蛇 没 打 竹 绿 蛇 没 打 鸡 大 事 没 有 蛇 漂亮 脖 绿 也

mə^{33} bæ^{21}. bu^{21} nɑ^{55} lo^{33} mə^{33} dʑy^{33}，ʐʅ^{21} tshɑ^{55} lɑ^{33} mə^{33} khɯ^{55} .| dzæ^{21} dʑi^{21} ȵy^{55} ȵy^{33}
没 扒 猪 肥 事 没 有 蛇 咬 也 没 去 污水

kuɑ^{55} ,ʐʅ^{21} zi^{33} tɕər^{33} hər^{21} thɯ^{33} ,|ty̩^{33} ty̩^{21} gy̩^{55} ʐʅ^{33} dzʅ^{21} me^{33} by̩^{21} le^{33} ny̩^{33}.|ʐʅ^{21} zi^{33} tɕər^{33}
间 蛇漂亮脖 绿 这 直 九 路 住 的 下 又 埋 蛇 漂亮脖

hər^{21} thɯ^{33} , mu^{21} ne^{13} ɯ^{21} nɯ^{33} dzʅ^{33}.| ʂʅ^{33} ɕy^{21} dzʅ^{33} sæ^{33} ɕy^{21} tɯ^{21}.|dy^{21} gə^{33} ʐʅ^{21} lɑ^{33}
绿 它 猛 和 恩 由 吃 肉 红 吃 血 红 喝 地 的 蛇 也

mu^{33} nɯ^{33} dzʅ^{33} i^{33} ky̩^{55} , ʐʅ^{21} ʂʅ^{33} mu^{33} nɯ^{33} dzʅ^{33} , ʐʅ^{21} sæ^{33} mu^{33} nɯ^{33} thɯ^{21} i^{33} ky̩^{55}.|
猛 由 吃 也 会 蛇 肉 猛 由 吃 蛇 血 猛 由 喝 也 会

hæ^{33} tʂhu^{33} iə^{21} do^{33} ko^{21} , lɯ^{33} nɑ^{21} tʂhuə^{21} py^{55} gə^{33} ʐʅ^{21} ʂʅ^{33} mu^{33} nɯ^{33} dzʅ^{33} i^{33} ky̩^{55}.| tʂhər^{33}
含楚尤多 高原 冷杉黑 腐树 的 蛇 肉 猛 由 吃 也 会 朽

sər^{33} mu^{33} phɑ^{33} phər^{21} mu^{33} nɯ^{33} ʐʅ^{21} ʂʅ^{33} dzʅ^{33} , mi^{33} mu^{33} phɑ^{33} hæ^{21} mu^{33} nɯ^{33} ʐʅ^{21} ʂʅ^{33}
木 猛 脸 白 猛 由 蛇 肉 吃 火 猛 脸 绿 猛 由 蛇 肉

dzʅ^{33}, ʐʅ^{21} sæ^{33} thɯ^{21} , dʑi^{33} mu^{33} phɑ^{33} ʂʅ^{21} mu^{33} nɯ^{33} ʐʅ^{21} ʂʅ^{33} dzʅ^{33} , ʐʅ^{21} ʂæ^{33} thɯ^{21}.|
吃 蛇 血 喝 水 猛 脸 黄 猛 由 蛇 肉 吃 蛇 血 喝

bi^{33} lo^{21} tʂhu^{21} phu^{55} nɯ^{33} sæ^{33}ɕy^{21} gy̩^{33} thiə^{55} , ʂʅ^{33} ɕy^{21} gy̩^{33} phe^{55} , uɑ^{33} phər^{21} gy̩^{33} tʂər^{55}
丙罗崇铺 由 血 红 九 滴 肉 红 九 张 骨 白 九 节

在恒依苏吉河上游，漂亮的豹子没事做也没有去咬干尾美蛇。这伙盘人、纳人、崩人、吴人，大大的眼睛没事做，眼睛不去看蛇，游手好闲也不去打蛇，拿绿竹杆也不去打蛇。大公鸡没事做也不去扒青脖美蛇。肥猪没事干也不去咬蛇。在这污水中，把青脖美蛇埋在九条直道下的污水中。青脖美蛇被猛鬼和恩鬼吃了，吃了鲜红的肉，喝了鲜红的血。地上的蛇被猛鬼吃掉了，猛鬼吃蛇肉，喝蛇血。在含楚尤多高原，在腐朽了的冷杉树林中，蛇肉会被猛鬼吃掉。白脸的猛鬼吃了蛇肉，绿脸火猛鬼吃了蛇肉、喝了蛇血，黄脸水猛鬼吃了蛇肉、喝了蛇血。被丙罗崇铺咬了九滴鲜血，九张鲜红的肉，九节白骨，

120-B-75-09

mu^{21} nɯ^{33} dzʅ^{33} i^{33} ky̩^{55} .| mu^{21} zo^{33} gy̩^{33} ky̩^{55}ɕy^{55} le^{33} mə^{33}ʂʅ^{33} the^{21} ȵi^{33} gy̩^{33} .| i^{33} dɑ^{21}
猛 被 吃 也 会 猛 子 九 个 杀 也 不 死 这样 成 主人

tʂʅ^{33} dʑi^{13} ko^{21} ， ue^{33} kv̩^{33} phv̩^{55} lv̩^{33} le^{33} khɯ^{55} tshʅ^{33} i^{33} kv̩^{55} ， dər^{21} ɯ^{33} hua^{55} lv̩^{55} le^{33}
这 家 里 房 上 撒 石 又 放 来 也 会 田 好 生锈 又

khɯ^{55} tsʅ^{21} i^{33} kv̩^{55}.| i^{33} da^{21} tʂʅ^{33} dɯ^{33} dʑi^{13} ， ze^{55} tɕi^{33} bə^{33} y^{21} tʂər^{21} ， lɯ^{55} kv̩^{33} py^{33}
放 来 有 会 主人 这 一 家 年轻 脚 轻 使 高明 东巴

bv̩^{21} dy^{55} .| lɯ^{55} gv̩^{33} py^{33} bv̩^{21} nɯ^{33} ， py^{21} sʅ^{33} gv̩^{55} dzo^{21} be^{33} ， mu^{33} khua^{55} phər^{21} le^{33}
请 高明 东巴 由 祭 木 九 对 做 猛 牌 白 又

be^{33} ， mə^{33} khv̩^{33} tɕhy^{55} phv̩^{55} ʐua^{21} .| tʂhər^{33} ɯ^{33} gv̩^{33} ɕy^{21} tshe^{21} ɕy^{21} nɯ^{33}， ʐʅ^{21} gə^{33} kv̩^{33}
做 没 偷 债 价值 还 药 九 样 十 样 由 蛇 的 头

gu^{21} kv̩^{33} tʂhər^{33} khɯ^{55}，|miə^{21} gu^{21} miə^{21} tʂhər^{33} khɯ^{55} ， ɕi^{55} gu^{21} ɕi^{55} tʂhər^{33} khɯ^{55}，khɯ^{33}
病 头 药 放 眼 病 眼 药 放 舌 病 舌 药 放 脚

gu^{21} khɯ^{33} tʂhər^{33} khɯ^{55} ,la^{21} gu^{21} la^{21} tʂhər^{33} khɯ^{55} ， gu^{21} me^{33} le^{33} ȵi^{21}， tshʅ^{33} me^{33} le^{33}
病 脚 药 放 手 病 手 药 放 病 的 了 好 疾 的 又

do^{21} se^{21} .| bər^{21} phər^{21} tv̩^{33} tv̩^{21},|bər^{21} na^{21} kɯ^{33} kɯ^{21} ， ʐua^{21} ʂua^{33} dɯ^{33} tv̩^{21} ， ʐua^{21} mu^{33}
见 了 牦牛 白 千 千 牦牛 黑 万 万 马 枣红 一 千 马 灰黄

dɯ^{33} kɯ^{21} ， kv̩^{33} nɯ^{33} ua^{21} le^{33} ʂər^{55} ， he^{21} le^{33} me^{55} ， i^{33} da^{21} tʂʅ^{33} dɯ^{33} dʑi^{13} ，mə^{33} gu^{21}
一 万 上 由 魂 又 满 魂 又 要 主人 这 一 家 没 病

mə^{33} tshʅ^{33} mə^{33} tɕhi^{55} . gv̩^{33} be^{33} ho^{55}.| du^{33} mu^{21}:|
没 热 没 冷 好 做 愿 规程

也会被猛鬼吃掉。没杀死的这九个猛鬼，往这户主人家的房上扔石头，让肥田里的庄稼生锈病。这一户主人家就使捷足的年轻人去请高明的东巴。高明的东巴，做了九对祭木，做了白色的猛鬼牌，偿还猛鬼没偷的欠债。用九样、十样的药，给蛇的头痛施治头痛的药，眼痛施治眼的药，舌疼施治舌的药，脚疼施治脚的药，手疼施治手的药，所有的病都治好痊愈了。用白牦牛千千，黑牦牛万万，枣红色马一千，灰黄色马一万做牺牲，招回了魂。这一户主人家无病、无发热、不冷不悸！仪式规程：

120-B-75-10

lu^{33} se^{21} khuɑ^{55} dɯ^{33} fu^{55} ȵi^{33} , ʐʅ^{21} khuɑ^{55} dɯ^{33} fu^{55} , mu^{21} khuɑ^{55} dɯ^{33} fu^{55} ȵi^{33} .| æ^{21} dɯ^{33}
卢 沈 牌 一 对 要 蛇 牌 一 对 猛 牌 一 对 要 鸡 一

me^{33} , æ^{21} kv̩^{33} ȵi^{33} ly^{33} ȵi^{33} .| tʂʅ^{33} nɯ^{33} tʂhər^{55} gə^{33} ʐʅ^{21} dɯ^{33} me^{33} ȵi^{33} , dze^{33} dv̩^{21} nɯ^{33}
只 鸡 蛋 两 个 要 土 由 捏 的 蛇 一 条 要 麦面 由

tʂhər^{55}gə^{33}ʐʅ^{21} dɯ^{33} me^{33} ȵi^{33} .| py^{21} sər^{33} gv̩^{55} dzo^{21} tsʅ^{55}, khæ^{33} tshæ^{33} tɕhi^{33} dɯ^{33} fu^{55}ȵi^{33},
捏 的 蛇 一 条 要 祭 木 九 具 竖 竹 杈 启 一 对 要

bi^{21} nu^{21} khuɑ^{55} dɯ^{33} pa^{55} ȵi^{33} , bu^{21} nv̩^{55} bi^{21} ȵi^{33} .| ɑ^{33} lɑ^{33} mə^{33} ʂə^{55} ȵi^{33} , tɕy^{55} lɑ^{33}
比奴夸① 一 碗 要 猪 嘴巴 要 啊 也 没有 说 日 早 也

tɕy^{55} tʂhu^{21} ȵy^{21} , tʂhər^{33} lɑ^{33} tʂhər^{33} pɯ^{55} kv̩^{33} mə^{33} sʅ^{33} tʂhər^{33} dzo^{21} be^{33} mə^{33} ȵi^{21}, tʂhər^{33}
早 最 时 药 也 药 产生 地 不 知 药 事 做 不 要 药

dzo^{21} ʂə^{55} mə^{33} ȵi^{21}.| ə^{33} sʅ^{33} lɑ^{33} bu^{21} thv̩^{33} kə^{55} dɯ^{33} bu^{21} iə^{55}, | kv̩^{33} gə^{33} ʂu^{21} phər^{21} be^{33}
事 说 不 要 父亲 劳补妥构 一 本领 给 头 的 铁 白 做

dɯ^{33} bu^{21} iə^{55}.| e^{33} me^{33} sʅ^{33} ʐɑ^{21} lo^{21} dʐʅ^{55} tɕi^{33} mu^{33} dɯ^{33} bu^{21} iə^{55} , khɯ^{33} gə^{33} hæ^{21} ʂʅ^{21}
一 本领给 母亲 莎饶朗自金姆 一 本领 给 脚 的 金 黄

zɑ^{21} nɑ^{55}dɯ^{33} bu^{21} iə^{55}.| tshʅ^{33} thv̩^{55} tshʅ^{33} zər^{21} mu^{21} le^{33} zər^{21} me^{33} dɯ^{33} bu^{21} iə^{55}.|
鞋 大 一 本领 给 鬼 踩 鬼 压 下 又 压 的 一 本领 给

要卢神和沈神木牌一对，蛇鬼牌一对，猛鬼牌一对。要鸡一只，鸡蛋两个。要用土捏成的蛇一条，由麦面捏成的蛇一条。要祭木九对，开叉启一对，要除秽用的比奴夸一碗，要猪嘴唇。很古以前，倘若不知道药的出处与来历，就不要做也不要谈论有关药的事。父亲劳补妥构给了头上戴白铁头盔的本领，母亲莎饶朗自金姆给了脚上穿金鞋的本领，给了镇鬼压鬼的本领。

120-B-75-11

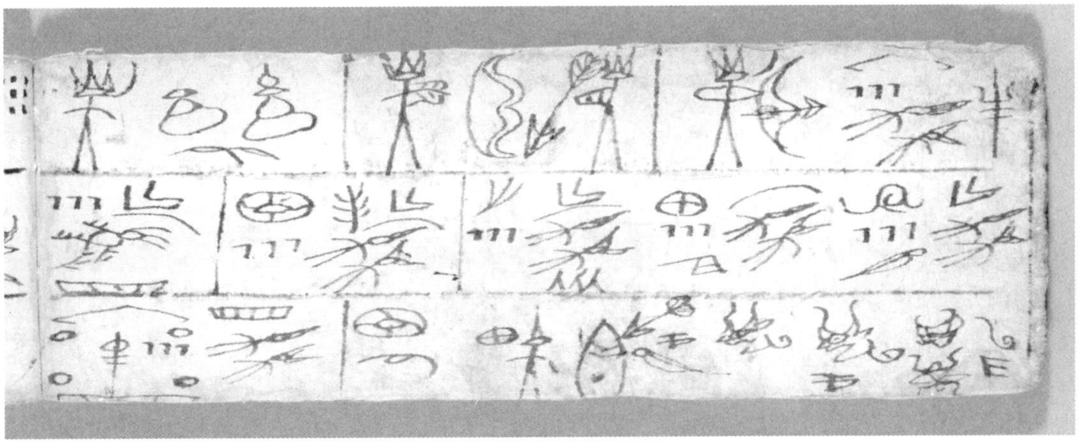

① 除秽仪式中用来施鬼的，瓦片上烧肉皮、骨头带有刺鼻气味。

lɯ^{55} kv̩^{33} py^{33} bv̩^{21} ŋə^{21}，o^{55} ne^{21} he^{21} nɯ^{21} dɯ^{33} bu^{33} iə^{55}.|lɯ^{33} me^{33} khv̩^{55} se^{21} to^{33} dɯ^{21}
高明 东巴 我 沃神 和 恒神 由 一 本领 给 弓 弯 了 木板 大

lɯ^{33} sɿ^{33} lua^{21} dɯ^{21} dɯ^{33} bu^{21} iə^{55}.|lɯ^{55} kv̩^{33} py^{33} bv̩^{21} ŋə^{21}，lɯ^{33} me^{33} khv̩^{55} se^{21} to^{33} dɯ^{21}
箭 轭 大 一 本领 给 高明 东 巴 我 弓 弯 了 木板 大

Lɯ^{33} sɿ^{33} lua^{21} dɯ^{21} pu^{55}，mɯ^{33} n̩iə^{21} sɿ^{33} khæ^{55} ne^{21}，mɯ^{33} gə^{33} dv̩^{21} tshɿ^{21} tse^{21} tshɿ^{21} gə^{21}
箭 轭 大 拿 天 向 三 射 了 天 的 毒 鬼 仄 鬼 上

le^{33} tv̩^{55}，lɯ^{33} n̩iə^{21} sɿ^{33} khæ^{55} ne^{21}，lɯ^{33} gə^{33} mu^{33} tshɿ^{33} mu^{21} le^{33} zər^{21}.|n̩i^{33} me^{33} thv̩^{33}
又 顶 地 向 三 放 了 地 的 猛鬼 下 往 压 东 方

tɕər^{21} sɿ^{33} khæ^{55} ne^{21}，sər^{33} gə^{33} dv̩^{21} tshɿ^{21} tse^{21} tshɿ^{21} mɯ^{21} le^{33} zər^{21}.|i^{33} tʂhʅ^{33} mi^{13} tɕər^{21}
向 三 射 了 木 的 毒 鬼 仄 鬼 下 又 压 南 方 向

sɿ^{33} khæ^{55} ne^{21}，mi^{33} gə^{33} dv̩^{21} tshɿ^{21} tse^{21} tshɿ^{21} mɯ^{21} le^{33} zər^{21}，n̩i^{21} me^{33} gv̩^{21} tɕər^{21} sɿ^{33}
三 射 了 火 的 毒 鬼 仄 鬼 下 往 压 西方 向 三

khæ^{55} ne^{21}，ʂu^{33} gə^{33}dv̩^{21} tshɿ^{21} tse^{21} tshɿ^{21} mu^{21} le^{33} zər^{21}，ho^{21} gv̩^{33} lo^{21} tɕər^{21} sɿ^{33} khæ^{55}
射 了 铁 的 毒 鬼 仄 鬼 下 往 压 北方 向 三 射

ne^{13}，dʑi^{13} gə^{33} dv̩^{21} tshɿ^{21}tse^{21} tshɿ^{21} mɯ^{21} le^{33} zər^{21}.|mɯ^{33} ne^{21} dy^{21} lv̩^{55} n̩iə^{21} sɿ^{33} khæ^{55}
了 水 的 毒 鬼 仄 鬼 下 往 压 天 和 地 中 间 三 射

ne^{21}，tʂʅ^{33} gə^{33} tse^{21} tshɿ^{21} dv̩^{21} tshɿ^{21} mɯ^{21} le^{33} zər^{21}.|dʑi^{31} i^{33} n̩i^{33} me^{33} thv̩^{33} tɕy^{21} dɯ^{33}
了 土 的 仄 鬼 毒 鬼 下 往 压 水 也 东方 向 一

khæ^{55} ne^{21}，n̩i^{33} me^{33}tv̩^{33} tɕy^{21} lɑ̩^{33} mə^{33} dər^{33}，dv̩^{21} dʑy^{21} na^{21} dʑy^{21} dər^{33}，tʂhər^{33} dʑi^{21}
射 了 东方 往 也 没 射住 毒 山 黑 山 射住 药 水

no^{33} dʑi^{21} phər^{33} me^{33} dɯ^{33}kho^{33} bv̩^{21} le^{33} tshɿ^{21} . thɯ^{33} do^{21} ɕi^{33} mə^{33} dʑy^{21}，he^{13} gə^{33}
奶 水 白 的 一 眼 出 又 来 这 见 人 没 有 神 的

dzɿ^{21} me^{33} bər^{21} me^{33} phər^{21} nɯ^{33} do^{21},dzɿ^{21} me^{33} bər^{21} me^{33} phər^{33} nɯ^{33} thɯ^{21}.|
犏牛 母 牦牛 母 白 由 见 犏牛 母 牦牛 母 白 由 喝

高明的东巴我，沃神和恒神给了一项本领，给了弓背如木板般大、箭如轭大的弓箭的本领。高明的东巴我，手拿弓箭向天射三箭，把天的毒鬼仄鬼往上顶；对着地射三箭，把地的猛鬼往下压；对着东方射三箭，把属木的毒鬼仄鬼往下压；对着南方射三箭，把火的毒鬼仄鬼往下压；对着西方射三箭，把属铁的毒鬼仄鬼往下压；对着北方射三箭，把属水的毒鬼仄鬼往下压；对着天和地中间射三箭，把属土的毒鬼仄鬼往下压；往水的东方射了一箭没射中，而是射中了毒鬼的大山，射出一条白色的药水和奶水的泉水，而没被人看见，被神的母犏牛和母牦牛看见，被母犏牛和母牦牛喝了。

120-B-75-12

uɑ^{33} sɑ^{55} tʂhu^{33} sɑ^{55} ly̩^{33} gə^{33} tʂhər^{33} le^{33} khɯ^{55} .|dʑi^{21} gə^{33} ȵi^{33} me^{33} thy̩^{33} ，ʐʅ^{21} phər^{21} tʂhər^{33}
绿石气 宝石 气 石 的 药 又 放 水 的 东方 蛇 白 药

le^{33} khɯ^{55}.|dʑi^{33} gə^{33} i^{33} tʂhʅ^{33} mi^{21} ，ʐʅ^{21} hæ^{21} tʂhər^{33} le^{33} khɯ^{55} ，dʑi^{21} gə^{33} ȵi^{33} me^{33} gy̩^{21} ，
又 放 水 的 南方 蛇 绿 药 又 放 水 的 西方

ʐʅ^{21}nɑ^{21} tʂhər^{33} le^{33} khɯ^{55}, dʑi^{21} gə^{33} ho^{21} gy̩^{33} lo^{21}, ʐʅ^{21} ʂʅ^{21} tʂhər^{33} le^{33} khɯ^{55}, |ʂy̩^{21} ne^{21} ly̩^{21}
蛇黑 药 又 放 水 的 北方 蛇 黄 药 又 放 署 和 龙

lɑ^{33} tʂhər^{33} le^{33} khɯ^{55} ，ly̩^{21} ȵi^{21} sɑ^{21} dɑ^{55} ty̩^{33} ty̩^{21} kɯ^{33} kɯ^{21} tʂhər^{33} le^{33} khɯ^{55} ，dɯ^{33} dzʅ^{21}
也 药 又 放 吕尼萨达 千 千 万 万 药 又 放 一 寨

ky̩^{33} gə^{33} dɯ^{33} ɕy^{55} ，dɯ^{33} lo^{21} nɑ^{21} gə^{33} dɯ^{33} bæ^{33} tʂhər^{33} le^{33} khɯ^{55} ，dʑi^{21} lɯ^{33} dæ^{21} lɯ^{33}
上 的 一 站 一 沟 大 的 一 群 药 又 放 水 田 干 田

me^{21} ，zi^{33} lɯ^{33} uə^{33} lɯ^{33} me^{21} ，dæ^{21} lɯ^{33} kə^{33} lɯ^{33} gə^{33} ʐʅ^{21} lɑ^{33} tʂhər^{33} le^{33} khɯ^{55}.|ʐʅ^{21}
所有 好 田 寨 田 所有 干 田 山 田 的 蛇 也 药 又 放 蛇

tshʅ^{21} gy̩^{33} ky̩^{55}tʂhər^{33} le^{33} khɯ^{55}.|phɯ^{55} ky̩^{33} ŋy̩^{21} nɯ^{21} tʂu^{55} ，phɯ^{55} mæ^{33} tʂu^{55} mə^{33} dʑy^{33},
鬼 九 个 药 又 放 断 头 银 由 接 断 尾 接 没 有

thɯ^{33} phɯ^{55} tʂhər^{33} nɯ^{33} tʂu^{55} ，tʂhər^{33} ne^{21} nɑ^{55} nɯ^{33} tʂu^{55}.|ʐʅ^{21} ne^{21} pɑ^{33} tʂhʅ^{33} uɑ^{21} ，thy̩^{33}
这 断 药 由 接 肥肉 和 瘦肉 来 接 蛇 和 蛙 这 群 出

ky̩^{33} le^{33} thy̩^{33} pɯ^{55} ky̩^{33} le^{33} pɯ^{55} se^{21} ，mɯ^{33} zʅ^{33} gy̩^{55} zʅ^{33} nɯ^{33} lɯ^{33} me^{33} khv^{55} se^{21} to^{33}
处 又 到 产生 处 又 送 了 天 子 九 个 由 弓 大 弯 了 木板

dɯ^{21} pu^{55} ，lɯ^{33} sʅ^{33} luɑ^{21} dɯ^{33} do^{33} ，sæ^{33} bæ^{21} tshʅ^{33} dɯ^{33} tʂɑ^{55} ，tʂhuɑ^{55} do^{55} kə^{55} nɑ^{21} ，
大 拿 弓 轭 大 搭 箭簇 铧 大 安 鹿 咬 鹰 黑

lɑ^{21} do^{55} khɯ^{33} phər^{33} gu^{21} nɯ^{33} ʂu^{33}.|
虎 咬 狗 白 后 由 领

放了由绿宝石和墨石气产生的药水。属水的东方，给白蛇施药；属水的南方，给绿蛇施药；属水的西方，给黑蛇施药；属水的北方，给黄蛇施药；署和龙也施了药，千千万万的吕尼萨达施了药，寨子上村子里的、大沟大河里的蛇也施了药，水田和旱地里的蛇也施了药，九个蛇鬼施了药。断了头的由银来接上，断了尾没有接上的，由药来接，由肥肉和瘦肉来接。这一群蛇鬼和蛙鬼，送到了它们产生的地方，送到了它们该到的地方。九个天子拿着木板大的弓，轭大的箭，犁铧大的箭簇，领着能捕鹿的黑鹰和能扑咬虎的白狗。

120-B-75-13

ə^{21} ho^{55} ，ʐər^{21} ne^{21} lɑ^{33} thy̩^{33} lɑ^{33} pɯ^{55} ky̩^{33} mə^{33} sɿ^{33} ，lɑ^{33} dzo^{21} ʂə^{55} mə^{33} ȵi^{21} ，lɑ^{33} dzo^{21}
哦洪 豹 和 虎 出 虎 产生 处 不 知 虎 事 说 不 要 虎 事

be^{33} mə^{33}ȵi^{21}.| bə^{33} dy^{21} tsæ^{33} lər^{21} ʐər^{21} ne^{21} lɑ^{33} gə^{33} me^{33}.| khɯ^{33} phər^{21} nɯ^{33} ly̩^{21} me^{33} ，
做 不 要 大地 板铃 豹 和 虎 的 母 狗 白 由 叫（助）

ʐər^{21} i^{21} so^{33} ʂuɑ^{21} dʑy^{21} phər^{21} nɯ^{33} zɑ^{21} le^{33} tshɿ^{21} ，lɑ^{33} i^{21} lɯ^{33} dzɿ^{21} lɯ^{33} nɑ^{21} kho^{55} nɯ^{33}
豹 是 高原 高 山 白 由 下 又 来 虎 是 冷杉树 冷杉 大 间 由

zɑ^{21} le^{33} tshɿ^{21} ，phɑ^{21} i^{33} dʑy^{21} phɑ^{33} phər^{33} nɯ^{33} zɑ^{21} le^{33} tshɿ^{21} ，dy̩^{21} i^{33} æ^{21} phɑ^{33} phər^{33}
下 又 来 狼 是 山 面 白 由 下 又 来 野猫是 岩 面 白

nɯ^{33} zɑ^{21} le^{33} tshɿ^{21} ，dæ^{21} i^{33} dər^{33} lɯ^{33} kə^{55} lɯ^{33} tʂu^{55} nɯ^{33} zɑ^{21} ，ʂy̩^{21} ȵi^{33} tʂu^{55} mu^{33} dy̩^{21}
由 下 又 来 狐狸 是 肥 田 干 田 间 由 下 水獭 住姆毒

hɯ^{55} kho^{33} nɯ^{33} zɑ^{21}.| kɑ^{33} kə^{55} tɕi^{21} phər^{21} ko^{55} nɯ^{33} zɑ^{21} ，tʂhuɑ^{55} i^{33} lɯ^{33} tʂhɿ^{55} ɯ^{33} nɯ^{33}
海 洞 由 下 雁 鹤 云 白 间 由 下 鹿 山驴 勒赤厄① 由

zɑ^{21} ，tɕhi^{21} le^{33} tho^{33} tshe^{21} dʑy^{21} nɯ^{33} zɑ^{21} ，gy̩^{21} bu^{21} bi^{33} dɯ^{21} ko^{55} nɯ^{33} zɑ^{21} ，fy̩^{33} hɯ^{21}
下 麂子 獐子 松 尖 山 由 下 熊 野猪 林 大 间 由 下 野鸡 雉

sɿ^{33} dʑi^{21} ȵi^{33} lo^{55} ko^{55} nɯ^{33} zɑ^{21} le^{33} tshɿ^{21}.| ɯ^{33} ly̩^{55} lɑ^{33} khɑ^{33} ko^{55} ，ɯ^{33} ɕy^{21} lɑ^{33} nɯ^{33}
苏吉 二 沟 间 由 下 又 来 牛 牧 白杨树 间 牛 红 虎 被

① 勒赤厄，地名，一般指高原。

do^{55}，
咬

哦洪！若不知道豹和老虎的出处与来历，就不要说它的出处与来历。广阔的大地是豹和虎出没的地方，白猎狗吠叫着，豹子是从高山上下来的，老虎是从森林间下来的，豺狼是从向阳的山坡上下来的，野猫是从向阳的岩石上下来的，狐狸是从肥田旱地间下来的，水獭与鱼是从住姆毒海的洞里下来的，雁与鹤是从白云间下来的，鹿与山驴是从勒赤厄下来的，麂子与獐子是从长有松树的坡上下来的，熊与野猪是从林子间下来的，野鸡与雉是从沟谷间下来的。放牧在白杨树的红牛被虎扑咬；

120-B-75-14

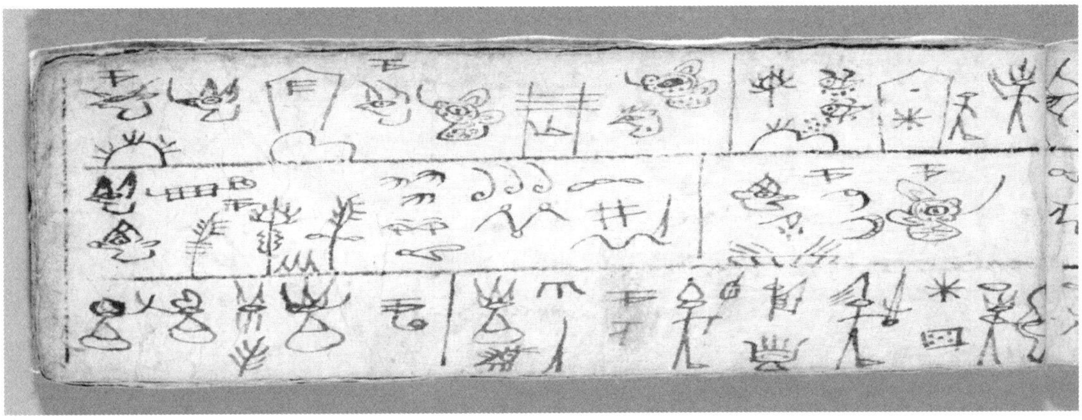

by̩^{21} ly̩^{55} dʑi^{55} ʂɑ^{33} ko^{21}，by̩^{21} phər^{21} phɑ^{21} nɯ^{33} do^{55}，nɑ^{33} sɑ^{21} uə^{33} gy̩^{33} bu^{21}，khɯ^{33} phər^{21}
绵羊 牧 吉萨 草原 绵羊 白 狼 被 咬 纳萨 寨 上 坡 狗 白

zər^{21} nɯ^{33} do^{55}，bə^{21} mu^{21} lɑ^{33} ʂər^{21} ko^{55}，æ^{21} nɑ^{55} dy̩^{21} nɯ^{33} do^{55}.| æ^{21} phv^{55} bu^{21} i^{33} tər^{33}
豹 被 咬 宽广 晒粮杆 间 鸡 大 野猫 被 咬 粮食撒 坡 是虫害

nɯ^{33} ʂər^{55}，nɑ^{21} me^{33} be^{33} ty̩^{55} ɕi^{33} tʂhʅ^{33} tshʅ^{21} nɯ^{33} hu^{33}.| dzi^{21} ne^{21} tsho^{21} kho^{33} to^{21}
由 满 纳姆 村寨 人 这 鬼 被 守 精人 和 崇人 背 后

dʐu^{33} khɯ^{55} tshʅ^{21} i^{33} ky̩^{55}，ɕi^{21} phər^{21} fy̩^{33} khɯ^{55} tshʅ^{21}，dze^{21} ɕy^{21} huɑ^{55} khɯ^{55} tshʅ^{21}，uɑ^{33}
债 放 来 也 会 白稻病 放 来 麦红 锈 放 来 骨

gy̩^{33} pɑ^{33} tshy^{55} gy̩^{21} le^{33} khɯ^{55} tshʅ^{21}，tshʅ^{33} miə^{21} ʂʅ^{21}，zu̩^{21} by̩^{33} tɕhi^{55} khɯ^{55} tshʅ^{21}，gu^{21}
上 裂开 又 放 来 冬 眼 黄 夏 肠 炎 放 来 病

kɯ^{55} tshʅ^{33} khɯ^{55} tshʅ^{21}，uo^{21} gy̩^{21} gu^{55}，nɑ^{55} ʂʅ^{33} tɕhi^{33} kɯ^{55} tshʅ^{21} i^{33} ky̩^{55}.| dzi^{21} dʑə^{21} lɑ^{33}
放 疾 放 来 骨 上 病 肌肉 酸疼 放 来 也 会 人类 辽阔

lər^{21} dy^{21}，be^{33} le^{33} dzi^{33} ne^{33} tsho^{33} tʂhʅ^{33} huɑ^{55} phər^{21} mə^{33} dʑy^{33} phy̩^{55} lɑ^{33}，lu^{21} se^{21} le^{33}
地 做 了 精人 和 崇人 这 伙 解 没 有 即使 卢神沈神 来

dzʅ^{21} gue^{33}，ky̩^{55} ne^{21} sʅ^{33} lɑ^{33} le^{33} dzʅ^{21} guə^{33}，py^{21} ne^{21} phɑ^{21} le^{33} dzʅ^{21} guə^{33}.| lɯ^{55} gy̩^{33}
商量 能者 和 智者 也 来 商量 东巴 和 巫师 来 商量 高明

py^{33} bv̩^{21} le^{33} kɑ^{33} tɕhi^{33}，i^{33} dɑ^{21} lɯ^{55} gv̩^{33} py^{33} bv̩^{33} nɯ^{33}，phər^{21} mu^{21} sæ^{33} mu^{21} tv̩^{33} tv̩^{21}
东巴 又 请 主人 高明 东巴 由 盘神 兵 禅神 兵 千 千

kɯ^{33} kɯ^{21} gu^{21} nɯ^{33} ʂv̩^{33}，gɑ^{33} mu^{21} u^{21} mu^{21} o^{55} mu^{21} he^{21} mu^{21} gu^{33} nɯ^{33} ʂv^{33}，tv̩^{33} tv̩^{21}
万 万 后 由 领 嘎神 兵 吾神 兵 沃神 兵 恒神 兵 后 由 领 千 千

kɯ^{33} kɯ^{21} gu^{33} nɯ^{33} ʂv̩^{33}，lɯ^{55} gv̩^{33} py^{33} bv^{21} nɯ^{33},
万 万 后 由 领 高明 东巴 由

放牧在吉萨草原的白羊被狼咬；纳萨寨坡上的白狗被豹咬；宽广的晒粮杆架下的公鸡被野猫咬。撒上粮食的坡上到处都是虫害，纳姆村寨里集满了鬼，放来了灾祸，稻谷得了白稻病，得锈病，粮杆裂开，冬天得眼疾，夏天得肠病，疾病使骨头疼，肌肉酸疼。在这广阔的大地上，所有的病痛不能缓解，都不能被解开。卢神和沈神商量，能者和智者来商量，东巴和巫师商量，请来了高明的东巴，东巴身后带着千千万万的盘神兵和禅神兵、嘎神兵和吾神兵、沃神兵和恒神兵，东巴把

120-B-75-15

lɯ^{33} me^{33} khv̩^{55} se^{33} to^{33} dɯ^{33} pu^{55}，lɯ^{33} ʂɿ^{33} luɑ^{21} dɯ^{21} do^{33}，sæ^{33} bæ^{21} tshɿ^{21} dɯ^{21} tʂɑ^{55} .|
弓 大 弯 了 木板 大 带 箭 轭 大 搭 箭镞 铧 大 安

lɯ^{55} gv̩^{33} py^{33} bv̩^{21} nɯ^{33} dər^{21} lɯ^{33} dv̩^{21} le^{33} sy^{55}，dv̩^{21} ɯ^{33} ʂɿ^{55} pu^{55} tshɿ^{21}.|lɯ^{55} gv̩^{33} py^{33}
高明 东巴 由 好 田 野猫 来 杀 野猫 皮 剥 带 来 高明 东巴

bv̩^{21} thɯ^{33}, mu^{21} nɯ^{33} gə^{21} le^{33} khɯ^{55}，dʑi^{21} le^{33} dɯ^{33} bu^{21} kv̩^{33} le^{33} thv̩^{33}，dɯ^{33} dy^{21} lo^{21} le^{33}
他 下 由 上 又 去 走 了 一 坡 上 又 到 一 地 沟 又

thv̩^{33} ȵiə^{13}，ŋv̩^{21} lv̩^{33} tho^{33} tshe^{21} ʂu^{55}，tɕhi^{21} le^{33} uɑ^{21} ne^{21} do^{21}，tɕhi^{21} le^{33} khæ^{55} pu^{55} tshɿ^{21}，
到 时 雪山 松林带 鹿子獐子觅食 时 见 鹿子 獐子 射杀 带 来

ʂɿ^{33} ɕy^{21} thv̩^{55}，sæ^{33} ɕy^{21} lv̩^{55} pu^{55} tshɿ^{21}；lɯ^{55} gv̩^{33} py^{33} bv̩^{21} thɯ^{33}，mu^{21} nɯ^{33} gə^{21} le^{33}
肉 红 剔 血 红 掏 带 来 高明 东巴 他 下 由 上 又

khɯ^{55}，dʑi^{21} le^{33} dɯ^{33} bu^{21} kv̩^{33} dɯ^{33} lo^{21} le^{33} thv̩^{21} niə^{13}，lɑ^{33} do^{33} bi^{33} dɯ^{21} bu^{21} ȵiə^{21} le^{33}
去 走 了 一 坡 上 一 沟 又 到 时 拉多 林 大 坡 里 又

thy̩^{33} ȵiə^{21}，gy̩^{21} by̩^{21} tʂhʅ^{33} ʂu^{55} uɑ^{33}ne^{21} do^{21}，gy̩^{21} bu^{21} dɯ^{33} dzʅ^{21} khæ^{55}，ʂʅ^{33} ɕy^{21} thy̩^{55}，
到 时 熊 野猪 这 窝 觅食在 见 熊 野猪 一 对 射 肉 红 剔

sæ^{33} ɕy^{21} ly̩^{55} pu^{55} tshʅ^{21}；mu^{21} nɯ^{33} gə^{21} le^{33} khɯ^{55}，dɯ^{33} bu^{21} ky̩^{33} le^{33} thy̩^{33} ,dɯ^{33} dy^{21} lo^{21}
血 红 掏 带 来 下 由 上 又 去 一 坡 上 又 到 一 地 沟

le^{33} dər^{21} ȵiə^{13}，ŋy^{33} ly̩^{33} lɯ^{33} tʂhʅ^{55} ɯ^{33}le^{33} thy̩^{33} ȵiə^{13}，tʂhuɑ^{55} i^{33} dɯ^{33} dzʅ^{21} uɑ^{33} ne^{21} do^{21},
又 过 时 雪山 勒赤厄 又 到 时 鹿 山驴 一 对 觅食 在 见

tʂhuɑ^{55} i^{33} dɯ^{33} dzʅ^{21} khæ^{55}，ʂʅ^{21} ɕy^{21} thy̩^{55}，sæ^{33} ɕy^{21} lu^{55} pu^{55} tshʅ^{21}；mɯ^{33} nɯ^{33} gə^{21} le^{33}
鹿 山驴 一 对 射 肉 红 剔 血 红 拿 带 来 下 由 上 又

khɯ^{55}，dɯ^{33} bu^{21} ky̩^{33} le^{33} thy̩^{33}，dɯ^{33} dy^{21} lo^{21} le^{33} dər^{21} ȵiə^{31}，lɑ^{33} dʑə^{21} so^{33} ky̩^{33} phər^{21}
去 一 坡 上 又 到 一 地 沟 又 过 时 虎 跑 高原上 白

le^{33} thy̩^{33} ȵiə^{21}，zər^{21} lɑ^{33} dɯ^{33} dzʅ^{21} uɑ^{33} ne^{33} do^{21}，zər^{33} lɑ^{33} dɯ^{33} dzʅ^{21} khæ^{55} .| ʂʅ^{21} ɕy^{21}
又 到 时 豹 虎 一 对 觅食 在 见 豹 虎 这 对 射 肉 红

thy̩^{55}，sæ^{33} ɕy^{21} lu^{55} pɯ^{55} tshʅ^{21}；mɯ^{33} nɯ^{33} gə^{21} le^{33} khɯ^{55}，dɯ^{33} bu^{21} kv^{33} le^{33} thy̩^{33},
剔 血 红 掏 带 来 下 由 上 又 去 一 坡 上 又 到

dɯ^{33} dy^{21} lo^{21} le^{33} dər^{21} ȵiə^{13}，mɯ^{33} lɯ^{55} tɕi^{33} phər^{21} tʂu^{55} niə^{21} thy̩^{33}，kuɑ^{33} kə^{55} dɯ^{33}
一 地 沟 又 过 时 美利 云 白 间 里 到 雁 鹤 一

dzʅ^{21} uɑ^{33} nɯ^{33} do^{21}，kuɑ^{33} kə^{55} dɯ^{33} dzʅ^{21} khæ^{55}，ʂʅ^{21} ɕy^{21} thy̩^{55}，sæ^{33} ɕy^{21} lu^{55} pu^{55} tshʅ^{21}；
对 觅食 在 见 雁 鹤 这 对 射 肉 红 剔 血 红 掏 带 来

gy̩^{33} dʑy^{21} gy̩^{33} lo^{21} lo^{55} pɯ^{55} tshʅ^{21}，gy̩^{33} dʑi^{21} gy̩^{33} dy^{21} lo^{55} pɯ^{55} tshʅ^{21}，dʑi^{33} le^{33} iɑ^{33} ko^{21}
九 山 九 谷 越 过 来 九 河 九 地方 越 过 来 走 又 家

le^{33}thy̩^{33} ȵiə^{13}，iɑ^{33} ko^{21} tshʅ^{21} nɯ^{33} tsho^{33}，zər^{21} lɑ^{33} pər^{55} dzʅ^{21} tshʅ^{21} nɯ^{33} tsho^{33}，kuɑ^{33}
又 到 时 家 鬼 由 跳 豹 虎 斑 长 鬼 由 跳 雁

kə^{55}lu^{55} dzʅ^{21} tsho^{33} le^{33} tshʅ^{21}.|
鹤 冠 长 跳 了 来

拿着弓背如板大的弓，牛轭大的箭，犁铧大的箭镞。东巴杀了肥田里的野猫，剥了它的皮。东巴从下往上走，越过坡跨过沟，到达雪山松林间，看见麂子和獐子正在觅食，射杀它们，剔了它们的肉、接了它们的血；从下往上走，爬过坡，越过沟，来到拉多大森林之时，熊和野猪正在觅食，就射杀它们，剔了它们的肉、接了它们的血；从下往上走，爬过坡，越过沟，到达勒赤厄雪山之时，看见了鹿和山驴正在觅食，就射杀它们，剔了它们的肉、接了它们的血；从下往上走，爬过坡，越过沟，到达高山上，看见老虎和豹子正在觅食，就射杀它们，剔了它们的肉、接了它们的血；从下往上走，爬过坡，越过沟，到达了白云间，看见了雁和鹤正在觅食，就射杀它们，剔了它们的肉、接了它们的血。越过了九座山、九

条箐，九个地方、九条大河，回到家之时，家里被鬼作祟，长着虎豹斑纹的鬼作祟，长着雁鹤冠的鬼作祟，

120-B-75-16

tʂhuɑ^{55} i^{33} kho^{33} dzɿ^{21} tshɿ^{21} nɯ^{33} tsho^{33} le^{33} tshɿ^{21} ，gv̩^{21} bu^{21} dʐæ^{21} dzɿ^{21} tshɿ^{21} nɯ^{33} tsho^{33}
鹿 山驴 角 长 鬼 由 跳 又 来 熊 野猪 牙 长 鬼 由 跳

le^{33} tshɿ^{21} ，tɕhi^{21} le^{33} khuɑ^{33} dzɿ^{21} tshɿ^{21} nɯ^{33} tsho^{33} le^{33} tshɿ^{21} ，fv̩^{33} hɯ^{21} dv̩^{33} dzɿ^{21} tshɿ^{21}
又 来 麂子 獐子 蹄 长 鬼 由 跳 又 来 野鸡 雉鸡 翅 长 鬼

nɯ^{33}tsho^{33} le^{33} tshɿ^{21}.| dʑi^{21} kv̩^{33} dæ^{33} nɯ^{21} zɑ^{21} le^{33} tshɿ^{21} ，i^{33} dɑ^{21} tʂhʅ^{33} dʑi^{13} ko^{21} ，ue^{33}
由 跳 了 来 房 上 狐狸 由 下 了 来 主人 这 家 里 寨

kv̩^{33} phv̩^{55} lv̩^{33} le^{33} khɯ^{55} tshɿ^{21} ，dæ^{33} ɯ^{33} huɑ^{55} lv̩^{33} le^{33} khɯ^{55} tshɿ^{21} ，tʂʅ^{55} lv̩^{33} uo^{21} tshi^{21}
头 撒 石 又 放 来 地 好 锈 起 又 放 来 泥石流

le^{33} khɯ^{55} tshɿ^{21} i^{33} kv̩^{55}.| gu^{21} kɯ^{55} tshɿ^{33} kɯ^{55} tshɿ^{21} i^{33} dʑy^{33} i^{33} kv̩^{55} ，æ^{21} tɕy^{21} tshɿ^{21} hu^{21}
又 放 来 有 会 病 放 疾 放 来 也 有 也 会 鸡 鸣 来 夜

kho^{33} i^{55} dzər^{21} tshɿ^{21} me^{33} dʑy^{33} i^{33} kv̩^{55} . i^{33} dɑ^{21} tʂhʅ^{33} dɯ^{33} dʑi^{13} ，zy^{55} tɕi^{55} bə^{21} y^{21}
里 睡 惊 来 了 有 也 会 主人 这 一 家 年轻 捷足

tʂər^{21} ，phɑ^{21} kv̩^{55} phɑ^{21} tso^{21} sɿ^{21} ɕi^{33} tʂhuɑ^{55} tshɿ^{21} uo^{33} ko^{33} lo^{21} ，dɯ^{33} phɑ^{21} dɯ^{33} ɕiə^{55} le^{33}
使 占卜 会 占卜 具 三 百 六十 处 一 占 一 卜 又

ne^{21} kɯ^{55} ，phɑ^{21} miə^{21} thɑ^{55} nɯ^{33} do^{21} ，thv̩^{33} lɑ^{33} thv̩^{33} me^{33} dʑy^{21} ，zɑ^{21} lɑ^{33} zɑ^{21} me^{33}
做 去 卜师 眼 好 被 见 出 也 出 的 有 现 也 现 的

dʑy^{21} ，gv̩^{33} tshɿ^{21} zər^{21} tshɿ^{21} lɑ^{33} tshɿ^{21} gə^{33} uɑ^{33} kv̩^{33} thv̩^{33} ，tɕhi^{21} gɯ^{33} zɑ^{21} le^{33} dʑy^{21}.|
有 九 十 豹 鬼 虎 鬼 的 骨卜 上 出 肩胛骨 裂 现 又 有

i^{33} dɑ^{21} tʂhʅ^{33} dɯ^{33} dʑi^{13} ，thɯ^{21} gu^{21} mæ^{55} dɯ^{33} tʂhər^{55} ，dɯ^{33} tʂhər^{55} dɯ^{33} zɿ^{33} le^{33} kv̩^{33}
主人 这 一 家 这 个 后 一 代 一 代 一 生 了 到

ȵiə^{13} , be^{33} le^{33} gv̩^{33} mə^{33} ȵi^{21} , bi^{33} le^{33} zv̩^{55} mə^{33} ȵi^{21}.| gv̩^{33} ȵi^{33} uɑ^{33} tshi^{21} ly^{21} , sɿ^{33} hɑ^{55}
时 做 了 成 不 要 搓 了 紧 不 要 九 日 征兆 看 三 夜

phɑ^{33} ɕiə^{55} le^{33} ly^{21} khɯ^{55} , gə^{21} i^{33} gv̩^{33} dzv̩^{21} phv̩^{55} lv̩^{33} zo^{33} nɯ^{33} be^{33} iə^{33} mu^{21} , mi^{21} i^{33}
占卜 又 看 去 上 是 藏族 氆氇 男 由 做 了 的 下 是

bæ^{33}ɕi^{33} kə^{55} le^{33} bv̩^{33} nɯ^{33} be^{33} iə^{33} mu^{21} , khæ^{55} me^{33}phv̩^{55} lv̩^{33} zo^{33} nɯ^{33} khæ^{55} , ʂɿ^{33} ɕy^{21}
班喜构 白族 由 做 了 的 射 是 氆氇 男 由 射 肉 红

sæ^{33} ɕy^{21} thɯ^{21} , y^{21} me^{33} kə^{55} le^{33} bv̩^{33} nɯ^{33} y^{21} iə^{33} mu^{21}.| i^{33} dɑ^{21} tʂhɿ^{33} dɯ^{33} dʑi^{13} , miə^{21}
血 红 喝 拿 是 构 白族 由 拿 了 的 主人 这 一 家 眼

nɯ^{33} ɕy^{21} mə^{33} ly^{21} , he^{33} nɯ^{33} ɕy^{21} mə^{33} mi^{33} , lɑ^{21} nɯ^{33} ɕy^{21} mə^{33} y^{21} , khɯ^{33} nɯ^{33} ɕy^{21}
由 红 不 看 耳 由 红 不 听 手 由 红 不 拿 脚 由 红

mə^{33} thv̩^{55}.| zər^{21} tshɿ^{21} lɑ^{33} tshɿ^{21} mu^{21} tshɿ^{21} nɯ^{33} , i^{33} dɑ^{13} tɕər^{21} , mə^{33} khv̩^{55} tshy^{55} phv̩^{33}
不 踩 豹 鬼 虎 鬼 猛 鬼 来 主人 上 不 偷 偿 价

sɿ^{21} , o^{21} phv̩^{33} he^{21} phv̩^{33} khv̩^{55} phv^{33} zɿ^{33} phv̩^{33} le^{21} sɿ^{21} tshɿ^{21} i^{33} kv̩^{55}
索 灵 价 魂 价 岁 价 寿 价 又 索 来 是 会

长鹿和山驴角的鬼作祟，长熊和野猪牙的鬼作祟，长麂子和獐子蹄子的鬼作祟，长野鸡和雉鸡翅膀的鬼作祟。狐狸从主人家房顶下来，房顶被扔石块，肥田庄稼得锈病，还放下泥石流，放下病痛，半夜熟睡之时会被鸡鸣惊吓醒来。这户主人家，只好派捷足的年轻人，到有三百六十样卜具的地方去占卜。眼睛敏锐的卜师看见了原委，卜卦之上显兆。九十个豹鬼和虎鬼作祟的兆象在骨卜裂纹中出现，在肩胛骨卜中显现。这一户人家，在往后的几代，做了事情做不成，搓绳也搓不了，九天去占卜，三夜去算卦，原是上方卖氆氇的藏族人，是下方做生意的白族人做了坏事。是藏族人猎杀了动物，还吃肉喝血；是白族人所为，与这户主人家无干系。这户主人家，眼睛不去看，耳朵不去听，手不去拿，脚不去踩。然而豹鬼、虎鬼、猛鬼却来与主人索取虽不曾偷的欠债，来索取灵价与魂价，来索取岁价与寿价。

120-B-75-17

i^{33} dɑ^{21} tʂʅ^{33} dɯ^{33} dʑi^{13} zy^{55} tɕi^{33} bə^{33} y^{21} tʂər^{21}，lɯ^{55} gv̩^{33} py^{33} bv̩^{21} dy^{55}，i^{33} dɑ^{21} lɯ^{55} gv̩^{33}
主人 这 一 家 年轻 捷足 使 高明 东巴 请 主人 高明

py^{33} bv̩^{21} nɯ^{33}，zər^{21} ne^{21} lɑ^{33} nɯ^{33} ȵi^{33} me^{33} dʐu^{21} i^{33} by^{21} le^{33} ʐuɑ^{33}，dʐu^{21} i^{33} æ^{21} nɯ^{33}
东巴 由 豹 和 虎 由 两 只 债 是 又 还 债 是 鸡 由

ʐuɑ^{21}，mi^{33} tshʅ^{21} tʂhər^{55} tshʅ^{21} dʐʅ^{21} tshʅ^{21} dʐu^{21} i^{33} æ^{21} nɯ^{33} ʐuɑ^{21} bu^{33} me^{33}.| æ^{21} thv̩^{33}
还 米 鬼 臭 鬼 支 鬼 债 是 鸡 由 还 要 鸡 出

æ^{21} pɯ^{55} kv̩^{33} mə^{33} sʅ^{33}，æ^{21} dzo^{21} ʂə^{55} mə^{33} ȵi^{21}，æ^{21} thv̩^{33} æ^{21} pɯ^{55} kv̩^{33} mə^{33} sʅ^{33}，æ^{21}
鸡 产生 地 不 知 鸡 事 说 不 要 鸡 出 鸡 产生地方 不 知 鸡

dzo^{21} be^{33} mə^{33} ȵi^{21}，mɯ^{33} æ^{21} gə^{21} dzi^{21} ʂuɑ^{21} thv̩^{33}，dy^{21} æ^{21} mæ^{33} ʂər^{21} ȵi^{33} kv̩^{33} pɯ^{33} pɑ^{33}
事 做 不 要 天 鸡 上 飞 高 出 地 鸡 尾 长 两 个 交媾

be^{33}，æ^{21} uɑ^{33} ɯ^{33} me^{33} sʅ^{21} ɕi^{21} tʂhuɑ^{55} tshʅ^{21} the^{21} nɯ^{33} thv̩^{33} the^{21} nɯ^{33} pɯ^{55} le^{33} tshʅ^{21}.|
做 鸡 种 好 的 三 百 六 十 这 由 出 这 由 产生 了 来

du^{33} mu^{33}.| lɑ^{33} tshʅ^{21} pv̩^{55} gə^{33} du^{33} mu^{33}.|lu^{21} se^{21} tʂhə^{55} ʂu^{55} næ^{21}，tʂhu^{55} pɑ^{33} dʑi^{55} næ^{21}，
规程 虎 鬼 送 的 规程 卢神沈神 秽 祭 要 天香 烧 要

py^{21} lu^{33} khu^{33} næ^{21}，lɑ^{33} thv^{33} lɑ^{33} pɯ^{55} ʂə^{55} næ^{21}，zʅ^{21} thv^{33} ʑʅ^{21} pɯ^{55} ʂə^{55} næ^{21}，lu^{21} tɯ^{21}
《开坛经》 要 《虎的出处与来历》诵 要 《蛇的出处与来历》诵 要《卢神起身》

dzər^{21}tʂæ^{55} ʂə^{55} næ^{21}，æ^{21} nɯ^{33} dʐu^{33} ʐuɑ^{21} næ^{21}，æ^{21} kho^{55}.|thv^{55} mæ^{55} dæ^{21} kho^{33} lo^{21} hɑ^{33}
《加威力》说 要 鸡 由 债 还 要 鸡 杀 退送 后 丹鬼 分开 施 食

be^{33}，tɕhi^{21} se^{21} no^{55} næ^{21}，no^{55} se^{21} hɯ^{55} næ^{21}.|gv̩^{33} dze^{21} kuɑ^{55} phər^{21} kuɑ^{55} nɑ^{21} ȵi^{21}，
做 驱 了 赶 要 赶 了 打 要 东西 神粮 白 神粮 黑 要

phe^{21} phər^{21} phe^{21} nɑ^{21} ȵi^{21}，æ^{21} nɑ^{21} dɯ^{21} me^{33} ȵi^{21}，bu^{21} nv̩^{55} bi^{21} dɯ^{33} phe^{55} ȵi^{21}，
麻布 白 麻布 黑 要 鸡 黑 一 只 要 猪 嘴唇 一 片 要

tʂhuɑ^{33} dɯ^{33} py^{33} ȵi^{21}，bu^{21} ʂʅ^{33}，bu^{21} ho^{21} tshe^{55}.|lu^{21}khuɑ^{55}se^{21} khuɑ^{55}、mu^{33} khuɑ^{55} ɯ^{21}
米一 升 要 猪 肉 猪 肋骨 砍 卢神 牌 沈神 牌 猛鬼 牌鬼恩鬼 厄鬼

khuɑ^{55}、zər^{21} khuɑ^{55} lɑ^{33} khuɑ^{55} sʅ^{55} fu^{33} ȵi^{33} me^{55}.|
牌 豹鬼 牌 虎鬼 牌 三 对 要 的

这户主人家，只好派捷足的年轻人去请高明的东巴。高明的东巴，向豹鬼和虎鬼还所欠下的债，它们的债用鸡来还。米鬼、臭鬼和支鬼的债也用鸡来还。不知道鸡的出处与来历，就不要谈论鸡，也不要做有关鸡的事。高高飞翔的天鸡和长长尾巴的地鸡两个相交合，产生了三百六十只好种鸡。规程：送虎鬼的规程。要给卢神和沈神除秽，要烧天香，要诵《开坛经》《虎的出处与来历》《蛇的出处与来历》《卢神起身》《加威力》，要用鸡来还债，要做退送虎

鬼、分开丹鬼，施食仪式、退送之后要驱赶，驱赶以后还要打。需要的物品还有：要白色和黑色的神粮，要白麻布和黑麻布，黑色的鸡要一只，要一片猪嘴唇，要一升米，要砍好的猪肉、猪肋骨。要卢神、沈神木牌，猛鬼、恩鬼木牌，豹鬼、虎鬼木牌三对。

120-B-75-18

tṣʅ^{33} ẓər^{21} sʅ^{55} phu^{33} tṣhər^{55} ， khu^{33} phu^{33} æ^{21} tɕy^{21} tɕi^{33} næ^{33} me^{55}.| ẓʅ^{21} tshʅ^{21} py̩^{55} du^{33}

土 豹 三 只 捏 门 开 岩 往 放 要 啊 蛇 鬼 祭 规

mu^{33}：lu^{21} se^{21} khuɑ^{55} dɯ^{33} fu^{55} ȵi^{33} ， ẓʅ^{21} khuɑ^{55} dɯ^{33} fu^{55} ȵi^{33} ， mu^{21} khuɑ^{55} dɯ^{33} fu^{55}

程 卢神沈神 牌 一 对 要 蛇 牌 一 对 要 猛 牌 一 对

ȵi^{33} ， khuɑ^{55} biə^{21} dɯ^{33} fu^{55} ȵi^{33}.| py^{21} sʅ^{33} gy̩^{55} dzo^{21} ȵi^{33} ， khuɑ^{55} phər^{21} dɯ^{33} fu^{55} ȵi^{33} ，

要 牌 板 一 对 要 祭 木 九 具 要 牌 白 一 对 要

æ^{21} nɑ^{21} dɯ^{33} me^{33} ȵi^{33} ，bu^{21} ny̩^{55} bi^{21} dɯ^{33} phe^{55} ȵi^{33} me^{55} ，tṣʅ^{33} ẓʅ^{21} hɑ^{33} ẓʅ^{21} dɯ^{33} tṣhər^{33}

鸡 黑 一 只 要 猪 嘴唇 一 片 要 的 土 蛇 饭 蛇 一 药

khɯ^{55} næ^{21}.| gə^{55} ky̩^{33} dẓər^{21} dɯ^{33} khuɑ^{55} u^{33} py^{21} lu^{33} khu^{33} dɯ^{33} ṣy̩^{21} tṣhə^{55} ṣu^{55} næ^{21}

放 要 上 头 豹 一 牌 《开坛经》 一 样 《除秽经》 要

me^{55}， mu^{21} ɯ^{33} sy^{55} næ^{21} ， æ^{21} thy̩^{33} æ^{21} pɯ^{55} ， thy̩^{55} mæ^{55} dæ^{21} kho^{33} lo^{21} hɑ^{33} be^{33}.| thy̩^{55}

的 《杀猛鬼和恩鬼》要 《鸡的出处与来历》 退送 后 丹鬼 分开 施 食 做 退送

mæ^{55} dæ^{21} kho^{33} se^{13} ，tɕhi^{21} ne^{21} no^{55} næ^{21} ，no^{55} se^{33} gə^{33} næ^{21} ，gə^{33} se^{21} ẓʅ^{21} tshʅ^{21} tɕhi^{33} ，

后 丹鬼 分开 了 驱 和 赶 要 赶 了 跳 要 跳 了 蛇 鬼 驱

mu^{21} tshʅ^{21} ɯ^{33} tshʅ^{21} tɕhi^{33} næ^{33} se^{21}.| ni^{33} ɯ^{33} ẓʅ^{21} mæ^{33} tṣu^{55} ， æ^{21} ky̩^{33} dɯ^{33} ly^{33} ȵi^{33}.|

猛 鬼 厄 鬼 驱 要 了 鱼 皮 蛇 尾 接 鸡 蛋 一 个 要

要用泥捏三只豹，开门之时要放在靠岩石山的一边。祭蛇鬼的规程：要卢神木牌和沈神木牌一付，蛇神牌一付，猛神牌一付，要牌子一付。要用九具祭木，要白木牌一付，要黑色的鸡一只，要一片猪嘴唇，要放用土和饭捏成的蛇各一节。最上方要豹鬼的木牌一张，诵《开坛经》《除秽经》《杀猛鬼和恩鬼》《鸡的出处与来历》，要做退送虎鬼、分开丹鬼，施食仪式，

退送完了要驱赶，驱赶了要跳，跳着驱赶蛇鬼、猛鬼、恩鬼。要用鱼皮把蛇尾接上，还要一个鸡蛋，

120-B-75-19

dɯ^{33} ly^{21} tse^{21} ，ʐʅ^{21} piə^{33} le^{33} hɯ^{33} tʂ̧ər^{33} næ^{21} me^{55}.| py^{33} bʏ̩^{21} zʅ^{33} ʂ̧ər^{21} hɑ^{55} i^{33}.|
一 个 用 蛇 产生 了 要 使 要 的 东巴 生 长 日 好

用它来使蛇产生。东巴长寿日久！

（诵读：和秀东　翻译：和丽峰　校译：李英）

185-B-77-01

ʂɣ̩^{21} gɣ̩^{21} · thi^{33} tshæ^{33} to^{33} mɑ^{33} phi^{55} mæ^{55} tʂu^{55} uɑ^{21} me^{55}

祭署 · 抛“厅昌”面偶下卷

185-B-77　祭署·抛“厅昌”面偶下卷

【内容提要】

本经文讲述了一个纯净的“厅昌”面偶及一碗纯净的药水、奶水为人类消除灾难、赐予福泽的经过。

【英文提要】

Worshipping *ʂv* (*the God of Nature*), Discarding the Flour Puppet *ti ʦhər*, the Last Volume

This book introduces the process of removing the disaster and bestowing the prosperity by using the pure Flour Puppet *ti ʦhər*, pure medicine and milk.

185-B-77-02

“997”为洛克收集经书的编号，上、下字母为洛克记音时使用的音标，中间图画字为东巴象形文，其读音：thi^{33} tshæ^{33} phi^{55}，意：抛“厅昌”面偶。

185-B-77-03

ɑ^{33} lɑ^{33} mə^{33} ʂər^{55} n̩i^{33}, i^{33} dɑ^{21} tʂhʅ^{33} dɯ^{33} dʑi^{13}, thi^{33} tshæ^{33} to^{33} mɑ^{33} ʂu^{21} me^{33} tʂhʅ^{33} dɯ^{33} gɣ^{33},
啊 也 不 说 日 主人 这 一 家 厅昌 面偶 纯净 的 这 一 个

tʂhər^{33}dʑi^{21}、no^{33}dʑi^{21} ʂu^{21} me^{33} tʂhʅ^{33} dɯ^{33} khuɑ^{55}, mɯ^{33} ne^{21} dy^{21} nɯ^{33} tʂhʅ^{33} dɯ^{55} dɯ^{33}; dʑy^{21}phər^{21}、
药 水 奶 水 纯净 的 这 一 碗 天 与 地 从 这 之间 山 白

dzʅ^{33} phər^{21}、uə^{33}phər^{21} kɣ^{33} nɯ^{33} dzʅ^{21} me^{33} he^{21} tʂhʅ^{33} uɑ^{21} tʂhʅ^{33}dɯ^{55} dɯ^{33}; pɣ^{55} ne^{21}be^{33} nɯ^{33} dzʅ^{21}
村 白 寨 白 处 在 住 的 神 所有 这 之间 邻居 与 村落 在 住

me^{33}he^{21} tʂhʅ^{33} uɑ^{21} tʂhʅ^{33} dɯ^{55} dɯ^{33}; ʂuɑ^{21}me^{33}dʑy^{21} nɯ^{33} dzʅ^{21}, hy^{21}me^{33}lɯ^{33} nɯ^{33} dzʅ^{21}gə^{33}lɯ^{33}
的 神 所有 这 之间 高 的 山 在 住 矮 的 地 在 住 的 里母

mɯ^{33} sɑ^{21} dɑ^{55} tʂhʅ^{33} uɑ^{21} me^{33}, | tɕi^{21} lɯ^{33}、so^{33} lɯ^{33} mɯ^{33}, dzər^{21} lɯ^{33}、dʑi^{21} lɯ^{33} mɯ^{33}, zə̩^{21} lɯ^{33}、
剎道 所有 的 云 里母 巅 里母 树 里母 水 里母 草 里母

lv̩^{33} lɯ^{33} mɯ^{33},dər^{33} lɯ^{33}、khɯ^{21} lɯ^{33} mɯ^{33}. | sɿ^{33} bv̩^{33} kv̩^{33} dɯ^{33} tʂhər^{55}gə^{33} ʐʅ^{21}ɯ^{33}mɯ^{33} tsɿ^{21} dv̩^{21},
石 里母 良田 里母 山地 里母 斯补 上 一 代 的 火葬场

mi^{33} lv̩^{21}
夫妻

很古的时候，这一主人家，用一个纯净的“厅昌”面偶和一碗纯净的药水、奶水给住在天和地之间的所有神，住在白山和白村、白寨之间的所有神；住在村落和邻居之间的所有神；住在高处山里的，矮处地里的所有里母①和刹道②；住在云间和山巅上的里母；住在树上、水中的里母；住在草间、石上的里母；住在良田和山地的里母。最初斯补祖先时代的火葬场③，

185-B-77-04

tɕi^{33} ɲi^{33} kv̩^{55}, | tʂuɑ^{21} nɯ^{33} kv̩^{55} ʥi^{21} thv̩^{21},bɯ^{33} nɯ^{33} ʂu^{21} mi^{33} khɯ^{55}, lo^{21} ɳə^{21} ʥi^{21} ʂu^{21} ze^{21} u^{21}
独 两 个 男子 由 帐 房 搭 女子 由 铁 火 烧 箐 里 水 纯净 那里 舀

me^{33}, | ʥy^{21} kv̩^{33} dzər^{21} dɯ^{21} ze^{21} tshər^{55} me^{33}, lo^{21} ɳə^{21} lv̩^{33} dɯ^{21} ze^{21} phv̩^{21} me^{33}, tʂʅ^{55} ʂʅ^{21} tʂʅ^{33} kə^{55}
的 山 上 树 大 那里 砍 的 箐 里 石 大 那里 取 的 土 黄 土 翻

phv̩^{33}, ʥə^{33} dv̩^{21} ze^{21} tse^{55} me^{33}, dy^{21} lo^{21} lv̩^{33} uə^{33} ze^{21} tshɿ^{55} me^{33}, | lɯ^{33} mɯ^{33} sɑ^{21} dɑ^{55} tʂhʅ^{33} uɑ^{21}
墙 那里 砌 的 地 上 石 堆 那里 竖 的 里母 刹道 所有

tʂhʅ^{55} dɯ^{55} dɯ^{33}. | pv̩^{55} ne^{21} be^{33} nɯ^{33} dzɿ^{21} gə^{33} lɯ^{33} mɯ^{33}、sɑ^{21} dɑ^{55} tʂhʅ^{33} uɑ^{21}, tʂhə^{21} ɳə^{21} thi^{33}
这 以上 邻居 与村落 在 住 的 里母 刹道 所有 这 里 厅昌

tshæ^{33} to^{33}mɑ^{33} ʂu^{21} me^{33} nɯ^{33} tʂhu^{55} pɑ^{33} gə^{21} le^{33} be^{33}. lɯ^{33}mɯ^{33}、sɑ^{21} dɑ^{55} nɯ^{33} i^{33} dɑ^{21} tʂhʅ^{33} ʥə^{13}
面偶 纯净 的 由 天香 上 又 做 里母 刹道 由 主人 这 家

tɕər^{21} gu^{33} lu^{21} kɑ^{33} le^{21} tʂhər^{33} tʂhər^{21} dɑ^{55} dɑ^{33} gv̩^{33} be^{33} lu^{33}. | be^{33} le^{33} be^{55} tshɿ^{21} zɿ^{33} tʂhʅ^{33} dɯ^{33}
上 保福 保佑 稳妥 牢固 成 这 来 人类 这 一

① 里母：音译名词，为掌管野生动植物和山川河流的一种精灵——署之别种。
② 刹道：音译名词，为署之别种。
③ 不知为何写了“祖先时代的火葬场”，照原文译出，存疑。

dʑi^{13}, dy̩^{21} nɯ^{33} le^{21} the^{33} zɑ^{21} mə^{33} du^{33}. | ɯ^{33} hy^{21} kho^{33} tho^{21} lɑ^{33} khɯ^{55} lɯ^{33} mə^{33} dɯ^{33}.
家　毒鬼 由 又　反 降下 不　兴　　牛　红　　后面　　虎　　放　来　　不 允许

夫妻两个，由男子搭帐蓬，女子打火镰以烧火。在箐中舀过纯净的水；在山上砍过大树；取过箐里的大石；翻过黄土，砌过墙；地上竖过石堆；（今天）向所有的里母、刹道，向住在村落中的所有里母、刹道烧天香。求里母、刹道给予这一主人家的保福保佑能稳妥、牢固。毒鬼不兴降到这一主人家；不许（署）把老虎放到红牛身后。

185-B-77-05

by̩^{33} phər^{21} kho^{33} tho^{21} phɑ^{21} khɯ^{55} lɯ^{33} mə^{33} dɯ^{33}; | æ^{21} nɑ^{55} kho^{33} tho^{21} dy̩^{21}khɯ^{55}lɯ^{33}mə^{33} tʂər^{21};
绵羊 白　后面　　　豺　　放　来　不　允许　　鸡 黑　后面　　野猫　放　来　不　让

ɕi^{33} phər^{21} fy̩^{33}、dze^{33} hy^{21} huɑ^{55} khɯ^{55} lɯ^{33} mə^{33} tʂər^{21}, | tɕi^{21} dʐər^{33}、hər^{33} thy̩^{33} tshe^{55} phy̩^{55} lɯ^{33}
稻　白 疯长病 麦　红 锈病　　放　　来　不　让　　云　　灾　　风　刮　　叶　　撒　来

me^{33} gə^{21} le^{33} ty̩^{55}. ɑ^{55} by^{33} tʂhər^{33} tʂhər^{21} ŋə^{13} lɑ^{33} ʂuɑ^{55}①. ‖ i^{33} dɑ^{13} tʂhʅ^{33} dɯ^{33} dʑi^{13}, thi^{33} tshæ^{55} to^{33}
么　上 又　顶　大吉大利、延年益寿　　　　　　　主人　　这　一　家　厅昌　面偶

mɑ^{33}ʂu^{55}me^{33} tʂhʅ^{33} dɯ^{33}gy̩^{33}, tʂhər^{33} dʑi^{21}、no^{33} dʑi^{21} ʂu^{21} me^{33} tʂhʅ^{33} dɯ^{33} khuɑ^{55}, to^{33} bɑ^{21} ʂər^{55} lər^{33}
纯净的　这 一 个　　　药　　水　　奶 水 纯净 的　这　　一　　碗　　东巴什罗

me^{33} nɯ^{33} y^{21}, ny̩^{55} me^{33} dɯ^{33} le^{33} hɯ^{21}. | tʂhər^{33} dʑi^{21}、no^{33} dʑi^{21} ʂu^{21}me^{33}nɯ^{33}, mɯ^{33} ne^{21} dy^{21} kuɑ^{55}
他　　由 拿　　心　　一　放心　　　　药　　水　奶　水 纯净 的　由　天　与　地 祭品

be^{33} le^{33} tɕi^{33}. | mɯ^{33} tɕər^{21} tshe^{21} sʅ^{55} ty^{33} nɯ^{33} dzʅ^{21} me^{33} tʂhʅ^{33} uɑ^{21}, ȵi^{33} uə^{33}tʂhuɑ^{55}dy^{21}② gə^{33}, sæ^{33}
做　又 置　　天　上　　十　三 层　由　　住　的　　所有　　　尼坞数敦　　　的　血

---

① ɑ^{55} by^{33} tʂhər^{33} tʂhər^{21} ŋə^{13} lɑ^{33} ʂuɑ^{55}：释读者说是璐鲁（纳西、傈僳之混血种），东巴在念经时，用的是傈僳语，相当于汉语中的大吉大利、延年益寿！

② ȵi^{33} uə^{33} tʂhuɑ^{55} dy^{21}（尼坞数敦）：鬼域之名。

i^{33} me^{33} tʂhɿ^{33} uɑ^{21} tɕər^{21}, i^{33} dɑ^{21} dʑy^{33} me^{33} tʂhɿ^{33} dɯ^{33} dʑi^{13} nɯ^{33},thi^{33} tshæ^{33} to^{33}mɑ^{33}ʂu^{21}me^{33} tʂhɿ^{33}
有 的 所有 上 主人 富裕 的 这 一 家 以 厅昌 面偶 纯净 的 这

dɯ^{33} gv̩^{33} nɯ^{33} tʂhu^{55} pɑ^{33} gə^{21} le^{33} be^{33}, ȵi^{33} uə^{33} tʂhuɑ^{55} dy^{21} lo^{21} gə^{33} sæ^{33} i^{33} me^{33} tʂhɿ^{33} uɑ^{21}, le^{21}
一 个 由 天香 上 又 做 尼坞欻敦 里 的 血 有 的 所有

tʂhə^{55}
冷凑

不许（署）把豺放到白绵羊身后；不让（署）把野猫放到黑鸡身后。不让（署）在白稻田里施放疯长而不结果的病，在红麦地里施放红锈病。把云降下的灾、狂风吹落叶的灾顶上去。大吉大利，延年益寿！

这一主人家的一个纯净的“厅昌”面偶及一碗纯净的药水、奶水由东巴什罗拿着，放下心来，把纯净的药水、奶水作为天和地的供品供上。富有的这一主人家，用一个纯净的“厅昌”面偶把住在十三层天上的所有（神）及尼坞欻敦里的所有血性（精灵）的供品供上，为它们烧天香。把所有住在尼坞欻敦里的血性（精灵）及

185-B-77-06

tshɿ^{21} tʂhɿ^{33} uɑ^{21} mɯ^{21} le^{33} zər^{21}. | le^{21} tʂhə^{55} tʂhɿ^{33} uɑ^{21} mɯ^{21} le^{33} phi^{55} be^{33} se^{21}. | u^{33}ɯ^{33} ly̩^{21} me^{33}
鬼 所有 下 又 压 冷凑鬼 所有 下 又 抛 做 了 财物 好 够 的

gə^{21} le^{33} dzy̩^{33} be^{33} ho^{55}. ‖ i^{33} dɑ^{13} tʂhɿ^{33} dɯ^{33} dʑi^{21}, thi^{33} tshæ^{33} to^{33} mɑ^{33} ʂu^{21} me^{33} tʂhɿ^{33} dɯ^{33} gy̩^{33},
上 又 增 成 愿 主人 这 一 家 厅昌 面偶 纯净 的 这 一 个

tʂhər^{33}dʑi^{21}、no^{33}dʑi^{21}ʂu^{21}me^{33} tʂhɿ^{33} dɯ^{33} khuɑ^{55}, gə^{21} i^{33} he^{21} dzy̩^{33} be^{33} le^{33} tɕi^{33}, | khuɑ^{21}me^{33} dzɑ^{33}
药 水 奶 水 纯净 的 这 一 碗 上方 呀 神 增 的 又 置 凶 的 灾

me^{33} tʂhɿ^{33} uɑ^{21} le^{33} by̩^{21} se^{21}. | he^{21} mu^{33} he^{21} tʂhɿ^{33} uɑ^{21} gə^{33} u^{33} ɯ^{33} dzy̩^{33} le^{33} gə^{21} le^{33} tɕi^{33}. |
的 所有 又 消灭 了 神 全部 神 所有 的 财物 好 增多 的 上方 又 置

ɑ^{55} by^{33} tʂhər^{33} tʂhər^{21} ŋə^{13} lɑ^{33} ʂuɑ^{55}. ‖ i^{33} dɑ^{13} tʂhɿ^{33} dɯ^{33} dʑi^{13}, thi^{33} tshæ^{33} to^{33} mɑ^{33} ʂu^{21} me^{33} tʂhɿ^{33}
大吉大利、延年益寿 主人 这 一 家 厅昌 面偶 纯净 的 这

dɯ^{33} gv̩^{33}, tʂhər^{33} dʑi^{21}、no^{33} dʑi^{21} ʂu^{21} me^{33} tʂhʅ^{33} dɯ^{33} khuɑ^{55}, | lɑ^{21} mɑ^{33} i^{55}①gə^{33} dy^{21} ȵə^{21} mɯ^{21}
一 个 药 水 奶 水 纯净 的 这 一 碗 劳玛义 的 地 里 下方

le^{33} tɕi^{33}, sy^{55} sy^{33} dɑ^{55} dɑ^{33} i^{33} æ^{21} tʂhʅ^{33} uɑ^{21} dɯ^{33} dzər^{21} lu^{33}. | lɑ^{21} mɑ^{33} i^{55} dy^{21} dze^{33} ʂər^{55} be^{33} le^{33}
又 置 杀 砍 争斗 所有 一 化解 来 劳玛义 敦 财物 满 的 又

tɕi^{33}, | nv̩^{55} me^{33} kɑ^{33} ne^{21} ɯ^{33} be^{33} dɯ^{33} sv̩^{33}
置 心 好 与 善 的 一 想

所有冷凑鬼压下去。把所有的冷凑鬼都抛到下方去了。愿能得到更多的好财物。

这一主人家，把一个纯净的“厅昌”面偶及一碗纯净的药水、奶水作为上方神的供品供上，让神增长，（于是）所有的凶、灾都消灭了。（把纯净的“厅昌”面偶及药水、奶水作为）所有神的供品供上，让神的好财物增多。大吉大利、延年益寿！

这一主人家，把一个纯净的“厅昌”面偶及一碗纯净的药水、奶水放置到下方的劳玛义敦，让它来化解所有战争。（“厅昌”面偶）放置在劳玛义敦，使劳玛义敦财物增多。望劳玛义敦的鬼能有一个善意。

185-B-77-07

du^{33}, | ɑ^{55} by^{33}tʂhər^{33} tʂhər^{21}ŋə^{13}lɑ^{33} ʂuɑ^{55}. ‖ i^{33} dɑ^{21} tʂhʅ^{33} dɯ^{33} dʑi^{13}, thi^{33} tshæ^{33} to^{33} mɑ^{33} ʂu^{21} me^{33}
来 大吉大利、延年益寿 主人 这 一 家 厅昌 面偶 纯净 的

tʂhʅ^{33} dɯ^{33} gv̩^{33}, tʂhər^{33} dʑi^{21}、no^{33} dʑi^{21} ʂu^{21} me^{33} tʂhʅ^{33} dɯ^{33} khuɑ^{55}, dy^{21} ȵə^{21} dɯ^{33} tɕi^{33} ne^{21}, tsho^{21}
这 一个 药 水 奶 水 纯净 的 这 一 碗 地 上 一 放 着 人类

y^{21} dy^{21} ʂər^{55} hə^{21}. tsho^{21} me^{33} tsho^{21} tʂhʅ^{33} uɑ^{21}, u^{33} nɯ^{33} miə^{21} ʂər^{55}, dze^{33} nɯ^{33} miə^{21} kɑ^{55} be^{33} le^{33}
生活地 满 了 人类 呀 人类 所有 财产 由 眼 满 财物 由 眼 遮 的 又

tɕi^{33}, kho^{33} y^{21} he^{33} hɯ^{21}, dʑi^{21} i^{33} dər^{33} ʂər^{55} gv̩^{33} le^{33} hə^{21}. | ɑ^{55} by^{33} tʂhər^{33} tʂhər^{21}ŋə^{13} lɑ^{33} ʂuɑ^{55}. ‖
置 声 轻 耳 安 水 流 塘 满 成 去 了 大吉大利、延年益寿

① lɑ^{21} mɑ^{33} i^{55}（劳玛义）：鬼域名之一。

i^{33} dɑ^{13} tʂhʅ^{33} dɯ^{33} dʑi^{13}, thi^{33} tshæ^{33} to^{33} mɑ^{33} ʂu^{21} me^{33} tʂhʅ^{33} dɯ^{33} gʏ^{33}, tʂhər^{33} dʑi^{21}、no^{33} dʑi^{21} ʂu^{21}
主人 这 一 家 厅昌 面偶 纯净 的 这 一 个 药 水 奶 水 纯净

me^{33}tʂhʅ^{33} dɯ^{33} khuɑ^{55}, hy^{21} tso^{33} dy^{21} le^{33} tɕi^{33}. | hy^{21} tso^{33} dy^{21}① i^{33} mi^{33} uə^{21} tshər^{33} me^{33} dy^{21}, do^{21}
的 这 一 碗 徐佐敦 又 置 徐佐敦 是 火 似 热 的 地方 傻

le^{33} kɯ^{33} tʂʅ^{21} mə^{33} kʏ^{55} me^{33} le^{33} se^{33}. | khuɑ^{21} me^{33} bʏ^{21} le^{33} hə^{21}. | ɑ^{55} by^{33} tʂhər^{33} tʂhər^{21} ŋə^{13} lɑ^{33}
呀 说话 不 会 者 又 贫穷 凶 的 消失 去了 大吉大利、延年益寿

ʂuɑ^{55}. ‖ i^{33} dɑ^{21} tʂhʅ^{33} dɯ^{33} dʑi^{21}, thi^{33} tshæ^{33} to^{33} mɑ^{33} ʂu^{21} me^{33} tʂhʅ^{33} dɯ^{33} gʏ^{33}, tʂhər^{33} dʑi^{21}、no^{33}
主人 这 一 家 厅昌 面偶 纯净 的 这 一 个 药 水 奶

dʑi^{21} ʂu^{21} me^{33} tʂhʅ^{33} dɯ^{33} khuɑ^{55}, i^{33} dɑ^{55} dy^{21}
水 纯净 的 这 一 碗 依道敦

大吉大利、延年益寿！

这一主人家，把一个纯净的“厅昌”面偶及一碗纯净的药水、奶水放置在大地上，（于是）大地上住满了人类。所有的人类把满眼满目的财产和财物放置在（“厅昌”面偶前）。愿所有的人类，心安神宁，流水满塘。大吉大利、延年益寿！

这一主人家，把一个纯净的“厅昌”面偶及一碗纯净的药水、奶水放置在徐佐敦，这是热来似火烧的地方，是傻得不会说话且穷困的地方，这里的所有灾难都消失了。大吉大利、延年益寿！

这一主人家，把一个纯净的“厅昌”面偶及一碗纯净的药水、奶水放置在依道敦，

185-B-77-08

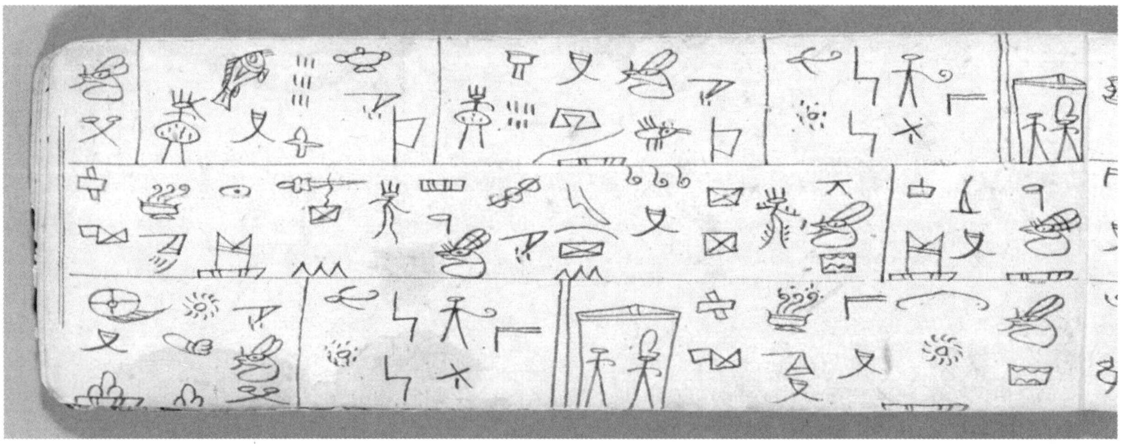

le^{33} tɕi^{33}. | i^{33} dɑ^{55} tshʅ^{21} nɯ^{33} ɳi^{33} me^{33} gʏ^{33} sy^{21} dɯ^{33} be^{33} ho^{55}. | i^{33} dɑ^{55} tɕər^{33} ʂər^{21} me^{33} gə^{33} dy^{21}
又 置 依道 鬼 来 要 的 九 种 得 的 愿 依道鬼 颈 长 的 地

nɯ^{33} gə^{21} le^{33} lɯ^{55} be^{33} ho^{55}. | ɑ^{55} by^{33} tʂhər^{33} tʂhər^{21} ŋə^{13} lɑ^{33} ʂuɑ^{55}. ‖ i^{33} dɑ^{13} tʂhʅ^{33} dɯ^{33} dʑi^{13}, thi^{33}
从 上 又 逃脱 的 愿 大吉大利、延年益寿 主人 这 一 家 厅昌

① hy^{21} tso^{33} dy^{21}（徐佐敦）：鬼域名之一。

tshæ33to33ma33ʂu21 me33 tʂhʅ33 dɯ33gv̩33, tʂhər33dʑi21、no33 dʑi21 ʂu21 me33 tʂhʅ33 dɯ33 khua55, ȵi33 uə33
面偶 纯净 的 这 一 个 药 水 奶 水 纯净 的 这 一 碗 尼坞敦

dy21 le33 tɕi33, ȵi33 uə33 dy21①i33 mi33 uə21 tshər33 me33 dy21 ko33 lo21, tʂhu21 be33 hɯ21 nɯ33 mi33 uə21
又 置 尼坞敦 呀 火 似 热 的 地 里面 快 地 雨 以 火 似

tshər33 me33 mi21 le33zər21, tshe33 tshe33 dzər21 le33 hə21. | ȵi33 uə33 tɕhi55 me33 dy21 ko33 lo21, ȵi33 me33
热 的 往下 又 压 热 消失 去了 尼坞 冷 的 地 里面 太阳

bu33dɯ21 lv̩55 la33 khæ55 i55 lv̩21 be33 le33 tɕi33. | a55 by33 tʂhər33 tʂhər21 ŋə13 la33 ʂua55. ‖ i33 da21 tʂhʅ33
光 大 灿烂 照 是 暖 地 又 置 大吉大利、延年益寿 主人 这

dɯ33 dʑi13, thi33 tshæ33 to33 ma33 ʂu21 me33 tʂhʅ33 dɯ33 gv̩33, tʂhər33 dʑi21、no33 dʑi21 ʂu21 me33 tʂhʅ33
一 家 厅昌 面偶 纯净 的 这 一 个 药 水 奶 水 纯净 的 这

dɯ33 khua55, ʂua21 me33 mɯ33 bu33 dy21 bu33 ne21 le33 hə21.
一 碗 高 的 天 亮 地 高 着 去了

望依道鬼能得到它们所要的九种东西。望（人的魂魄）能从长颈依道鬼域逃脱上来。大吉大利、延年益寿！

这一主人家，把一个纯净的“厅昌”面偶及一碗纯净的药水、奶水放置在尼坞敦。尼坞鬼域是似火烧地热之鬼域，尽早地似雨把火扑灭一样，热便消失了。在尼坞鬼域里有很冷的地方，冰冷的尼坞敦成了阳光灿烂而暖和的地方。大吉大利、延年益寿！

这一主人家的这个纯净的“厅昌”面偶和这碗纯净的药水、奶水犹如天地明亮。

185-B-77-09

mɯ33 tho21 dʑə21 uə33、sər33 tho21 tʂhʅ55 bv̩55, | mɯ33 gə33 he33 dɯ21 tho21 ka33 ɕə21 uə33、| mɯ33 nɯ33
美托久乌 斯托斥补 天 的 神 大 拖戛雄伟 天 以

dzʅ21 gə33 ʂv̩13 gə33 he33 dɯ21 tho21 pa33 iə21 uə33, | mɯ33 nɯ33 dzʅ21 gə33 ȵi33 mu21、mɯ33mi55 thɯ33
住 的 署 的 神 大 拖巴尤乌 天 以 住 的 尼 兵 天 女 它们

① ȵi33 uə33 dy21（尼坞敦）：鬼域之名。

tʂhʅ^{33} huɑ^{55}; ʂuɑ^{21} me^{33} mɯ^{33} ȵə^{21} dzʅ^{21} me^{33} dɯ^{21} me^{33} tʂhʅ^{33} dʑy^{33} me^{33}, | thi^{33} tshæ^{33} to^{33}mɑ^{33} ʂu^{21}

这 群 高 的 天 上 住 的 大 的 所有 的 厅昌 面偶 纯净

me^{33} thɯ^{33} ȵə^{21} iə^{55}, ȵi^{33} me^{33} gy̩^{33} sy^{21} dɯ^{33} be^{33} se^{21}. | ȵi^{33} me^{33} tʂhʅ^{33}uɑ^{21} nɯ^{33} khə^{21} ʂər^{55} be^{33}

的 它 上 给 要 的 九 种 得 成 了 要 的 所有 你 处 满 成

se^{21}. | tʂhʅ^{33} huɑ^{55} khuɑ^{21} me^{33} thi^{33} tshæ^{33} to^{33} mɑ^{33} ky̩^{33} nɯ^{33} lo^{55} le^{33} fæ^{33}. | gə^{21} gə^{33} dy̩^{21} mɯ^{21}

了 这 群 凶 的 厅昌 面偶 上 由 越 又 去 上方 的 毒鬼 下方

nɯ^{33} le^{33} the^{33} khy̩^{21}. | gə^{21} gə^{33} tse^{21} i^{33} mɯ^{21} the^{33} lɯ^{33} mə^{33} tʂər^{21}. | ʂy̩^{21} i^{33} gə^{21} lɯ^{33} me^{33} mɯ^{21}

从 不要 请 上方 的 仄鬼 呢 下方 不要 来 不 让 署 呢上方 来 么 下方

i^{33} le^{21} the^{33} zɑ^{21}. | gə^{21} gə^{33} dʑy^{21} gə^{33} ȵi^{33}

呢 不要 降 上方 的 在 的 尼

美托久乌、斯托斥补；天之大神拖戛雄伟；住在天上的署之大神拖巴尤乌；住在天上的尼之兵和天女这一群。还有住在天上的所有长老都献给了纯净的“厅昌”面偶，（使神）得到了它们所要的九种东西。你们（神）所要的东西都堆满了。把降于这些神灵身上的所有凶恶的东西由“厅昌”面偶驮了去。不要把上方的毒鬼请下来。不要让上方的仄鬼来到下方。不要让上来的署降临到下方。上方的尼

185-B-77-10

mɯ^{21} le^{33} zɑ^{21} mə^{33} du^{33}. | dɯ^{21} me^{33} u^{33} ty̩^{33} ty̩^{33} gə^{33} dɯ^{33} thy̩^{33} du^{33}. | gy̩^{33} me^{33} u^{33} ty̩^{33} ty̩^{33} gə^{33}

下方 又 降 不 兴 大 者 您 自己 的 一 变成 来 牢固 者 你 自己 的

dɯ^{33} gy̩^{33} du^{33}. | ʂuɑ^{21} me^{33} mɯ^{33} gə^{33} tɕi^{21} dzər^{33}、hər^{33} dzər^{33} gə^{21} le^{33} ty̩^{55}. | thi^{33} tshæ^{33} to^{33} mɑ^{33}

一 牢固 来 高 的 天 的 云 灾 风 灾 上 又 顶 厅昌 面偶

nɯ^{33} dɯ^{33} lo^{55} du^{33}. | ɑ^{55} by^{33} tʂhər^{33} tʂhər^{21} ŋə^{13} lɑ^{33} ʂuɑ^{55}. | thi^{33} tshæ^{33} to^{33} mɑ^{33} ʂu^{21} me^{33} tʂhʅ^{33}

由 一 越 来 大吉大利、延年益寿 厅昌 面偶 纯净 的 这

dɯ^{33} gy̩^{33}, ʂuɑ^{21}me^{33}mɯ^{33} ȵə^{21} bu^{33}dɯ^{21} ly̩^{55} lɑ^{33} be^{33}. | mɯ^{33} ne^{21} dy^{21} ȵi^{33} ky̩^{55}, dɯ^{21} tɕi^{55} ȵi^{55} ȵi^{21}

一 个 高 的 天 上 光 大 灿烂 似的 天 与 地 两 个 大 小 一样

mu^{21}, mɯ^{13}gə^{33} tɕi^{21} ne^{21} hər^{21}, dy^{21} ȵə^{21} le^{33} zɑ^{21} lɯ^{33}mə^{33} dɯ^{33}. | ʂuɑ^{21}me^{33}mɯ^{13} gə^{33} tɕi^{21} dzo^{33}、
的 天 的 云与 风 地 里 又 降 来 不允许 高 的 天 的 云 灾

hər^{33} dzo^{33} tʂhʅ^{33}uɑ^{21}, thi^{33} tsæ^{33} to^{33}mɑ^{33} me^{33} nɯ^{33} dɯ^{33} lo^{55} du^{33}. | ɑ^{55} by^{33} tʂhər^{33} tʂhər^{21} ŋə^{13} lɑ^{33}
风 灾 所有 厅昌 面偶 它 由 一 越 来 大吉大利、延年益寿

ʂuɑ^{55}. | i^{33} dɑ^{21} tʂhʅ^{33} dɯ^{33} dʑi^{21},
主人 这 一 家

不兴降到下方。把所有大的东西都变成自己的，把所有牢固的东西变成自己的。把天上的云灾、风灾顶上去。让（灾难）由"厅昌"面偶驮了去。大吉大利、延年益寿！

纯净的"厅昌"面偶把高天照亮。天、地大小是一样的，天的云灾、风灾不允许降到地上。所有天的云灾、风灾由"厅昌"面偶驮了去。大吉大利、延年益寿！

这一主人家，

185-B-77-11

thi^{33} tshæ^{33} to^{33} mɑ^{33} ʂu^{21} me^{33} tʂhʅ^{33} dɯ^{33} gʏ^{33}, tʂhər^{33} dʑi^{21}、no^{33} dʑi^{21} ʂu^{21} me^{33} tʂhʅ^{33} dɯ^{33} khuɑ^{55},
厅昌 面偶 纯净 的 这 一 个 药 水 奶 水 纯净 的 这 一 碗

by^{21}、me^{33}、mi^{33}、dy^{21}、mu^{33}、me^{55}、sʅ^{33}、le^{33}、le^{33}、mu^{55}①. | he^{21} i^{33} he^{13} gə^{33} dy^{21}, sɑ^{33} lɑ^{21} gu^{55}
神 呀 神 的 地 沙劳恭补

bʏ^{33}dzʅ^{21}me^{33}dy^{21}nɯ^{33}gə^{21} le^{33} dzʅ^{21}, | dʏ^{21} i^{33} dʏ^{21} gə^{33} dy^{21}, dʏ^{21} sɑ^{33} to^{33} lo^{21} dzʅ^{21} me^{33} dy^{21} nɯ^{33}
住 的 地 在 上 又 住 毒鬼 呀 毒鬼 的 地 毒莎多罗 住 的 地 在

gə^{21} le^{33} dzʅ^{21}. | tse^{21} i^{33} tse^{21} gə^{33} dy^{21}, tse^{33} tʂʅ^{33} ɕy^{21}duɑ^{33} dzʅ^{21} me^{33} dy^{21} nɯ^{33} gə^{21} le^{33} dzʅ^{21}. | ȵi^{33}
上 又 住 仄鬼 呀 仄鬼 的 地 仄知许端 住 的 地 在 上 又 住 尼

i^{33} ȵi^{33} gə^{33} dy^{21}, ŋʏ^{21} pɑ^{33} nɑ^{21} pʏ^{55} dzʅ^{21} me^{33} dy^{21} nɯ^{33} gə^{21} le^{33} dzʅ^{21}. | ʂʏ^{21} i^{33} ʂʏ^{21} gə^{33} dy^{21},
呀 尼 的 地 奴巴拿布 住 的 地 在 上 又 住 署 呀 署 的 地

① 这十个字符，释读者无法连读成句。

ɕi33 na21 ny̩21 dzy̩33 dzɿ21 me33 dy21 nɯ33 gə21 le33 dzɿ21. | sa21 da55 pɯ33 na55 dæ33 gə33 mæ33 dzɿ21
兴拿奴主 住 的 地 在 上 又 住 刹道本那 狐狸 的尾巴 生

me33, | sa21 da55、ʂʅ55 ʐʅ21 dɯ21 me33, | hæ33 ʂʅ21 lɯ33 mɯ33, | dy21 nɯ33 dzɿ21 me33 sa21 da55 tʂhʅ33
的 刹道 世日 大 者 金 黄 里母 地 在 住 的 刹道 所有

ua21, | thi33 tshæ33 to33 ma33 ʂu21 me33
厅昌 面偶 纯净 的

用一个纯净的"厅昌"面偶及一碗纯净的药水、奶水……神呀又住到沙劳恭补居住的地方。毒鬼呀又住到毒莎多罗居住的地方。仄鬼呀又住到仄知许端居住的地方。尼呀又住到奴巴拿布居住的地方。署呀又住到兴拿奴主居住的地方。把纯净的"厅昌"面偶（作为供品）送给生着狐狸尾巴的刹道本那，大的刹道和世日，金黄色的里母，居住在大地上的所有刹道。

185-B-77-12

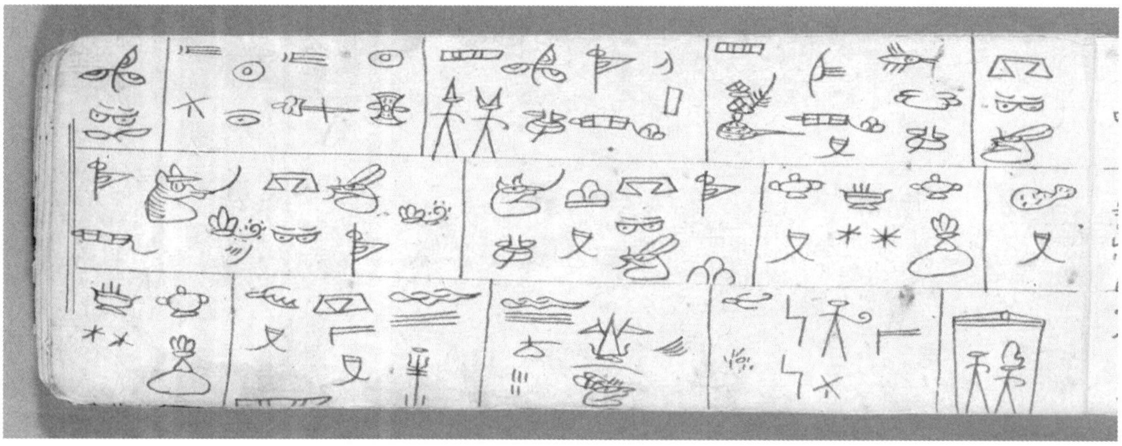

ny̩33 ɳə21 iə55. | sa21 da55 ma21 phu55、sa21 da55 ma21 tho33、| dy̩21 dy21、tse21dy21ny̩33 nɯ33 the33 dʐu33
你 上 给 萨道麻铺 萨道麻托 毒鬼 地 仄鬼 地 你 来 它们 债

le33 to21 fæ33. | ʂy̩13 gə33 sɿ33 phe33 dzɿ21 me33 dy21, ɕi33 dy21 dʐu33 me33, lɯ33 by̩21 nɯ33 | gə21 ɳə21
又 寄 去 署 的 酋长 住 的 地 人类 地 向往 么 地 下 从 上 面

le33 the33 khy̩21, ʐua33 lər21 me33 gə21 ɳə21 le33 the33 lər21. | khɯ33 nɯ33 ly̩21 me33, gə33 ɳə21 le33 the33
不要 请 马 叫 么 上 面 不要 叫 狗 来 叫 么 上 面 不要

ly̩21. | dɯ21 me33 u33 ty̩33 ty̩33 dɯ33 thy̩33 du33, | gy̩33 me33 u33 ty̩33 ty̩33 dɯ33 gy̩33 du33. | hy21 me33
叫 大 者 你 自己 一 变成 来 牢固 者 你 自己 一 牢固 来 矮 的

dy21nɯ33dzɿ21, gə21 i33 ʂua21 me33 tɕi21 dʐər33、hæ33 dʐər33gə21 le33 ty55. | tɕi21 dʐər33、hæ33dʐər33 tʂhʅ33
地 在 住 上 的 高 的 云 灾 风 灾 上 又 顶 云 灾 风 灾 所有

ua21 me33 thi33 tshæ33 to33 ma33 nɯ33 nɯ33 lo55 le33 fæ33. | a55 by33 tʂhər33 tʂhər33 ŋa13 la33 ʂa55. |
的 厅昌 面偶 你 由 越 又 去 大吉大利、延年益寿

i^{33} dɑ^{21} tʂhʅ^{33} dɯ^{33} ʥi^{21},
主人　这　一　家

萨道麻铺、萨道麻托、毒鬼地、仄鬼地的债由你（“厅昌”面偶）驮了去。向往署酋居住地和人类居住地的（鬼类）不要从下面（鬼域）请上来。不要让马在上面叫，不要让狗在上面叫，愿所有大的东西都变成自己的；所有牢固的东西都变成自己的。住在低矮的地上，把高处的云灾、风灾顶上去。把所有的云灾、风灾由你“厅昌”面偶驮了去。大吉大利、延年益寿！

这一主人家，

185-B-77-13

thi^{33} tshæ^{33} to^{33}mɑ^{33} ʂu^{21} me^{33} tʂhʅ^{33} dɯ^{33} gv̩^{33}, tʂhər^{33} ʥi^{21}、no^{33}ʥi^{21} ʂu^{21}me^{33}tʂhʅ^{33}dɯ^{33} khuɑ^{55}nɯ^{33}
厅昌　面偶　纯净　的　这　一　个　药　水　奶　水　纯净　的　这　一　碗　由

ȵi^{33} me^{33} thv̩^{33} ȵə^{21} tʂhu^{55} pɑ^{33} gə^{21} le^{33} be^{33}. | dv̩^{21} i^{33} ȵi^{33} me^{33} thv̩^{33} gə^{33} dv̩^{21} | tse^{21} i^{33} ȵi^{33} me^{33}
东方　方向　天香　上　又　做　毒鬼　呀　东方　的　毒鬼　仄鬼呀　东方

thv̩^{33} gə^{33} tse^{21}; | ʂv̩^{21} i^{33} ȵi^{33} me^{33} thv̩^{33} gə^{33} ʂv̩^{21}. | ȵi^{33} me^{33} thv̩^{33}gə^{33}ɕi^{33} phər^{21} dzv̩^{33} le^{33} ʥə^{21}. |
的　仄鬼　署　呀　东方　的　署　东方　的　人　白　增多　又　有

ʐuɑ^{33} phər^{21} bɯ^{21} le^{33} ʥə^{21}. | thɯ^{33} tʂhʅ^{33} uɑ^{21} me^{33}, thi^{33} tshæ^{33} to^{33} mɑ^{33} nv̩^{33} ȵə^{21} iə^{55}. | ɕi^{33} phər^{21}
马　白　多　又　有　这　所有　的　厅昌　面偶　你　上　给　人　白

dzər^{33}me^{33},kho^{33} the^{33} khuɑ^{21} kə^{55}① | ʐuɑ^{33} phər^{21} tɕi^{55} the^{33} kæ^{21}. | bv̩^{33} phər^{21} nv̩^{21} the^{33} dzʅ^{21}. |
唱　么　声　不要　坏　马　白　驮　不要　散　绵羊　白　羽毛　不要　生

æ^{21} phər^{21} the^{33} phɑ^{33} phɑ^{21}. | dɯ^{21} me^{33} u^{55} tv̩^{33} tv̩^{33} dɯ^{33} thv̩^{33} du^{33}. | gv̩^{33} me^{33} u^{33} tv̩^{33} tv̩^{33}
鸡　公　不要　扇动　大　者　你　自己　一　变成　来　牢固　者　你　自己

用一个纯净的“厅昌”面偶及一碗纯净的药水、奶水（作为供品），向着东方方向烧天香。毒鬼是东方的；仄鬼是东方的；署是东方的。东方的白人增多了，白马增多了。把所有的财物都给你（“厅昌”面偶）。白人唱歌时，（愿）声音不要嘶哑；（愿）白马的驮子不要散；（愿）

① kə^{55}：不知其意。

白绵羊不要生羽毛；（愿）公鸡不要扇动翅膀。愿所有大的东西都变成自己的；所有牢固的东西都变成自己的。

185-B-77-14

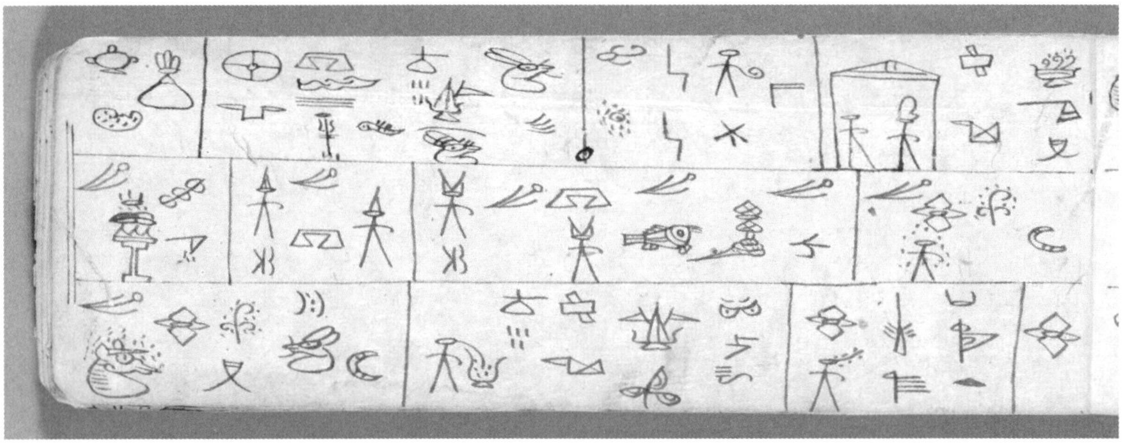

dɯ^{33} gv̩^{33} du^{33}. | n̩i^{33} me^{33} thv̩^{33} gə^{33} tɕi^{21} dz̩ər^{33}、hæ^{33} dz̩ər^{33} gə^{21} le^{33} tv̩^{55},dz̩ər^{33} me^{33} tʂhʅ^{33}uɑ^{21} thi^{33}
一 牢固 来 东方 的 云 灾 风 灾 上 又 顶 灾 的 所有 厅昌

tshæ^{33}to^{33} mɑ^{33} nv̩^{33} nɯ^{33} lo^{55} le^{33} fæ^{33}. | ɑ^{55} by^{33} tʂhər^{33} tʂhər^{21} ŋə^{13} lɑ^{33} ʂɑ^{55}. | i^{33} dɑ^{21} tʂhʅ^{33} dɯ^{33}
面偶 你 由 越 又 去 大吉大利、延年益寿 主人 这 一

dʑi^{21}, thi^{33} tshæ^{33} to^{33}mɑ^{33} ʂu^{21}me^{33}tʂhʅ^{33} dɯ^{33} gv̩^{33},tʂhər^{33} dʑi^{21}、no^{33}dʑi^{21} ʂu^{21} me^{33} tʂhʅ^{33}dɯ^{33} khuɑ^{55}
家 厅昌 面偶 纯净 的 这 一 个 药 水 奶 水 纯净 的 这 一 碗

nɯ^{33} i^{33} tʂhʅ^{33} mɯ^{21} n̩ə^{21} tʂhu^{55} pɑ^{33} gə^{21} le^{33} be^{33}. | dv̩^{21} i^{33} i^{33} tʂhʅ^{33} mɯ^{21} gə^{33} dv̩^{21}; | tse^{21} i^{33}
由 南方 方向 天香 上 又 做 毒鬼 是 南方 的 毒鬼 仄鬼 是

i^{33} tʂhʅ^{33} mɯ^{21} gə^{33} tse^{21}; n̩i^{33} i^{33} i^{33} tʂhʅ^{33} mɯ^{21} gə^{33} n̩i^{33}; ʂv̩^{21} i^{33} i^{33} tʂhʅ^{33} mɯ^{21} gə^{33} ʂv̩^{21}. | i^{33} tʂhʅ^{33}
南方 的 仄鬼 尼 是 南方 的 尼 署 是 南方 的 署 南方

mɯ^{21} gə^{33} uɑ^{33} hər^{21} ɕi^{33} hər^{21} dzv̩^{33} le^{33} dʑy^{21}, i^{33} tʂhʅ^{33} mɯ^{21} gə^{33} uɑ^{33} hər^{21} z̩uɑ^{33} hər^{21} bɯ^{21} le^{33}
的 绿松石 绿 人 绿 增多 又 有 南方 的 绿松石 绿 马 绿 多 又

dʑy^{21}. | thɯ^{33} tʂhʅ^{33} uɑ^{21}, thi^{33} tshæ^{33} to^{33} mɑ^{33} nv̩^{33} n̩ə^{21} le^{33} iə^{55} se^{21}. | uɑ^{33} hər^{21} ɕi^{33} hər^{21} dzər^{33}
有 这 所有 厅昌 面偶 你 上 又 给 了 绿松石 绿 人 绿 唱

bɯ^{33}、ho^{21} bɯ^{33} kho^{33} the^{33} khuɑ^{21}. | uɑ^{33} hər^{21}
要去 踏歌 要去 声 不要 坏 绿松石 绿

把东方的云灾、风灾顶上去。把所有的（灾祸）由你“厅昌”面偶驮了去。大吉大利、延年益寿！

这一主人家，用一个纯净的“厅昌”面偶及一碗纯净的药水、奶水（作为供品），向着南方方向烧天香。毒鬼是南方的；仄鬼是南方的；尼是南方的；署是南方的。南方的绿松石色的人增多了，绿松石色的马增多了。把所有的财物都给了“厅昌”面偶。绿松石色的人，要去踏歌，（愿）声音不要嘶哑；（愿）绿松石色的

185-B-77-15

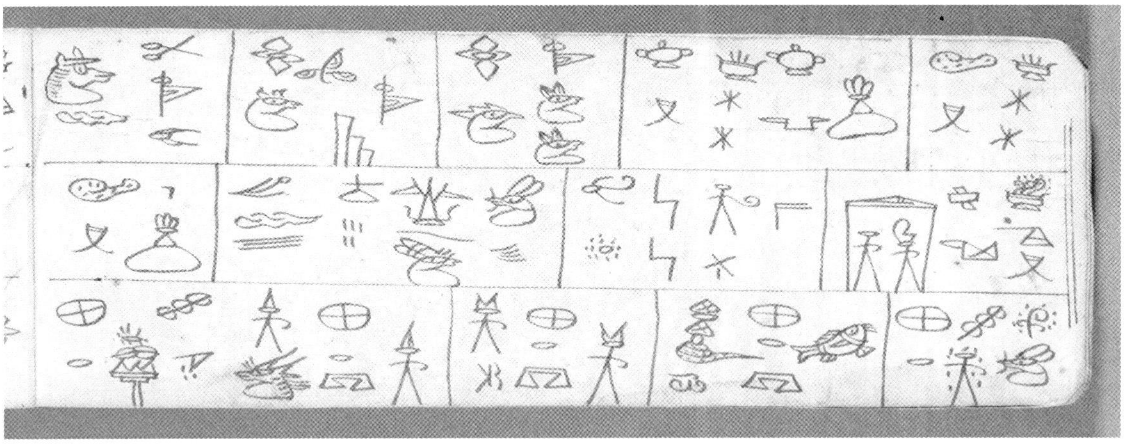

ʐuɑ^{33} hər^{21} tɕi^{55} the^{33} gæ^{21}. | uɑ^{33} hər^{21} khɯ^{33} hər^{21} nv̩^{21} the^{33} dzɿ^{21}. | uɑ^{33} hər^{21} æ^{21} hər^{21} the^{33} phɑ^{33}
马 绿 驮 不要 散 绿松石 绿 狗 绿 绒毛 不要 长 绿松石绿 鸡 绿 不要 扇动

phɑ^{21}. | dɯ^{21} me^{33} u^{55} tv̩^{33} tv̩^{33} le^{33} dɯ^{33} thv̩^{33} du^{33}. | gv̩^{33} me^{33} u^{33} tv̩^{33} tv̩^{33} gv̩^{33} me^{33} dɯ^{33} gv̩^{33}
大 者 你 自己 呀 一 变成 来 牢固 者 你 自己 牢固 呀 一 牢固

du^{33}. | i^{33} tʂhʅ^{33} mɯ^{21} gə^{33} tɕi^{21} dʐər^{33}、hər^{33}dʐər^{33} tʂhʅ^{33} uɑ^{21},thi^{33} tshæ^{33} to^{33}mɑ^{33} nv̩^{33} nɯ^{33} lo^{55} le^{33}
来 南方 的 云 灾 风 灾 所有 厅昌 面偶 你 由 越 又

fæ^{33}. | ɑ^{55} by^{33} tʂhər^{33} tʂhər^{21}ŋɑ^{13} lɑ^{33} ʂɑ^{55}. | i^{33} dɑ^{21} tʂhʅ^{33} dɯ^{33} ʥi^{13}, thi^{33} tshæ^{33} to^{33} mɑ^{33} ʂu^{21} me^{33}
去 大吉大利、延年益寿 主人 这 一 家 厅昌 面偶 纯净 的

tʂhʅ^{33} dɯ^{33} gv̩^{33}, tʂhər^{33} ʥi^{21}、no^{33} ʥi^{21} ʂu^{21}me^{33}tʂhʅ^{33}dɯ^{33}khuɑ^{55}, ȵi^{33} me^{33} gv̩^{21} tɕy^{21} tʂhu^{55} pɑ^{33} gə^{21}
这 一 个 药 水 奶 水 纯净 的 这 一 碗 西方 方向 天香 上

le^{33} be^{33}. dv̩^{21} i^{33} ȵi^{33} me^{33} gv̩^{21} gə^{33} dv̩^{21}; | tse^{21} i^{33} ȵi^{33} me^{33} gv̩^{21} gə^{33} tse^{21}; | ʂv̩^{21} i^{33} ȵi^{33} me^{33} gv̩^{21}
又 做 毒鬼 是 西方 的 毒鬼 仄鬼 是 西方 的 仄鬼 署 是 西方

gə^{33} ʂv̩^{21}; ȵi^{33} i^{33} ȵi^{33} me^{33} gv̩^{21} gə^{33} ȵi^{33}. | ȵi^{33} me^{33} gv̩^{21} tʂhu^{21} nɑ^{55} ɕi^{33} nɑ^{21} dzv̩^{33} le^{33}
的 署 尼 是 西方 的 尼 西方 墨玉 黑 人 黑 增多 又

马的驮子不要散；（愿）绿松石色的狗不要生羽毛；（愿）绿松石色的鸡翅膀不要扇动。愿所有大的东西都变成自己的；所有牢固的东西都变成自己的。南方所有的云灾、风灾都由你“厅昌”面偶驮了去。大吉大利、延年益寿！

这一主人家，用一个纯净的“厅昌”面偶及一碗纯净的药水、奶水（作为供品）向着西方方向烧天香。毒鬼是西方的；仄鬼是西方的；署是西方的；尼是西方的。西方的黑墨玉石色的人增多了。

185-B-77-16

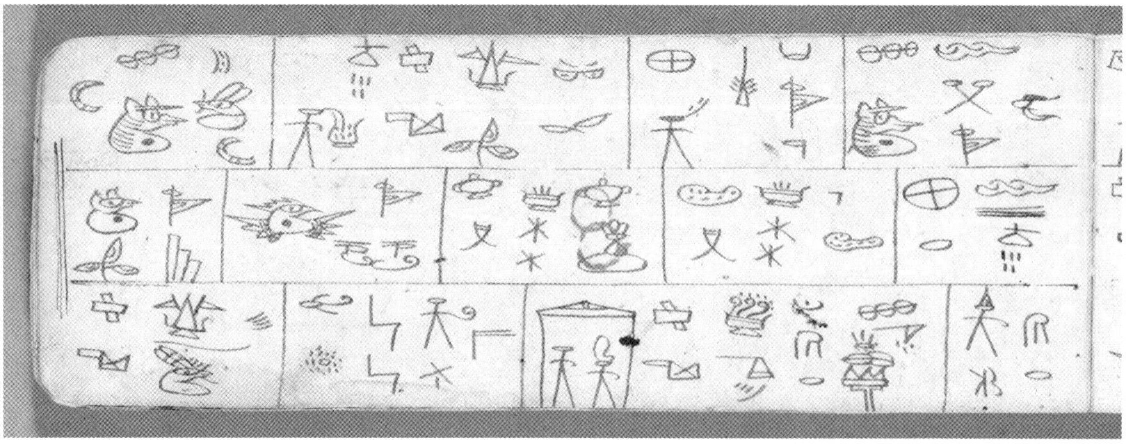

dʑy^{21}. tʂhu^{21}na^{55} ʐua^{33} na^{21} bɯ^{21} le^{33} dʑy^{21}. | thɯ^{33} tʂhʅ^{33} ua^{21} thi^{33} tshæ^{33} to^{33} ma^{33} nʏ^{33} ȵə^{21} iə^{55}. |

有 墨玉 黑 马 黑 多 又 有 这 所有 厅昌 面偶 你 上 给

ȵi^{33} me^{33} gʏ^{21}, ɕi^{33} na^{21} dzər^{33} me^{33} kho^{33} the^{33} ko^{55}. | tʂhu^{21}na^{55} ʐua^{33} na^{21} tɕi^{55}me^{33} tɕi^{55} the^{33} gæ^{21}.

西方 人黑 唱 么 声音 不断 墨玉 黑 马 黑 驮 么 驮子不要 散

khɯ^{33} na^{21} nʏ^{21} the^{33} dzʅ^{21}, | æ^{21} na^{55} the^{33} pha^{33} pha^{21}. | dɯ^{21} me^{33} u^{33} tʏ^{33} tʏ^{33} dɯ^{33} thʏ^{33} du^{33}, |

狗 黑 绒毛 不要 生 鸡 黑 不要 扇动 大 者 你 自己 一 变成 来

gʏ^{33} me^{33} u^{33} tʏ^{33} tʏ^{33} dɯ^{33} gʏ^{33} du^{33}. | ȵi^{33} me^{33} gʏ^{21} gə^{33} tɕi^{21} dʐər^{33}、hər^{33} dʐər^{33} tʂhʅ^{33} ua^{21} thi^{33}

牢固的 你 自己 一 牢固 来 西方 的 云 灾 风 灾 所有 厅昌

tshæ^{33} to^{33}ma^{33} nɯ^{33} nɯ^{33} lo^{55} le^{33} fæ^{33}. | a^{55} by^{33} tʂhər^{33} tʂhər^{21} ŋə^{13} la^{33} ʂua^{55}. | i^{33} da^{21} tʂhʅ^{33} dɯ^{33}

面偶 你 由 越 又 去 大吉大利、延年益寿 主人 这 一

dʑi^{21},thi^{33} tshæ^{33}to^{33}ma^{33} ʂu^{21} me^{33} tʂhʅ^{33} dɯ^{33} gʏ^{33}, tʂhər^{33} dʑi^{21}、no^{33} dʑi^{21}ʂu^{21}me^{33} tʂhʅ^{33} dɯ^{33}

家 厅昌 面偶 纯净 的 这 一 个 药 水 奶 水 纯净 的 这 一

khua^{55} nɯ^{33} ho^{33} gʏ^{33} lo^{21} tɕy^{21} tʂhu^{55} pa^{33} gə^{21} le^{33} be^{33}. | dʏ^{21} i^{33} ho^{33} gʏ^{33} lo^{21}

碗由 北方 方向 天香 上 又 做 毒鬼 呀 北方

黑墨玉石色的马增多了。把所有的财物都给了“厅昌”面偶，西方的黑人唱歌时，(愿)声音不要间断；黑墨玉石色的马要驮东西时，(愿)驮子不要散了；(愿)黑狗不要生绒毛；(愿)黑鸡不要扇动翅膀。愿所有大的东西都变成自己的；所有牢固的东西变成自己的。把西方所有的云灾、风灾由你“厅昌”面偶驮了去。大吉大利、延年益寿！

这一主人家，用一个纯净的“厅昌”面偶及一碗纯净的药水、奶水(作为供品)，向着北方方向烧天香。毒鬼是北方的，

185-B-77-17

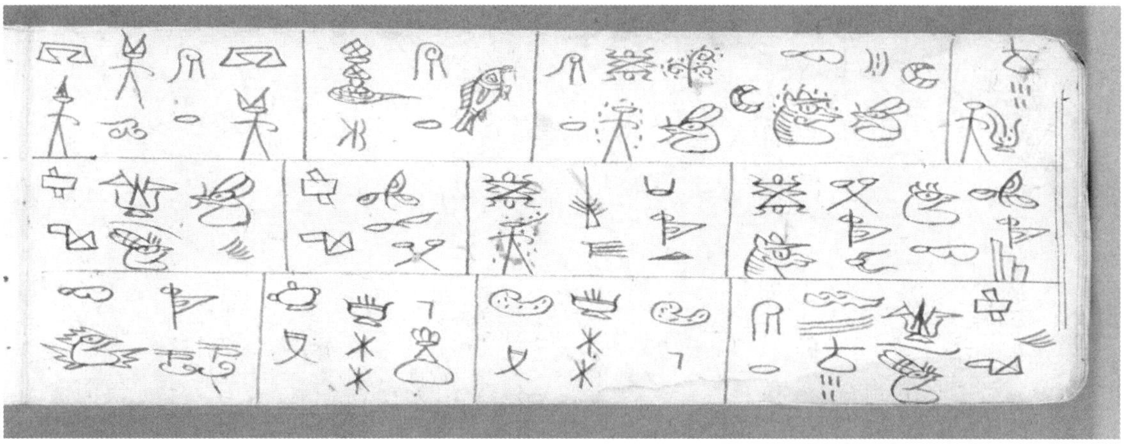

gə^{33} dy̩^{21}; tse^{21} i^{33} ho^{33} gy̩^{33} lo^{21} gə^{33} tse^{21}; | ʂy̩^{21} i^{33} ho^{33} gy̩^{33} lo^{21} gə^{33} ʂy̩^{21}; n̠i^{33} i^{33} ho^{33} gy̩^{33} lo^{21} gə^{33}
的 毒鬼 仄鬼呀 北方 的 仄鬼 署 呀 北方 的 署 尼 呀 北方 的

n̠i^{33}; | ho^{33} gy̩^{33} lo^{21} gə^{33} ɕi^{33} ʂʅ^{21} dzy̩^{33} le^{33} dʑo^{21}, zu̩ɑ^{33} ʂʅ^{21} bɯ^{21} le^{33} dʑo^{21}. | thɯ^{33} tʂhʅ^{33} uɑ^{21} me^{33}
尼 北方 的 人 黄 增 又 有 马 黄 多 又 有 这些 所有 者

thi^{33} tshæ^{33} to^{33}mɑ^{33} me^{33} nɯ^{33} lo^{55} le^{33} fæ^{33}. | thi^{33} tshæ^{33} to^{33} mɑ^{33} ny̩^{33} n̠ə^{21} iə^{55} le^{33} tɕi^{33}. | ɕi^{33} ʂʅ^{21}
厅昌 面偶 者 由 越 又 去 厅昌 面偶 你 上 给 又 置 人 黄

dzər^{33} bɯ^{33}、ho^{21} bɯ^{33} kho^{33} the^{33} khuɑ^{21}. | zu̩ɑ^{33} ʂʅ^{21} tɕi^{55} the^{33} gæ^{21}, khɯ^{33} ʂʅ^{21} ny̩^{21} the^{33} dzʅ^{21}.
唱 要 踏歌 去 声 不要 坏 马 黄 驮子 不要 散 狗 黄 绒毛 不要 生

æ^{21} ʂʅ^{21} the^{33} phɑ^{33} phɑ^{21}. | dɯ^{21} me^{33} u^{33} ty̩^{33} ty̩^{33} dɯ^{33} thy̩^{33} du^{33}, | gy̩^{33} me^{33} u^{55} ty̩^{33} ty̩^{33} dɯ^{33} gy̩^{33}
鸡 黄 不要 扇动 大 者 你 自己 一 变成 来 牢固 的 你 自己 一 牢固

du^{33}. | ho^{33} gy̩^{33}lo^{21} tɕi^{21} dzər^{33}、hər^{33} dzər^{33} tʂhʅ^{33} uɑ^{21} thi^{33} tshæ^{33} to^{33} mɑ^{33} nɯ^{33} nɯ^{33} lo^{55} le^{33} fæ^{33}.
来 北方 云 灾 风 灾 所有 厅昌 面偶 你 由 越 又 去

仄鬼是北方的；署是北方的；尼是北方的；北方黄色的人增多了，黄色的马增多了。把所有的（灾祸）都由“厅昌”面偶驮了去。把财物都给了“厅昌”面偶。黄色的人踏歌时，（愿）声音不要嘶哑；（愿）黄色的马的驮子不要散了；（愿）黄色的狗不要生绒毛；（愿）黄色的鸡不要扇动翅膀。愿所有大的东西都变成自己的；所有牢固的东西变成自己的。北方所有的云灾、风灾由你“厅昌”面偶驮了去。

185-B-77-18

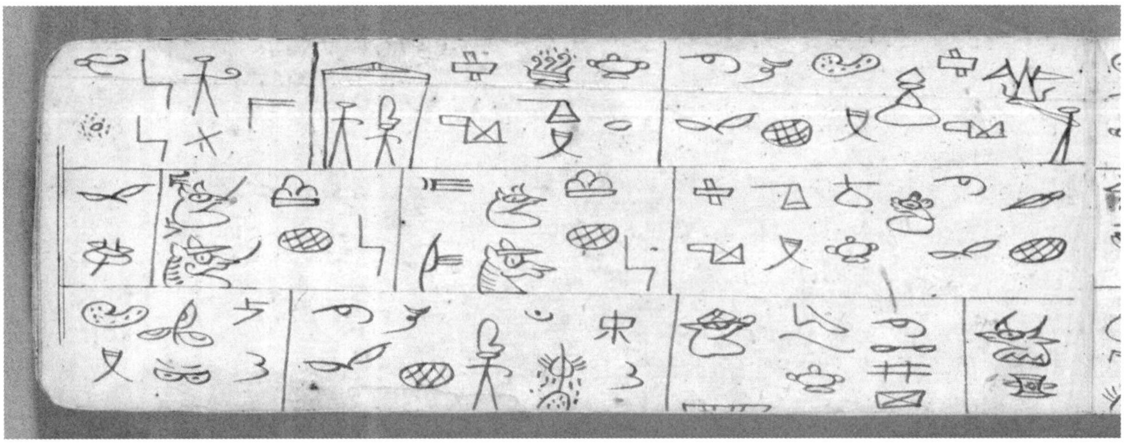

ɑ^{55} by^{33} tʂhər^{33} tʂhər^{21} ŋə^{13}lɑ^{33} ʂuɑ^{55}. | i^{33} dɑ^{21} tʂhʅ^{33} dɯ^{33} ʥi^{21}, thi^{33} tshæ^{33} to^{33} mɑ^{33} ʂu^{21} me^{33} tʂhʅ^{33}
大吉大利、延年益寿 主人 这 一 家 厅昌 面偶 纯净 的 这

dɯ^{33} gv̩^{33},tʂhər^{33} ʥi^{21}、no^{33} ʥi^{21} ʂu^{21} me^{33} tʂhʅ^{33} dɯ^{33} khuɑ^{55}, | mə^{33} iə^{55} nɑ^{21} mu^{33} gv̩^{33} me^{33} he^{21},
一 个 药 水 奶 水 纯净 的 这 一 碗 牟尤拿姆古美 神

thi^{33} tshæ^{33} to^{33} mɑ^{33} nv̩^{33} ȵə^{21} iə^{55} me^{33} dɯ^{33} dʐu^{33} lu^{33}. | mə^{33}、iə^{55}、khɯ^{33}、lv̩^{21}、ʐuɑ^{33}、mu^{21}、
厅昌 面偶 你 上 给 么 一 伸手 来

tʂhər^{55}, | sɑ^{33}、ɕi^{33}、khɯ^{33}、lv̩^{21}、ʐuɑ^{33}、mu^{21}、tʂhər^{55}①. | thi^{33} tshæ^{33} to^{33} mɑ^{33} ʂu^{21} me^{33} tʂhʅ^{33} dɯ^{33}
厅昌 面偶 纯净 的 这 一

gv̩^{33}, mə^{33} iə^{55} nɑ^{21} mu^{33} gv̩^{33} me^{33} nv̩^{33} ȵə^{21} le^{33} iə^{55} se^{21}. | mə^{33} iə^{55} ʥi^{33}② mu^{33} mi^{55} u^{33} nɯ^{33} miə^{21}
个 牟尤拿姆古美 你 上 又 给 了 牟尤拿姆命 财产 由 眼

ʂər^{55}, dze^{33}nɯ^{33}miə^{21} kɑ^{55} le^{33} gv̩^{33} se^{21}. | be^{33} le^{33} be^{55} tshʅ^{21} zʅ^{33} dy^{21}, gu^{21} khɯ^{55} tshər^{21} khɯ^{55} lɯ^{33}
满 财物 由 眼 盖 又 成 了 人类生活 之 地 病 放 痛 放 来

mə^{33} tʂər^{21}, | ɯ^{33} hy^{21} kho^{33} tho^{21}
不 让 牛 红 后面

大吉大利、延年益寿！

这一主人家，把一个纯净的“厅昌”面偶和一碗纯净的药水、奶水（作为供品）献给牟尤拿姆古美神，请牟尤拿姆古美神来取。…….纯净的“厅昌”面偶已赐给了牟尤拿姆古美(神)了。牟尤拿姆命③拥有了满眼满目的财物。在人类居住之地，不让施放疾病，红牛身后

① 这十四个音节，无法连读成句。
② ʥi^{33}：从原文看有误，应为 nɑ^{21}。这里译成 nɑ^{21}（拿）了。
③ 牟尤拿姆命：即牟尤拿姆古美神。

185-B-77-19

dər^{33} khɯ^{55} lɯ^{33} mə^{33} dɯ^{33}; bʏ̩^{33} phər^{21} kho^{33} tho^{21} phɑ^{21} khɯ^{55} lɯ^{33} mə^{33} dɯ^{33}. | ɕi^{33} phər^{21} fʏ̩^{33},
瘟虫 放 来 不 允许 绵羊 白 后面 豺 放 来 不 允许 稻 白 疯长病

dze^{33} hy^{21} huɑ^{55} khɯ^{55} lɯ^{33} mə^{33} tʂər^{21}. | mə^{33} iə^{55} nɑ^{21} mu^{33} gʏ̩^{33} me^{33} mi^{55}, tɕi^{21} dzər^{33}、hər^{33} dzər^{33}
麦 红 锈病 放 来 不 让 牟尤拿姆古美 云 灾 风 灾

tʂhʅ^{33} uɑ^{21} gə^{21} le^{33} tʏ̩^{55}. thi^{33} tshæ^{33} to^{33} mɑ^{33} me^{33} nɯ^{33} lo^{55} le^{33}fæ^{33}. | ɑ^{55}by^{33}tʂhər^{33} tʂhər^{21}ŋə^{13} lɑ^{33}
所有 上 又 顶 厅昌 面偶 者 由 越 又 去 大吉大利、延年益寿

ʂuɑ^{55}. | i^{33} dɑ^{13} tʂhʅ^{33} dɯ^{33} dʑi^{13}, thi^{33} tshæ^{33} to^{33} mɑ^{33} ʂu^{21} me^{33} tʂhʅ^{33} dɯ^{33} gʏ̩^{33}, | ɳi^{33} me^{33}gʏ̩^{21} gə^{33}
主人 这 一 家 厅昌 面偶 纯净 的 这 一 个 西方 的

dʑy^{21} ʂu^{21} ɳi^{33} dʑy^{21} kʏ̩^{33} ɳiə^{21} tɕi^{33}, ko^{21} ʂu^{21} ze^{21} tsʅ^{55} kɑ^{33} kʏ̩^{33} tɕi^{33}, zo^{33} dæ^{21} sʅ^{21} tʏ̩^{21} nɯ^{21} me^{33}
山 干净 二 山 上 面 放 高原干净 那 势 好 上 放 男 能干 像 真 的

dzʅ^{21} le^{33} tɕi^{33}. | phæ^{21} do^{33}① uɑ^{33} ɕi^{33} dʑy^{21}、 | le^{21} tʂhə^{55} sʅ^{33} phe^{33}
坐 又 放 盘朵 五 百 有 冷凑 酋长

不允许施放瘟疫；白绵羊身后不允许施放豺；不让在白稻田里施放疯长病；不让在红麦地里施放麦红锈病。牟尤拿姆古美（神）把所有云灾、风灾（由“厅昌”面偶）顶上去，（灾难）由“厅昌”面偶驮了去。大吉大利、延年益寿！

这一主人家，把一个纯净的“厅昌”面偶放置于西方的两座纯净的山间，（然后）又放置于两个纯净的高原间，这面偶似一个真正的勇士一样坐着。

① phæ^{21} do^{33}（盘朵）：鬼域之一的名称。

185-B-77-20

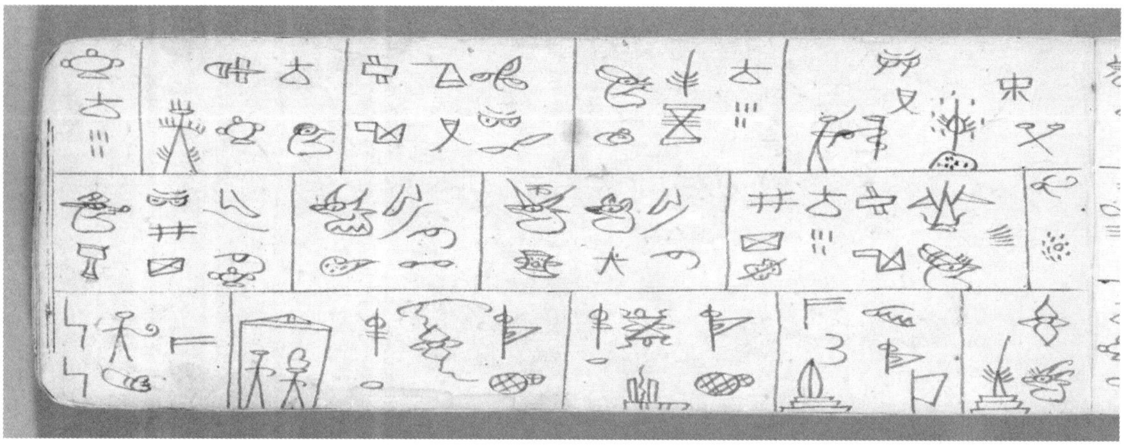

dɯ^{21} tʂʅ^{33} uɑ^{21}, | khə^{33} gv̩^{33} tshʅ^{21} tɕhy^{33} dɯ^{21} tʂʅ^{33} huɑ^{55}, | thi^{33} tshæ^{33}to^{33}mɑ^{33} ʂu^{21} me^{33} nv̩^{33} n̥ə^{21}

大 所有 抠古 鬼 类 大 这 群 厅昌 面偶 纯净 者 你 上

iə^{55}. | le^{21} tʂhə^{55} sʅ^{33} phe^{33} tʂʅ^{33} uɑ^{21}, | phæ^{21} do^{33} dy^{21} gə^{33} tshʅ^{21} tʂʅ^{33} uɑ^{21} me^{33}, u^{33} nɯ^{33} miə^{21}

给 冷凑 酋长 所有 盘朵 地方的 鬼 所有 都 财产 由 眼

ʂər^{55}, dze^{33} nɯ^{33} miə^{21} kɑ^{55} be^{33} le^{33} tɕi^{33}. be^{33} le^{33} be^{55} tshʅ^{21} zʅ^{33} tɕər^{21} n̥ə^{21} gu^{21} khɯ^{55} tshər^{33} khɯ^{55}

满 财物 由 眼 遮 的 又 置 人类 上 面 病 放 痛 放

lɯ^{33} mə^{33} dɯ^{33}. | ɯ^{33} hy^{21} kho^{33} tho^{21} dər^{33} khɯ^{55} lɯ^{33} mə^{33} tʂər^{21}. | bv̩^{33} phər^{21} kho^{33} tho^{21} phɑ^{21}

来 不 允许 牛 红 后面 瘟虫 放 来 不 让 绵羊 白 后面 豺

khɯ^{55}lɯ^{33}mə^{33}tʂər^{21}. | gu^{21} ne^{21} tshər^{33} tʂʅ^{33} uɑ^{21}, thi^{33} tshæ^{55} to^{33} mɑ^{33} me^{33} nɯ^{33} lo^{55} le^{33} fæ^{33}, |

放 来 不 让 病 与 痛 所有 厅昌 面偶 都 由 越 又 去

ɑ^{55} by^{33} tʂhər^{33} tʂhər^{21} ŋɑ^{13} lɑ^{33} ʂuɑ^{55}. | i^{33}dɑ^{21} tʂʅ^{33}dɯ^{33} dʑi^{13}, uɑ^{21}mɯ^{33} ly^{55} gv̩^{33} i^{33} the^{33} phɯ^{55}

大吉大利、延年益寿 主人 这 一 家 绿松石 天 中央 是 不要 断

ho^{55}, | hæ^{33} ʂʅ^{21} dy^{21} ly^{55} gv̩^{33} i^{33} the^{33} gɯ^{33} ho^{55}. | dʑy^{21} nɑ^{33} zo^{55} lo^{33} dʑy^{21}, ʂuɑ^{21} se^{33} hy^{21} the^{33}

愿 金 黄 地 中央 是 不要 裂 愿 居那若罗 山 高 后 矮 不要

ho^{55}. | hæ^{21} i^{33} bɑ^{33} dɑ^{21} dzər^{21}, hər^{21} se^{33}

愿 含依巴达 树 绿 后

把纯净的"厅昌"面偶赐给拥有五百个鬼怪的盘朵鬼域的所有大的冷凑鬼酋长及大的抠古鬼类这一群。给所有冷凑鬼酋长，所有盘朵鬼域的鬼满眼满目的财物。不允许在人类身上施放病痛；不让在红牛身后施放瘟疫；不让在白绵羊身后放出豺。把所有的病痛都由"厅昌"面偶驮了去。大吉大利、延年益寿！

这一主人家，愿绿松石色的天不要断裂；金黄色的地不要裂开。愿居那若罗神山，高后不要矮小。含依巴达神树，绿后

185-B-77-21

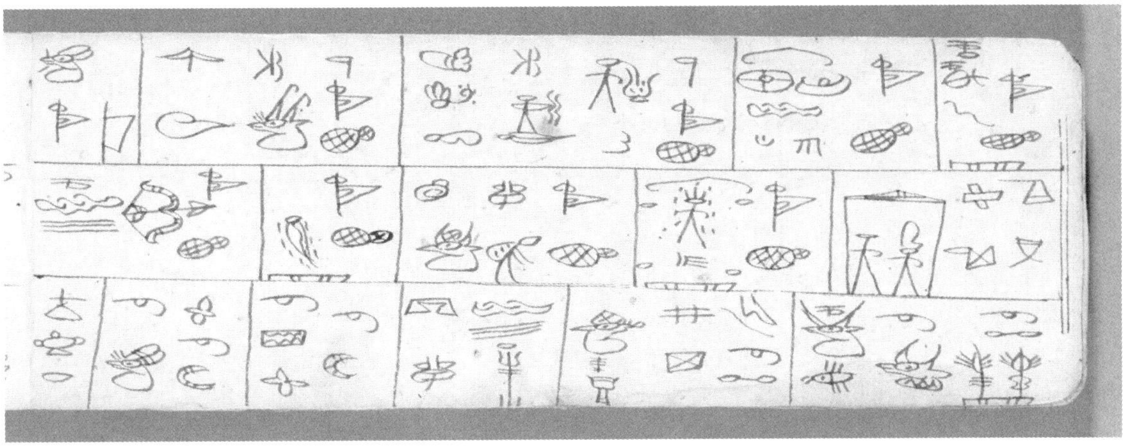

le^{21} the^{33} ho^{55}. | mɯ^{33} lɯ^{55} dɑ^{33} ʥi^{21} hɯ^{55}, i^{33} se^{33} ko^{55} the^{33} ho^{55}. | lɑ^{33} lər^{33} ʂʅ^{21} i^{33} bi^{21}, thɯ^{21} se^{33}

枯 不要 愿 美利达吉 海 有 后 干涸不要 愿 辽阔 金沙江 喝 后

ko^{55} the^{33} ho^{55}. | mɯ^{33} gə^{33} ȵi^{33} me^{33}、he^{33}me^{33} tɕi^{21} nɯ^{33} kɑ^{55} the^{33} ho^{55}. | kɯ^{21} phər^{21}、zɑ^{21} phər^{21}

干涸 不要愿 天 的 太阳 月亮 云 被 遮不要 愿 星 白 娆星 白

ho^{55} phɯ^{55} dy^{21} ȵə^{21} dʐu^{21} the^{33} ho^{55}. tɕi^{33} phər^{21} hər^{33} nɯ^{33} khæ^{55} the^{33} ho^{55}. | tʂʅ^{55} nɑ^{21} ʥi^{21} nɯ^{33}

把 断 地 上 掉 不要 愿 云 白 风 被 刮 不要 愿 土 黑 水 被

tʂhʅ^{55} the^{33} ho^{55}. | ɕə^{33} tɕhy^{21} tʂhə^{55} nɯ^{33} gu^{21} the^{33} ho^{55}. | mɯ^{33} ne^{21} dy^{21} ly^{55} gv̩^{21}, tshʅ^{21} nɯ^{33} sɑ^{21}

冲 不要 愿 大鹏鸟 秽 被 缠 不要 愿 天 与 地 中央 鬼 被 散

the^{33} ho^{55}. | i^{33} dɑ^{21} tʂhʅ^{33} dɯ^{33} ʥi^{21}, thi^{33} tshæ^{33} to^{33} mɑ^{33} ʂu^{21} me^{33} tʂhʅ^{33} dɯ^{33} gv̩^{33}, | mə^{33} lo^{55} sy^{21}

不要 愿 主人 这 一 家 厅昌 面偶 纯净 的 这 一 个 不 越 样

mə^{33} ʥy^{33}. | mə^{33} hɯ^{55} sy^{21} mə^{33} ʥy^{33}, | gə^{21} nɯ^{33} tɕi^{21} dzə̣r^{33}、hər^{33} dzə̣r^{33} lɯ^{33} me^{33} gə^{21} le^{33}

不 有 不 赶 样 不 有 上 从 云 灾 风 灾 来 么 上 又

tv̩^{55}. | be^{55} tshʅ^{21} zʅ^{33} tɕər^{21}, gu^{21} khɯ^{55}、tshər^{33} khɯ^{55} lɯ^{33} mə^{33} tʂər^{21}. | bv̩^{33} phər^{21} kho^{33} tho^{21} pɑ^{21}

顶 人类 上 病 放 痛 放 来 不 让 绵羊 白 后面 豺

khɯ^{55} lɯ^{33} mə^{33} tʂər^{21}, ɯ^{33} hy^{21} kho^{33} tho^{21} dər^{33} khɯ^{55} lɯ^{33} mə^{33} tʂər^{21}; ɕi^{33} phər^{21} fv̩^{33}、dze^{33} hy^{21}

放 来 不 让 牛 红 后面 瘟虫 放 来 不 让 稻 白 疯长病 麦 红

huɑ^{55} khɯ^{55} lɯ^{33} mə^{33} tʂər^{21}.

锈病 放 来 不 让

不要干枯。美利达吉海的水有了就不要干涸。辽阔的金沙江水，喝后不要干涸。愿天上的太阳、月亮不要被云遮挡。愿白星、白娆星不要掉到地面。愿白云不要被风刮去；愿黑土不要被水冲走；愿大鹏鸟不要被秽气缠住；愿鬼不要散乱在天地中央间。

这一主人家（的所有灾祸），没有不被这个纯净的“厅昌”面偶驮去的和赶走的。从上面降下的云灾、风灾（由“厅昌”面偶）顶上去。不让在人类身上施放病痛；不让在白绵羊身后施放豺；不让在红牛身后施放瘟疫；不让在白稻田里施放疯长病；不让在红麦地里施放红锈病。

185-B-77-22

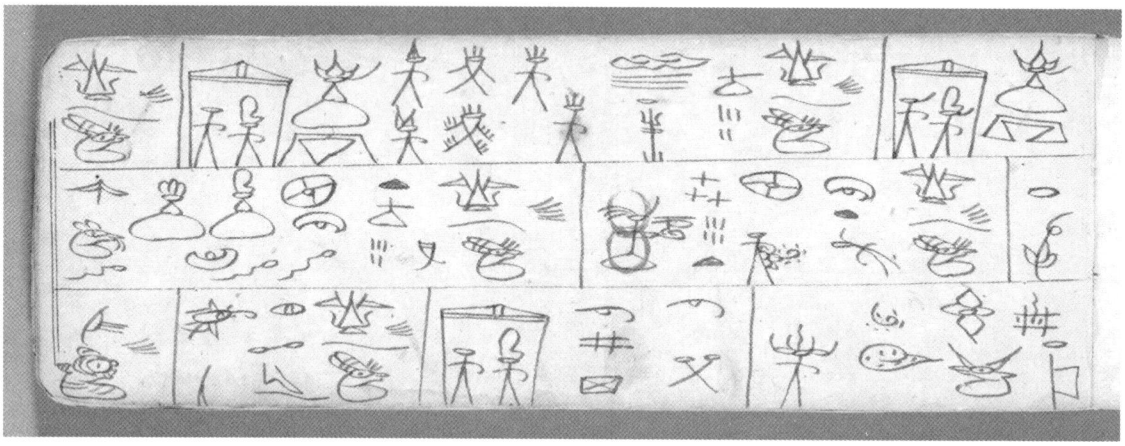

tʂhʅ^{33}uɑ^{21} thi^{33} tshæ^{33} to^{33}mɑ^{33} me^{33} nɯ^{33} lo^{55} le^{33} fæ^{33}. | i^{33} dɑ^{21} tʂhʅ^{33} dɯ^{33} dʑi^{21}, lɯ^{55} kv̩^{33} py^{33} bv̩^{21}
所有 厅昌 面偶 者 由 越 又 去 主人 这 一 家 高明 东巴

nɯ^{33},dv̩^{21} ne^{21} tse^{21}、mu^{33} ne^{21} ɯ^{21}、tshʅ^{21}ne^{13} ȵə^{21}、tɕi^{21} ne^{21} hər^{33} dzʐər^{33} gə^{21} le^{33} tv̩^{55}. tʂhʅ^{33} uɑ^{21} thi^{33}
由 毒鬼与 仄鬼 猛鬼与 恩鬼 初鬼与 扭鬼 云 与 风 灾 上 又 顶 所有 厅昌

tshæ^{33} to^{33} mɑ^{33} me^{33} nɯ^{33} lo^{55} le^{33} fæ^{33}. | i^{33} dɑ^{21} tʂhʅ^{33} dʑi^{13} gə^{33} lɯ^{55} kv̩^{33}py^{33} bv̩^{21}nɯ^{33}, mɯ^{33} lɯ^{55}
面偶 者 由 越 又 去 主人 这 家 的 高明 东巴 由 天 地

khv̩^{55} dʑi^{33} khuɑ^{21}, du^{33} se^{21} he^{33} dʑi^{33} khuɑ^{21}, ȵi^{55} dʑi^{33}、hɑ^{55} dʑi^{33} khuɑ^{21}, khuɑ^{21} me^{33} tʂhʅ^{33} uɑ^{21}
年 厄运 凶 董神 沈神 月 厄运 凶 日 厄运 夜 厄运 凶 凶 的 所有

thi^{33} tshæ^{33} to^{33} mɑ^{33} me^{33} nɯ^{33} lo^{55} le^{33} fæ^{33}. | phɑ^{21} tso^{33} sʅ^{21} ɕi^{33} tʂhuɑ^{55} tshər^{21} khuɑ^{21}, ȵi^{55} i^{33} sv̩^{33}
厅昌 面偶 者 由 越 又 去 卜 具 三 百 六 十 凶 白天 呀 思

dv̩^{33} khuɑ^{21}, hu^{21} i^{33} i^{55} mu^{33} khuɑ^{21}, thi^{33} tshæ^{33} to^{33} mɑ^{33} me^{33} nɯ^{33} lo^{55} le^{33} fæ^{33}. | gv̩^{33} bɯ^{33} zv̩^{21},
凶 夜 呀 做 梦 凶 厅昌 面偶 者 由 越 又 去 古补 仇人

lɑ^{33} tho^{21}ɕi^{33} tɕər^{21}lo^{55} le^{33} fæ^{33}. | tɕi^{55}ne^{21} tɕhi^{21}、dʑi^{33} ne^{21}uɑ^{33} khɯ^{55} lɯ^{33} me^{33},thi^{33} tshæ^{33} to^{33} mɑ^{33}
拉脱 人 上 越 又 去 季鬼与 启鬼 景鬼与 瓦鬼 放 来 么 厅昌 面偶

me^{33} nɯ^{33} lo^{55} le^{33} fæ^{33}. | i^{33} dɑ^{21} tʂhʅ^{33} dɯ^{33} dʑi^{13}, mə^{33} gu^{21}mə^{33}tshər^{33}, mə^{33}tɕi^{55} mə^{33} by^{21}, | kho^{33}
者 由 越 又 去 主人 这 一 家 不 病 不 痛 不 悸 不 惧 声

y^{21} he^{33} hɯ^{21}, dʑi^{21} i^{33} dər^{33} ʂər^{55}, nɯ^{21} nɯ^{33} uɑ^{21}, hɯ^{21} ne^{21} dzæ^{33} gv̩^{33} be^{33} ho^{55}.
轻 耳 安 水 流 塘 满 福泽 与 子嗣 富 与 强 成 这 愿

把所有的（灾祸）都由“厅昌”面偶驮了去。

高明的东巴为这一主人家，把毒鬼、仄鬼、猛鬼、恩鬼、初鬼、扭鬼、云灾、风灾顶上去。（所有的灾祸让）“厅昌”面偶驮了去。这一主人家的高明的东巴，把天地设立的年岁的厄运，董神、沈神确立的月份的厄运，日的厄运、夜的厄运都让“厅昌”面偶驮了去。把三百六十种卜具卜出的凶兆，白天想到的凶灾，晚上做噩梦的凶灾让“厅昌”面偶驮了去。把这些灾难降到古补仇人、拉脱人身上去。若放来季鬼、启鬼、景鬼、瓦鬼就让“厅昌”面偶驮了去。愿这一主人家，不病不痛，不悸不惧，心安神宁，流水满塘，有福泽和子嗣，得到富强。

185-B-77-23

封底

（释读：陈四才　翻译：李芝春）

519-B-81-01

tʂhər^{21} ty^{33} sʅ^{21} zʅ^{33} tʂər^{55} dʐo^{21} • me^{21} se^{33} tv̩^{33} dɯ^{21} tʂər^{55} dʐo^{21} uɑ^{21} me^{55}

车堆思汝故事 · 梅生督迪故事

519-B-81 车堆思汝故事 · 梅生督迪故事

【内容提要】

本书主要叙述车堆思汝和梅生督迪的故事。

车堆思汝牵狗去雪山打猎，回到家中又病又痛，车堆思汝请人去占卜后兆纹显示署与龙施放了病痛。于是车堆思汝派年轻捷足者，请来尤聂季恭东巴作仪。举行祭署仪式，偿还了欠署与龙的债，署悦龙欢，车堆思汝也心安神宁、不病不痛了。给署与龙、里母署、署酋施药，祈求福泽子嗣。车堆思汝的宗族后裔按先人的规矩请贤能的东巴做同样的祭署仪式后，无病无痛了。

梅生督迪去九座山上打猎，去追长角白鹿，杀了白鹿，回到家中，白天筋骨疼，晚上肌肉疼。梅生督迪不知道怎样作仪消灾除病。到白雪覆盖的大高原中的一个黄海边上，梅生督迪弹起口弦，吹起笛子，老鹰捉了绿颈美蛇，梅生督迪去打鹰，绿颈美蛇掉进黄海里。尼若古普作变化，变成寿拉尼麻女，跟梅生督迪索要好东西，梅生督迪没给她。梅生督迪回到家中又生了病，于是请尤聂季恭东巴来作仪。举行祭署仪式，把魂从署与龙界赎回后，梅生督迪的病好了。之后，梅生督迪的宗族后裔按先人的规矩请贤能的东巴做同样的祭署仪式后，无病无痛、心悦神宁了。

【英文提要】

The Story of *tʂhər ty sɿ zɿ* . The Story of *me se tv dɯ*

This book mainly introduces the story of *tʂhər ty sɿ zɿ* and *me se tv dɯ*.

tʂhər ty sɿ zɿ went hunting with a hound and fell sick afterwards. *tʂhər ty sɿ zɿ* asked someone for divination and the omen showed this illness came from *ʂv* and *the Dragon*. *tʂhər ty sɿ zɿ*, then, dispatched the most healthy youngster to invite *to ba* priest *iə ȵi tɕi gu* for a ritual. After the ritual of worshipping *ʂv*, the debt was paid, *ʂv* and *the Dragon* were pleased, *tʂhər ty sɿ zɿ* felt at ease and no more pain. To nourish *ʂv* and *the Dragon*, *lɯ mu* and the chief *ʂv* for prosperity and posterity, the descendants of *tʂhər ty sɿ zɿ* followed the rule to invite the wise *to ba* for the same ritual to get the healthy life.

Another day, *me se tv dɯ* went to *Nine Mountain* and hunted the white deer with long antler. After that, *me se tv dɯ* ached all over during day and night, without knowing how to release. *me se tv dɯ* went to a river along with the snow-covered grassland and played the munnharpe and flute. When a hawk captured a green-neck snake, *me se tv dɯ* hit the hawk and the snake fell into the river. *ȵi zo gy py* reincarnated into a beauty named *ʂə la ȵi ma* and came to ask *me se tv dɯ* for the good things but in vain. After that, *me se tv dɯ* got sick. Therefore, *to ba* priest *iə ȵi tɕi gu* was invited to hold the worship ritual and cure *me se tv dɯ* by redeeming the spirit from the territory of *ʂv* and *the Dragon.* Since then, the descendants of *me se tv dɯ* followed the rule to invite the wise *to ba* for the same ritual to get the healthy life .

519-B-81-02

ɑ^{33}lɑ^{33} mə^{33} ʂər^{55}ȵi^{33}, mɯ^{33} ne^{21} dy^{21}lɑ^{33} thy̩^{33} thɯ^{33} dʐʅ^{21}, bi^{33}ne^{21} le^{21} lɑ^{33} thy̩^{33} thɯ^{33} dʐʅ^{21}, |
远古时候 天 和 地 也 出 那 时 日 和 月 也 出 那 时

kɯ^{21} ne^{21} zɑ^{21} lɑ^{33} thy̩^{33} thɯ^{33} dʐʅ^{21}, phər^{21} ne^{33} ʂæ^{21} lɑ^{33} thy̩^{33} thɯ^{33} dʐʅ^{21}, gɑ^{33} ne^{21} u^{21}, o^{55}
星 和 娆星 也 出 那 时 盘神 和 禅神 也 出 那 时 嘎神 和吾神 沃神

ne^{21} he^{21}, py^{21} ne^{21} phɑ^{21} lɑ^{33} thy̩^{33}thɯ^{33}dʐʅ^{21}, | ŋy̩^{33} ly̩^{33} tʂhər^{21}ty^{33}sʅ^{21} zʅ^{33} thy̩^{33} thɯ^{33} dʐʅ^{21}, |
和 恒神 东巴 和 卜师 也 出 那 时 雪山 车堆思汝 出 那 时

tʂhər^{21} ty^{33} sʅ^{21} zʅ^{33} thɯ^{33}, dɯ^{33} ȵi^{33} mə^{33} ty̩^{33} ty̩^{21}, ŋy̩^{33} ly̩^{33} khɯ^{33} ʂər^{21} ɕy^{33} dy^{55} le^{33} u^{55} khɯ^{55},
车堆思汝 他 一 天 不 凑巧 雪山 狗 牵 兽 赶 又 回 去

so^{33} ʂuɑ^{21} ʐər^{21} dy^{55} lɑ^{33} dy^{55} ne^{21} le^{33} tɕi^{33}, | du^{21} zo^{33} bu^{33} dɯ^{21} ly^{55} lɑ^{33} thɯ^{33}, thɑ^{13} lɑ^{33} dɯ^{33}
山 高 豹 赶 虎 赶 的 又 去 董 儿 亮 大 灿烂 他 他家 也 一

ȵi^{33} mə^{33} ty̩^{33} ty̩^{21},
天 不 凑巧

远古的时候，天和地出现的时候，日和月出现的时候，星星和娆星出现的时候，盘神和禅神出现的时候，嘎神和吾神、沃神和恒神、东巴和卜师出现的时候。雪山的车堆思汝出生的时候，一天，车堆思汝不凑巧，牵狗去雪山打猎捕野兽，去高山赶虎豹，碰巧董族家身体灿烂的儿子，

519-B-81-03

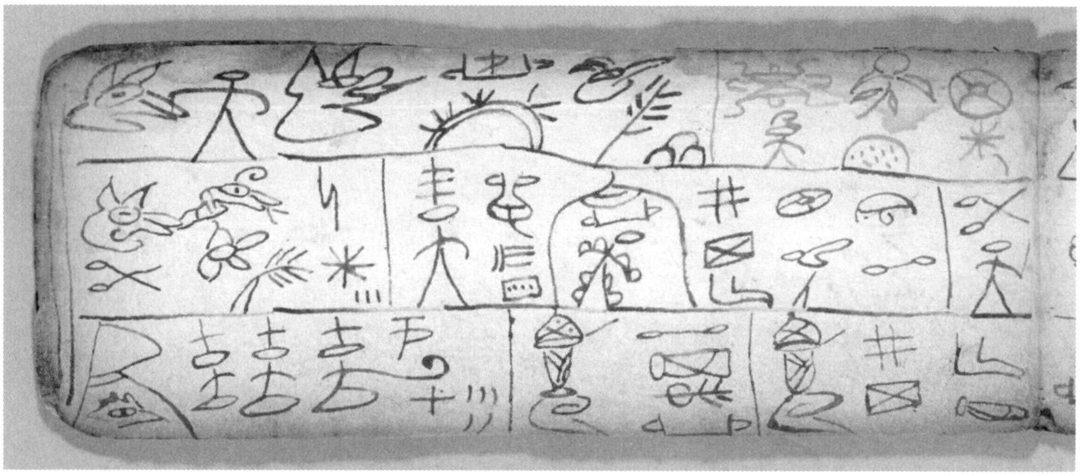

ko^{33} ʂuɑ^{21} ko^{21} gv̩^{33} phər^{21}, khɯ^{33} ʂər^{21} ɕy^{33} dy^{55} le^{33} u^{55} khɯ^{55}, dʑər^{21}gv̩^{33} huɑ^{33} phər^{21} lv̩^{55} le^{33}
高 原 高 上 白 狗 牵 猎 赶 又 回 去 树 上 鹇鸟 白 罩 又

tɕi^{33}, | hæ^{33} ʂʅ^{21} o^{21} i^{33} tv̩^{33} nv^{21} mi^{55}, dɯ^{33} ȵi^{33} mə^{33} tv̩^{33} tv̩^{21}, | khɯ^{33} phər^{21} gu^{21} nɯ^{33} ʂər^{21},
去 含实俄依都奴 女 一 天 不 凑巧 狗 白 后（助）牵

khɯ^{33} khɯ^{55} le^{33} u^{55} khɯ^{55}, ʐʅ^{21} zi^{33} tɕər^{33} hæ^{21} lv̩^{55} le^{33} tɕi^{33}. | ŋv̩^{33} lv̩^{33} tʂər^{21} ty^{33} sʅ^{21} zʅ^{33}
狗 放 又 回 去 蛇 美 颈 绿 罩 又 在 雪山 车堆思汝

thɯ^{33}, dɯ^{33} ȵi^{33} mə^{33} sɑ^{33} sɑ^{21}, iə^{33}ko^{21} le^{33} thv̩^{33} ȵə^{21}, tɕə^{33} thv̩^{33} bə^{33} thv̩^{33} ne^{21} le^{33} dʑy^{33}, thɑ^{13}
他 一 天 不 安宁 家里 又 到 时 疮 生 脓肿 的 又 有 他

ko^{21} gu^{21} khɯ^{55} tsər^{33} khɯ^{55} tshʅ^{21}, ȵi^{55} i^{33} uɑ^{33} gv̩^{21} gu^{21}, hu^{21} i^{33} nɑ^{55} ʐʅ^{33} tɕhi^{21} le^{33} dʑy^{33}. |
家 病 施 痛 施 来 白天的 骨筋 疼 夜晚的 肌肉 疼 又 有

tʂhər^{21} ty^{33} sʅ^{21} zʅ^{33} lɑ^{33}, | ze^{55} tɕi^{33} bə^{33} y^{21} tʂər^{21}, | thi^{33} luɑ^{33} æ^{21} ʂuɑ^{21} kho^{55}①, py^{21} kv̩^{55} phɑ^{21}
车堆思汝 也 年轻 脚轻 让 替栾安刷阔 诵 会 卜具

tso^{33} sʅ^{33} ɕi^{33} tʂhuɑ^{55} tshər^{21} khə^{21}, dɯ^{33} phɑ^{21} dɯ^{33} ɕə^{55} le^{21} ne^{21} khɯ^{55}, | phɑ^{21} le^{33} uɑ^{33} gɯ^{33}
三 百 六 十 处 一 卜 一 卦 又 做 去 占卜 又 骨卜 纹

thv̩^{33}, ɕə^{55} le^{33} tshi^{21} gɯ^{33} zɑ^{21}, | ʂu^{21} ne^{21} lv̩^{21} gə^{33} uɑ^{21} gɯ^{33} thv̩^{33}, tshi^{21} gɯ^{21} zɑ^{21} le^{33}
出 算卦 又 肩胛骨裂纹显 署 和 龙 的 骨 纹 出 肩胛卜裂纹 显 又

dʑə^{21}, | ʂu^{21} ne^{21} lv̩^{21} nɯ^{33} gu^{21} khɯ^{55} tshər^{33} khɯ^{55} tshʅ^{21}.
有 署 和 龙（助）病 施 痛 施 来

牵狗去白雪覆盖的高原打猎，罩住了树上的白鹇鸟。含实俄依都奴女不凑巧，牵白狗去打猎，罩住了绿颈美蛇。车堆思汝一整天都觉得不舒服，回到家中，生疮生脓肿，又病又痛，白天

① thi^{33} lo^{33} æ^{21} ʂuɑ^{21} kho^{55}:音译“替栾安刷阔”，岩名。

骨筋疼，晚上肌肉疼。车堆思汝派年轻捷足者，到替栾安刷阔找有三百六十种卜具的卜者占卜，卜骨出现了裂纹，卜纹显征兆。兆纹显示是署与龙的缘故，肩胛骨的兆纹是署与龙施放了病痛的征兆。

519-B-81-04

tʂhər^{21} ty^{33} sɿ^{21} zɿ^{33} thɯ^{33}, lɯ^{33} mu^{33} sɿ^{33} sy^{21} zɿ^{33} gə^{33} dzər^{21} gy̩^{33} huɑ^{33} mə^{33} khæ^{55}, huɑ^{33} tshy^{55}
车堆思汝 他 里母 三 种 持 的 树 上 白鹇鸟 不 射 白鹇鸟债

be^{33} le^{33} zʮɑ^{21}. | ʥər^{21} khɯ^{33} ɕy^{33} mə^{33} tɕy^{21}, ɕy^{33} tshy^{55} be^{33} le^{33} zʮɑ^{21}. | ʥər^{21} thɯ^{55} bæ^{33} mə^{33}
作 又 还 树 脚 野兽 不 扣 野兽债 作 又 还 树 腰 蜂 不

phy̩^{21}, bæ^{33} tshy^{55} be^{33} le^{33} zʮɑ^{21}. | sər^{33} ky̩^{33} zʅ^{21} mə^{33} sy^{55}, zʅ^{21} tshy^{55} be^{33} le^{33} zʮɑ^{21}. | ly̩^{33} ky̩^{33}
取 蜜蜂 债 作 又 还 树 上 蛇 不 杀 蛇 债 作 又 还 石 上

pɑ^{33} mə^{33} sy^{55}, pɑ^{33} tshy^{55} be^{33} le^{33} zʮɑ^{21}. | ŋy̩^{33} ly̩^{33} tʂhu^{21} mə^{33} tshər^{55}, tʂhu^{21} tshy^{55} be^{33} le^{33}
蛙 不 杀 蛙 债 作 又 还 雪山 墨玉 不 取 墨玉 债 作 又

zʮɑ^{21}. | i^{33} bi^{21} hæ^{21} mə^{33} zy̩^{21} hæ^{21} tshy^{55} be^{33} le^{33} zʮɑ^{21}. æ^{21} ʂuɑ^{21} gy̩^{21} mə^{33} khæ^{55}, gy̩^{21} tshy^{55}
还 大江 金 不 淘 金 债 作又 还 崖 高 熊 不 射 熊 债

be^{33} le^{33} zʮɑ^{21}. | bi^{33} dɯ^{21} bu^{21} mə^{33} khæ^{55}, bu^{21} tshy^{55} be^{33} le^{33} zʮɑ^{21}.
作 又 还 森林大 野猪 不 射 野猪 债 作 又 还

车堆思汝虽然没射杀栖息在三种里母精灵居住着的树尖上的白鹇鸟，却偿还了射杀白鹇鸟的债。虽没有诱捕树脚的野兽，但却偿还了诱捕野兽的债。虽没有取树腰的蜂蜜，却偿还了取蜂蜜的债。虽没有杀树上的蛇，却偿还了杀蛇的债。虽没有杀石头上的青蛙，却偿还了杀蛙的债。虽没有取雪山上的墨玉石，却偿还了取墨玉石的债。虽没有淘大江里的金子，却偿还了淘金的债。虽没有射杀高崖间的熊，却偿还了射杀熊的债。虽没有射大森林里的野猪，却偿还了射杀野猪的债。

519-B-81-05

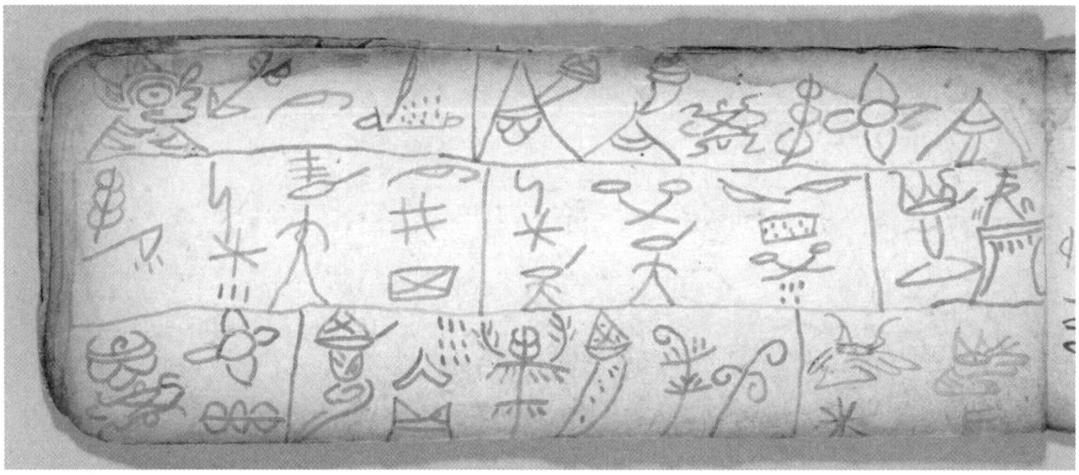

bɑ^{21} dɑ^{21} phu^{55} lɑ^{33} mə^{33} khæ^{55}, lɑ^{33} tshy^{55} be^{33} le^{33} ʐuɑ^{21}.｜ ŋv̩^{21} khuɑ^{55} ŋv̩^{21} ʥy^{21} kv̩^{33} le^{33}
阳坡 处 虎 不 射 虎 债 作 又 还 银 木牌 雪 山 上 又

tʂhu^{55}, hæ^{21} khuɑ^{55} hæ^{21} ʥy^{21} kv̩^{33} le^{33} tʂhu^{55}, uɑ^{21} khuɑ^{55} uɑ^{21} ʥy^{21} kv̩^{33} le^{33} tʂhu^{55}, tʂhu^{21}
插 金 木牌 金 山 顶 又 插 绿松石木牌 绿松石山顶 又 插 墨玉

khuɑ^{55} tʂhu^{21} ʥy^{21} kv̩^{33} le^{33} tʂhu^{55}, ŋv̩^{33} lv̩^{33} tʂhər^{21} ty^{33} sɿ^{21} zɿ^{33} thɯ^{33},｜ɕy^{33} i^{33} tʂhʅ^{33} be^{33} se^{33},
木牌 墨玉 山 顶 又 插 雪 山 车堆思汝 他 仪式的 这 做 完

mə^{33} gu^{21} mə^{33} tshər^{33} se^{21}.｜tʂhər^{21} ty^{33} sɿ^{21} zɿ^{33} thɯ^{33}, ze^{55} ʨi^{33} bə^{33} y^{21} tʂər^{21}, iə^{21} ȵi^{55} ʨi^{55}
不 病 不 痛 了 车堆思汝 他 年轻 脚轻 让 尤聂季恭

gu^{33} py^{33} bv̩^{21} dy^{55}.｜iə^{21} ȵi^{55} ʨi^{55} gu^{33} py^{33} bv̩^{21} nɯ^{33}, sɿ^{33} i^{33} bər^{33} phər^{21} ʐv̩^{21} lv̩^{33} tɯ^{21}, zɿ^{33} i^{33}
东巴 请 尤聂季恭 东巴（助）羊毛 毡 白 神坛 设 青稞

tʂhuɑ^{33} phər^{21} kɑ^{55} mu^{21} gə^{21} nɯ^{33} o^{55},｜ŋv̩^{21} hæ^{21} uɑ^{33} tʂhu^{21} phv̩^{33} lɑ^{21} i^{33} dɑ^{55} be^{33}.｜ʂu^{21} uə^{33}
米 白 祭粮 上（助）撒 银 金 松石 墨玉 神 酬礼 作 署 寨

gv̩^{55} uə^{33} tshʅ^{55}, mɯ^{55} tshe^{21} gv̩^{55} uə^{33} tshʅ^{55}, lɑ^{33} khɑ^{21} gv̩^{55} bi^{33} be^{33},｜bər^{33} phər^{21} dɯ^{33} tv̩^{21},
九 寨 建 竹子 九 丛 建 白杨 九 片 做 牦牛 白 一 千

bər^{21} nɑ^{55} dɯ^{33} kɯ^{21} be^{33}, ʐuɑ^{33} ʂuɑ^{55} dɯ^{33} tv̩^{21}, ʐuɑ^{33} mu^{33} dɯ^{33} kɯ^{21} be^{33}.
牦牛 黑 一 万 做 马 枣红 一 千 马 灰黄 一 万 做

虽没有射杀阳坡的虎，却偿还了射杀虎的债。雪山上插了银木牌，金山顶上插了金木牌，绿松石山上插了绿松石木牌，墨玉山上插了墨玉石木牌，雪山的车堆思汝做了这样的仪式后，没病没痛了。车堆思汝派年轻捷足者，请来尤聂季恭东巴作仪。尤聂季恭东巴用白羊毛毡子铺设神坛，用青稞和白米作为神粮撒上，供上金、银、绿松石、墨玉石作为给神的酬物。建九个署寨、做九丛竹子、九片白杨林。做白牦牛一千、黑牦牛一万、枣红马一千、灰黄马一万。

519-B-81-06

ʂu^{21} ne^{21} lv̩^{21} dʐu^{33} by^{21} le^{33} ʐuɑ^{21}, | gv̩^{21} tʂhər^{33} lv̩^{33} tʂhər^{33} gə^{21} le^{33} khɯ^{55}, gə^{21} i^{33} ʂu^{21} hɯ^{21}
署 和 龙 债 外 又 还 九 十 龙 药 上 又 施 上 的 署 悦

lv̩^{21} bæ^{21} se^{21}, ʂu^{21} ne^{21} lv̩^{21} ȵə^{21} mə^{33} æ^{21} uɑ^{21} le^{33} ʂər^{55}, tʂhər^{21} ty^{33} sɿ^{21} zɿ^{33} lɑ^{33}, mə^{33} gu^{21} mə^{33}
龙 欢 了 署 和 龙 前 不 滞留 魂 又 赎 车堆思汝 也 无 病 无

tshər^{33} se^{21}, | kho^{33} y^{21} he^{33} hɯ^{21}, dʑi^{21} i^{33} dər^{33} ʂər^{55} se^{21}. | pɯ^{33} bu^{21} ʐə^{21} pɯ^{33} bu^{21}, nɑ^{21}
痛 了 声 轻 神 安 水 流 塘 满 了 蒿 坡 草 蒿 坡 规矩

pɯ^{21} kæ^{33} nɯ^{33} dʑy^{33}. ər^{33} phər^{21} ʂu^{21} lɑ^{55} mu^{21}, ʂu^{33} mu^{21} kæ^{33} nɯ^{33} dʑy^{33}. lɯ^{33} sɿ^{33} phi^{21} nɯ^{33}
前（助）有 铜 白 铁 模 规矩 前（助）有 箭 胶（助）

hɯ^{55}, pɯ^{21} lɯ^{33} ʂu^{33} mu^{21} kæ^{33} nɯ^{33} dʑy^{33}. | ɑ^{33} ȵi^{33} lɑ^{33} ʂər^{55} ȵi^{33}, i^{33} dɑ^{21} tʂhɿ^{33} dɯ^{33} dʑi^{21}
贴 规矩 铁 模 前（助）有 远古的时候 主人 这 一 家

lɑ^{33} tʂhər^{21} ty^{33} sɿ^{21} zɿ^{33} ʂu^{55} mɑ^{21} tsho^{21} tɕhy^{33} gv̩^{33} mæ^{55} gv̩^{33} me^{33} hə^{33}, | ze^{55} tɕi^{33} bə^{33} y^{21}
也 车堆思汝 宗族 后裔 的 人们 年轻 脚轻

tʂər^{21}, lɯ^{55} kv̩^{55} py^{33} bv̩^{21} dy^{55}. lɯ^{55} kv̩^{55} py^{33} bv̩^{21} nɯ^{33}, sɿ^{33} i^{33} bər^{33} phər^{21} ʐv̩^{21} lv̩^{33} tɯ^{21},
让 贤能 东巴 请 贤能 东巴（助）羊毛 毡 白 神坛 设

zɿ^{33} i^{33} tʂhuɑ^{33} phər^{21} kɑ^{55} le^{33} o^{55}, ŋv̩^{21} hæ^{21} uɑ^{33} tʂhu^{21} phv̩^{33} lɑ^{21} i^{33} dɑ^{55} be^{33}. | ʂu^{21} uə^{33} gv̩^{55}
青稞 米 白 祭粮又 撒 银 金 松石 墨玉 神 酬礼 作 署 寨 九

uə^{33} tshɿ^{55}, mɯ^{55} tshe^{21} gv̩^{55} uə^{33} tshɿ^{55}.
寨 建 竹子 九 从 建

偿还欠署与龙的债，给署与龙施上九十种药，署悦龙欢了，把魂从署与龙处招回。车堆思汝也心安神宁、不病不痛、流水满塘！蒿坡蒿草坡，规矩先前就有；白铜铁模子，规矩先前就有；箭羽用胶水粘，规矩和来历先前就有。远古的时候，主人这一家，作为车堆思汝的后裔，派年轻捷足者请贤能的东巴来作仪。东巴用白羊毛毡子铺设神坛，用青稞和白米作为神粮撒上，供上金、银、绿松石、墨玉石作为给神的酬物。建九个署寨，做九丛竹子。

519-B-81-07

la^{33} kha^{21} gv̩^{55} bi^{33} be^{33}. ua^{33} ɕi^{33} khua^{55} phər^{21}, ʂər^{33} ɕi^{33} khua^{55} ʂua^{33} be^{33}. ʂu^{21} ne^{21} lv̩^{21} tshy^{55}

白杨 九 片 做 五 百 木牌 白 七 百 木牌 高 做 署 和 龙 债

be^{33} le^{33} ʐua^{21}. | bər^{33} phər^{21} dɯ^{33} tv̩^{21}, bər^{21} na^{55} dɯ^{33} kɯ^{21} be^{33}, ʐua^{33} ʂua^{55} dɯ^{33} tv̩^{21}, ʐua^{33}

作 又 还 牦牛 白 一 千 牦牛 黑 一 万 做 马 枣红 一 千 马

mu^{33} dɯ^{33} kɯ^{21} be^{33}. | bər^{21} y^{21} ʐʅ^{33} ha^{33} nɯ^{33} ʂu^{21} ne^{21} lv̩^{21} tɕy^{21}, u^{33} nɯ^{33} miə^{21} ʂər^{55}, ʣe^{33}

灰黄 一 万 做 牦牛绵羊酒 饭（助）署 和 龙 跟前 财物（助）眼 满 粮食

nɯ^{33} miə^{21} ka^{55} be^{33} le^{33} iə^{55}. | ʥi^{21} i^{33} ȵi^{33} me^{33} gv̩^{21}, mo^{33} mi^{33} pa^{33} la^{33} ʥy^{21} kv̩^{33} to^{55}, ʥy^{21}

（助）眼 遮 做 又 给 水流 西 方 冒米巴朗 山 上 顶 山

kv̩^{33} tshe^{21} ho^{55} ga^{55} la^{33}, ʥy^{21} khɯ^{33} dɯ^{33} phu^{55} phər^{21} me^{33} khɯ^{33}, tʂhər^{33} ʥi^{21} no^{33} ʥi^{21}

上 十 八 峰 山 脚 一 只 白 的 脚 药 水 奶 水

sʅ^{55} ho^{21} bv̩^{21} le^{33} tshʅ^{21}. thɯ^{33} do^{21} ɕi^{33} mə^{33} ʥy^{21}, ʥʅ^{21} me^{33} bər^{21} me^{33} phər^{21} nɯ^{33} do^{21},

三 股 出 又 来 这 见 人 不 有 犏牛 母 牦牛 母 白 （助）见

ʥʅ^{21} me^{33} bər^{21} me^{33} pər^{21} nɯ^{33} thɯ^{21}, thɯ^{33} gə^{33} no^{33} le^{21} tʂhua^{21}. thɯ^{33} do^{21} ɕi^{33} mə^{33} ʥy^{21},

犏牛母 牦牛 母 白 （助）喝 它们 的 奶 又 挤 这 见 人 不 有

tshʅ^{55} me^{33} y^{21} me^{33} phər^{21} nɯ^{33} do^{21}, tshʅ^{55} me^{33} y^{21} me^{33} phər^{21} nɯ^{33} thɯ^{21}, thɯ^{33} gə^{33} no^{33} le^{21}

山羊 母 绵羊 母 白 （助） 见 山羊 母 绵羊 母 白 （助） 喝 它们 的 奶 又

tʂhua^{21}. thɯ^{33} do^{21} ɕi^{33} mə^{33} ʥy^{21}, he^{21} i^{33} ɯ^{33} me^{33} phər^{21} nɯ^{33} do^{21}, he^{21} i^{33} ɯ^{33} me^{33} phər^{21}

挤 这 见 人 不 有 神 的 牛 母 白 （助）见 神 的 牛 母 白

nɯ^{33} thɯ^{21}, thɯ^{33} gə^{33} no^{33} le^{33} tʂhua^{21}. ko^{21} sa^{55} le^{55} sa^{55} lv̩^{21} gə^{33} tʂhər^{33}, | ŋv̩^{21} sa^{55} hæ^{21} sa^{55}

（助）喝 它们 的 奶 又 挤 姜 气 茶 气 暖 的 药 银 气 金 气

lv̩^{21} gə^{33} tʂhər^{33}, uɑ^{21} sɑ^{55} tʂhu^{21} sɑ^{55}, | lv̩^{21} gə^{33} tʂhər^{33}, | o^{33} bv̩^{33} lɑ^{21} pɑ^{55} tʂhər^{33}, tshɿ^{33}
暖 的 药 绿松石气 墨玉石气 暖 的 药 佛掌参 药

ly^{21} ly^{33} zu̯^{21} tɑ^{33} piə^{21} gə^{33} tʂhər^{33}.
石莲花 的 药

做九片白杨林；做五百块白木牌，七百块高木牌，偿还欠署与龙的债；做白牦牛一千，黑牦牛一万，枣红马一千，灰黄马一万。献上牦牛、绵羊、酒，饭，偿还署满眼的财物和粮食。西方的冒米巴朗山，山巅有十八峰，山麓为白色的山上，有三条像奶水似的药河。没人看见这三条药河，白母犏牛、白母牦牛看见，饮了药水，挤白母犏牛、白母牦牛的奶作药。没有人看见药河，白母山羊、白母绵羊看见，饮了药水，挤白母山羊、白母绵羊的奶作药。没有人看见药河，神的白母牛看见，饮了药水，挤白母牛的奶作药。用姜茶暖气、金银暖气作药，用绿松石、墨玉石暖气作药，用佛掌参、石莲花作药。

519-B-81-08

tɕhi^{21} me^{33} gv̩^{33} sy^{21}，khɑ^{33} me^{33} tshe^{33} sy^{21} tʂhər^{33}. | mə^{33} do^{33} mə^{33} khæ^{55} tʂhər^{33}. | dʑi^{21} gə^{33}
甜 的 九 种 苦 的 十 种 药 不 见 不 射 药 水 的

ȵi^{33} me^{33} thv̩^{33}, ʂu^{21} phər^{21} lv̩^{21} phər^{21} tʂhər^{33} le^{33} khɯ^{55}. | i^{33} tʂhɿ^{33} mɯ^{21}, ʂu^{21} hər^{21} lv̩^{21} hər^{21}
东方 署 白 龙 白 药 又 施 南方 署 绿 龙 绿

tʂhər^{33} le^{33} khɯ^{55}. | ȵi^{33} me^{33}gv̩^{21}, ʂu^{21} nɑ^{21} lv̩^{21} nɑ^{21} tʂhər^{33} le^{33} khɯ^{55}. | ho^{33} gv̩^{33} lo^{21}, ʂu^{21}
药 又 放 西方 署 黑 龙 黑 药 又 放 北方 署

ʂɿ^{21} lv̩^{21} ʂɿ^{21} tʂhər^{33} le^{33} khɯ^{55}. | mɯ^{33} ne^{21} dy^{21} ly^{55} gv̩^{33}, ʂu^{21} dʐæ^{21} lv̩^{21} dʐæ^{21} tʂhər^{33} le^{33}
黄 龙 黄 药 又 放 天 和 地 中央 署 杂色 龙 杂色 药 又

khɯ^{55}. | so^{33} lɯ^{33} mu^{33} gə^{33} tʂhər^{33} le^{33} khɯ^{55}, dʑi^{21} lɯ^{33} mu^{33}，dæ^{21} lɯ^{33} mu^{33} gə^{33} tʂhər^{33} le^{33}
施 高原 里母 的 药 又 放 房 里母 地基 里母 的 药 又

khɯ^{55}, dʐɿ^{33} ne^{33} uə^{33} lɯ^{33} mu^{33} gə^{33} tʂhər^{33} le^{33} khɯ^{55}, dər^{33} lɯ^{33} khɯ^{21} lɯ^{33} gə^{33} tʂhər^{33} le^{33}
放 村 和 寨 里母 的 药 又 放 肥田 里母 山地 里母的 药 又

khɯ^{55}.｜phər^{21} me^{33} gv̩^{33} tshər^{21} gv̩^{33} lɯ^{55} mu^{33} mɯ^{33} nɯ^{33} dʐʅ^{21} me^{33} tʂhər^{33} le^{33} khɯ^{55}.
放 白 的 九 十 九 里母 天（助）住 的 药 又 放

九种甜的药，十种苦的药，作为给署的药。用看见射到的东西作药。给东方白色的署与龙施药，给南方绿色的署与龙施药，给西方黑色的署与龙施药，给北方黄色的署与龙施药，给天地中间杂色的署与龙施药。给住在高原的里母署、屋里的里母署、住在地基里的里母署、村寨里的里母署、住在肥田里的里母署、住在山地里的里母署施药。给住于天的白色的九十九尊里母署施药。

519-B-81-09

ȵə^{55} sɑ^{33} ɕo^{33} lo^{21} dy^{21} nɯ^{33} dʐʅ^{21} me^{33} tʂhər^{33} le^{33} khɯ^{55}, ȵi^{33} gə^{33} sʅ^{33} phe^{33} dzər^{21} nɯ^{33} dʐʅ^{21}
纽莎许罗 地（助）住 的 药 又 放 尼 的 头目 树（助）住

me^{33} tʂhər^{33} le^{33} khɯ^{55}.｜dʑy^{21} lɯ^{33} mu^{33} sʅ^{33} phe^{33} ze^{21} nɯ^{33} dʐʅ^{21}, sɑ^{21} dɑ^{55} sʅ^{33} phe^{33} lɯ^{33}
的 药 又 放 山 里母 头目 哪（助）住 刹道 头目 地

nɯ^{33} dʐʅ^{21} me^{33} tʂhər^{33} le^{33} khɯ^{55}.｜ʂu^{21} gə^{33} sʅ^{33} phe^{33} dʑi^{21} nɯ^{33} dʐʅ^{21}, dɯ^{33} dʑy^{21} kv̩^{33} gə^{33}（助）
住 的 药 又 放 署 的 头目 水（助）住 一 山 上 的

dɯ^{33} dʐʅ^{21}, dɯ^{33} lo^{21} nɑ^{21} gə^{33} dɯ^{33} bæ^{21} tʂhər^{33} le^{33} khɯ^{55}.｜ʂu^{21} ne^{21} lv̩^{21} tʂhʅ^{33} uɑ^{21}, khu^{33} i^{33}
一 住 一 谷 大 的 一 群 药 又 施 署 和 龙 所有 嘴巴

nɯ^{33} hɯ^{21} he^{33} bæ^{21} se^{21}.｜mɯ^{21} i^{33} he^{21} nɯ^{33} thv̩^{55}, dy^{21} i^{33} he^{21} nɯ^{21} khu^{33}, dʑy^{21} dɯ^{21} dzər^{21}
心 悦 神 安 了 天 呀 神（助）开 地 呀 神（助）开 山 大 树

tshər^{55} lɯ^{33} mə^{33} tʂhər^{21}.｜do^{33} sɑ^{33} ŋɑ^{33} thv̩^{55} nɯ^{33}, ʂu^{21} zo^{33} ȵə^{55} sɑ^{33} ɕo^{33} lo^{21} le^{33} dy^{55} lɯ^{33}
砍 来 不 让 都沙敖吐 （助） 署 儿 纽莎许罗 又 赶 来

mə^{33} tʂər^{21}, tʂhər^{21} ty^{33} sʅ^{21} zʅ^{33} the^{55} ȵi^{21} be^{33}, mɯ^{33} ʂʅ^{55} thv̩^{55}, dy^{21} ʂʅ^{55} thv̩^{55} mə^{33} tʂər^{21},｜dɯ^{33}
不 让 车堆思汝 那样（助）天 新 开 地 新 开 不 让 一

khv̩^{55} gv̩^{33} dʑy^{21} mi^{33} kuɑ^{21}, zʅ^{21} zi^{33} tɕər^{33} hər^{21} mi^{33} nɯ^{33} dʑi^{55} le^{33} sy^{55} bɯ^{33} lɑ^{33}. | i^{33} dɑ^{21}
年 九 山 火 烧 蛇 美 颈 绿 火 来 烧 又 杀 即使 主人

tʂhʅ^{33} dɯ^{33} dʑi^{21} mu^{21} mə^{33} i^{33}, gə^{21} i^{33} gv̩^{33} dʐʅ^{21} phv̩^{55} lv̩^{33} zo^{33}, zo^{33} i^{33} ze^{21} zo^{33} uɑ^{21} mə^{33}
这 一 家 原因 不 有 上方的 藏族 氆氇 男儿 男儿呀谁 男儿 是 不

do^{21}, thɯ^{33} nɯ^{33} be^{33} iə^{33} mu^{21}.
知 他（助）做 的 呀

给住在地上的纽莎许罗施药，给住在树上的尼署酋，住在山里的署酋，住在地上的刹道署酋，住在水里的署酋施药。给所有住在山里、沟谷里的署酋施药。所有的署与龙嘴甜心悦神安了。由神来开天辟地，不让人们砍伐山上的大树。不让都沙敖吐赶署的儿子纽莎许罗，正如不让车堆思汝开新的天、辟新的地那样。即使一年中有九座山发生火灾，烧死了许多绿颈美蛇，这也不是主人家的原因。是上方卖氆氇的藏族男子，虽不知道是谁家的儿子，是他造成的。

519-B-81-10

dɯ^{33} khv̩^{55} ʂər^{33} lo^{21} dʑi^{21} kuɑ^{33} dɯ^{21}, pɑ^{55} hæ^{21} lɑ^{33} tʂʅ^{21} lv̩^{21} hɯ^{33} ty^{55} le^{33} sy^{55} bɯ^{33} lɑ^{33}, | i^{33}
一 年 七 谷 水 流量大 蛙 青 手 爪石 打又杀 即使 主人

dɑ^{21} tʂhʅ^{33} dʑi^{21} mu^{21} mə^{33} i^{33}, mɯ^{21} i^{33} bæ^{33} tɕhi^{33} kə^{55} le^{33} bv̩^{33}, mi^{21} i^{33} ze^{21} mi^{21} uɑ^{21}
这 家 原因 不 有 下方 糖 卖 白族 名 的 哪 名 是

mə^{33} do^{21}, thɯ^{33} nɯ^{33} be^{33} iə^{33} mu^{21}. | tʂuɑ^{21} zo^{33} gv̩^{33} dʑy^{21} sər^{33} ʂu^{21} lɯ^{33} mə^{33} tʂər^{21}, bɯ^{21} ɯ^{33}
不 知 他（助）做 的 呀 男 儿 九 山 柴 找 来 不 让 女 好

ʂər^{33} lo^{21} dʑi^{21} u^{21} lɯ^{33} mə^{33} tʂər^{21}. | i^{33} dɑ^{21} tʂhʅ^{33} dɯ^{33} dʑi^{21}, tʂuɑ^{21} ɯ^{33} zʅ^{21} kv̩^{33} ʂu^{21} le^{33} pu^{55},
七 谷 水 舀 来 不 让 主人 这 一 家 夫 好酒 头 纯 又带

bɯ^{21} ɯ^{33} le^{33} khɑ^{33} sɑ^{33} le^{33} pu^{55}, ʂu^{21} ne^{21} lv̩^{21} khə^{21} nɯ^{33}, nɯ^{21} mə^{33} lv̩^{21} me^{33} nɯ^{21} le^{33} me^{55},
妇 好 茶 好 气 又带 署 和 龙 跟前（助）福 不 够 的 福 又 求

uɑ^{21} mə^{33} lv̩^{21} me^{33} uɑ^{21} le^{33} me^{55}. nɯ^{21}me^{55} nɯ^{21} dɯ^{33}, uɑ^{21} me^{55} uɑ^{21} dɯ^{33} se^{21}. | i^{33} dɑ^{21}
子嗣不 够 的 子嗣 又 求 福 求 福 得 子嗣 求 子嗣 得 了 主人

tʂhʅ^{33} dɯ^{33} ʥi^{21}, nɯ^{21} uɑ^{21} hɯ^{21} dzæ^{21}, kho^{33} y^{21} he^{33} hɯ^{21}, ʥi^{33} i^{33} dər^{33} ʂər^{55}, mə^{33} gu^{21} mə^{33}
这 一 家 福泽子嗣 富 强 声 轻 耳 安 水 流 塘 满 不 病 不

tshər^{33}, mə^{33} tɕhi^{55} mə^{33} by^{21} gv̩^{33} be^{33} ho^{55}!
痛 不 冷 不 悸 成为 愿

即使一年中有七条洪水引发的泥石流砸死了许多青蛙，这也不是主人家的原因。是下方卖糖的白族男子，虽然不知道叫什么名字，是他造成的。不让男子去九座山上找柴，不让女子去七条河里舀水。于是，主人这一家，丈夫带上纯酒，妻子带上好茶到署与龙面前来祈求福泽子嗣。福泽不足祈求福泽，子嗣不够祈求子嗣。祈福得到福泽，求子得到子嗣。愿主人这家福泽子嗣富足、心安神宁、流水满塘、不病不痛、不冷不悸！

519-B-81-11

ɑ^{33} lɑ^{33} mə^{33} ʂər^{55} ȵi^{33}, mɯ^{33} thv̩^{33} dy^{21} khu^{55} dʐʅ^{21}, bi^{33} thv̩^{33} le^{21} thv̩^{33} zɑ^{21} thv̩^{33} dʐʅ^{21}, | phər^{21}
远古时候 天 开 地 辟 时 日 出 月 出 娆星 出 时 盘神

thv̩^{21} ʂæ^{21} thv̩^{33} dʐʅ^{21}, gɑ^{33} u^{33} he^{21} u^{55}, lu^{21} thv̩^{33} se^{21} thv̩^{33} dʐʅ^{21}, ʥʅ^{33} thv̩^{33} lɯ^{55} thv̩^{33} dʐʅ^{21}, kv̩^{55}
出 禅神 出 时 嘎神吾神恒神沃神卢神出 沈神出 时 酋长 出 长老 出 时 会者

thv̩^{33} sʅ^{33} thv̩^{33}, lər^{55} thv̩^{33} tʂhə^{55} thv̩^{33} dʐʅ^{21}, | py^{21} thv̩^{33} phɑ^{21} thv̩^{33} dʐʅ^{21}, ʥy^{21} thv̩^{33} lo^{21} thv̩^{33},
出 智者出 测者 出 量者 出 时 东巴 出 卜师 出 时 山 出 谷 出

sər^{33} ne^{21} lv̩^{33} thv̩^{33}. | ȵi^{33} zo^{33} gv̩^{33} pv̩^{21} | ne^{21} me^{21} se^{33} tv̩^{33} dɯ^{21} me^{33} ȵi^{33} kv̩^{55}, | dɯ^{33} ȵi^{33}
树 和 石 出 尼若古补 和 梅生督迪 的 两 个 一 天

mə^{33} tv̩^{33} tv̩^{21}, mɯ^{21} nɯ^{33} gə^{21} le^{33} khɯ^{55}, thɯ^{33} ʥʅ^{21} lɑ^{33} ȵi^{33} kv̩^{55}, nɯ^{21} ne^{21} ɕy^{33} ȵi^{33} kv̩^{55}, zə̩^{21}
不 凑巧 下方 从 上方 又 去 他们 （助）两 个 家畜 与 野兽 两 个 草

hər^{21} dɯ^{33} tər^{55} uɑ^{21} mə^{33} du^{33},
青　一　丛　吃　不　兴

远古时候，开天辟地的时候，产生日、月、娆星的时候，产生盘神、禅神、嘎神、吾神、恒神、沃神、卢神、沈神的时候，产生酋长和长老的时候，产生能者和智者的时候，产生测者和量者的时候，产生东巴和卜师的时候，产生山和谷的时候，产生树木和石头的时候。尼若古补和梅生督迪他们一天不凑巧，从下方到上方去。他们两个就像家畜与野兽，不兴同吃一丛青草，

519-B-81-12

bə^{33} ne^{21} u^{21} ȵi^{33} kv̩^{55}, ʥo^{21} ʥi^{33} dɯ^{33} uə^{21} be^{33} mə^{33} du^{33}.｜ʂu^{21} ne^{21} lv̩^{21} tshy^{55} gə^{21} le^{33}
崩人与 吾人两 个　桥　走　一　齐　做　不　兴　署　和　龙　债　上　又

ʐuɑ^{21},｜gv̩^{33} ʥy^{21} sər^{33} mə^{33} tshər^{55}, sər^{33} tshy^{55} be^{33} le^{33} ʐuɑ^{21},｜ʂər^{33} lo^{21} ʥi^{21} mə^{33} u^{21}, ʥi^{21}
还　九　山　树　不　砍　树　债　作　又　还　七　沟　水　不　舀　水

tshy^{55} be^{33} le^{33} ʐuɑ^{21}.｜me^{21} se^{33} tv̩^{33} dɯ^{21} thɯ^{33}, dɯ^{33} ȵi^{33} mə^{33} tv̩^{33} tv̩^{21}, gv̩^{33} ʥy^{21} khɯ^{33}
债　作　又　还　梅生督迪　他　一　天　不　凑巧　九　山　打猎

khɯ^{55} le^{33} u^{55} khɯ^{55}, tʂhuɑ^{55} phər^{21} kho^{33} ʥɿ^{21} sɑ^{55}, ʂər^{33} lo^{21} nɑ^{21} ȵə^{21} sɑ^{55} le^{33} tshɿ^{21}.｜me^{21}
又　去　鹿　白　角　长　追　七　谷　大　处　追　又　来

se^{33} tv̩^{33} dɯ^{21} thɯ^{33}, thɯ^{55} ko^{55} gæ^{21} le^{33} ʂv̩^{55}, tʂhuɑ^{55} kho^{55} tʂhuɑ^{55} phər^{21} ne^{21}, lɯ^{33} lɑ^{21}
梅生督迪　他　腰间　刀　又　拔　鹿　杀　鹿　切分　在　杉　枝

dɯ^{33} lɑ^{21} tshər^{55}, sæ^{33} lv̩^{33} sɿ^{55} tiə^{33} thv̩^{33}.｜me^{21} se^{33} tv̩^{33} dɯ^{21} thɯ^{33}, gə^{21} nɯ^{33} mɯ^{21} le^{33}
一　枝　砍　血　暖　三　滴　出　梅生督迪　他　上方　从　下方　又

tshɿ^{21},｜iə^{33} ko^{21} le^{33} thv̩^{33} ȵə^{21}, ȵi^{55} i^{33} uɑ^{33} gv̩^{33} gu^{21} le^{33} ʥy^{33}, hu^{21} i^{33} nɑ^{55} ʂʅ^{33} ʨhi^{21} le^{33}
来　家里　又　到　时　白天的　骨　筋　痛　又有　夜晚的　肌　肉　疼　又

ʥy^{21}. me^{21} se^{33} tỵ^{33} dɯ^{21} thɯ^{33}, | gu^{21} ne^{21} tʂhər^{33} ɕy^{33} be^{33} mə^{33} kỵ^{55}, hu^{21} gə^{33} tshʅ^{21} thỵ^{33}
有 梅生督迪 他 病 和 发热 仪式 做 不 会 夜晚的 鬼 出

tshʅ^{21} le^{33} py^{21} mə^{33} kỵ^{55}.
鬼 又 祭 不 会

像崩人和吾人，不兴同时走一座桥。给署与龙还债，虽然没有砍九座山上的树木，但却要偿还砍树木的债；虽然没有舀七条河里的水，却要偿还舀水的债。梅生督迪不凑巧，去九座山上打猎，去追长角白鹿，一直追到七个大山谷里。梅生督迪拔出腰间的刀，杀了白鹿，砍下一枝杉树枝铺在地上，分块切了鹿肉，溅出三滴鹿血。梅生督迪从上方下来回到家中，白天骨筋疼，晚上肌肉疼。梅生督迪不知道怎样作仪消灾除病，就像夜晚鬼来不知道该怎样祭诵。

519-B-81-13

so^{33} gə^{21} bər^{33} thỵ^{33} bər^{33} le^{33} lo^{21} mə^{33} kỵ^{55}, ko^{21} ʂuɑ^{21} ko^{21} kỵ^{33} phər^{21} ȵə^{21} thỵ^{33}, | hɯ^{55} ʂʅ^{21}
晨 的 客 到 客 又 招待不 会 高原 高 高原 顶 白 上 到 海 黄

dɯ^{33} hɯ^{55} khu^{33} ȵə^{21} thỵ^{33}, me^{21} se^{33} tỵ^{33} dɯ^{21} thɯ^{33}, khuə^{33} khuə^{21} khæ^{55} le^{33} dzʅ^{21}, | gə^{21}
一 个 边 上 到 梅生督迪 他 口弦 弹 又 坐 上方

nɯ^{33} kə^{55} nɑ^{21} dɯ^{33} me^{33} bi^{21} le^{33} tshʅ^{21}, zʅ^{21} zi^{33} tɕər^{33} hər^{21} kỵ^{33} ȵə^{21} dzə̣^{21}. | me^{21} se^{33} tỵ^{33}（助）
鹰 黑 一 只 飞 又 来 蛇 美 颈 绿 头 上 捉 梅生督迪

dɯ^{21} thɯ^{33}, khu^{33} nɯ^{33} pi^{33} lɯ^{21} mu^{21}, ti^{55} li^{55} tər^{21} lər^{55} zi^{33}. kə^{55} nɑ^{21} gỵ^{33} phər^{21} ȵi^{33} me^{33}
他 嘴 （助） 笛子 吹 丁 零 当 啷 声 鹰 黑 身 白 两 只

nɯ^{33} mi^{33}, kə^{55} nɑ^{21} gỵ^{33} phər^{21} dzʅ^{21} le^{33} hə^{21}. zʅ^{21} zi^{33} tɕər^{33} hər^{21} thɯ^{33}, hɯ^{55} ʂʅ^{21} hɯ^{55} tse^{33}
（助）听见 鹰 黑 身 白 打 又 去 蛇 美 颈 绿 它 海 黄 海 美

khỵ^{55} ȵə^{21} huɑ^{33} le^{33} hə^{21}. | ȵi^{33} zo^{33} gỵ^{33} pỵ^{21} pɯ^{33} pɑ^{33} be^{33}, ʂə^{55} lɑ^{33} ȵi^{33} mɑ^{21} mi^{55} dɯ^{33} kỵ^{55}
里 掉 又 去 尼若古补 变化 作 寿拉尼麻 女 一 个

thy̩^{33}, thɯ^{33} nɯ^{33} le^{33} ʂə^{55} me^{33}: ɯ^{33} be^{33} mu^{33} dɯ^{21} ʥi^{33}, i^{21} be^{33} tshe^{33} dɯ^{21} iə^{55} bɯ^{33} lɑ^{21}. |
出 她（助）又 说（助） 好 做 牺牲 大 献 好 吃 盐 大 给 要 吧

me^{21} se^{33} ty̩^{33} dɯ^{21} le^{33} ʂə^{55} me^{33}: mu^{33} dɯ^{21} ʥi^{33} mə^{33} bɯ^{33}, | i^{21} be^{33} tshe^{33} dɯ^{21} iə^{55} mə^{33}
梅生督迪 又 说（助） 牺牲 大 献 不 要 好 吃 盐 大 给 不

bɯ^{33}. ŋy̩^{33} ly̩^{33} tho^{33} ʥy^{21} uɑ^{21}, | sʅ^{21} nɯ^{33} zo^{33} mə^{33} sy^{55}, gy̩^{21} nɯ^{33} ʥe^{33} mə^{33} sy^{55}. |
要 雪山 松 山 带 父（助）子 不 杀 舅（助）侄 不 杀

早晨客到不知道该怎样招待。到白雪覆盖的大高原中的一个黄海边上，梅生督迪弹起了口弦。此时，上面飞来一只黑鹰，它正抓着一只绿颈美蛇。梅生督迪吹起了笛子，丁零当啷声，这声音被两只身白爪黑的雄鹰听见了，梅生督迪去打鹰，绿颈美蛇掉在黄海里。尼若古补作变化，变成寿拉尼麻女，她说："要给我献上大牺牲、好吃的大盐块。" 梅生督迪说："不给你献上大牺牲、好吃的大盐块。雪山松林带，父亲没有杀死儿子，舅舅没有杀死侄儿。"

519-B-81-14

zo̩^{55} lo^{33} iə^{33} ʥi^{21} ky̩^{33}, me^{21} se^{33} ty̩^{33} dɯ^{21} thɯ^{33}, le^{55} ne^{21} gu^{21} dʐ̩u^{33} by^{33}. le^{33} dʐʅ^{21} uæ^{33} le^{33}
若罗优吉河 上 梅生督迪 他 牛 和 马 打斗 劝 牛 赶 左边 又

khɯ^{55}, gu^{21} dʐʅ^{21} i^{21} le^{33} khɯ^{55}. | me^{21} se^{33} ty̩^{33} dɯ^{21} ne^{21} ʂə^{55} lɑ^{33} ȵi^{33} mɑ^{21} iə^{33} ko^{21} le^{33} thy̩^{33}
去 马 赶 右边又 去 梅生督迪 和 寿拉尼麻 家里 又 到

ȵə^{21}, me^{21} se^{33} ty̩^{33} dɯ^{21} gu^{21} ne^{21} tsər^{33} le^{33} ʥy^{33}. | me^{21} se^{33} ty̩^{33} dɯ^{21} le^{33} ʂə^{55} me^{33}: | ȵə^{55}
时 梅生督迪 病 和 发热 又 有 梅生督迪 又 说（助） 我

gu^{21} ȵi^{33} zo^{33} gy̩^{33} py̩^{21} nɯ^{33} le^{33} khɯ^{55} tshʅ^{21} dɑ^{21} tsʅ^{55} | ʂə^{55} lɑ^{33} ȵi^{33} mɑ^{21} le^{33} ʂə^{55} me^{33}: gə^{21}
病 尼若古补 （助）又 放 到 说 是 寿拉尼麻 又 说（助）上方

nɯ^{33} gu^{21} khɯ^{55} tshʅ^{21} mə^{33} uɑ^{21}. me^{21} se^{33} ty̩^{33} dɯ^{21} thɯ^{33}, tshər^{55} mə^{33} thɑ^{55} me^{33} tshər^{55}, lɯ^{33}
来 病 放 是 不 是 梅生督迪 他 砍 不 能 的 砍 杉

lɑ^{33} so^{33} lɑ^{21} tshər^{55}, sæ^{33} sɿ^{33} tiə^{55} le^{33} bv̩^{21}. | me^{21} se^{33} tv̩^{33} dɯ^{21} thɯ^{33}, tʂhuɑ^{55} kho^{55} tʂhuɑ^{55}
枝 三 枝 砍 血 三 滴 又 出 梅生督迪 他 鹿 杀 鹿

tshe^{55} me^{33} gu^{21} tsɿ^{55}, | zʅ^{21} zi^{33} tɕər^{33} hər^{21} kə^{55} nɯ^{33} dzə̩^{21} me^{33} gu^{21} nɯ^{21}tsɿ^{55}. | me^{21} se^{33} tv̩^{33}
切分 原因 病 说是 蛇 美 颈 绿 鹰 来 抓 原因 病（助）说是 梅生督迪

dɯ^{21} thɯ^{33}, ɯ^{33} be^{33} mu^{33} y^{21} lɑ^{33} mə^{33} be^{21}, i^{21} be^{33} tshe^{33} khɯ^{55} lɑ^{33} mə^{33} be^{21}.
他 好 做 牺牲 拿 也 不 做 好吃 盐 放 也 不 做

若罗优吉河的上游，梅生督迪劝说牛马的打斗，把牛赶到左边，把马赶到右边。梅生督迪和寿拉尼麻回到家后，梅生督迪发热发病。梅生督迪说："我的病是不是尼若古补施放的啊？"寿拉尼麻美女说："不是上面施放的病痛。梅生督迪你砍了不能砍的三枝杉树枝，捕捉马鹿，切分鹿肉，滴下三滴鹿血。老鹰捉了绿颈美蛇。没献上大牺牲、好吃的大盐块。病痛是这些原因造成的。"

519-B-81-15

me^{21} se^{33} tv̩^{33} dɯ^{21} le^{33} ʂə^{55} me^{33}: sɿ^{21} nɯ^{33} zo^{33} gu^{21} me^{33}, uɑ^{21} phi^{55} he^{21} khv̩^{33} dʑy^{33} i^{33} kv̩^{55},
梅生督迪 又 说（助） 父 和 儿 病 的 魂 丢 魂 偷 有 的 会

ʂu^{21} ne^{21} lv̩^{21} nɯ^{33} lv̩^{55} khɯ^{55} də^{21}, sɿ^{21} gu^{21} the^{33} be^{33} gu^{21}. | me^{21} se^{33} tv̩^{33} dɯ^{21} thɯ^{33}, ko^{21}
署 和 龙 来 勾走 可能 父 病 由此 病 梅生督迪 他 高原

ʂuɑ^{21} ko^{21} kv̩^{33} phər^{21} nɯ^{33} mɯ^{21} le^{33} tshɿ^{21}, | iə^{33} kho^{21} le^{33} thv̩^{33} ȵə^{21}, nɯ^{33} gu^{21} nɯ^{21} tɕhi^{55}
大 高原 顶 白 由 下边 又 来 家里 又 到 时 心 病 心 冷

ne^{21}, zy^{55} tɕi^{33} bə^{33} y^{21} tʂər^{21}, iə^{21} ȵi^{55} tɕi^{55} gu^{33} py^{33} bv̩^{21} dy^{55}. | iə^{21} ȵi^{55} tɕi^{55} gu^{33} py^{21} bv̩^{21}
在 年轻 捷足 让 尤聂季恭 东巴 请 尤聂季恭 东巴

nɯ^{33}, sɿ^{33} i^{33} bər^{33} phər^{21} zv̩^{21} lv̩^{33} gə^{21} nɯ^{33} tɯ^{21}. zɿ^{33} i^{33} tʂuɑ^{33} phər^{21} kɑ^{55} le^{33} o^{55}, ŋv̩^{21} hæ^{21}
（助）羊毛 毡 白 神 坛 上 来 设 青稞 米 白 神粮 又 撒 银 金

uɑ^{21} tʂhu^{21} phy̩^{33} lɑ^{21} i^{33} dɑ^{55} be^{33} le^{33} iə^{55}. | ʂu^{21} ne^{21} ly̩^{21} gə^{33} | gy̩^{33} uə^{33} tshɿ^{55}, uɑ^{55} ɕi^{33} khuɑ^{55}
松石 墨玉 神 酬礼 做 又 给 署 和 龙 的 九 寨 建 五 百 木牌

phər^{21}. ʂər^{33} ɕi^{33} khuɑ^{55} dʐæ^{21} be^{33}, | bər^{33} phər^{21} dɯ^{33} ty̩^{21}, bər^{21} nɑ^{55} dɯ^{33} kɯ^{21} be^{33}, ʐuɑ^{33}
白 七 百 木牌 杂色 做 牦牛 白 一 千 牦牛 黑 一 万 做 马

ʂuɑ^{55} dɯ^{33} ty̩^{21}, ʐuɑ^{33} mu^{33} dɯ^{33} kɯ^{21} be^{33}, ʂu^{21} ne^{21} ly̩^{21} khə^{21} mə^{33} æ^{21} gə^{21} le^{33} ʂər^{55}.
枣红 一 千 马 灰黄 一 万 做 署 和 龙 处 不 滞留 的 又 赎

梅生督迪说："父亲和儿子生病，灵魂可能是署与龙摄走的缘故。"梅生督迪从白雪覆盖的大高原山顶下来到家时，觉得心病心冷，于是派年轻捷足者请尤聂季恭东巴来作仪。尤聂季恭东巴用白羊毛毡子铺设神坛，用青稞和白米作为神粮撒上，供上金、银、绿松石、墨玉石作为给神的酬物。建九个署寨，做五百块白木牌，七百块杂色木牌。做白牦牛一千，黑牦牛一万，枣红马一千，灰黄马一万。把魂从署与龙界赎回。

519-B-81-16

mə^{33} gu^{21} mə^{33} tshər^{33}, mə^{33} tɕhi^{55} mə^{33} by̩^{21}. | ɑ^{33} ȵi^{33} lɑ^{33} ʂər^{55} ȵi^{33}, i^{33} dɑ^{21} tʂhʅ^{33} dɯ^{33} dʑi^{21}
不 病 不 痛 不 冷 不 悸 远古时候 主人 这 一 家

lɑ^{33}, me^{21} se^{33} ty̩^{33} dɯ^{21} gə^{33}, ʂu^{55} mɑ^{21} tsho^{33} tɕhy^{33} kgy̩^{33} mæ^{55} gy̩^{33} me^{33} nɯ^{33}, zy^{55} tɕi^{33} bə^{33} y^{21}
也 梅生督迪 的 宗族 后裔 的（助）年轻 捷足

tʂər^{21}, lɯ^{55} ky̩^{55} py^{33} by̩^{21} dy^{55}. lɯ^{55} ky̩^{55} py^{33} by̩^{21} nɯ^{33}, sɿ^{33} i^{33} bər^{33} phər^{21} ʐy̩^{21} ly̩^{33} gə^{21} nɯ^{33}
让 贤能 东巴 请 贤能 东巴 （助）羊毛 毡 白 神坛 上方 来

tɯ^{21}, zɿ^{33} i^{33} tʂhuɑ^{33} phər^{21} kɑ^{55} mu^{21} o^{55}, ŋy̩^{21} hæ^{21} uɑ^{33} tʂhu^{21} phy̩^{33} lɑ^{33} i^{33} dɑ^{55} be^{33}. ʂu^{21} uə^{33}
设 青稞 米 白 神粮 撒 银 金 松石墨玉 神 酬礼 做 署 寨

gy̩^{33} uə^{33} tshɿ^{55}, ʂu^{21} thɑ^{55} gy̩^{33} thɑ^{55} tshɿ^{55}. uɑ^{33} ɕi^{33} khuɑ^{33} phər^{21}, ʂər^{33} ɕi^{33} khuɑ^{55} dʐæ^{21} be^{33}.
九 寨 建 署 塔 九 塔 建 五 百 木牌 白 七 百 木牌 杂色 做

mɯ^{55} tshe^{21} gv̩^{21} uə^{33}, lɑ^{33} khɑ^{33} gv̩^{33} bi^{33} be^{33}, æ^{21} kv̩^{33} | gv̩^{21} mə^{33} khæ^{55}, gv̩^{21} tshy^{55} be^{33}
竹子 九 丛 白杨 九 片 做 崖 上 熊 不 射 熊 债 的

le^{33} ʐuɑ^{21}, | dʐər^{21} thɯ^{55} bæ^{33} mə^{33} phv̩^{21}, bæ^{33} tshy^{55} be^{33} le^{33} ʐuɑ^{21}, ʂu^{21} ne^{21} lv̩^{21} ȵə^{21}, u^{33}
又 还 树 上 蜜 不 取 蜜蜂 债 的 又 还 署 和 龙 上 财物

nɯ^{33} miə^{21} ʂər^{55}, dʑe^{33} nɯ^{33} miə^{21} kɑ^{55} be^{33} le^{33} iə^{55}.
（助）眼 满 粮食（助）眼 遮 的 又 给

不病不痛，不冷不悸。远古的时候，主人这一家，作为梅生督迪的宗族后裔，派年轻捷足者请贤能的东巴来作仪式。东巴祭司用白羊毛毡子铺设神坛，用青稞和白米作为神粮撒上，供上金、银、绿松石、墨玉石作为给神的酬物。建九个署寨，九座署塔，做五百块白木牌、七百块杂色木牌、九丛竹子、九片白杨林。即使不射杀山崖上的熊，却偿还射杀熊的债。即使不取树上的蜂蜜，却偿还取蜜的债。给署与龙满眼的财物粮食。

519-B-81-17

bər^{33} phər^{21} dɯ^{33} tv̩^{21}, bər^{21} nɑ^{21} dɯ^{33} kɯ^{21} be^{33}, ʐuɑ^{33} ʂuɑ^{33} dɯ^{33} tv̩^{21}, ʐuɑ^{33} mu^{33} dɯ^{33} kɯ^{21}
牦牛 白 一 千 牦牛 黑 一 万 做 马 枣红 一 千 马 灰黄 一 万

be^{33}. ʂu^{21} ne^{21} lv̩^{21} tʂhər^{33} be^{33} le^{33} khɯ^{55}, tʂhuɑ^{55} tshy^{55} i^{33} tshy^{55} gv̩^{21} tshy^{55} bu^{21} tshy^{55} tɕhi^{21}
做 署 和 龙 药 的 又 放 鹿 债 山驴 债 熊 债 野猪 债 麂子

tshy^{55} le^{33} tshy^{55} ʐʅ^{21} tshy^{55} pɑ^{55} tshy^{55} ŋv̩^{21} tshy^{55} hæ^{21} tshy^{55} uɑ^{21} tshy^{55} tʂhu^{21} tshy^{55} be^{33} le^{33}
债 獐子 债 蛇 债 蛙 债 银 债 金 债 松石 债 墨玉 债 的 又

ʐuɑ^{21}. | i^{33} dɑ^{21} tʂhʅ^{33} dɯ^{33} dʑi^{21}, lɯ^{33} mu^{33} ʂu^{21} ne^{21} lv̩^{21} tʂhər^{33} gə^{21} le^{33} khɯ^{55}, ʂu^{21} hɯ^{21} lv̩^{21}
还 主人 这 一 家 里母 署 和 龙 药 上 又 施 署 悦 龙

bæ^{21} se^{21}. | i^{33} dɑ^{21} tʂhʅ^{33} dɯ^{33} dʑi^{21}, mə^{33} æ^{21} uɑ^{21} le^{33} ʂər^{55}. dʑi^{21} i^{33} dər^{33} ʂər^{55}, kho^{33} y^{21} he^{33}
欢 了 主人 这 一 家 不 滞留 魂 又 招 水 流 塘 满 声 轻 神

hɯ^{21}.
安

做白牦牛一千，黑牦牛一万，枣红马一千，灰黄马一万。给署与龙施药，偿还鹿、山驴、熊、野猪、麂子、獐子、蛇、蛙、银、金、绿松石、墨玉石的债。主人这一家，给里母署与龙施药，署悦龙欢了。主人这一家不让魂滞留在署界，把魂招回。祝愿主人这一家水流满塘、心悦神宁。

519-B-81-18

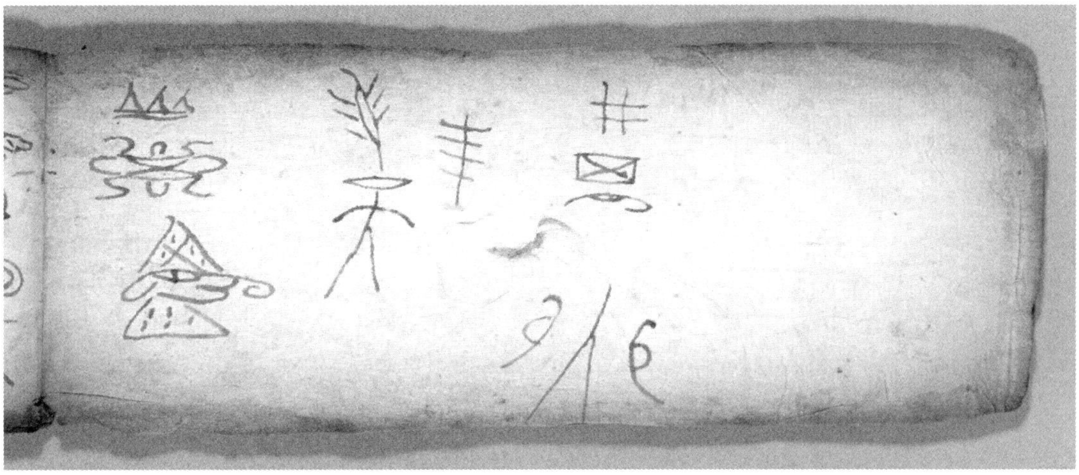

mi^{55} hæ^{21} tsho^{21} dʐu̩^{33}, zɿ^{33} ʂər^{21} hɑ^{55} i^{21}, mə^{33} gu^{21} mə^{33} tshər^{21}, mə^{33} tɕhi^{55} mə^{33} by^{21} gy̩^{33} be^{33}
女 买 人 增 寿 长 日 有 不 病 不 痛 不 冷 不 悸 好 做

ho^{55}!
愿

祝愿主人这一家：娶女增加人丁，延年益寿，不病不痛，不冷不悸！

（释读：和秀东　翻译：李四玉　校译：李英）

525-C-33-01

lɑ³³ lɯ²¹ khɯ⁵⁵ • si³³ dʑʅ³³ hɯ²¹ dʑʅ³³ mi⁵⁵ • gu³³ dʑo²¹ the³³ ɯ³³ • tshʅ³³ ŋv̩⁵⁵、iə²¹ ŋv̩⁵⁵ • si³³ dʑʅ³³ hɯ²¹ dʑʅ³³ mi⁵⁵ me³³ the³³ ɯ³³ uɑ²¹me⁵⁵

大祭风 · 超度楚鬼、尤鬼 · 说苦道乐 · 生离死别

525-C-33 大祭风·超度楚鬼、尤鬼·说苦道乐·生离死别

【内容提要】

本经文讲述：非正常死亡者在死后变成了楚鬼和尤鬼。楚鬼和尤鬼的家人们为其举行了超度仪式，但它们却仍然留恋人间，留恋家中的财物。(于是东巴)对它们诉说了人间的苦衷、阴间的乐处，劝说它们到极乐世界去。在那里，它们可以过上比人间更美好的生活。接下来讲述了生离死别之事。最后终于将楚鬼和尤鬼送到了极乐世界。

【英文提要】

The Wind Sacrifice. Salvation of Ghost *ʦhər* and *iə*, Sorrows and Joys. Life and Death

The content of the book is: those who died accidentally will become *ʦhər* and *iə*. Although the family of the dead holds the salvation ritual, *ʦhər* and *iə* are still reluctant to leave the house and wealth. *to ba*, comes to persuade them move to the *Pure Land* by telling the sorrow in this world and the joy in that world, where they may lead a better life. *to ba*, then, tells the life and death, and ascends *ʦhər* and *iə* to the *Pure land*.

525-C-33-02

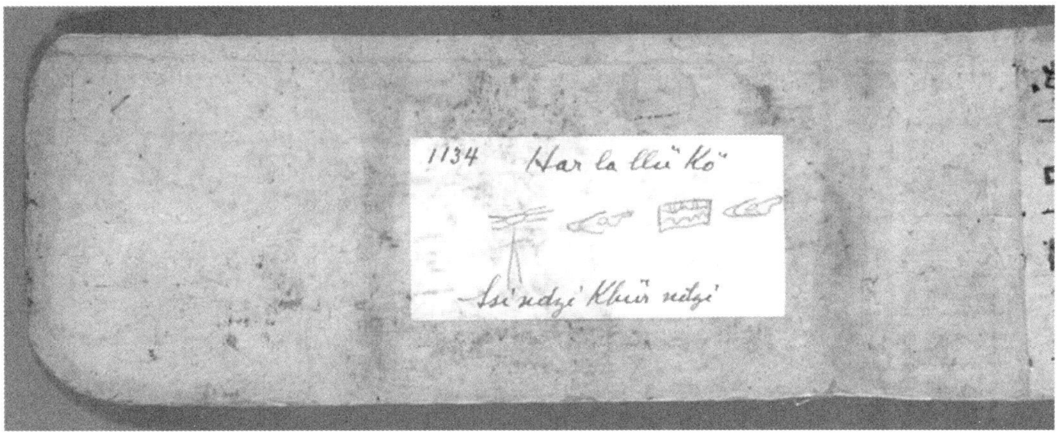

“1134”为洛克收集经书的编号，上、下字母为洛克记音时，使用的音标。中间图画字为东巴象形文，其读音：si³³ dʑʅ³³ hɯ²¹ dʑʅ³³，意：说苦道乐。

525-C-33-03

u⁵⁵ gv̩³³ tsv̩²¹ ne²¹ ty¹³ pɑ²¹ ʂʅ²¹①,
悟 古 祝 能 丁 巴 施

luɑ¹³ tɕi²¹ gv̩¹³ ȵə²¹ pe¹³ æ²¹ dʑə²¹,
峦 吉 古 扭 本 俺 久

kv̩¹³ tɕy²¹ gv̩¹³ thɑ²¹ tʂər²¹ de¹³ uə²¹ sɑ²¹,
谷 局 古 掏 织 得 伟 啥

lɑ¹³ ko²¹ hy¹³ gv̩²¹ i³³ tɕy¹³ ŋv̩²¹ tɕhi²¹,
腊 果 许 古 依 局 呢 启

tʂuɑ¹³ lɑ²¹ so¹³ zər²¹ gv̩²¹ dʑə¹³ fv̩²¹ khu³³,
抓 捞 所 然 古 旧 扶 空

① 此页由和秀东释读，他说是咒语，其意不明，这里只作音译。

uə^{13} to^{21} pər^{55} ɕy^{21} gv̩^{33}。
伟 夺 伴 许 古

525-C-33-04

525-C-33-05

ɑ^{33} lɑ^{33} mə^{33} ʂər^{55} ȵi^{33}, tsho^{21} pɯ^{55} sɿ^{33} tsho^{21} pɯ^{55}, tshɿ^{33} tsho^{21} tʂhə^{21} mə^{33} pɯ^{55}. |
啊 也 不 说 日 人类 产生 三 人类 产生 楚鬼 人类 这 不 产生

lo^{33} nɑ^{21} sɿ^{55} lo^{33} nɑ^{21}, tshɿ^{33} lo^{33} tʂhə^{21} mə^{33} nɑ^{21}. mɯ^{33} lɯ^{55} uɑ^{33} dʑɿ^{33} sɿ^{21} thv̩^{33} tshɿ^{33} mi^{55}
腮 黑 三 腮 黑 楚鬼 腮 这 不 黑 天 地 自己 的 三 种 楚鬼 倾诉

se^{21}, le^{55} tɕhi^{33}① mɯ^{55} dʑɿ^{33} sɿ^{21} thv̩^{33} tshɿ^{33} dɯ^{33} se^{21}. | mɯ^{33} lɯ^{55} tʂhə^{55} dʑɿ^{33} sɿ^{21} thv̩^{33} tshɿ^{33}
了 楞启 死 的 三 件 楚鬼 得 了 天 地 秽 的 三 件 楚鬼

mi^{55} se^{21}. le^{55} tɕhi^{33} ʂu^{21} dʑɿ^{33} sɿ^{21} thv̩^{33} tshɿ^{33} dɯ^{33} se^{21}. | mɯ^{33} lɯ^{55} gɯ^{33} dʑɿ^{33} sɿ^{21} thv̩^{33}
倾诉 了 楞启 纯净 的 三 件 楚鬼 得 了 天 地 真 的 三 件

tshɿ^{33} mi^{55} se^{21}, le^{55} tɕhi^{33} ko^{21} dʑɿ^{33} sɿ^{21} thv̩^{33} tshɿ^{33} dɯ^{33} se^{21}.
楚鬼 倾诉 了 楞启 内心 的 三 件 楚鬼 得 了

远古的时候，产生了三种人类，但楚鬼却没有产生。黑腮的鸟类有三种，但黑腮的楚鬼

① le^{55} tɕhi^{33}（楞启）：与 mɯ^{33} lɯ^{55} 相对应，但不知何意，这里只好音译。

却没有。天地间自己的三件事讲给楚鬼听了，关于三件死的事，楚鬼得到了。天地间三件污秽的事讲给楚鬼听了，关于三件纯净的事楚鬼得到了。天地间三件真正的事讲给楚鬼听了，关于三件内心的事楚鬼得到了。

525-C-33-06

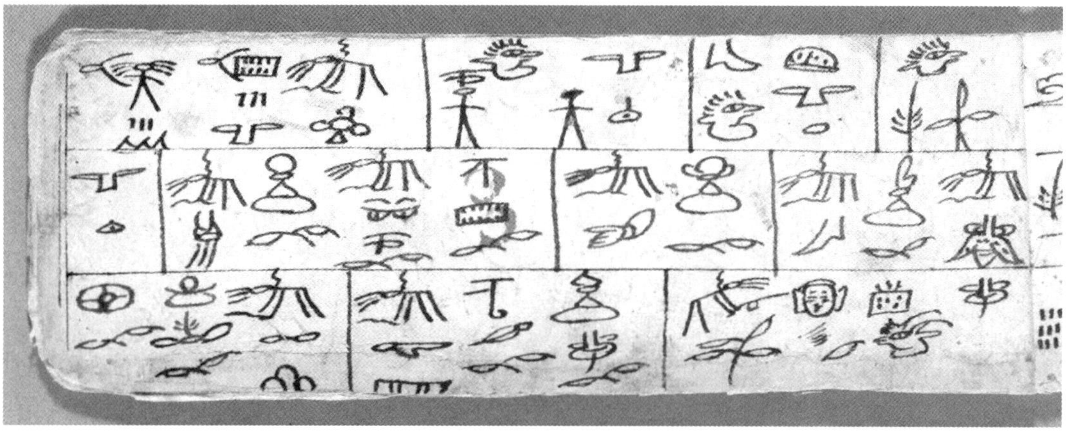

mɯ^{33} lɯ^{55} si^{33} dʐʅ^{33} sʅ^{21} thv̩^{33} tshʅ^{33} mi^{55} se^{21}, le^{55} tɕhi^{33} hɯ^{21} dʐʅ^{33} sʅ^{21} thv̩^{33} tshʅ^{33} dɯ^{33}
天 地 苦 的 三 件 楚鬼 倾诉 了 楞启 乐 的 三 件 楚鬼 得

se^{21}. | phər^{21} ne^{21} nɑ^{21} n̩i^{33} kv̩^{55} nɯ^{33} thv̩^{33} gə^{33} y^{21}; | bə^{33} ne^{21} u^{21} n̩i^{33} kv̩^{55} nɯ^{33} thv̩^{33} gə^{33}
了 盘人 与 纳人 两 个 由 产生 的 祖先 崩人 与 吾人 两 个 由 产生 的

y^{21}; | tho^{33} ne^{21} mu^{21} n̩i^{33} kv̩^{55} nɯ^{33} thv̩^{33} gə^{33} y^{21}. | tshʅ^{33} gə^{33} kv̩^{33} i^{33} du^{21} nɯ^{33} iə^{55},
祖先 松 与 杜鹃 两 个 由 产生 的 祖先 楚鬼 的 头 呀 董神 由 给

tshʅ^{33}gə^{33} miə^{33} i^{33} phər^{21} nɯ^{33} iə^{55}, tshʅ^{33} gə^{33} hɯ^{33} i^{33} sæ^{21} nɯ^{33} iə^{55}, | tshʅ^{33} gə^{33} lɑ^{21}
楚鬼 的 眼 呀 盘神 由 给 楚鬼 的 牙 呀 禅神 由 给 楚鬼 的 手

i^{33} lu^{21} nɯ^{33} iə^{55}, | tshʅ^{33} khɯ^{33} se^{21} nɯ^{33} iə^{55}, tshʅ^{33} tʂhər^{55} bi^{33} nɯ^{33} iə^{55}, tshʅ^{33} sər^{55} le^{21}
呀 卢神 由 给 楚鬼 脚 沈神 由 给 楚鬼 肺 太阳 由 给 楚鬼 肝 月亮

nɯ^{33} iə^{55}, tshʅ^{33} uɑ^{33} lv̩^{33} nɯ^{33} iə^{55}. | tshʅ^{33} ʂʅ^{33} dy^{21} nɯ^{33} iə^{55}, tshʅ^{33} sæ^{33} dʑi^{21} nɯ^{33} iə^{55}.
由 给 楚鬼 骨 石头 由 给 楚鬼 肉 地 由 给 楚鬼 血 水 由 给

tshʅ^{33} nɯ^{33} he^{21} nɯ^{33} iə^{55}. | tshʅ^{33} kv̩^{33} fv̩^{33} dʐər^{21} tshe^{55} dʐʅ^{21} se^{21}. sʅ^{33} me^{33} nɯ^{33} dʐʅ^{21} se^{21}.
楚鬼 心 恒神 由 给 楚鬼 头 发 树 叶 长 了 想 的 心 长 了

天地间三件苦难的事讲给楚鬼听了，关于三件快乐的事楚鬼得到了。由盘人和纳人两种产生的祖先；由崩人和吾人两种产生的祖先；由松树和杜鹃两者产生的祖先①。楚鬼的头由董神给，楚鬼的眼由盘神给，楚鬼的牙由禅神给，楚鬼的手由卢神给，楚鬼的脚由沈神给，楚鬼的肺由太阳给，楚鬼的肝由月亮给，楚鬼的骨头由石头给，楚鬼的肌肉由地给，楚鬼的血由水给，楚鬼的心由恒神给。楚鬼的头发似树上的叶子般多了，楚鬼有了会想的心。

① 这几句不知所指，直译如是。存疑。

525-C-33-07

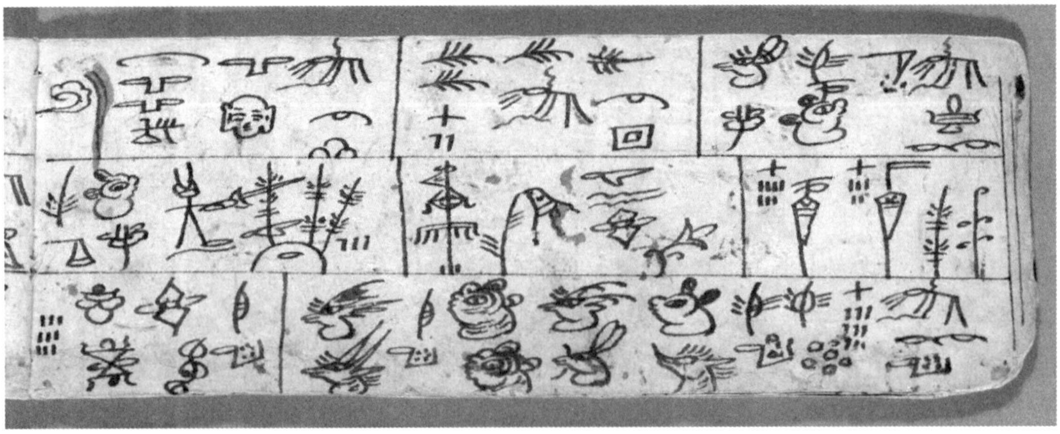

thy̩^{33} thy̩^{33} so^{21} mɯ^{33} thy̩^{33}, tshɿ^{33} ky̩^{33} thy̩^{33} mə^{33} ly̩^{21}, | pɯ^{55} pɯ^{55} tshe^{21} ȵi^{33} pɯ^{55}, tshɿ^{33}
产生 产生 三 万 产生 楚鬼 头 产生 不 够 出现 出现 十二 出现 楚鬼

pɯ^{55} mæ^{55} mə^{33} tɑ^{55}. | lo^{55} ɕi^{33} ①, gy̩^{21} phɑ^{33} phər^{21} nɯ^{33} tshɿ^{33} hɑ^{33} iə^{55} le^{33} be^{33}, sər^{33} ṣu^{21}
出现 尾 不 及 洛喜 舅 脸 白 由 楚鬼 饭 给 又 做 柴 寻

gy̩^{33} nɯ^{33} ṣu^{21}, tse^{33} nɑ^{33} mɯ^{55} ʥʅ^{21} ko^{21} , mɯ^{55} ṣʅ^{21} sɿ^{33} kho^{21} dɑ^{55}, | tshɿ^{33} khɯ^{55} lɑ^{33} lɯ^{21}
舅 由 寻 增纳 竹 长 高原 竹 黄 三 丛 砍 楚鬼 祭 祭风树

ṣuɑ^{33} ɕy^{21} be^{33}, mɯ^{55} lɯ^{33} ky̩^{21} khə^{55} dɯ^{21} tɕi^{55} be^{33}, khɯ^{21} ṣʅ^{21}、khɯ^{21} hər^{21} be^{33}, bɑ^{21} ṣʅ^{21}、
高 矮 做 竹子 蛋巢 大 小 做 线 黄 线 绿 做 花 黄

bɑ^{21} hər^{21} be^{33}, | ṣər^{33} ɕi^{33} khuɑ^{55} phər^{21} be^{33}, uɑ^{33} ɕi^{33} khuɑ^{55} ṣuɑ^{21} be^{33}, mɯ^{55} tshe^{21} gy̩^{33}
花 绿 做 七 百 木牌 白 做 五 百 木牌 高 做 竹子 九

uə^{21}、lɑ^{33} khɑ^{33} gy̩^{55} bi^{33} be^{33}. ŋy̩^{33} hæ^{21} uɑ^{33} tṣhu^{21} nɯ^{33} tshy^{55} le^{33} ẓuɑ^{21}. | tṣhuɑ^{55} ne^{21} i^{33}
丛 白杨 九 片 做 银 金 绿松石 墨玉石 由 赔 又 还 鹿 与 山驴

nɯ^{33} tshy^{55} le^{33} ẓuɑ^{21}, ẓər^{21} ne^{21} lɑ^{33} nɯ^{33} tshy^{55} le^{33} ẓuɑ^{21}, tɕhi^{21} ne^{21} le^{33} nɯ^{33} tshy^{55} le^{33}
由 赔 又 还 豺 与 虎 由 赔 又 还 麂子 与 獐子 由 赔 又

ẓuɑ^{21}, gy̩^{21} ne^{21} bu^{21} nɯ^{33} tshy^{55} le^{33} ẓuɑ^{21}; tṣʅ^{21} me^{33} ɕi^{33} lər^{55} nɯ^{33} gy̩^{33} tshər^{21} tshɿ^{33} ne^{21}
还 熊 与 野猪 由 赔 又 还 粮食 百 种 由 九 十 楚鬼 与

iə^{21} dẓu^{33} ẓuɑ^{21}.
尤鬼 债 还

世上产生了三万种东西，而楚鬼却产生不够；世上出现了十二种东西，而楚鬼却没有善终。楚鬼的饭由洛喜白脸的舅父给，柴由舅父找。（舅父）到长有竹子的增纳高原，砍来三丛黄竹，制作祭风用的高、矮祭风树，编制大、小竹子蛋巢，做黄线、绿线，做黄花、绿

① lo^{55} ɕi^{33}（洛喜）：其意不明，音译。

花，做七百块白木牌、五百块高木牌，做九丛竹林，做九片白杨林。用金、银、绿松石、墨玉石偿还（楚鬼、尤鬼的）债。偿还（楚鬼、尤鬼）以鹿、山驴、豺、虎、麂子、獐子、熊、野猪。用百种粮食偿还九十个楚鬼、尤鬼的债。

525-C-33-08

bər^{33} phər^{21} dɯ^{33} tʏ̩^{21}, bər^{21} nɑ^{55} dɯ^{33} kɯ^{21}, ʐuɑ^{33} ʂuɑ^{33} dɯ^{33} tʏ̩^{21}, ʐuɑ^{33} mu^{33} dɯ^{33} kʏ̩^{21}
牦牛 白 一 千 牦牛 黑 一 万 马 枣红 一 千 马 灰黄 一 万

nɯ^{33} tshɿ^{33} ne^{21} iə^{21}dʐu^{33}ʐuɑ^{21}. | ɕi^{55} miə^{33} dʏ̩^{21} lʏ̩^{55}、tsʏ̩^{21} zʅ^{33}、tsʏ̩^{21} hɑ^{33} ①、tʂhər^{21} ne^{21} nɑ^{55}、
由 楚鬼 与 尤鬼 债 还 饼饵（团） 碓 酒 碓 饭 肥肉 与 瘦肉

mɑ^{21}、no^{33} hɑ^{33} 、tʂʅ^{21} hɑ^{33} nɯ^{33} tshɿ^{33} ne^{21} iə^{21} le^{33} lo^{21}. | tshɿ^{33} hɑ^{33} gʏ̩^{33} nɯ^{33} iə^{55},
酥油 糯米饭 粳米饭 由 楚鬼 与 尤鬼 又 给 楚鬼 饭 舅 由 给

tshɿ^{33} dʑi^{21} gʏ̩^{33} nɯ^{33} thʏ̩^{21}, tshɿ^{33} mi^{33} gʏ̩^{33} nɯ^{33} khɯ^{55}. | gʏ̩^{33} dʑy^{21} tshɿ^{33} mə^{33} si^{33}. | bu^{21}
楚鬼 房 舅 由 搭 楚鬼 火 舅 由 烧 舅 有 楚鬼 不 苦 山坡

kʏ̩^{33} tho^{33} dʐɿ^{21} bu^{21} mə^{33} si^{33}, ɕy^{55} dʐɿ^{21} æ^{21} mə^{33} si^{33}, lɯ^{33} dʐɿ^{21} ko^{21} mə^{33} si^{33}. | tshɿ^{33} ne^{21}
上 松 长 坡 不 苦 柏 长 崖 不 苦 杉树 长 高原 不 苦 楚鬼 与

iə^{21}tʂhʅ^{33} uɑ^{21}, tshɿ^{33} dʑi^{33}、iə^{21} dʑi^{33} le^{33} bɯ^{21} me^{33}, ŋʏ̩^{33} lʏ̩^{33} gʏ̩^{33} to^{55} thɯ^{33}, tshɿ^{33} kæ^{33} dʑy^{33}
尤鬼 所有 楚鬼 走 尤鬼 走 又 去 么 雪山 九 坡 这 楚鬼 前 有

lɯ^{33} se^{21}, tshɿ^{33} khɯ^{33} mə^{33} thɯ^{21} thɯ^{21} lɯ^{33} se^{21}, tshɿ^{33} khɯ^{33} mə^{33} thɯ^{21} nɯ^{33} dɯ^{33} gu^{21}
会 了 楚鬼 脚 不 累 累 来 了 楚鬼 脚 不 累 就 一 马

tshɿ^{33} kæ^{33} tsæ^{55}, tshɿ^{33} khɯ^{33} mə^{33} thɯ^{21} lo^{55} le^{33} fæ^{33}. | i^{33} bi^{21} ʂər^{33} ho^{21} tshɿ^{33} kæ^{33} dʑy^{33}
楚鬼 前 给 楚鬼 脚 不 累 翻 又 去 江水 七 条 楚鬼 前 有

lɯ^{33} se^{21}, tshɿ^{33} khɯ^{33} mə^{33} thɯ^{21} thɯ^{21} lɯ^{33} se^{21},tshɿ^{33} khɯ^{33} mə^{33} thɯ^{21} nɯ^{33} dɯ^{33} dʑo^{21}
来 了 楚鬼 脚 不 累 累 来 了 楚鬼 脚 不 累 就 一 桥

① tsʏ̩^{21} zʅ^{33}、tsʏ̩^{21} hɑ^{33}：用碓舂出的粮食酿制的酒和舂出的粮食。

tshʅ^{33} le^{33} tso^{55}, tshʅ^{33} khɯ^{33} mə^{33} thɯ^{21} lo^{55} le^{33}fæ^{33}.｜gə^{33} gə^{21} sʅ^{55} se^{33} si^{33}:
楚鬼 又 架 楚鬼 脚 不 累 翻 又 去 上方 三 种 苦

用白牦牛一千，黑牦牛一万，枣红马一千，灰黄马一万偿还楚鬼、尤鬼的债。施给楚鬼、尤鬼饵块、酒、饭、肥肉、瘦肉、酥油、糯米饭、粳米饭。舅父给楚鬼食，舅父给楚鬼搭建冥房，舅父给楚鬼烧火。有舅父，楚鬼就不受苦。山坡上长了松树山坡则不贫苦了，长有柏树的山崖不受苦，长有杉树的高原不受苦。所有楚鬼与尤鬼就要离去时，在楚鬼面前，会有九座雪山挡住去路，楚鬼要翻越这九座雪山时，说不累，也会感到累的，在楚鬼腿脚还没有感到累时，就给楚鬼送上一匹骏马做乘骑，楚鬼就可以腿脚不受累地越过雪山而去了。还有七条江也会横在楚鬼面前，楚鬼要渡过这七条江河时，说不累，也会感到累的，在楚鬼腿脚还没有感到累时，就给楚鬼架上一座桥，楚鬼就可以腿脚不受累地渡过江河而去了。上方有三种苦处：

525-C-33-09

dɯ^{33} si^{33} tɕi^{33} phər^{21} si^{33}, mɯ^{33} nɑ^{21} le^{33} ɑ^{21} si^{33}, hər^{33} thʏ^{33} le^{33} khæ^{55} si^{33}, thɯ^{33} si^{33} phʏ^{55}
一 苦 云 白 苦 天 阴 又 聚集 苦 风 吹 又 散开 苦 这 苦 摆脱

le^{33} tshʅ^{33} mə^{33} si^{33}.｜mi^{33} mi^{21} sʅ^{55} se^{33} si^{33}: dɯ^{33} si^{33} dʐʅ^{55} dʐʅ^{21} si^{33}, ȵi^{55} i^{33} le^{33} dʐər^{21}si^{33},
了 楚鬼 不 苦 下方 三 种 苦 一 难 冰凌 苦 白天 呀 又 融化 苦

hu^{21} i^{33} le^{33}hɑ^{55}si^{33}, thɯ^{33} si^{33}phʏ^{55} le^{33}tshʅ^{33} mə^{33} si^{33}.｜dɯ^{33} si^{33} huɑ^{33} phər^{21} si^{33}, ȵi^{55} i^{33}
晚上呀 又 结 苦 这 苦 摆脱 了 楚鬼 不 苦 一 苦 白鹇鸟 苦 白天 呀

le^{33} do^{33} to^{55} kʏ^{33} thʏ^{33}, hu^{21} i^{33} le^{33} zɑ^{21} lo^{21} kho^{33} hɑ^{55}, thɯ^{33} si^{33} phʏ^{55} le^{33} tshʅ^{33} mə^{33}
又 爬 坡 上 到 晚 呀 又 下 谷 中 栖 这 苦 摆脱 了 楚鬼 不

si^{33}.｜dɯ^{33} si^{33} lo^{33} nɑ^{21} si^{33}, ȵi^{55} i^{33} le^{33} kʏ^{55} dʑi^{21}, hu^{21} i^{33} le^{33} lo^{21} hɑ^{55}, thɯ^{33} si^{33} phʏ^{55}
苦 一 难 麻雀 难 白天 呀 朝下 飞 晚上呀 朝上 栖 这 苦 摆脱

le^{33} tshʅ^{33} mə^{33} si^{33}.｜mi^{33} mi^{21} sʅ^{55} se^{33} si^{33}: dɯ^{33} si^{33} dʑi^{21} nɑ^{55} si^{33}, ȵi^{55} ʂər^{21} dʐʅ^{21} mə^{33}
了 楚鬼 不 苦 下方 三 种 苦 一 苦 水 大 苦 昼 长 坐 不

tʂər^{21}, hu^{21} ʂər^{21} i^{55} mə^{33} tʂər^{21}, thɯ^{33} si^{33} phʏ^{55} le^{33} tshʅ^{33} mə^{33} si^{33}.｜nɑ^{33} sɑ^{21} uə^{33} khɯ^{33}
让 夜 长 睡 不 让 这 苦 摆脱 了 楚鬼 不 苦 那沙坞 旁边

thy̩^{55}, dɯ^{33} si^{33} bu^{21} nɑ^{55} si^{33}, hɯ^{21} gɯ^{33} bu^{21} sɑ^{21} si^{33}, hər^{33} thy̩^{33} bu^{21} ɕə^{55} si^{33}, thɯ^{33} si^{33}
一 苦 猪 大 苦 雨 下 鬃 散乱 苦 风 吹 鬃 斜 苦 这 苦

phy̩^{55} le^{33} tshʅ^{33} mə^{33} si^{33}.
摆脱 了 楚鬼 不 苦

一苦白云之苦，天阴时聚集之苦，刮风时吹散之苦，楚鬼摆脱了这一苦。下方有三种苦：一苦冰凌之苦，白天融化之苦，晚上又冻结之苦，楚鬼摆脱了这一苦。一苦白鹇鸟之苦，白天爬坡之苦，晚上又栖于山谷之苦，楚鬼摆脱了这一苦。一苦麻雀之苦，白天面朝下飞翔之苦，夜晚面朝上栖息之苦，楚鬼摆脱了这一苦。下方有三种苦：一苦大水之苦，昼长不让坐之苦，夜长不让睡之苦，楚鬼摆脱了这一苦。一苦那沙坞旁边的肥猪之苦，下雨时鬃毛散乱之苦，刮风时鬃毛贴身之苦，楚鬼摆脱了这一苦。

525-C-33-10

mɯ^{33} ʂuɑ^{21} dʑi^{21} thy̩^{21} si^{33}, dʑi^{21} o^{33} thɯ^{55} by̩^{21} si^{33}, ʐʅ^{33} dʑi^{33} dy^{21} pɑ^{21} si^{33}. | miə^{21} lo^{21} dæ^{33}
天 高 房 建 苦 房 倾斜 苦 路走 地 宽 苦 眼 里 灰尘

mæ^{55} si^{33}, ʐʅ^{33} dʑi^{33} zɑ^{33} kɯ^{55} si^{33}, zɑ^{33} lo^{21} ly̩^{33} i^{33} si^{33}, | mə^{33} lo^{21} ʐy̩^{55} be^{33} æ^{33} phy̩^{55} si^{33},
苦 路 走 鞋 穿 苦 鞋 里 石头 有 苦 没力气 活 做 粮食 撒 苦

thɯ^{33} si^{33} phy̩^{55} le^{33} tshʅ^{33} mə^{33} si^{33}. | mə^{33} n̩i^{33} dʐʅ^{21} be^{33} si^{33}, thɯ^{33} si^{33} phy̩^{55} le^{33} tshʅ^{33} mə^{33}
这 苦 摆脱 了 楚鬼 不 苦 不 要 结婚 苦 这 苦 摆脱 了 楚鬼 不

si^{33}. | gy̩^{33} dɯ^{21} hɑ^{33} ʐu̩^{21} si^{33}. | tʂuɑ^{21} dæ^{21} mu^{21} dər^{33} si^{33}, mu^{21} dər^{33} ʐy̩^{21} æ^{21} si^{33}, ʐy̩^{21} æ^{21}
苦 身 大 饭 饿 苦 男子 能干 兵 抽 苦 兵 抽 仇 斗 苦 仇 斗

tɕhi^{21} bɯ^{21} si^{33}, thɯ^{33} si^{33} phy̩^{55} le^{33} tshʅ^{33} mə^{33} si^{33}. | hɑ^{33} le^{33} zʅ^{33} mə^{33} ky̩^{55}, dʑi^{21} tɑ^{55} dy^{21}
粮 缺 苦 这 苦 摆脱 了 楚鬼 不 苦 时间 又 掌握 不 会 水 渡 棍

tɕhər^{33} si^{33}, thɯ^{33} si^{33} phy̩^{55} le^{33} tshʅ^{33} mə^{33} si^{33}. | gy̩^{33} tshər^{21} dʑi^{33} si^{33} mu^{21}, | ʂər^{33} tshər^{21}
折 苦 这 苦 摆脱 了 楚鬼 不 苦 九 十 人 苦 的 七 十

tshɿ^{33} hɯ^{21} tshɿ^{33} dʑæ^{33} lo^{55} le^{33} fæ^{33}. | gu^{21} dʑæ^{33} khə^{33} dʑə^{21} si^{33}, thɯ^{33} si^{33} phy̩^{55} le^{33}
楚鬼 富 楚鬼 裕 翻 又 去 马 骑 沟 过 苦 这 苦 摆脱 了

天地间建房之苦，房屋倾斜之苦，行走时宽地之苦，灰尘入眼之苦，行走穿鞋之苦，鞋里有石头之苦，没有力气干活播种之苦，楚鬼摆脱了这一苦。不情愿结婚之苦，楚鬼摆脱了这一苦。身大饥饿之苦，好男抽丁之苦，士兵打仗之苦，打仗时缺粮之苦，楚鬼摆脱了这一苦。不会掌握时间，折断了渡水棍棒之苦，楚鬼摆脱了这一苦。世上的九十种人都有苦处，（你们）七十种楚鬼到富裕的地方去吧！骑马过壕沟之苦，楚鬼摆脱了这一苦。

525-C-33-11

tshɿ^{33} mə^{33} si^{33}. | phe^{33} le^{21}sər^{33} gə^{21} si^{33}, mu^{33} kuə^{21} ko^{21} i^{33} si^{33}, lɑ^{33} khɑ^{33} tshe^{55}. le^{21} si^{33},
楚鬼 不 苦 蝴蝶 木 撞 难 木瓜 实 有 苦 白杨 叶 枯 苦

mɯ^{55} lɯ^{33} tshe^{55} gɯ^{21} si^{33}, | hɯ^{21}gɯ^{33} le^{55} lɯ^{21} si^{33} , tʂhʅ^{33} si^{33} phy̩^{55} le^{33} tshɿ^{33} mə^{33} si^{33}. |
杨柳 叶 落 苦 雨 下 牛 耕 苦 这 苦 摆脱 了 楚鬼 不 苦

hu^{21} i^{33} mi^{33} gə^{21} si^{33}, gy̩^{33} tshər^{21} dʑi^{33} si^{33} mu^{21}, ʂər^{33} tshər^{21} tshɿ^{33} hɯ^{21} tshɿ^{33} dʑæ^{33} lo^{55} le^{33}
夜 呀 火 熄 苦 九 十 人 苦 的 七 十 楚鬼 富 楚鬼 裕 翻 又

fæ^{33}. | gy̩^{33} tshər^{21} tshɿ^{33} ne^{21} iə^{33} tʂhʅ^{33} uɑ^{21}, si^{33} dy^{21} phi^{55} , tshɿ^{33} hɯ^{21} tshɿ^{33} dʑæ^{33} lo^{55}
去 九 十 楚鬼 与 尤鬼 所有 苦 地 弃 楚鬼 富 楚鬼 裕 翻

le^{33} fæ^{33}. | mɯ^{33} le^{33} dy^{21} tɕy^{55} hɯ^{21} me^{33} zi^{33} me^{33} be^{33} bə^{21} tsɿ^{55}, mɯ^{33} ʂuɑ^{21} mi^{21} le^{33}
又 去 天 与 地 间 富裕 的 美丽 的 作 要 说 天 高 下 又

ɕi^{55} mə^{33} thɑ^{55}, dy^{21} dɯ^{21} ly̩^{21} mə^{21} thɑ^{55}, le^{33} dʐuɑ^{21} le^{33} æ^{21} le^{33} khæ^{55} le^{33} si^{33} hə^{21}. dʐʅ^{33}
攀 不 能 地 大 抬 不 能 又 争 又 斗 又 散 又 苦 了 村

le^{33} uə^{33} tɕy^{55} hɯ^{21}me^{33} zi^{33} me^{33} be^{33} bə^{21} tsɿ^{55}, dʐʅ^{33} le^{33} uə^{33} n̩i^{55} gu^{21} nɯ^{33} sɿ^{21} mə^{33} thɑ^{55}.
与 寨 间 富裕 的 美丽 的 作 要 说 村 与 寨 空 后 从 拖 不 能

le^{33} dʐuɑ^{21} le^{33} æ^{21} le^{33} khæ^{55} le^{33} si^{33} hə^{21}. | dər^{33} n̩i^{55} khɯ^{21} n̩i^{55} hɯ^{21} me^{33} zi^{33} me^{33} be^{33}
又 争 又 斗 又 散 又 苦 了 良田 空 荒地 空 富裕 的 美丽 的 作

bə^{21}tsɿ^{55}, dər^{33} ȵi^{55} khɯ^{21} ȵi^{55} gu^{21} nɯ^{33} sɿ^{21} mə^{33} thɑ^{55}, le^{33} dʐuɑ^{21} le^{33} æ^{21} le^{33} khæ^{55} le^{33}

要 说 良田空 荒地 空 后 从 拖 不 能 又 争 又 斗 又 散 又

si^{33} hə^{21}. | sɿ^{21} le^{33} zo^{33} tɕy^{55} hɯ^{21} me^{33} zi^{33} me^{33} be^{33} bə^{21} tsɿ^{55}, | dɑ^{33} pɯ^{21} sɿ^{21} nɯ^{33} ɕi^{21} ,

苦 了 父亲 与 儿子 间 富裕 的 美丽 的 作 要 说 马 父亲 由 养

gu^{21} bæ^{21} zo^{33} nɯ^{33} tʂhu^{21}, le^{33} dʐuɑ^{21} le^{33} æ^{21} le^{33} khæ^{55} le^{33} si^{33} hə^{21}. | guə^{33} me^{33} nɑ^{33}

马 跑 儿子 来 快 又 争 又 斗 又 散 又 苦 了 九月 三十

tv̩^{21} hɑ^{55}, sɿ^{21} nɯ^{33} zo^{33} dʑi^{21} thv̩^{21} , hɯ^{21} me^{33} zi^{33} me^{33} be^{33} bə^{21} tsɿ^{55}.

日 父亲 由 儿子 房 建 富裕 的 美丽 的 作 要 说

蝴蝶撞木之苦，木瓜树结实果之苦，白杨树枯叶之苦，杨柳树落叶之苦，下雨天耕地之苦，楚鬼摆脱了这一苦。夜晚熄火之苦地，世上的九十种人都有苦处，(你们)七十种楚鬼到富裕的地方去吧！所有的(九十个)楚鬼与尤鬼抛掉苦地，到富裕的地方去吧！

说是天和地要缔造富裕、美好的景象，可是天太高攀不到，地太大抬不了，只能争争斗斗又散开，有苦处。说是村和寨要缔造富裕、美好的景象，可是空村、空寨不能拖着走，只能争争斗斗又散开，有苦处。说是空良田、空荒地要缔造富裕、美好的景象，可是空良田、空荒地不能拖着走，只能争争斗斗又散开，有苦处。说是父亲与儿子要过上富裕、美好的生活，可是父亲养马，儿子来骑，只能争争斗斗又散开，有苦处。九月三十日（农历），父亲为儿子建房，说是父亲与儿子要过上富裕、美好的生活，

525-C-33-12

mɯ^{33} by^{33} dy^{21} by^{33} si^{33}, uə^{33} by^{33} dʑɿ^{33} by^{33} si^{33}, le^{33} dʐuɑ^{21} le^{33} æ^{21} le^{33} khæ^{55} le^{33} si^{33}

天 分 地 分 苦 寨 分 村 分 苦 又 争 又 斗 又 散 又 苦

hə^{21}. | gv̩^{33} tshər^{21} dʑi^{33} si^{33} mu^{21}, ʂər^{33} tshər^{21} tshɿ^{21} hɯ^{21} tshɿ^{33} dʑæ^{33} lo^{55} le^{33} fæ^{3}. | me^{33} le^{33}

了 九 十 人 苦 的 七 十 楚鬼 富 楚鬼 裕 翻 又 去 母亲 与

mi^{55} tɕy^{55} hɯ^{21} me^{33} zi^{33} me^{33} be^{33} bə^{21} tsɿ^{55}, sæ^{33} me^{33} nɑ^{33} tv̩^{21} hɑ^{33} , me^{33} nɯ^{33} mi^{55} zv̩^{21}

女儿 间 富裕 的 美丽 的 做 要 说 七月 三十 日 母亲 由 女 嫁

pv̩^{55}, mi^{55} zv̩^{21} dʑi^{33} iə^{55} dʐuɑ^{21}, ŋv̩^{33} 、hæ^{21}、uɑ^{33}、tʂhu^{21} iə^{55} le^{33} dʐuɑ^{21}, le^{33} dʐuɑ^{21} le^{33} æ^{21}

送 女 嫁 衣 给 争 银 金 绿松石 墨玉石 给 又 争 又 争 又 斗

le^{33} khæ^{55} le^{33} si^{33} hə^{21}, hɯ^{21} me^{33} zi^{33} me^{33} tho^{21} mə^{33} piə^{33}. | gv̩^{33} tshər^{21} ʥi^{33} si^{33} mu^{21},

又 散 又 苦 了 富裕 的 美丽 的 靠 不 成 九 十 人 苦 的

ʂər^{33} tshər^{21}tshʅ^{33} hɯ^{21} tshʅ^{33} ʥæ^{33} lo^{55} le^{33} fæ^{33}. | gv̩^{33} le^{33} ʥe^{33} tɕy^{55} hɯ^{21} me^{33} zi^{33} me^{33}

七 十 楚鬼 富 楚鬼 裕 翻 又 去 舅父 与 外甥 间 富裕 的 美丽 的

be^{33} bə^{21} tsʅ^{55}, zʅ^{33} thɯ^{21} khuɑ^{55} phər^{21} khə^{33} , nɯ^{33} gu^{21} sər^{55} tɕhi^{21} le^{33} dʐuɑ^{21}, le^{33} æ^{21} le^{33}

作 要 说 酒 喝 碗 白 破 心 痛 肝 酸 又 争 又 斗 又

khæ^{55} le^{33} si^{33} hə^{21}. | y^{21} me^{33} tʂhər^{33} me^{33} hɯ^{21} me^{33} zi^{33} me^{33} be^{33} bə^{21} tsʅ^{55}, ko^{33} ʂuɑ^{21}

散 又 苦 了 婆婆 媳妇 富裕 的 美丽 的 作 要 说 高原 高

ko^{21} kv̩^{33} phər^{21}, y^{21} phər^{21}、 mɑ^{21} lv̩^{55} dɯ^{21} tɕi^{55} dʐuɑ^{21} le^{33} æ^{21} , le^{33} dʐuɑ^{21} le^{33} æ^{21} le^{33}

高原 上 白 绵羊 白 酥油 饼 大 小 争 又 斗 又 争 又 斗 又

khæ^{55} le^{33} si^{33} hə^{21}. hɯ^{21} me^{33} zi^{33} me^{33} tho^{21} mə^{33} piə^{33}. | me^{33} tɕhi^{33} hɑ^{55} me^{33} thɯ^{33}, hɯ^{21}

散 又 苦 了 富裕 的 美丽 的 靠 不 成 嫂子 姑子 这 富裕

me^{33} zi^{33} me^{33} be^{33} bə^{21} tsʅ^{55}, khɯ^{21} tshʅ^{21} khɯ^{21} by^{33}, phv̩^{55} be^{33} phv̩^{55} lɑ^{55} dʐuɑ^{21}

的 美丽 的 作 要 说 线 细 线 粗 氆氇 薄 氆氇 厚 争

le^{33} æ^{21}, |

又 斗

可是遇到了分天、分地之苦，分村、分寨之苦，只能争争斗斗又散开，有苦处。世上的九十种人都有苦处，（你们）七十种楚鬼到富裕、美好的地方去吧！说是母亲与女儿要过上富裕、美好的生活。七月三十日（农历）母亲送女儿出嫁，女儿为陪嫁的衣服，为金、银、绿松石、墨玉石的多少和母亲争执，发生争斗又散开，有苦处。要过富裕、美好的生活靠不住。世上的九十种人都有苦处，（你们）七十种楚鬼到富裕、美好的地方去吧！说是舅父与外甥要过上富裕、美好的生活，可是在喝酒时，打破了白色瓷碗，为心疼这白瓷碗，争争斗斗又散开，有苦处。说是婆婆和儿媳要过上富裕、美好的生活，在高山草甸上，为白绵羊、酥油饼的大小而争斗，只能争争斗斗又散开，有苦处。婆婆与儿媳要过富裕、美好的生活靠不住。说是嫂子与姑子要一起过上富裕、美好的生活，为细线、粗线、薄氆氇、厚氆氇而争争斗斗，

525-C-33-13

hɯ^{21} ne^{21} dʑæ^{33}、zi^{33} me^{33} thɯ^{33} tho^{21} mə^{33} piə^{33}.｜y^{21} phe^{33} mu^{55} ɯ^{33} me^{33} ȵi^{33} ky̩^{55}, hɯ^{21}

富 与 强 美丽 的 这 靠 不 成 岳父 女婿 他 两 个 富裕

me^{33} zi^{33} me^{33} be^{33} bə^{21} tsʅ^{55}, ɑ^{55} uɑ^{33} lɑ^{21} uɑ^{33} zo^{33} lɯ^{33} me^{33} khæ^{55} le^{33} tɕhər^{33}, lɯ^{33} sʅ^{33}

的 美丽 的 作 要 说 阿瓦拉瓦 男子 弓 射 又 折断 箭

khæ^{55} le^{33} phi^{55}, le^{33} dʐuɑ^{21} le^{33} æ^{21} le^{33} khæ^{55} le^{33} si^{33} hə^{21}. hɯ^{21} me^{33} zi^{33} me^{33} tho^{21} mə^{33}

射 又 丢 又 争 又 斗 又 散 又 苦 了 富裕 的 美丽 的 靠 不

piə^{33}.｜ɑ^{33} by̩^{21} 、gɯ^{33}zʅ^{33} me^{33} ȵi^{33} ky̩^{55}, hɯ^{21}me^{33} zi^{33}me^{33}be^{33} bə^{21} tsʅ^{55} , mɯ^{33} by^{33}、dy^{21}

成 兄 弟 他 两 个 富裕 的美丽 的 作 要 说 天 分 地

by^{33}；dər^{33} by^{33}、khɯ^{21} by^{33}；dʑʅ^{33} by^{33} 、uə^{33} by^{33} dʐuɑ^{21}le^{33} æ^{21}, hɯ^{21}me^{33} zi^{33} me^{33} tho^{21}

分 良田 分 荒地 分 村 分 寨 分 争 又 斗 富裕 的 美丽 的 靠

mə^{33} piə^{33}. gy̩^{33} tshər^{21} dʑi^{33} si^{33} mu^{21}, ʂər^{33} tshər^{21} tshʅ^{33} hɯ^{21} tshʅ^{33} dʑæ^{33} lo^{55} le^{33} fæ^{33}.｜

不 成 九 十 人 苦 的 七 十 楚鬼 富 楚鬼 裕 翻 又 去

ɯ^{33} le^{33} y^{21} tɕy^{55} hɯ^{21} me^{33} zi^{33} me^{33} be^{33} bə^{21} tsʅ^{55}, ɯ^{33} y^{21} by^{33} by^{33} hə^{21} , ɯ^{33} y^{21}

牛 与 绵羊 间 富裕 的 美丽 的 作 要 说 牛 绵羊 分开 了 牛 羊

tər^{55} khæ^{55} si^{33}, le^{33} dʐuɑ^{21} le^{33} æ^{21} hə^{21}, hɯ^{21} me^{33} zi^{33} me^{33}tho^{21} mə^{33} piə^{33}. ŋy̩^{21}le^{33} hæ^{21}

结 解 苦 又 争 又 斗 了 富裕 的 美丽 的 靠 不 成 银 与 金

tɕy^{55} hɯ^{21} me^{33} zi^{33} me^{33} be^{33} bə^{21} tsʅ^{33}, ŋy̩^{33} hæ^{21} sɑ^{55} by^{33} dʐuɑ^{21} le^{33} æ^{21}； uɑ^{21} le^{33} tʂhu^{21}

间 富裕 的 美丽 的 作 要 说 银 金 气 分 争 又 斗 绿松石 与 墨玉石

tɕy^{55} hɯ^{21} le^{33} dʑæ^{33} me^{33} be^{33} bə^{21} tsʅ^{55}, uɑ^{33} tʂhu^{21} dʐuɑ^{21} le^{33} æ^{21} .｜by̩^{33} me^{33} kuɑ^{21}tɕy^{55}

间 富 与 裕 的 作 要 说 绿松石 墨玉石 争 又 斗 锅 大 灶 间

hɯ^{21} me^{33} zi^{33} me^{33} be^{33} bə^{21} tsʅ^{55}, ȵi^{55} i^{33} le^{33} tshʅ^{33}, hu^{21} i^{33} le^{33}, tsɑ^{55} ne^{21}, le^{33} dʐuɑ^{21}

富裕 的 美丽 的 作 要 说 白天 呀 又 卸下 晚上 呀 又 安 着 又 争

le^{33} æ^{21} hə^{21}, hɯ^{21} me^{33} zi^{33} me^{33} tho^{21}mə^{33} piə^{33}. dʑæ^{33} me^{33} gu^{21} tɕy^{55} hɯ^{21} me^{33} zi^{33} me^{33}

又 斗 了 富裕 的 美丽 的 靠 不 成 骑 者 马 间 富裕 的 美丽 的

be^{33} bə^{21} tsʅ^{55}, le^{33} dʑæ^{33} le^{33} zɑ^{21} ne^{21}, le^{33} dʐuɑ^{21} le^{33} æ^{21} hə^{21}, hɯ^{21} me^{33} zi^{33} me^{33} tho^{21}

作 要 说 又 骑 又 下 着 又 争 又 斗 了 富裕 的 美丽 的 靠

mə^{33} piə^{33}. dy̩^{33} le^{33} mu^{21} tɕy^{55} hɯ^{21} me^{33} zi^{33} me^{33} be^{33} bə^{21} tsʅ^{55}, le^{33} lɯ^{21} le^{33} bə^{33} ne^{21},

不 成 犁 与 牛 间 富裕 的 美丽 的 作 要 说 又 耕 又 耙 着

le^{33} dʐuɑ^{21} le^{33} æ^{21} hə^{21}. hɯ^{21} me^{33} zi^{33} me^{33} tho^{21} mə^{33} piə^{33}.｜gy̩^{33} tshər^{21} dʑi^{33} si^{33} mu^{21},

又 争 又 斗 了 富裕 的 美丽 的 靠 不 成 九 十 人 苦 的

ʂər^{33} tshər^{21} tshʅ^{21} hɯ^{21} tshʅ^{33} dʑæ^{33} lo^{55} le^{33} fæ^{33}.｜bər^{21} le^{33} lɯ^{33} tɕy^{55} hɯ^{21} me^{33} zi^{33} me^{33}
七 十 楚鬼 富 楚鬼 裕 翻 又 去 牦牛 与 箭 间 富裕 的 美丽 的

be^{33} bə^{21} tsʅ^{55}, bər^{21} phər^{21} lɯ^{33} nɯ^{33} dər^{33}, le^{33} dʐuɑ^{21}le^{33} æ^{21} hə^{21}, lɑ^{33} le^{33} lɯ^{33} tɕy^{55} hɯ^{2}
作 要 说 牦牛 白 箭 被 中 又 争 又 斗 了 虎 与 箭 间 富裕

me^{33} zi^{33} me^{33} be^{33} bə^{21} tsʅ^{55}, lɑ^{33} hy^{21} lɯ^{33} nɯ^{33} dər^{33}, le^{33} dʐuɑ^{21} le^{33} æ^{21} hə^{21} , hɯ^{21} me^{33}
的 美丽 的 作 要 说 虎 赤 箭 被 中 又 争 又 斗 了 富裕 的

zi^{33} me^{33} tho^{21} mə^{33} piə^{33}。
美丽 的 靠 不 成

要过上富裕、美好的生活靠不住。说是岳父与女婿要过上富裕、美好的生活。阿瓦拉瓦若去射箭时，折断了弓，丢失了箭，只能争争斗斗又散开，有苦处。要过富裕、美好的生活靠不住。说是两兄弟要过上富裕、美好的生活，为分天、分地、分良田、分荒地、分村、分寨而争争斗斗，要过富裕、美好的生活靠不住。世上的九十种人都有苦处，（你们）七十种楚鬼到富裕的地方去吧！说是牛与绵羊要一起过上富裕、美好的生活，可是牛羊分开了，只能争争斗斗，要过富裕、美好的生活靠不住。说是金与银要过上富裕、美好的生活，为分金气、银气争争斗斗又散开；说是绿松石与墨玉石要过上富裕、美好的生活，可是它们之间发生了争斗。说是大锅与灶要一起过上富裕、美好的生活，可是白天把锅卸下，晚上又安上，发生了争斗，要过富裕、美好的生活靠不住。说是骑者与马要一起过上富裕、美好的生活，为时骑时下发生了争斗，要过富裕、美好的生活靠不住。说是犁与牛要一起过上富裕、美好的生活，为时耕时耙发生了争斗，要过富裕、美好的生活靠不住。世上的九十种人都有苦处，（你们）七十种楚鬼到富裕的地方去吧！说是牦牛与箭要一起过上富裕、美好的生活，白牦牛被箭射中发生了争斗；说是虎与箭要一起过上富裕、美好的生活，赤虎被箭射中发生了争斗，要过富裕、美好的生活靠不住。

525-C-33-14

bʏ^{33} le^{33} sʅ^{33} tɕy^{55} hɯ^{21}le^{33} zi^{33} me^{33} be^{33} bə^{21} tsʅ^{55}, tɕi^{55} thɑ^{55} bʏ^{33} tshʅ^{33} tshʅ^{33}, le^{33}dʐuɑ^{21} le^{33}
绵羊与 毛 间 富裕 与 美丽 的 作 要 说 剪子 利 绵羊 剪 又 争 又

æ²¹ hə²¹. gæ²¹ le³³ mɯ⁵⁵ tɕy⁵⁵ hɯ²¹ me³³ zi³³ me³³ be³³ bə²¹ tsɿ⁵⁵, gæ²¹ thɑ⁵⁵ mɯ⁵⁵ le³³ æ²¹,
斗 了 刀 与 竹子 间 富裕 的 美丽 的 作 要 说 刀 利 竹子 又 砍

hɯ²¹ me³³ zi³³ me³³ tho²¹ mə³³ piə³³. | mi³³ le³³ lv̩²¹ tɕy⁵⁵ hɯ²¹ me³³ zi³³ me³³ be³³ bə²¹ tsɿ⁵⁵,
富裕 的 美丽 的 靠 不 成 妻 与 夫 间 富裕 的 美丽 的 作 要 说

mɯ³³ khv̩⁵⁵ khv̩⁵⁵ ɯ³³ thv̩³³, mi³³ lv̩²¹ dʐɿ²¹ to⁵⁵ ne²¹, | æ²¹ tɕy²¹ so³³ ɯ³³ thv̩³³, mi³³ lv̩²¹ dʐɿ²¹
夜间 长庚星 出 妻 夫 交合 着 鸡 鸣 启明星 出 妻 夫 对

gæ²¹hə²¹, u³³dy²¹ u³³ le³³hə²¹. | ……[①] mi³³ lv̩²¹tʂər⁵⁵ mə³³ dʐɿ²¹, khv̩⁵⁵ æ²¹so²¹ le³³dy²¹. | dʑi³³
散 了 自己地 自己 去了 妻 夫 时间 不 有 夜 斗 晨 又 和好 房

tho²¹ khv̩⁵⁵ tshɿ²¹ kho³³ lɑ³³ ʂər²¹ mə³³ tʂər²¹, khv̩⁵⁵ hər²¹ so²¹ khv̩³³ ne²¹. | gv̩³³ tshər²¹ dʑi³³
后 韭菜 芽 也 长 不 让 夜 绿 早 割 着 九 十 人

si³³ mu²¹, ʂər³³ tshər²¹ tshɿ³³ hɯ²¹ tshɿ³³ dʑæ³³ lo⁵⁵ le³³ fæ³³. | gv̩³³ tshər²¹ tshɿ³³ ne²¹ iə²¹
苦 的 七 十 楚鬼 富 楚鬼 裕 翻 又 去 九 十 楚鬼 与 尤鬼

tʂhɿ³³ uɑ²¹, hɯ²¹ dy²¹ phi⁵⁵, dʑə²¹ me³³ dɯ³³ dy²¹ lo⁵⁵ le³³ fæ³³.
所有 富裕 地 抛 好 的 一 地 翻 又 去

说是绵羊与毛要一起过上富裕、美好的生活，利剪剪羊毛，发生了争斗。说是刀与竹子要一起过上富裕、美好的生活，利刀砍竹子，要一起过上富裕、美好的生活靠不住。说是夫与妻要一起过上富裕、美好的生活，夜间长庚星出时，夫妻在交合，鸡鸣启明星出时，夫妻散开，各回各地去了……夫妻之间没有时限，夜间发生争吵，第二天早晨又和好，就像房后的韭菜芽长不长，夜间还是绿油油的，第二天早晨就被人割去了。世上的九十种人都有苦处，（你们）七十种楚鬼和尤鬼到富裕的地方去吧！九十个楚鬼和尤鬼，把富裕的地方抛弃掉，到最好的地方去吧！

525-C-33-15

① 这两格的字符无法连读成句。

dʑy21nɑ55 zo55 lo33 dʑy21 mə33uɑ21, dʑy21 dʑə21、dʑy21 hɑ55 gə33 gə21dʑy33, dʑy21guə33 、dʑy21 ɕiə55
居那若罗 山 不 是 山 好 山 多 上方 有 山 游 山 观

gə33dy21 lo55 le33 fæ33. he21 i33 bɑ33 dɑ21 dzər21 mə33uɑ21, dzər21 mu33 、dzər21hɑ55gə33gə21dʐʅ21 ,
上 地 翻 又 去 含依巴达 树 不 是 树 大 树 多 上方 生

dzər21guə33、 dzər21ɕiə55 gə33 dy21lo55 le33 fæ33. mɯ33 lɯ55 dɑ33 dʑi21hɯ55 mə33 uɑ21, dʑi21 mu33
树 赏 树 观 上 地 翻 又 去 美利达吉 海 不 是 水 大

dʑi21 hɑ55 gə33 gə21 i33, dʑi21 guə33、dʑi21 ɕiə55 gə33 dy21 lo55 le33 fæ33. tse55 tse33 hæ21 ly̩33 me33
水 多 上方 有 水 游 水 观 上 地 翻 又 去 赠争含鲁美

mə33uɑ21, ly̩33 dʑə21、ly̩33 hɑ55gə33 gə21 dʑy33, ly̩33 dʐʅ21、ly̩33 ɕi55 tɕiə21 dy21 lo55 le33 fæ33. |
不 是 石 好 石 多 上方 有 石 坐 石 靠 地 翻 又 去

hæ21dʑə21 lɑ33 tshe55 ko21 mə33 uɑ21, ko21 dʑə21、ko21 hɑ55 gə33 dy21 dʑy33, ko21 guə33、ko21 ɕiə55
含玖拉趣各 不 是 高原 好 高原 多 上 地方 有 高原 游 高原 观

gə33 dy21 lo55 le33 fæ33. he21 i33 dʑə33 khə21 bu21mə33uɑ21, bu21 dʑə21、bu21 hɑ55 gə33 dy21 dʑy33,
上 地方 翻 又 去 神 的 垭口 坡 不 是 坡 好 坡 多 上 地方 有

bu21 guə33、 bu21 ɕiə55 gə33 dy21 lo55 le33 fæ3. | bə33 mu33 tʂʅ21 tʂhuɑ33 phər21 mə33 uɑ21, tʂʅ21
坡 游 坡 观 上 地方 翻 又 去 人类 粳米 白 不 是 粳米

dʑə21, tʂʅ21 hɑ55 gə33 dy21 dʑy33, æ33 phy̩55 æ33 dʐʅ33 gə21 le33 fæ33. dɯ33 dʑi33 tshər55 le33 dɯ33
好 粳米 多 上 地方 有 粮食 播 粮食 吃 上 又 去 一 衣 裁 么 一

zʅ33 mu21 le33 se33 mə33 thɑ55 me33 gə33 dy21 dʑy33. ɑ55 gɑ33 bər21 mæ33 phər21 mə33 uɑ21,
世 穿 又 完 不 能 的 上 地方 有 阿嘎 牦牛 尾 白 不 是

nɯ21 dʑə21、 nɯ21 hɑ33 gə33 dy21 dʑy33. | se55 se33 ɕy33 mæ33 phər21 mə33 zɑ21, ɕy33 dʑə21、
牲畜 好 牲畜 多 上 地方 有 漂亮 兽 尾 白 不 仅 野兽 好

ɕy33 hɑ55 gə33 dy21 dʑy33. zə̥21 mu33 phy̩55 y21 ko21, dʐʅ33 gy̩33、uə33 gy̩33 me33 gə33 ko21
野兽 多 上 地方 有 惹姆铺余 高原 村 坚 寨 坚 的 高原

dʑə21, y21 ɕi21 phy̩55 mu33 gə21 le33 fæ33. | lɑ21 dʑə21 gu21 zi33 zʅ33, gy̩33 dʑə21 dʑi33 zi33
好 绵羊 养 铺牲 上 又 去 手 好 马 美 握 身 好 衣 美丽

mu21 gə33 dy21 lo55 le33 fæ33. bər21 me33 no33 ȵi55 tshɑ21 mə33 uɑ13, lɑ21 biə21 dʑi21 mə33 tæ55
穿 的 地方 翻 又 去 牦牛 母 奶 汁 挤 不 是 手 掌 水 不 沾

me33 gə33 tʂhʅ33 dy21 dʑə21dy21 uɑ21. | sʅ33 bi21、bər33 bi21 ho55 mə33 uɑ13 , kho33 to55 ər21 mə33
的 这 地方 好 地方 是 羊毛 片 毡 片 带 不 是 肩膀 上 绳 不

sɿ33 me33 dy21. dʑi33 tshe55 zɿ21 li33 gu21 nɯ33 ʂər21 mə33 uɑ13, gu33 mu33 gu21 mə33 sɿ33 me33
知 的 地方 木轮车 后 在 牵 不 是 身体 背 不 知 的

gə33 tʂhʅ33 dy21 dʑə21 dy21 uɑ21, tʂhʅ33 dy21 lu21 le33 fæ33. | khɣ55 i33 y21 me33 y33 le21 sɿ33,
这 地方 好 地方 是 这 地方 游 又 去 夜 呀 羊 母 羊羔 下

不是居那若罗山，上方有更好、更多的山，游着山观着景到上方去吧！不是含依巴达树，上方有更大、更多的树，观赏着树到上方去吧！不是美利达吉海，上方有更大、更多的水，观赏着水到上方去吧！不是赠争含鲁美，上方有更好、更大的石头，到可以坐、靠着石头到上方去吧！不是含玖拉趣各，上方有更好、更多的高原，游着观着高原到上方去吧！不是神的垭口坡，上方有更好、更多的山坡，游着观着坡到上方去吧！不是人类种植的白粳米，上方有更好、更多的白粳米，边播种、边吃着到上方去吧！上方是裁一套衣服，一辈子穿不完的地方。不是有白尾巴的阿嘎牦牛，上方有更好、更多的牲畜。不仅有漂亮的白尾野兽，上方有更好、更多的野兽。到惹姆铺余高原上坚固的村寨里去养育绵羊吧！到好手牵骏马，好身穿美衣的地方去吧！若不是挤牦牛奶，手掌不沾水的这地是好地方。若不是披羊毛披毡，肩膀不知绳，若不是背后牵着木轮车，身体不知背东西的这地是好地方。到这地去游吧！

（上边这地方是）晚上母羊才下的羊羔，

525-C-33-16

so21i33 ko21 do33、ʐər33 zɑ21 ne21 dɯ33 dy21. | khɣ55 i33 ɯ33 me33 ɯ33 dy33 sɿ33, so21 i33 ɯ33
早 呀 高原 爬 江边 下 着 一 地方 夜 呀 牛 母 牛崽 下 早 呀 牛

lɯ21、ɯ33 kə55 ne21 me33 gə33 dɯ33 dy21, tʂhʅ33 dy21 dʑə21 dy21 uɑ21. | khɣ55 i33 ʐuɑ33
耕 牛 耙 在 的 上 一 地 这 地 好 地 是 夜 呀 马

me33 ʐuɑ33 khɯ33 sɿ33, so21 i33 le33 dzæ33 le33 lu21 thɑ55 me33 gə33 dy21 uɑ21. | dɯ33 bɑ21
母 马 崽 下 早 呀 又 骑 又 游 能 的 上 地方 是 一 茬

phɣ55 me33 dɯ33 zɿ33 dʐɿ33 le33 se33 mə33 thɑ55 me33 gə33 dy21 uɑ21, | dɯ33 dʑi33 tshər55 me33
播 么 一 世 吃 又 完 不 能 的 上 地方 是 一 衣 裁 么

dɯ^{33} zɿ^{33} mu^{21} le^{33} se^{33} mə^{33} thɑ^{55} me^{33} gə^{33} ʥə^{21} dy^{21}. | tshɿ^{33} zu̩^{21} mə^{33} khə^{33} khə^{33}, gv̩^{33}
一 世 穿 又 完 不 能 的 上 好 地方 冬 夏 不 分开 布谷鸟

lər^{21} kho^{33} mə^{33} ko^{55} me^{33} dy^{21}. | tshɿ^{33} mu^{33} tshɿ^{33} sɿ^{55} he^{33}, bɑ^{55} bɑ^{33} mə^{33} gə^{21} me^{33} gə^{33}
叫 声 不 断 的 地方 冬 天 冬 三 月 花 不 凋谢 的 上

dy^{21}, zu̩^{21}sɿ^{55} he^{33} i^{33} ŋv̩^{21} bɑ^{21}、hæ^{21} bɑ^{21}mə^{33}gə^{21}me^{33} gə^{33} dy^{21}. tʂhuɑ^{55} kho^{33}dɑ^{55} me^{33} be^{33}
地方 夏 三 月 呀 银 花 金 花 不 凋谢 的 上 地方 鹿 角 笷子 做

gə^{33} gə^{33} ʥə^{21} dy^{21}. | i^{33} bu^{21} ɯ^{33} nv̩^{55} tər^{55}, i^{33} bu^{21} mə^{33} lv̩^{21} , bu^{21} bu^{21} tshər^{55} le^{33} tʂu^{55}
的 上 好 地方 野牛 鬃 经线 织 野 鬃 不 够 猪 鬃 剪 又 接

gə^{33} gə^{33} ʥə^{21} dy^{21}. | kho^{33} pɑ^{21} tshər^{55} le^{33} ku^{33} gɯ^{33} be^{33}. | dv̩^{33} nɯ^{33} mɑ^{21} tʂhuɑ^{33}
的 上 好 地方 角 宽 割 又 枕头 做 犁 由 供米

tʂhɑ^{21}, kə^{55} nɯ^{33} ʂɿ^{33} hy^{21} ʥe^{21}, bər^{33} nɯ^{33} zɿ^{33} ʥi^{21} khɯ^{55} gə^{33}
拌 耙 由 肉 红 耙 槽 由 酒 水 放 的

第二天早晨便可爬高原下江边的地方。晚上母牛才下的牛崽，第二天早晨便可耕地、耙地的好地方。晚上母马才下的马崽，第二天早晨便可骑着游玩的地方，播一茬的种，一辈子吃不完的地方。裁一套衣服一辈子穿不破的好地方。不分冬、夏布谷鸟的叫声不断的地方。冬天冬三月，花儿不会凋谢的地方，夏天夏三月，金花、银花开不败的地方。用鹿角做笷子的好地方，用野牛的鬃毛做经线，若野牛的鬃毛不够用，就剪下猪的鬃毛去接的好地方。把宽角割下当枕头。用犁铧拌供米，用耙子耙红肉，用槽子引酒的

525-C-33-17

gə^{33} ʥə^{21} dy$^{2\ 1}$. | tshe^{21} ȵi^{33} ʥə^{33} khə^{21} bu^{21}, iə^{21} tʂhɑ^{55} lv̩^{33} me^{33} nɑ^{21} khu^{33} thv̩^{55}, tho^{33}
上 好 地方 陈尼究寇埔 尤凑 石 大 黑 旁 松

ʥɿ^{21}、bɯ^{21} ʥɿ^{21} tʂu^{55}, iə^{21} ʥɿ^{33} ə^{33} ʥɿ^{33}、kə^{55} thv̩^{33} si^{33} kuɑ^{33} gə^{33} ʥə^{21} dy^{21}. | ʥy^{21} nɑ^{55} zo^{55}
树 栗树 长 间 尤孜欧孜 构土希瓜 上 好 地方 居那若罗

lo^{33} i^{21} dɯ^{33} phɑ^{33}, tshɿ^{33} ne^{21} iə^{21} gə^{33} ŋv̩^{21} khuɑ^{55}、hæ^{21} khuɑ^{55} iə^{55}， tʂə^{21} khə^{55} lɑ^{33} lɯ^{21}
右 一 方 楚鬼 与 尤鬼 的 银 木牌 金 木牌 给 祭风树

ʂuɑ^{33} ɕy^{21} be^{33}, mɯ^{55} lɯ^{33} kv̩^{21} khə^{55} dɯ^{21} tɕi^{55} be^{33}, khɯ^{21} ʂɿ^{21}、khɯ^{21} hər^{21} kv̩^{33} nɯ^{33} gə^{21}
高 矮 做 竹子 蛋 巢 大 小 做 线 黄 线 绿 处 从 上

le^{33} pv̩^{55}, gə^{33} dy^{21} gə^{21} le^{33} thv̩^{33}. | tsi^{13} li^{21} lɯ^{33} dʐɿ^{21} by^{33}, gv̩^{33} hɯ^{21} dy^{21} dʐɿ^{21} by^{33} . |
又 送 上 地方 上 又 到 鹡鸰鸟 田 住 分 布谷鸟 地 住 分

dʑæ^{33} me^{33} lo^{33} nɑ^{21} uə^{33} dʐɿ^{21} by^{33}, ȵi^{55} bər^{21} khə^{33} tsho^{33} by^{33}, phe^{33} le^{21} ʂuɑ^{21} dʐɿ^{21} by^{33}， |
麻雀 村 住 分 蝗虫 沟 跳 分 蝴蝶 高 住 分

bæ^{33} ɑ^{55} hɯ^{55} dʐɿ^{21} by^{33}, ko^{33} phər^{21} tɕi^{21} dʐɿ^{21} by^{33}, | ȵi^{33} me^{33} bu^{21} kv̩^{33} by^{33}, he^{33} me^{33} bu^{33}
野鸭 海 住 分 鹤 白 云 住 分 太阳 坡 头 分 月亮 坡

tho^{21} by^{33}, | tʂhuɑ^{55} tshər^{21} bu^{21} kv̩^{33} by^{33}, ʂər^{33} ho^{55} dy^{21} dər^{21} by^{33},
后 分 昴星 坡 上 分 七星 地 渡 分

好地方。陈尼究寇埔，尤凑大黑石头旁，长着松树、栗树，松栗树间住着尤孜欧孜、构土希瓜的地方是个好地方。在居那若罗山之右一方，为楚鬼、尤鬼制作金木牌、银木牌。制作高、矮祭风树；编制大、小竹子蛋巢。把楚鬼和尤鬼从黄线、绿线上送上去，使之到达上方。

鹡鸰鸟分到田间住，布谷鸟分到地里住，麻雀分到村里住，蝗虫分到沟中去跳水，蝴蝶分到高处住，野鸭分到海里住，白鹤分到云间住，太阳分到从坡头照射，月亮分到从坡后没落，昴星分到从坡头照耀，七星分到从地面行过。

525-C-33-18

lɑ^{33} ɕy^{21} so^{33} kv̩^{33} by^{33}, | tʂhuɑ^{55} phər^{21} bu^{21} kv̩^{33} by^{33}, bɯ^{33} ɯ^{33} tʂuɑ^{21} dʐɿ^{21} by^{33}, mi^{33} lv̩^{21}
虎 红 巅 上 分 鹿 白 坡 上 分 女 好 男 住 处 妻 夫

hɑ^{55} tʂər^{55} by^{33}, tho^{33} kv̩^{33} bər^{21} tshɿ^{21} by^{33}. | tshe^{21} ȵi^{33} dʑə^{33} khə^{21} bu^{21}, iə^{21} tʂhə^{55} lv̩^{33} me^{33}
夜 宿 分 松树 上 绳 细 分 陈尼究寇埔 尤凑 石 大

nɑ^{21} khu^{33} thy̩^{55}, tho^{33} ʥɿ^{21}、bɯ^{21} ʥɿ^{21} tʂu^{55}, gu^{33} mi^{21} ly̩^{33} kæ^{21} dæ^{21}, iə^{21} ʥɿ^{33} ə^{33} ʥɿ^{33}、
黑 旁 松 长 栗 长 间 竹子 石 场 地 尤孜欧孜

kə^{55} thy̩^{33} si^{33} kuɑ^{33} khə^{21} ȵə^{21} by^{33}.｜tshɿ^{33} ne^{21} iə^{21} tʂhʅ^{33} uɑ^{21}, mɯ^{33} lɯ^{55} tɕi^{33} phər^{21}
构土希瓜 处 分 楚鬼 与 尤鬼 所有 天 地 云 白

tʂu^{55}, ko^{33} phər^{21} tɯ^{33} khə^{21} thy̩^{33}, no^{21} phər^{21} y^{55} y^{33} tɯ^{33} bɯ^{33} næ^{21}.｜hɯ^{55} khu^{33} bæ^{33} nɑ^{55}
间 鹤 白 起来 处 到 绒毛 白 抖动 起来 去 该 海边 野鸭 黑

tɯ^{33} khə^{21}thy̩^{33}, dy̩^{33}pɑ^{21} y^{55} y^{33} tɯ^{33} bɯ^{33}næ^{21}. lɑ^{33} ʥə^{21} so^{33} ky̩^{33} phər^{21}, lɑ^{33} hy^{21}tɯ^{33} khə^{21}
起来 处 到 翅 宽 抖动 起来 去 该 虎 跑 山巅 上 白 虎 红 起来 处

thy̩^{33}, pər^{55} kæ^{21} y^{55} y^{33} tɯ^{33} bɯ^{33} næ^{21}.｜ŋy̩^{33} ly̩^{33} lɯ^{21} tʂhʅ^{55} ɯ^{33}, tʂhuɑ^{55} phər^{21} tɯ^{33} khə^{21}
到 斑 威 抖动 起来 去 该 雪山 里拆恩 鹿 白 起来 处

thy̩^{33}, kho^{33} he^{33} y^{55} y^{33} tɯ^{33} bɯ^{33} næ^{21}.｜y^{21} phər^{21} ʥi^{21} tsɑ^{55} khə^{21} ȵə^{21} thy̩^{33}, sɿ^{33} phər^{21}
到 角 耳 抖动 起来 去 该 绵羊 白 水 游 处 到 毛 白

y^{55} y^{33} tɯ^{33} bɯ^{33} næ^{21}.｜tʂuɑ^{21} ɯ^{33} tɯ^{33} khə^{21} thy̩^{33}, lɯ^{33} by̩^{33}、lɯ^{33} sɿ^{33}、lɯ^{33} me^{33} y^{55} y^{33}
抖动 起来 要 该 男 好 起来 处 到 箭 囊 箭 弓 准备

tɯ^{33} bɯ^{33} næ^{21}. bɯ^{33} ɯ^{33} tɯ^{33} khə^{21} thy̩^{33},
起来 去 该 女 好 起来 处 到

老虎分到山颠住，白鹿分到坡上住，好女分到男人处住，夫妻分到夜间交合，细绳分到松树上。（楚鬼和尤鬼）分到陈尼究寇埔，尤凑大黑石旁，长有松树、栗树、竹子的石场处是尤孜欧孜、构土希瓜居住的地方。所有的楚鬼和尤鬼，到了天上白云间，白鹤起飞处时，像白鹤一样，该抖动绒毛起身了。到了海边黑野鸭起飞处时，像黑野鸭一样，该抖动宽翅起飞了。到了赤虎奔跑的山巅时，像赤虎一样，该抖动斑威动身了。到了雪山里拆恩白鹿跳跃处时，像白鹿一样，该抖动耳、角动身了。到了白绵羊游水处时，像白绵羊一样，该抖动白毛动身了。到了好男人起身处时，像好男人一样，该准备好箭囊、箭、弓动身了。到了好女人起身处时，

525-C-33-19

sɿ^{33} phər^{21} dʑi^{33} zi^{33} le^{33} y^{55} y^{33} tɯ^{33} bɯ^{33} næ^{33}. | phe^{33} le^{21} tɯ^{33} khə^{21} thy̩^{33}, sɿ^{33} phər^{21}
羊毛 白 衣 美 又 准备 起来 去 该 蝴蝶 起来 处 到 毛 白

le^{33} y^{55} y^{33} tɯ^{33} bɯ^{33} næ^{21}. tʂhuɑ^{55} uɑ^{33} tɯ^{33} khə^{21} thy̩^{33}, thɯ^{55} tshɿ^{21} le^{33} y^{55} y^{33} tɯ^{33} bɯ^{33}
又 抖动 起来 去 该 蚂蚁 起来 处 到 腰 细 又 扭扭 起来 去

næ^{21}. bər^{21} lər^{55} tɯ^{33} khə^{21} thy̩^{33}, lɑ^{21} bə^{33} so^{55} so^{33} tɯ^{33} bɯ^{33} næ^{21}. | gu^{21} ɯ^{33} tɯ^{33} khə^{21}
该 苍蝇 起来 处 到 手 掌 搓 起来 去 该 马 好 起来 处

thy̩^{33}, tɕi^{55} ʂɿ^{21} le^{33} y^{55} y^{33} tɯ^{33} bɯ^{33} næ^{21}. mu^{21} ɯ^{33} tɯ^{33} khə^{21} thy̩^{33}, lo^{21} phər^{21} le^{33} y^{55} y^{33}
到 鞍鞯 黄 又 准备 起来 去 该 牛 好 起来 处 到 牛轭 白 又 准备

tɯ^{33} bɯ^{33} næ^{21}. ɕy^{33} tɯ^{33} ho^{21} me^{33}, khɯ^{33} ne^{21} lɯ^{55} nɯ^{33} mæ^{21}ky̩^{55} iə^{33}. | dʑy̩^{33} tɯ^{33} ho^{21}
起来 去 该 野兽 起来 晚 么 狗 与 猎神 由 追上 会 的 灾祸 起来 晚

me^{33}, khuɑ^{55} ne^{21} gæ^{21}、dʐɿ^{33} ne^{21} lɯ^{21} nɯ^{33} mæ^{21} ky̩^{55} iə^{33}. | tshɿ^{21} tɯ^{33} ho^{21} me^{33}, py^{21} ne^{21}
么 盔 与 甲 酋长 和 耆老 由 追上 会 的 鬼 起来 晚 么 东巴 和

phɑ^{21} nɯ^{33} mæ^{21} ky̩^{55} iə^{33}. | gy̩^{33} tshər^{21} tshɿ^{33} ne^{21} iə^{21} tʂhɿ^{33} uɑ^{21}, ʂər^{33} tshər^{21} tər^{21} ne^{21} lɑ^{33}
卜师 由 追上 会 的 九 十 楚鬼 与 尤鬼 所有 七 十 呆鬼 与 佬鬼

tʂhɿ^{33} uɑ^{21}, | tshe^{21} ȵi^{33} dʑə^{33} khə^{21} bu^{21}, iə^{21} tʂhə^{55} ly̩^{33} me^{33} nɑ^{21} khu^{33} thy̩^{55}, tho^{33} dʐɿ^{21}、
所有 陈尼究寇埔 尤凑 石 大 黑 旁 松 长

bɯ^{21} dʐɿ^{21} tʂu^{55}, iə^{21} dʐɿ^{33} ə^{33} dʐɿ^{33}、kə^{55} thy̩^{33} si^{33} kuɑ^{33} ȵi^{33} ky̩^{55} khə^{21} tɯ^{33} le^{33} fæ^{33}. ‖
栗 长 间 尤孜欧孜 构土希瓜 两 个 处 起来 又 去

mɯ^{33} zɿ^{33} gy̩^{55} zɿ^{33} i^{33}, uɑ^{33} hər^{21} mɯ^{33} gy̩^{33} tho^{21} nɯ^{33} tshɿ^{33} nɯ^{33} tʂhu^{33} gu^{33} se^{21}, dy^{21}
天 子 九 子 呀 绿松石 绿 天 后面 在 吊死 由 早 离别 了 地

zɿ^{33} ʂər^{33} zɿ^{33} i^{33}, hæ^{33} ʂɿ^{21} dy^{21} khu^{33} khɯ^{55} nɯ^{33} tshɿ^{33} nɯ^{33} tʂhu^{21} gu^{33} se^{21}. | sɿ^{55} nɯ^{33}
子 七 子 呀 金 黄 地 门 口 在 吊死 由 早 离别 了 活者 由

像好女人一样，该准备好白羊毛披毡和美丽的衣服动身了。到了蝴蝶起飞处时，像蝴蝶一样，该抖动身上的白绒毛动身了。到了蚂蚁起身处时，像蚂蚁一样，该扭扭细腰动身了。到了苍蝇起身处时，像苍蝇一样，该搓搓手掌动身了。到了好马起身处时，像好马一样，该准备好黄色的鞍鞯动身了。到了好牛起身处时，像好牛一样，该准备好白色的牛轭动身了。野兽起身晚了，会被狗和猎神追上。灾祸起晚了，会被盔甲、铠甲、酋长、长老追上。楚鬼起晚了，会被东巴和巫师追上，九十个楚鬼和尤鬼，七十个呆鬼和佬鬼起身到陈尼究寇埔，尤凑大黑石旁，长着松树、栗树，松栗树间是尤孜欧孜、构土希瓜居住的地方。

天神的九个儿子，在绿松石色的天后面，早就吊死，离别而去了。地神的七个儿子，在金黄色的地门口，早就吊死，离别而去了。离别后，活者变为

525-C-33-20

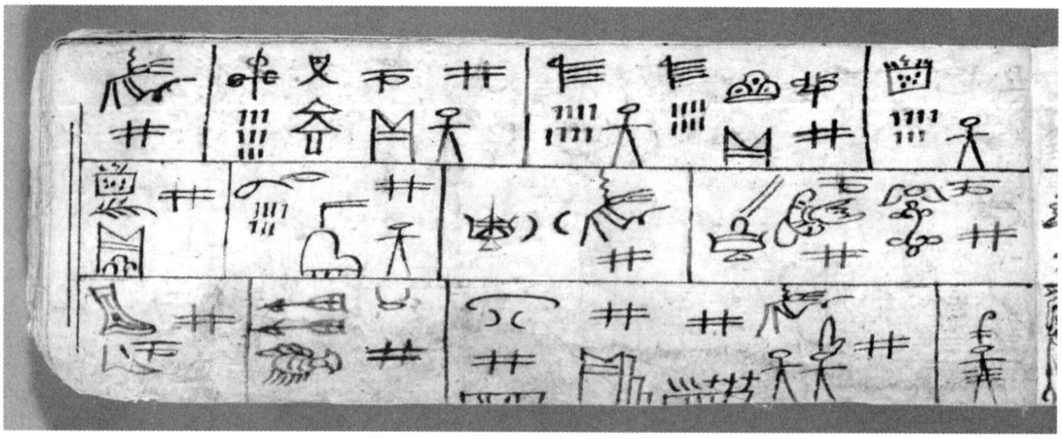

gu^{33} me^{33} tshɿ^{33} gv̩^{33} se^{21}. | me^{21} zɿ^{33} gv̩^{55} zɿ^{33} i^{33}, me^{21} se^{33} thɑ^{55} uə^{33} phər^{21} nɯ^{33} tshɿ^{33} nɯ^{33}
离别 么 楚鬼 成 了 梅 子 九 兄弟 呀 梅生套坞盘 在 吊死 由

tʂhu^{21} gu^{33} se^{21}. | ho^{21} zɿ^{33} ho^{55} zɿ^{33} i^{33}, ho^{21} pɯ^{55} lv̩^{33} nɑ^{21} uə^{33} nɯ^{33} tshɿ^{33} nɯ^{33} tʂhu^{21} gu^{33}
早 离别 了 禾 子 八 兄弟 呀 禾贝鲁纳坞 在 吊死 由 早 离别

se^{21}. | ʂv̩^{55} zɿ^{33} ʂər^{33} zɿ^{33} i^{33}, ʂv̩^{55} pɯ^{55} lv̩^{33} le^{21} uə^{33} nɯ^{33} tshɿ^{33} nɯ^{33} tʂhu^{21}gu^{33} se^{21}. | iə^{21} zɿ^{33}
了 束 子 七 兄弟 呀 束贝鲁冷坞 在 吊死 由 早 离别 了 尤 子

ʂər^{33} zɿ^{33} i^{33}, lɯ^{33} ʂuɑ^{21} iə^{21} gɑ^{55} lɑ^{33} nɯ^{33} tshɿ^{33} nɯ^{33} tʂhu^{21} gu^{33} se^{21}. | sɿ^{55} nɯ^{33} gu^{33} me^{33},
七 兄弟 呀 里刷尤告拉 在 吊死 由 早 离别 了 活人 来 离别 么

tshɿ^{33} gv̩^{33} se^{21}. | le^{55} mɑ^{21} phər^{21} ɑ^{33} ʂər^{21}, ɑ^{33} ʂər^{21} hɑ^{33} khuɑ^{55} tʂhu^{21} gu^{33} se^{21}. bə^{33} mu^{33}
楚鬼 成 了 竹子 白 筷子 筷子 饭 碗 早 分离 了 崩猛

ʂʅ^{21} lɑ^{21} dʑy^{21}, lɑ^{21} tshe^{55} phər^{21} nɯ^{33} tʂhʅ^{33} gu^{33} se^{21}. ŋv̩^{33} phər^{21} ŋv̩^{21} he^{33} khv̩^{55}, he^{33} bi^{21}
黄 手镯 手 腕 白 由 它 离别 了 银 白 银 耳环 耳垂

phər^{21} nɯ^{33} tʂhʅ^{33} gu^{33} se^{21}. zɑ^{33} nɑ^{21} zɑ^{33} dʑɿ^{55} dʑɿ^{21}, khɯ^{33} bə^{33} phər^{21} nɯ^{33} tʂhʅ^{33} gu^{33}
白 由 它 离别 了 鞋 黑 鞋 双双 脚 板 白 由 它 离别

se^{21}. | lɯ^{33} sɿ^{33} dʑɿ^{55} dʑɿ^{21} i^{33} lɯ^{33} pv̩^{33} khu^{33} nɯ^{33} tʂhʅ^{33} gu^{33} se^{21}. | mɯ^{33} ne^{21} dy^{21} lɑ^{33}
了 箭 双双 呀 箭 囊 口 由 它 离别 了 天 与 地 也

tshɿ^{33} nɯ^{33} tʂhu^{21} gu^{33} se^{21}, dʑɿ^{33} ne^{21} uə^{33} lɑ^{33} tshɿ^{33} nɯ^{33} tʂhu^{21} gu^{33} se^{21}, khɯ^{21} ne^{21} dər^{33}
楚鬼 由 早 离别 了 村 与 寨 也 楚鬼 由 早 离别 了 荒地 与 良田

lɑ^{33} tshɿ^{33} nɯ^{33} tʂhu^{21} gu^{33} se^{21}, zo^{33} ne^{21} mi^{55} lɑ^{33} tshɿ^{33} nɯ^{33} tʂhu^{21} gu^{33} se^{21}, | kho^{21} ne^{21}
也 楚鬼 由 早 离别 了 儿 与 女 也 楚鬼 由 早 离别 了 内亲 与

dɯ33 lɑ33 tshʅ33 nɯ33 tʂhu21 gu33 se21, |
外戚 也 楚鬼 由 早 离别 了

楚鬼了。梅氏的九个儿子，在梅生套坞盘，早就吊死，离别而去了。禾氏的八个儿子，在禾贝鲁纳坞，早就吊死，离别而去了。束氏的七个儿子，在束贝鲁冷坞，早就吊死，离别而去了。尤氏的七个儿子，在里刷尤告拉，早就吊死，离别而去了。离别后，活者变成了楚鬼。用竹子做的白筷子，筷子与饭碗分离了。金黄色的手镯被白生生的手腕离别了。白色的银耳环被白生生的耳垂离别了。成双的黑鞋子被白生生的脚板离别了。成双的箭从箭囊口离别了。天与地也早就被楚鬼离别了，村与寨也早就被楚鬼离别了，荒地与良田也早就被楚鬼离别了，儿女也早就被楚鬼离别了，内亲与外戚也早就被楚鬼离别了，

525-C-33-21

pv̩55 ne21 be33 lɑ33 tshʅ33 nɯ33 tʂhu21 gu33se21, dʐʅ21 ne21 bu21 lɑ33tshʅ33 nɯ33 tʂhu21 gu33 se21, |
邻村 与 本村 也 楚鬼 由 早 离别 了 夫 与 妻 也 楚鬼 由 早 离别 了

bv̩33 ne21 kuɑ21 lɑ33 tshʅ33 nɯ33 tʂhu21 gu33 se21, gv̩33 ɕi33 lo33 khə55 dʑi21 lɑ33 tshʅ33 ne21 iə21
锅 与 灶 也 楚鬼 由 早 离别 了 九 百 椽子 房 也 楚鬼 与 尤鬼

nɯ33 tʂhu21 gu33 se21, gu21 phæ33 dʐo21、le55 phæ33 kho21 lɑ33 tshʅ33 ne21 iə21 nɯ33 tʂhu21 gu33
由 早 离别 了 马 拴 槽 牛 拴 桩 也 楚鬼 与 尤鬼 由 早 离别

se21, | ɯ33 y21 by21、tshʅ55 tər55 kho21 lɑ33 tshʅ33 nɯ33 tʂhu21 gu33 se21. | le55 mɑ21 phər21 ɑ33
了 牛 绵羊 圈子 山羊 关 栏 也 楚鬼 由 早 离别 了 竹子 白 筷子

ʂər21, ɑ33 ʂər33 khuɑ55 gu33 be21, sʅ55 nɯ33 gu33me33 tshʅ33 gv̩33 se21. | tshe21 n̥i33 dʑi33 kho21
筷子 碗 分 似 活者 由 离别 么 楚鬼 成 了 陈尼究寇埔

bu21, iə21 tʂhə55 lv̩33 me33 nɑ21, tho33dʐʅ21、bɯ21 dʐʅ21、lɯ33 dʐʅ21 tʂu55, iə21 dʐʅ33ə33 dʐʅ33、kə55
尤凑 石 大 黑 松 长 栗 长 杉 长 间 尤孜欧孜

thy̩^{33} si^{33} kuɑ^{33} khə^{21} n̩ə^{21} gu^{33} le^{33} fæ^{33}.‖gy̩^{33} tshər^{21} tshʅ^{33} ne^{21} iə^{21}, ʂər^{33} tshər^{21} tər^{21} ne^{21}
构土希瓜 处 离别 又 去 九 十 楚鬼 与 尤鬼 七 十 呆鬼 与

lɑ^{33} tʂhʅ^{33} uɑ^{21}.｜zo^{33} dɯ^{21} phy̩^{55} mu^{33} me^{33} lɯ^{33} sʅ^{33}、lɯ^{33} me^{33} lɑ^{21} phə^{33} ty^{55}, tʂhu^{21} me^{33}
佬鬼 所有 儿 大 普母 呀 箭 弓 手 中 拿 快 的
dɑ^{33} tse^{21} dʑæ^{33}, thər^{21} zʮɑ^{33} tər^{55} lər^{21} tɕi^{55},
马 骑 驴 矮小 驮

邻村与本村也早就被楚鬼离别了，夫与妻也早就被楚鬼离别了，锅与灶也早就被楚鬼离别了，用九百个椽子建起的房屋也早就被楚鬼和尤鬼离别了。拴马槽、拴牛桩也早就被楚鬼和尤鬼离别了。牛羊圈、山羊圈也早就被楚鬼离别了。用竹子做的白筷子，似碗筷相分离，离别后，活者变成了楚鬼。九十种楚鬼和尤鬼，七十种呆鬼和佬鬼到陈尼究寇埔，尤凑大黑石旁，长着松树、栗树、杉树，其间居住着尤孜欧孜、构土希瓜的地方去吧！

所有的九十个楚鬼和尤鬼，七十个呆鬼和佬鬼，像大儿子普母，手持弓和箭，骑着快马，用矮小的驴驮货物，

525-C-33-22

bər^{21} ʂuɑ^{55} lɑ^{21} phər^{21} ho^{21}, gə^{21} tʂu^{55} gə^{21} do^{33} lo^{55} le^{33} hə^{21}.｜tshʅ^{33} ne^{21} iə^{21} tʂhʅ^{33} uɑ^{21}, gə^{21}
牦牛 骟 前足 白 赶 上 接 上 登 翻 去了 楚鬼 与 尤鬼 所有 上

tʂu^{55} gə^{21} do^{33} lo^{55} le^{33} fæ^{33}.｜zo^{33} ly^{55} no^{55} uɑ^{33} thɯ^{33}, sʅ^{33} phər^{21} sʅ^{33} me^{33} mu^{21}, lɯ^{33} py̩^{33}
接 上 登 翻 又 去 儿 中 诺瓦 他 羊毛 白 毛 大 穿 箭囊

phi^{21} n̩ə^{21} hæ^{33}, lɯ^{33} sʅ^{33}、lɯ^{33} me^{33} lɑ^{21} phə^{33} ty^{55}, ɯ^{33} y^{21} by^{21} ʂər^{55} ho^{21}, gə^{21} tʂu^{55} gə^{21}
肩 上 挎 箭 弓 手 中 握 牛 绵羊 圈 满 赶 上 接 上

do^{33} lo^{55} le^{33} hə^{21},｜tshʅ^{33}ne^{21} iə^{21}tʂhʅ^{33} uɑ^{21}, gə^{21} tʂu^{55} gə^{21} do^{33} lo^{55} le^{33} fæ^{33}. zo^{33} tɕi^{55} by̩^{33}
登 翻 去了 楚鬼 与 尤鬼 所有 上 接 上 登 翻 又 去 儿 小 补勒

le^{21}me^{33}, tsho^{21} me^{33} gy̩^{33} dɯ^{21} dʑæ^{33}, tʂhu^{21} me^{33} tɑ^{33} dze^{21} tɕi^{55}, tɕi^{55}iə^{33}kho^{33} pɑ^{21} ho^{21}, gə^{21}
他 象 大 身 大 骑 快 的 马 驮 水牛 角 宽 赶 上

tʂu^{55} gə^{21} do^{33} lo^{55} le^{33} hə^{21}, | tshʅ^{33} ne^{21} iə^{21} tʂhʅ^{33} uɑ^{21}, gə^{21} tʂu^{55} gə^{21} do^{33} lo^{55} le^{33} fæ^{33}. |
接 上登 翻 去了 楚鬼与尤鬼所有 上 接 上 登 翻 又 去

tɕi^{55} li^{33} hæ^{21} mə^{33} zʅ^{21}, ʂʅ^{21} dʑi^{21} lo^{55} le^{33} hə^{21}, tshʅ^{33} ne^{21} iə^{21} tʂhʅ^{33} uɑ^{21} lɑ^{33} lo^{55} le^{33} fæ^{33}.
鹡鸰 金 不 掏 黄 水 越 去了 楚鬼 与 尤鬼 所有 也 翻 又 去

le^{33} kæ^{21} bv̩^{33} mə^{33} lv̩^{33}, nɑ^{21} dʑi^{21} lo^{55} le^{33} hə^{21}. | bv̩^{33} phər^{21} kɯ^{21} mə^{33} thv̩^{55}, khɑ^{33} dʑi^{21}
乌鸦 羊 不 放 黑 水 翻 去了 羊 白 胆 不 取 苦 水

lo^{55} le^{33} hə^{21}. | tho^{33} phər^{21} pɑ^{55} mə^{33} thv̩^{55}, dʑər^{21} dʑi^{21} lo^{55} le^{33} hə^{21}. | gu^{33} tʂhu^{21} lo^{55} le^{33}
翻 去了 松 白 片 不 砍 脂 水 翻 去了 马 快 翻 去了

hə^{21}, tshʅ^{33} ne^{21} iə^{21} lɑ^{33} lo^{55} le^{33} fæ^{33}.
楚鬼 和 尤鬼 也 翻 又 去

赶着白前足的犏牦牛，去上面翻越高山了。所有的楚鬼和尤鬼也跟着他去上面翻越高山吧！二儿子诺瓦，身穿白羊毛大毡衣，肩上挎着箭囊，手持弓、箭，驱赶着满圈的牛、羊去上面翻越高山了。所有的楚鬼和尤鬼也跟着他去上面翻越高山吧！小儿子补勒，骑着大身子的大象，用快马驮着货物，驱赶着宽角水牛，去上面翻越高山了。所有的楚鬼和尤鬼也跟着他去上面翻越高山吧！鹡鸰鸟不去掏金，越过黄水上去了，所有的楚鬼和尤鬼也跟着它上去吧！乌鸦不放羊，越过黑水上去了，白绵羊不取胆，越过苦水上去了。白松树不砍木片，翻过脂水上去了。快马翻越过去了，楚鬼和尤鬼也翻越过去吧！

525-C-33-23

tɕi^{55} iə^{33} khuɑ^{33} phər^{21} dʑv̩^{33}, khuɑ^{33} zi^{33} lo^{55} le^{33} hə^{21}. | ɯ^{33} nɯ^{33} khuɑ^{33} ʂər^{21} dʑv̩^{33}, kɑ^{33} dɯ^{21}
水牛 角 白 伴 角 美 越 去了 牛 与 角 长 伴 肥壮

lo^{55} le^{33} hə^{21}. | tshʅ^{55} nɯ^{33} to^{55} phər^{21} dʑv̩^{33}, ɕi^{55} be^{33} lo^{55} le^{33} hə^{21}. | khɯ^{33} nɯ^{33} mæ^{33} kuə^{21}
翻 去了 山羊 与 额 白 伴 舌 薄 翻 去了 狗 与 尾 卷

dʑv̩^{33}, tʂʅ^{21} tʂhu^{21} lo^{55} le^{33} hə^{21}. | bu^{21} nɯ^{33} nv̩^{55} phv̩^{33} dʑv̩^{33}, tʂhər^{21} gu^{21} lo^{55} le^{33} hə^{21}. æ^{21}
伴 爪 快 翻 去了 猪 与 嘴 拱 伴 肥肉 背 翻 去了 鸡

nɯ^{33} ɕə^{21} gu^{55} ʥy̩^{33}, ɯ^{33} ʥi^{21} ʥi^{21} tʂuɑ^{21} lo^{55} le^{33} hə^{21}. | khy̩^{55} i^{33} ʥi^{21} bər^{33} lo^{21} mə^{33}
与 雕 伴 鸟 飞 飞 健 翻 去了 夜 呀 水 迁徙 处 不

mæ^{21}, so^{21} i^{33} i^{33} bi^{21} khu^{33} nɯ^{33} lo^{55} le^{33} hə^{21}. | khy̩^{55} gə^{33} ɯ^{33} hɑ^{55} lo^{21} mə^{33} mæ^{21}, so^{21}
赶上 晨 呀 江边 处 从 翻 去了 夜 的 鸟 栖 处 不 赶上 晨

i^{33} ɯ^{33} ʥi^{21} ɯ^{33} tʂuɑ^{21} lo^{55} le^{33} hə^{21}. | khy̩^{55} gə^{33} ɯ^{33} hɑ^{55} lo^{21} mə^{33} mæ^{21}, so^{21} i^{33} ky̩^{33} ky̩^{55}
呀 鸟 飞 鸟 健 翻 去了 夜 的 鸟 栖 处 不 赶上 晨 呀 蛋 壳

ky̩^{33} ʥi^{21} dy^{21} ȵə^{21} lo^{55} le^{33} hə^{21}. khy̩^{55} i^{33} zə̩^{21} hɑ^{55} lo^{21} mə^{33} mæ^{21}, so^{21} gə^{33} be^{33} hɑ^{55} lo^{21}
蛋 浆 地 里 翻 去了 夜 呀 草 宿 处 不 赶上 晨 的 雪 宿 处

le^{33} hə^{21}. | khy̩^{55}gə^{33} ʨi^{21} hɑ^{55}、 hər^{33} hɑ^{55} lo^{21} mə^{33} mæ^{21}, so^{21} i^{33}hɯ^{21} hɑ^{55} lo^{21} le^{33} hə^{21}. |
去了 夜 的 云 宿 风 宿 处 不 赶上 晨 呀 雨 宿 处 去了

gy̩^{33} tshər^{21} ʥi^{33} si^{33} mu^{21}, ʂər^{33} tshər^{21} tshʅ^{33} hɯ^{21} tshʅ^{33} ʥæ^{33} lo^{55} le^{33} fæ^{33}. | khy̩^{55} i^{33} ʥər^{21}
九 十 人 苦 的 七 十 楚鬼 富 楚鬼 裕 翻 又 去 夜 呀 树

bər^{33} lo^{21} mə^{33} thy̩^{33}, so^{21} i^{33} khuɑ^{55} thy̩^{33} khuɑ^{55} ze^{33} lo^{55} le^{33} fæ^{33}.
迁徙 处 不 到 晨 呀 碗 出 碗 削 翻 又 去

水牛与它白色的角相伴，（抖动着）美丽的（双）角翻越而去了。牛与它的长角相伴，拖着一身膘翻越而去了。山羊与它白色的额头相伴，（伸着）薄薄的舌头翻越而去了。狗与它卷着的尾巴相伴，使着快爪翻越而去了。猪与它拱着的嘴相伴，背着一身肥肉翻越而去了。鸡与大雕相伴，健飞着翻越而去了。夜里赶不到水迁徙的地方，第二天早晨就从江边翻越而去了。夜里赶不到鸟类栖息的地方，第二天早晨，就健飞着翻越而去了。夜里赶不到鸟类栖息的地方，第二天早晨就从有蛋壳、蛋浆的地方翻越而去了。夜里赶不到草住宿的地方，第二天早晨就从雪住宿的地方翻越而去了。夜里赶不到云、风住宿的地方，第二天早晨就从雨住宿的地方翻越而去了。世上的九十种人都有苦处，（你们）七十种楚鬼到富裕的地方去吧！夜里赶不到树迁徙的地方，第二天早晨就从砍树削木碗的地方翻越而去吧！

525-C-33-24

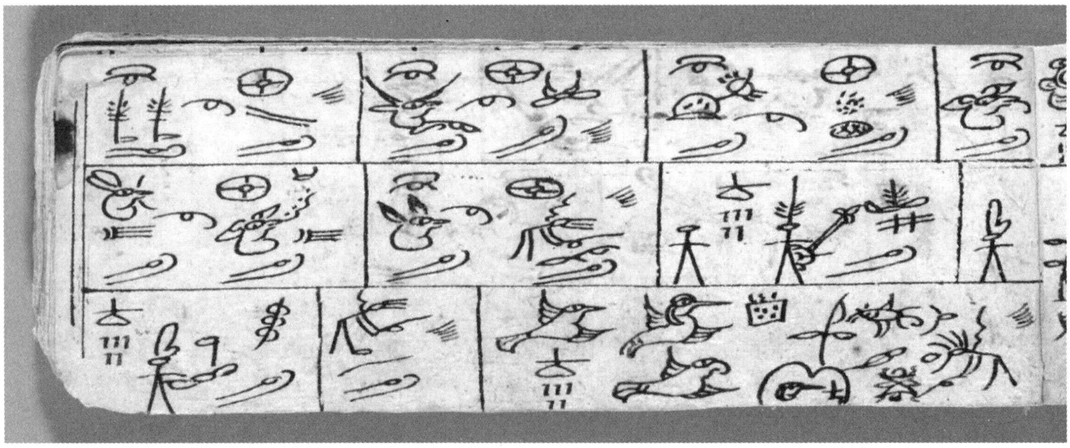

khv̩^{55} gə^{33} mɯ^{55} hɑ^{55} lo^{21} mə^{33} mæ^{21}, so^{21} i^{33} le^{55} mɑ^{21} ɑ^{33} ʂər^{21} ʂər^{21} dər^{33} lo^{55} le^{33} fæ^{33}. |

夜 的 竹子 宿 处 不 赶上 晨 呀 竹子 筷子 长 短 翻 又 去

khv̩^{55} gə^{33} nɯ^{21} hɑ^{55} lo^{21} mə^{33} mæ^{21}, so^{21} i^{33} khuɑ^{33} phæ^{55} he^{33} ɕə^{55} lo^{55} le^{33} fæ^{33}. |

夜 的 牲畜 宿 处 不 赶上 晨 么 角 竖 耳 立 越 又 去

khv̩^{55} gə^{33} o^{33} le^{33} tʂʅ^{21} hɑ^{55} lo^{21} mə^{33} mæ^{21}, so^{21} i^{33} phɯ^{33} bv̩^{33} phɯ^{33} ɕə^{55} lo^{55} le^{33} fæ^{33}. |

夜 的 谷堆 与 粮食 宿 处 不 赶上 晨 呀 糠 堆 糠 吹 越 又 去

khv̩^{55} gə^{33} hy^{33} hɑ^{55} lo^{21}mə^{33} mæ^{21}, so^{21} i^{33} lɯ^{55} khɯ^{33} sɑ^{55} ɯ^{33} khuɑ^{33} tshɿ^{21} lo^{55} le^{33} fæ^{33}. |

夜 的 野兽 宿 处 不 赶上 晨 呀 猎 狗 气 好 声 细 翻 又 去

khv̩^{55} gə^{33} dʑi^{33} le^{33} tsho^{21} hɑ^{55} lo^{21} mə^{33} mæ^{21}, so^{21} i^{33} tshɿ^{33} bər^{33} iə^{21} bər^{33} lo^{55} le^{33} fæ^{33}. |

夜 的 精人 与 崇人 宿 处 不 赶上 晨 呀 楚鬼 迁徙 尤鬼 迁徙 翻 又 去

tʂuɑ^{21} mu^{33} tʂuɑ^{21} tʂʅ^{33} uɑ^{21}, thɯ^{55} ko^{55} gæ^{21} le^{33} ʂu^{55}, ə^{33} sɿ^{21} kuɑ^{21} be^{33} nɯ^{33} tv̩^{55} tv̩^{21} ȵə^{21}

男 呀 男 所有 腰 间 刀 又 拔 父亲 胸部 心 正对 处

dɯ^{33} tɕi^{33} ne^{21}, nɯ^{33} gu^{21} sər^{55} tɕhi^{21} lo^{55} le^{33} fæ^{33}. | bɯ^{33} mu^{33} bɯ^{33} tʂʅ^{33} uɑ^{21}, i^{55} kho^{33}

一 放 着 心 疼 肝 痛 翻 又 去 女 呀 女 所有 袖口

ko^{21} tshɿ^{21} ʂu^{55}, ə^{33} me^{33} sər^{55} tv̩^{55} tv̩^{21} ȵə^{21} dɯ^{33} tɕi^{33} ne^{21}, tshɿ^{33} ne^{21} iə^{21} i^{33} ə^{33} me^{33} nɯ^{33}

针 细 拔 母亲 肝 正对 处 一 放 着 楚鬼 与 尤鬼 呀 母亲 心

gu^{21}lo^{55} le^{33} fæ^{33}. | dv̩^{33} mu^{33} dv̩^{33} tʂʅ^{33} dʐʅ^{21}, ko^{33} ne^{21} kə^{55} nɯ^{33} sɿ^{33}, tshɿ^{33} ne^{21} iə^{21} tʂʅ^{33}

痛 翻 又 去 翅 呀 翅 所 生 鹤 与 老鹰 由 引 楚鬼 与 尤鬼 这

huɑ^{55}, bu^{21} kv̩^{33} sər^{33} tshe^{55} hæ^{21} bæ^{33} tɕhi^{55}, phiə^{55} kv̩^{33} hæ^{21} dʑi^{21} thɯ^{21} i^{33} lo^{55} le^{33} fæ^{33}.

群 坡 上 树 叶 金 糖 吮 叶 上 金 水 喝 呀 翻 又 去

夜里赶不到竹子住宿的地方，第二天早晨就从有长短竹筷的地方翻越而去吧！夜里赶不到牲畜住宿的地方，第二天早晨就扬起头竖起耳朵翻越而去吧！夜里赶不到谷堆与粮食住宿的地方，第二天早晨就从糠堆中吹着糠翻越而去吧！夜里赶不到野兽住宿的地方，第二天早晨就随着好声、好气的猎狗翻越而去吧！夜里赶不上精人与崇人住宿的地方，第二天早晨（你们）楚鬼与尤鬼就迁徙而去吧！所有的男子，拔出腰间的刀，正对父亲胸部的心脏放一放时，就像男儿把刀尖刺进了父亲的心脏一样，使父亲痛心痛肝了。所有的女子，拔出袖口上的细针，正对母亲胸部的肝脏放一放时，就像女儿把细针插在母亲的肝脏一样，使母亲痛心痛肝了。但是，既然你们做了楚鬼、尤鬼，就只好离开父母翻越而去了。在所有长翅的禽类中，由鹤与老鹰引路飞到高原上，你们这群楚鬼与尤鬼也和鹤与鹰一样到高原上去吧!到山坡上去吸吮树上结巢的金蜂蜜，去喝树叶上的金水吧！

525-C-33-25

khuɑ^{33} mu^{33} khuɑ^{33} tʂhʅ^{33} dʐʅ^{21}, lɑ^{33} mu^{33} lɑ^{33} tsɑ^{55} bu^{21}, tshy̩^{33} dʑi^{21}、tshe^{33} dʑi^{21} thɯ^{21}, bɑ^{21}
蹄 呀 蹄 所生 拉姆拉兆埔 硝 水 盐 水 喝 花

ky̩^{33} dzər^{33} dʑi^{21} thɯ^{21} le^{33} fæ^{33}. | gy̩^{33} tshər^{21}tshʅ^{33} ne^{21} iə^{21}, ʂər^{33} tshər^{21} tər^{21} ne^{21} lɑ^{33} tʂhʅ^{33}
上 露 水 喝 又 去 九 十 楚鬼 与 尤鬼 七 十 呆鬼 与 佬鬼 所有

uɑ^{21}, | tshe^{21} ȵi^{33} dʑi^{33} khə^{21} bu^{21} , iə^{21} tʂhə^{55} ly̩^{33} me^{33} nɑ^{21}, tho^{33} dʐʅ^{21}, bɯ^{21} dʐʅ^{21} tʂu^{55}, gu^{33}
陈尼究寇埔 尤凑 石 大 黑 松 长 栗 长 间 竹子

mi^{21} ly̩^{33} kæ^{21} dæ^{21}, iə^{21} dʐʅ^{33} ə^{33} dʐʅ^{33}、kə^{55} thy̩^{33} si^{33} kuɑ^{33} khə^{21}, | sər^{33} ky̩^{33} hæ^{21} ly^{33} sʅ^{55},
石 场 地 尤孜欧孜 构土希瓜 处 树 上 金 果 摘

phiə^{55} ky̩^{33} hæ^{21} dʑi^{21} thɯ^{21}, sər^{33} tshe^{55} hæ^{21} bæ^{33} tɕhi^{55}, sər^{33} ky̩^{33} bɑ^{21} zi^{33} dʐʅ^{33} le^{33} fæ^{33}. ‖
叶 上 金 水 喝 树 叶 金 蜂蜜 吮 树 上 花 美 吃 又 去

mi^{33} 、tʂhər^{21} 、ʂu^{21}①, mɯ^{33}gy̩^{33} kə^{55} tse^{33}mi^{55}、kə^{55}tse^{33} kə^{55} ər^{21} mi^{55} me^{33}me^{21}ŋy̩^{21} ku^{55} pu^{55},
美古构贞命 构曾构朗命 姐姐 银 锄 带

gu^{33} me^{33} hæ^{21} ku^{55} pu^{55}, dʑi^{21} by^{33} dʑi^{21} sɑ^{55} ne^{21}. | ə^{33} by̩^{21} tse^{33} nɑ^{55} zo^{33}, ə^{33} by̩^{21} ŋy̩^{21} gæ^{21}
妹妹 金 锄 带 水 分 水 引 着 哥哥 珍纳若 哥哥 银 刀

hæ^{33}, tse^{33} nɑ^{55} gy̩^{33} dɯ^{21} zo^{33}, gɯ^{33} zʅ^{33} hæ^{21} gæ^{21} hæ^{33}, dʑi^{21} sɑ^{55} dʑi^{21} by^{33} ne^{21}. | dʑi^{21} i^{33}
挎 增纳古迪若 弟弟 金 刀 挎 水 引 水 分 着 水 流

tshe^{21} ȵi^{33} ho^{21}, gə^{33} gə^{21} tʂhuɑ^{55} tsɑ^{33} ne^{21}, tʂhuɑ^{55} bɑ^{21} gə^{33} gə^{21} ʂʅ^{21}.
十 二 条 上面 六 挖 着 六 条 上面 引

所有生蹄的兽类，都到拉姆拉兆埔去喝硝水和盐水；去喝花朵上的露水吧！九十个楚鬼和尤鬼，七十个呆鬼与佬鬼都到陈尼究寇埔，尤凑大黑石旁，长着松树、栗树、竹子的石场处住

① mi^{33}、tʂhər^{21}、ʂu^{21}：无法连读成句。

着尤孜欧孜、构土希瓜的地方去摘树上的金果，去喝树叶上的金水，去吸吮树上结巢的金蜂蜜，去吃树上的美花吧！

美古构贞命、构曾构朗命姐妹带着银锄头、金锄头，在分水、引水。哥哥珍纳若挎着银刀，弟弟增纳古迪若挎着金刀，在分水、引水。在流淌着十二条水的河口，朝上方挖六锄，把六条水引到上方。

525-C-33-26

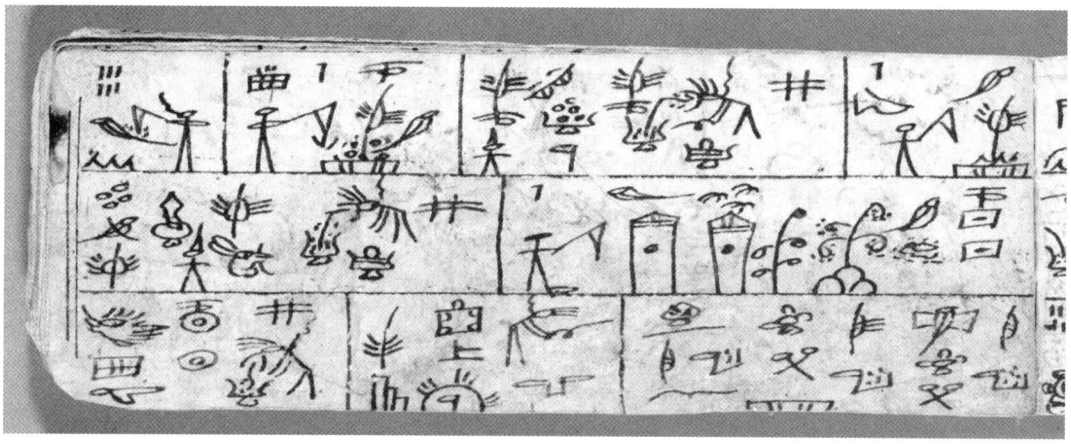

mi^{33} mi^{21} tʂhuɑ^{55} tsɑ^{33} ne^{21}, tʂhuɑ^{55} bɑ^{21} mi^{33} mi^{21} ʂʅ^{21}. | dɯ^{33} bɑ^{21} phʏ^{55} nɯ^{33} ʂʅ^{21}, tʂʅ^{55}
下方 六 理 着 六 条 下方 引 一 条 普 由 引 土

phər^{21} lɯ^{33} ȵə^{21} ko^{33}, tʂʅ^{55} phər^{21} ɕi^{21} phər^{21} tʏ^{21}, | ɕi^{33} phər^{21}dʏ^{21} lʏ^{55} be^{22}, tʂhuɑ^{33} phər^{21}
白 地 里 灌溉 土 白 稻 白 种 稻 白 饭团 做 米 白

ɕə^{55} miə^{33} be^{33}, ɕi^{33} phər^{21} ko^{21} pe^{55} be^{33}, ʐʅ^{33} ne^{21} hɑ^{33} le^{33} be^{33}, tshɿ^{33} ne^{21} iə^{21} gu^{21} lo^{21}. |
饵块 做 稻 白 扁米 做 酒 与 饭 又 做 楚鬼 与 尤鬼 后 施

dɯ^{33} bɑ^{21} bə^{33} nɯ^{33} ʂʅ^{21}, tʂʅ^{55} ɕy^{21} lɯ^{33} ȵə^{21} ko^{33}, tʂʅ^{55} ɕy^{21} ʥe^{33} ɕy^{21} phʏ^{55}, tsɿ^{33},① ʥe^{33}
一 条 崩人 由 引 土 红 地 里 灌溉 土 红 麦 红 撒 麦

dʐər^{33} dʏ^{21} lʏ^{55}、dʏ^{21} phe^{55} be^{33}, ʥe^{33} dʐər^{33} ɑ^{55} le^{55} mɑ^{21} le^{55} be^{33}, ʐʅ^{33} ne^{21} hɑ^{33} le^{33} be^{33},
新 饭团 饵块 片 做 麦 新 粑粑 做 酒 与 饭 又 做

tshɿ^{33} ne^{21} iə^{21} gu^{21} lo^{21}. | dɯ^{33} bɑ^{21} nɑ^{21} nɯ^{33} ʂʅ^{21}, nɑ^{21} mu^{33} ȵi^{33} be^{33} ko^{55} ȵə^{21} ko^{33}, sər^{33}
楚鬼 与 尤鬼 后 施 一 条 纳人 由 引 广大 两 村 里 灌溉 树

kʏ^{33} gʏ^{33} dʏ^{21}, lʏ^{33} kʏ^{33} thɑ^{55}dʐʅ^{21},ʥi^{33} kʏ^{33} ʥi^{33} khʏ^{55} be^{33}；bæ^{33} phər^{21}、bæ^{33} nɑ^{21} be^{33}. bu^{21}
上 核桃 石 上 柿子 水 中 石花菜 做 糖 白 糖 黑 做 肥猪

ȵi^{55} ʂʅ^{21} dʏ^{33} kho^{55}, tʂhər^{21} ʂʅ^{33}、nɑ^{55} ʂʅ^{33} be^{33}. mɑ^{33} phər^{21}mɑ^{21} lʏ^{21} be^{33}, ʐʅ^{33} ne^{21} hɑ^{33} le^{33}
黄色 杀 肥 肉 瘦 肉 做 酥油 油 饼 做 酒 与 饭 又

① tsɿ^{55}：无法与其他字符连读。

be^{33}, tshɿ^{33} ne^{21} iə^{21}gu^{21} lo^{21}.｜tshɿ^{33} ne^{21} iə^{21} tʂhʅ^{33} uɑ^{21}, sər^{33} dʐɿ^{21} dʑə^{21} ʂə^{55} ko^{21} ȵə^{21} le^{33}
做 楚鬼 与 尤鬼 后 施 楚鬼 与 尤鬼 所有 斯孜久受果 处 又

thy̩^{33} se^{21}.｜ʐʅ^{33} tshɿ^{21}、ʐʅ^{33} pɑ^{21}tshy^{55} i^{33} ʐuɑ^{21} le^{33} fæ^{33}; dy^{21} dɯ^{21}、dy^{21} tɕi^{55} tshy^{55} i^{33} ʐuɑ^{21}
到 了 路 窄 路 宽 赔 呀 还 又 去 地 大 地 小 赔 呀 还

le^{33} fæ^{33}; dʑo^{21} dɯ^{21} 、dʑo^{21} tɕi^{55} tshy^{55} i^{33} ʐuɑ^{21} le^{33} fæ^{33}.｜
又 去 桥 大 桥 小 赔 呀 还 又 去

朝下方挖六锄，把六条水引到下方。其中一条由普人引进白土地里灌溉，白土地里种上白稻，（成熟后）用白稻米做饭团；用白米做饵块；用白稻做扁米；做米酒、米饭。施给楚鬼和尤鬼。其中一条由崩人引进红土地里灌溉，红土地里播上红麦子，（成熟后）用新麦面做饭团和饵块片；做新麦面粑粑，做麦子酒、麦子饭。施给楚鬼和尤鬼。其中一条由纳人引进广阔的两村间灌溉，摘来树上的核桃；摘来乱石间柿子树上的柿子；采来水中的石花菜；做白糖、黑糖；宰杀黄色的大肥猪，割下肥肉、瘦肉；做酥油饼，做酒和饭，施给楚鬼和尤鬼。所有的楚鬼和尤鬼到达了斯孜久受果高原。去偿还窄路、宽路的债；去偿还大地、小地的债；去偿还大桥、小桥的债。

525-C-33-27

bu^{21} ʂuɑ^{21}、bu^{21} hy^{21} tshy^{55} i^{33} ʐuɑ^{21} le^{33} fæ^{33}; ko^{21} dɯ^{21}、ko^{21} tɕi^{55} tshy^{55} i^{33} ʐuɑ^{21} le^{33}
坡 高 坡 矮 赔 呀 还 又 去 高原 大 高原 小 赔 呀 还 又

fæ^{33}.｜dɯ^{33} khy̩^{55} tɕhi^{21} i^{33}, ty̩^{21} khy̩^{55} tɕhi^{21} i^{33} ʐuɑ^{21} le^{33} fæ^{33}. dɯ^{33} he^{33} tɕhi^{21} i^{33}, ty̩^{21} he^{33}
去 一 年 口粮 呀 千 年 口粮 呀 还 又 去 一 月 口粮 呀 千 月

tɕhi^{21} i^{33} ʐuɑ^{21} le^{33} fæ^{33}. dɯ^{33} ȵi^{33} tɕhi^{21} i^{33}, ty̩^{21} ȵi^{33} tɕhi^{21} i^{33} ʐuɑ^{21} le^{33} fæ^{33}. dɯ^{33} hɑ^{55} tɕhi^{21}
口粮 呀 还 又 去 一 日 口粮 呀 千 日 口粮 呀 还 又 去 一 夜 口粮

i^{33} ty̩^{21} hɑ^{55} tɕhi^{21} i^{33} ʐuɑ^{21} le^{33} fæ^{33};｜tshɿ^{33} ne^{21} iə^{21} tʂhʅ^{33} uɑ^{21}, hɑ^{33} dʐɿ^{33} du^{33} mə^{33} ky̩^{55},
呀 千 夜 口粮 呀 还 又 去 楚鬼 与 尤鬼 所有 饭 吃 量 不 会

bɯ^{21} sər^{33} khuɑ^{55} nɯ^{33} du^{33} le^{33} fæ^{33}; ʐʅ^{33} iə^{55} du^{33} mə^{33} ky̩^{55}, tʂhu^{21} nɑ^{55} pi^{33} li^{21} khuɑ^{33}
栗 木 碗 由 量 又 去 酒 给 量 不 会 墨玉石 黑 竹节 管

nɯ33 du33 le33 fæ33. | tshʅ33 khɯ33 gə21 khɯ55, iə21 ʐuɑ33 gə21 ly55 fæ3. | ty̩21 dʑi21 nɑ21
由 量 又 去 楚鬼 狗 上 放 尤鬼 马 上 放 去 千 房 黑

khy̩55khy̩55, tshʅ33 dʑi21、iə21 dʑi21tʂhə21 mə33dʑy33. kɯ33miə21 le33 uə55uə33 , tshʅ33ne21 iə21 uə33
压压 楚鬼 房 尤鬼 房 这 不 有 万 眼 又 察看 楚鬼 与 尤鬼 村

tʂhə21 mə33 dʑy33, tʂhʅ33 dy21 phi55 le33 fæ33. | gy̩33 tshər21 tshʅ33 ne21 iə21 , ʂər33 tshər21 tər21
这 不 有 这地 弃 又 去 九 十 楚鬼 与 尤鬼 七 十 呆鬼

ne21 lɑ33 tʂhʅ33 uɑ21, | tʂhʅ33 mɯ33 tʂhʅ33 dy21 lo21 , be33 le33 be55 tshʅ21 zʅ33 nɯ33 dʐʅ21 me33
与 佬鬼 所有 这 天 这 地 里 人类 由 住 的

dy21, mə33 tʂhə55 mə33 ʂu21 iə33, tʂhʅ33 dy21 dʐʅ21 mə33 du33. | mə33 be33 dʐʅ33 mə33 thɑ55, |
地 不 秽 不 净 的 这 地 住 不 兴 不 干 吃 不 能

mə33 ly̩55 tʂhɑ21 mə33 thɑ55, dʑi33 zi33 mu21 mə33 mæ33.
不 放 挤 不 能 衣 美 穿 不 得

去偿还高坡、低坡的债；去偿还大高原、小高原的债；把一年的口粮当作千年的口粮去偿还（楚鬼、尤鬼的）债；把一个月的口粮当作一千个月的口粮去偿还（楚鬼、尤鬼的）债；把一日的口粮当作千日的口粮去偿还（楚鬼、尤鬼的）债；把一夜的口粮当作千夜的口粮去偿还（楚鬼、尤鬼的）债。所有的楚鬼和尤鬼，所施的食不会估量，就用栗木碗量着去吃；所施的酒不会估量，就用像黑墨玉石色的竹管量着去喝。把楚鬼的狗放到上面去，把尤鬼的马放到上面去。（在此天地间）有成千黑压压的房屋，但没有楚鬼和尤鬼的房屋。用万双眼睛察看，这里没有楚鬼、尤鬼的村庄，把这地方抛弃了吧！九十个楚鬼和尤鬼，七十个呆鬼与佬鬼，这天地是人类居住的地方，是不干净的，不兴住这里，在这里不做活就没有吃的饭，不放牧就没有挤的奶，穿不到漂亮的衣服，

525-C-33-28

mə33 tɕy21 bɑ21 mə33 do21 me33 dy21. | tshʅ33 ne21 iə21 tʂhʅ33 uɑ21, miə21 dʑə21 ko21 bɑ21 ly21
不 下扣 捕获 不 见 的 地 楚鬼 和 尤鬼 所有 眼 好 高原 花 看

le^{33} fæ^{33}, khɯ^{33} dʑə^{21} iə^{55} tsɿ^{21} thy̩^{55} le^{33} fæ^{33}.｜so^{33} ʂuɑ^{21} tshy̩^{33} dʑi^{21} thɯ^{21}, so^{33} ʂuɑ^{21} hæ^{21}
又 去 脚 好 又子花 踩 又 去 山巅 高 硝 水 喝 山巅 高 金

bæ^{33} tɕhi^{55}, ky̩^{33} ȵə^{21} bɑ^{21} zi^{33} tʂhu^{55} le^{33} fæ^{33}.｜tɕi^{21} phər^{21}、hər^{33} phər^{21} dɑ^{21}, sɿ^{33} phər^{21}
蜜 吮 头 上 花 美 插 又 去 云 白 风 白 织 羊毛 白

mu^{21} le^{33} fæ^{33}. lɑ^{33} ɕy^{21} dʑæ^{33} le^{33} fæ^{33}. tʂhuɑ^{55} phər^{21} ly̩^{55} le^{33} fæ^{33}. ɕy^{33} ȵi^{55} tshɑ^{21} le^{33}
穿 又 去 虎 红 骑 又 去 鹿 白 放 又 去 野兽 奶 挤 又

fæ^{33}.｜tɕi^{33} phər^{21} ʐuɑ^{33} ko^{33} dʑæ^{33}, ky̩^{33} ȵə^{21} bɑ^{21} zi^{33} tʂhu^{55} le^{33} fæ^{33}.｜tshɿ^{33} khɯ^{33}、iə^{21}
去 云 白 马 公 骑 头 上 花 美 插 又 去 楚鬼 狗 尤鬼

khɯ^{33}gə^{21}khɯ^{55}fæ^{33}; tshɿ^{33}ʐuɑ^{33}、iə^{21}ʐuɑ^{33}gə^{21}ly^{55}fæ^{33}.｜ko^{33} phər^{21} tɕi^{21}nɯ^{33} gə^{21} le^{33} tʂər^{55},
狗 上 放 去 楚鬼 马 尤鬼 马 上 放 去 鹤 白 云 从 上 又 飞

lɑ^{33}hy^{21}so^{33}nɯ^{33} gə^{21} le^{33} tʂər^{55},｜tʂhuɑ^{55}phər^{21} ŋy̩^{33} ly̩^{33} lɯ^{21}tʂhʅ^{55} ɯ^{33} nɯ^{33} gə^{21} le^{33}tʂər^{55}.｜
虎 红 山巅 从 上 又 跑 鹿 白 雪山 松林带 从 上 又 奔跑

bæ^{33} nɑ^{55} hɯ^{55} nɯ^{33} gə^{21} le^{33} tʂər^{55},｜gy̩^{33} tshər^{21} tshɿ^{33} ne^{21} iə^{21}, ʂər^{33} tshər^{21} tər^{21} ne^{21} lɑ^{33}
野鸭 黑 海 从 上 又 飞 九 十 楚鬼 与 尤鬼 七 十 呆鬼 与 佬鬼

gə^{21} le^{33} tʂər^{55}.｜bi^{33} thy̩^{33} mə^{55} tʂhʅ^{33} ȵi^{33},
上 又 去 太阳 出 的 这 日

不下扣就捕不到猎物。所有的楚鬼和尤鬼，好眼睛去观看高原上的花；好脚去踩又子花。到山巅去喝硝水；到山巅去吸吮蜂蜜；头上插美丽的花朵吧！去织白云、白风；去披白羊毛毡子；去骑赤虎；去牧白鹿；去挤野兽的奶。头上插着美丽的花朵去骑像白云一样白的公马吧！把楚鬼和尤鬼的狗放到上面去，把楚鬼和尤鬼的马放到上面去。白鹤从白云间飞上去，赤虎从山巅跑上去。白鹿从雪山松林带奔跑上去；黑野鸭从海边飞上去。九十个楚鬼和尤鬼，七十个呆鬼和佬鬼到上面去。

天气晴朗的这天，

525-C-33-29

i^{33} dɑ^{21} tʂʅ^{33} dɯ^{33} dʑi^{13}, lɯ^{55} kv̩^{33} py^{33} bv̩^{21} nɯ^{33}, gv̩^{33} tshər^{21} tshʅ^{33} ne^{21} iə^{21} gə^{21} le^{33}
主人 这 一 家 高明 东巴 由 九 十 楚鬼 与 尤鬼 上 又

tɕhi^{33}, | ʂər^{33} tshər^{21} tər^{21} ne^{21} lɑ^{33} gə^{21} le^{33} tɕhi^{33}, me^{21} ne^{21} ze^{21}, kɯ^{21} ne^{21} zɑ^{21} gə^{21} le^{33}
送 七 十 呆鬼 与 佬鬼 上 又 送 枚鬼 与 仁鬼 星鬼 与 饶星鬼 上 又

tɕhi^{33}, | dv̩^{21} ne^{21} tse^{21}、tɕi^{21} ne^{21} hər^{21}、mu^{33} ne^{21} ɯ^{21} gə^{21} le^{33} tɕhi^{33}. | lɯ^{55} kv̩^{33} py^{33} bv̩^{21}
送 毒鬼 与 仄鬼 云鬼 与 风鬼 猛鬼 与 恩鬼 上 又 送 高明 东巴

nɯ^{33} tshv̩^{33} tɕhi^{33} bɯ^{33} me^{33}, ho^{33} gv̩^{33} lo^{21} gə^{33} du^{21} lɑ^{21} phu^{55} nɯ^{33} tɕhi^{33}. i^{33} tʂʅ^{33} mɯ^{21}
由 送 去 么 北方 的 卢神 手 中 由 送 南方

gə^{33} se^{21} lɑ^{21} phu^{55} nɯ^{33} tɕhi^{33}. | phər^{21} tshi^{55} tsho^{33} gə^{33} dʐʅ^{33} ne^{21} mu^{55} nɯ^{33} tɕhi^{33}. be^{33}
的 沈神 手 中 由 送 白 层叠 的 酋长 与 长老 由 送 村

khɯ^{33} tɕy^{21} gə^{33} py^{21} nɯ^{33} tshʅ^{33} ne^{21} iə^{21} tshv̩^{33} gə^{21} le^{33} tɕhi^{33}. | dər^{33} ɯ^{33} ɯ^{33} kho^{21} lɯ^{33}
旁边 的 东巴 由 楚鬼 与 尤鬼 送 上 又 送 良田 好 恩柯 地

nɯ^{33} tshʅ^{33} ne^{21} iə^{21} tshv̩^{33} gə^{21} le^{33} tɕhi^{33}. pv̩^{21} me^{33} dʑy^{33} lɯ^{33} tɯ^{33}; uɑ^{21} me^{33} sɑ^{33} lɯ^{33}
从 楚鬼 与 尤鬼 送 上 又 送 干 的 蔓菁 地 里 湿 的 麻 地

kho^{55} nɯ^{33} tshʅ^{33} ne^{21} iə^{21} tshv̩^{33} gə^{21} le^{33} tɕhi^{33}. | ʐʅ^{21} ɯ^{33} mɯ^{33} tsʅ^{21} dv̩^{21} nɯ^{33} tshʅ^{33} ne^{21}
里 从 楚鬼 与 尤鬼 送 上 又 送 火葬场 从 楚鬼 与

iə^{21} tshv̩^{33} gə^{21} le^{33} tɕhi^{33}. be^{33} kv̩^{33}、be^{33} mæ^{33} nɯ^{33} tshʅ^{33} ne^{21} iə^{21} tshv̩^{33} gə^{21} le^{33} tɕhi^{33}.
尤鬼 送 上 又 送 村 头 村 尾 从 楚鬼 与 尤鬼 送 上 又 送

高明的东巴为这一主人家，把九十个楚鬼和尤鬼送到上面；把七十个呆鬼和佬鬼送到上面，把枚鬼和仁鬼、星鬼和饶星鬼送上去；把毒鬼、仄鬼、云鬼、风鬼、猛鬼、恩鬼送上去。高明的东巴要送鬼时，是由北方的卢神之手送的；是由南方的沈神之手送的；是由住在白石层叠的山崖旁的酋长和长老之手送的。是由住在村子旁的东巴把楚鬼和尤鬼送上去的。从好良田恩柯①把楚鬼和尤鬼送上去。从干地蔓菁田里、湿地大麻田里把楚鬼和尤鬼送上去。从火葬场把楚鬼和尤鬼送上去。从村头、村尾把楚鬼和尤鬼送上去。

---

① 恩柯：音译地名，为今丽江市玉龙县黄山乡长水村。后文的“茨满”等皆为音译地名，不再一一作注。

525-C-33-30

tshɿ^{55} mæ^{33} lɯ^{33} nɯ^{33} tshɿ^{33} ne^{21} iə^{21} tshy̩^{33} gə^{21} le^{33} tɕhi^{33}. lɑ^{33} sɑ^{21} dʐʅ^{33} nɯ^{33} tshɿ^{33} ne^{21} iə^{21}
茨满 地 从 楚鬼 与 尤鬼 送 上 又 送 拉沙支 从 楚鬼 与 尤鬼

tshy̩^{33} gə^{21} le^{33} tɕhi^{33}. phy̩^{55} tshɿ^{21} uə^{33} nɯ^{33} tshɿ^{33} ne^{21} iə^{21} tshy̩^{33} gə^{21} le^{33} tɕhi^{33}. | ʂuɑ^{55} uə^{33}
送 上 又 送 铺此乌 从 楚鬼 与 尤鬼 送 上 又 送 束河

lɯ^{33} nɯ^{33} tshɿ^{33} ne^{21} iə^{21} tshy̩^{33} gə^{21} le^{33} tɕhi^{33}. bə^{33} ʂʅ^{21} lɯ^{33} nɯ^{33} tshɿ^{33} ne^{21} iə^{21} tshy̩^{33} gə^{21}
地方 从 楚鬼 与 尤鬼 送 上 又 送 白沙 地 从 楚鬼 与 尤鬼 送 上

le^{33} tɕhi^{33}. sɑ^{33} sɿ^{21} khæ^{33} nɯ^{33} tshɿ^{33} ne^{21} iə^{21} tshy̩^{33} gə^{21} le^{33} tɕhi^{33}. phər^{21} tho^{33} kho^{55}、 nɑ^{21}
又 送 沙术康 从 楚鬼 与 尤鬼 送 上 又 送 盘通课 拿通课

tho^{33} kho^{55} nɯ^{33} tshɿ^{33} ne^{21} iə^{21} tshy̩^{33} gə^{21} le^{33} tɕhi^{33}. dʑæ^{21} dʑæ^{33} bu^{21}、 bɯ^{21} uɑ^{33} by^{33} nɯ^{33}
从 楚鬼 与 尤鬼 送 上 又 送 占章埔 本瓦卑 从

tshɿ^{33} ne^{21} iə^{21} tshy̩^{33} gə^{21} le^{33} tɕhi^{33}. | mɯ^{21} gæ^{21} tsɿ^{33}、 gə^{21} gæ^{33} bæ^{21} nɯ^{33} tshɿ^{33} ne^{21} iə^{21}
楚鬼 与 尤鬼 送 上 又 送 下甲子 苟甘板 从 楚鬼 与 尤鬼

tshy̩^{33} gə^{21} le^{33} tɕhi^{33}. | dʑi^{33} phər^{21} bu^{21}、dʑi^{33} nɑ^{55} bu^{21} nɯ^{33} tshɿ^{33} ne^{21} iə^{21} tshy̩^{33} gə^{21} le^{33}
送 上 又 送 金盘埔 金纳埔 从 楚鬼 与 尤鬼 送 上 又

tɕhi^{33}. | gy̩^{33} sɿ^{33} gy̩^{33} iə^{21} ko^{21} nɯ^{33} tshɿ^{33} ne^{21} iə^{21} tshy̩^{33} gə^{21} le^{33} tɕhi^{33}. o^{21} me^{33} tɯ^{33} nɯ^{33}
送 古苏古佑果 从 楚鬼 与 尤鬼 送 上 又 送 俄美丁 从

tshɿ^{33} ne^{21} iə^{21} tshy̩^{33} gə^{21} le^{33} tɕhi^{33}. phər^{21} iə^{55} dɑ^{33} gy̩^{33} dy^{21} nɯ^{33} tshɿ^{33} ne^{21} iə^{21} tshy̩^{33}
楚鬼 与 尤鬼 送 上 又 送 盘佑刀古敦 从 楚鬼 与 尤鬼 送

gə^{21} le^{33} tɕhi^{33}. tshɿ^{33} gy̩^{33} khu^{33}、 ʐu^{21} gy̩^{33} khu^{33} nɯ^{33} tshɿ^{33} ne^{21} iə^{21} tshy̩^{33} gə^{21} le^{33} tɕhi^{33}. |
上 又 送 初古空 惹古空 从 楚鬼 与 尤鬼 送 上 又 送

ze^{33} bər^{21} sɿ^{55} nɯ^{33} tshɿ^{33} ne^{21} iə^{21} tshy̩^{33} gə^{21} le^{33} tɕhi^{33}. le^{33} tho^{21} tɯ^{33}、 khɯ^{33} kho^{55} dæ^{21}
壬班素 从 楚鬼 与 尤鬼 送 上又 送 冷妥丁 肯课担

nɯ^{33} tshɿ^{33} ne^{21} iə^{21} tshy̩^{33} gə^{21} le^{33} tɕhi^{33}. | uɑ^{21} dʑi^{21} bu^{21}、uɑ^{21} zɿ^{33} lo^{21}、y^{33} le^{21} phər^{21} dʐɿ^{33}
从 楚鬼 与 尤鬼 送 上 又 送 瓦吉埔 瓦汝罗 於冷盘主果

ko^{21}、

从茨满把楚鬼和尤鬼送上去。从拉沙支把楚鬼和尤鬼送上去。从埔此乌把楚鬼和尤鬼送上去。从束河把楚鬼和尤鬼送上去。从白沙地把楚鬼和尤鬼送上去。从沙术康把楚鬼和尤鬼送上去。从盘通课、拿通课把楚鬼和尤鬼送上去。从占章埔、本瓦卑把楚鬼和尤鬼送上去。从下甲子、苟甘板把楚鬼和尤鬼送上去。从金盘埔、金纳埔把楚鬼和尤鬼送上去。从古苏古佑果把楚鬼和尤鬼送上去。从俄美丁把楚鬼和尤鬼送上去。从盘佑刀古敦把楚鬼和尤鬼送上去。从初古空、惹古空把楚鬼和尤鬼送上去。从壬班素把楚鬼和尤鬼送上去。从冷妥丁、肯课担把楚鬼和尤鬼送上去。从瓦吉埔、瓦汝罗、於冷盘主果、

525-C-33-31

ɯ^{55} thy̩^{33} uə^{33}、 dʑi^{21} gy̩^{33} bu^{21} nɯ^{33} tshɿ^{33} ne^{21} iə^{21} tshy̩^{33} gə^{21} le^{33} tɕhi^{33}. | pɑ^{33} gy̩^{33} uə^{3}
恩土坞 吉古埔 从 楚鬼 与 尤鬼 送 上 又 送 巴古坞

ky̩^{33} phər^{21} bu^{21}、ky̩^{33} nɑ^{21} bu^{21} nɯ^{33} tshɿ^{33} ne^{21} iə^{21} tshy̩^{33} gə^{21} le^{33} tɕhi^{33}. | dʑi^{33} nɑ^{55} ȵi^{33}
古盘埔 古拿埔 从 楚鬼 与 尤鬼 送 上 又 送 吉纳涅

bu^{21} ky̩^{33} nɯ^{33}tshɿ^{33} ne^{21} iə^{21} tshy̩^{33} gə^{21} le^{33} tɕhi^{33}. ky̩^{33} tshɿ^{33} bu^{21}、gə^{21} ky̩^{55} dy^{21}、ʂu^{33} tho^{21}
埔古 从 楚鬼 与 尤鬼 送 上 又 送 古茨埔 哥顾敦 松拖坞

uə^{33} nɯ^{33}tshɿ^{33} ne^{21} iə^{21} tshy̩^{33} gə^{21} le^{33} tɕhi^{33}. | ky̩^{33} be^{33} bər^{21} ly̩^{55} ko^{21}, ky̩^{33} by^{33} ʐuɑ^{33} ly^{55}
从 楚鬼 与 尤鬼 送 上 又 送 古本班鲁戈 古补阮鲁戈

ko^{21} nɯ^{33} tshɿ^{33} ne^{21} iə^{21} tshy̩^{33} gə^{21} le^{33} tɕhi^{33}. | ʂuɑ^{21}mæ^{33} bu^{21}、 ɕy^{21}mæ^{33} bu^{21} nɯ^{33} tshɿ^{33}
从 楚鬼 与 尤鬼 送 上 又 送 刷满埔 许满埔 从 楚鬼

ne^{21} iə^{21} tshy̩^{33} gə^{21} le^{33} tɕhi^{33}. gy̩^{33} hɯ^{55} tshe^{21} hɯ^{55}①dy^{21} nɯ^{33} tshy̩^{33} tɕhi^{33} gə^{21} le^{33} tɕhi^{33}.
与 尤鬼 送 上 又 送 古赫岑赫敦 从 送 上 又 送

dʑə^{33} khə^{21}bu^{21}、phy̩^{55} dʑə^{33} bu^{21}nɯ^{33}tshʅ^{33}ne^{21} iə^{21} tshy̩^{33}gə^{21} le^{33} tɕhi^{33}. | mə^{33}dɑ^{55}dʑy^{21}、kə^{55}
玖克埔 铺久埔 从 楚鬼 与 尤鬼 送 上 又 送 莫达局

mu^{55} ko^{21}、tɕi^{21} gɯ^{33} dy^{21} nɯ^{33} tshʅ^{33} ne^{21} iə^{21} tshy̩^{33} gə^{21} le^{33} tɕhi^{33}. | tshʅ^{55} ʂə^{55} be^{33}、 hɯ^{21}
构孟各 金庚敦 从 楚鬼 与 尤鬼 送 上 又 送 茨受本 恒

uə^{33} ko^{21}、
乌各

恩土坞、吉古埔把楚鬼和尤鬼送上去。从巴古坞、古盘埔、古拿埔把楚鬼和尤鬼送上去。从吉纳涅埔古把楚鬼和尤鬼送上去。从古茨埔、哥顾敦、松拖坞把楚鬼和尤鬼送上去。从古本班鲁戈、古补阮鲁戈把楚鬼和尤鬼送上去。从刷满埔、许满埔把楚鬼和尤鬼送上去。从古赫岑赫敦把楚鬼和尤鬼送上去。从玖克埔、铺久埔把楚鬼和尤鬼送上去。从莫达局、构孟各、金庚敦把楚鬼和尤鬼送上去。从茨受本、恒乌各、

525-C-33-32

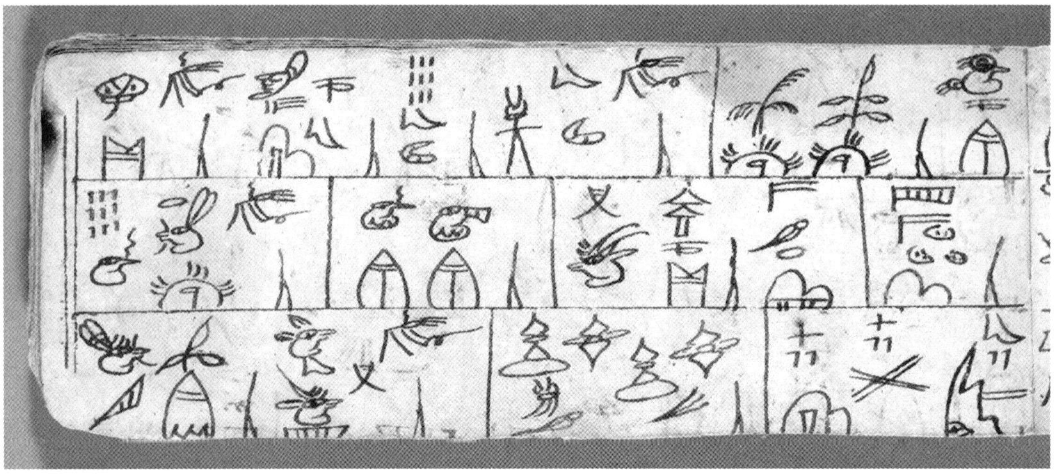

pɑ^{33} uə^{33} nɯ^{33} tshʅ^{33} ne^{21} iə^{21} tshy̩^{33} gə^{21} le^{33} tɕhi^{33}. lɑ^{33} sɑ^{21} to^{55} khɯ^{33} phər^{21} nɯ^{33} tshʅ^{33} ne^{21}
巴乌 从 楚鬼 与 尤鬼 送 上 又 送 拉刹铎肯盘 从 楚鬼 与

iə^{21} tshy̩^{33} gə^{21} le^{33} tɕhi^{33}. gy̩^{33} khɯ^{33} dʑy^{21} nɯ^{33} tshʅ^{33} ne^{21} iə^{21} tshy̩^{33} gə^{21} le^{33} tɕhi^{33}. tse^{21}
尤鬼 送 上 又 送 古肯局 从 楚鬼 与 尤鬼 送 上 又 送 仄肯局

khɯ^{33} dʑy^{21} nɯ^{33} tshʅ^{33} ne^{21} iə^{21} tshy̩^{33} gə^{21} le^{33} tɕhi^{33}. | lɯ^{33} dʐʅ^{21} ko^{21}、bɯ^{21} dʐʅ^{21} ko^{21} nɯ^{33}
从 楚鬼 与 尤鬼 送 上 又 送 杉 长 高原 栗 长 高原 从

tshʅ^{33} ne^{21} iə^{21} tshy̩^{33} gə^{21} le^{33} tɕhi^{33}. huɑ^{33} phər^{21} dʑy^{21}、 gy̩^{33} tʂu^{55} ky̩^{33}、 gy̩^{33} le^{55} ko^{21} nɯ^{33}
楚鬼 与 尤鬼 送 上 又 送 花盘局 鼓宗古 鼓楞各 从

① gy̩^{33} hɯ^{55} tshe^{21} hɯ^{55} dy^{21}：地名，有九个、十个海子的地方。

tshɿ³³ ne²¹ iə²¹ tshv̩³³ gə²¹ le³³ tɕhi³³.｜tsɿ⁵⁵ ɕy²¹ bæ³³ ɕy²¹ dʑy²¹ nɯ³³ tshɿ³³ ne²¹ iə²¹ tshv̩³³
楚鬼 与 尤鬼 送 上 又 送 自徐班徐局 从 楚鬼 与 尤鬼 送

gə²¹ le³³ tɕhi³³.｜me²¹ se³³ thɑ⁵⁵ uə³³ phər²¹ nɯ³³ tshɿ³³ ne²¹ iə²¹ tshv̩³³ gə²¹ le³³ tɕhi³³. lɯ³³
上 又 送 梅生套坞盘 从 楚鬼 与 尤鬼 送 上 又 送

ʂuɑ²¹ dʑi²¹ gv̩³³ bu²¹、｜lɯ³³ ʂuɑ²¹ dʑæ²¹ bər³³ dər³³ nɯ³³ tshɿ³³ ne²¹ iə²¹ tshv̩³³ gə²¹ le³³
利刷吉古埔 利刷沾般丹 从 楚鬼 与 尤鬼 送 上 又

tɕhi³³. lo²¹ do³³ bɯ²¹ ɕy²¹ dʑy²¹ 、 dʑi³³ khɯ³³ se²¹ me³³ dy²¹ nɯ³³ tshɿ³³ ne²¹ iə²¹ tshv̩³³ gə²¹
送 罗垛本虚局 精肯塞美敦 从 楚鬼 与 尤鬼 送 上

le³³ tɕhi³³.｜he²¹ i³³ uɑ³³ dʑi²¹ kv̩³³、 he²¹ i³³ uɑ³³ dʑi²¹ mæ³³ nɯ³³ tshɿ³³ ne²¹ iə²¹ tshv̩³³ gə²¹
又 送 恒依瓦吉 上游 恒依瓦吉 下游 从 楚鬼 与 尤鬼 送 上

le³³ tɕhi³³.｜tshe²¹ ȵi³³to⁵⁵ khɯ³³ dʑy²¹、tshe²¹ ȵi³³ ʐʅ³³ phər²¹ dʐʅ²¹、æ²¹ nɑ⁵⁵ ȵi³³ ʐʅ³³ dʐʅ²¹、
又 送 衬尼垛肯局 衬尼日盘孜 俺纳尼日孜

巴乌把楚鬼和尤鬼送上去。从拉刹铎肯盘把楚鬼和尤鬼送上去。从古肯局把楚鬼和尤鬼送上去。从仄肯局把楚鬼和尤鬼送上去。从长有杉树的高原和长有栗树的高原把楚鬼和尤鬼送上去。从花盘局、鼓宗古、鼓楞各把楚鬼和尤鬼送上去。从自徐班徐局把楚鬼和尤鬼送上去。从梅生套坞盘把楚鬼和尤鬼送上去。从利刷吉古埔、利刷沾般丹把楚鬼和尤鬼送上去。从罗垛本虚局、精肯塞美敦把楚鬼和尤鬼送上去。从恒依瓦吉上游、恒依瓦吉下游把楚鬼和尤鬼送上去。从衬尼垛肯局、衬尼日盘孜、俺纳尼日孜、

525-C-33-33

bə³³ mu³³ ɕy⁵⁵ dʐʅ²¹ dʑy²¹、 ɕi³³ phər³³ kɑ³³ lv̩⁵⁵ bu²¹ nɯ³³ tshɿ³³ ne²¹ iə²¹ tshv̩³³ gə²¹ le³³ tɕhi³³.
崩姆虚孜局 欣盘嘎鲁埔 从 楚鬼 与 尤鬼 送 上 又 送

mi²¹ lv̩³³ ə⁵⁵ gɑ³³ bu²¹、 le⁵⁵ tɕhi³³ tv̩²¹ dʐʅ³³ bu²¹nɯ³³ tshɿ³³ ne²¹ iə²¹ tshv̩³³ gə²¹ le³³ tɕhi³³.｜
明鲁阿嘎埔 楞启督孜埔 从 楚鬼 与 尤鬼 送 上 又 送

gy̩^{21} mu^{33} gy̩^{21} tsɑ^{55} bu^{21}、lɑ^{33} mu^{33} lɑ^{33} tsɑ^{55} bu^{21} nɯ^{33} tshɿ^{33} ne^{21} iə^{21} tshy̩^{33} gə^{21} le^{33} tɕhi^{33}.
古姆古召埔 拉姆拉兆埔 从 楚鬼 与 尤鬼 送 上 又 送

mɯ^{33} lɯ^{55} ko^{33} tɯ^{33} bu^{21}、lɯ^{33} ʂuɑ^{21} kə^{55} tɯ^{33} bu^{21} nɯ^{33} tshy̩^{33} tɕhi^{33} gə^{21} le^{33} tɕhi^{33}. lo^{33}
美利各迪埔 利刷构迪埔 从 送 上 又 送

do^{33} by̩^{33} dʑi^{21} dɯ^{21} nɯ^{33} tshɿ^{33} ne^{21} iə^{21} tshy̩^{33} gə^{21} le^{33} tɕhi^{33}. dʑi^{33} khɯ^{33} ʂu^{33} tho^{21} tɯ^{33} nɯ^{33}
罗朵补吉迪 从 楚鬼 与 尤鬼 送 上 又 送 精肯松妥迪 从

tshɿ^{33} ne^{21} iə^{21} tshy̩^{33} gə^{21} le^{33} tɕhi^{33}.｜dʑi^{33} khɯ^{33} z̩ə^{21} dʐɿ^{33} dy^{21}、py̩^{21} me^{33} dʑy^{33} lɯ^{33} tɯ^{33}、
楚鬼 与 尤鬼 送 上 又 送 精肯惹孜敦 干 的 蔓菁田 处

uɑ^{21} me^{33} sɑ^{33} lɯ^{33} kho^{55} nɯ^{33} tshɿ^{33} ne^{21} iə^{21} tshy̩^{33} gə^{21} le^{33} tɕhi^{33}.｜mɯ^{33} ʂuɑ^{21} kɯ^{33} æ^{21}
湿 的 麻 地 间 从 楚鬼 与 尤鬼 送 上 又 送 美刷庚俺埔

bu^{21}、dy^{21} dɯ^{21} z̩ə^{21} dʐɿ^{33} bu^{21}、mɯ^{33} lɯ^{55} to^{55} khɯ^{33} phər^{21}、mɯ^{33} lɯ^{55} tshi^{21} ko^{21} sy̩^{55} nɯ^{33}
敦迪惹孜埔 美利朵肯盘 美利齐各思 从

tshɿ^{33} ne^{21} iə^{21} tshy̩^{33} gə^{21} le^{33} tɕhi^{33}.｜dʑy^{21} nɑ^{55} z̩o^{55} lo^{33} khɯ^{33}、dʑy^{21} nɑ^{55} z̩o^{55} lo^{33} thɯ^{55}、
楚鬼 与 尤鬼 送 上 又 送 居那若罗 脚 居那若罗 腰

dʑy^{21} nɑ^{55} z̩o^{55} lo^{33} ky̩^{33}、dʑy^{21} nɑ^{55} z̩o^{55} lo^{33} uæ^{33} dɯ^{33} phɑ^{33}, tshe^{21} n̩i^{33} dʑi^{33} khə^{21} bu^{21}, iə^{21}
居那若罗 上 居那若罗 左 一 方 陈尼究寇埔 尤

tʂhə^{55} ly̩^{33} me^{33} nɑ^{21} khu^{33} thy̩^{55}, tho^{33} dʐɿ^{21}, bɯ^{21} dʐɿ^{21} tʂu^{55}, gu^{33} mi^{21} ly̩^{33} kæ^{21} dæ^{21},
凑 石 大 黑 旁边 松 长 栗 长 间 竹子 石 场

iə^{21} dʐɿ^{33} ə^{33} dʐɿ^{33}、kə^{55} thy̩^{33} si^{33} kuɑ^{33} khə^{21}, tshɿ^{33} ne^{21} iə^{21} tshy̩^{33} tɕhi^{33} le^{33} fæ^{33}.
尤孜欧孜 构土希瓜 处 楚鬼 与 尤鬼 送 又 去

崩姆虚孜局、欣盘嘎鲁埔把楚鬼和尤鬼送上去。从明鲁阿嘎埔、楞启督孜埔把楚鬼和尤鬼送上去。从古姆古召埔、拉姆拉兆埔把楚鬼和尤鬼送上去。从美利各迪埔、利刷构迪埔，把楚鬼和尤鬼送上去。从罗朵补吉迪把楚鬼和尤鬼送上去。从精肯松妥迪把楚鬼和尤鬼送上去。从精肯惹孜敦、干的蔓菁田里、湿的大麻地中把楚鬼和尤鬼送上去。从美刷庚俺埔、敦迪惹孜埔、美利朵肯盘、美利齐各思把楚鬼和尤鬼送上去。送到居那若罗山脚下、居那若罗山腰、居那若罗山上、居那若罗山左边，陈尼究寇埔，尤凑大黑石旁，长有松树、栗树、竹子的石场处住着尤孜欧孜、构土希瓜的地方。

525-C-33-34

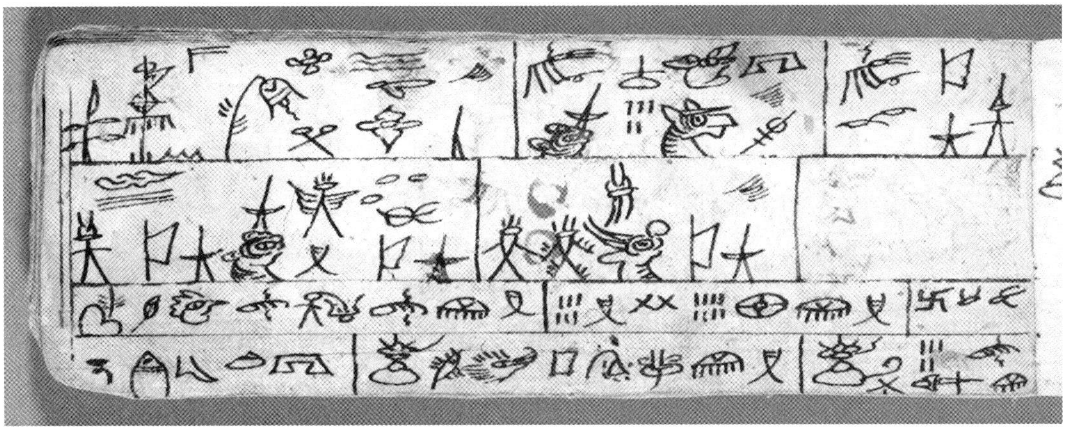

tʂə^{21} khə^{55} lɑ^{33} lɯ^{21} ʂuɑ^{33} ɕy^{21} be^{33}, mɯ^{55} lɯ^{33} khy̩^{21} khə^{55} dɯ^{21} tɕi^{55} be^{33}, khɯ^{21} ʂʅ^{21}、khɯ^{21}

祭风树 高 低 做 竹子 蛋巢 大 小 做 线 黄 线

hər^{21} be^{33}, tshɿ^{33} ne^{21} iə^{21} tshy̩^{33} tɕhi^{33} le^{33} fæ^{33}. | tshɿ^{33} ne^{21} iə^{21}, tər^{21} ne^{21} lɑ^{33} tʂhʅ^{33} uɑ^{21},

绿 做 楚鬼 与 尤鬼 送 又 去 楚鬼 与 尤鬼 呆鬼 与 佬鬼 所有

tshɿ^{33} khɯ^{33}gə^{21} khɯ^{55} fæ^{33}, tshɿ^{33} ʐuɑ^{33}gə^{21} ly^{55} fæ^{33}. | tshɿ^{33} ne^{21} iə^{21} khu^{33} tər^{55}; dy̩^{21} ne^{21}

楚鬼 狗 上 放 去 楚鬼 马 上 放 去 楚鬼 与 尤鬼 门 关 毒鬼 与

tse^{21} khu^{33}tər^{55}; tɕi^{21}ne^{21} hər^{33} khu^{33} tər^{55}; tər ^{21} ne^{21} lɑ^{33}, ze^{21} ne^{21} me^{21}, kɯ^{21} ne^{21}zɑ^{21} khu^{33}

仄鬼 门 关 云鬼 与 风鬼 门 关 呆鬼 与 佬鬼 壬鬼 与 梅鬼 星鬼 与饶星鬼 门

tər^{55}; | mu^{33} e^{21} ɯ^{21}, ky̩^{55}ne^{21} ly̩^{21} khu^{33} tər^{55} le^{33} fæ^{33}. | bu^{33}tho^{21}, dʑi^{21}gə^{33}æ^{21}khy̩^{55} thɯ^{33}

关 猛鬼 与 恩鬼 固鬼 与 鲁鬼 门 关 又 去 天干 水 的 鸡 属 这

khy̩^{55} pər^{55} me^{55}, | tʂhuɑ^{55} me^{33} ȵi^{33} tsər^{21} ho^{55} ȵi^{33} pər^{55} me^{55}. | ɯ^{33} kho^{21}ɑ^{33} nɑ^{55} dʑy^{21}

年 写 的 六月 二 十 八 日 写 的 长水 马鞍山

khɯ^{33} thy̩^{55} gə^{33} | py^{33} by̩^{21} lɯ^{55} bu^{21} to^{33} dʐʅ^{33} nɯ^{33} pər^{55} me^{55}, | py^{33} by̩^{21} ŋə^{21} lɑ^{33} uɑ^{33}

山脚 的 东巴 高明 东支 由 写 的 东巴 我 呀 五

tshər^{21} khy̩^{55} pər^{55} me^{55}.

十 岁 写 的

制作高、低祭风树，编制大、小竹子蛋巢，做黄线、绿线，把楚鬼和尤鬼送上去。所有的楚鬼和尤鬼，呆鬼和佬鬼，把楚鬼的狗放到上面去，把楚鬼的马放到上面去。去关楚鬼和尤鬼的门；去关毒鬼和仄鬼的门；去关云鬼和风鬼的门；去关呆鬼、佬鬼、壬鬼、梅鬼、星鬼、饶星鬼、猛鬼、恩鬼、固鬼、鲁鬼的门。

天干，属水，鸡年这年写的，是农历六月二十八日写的。是长水马鞍山脚下高明的东巴东支我五十岁时写的。

525-C-33-35

py^{21}
东巴

525-C-33-36

封底

（翻译：李芝春）

376-D-60-01

ə^{33} mi^{21} dʑər^{21} dɯ^{21} tsæ^{55} mɯ^{33} me^{55}

向阿明什罗求威灵

376-D-60 向阿明什罗求威灵

【内容提要】

作仪式的人家，请高明的东巴诵经求寿，求子孙兴旺。东巴求降下东巴什罗（to bɑ ʂər lər），阿明余勒等诵经占卜的威灵，求降下优麻等战神杀仇敌的威灵，求降下生翅膀的、长角的、生蹄的飞禽猛兽的威灵……愿威灵降临在东巴身上。

【英文提要】

Praying *ə mi ʂər lər* for Powerful Spirits

Family under ritual asked brilliant ***to ba*** to chant scriptures for longevity and posterity. ***to ba*** prayed for the befalling of the powerful spirits, such as ***to ba ʂər lər*** and ***ə mi y le***, who were proficient at chanting and auspicating. ***to ba*** prayed for the befalling of the powerful spirits in fighting, as the warlord ***iə ma***, also prayed the powerful spirits of winged, horned and hoofed birds and beasts. Blessing all powerful spirits befell on ***to ba***.

376-D-60-02

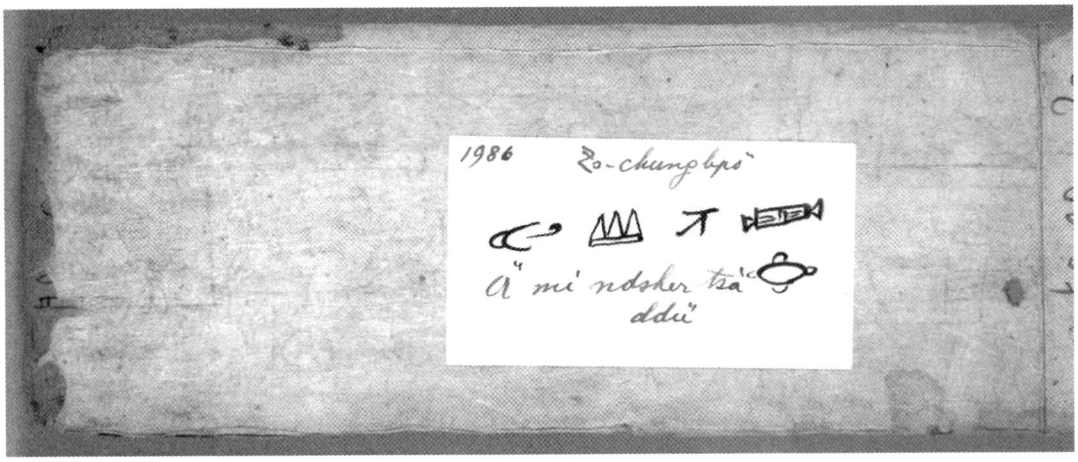

这是洛克在经书封二上记录了经书书名的读音，音标为其自创。左上角的 1986 是洛克藏书编号。

376-D-60-03

mɯ^{33} lɑ^{33} kɯ^{21} tʂhʅ^{33} dzʅ^{21}, kɯ^{21} dzʅ^{21} tʂhʅ^{33} ȵi^{33} ɯ^{33}, dy^{21} lɑ^{33} ʐə^{21} tʂhʅ^{33} dzʅ^{21}, ʐə^{21} hər^{21}
天（助）星 所有 星 有 这 天 好 地（助）草 所 长 草 绿

tʂhʅ^{33} ȵi^{33} hər^{21},uæ^{33} nɯ^{33} bi^{21} thv̩^{33} lv̩^{21}，i^{21} nɯ^{33} le^{21} tshe^{55} bu^{33},｜gə^{21} i^{33} lɑ^{33} sɑ^{21} to^{55}
这 天 绿 左边 从 太阳 出 暖 右边 从 月 光 亮 上方 的 拉萨垛

khɯ^{33} phər^{21}, gv̩^{33} dzʅ^{21} khv̩^{55} tsʅ^{21} ɯ^{33}, khv̩^{55}tsʅ^{21} tʂhʅ^{33} khv̩^{55} ɯ^{33};｜mi^{21} i^{33} bv̩^{33} lv̩^{55} ʐʅ^{33}
肯盘 古孜 年份 算 好 年份 算 这 天 好 下方 的 补鲁日饶满

ʐɑ^{21} mæ^{33},le^{33} bv̩^{33} he^{33} tsʅ^{21} ɯ^{33},he^{33} tsʅ^{21} tʂhʅ^{33} he^{33} ɯ^{33};｜mɯ^{33} ne^{21} dy^{21} ly^{55} kv̩^{33}, nɑ^{21}
冷补 月份 算 好 月份 算 这 月 好 天 和 地 中间 纳西

ɕi^{33}hɑ^{55}tsʅ^{21} ɯ^{33}，hɑ^{55} tsʅ^{21} tʂhʅ^{33} hɑ^{55} ɯ^{33}.｜mɯ^{33} i^{33} kɯ^{21} ɯ^{33} ʐv̩^{21} ɯ^{33} khv̩^{55} ɯ^{33} he^{33} ɯ^{33}
日子 算 好 日子 算 这 天 好 天 的 星 好 入星 好 年份 好月份 好

ȵi^{55} ɯ^{33} hɑ^{55} ɯ^{33} tʂhʅ^{33} ȵi^{33} ɯ^{33}，i^{33} dɑ^{21} tʂhʅ^{33} dɯ^{33} ʥi^{13} khv̩^{55} me^{55} zʅ^{33}me^{55} gə^{33}tʂhʅ^{33} hu^{21}，
昼 好 夜 好 这 天 好 主人 这 一 家 年份 要 寿岁 要 的 这 晚

nɯ^{21} me^{55} uɑ^{21} me^{55},hɯ^{21} me^{55} ʥæ^{33} me^{55},gɑ^{33} zi^{33} dæ^{21} tʂhu^{21} me^{55},kv̩^{33} phər^{21} ʥæ^{21} ʂʅ^{21}
生儿 要 育女 要 富 要 强 要 好 美 能干 快捷 要 头 白 牙 黄

me^{55} ,pv̩^{33} do^{21} lɯ^{55} do^{21} me^{55} tʂhʅ^{33} hu^{21},｜to^{33} bɑ^{21}ʂər^{55} lər^{33} gə^{33} dzə̩r^{21}dɯ^{21} me^{33} tʂhʅ^{33}
要 祖父 见 孙儿 见 要 这 夜 东巴什罗 的 威灵 大 的 这

gə^{21} me^{55}, dzə̩r^{21} dɯ^{21} me^{55} tʂhʅ^{33} hu^{21},｜le^{55} tɕi^{33} bər^{33} dər^{33} dy^{21},｜
上 要 威灵 大 要 这 晚 冷吉崩迪 地

满天的星宿今天格外亮，大地上的青草今天分外绿；左边升起的太阳今天格外暖，右边升起的月亮今天格外明。居住在上方拉萨垛肯盘的古孜①善于推算年份，说今年是个好年份；居住在下方补鲁日饶满的冷补②善于推算月份，说此月是好月份；居住在中间的纳西族善于算日子，说今天是个好日子。天上星宿呈祥，年月日子吉祥的这一天，这一主人家，在这一夜要求得寿岁，求得子孙兴旺，求得富强，求得善、美、能、快，要求得长寿到头花白牙发黄，祖父孙儿同堂。向东巴什罗求降大威灵，在冷吉崩迪地，

376-D-60-04

ə^{33} mi^{21} y^{21} le^{55} gə^{33}dzə̩r^{21} dɯ^{21} me^{55}tʂhʅ^{33} hu^{21},｜py^{21} bu^{33} phæ^{21} bu^{33} dzə̩r^{21} dɯ^{21} me^{55},｜
阿明余勒 的 威灵 大 要 这 晚 吟诵 本领 占卜 本领 威灵 大 要

gə^{21} bɑ^{21} dzə̩r^{21} dɯ^{21} me^{55} tʂhʅ^{33} hu^{21},｜py^{21} kv̩^{55} dɑ^{55} hɯ^{21} ŋə^{21},｜mɯ^{33} lɯ^{33} tɕi^{33} phər^{21}
弟子 威灵 大 要 这 晚 吟诵 会 我 天 地 云 白

tʂu^{55}, kɑ^{33} phər^{21} dzə̩r^{21} dɯ^{21} me^{55}.ŋv̩^{21} khv̩^{55} hæ^{21} khv̩^{55},zʅ^{33} ʂər^{21} hɑ^{55} i^{33} tʂhʅ^{33} le^{33} me^{55},
接 鹤 白 威灵 大 要 银 年岁 金 年岁 寿 长 日 增 这 又 要

tʂhʅ^{33} le^{33} me^{55} me^{33}tʂhʅ^{33} le^{33} iə^{55}.｜hɯ^{55} kho^{33} bæ^{33} hy^{21} dzə̩r^{21} dɯ^{21} me^{55},uɑ^{21} pɑ^{55} tʂhu^{21}
这 又 要（助） 这 又 给 海 边 野鸭 威灵 大 要 松石 墨玉

① 古孜，指藏族。
② 冷补，指白族。

pɑ^{55} zɿ^{33} ʂər^{21} hɑ^{55} i^{33}tʂhʅ^{33} le^{33} iə^{55}. | ŋv̩^{33} lv̩^{33} lɯ^{21} tʂhʅ^{33} ɯ^{33} zʅ^{21} ɯ^{33} tʂhuɑ^{55} phər^{21} dʐər^{21}
寿 长 日 增 这 又 给 雪山 杉树林 蛇 皮 鹿 白 威力

dɯ^{21} tʂhʅ^{33} le^{33} me^{55}, ŋv̩^{21} kho^{33} hæ^{21} kho^{33}、zɿ^{33} ʂər^{21} hɑ^{55} i^{33} tʂhʅ^{33} le^{33} iə^{55}. | lɯ^{21} tʂhu^{21}
大 这 又 要 银 角 金 角 寿 长 日 增 这 又 给 冷杉

lɯ^{21} nɑ^{21} ho^{55}, pər^{55} dʑʅ^{21} dʐər^{21} dɯ^{21} tʂhʅ^{33} le^{33} me^{55}, pər^{55} zi^{33} gæ^{21} zi^{33} dʐər^{21} dɯ^{21}tʂhʅ^{33}
冷杉 大 林子 斑纹 长 威灵 大 这 又 要 斑 美 纹 美 威灵 大 这

le^{33} tsæ^{55}, dʐər^{21} dɯ^{21} tʂhʅ^{33} le^{33} iə^{55}; |
又 求 威灵 大 这 又 给

这一夜要求得阿明余勒的大威灵，求得诵经占卜本领之大威灵。这一夜弟子我求降威灵，要求天地白云间白鹤的威灵，求得白鹤如金银般的羽毛及长寿；要求海里野鸭的威灵，求得野鸭如松石墨玉的羽毛及长寿；要求雪山杉林中，蛇皮纹的马鹿的威灵，求得如金银般鹿角的长寿；要求冷杉密林中，长斑纹者的威灵，求得长斑纹者之美丽斑纹和威风的威灵；

376-D-60-05

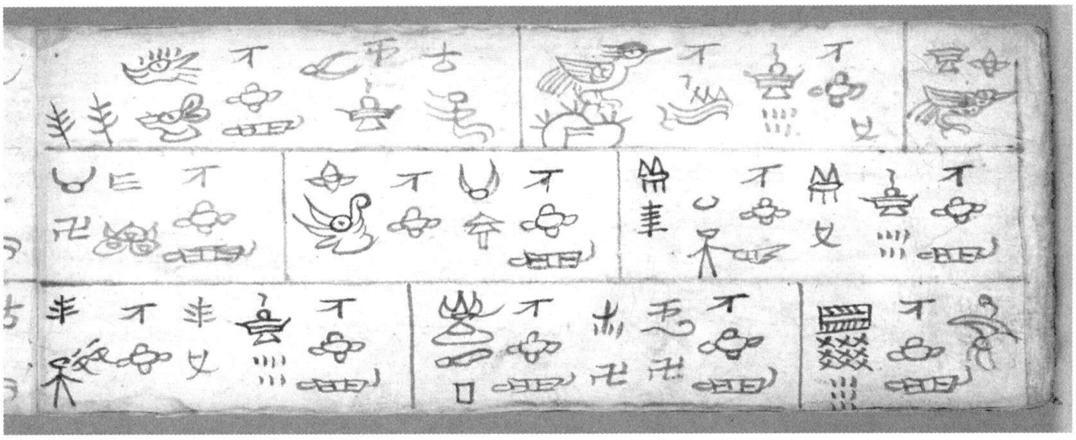

lɑ^{33} do^{33} bi^{33} dɯ^{21} bv̩^{21}, gv̩^{21} bu^{21} dʐər^{21} dɯ^{21} tsæ^{55}, khu^{33} gə^{33} dzæ^{21} phər^{21} zɿ^{33} ʂər^{21} hɑ^{55}
拉多 林 大 下 熊 猪 威灵 大 求 口 的 牙 白 寿 长 日

i^{33} tʂhʅ^{33} le^{33} iə^{55}; | ko^{21} ʂuɑ^{21} huɑ^{33} me^{33} nɑ^{21}, khɯ^{33} hy^{21} dʐər^{21} dɯ^{21} zɿ^{33} ʂər^{21} hɑ^{55} i^{33}
增 这 又 给 高原 白鹇鸟 母 大 脚 红 威灵 大 寿 长 日 增

tʂhʅ^{33} le^{33} me^{55}; | uɑ^{21} hər^{21} tɕiə^{55} pu^{33} dʐər^{21} dɯ^{21} tsæ^{55}, | kho^{33} ɯ^{33} sɑ^{55} ɯ^{33} dʐər^{21} dɯ^{21}
这 又 要 松石 绿 布谷鸟 威灵 大 求 声 好 气 好 威灵 大

khv̩^{21}; | uɑ^{21} hæ^{21} mɯ^{33} dʐər^{21} dʐər^{21} dɯ^{21} tsæ^{55},kho^{33} thɑ^{55} he^{33} thɑ^{55} dʐər^{21} le^{33} tsæ^{55},
请 松石 绿 天龙 威灵 大 求 角 利 耳 利 威灵 又 求

kho^{33} thɑ^{55} he^{33} thɑ^{55} dʐər^{21} le^{33} khv̩^{21}. | kv̩^{55} zɿ^{33} phu^{55} lu^{33} dʐər^{21} dɯ^{21} tsæ^{55}, kv̩^{55} me^{33}
角 利 耳 利 威灵 又 请 固汝铺鲁 威灵 大 求 会 的

mə^{33} kv̩^{55} sy^{21} mə^{33} dʑy^{21} , ʐʅ^{33} ʂər^{21} hɑ^{55} i^{33} dʐər^{21} dɯ^{21} khv̩^{21}； | sər^{33} zo^{33} ȵiə^{55} hɯ^{21}
不 会 什么 没有 寿 长 日 增 威灵 大 请 斯若谬恒

dʐər^{21} dɯ^{21} tsæ^{55},sər^{33} i^{33} mə^{33} sər^{33} sy^{21} mə^{33} dʑy^{21},ʐʅ^{33} ʂər^{21} hɑ^{55} i^{33} dʐər^{21} le^{33} khv̩^{21}. |
威灵 大 求 知道(助) 不 知 什么 没有 寿 长 日 增 威灵 又 请

to^{33} bɑ^{21} ʂər^{55} lər^{33} dʐər^{21} dɯ^{21} khv̩^{21},py^{21} ɯ^{33} phæ^{21} ɯ^{33} dʐər^{21} dɯ^{21} khv̩^{21} | bɯ^{21} lɯ^{33}
东巴什罗 威灵 大 请 吟诵 好 占卜 好 威灵 大 请 经书

gv̩^{55} tshər^{21} gv̩^{33} tɯ^{33} dʐər^{21} dɯ^{21} khv̩^{21}. hæ^{33} ʂʅ^{21} dzər^{33} lər^{21} do^{55}, |
九 十 九 本 威灵 大 请 金 黄 板铃 摇

要求拉多林子黑熊和猪的威灵，求得长獠牙的熊和猪长寿的威灵；要求高山草甸上母白鹇鸟的威灵，求得红脚白鹇之长寿；求绿松石布谷鸟的威灵，求降下好声好气之威灵；求绿松石天龙的威灵，降下利角利耳的威灵；求固汝铺鲁的威灵，固汝铺鲁无所不能，求降下如固汝铺鲁之长寿；求斯若谬恒的大威灵，斯若谬恒无所不晓，求降下斯若谬恒的长寿；求东巴什罗的大威灵，请降下诵经占卜的大威灵，请降下九十九册经书的大威灵。摇响金黄板铃，

376-D-60-06

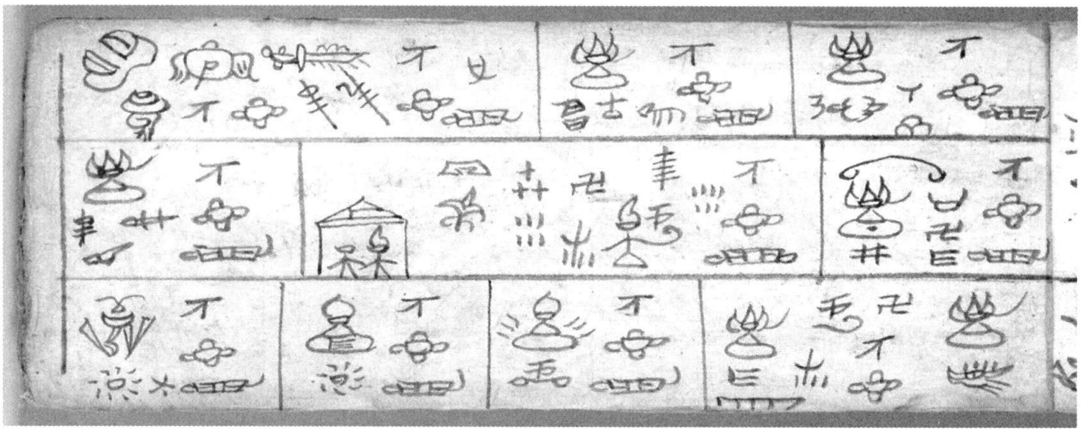

æ^{33} lo^{33} ʂu^{21} lo^{33} lɑ^{55},dv̩^{33} phər^{21} bər^{21} kho^{33} mu^{21}, uɑ^{21} hər^{21} dɑ^{33} gv̩^{33} ty^{33}, gæ^{21} thɑ^{55} ly^{33}
铜 锣 铁 锣 打 海螺 白 号角 吹 松石 绿 大鼓 打 刀 利 矛

thɑ^{55} pu^{55},py^{21} me^{33} dʐər^{21} dɯ^{21} me^{33} le^{33} khv̩^{21}. | ty^{33} so^{33} tʂhʅ^{55} bv̩^{33} gə^{33} py^{21} me^{33} dʐər^{21}
利 带 诵经 的 威灵 大 的 又 请 朵梭斥补 的 诵经 的 威灵

dɯ^{21} khv̩^{21}； | se^{55} bv̩^{33} y^{33} lv̩^{33} gə^{33} py^{21} me^{33} dʐər^{21} dɯ^{21} khv̩^{21}； | ly^{55} ʂʅ^{55} dɑ^{33} bv̩^{33} py^{21}
大 请 胜补余鲁 的 诵经 的 威灵 大 请 吕史打补 诵经

me^{33} dʐər^{21} dɯ^{21} khv̩^{21}. | i^{33} dɑ^{21} tʂhʅ^{33} dɯ^{33} dʑi^{21},gə^{21} bɑ^{21} sʅ^{21} ɕi^{33} tʂhuɑ^{55} tshər^{21},py^{21} ɯ^{33}
的 威灵 大 请 主人 这 一 家 弟子 三 百 六十 诵经 好

phæ^{21} ɯ^{33},zʅ^{33} ʂər^{21} hɑ^{55} i^{33} me^{33} gə^{33} dzə̧r^{21} dɯ^{21} khv̩^{21}. | mɯ^{33} gə^{33} py^{33} bv̩^{21} nɑ^{21} bv̩^{33}

占卜 好 寿 长 日 增（助）的 威灵 大 请 天 的 东巴 纳补生给

se^{33} gɯ^{33} gə^{33} kho^{33} ɯ^{33} sɑ^{55} ɯ^{33} dzə̧r^{21} dɯ^{21} khv̩^{21}; | i^{33} gv̩^{21} ə^{33} kə^{55} gə^{33} bu^{33} dɯ^{21} lv̩^{55}

的 声 好 气 好 威灵 大 请 依谷阿格 的 亮 大 灿烂

lɑ^{33} dzə̧r^{21} dɯ^{21} khv̩^{21}; | sɑ^{21} li^{55} uə^{33} de^{33} gə^{33} bu^{33} dɯ^{21} lv̩^{55} lɑ^{33} dzə̧r^{21} dɯ^{21} khv̩^{21}; |

威灵 大 请 刹依威德 的 亮 大 灿烂 威灵 大 请

he^{21} dɯ^{21} uɑ^{33} phər^{21} bu^{33} dɯ^{21} lv̩^{55} lɑ^{33} dzə̧r^{21} dɯ^{21} khv̩^{21}; | dy^{21} gə^{33} py^{33} bv̩^{21} sɑ^{33} bv̩^{33}

恒迪窝盘 亮 大 灿烂 威灵 大 请 地 的 东巴 莎补莎劳

sɑ^{33} lɑ^{21} py^{21} ɯ^{33} phæ^{21} ɯ^{33} dzə̧r^{21} dɯ^{21} khv̩^{21}. | py^{21} ɯ^{33} phæ^{21} ɯ^{33} dzə̧r^{21} dɯ^{21} tsæ^{55}. du^{13}

吟诵 好 占卜 好 威灵 大 请 吟诵 好 占卜 好 威灵 大 求 董神

gə^{33} i^{21} ʂʅ^{55} bu^{33} dzo^{33}

的 伊世补佐

敲响铜锣铁锣，吹响白海螺号角，打响绿松石大鼓，带上锐刀利矛，迎请诵经的大威灵。迎请朵梭斥补诵经的大威灵，迎请胜补余鲁诵经的大威灵；迎请吕史打补诵经的大威灵。这一主人家，迎请三百六十位弟子诵经占卜得长寿的威灵；迎请天的东巴纳补生给好声好气的大威灵；迎请光明灿烂之依谷阿格的大威灵；迎请光明灿烂之刹依威德的大威灵；迎请恒迪窝盘的大威灵，迎请地的东巴莎补莎劳善诵经占卜的大威灵。求降下善诵经占卜的大威灵。求降下董神的伊世补佐

376-D-60-07

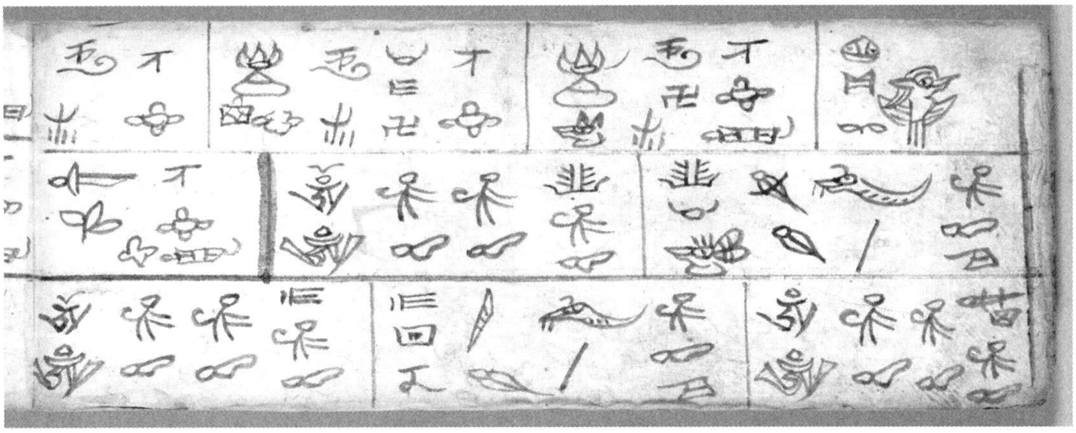

py^{21} ɯ^{33} phæ^{21} ɯ^{33} dzə̧r^{21} dɯ^{21} tsæ^{55}; | lɯ^{55} ɯ^{33} dzə̧^{33} bv̩^{33} thv̩^{33} dzʅ^{33} py^{33} bu^{21} khv̩^{21},

吟诵好 占卜 好 威灵 大 求 利恩 久补土蚩 东巴 请

py^{21} ɯ^{33} phæ^{21} ɯ^{33} kho^{33} ɯ^{33} sɑ^{55} ɯ^{33} dzə̧r^{21} dɯ^{21} tsæ^{55}. | kɑ^{21} tɕhy^{55} py^{33} bu^{21} zʅ^{33} ɯ^{33}

吟诵 好 占卜 好 声 好 气 好 威灵 大 求 高趣 东巴 子恩散朗

sæ^{55} lər^{33} gə^{33} py^{21} o^{33} phæ^{21} o^{33} dzə̣r^{21} dɯ^{21} khv̩^{21}. | pɑ^{33} u^{33} iə^{33} mɑ^{21} gə^{33} zv̩^{21} sy^{55} zv̩^{21}

的吟诵 好 占卜 好 威灵 大 请 巴乌优麻 的 仇人杀 仇人

ʂʅ^{33} me^{33} gə^{33} dzə̣r^{21} dɯ^{21} khv̩^{21}. | o^{55} o^{33} dæ^{33} ʂʅ^{33} dæ^{33} ʂʅ^{33},no^{55} dæ^{33} ʂʅ^{33},no^{55} kho^{33} lo^{55}

死（助）的 威灵 大 请 窝 窝 单 史 单 史 糯 单 史 糯 可 罗

tsɯ^{55} dʑi^{21}, ʐʅ^{33} ty^{33} dæ^{33} ʂʅ^{33} ʂu^{21},lo^{55} o^{33} dæ^{33} ʂʅ^{33} dæ^{33} ʂʅ^{33} sɑ^{55} dæ^{33} ʂʅ^{33}, | sɑ^{55} dɑ^{33} nɑ^{55}

字 吉 日 屯 单 史 苏 窝 窝 单 史 单 史 少 单 史 少 打 那

do^{33} dʑi^{33},ʐʅ^{21} ty^{33} dæ^{33} ʂʅ^{33} ʂu^{21}, | o^{55} o^{33} dæ^{33} ʂʅ^{33} tshæ^{33} dæ^{33} ʂʅ^{33}, |

打 吉 日 屯 单 史 苏 窝 窝 单 史 参 单 史

善诵经占卜的大威灵。迎请利恩的久补土蚩东巴，求降下善诵经占卜的大威灵；迎请高趣的子恩散朗，求降下善诵经占卜的大威灵。迎请巴乌优麻战胜仇人的大威灵。窝窝单史单史糯单史，糯可罗字吉，日屯单史苏，窝窝单史单史少单史，少打那打吉，日屯单史苏，窝窝单史参单史，

376-D-60-08

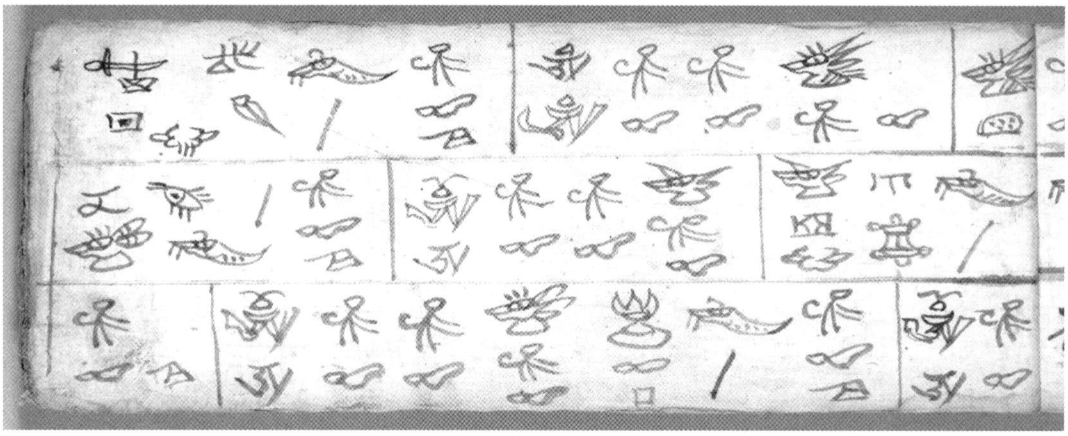

tsæ^{55} dɑ^{33} bv̩^{33} so^{55} dʑi^{33}, ʐʅ^{33} ty^{33} dæ^{33} ʂʅ^{33} ʂu^{21}. | o^{55} o^{33} dæ^{33} ʂʅ^{33} dæ^{33} ʂʅ^{33} i^{13} dæ^{33} ʂʅ^{33}, i^{21}

参 打 补 说 吉 日 屯 单 史 苏 窝窝 单 史 单 史 衣 单 史 衣

o^{33} næ^{13} lər^{33} lo^{33} lo^{33} ʐʅ^{33} ty^{33},dæ^{33} ʂʅ^{33} ʂu^{21}. | o^{55} o^{33} dæ^{33} ʂʅ^{33} dæ^{33} ʂʅ^{33} y^{13} dæ^{33} ʂʅ^{33}, | y^{13}

窝 那 朗 罗 里 日 屯 单 史 苏 窝 窝 单 史 单 史 羽 单 史 羽

dʑiə^{13} bv̩^{33} kæ^{33} tho^{33} ʐʅ^{13} ty^{33}, | dæ^{33} ʂʅ^{33} ʂu^{21}. | o^{55} o^{33} dæ^{33} ʂʅ^{33} dæ^{33} ʂʅ^{33} si^{13} dæ^{33} ʂʅ^{33},

玖 补 嘎 托 日 屯 单 史 苏 窝 窝 单 史 单 史 细 单 史

to^{33}bɑ^{21} ɕio^{33} lo^{33} ʐʅ^{13} ty^{33} dæ^{33} ʂʅ^{33} ʂu^{21}. | o^{55} o^{33} dæ^{33} ʂʅ^{33}

东 巴 学 罗 日 屯 单 史 苏 窝 窝 单 史

参打补说吉日屯单史苏，窝窝单史单史衣单史，衣窝那朗罗里日屯单史苏，窝窝单史单史羽单史，羽玖补嘎托日屯，单史苏，窝窝单史单史细单史，东巴学罗日屯单史苏，窝窝单史

376-D-60-09

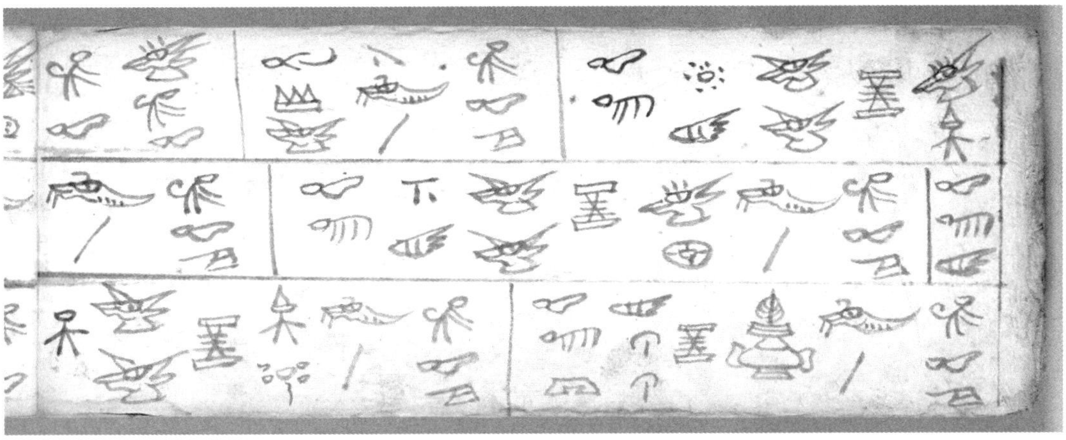

dæ^{33} ʂʅ^{33} i^{13} dæ^{33} ʂʅ^{33}, | ə^{33} mi^{21} y^{21} le^{55} ʐʅ^{21} ty^{55} ʥiɑ^{33} so^{33} dæ^{33} ʂʅ^{33} ʂu^{21}. | ʂʅ^{33} by̩^{33} by̩^{13}
单 史依 单 史 阿明余勒 日 屯 加 所 单 史 苏 史 补 补

lɑ^{21} y^{33} y^{33} dɑ^{13} si^{33} dy̩^{33}, | ʐʅ^{33} ty^{33} dæ^{33} ʂʅ^{21} ʂu^{21}. | ʂʅ^{33} by̩^{33} ɕiɑ^{13} lɑ^{13} y^{55} y^{33} dɑ^{21} si^{55} ȵi^{33},
拉 羽 余 岛 西 都 日 屯 单 史 苏 史 补 加 拉 羽 余 岛 西 尼

ʐʅ^{33} ty^{33} dæ^{33} ʂʅ^{33} ʂu^{21}. | ʂʅ^{33} by̩^{33} lɑ^{13} ho^{33} y^{55} y^{33} dɑ^{21} dy̩^{21} dʐʅ^{33}, ʐʅ^{33} ty^{33} dæ^{33} ʂʅ^{33} ʂu^{21}. |
日 屯 单 史 苏 史 补 拉 西 欲 与 达 都 止 日 屯 单 史 苏

ʂʅ^{33} by̩^{33} gə^{13} lɑ^{21} i^{13} i^{33} dɑ^{21},bə^{21} bə^{21} ʐʅ^{21} ty^{33} dæ^{33} ʂʅ^{33} ʂu^{21}. |
史 补 格 拉 壹 衣 达 崩 崩 日 屯 单 史 苏

单史依单史，阿明余勒日屯加所单史苏，史补补拉羽余岛西都，日屯单史苏，史补加拉羽余岛西尼日屯单史苏，史补拉西欲与达都止，日屯单史苏，史补格拉壹衣达崩崩日屯单史苏，

376-D-60-10

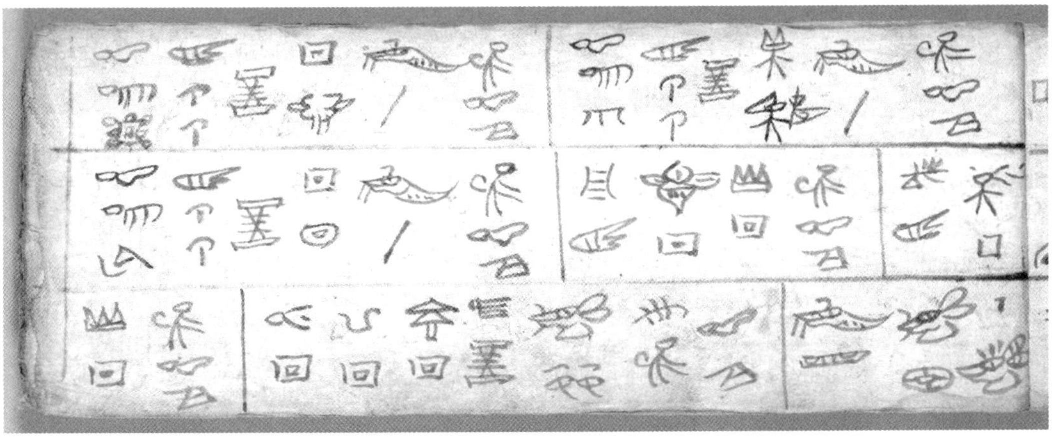

ʂʅ^{33} by̩^{33} tho^{13} lɑ^{21} i^{13} i^{33} dɑ^{21}, dɑ^{33} by̩^{33} ʐʅ^{33} ty^{33} dæ^{33} ʂʅ^{33} ʂu^{21}. | ʂʅ^{33} by̩^{33} gɑ^{33} lɑ^{21} i^{13} i^{33}
史 补 妥 拉 壹依 达 岛 补 日 屯 单 史 苏 史 补 高 拉 壹 依

dɑ^{21},tsɑ^{33} dæ^{21} ʐʅ^{21} ty^{33} dæ^{33} ʂʅ^{33} ʂu^{21}. | ʂʅ^{33} bv^{33} tsɑ^{13} lɑ^{21} i^{13} i^{33} dɑ^{21},dɑ^{33} mæ^{33} ʐʅ^{21} ty^{33}
达 早 单 日 屯 单 史 苏 史 补 早 拉 壹 依 达 岛 麻 日 屯

dæ^{33} ʂʅ^{33} ʂu^{21}. | ʥiə^{33} lɑ^{21} ʥy^{33} dɑ^{33} mi^{33} dɑ^{33} ʐʅ^{21} ty^{33} dæ^{33} ʂʅ^{33} ʂu^{21}. | so^{55} lɑ^{33} thɯ^{33}
单 史 苏 玖 拉 居 达 米 达 日 屯 单 史 苏 所 拉 体

do^{33} mi^{21} dɑ^{21} ʐʅ^{21} ty^{33} dæ^{33} ʂʅ^{21} ʂu^{21}. | khɑ^{33} dɑ^{33} phy̩^{55} dɑ^{33} thɑ^{33} dɑ^{33} ho^{55} dɑ^{33}, le^{33}
多 明 达 日 屯 单 史 苏 卡 达 普 达 他 达 贺 达 冷

miə^{21} pu^{55},ʐʅ^{21} ty^{33} dæ^{33} ʂʅ^{33} ʂu^{21}, | ʐər^{13} lər^{33} le^{33} ȵi^{33} dɯ^{13} lo^{21}, |
谬 布 日 屯 单 史 苏 日 朗 冷 尼 迪 罗

史补妥拉壹依达，岛补日屯单史苏，史补高拉壹依达，早单日屯单史苏，史补早拉壹依达，岛麻日屯单史苏，玖拉居达米达日屯单史苏，所拉体多明达日屯单史苏，卡达普达他达贺达，冷谬布，日屯单史苏，日朗冷尼迪罗，

376-D-60-11

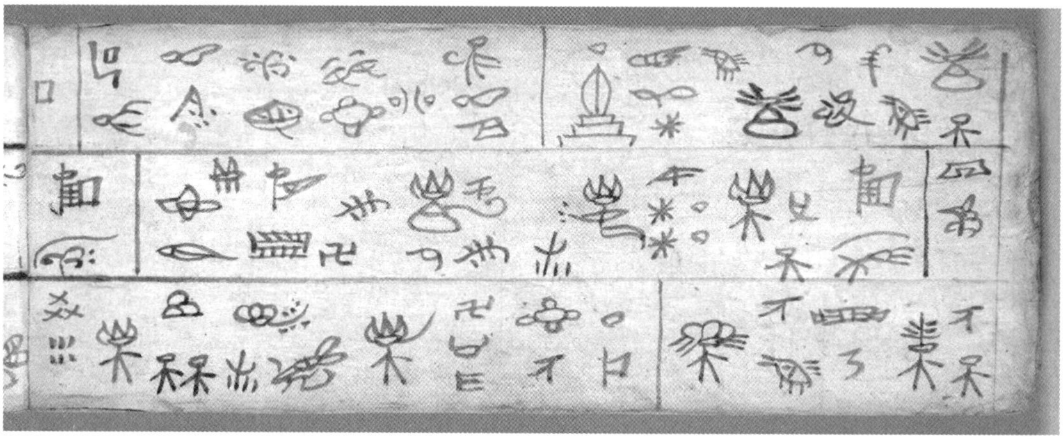

gɯ^{33} ʂʅ^{33} be^{33} dʐy̩^{33} bɑ^{33} ȵiə^{21} dɯ^{33} by^{33} ʐʅ^{21} ty^{33} dæ^{33} ʂʅ^{33} ʂu^{21}. | ʥy^{21} nɑ^{33} ʐo^{55} lo^{33} ky̩^{33},
给 史本 主 巴 牛 迪 布 日 屯 单 史 苏 居那若罗山 上

lɑ^{33} iə^{21} dy̩^{33} dʐʅ^{21} lɯ^{55},dʐʅ^{33} nɯ^{33} dɯ^{21} mə^{33} lɯ^{55},dʐʅ^{33} zo^{33} | ʐy̩^{21} me^{33} dʐy̩^{33} tɕiə^{21} gɑ^{33}. |
拉尤都支 逃脱 头目 和 长者 不 逃脱 头目 男 生（助）灾祸 上 胜

he^{21} i^{33} uɑ^{21} ʥi^{21} ky̩^{33},the^{33} ɯ^{33} ze^{21} pɯ^{55} tshʅ^{21},py^{33} nɯ^{33} phæ^{21} mə^{33} pɯ^{55},py^{21} tʂhy̩^{33} py^{21}
恒依窝吉 水 头 经书 哪儿 出 来 东巴 和 卜师 不 出 东巴 族 东巴

le^{33} ʐy̩^{21}.ty̩^{55} ty̩^{21} kɯ^{55} kɯ^{21} dʐy̩^{33}, py^{21} zo^{33} ʐy̩^{21} me^{33} tshʅ^{21} tɕiə^{21} gɑ^{33}. | gə^{21} bɑ^{21} | sʅ^{21}
又 生 成千上万 增 东巴 男 生 的 鬼 上 胜 弟子 三

ɕi^{33} tshuɑ^{55} tshər^{21} py^{33} by̩^{21} ly̩^{33} no^{33} py^{21}, py^{21} le^{33} kho^{33} ɯ^{33} sɑ^{55} ɯ^{33} me^{33} py^{21} ly̩^{21}
百 六 十 东巴 老 来 吟诵 吟诵（助）声 好 气 好 的 东巴 老

py^{21} zo^{33} dɯ^{33} dɯ^{33} py^{21},kho^{33} ɯ^{33} sɑ^{55} ɯ^{33} py^{21} dʐər^{21} dɯ^{21} me^{33} dɯ^{33} khu^{33} le^{33} thy̩^{33}
东巴 整齐 吟诵 声 好 气 好 吟诵 威灵 大 的 一 处 又 到

ho^{55}.| phy̩^{55} dʐər^{21}dɯ^{21}me^{33} lɯ^{55} le^{33}tsæ^{55}se^{21} me^{55},sər^{21}dʐər^{21}dɯ^{21}me^{33} zo^{33}le^{33} tsæ^{55},|
祝 祖父 威灵 大 的 孙儿 又 降 了（助）父亲 威灵 大 的 儿子 又 降

给史本主巴牛迪布日屯单史苏①。在居那若罗山上，即使分清鬼神的拉尤都支逃脱了，头目和长者也不逃脱，世上只要有头目就能战胜灾祸。在恒依窝吉河上游，即使经书流传到各地，东巴和卜师还未四处流传，成千上万的东巴能战胜鬼。三百六十个东巴弟子来诵经作仪，诵经之好声好气，小东巴能与老东巴媲美，祝愿诵经的好声好气具有大威灵。祖父的威灵降于孙儿身上，父亲的威灵降于儿子身上，

376-D-60-12

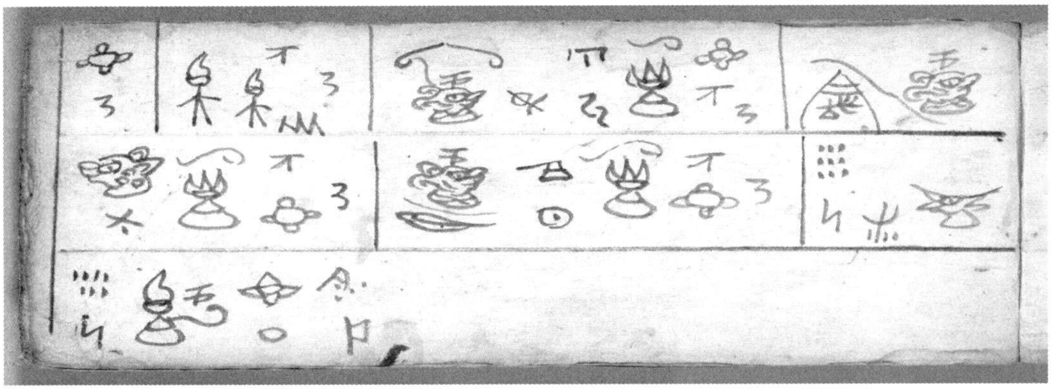

dʐər^{21} tsæ^{55} dʐər^{21} dɯ^{33} se^{21}.| me^{33} dʐər^{21} dɯ^{21} me^{33} mi^{55} le^{33} tsæ^{55},dʐər^{21} tsæ^{55} dʐər^{21}dɯ^{33}
威灵 求 威灵 得 了 母亲 威灵 大 的 女儿 又 降 威灵 求 威灵 得

se^{21}.| mɯ^{33} gə^{33} phy̩^{33} lɑ^{21} ʐɑ^{21}, py^{21} tɕiə^{21} gu^{33} lu^{21} gɑ^{33} le^{21} dʐər^{21} dɯ^{33} se^{21}.| so^{21} gə^{33}
了 天 的 神 下 东巴 上 保福保佑 威灵 得 了 山 的

phy̩^{33} lɑ^{21} ʐɑ^{21}.| py^{21} tɕiə^{21} gu^{33} lu^{21} gɑ^{33} le^{21} dʐər^{21} dɯ^{21} ʐɑ^{21}, dʐər^{21} tsæ^{55} dʐər^{21} dɯ^{33}
神 下 东巴 上 保福保佑 威灵 大 下 威灵 降 威灵 得

se^{21}.| dʑi^{21} gə^{33} phy̩^{33} lɑ^{21} ʐɑ^{21},ʂu^{21} nɑ^{55} mɑ^{21} dæ^{21} py^{21},py^{21} tɕiə^{21} gu^{33} lu^{21} gɑ^{33} le^{21}dʐər^{21}
了 水 的 神 下 束纳麻单 东巴 上 保福保佑 威灵

dɯ^{21} tsæ^{55}, dʐər^{21} tsæ^{55} dʐər^{21} dɯ^{33} se^{21}.| gy̩^{33} tʂhər^{55} py^{21} le^{33} no^{21},| ʂər^{21} tʂhər^{55} phæ^{21}
大 求 威灵 求 威灵 得 了 九 代 诵经（助）生儿 七 代 占卜

le^{33} uɑ^{21} me^{33} dɯ^{33} khu^{33} le^{33} thy̩^{33} ho^{55}.|
助 育女 的 一 处 又 到 祝

求得了威灵。求母亲的威灵降到女儿身上，求得了威灵。天神下界，东巴得到了保福保佑的威灵。山神下界，东巴得到了保福保佑的威灵。水神下界，东巴得到了保福保佑的威灵。祝

① 以上为咒语，不知其意，为音译。

愿九代东巴作仪，七世卜师占卜能子孙兴旺。

376-D-60-13

封底

（释读：和丽军　翻译：李英）

70-D-61-01

zɿ^{33} tʂu^{55} py^{21} ·

ɕy^{33} ʐər^{33} phy̩^{33} lɑ^{21} sɑ^{55} · py^{33} by̩^{21} sɑ^{55} me^{55}

延寿仪式 · 迎请许冉大神 · 迎请东巴

70–D–61 延寿仪式·迎请许冉大神·迎请东巴

【内容提要】

作仪式的人家请高明的东巴，用牦牛、绵羊、酒、饭、肥肉、瘦肉、柏枝和酥油供奉众神。迎请五方的许冉大神，五方的战神、五方的东巴、五方的刹道神和五方的哈姆、拉姆女神降临，赐福于主人家。主人家向众神祈求子孙兴旺的福分，延年益寿的福分，生活富强的福分。

【英文提要】

Prolonging Life Ritual, Greeting the God *ɕy ʐ̩ər*, Greeting *to ba*

Family under ritual asked brilliant ***to ba*** to consecrate all the gods by using yaks, sheep, wine, rice, fat and lean meat, cedar branches and butter. This consecration was to greet the god ***ɕy ʐ̩ər***, god of path obstructing, god ***ha mu*** and goddess ***la mu*** of five directions befalling and blessing the family. The family prayed all gods for fortunes on posterity, longevity and opulence.

70-D-61-02

“1958”为洛克收藏经书的编号。上方及下方是洛克对封面经书名的注音。中间为封面经书名的仿写。

70-D-61-03

ə^{33} la^{33} mə^{33} ʂər^{55} ȵi^{33} , mɯ^{33} la^{33} kɯ^{21} tʂhʅ^{33} dzʅ^{21}, kɯ^{21} dzʅ^{21} tʂhʅ^{33} ȵi^{33} ɯ^{33}, dy^{21}
远古的时候 天上（助）星 所 有 星 有 这 天 好 地

la^{33} zə^{21} tʂhʅ^{33} y^{21}, zə^{21} y^{21} tʂhʅ^{33} ȵi^{33} hər^{21},uæ^{33} nɯ^{33} bi^{33} thʏ^{33} lʏ^{21}, i^{21} nɯ^{33} le^{21} tshe^{55}
助 草 所 生长 草 生长 这 天 绿 左边 从 太阳 出 暖 右边 从 月 光

bu^{33}.｜gə^{21} i^{33} la^{33} sa^{21} to^{55} khɯ^{33} phər^{21}, gʏ^{33} dzʅ^{21} khʏ^{55} tsʅ^{21} ɯ^{33}, khʏ^{55} ɯ^{33} tʂhʅ^{33} dɯ^{33}
亮 上方 的 拉萨垛肯盘 古孜 年份 算 好 年份 好 这 一

khʏ^{55};｜mi^{21} i^{33} bʏ^{33} lʏ^{55} zʅ^{33} zə^{21} mæ^{33}, le^{33} bʏ^{33} he^{33} tsʅ^{21} ɯ^{33}, he^{33} ɯ^{33} tʂhʅ^{33} dɯ^{33}
年 下方 的 补鲁日饶满 冷补 月份 算 好 月份 好 这 一

he^{33};｜dzi^{33} dʑə^{21} ly^{55} kʏ^{33} ha^{55}, na^{21} ɕi^{33} ha^{55} tsʅ^{21} ɯ^{33}, ha^{55} ɯ^{33} tʂhʅ^{33} dɯ^{33} ȵi^{33}.｜tsʅ^{21}
月 精玖 中间 住 纳西 日子 算 好 日子 好 这 一 天 算

me^{33} khy̩^{55} ɯ^{33} he^{33} ɯ^{33} ȵi^{55} ɯ^{33} hɑ^{55} ɯ^{33}, kɯ^{21} ɯ^{33} zy^{21} ɯ^{33} tʂhʅ^{33} dɯ^{33} ȵi^{33}, | i^{33} dɑ^{13}
的 年份 好 月份 好 白天 好 夜晚 好 星 好 入星 好 这 一 天 主人

tʂhʅ^{33} dɯ^{33} dʑi^{13}, mɯ^{33} ne^{21} dy^{21} mə^{33} tʂu^{55}, tɕi^{33} phər^{21} hər^{33} phər^{21} tʂhʅ^{33} le^{33} tʂu^{55}; | dʑy^{21}
这 一 家 天 和 地 不 接 云 白 风 白（这）又 接 山

ʂuɑ^{21} so^{33} ʂuɑ^{21} le^{21} mə^{33} tʂu^{55}, hɯ^{21} nɑ^{55} be^{33} phər^{21} tʂhʅ^{33} le^{33} tʂu^{55} ; dʑy^{21} ne^{21} lo^{21} mə^{33}
高 峰 高 又 不 接 雨 大 雪 白 这 又 接 山 和 谷 不

tʂu^{55}, dʑi^{21} mæ^{33} ʂər^{21} nɯ^{33} tʂu^{55}, | æ^{21} ʂuɑ^{21} mi^{21} mə^{33} tʂu^{55}, æ^{21} bæ^{33} nɯ^{33} tʂhʅ^{33} le^{33}
接 水 尾 长 来 接 悬崖 下 不 接 岩蜂 来 这 又

tʂu^{55}; | ȵi^{33} me^{33} thy̩^{33} ne^{21} ȵi^{33} me^{33} gy̩^{21} mə^{33} tʂu^{55}, i^{33} tʂhʅ^{33} mɯ^{21} ne^{21} ho^{33} gy̩^{33} lo^{21}
接 太阳 出 和 太阳 落 不 接 南方 和 北方

mə^{33} tʂu^{55}, tɕi^{21} ne^{21} hər^{33} nɯ^{33} tʂhʅ^{33} le^{33} tʂu^{55}. | i^{33} dɑ^{13} tʂhʅ^{33} dɯ^{33} dʑi^{13}, khy̩^{55} ne^{21} zʅ^{33}
不 接 云 和 风 来 这 又 接 主人 这 一 家 年份 和 寿岁

mə^{33} ly̩^{21} me^{33} gə^{21} le^{33} tʂu^{55}, nɯ^{21} ne^{21} uɑ^{21} mə^{33} ly̩^{21} me^{33} gə^{21} le^{33} tʂu^{55}, hɯ^{21} ne^{21} dzæ^{33}
不 够（助）上 又 接 生儿 和 育女 不 够（助）上 又 接 富 和 强

mə^{33} ly̩^{21} me^{33} gə^{21} le^{33} tʂu^{55}, dæ^{21} ne^{21} tʂhu^{21} mə^{33} ly̩^{21} me^{33} gə^{21} le^{33} tʂu^{55}, dze^{33} ne^{21} o^{21}
不 够（助）上 又 接 能干 和 快捷 不 够（助）上 又 接 粮食 和 谷神

mə^{33} ly̩^{21} me^{33} gə^{21} le^{33} tʂu^{55};
不 够（助）上 又 接

远古的时候，天上布满了星宿，今天格外明；地上长满了青草，今天格外绿；左边升起的太阳，今天格外暖；右边升起的月亮，今天格外亮。在上方的拉萨垛肯盘，古孜[①]善于推算年份，算出今年是吉年；下方的补鲁日饶满，冷补[②]善于推算月份，算出此月是吉月；中间的纳西善于推算日子，算出今天是吉日。在吉年吉月吉日吉夜，天上布满吉星的这一天，主人家像天和地本没相接，却以白云白风来接上；山峰与山脉本没接，却以大雨白雪来接上；大山深谷没相接，以长流江水接上；高高的悬崖与地下没相接，却由岩蜂来接上；东方和西方没相接，南方和北方没相接，却由云和风来接上一样。这一主人家，年份和寿岁不够要接上，生儿和育女不够要接上，富和强不够要接上，能干迅捷不够要接上，粮食和谷神不够要接上，

① 古孜，指藏族。
② 冷补，指白族。

70-D-61-04

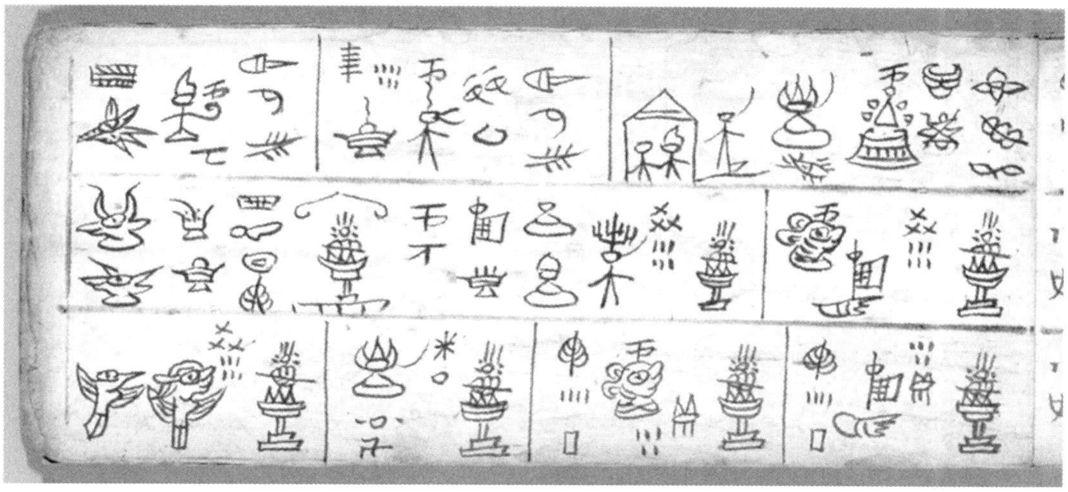

py^{21} tso^{33} phæ^{21} tso^{33} le^{33} tʂu^{55} tʂu^{33} mə^{33} mæ^{21}, py^{21} tso^{33} phæ^{21} tso^{33} tʂhʅ^{33} le^{33} tʂu^{55}. | zʅ^{33}

经书 卜具 又 接 不 着 经书 卜具 这 又 接 寿

ʂər^{21} hɑ^{55} i^{33}、kv̩^{33} phər^{21} dzæ^{33} ʂʅ^{21}、phv̩^{33} do^{21} lɯ^{55} do^{21} mə^{33} mæ^{21} me^{33} gə^{21} le^{33}

长 日 增 头 白 牙 黄 祖父 见 孙子 见 不 得 （助） 上 又

tʂu^{55}. | i^{33} dɑ^{21}tʂhʅ^{33} dɯ^{33} dʑi^{13},ze^{55} tɕi^{33} bə^{33} y^{21} tʂər^{21},lɯ^{55} kv̩^{33} py^{33} bv̩^{21} dy^{55},sʅ^{33} i^{33} bər^{33}

接 主人 这 一 家 年轻 脚 轻 派 贤能的 东巴 请 羊毛 毡

phər^{21} zv̩^{21} lv̩^{33} tɯ^{21}, ŋ v̩^{21} hæ^{21} uɑ^{33} tʂhu^{21} i^{33} dɑ^{55} be^{33} le^{33} iə^{55}. | bər^{33} y^{21} zʅ^{33} hɑ^{33} tʂhər^{21}

白 神坛 设 银 金 松石 墨玉 供品 作 又 给 牦牛 羊 酒 饭 肥肉

nɑ^{55} ɕy^{55} mɑ^{21} nɯ^{33} tʂhu^{55} pɑ^{33} be^{33}. mɯ^{33} bv̩^{21} phər^{21} ne^{21} sæ^{21}, gɑ^{33} ne^{21} u^{21}, o^{55} ne^{21}

瘦肉 柏枝 酥油 来 天香 烧 天 下 盘神 和 禅神 嘎神 和 吾神 沃神 和

he^{21}, be^{21} mu^{21} sʅ^{21} ɕi^{33} tʂhuɑ^{55} tshər^{21} tʂhu^{55} pɑ^{33} be^{33}. | phv̩^{33} lɑ^{21} gɑ^{33} lɑ^{21} si^{21} ɕi^{33}

恒神 本当神 兵 三 百 六 十 天香 烧 神 战神 三 百

tʂhuɑ^{55}tshər^{21} tʂhu^{55} pɑ^{33} be^{33}. | tuɑ^{33} kə^{21} iə^{33} mɑ^{21} sʅ^{21} ɕi^{33}tʂhuɑ^{55} tshər^{21} tʂhu^{55} pɑ^{33} be^{33}. |

六 十 天香 烧 端格 优麻 三 百 六 十 天香 烧

py^{33} bv̩^{21} ɯ^{33} me^{33} dɯ^{33} tv̩^{21} dɯ^{33} kɯ^{21} tʂhu^{55} pɑ^{33} be^{33}. | ɕy^{33} zər^{33} phv̩^{33} lɑ^{21} uɑ^{55} kv̩^{33}

东巴 好 的 一 千 一 万 天香 烧 许冉 神 五 个

tʂhu^{55}pɑ^{33} be^{33}. | ɕy^{33} zər^{33} gɑ^{33} lɑ^{21} uɑ^{55} kv̩^{33} tʂhu^{55} pɑ^{33} be^{33}. |

天香 烧 许冉 战神 五 个 天香 烧

诵经和占卜不及时，把诵经及用卜具占卜相接上。长寿没接上，头发花白牙齿发黄没接上，祖父孙儿没同堂，这一主人家，让捷足年轻人，请来贤能的东巴，设置铺白色羊毛毡的神坛，供上金银松石墨玉。以牦牛、羊、酒、饭、肥肉、瘦肉、柏枝、酥油烧天香作供养。给盘神和禅神、嘎神和吾神、沃神和恒神，三百六十位本当神兵烧天香，给三百六十位战神烧天香，给三百六十位端格神和优麻神烧天香。给成千上万能干的东巴烧天香。给五位许冉神烧天香，给五位许冉战神烧天香。

70-D-61-05

ɕy^{33} zə̣r^{33} py^{33} bv̩^{21} uɑ^{55} kv̩^{33} tʂhu^{55} pɑ^{33} be^{33}, | ɕy^{55} zə̣r^{33} sɑ^{21} dɑ^{55} gɑ^{33} lɑ^{21} uɑ^{55} kv̩^{33} tʂhu^{55}
许冉　东巴　五　个　天香　烧　许冉　刹道　战神　五　个　天香

pɑ^{33} be^{33}, | ɕy^{33} zə̣r^{33} dæ^{21} mu^{21} uɑ^{55} kv̩^{33} tʂhu^{55} pɑ^{33} be^{33}.i^{33} dɑ^{13} tʂhʅ^{33} dɯ^{33} dʑi^{13}, zʅ^{33} ʂər^{21}
烧　许冉　丹神　兵　五　个　天香　烧　主人　这　一　家　寿　长

hɑ^{55} i^{33} | ȵi^{33} me^{33} mɯ^{33} ne^{21} dy^{21} i^{33} tʂhu^{55} pɑ^{33} be^{33}; gu^{33} lu^{21} kɑ^{33} le^{33} ȵi^{33} me^{33} o^{55}
日　增　要（助）　天　和　地　(助)　天香　烧　保福　保佑　要（助）沃神

he^{21} tʂhu^{55}pɑ^{33} be^{33}; | hɯ^{21} ne^{21}dzæ^{33} ȵi^{33} me^{33} o^{21} me^{33} he^{21} tho^{33}nɑ^{21}se^{33} tʂhu^{33}pɑ^{33}be^{33}; |
恒神　天香　烧　富　和　强　要（助）　五谷神　天香　烧

dæ^{21} ne^{21} tʂhu^{21} ȵi^{33} me^{33} to^{21} u^{21} tʂhu^{55} bɑ^{33} be^{33}; | nɯ^{21} ne^{21} uɑ^{21} | ȵi^{21} me^{33} ʂv̩^{21} ne^{21}
能干　和　快捷　要（助）朵神　吾神　天香　烧　生儿　和　育女　要（助）　署　和

lv̩^{21} to^{55} tʂhu^{55} pɑ^{33} be^{33}. | lɯ^{33} sɑ^{21} ze^{21} ɯ^{33} kv̩^{33} i^{33} thɑ^{55} phər^{21} tshʅ^{55}, mɯ^{33} ne^{21} dy^{21}
龙　上　天香　烧　地　脉　多么　好　上　是　塔　白　建　天　和　地

gə^{33} khv̩^{55} by^{33} zʅ^{33} by^{33} tʂhʅ^{33} le^{33} me^{55}; | dʑy^{21} tʂu^{55} ze^{21} ɯ^{33} me^{33}, ɕy^{55} hər^{21} thɑ^{55} le^{33}
的　年份　福寿　岁　福　这　又　要　山　接　多么　好（助）　柏　绿　塔　又

tshʅ^{55}, khv̩^{55} by^{33} zʅ^{33} by^{33} tʂhʅ^{33} le^{33} me^{55}. |
建　年份　福　寿岁　福　这　又　要

给五位许冉东巴烧天香，给五位许冉刹道战神烧天香，给五位许冉丹神兵烧天香。主人家为求得长寿给天地烧天香；为求得保佑给沃神和恒神烧天香；要求得富强，给五谷神烧天香；

为求得能干快捷向朵神、吾神烧天香；为求得子孙兴旺向署和龙烧天香。在地脉好的地方建白塔，祈要天和地的年份和寿岁；在高山上建绿柏之塔，祈要年份和寿岁；

70-D-61-06

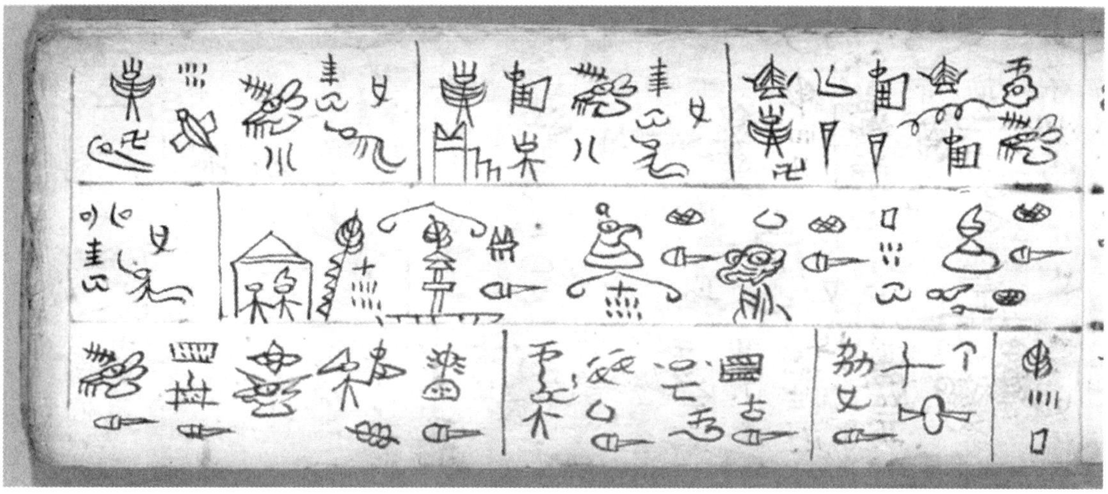

lo^{21} tʂu^{55} ze^{21} ɯ^{33} me^{33}, ho^{55} lo^{21} dzo^{21} pɑ^{21} tso^{55}, khy̩^{55} by^{33} zʅ^{33} by^{33}, zʅ^{33} ʂər^{21} hɑ^{55} i^{33}
谷 多 好（助） 大深谷 桥 宽 架 年份 福 寿岁 福 寿 长 日 增

tʂhʅ^{33} le^{33} me^{55}; | dzʅ^{21} tʂu^{55} ze^{21} ɯ^{33} me^{33}, gɑ^{33} pɑ^{55} the^{21} ȵə^{21} tshʅ^{55}, khy̩^{55} by^{33} zʅ^{33} by^{33},
这 又 要 村寨 多么 好（助）胜利 标杆 那里 插 年份 福 寿岁 福

zʅ^{33} ʂər^{21} hɑ^{55} i^{33} tʂhʅ^{33} le^{33} me^{55}. | sʅ^{55} dʑi^{33} ze^{21} ɯ^{33} me^{33}, gɑ^{33} khuɑ^{21} tho^{55}, gɑ^{33} ne^{21} sʅ^{55}
寿 长 日 增 这 又 要 人 走 多 好（助） 胜利 桩 插 胜神 和 人

mæ^{55} tər^{55}, sʅ^{55} ko^{21} gɑ^{33} ȵə^{21} ȵi^{55}, khy̩^{55} ne^{21} zʅ^{33} by^{33}, | zʅ^{33} ʂər^{21} hɑ^{55} i^{33} tʂhʅ^{33} le^{33}
相接 人 家 胜神 上 借 年份 和 寿岁 福 寿 长 日 增 这 又

me^{55}. | i^{33} dɑ^{13} tʂhʅ^{33} dɯ^{33} dʑi^{13}, ɕy^{55} hər^{21} le^{33} dʑi^{21} tshe^{21} ho^{55} ty^{33} le^{33} tso^{55}, mɯ^{33} ne^{21}
要 主人 这 一 家 柏 绿 梯子 十 八 级 又 架 天 和

dy^{21} kuɑ^{55} gɯ^{33}, ɕy^{55} hər^{21} thɑ^{55} ky̩^{33} nɯ^{33} gə^{21} le^{33} tʂu^{55}; mɯ^{33} tɕiə^{21} tshe^{21} ho^{55} ty^{33}, gu^{33}
地 之间 柏 绿 塔 上 从 上 又 接 天 上 十 八 层

lɑ^{21} kə^{55} by̩^{33} khə^{21} le^{33} tʂu^{55}, dzʅ^{33} lɑ^{21} ə^{33} phy̩^{33} khə^{21} le^{33} tʂu^{55},do^{33} ŋɑ^{33} i^{21} ʂʅ^{55} dʑi^{33} mu^{33}
巩劳构补 处 又 接 孜劳阿普 处 又 接 多敖依世金姆

khə^{21} le^{33} tʂu^{55}. | khy̩^{55} ne^{21} zʅ^{33} le^{33} tʂu^{55},hɯ^{21} ne^{21} dzæ^{33} le^{33} tʂu^{55},nɯ^{21} ne^{21} uɑ^{21} le^{33} tʂu^{55},
处 又 接 年份 和 寿岁 又 接 富 和 强 又 接 生儿 和 育女 又 接

dæ^{21} ne^{21} tʂhu^{21}, tʂʅ^{21} ne^{21} o^{21} le^{33} tʂu^{55},nɯ^{21} ne^{21} no^{55} le^{33} tʂu^{55}. | ky̩^{33} phər^{21} dzæ^{33} ʂʅ^{21},
能干 和 迅捷 五谷 和 谷神 又 接 畜 和 畜神 又 接 头 白 牙 黄

phy̩^{33} do^{21} lɯ^{55} do^{21} tʂhʅ^{33} le^{33} tʂu^{55}, py^{21} tso^{33} phæ^{21} tso^{33} tʂhʅ^{33} le^{33} tʂu^{55}. | be^{21} me^{33} le^{33}
祖 见 孙 见 这 又 接 诵经 卜具 这 又 接 破 的 又

tʂu^{55}, phɯ^{55} me^{33} le^{33} tʂu^{55} iə^{55} . | ɕy^{33} ʐər^{33}
接 断 的 又 接 给 许冉

在深谷上建大桥，祈要年份和寿岁，祈求延年益寿；在村寨之中插胜利桩，祈要年份和寿岁，祈求延年益寿；在人类行走的地方，插胜利桩，胜神和人类相接，人类与胜神相伴，祈要年份和寿岁，祈求延年益寿。这一主人家，架十八级绿柏之梯，在天和地之间以绿柏塔相接，接到十八层天上巩劳构补处、孜劳阿普处、多敖依世金姆处，接上年份和寿岁，得到富裕和富强，子孙兴旺，能干迅捷，五谷丰登，六畜兴旺。头花白牙发黄，祖孙能同堂。诵经和占卜能接上。破的给缝上，断的给接上。

70-D-61-07

phy̩^{33} la^{21} ua^{55} ky̩^{33} sa^{55} bɯ^{33} me^{33}, | ɕy^{33} ʐər^{33} ga^{33} la^{21} ua^{55} ky̩^{33} sa^{55} bɯ^{33} me^{33}, | ɕy^{33}
神 五 个 请 要（助） 许冉 战神 五 个 请 要 （助） 许冉

ʐər^{33} py^{33} by̩^{21} ua^{55} ky̩^{33} sa^{55} bɯ^{33} me^{33}, | ɕy^{33} ʐər^{33} sa^{21} da^{55} ga^{33} la^{21} ua^{55} ky̩^{33} sa^{55} bɯ^{33}
东巴 五 个 请 要（助） 许冉 刹道 战神 五 个 请 要

me^{33}, | sa^{21} da^{55} ha^{33} mu^{33} mi^{55} zi^{55} ua^{55} ky̩^{33} sa^{55} bɯ^{33} me^{33}, | ɕy^{33} ʐər^{33} ha^{33} mu^{33} ua^{55}
（助） 刹道 哈姆 女 美 五 个 请 要（助） 许冉 哈姆 五

ky̩^{33} sa^{55} bɯ^{33} me^{33}, | ɕy^{33} ʐər^{33} he^{21} mi^{55} zi^{33} me^{33} ua^{55} ky̩^{33} sa^{55} bɯ^{33} me^{33}, | ɕy^{33} ʐər^{33}
个 请 要（助） 许冉 神 女 美 的 五 个 请 要（助） 许冉

phy̩^{33} la^{21}、ga^{33}la^{21}、py^{33}by̩^{21}、sa^{55} da^{55} ʂy̩^{21}, | ha^{33} mu^{33} ȵi^{33} tsər^{21}ho^{55} ky̩^{33} sa^{55} bɯ^{33} me^{33}. |
神 战神 东巴 刹道 署 哈姆 二 十 八 个 请 要 （助）

py^{33} by̩^{21} kho^{33} ɯ^{33} sa^{55} ɯ^{33} me^{33} nɯ^{33} khy̩^{21}, tsər^{33} lər^{21} do^{55}, da^{33} khə^{21} la^{55}, thy̩^{33} phe^{33}
东巴 声 好 气 好 的 来 请 板铃 摇 法鼓 打 麻布

dzo33 phər21 kv̩33 nɯ33 khv̩21,ɕy21 lu21 bæ33 mi33 ɕy21 dy21 nɯ33 khv̩21, ŋv̩21 ne21 hæ21 dzo21,
桥 白 上 来 请 香炉 神灯 香炷 来 请 银 和 金 桥

uɑ21 ne21 tʂhu21 dzo21, ŋv̩21 bɑ21 hæ21 bɑ21,
松石 和 墨玉 桥 银 花 金 花

要请五位许冉神，要请五位许冉战神，要请五位好的东巴，要请五位许冉刹道战神，要请五位刹道哈姆女神，要请五位许冉哈姆女神，要请五位美丽的许冉神女；要请许冉战神、东巴和刹道署，要请二十八位哈姆神。以东巴的好声好气来迎请，摇响板铃，打响法鼓，迎请到白麻布神桥上。由香炉、神灯、香炷来迎请，以金银松石墨玉、金花银花、

70-D-61-08

uɑ21 bɑ21 tʂhu21 bɑ21 kv̩33 nɯ33 tʂv̩33 le33 khv̩21. i21 ʂʅ55 dv̩33 tsʅ33 tʂhər33 ɯ33 gv̩33 le33
松石 花 墨玉 花 上 以 接 又 请 益世 丁子 药水 九 和

tshe33 sy21 kv̩33 nɯ33 khv̩21.｜bər33 y21 zʅ33 hɑ33 tʂhər21 nɑ55 ɕy55 mɑ21 nɯ33 tʂv̩33 le33
十 种 上 来 请 牦牛 羊 酒 饭 肥肉 瘦肉 柏 酥油 来 接 又

khv̩21.｜n̩i33 me33 thv̩33, ɕy33 zər33 phv̩33 lɑ21 gɑ33 lɑ21｜tʂhʅ33 uɑ55 kv̩33, he21 mi55 zi33 me33
请 太阳 出 许冉 神 战神 这 五 个 神 女 美 (助)

tʂhʅ33 uɑ55 kv̩33 tʂv̩33 me33 khv̩55 ne21 zʅ33 pu55 me33,nɯ21 ne21 uɑ21 pu55 me33, dv̩33 phər21
这 五 个 接（助） 年 和 寿岁 带 的 生儿 和 育女 带 的 海螺 白

dʑy21 ʂuɑ21 kv̩33, dv̩33 phər21 dzʅ33 ne21 uə33 kv̩33, dv̩33 phər21 thɑ55 phər21 kv̩33, dv̩33 phər21
山 高 上 海螺 白 村 和 寨 上 海螺 白 塔 白 上 海螺 白

hɯ55 ko33 lo21 nɯ21 dɯ33 zɑ21 lu33.｜ɕy33 zər33 py33 bv̩21 gə21 tshe55 tshe55 bv̩33 dv̩33
海 里 从 一 下 来 许冉 东巴 格衬称补 海螺

phər^{21} khuɑ^{55}gæ^{21} mu^{21},gɑ^{33} lɑ^{21} the^{33} phər^{21} lṿ^{21},bə^{33} dɯ^{21} lɑ^{33} hy^{21} dzæ^{33},dṿ^{33} phər^{21} bər^{21}
白 铠甲 穿 战神 旗子 白 抬 脚 大 虎 赤 骑 海螺 白 号角

kho^{33} mu^{21}, hæ^{33} ʂʅ^{21} tsər^{33} lər^{21} do^{55} ,uɑ^{21} hər^{21} dɑ^{33} khə^{21} lɑ^{55}, dṿ^{33} phər^{21} ʂu^{33} phər^{21} gæ^{21}
吹 金 黄 板铃 摇 松石 绿 法鼓 打 海螺 白 铁 白 刀

thɑ^{55} thɯ^{55} ko^{55} hæ^{33}, phṿ^{33} lɑ^{21} gɑ^{33} lɑ^{21} dɯ^{33} tṿ^{21} dɯ^{33} kɯ^{21} gu^{21} nɯ^{33} ʂṿ^{33}, dṿ^{33} phər^{21}
利 腰 间 插 神 战神 一 千 一 万 后 来 带领 海螺 白

he^{21}mi^{55} zi^{33} me^{33} tshe^{21} sʅ^{55} kṿ^{33} gu^{21} nɯ^{33} ʂṿ^{33}. | dṿ^{33} phər^{21} ʥy^{21} ʂuɑ^{21} kṿ^{33}, dṿ^{33} phər^{21}
神 女 美 的 十 三 个 后面 来 带领 海螺 白 山 高 上 海螺 白

uə^{33} ko^{33} lo^{21} , dṿ^{33} phər^{21} nɑ^{33} tsɑ^{21} kṿ^{33}, dṿ^{33} phər^{21} hɯ^{55} ko^{33} lo^{21} nɯ^{33} dɯ^{33} zɑ̣^{21} lu^{33}. |
村寨 中 海螺 白 纳召 上 海螺 白 海 里 以 一 下 来

n̥i^{33} me^{33} thṿ^{33}, dṿ^{33} phər^{21} khuɑ^{55} gæ^{21} mu^{21}, dṿ^{33} phər^{21} ʐuɑ^{33} gu^{21} dzæ^{33}, |
太阳 出 海螺 白 铠甲 穿 海螺 白 马 骑

松石墨玉花来迎请。用九到十种药来迎请。用牦牛、绵羊、酒、饭、肥肉、瘦肉、柏枝、酥油来迎请。迎请东方五个许冉战神、五个神子神女，带着把年份寿岁、子孙兴旺的福分从白海螺高山上、白海螺村寨里、白海螺色的塔上和白海螺海里降临。许冉东巴格衬称补身穿白海螺色铠甲，高举战旗，以赤虎为坐骑，吹响白海螺号角，摇响板铃，打响绿松石法鼓，腰挂白铁利刀，带领成千上万的战神，带领十三位神女，请从白海螺高山、白海螺村寨、白海螺色纳召上，白海螺色海里降临下来。东方的大神身穿白海螺色铠甲，白海螺色的马为坐骑，

70-D-61-09

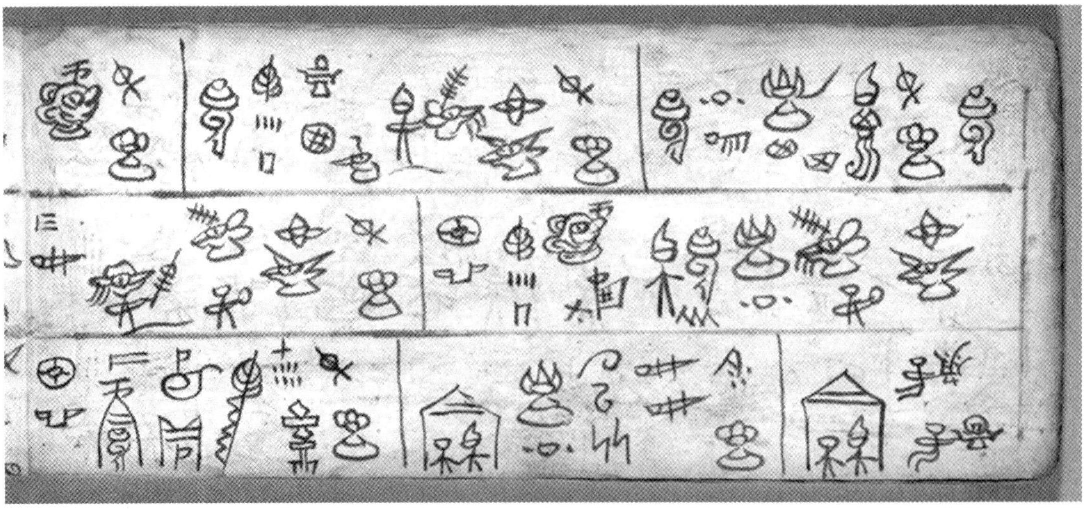

phṿ^{33} lɑ^{21} dɯ^{33} zɑ̣^{21} lu^{33}. | dṿ^{33} phər^{21} ɕy^{33} zər^{33} hɑ^{33} mu^{33} tʂy^{33} me^{33},khṿ^{55} ne^{21} zʅ^{33} pu^{55} ,
神 一 下 来 海螺 白 许冉 哈姆 接（助） 年 和 寿岁 带

nɯ^{21} ne^{21} uɑ^{21} pu^{55} dɯ^{33} zɑ̣^{21} lu^{33}. | dṿ^{33} phər^{21} py^{33} bṿ^{21} gə^{21} tshe^{55} tshe^{55} ɓṿ^{33},hɑ^{33} mu^{33}
生儿 和 育女 带 一 下 来 海螺 白 东巴 格衬称补 哈姆

dɯ^{33} ʐɑ^{21} lu^{33}. dy̩^{33} phər^{21} | sɑ^{21} dɑ^{55} ʂə^{55} tɑ^{55} dʑə^{33} uə^{21} khy̩^{55} ne^{21} zʅ^{33} pu^{55}, nɯ^{21} ne^{21}
一 下 来 海螺 白 刹道 受道玖吾 年 和 寿岁 带 生儿 和

uɑ^{21} pu^{55} me^{33} dɯ^{33} ʐɑ^{21} lu^{33}. | ȵi^{33} me^{33} thy̩^{33}, ɕy^{33} ʐər^{33} phy̩^{33} lɑ^{21} gɑ^{33} lɑ^{21}, dy̩^{33} phər^{21}
育女 带 （助）一 下 来 太阳 出 许冉 神 战神 海螺 白

hɑ^{33} mu^{33} mi^{55}, dy̩^{33} phər^{21} py^{33} by̩^{21} khy̩^{55} ne^{21} zʅ^{21}, nɯ^{21} ne^{21} uɑ^{21} pu^{55} me^{33} dɯ^{33} zɑ^{21}
哈姆 女 海螺 白 东巴 年 和 寿岁 生儿 和 育女 带 （助）一 下

lu^{33}.ȵi^{33} me^{33} thy̩^{33}, dy̩^{33} phər^{21} dʑy^{21} ʂuɑ^{21} ky̩^{33}, dy̩^{33} phər^{21}hɯ^{55} ko^{33} lo^{21}, dy̩^{33} phər^{21} uɑ^{33}
来 太阳 出 海螺 白 山 高 上 海螺 白 海 里 海螺 白 寨

ko^{33} lo^{21}, tshe^{21} ho^{55} ty^{33} gə^{33} le^{33} dʑi^{21} ky̩^{33} ne^{13} dy̩^{33} phər^{21} nɑ^{33} tsɑ^{21} ky̩^{33} nɯ^{33} dɯ^{33} ʐɑ^{21}
里面 十 八 层 的 梯子 上 和 海螺 白 纳召 上 以 一 下

lu^{33}. | i^{33} dɑ^{21} tʂhʅ^{33} dɯ^{33} dʑi^{21} tɕiə^{21},lɯ^{55} ky̩^{33} py^{33} by̩^{21} nɯ^{33}, gy̩^{33} lu^{21} tʂhər^{21} tʂhər^{21},kɑ^{33}
来 主人 这 一 家 上 贤能的 东巴 来 保福 稳当 保佑

le^{21} dɑ^{33} dɑ^{21} dɯ^{33} be^{33} lu^{33}. | i^{33} dɑ^{13} ʐʅ^{33} ne^{21} hɑ^{33} nɯ^{33},
牢固 一 作 来 主人 酒 和 饭 来

迎请白海螺色许冉哈姆，请降下年份和寿岁以及子孙兴旺的福分。请白海螺的东巴格衬称补、哈姆神降临。请白海螺般的刹道受道玖吾带着年份和寿岁，子孙兴旺降临。东方的许冉战神，白海螺般的哈姆女神和东巴带着年份和寿岁、子孙兴旺之福分，从东方白海螺高山上，白海螺色村寨里，白海螺色海子中，从十八级梯子和纳召上降临下来。东巴赐福保佑这一人家。主人家以酒和饭，

70-D-61-10

khy̩^{55} ne^{21} zʅ^{33} me^{55} me^{33} le^{21} mə^{33} dɯ^{33}, nɯ^{21} ne^{21} uɑ^{21} me^{55} me^{33} le^{21} mə^{33} dɯ^{33}. | bər^{33}
年份 和 寿岁 要 （助） 又 不 得到 生儿 和 育女 要（助） 又 不 得到 牦牛

y^{21} ʐʅ^{33} hɑ^{33} tʂhər^{21} nɑ^{55} ɕy^{55} mɑ^{21} nɯ^{33},ȵi^{33} me^{33} thy̩^{33} gə^{33} phy̩^{33} lɑ^{21} gɑ^{33} lɑ^{21},sɑ^{21} dɑ^{55}
羊 酒 饭 肥肉 瘦肉 柏 酥油 来 太阳 出 的 神 战神 刹道

ʂv̩^{21} i^{33} tʂhu^{55} pɑ^{33} be^{33}. dv̩^{33} phər^{21} ʐuɑ^{33} phər^{21} dzæ^{33}, bə^{33} dɯ^{21} lɑ^{33} hy^{21} dzæ^{33}, | dv̩^{33}
署（助）天香 烧 海螺 白 马 白 骑 脚 大 虎 红 骑 海螺

phər^{21} ɕiə^{33} gu^{55} dzæ^{33} me^{33} gɑ^{33} lɑ^{21} tʂhu^{55} pɑ^{33} be^{33}. | ȵi^{33} me^{33} thv̩^{33} gə^{33} tər^{21} ʐɑ^{55}
白 大雕 骑 的 战神 天香 烧 太阳 出 的 呆饶景补

ʥə^{21} bv̩^{33} nɯ^{33}, sər^{33} tshɿ^{21} gv̩^{33} kv̩^{55}, dv̩^{21} tshɿ^{21} tse^{21} tshɿ^{21} nɯ^{33},khv̩^{55} ne^{21} zɿ^{33} khv̩^{33},nɯ^{21}
来 属木的鬼 九 个 毒鬼 仄鬼 来 年份 和 寿岁 偷 生儿

ne^{21} uɑ^{21} khv̩^{33} mə^{33} tʂər^{21}. | ȵi^{33} me^{33} thv̩^{33} gə^{33} tər^{21} ʐɑ^{55} ʥə^{21} bv̩^{33} mɯ^{21} le^{33} zər^{21}, sər^{33}
和 育女 偷 不 让 太阳 出 的 呆饶景补 下 又 压 属木的

tshɿ^{21} gv̩^{33} kv̩^{55}, | dv̩^{21} tshɿ^{21} tse^{21} tshɿ^{21} tv̩^{33} tv̩^{21} kɯ^{33} kɯ^{21} mɯ^{21} le^{33}zər^{21}. | ȵi^{33} me^{33} thv̩^{33}
鬼 九 个 毒鬼 仄鬼 成千上万 下 又 压 太阳 出

gə^{33} ɕy^{33} ʐər^{33} phv̩^{33} lɑ^{21} gɑ^{33} lɑ^{21} py^{33} bv̩^{21} tʂhʅ^{33} uɑ^{21} khə^{21},khv̩^{55} ne^{21} zɿ^{33} mə^{33} lv̩^{21}, nɯ^{21}
的 许冉 神 战神 东巴 所有 处 年份 和 寿岁 不 够 生儿

ne^{21} uɑ^{21} mə^{33} lv̩^{21}, khv̩^{55} ne^{33} zɿ^{33} le^{33} me^{55},nɯ^{21} ne^{21} uɑ^{21} le^{33} me^{55}. | nɯ^{21} zo^{33} gv̩^{33} kv̩^{55}
和 育女 不 够 年份 和 寿岁又 要 生儿 和 育女 又 要 福 子 九 个

me^{55} me^{33}
要 (助)

要年份和寿岁没得到，要子孙兴旺没实现。又用牦牛、羊、酒、饭、肥肉、瘦肉、柏枝、酥油给东方的大神、战神、刹道署烧天香。给骑白海螺色马、骑巨掌赤虎、骑白海螺色大鹏鸟的战神烧天香。不让东方的呆饶景补和九个属木的鬼、毒鬼仄鬼偷走年份和寿岁，偷走子孙兴旺的福分。镇压东方的呆饶景补，九个属木的鬼，成千上万毒鬼仄鬼。在东方的所有许冉战神和东巴处，祈要不够的年份和寿岁，子孙兴旺的福分。祈要九个福子，

70-D-61-11

dɯ^{33} iə^{55} du^{33}. | uɑ^{21} mi^{55} ʂər^{33} kv̩^{55} me^{55} me^{33} dɯ^{33} iə^{55} du^{33}. | khv̩^{55} me^{55} khv̩^{55} dɯ^{33},
得到 给 兴 祥 女 七 个 要 (助) 得到 给 兴 年 要 年 得

zɿ^{33} me^{55} zɿ^{33} dɯ^{33}, nɯ^{21} me^{55} nɯ^{21} dɯ^{33},uɑ^{21} me^{55} uɑ^{21} dɯ^{33}.zɿ^{33} ʂər^{21} hɑ^{55} i^{33} gv̩^{33} be^{33}
寿岁 要 寿岁 得到 生儿 要 生儿 得 育女 要 育女 得 寿 长 日 增 成 为

ho^{55}. | dər^{33} ɯ^{33} bɑ^{21} phv̩^{55} bɑ^{21} le^{33} dẓv̩^{33} le^{33} dʑy^{21}. | ȵi^{33} me^{33} thv̩^{33} ɕy^{33} ẓər^{33} | phv̩^{33}
愿 地 好 庄稼 撒 庄稼 又 增加 又 有 太阳 出 许冉 神

lɑ^{21}、gɑ^{33} lɑ^{21} 、py^{33} bv̩^{21} tʂhɿ^{33} uɑ^{21}, khv̩^{55} ne^{21} zɿ^{33} by^{33}, nɯ^{21} ne^{21} uɑ^{21} by^{33} pu^{55} me^{33}
战神 东巴 所有 年 和 寿岁 福分 生儿 和 育女 福分 带 的

tʂhɿ^{33} le^{33} iə^{55}. | i^{33} dɑ^{13} tʂhɿ^{33} dɯ^{33} dʑi^{13}, mə^{33} gu^{21} mə^{33} tshər^{33}, mə^{33} tɕhi^{55} mə^{33} by^{21}
这 又 给 主人 这 一 家 无 病 无 热 不 冷病 不 悸病

gv̩^{33} be^{33} ho^{55}. | i^{33} tʂhɿ^{33} mɯ^{21}, | uɑ^{21} hər^{21} ɕy^{33} ẓər^{33} phv̩^{33} lɑ^{21},gɑ^{33} lɑ^{21} tʂv̩^{33}me^{33} dɯ^{33}
成为 愿 南方 松石 绿 许冉 神 战神 接（助）一

ẓɑ^{21} lu^{33}. | uɑ^{21} hər^{21} ɕy^{33} ẓər^{33} gɑ^{33} lɑ^{21} uɑ^{21} hər^{21} khuɑ^{55} gæ^{21} kɯ^{55}, uɑ^{21} hər^{21} the^{33} tɕhi^{21}
下 来 松石 绿 许冉 战神 松石 绿 铠甲 穿 松石 绿 旗子

lɑ^{21} phə^{33} ty^{55}, hæ^{33} ʂɿ^{21} gæ^{21} thɑ^{55} lɑ^{21} phə^{33} ty^{55}, uɑ^{21} hər^{21} mɯ^{33} dẓər^{33} dzæ^{33}. uɑ^{21} hər^{21}
手 中 举 金 黄 刀 利 手 中 握 松石 绿 天龙 骑 松石 绿

dɑ^{21} khə^{21} lɑ^{55}, hæ^{33} ʂɿ^{21} dzər^{33} lər^{21} do^{55}, dv̩^{33} phər^{21} mu^{21} kho^{33} mu^{21}, tʂv̩^{33} me^{33} dɯ^{33} ẓɑ^{21}
大鼓 打 金 黄 板铃 摇 海螺 白 号角 吹 接（助）一 下

lu^{33}. | uɑ^{21} hər^{21} ɕy^{33} ẓər^{33}
来 松石 绿 许冉

能得到，祈要七个祥女也能得到。得到年份和寿岁，能子孙兴旺，延年益寿。愿良田撒种粮食增收。东方许冉战神和东巴，赐予年份和寿岁，子孙兴旺之福分。愿主人家无病无痛，不得冷病悸病。迎请南方绿松石许冉战神大神。绿松石许冉战神，身穿绿松石铠甲，高举绿松石战旗，紧握绿松石利刀，以绿松石天龙为坐骑。打响绿松石大鼓，摇动金黄色板铃，吹响白海螺号角请降临下来。绿松石许冉神

70-D-61-12

phv̩^{33} lɑ^{21} uɑ^{21} hər^{21} ʐuɑ^{33} hər^{21} dzæ^{33},uɑ^{21} hər^{21} khuɑ^{55} gæ^{21} kɯ^{55}, uɑ^{21} hər^{21} the^{33} tɕhi^{21}
神 松石 绿 马 绿 骑 松石 绿 铠甲 穿 松石 绿 旗子

uɑ^{21} hər^{21} gæ^{21} thɑ^{55} lɑ^{21} phə^{33} ty^{55} le^{33} tʂv̩^{33}. khv̩^{55} ne^{21} zɿ^{33} pu^{55}, nɯ^{21} ne^{21} uɑ^{21} pu^{55} me^{33}
松石绿 刀 利 手 中 握又 接 年份 和 寿岁 带 生儿 和 育女 带 的

dɯ^{33} ʐɑ^{21} lu^{33}. | ɕy^{33} ʐər^{33} se^{55} ʐʅ^{33} mi^{21} gu^{33} py^{33} bv̩^{21} uɑ^{21} hər^{21} khuɑ^{55} gæ^{21} kɯ^{55}, uɑ^{21}
一 下 来 许冉 胜日明恭 东巴 松石 绿 铠甲 穿 松石

hər^{21} the^{33} tɕhi^{21} lɑ^{21} phə^{33} ty^{55}, uɑ^{21} hər^{21}gæ^{21} thɑ^{55} lɑ^{21} phə^{33} ty^{55},tʂv̩^{33} me^{33} khv̩^{55} ne^{21} zɿ^{33}
绿 旗子 手 中 握 松石 绿 刀 利 手 中 握 接（助）年份 和寿岁

pu^{55} me^{33} dɯ^{33} ʐɑ^{21} lu^{33}. | uɑ^{21} hər^{21} ɕy^{33} ʐər^{33} | sɑ^{21} dɑ^{55} i^{33} bər^{33} ho^{21} mu^{33} uɑ^{21} hər^{21}
带 的 一 下 来 松石 绿 许冉 刹道 依般禾姆 松石 绿

the^{33} tɕhi^{21} lɑ^{21} phə^{33} ty^{55} tʂv̩^{33} me^{33}, khv̩^{55} ne^{21} zɿ^{33} pu^{55} dɯ^{33} ʐɑ^{21} lu^{33}. | ɕy^{33} ʐər^{33} lɑ^{21}
旗子 手 中 握 接（助）年份 和 寿岁 带 一 下 来 许冉拉姆

mu^{33} thɯ^{33}, gv̩^{33} n̡ə^{21} uɑ^{21} hər^{21} dʑi^{33} zi^{33} mu^{21} tʂv̩^{33} me^{33} khv̩^{55} ne^{21} zɿ^{33} pu^{55} dɯ^{33} ʐɑ^{21}
（助）身 上 松石 绿 衣 美 穿 接（助）年份 和 寿岁 带 一 下

lu^{33}. | uɑ^{21} hər^{21} dʑy^{21} ʂuɑ^{21} so^{33} ʂuɑ^{21}, uɑ^{21} hər^{21} dzɿ^{21} ne^{21} uə^{33} ko^{33} lo^{21}, uɑ^{21} hər^{21} hɯ^{55}
来 松石 绿 山 高 山峰 高 松石 绿 村 和 寨 里面 松石 绿 海

ko^{33} lo^{21} n̡ə^{21} nɯ^{33} dɯ^{33} ʐɑ^{21} lu^{33}. ɕy^{55} hər^{21} le^{33} dʑi^{21} tshe^{21} ho^{55} ty^{33},uɑ^{21} hər^{21} nɑ^{33} tsɑ^{21}
里 从 一 下 来 柏 绿 梯子 十 八 层 松石 绿 纳召

kv̩^{33} n̡ə^{21} dɯ^{33} ʐɑ^{21} lu^{33}. | ɕy^{21} lu^{21} bæ^{33} mi^{21} ɕy^{55} dy^{21} kæ^{33}, uɑ^{21} hər^{21} thv̩^{33} phe^{33} kv̩^{33},
上 一 下 来 香炉 神灯 香灶 前 松石 绿 麻布 上

ŋv̩^{21} ne^{21} hæ^{21} dzo^{33}, uɑ^{33} ne^{21} tʂhu^{21} dzo^{21} kv̩^{33} dɯ^{33} ʐɑ^{21} lu^{33}. | i^{33} dɑ^{13} tʂhʅ^{33} dɯ^{33} dʑi^{13},
银 和 金 桥 松石 和 墨玉 桥 上 一 下 来 主人 这 一 家

bər^{33} y^{21} ʐʅ^{33} hɑ^{33}
牦牛 羊 酒 饭

骑着绿松石色战马，身穿绿松石铠甲，手举绿松石旗和绿松石利刀，带着年份和寿岁，带着生儿育女的福分下来吧。迎请许冉胜日明恭东巴，东巴身穿绿松石铠甲，高举绿松石旗，手握绿松石利刀，带着年份和寿岁下来吧。绿松石般的许冉刹道依般禾姆手举绿松石旗，带着年份和寿岁下来吧。许冉拉姆身穿美丽的绿松石衣，带着年份和寿岁下来吧。请从绿松石高山上，绿松石村寨中，绿松石海子里，十八级绿柏神梯和绿松石纳召上，神灯、香炉、香灶前、绿松石麻布上，金银松石墨玉桥上降临下来。这一人家，以牦牛、羊、酒、饭、

70-D-61-13

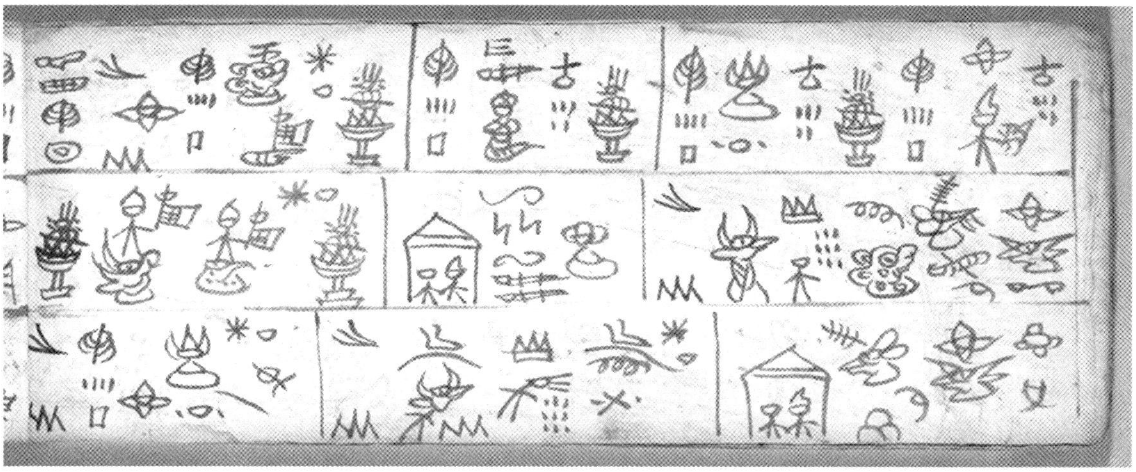

tʂhər^{21} na^{55} ɕy^{55} ma^{21} i^{33} tʂhʅ^{33} mɯ^{21} ua^{21} hər^{21} ɕy^{33} ʐər^{33} phv̩^{33} la^{21} ga^{33} la^{21} dɯ^{33} tv̩^{21} dɯ^{33}
肥肉 瘦肉 柏 酥油 南方 松石 绿 许冉 神 战神 一 千 一

kɯ^{21} tʂhu^{55} pa^{33} be^{33}.｜ɕy^{33} ʐər^{33} sa^{21} da^{55} tʂhʅ^{33} ua^{21} tʂhu^{55} pa^{33} be^{33}.｜ɕy^{33} ʐər^{33} py^{33} bv̩^{21}
万 天香 烧 许冉 刹道 所有 天香 烧 许冉 东巴

tʂhʅ^{33} ua^{21} tʂhu^{55} pa^{33} be^{33}. ɕy^{33} ʐər^{33} ha^{33} mu^{33} mi^{55} zi^{33} thɯ^{33},gv̩^{33} n̥ə^{21} ua^{21} hər^{21} dʑi^{33} zi^{33}
所有 天香 烧 许冉 哈姆 女 美（呀） 身 上 松石 绿 衣 美

mu^{21} me^{33} tʂhʅ^{33}ua^{2} ｜tʂhu^{55}pa^{33} be^{33}.ga^{33} la^{21}ua^{21} hər^{21}mɯ^{33} dʐər^{33} dzæ^{33},dzæ^{33} me^{33} lo^{33}
穿 的 所有 天香 烧 战神 松石 绿 天龙 骑 章美罗纳

na^{21} dzæ^{33} me^{33} dɯ^{33} tv̩^{21} dɯ^{33} kɯ^{21} tʂhu^{55} pa^{33} be^{33}.｜ i^{33} da^{13} tʂhʅ^{33} dɯ^{33} dʑi^{13}, gv̩^{33} lv̩^{21}
骑 的 一 千 一 万 天香 烧 主人 这 一 家 保福

tʂhər^{33} tʂhər^{21}, ka^{33} le^{21} da^{33} da^{21} dɯ^{33} be^{33} lu^{33}.｜i^{33} tʂhʅ^{33} mɯ^{21} gə^{33} ʂʅ^{21} dʐʅ^{33} dʑə^{21} bv̩^{33}、
稳当 保佑 牢固 一 作 来 南方 的 史支玖补

mi^{33} tshi^{21} tʂhə^{55} tshʅ^{21} gv̩^{33} kv̩^{55} nɯ^{33}, khv̩^{55} ne^{21} zʅ^{33}, nɯ^{21} ne^{21} ua^{21} khv̩^{33} mə^{33} tʂər^{21}.｜
火鬼 秽鬼 九 个 来 年份 和 寿岁 生儿 和 育女 偷 不 让

i^{33} tʂhʅ^{33} mɯ^{21} ɕy^{33} ʐər^{33} py^{33} bv̩^{21} dɯ^{33} tv̩^{21}dɯ^{33} kɯ^{21} za^{21}.｜i^{33} tʂhʅ^{33} mɯ^{21} gə^{33} ʂʅ^{21} dʐʅ^{33}
南方 许冉 东巴 一 千 一 万 下 南方 的 史支

dʑə^{21} bv̩^{33} mɯ^{21} le^{33} zər^{21}, mi^{33} tshʅ^{21} tʂhə^{55} tshʅ^{21} dʐʅ^{21} tshʅ^{21} la^{33} tshʅ^{21} dɯ^{33} tv̩^{21} dɯ^{33} kɯ^{21}
玖补 下 又 压 火鬼 秽鬼 支鬼 佬鬼 一 千 一 万

mɯ^{21} le^{33} zər^{21}.｜i^{33} da^{13} tʂhʅ^{33} dɯ^{33} dʑi^{13}, khv̩^{55} ne^{21} zʅ^{33} mə^{33} lv̩^{21} me^{33}, khv̩^{55} ne^{21} zʅ^{33}
下 又 压 主人 这 一 家 年份 和 寿岁 不 够（助） 年份 和 寿岁

le^{33} me^{55}； nɯ^{21} ne^{21} uɑ^{21} mə^{33} lʏ̩^{21} me^{33} ，
又 要 生儿 和 育女 不 够（助）

肥肉、瘦肉、柏枝、酥油给南方绿松石的成千上万之许冉神和战神烧天香。给许冉刹道烧天香。给所有的许冉东巴烧天香。给所有身穿绿松石衣的哈姆美女烧天香。给成千上万骑绿松石天龙的战神，骑章美罗纳的战神烧天香。祝这一人家，得到稳当、牢固的保佑。不让南方的史支玖补和九个火鬼秽鬼，偷走年份和寿岁，偷走子孙兴旺的福泽。不让南方成千上万的许冉东巴下界来，把南方的史支玖补和成千上万的火鬼、秽鬼、支鬼、佬鬼镇压下去。这一人家，在年份和寿岁不够时，祈愿得到年份和寿岁；子孙不得兴旺时，

70-D-61-14

nɯ^{21} mə^{33} lʏ̩^{21} me^{33} nɯ^{21} le^{33} me^{55},uɑ^{21} mə^{33} lʏ̩^{21} me^{33} uɑ^{21} le^{33} me^{55}. | nɯ^{21} zo^{33} gʏ̩^{33} kʏ̩^{55}
生儿 不 够（助）生儿 又 要 育女 不 够（助）育女 又 要 福 子 九 个

me^{55} me^{33} dɯ^{33} iə^{55} du^{33}, uɑ^{21} mi^{55} ʂər^{33} kʏ̩^{55} me^{55} me^{33} dɯ^{33} iə^{55} du^{33}. ɕy^{33} ʐər^{33} phʏ̩^{33} lɑ^{21}
要 (助) 得 给 兴 祥 女 七 个 要 (助) 得 给 兴 许冉 神

gɑ^{33} lɑ^{21} dɯ^{33} tʏ̩^{21} dɯ^{33} kɯ^{21} nɯ^{33}, khʏ̩^{55} ne^{21} ʐʅ^{33} by^{33}, nɯ^{21} ne^{21} uɑ^{21} by^{33}, | hɯ^{21} ne^{21}
战神 一 千 一 万 来 年份 和 寿岁 福分 生儿 和 育女 福分 富 和

dzæ^{21} by^{33} tʂhʅ^{33} le^{33} iə^{55}, ʐʅ^{33} ʂər^{21} hɑ^{55} i^{33} gʏ̩^{33} be^{33} ho^{55}. | i^{33} dɑ^{13} tʂhʅ^{33} dɯ^{33} dʑi^{13}, mə^{33}
强 福分 这 又 给 寿 长 日 增 成 为 愿 主人 这 一 家 无

gu^{21} mə^{33} tshər^{21}, mə^{33} tɕhi^{55} mə^{33} by^{21} gʏ̩^{33} be^{33} ho^{55}. | ȵi^{33} me^{33} gʏ̩^{21} tʂhu^{21} nɑ^{55} ɕy^{33}
病 无 热 不 冷 不 悖 成为 愿 太阳 落 墨玉 黑 许冉

ʐər^{33} phʏ̩^{33} lɑ^{21} gɑ^{33} lɑ^{21} tʂʏ̩^{33} tʂhʅ^{33} ȵi^{33}, khʏ̩^{55} ne^{21} ʐʅ^{33} pu^{55} dɯ^{33} ʐɑ^{21} lɯ^{33}. | tʂhu^{21} nɑ^{55}
神 战神 接 这 天 年份 和 寿岁 带 一 下 来 墨玉 黑

khuɑ^{55} gæ^{21} kɯ^{55}, tʂhu^{21} nɑ^{55} gæ^{21} thɑ^{55}, tʂhu^{21} nɑ^{55} the^{33} tɕhi^{21} lɑ^{21} phə^{33} ty^{55}, tʂhu^{21} nɑ^{55}
铠甲 穿 墨玉 黑 刀 利 墨玉 黑 旗子 手 中 握 墨玉 黑

tsho²¹ ze³³ dzæ³³. ʈʂhu²¹ nɑ⁵⁵ dzər³³ lər²¹ do⁵⁵, uɑ²¹ hər²¹ dɑ³³ khə²¹ ty³³, dv̩³³ phər²¹ bər²¹
大象 骑 墨玉 黑 板铃 摇 松石 绿 大鼓 打 海螺 白 号角

kho³³ mu²¹ khv̩⁵⁵ ne²¹ zɿ³³ pu⁵⁵ dɯ³³ zɑ²¹ lu³³. | ʈʂhu²¹ nɑ⁵⁵ ɕy³³ zər³³ phv̩³³ lɑ²¹ gɑ³³ lɑ²¹
吹 年份 和 寿岁 带 一 下 来 墨玉 黑 许冉 神 战神

ʈʂhu²¹ nɑ⁵⁵ zuɑ³³ gu²¹ dzæ³³ me³³ ʈʂv̩³³ ʈʂhɿ³³ ɳi³³, ʈʂhu²¹ nɑ⁵⁵ khuɑ⁵⁵ gæ²¹ kɯ⁵⁵, ʈʂhu²¹ nɑ⁵⁵
墨玉 黑 马 骑 的 接 一 天 墨玉 黑 铠甲 穿 墨玉 黑

the³³ tɕhi²¹, ʈʂhu²¹ nɑ⁵⁵ gæ²¹ thɑ⁵⁵ lɑ²¹ phə³³ ty⁵⁵ be³³ dɯ³³ zɑ²¹ lu³³. |
旗子 墨玉 黑 刀 利 手 中 握 地 一 下 来

祈愿得到子孙兴旺的福泽。祈要九个福子能得到，祈要七个祥女也都能得到。成千上万的许冉战神给了年份和寿岁、子孙兴旺、富足殷实的福分，愿主人家能延年益寿。愿主人家无病无痛，不得冷病悸病。迎请西方的黑墨玉许冉战神，请带着年份和寿岁下界来。穿着黑墨玉铠甲，手持锋利的黑墨玉大刀，黑墨玉旗子，以黑墨玉大象为坐骑，摇响黑墨玉板铃，敲响绿松石大鼓，吹响白海螺号角，带着年份和寿岁下界来。迎请骑黑墨玉马的许冉战神的这一天，战神身穿黑墨玉铠甲，手举黑墨玉旗帜，手持锋利的黑墨玉大刀下界来。

70-D-61-15

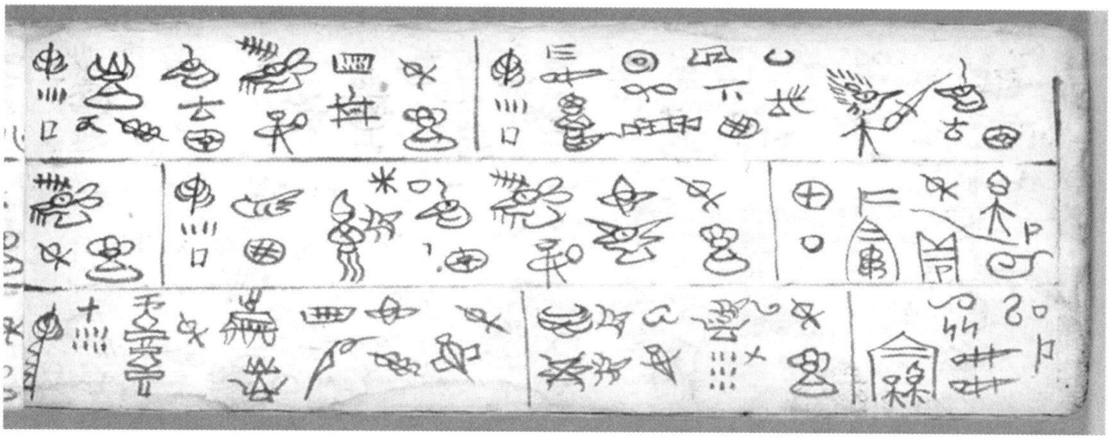

ɕy³³ zər³³ nɑ⁵⁵ se³³ʈʂhu³³ lu²¹ ʈʂv̩³³ ʈʂhɿ³³ ɳi³³, khv̩⁵⁵ ne²¹ zɿ³³ pu⁵⁵, hɯ²¹ ne²¹ dzæ³³ pu⁵⁵dɯ³³
许冉 纳生初卢 接 这 天 年份 和 寿岁 带 富 和 强 带 一

zɑ²¹ lu³³. | ɕy⁵⁵ zər³³ sɑ²¹ dɑ⁵⁵ mɑ²¹ iə³³ khv̩²¹, ɕiɑ¹³ khə³³ ɕiæ¹³ lɑ²¹ phv̩³³ so³³ ʈʂv̩³³ ʈʂhɿ³³
下 来 许冉 刹道 孔雀 请 霞口霞拉 普所 接 这

ɳi³³, | khv̩⁵⁵ ne²¹ zɿ³³ pu⁵⁵ dɯ³³ zɑ²¹ lu³³. | ɕy³³ zər²¹ lɑ²¹ mu³³ mi⁵⁵ zi³³ dɯ³³ tv̩²¹ dɯ³³
天 年份 和 寿岁 带 一 下 来 许冉 拉姆 女 美 一 千 一

kɯ²¹ ʈʂv̩³³ dɯ³³ ɳi³³,khv̩⁵⁵ ne²¹ zɿ³³ pu⁵⁵, nɯ²¹ ne²¹ uɑ²¹ pu⁵⁵dɯ³³ zɑ²¹ lu³³. | ɳi³³ me³³ gv̩²¹,
万 接 一 天 年份 和 寿岁 带 生儿 和 育女 带 一 下 来 太阳 落

tʂhu^{21} nɑ^{55} dʑy^{21} ʂuɑ^{21}, tʂhu^{21} nɑ^{55} dzɿ^{33} ne^{21} uə^{33} ko^{21} lo^{21} nɯ^{33} dɯ^{33} ʐɑ^{21} lu^{33}, tʂhu^{21} nɑ^{55}
墨玉 黑 山 高 墨玉 黑 村 和 寨 里面 从 一 下 来 墨玉 黑

hɯ^{55} ko^{33} lo^{21} dɯ^{33} ʐɑ^{21} lu^{33},| ɕy^{55} hər^{21} le^{33} dʑi^{21} the^{21} ho^{55} ty^{33},thɑ^{55} phər^{21} kv̩^{33} i^{33} dɯ^{33}
海 中 一 下 来 柏 绿 梯子 十 八 级 塔 白 上（助）一

ʐɑ^{21} lu^{33}. ɕy^{21}lu^{21} bæ^{33}mi^{33}, phe^{33} phər^{21} dzo^{21} phər^{21}ɕy^{55} dy^{21} kv̩^{33},uɑ^{21} ne^{21} tʂhu^{21}gə^{33} dzo^{21}
下 来 香炉 神灯 麻布 白 桥 白 香炷 上 松石 和 墨玉 的 桥

kv̩^{33} nɯ^{33}dɯ^{33} ʐɑ^{21} lu^{33}.| ŋv̩^{21} hɑ^{21} hæ^{21} bɑ^{21} kv̩^{33}, i^{21} ʂʅ^{55} dv̩^{33} dzər^{33} gv̩^{33} ne^{21} tshe^{33} sy^{21}
上 从 一 下 来 银 花 金 花 上 益世 丁子 九 和 十 种

tʂhər^{33} kv̩^{33} nɯ^{33} dɯ^{33} ʐɑ^{21} lu^{33}. | i^{33} dɑ^{21} tʂhʅ^{33} dɯ^{33} dʑi^{21},gv̩^{33} lv̩^{21} tʂhər^{33} tʂhər^{21},kɑ^{33} le^{21}
药 上 从 一 下 来 主人 这 一 家 保福 稳当 保佑

dɑ^{33} dɑ^{21} dɯ^{33} khu^{33} thv̩^{33}.|
牢固 一 门 出

迎请许冉纳生初卢的这一天，请带上年份和寿岁、富足和殷实下界来。迎请许冉刹道和孔雀，迎接霞口霞拉普所这一天，请带着年份和寿岁下界来。迎请成千上万许冉拉姆美女的一天，愿拉姆美女带上年份和寿岁、子孙兴旺下界来。从西方黑墨玉高山上，黑墨玉村寨中，黑墨玉海里，十八级绿柏梯上，白塔之上，降临到香炉香炷上、神灯上和白麻布桥上、松石墨玉桥上、金花银花上，九到十种圣灵药水上降临下来。祝这一人家，能得到稳当、牢固的保佑。

70-D-61-16

bər^{21} y^{21} zʅ^{33} hɑ^{33} tʂhər^{21} nɑ^{55} ɕy^{55} mɑ^{21} nɯ^{33} phv̩^{33} lɑ^{21} gɑ^{33} lɑ^{21} dɯ^{33} tv̩^{21} dɯ^{33} kɯ^{21} tʂhu^{55}
牦牛 羊 酒 饭 肥肉 瘦肉 柏 酥油 来 神 战神 一 千 一 万 天香

pɑ^{33} be^{33}.| tʂhu^{21} nɑ^{55} gɑ^{33} lɑ^{21} tʂhu^{21} nɑ^{55} tsho^{21} ze^{33} dzæ^{33}, tʂhu^{21} nɑ^{55} ʐuɑ^{33} gu^{21} dzæ^{33}
烧 黑玉 黑 战神 墨玉 黑 大象 骑 墨玉 黑 马 骑

me^{33} tʂhu^{55} pɑ^{33} be^{33}. gv̩^{21} nɑ^{21} kə^{55} nɑ^{21} dzæ^{33} me^{33} gɑ^{33} lɑ^{21} dɯ^{33} tv̩^{21} dɯ^{33} kɯ^{21} tʂhu^{55}
的 天香 烧 熊 黑 鹰 黑 骑 的 战神 一 千 一 万 天香

pɑ^{33} be^{33}.| i^{33} dɑ^{13} tʂhʅ^{33} dʑi^{13} tɕiə^{21} me^{33} le^{33} gv̩^{33} lv̩^{21} le^{33} kɑ^{33} le^{33}. ȵi^{33} me^{33} gv̩^{21} sɿ^{33}
烧 主人 这 家 上（助）又 保福 又 保佑 太阳 落

phv̩^{33} dʑə^{21} bv̩^{33} ʂu^{21} tshɿ^{21} lɑ^{33} tshɿ^{21} gv̩^{33} kv̩^{55} me^{33} nɯ^{33} khv̩^{55} ne^{21} zɿ^{33}, nɯ^{21} ne^{21} uɑ^{21} i^{33}
斯普玖补 铁鬼 佬鬼 九 个（助） 来 年份 和 寿岁 生儿 和 育女 助

khv̩^{33} mə^{33} tʂər^{21}.| ȵi^{33} me^{33} gv̩^{21} i^{33} ɕy^{33} ʐər^{33} py^{33} bv̩^{21} dɯ^{33} tv̩^{21} dɯ^{33} kɯ^{21} ʐɑ^{21} le^{33}
偷 不 让 太阳 落（助）许冉 东巴 一 千 一 万 下 又

tshɿ^{21}.| ȵi^{33} me^{33} gv̩^{21} | ʂu^{33} tshɿ^{21} gv̩^{33} kv̩^{55} mɯ^{21} le^{33} zər^{21}, lɑ^{33} tshɿ^{21} dɯ^{33} tv̩^{21} dɯ^{33} kɯ^{21}
来 太阳 落 铁鬼 九 个 下 又 压 佬鬼 一 千 一 万

mɯ^{21} le^{33} zər^{21}.| i^{33} dɑ^{13} tʂhʅ^{33} dɯ^{33} dʑi^{13}, tʂhu^{21} nɑ^{55} ɕy^{33} ʐər^{33} phv̩^{33} lɑ^{21} gɑ^{33} lɑ^{21} dɯ^{33}
下 又 压 主人 这 一 家 墨玉 黑 许冉 神 战神 一

tv̩^{21} dɯ^{33} kɯ^{21} khə^{21}, khv̩^{55} ne^{21} zɿ^{33} mə^{33} lv̩^{21} me^{33} khv̩^{55} ne^{21} zɿ^{33} le^{33} me^{55},khv̩^{55} ne^{21} zɿ^{33}
千 一 万 处 年份 和 寿岁 不 够（助）年份 和 寿岁 又 要 年份 和 寿岁

le^{33} dɯ^{33}； nɯ^{21} ne^{21} uɑ^{21} mə^{33} lv̩^{21} me^{33} nɯ^{21} ne^{21} uɑ^{21} le^{33} me^{55}, |
又 得到 生儿 和 育女 不 够 （助）生儿 和 育女 又 要

用牦牛、羊、酒、饭、肥肉、瘦肉、柏枝、酥油给成千上万的战神烧天香。给成千上万骑黑墨玉大象的战神，骑黑墨玉马的战神，骑黑熊和黑鹰的战神烧天香。愿保佑这一人家。不让西方鬼王斯普玖补和九个铁鬼佬鬼偷走年份和寿岁，偷走子孙兴旺的福泽。西方成千上万的许冉东巴下界来了，把西方成千上万的铁鬼佬鬼镇压下去。这一人家，向成千上万黑墨玉许冉战神祈要不够的年份和寿岁，祈要子孙兴旺的福泽，

70-D-61-17

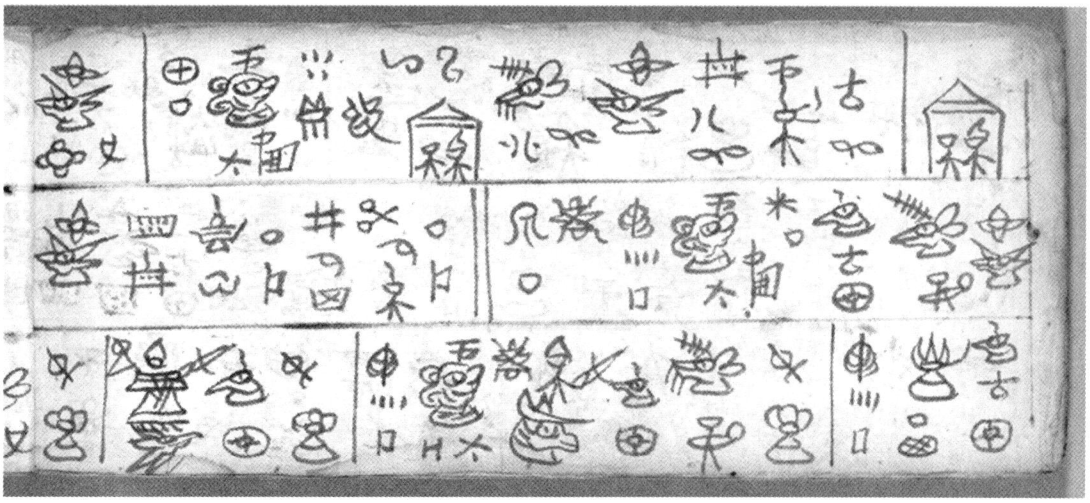

nɯ^{21} ne^{21} uɑ^{21} le^{33} dɯ^{33}.丨ȵi^{33} me^{33} gv̩^{21} phv̩^{33} lɑ^{21} gɑ^{33} lɑ^{21} uɑ^{55} kv̩^{33} nɯ^{33} i^{33} dɑ^{21} tʂhʅ^{33}
生儿 和 育女 又 得 太阳 落 神 战神 五 个 来 主人 这

dɯ^{33} dʑi^{13} tɕiə^{21}, khv̩^{55} by^{33} zʅ^{33} by^{33} iə^{55},uɑ^{21} by^{33} nɯ^{21} by^{33} iə^{55}, hɯ^{21} by^{33} dzæ^{21} by^{33} iə^{55},
一 家 上 年份 份 寿岁 份 给 生儿 份 育女 份 给 富 份 强 份 给

kv̩^{33} phər^{21} dzæ^{33} ʂʅ^{21} tʂhʅ^{33} le^{33} iə^{55}.丨i^{33} dɑ^{13} tʂhʅ^{33} dɯ^{33} dʑi^{13},丨nɯ^{21} ne^{21} uɑ^{21}, hɯ^{21} ne^{21}
头 白 牙 黄 这 又 给 主人 这 一 家 生儿 和 育女 富 和

dzæ^{33}, zʅ^{33} ʂər^{21} hɑ^{55} i^{33} gv̩^{33} be^{33} ho^{55}. mə^{33} gu^{21} mə^{33} tshər^{33},mə^{33} tɕhi^{55} mə^{33} lv̩^{21} gv̩^{33} be^{33}
强 寿 长 日 增 成为 愿 无 病 无 热 无 冷 不 热 成为

ho^{55}.丨ho^{33} gv̩^{33} lo^{21} hæ^{33} ʂʅ^{21} ɕy^{33} zər^{33} phv̩^{33} lɑ^{21} gɑ^{33} lɑ^{21} tv̩^{33} tv̩^{21} kɯ^{33} kɯ^{21} tʂv̩^{33} tʂhʅ^{33}
愿 北方 金 黄 许冉 神 战神 成千上万 接 这

ȵi^{33},khv̩^{55} ne^{21} zʅ^{33}、nɯ^{21} ne^{21} uɑ^{21} pu^{55} me^{33}丨dɯ^{33} zɑ^{21} lu^{33}.丨hæ^{33} ʂʅ^{21} khuɑ^{55} gæ^{21} kɯ^{55},
天 年份 和 寿岁 生儿 和 育女 带（的） 一 下 来 金 黄 铠甲 穿

hæ^{33} ʂʅ^{21} gæ^{21} thɑ^{55}, hæ^{33} ʂʅ^{21} the^{33}tɕhi^{21} lɑ^{21} phə^{33} ty^{55}, hæ^{33} ʂʅ^{21} py^{21} zi^{33} dzæ^{33} me^{33} phv̩^{33}
金 黄 刀 利 金 黄 旗子 手 中 握 金 黄 刺猬 骑 的 神

lɑ^{21} gɑ^{33} lɑ^{21} tʂhv̩^{33} me^{33} tʂhʅ^{33} ȵi^{33},dɯ^{33} zɑ^{21} lu^{33}.丨ɕy^{55} zər^{33} phv̩^{33} lɑ^{21} gɑ^{33} lɑ^{21},hɑ^{33} mu^{33}
战神 接 的 这 天 一 下 来 许冉 神 战神 哈姆

mi^{55} zi^{33} hæ^{33} ʂʅ^{21} dzi^{33} zi^{33} mu^{21}, hæ^{33} ʂʅ^{21} gæ^{21} thɑ^{55} lɑ^{21} phə^{33} ty^{55} ,hæ^{21} ʂʅ^{21} zuɑ^{33} gu^{21}
女 美 金 黄 衣 美 穿 金 黄 刀 利 手 中 握 金 黄 马

dzæ^{33} tʂv̩^{33} me^{33} tʂhʅ^{33} ȵi^{33} dɯ^{33} zɑ^{21} lu^{33}.丨ɕy^{33} zər^{33} gv̩^{33} se^{33} khə^{33} bɑ^{21} py^{33} bv̩^{21} tʂv̩^{33}
骑 接 的 这 天 一 下 来 许冉 古生抠巴 东巴 接

me^{33} tʂhʅ^{33} ȵi^{33},丨
的 这 天

得到了子孙兴旺的福泽。西方的五个战神赐予主人家年份和寿岁、子孙兴旺、富足殷实的福分，赐予头发花白牙齿发黄的长寿。愿这一人家，子孙兴旺，富足殷实，延年益寿，无病无痛，不得冷病悸病。迎请北方金黄色的成千上万许冉战神，请带着年份和寿岁、子孙兴旺的福泽降临。请身穿金黄色的铠甲，手持锋利的金黄色大刀，高举金黄色旗帜，以金黄色刺猬为坐骑降临。请许冉战神，美丽的哈姆女神身穿美丽的金黄色的服饰，手持锋利的金黄色的大刀，骑金黄色马降临。迎请古生抠巴东巴，

70-D-61-18

khy̩^{55} ne^{21} zɿ^{33} pu^{55}, hæ^{33} ʂʅ^{21} tsər^{33} lər^{21} do^{55}, hæ^{33} ʂʅ^{21} dɑ^{33} khə^{21} lɑ^{55}, dy̩^{33} phər^{21} bər^{21}
年份 和 寿岁 带 金 黄 板铃 摇 金 黄 大鼓 打 海螺 白 号

kho^{33} mu^{21}, hæ^{33} ʂʅ^{21} gæ^{21} thɑ^{55},hæ^{33} ʂʅ^{21} the^{33} tɕhi^{21} lɑ^{21} bə^{33} ty^{55} be^{33} dɯ^{33} ʐɑ^{21} lu^{33}. | ɕy^{33}
角 吹 金 黄 刀 利 金 黄 旗子 手 中 握（助）一 下 来 许冉

ʐər^{33} sɑ^{21} dɑ^{55} ʐʅ^{21} hæ^{21} lɑ^{21} phu^{33} ty^{55} tʂy̩^{33} tʂhʅ^{33} ȵi^{33}, khy̩^{55} ne^{21} zɿ^{33} pu^{55} dɯ^{33} ʐɑ^{21} lu^{33}. |
刹道 蛇 黄 手 中 拿 接 这 天 年份 和 寿岁 带 一 下 来

ɕy^{33} ʐər^{33} sɑ^{21} dɑ^{55} i^{21} ʐʅ^{33} he^{33} dɯ^{21} ,mi^{33} tshy^{55} ʂʅ^{33} hər^{21} lɑ^{21} phə^{33} zy̩^{21} , khy̩^{55} pu^{55} zɿ^{33}
许冉 刹道 依日恒迪 闪电 黄 绿 手 中 握 年份 带 寿岁

pu^{55} | dɯ^{33}ʐɑ^{21} lu^{33}. | ɕy^{33} ʐər^{33}nɑ^{33} tho^{33} se^{33} hæ^{33} ʂʅ^{21} be^{33} thɑ^{55}pu^{55} me^{33} tʂy̩^{33} dɯ^{33} ȵi^{33},
带 一 下 来 许冉 纳妥生 金 黄 斧 利 带 的 接 一 天

khy̩^{55}pu^{55} zɿ^{33} pu^{55} dɯ^{33} ʐɑ^{21} lu^{33}. | ɕy^{33} ʐər^{33} dzɿ^{33} gə^{33} hæ^{33} ʂʅ^{21}mɑ^{55} iə^{33} ɕiɑ^{13} khə^{55}phy̩^{33}
年份 带 寿岁 带 一 下 来 许冉 头目 的 金 黄 孔雀 雄扣普所

so^{33} tʂy̩^{33} tʂhʅ^{33} ȵi^{33}, nɯ^{21} ne^{21} uɑ^{21} ʂy̩^{33}, hɯ^{21} ne^{21} dzæ^{33} ʂy̩^{33}, | khy̩^{55} ne^{21} zɿ^{33} ʂy̩^{33} dɯ^{33}
接 这 天 生儿 和 育女 带 富 和 强 带 年份 和 寿岁 带 一

ʐɑ^{21} lu^{33}. | hæ^{33} ʂʅ^{21} dʑy^{21} ʂuɑ^{21} ky̩^{33}, hæ^{33} ʂʅ^{21} dzɿ^{33} ne^{21} uə^{33} ko^{33} lo^{21}, hæ^{33} ʂʅ^{21} hɯ^{55} ko^{33}
下 来 金 黄 山 高 上 金 黄 村 和 寨 里面 金 黄 海 里

lo^{21}, ɕy^{55} hər^{21} le^{33} tɕi^{21} tshe^{21} ho^{55} ty^{33}, hæ^{33} ʂʅ^{21} nɑ^{33} tsɑ^{21} ky̩^{33} ȵə^{21} dɯ^{33} ʐɑ^{21} lu^{33}. | ɕy^{33}
柏 绿 梯子 十 八 级 金 黄 纳召 上 一 下 来 香炉

lu^{21} bæ^{33} mi^{33} phe^{33} phər^{21} ɕy^{55} dy^{21} ky̩^{33}, ŋy^{21} hæ^{21} uɑ^{33} tʂhu^{21} dzo^{21} ky̩^{33} to^{55}, sɿ^{33} phər^{21}
神灯 麻 白 香炷 上 银 金 松石 墨玉 桥 上 毛 白

zy̩^{21} ly̩^{33} ky̩^{33}, ɕi^{33} phər^{21} dze^{33} ɕy^{21} iə^{55} lo^{33} ky̩^{33} dɯ^{33} ʐɑ^{21} lu^{33}. |
神坛 上 稻 白 麦 红 面偶 上 一 下 来

带着年份和寿岁，摇动金黄色的板铃，打着金黄色大鼓，吹着白海螺号角，手持金黄色锋利的大刀，高举金黄色的旗帜降临。请手抓黄色大蛇的许冉刹道神的这一天，请刹道神带着年份和寿岁降临。迎请手持闪电的许冉刹道依日恒迪的这一天，请带上年份和寿岁下来。迎请手持利斧的许冉纳妥生的这一天，请带着年份和寿岁下来吧。迎请许冉之头目金黄色的孔雀雄扣普所的这一天，请雄扣普所带着子孙兴旺、富足殷实的福泽，带着年份和寿岁降临。从金黄色的高山上，金黄色的村寨里，金黄色的海里，十八级绿柏天梯上，金黄色纳召上，降临到香炉香炷上，降临到神灯上，降临到白麻布桥上，降临到金银松石墨玉桥上。降临到羊毡神坛上，降临到以白稻红麦揉捏的面偶上。

70-D-61-19

ɕy^{33} z̩ər^{33} phy̩^{33} lɑ^{21} gɑ^{33} lɑ^{21} py^{21} ɯ^{33} sɑ^{21} dɑ^{55} ty̩^{33} ty̩^{21} kɯ^{33} kɯ^{21} tʂy̩^{33} tʂhʅ^{33} ȵi^{33}, khy̩^{55}
许冉 神 战神 东巴 好 刹道 成千上万 接 这 天 年份

ne^{21} zʅ^{33} pu^{55} dɯ^{33} z̩ɑ^{21} lu^{33}, | i^{33} dɑ^{13} tʂhʅ^{33} dʑi^{21} tɕiə^{21}, gy̩^{33} lu^{21} kɑ^{33} le^{21} dɯ^{33} z̩ɑ^{21} lu^{33}.
和 寿岁 带 一 下 来 主人 这 家 上 保福 保佑 一 下 来

bər^{33} y^{21} zʅ^{33} hɑ^{33} tʂhər^{21} nɑ^{55} ɕy^{55} mɑ^{21} nɯ^{33}, | ɕy^{33} z̩ər^{33} phy̩^{33} lɑ^{21} gɑ^{33} lɑ^{21} ty̩^{33} ty̩^{21} kɯ^{33}
牦牛 羊 酒 饭 肥肉 瘦肉 柏 酥油 来 许冉 神 战神 成千上万

kɯ^{21} tʂhu^{55} pɑ^{33} be^{33}. | py^{33} by̩^{21} ɯ^{33} me^{33} sɑ^{21} dɑ^{55} ty̩^{33} ty̩^{21} kɯ^{33} kɯ^{21} tʂhu^{55} pɑ^{33} be^{33}.
天香 烧 东巴 好 的 刹道 成千上万 天香 烧

ɕy^{33} z̩ər^{33} zo^{33} ne^{21} mi^{55} ty̩^{33} ty̩^{21} kɯ^{33} kɯ^{21} tʂhu^{55} pɑ^{33} be^{33}. | phy^{21} zi^{33} dzæ^{33} me^{33} gɑ^{33}
许冉 儿子 和 女儿 成千上万 天香 烧 刺猬 骑 的 战神

lɑ^{21} , tso^{33} ky̩^{55} dzæ^{33} me^{33} gɑ^{33} lɑ^{21}, hæ^{33} ʂʅ^{21} mɑ^{55} iə^{33} dzæ^{33} me^{33} gɑ^{33} lɑ^{21},hæ^{33} ʂʅ^{21} z̩uɑ^{33}
乌龟 骑 的 战神 金 黄 孔雀 骑 的 战神 金 黄 马

gu^{21} dzæ^{33} me^{33} gɑ^{33} lɑ^{21} ty̩^{33} ty̩^{21} kɯ^{33} kɯ^{21} tʂhu^{55} pɑ^{33} be^{33}. | ɕy^{33} z̩ər^{33} phy̩^{33} lɑ^{21} gɑ^{33}
骑 的 战神 成千上万 天香 烧 许冉 神 战神

lɑ^{21} | py^{33} by̩^{21} sɑ^{21} dɑ^{55} ʂy̩^{21} nɯ^{33} i^{33} dɑ^{13} tʂhʅ^{33} dʑi^{13} tɕiə^{21} , gy̩^{33} ly̩^{21} tʂhər^{33} tʂhər^{21} dɑ^{33}
东巴 刹道 署 来 主人 这 家 上 保福 稳当 牢固

dɑ²¹ dɯ³³ be³³ lu³³. ho³³ gv̩³³ lo²¹, nv̩²¹ dzʅ³³ dʑi²¹ bv̩³³ nɯ³³, tshʅ³³ tshʅ²¹ iə²¹ tshʅ²¹ gv̩³³ kv̩⁵⁵
一 做 来 北方 努祖景补 来 吊死鬼 情死鬼 九 个

nɯ³³ khv̩⁵⁵ ne²¹ zʅ³³, nɯ²¹ ne²¹ uɑ²¹, hɯ²¹ ne²¹ dzæ³³ i³³ khv̩³³ mə³³ tʂər²¹. | ho³³ gv̩³³ lo²¹,
来 年份 和 寿岁 生儿 和 育女 富 和 强（助）偷 不 让 北方

nv̩²¹ dzʅ³³ dʑi²¹ bv̩³³ mɯ²¹ le³³ zər²¹, tshʅ³³ tshʅ²¹ iə²¹ tshʅ²¹ gv̩³³ kv̩⁵⁵ mɯ²¹ le³³ zər²¹. |
努祖景补 下 又 镇压 吊死鬼 情死鬼 九 个 下 又 镇压

迎请成千上万的许冉战神、许冉东巴的这一天，请带着年份和寿岁降临，保福保佑主人家。用牦牛、羊、酒、饭、肥肉、瘦肉、柏枝、酥油给成千上万的许冉战神烧天香。给贤能的东巴、成千上万的刹道神烧天香。给成千上万的许冉神子神女烧天香。给成千上万的骑刺猬的战神，骑乌龟的战神，骑金黄色孔雀的战神，骑金黄色战马的战神烧天香。请许冉战神、许冉东巴和刹道扎实稳固地保佑这一人家。不让北方的努祖景补、九个吊死鬼和情死鬼，偷走年份和寿岁，偷走子孙兴旺、富足殷实的福分。把北方的努祖景补和九个情死鬼和吊死鬼镇压下去。

70-D-61-20

i³³ dɑ¹³ tʂhʅ³³ dɯ³³ dʑi¹³, ɕy³³ zər³³ py³³ bv̩²¹ phv̩³³ lɑ²¹ gɑ³³ lɑ²¹ tv̩³³ tv̩²¹ kɯ³³ kɯ²¹ khə²¹,
主人 这 一 家 许冉 东巴 神 战神 成千上万 处

khv̩⁵⁵ ne²¹ zʅ³³ mə³³ lv̩²¹ me³³ khv̩⁵⁵ ne²¹ zʅ³³ le³³ me⁵⁵ me³³ le³³ dɯ³³ se²¹, nɯ²¹ ne²¹ uɑ²¹
年份 和 寿岁 不 够 的 年份 和 寿岁 又 要（的）又 得到 了 生儿 和 育女

mə³³ lv̩²¹ me³³ mɯ²¹ne²¹ uɑ²¹ le³³ me⁵⁵ me³³ le³³ dɯ³³ se²¹. | nɯ²¹zo³³gv̩³³kv̩⁵⁵ me⁵⁵ me³³
不 够 的 生儿 和 育女 又 要（助）又 得到 了 吉 男 九个 要 (助)

dɯ³³ iə⁵⁵ du³³, uɑ²¹ mi⁵⁵ ʂər³³ kv̩⁵⁵ me⁵⁵ me³³ dɯ³³ iə⁵⁵ du³³. | i³³ dɑ¹³ tʂhʅ³³ dɯ³³ dʑi¹³,
得到 给 兴 祥 女 七 个 要 (助) 得到 给 兴 主人 这 一 家

mə³³ gu²¹mə³³ tshər³³, mə³³ tɕhi⁵⁵ mə³³ lv̩²¹, zʅ³³ ʂər²¹ hɑ⁵⁵ i³³ gv̩³³ be³³ ho⁵⁵. | mɯ³³ ne²¹
无 病 无 热 无 冷 不 热 寿 长 日 增 成为 愿 天 和

dy^{21} ly^{55}kv̩^{33},phv̩^{33} la^{21} ga^{33} la^{21} tv̩^{33} tv̩^{21} kɯ^{33} kɯ^{21} tʂv̩^{33} tʂhɿ^{33} ȵi^{33}, khv̩^{55} ne^{21} zɿ^{33} pu^{55},
地 中间 神 战神 成千上万 接 这 天 年份 和 寿岁 带

nɯ^{21} ne^{21}ua^{21} pu^{55}, hɯ^{21} ne^{21} dzæ^{33} pu^{55} dɯ^{33} za^{21} lu^{33}. | ɕy^{33} zər^{33} | phv̩^{33} la^{21}ga^{33}
生儿 和 育女 带 富 和 强 带 一 下 来 许冉 神 战神

la^{21} tʂhu^{21} dzæ^{21}khua^{55} gæ^{21} mu^{21},tʂhu^{21} dzæ^{21} gæ^{21} tha^{55}, tʂhu^{21} dzæ^{21} the^{33} tɕhi^{21} la^{33}
墨玉 花 铠甲 穿 墨玉 花 刀 利 墨玉 花 旗子 手

phə^{33} ty^{55}, tʂhu^{21}dzæ^{21} ɕiə^{33} tɕhy^{21} dzæ^{33}, tʂhu^{21} dzæ^{21} tsər^{33} lər^{21} do^{55}, tʂhu^{21} dzæ^{21} da^{33}
中 举 墨玉 花 大鹏鸟 骑 墨玉 花 板铃 摇 墨玉 花 大鼓

khə^{21}la^{55}, dv̩^{33}phər^{21} bər^{21} kho^{33} mu^{21} be^{33} tʂv̩^{33} tʂhɿ^{33} ȵi^{33}, khv̩^{55} ne^{21} zɿ^{33} pu^{55} dɯ^{33} za^{21}
打 海螺 白 号角 吹（助）接 这 天 年份 和 寿岁 带 一 下

lu^{33}. | ɕy^{33}zər^{33} phv̩^{33} la^{21} dv̩^{33} phər^{21} gæ^{21} tha^{55}, dv̩^{33} phər^{21} the^{33} tɕhi^{21} la^{21} phə^{33} ty^{55},
来 许冉 神 海螺 白 刀 利 海螺 白 旗子 手 中 握

dv̩^{33} phər^{21} zua^{33} gu^{21} dzæ^{33} me^{33} tʂv̩^{33} tʂhɿ^{33} ȵi^{33}, khv̩^{21} ne^{21} zɿ^{33} pu^{55} dɯ^{33} za^{21} lu^{33}. |
海螺 白 马 骑 的 接 这 天 年份 和 寿岁 带 一 下 来

这一主人家，从成千上万的许冉东巴处得到了不够而祈要的年份和寿岁，得以子孙兴旺。祈要九个福子能得到，祈要七个祥女也能得到。在成千上万的许冉东巴和战神处得到了不够而祈要的年份和寿岁，祝愿这一人家，无病无痛，不得冷病悸病，延年益寿。迎请天和地之间成千上万的战神的这一天，请众神带着年份和寿岁、子孙兴旺、富足殷实的福分降临。许冉战神身穿花墨玉色铠甲，手持花墨玉色大刀，高举花墨玉旗帜，骑花墨玉色大鹏鸟降临，在摇响花墨玉色板铃，敲响花墨玉大鼓，吹响白海螺号角迎请的这一天，请众神带着年份和寿岁降临。迎请手持锋利的白海螺大刀，高举白海螺旗帜，骑白海螺色战马的许冉神的这一天，请众神带着年份和寿岁降临。

70-D-61-21

çy^{33} ẓər^{33} khuɑ^{55} gæ^{21} mu^{21}, the^{33} tɕhi^{21} lɑ^{21} phə^{33} ty^{55}, gæ^{21} thɑ^{55} thɯ^{55} ko^{55} hæ^{33}, lɯ^{33} sɿ^{33}
许冉 铠甲 穿 旗子 手 中 举 刀 利 腰 间 挂 箭

lɯ^{33} me^{33} pu^{55} me^{33} tʂv̩^{33} tʂhɿ^{33} ȵi^{33}, khv̩^{55} ne^{21} zɿ^{33} pu^{55} dɯ^{33} ẓɑ^{21} lu^{33}. | çy^{33} ẓər^{33} phv̩^{33}
弓 带 的 接 这 天 年份 和 寿岁 带 一 下 来 许冉 神

lɑ^{21} se^{55} se^{33} khə^{21} dʑə^{33} dv̩^{33} phər^{21} si^{33} gɯ^{33} dzæ^{33},uæ^{33} phu^{55} gæ^{21} thɑ^{55} pu^{55},i^{21} phu^{55}the^{33}
胜生柯久 海螺 白 狮子 骑 左 边 刀 利 带 右 边 旗子

tɕhi^{21} pu^{55}, hæ^{33} ʂɿ^{21} mi^{33} thv̩^{21} dʐɿ^{55} khɑ^{21} me^{33} tʂv̩^{33} tʂhɿ^{33} ȵi^{33}, khv̩^{55} pu^{55} zɿ^{33} pu^{55}, hɯ^{21}
带 金 黄 火 把 点 一样 接 这 天 年份 带 寿岁 带 富

pu^{55} dzæ^{21} pu^{55} dɯ^{33} ẓɑ^{21} lu^{33}. | çy^{33} ẓər^{33} sɑ^{21} dɑ^{55} dv̩^{33} phər^{21} çə^{33} tɕhy^{21} tʂv̩^{33} tʂhɿ^{33} ȵi^{33},
带 强 带 一 下 来 许冉 刹道 海螺 白 大鹏 接 这 天

khv̩^{55} pu^{55} zɿ^{33} pu^{55}, nɯ^{21} pu^{55} uɑ^{21} pu^{55} dɯ^{33} ẓɑ^{21} lu^{33}. | çy^{33} ẓər^{33} sɑ^{21} dɑ^{55} i^{33} ʐɿ^{33} he^{33}
年份 带寿岁 带 生儿 带育女 带 一 下 来 许冉 刹道 依日恒迪

dɯ^{21}, mi^{33} tɕhi^{55} ʂɿ^{33} hər^{21} lɑ^{33} phə^{33} ẓv̩^{21}, khv̩^{55} pu^{55} zɿ^{33} pu^{55} dɯ^{33} ẓɑ^{21} lu^{33}. | çy^{33} ẓər^{33}
闪电 黄 绿 手 中 握 年份 带 寿岁 带 一 下 来 许冉

sɑ^{21} dɑ^{55} hæ^{33} ʂɿ^{21} tso^{33} kv̩^{55} dzæ^{33} | tʂv̩^{33} tʂhɿ^{33} ȵi^{33}. khv̩^{55} pu^{55} zɿ^{33} pu^{55} dɯ^{33} ẓɑ^{21} lu^{33}. |
刹道 金 黄 蜥蜴 骑 接 这 天 年份 带 寿岁 带 一 下 来

çy^{33} ẓər^{33} ŋv̩^{21} v̩^{55} zi^{33} nɯ^{33} tɑ^{55} kv̩^{55} me^{33},hæ^{21} v̩^{55} zi^{33} nɯ^{33} tɑ^{55} kv̩^{55} me^{33} tʂv̩^{33} tʂhɿ^{33} ȵi^{33},
许冉 银 鸟 来 说 会 的 金 鸟 来 说 会 的 接 这 天

khv̩^{55} pu^{55} zɿ^{33} pu^{55} dɯ^{33} ẓɑ^{21} lu^{33}. | dv̩^{33} phər^{21} çə^{33} tɕhi^{21} çiɑ^{13} khə^{33} phv̩^{33} so^{33} mɯ^{33} ne^{21}
年份 带 寿岁 带 一 下 来 海螺 白 大鹏鸟 雄扣普所 天 和

dy^{21} ly^{55} ly^{55} kv̩^{33} gə^{33} phv̩^{33} lɑ^{21} gɑ^{33} lɑ^{21} tʂv̩^{33} tʂhɿ^{33} ȵi^{33},
地 之间 的 神 战神 接 这 天

许冉身穿铠甲衣，手举旗帜，腰挂利刀和弓箭的这一天，请带上年份和寿岁下来吧。迎请骑白海螺狮子，左手握利刀，右手举旗，点燃金黄火把的许冉神胜生柯久的这一天，请带着年份和寿岁、富裕殷实下来吧。迎请许冉刹道白海螺大鹏的这一天，请带上年份和寿岁、子孙兴旺的福分下来吧。迎请手持闪电的许冉刹道依日恒迪的这一天，请带上年份和寿岁下来。迎请骑金黄蜥蜴的许冉刹道的这一天，请带上年份和寿岁下来吧。迎请会说话的许冉银雀和金雀的这一天，请带上年份和寿岁下来吧。迎请天和地之间白海螺大鹏鸟雄扣普所战神的这一天，

70-D-61-22

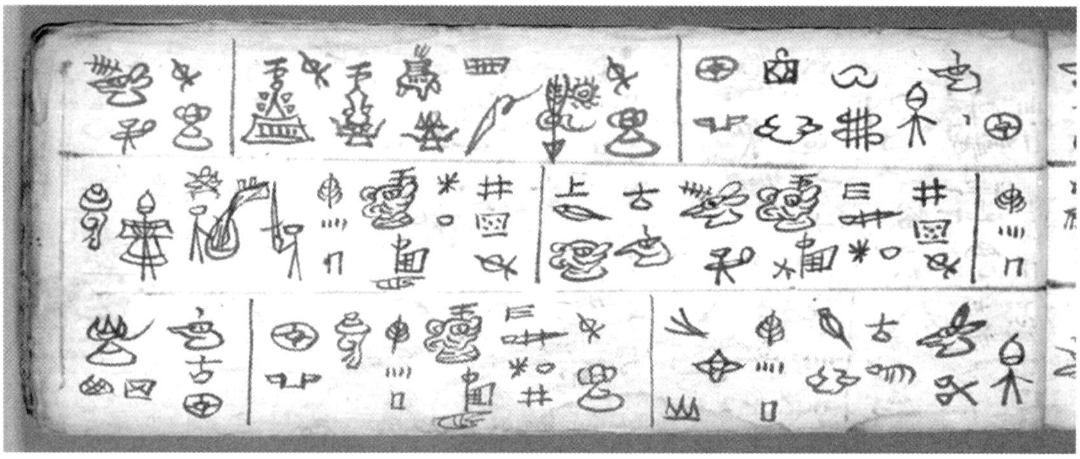

khy̩^{55} ne^{21} zɿ^{33} pu^{55} dɯ^{33} z̩ɑ^{21} lu^{33}. | sɿ^{33} i^{33} bər^{33} phər^{21} zy̩^{21} ly̩^{33} ky̩^{33} i^{33} dɯ^{33} z̩ɑ^{21} lu^{33},

年份 和 寿岁 带 一 下 来 羊毛 的 毡 白 神坛 上（助）一 下 来

ɕi^{33} phər^{21} iə^{55} lo^{55} ky̩^{33} i^{33} dɯ^{33} z̩ɑ^{21} lu^{33}, ɕy^{33} lu^{21} bæ^{33} mi^{33} phe^{21} phər^{21} ɕy^{55} dy^{21} lɯ^{33}

稻 白 面偶 上（助）一 下 来 香炉 神灯 麻 白 香炷 箭

sɿ^{33} ky̩^{33} i^{33} dɯ^{33} z̩ɑ^{21} lu^{33}. | ȵi^{33} me^{33} thy̩^{33} dʑə^{21} by̩^{33} i^{33} kho^{21} tʂy̩^{33} dɯ^{33} ȵi^{33}. | dy̩^{33}

上（助）一 下 来 太阳 出 玖补依可 接 一 天 海螺

phər^{21} gy̩^{33} dʑi^{33} mu^{21}, i^{21} i^{33} hæ^{33} ʂɿ^{21} tse^{55} phər^{21} khæ^{55}, uæ^{33} i^{33} gæ^{21} thɑ^{55} pu^{55}, ɕy^{33}

白 衣服 穿 右边 (助) 金 黄 琵琶 弹 左手（助）刀 利 带 许冉

z̩ər^{33} phy̩^{33} lɑ^{21} gɑ^{33} lɑ^{21} ty̩^{33} ty̩^{21} kɯ^{33} kɯ^{21} gu^{21} nɯ^{33} ʂy̩^{33} be^{33} dɯ^{33} z̩ɑ^{21} lu^{33}. | ʂə^{55} dʑi^{21}

神 战神 成千上万 后 来 带（助）一 下 来 受吉拉斥

lɑ^{33} tʂhɿ^{33} tʂy̩^{33} dɯ^{33} ȵi^{33}, khy̩^{55} ne^{21} zɿ^{33} pu^{55} phy̩^{33} lɑ^{21} gɑ^{33} lɑ^{21} sɑ^{21} dɑ^{55} ty̩^{33} ty̩^{21} kɯ^{33}

接 一 天 年份 和 寿岁 带 神 战神 刹道 成千上万

kɯ^{21} gu^{21} nɯ^{33} ʂy̩^{33} me^{33} dɯ^{33} z̩ɑ^{21} lu^{33}. | ɕy^{33} z̩ər^{33} py^{33} by̩^{21} | gə^{21} tshe^{55} tshe^{55} by̩^{33} tʂy̩^{33}

后 来 领（助） 一 下 来 许冉 东巴 格衬称补 接

tʂhɿ^{33} ȵi^{33}, | ȵi^{33} me^{33} thy̩^{33} dy̩^{33} phər^{21} ɕy^{33} z̩ər^{33} phy̩^{33} lɑ^{21} gɑ^{33} lɑ^{21} sɑ^{21} dɑ^{55} ty̩^{33} ty̩^{21}kɯ^{33}

这 天 太阳 出 海螺 白 许冉 神 战神 刹道 成千上万

kɯ^{21} gu^{21} nɯ^{33} dɯ^{33} z̩ɑ^{21} lu^{33}. | i^{33} tʂhɿ^{33} mɯ^{21} uɑ^{21} hər^{21} ɕy^{33} z̩ər^{33} dʑi^{21} by̩^{33} tʂhɿ^{33} by̩^{33}

后 来 一 下 来 南方 松石 绿 许冉 吉补斥补色斤

se^{55} tɕi^{33} |

带着年份和寿岁降临。降临到羊毛毡神坛上，降临到白稻面偶上，降临到香炉香炷上，降临到神灯上，降临到白麻之上，降临到箭之上。迎请东方的玖补依可的这一天，请带领成千上万穿白海螺衣，右手弹金黄色琵琶，左手握锋利大刀的许冉战神；迎请受吉拉斥的这一天，请带领成千上万带着年份和寿岁的战神，刹道神降临。迎请许冉东巴格衬祢补的这一天，请带领东方成千上万的白海螺色许冉战神刹道神降临。迎请南方绿松石许冉吉补斥补色斤

70-D-61-23

tʂv̩^{33} tʂhʅ^{33} ȵi^{33}, | uɑ^{21} hər^{21} khuɑ^{55} gæ^{21} kɯ^{55}, gæ^{21} thɑ^{55} lɑ^{21} phə^{33} ty^{55} me^{33} ɕy^{33} zə̣r^{33}

接 这 天 松石 绿 铠甲 穿 刀 利 手 中 握 的 许冉

phv̩^{33} lɑ^{21} gɑ^{33} lɑ^{21} sɑ^{21} dɑ^{55} tv̩^{33} tv̩^{21} kɯ^{33} kɯ^{21} gu^{21} nɯ^{33} ʂv̩^{33} me^{33} dɯ^{33} ʐɑ^{21} lu^{33}. | ɕy^{33}

神 战神 刹道 成千上万 后 来 领 的 一 下 来 许冉

zə̣r^{33} uɑ^{21} hər^{21} mɯ^{33} dzə̣r^{33} dzæ^{33}, he^{33} me^{33} bi^{21} gə^{21} lɑ^{21} phu^{55} ty^{33}, sɑ^{21} dɑ^{55} gu^{21} nɯ^{33}

松石 绿 天龙 骑 月亮 拐杖 手 中 握 刹道 后 从

ʂv̩^{33} tʂv̩^{33} tʂhʅ^{33} ȵi^{33}, | khv̩^{55} ne^{21} zʅ^{33} pu^{55} dɯ^{33} ʐɑ^{21} lu^{33}. | ɕy^{33} zə̣r^{33} se^{55} ʐʅ^{33} mi^{21} gu^{33}

领 接 这 天 年份 和 寿岁 带 一 下 来 许冉 胜日明恭

tʂv̩^{33} tʂhʅ^{33} ȵi^{33}, | ɕy^{33} zə̣r^{33} phv̩^{33} lɑ^{21}gɑ^{33} lɑ^{21} uɑ^{21} he^{33} i^{33} sɑ^{21} dɑ^{55} mi^{55} zi^{33} mi^{55} lə^{21}me^{33}

接 这 天 许冉 神 战神 魂 （助）刹道 女 美 女漂亮 的

nɯ^{33} ʂv̩^{33}, khv̩^{55} pu^{55} zʅ^{33} pu^{55}, | nɯ^{21} pu^{55} uɑ^{21} pu^{55}, hɯ^{21} pu^{55} dzæ^{33} pu^{55} gu^{21} nɯ^{33} ʂv̩^{33}

来 领 年份 带寿岁 带 生儿 带育女 带 富 带 强 带 后 来 领

dɯ^{33} ʐɑ^{21} lu^{33}. | ȵi^{33} me^{33} gv̩^{21} se^{21} mi^{55} y^{33} lu^{21} zo^{33} tʂv̩^{33} tʂhʅ^{33} ȵi^{33}, | tʂhu^{21} nɑ^{55} dʑi^{33}

一 下 来 太阳 落 胜命余陆若 接 这 天 墨玉 黑 衣服

me^{33} mu^{21}, ʐʅ^{33} hæ^{21} lɑ^{21} phu^{55} ty^{33}, | ɕy^{33} zə̣r^{33} phv̩^{33} lɑ^{21} gɑ^{33} lɑ^{21} |

穿 蛇 绿 手 中 握 许冉 神 战神

的这一天，请带领穿绿松石铠甲、手握锋利大刀的成千上万许冉战神刹道下来吧。许冉骑绿松石天龙，手拄刻有月亮的拐仗，带着年份和寿岁下来吧。迎请许冉胜日明恭的这一天，许

冉战神在美丽的刹道神女的带领下，带着年份和寿岁、子孙兴旺、富足殷实的福分下来吧。迎请西方胜命余陆若的这一天，身穿黑墨玉衣，手抓绿蛇，

70-D-61-24

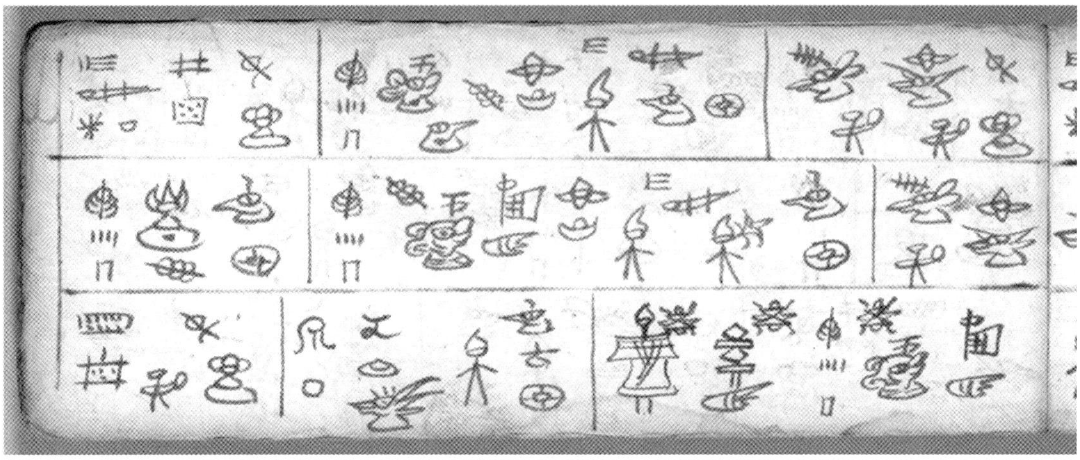

sɑ^{21} dɑ^{55} tʏ̩^{33} tʏ̩^{21} kɯ^{33} kɯ^{21} gu^{21} nɯ^{33} ʂʏ̩^{33} dɯ^{33} ʐɑ^{21} lu^{33}. | ɕy^{33} ʐər^{33} phʏ̩^{33} lɑ^{21} gɑ^{33} lɑ^{21}
刹道 成千上万 后 来 领 一 下 来 许冉 神 战神

kɑ^{33} tʂhu^{21} kə^{55} tʂhu^{21} uɑ^{21} he^{33} be^{33} dɯ^{33} ʐɑ^{21} lu^{33}. sɑ^{21} dɑ^{55} mi^{55} nɯ^{33} ʂʏ̩^{33}, sɑ^{21} dɑ^{55} tʂʏ̩^{33}
鹤 快 鹰 快 影子 一样 一 下 来 刹道 女 来 领 刹道 接

tʂhʅ^{33} ȵi^{33}. | khʏ̩^{55} pu^{55} zʅ^{33} pu^{55} nɯ^{21} pu^{55} uɑ^{21} pu^{55} dɯ^{33} ʐɑ^{21} lu^{33}. | ɕy^{33} ʐər^{33} nɑ^{55} se^{33}
这 天 年份 带 寿岁 带 生儿 带 育女 带 一 下 来 许冉 纳生初卢

tʂhu^{33} lu^{21} tʂʏ̩^{33} tʂhʅ^{33} ȵi^{33}, | ɕy^{33} ʐər^{33} tʂhu^{21} nɑ^{55} phʏ̩^{33} lɑ^{21} gɑ^{33} lɑ^{21} uɑ^{21} he^{33} tʂhu^{21} be^{33}
接 这 天 许冉 墨玉 黑 神 战神 魂 快 地

dɯ^{33} ʐɑ^{21} lu^{33}, sɑ^{21} dɑ^{55} mi^{55} zi^{33} mi^{55} lə^{21} tʂʏ̩^{33} tʂhʅ^{33} ȵi^{33}, | khʏ̩^{55} pu^{55} zʅ^{33} pu^{55} nɯ^{21} pu^{55}
一 下 来 刹道 女 美 女 漂亮 接 这 天 年份 带 寿岁 带 生儿 带

uɑ^{21} pu^{55} | hɯ^{21} pu^{55} dzæ^{33} pu^{55} dɯ^{33} ʐɑ^{21} lu^{33}. | ho^{33} gʏ̩^{33} lo^{21} gə^{33} nɑ^{21} thʏ̩^{55} se^{33} y^{21} tʂʏ̩^{33}
育女 带 富 带 强 带 一 下 来 北方 的 纳吐生余 接

tʂhʅ^{33} ȵi^{33}, | hæ^{33} ʂʅ^{21} dʑi^{33} me^{33} mu^{21}, hæ^{33} ʂʅ^{33} phɑ^{33} bʏ̩^{33} lɑ^{21} phu^{55} ty^{33}, ɕy^{33} ʐər^{33} hæ^{33}
这 天 金 黄 衣服 穿 金 黄 降魔杖 手 中 持 许冉 金

ʂʅ^{21} phʏ̩^{33} lɑ^{21} gɑ^{33} lɑ^{21}
黄 神 战神

带领成千上万许冉战神刹道神下来吧。许冉战神像影子般飞速掠过的鹤和鹰一样下来吧。迎请刹道女神的这一天，请带着年份和寿岁、子孙兴旺的福分下来吧。迎请许冉纳生初卢神的这一天，黑墨玉许冉战神像影子般迅速下来吧。迎请美丽的刹道女神的这一天，请带上年份和寿岁、子孙兴旺的福分下来吧。迎请北方的纳吐生余的这一天，身穿黄金衣，手持金黄色

的降魔杖，金黄色的许冉战神

70-D-61-25

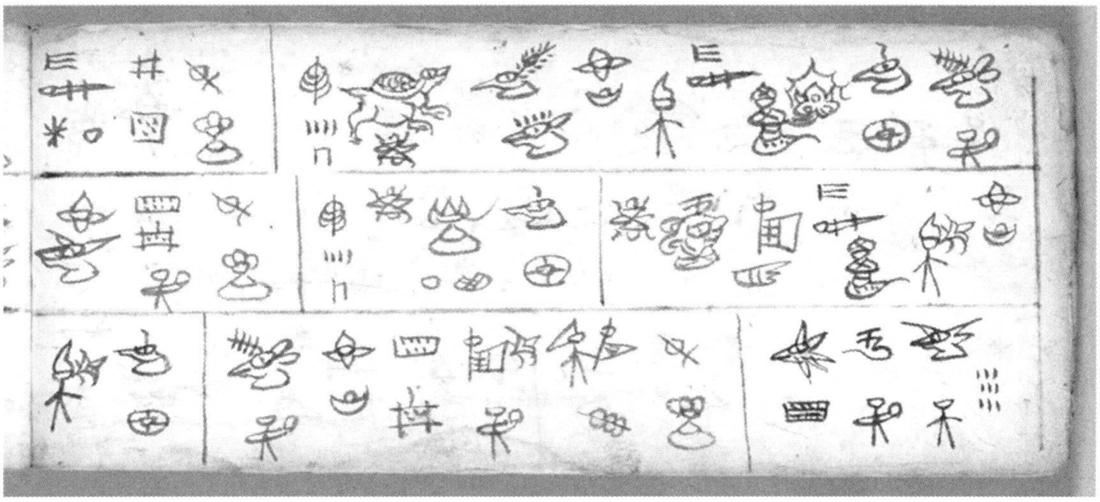

sɑ^{21} dɑ^{55} tʏ̩^{33} tʏ̩^{21} kɯ^{33} kɯ^{21} gu^{21} nɯ^{33} ʂʏ̩^{33} me^{33} dɯ^{33} zɑ̩^{21} lu^{33}. | ɕy^{33} zə̩r^{33} hæ^{33} ʂʅ^{21} tso^{33}
刹道 成千上万 后 来 领（助） 一 下 来 许冉 金 黄 大龟

kʏ̩^{55}, hæ^{33} ʂʅ^{21} mɑ^{55} iə^{33}, hæ^{33} ʂʅ^{21} y^{21} ʂʅ^{21} uɑ^{21} he^{33} dɯ^{33} zɑ̩^{21} lu^{33}. sɑ^{21} dɑ^{55} no^{21} bʏ̩^{55} lɑ^{21}
金 黄 孔雀 金 黄 猴 黄 影子 一 下 来 刹道 宝贝 手

phu^{33} ty^{55} me^{33} tʂʏ̩^{33} tʂhʅ^{33} ȵi^{33}, khʏ̩^{55} pu^{55} zʅ^{33} pu^{55}, | nɯ^{21} pu^{55} uɑ^{21} pu^{55}, hɯ^{21} pu^{55} dzæ^{21}
中 拿（助） 接 这 天 年份 带 寿岁 带 生儿 带 育女 带 富 带 强

pu^{55} dɯ^{33} zɑ̩^{21} lu^{33}. | ɕy^{33} zə̩r^{33} hæ^{33} ʂʅ^{21} gʏ̩^{33} se^{33} khə^{55} pɑ^{21} tʂʏ̩^{33} tʂhʅ^{33} ȵi^{33}, | hæ^{33} ʂʅ^{33}
带 一 下 来 许冉 金 黄 古生抠巴 接 这 天 金 黄

phʏ̩^{33} lɑ^{21} gɑ^{33} lɑ^{21} sɑ^{21} dɑ^{55} mi^{55} zi^{33} mi^{55} lə^{21} uɑ^{21}he^{33} | dɯ^{33} zɑ̩^{21} lu^{33} tʂʏ̩^{33} tʂhʅ^{33} ȵi^{33}, |
神 战神 刹道 女 美 女 漂亮 影子 一 下 来 接 这 天

khʏ̩^{55} pu^{55} zʅ^{33} pu^{55}, nɯ^{21} pu^{55} uɑ^{21} pu^{55} hɯ^{21} pu^{55} dzæ^{21} pu^{55} gɑ^{21} pu^{55} zi^{33} pu^{55} dæ^{21} pu^{55}
年份 带 寿岁 带 生儿 带 育女 带 富 带 强 带 胜 带 美 带 能干 带

tʂhu^{21} pu^{55} dɯ^{33} zɑ̩^{21} lu^{33}. | py^{21} pu^{55} phæ^{21} pu^{55} bɯ^{21} ɯ^{33} the^{33} ɯ^{33} pu^{55}, nɯ^{21} zo^{33} gʏ̩^{33}
迅速 带 一 下 来 诵经 带 占卜 带 经书 带 福 子 九

kʏ̩^{55}
个

由成千上万的刹道带领着下来吧。许冉战神以金黄大龟、金黄孔雀、金黄猴子为座骑像影子般迅速地下来吧。迎请手持宝贝的刹道神的这一天，请带上年份和寿岁、子孙兴旺、富裕富强的福分下来吧。迎请金黄色的许冉神古生抠巴的这一天，金黄色的战神和刹道美女像影子般下来吧。下来的这一天，请带上年份和寿岁、子孙兴旺、富裕和富强、胜利和美丽的福分

迅速地下来吧。请带上占卜和诵经经书下来吧。带着养九个福子、

70-D-61-26

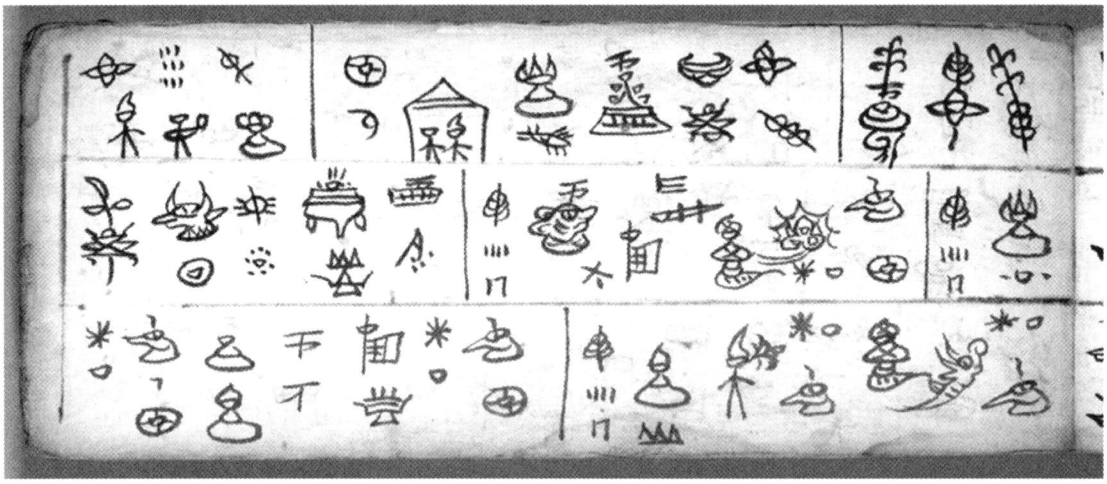

uɑ^{21} mi^{55} ʂər^{33} kv̩^{55} pu^{55} me^{33} dɯ^{33} zɑ̩^{21} lu^{33}. | bi^{21} thv̩^{33} mə^{55} tʂhʅ^{33} ȵi^{33}, i^{33} dɑ^{21} tʂhʅ^{33} dɯ^{33}
祥 女 七 个 带 的 一 下 来 太阳 出 这 天 主人 这 一

dʑi^{13}, lɯ^{55} kv̩^{33} py^{33} bv̩^{21}nɯ^{33} sʅ^{33} i^{33} bər^{33} phər^{21} zv̩^{21} lv̩^{33} tɯ^{21}, ŋv̩^{21} hæ^{21} uɑ^{33} tʂhu^{21} i^{33}dɑ^{55}
家 贤能的 东巴 来 羊 毛 毡 白 神坛 设 银 金 松石 墨玉 供品

be^{33} le^{33} iə^{55}, | dv̩^{33} phər^{21} lɑ^{33} khɑ^{33} uɑ^{21} hər^{21} ɕy^{55} dzər^{21} tʂhu^{21} nɑ^{55} i^{33} sər^{33} | hæ^{33} ʂʅ^{21}
作 又 给 海螺 白 白杨 松石 绿 柏 树 墨玉 黑 樱香 金 黄

mu^{21} kə^{55}, ɯ^{33} hy^{21} mɑ^{21}, dze^{33} hy^{21} by^{33}, ɕy^{33} lu^{21} bæ^{33} mi^{33} phe^{21} phər^{21} be^{33}, | ɕy^{33} ẓər^{33}
杜鹃 枝 牛 红 油 麦 红 面 香炉 神灯 麻 白 做 许冉

phv̩^{33} lɑ^{21} gɑ^{33} lɑ^{21} sɑ^{21} dɑ^{55} ʂv̩^{21} tv̩^{33}tv̩^{21} kɯ^{33} kɯ^{21} tʂv̩^{33} tʂhʅ^{33} ȵi^{33}, | ɕy^{33} ẓər^{33} py^{33} bv̩^{21} |
神 战神 刹道 署 成千上万 接 这 天 许冉 东巴

tv̩^{33} tv̩^{21} kɯ^{33} kɯ^{21} tʂv̩^{33} dɯ^{33} ȵi^{33}, phər^{21} ʂæ^{21} gɑ^{33} u^{21} o^{55} he^{21} tv̩^{33} tv̩^{21} kɯ^{33} kɯ^{21} tʂv̩^{33}
成千上万 接 一 天 盘神 禅神 嘎神吾神沃神 恒神 成千上万 接

dɯ^{33} ȵi^{33}, | ɕy^{33} ẓər^{33} he^{21} mi^{55} zi^{33} i^{33} tv̩^{33} tv̩^{21} kɯ^{33} kɯ^{21} tʂv̩^{33}, ʂv̩^{21} ne^{21} lv̩^{21} i^{33} tv̩^{33} tv̩^{21}
一 天 许冉 神 女 美 的 成千上万 接 署 和 龙（助）成千上万

kɯ^{33} kɯ^{21} tʂv̩^{33} dɯ^{33} ȵi^{33}. |
接 一 天

七个祥女的福分下来吧。阳光明媚的这一天，这一人家，贤能的东巴设置起羊毛毡神坛，供上金、银、松石、墨玉。神坛上插上白海螺色的白杨，绿松石色的柏枝，黑墨玉色的樱香，金黄色的杜鹃枝，摆放红牛酥油，红麦面、香炉、神灯和白麻布，迎请成千上万的许冉战神，刹道署神，迎请许冉东巴，迎请成千上万的盘神、禅神、嘎神、吾神、沃神、恒神，迎请许

冉女神，迎请成千上万的署和龙。

70-D-61-27

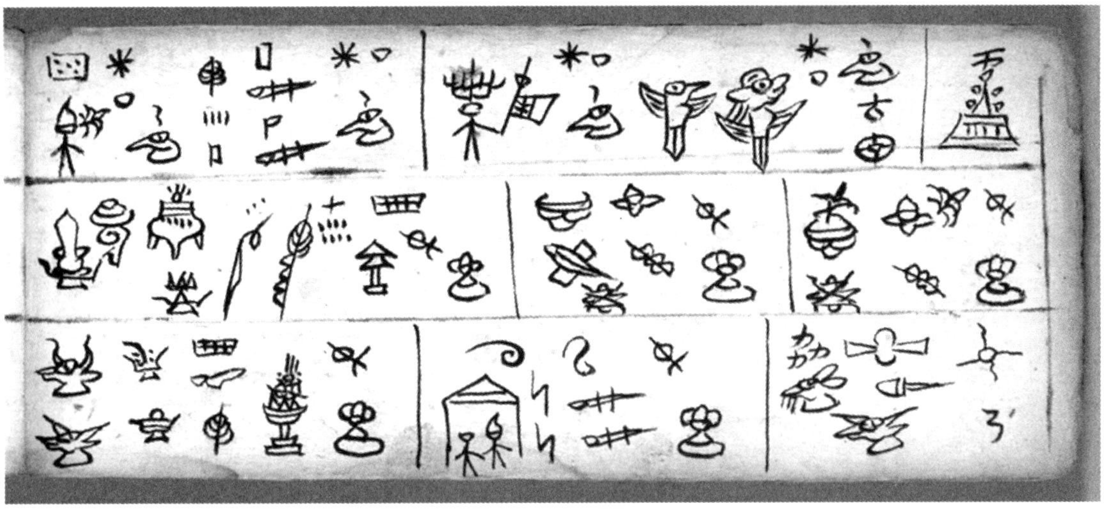

he^{21} mi^{55} zi^{33} ty̩^{33} ty̩^{21} kɯ^{33} kɯ^{21} ʂy̩^{33} me^{33} tʂy̩^{33}, ɕy^{33} zər^{33} to^{33} dɑ^{55} ko^{21} dɑ^{55} ty̩^{33} ty̩^{21} kɯ^{33}
神 女 美 成千上万 领 的 接 许冉 呆道各道 成千上万

kɯ^{21} tʂy̩^{33}. | lər^{21} dʑə^{33} tɕi^{55} dʑə^{33} ty̩^{33} ty̩^{21} kɯ^{33} kɯ^{21} tʂy̩^{33}, tuɑ^{33} kə^{21} iə^{33} ɱɑ^{21} ty̩^{33} ty̩^{21}
接 朗久敬久 成千上万 接 端格神 优麻神 成千

kɯ^{33} kɯ^{21} tʂy̩^{33} tʂhʅ^{33} ȵi^{33}. | sʅ^{33} i^{33} bər^{33} phər^{21} zy̩^{21} ly̩^{33} ky̩^{33}, | ɕy^{21} lu^{33} bæ^{33} mi^{33} ɕy^{55}
上万 接 这 天 羊毛 毡 白 神坛 上 香炉 神灯 香炷

dy^{21} ky̩^{33}, ɕy^{55} hər^{21} le^{33} dʑi^{21} tshe^{21} ho^{55}ty^{33}、phe^{21} phər^{21} dzo^{21} phər^{21},thɑ^{55} phər^{21} ky̩^{33} i^{33}
上 柏 绿 梯子 十 八 层 麻 白 桥 白 塔 白 上（助）

dɯ^{33} zɑ^{21} lu^{33}. | ŋy̩^{21} dzo^{21} hæ^{21} dzo^{21} uɑ^{21} dzo^{21} tʂhu^{21} dzo^{21} tso^{55} me^{33} dɯ^{33} zɑ^{21} lu^{33}. |
一 下 来 银 桥 金 桥 松石 桥 墨玉 桥 架 的 一 下 来

ŋy̩^{21} bɑ^{21} hæ^{21} bɑ^{21} uɑ^{21} bɑ^{21} tʂhu^{21} bɑ^{21} ky̩^{33} i^{33} dɯ^{33} zɑ^{21} lu^{33}. | bər^{33} y^{21} zʅ^{33} hɑ^{33} tʂhər^{21}
银 花 金 花 松石 花 墨玉 花 上（助）一 下 来 牦牛 羊 酒 饭 肥肉

nɑ^{55} ɕy^{55} mɑ^{21} tʂhu^{55} pɑ^{33} be^{33} i^{33} dɯ^{33} zɑ^{21} lu^{33}. | i^{33} dɑ^{21} tʂhʅ^{33} dɯ^{33} dʑi^{21}, gu^{33} lu^{21}
瘦肉 柏 酥油 天香 烧（助）一 下 来 主人 这 一 家 保佑

tʂhər^{33} tʂhər^{21},kɑ^{33} le^{21} dɑ^{55} dɑ^{21} be^{33} i^{33} dɯ^{33} zɑ^{21} lu^{33}. | be^{21} me^{33} le^{33} fy̩^{55} iə^{55},pɯ^{55} me^{33}
稳固 保福 牢靠 （助）（助）一 下 来 破 的 又 缝 给 断 的

le^{33} tʂu^{55} iə^{55}. |
又 接 给

带领成千上万的美女神，迎请成千上万许冉呆道各道，迎请成千上万的朗久敬久神，迎请成千上万的端格神和优麻神的这一天，请降临到羊毛毡铺设的神坛上，降临到香炉、神灯、香炷上，降临到十八级绿柏梯、白色的麻布桥和塔上，降临到金、银、松石、墨玉桥上，降临到金花银花松石花墨玉花上。降临到牦牛、羊、酒、饭、肥肉、瘦肉、柏枝、酥油的天香上，请稳固牢靠地保佑这一主人家。破的又补上，断的又接上。

70-D-61-28

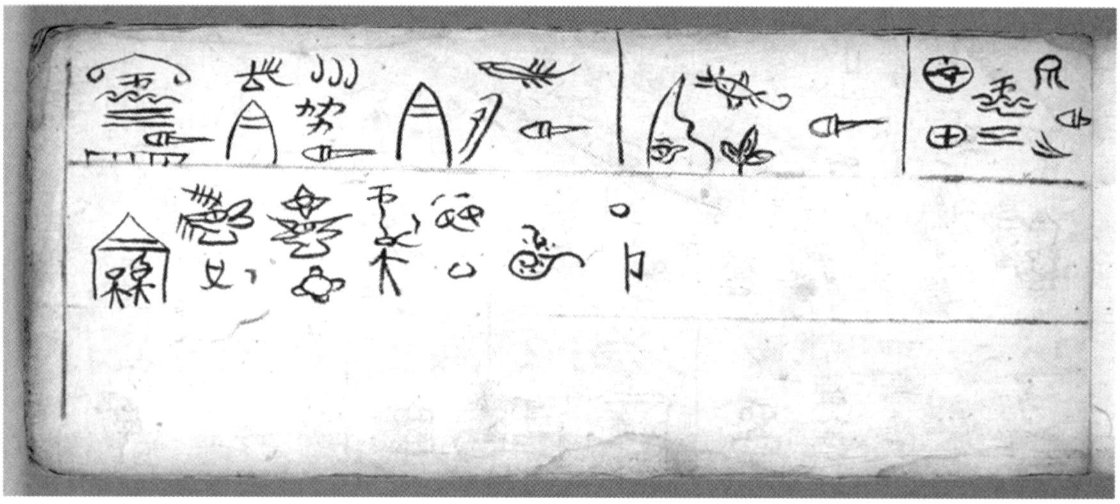

mɯ^{33} ne^{21} dy^{21} i^{33} tɕi^{33} phər^{21} hər^{33} phər^{21} me^{33} nɯ^{33} tʂu^{55}, dʑy^{21} ʂuɑ^{21} so^{33} ʂuɑ^{21} i^{33} hɯ^{21}
天 和 地（助）云 白 风 白（助） 来 接 山 高 山峰 高（助）雨

nɑ^{55} be^{33} phər^{21} me^{33} nɯ^{33} tʂu^{55}, dʑy^{21} ʂuɑ^{21} lo^{21} ho^{55} i^{33} dʑi^{33} mæ^{33} ʂər^{21} nɯ^{33} tʂu^{55}, | æ^{21}
大 雪 白（助） 来 接 山 高 谷 深（助）水 尾（长）来 接 悬崖

kv̩^{33}nv̩^{55},bæ^{33} nɯ^{33} the^{21} le^{33} tʂu^{55}. | ȵi^{33} me^{33} thv̩^{33} ne^{21} ȵi^{33} me^{33} gv̩^{21}, ho^{33} gv̩^{33} lo^{21} ne^{21}
上 蜂 来 那 又 接 太阳 出 和 太阳 落 北方 和

i^{33} tʂhʅ^{33} mɯ^{21} i^{33} tɕi^{33} phər^{21} hər^{33} phər^{21} nɯ^{33} le^{33} tʂu^{55}. | i^{33} dɑ^{13} tʂhʅ^{33} dɯ^{33} dʑi^{13}, khv̩^{55}
南方 （助）云 白 风 白（助） 又 接 主人 这 一 家 年份

ne^{21} zʅ^{33} i^{33} me^{55} me^{33} dɯ^{33} be^{33} ho^{55}, nɯ^{21} ne^{21} uɑ^{21} dɯ^{33} ho^{55}. kv̩^{33} phər^{21} dzæ^{33} ʂʅ^{21},
和 寿岁 助 要 的 得 到 愿 生儿 和 育女 得到 愿 头 白 牙 黄

phv̩^{21} do^{21} lɯ^{55} do^{21}, dʑi^{21} i^{33} dər^{33} ʂər^{55} gv̩^{33} be^{33} ho^{55}. |
祖父 见 孙儿 见 水 流 潭 满 成为 愿

白云白风连接了天和地，大雨白雪连接了高山峻岭，长流水江河尾连接了高山深谷，蜂连接了悬崖。白云白风连接了东方和西方、北方和南方。愿这一人家，得到年份和寿岁，得到子孙兴旺，得到头花白牙发黄的长寿，祖父孙儿同堂。愿流水满塘。

70-D-61-29

封底

（释读：李英　翻译：李英）

80-D-62-01

zɿ^{33} tʂu^{55} py^{21} ·gɑ^{33} thy̩^{33} gɑ^{33} pɯ^{55}、mɯ^{33} gə^{33} gɑ^{33} lɑ^{21} sɿ^{33} tshər^{21} sɿ^{55} gɑ^{33} lɑ^{21}、dy^{21} gə^{33} gɑ^{33} lɑ^{21} ȵi^{33} tshər^{21} ȵi^{33} gɑ^{33} lɑ^{21} thy̩^{33} pɯ^{55}

延寿仪式·战神的出处与来历·

三十三尊天战神、二十二尊地战神之出处与来历

80-D-62 延寿仪式·战神的出处与来历·三十三尊天战神、二十二尊地战神之出处与来历

【内容提要】

很久很久以前，当天与地、太阳与月亮、庚星与娆星、山与沟、树木与石头、居那若罗（dʑy nɑ zo̜ lo）山、含依巴达（hæ i bɑ dɑ ）树、美利达吉（mɯ lɯ dɑ dʑi）湖、增争含鲁美（tse tse hæ lv̩ me）巨石、精威五行等出现之后，先是星星作变化，产生出了三个会飞会跳的战神之子。之后，产生出万物之战神。又从作为供养战神的牺牲——白牛身体的各个部位，变化出千千万万的战神。各种原有的神又变出不同的战神。三十三尊天战神和二十二尊地战神，都是会使人们变得神勇、快捷和无畏的神灵。讲明了战神的出处与来历，向他们祈求，就能得到战神的保佑和眷顾。求寿岁就用柏木梯子接起天神们的寿岁，愿作祭祀的人家，得到富裕与强盛、声轻神安、水流满塘。

【英文提要】

Prolonging Life Ritual, the Origin of the Warlord, the Origin of Thirty-three Heaven Warlords and Twenty-two Terra Warlords

In the remote antiquity, after the appearance of the sky and the earth, the sun and the moon, Venus and comet, the mountain and the graff, the tree and the stone, the ***mɯ lɯ da dʑi*** lake and the ***tse tse hæ lv̩ me*** megalith, the five element theory, there appeared three vigorous sons of the warlord under the metamorphosis of stars. Later, the warlord of nature appeared. Then, from every part of the white bull's body, which offered as the sacrifice of the warlord, metamorphosed into thousands of warlords and all sorts of gods metamorphosed into various warlords as well. All the thirty-three heaven warlords and twenty-two terra warlords were gods who bestowed human courageousness, swiftness and braveness. Knowing the origin of warlords, if prayed, human beings would be bestowed the blessing and tendance. The family under ritual used cedar ladders in connecting the life of all gods for longevity and prayed for the bestowing of opulence, tranquility and enrichment.

80-D-62-02

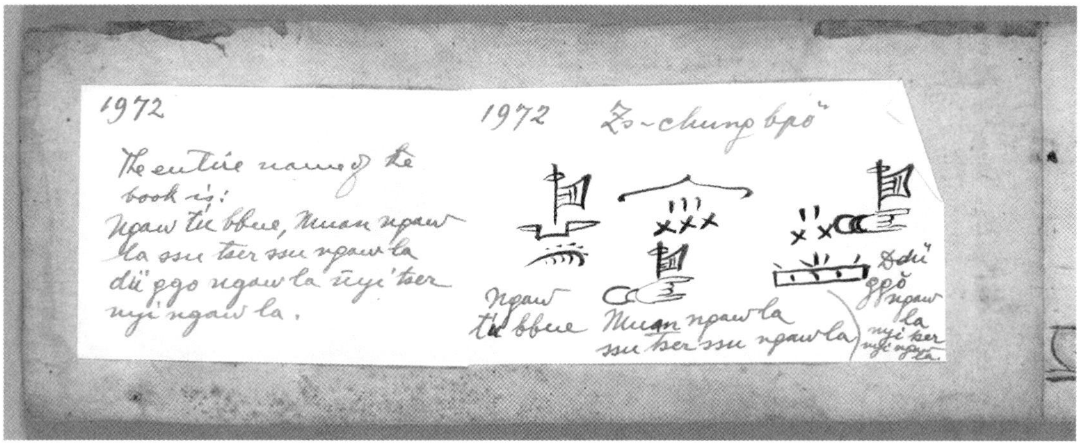

“1972”为洛克自己收藏东巴古籍的序号，并用洛氏音标记下此书用于“延寿仪式”。东巴文为封一之书名：“嘎神的出处来历·三十三尊天战神·二十二尊地战神”，并在东巴文下方记下书名之纳西语读音。

80-D-62-03

ɑ^{33} lɑ^{33} mə^{33} ʂər^{55} ȵi^{33}, mɯ^{33} ne^{21} dy^{21} lɑ^{33} mə^{33} thv̩^{33} sɿ^{33} thɯ^{33} dʐʅ^{21}, bi^{33} ne^{21} le^{21} lɑ^{33}
阿 也 不 说 日 天 与 地 也 不 出现 那时 太阳 与 月亮 也

mə^{33} thv̩^{33} sɿ^{33} thɯ^{33} dʐʅ^{21}, kɯ^{21} ne^{21} zɑ^{21} lɑ^{33} mə^{33} thv̩^{33} sɿ^{33} thɯ^{33} dʐʅ^{21}, dʑy^{21} ne^{21} lo^{21}
不 出 来 那时 庚星 与 娆星 也 不 出 来 那时 山 与 沟

lɑ^{33} mə^{33} thv̩^{33} sɿ^{33} thɯ^{33} dʐʅ^{21},sər^{33} ne^{21} lv̩^{33} lɑ^{33} mə^{33} thv̩^{33} sɿ^{33} thɯ^{33} dʐʅ^{21}, dʑy^{21} nɑ^{55} ʐo^{55}
也 不 出 来 那时 树木 与 石头 也 不 出 来 那时 居那若罗

lo^{33} dʑy^{21} lɑ^{33} mə^{33} thv̩^{33} sɿ^{33} thɯ^{33} dʐʅ^{21}, hæ^{21} i^{33} bɑ^{33} dɑ^{21} dzər^{21} lɑ^{33} mə^{33} thv̩^{33} sɿ^{33} thɯ^{33}
山 也 不 出 来 那时 含依巴达 树 也 不 出 来 那

dʐʅ^{21}, mɯ^{33} lɯ^{55}dɑ^{33} dʑi^{21} hɯ^{55} lɑ^{33} mə^{33} thv̩^{33} sɿ^{33} thɯ^{33} dʐʅ^{21},tse^{55} tse^{33} hæ^{21} lv̩^{33} me^{33} lɑ^{33}
时 美利达吉 湖 也 不 出 来 那时 增争含鲁美 也

mə^{33} thy̩^{33} sɿ^{33} thɯ^{33} dʐʅ^{21}, | dzi^{33} uə^{13} uɑ^{33} sy^{21} lɑ^{33} mə^{33} thy̩^{33} sɿ^{33} thɯ^{33} dʐʅ^{21}, | gɑ^{33} lɑ^{21}
不 出 来 那时 精威 五 样 也 不 出 来 那时 战神

sɿ^{21} ɕi^{33} tʂhuɑ^{55} tshər^{21} tʂhʅ^{33}, thy̩^{33} le^{33} pɯ^{55} ky̩^{33} mə^{33} sɿ^{33} me^{33},thy̩^{33} le^{33} pɯ^{55} dzo^{21} ʂə^{55}
三 百 六 十 们 出处 与 来历 不 知 么 出处 与 来历 说

mə^{33} ȵi^{21}; thy̩^{33} le^{33} pɯ^{55} ky̩^{33} mə^{33} sɿ^{33} me^{33}, thy̩^{33} le^{33} pɯ^{55} dzo^{21} be^{33} mə^{33} ȵi^{21}. |
不 能 出处 与 来历 不 知道 么 出处 与 来 历 做 不 能

tɕy^{55} tʂhu^{21} uɑ^{21} hæ^{21} bu^{33} dɯ^{21} lu^{55} lɑ^{33} thy̩^{33}, uɑ^{21} hæ^{21} bu^{33} dɯ^{21} lu^{55} lɑ^{33} pɯ^{33} pɑ^{33} be^{33},
最早 松石 绿 亮汪汪 产生 松石绿 亮汪汪 变化 作

mɯ^{33} lɯ^{55} tʂu^{55} ky̩^{33} phər^{21} me^{33} thy̩^{33}. mɯ^{33} lɯ^{55} tʂu^{55} ky̩^{33} phər^{21} me^{33} pɯ^{33} pɑ^{33} be^{33},
天 地 连接 处 白 者 出 天 地 连接 处 白 者 变化 作

lər^{21} ky̩^{55} kho^{33} ɯ^{33} sɑ^{55} ɯ^{33} thy̩^{33}. lər^{21} ky̩^{55} kho^{33} ɯ^{33} sɑ^{55} ɯ^{33} pɯ^{33} pɑ^{33} be^{33}, | tɕy^{55}
喊 会 声 好 气 好 出 喊 会 声 好 气 好 变化 作 最

tʂhu^{21}mɯ^{33} gə^{33} sɑ^{21} lɯ^{55} uə^{33} de^{33} thy̩^{33}. sɑ^{21} lɯ^{55} uə^{33} de^{33} pɯ^{33} pɑ^{33} be^{33}, he^{33} dɯ^{21} o^{33}
早 天 的 刹依威德 出 刹依威德 变化 作 恒迪窝盘

phər^{21} thy̩^{33}. he^{33} dɯ^{21} o^{33} phər^{21} pɯ^{33} pɑ^{33} be^{33}, i^{33} gy̩^{21} o^{33} kə^{21} thy̩^{33}. i^{33} gy̩^{21} o^{33} kə^{21}
出 恒迪窝盘 变化 作 依古窝格 出 依古窝格

pɯ^{33} pɑ^{33} be^{33},
变化 作

很早很早以前，天与地没有出现的时候，太阳与月亮没有出现的时候，庚星与娆星没有出现的时候，山与沟没有出现的时候，树木与石头没有出现的时候，居那若罗山没有出现的时候，含依巴达树没有出现的时候，美利达吉湖没有出现的时候，增争含鲁美那块巨石没有出现的时候，精威五行没有出现的时候，还不知道三百六十个战神的出处与来历，就不要说他们的出处与来历；不知道他们的出处与来历，就不要做有关他们出处来历的事。

最早的时候，先出现了亮汪汪的绿松石。亮汪汪的绿松石作变化，产生了白色的天与地相接的地方。这白色的天地相接的地方作变化，产生了会叫喊的好声好气。这会叫喊的好声好气作变化，最先出现了天的刹依威德神。刹依威德作变化，出现了恒迪窝盘大神。这恒迪窝盘大神作变化，出现了依古窝格。依古窝格作变化，

80-D-62-04

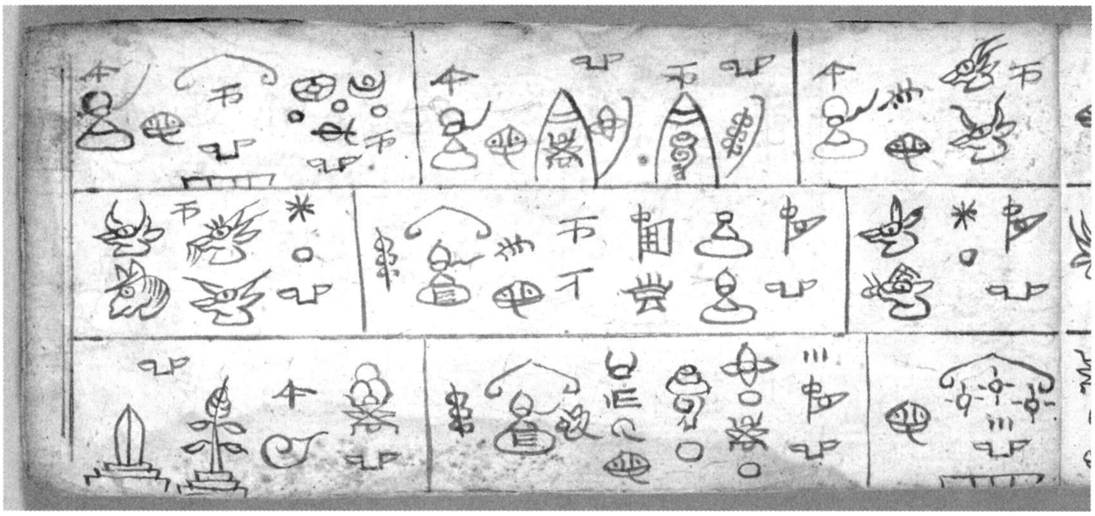

mɯ^{33} lɯ^{55} du^{21} dzʅ^{33} thv̩^{33}. mɯ^{33} lɯ^{55} du^{21} dzʅ^{33} pɯ^{33} pɑ^{33} be^{33}, du^{13} gə^{33} mɯ^{33} phər^{21} dy^{21}
美利董主 出 美利董主 变化 作 董 的 天 白 地

phər^{21} the^{21} nɯ^{33} thv̩^{33}, bi^{33} phər^{21} le^{21} phər^{21}, kɯ^{21} phər^{21} zɑ^{21} phər^{21} the^{21} nɯ^{33} thv̩^{33}； |
白 这 来 出 日 白 月 白 庚星 白 娆星 白 这 来 出

mɯ^{33} lɯ^{55} du^{21} dzʅ^{33} pɯ^{33}pɑ^{33} be^{33},du^{13} gə^{33} hæ^{21}dʑy^{21} uɑ^{21} lo^{21} the^{21} nɯ^{33} thv̩^{33},dv̩^{33} phər^{21}
美利董主 变化 作 董 的 金 山 绿 沟 这 来 出 海螺 白

dʑy^{33} ʂuɑ^{33} tʂhu^{21} nɑ^{55} lo^{21} nɑ^{21} the^{21} nɯ^{33} thv̩^{33}； | mɯ^{33} lɯ^{55} du^{21} dzʅ^{33} pɯ^{33} pɑ^{33} be^{33},
山 高 墨玉 黑 箐 黑 这 来 出 美利董主 变化 作

du^{13} gə^{33} dzʅ^{33} phər^{21} bər^{33} phər^{21} ʐuɑ^{33} phər^{21} tshʅ^{55} phər^{21} y^{21} phər^{21} tv̩^{33} tv̩^{21} kɯ^{33} kɯ^{21}
董 的 犏牛 白 牦牛 白 马 白 山羊 白 绵羊 白 千 千 万 万

the^{21} nɯ^{33} thv̩^{33} le^{33} tshʅ^{21}. | tɕy^{55} tʂhu^{21}mɯ^{33} gə^{33} sɑ^{21} lɯ^{55} uə^{33} de^{33} pɯ^{33} pɑ^{33} be^{33},
这 来 出 又 来 最早 天 的 刹依威德 变化 作

phər^{21} ʂæ^{21} gɑ^{33} u^{21} o^{55} ne^{21} he^{21} lɑ^{33} the^{21} nɯ^{33} thv̩^{33}, | dzi^{33} ne^{21} tsho^{21} tv̩^{33} tv̩^{33}
盘神 禅神嘎神 吾神 沃神 与 恒神 也 这 来 出 精人 与 崇人 千 千

kɯ^{33} kɯ^{21} the^{21} nɯ^{33} thv̩^{33}, dʑy^{21} nɑ^{55} ʐo^{55} lo^{33} dʑy^{21} dɯ^{21} zʅ^{33} ʂər^{21} the^{21} nɯ^{33} thv̩^{33} ,hæ^{21}
万 万 这 来 出 居那若罗 山 大 寿 长 这 来 出

i^{33} bɑ^{33} dɑ^{21} dzər^{21}dɯ^{21} the^{21} nɯ^{33} thv̩^{33}, mɯ^{33} lɯ^{55} dɑ^{33} dʑi^{21} hɯ^{55} dɯ^{21} the^{21} nɯ^{33} thv̩^{33},
含依巴达 树 大 这 来 出 美利达吉 湖 大 这 来 出

tse^{55} tse^{33} hæ^{21} lv̩^{33} me^{33} the^{21} nɯ^{33} thv̩^{33}. | tɕy^{55} tʂhu^{21}mɯ^{33} gə^{33} sɑ^{21} lɯ^{55} uə^{33} de^{33} nɯ^{33},
增争含鲁美 这 来 出 最早 天 的 刹依威德 来

thɯ^{33} gə^{33} kho^{33} ɯ^{33} sɑ^{55} ɯ^{33} tɕhy^{33} nɯ^{33} pɯ^{33} pɑ^{33} be^{33}, du^{13} gə^{33} dy̩^{33} phər^{21} uɑ^{33} hæ^{21}
他 的 声 好 气 好 种 来 变化 作 董 的 海螺 白 松石 绿

hæ^{33} ʂʅ^{21} ky̩^{33} i^{33} sʅ^{55} ly^{33} thy̩^{33}. | tʂhʅ^{33} sʅ^{55} ly^{33} nɯ^{33} pɯ^{33} pɑ^{33} be^{33}, mɯ^{33} ne^{21} dy^{21}
金 黄 蛋 呀 三 个 出现 这 三 个 来 变化 作 天 与 地

zu̩^{55} gy̩^{33}, mɯ^{33} gə^{33} kɯ^{21} bu^{33} sʅ^{55}ly^{33} the^{21} nɯ^{33} thy̩^{33}.
中间 天 的 星 亮 三颗 这 来 出

变出了美利董主。美利董主作变化，变出了他那白色的天、白色的地，变出了他那白色的太阳与白色的月亮，变出了他那白色的庚星与娆星；美利董主作变化，变出了美利董主他那黄色的山绿色的沟，变出了那白海螺色的高山与黑墨玉般的沟箐；美利董主作变化，变出了他那千千万万的白犏牛、白牦牛、白马、白山羊与白绵羊。

最早的时候，天的刹依威德作变化，变化出了盘神、禅神、嘎神、吾神、沃神与恒神，变化出千千万万的人，变化出居那若罗大山，变化出含依巴达大树，变化出美利达吉大湖，变化出增争含鲁美那块大石头。

最早的时候，天的刹依威德用他那好声好气的种作变化，变化出白海螺色的蛋、绿松石色的蛋和金黄色的蛋。这三个不同颜色的蛋作变化，变化出天与地中间那三颗明亮的星星。

80-D-62-05

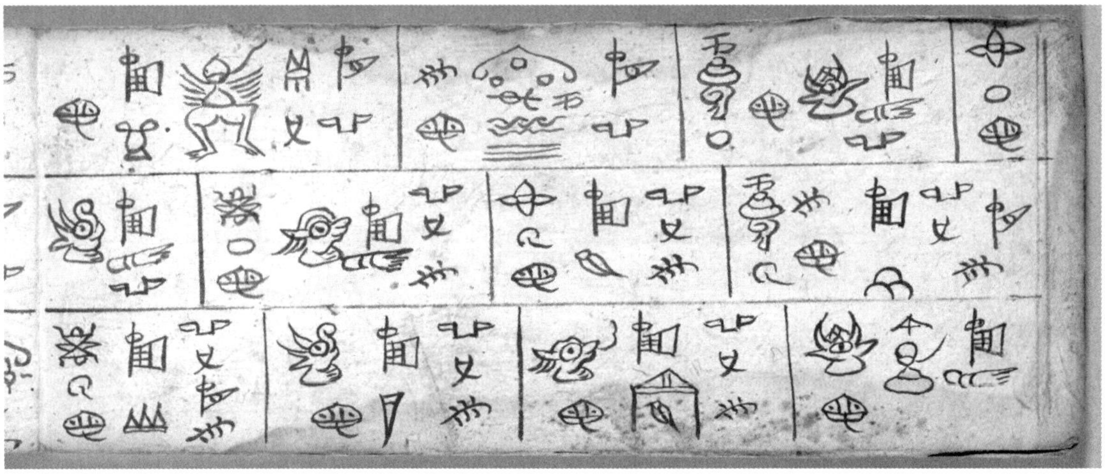

thɯ^{33} sʅ^{55} ly^{33} nɯ^{33}pɯ^{33} bɑ^{33} be^{33}, gɑ^{33} zo^{33} dzi^{21} ky̩^{55} tsho^{33} ky̩^{55} ky̩^{55} me^{33} sʅ^{55} ky̩^{33} the^{21}
那 三 个 来 变化 作 战神 子 飞 会 跳 会 会 者 三 个 它

nɯ^{33} thy̩^{33}. | gɑ^{33} zo^{33} pɯ^{33} pɑ^{33} be^{33}. du^{13} gə^{33} mɯ^{33} phər^{21} dy^{21} phər^{21} kɯ^{21} phər^{21} zɑ^{21}
来 出 战神 子 变化 作 董 的 天 白 地 白 庚星 白 娆星

phər^{21} tɕi^{21}phər^{21} hæ^{33} phər^{21} the^{21} nɯ^{33} thy̩^{33}. | du^{13} gə^{33} dy̩^{33} phər^{21} ŋy̩^{21} ky̩^{33} pɯ^{33} pɑ^{33}
白 云 白 风 白 它 来 出 董 的 海螺 白 银 蛋 变化

be^{33}, dy̩^{33} phər^{21}ɕy^{33} tɕy^{21}gɑ^{33} lɑ^{21} the^{21} nɯ^{33} thy̩^{33}, hæ^{33} ʂʅ^{21} tsho^{21} ze^{33} gɑ^{33} lɑ^{21} the^{21} nɯ^{33}
作 海螺 白 大鹏鸟 战神 它 来 出 金 黄 大象 战神 它 来

thv̩^{33}; du^{13}gə^{33} uɑ^{33} hæ^{21} uɑ^{21} kv̩^{33} nɯ^{33} pɯ^{33} pɑ^{33} be^{33},uɑ^{33} hæ^{21} mɯ^{33} dʐər^{33} gɑ^{33}lɑ^{21} thv̩^{33}
出 董 的 松石 绿 松石 蛋 来 变化 彩 作 松石 绿 天龙 战神 出

me^{33} the^{21}nɯ^{33} thv̩^{33},pɯ^{55} me^{33} the^{21} nɯ^{33} pɯ^{55} le^{33} tshɿ^{21}. | uɑ^{21} hæ^{21} tɕy^{33} nɯ^{33} pɯ^{33} pɑ^{33}
么 它 来 出 变化 么 它 来 出 又 来 松石 绿 一族 来 变化

be^{33}, dʑi^{21} gɑ^{33} lɑ^{21} thv̩^{33} me^{33} the^{21} nɯ^{33} thv̩^{33}, pɯ^{55} me^{33} the^{21} nɯ^{33} pɯ^{55} le^{33} tshɿ^{21}; | dv̩^{33}
作 水 战神 出 么 它 来 出 变化 么 它 来 变化 又 来 海螺

phər^{21} tɕhy^{33} nɯ^{33} pɯ^{33} pɑ^{33} be^{33}, gɑ^{33} lv̩^{33} the^{21} nɯ^{33} thv̩^{33} the^{21} nɯ^{33} pɯ^{55} le^{33} tshɿ^{21}; hæ^{33}
白 一族 来 变化 作 胜利 石 它 来 出 它 来 变化 又 来 金

ʂɿ^{21} tɕhy^{33} nɯ^{33} pɯ^{33} pɑ^{33} be^{33}, gɑ^{33} mi^{33} the^{21} nɯ^{33} thv̩^{33} the^{21} nɯ^{33} pɯ^{55} le^{33} tshɿ^{21}. | uɑ^{33}
黄 一族 来 变化 作 胜利 火 它 来 出 它 来 变化 又 来 松石

hæ^{21} mɯ^{33} dʐər^{33} pɯ^{33} pɑ^{33} be^{33}, gɑ^{33} khuɑ^{55} the^{21} thv̩^{33} me^{33} nɯ^{33} pɯ^{55} le^{33} tshɿ^{21}; | dv̩^{33}
绿 天龙 变化 作 胜利 木桩 它 出 么 来 变化 又 来 海螺

phər^{21}si^{33}gɯ^{33}pɯ^{33} pɑ^{33} be^{33}, gɑ^{33} dʑi^{21} the^{21} thv̩^{33}me^{33} pɯ^{55} le^{33} tshɿ^{21}; dv̩^{33}phər^{21}ɕiə^{33}tɕhy^{21}
白 狮子 变化 作 胜利 房子 它 出 么 变化 又 来 白海螺色大鹏

pɯ^{33} pɑ^{33} be^{33}, mɯ^{33} lɯ^{55} du^{21} dzɿ^{21} gɑ^{33} lɑ^{21} the^{21} nɯ^{33} thv̩^{33} the^{21} nɯ^{33} pɯ^{55} le^{33} tshɿ^{21}.
变化 作 美利董主 战神 它 来 出 它 来 变化 又 来

这三颗星星作变化，变出三个会飞会跳的战神之子。战神之子作变化，变出董的白色的天、白色的地、白色的庚星、白色的娆星、白色的云与白色的风。那颗董神的如白海螺般呈银白色的蛋作变化，产生出如白海螺一般白的大鹏鸟战神，产生出如金子一般黄的大象战神；那颗董神的如绿松石般呈碧绿色的蛋作变化，产生出如绿松石一般绿的青龙战神。绿松石色的一族作变化，产生出、变化出水的战神；白海螺色的一族作变化，产生出、变化出胜利石；金黄色的一族作变化，产生出、变化出胜利火。绿松石色的青龙作变化，产生出胜利木桩；白海螺色的狮子作变化，产生出胜利房；白海螺色的大鹏作变化，变化出美利董主战神，

80-D-62-06

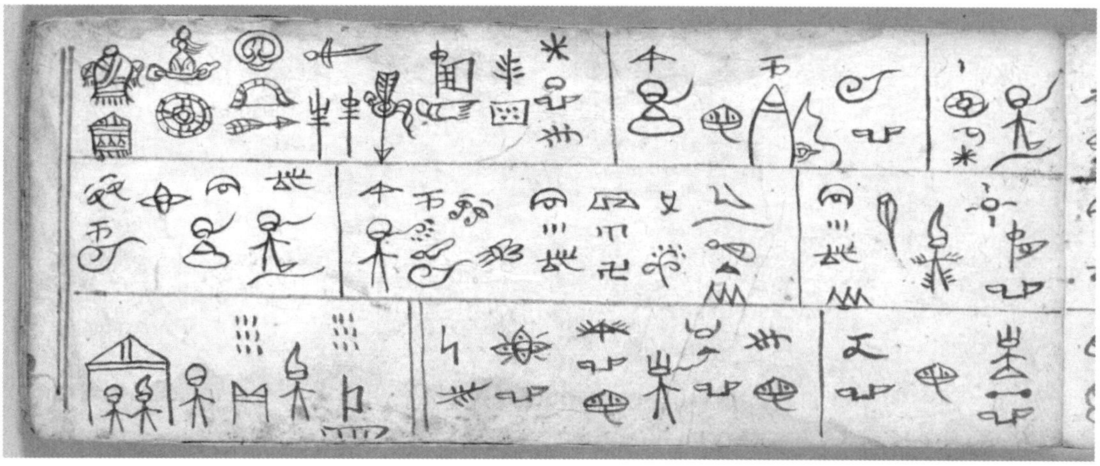

du^{13}gə^{33} khuɑ^{55} ʥi^{33}、gæ^{21}ʥi^{33}、ɕi^{33} kho^{21} bɯ^{33} gɯ^{55}、hæ^{33} ʂʅ^{21} mu^{33} kuə^{21}, ŋv̩^{33} phər^{21} he^{33}
董 的 铠甲 铠衣 皮制的 腰带 金 黄 头盔 银 白 耳

khv̩^{55}, hæ^{33} ʂʅ^{21} lɑ^{21} ʥy^{33},ŋv̩^{33} phər^{21} khuɑ^{33} lv̩^{55}, lɯ^{33} sɿ^{33} lɯ^{33} me^{33}, lɯ^{33} thɑ^{55} ʐər^{21} thɑ^{55},
环 金 黄 手镯 银 白 褥子 箭 弓 箭 利 刀 利

khuɑ^{55} thɑ^{55} kæ^{21} thɑ^{55}, no^{21} by^{55} lɯ^{33} sɿ^{33},gɑ^{33} lɑ^{21} sər^{33} ʂv̩^{55} tv̩^{33} tv̩^{21} kɯ^{33} kɯ^{21} the^{21} nɯ^{33}
铠甲 好 铠衣 好 宝物 弓箭 战神 物品 千 千 万 万 它 来

thv̩^{33},the^{21} nɯ^{33} pɯ^{55} le^{33} tshɿ^{21}. | mɯ^{33} lɯ^{55} du^{21}dzɿ^{33} pɯ^{33} pɑ^{33} be^{33}, du^{13}gə^{33} ʥy^{33} phər^{21}
出 它 来 变化 又 来 美利董主 变化 作 董 的 山 白

æ^{21} ʂuɑ^{21} the^{21} nɯ^{33} thv̩^{33}, i^{33} duɑ^{33} uɑ^{33} hæ^{21} hɯ^{55} lɑ^{33} the^{21} nɯ^{33} thv̩^{33} le^{33} tshɿ^{21}. | mɯ^{33}
岩 高 它 来 出 依端 松石 绿 湖 也 那 来 出 又 来

lɯ^{55}du^{21}dzɿ^{33} thɯ^{33},dɯ^{33} ȵi^{33} mə^{33} tv̩^{33} tv̩^{21}. ʥi^{33} le^{33} i^{33} duɑ^{33} uɑ^{33} hæ^{21} hɯ^{55} phər^{21} lo^{21}
美利董主 他 一 天 不 恰当 走 又 依端 松石 绿 湖 白 里面

ȵə^{21}le^{33} ly^{21} khɯ^{55}. ə^{55} mə^{33} mə^{33} ʨi^{55} sɿ^{33}, hɯ^{55} hæ^{21} o^{33} kho^{33} lo^{21}, hɑ^{55} dʐər^{55} dɯ^{33} hɑ^{55}
又 瞧 去 不知不觉 湖 绿 里面 夜晚 一 晚

the^{21}ȵy^{21}be^{33} se^{33} iə^{33}. ȵi^{55} ȵi^{33} lɑ^{33} mə^{33} sɿ^{55},khɯ^{33}tshe^{55} ʐʅ^{33} phər^{21} lv̩^{21},ʥi^{33} le^{33} dɯ^{33} ly^{21}
那 里 作 了 呀 白天 又 早 上 光线 路 白 暖 离开 了 一 瞧

ne^{21}. | mɯ^{33} lɯ^{55} du^{21}dzɿ^{33} nɯ^{33}, hæ^{33} ʂʅ^{21} hɯ^{55} ko^{33} lo^{21}, phər^{21} nɯ^{33} ʂʅ^{21} mə^{33} do^{21} mə^{33}
着 美利董主 来 金 黄 湖 中间 白 或是 黄 不 知 不

do^{21},do^{21}lɯ^{33} khuɑ^{33} khuɑ^{21}gv̩^{33}.mɯ^{33} lɯ^{55}du^{21} dzɿ^{33} thɯ^{33},khu^{33}nɯ^{33} ʨi^{55}phər^{21}dɯ^{33}luɑ^{21}
见 见 来 似乎 成 美利董主 他 口 来 口水 白 一 口

gɯ^{33},huɑ^{55} le^{33} hɯ^{55} hæ^{21}uɑ^{33} kho^{33} lo^{21} ȵy^{21} phi^{55}. sɿ^{55} hɑ^{33} i^{33} so^{21} le^{33} gv̩^{33} ȵy^{13},kɑ^{33}me^{33}
含 念咒 了 湖 绿 里面 那 吐 三 晚 早 上 又 到 时 好 的

ɯ^{33}me^{33} gə^{21} dʐʅ^{55} gə^{21} dɑ^{21} lu^{33}, khuɑ^{21} me^{33} zɑ^{33} me^{33} mɯ^{21} thv̩^{55} mɯ^{21} zɑ^{21} fæ^{33}! | sɿ^{55}
善 的 上 升 上 浮 来 坏 的 歹 的 下 踩 下 去 吧 三

hɑ^{33} i^{33} so^{21} gv̩^{33}, i^{33} duɑ^{33} uɑ^{21} hæ^{33} hɯ^{55} ko^{33} lo^{21}, ə^{33} me^{33} tʂhu^{55} dʐuɑ^{33} ʥi^{33} mu^{33} mi^{55},
晚 早 上 到 依端 松石 绿 湖 中间 母亲 茨爪金姆 女

gu^{33}mu^{33} bu^{33} dɯ^{21} lu^{55} lɑ^{33} dɯ^{33} kv̩^{55} the^{21} nɯ^{33} thv̩^{33}, the^{21} nɯ^{33} pɯ^{55} le^{33} tshɿ^{21}. i^{33} duɑ^{33}
身体 光明灿烂 一 个 它 来 出 它 来 变化 又 来 依端

uɑ^{21} hæ^{33} hɯ^{55} ko^{33} lo^{21}, mɯ^{33} lɯ^{55} du^{21} dzɿ^{33} ne^{21} tʂhu^{55} tʂuɑ^{33} ʥi^{33} mu^{33} me^{33} ȵi^{33} kv̩^{55},
松石 绿 湖 中间 美利董主 与 茨爪金姆 者 两 个

dɑ^{55} tso^{33} dɯ^{33} dʑi^{21} be^{33}. du^{21} gə^{33} gv̩^{33} zo^{33} ɕi^{21} me^{33} gv̩^{33} uɑ^{33} tshɿ^{55}, gv̩^{33} mi^{55} ɕi^{21} me^{33}
婚配 一 家 作 董 的 九 儿子 养 么 九 寨 建 九 女 养 么

gv̩^{33} dy^{21} khu^{33} le^{33} hə^{21}. | thɯ^{33} gu^{21} mæ^{55} dɯ^{33} ʈʂər^{55}, uɑ^{21} hæ^{21} bu^{33} dɯ^{21} lu^{55} lɑ^{33} nɑ^{21}
九 地 辟 又 去 这 后 再 一 代 松石 绿 亮汪汪 黑

me^{33} thv̩^{33}, uɑ^{21} hæ^{21} bu^{33} dɯ^{21} lu^{55} lɑ^{33} nɑ^{21} nɯ^{33} pɯ^{33} pɑ^{33} be^{33}, mɯ^{33} lɯ^{55} ʈʂu^{55} gv̩^{33} nɑ^{21}
者 出 松石 绿 亮汪汪 黑 来 变化 作 天 地 相接处 黑

me^{33}thv̩^{33}. mɯ^{33} lɯ^{55} ʈʂu^{55} gv̩^{33}nɑ^{21}nɯ^{33} pɯ^{33} pɑ^{33} be^{33}, lər^{21} kv̩^{55} kho^{33} khuɑ^{21}sɑ^{55} khuɑ^{21} thv̩^{33}.
者 出 天 地 相接 处 黑 来 变化 作 喊 会 声 坏 气 坏 出

lər^{21} kv̩^{55} kho^{33} khuɑ^{21} sɑ^{55} khuɑ^{21} pɯ^{33} pɑ^{33} be^{33}, | i^{33} gv̩^{21} ti^{33} nɑ^{55} thv̩^{33} le^{33} tshɿ^{21}.
喊 会 声 坏 气 坏 变化 作 依 古 丁 纳 出 又 来

变化出了美利董主的千千万万的铠甲、铠衣、皮制的腰带、金黄色的头盔、银耳环、金手镯、银白色的褥子、弓与箭、利剑与利刀、好穿的铠衣、好穿的铠甲与系有宝物的箭簇。美利董主作变化，变化出了美利董主的白山与高岩，变化出了绿松石般的依端湖。

在不那么恰当的一天，美利董主来到绿松石般的依端湖边，走到白色的湖里瞧了瞧。不知不觉中，在这绿湖里度过了一夜。第二天早上，太阳照得暖洋洋，美利董主走开之后又返回头来瞧了一眼。美利董主他，看到被阳光照射的金黄色的湖中间，有某种不知是白色的还是黄色的东西，看也看不清，又似乎要看到什么。于是，美利董主他，嘴里含一口白色的唾液，念了咒后把唾液啐到了绿湖里面。他的咒是：“愿三晚之后的那个早上，从湖中升起好的与善的，把坏的糟的压下去！”过了三晚之后的那个早上，在绿松石般的依端湖中间，变化出了全身光明灿烂的女人茨爪金姆。在绿松石般的依端湖中间，美利董主与茨爪金姆两个婚配成为了一家。他们养下的九个儿子，建了九个村寨，养下的九个女儿，辟了九块地。

在这之后的下一代，出现了黑亮黑亮的绿松石，这黑亮黑亮的绿松石作变化，出现了黑色的天地相接处。这黑色的天地相接处作变化，出现了会喊的坏声与坏气。这会喊的坏声坏气作变化，产生依古丁纳鬼王。

80-D-62-07

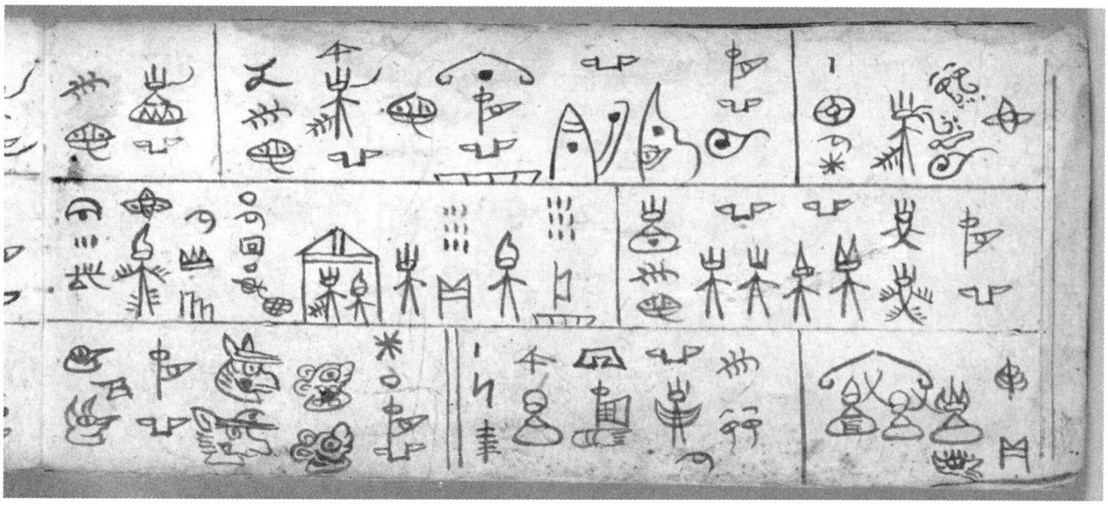

i^{33} gv̩^{21} ti^{33} nɑ^{55} pɯ^{33}pɑ^{33} be^{33}, mi^{33} mɑ^{21} se^{21} de^{55} thv̩^{33}. i^{33} gv̩^{21} ti^{33} nɑ^{55} pɯ^{33} pɑ^{33}
依 古 丁 纳 变化 作 米麻沈登 出 依 古 丁 纳 变化

be^{33}, i^{33} gv̩^{33} dy^{21} nɑ^{55} thv̩^{33}. i^{33} gv̩^{33} dy^{21} nɑ^{55} pɯ^{33} pɑ^{33} be^{33}, mɯ^{33} lɯ^{55} ʂu^{21} dzɿ^{33} thv̩^{33}.
作 依古丁纳 出 依古丁纳 变化 作 美利术主 出

mɯ^{33} lɯ^{55} ʂu^{21}dzɿ^{33} pɯ^{33} pɑ^{33} be^{33}, ʂu^{21}gə^{33} mɯ^{33} nɑ^{21} dy^{21} nɑ^{21} the^{21}nɯ^{33} thv̩^{33} le^{33} tshɿ^{21},
美利术主 变化 作 术 的 天 黑 地 黑 它 来 出 又 来

dʑy^{21}nɑ^{21} lo^{21} nɑ^{21} æ^{33} nɑ^{21} hɯ^{55} nɑ^{21} the^{21}nɯ^{33} thv̩^{33} le^{33} tshɿ^{21}. | mɯ^{33} lɯ^{55} ʂu^{21} dzɿ^{33}
山 黑 沟 黑 岩 黑 湖 黑 它 来 出 又 来 美利术主

lɑ^{33},dɯ^{33}ȵi^{33} mə^{33} tv̩^{33} tv̩^{21}, ʂu^{21} hɯ^{55} nɑ^{21} me^{33} lo^{33}, ʂʅ^{21} lɯ^{55} ʂʅ^{21}mə^{33} do^{21}, hər^{21} lɯ^{55}
也 一 天 不 恰当 术 湖 黑 大 里 黄 说 黄 不 知 绿 说

hər^{21} mə^{33} do^{21}, mɯ^{33} lɯ^{55} ʂu^{21} dzɿ^{33} nɯ^{33}, khu^{33} nɯ^{33} tɕi^{55} khuɑ^{33} dɯ^{33} luə^{21} go^{33}, ʂu^{21}
绿 不 知 美利术主 来 口 来 口水 苦 一 嘴 含 术

hɯ^{55} nɑ^{21}me^{33} luə^{21} ȵy^{21} phi^{55}. sɿ^{55} hɑ^{33} i^{33} so^{21} le^{33} gv̩^{33} ȵə^{21}, tshɿ^{21} mi^{55} uɑ^{33} nɑ^{21} bu^{33}
湖 黑 者 里面 吐 三 晚 早 又 到 时 鬼 女 骨头 黑

dɯ^{21}lu^{55} lɑ^{33} thɯ^{33}, gv̩^{33} mə^{33} tɑ^{55} me^{33} mi^{21} mə^{33} dzɿ^{21}, ȵy^{55} mi^{2} ny^{55} le^{33} tsɿ^{55}, nɑ^{21} tɑ^{55}
黑乎乎 那 成 不 了 么 名 不 出 自己 名 自己 又 取 纳塔

gɯ^{33} zɑ^{21} nɑ^{21}mu^{33} mi^{55} le^{33} mi^{21}. mɯ^{33}lɯ^{55} ʂu^{21} dzɿ^{33} nɯ^{33} nɑ^{21} tɑ^{55} gɯ^{33} zɑ^{21} nɑ^{21} mu^{33}
庚娆纳姆命 又 取 美利术主 与 纳塔庚娆纳姆命

mi^{55} ȵi^{33} kv̩^{55}, tɑ^{55} tso^{33}dɯ^{33} dʑi^{21} be^{33}. tshɿ^{21} zo^{33} gv̩^{55} zo^{33} ɕi^{21} me^{33} gv̩^{33} uə^{33} tshɿ^{55}, tshɿ^{21}
两 个 婚配 一 家 作 鬼 儿 九 子 养 么 九 寨 建 鬼

mi^{55}gv̩^{33} kv̩^{55} ɕi^{21} me^{33} gv̩^{33} dy^{21} khu^{33} le^{33} hə^{21}. | nɑ^{21} tɑ^{55} gɯ^{33} zɑ^{21} nɑ^{21} mu^{33} mi^{55} nɯ^{33}
女 九 个 养 么 九 地 辟 又 去 纳塔庚娆纳姆命 来

pɯ^{33} pɑ^{33} be^{33}, tshɿ^{33} tshɿ^{21} iə^{21} tshɿ^{21} thv̩^{33} le^{33} tshɿ^{21}, dv̩^{21} tshɿ^{21} tse^{21} tshɿ^{21} thv̩^{33} le^{33} tshɿ^{21},
变化 作 楚鬼 尤鬼 出 又 来 毒鬼 仄鬼 出 又 来

mu^{33} tshɿ^{21} ɯ^{21} tshɿ^{21} thv̩^{33} le^{33}tshɿ^{21}, kuɑ^{33} nɑ^{21} kə^{55} nɑ^{21} thv̩^{33} le^{33} tshɿ^{21}, khɯ^{33} nɑ^{21} ʂu^{21}
猛鬼 恩鬼 出 又 来 鹤 黑 鹰 黑 出 又 来 狗 黑 铁

kv̩^{33} dzɿ^{21} me^{33} thv̩^{33} le^{33}tshɿ^{21},gu^{21} nɑ^{21} tɕy^{21} nɑ^{21}、zər^{21} nɑ^{21} lɑ^{33} nɑ^{21} tv̩^{33} tv̩^{21} kɯ^{33}
头 长 么 出 又 来 马 黑 骡 黑 豹 黑 虎 黑 千 千 万

kɯ^{21} the^{21} nɯ^{33} thv̩^{33} the^{21} nɯ^{33} pɯ^{55} le^{33}tshɿ^{21}. | thɯ^{33} gu^{21}mæ^{55} dɯ^{33} tʂhər^{55}, mɯ^{33} lɯ^{55}
万 这 来 出 这 来 变化 又 来 这 后 再 一 代 美利董主

du^{21}dzɿ^{33}gə^{33},gɑ^{33} lɑ^{21} thy̩^{33} me^{33} ze^{21}nɯ^{33} thy̩^{33},pɯ^{55}me^{33} ze^{21} nɯ^{33} pɯ^{55}mə^{33} do^{21}. | ɕy^{33}
的　战神　出　么　哪里来　出　变化 么 哪里　来　变化 不　知　香

gə^{33} uə^{33} kho^{33} lo^{21}, sɑ^{21} lɯ^{55} uə^{33}de^{33}, mɯ^{33} lɯ^{55} du^{21}dzɿ^{33}, i^{21} ʂʅ^{55} bu^{21} tso^{33} sɿ^{55} ky̩^{33}
烟缭绕的地方　刹依威德　美利董主　益世补佐　三　个

le^{33} dzɿ^{21} guə^{33},
又　商讨

黑骨头的鬼作变化，变化出了米麻沈登。米麻沈登作变化，变化出了依古丁纳。依古丁纳作变化，变化出了美利术主。美利术主作变化，变化出了他那黑色的天、黑色的地、黑色的山、黑色的沟箐，变化出了黑色的岩石、黑色的湖泊。

美利术主他，也在不那么恰当的一天，嘴里含一口苦苦的唾液，往那美利术主的说黄不是黄，说绿不是绿的术的黑湖里啐了去。骨头黑乎乎的那个女鬼呀，变不出人形不给自己取名字。过了三晚之后的那个早上，她被变化了出来，自己给自己取了个名字叫纳塔庚娆纳姆命。于是，美利术主与纳塔庚娆纳姆命两个，互为婚配作一家。他们生养的九个鬼儿子建了九个村寨，生养的九个鬼女儿辟了九块地。

纳塔庚娆纳姆命作变化，变化出了楚鬼与尤鬼，变化出了毒鬼与仄鬼，变化出了猛鬼与恩鬼，变化出了黑鹤与黑鹰，变化出了生有铁头的黑狗，变化出了黑马与黑骡，变化出了千千万万个黑豹子与黑老虎。

在这之后的下一代，关于美利董主的战神从哪儿来，是怎么来的不知道。

在香烟缭绕的地方，刹依威德、美利董主、伊世补佐他们三个相商讨，

80-D-62-08

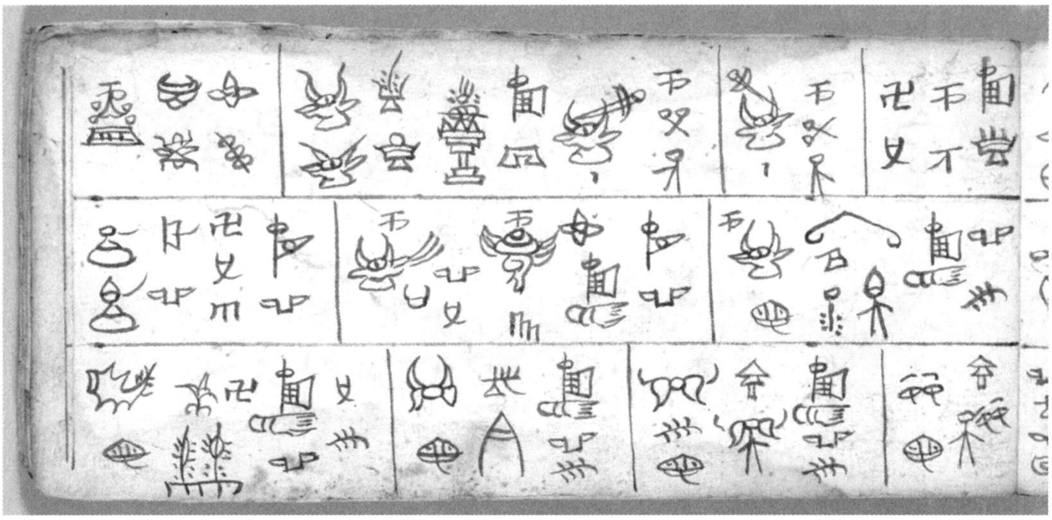

sɿ^{33} i^{33} bər^{33} phər^{21} ʐy̩^{55} ly̩^{33} gə^{21} nɯ^{33} tɯ^{21}, zɿ^{33} i^{33} ʈʂhuɑ^{33} phər^{21} kuɑ^{21} mu^{21}gə^{21}nɯ^{33} uə^{55},
羊毛　牦牛　白　神坛　上　来　铺　青稞 是 米　白　祭粮　上　来　倒

ŋy̩^{33} hæ^{21}uɑ^{33} ʈʂhu^{21}py̩^{33} lɑ^{21} i^{33} dɑ^{55} be^{33} le^{33} iə^{55}, | bər^{33} y^{21} ʐʅ^{21} hɑ^{33} ʈʂhʅ^{21}nɑ^{55} hy^{55} mɑ^{21}
银　金 松石 墨玉　神　礼物　作 又　给　牦牛绵羊 酒　饭　肥肉 瘦肉柏 酥油

be^{33}, ʐʅ^{33} kv̩^{33} sɑ^{55}sɑ^{33} hɑ^{33} khuɑ^{55} ku^{33}mu^{21}be^{33}. gɑ^{33} lɑ^{21} tʂhu^{55}pɑ^{33} gə^{21} le^{33} be^{33},gɑ^{33} gə^{33}

作 酒 上 泼洒 饭 碗 帽子 作 战神 供养 上 又 作 战神 的

ɯ^{33}phər^{21}dɯ^{33}phu^{55} kho^{55}.khuɑ^{33}phər^{21} uæ^{33} tʂhʅ^{33} ly^{33},tshər^{55} le^{33} uæ^{33} tɕy^{21} gə^{21} le^{33} tɕi^{33},

牛 白 一 头 杀 角 白 左 这 个 砍 了 左 方 上 又 放

uæ^{33}gə^{33} gɑ^{33}lɑ^{21} tʂhu^{55}pɑ^{33} dɯ^{33} ɯ^{33} gə^{21} le^{33} be^{33}.gɑ^{33} gə^{33} ɯ^{33} phər^{21}gə^{33},khuɑ^{33}phər^{21} i^{21}

左 的 战神 供养 一 件 上 又 作 战神 的 牛 白 的 角 白 右

tʂhʅ^{33} ly^{33}, hər^{55} le^{33} i^{21} tɕy^{21} gə^{21} le^{33} tɕi^{33}, i^{21} gə^{33} gɑ^{33} lɑ^{21} tʂhu^{55} pɑ^{33} dɯ^{33} ɯ^{33} gə^{21} le^{33}

这 个 割 了 右 方 上 又 放 右 的 战神 供养 一 件 上 又

be^{33}. kɑ^{33} me^{33} ɯ^{33} me^{33} gə^{33}, phər^{21} ʂæ^{21} gɑ^{33} u^{21} o^{55} nɯ^{33} he^{21} gə^{33} khu^{33} nɯ^{33} thv̩^{33}, kɑ^{33}

作 好 者 善 者 的 盘神 禅神 嘎神 吾神 沃神 与 恒神 的 口 来 出 好

me^{33} ɯ^{33} me^{33} the^{21} nɯ^{33} thv̩^{33}, the^{21} nɯ^{33} pɯ^{55} le^{33} tshʅ^{21}.kɑ^{33} gə^{33} ɯ^{33}phər^{21} gə^{33}, ʂʅ^{33} ne^{21}

者 善 的 这 来 出 这 来 变化 又 来 好 的 牛 白 的 死 与

sʅ^{21} kuɑ^{55}gɯ^{33},bɑ^{21} khuɑ^{33} sʅ^{55} ʐu^{21} thv̩^{55}. tʂhʅ^{33} sʅ^{55} ʐu^{21} nɯ^{33} pɯ^{33}pɑ^{33} be^{33},dv̩^{33} phər^{21} o^{33}

生 之间 叫 声音 三 句 出 这 三 句 来 变化 作 海螺 白 松石

hæ^{33} uə^{33} gə^{33} gɑ^{33} lɑ^{21} the^{21} nɯ^{33} thv̩^{33}.kɑ^{33} gə^{33} ɯ^{33} phər^{21} kv̩^{33} nɯ^{33} pɯ^{33} pɑ^{33} be^{33},mɯ^{33}

绿 寨 的 战神 这 来 出 好 的 牛 白 头 来 变化 作

gə^{33} ʂu^{21} dʐʅ^{21} nɑ^{21} bu^{55} gɑ^{33} lɑ^{21} the^{21} nɯ^{33} thv̩^{33}, the^{21} nɯ^{33}pɯ^{55} le^{33} tshʅ^{21}.ɯ^{33} nɯ^{33} pɯ^{33}

的 术蚩那布 战神 这 来 出 这 来 变 又 来 皮 来 变化

pɑ^{33} be^{33}, bɑ^{21} phv̩^{55} bɑ^{21}zi^{33},ɯ^{33} phv̩^{55} æ^{33} ɯ^{33}gɑ^{33}lɑ^{21} the^{21} nɯ^{33} thv̩^{33},the^{21}nɯ^{33} pɯ^{55} le^{33}

作 庄稼 种 庄稼 美 粮食 种 粮食 好 战神 它 来 出 它 来 变化 又

tshʅ^{21}. khuɑ^{33} nɯ^{33} pɯ^{33}pɑ^{33} be^{33}, so^{33} gə^{33} gv̩^{33} lɑ^{21} the^{21} nɯ^{33} thv̩^{33}, he^{21} nɯ^{33} pɯ^{55} le^{33}

来 角 来 变化 作 山岭 的 战神 它 来 出 它 来 变化 又

tshʅ^{21}. he^{33}nɯ^{33}pɯ^{33}pɑ^{33} be^{33},he^{33} thɑ^{55}gɑ^{33} lɑ^{21} the^{21} nɯ^{33} thv̩^{33},the^{21} nɯ^{33} pɯ^{55} le^{33} tshʅ^{21}.

来 耳朵 来 变化 作 耳朵 尖 战神 它 来 出 它 来 变 又 来

miə^{21} nɯ^{33} pɯ^{33} pɑ^{33} be^{33}, miə^{21} thɑ^{55}

眼 来 变化 作 眼 尖

在神坛上铺上用白羊毛与白牦牛毛制的毡子，将青稞与白米作祭粮倒上去，将金、银、松石和墨玉当作神的礼物献上，将牦牛肉、绵羊肉以及饭和酒、肥肉与瘦肉及柏香酥油脂当作供品供上去，将酒杯倒满酒，使之溢出来；将饭碗盛满，使得碗像戴上了饭帽子。供养战神，先杀一头战神的白牛。砍了左边的白角，砍后放到左边，作供养左边战神的一件事；砍了右边战神白牛的右角放在右边，作了供养右边战神的一件事。好人善者们的盘神、禅神、嘎神、吾神、沃神与恒神的口中说，好人善者就是从这儿来的，就是从这儿变化出来的。这头战神的白牛在临死之时，说了三句话。这三句话来作变化，变出了如白海螺似的和绿松石似的战神寨。这头好的白牛之头作变化，变化出了天的术蚩那布战神。牛皮来作变化变出了种庄稼庄稼长得壮，种粮食粮食得到好收成的战神；牛角作变化，变出了山岭上的战神；牛耳作变化，变出了耳朵灵敏的战神；牛眼作变化，

80-D-62-09

mə33do21 sy21 mə33dʑy33me33 gɑ33 lɑ21 the21nɯ33 thy̩33 le33 tshɿ21,the21nɯ33pɯ55 le33 tshɿ21.｜
不 见 东西 不 有 者 战神 这 来 出 又 来 这 来 变 又 来

gɑ33gə33 ɯ33 phər21gə33, tʂhər55 nɯ33 pɯ33 pɑ33 be33, n̩i33 me33 bu33 dɯ21 lu55 lɑ33 gɑ33 lɑ21
战神的 牛 白 的 肺 来 变化 作 太阳 光 明耀 眼 战神

the21 nɯ33 thy̩33, the21nɯ33 pɯ55 le33 tshɿ21.｜sər55 nɯ33 pɯ33 pɑ33 be33, he33 me33 bu33 dɯ21
这 来 出 这 来 变化 又 来 肝 来 变化 作 月亮 明亮

zi55 zæ21 gɑ33 lɑ21 the21 nɯ33 thy̩33, the21 nɯ33 pɯ55 le33 tshɿ21.｜gɑ33 gə33 ɯ33 phər21 gə33,
灿烂 战神 这 来 出 它 来 变化 又 来 战神 的 牛 白 的

lɑ21nɯ33 pɯ33 pɑ33 be33, du21 zo33 zy̩21 o33 khæ33, zy̩21 sy55 mu21 le33 sy55, zy̩21 ko21 pɯ55
手 来 变化 作 董 儿子 仇敌 骨 啃 仇敌 杀 下 又 杀仇 敌 内心 发颤

me33 gɑ33 lɑ21 the21 nɯ33 thy̩33, the21 nɯ33 pɯ55 le33 tshɿ21.｜khɯ33 nɯ33 pɯ33 pɑ33 be33,
者 战神 这 来 出 这 来 变 又 来 脚 来 变化 作

zy̩21 dy55 zy̩21 mæ21 gɑ33 lɑ21 the21 nɯ33 thy̩33,the21 nɯ33 pɯ55 le33 tshɿ21.｜gɑ33 gə33 ɯ33
仇敌 驱赶 仇敌 赶上 战神 这 来 出 这 来 变化 又 来 战神 的 牛

phər21 gə33, sɑ55 nɯ33 pɯ33 pɑ33 be33,dæ21 me33 gu33 tʂhu21 lu21,gu33 lu21 gu33 dɯ21 gɑ33 lɑ21
白 的 气 来 变化 作 勇敢者 马 快 跑 马 跑 马 大 战神

the^{21}nɯ^{33} thy̩^{33},the^{21}nɯ^{33}pɯ^{55} le^{33} tshʅ^{21}. | gɑ^{33}gə^{33} ɯ^{33} phər^{21} gə^{33},ny̩^{55} me^{33} uə^{33} ko^{33} lo^{21}
这 来 出 这 来 变 又 来 战神的 牛 白 的 心 里面

nɯ^{33} pɯ^{33} pɑ^{33} be^{33}, thy̩^{33} tʂhʅ^{33} iə^{33} mɑ^{21} the^{21} nɯ^{33} thy̩^{33}, the^{21} nɯ^{33} pɯ^{55} le^{33} tshʅ^{21}. ʂʅ^{33}
来 变化 作 土蚩优麻 这 来 出 这 来 变化 又 来 肉

nɯ^{33} pɯ^{33} pɑ^{33} be^{33},gɑ^{33} zo^{33} ʐy̩^{21} sy^{55} ʐy̩^{21} ko^{21}pɯ^{55}, ʐy̩^{21} y^{21} lɑ^{21} hy^{33} gɑ^{33} lɑ^{21} the^{21}nɯ^{33}
来 变化 作 战神 儿子 仇敌 杀 仇敌 内心 发颤 仇敌 捉 手 巨大 战神 这 来

thy̩^{33},the^{21}nɯ^{33} pɯ^{55} le^{33} tshʅ^{21}. | ʂæ^{33} nɯ^{33} pɯ^{33} pɑ^{33}be^{33},æ^{33} phy̩^{55} æ^{33} ɯ^{33} gɑ^{33} lɑ^{21} the^{21}
出 这 来 变化 又 来 血 来 变化 作 粮食 撒 粮食 好 战神 这

nɯ^{33} thy̩^{33},the^{21} nɯ^{33}pɯ^{55} le^{33} tshʅ^{21}. | kuɑ^{21}nɯ^{33} pɯ^{33} pɑ^{33} be^{33}, bu^{21} ʂuɑ^{21} dzʅ^{33} tshʅ^{55} uə^{33}
来 出 这 来 变化 又 来 胸骨 来 变化 作 坡 高 村 建 寨

ʐæ^{21}
建

变出了没有什么他看不到的战神。牛肺作变化，变出了光明耀眼如太阳般的战神。牛肝作变化，变出了明亮皎洁的如月亮般的战神。白牛之手作变化，变出了让美利董主的儿子啃仇敌的骨头，将仇敌杀下去，使仇敌内心发颤的战神。牛脚作变化，变出了追赶仇敌赶得上仇敌的战神。白牛之气作变化，变出了勇者骑快马，马儿跑得快的战神。这头好白牛，它的内心作变化，从中变出了土蚩优麻。牛肉作变化，变出了战神之子杀仇敌，使仇敌内心发颤的战神，变出了捉拿仇敌的巨手战神。牛血作变化，变出了播撒粮食粮食长得好的战神。牛的胸骨作变化，在高坡上建村立寨的

80-D-62-10

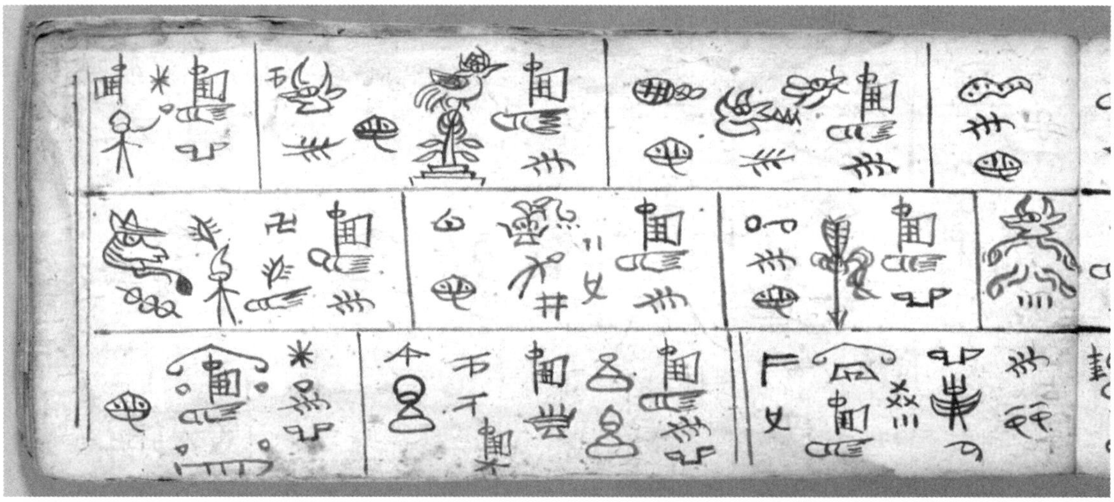

gɑ^{33} zo^{33} ty̩^{33} ty̩^{33} kɯ^{33} kɯ^{21} the^{21} nɯ^{33} thy̩^{33}, the^{21} nɯ^{33} pɯ^{55} le^{33} tshʅ^{21}. | gɑ^{13} gə^{33} ɯ^{33}
战神 儿子 千 千 万 万 这 来 出 这 来 变化 又 来 战神 的 牛

phər^{21} gə^{33}, mæ^{33} nɯ^{33} pɯ^{33} pɑ^{33} be^{33}, hæ^{21} i^{33} bɑ^{33} dɑ^{21} dzər^{21} gv̩^{33} to^{55}, dv̩^{33} phər^{21} ɕy^{33}
白　的　尾　来　变化　作　含依巴达　树　树梢　海螺　白　大鹏

tɕy^{21} gɑ^{33} lɑ^{21} the^{21} nɯ^{33} thv̩^{33} the^{21} nɯ^{33} pɯ^{55} le^{33} tshʅ^{21}. hu^{55} nɯ^{33} pɯ^{33} pɑ^{33} be^{33}, khɯ^{33}
战神　这　来　出　这　来　变化　又　来　胃　来　变化　作　狗

nɯ^{33} hy^{33} dy^{55} le^{33} mæ^{33}gə^{33} gɑ^{33} lɑ^{21} the^{21} nɯ^{33} thv̩^{33} the^{21} nɯ^{33} pɯ^{55} le^{33} tshʅ^{21}. tsi^{55} nɯ^{33}
去　打猎　又　得　的　战神　这　来　出　这　来　变化　又　来　脾　来

pɯ^{33}pɑ^{33} be^{33}, nɑ^{21} tɑ^{55} tʂhu^{21} lu^{21} ɕi^{21} gə^{33}me^{33}, lɑ^{21} ɯ^{33} ɕi^{21}me^{33} gɑ^{33} lɑ^{21} the^{21}nɯ^{33} thv̩^{33},
变化　作　纳套楚卢　养　的　母亲　能干　养　者　战神　这　来　出

the^{21}nɯ^{33}pɯ^{55} le^{33} tshʅ^{21}. | kɯ^{21} nɯ^{33} pɯ^{33} pɑ^{33} be^{33}, kv̩^{33} ȵə^{21}dɯ^{33} tʂhər^{33} kho^{55}, gu^{21} me^{33}
这　来　变化　又　来　胆　来　变化　作　头　上　一　药　放　病　者

le^{33} ȵi^{21},tshər^{33}me^{33} le^{33} do^{21} kv̩^{55} gə^{33} gɑ^{33}lɑ^{21} the^{21} nɯ^{33} thv̩^{33},the^{21}nɯ^{33}pɯ^{55} le^{33} tshʅ^{21}. |
又　好　痛　者　又　痊愈　会　的　战神　这　来　出　这　来　变化　又　来

uɑ^{33} nɯ^{33}pɯ^{33} pɑ^{33} be^{33}, no^{21} py^{55} lɯ^{33} sʅ^{33} gɑ^{33} lɑ^{21} the^{21} nɯ^{33} thv̩^{33}, the^{21} nɯ^{33} pɯ^{55} le^{33}
骨头　来　变化　作　宝物　弓箭　战神　这　来　出　这　来　变化　又

tshʅ^{21}. | lu^{55} khɯ^{33} lu^{55} lɑ^{21} pɯ^{33}pɑ^{33} be^{33}, mɯ^{33}nɯ^{33}dy^{21} ʐu^{55} kv̩^{33}, gɑ^{33} lɑ^{21} tv̩^{33} tv̩^{21} kɯ^{33}
来　四　脚　四　手　变化　作　天　与　地　中间　战神　千　千　万

kɯ^{21}the^{21}nɯ^{33} thv̩^{33}, the^{21} nɯ^{33}pɯ^{55} le^{33} tshʅ^{21}. | mɯ^{33} lɯ^{55} du^{21} dzʅ^{33} gə^{33}, phər^{21}gɑ^{33} ʂæ^{21}
万　这　来　出　这　来　变化　又　来　美利董主　的　盘神　战神　禅神

gɑ^{33} lɑ^{21}, | gɑ^{33} gɑ^{33} u^{21} gɑ^{33} lɑ^{21}, o^{55} gɑ^{33} he^{21} gɑ^{33} lɑ^{21}, gɑ^{33} lɑ^{21} tv̩^{33} tv̩^{21} kɯ^{33} kɯ^{21}
战神　嘎神　战神　吾神　战神　沃神　战神　恒神　战神　战神　千　千　万　万

the^{21} nɯ^{33} thv̩^{33}, the^{21} nɯ^{33} pɯ^{55} le^{33} tshʅ^{21}. | ʂuɑ^{21} me^{33} mɯ^{13} gə^{33} gɑ^{33} lɑ^{21} sʅ^{33} tshər^{21} sʅ^{55}
这　来　出　这　来　变化　又　来　高　的　天　的　战神　三　十　三

gɑ^{33} lɑ^{21}, thv̩^{33} me^{33} ze^{21} nɯ^{33} thv̩^{33} mə^{33} do^{21}, pɯ^{55} me^{33} ze^{21} nɯ^{33} pɯ^{55} mə^{33} do^{21}.
战神　出　么　哪儿　来　出　不　知　变化　么　哪儿　来　变化　不　知

千千万万个战神之子从中变化出来了。那头牛的尾巴作变化，变出了站立在含依巴达树梢上的如白海螺般的大鹏鸟战神。牛胃作变化，变出了带狗去打猎，能打得回猎物的战神。牛脾作变化，变出了生养纳套楚卢的母亲，变出了生养能干之人的战神。牛胆作变化，变出了将胆往病人头上一放，就能使病人病好、患者痊愈的战神。牛骨作变化，变出了栓有宝物的弓箭战神。牛的四手四脚作变化，变出了天与地之间千千万万个战神，变出了美利董主的嘎神战神、吾神战神、沃神战神、恒神战神，变出了千千万万个战神。

高天之上的三十三尊战神，不知他们从何而来，不知他们是怎么变来的。

80-D-62-11

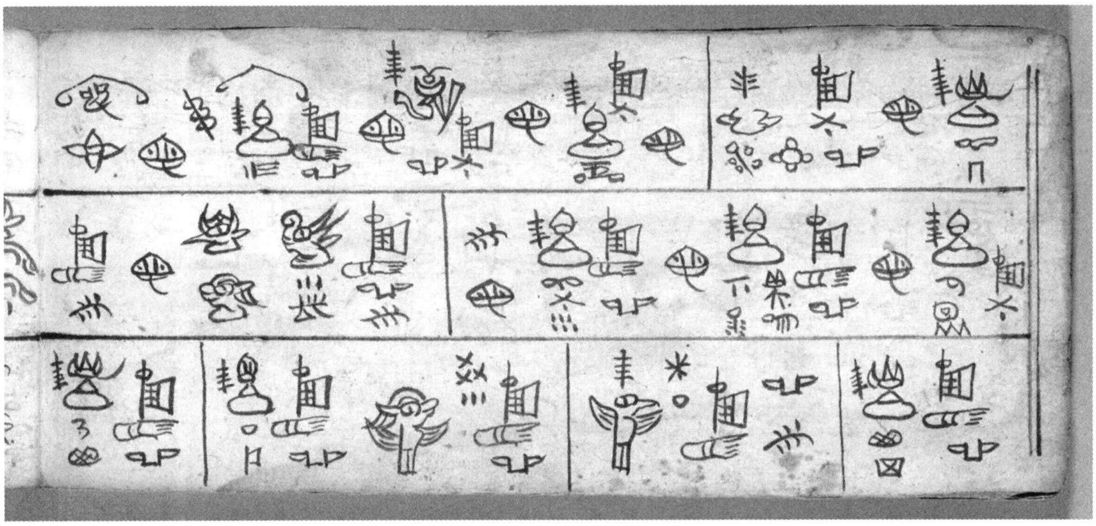

uɑ^{21}hæ^{21} mɯ^{33} nɯ^{33}pɯ^{33}pɑ^{33} be^{33}, tɕy^{55} tʂhu^{21} mɯ^{33} gə^{33} sɑ^{21} lɯ^{55} uə^{33} de^{33} zɿ^{33} ʂər^{21} gɑ^{33}
松石绿 天 来 变化 作 最早 天 的 刹依威德 寿 长 战

lɑ^{21} the^{21} nɯ^{33} thy̩^{33}. sɑ^{21} lɯ^{55} uə^{33} de^{33} pɯ^{33} pɑ^{33} be^{33}, i^{33} gy̩^{33} o^{33} gə^{21} zɿ^{33} ʂər^{21} gɑ^{33}lɑ^{21}
神 这 来 出 刹依威德 变化 作 依古窝格 寿 长 战神

the^{21} nɯ^{33} thy̩^{33}. i^{33} gy̩^{33} o^{33} gə^{21} pɯ^{33}pɑ^{33} be^{33}, he^{33} dɯ^{21} o^{33} phər^{21}zɿ^{33} ʂər^{21}gɑ^{33} lɑ^{21} the^{21}
这 来 出 依古窝格 变化 作 恒迪窝盘 寿 长 战神 这

nɯ^{33} thy̩^{33}. he^{33} dɯ^{21}o^{33} phər^{21}pɯ^{33} pɑ^{33} be^{33}, | sɿ^{33} by̩^{33} y^{33} huɑ^{21} dɯ^{21} gə^{33} zɿ^{33} ʂʅ^{21} gɑ^{33}
来 出 恒迪窝盘 变化 作 斯布余华迪 的 寿 长 战神

lɑ^{21} the^{21} nɯ^{33} thy̩^{33}. sɿ^{33} by̩^{33} y^{33} huɑ^{21}dɯ^{21} pɯ^{33} pɑ^{33} be^{33}, to^{33} bɑ^{33} ʂər^{55} lər^{33} the^{21} nɯ^{33}
这 来 出 斯布余华迪 变化 作 东巴什罗 这 来

thy̩^{33}. to^{33} bɑ^{33} ʂər^{55} lər^{33}pɯ^{33} pɑ^{33} be^{33}, dy̩^{33}phər^{21}ɕy^{33} tɕy^{21}, dy̩^{33} phər^{21} si^{33} kɯ^{33},uɑ^{21} hæ^{21}
出 东巴什罗 变化 作 海螺 白 大鹏鸟 海螺 白 狮子 松石绿

mɯ^{33} dzər^{33}gɑ^{33} lɑ^{21} sɿ^{55} ky̩^{33} the^{21} nɯ^{33} thy̩^{33} the^{21}nɯ^{33}pɯ^{55} le^{33}tshɿ^{21}. | thɯ^{33} sɿ^{33} ky̩^{33}
青龙 战神 三 个 这 来 出 这 来 变化 又 来 它们 三 个

nɯ^{33}pɯ^{33} pɑ^{33} be^{33}, iə^{21} lɑ^{55} ti^{33} duɑ^{33} zɿ^{33} ʂʅ^{21} gɑ^{33} lɑ^{21} the^{21} nɯ^{33} thy̩^{33}. iə^{21} lɑ^{55} ti^{33} duɑ^{33}
来 变化 作 尤拉丁端 寿 长 战神 这 来 出 尤拉丁端

pɯ^{33}pɑ^{33} be^{33}, ɕə^{21}dʐʅ^{33} ze^{55} by̩^{33} zɿ^{33} ʂʅ^{21} gɑ^{33}lɑ^{21} the^{21} nɯ^{33} thy̩^{33}. ɕə^{21}dʐʅ^{33} tse^{55} by̩^{33} pɯ^{33}
变化 作 雄支正补 寿 长 战神 这 来 出 雄支正补 变化

pɑ^{33} be^{33},mɑ^{55}mi^{33} pɑ^{33}lər^{21} zɿ^{33} ʂʅ^{21} gɑ^{33} lɑ^{21} the^{21} nɯ^{33} thy̩^{33}.mɑ^{55}mi^{33} pɑ^{33} lər^{21} pɯ^{33} pɑ^{33}
作 冒米巴拉 寿 长 战神 这 来 出 冒米巴拉 变化

be^{33}, se^{55} se^{33} kə^{33} ʥə^{21} zɿ^{33} ʂɿ^{21}gɑ^{33} lɑ^{21} the^{21} nɯ^{33} thy̩^{33}, | he^{21} i^{33} kɯ^{21} ku^{55} zɿ^{33} ʂɿ^{21} gɑ^{33}
作 胜生扣久 寿 长 战神 这 来 出 恒依庚空 寿 长 战神

lɑ^{21} the^{21} nɯ^{33} thy̩^{33}, iə^{33} mɑ^{21}dʐər^{21} dɯ^{21} sɿ^{21} ɕi^{33} ʈʂhuɑ^{55} tshər^{21}gɑ^{33} lɑ^{21} the^{21} nɯ^{33} thy̩^{33},
这 来 出 优麻 威力 大 三 百 六十 战神 这 来 出

tər^{33} kə^{21} zɿ^{33}ʂər^{21} gɑ^{33} lɑ^{21} ty̩^{33} ty̩^{21} kɯ^{33} kɯ^{21} the^{21} nɯ^{33} thy̩^{33},the^{21}nɯ^{33} pɯ^{55} le^{33} tshɿ^{21}. |
端格 寿 长 战神 千 千 万 万 这 来 出 这 来 变化 又 来

ȵi^{33} me^{33} thy̩^{33}, gə^{21}tshe^{55} tshe^{55} bu^{21} zɿ^{33} ʂər^{21} gɑ^{33} lɑ^{21} the^{21} nɯ^{33} thy̩^{33}; i^{33} ʈʂhɿ^{33} mɯ^{21},
东方 格衬称补 寿 长 战神 这 来 出 南方

是绿松石般的天来作变化，最先变化出了天的长寿的刹依威德之战神。刹利威登作变化，变出了长寿的依古窝格战神。依古窝格作变化，变出了长寿的恒迪窝盘战神。恒迪窝盘作变化，变出了长寿的斯布余华迪战神。斯布余华迪作变化，变出了东巴什罗。东巴什罗作变化，变出了如白海螺般的大鹏鸟、白海螺般的狮子、绿松石般的青龙三个战神。他们三个作变化，变出了长寿的尤拉丁端战神。尤拉丁端作变化，变出了长寿的雄支正补战神。雄支正补作变化，变出了长寿的冒米巴拉战神。冒米巴拉作变化，变出了长寿的胜生扣久战神，变出了长寿的恒依庚空战神，变出了三百六十个威力巨大的优麻战神，变出了千千万万个长寿的端格战神。东方，变出了长寿的格衬称补战神；南方，

80-D-62-12

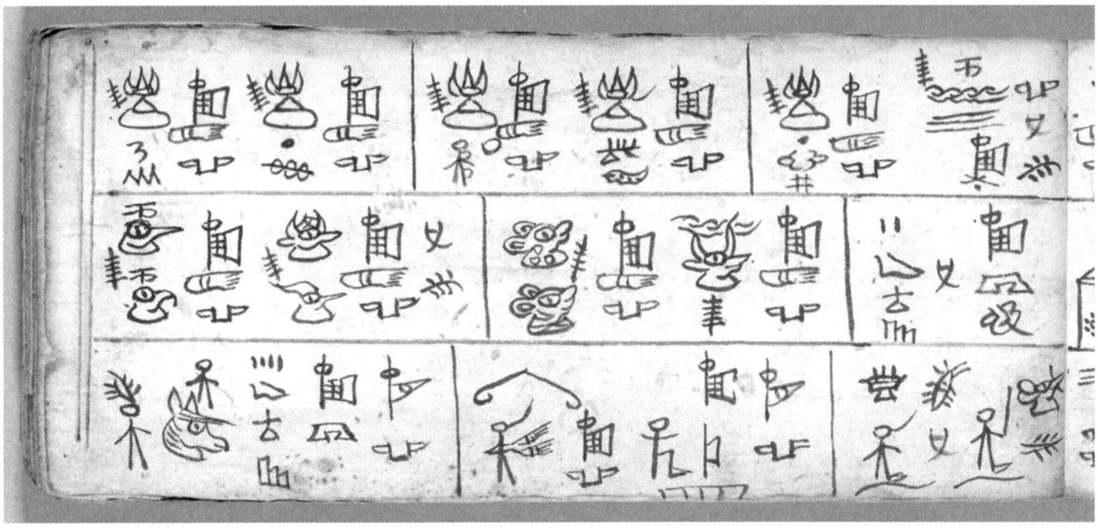

se^{55}ʐʅ^{21} mi^{33} gu^{33} zɿ^{33} ʂər^{21}py^{33} by̩^{21}gɑ^{33} lɑ^{21} the^{21} nɯ^{33} thy̩^{33}; ȵi^{33} me^{33} gy̩^{21},nɑ^{21} se^{55} ʈʂhu^{21}
胜日明恭 寿 长 东巴 战神 这 来 出 西方 纳生初卢

lu^{21} py^{33} by̩^{21} zɿ^{33} ʂər^{21} gɑ^{33} lɑ^{21} the^{21} nɯ^{33} thy̩^{33}, | ho^{33} gy̩^{33} lo^{21} gy̩^{33} se^{33} khuɑ^{33} bɑ^{21} py^{33}
东巴 寿 长 战神 这 来 出 北方 古生抠巴 东巴

by̩^{21} zɿ^{33}ʂər^{21} gɑ^{33} lɑ^{21} the^{21} nɯ^{33} thy̩^{33}; mɯ^{33}nɯ^{33} dy^{21}ʐu^{55} gy̩^{33},so^{21} y^{21} tse^{55} gy̩^{33} py^{33} by̩^{21}
寿 长 战神 这 来 出 天 与 地 中间 梭余晋古 东巴

zɿ^{33} ʂər^{21}gɑ^{33} lɑ^{21} the^{21} nɯ^{33} thv̩^{33}. | mɯ^{33} gə^{33} nɑ^{55} bv̩^{33} si^{33} gu^{33} py^{33} bv̩^{21} zɿ^{33} ʂər^{21} gɑ^{33}

寿 长 战神 这 来 出 天 的 纳补梭恭 东巴 寿 长 战神

lɑ^{21} the^{21} nɯ^{33} thv̩^{33}, tɕi^{33} phər^{21} hæ^{33} phər^{21} zɿ^{33} ʂər^{21} gɑ^{33} lɑ^{21} the^{21} nɯ^{33} thv̩^{33} the^{21} nɯ^{33}

这 来 出 云 白 风 白 寿 长 战神 这 来 出 这 来

pɯ^{55} le^{33} tshɿ^{21}, kɑ^{33} phər^{21} kə^{55}phər^{21} zɿ^{33}ʂər^{21} gɑ^{33} lɑ^{21} the^{21} nɯ^{33} thv̩^{33},ɕə^{33} tɕy^{21} ɕə^{21} gu^{55}

变 又 来 鹤 白 鹰 白 寿 长 战神 这 来 出 大鹏鸟 大雕

zɿ^{33} ʂər^{21}gɑ^{33} lɑ^{21} the^{21} nɯ^{33} thv̩^{33} the^{21}nɯ^{33} pɯ^{55} le^{33} tshɿ^{21}, | z̩ər^{21}thɑ^{55} lɑ^{33} thɑ^{55} zɿ^{33} ʂər^{21}

寿 长 战神 这 来 出 这 来 变 又 来 豹 凶猛 虎 凶猛 寿 长

gɑ^{33} lɑ^{21} the^{21} nɯ^{33} thv̩^{33}, dʑi^{55} guə^{33} bər^{21}guə^{33} zɿ^{33} ʂər^{21} gɑ^{33} lɑ^{21} the^{21} nɯ^{33} thv̩^{33}. | ȵi^{33}

战神 这 来 出 敬恭奔恭 寿 长 战神 这 来 出 两

khɯ^{33} tʂhʅ^{33} dzɿ^{21} me^{33} gə^{33} kɑ^{33} lɑ^{21} nɯ^{33}, ɕi^{21} nɯ^{33} dzæ^{33} gə^{21} lu^{55} kho^{33} tʂhʅ^{33} dzɿ^{21} gɑ^{33}

腿 所 生 么 的 战神 来 养 来 骑 的 四 脚 所 生 战神

lɑ^{21} the^{21} nɯ^{33} thv̩^{33}.lɑ^{21}nɯ^{33} mɯ^{33} thv̩^{33} gɑ^{33} lɑ^{21} the^{21} nɯ^{33} thv̩^{33}, | khɯ^{33} nɯ^{33}dy^{21} khu^{33}

这 来 出 手 来 天 开 战神 这 来 出 脚 来 地 辟

me^{33} gə^{33} gɑ^{33} lɑ^{21} the^{21}nɯ^{33} thv̩^{33}. | u^{21} zo^{33} lɯ^{55} y^{21} me^{33}, lɯ^{55} dy^{55} lɯ^{55} mæ^{33}

者 的 战神 这 来 出 仆人 男 猎 打 么 猎物 追 猎物 得

变出了长寿的胜日明恭东巴战神；西方，变出了长寿的纳生初卢东巴战神；北方，变出了长寿的古生抠巴东巴战神；天与地中间，变出了长寿的梭余晋古东巴战神。变出了长寿的天之东巴纳补梭恭战神，变出了长寿的白风白云战神，变出了长寿的白鹤白鹰战神，变出了长寿的大鹏鸟、大雕战神，变出了长寿的猛豹猛虎战神，变出了长寿的敬恭奔恭战神。所有长两条腿的战神呀，变出了能骑的生四蹄的战神。变出了用手开天的战神，变出了用脚辟地的战神。变出男仆去打猎能追赶猎物追得到猎物

80-D-62-13

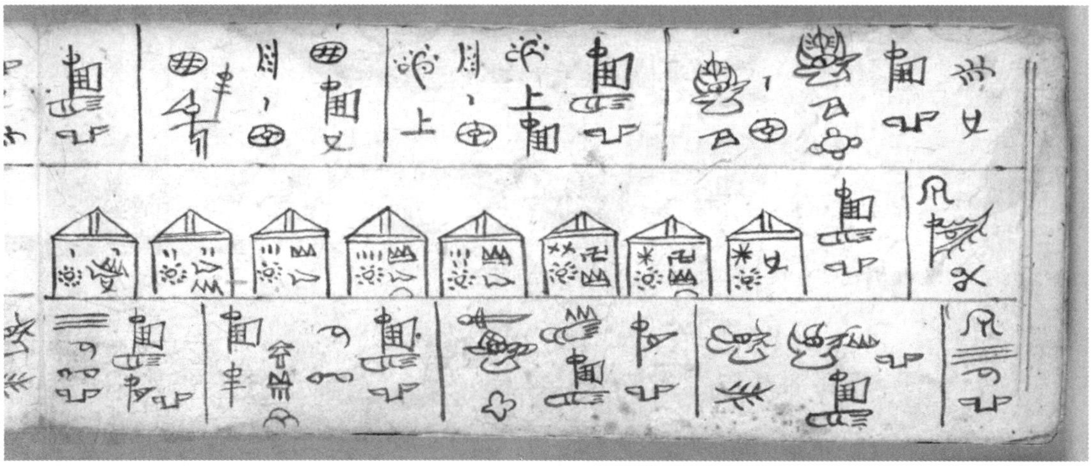

gɑ^{33} lɑ^{21} the^{21} nɯ^{33} thy̩^{33}.｜mu^{21} tɯ^{33} thæ^{55} ʂu^{21} bɯ^{33} dɯ^{33} ȵi^{33}, mu^{21} be^{33} mu^{21} gɑ^{33} me^{33}

战神　这　来　出　兵　起　撞　找　去　一　天　兵　起　兵　胜　么

gə^{33} gɑ^{33} lɑ^{21} the^{21} nɯ^{33} thy̩^{33}.｜dʐu̩^{33} ʂə^{55} bɯ^{33} dɯ^{33} ȵi^{33}, dʐu̩^{33} ʂə^{55} dʐu̩^{33} gɑ^{33} gɑ^{33} lɑ^{21}

的　战神　这　来　出　惹事　说　去　一　天　惹事　说　惹事　胜　战神

the^{21} nɯ^{33} thy̩^{33}.｜u^{33} dze^{33} ʂu^{21} bɯ^{33} dɯ^{33} ȵi^{33}, u^{33} dze^{33} ʂu^{21} u^{33} dze^{33} dɯ^{33} gə^{33} gɑ^{33} lɑ^{21}

这　来　出　财物　寻找　去　一　天　财物　寻找　财物　得　的　战神

the^{21}nɯ^{33} thy̩^{33}, pɯ^{55} me^{33} the^{21} nɯ^{33} pɯ^{55} le^{33} tshʅ^{21}. dɯ^{33} dʑi^{21}dɯ^{33} by^{33} khɯ^{55}, dɯ^{33} by^{33}

这　来　出　变　么　这　来　变　又　来　一　家　一　分　去　一　分

dɯ^{33} mi^{33} khɯ^{55}；ȵi^{33} dʑi^{21} ȵi^{33} by^{33} khɯ^{55}, ȵi^{33} by^{33} ȵi^{33} mi^{33} khɯ^{55}；sʅ^{21} dʑi^{21} sʅ^{21} by^{33}

一　火　放　两　家　两　分　去　两　分　两　火　放　三　家　三　分

khɯ^{55}, sʅ^{21} by^{33} sʅ^{21}mi^{33} khɯ^{55}；lu^{33} dʑi^{21} lu^{55} by^{33} khɯ^{55}, lu^{55} by^{33} lu^{55}mi^{33} khɯ^{55}；uɑ^{33} dʑi^{21}

去　三　分　三　火　放　四　家　四　分　去　四　分　四　火　放　五　家

uɑ^{55} by^{33} khɯ^{55}, uɑ^{55} by^{33} uɑ^{55} mi^{33} khɯ^{55}；ȵi^{33} tshər^{21} ȵi^{33} by^{33} me^{33} ȵi^{33} tshər^{21} ȵi^{33} mi^{33}

五　分　去　五　分　五　火　放　二十二　分　么　二十二　火

khɯ^{55}, ty̩^{21} dʑi^{21} by^{33}me^{33} ty̩^{21}mi^{33} khɯ^{55}, ty̩^{21} dʑi^{21} ty̩^{21} by^{33} khɯ^{55}me^{33} gɑ^{33} lɑ^{21} the^{21} nɯ^{33}

放　千　家　分　么　千　火　放　千　家　千　分　放　么　战神　这　来

thy̩^{33}.｜gɑ^{33} the^{33}phər^{21} ho^{33} gy̩^{33} lo^{21} nɯ^{33} tɕi^{33} me^{33} hər^{33} mə^{33} thy̩^{33} gə^{33} gɑ^{33} lɑ^{21} the^{21}

出　战神　旗　白　白方　来　放　么　风　不　吹　的　战神　这

nɯ^{33} thy̩^{33},the^{21}nɯ^{33}pɯ^{55} le^{33} tshʅ^{21}.｜gɑ^{33} ly^{55} gy̩^{33} nɯ^{33} ly^{33} thɑ^{55} tshʅ^{55}, ly^{33} thɑ^{55} ly̩^{33}uɑ^{21}

来　出　这　来　变　又　来　战神　中间　来　矛　塔　建　矛　塔　石　倾

mə^{33} ky̩^{55}gə^{33} gɑ^{33} lɑ^{21} the^{21} nɯ^{33} thy̩^{33}.｜tsho^{21}ɕy^{55} zo^{33} nɯ^{33} lɑ^{21} hy^{21} gɑ^{33} lɑ^{21} the^{21} nɯ^{33}

不　会　的　战神　这　来　出　人　杀　子　来　手　红　战神　这　来

thy̩^{33}.｜hy^{33}mæ^{33} zo^{33}nɯ^{33} dzi^{33} khɯ^{55} ny̩^{55} hy^{21} gɑ^{33} lɑ^{21} the^{21} nɯ^{33} thy̩^{33}.｜ho^{33} gy̩^{33} lo^{21}

出　猎物　得　子　来　狗　放　嘴　红　战神　这　来　出　北方

nɯ^{33} hər^{33} thy̩^{33} lɯ^{33} mə^{33} dʐər^{21} gə^{33} gɑ^{33} lɑ^{21} the^{21} nɯ^{33} thy̩^{33},

来　风　出　来　不　让　的　战神　这　来　出

的战神。变出了士兵去打仗能获胜的战神。变出了去争辩是非能赢的战神。变出了去寻财物而能找得到财物的战神。不分家的一户人家烧一个火塘；分成了两户的人家么，火就被分作两个火塘来烧；分成了三户的人家么，火就被分作三个火塘来烧；分成了四户的人家么，火就被分作四个火塘来烧；分成了五户的人家么，火就被分作五个火塘来烧；分成了二十二户的人家么，火就被分作二十二个火塘来烧，分成了千家的就烧千个火塘，变出了分千家烧千个火塘的战神。将战神旗插在北方，变出了不让风刮起来的战神。中间竖起代表矛的木塔，变出了不会使脚下石头倾斜的战神。变出了宰杀人而手红的战神。变出了猎到野物而使猎狗的嘴红的战神。变出了不让北方吹狂风的战神，

80-D-62-14

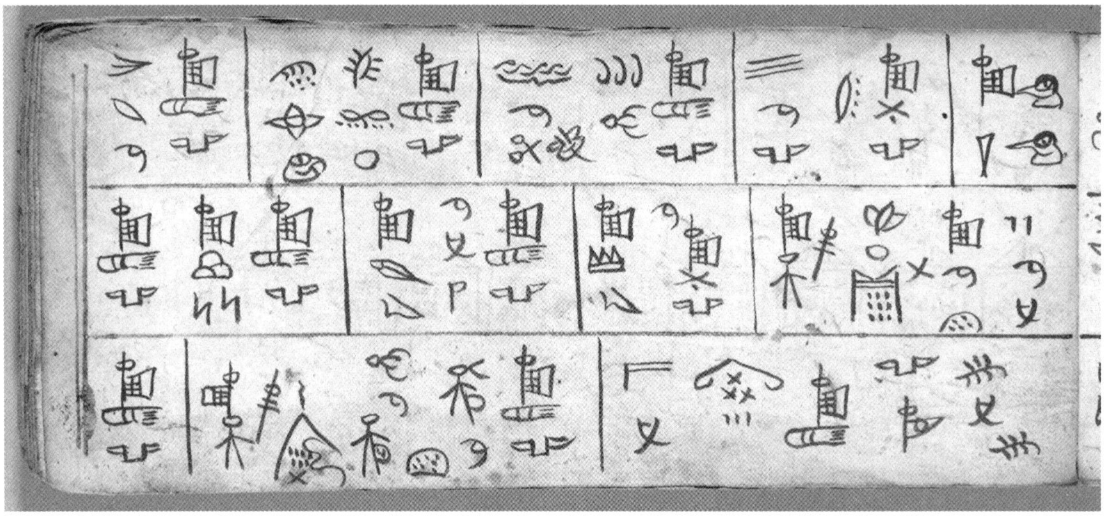

i^{33} tʂhʅ^{33} mɯ^{21}nɯ^{33}tshy^{55} phy̩^{55} lɯ^{33} mə^{33} dẓər^{21} gə^{33} ga^{33} la^{21} the^{21} nɯ^{33} thy̩^{33}, | no^{33} ua^{21}
南方 来 树叶 洒 来 不 让 的 战神 这 来 出 福泽树

kə^{55} ɕi^{21} kə^{55} dzy̩^{33} ga^{33} la^{21} the^{21} nɯ^{33} thy̩^{33}, | tɕi^{21} mə^{33} dzʅ^{33} sʅ^{21} nɯ^{33} hɯ^{33} gɯ^{33} me^{33}
枝 长 枝 繁衍 战神 这 来 出 云 不 增 还 来 雨 下 来

gə^{33} ga^{33} la^{21} the^{21} nɯ^{33} thy̩^{33}, | hər^{33} mə^{33} thy̩^{33} sʅ^{21} nɯ^{33}, tshy^{55} gɯ^{21} ga^{33} la^{21} the^{21} nɯ^{33}
的 战神 这 来 出 风 不 起 还 来 叶 落 战神 这 来

thy̩^{33}. | ga^{33} khua^{21} to^{55} le^{33} kua^{33}kua^{21} ga^{33} la^{21} the^{21} nɯ^{33} thy̩^{33}, ga^{33} ly̩^{33} tsʅ^{21} le^{33} tʂhər^{33}
出 胜利 桩子 打 了 牢固 战神 这 来 出 胜利 石 竖 了 稳稳

tʂhər^{21}ga^{33} la^{21} the^{21}nɯ^{33} thy̩^{33}. | ga^{33} dʑi^{21} khɯ^{55} le^{33} ko^{55} mə^{33} ky̩^{55} gə^{33} ga^{33} la^{21} the^{21}
战神 这 来 出 胜利 水 放 了 涸 不 会 的 战神 这

nɯ^{33}thy̩^{33}, | ga^{33} mi^{33} khɯ^{55} le^{33}gə^{21} mə^{33} ky̩^{55}gə^{33} ga^{33} la^{21} la^{33} the^{21}nɯ^{33} thy̩^{33}. | ga^{33} la^{21}
来 出 胜利 火 放 了 熄 不 会 的 战神 也 这 来 出 战神

dæ^{21} le^{33} gy̩^{33} tshər^{21} zy̩^{21} uə^{33} phy̩^{21}, ga^{33} mə^{33} ua^{21} me^{33} n̠i^{55} mə^{33} dʑi^{33} me^{33} ga^{33} la^{21}
勇猛 么 九十 仇敌 寨 夺取 胜 不 是 么 失败 没有 的 战神

the^{21}nɯ^{33}thy̩^{33}. | ga^{33} la^{21}dæ^{21} le^{33}ʂər^{21} tshe^{21} æ^{21} uə^{33} tshe^{55}, gɯ^{33}mə^{33} ua^{21}me^{33} zy̩^{21} mə^{33}
这 来 出 战神 勇猛 么 七十 仇寨 破 饱 不 是 么 饿 没有

dʑi^{33} gə^{33} ga^{33} la^{21} the^{21} nɯ^{33}thv̩^{33}. | ʂua^{21}me^{33} mɯ^{33} gə^{33} ga^{33} la^{21}sɿ^{33} tshər^{21} sɿ^{55} ga^{33} la^{21},
的 战神 这 来 出 高 么 天 的 战神 三十三 战神

thv̩^{33} le^{33} pɯ^{55} kv̩^{33} ʂə^{55} se^{33}se^{21}, thv̩^{33} le^{33} pɯ^{55} dzo^{21} le^{33} sɿ^{33} se^{33},
出处 与 来历 说 完了 出处 与 来历 事 又 知 了

变出了不让南方飘树叶的战神，变出了让福泽树的枝叶繁茂发展的战神，变出了乌云尚未聚合就会下雨的战神，变出了尚未起风就让树叶飘零的战神。变出了打胜利之桩打得牢实的战神，变出了竖立胜利之石竖得稳当的战神。变出了放入胜利水，水不会干枯的战神，变出了烧胜利火，火永不熄灭的战神。变出了去夺九十个仇敌之寨，只有胜利不会失败的战神。变出了去破七十个仇寨，只有饱从未尝过饿的战神。说完了高天之上三十三尊战神的出处与来历，就已知道了他们的出处与来历，

80-D-62-15

ʂua^{21} me^{33} mɯ^{33} gə^{33} ga^{33} la^{21} sɿ^{33} tshər^{21} sɿ^{55} ga^{33} la^{21}, thv̩^{33} le^{33} pɯ^{55} kv̩^{33} le^{33} be^{33} se^{21}. |
高 者 天 的 战神 三十三 战神 出处 与 来历 又 做 了

hy^{21}me^{33} dy^{21} gə^{33} ga^{33}la^{21} ȵi^{33} tsər^{21}ȵi^{33} ga^{33} la^{21},thv̩^{33} me^{33} ze^{21}nɯ^{33} thv̩^{33}mə^{33} do^{21},pɯ^{55}
矮 者 地 的 战神 二十二 战神 出 么 哪 来 出 不 知 变

me^{33} ze^{21} nɯ^{33} pɯ^{55} mə^{33} do^{21}. | dy^{21} gə^{33}hæ^{21} ʂɿ^{21} kv̩^{33} nɯ^{33} pɯ^{33} pa^{33} be^{33}, hæ^{21} ʂɿ^{21} pa^{55}
么 怎么 来 变 不 见 地 的 金 黄 蛋 由 变化 作 金 黄 蛙

me^{33} zɿ^{33} ʂər^{21} ga^{33} la^{21} the^{21}nɯ^{33} thv̩^{33}, | hæ^{21} ʂɿ^{21} tsho^{21} ze^{33} zɿ^{33} ʂər^{21}ga^{33} la^{21} the^{21} nɯ^{33}
大 寿 长 战神 者 来 出 金 黄 大象 寿 长 战神 这 来

thv̩^{33}, hæ^{21}ʂɿ^{21} ma^{55} i^{33} zɿ^{33} ʂər^{21}ga^{33} la^{21} the^{21} nɯ^{33} thv̩^{33},ua^{33} hæ^{21} tɕə^{55} pu^{33} zɿ^{33} ʂər^{21}ga^{33}
出 金 黄 孔雀 寿 长 战神 这 来 出 松石 绿 布谷鸟 寿 长 战神

la^{21} the^{21}nɯ^{33} thv̩^{33}, hæ^{33} ʂɿ^{21} y^{21} ʂɿ^{21} ga^{33} la^{21} the^{21} nɯ^{33} thv̩^{33}, uə^{21} gə^{33} lv̩^{21} zɿ^{33} ʂər^{21}ga^{33}
这 来 出 金 黄猴 黄 战神 这 来 出 飞 的 龙 寿 长 战神

la^{21}the^{21}nɯ^{33} thv̩^{33}, ŋv̩^{33} hæ^{21} gɑ^{33} lɑ^{21} the^{21}nɯ^{33} thv̩^{33}, uɑ^{33} tʂhu^{21}gɑ^{33} lɑ^{21} the^{21} nɯ^{33} thv̩^{33},
这 来 出 银 金 战神 这 来 出 松石 墨玉 战神 这 来 出

ʂu^{21} nɯ^{33} æ^{33} gə^{33} gɑ^{33} lɑ^{21} the^{21} nɯ^{33} thv̩^{33}, sər^{33} nɯ^{21} lv̩^{33} gə^{33} gɑ^{33} lɑ^{21} the^{21} nɯ^{33} thv̩^{33},
铁 与 铜 的 战神 这 来 出 木 与 石 的 战神 这 来 出

hɑ^{33} nɯ^{21} dʑi^{21}gə^{33} gɑ^{33} lɑ^{21} the^{21} nɯ^{33} thv̩^{33},the^{21} nɯ^{33} pɯ^{55} le^{33} tshɿ^{21}. tɕy^{55} tʂhu^{21} gə^{33}
饭 与 水 的 战神 这 来 出 这 来 变 又 来 最早 的

dɯ^{33} tʂhər^{55}, uɑ^{21} hæ^{21} bu^{33} dɯ^{21} lu^{55} lɑ^{33} pɯ^{33} pɑ^{33} be^{33}, mɯ^{33} lɯ^{55} dzv̩^{55} kv̩^{55} phər^{21}me^{33}
一 代 松石 绿 光明灿烂 变化 作 天 地 接缝 处 白 者

thv̩^{33}. dzv̩^{55} kv̩^{55} phər^{21}me^{33} pɯ^{33} pɑ^{33} be^{33}, | mɯ^{33} gə^{33} dzu̩^{33} lɑ^{21} ə^{33} phv̩^{33} gɑ^{33} lɑ^{21} the^{21}
出 接缝 处 白 者 变化 作 天 的 孜劳阿普 战神 这

nɯ^{33} thv̩^{33}. dzu̩^{33}lɑ^{21} ə^{33}phv̩^{33} pɯ^{33} pɑ^{33} be^{33}, tshy^{55} hɯ^{21} ə^{33} dzɿ^{33} bu^{21} me^{33} gɑ^{33} lɑ^{21} the^{21}
来 出 孜劳阿普 变化 作 衬恒阿孜 妻 战神

nɯ^{33} thv̩^{33},mɯ^{33} gə^{33} tɕy^{55} tʂhu^{21} sɑ^{21} lɯ^{55} uə^{33} de^{33} zɿ^{33} ʂər^{21} gɑ^{33} lɑ^{21} the^{21} nɯ^{33} thv̩^{33}.
来 出 天 的 最早 刹依威德 寿 长 战神 这 来 出

sɑ^{21} lɯ^{55} uə^{33} de^{33} pɯ^{33} pɑ^{33} be^{33},
刹依威德 变化 作

也作了三十三尊高天之战神的出处与来历之事。

低处的二十二尊地战神，不知是从哪里出来也不知是从什么变来的。地上那金黄色的蛋作变化，变出了长寿的金黄色大蛙战神，变出了长寿的金黄色大象战神，变出了长寿的金黄色孔雀战神，变出了长寿的绿松石色的布谷鸟战神，变出了金黄色猴子战神，变出了长寿的飞龙战神，变出了金战神、银战神，变出了松石与墨玉战神，变出了铁与铜战神，变出了木头与石头战神，变出了饭与水战神。最早这一代，散发着绿色光芒的绿松石作变化，变出了白色的天地相接处。这白色的天地相接处作变化，变出了天的孜劳阿普战神。孜劳阿普作变化，变出了妻子衬恒阿孜战神。最初产生刹依威德战神，刹依威德作变化，

80-D-62-16

phər^{21} gə^{33} he^{21} dɯ^{21} zɿ^{33} ʂər^{21} gɑ^{33} lɑ^{21} the^{21} nɯ^{33} thv̩^{33}. phər^{21} gə^{33} zɿ^{33} ʂər^{21} gɑ^{33} lɑ^{21}
盘神 的 神 大 寿 长 战神 这 来 出 盘神 的 寿 长 战 神

pɯ^{33} pɑ^{33} be^{33}. ʂæ^{21} gə^{33} he^{21} dɯ^{21} zɿ^{33} ʂər^{21} gɑ^{33} lɑ^{21} the^{21} nɯ^{33} thv̩^{33}. | ə^{33} sɿ^{21}
变化 作 禅神 的 神 大 寿 长 战神 这 来 出 父亲

ŋv̩^{33}phər^{21} dʑy^{21}nɯ^{33} pɯ^{33} pɑ^{33} be^{33}, mɯ^{33} lɯ^{55} du^{21} dzɿ^{33} zɿ^{33} ʂər^{21} gɑ^{33} lɑ^{21}the^{21} nɯ^{33}
银 白 山 来 变化 作 美利董主 寿 长 战神 这 来

thv̩^{33}. | mɯ^{33}mi^{55} nɑ^{55}se^{33} py^{33} mu^{21}mi^{55}nɯ^{33} pɯ^{33} pɑ^{33} be^{33},dʐu^{55} ne^{21} huɑ^{21} gə^{33}, zɿ^{33} ʂər^{21}
出 天 女 纳森丙蒙 女 来 变化 作 注神 与 华神 的 寿 长

gɑ^{33}lɑ^{21} the^{21}nɯ^{33} thv̩^{33}. | mɯ^{33} nɯ^{21}dy^{21} nɯ^{33} pɯ^{33} pɑ^{33} be^{33}, to^{21} ne^{21} u^{21} gə^{33} zɿ^{33} ʂər^{21}
战神 这 来 出 天 与 地 来 变化 作 朵神 与 吾神 的 寿 长

gɑ^{33} lɑ^{21} the^{21} nɯ^{33} thv̩^{33}. | gə^{21}nɯ^{33} khuɑ^{33} gu^{21} thv̩^{33}, mu^{21} nɯ^{33} sɑ^{55} gu^{21} thv̩^{33}, khuɑ^{33}
战神 这 来 出 上 来 声 蒸 出 下 来 气 蒸 出 声

sɑ^{55} pɯ^{33} pɑ^{33} be^{33}, dzi^{33} uə^{13} uɑ^{33}sy^{21} thv̩^{33}. | dzi^{33}uə^{13} uɑ^{33} sy^{21} pɯ^{33} pɑ^{33} be^{33}, dzi^{33} ne^{21}
气 变化 作 精威 五 样 出 精威 五 样 变化 作 精人 与

huɑ^{21} zɿ^{33} ʂər^{21} gɑ^{33} lɑ^{21} the^{21} nɯ^{33} thv̩^{33}, dzɿ^{33} ne^{21} uə^{33} gə^{33} zɿ^{33} ʂər^{21}gɑ^{33} lɑ^{21} the^{21} nɯ^{33}
华神 寿 长 战神 这 来 出 村 与 寨 的 寿 长 战神 这 来

thv̩^{33}, hæ^{33}ne^{21} lɯ^{55}gə^{33} zɿ^{33} ʂər^{21} gɑ^{33} lɑ^{21} the^{21} nɯ^{33} thv̩^{33}. | hɯ^{55} ʂɿ^{21} hɯ^{55} ze^{33} kv̩^{21},hɯ^{55}
出 风神 与 猎神 的 寿 长 战神 这 来 出 赫世赫汝 下

ze^{33} lɑ^{55} ze^{33} kv̩^{21}, lɑ^{55} ze^{33} mɯ^{33} ze^{33} kv̩^{21}. | mɯ^{33} ze^{33} tshɿ^{33} tshɿ^{21} tʂhər^{55}, zɿ^{33} ʂər^{21}dʐər^{33}
赫忍拉忍 下 拉忍美忍 下 美忍楚楚 辈 寿 长 威力

dɯ^{21}gɑ^{33} lɑ^{21} the^{21} nɯ^{33} thv̩^{33}; | tshɿ^{33} tshɿ^{21} tshɿ^{33}y^{21} tʂhər^{55}, zɿ^{33} ʂər^{21} dʐər^{33} dɯ^{21} gɑ^{33} lɑ^{21}
大 战神 这 来 出 楚楚此余 辈 寿 长 威力 大 战神

the^{21} nɯ^{33} thv̩^{33};
这 来 出

变出了白色的长寿的盘神战神。这盘神之战神作变化，变出了长寿的禅神战神。像父亲一样的银白色的山作变化，变出了长寿的美利董主战神。天上的纳森丙蒙女神作变化，变出了长寿的注神和华神战神。天与地作变化，变出了长寿的朵神与吾神战神。从上方传下声音来，从下方蒸腾出气来，这声与气作变化，变出了精威五行。精威五行作变化，变出了精人与华神战神，变出了长寿的村与寨战神，变出了长寿的风神与猎神战神。生下了赫世赫汝，生下了赫忍拉忍，生下了拉忍美忍。到了美忍楚楚这一辈，出现了既长寿又有巨大威力的战神；到了楚楚此余那一辈，出现了既长寿又有巨大威力的战神；

80-D-62-17

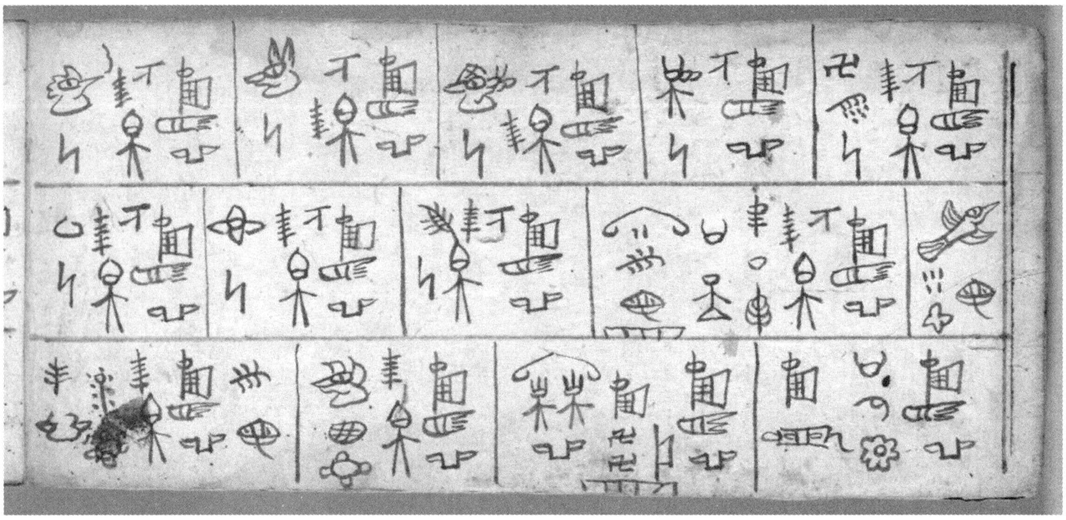

tshɿ^{33} y^{21}tshɿ^{33} tɕy^{21} tʂhər^{55},zɿ^{33} ʂər^{21} dʐər^{33} dɯ^{21} gɑ^{33} lɑ^{21} the^{21} nɯ^{33} thv̩^{33}; | tɕy^{21}se^{33} dzi^{33}
此余楚居 代 寿 长 威力 大 战神 这 来 出 居生精

dɯ^{33} tʂhər^{55}, zɿ^{33} ʂər^{21} dʐər^{33} dɯ^{21} gɑ^{33} lɑ^{21} the^{21} nɯ^{33} thv̩^{33}; | dzi^{33} se^{33} tsho^{21} dɯ^{33} tʂhər^{55},
一 代 寿 长 威力 大 战神 这 来 出 精生崇 一 代

zɿ^{33} ʂər^{21} dʐər^{33} dɯ^{21}gɑ^{33} lɑ^{21} the^{21} nɯ^{33} thv̩^{33}· | tsho^{21}ze^{33} lɯ^{55} ɯ^{33} tʂhər^{55}, zɿ^{33} ʂər^{21} dʐər^{33}
寿 长 威力 大 战神 这 来 出 崇忍利恩 代 寿 长 威力

dɯ^{21} gɑ^{33} lɑ^{21} the^{21} nɯ^{33} thv̩^{33}· | ɯ^{33} hɯ^{21} no^{55}dɯ^{33} tʂhər^{55}, zɿ^{33} ʂər^{21} dʐər^{33} dɯ^{21} gɑ^{33} lɑ^{21}
大 战神 这 来 出 恩恒糯 一 代 寿 长 威力 大 战神

the^{21}nɯ^{33} thv̩^{33}; | no^{55} be^{21} py^{33} dɯ^{33} tʂhər^{55}, zɿ^{33} ʂər^{21} dʐər^{33} dɯ^{21} gɑ^{33} lɑ^{21} the^{21} nɯ^{33}
这 来 出 糯奔布 一 代 寿 长 威力 大 战神 这 来

thv̩^{33}; | be^{21} py^{33} uɑ^{21} dɯ^{33} tʂhər^{55}, zɿ^{33} ʂər^{21}dʐər^{33} dɯ^{21} gɑ^{33} lɑ^{21} the^{21} nɯ^{33} thv̩^{33}; | kɑ^{33}
出 奔布哦 一 代 寿 长 威力 大 战神 这 来 出

le^{21} tshy^{55}dɯ^{33} tʂhər^{55}, zɿ^{33} ʂər^{21} dʐər^{33} dɯ^{21}gɑ^{33} lɑ^{21} the^{21} nɯ^{33} thv̩^{33}. | mɯ^{33} nɯ^{21}dy^{21} ȵi^{33}
高勒趣 一 代 寿 长 威力 大 战神 这 来 出 天 与 地 两

kv̩^{55} nɯ^{33} pɯ^{33} pɑ^{33} be^{33}, he^{21} i^{33} khuɑ^{33} dzɿ^{21} ly^{55} gv̩^{33} hy^{55} me^{33} zɿ^{33} ʂər^{21} dʐər^{33} dɯ^{21} gɑ^{33}
个 来 变化 作 神 呀 角 生 中间 站 者 寿 长 威力 大 战

lɑ^{21} the^{21} nɯ^{33} thv̩^{33}. | dzi^{33} uə^{21} uɑ^{33} sy^{21} pɯ^{33} pɑ^{33} be^{33}, sɿ^{33} bv̩^{33} y^{21} huɑ^{21} dɯ^{21} gə^{33} zɿ^{33}
神 这 来 出 精威 五 样 变化 作 斯布余华迪 的 寿

ʂər^{21} dʐər^{33} dɯ^{21} gɑ^{33} lɑ^{21} the^{21} nɯ^{33} thv̩^{33}, the^{21} nɯ^{33} pɯ^{55} le^{33} tshɿ^{21}, | khɯ^{33} mu^{55} dɯ^{21}
长 威力 大 战神 这 来 出 这 来 变 又 来 狗 凶猛 大

gə^{33} zʅ^{33} ʂər^{21} dzə̣r^{33}dɯ^{21} gɑ^{33} lɑ^{21} the^{21} nɯ^{33} thy̨^{33}, the^{21} nɯ^{33} pɯ^{55} le^{33} tshʅ^{21}, | mɯ^{33} ze^{33}
的 寿 长 威力 大 战神 这 来 出 这 来 变 又 来 美增茨此

tshʅ^{33} tshʅ^{21} tʂhər^{55} nɯ^{33} thy̨^{33} gə^{33}gɑ^{33} lɑ^{21}, dy^{21} khu^{33} hæ^{21} ɯ^{55} ɯ^{33} gə^{33} gɑ^{33} lɑ^{21} the^{21}nɯ^{33}
代 来 出 的 战神 地 门 黄生生 的 战神 这 来

thy̨^{33}, | gɑ^{33} khy̨^{21} khuɑ^{33} mə^{33} sʅ^{55} gə^{33} gɑ^{33} lɑ^{21} the^{21} nɯ^{33} thy̨^{33},
出 战神 请 声 不 沙哑 的 战神 这 来 出

到了此余楚居那一代，出现了既长寿又有巨大威力的战神；到了居生精那一代，出现了既长寿又有巨大威力的战神；到了精生崇那一代，出现了既长寿又有巨大威力的战神；到了崇忍利恩那一代，出现了既长寿又有巨大威力的战神；到了恩恒糯那一代，出现了既长寿又有巨大威力的战神；到了糯奔布那一代，出现了既长寿又有巨大威力的战神；到了奔布哦那一代，出现了既长寿又有巨大威力的战神；到了高勒趣那一代，出现了既长寿又有巨大威力的战神。天与地作变化，变出了生有两个角的坐中间的既长寿又有巨大威力的战神。精威五行作变化，变出了既长寿又有巨大威力的斯布余华迪之战神，变出了既长寿又有巨大威力的猛狗之战神，变出了美增茨此那一代的战神，变出了黄生生的地门之战神，变出了请战神嗓音不沙哑的战神，

80-D-62-18

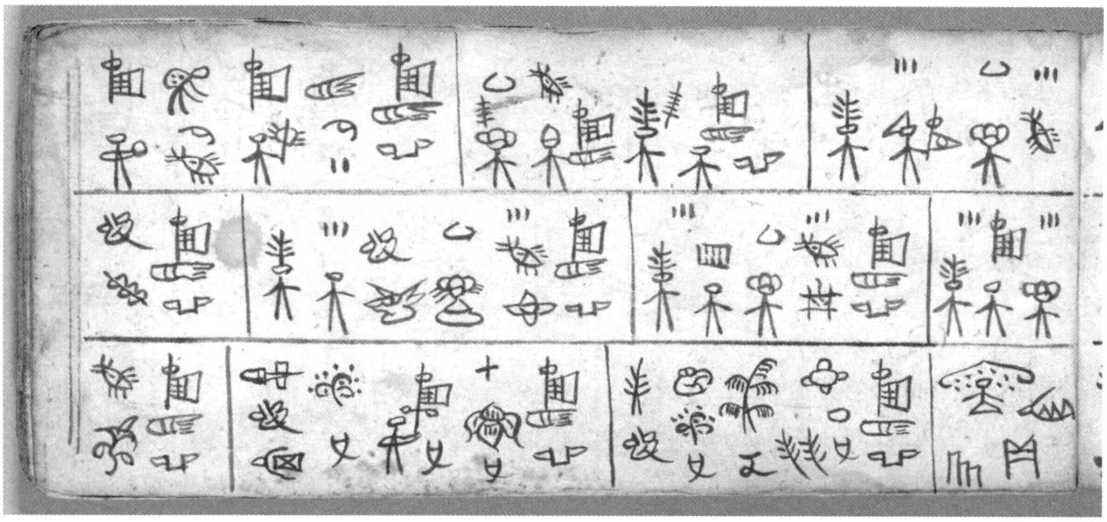

gɑ^{33}pu^{55} gu^{21} mə^{33} lɯ^{33}, gɑ^{33} zʅ^{33} lɑ^{21}mə^{33} ȵi^{55} me^{33} gɑ^{33} lɑ^{21} the^{21} nɯ^{33} thy̨^{33}. | phy̨^{33} sʅ^{21}
胜利带 背 不 重 胜利 拿 手 不 空 这 战神 这 来 出 祖辈

dæ^{21}me^{33} lɯ^{55} sʅ^{21} dæ^{21} gə^{33} gɑ^{33} lɑ^{21} the^{21} nɯ^{33} thy̨^{33}, sʅ^{21} sʅ^{21} dæ^{21} me^{33} zo^{33} sʅ^{21} dæ^{21}gə^{33}
勇敢 者 儿孙 勇敢 的 战神 这 来 出 父辈 勇敢 者 子辈 勇敢 的

gɑ^{33} lɑ^{21} the^{21} nɯ^{33} thy̨^{33}, sʅ^{21} sʅ^{21} dæ^{21} me^{33} phy̨^{33} sʅ^{21} dæ^{21}, phy̨^{33} sʅ^{21} dæ^{21} me^{33} lɯ^{55} sʅ^{21}
战神 这 来 出 父辈 勇敢 么 祖辈 勇敢 祖辈 勇敢 么 儿孙

dæ^{21} gə^{33} dæ^{21}mu^{21} tʂhu^{21} gə^{33} gɑ^{33} lɑ^{21} the^{21} nɯ^{33} thy̨^{33}. | sʅ^{21} sʅ^{21} nɯ^{21}me^{33} zo^{33} sʅ^{21} nɯ^{21},
勇敢 的 勇 兵 快 的 战神 这 来 出 父辈 吉祥 么 儿孙 吉祥

phy̩^{33} sɿ^{21} uɑ^{21} me^{33} lɯ^{55} sɿ^{21} uɑ^{21} gə^{33} gɑ^{33} lɑ^{21} the^{21} nɯ^{33} thy̩^{33}. | sɿ^{21} sɿ^{21} hɯ^{21} me^{33} zo^{33}
祖辈 福 么 孙儿 福 的 战神 这 来 出 父辈 富 么 子

sɿ^{21} hɯ^{21}, phy̩^{33} sɿ^{21} dzæ^{33} me^{33} lɯ^{55} sɿ^{21} dzæ^{33} gə^{33} gɑ^{33} lɑ^{21} the^{21} nɯ^{33} thy̩^{33}; | sɿ^{21}sɿ^{21}gɑ^{33}
辈 富 祖辈 威 么 儿孙 威 的 战神 这 来 出 父辈 赢

me^{33}zo^{33} sɿ^{21} gɑ^{33}, phy̩^{33} sɿ^{21} zi^{33} me^{33} lɯ^{55} sɿ^{21} zi^{33} gə^{33} gɑ^{33} lɑ^{21} the^{21} nɯ^{33} thy̩^{33}. | tɕhy^{33}
么 儿孙 赢 祖辈 健美 么 孙儿 健美 的 战神 这 来 出 宗族

dzy̩^{33} tshɑ^{21}dzy̩^{33} me^{33}, gɑ^{33} uɑ^{33} zɿ^{33} me^{33}, ɕi^{33} ʥy^{21} zɿ^{33} me^{33} gɑ^{33} lɑ^{21} the^{21} nɯ^{33} thy̩^{33}. |
繁衍 家族 繁衍 么 胜利 骨 掌 者 人 有 掌 者 战神 这 来 出

dzər^{21}nɯ^{33} kə^{55} dzy̩^{33} me^{33}, lɯ^{33} nɑ^{21} ʂə^{55} bi^{33} dɯ^{21},ty̩^{33} ty̩^{21} kɯ^{33} kɯ^{21} dzy̩^{33} me^{33} gɑ^{33} lɑ^{21}
树 来 枝 繁衍 么 铁杉 密 冷杉 林 大 千 千 万 万 繁衍 么 战神

the^{21} nɯ^{33} thy̩^{33}. | dzɿ^{33} uə^{33} dzɿ^{21} me^{33} mɯ^{33} by̩^{21} kɯ^{21} ʂər^{55} gy̩^{33} gə^{33}
这 来 出 村寨 住 者 天 下 星 满 成 的

变出了胸怀胜利的希望背上就不觉得沉重、胜利在握手上不空的战神。变出了祖父英勇孙儿也英勇的战神，变出了父辈英勇儿子也英勇的战神，变出了父亲与祖辈一样勇敢，祖父英勇孙儿也英勇的作战快捷的战神。变出了父辈吉祥儿孙也吉祥，祖父有福分儿孙也有福分的战神。变出了父辈富裕子辈也富裕，祖辈威风孙儿也威风的战神；变出了父辈赢子辈赢，祖辈健美孙儿也健美的战神。变出了手握胜利之精髓，能使宗族得以繁衍，家族得到兴旺的战神。变出了树枝繁茂，能使千千万万的浓密的铁杉林与冷杉林更加繁茂的战神。变出了使得住在村寨的人们像天上的繁星一样多的战神，

80-D-62-19

gɑ^{33} lɑ^{21} the^{21}nɯ^{33} thy̩^{33}, | mɯ^{33}gə^{33} gɑ^{33} lɑ^{21} sɿ^{33} tshər^{21} sɿ^{55} gɑ^{33} lɑ^{21} the^{21}nɯ^{33} thy̩^{33},dy^{21}
战神 这 来 出 天 的 战神 三十三 战神 这 来 出 地

gə33 gɑ33 lɑ21 ȵi33 tsər21 ȵi33 gɑ33 lɑ21 thy̩33 me33 the21 nɯ33 thy̩33, pɯ55 me33 the21 nɯ33 le33
的 战神 二十二 战神 出 么 这 来 出 变 么 这 来 又

pɯ55 se21.｜bi33 thy̩33mə55 tʂhʅ33 ȵi33, i33 dɑ21 tʂhʅ33 dɯ33 dʑi21, lɯ55 ky̩33 py33 by̩21 dy55, lɯ55
变 了 太阳 出 的 这 天 主人 这 一 家 高明 东巴 请 高

ky̩33 py33 by̩21nɯ33, sʅ33 i33 bər33 phər21zy̩55 ly̩33 gə21 nɯ33 tɯ21,zi33 i33 tʂhuɑ33 phər21 kuɑ55
明 东巴 来 羊毛 与 牦牛 白 神坛 上 来 设 青稞 与 米 白 祭

mu21gə21nɯ33 o55, ŋy33 hæ21 uɑ33 tʂhu21 phy̩33 lɑ21 i33 dɑ55 be33,bər33 y21 ʐʅ33 hɑ33 tʂhər21nɑ55
粮 上 来 倒 银 金 松石 墨玉 神 礼物 作 牦牛 绵羊 酒饭 肥肉瘦肉

ɕy55 mɑ21nɯ33, mɯ33 by̩21 phər21ne21 ʂæ21, kɑ33 ne21 u21, o55 ne21 he21 tʂhu55 pɑ33 gə21 le33
柏 酥油 来 天 下 盘神 与 禅神 嘎神 与 吾神 沃神与 恒神 供养 上 又

be33, phy̩33 lɑ21gɑ33 lɑ21 ty̩33 ty̩21 kɯ33 kɯ21 tʂhu55 pɑ33gə21 le33 be33,｜dzi21 ky̩55 duɑ33 kə21
作 神 战神 千 千 万 万 供养 上 又 作 飞 会 端格

iə33 mɑ21dʐər33 dɯ21 sʅ21 ɕi33 tʂhuɑ55 tshər21 tʂhu55 pɑ33 gə21 le33 be33,｜lɯ33mɯ33 ʂu21 ne21
优麻 威力 大 三 百 六十 供养 上 又 作 里美 署 与

ly̩21, sɑ21 dɑ55 ko21dɑ55 ty̩33 ty̩21 kɯ33 kɯ21 tʂhu55 pɑ33 gə21 le33 be33.｜phy̩33 sʅ55 tʂhər33gə33
龙 刹道 郭道 千 千 万 万 供养 上 又 作 祖辈 三 代 的

y21 gɑ33 lɑ21,gɑ33 lɑ21 sʅ21 ɕi33 tʂhuɑ55 tshər21 tʂhu55 pɑ33 gə21 le33 be33,｜be21 dæ21 be33 mu21
祖先 战神 战神 三 百 六十 供养 上 又 作 本丹 勇敢 本丹 兵

sʅ21 ɕi33 tʂhuɑ55 tshər21 tʂhu55 pɑ33 gə21 le33 be33.｜i33 dɑ21 tʂhʅ33 dɯ33 dʑi21, tʂuɑ21 i33 mɑ33
三 百 六十 供养 上 又 作 主人 这 一 家 男子 是 酥油

phər21 lo33 le33 pu55, bɯ33 i33 dze33 ʂu21 by21 ne21 ʂʅ33 hy21 mɑ21 lo33 pu55, mɯ33 tɕər21 tshe21
白 盆 又 带 女子 是 麦子 纯 面 与 肉 红 油 盆 带 天 上 十

ho55 ty33, phər21nɯ21 ʂæ21、kɑ33 nɯ21 u21 khə21, u55 ne21he21, ʂu21ne21 ly̩33 khə21, khy̩55mə33
八 层 盘神 与 禅神 嘎神 与 吾神 处 沃神 与 恒神 署 与 龙 处 年 不

ly̩21 me33 khy̩55 le33me55, zʅ33mə33 ly̩21me33 zʅ33 le33 me55,hɯ21mə33 ly̩21 me33 hɯ21 le33me55,
足 么 年 又 要 寿 不 足 么 寿 又 要 富 不 足 么 富 又 要

dʐæ33 mə33 ly̩21 me33 dʐæ33 le33 me55.
威力 不 足 么 威力 又 要

变出了天的三十三尊战神，变出了地的二十二尊战神。

在太阳晴朗的今天，这户主人家，请来了高明的东巴。高明的东巴将白羊毛与白牦牛毛制的毡子铺在神坛上，将青稞与白米当作祭粮倒上去，将金、银、松石和墨玉当作礼物摆上去，用牦牛、绵羊、酒、饭、肥肉和瘦肉，翠柏和酥油，当作供品来供养天之下的盘神与禅神、嘎神与吾神、沃神与恒神，来供养千千万万个神的战神，来供养三百六十个会飞的有威力的端格优麻神，来供养千千万万个里美、署、龙和刹道、郭道。供养祖辈三代的祖先战神，来供养三百六十个战神，来供养三百六十个勇敢的本丹神与本丹之兵。

这户主人家，男子带来满盆的酥油，女子带来满盆的纯麦面和鲜肉，向十八层天上的盘神与禅神、嘎神与吾神住处，向沃神与恒神、署与龙的住处，年岁不足请求赏赐年岁，得不到长寿就请求赐予长寿，富裕不足就求富裕，强盛不足就求强盛。

80-D-62-20

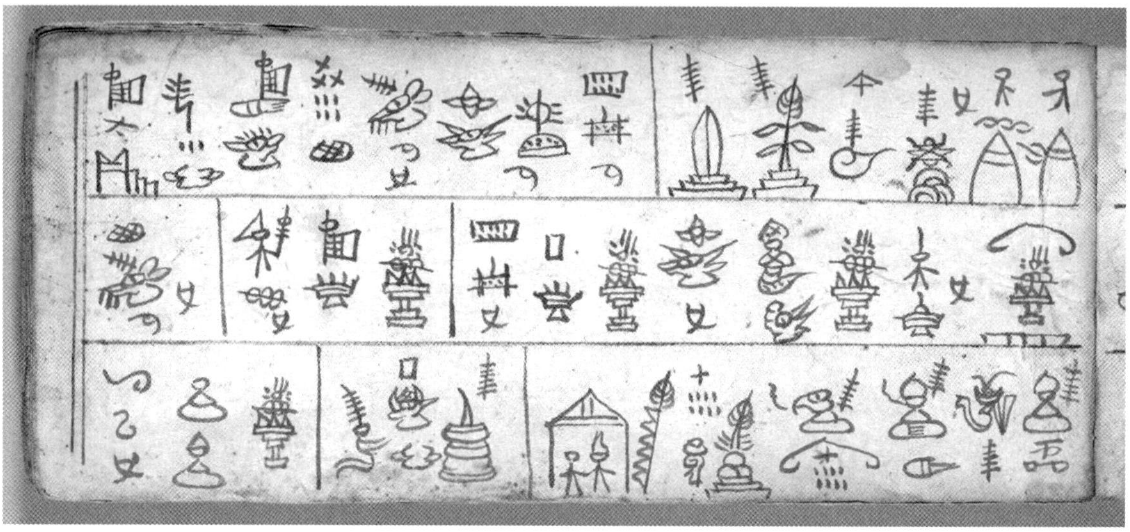

dzɿ^{33} ne^{21} uə^{33} gɑ^{33} lɑ^{21}, phʏ̩^{33} sɿ^{55} tʂhər^{33} gə^{33} y^{21} gɑ^{33} lɑ^{21}, gɑ^{33} lɑ^{21} sɿ^{21} ɕi^{33} tʂhuɑ^{55} tshər^{21}
村 与 寨 战神 祖辈 三 代 的 祖先 战神 战神 三 百 六 十

khə^{21}, khʏ̩^{55}mə^{33} lʏ̩^{21} me^{33} khʏ̩^{55} le^{33} me^{55}, zɿ^{33} mə^{33} lʏ̩^{21} me^{33} zɿ^{33} le^{33} me^{55}, nɯ^{21} mə^{33} lʏ̩^{21}
处 岁 不 足 么 岁 又 要 寿 不 足 么 寿 又 要 吉祥 不 足

me^{33} nɯ^{21} le^{33} me^{55}, uɑ^{21}mə^{33} lʏ̩^{21} me^{33} uɑ^{21} le^{33} me^{55}, u^{33}dze^{33} mə^{33} lʏ̩^{21}me^{33} u^{33} ne^{21}dze^{33}
么 吉祥 又 要 福 不 足 么 福 又 要 财产 不 足 么 财 与 产

le^{33} me^{55}, hɯ^{21}mə^{33} lʏ̩^{21} me^{33} hɯ^{21} le^{33} me^{55}, dʐæ^{33} mə^{33} lʏ̩^{21} me^{33} dʐæ^{33} le^{33} me^{55}. | dʑy^{21}
又 要 富裕 不 足 么 富裕 又 要 强盛 不 足 么 强盛 又 要

nɑ^{55} ʐuo^{55}lo^{33}dʑy^{21} dɯ^{21} zɿ^{33} ʂʅ^{21}, hæ^{33} i^{33} bɑ^{33}dɑ^{21}dzər^{21} dɯ^{21} zɿ^{33} ʂər^{21},mɯ^{33} lɯ^{55}dɑ^{33} dʑi^{21}
居那若罗 山 大 寿 长 含依巴达 树 大 寿 长 美利达吉

hɯ^{55} dɯ^{21}zɿ^{33} ʂər^{21}, tse^{55}tse^{33} hæ^{21} lʏ̩^{33} me^{33} lʏ̩^{33} dɯ^{21}zɿ^{33} ʂər^{21},uæ^{33} i^{33} tɕi^{21}ŋʏ̩^{33} lʏ̩^{33}, i^{21} i^{33}
湖 大 寿 长 增争含鲁美 石 大 寿 长 左 是 玉龙雪山 右 是

ʐæ^{21}ŋʏ̩^{33} lʏ̩^{33}, zɿ^{33} ʂər^{21} mu^{55} mə^{33} kʏ̩^{55} me^{33} khə^{21}, khʏ̩^{55} mə^{33} lʏ̩^{21} me^{33} kʏ̩^{55} le^{33} me^{55}, zɿ^{33}
文笔山 寿 长 老 不 会 的 处 岁 不 足 么 岁 又 要 寿

mə^{33} lv̩^{21} me^{33} zɿ^{33} le^{33} me^{55}. | dæ^{21} ȵi^{33} tʂhu^{21} ȵi^{33} me^{33}, gɑ^{33} ne^{21} u^{21} khə^{21} tʂhu^{55} pɑ^{33} gə^{21}
不 足 么 寿 又 要 勇猛 要 快捷 要 么 嘎神 与 吾神 上 供养 上

le^{33} be^{33}; | hɯ^{21}ne^{21} dzæ^{33} ȵi^{33} me^{33},to^{21} ne^{21} u^{21} khə^{21} tʂhu^{55} pɑ^{33} gə^{21} le^{33} be^{33}; nɯ^{21} ȵi^{33}
又 作 富裕 与 强盛 要 者 朵神 与 吾神 处 供养 上 又 作 吉 要

uɑ^{21} ȵi^{33} me^{33}, ʂu^{21} nɯ^{33} lv̩^{21} khə^{21} tʂhu^{55} pɑ^{33} gə^{21} le^{33} be^{33}; zɿ^{33} ʂər^{21} hɑ^{55} i^{33} ȵi^{33} me^{33}
福 要 么 署 与 龙 上 供养 上 又 作 寿 长 夜 久 要 者

mɯ^{33} ne^{21} dy^{21} ȵy^{21} tʂhu^{55}pɑ^{33} gə^{21} le^{33} be^{33}; gu^{33} lu^{21} kɑ^{33} le^{21}ȵi^{33} me^{33} ŋv̩^{55} ne^{21} he^{21} ȵy^{21}
天 与 地 处 供养 上 又 作 保福保佑 要 者 沃神 与 恒神 处

tʂhu^{55}pɑ^{33} gə^{21} le^{33} be^{33}. | zɿ^{33} ʂər^{21} do^{21} tɕy^{55} kə^{33} bv̩^{33} zɿ^{33} ʂər^{21} tʂhɿ^{33} le^{33} me^{55}. | i^{33} dɑ^{21}
供养 上 又 作 寿 长 朵据抠补 寿 长 这 又 要 主人

tʂhɿ^{33} dɯ^{33} dʑi^{21}, ɕy^{55} sər^{33} le^{33} dʑi^{21} dɯ^{33} tshə^{21} hu^{55} tʂər^{33} dzɿ^{21} me^{33} tse^{55}, dv̩^{21} phər^{21} ɕy^{55}
这 一 家 柏 木 梯子 一 十 八 级 有 的 做 海螺 白 柏

sər^{33} nɑ^{33} tsɑ^{21}tshɿ^{55}, dv̩^{33}phər^{21} lv̩^{33} bv̩^{33} bv̩^{33}, mɯ^{33} tɕər^{21}tshe^{21}ho^{55} ty^{33},ku^{33} lɑ^{21} kə^{55} bv̩^{33}
木 纳召 竖 海螺 白 石 累叠 天 上 十八 层 恭拉构补

zɿ^{33} ʂər^{21} tʂhɿ^{33} le^{33} tʂu^{55}, sɑ^{21} lɯ^{55} uə^{33} de^{33} zɿ^{33} ʂər^{21} tʂhɿ^{33} le^{33} tʂu^{55},i^{33} gv̩^{33} o^{33} kə^{21} zɿ^{33}
寿 长 这 又 接 刹依威德 寿 长 这 又 接 依古窝格 寿

ʂər^{21} tʂhɿ^{33} le^{33} tʂu^{55}, he^{33} do^{21} o^{33} phər^{21} zɿ^{33} ʂər^{21} tʂhɿ^{33} le^{33} tʂu^{55},
长 这 又 接 恒迪窝盘 寿 长 这 又 接

向村与寨的战神，向祖辈三代的战神，向三百六十个战神，寿岁不足请求赏赐寿岁，不长寿就请求赐予长寿，不得吉祥求吉祥，不得福泽求福泽，缺了财富求财富，不得富裕要富裕，缺了强盛求强盛。向长寿的居那若罗神山，向长寿的含依巴达神树，向长寿的美利达吉神海，向长寿的赠争含鲁美神石，向左边的玉龙大雪山，向右边的文笔大山那长寿不会老的地方，岁不足求年岁，得不到长寿就请求赐予长寿。要勇猛快捷，就供养嘎神与吾神；要富裕与强盛，就供养朵神与吾神；要吉祥与福泽，就供养署与龙；要求延年益寿，就供养天与地。要求关怀保佑，就供养沃神与恒神。

这户主人家，向长寿的朵据抠补求寿岁，做了有一十八级的白色柏木梯子，竖起用柏木作的如白海螺般的纳召，累起层层的白海螺般的白石，接上天上十八层中的恭拉构补那长长的寿岁，接上刹依威德那长长的寿岁，接上依古窝格那长长的寿岁，接上恒迪窝盘那长长的寿岁，

80-D-62-21

gɑ^{21} zo^{33} zʅ^{33} ʂər^{21}, gɑ^{33} mi^{55} zʅ^{33} ʂər^{21} gɑ^{33} lɑ^{21} tʂhʅ^{33} le^{33} tʂu^{55}, | phy̩^{33} lɑ^{21} zʅ^{33} ʂər^{21}gɑ^{33}
战神男 寿 长 战神女 寿 长 战神 这 又 接 神 寿 长 战

lɑ^{21} tʂhʅ^{33} le^{33} tʂu^{55}, no̩^{21} by^{55} lɯ^{33} sʅ^{33} zʅ^{33} gə^{33} zʅ^{33} ʂər^{21} gɑ^{33} lɑ^{21} tʂhʅ^{33} le^{33} tʂu^{55}, hæ^{33} ʂʅ^{21}
神 这 又 接 宝物 弓箭 掌 的 寿 长 战神 这 又 接 金黄色

bu^{21}bɑ^{33} ly̩^{21}me^{33} zʅ^{33} ʂər^{21} tshe^{21}sʅ^{55} ly^{33}, khy̩^{55} nɯ^{33} khy̩^{55} tʂu^{55} zʅ^{33} tʂu^{55} tʂhʅ^{33} le^{33} tʂu^{55}. |
宝瓶 捧着 寿 长 十 三 个 岁 来 岁 接 寿 接 这 又 接

mɯ^{33} ne^{21}dy^{21} tʂu^{55} tʂu^{33} mə^{33}mæ^{21}, khy̩^{55} bu^{33} zʅ^{33} bu^{33} me^{33}nɯ^{33} tʂhʅ^{33} le^{33} tʂu^{55}, tʂu^{55} se^{21}
天 与 地 接 不 上 年 亮 寿 亮 者 来 这 又 接 接 么

tʂu^{55}mə^{33} bɯ^{55}be^{33} le^{33} tʂu^{55}. | ky̩^{33}phər^{21}dzæ^{33} ʂʅ^{21}, phy̩^{33} do^{21} lɯ^{55} do^{21}, zʅ^{33} ʂər^{21} hɑ^{55} i^{33}
接 不 断 做 又 接 头发 白 牙 黄 祖辈 见 孙儿 见 寿 长 夜 久

gy̩^{33} be^{33} ho^{55}! gɑ^{33} lɑ^{21} tʂhʅ^{33} uɑ^{21} nɯ^{33}, i^{33} dɑ^{21} tʂhʅ^{33} dʑi^{21} tɕər^{21}, gu^{33} lu^{21} kɑ^{33} le^{21} tshy^{55}
成 做 愿 战神 所有 来 主人 这 家 上 关怀保佑 又

be^{33} ho^{55}! hɯ^{33}nɯ^{21} dzæ^{33}, nɯ^{21} nɯ^{33} uɑ^{21}, tshe^{21} zo^{33} y^{21}me^{33} tshe^{21} uə^{33} tshʅ^{55}, tshe^{21}mi^{55}
做 愿 富裕 与 强盛 吉 与 福泽 十 儿子 生 么 十 村 建 十 女

y^{21} me^{33} tshe^{33}dy^{21} khu^{33}. khuɑ^{33} y^{21} he^{33} hɯ^{21}, dʑi^{21} i^{33} dər^{33} ʂər^{55} gy̩^{33} be^{33} ho^{55}!
生 么 十 地 辟 声 轻 神 安 水 流 塘 满 成 作 愿

接上男战神和女战神那长长的寿岁，接上战神那长长的寿岁，接上手持系有宝物的弓箭战神那长长的寿岁。接上手捧十三个金黄色净水瓶战神的寿岁，寿接寿、岁接岁地接起来。天与地接不起来的地方，用明亮的年，用明亮的岁将它接起来，不让它断开地接起来。愿活到白发黄牙，祖辈孙辈能同堂，愿长寿又延年！愿所有的战神，来保佑这户主人家！愿富裕强盛，吉祥与福泽降临他家，愿生养十个儿子能建起十个村寨，生养十个女儿辟十块地，愿声轻神安，水流满塘！

80-D-62-22

封底

（释读：和秀东　翻译：和　虹）

378-D-64-01

zɿ³³ tʂu⁵⁵ py²¹ •

iə³³ mɑ²¹ gɑ³³ lɑ²¹ gə²¹ le³³ tsɿ³³

延寿仪式 · 迎请优麻战神

378-D-64 延寿仪式·迎请优麻战神

【内容提要】

该书在延寿仪式中，迎请优麻战神来镇杀各方鬼怪时诵读。目的是表达祭祀之家迎请优麻战神降临，施展神功，除却鬼怪的侵扰，消除灾害以保家人健康平安。其具体内容用近于白描的手法，交待了优麻战神们，如何一处一处地深入鬼穴，围攻打杀、全歼各类妖魔鬼怪并安抚犒劳战神，书的另一内容是讲述：为战神除去争战在鬼域中会带来的污秽并为之祭献圣药，同时还交待了圣药的神奇出处和来历。

【英文提要】

Life Prolonging Ritual, Invoking *iə ma* and all Warlords

During the life prolonging ritual, this book was chanted to invoke the warlord to suppress ghosts. The purpose of invoking warlords was that the family wanted them use the power to exorcise ghosts and dispel disasters, which would protect the family in health and peace. The detail of the book was written in straightforward style that described how the warlord moved behind enemy and killed all ghosts step by step. Afterwards, it described the comforting and consecrating to warlords. The other part of the book described removing the filth of warlords, which might infected in the ghost land and consecrating them with sacred medicine. It, meanwhile, talked about the origin of the sacred medicine.

378-D-64-02

“1965”为洛克收藏东巴古籍时的序号。东巴文为部分书名之复写。下方为洛克音标记下书名之纳西语读音。

378-D-64-03

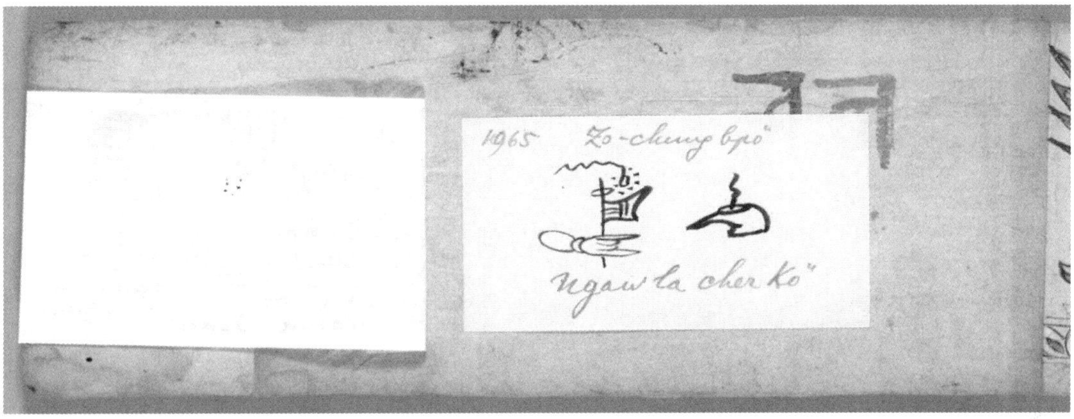

“1965”为洛克收藏东巴古籍时的序号。东巴文为部分书名之复写。下方为洛克音标记下书名之纳西语读音。

378-D-64-04

378-D-64-05

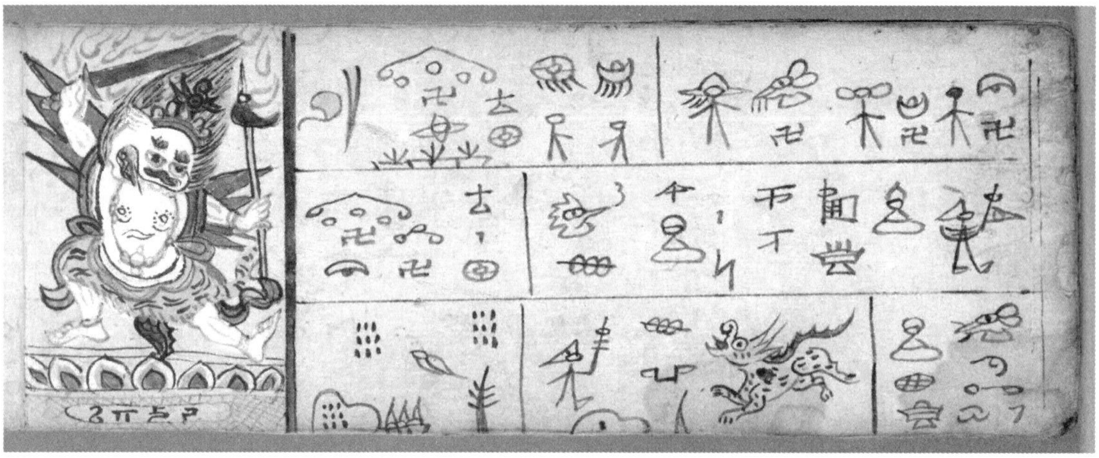

本页左图为优麻战神神像，其像下方框内为纳西格巴文。读音为：thʏ̩^{21} tʂ̩hʅ^{33} iə^{33} mɑ^{21}，对译为：土蚩优麻，土蚩为一优麻战神之名。

mɯ^{33} lɑ^{33} kɯ^{21} dʐʅ^{21} ɯ^{33}, kɯ^{21} dʐʅ^{21} tʂ̩hʅ^{33} n̩i^{33} ɯ^{33}；dy^{21} lɑ^{33} zə̩^{21} dʐʅ^{21} hər^{21} , zə̩^{21} dʐʅ^{21} tʂ̩hʅ^{33}
天 上 星 长 好 星 长 这 天 好 地 上 草 生 绿 草 生 这

n̩i^{33} hər^{21}. uæ^{33} nɯ^{33} bi^{33} thʏ̩^{33} lʏ̩^{21}, bi^{33} thʏ̩^{33} tʂ̩hʅ^{33} n̩i^{33} lʏ̩^{21}；i^{21} nɯ^{33} le^{21} tshe^{55} bu^{33}, le^{21}
天 绿 左边 的 太阳 出 暖 太阳 出 这 天 暖 右边 的 月 光 明 月

tshe^{55} tʂ̩hʅ^{33} n̩i^{33} bu^{33}.|gə^{21} i^{33} lɑ^{33} sɑ^{21} to^{55} khɯ^{33} phər^{21}, gʏ̩^{33}dʐʅ^{21} khʏ̩^{55} tsʅ^{21} ɯ^{33}, khʏ̩^{55} tsʅ^{21}
光 这 天 亮 上 方 拉萨垛肯盘 藏族 年 算 好 年 算

tʂ̩hʅ^{33} khʏ̩^{55}ɯ^{3}；mi^{21} i^{33} bʏ̩^{33} lʏ̩^{55} zʅ̩^{33} zɑ^{21} mæ^{33}, le^{22} bʏ̩^{33} he^{33} tshʅ^{21} ɯ^{33}, he^{33} lɑ^{33} tʂ̩hʅ^{33} he^{33}
这 天 吉 下方 补鲁日饶满 白族 月份 算 好 月份 也 这 月份

ɯ^{33}；mɯ^{33} lɯ^{55} dy^{21} ly^{55} gʏ̩^{33}, nɑ^{33}ɕi^{33} hɑ^{55} tshʅ^{21} ɯ^{33}, hɑ^{55}lɑ^{33} tʂ̩hʅ^{33} n̩i^{33} ɯ^{33}.| mɯ^{33} bʏ̩^{21}
吉 天地间 地中央 纳西 日子 算 好日子 也 今天 吉 天 下

khɯ^{21} ɯ^{33}、zy^{21} ɯ^{33}、n̩i^{55} ɯ^{33} gə^{33} tʂ̩hʅ^{33} dɯ^{33} n̩i^{33},|tɕy^{55} tʂ̩hu^{21}, mɯ^{33} lɯ^{55} du^{21} dzʅ^{33}
星 好 宿 好 日子 好 的 这 一 天 最早 美利董主

dɯ^{33} tʂ̩hər^{55}, phər^{21} mu^{21} ʂæ^{21} mu^{21}、gɑ^{33} mu^{21} u^{21} mu^{21}、o^{55} mu^{21} he^{21} mu^{21} 、dæ^{21} mu^{21}
一 代 盘神 兵 禅神 兵 嘎神 兵 吾神 兵 沃神 兵 恒神 兵 能干 兵

tʂ̩hu^{33} mu^{21} nɯ^{33} , |mɯ^{33} lɯ^{55} sʅ^{21} dʐʅ^{33} gə^{33}, bu^{21} nɑ^{21} gʏ̩^{33} bu^{33}; mi^{33}dy^{21} gʏ̩^{33} dy^{21}; sʅ^{21}dʑi^{21}
快速 兵 来 美利术主 的 坡 黑 九 坡 火 地 九 地 术 河

gʏ̩^{33} hua^{21};sʅ^{21} bi^{33} gʏ̩^{33} bi^{33} lo^{55} bɯ^{33} me^{55}.|tɕhy^{55} tʂ̩hu^{21}, dæ^{21}mu^{21} tʂ̩hu^{33} mu^{21} nɯ^{33},
九 条 术 林 九 林 越 要 去 最早 能干 兵 快速 兵 来

bu^{21} nɑ^{21} dɯ^{33} bu^{33} kʏ̩^{33} n̩ə^{21} thʏ̩^{33}.bu^{21} nɑ^{21} dɯ^{33} bu^{33} kʏ̩^{33}, fʏ̩^{55} dʑi^{33} lʏ̩^{33} nɑ^{21} khuɑ^{33}
坡 黑 一 坡 顶 上 到 坡 黑 一 坡 上 木炭 龙 黑 角

dv̩^{33} me^{33} nɯ^{33} tɕhi^{33}.|du^{21} mu^{21} hɑ^{33} le^{33} dʑi^{33} mə^{33} tʂər^{21} i^{33} kv̩^{55}.
秃 者 来 守 董 兵 夜 也 走 不 准 是 会

天上布满星，今天星光最灿烂；地上长满草，今天草最绿。居那若罗神山的左边升起温暖的太阳，今天的太阳最温暖；居那若罗神山的右边升起皎洁的月亮，今夜的月亮最明亮。住在上方拉萨垛肯盘的藏族，最善算年份，算出今年是吉年；住在下方补鲁日饶满的白族，最善算月份，算出这月是吉月；住在大地中央的纳西族，善于算日子，算出今天是吉日。

在这吉星、吉宿当空的这一天，在美利董主的时代，盘神兵和禅神兵、嘎神兵和吾神兵，沃神兵和恒神兵，这些能干快速的神兵，来到了美利术主的地方。要去翻过术[1]家的九道黑坡；通过九片火地；涉过九条大河；穿过九片大森林。这些能干又神速的兵马，首先来到了第一道黑坡上。这道黑坡上，术家木炭般黑的断角黑龙在守卫。据说董家的兵就在黑夜里也很难通过。

378-D-64-06

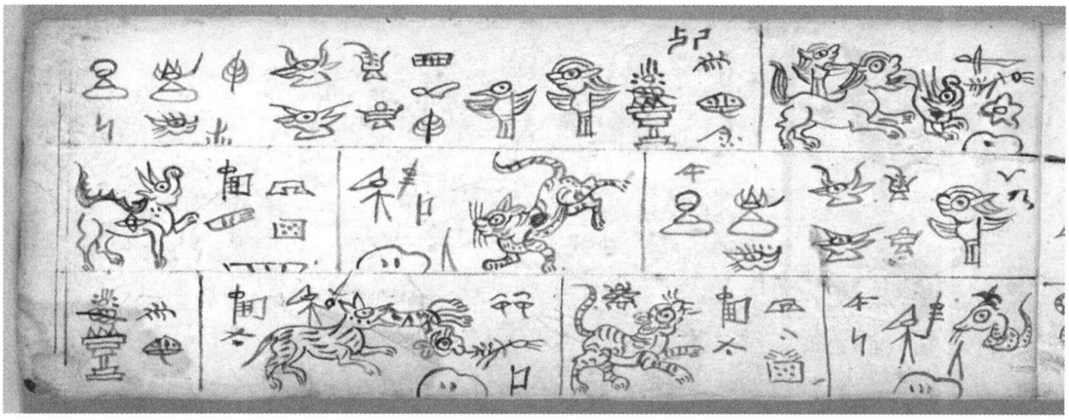

mɯ^{33} lɯ^{55} du^{21} dʐʅ^{33} tʂhər^{55}, du^{21} gə^{33} y^{21} ʂʅ^{55} bu^{33} dʐo^{33} py^{21} bv̩^{21} nɯ^{33}, ɕy^{33} py^{21} tshʅ^{21}
美利董主 代 董 的 伊世补佐 祭司 来 祭仪 举行

tʂhʅ^{33} dɯ^{33} n̩i^{33}, bər^{33} y^{21} ʐʅ^{33} hɑ^{33}、tʂhər^{21} nɑ^{55} ɕy^{55} mɑ^{21} nɯ^{33}, tua^{33} kə^{21} iə^{33} mɑ^{21} tʂhu^{55}
这 一 天 牦牛 绵羊酒 饭 肥肉 瘦肉 柏 酥油 来 端格优麻 供养

pɑ^{33} gə^{21} le^{33} be^{33}. the^{33} nɯ^{33} pɯ^{33} pɑ^{33} dɯ^{33} thv̩^{33} be^{33},| gə^{21} nɯ^{33} dv̩^{33} phər^{21} si^{33} gɯ^{21}
上 又 做 他们 来 变化 一 次 做 上 从 海螺 白 狮子

dʐæ^{33} me^{33} iə^{33} mɑ^{21} zɑ^{21} le^{33} tshʅ^{21}. fv̩^{55} dʑi^{21} lv̩^{21} nɑ^{21} do^{55} le^{33} sy^{55}, tv̩^{33} tʂʅ^{21} miə^{21} thɑ^{55}
骑 的 优麻 降 了 来 木炭 龙 黑 扑 又 杀 岗哨 眼 锐

dɯ^{33} khu^{33} mɯ^{21} le^{33} tshe^{55}, mɯ^{33} lɯ^{55} sʅ^{21} dʐʅ^{33} mu^{21} le^{33} sy^{55}.|uɑ^{33} hər^{21} mɯ^{33} dʐər^{21}
一 处 下 又 毁 美利术主 兵 又 杀 松石 绿 天威兽

gɑ^{33} lɑ^{21} gə^{21} le^{33} ʂv̩^{33}.|dæ^{21} mu^{21} tʂhu^{21} mu^{21} n̩i^{33} bu^{21} kv̩^{33} n̩ə^{33} thv̩^{33}. mɯ^{33} lɯ^{55} sʅ^{21}
战神 上 又 领 能干 兵 快速 兵 两 坡 顶 上 到 美利术主

① 美利术主的简称。

dʑʅ^{33} gə^{33}, lɑ^{33} nɑ^{21} me^{33}nɯ^{33} tɕhi^{33}.| du^{21} gə^{33} y^{21} ʂʅ^{55} bu^{33} dʑo^{33} py^{33} bv̩^{21} nɯ^{33}, bər^{33} y^{21} ʐʅ^{33}
的 虎 黑者 来 守 董 的 伊世补佐 祭司 来 牦牛 绵羊 酒

hɑ^{33}、tʂhər^{21} nɑ^{55} ɕy^{55} mɑ^{21} mɯ^{33}, tuɑ^{33} kə^{21} iə^{33} mɑ^{21} dzər^{21} dɯ^{21} sʅ^{21} ɕi^{33} tʂhuɑ^{55} tshər^{33}
饭 肥肉 瘦肉 柏 酥油 来 端格 优麻 威力 大 三 百 六 十

khə^{21},| tʂhu^{55} pɑ^{21} gə^{21} le^{33} be^{33}. the^{33} nɯ^{33} pɯ^{33} pɑ^{33} dɯ^{33} thv̩^{33} be^{33},| gɑ^{33} lɑ^{21} uɑ^{21} hər^{21}
前 供养 上 又 作 他们 来 变化 一 次 作 战神 松石 绿

kɯ^{55} zʅ^{33} dzæ^{33} iə^{33}mɑ^{21} zɑ^{21} le^{33} tshʅ^{21}. sʅ^{21} gə^{33} lɑ^{33} nɑ^{21} do^{55} le^{33} sy^{55}, tv̩^{33} tʂʅ^{33} miə^{21}
穿山甲 骑者 优麻 降 又 来 术 的 虎 黑 扑 又 杀 岗哨 眼

thɑ^{55} n̥i^{33} khu^{33} mɯ^{21} le^{33} tshe^{55}, mɯ^{33} lɯ^{55} sʅ^{21} dʑʅ^{33} mu^{21} le^{33} sy^{55}.| bə^{33} dɯ^{21} hæ^{33} ʂʅ^{21}
锐 两 处 下 又 毁 美利术主 兵 又 杀 掌 大 金 黄

lɑ^{33} ʂʅ^{21} gɑ^{33} lɑ^{21} uɑ^{21} he^{21} gə^{21} le^{33} ʂv̩^{33}.| mɯ^{33} lɯ^{55} du^{21} dʑʅ^{33} gə^{33} , dæ^{21} mu^{21} tʂhu^{21} mu^{21}
虎 黄 战神 魂灵 上 又 领 美利董主 的 能干 兵 快速 兵

bu^{21} nɑ^{21} sʅ^{33} bu^{33} kv̩^{33} n̥ə^{21} thv̩^{33}, sʅ^{21} gə^{33} dv̩^{21} ʐʅ^{33} nɑ^{21} nɯ^{33} tɕhi^{33}.
坡 黑 三 坡 顶 上 到 术 的 毒 蛇 黑 来 守

美利董主家的祭司伊世补佐就举行祭仪，用牦牛和绵羊、美酒和米饭、肥肉和瘦肉、翠柏和酥油、供养非常有威力的端格战神和优麻战神。端格战神和优麻战神就来作变化，降下来了骑着白海螺色狮子的优麻战神。打杀了黑如木炭的术家黑毒龙，摧毁了美利术主家的第一道瞭望岗哨，还把守护岗哨的术家之兵也杀死在了那个地方。之后，把如绿松石般的天威兽又从下方领到了上方。

能干神速的董家兵马来到了第二道黑坡上。在这第二道黑坡上，术家的大黑虎在守卫。美利董主家的祭司伊世补佐就举行祭祀，用牦牛和绵羊、醇酒和米饭、肥肉和瘦肉、翠柏和酥油，供养三百六十位极有威力的端格战神和优麻战神。端格、优麻战神作变化，骑着如绿松石般的穿山甲的优麻战神降了下来。他们扑杀了术家的大黑虎，摧毁了术家第二个岗哨，杀死了术家守哨口的兵。之后，把金黄色老虎战神领回到了上方。

美利董主能干且快速的兵马来到了第三道黑坡上。这道黑坡上由术家木炭般黑的大毒蛇在守卫。

378-D-64-07

mɯ^{33} lɯ^{55} du^{21} ʥʅ^{33} gə^{33} y^{21} ʂʅ^{55} bu^{33} ʥo^{33} py^{21} by̩^{21} nɯ^{33} py^{21}ɕy^{33} be^{33}. bər^{33} y^{21} ʐʅ^{33} hɑ^{33}、

美利董主 的 伊世补佐 祭司 来 祭祀 做 牦牛 绵羊 酒 饭

tʂhər^{21} nɑ^{55} ɕy^{55} mɑ^{21} nɯ^{33}, tuɑ^{33} kə^{21} iə^{33} mɑ^{21} sʅ^{21} ɕi^{33} tʂhuɑ^{55} tshər^{33} tʂhu^{55} pɑ^{33} be^{33}. the^{33}

肥肉 瘦肉 柏 酥油 来 端格 优麻 三 百 六十 供养 做 他们

nɯ^{33} pɯ^{33} pɑ^{33} dɯ^{33} thy̩^{33} be^{33}, |hæ^{33} ʂʅ^{21} mɑ^{55} iə^{33} dʐæ^{33} le^{33} zɑ^{21} le^{33} tshʅ^{21}. | dy̩^{21} ʐʅ^{33}

来 变化 一 次 做 金 黄 孔雀 骑 又 降 了 来 毒 蛇

nɑ^{21} me^{33} mi^{21} le^{33} sy^{55}, ty̩^{33} tʂʅ^{21} miə^{33} thɑ^{55} sʅ^{21} khu^{33} mɯ^{21} le^{33} tshe^{55}. mɯ^{33} lɯ^{55} sʅ^{21} ʥʅ^{33}

黑 者 下 又 杀 岗哨 眼 锐 三 处 下 又 毁 美利术主

gə^{33} mu^{21} i^{33} mi^{21} le^{33} sy^{55}.|gɑ^{33} lɑ^{21} uɑ^{33} gə^{33} ly̩^{21} ʥə^{33} |du^{21} dy^{21} gə^{21} le^{33} ʂy̩^{33}.|mɯ^{33}

的 兵 是 下 又 杀 战神 乌革鲁久 董 地 上 又 领

lɯ^{55} du^{21}ʥʅ^{33} gə^{33}, dæ^{21} mu^{21} tʂhu^{21} mu^{21} lu^{33} bu^{21} nɑ^{21} bu^{21} ky̩^{33} lɯ^{33} thy̩^{33}. dæ^{21} mu^{21}

美利董主 的 能干 兵 快 兵 四 坡 黑 坡 顶 又 到 能干 兵

tʂhu^{21} mu^{21} thy̩^{33} thy̩^{21} kɯ^{33} kɯ^{21}, thɑ^{13} dy^{21} lɯ^{33} mə^{33} tʂər^{21}, mə^{33} tɕhi^{33} lɯ^{33} khuɑ^{33} khuɑ^{33}

快 兵 千 千 万 万 他 地 来 不 让 不 害怕 还是 似乎

gy̩^{33}. tse^{21} zo^{33} miə^{33} hy^{21} lu^{33} bu^{21} ky̩^{33} nɯ^{33} tɕhi^{33}.|du^{21} gə^{33} y^{21} ʂʅ^{55} bu^{33} ʥo^{33} py^{21} by̩^{21}

成 仄鬼 男儿 眼 红 四 坡 上 来 守 董 的 伊世补佐 祭司

nɯ^{33}, bər^{33} y^{21} ʐʅ^{33} hɑ^{33}、tʂhər^{21} nɑ^{55} ɕy^{33} mɑ^{21} nɯ^{33}, tuɑ^{33} kə^{21} iə^{33} mɑ^{21} dʐər^{33} dɯ^{21}

来 牦牛 绵羊 酒 饭 肥肉 瘦肉 翠柏 酥油 来 端格 优麻 威力 大

tʂhu^{55} pɑ^{33} be^{33}. tuɑ^{33} kə^{21} iə^{33} mɑ^{21} nɯ^{33} pɯ^{33} pɑ^{33} be^{33}, |bə^{33} dɯ^{21} lɑ^{33} hy^{21} tsho^{33} le^{3}

供养 做 端格 优麻 来 变化 做 掌 大 虎 红 跳 又

be^{33}. tse^{21} zo^{33} miə^{33} hy^{21} do^{55} le^{33} sy^{55}, ty̩^{33} tʂʅ^{21} miə^{33} thɑ^{55} lu^{33} khu^{33} mɯ^{21} le^{33} tshe^{55},

做 仄鬼 眼 红 扑 又 杀 岗哨 眼 锐 四 处 下 又 毁

sʅ^{21} sy^{55} mi^{21} le^{33} sy^{55}. |bə^{33} dɯ^{21} lɑ^{33} hy^{21} gɑ^{33} lɑ^{21}, dæ^{21} mu^{21} tʂhu^{21} mu^{21} gə^{21} le^{33}

术 杀 下 又 杀 掌 大 虎 红 战神 能干 兵 快 兵 上 又

ʂy̩^{33} .|dæ^{21} mu^{21} tʂhu^{21} mu^{21} bu^{21} nɑ^{21} uɑ^{33} bu^{21} ky̩^{33} n̥ə^{21} thy̩^{33}. sʅ^{21} gə^{33} khɯ^{33} nɑ^{21} ʂu^{2}

领 能干 兵 快速 兵 坡 黑 五 坡 顶 上 到 术 的 狗 黑 铁

ky̩^{33} ʥʅ^{21} nɯ^{33} tɕhi^{33}. mɯ^{33} lɯ^{55} du^{21} ʥʅ^{33} gə^{33}, y^{21} ʂʅ^{55} bu^{33} ʥo^{33} py^{21} by̩^{33} nɯ^{33} py^{21} ɕy^{33}

头 长 的 守 美利董主 的 伊世补佐 祭司 来 祭仪

be^{33}.

做

美利董主家的祭司伊世补佐举行祭祀仪式，用牦牛和绵羊、醇酒和米饭、肥肉和瘦肉、翠柏和酥油供养三百六十位极有威力的端格战神和优麻战神。端格、优麻战神作变化，骑着金黄孔雀降下来，杀死了大黑蛇、杀死了术家的兵、摧毁了术家的第三个瞭望台。之后，把乌革鲁久战神领了上来，领回到了董家的上面。

董家能干快速的神兵，又来到了第四道黑坡上。这第四道黑坡上，由红眼仄鬼在守卫，不让千千万万能干快速的神兵到他们的地方来。术鬼说不害怕，但似很害怕，防守得很严。美利董主家的祭司伊世补佐就举行祭祀，用牦牛和绵羊、醇酒和米饭、肥肉和瘦肉、翠柏和酥油，供养三百六十位极有威力的端格战神和优麻战神。端格、优麻战神作变化，变化出了巨掌猛虎，跳跃着扑杀了术家的红眼仄鬼，杀死了术家守兵，摧毁了术家第四个瞭望岗哨。之后，把巨掌猛虎及能干快速的神兵领回到上方，领回到了美利董主家上方。

美利董主能干快速的神兵，来到了第五道黑坡上。在这道黑坡上是由术家长有铁头的黑狗在守卫。美利董主就叫祭司伊世补佐举行祭祀仪式。

378-D-64-08

bər^{33} y^{21} ʐʅ^{33} hɑ^{33}、tʂhər^{33} nɑ^{55} ɕy^{55} mɑ^{21} nɯ^{33}, tuɑ^{33} kə^{21} iə^{33} mɑ^{21} dʐər^{21} dɯ^{21} tʂhu^{55}
牦牛 绵羊 酒 饭 肥肉 瘦肉 柏 酥 来 端格 优麻 威力 大 供养

pɑ^{33} gə^{21} le^{33} be^{33}. the^{33} nɯ^{33} pɯ^{33} pɑ^{33} be^{33},|dʐʅ^{33} zi^{33} phɑ^{33} phər^{21} tsho^{33} le^{33} tshɿ^{21}. mɯ^{33}
上 又 献 他们 来 变化 做 豹 美 脸 白 跳 又 来

lɯ^{55} sɿ^{21} ʥɿ^{33} gə^{33} khɯ^{33} nɑ^{21} ʂu^{21} kv̩^{33} ʥɿ^{21} me^{33} mi^{21} le^{33} sy^{55} tv̩^{33} tsʅ^{21} miə^{21} thɑ^{55} ua^{33}
美利术主 的 狗 黑 铁 头 生 者 下 又 杀 岗哨 眼 锐 五

khu^{33} mɯ^{21} le^{33} tshe^{55}. |dv̩^{33} phər^{21} si^{33} gɯ^{33} gɑ^{33} lɑ^{21} gə^{21} le^{33} ʂv̩^{33}.|dæ^{21} mu^{21} tʂhu^{21}
处 下 又 毁 白海螺 狮子 战神 上 又 领 能干 兵 快速

mu^{21} gɑ^{33} lɑ^{21} tʂhuɑ^{55} bu^{21} nɑ^{21} kv̩^{33} n̥ə^{21} thv̩^{33}. mɯ^{33} lɯ^{55} sɿ^{21} ʥɿ^{33} gə^{33} khuɑ^{55} gæ^{21} gv̩^{33}
兵 战神 六 坡 黑 顶 上 到 美利术主 的 铠甲 身

hy^{21} nɯ^{33} tɕhi^{33}.| mɯ^{33} lɯ^{55} du^{21} ʥɿ^{33} tʂhər^{55}, du^{21} gə^{33} py^{21} bv̩^{21} y^{21} ʂʅ^{55} bu^{33} ʥo^{33} nɯ^{33},
红 来 守 美利术主 代 董 的 祭司 伊世补佐 来

bər^{33} y^{21} zʅ^{33} hɑ^{33} 、tʂhər^{33} nɑ^{55} ɕy^{55} mɑ^{21} nɯ^{33}, tuɑ^{33} kə^{21} iə^{33} mɑ^{21} sɿ^{21} ɕi^{33} tʂhuɑ^{55} tshər^{33}
牦牛绵羊 酒 饭 肥肉 瘦肉 翠柏 酥油来 端格 优麻 三 百 六 十

tʂhu^{55} pɑ^{21} gə^{21} le^{33} be^{33}. |iə^{33} mɑ^{21} dʐər^{21} dɯ^{21} pɯ^{33} pɑ^{33} be^{33}, dy̩^{33} phər^{21} ɕi^{33} dæ^{21}
供养 上 又 做 优麻 威力 大 变化 作 海螺 白 人 能

khæ^{55} ɯ^{33} gɑ^{33} lɑ^{21}zɑ^{21} le^{33} tshʅ^{21}.|khuɑ^{55} gæ^{21} gy̩^{33} ɕy^{21} dɯ^{33} khæ^{55} ȵi^{33} gɯ^{33} be^{33} le^{33}
射 准 战神 降 又 来 铠甲 身 红 一 射 两 半 成 又

sy^{55}, |ty̩^{33} tʂhʅ^{33} miə^{21} thɑ^{55} tʂhuɑ^{55} khu^{33} mi^{21} le^{33} tshe^{55}, mɯ^{33} lɯ^{55} sɿ^{33} dʑʅ^{33} mu^{21} le^{33}
杀 岗哨 眼锐 六 处 下 又 毁 美利术主 兵 又

sy^{55}. |dy̩^{33} phər^{21} gɑ^{33} lɑ^{21} gə^{21} le^{33} ʂy̩^{33} .|dæ^{33} mu^{21} tʂhu^{21} mu^{21} thy̩^{33} thy̩^{21} kɯ^{33} kɯ^{21}
杀 海螺 白 战神 上 又 领 能干 兵 快速 兵 千 千 万 万

ʂər^{33} bu^{21} nɑ^{21} ky̩^{33} ȵə^{21} thy̩^{33}.|bu^{21} nɑ^{21} ʂər^{33} bu^{33} khu^{33}, ly̩^{33} phər^{21} dʑy^{33} dʐæ^{21} tshʅ^{55} le^{33}
七 坡 黑 顶 上 到 坡 黑 七 坡 处 石 白 山 垒 建 又

tɕhi^{33}, thɑ^{13} dy^{21} lɯ^{33} mə^{33} tʂər^{21}.|mɯ^{33} lɯ^{55} du^{21} dʑʅ^{33} tʂhər^{55}, du^{21} gə^{33} py^{21} by̩^{21} y^{21} ʂʅ^{55}
守 他 在 来 不 准 美利董主 代 董 的 祭司 伊世

bu^{33} dʑo^{33} nɯ^{33},
补佐 来

用牦牛和绵羊、醇酒和米饭、肥肉和瘦肉、翠柏和酥油，供养三百六十位极有威力的端格战神和优麻战神。端格、优麻战神作变化，变化出白脸的美豹。白脸美豹跳跃着降临下来，扑杀了美利术主家长有铁头的黑狗，摧毁了术家的第五个瞭望台。之后，把白海螺色雄狮战神领了上来，领回到董家的上面。

董家能干快速的神兵，来到了第六道黑坡上。在这道黑坡上，由穿红铠甲者在守卫。美利董主就叫伊世补佐祭司作祭仪，用牦牛和绵羊、醇酒和米饭，肥肉和瘦肉、翠柏和酥油来供养三百六十位有威力的端格、优麻战神。端格、优麻战神作变化，降下来射箭最准的如白海螺色的战神。把术家穿红铠甲的守卫者一箭就射成两半，杀死术家的守兵，摧毁术家的第六个瞭望岗哨。之后，把白海螺色的战神领回到了美利董主的上方。

董家能干神速的兵马，来到了第七道黑坡上，在这七道黑坡上，术家用白石筑了高高的白石山，不让神兵到他们的地方。美利董主叫祭司伊世补佐，

378-D-64-09

bər^{33} y^{21} ʐʅ^{33} hɑ^{33}、tṣhər^{21} nɑ^{55} ɕy^{55} mɑ^{33} nɯ^{33}, tuɑ^{33} kə^{21} iə^{33} mɑ^{21} tṣhu^{55} pɑ^{21} gə^{21} le^{33} be^{33}.
牦牛绵羊酒 饭 肥肉 瘦肉 香火 酥油 来 端格 优麻 供养 上 又 做

the^{33} nɯ^{33} pɯ^{33} pɑ^{33} be^{33},｜be^{33} dæ^{21} dẓər^{21} dɯ^{21} ty̩^{33} ty̩^{21} kɯ^{33} kɯ^{21} zɑ^{21} le^{33} tshʅ^{21}.
他们 来 变化 作 本丹神 威力 大 千 千 万 万 降 又 来

be^{33} dæ^{21}gə^{33} ṣu^{21}phər^{21} phy^{33} bɑ^{33} nɯ^{33}, mɯ^{33} lɯ^{33} sʅ^{21} ʥʅ^{33} gə^{33} ly̩^{33} phər^{21} ʥy^{33} dẓæ^{21} ty̩^{21}
本丹神 的 铁 白 降魔杵 来 美利术主 的 石 白 山 垒 千

pe^{55} ɕi^{33} gɯ^{33} be^{33} mu^{21} le^{33} khɯ^{33}, ty̩^{33} tṣʅ^{21} miə^{21} thɑ^{55} ṣər^{33} khu^{33} mɯ^{21} le^{33} tshe^{55},
块 百 裂 的 下 又 劈 岗哨 眼 锐 七 门 下 又 毁

mɯ^{33} lɯ^{55} sʅ^{21}ʥʅ^{33} gə^{33} mu^{21} ṣər^{33} bu^{21} ky̩^{33} nɯ^{21} le^{33} sy^{55}.｜ŋy̩^{21} hæ^{21} be^{33} kho^{33} thæ^{33}｜
美利术主 的 兵 七 坡 顶 下 又 杀 银 金 的 冠 戴

gə^{33} gɑ^{33} lɑ^{21} gə^{21}le^{33} ṣy^{33}.｜dæ^{21} mu^{21} tṣhu^{21} mu^{21} ty̩^{33} ty̩^{21} kɯ^{33} kɯ^{21} ho^{55} bu^{33} nɑ^{21} ky̩^{33}
的 战神 上 又 领 能干 兵 快速 兵 千 千 万 万 八 坡 黑 顶

thy̩^{33}, the^{33} lɑ^{33} mə^{33} tɕi^{55} lɯ^{33} khuɑ^{33} khuɑ^{21} gy̩^{33}. sʅ^{21} gə^{33} bər^{33} khuɑ^{33} nɑ^{21} me^{33} nɯ^{33}
到 他们 是 不害怕 还是 似乎 成 术 的 牦 角 黑 者 来

khu^{33} le^{33} tɕhi^{33}.｜du^{21}gə^{33} py^{21} by̩^{21} y^{21} ṣʅ^{55} bu^{33} ʥo^{33} nɯ^{33} sʅ^{33} phər^{21} ʐy̩^{55} tɯ^{33} khu^{33},
门 又 守 董 的 祭司 伊世补佐 来 毡 白 神坛 建

tṣhuɑ^{33} phər^{21} kuɑ^{55} le^{33} u^{55}, ŋy̩^{33} hæ^{21} uɑ^{33} tṣhu^{21} i^{33} dɑ^{55} gə^{21} le^{33} tɕi^{33},bər^{33} y^{21} ʐʅ^{33} hɑ^{33}、
米 白 粮 又 撒 银 金 松石 墨玉 礼物 上 又 献 牦牛 绵羊 酒 饭

tṣhər^{21} nɑ^{55} ɕy^{55} mɑ^{21} nɯ^{33}, tuɑ^{33} kə^{21} iə^{33} mɑ^{21} tṣhu^{55} pɑ^{33} gə^{21} le^{33} be^{33}. tuɑ^{33} kə^{21} iə^{33}
肥肉 瘦肉 翠柏酥油 来 端格 优麻 供养 上 又 做 端格 优麻

mɑ^{21}｜pɯ^{33} pɑ^{33} be^{33}, uɑ^{33} hər^{21} mɯ^{33} ky̩^{33} fy̩^{33} dɑ^{21} thɑ^{55} nɯ^{33} khɯ^{55} le^{33} tshʅ^{21},bər^{33}
变化 作 绿松石 天 上 锯齿 利 的 放 又 来 牦牛

khuɑ^{33} nɑ^{21} me^{33} mɯ^{21} le^{33} tshər^{55} . sɿ^{33} tshɿ^{33} ty̩^{33} tʂʅ^{21} miə^{21} thɑ^{55} ho^{55} khu^{33}mɯ^{33} le^{33}
角 黑 者 下 又 锯 术鬼 岗哨 眼 锐 八 门 下 又

tshe^{55}, sɿ^{33} mu^{21} mɯ^{21} le^{33} sy^{55}. | bər^{33} phər^{21} gɑ^{33}lɑ^{21} gə^{21} le^{33} ʂy̩^{33}. dæ^{21} mu^{21} tʂhu^{21} mu^{21}
毁 术 兵 下 又 杀 牦牛 白 战神 上 又 领 能干 兵 快速 兵

ty̩^{33} ty̩^{21} kɯ^{33} kɯ^{21} gy̩^{33} bu^{21} nɑ^{21} ky̩^{33} thy̩^{33}. | mə^{33} tɕi^{55} tɕi^{33} lɯ^{33} khuɑ^{33} khuɑ^{21} gy̩^{33},
千 千 万 万 九 坡 黑 顶 到 不 害怕 还 似乎 成

sɿ^{21} gə^{33} tɕi^{33} nɑ^{21} hər^{33} nɑ^{21} gy̩^{33} bu^{21} khu^{33} n̩ə^{33} tɕhi^{33} . | du^{21} gə^{33} py^{21} by̩^{21} y^{21} ʂʅ^{55}
术 的 云 黑 风 黑 九 坡 门 上 守 董 的 祭司 伊世

bu^{33} dʑo^{33} nɯ^{33},
补佐 来

就用牦牛和绵羊、醇酒和米饭、肥肉和瘦肉、酥油和翠柏，供养端格和优麻战神。端格和优麻战神就施法作变化，降下来了千千万万威力无穷的本丹战神。本丹战神用他们的降魔铁杵，把术家的白石山劈成千块万块。摧毁了术家的第七个瞭望哨，把术家的守兵都杀死在这黑坡顶上。然后把头戴金冠银冠的战神又带回到上方。

能干快速的神兵千千万万又来到了第八道黑坡上。在这第八道黑坡上，说不害怕还是很害怕，术家有黑角牦牛在守卫。董家的伊世补佐祭司就用白羊毛毡铺设了神坛，用白米作祭粮，供奉上了金和银、松石和墨玉，还用牦牛和绵羊、醇酒和米饭、肥肉和瘦肉、翠柏和酥油供养极有威力的端格、优麻战神。端格、优麻战神施法作变化，从天上降下来利齿神锯，锯断黑牦牛的角，摧毁了术家的第八个岗哨，杀死所有哨里的鬼兵。之后，把白牦牛战神从下方鬼域里领回到美利董主的地方。

能干快速的神兵又来到了第九道术家的黑坡上。在这道黑坡上。说不害怕似乎有点害怕，鬼的黑风黑云在守卫。董家的祭司伊世补佐就用

378-D-64-10

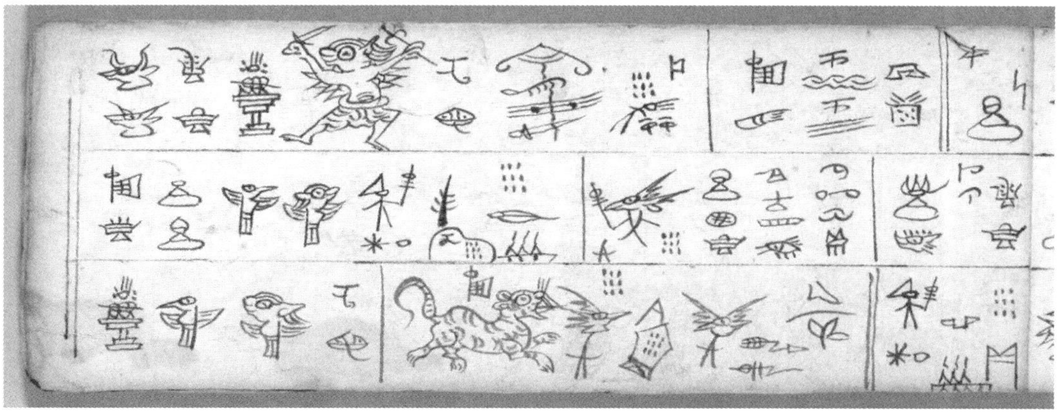

bər^{33} y^{21} zʅ^{33} hɑ^{33}、tʂhər^{21} nɑ^{55} ɕy^{55} mɑ^{33} nɯ^{33}, tuɑ^{33} kə^{21} iə^{33} mɑ^{21} tʂhu^{55} pɑ^{21} gə^{21} le^{33}
牦牛绵羊 酒 饭 肥肉 瘦肉 香火 酥油 来 端格 优麻 供养 上 又

be³³. iə⁵⁵ mɑ²¹ dzər²¹ dɯ²¹ pɯ³³ pɑ³³ be³³, mɯ³³ gə³³ dɑ²¹ thɑ⁵⁵ gæ²¹ thɑ³³ nɯ³³ khɯ⁵⁵ le³³
作 优麻 威力 大 变化 作 天 的 链刀 利 刀 快 的 放 又

tshɿ²¹. tɕi³³ nɑ²¹ hər³³ nɑ²¹ dɯ³³ dɑ⁵⁵ ȵi³³ thy³³ be³³ le³³ tshər⁵⁵, sɿ³³ zo³³ gv̩³³ bu²¹ kv̩³³ nɯ³³
来 云 黑 风 黑 一 砍 两 截 地 又 割 术 儿 九 坡 上 以

mɯ²¹ le³³ sy⁵⁵, tv̩³³ tʂʅ²¹ miə³³ thɑ⁵⁵ gv̩³³ khu³³ mɯ²¹ le³³ tshər⁵⁵. | gɑ³³ lɑ²¹ tɕhi³³ phər²¹
下 又 杀 岗哨 眼 锐 九 处 下 又 毁 战神 云 白

hər³³ phər²¹gə²¹ le³³ ʂv̩³³. | mɯ³³ lɯ⁵⁵ du²¹ dʑɿ³³ tʂhər⁵⁵, | gɑ²¹ mu²¹ u²¹ mu²¹ 、o⁵⁵ mu²¹ he²¹
风 白 上 又 领 美利董主 代 嘎神 兵 吾神 兵 沃神 兵 恒神

mu²¹, tuɑ³³ kə²¹ iə³³ mɑ²¹、dæ²¹ mu²¹ tʂhu²¹ mu²¹ tv̩³³ tv̩²¹ kɯ³³ kɯ²¹ nɯ³³, mɯ³³ lɯ⁵⁵ sɿ²¹
兵 端格 优麻 能干 兵 快速 兵 千 千 万 万 来 美利术主

dʑɿ³³ gə³³, bu²¹ nɑ²¹ gv̩³³ bu²¹ lo⁵⁵, bi²¹ nɑ²¹ gv̩³³ dʑɿ³³ bi³³ dʑi³³, dʑi²¹ nɑ²¹ gv̩³³ huɑ²¹ dər²¹,
的 坡 黑 九 坡 翻 森林 大 九 座 森林 走 水 大 九 条 渡

mi³³ nɑ²¹ gv̩³³ dy²¹ lo⁵⁵, | tər²¹ tshɿ²¹ dy²¹ ȵə²¹ thv̩³³ . tər²¹ tshɿ²¹ tʂhuɑ⁵⁵ kv̩³³ dʑɿ²¹ nɯ³³ gv̩³³
火 黑 九 地 越 呆鬼 地 里 到 呆 鬼 鹿 头 长 来 九

bu²¹ kv̩³³ nɯ³³ ho³³. | du²¹ mu²¹ hɑ³³ ʂu³³ lɯ³³, tʂhʅ³³ dy²¹ lɯ³³ mə³³ tʂər²¹ i³³ kv̩⁵⁵. | du²¹
坡 上 用 拦 董 兵 饭 找 来 这 地 来 不 准 的 会 董

gə³³ y²¹ ʂʅ⁵⁵ bu³³ dʐo³³ py³³ bv̩²¹ nɯ²¹ , bər³³ y²¹ zʅ³³ hɑ³³、 | tʂhər³³ nɑ⁵⁵ ɕy⁵⁵ mɑ²¹ nɯ³³,
的 伊世补佐 祭司 来 牦牛 绵羊 酒 饭 肥肉 瘦肉 翠柏 酥油 来

tuɑ³³ kə²¹ iə³³ mɑ²¹ tʂhu⁵⁵ pɑ³³ be³³. the³³ nɯ³³ pɯ³³ pɑ²¹ be³³, | bə³³ dɯ²¹ lɑ³³ hy²¹ gɑ³³ lɑ²¹
端格 优麻 供养 做 它们 来 变化 做 掌 大 虎 红 战神

zɑ²¹ le³³ tshɿ²¹. tər²¹ tshɿ²¹ tʂhuɑ⁵⁵ kv̩³³ dʑɿ²¹ me³³ do⁵⁵ le³³ sy⁵⁵, tər²¹ uə³³ gv̩³³ uə³³ mɯ²¹
降 又 来 呆 鬼 鹿 头 生 的 扑 又 杀 呆鬼 寨 九 寨 下

le³³ phv̩²¹. tər²¹ zo³³ zər³³ tɕhər³³ lɯ³³ tɕhər³³ mɯ²¹ le³³ sy⁵⁵, tər²¹ zər²¹ zv̩²¹ zər²¹ mɯ²¹ le
又 折 呆鬼 儿 刀 断 箭 断 下 又 杀 呆 压 仇 压 下 又

zər²¹. | dæ²¹ mu²¹ tʂhu²¹ mu²¹ tv̩³³ tv̩²¹ kɯ³³ kɯ²¹ thɯ³³ sɿ³³ mi³³ dy²¹ thv̩³³, gv̩³³ uə³³
压 能 兵 快 兵 千 千 万 万 那 以后 火 地 到 九寨

牦牛和绵羊、醇酒和米饭、肥肉和瘦肉、翠柏和酥油，供养端格和优麻战神。威力无穷的端格和优麻战神就施法作变化、从天上降下来有利齿的链刀和锋利的快刀，把术家的黑云黑风一刀砍成两截，把术家的鬼兵杀死在这黑坡上，摧毁了术家的第九个瞭望哨。之后，把白云白风战神又领回到美利董主的上方。

美利董主的嘎神兵和吾神兵、沃神兵和恒神兵、端格战神和优麻战神、千千万万能干快速的神兵，翻越过了美利术主家的九道黑坡、九片森林、九条黑水、九片火地，来到了术家呆鬼的地域里。生鹿头的呆鬼在守卫这个地方。不准神兵到这个地方来找饭过日子。美利董主家的祭司伊世补佐就用牦牛和绵羊、醇酒和米饭、肥肉和瘦肉、翠柏和酥油来供养极有威力的端格、优麻战神。端格、优麻战神施法作变化，从天上降下来巨掌红虎。巨掌红虎杀死生鹿头的呆鬼，摧毁了九个呆鬼寨，砍断了呆鬼的刀箭和矛，把呆鬼仇鬼压下去。

能干快速的神兵千千万万来到有九个寨子的火地，

378-D-64-11

sɿ^{21} zo^{33} thʏ^{33} tshɿ^{21} ɯ^{33} kʏ^{33} ʥɿ^{21} nɯ^{33} gʏ^{33} uə^{33} khu^{33} ȵə^{21} ʨhi^{33}.｜mɯ^{33} lɯ^{55} du^{21}
术 儿 吐鬼 牛 头 生 的 九 寨 门 上 守 美利董主

ʥɿ^{33} tʂhər^{55}, du^{21} gə^{33} y^{21} ʂʅ^{55} bu^{33} ʥo^{33} py^{33} bʏ^{21} nɯ^{33}, bər^{33} y^{21} ʐʅ^{33} hɑ^{33}、tʂhər^{33} nɑ^{55} ɕy^{55}
代 董 的 伊世补佐 祭司 来 牦牛 绵羊酒 饭 肥肉 瘦肉 翠柏

mɑ^{21} nɯ^{33}, tuɑ^{33} kə^{21} iə^{33} mɑ^{21} tʂhu^{55} pɑ^{33} gə^{21} le^{33} be^{33}.｜ tuɑ^{33} kə^{21} iə^{33} mɑ^{21} dʐər^{21} dɯ^{21}
酥油 来 端格 优麻 供养 上 又 做 端格 优麻 威力 大

pɯ^{33} pɑ^{33} be^{33}, dʏ^{33} phər^{21} si^{33} gɯ^{33} piə^{55}.｜dʏ^{33} phər^{21} si^{33} gɯ^{33} gɑ^{33} lɑ^{21} nɯ^{33}, thʏ^{33}
变化 做 白海螺 狮子 变 白海螺 狮子 战神 来 吐鬼

uə^{33} gʏ^{33} uə^{33} tshe^{55},thʏ^{33} zo^{33} ɯ^{33} kʏ^{33} ʥɿ^{21} gə^{33} gʏ^{33} kʏ^{55} mɯ^{21} le^{33} sy^{55}.｜dæ^{21} mu^{21}
寨 九 寨 毁 吐鬼 儿 牛 头 生 的 九 个 下 又 杀 能干 兵

tʂhu^{21} mu^{21} tʏ^{33} tʏ^{21} kɯ^{33} kɯ^{21} nɯ^{33}, sɿ^{21} ʨi^{55} tshɿ^{21} gʏ^{33} uə^{33} mɯ^{21} le^{33} thʏ^{33}. ʨi^{55} tshɿ^{21}
快速 兵 千 千 万 万 来 术 季鬼 九 寨 下 又 到 季鬼

ʐuɑ^{33} kʏ^{33} ʥɿ^{21} gə^{33} gʏ^{33} kʏ^{55} nɯ^{33}, ʐuɑ^{33} kʏ^{33} pʏ^{21} gʏ^{33} uə^{33} khu^{33} nɯ^{33} ʨhi^{33}.｜du^{21} gə^{33}
马 头 生 的 九 个 来 马 头 干 九 寨 门 来 守 董 的

y^{21} ʂʅ^{55} bu^{33}ʥo^{33} py^{21} bʏ^{21} nɯ^{33}, bər^{21} y^{21} ʐʅ^{33} hɑ^{33}、tʂhər^{33} nɑ^{55} ɕy^{55} mɑ^{21} nɯ^{33} , tuɑ^{33} kə^{21}
伊世补佐 祭司 来 牦牛 绵羊 酒 饭 肥肉 瘦肉 翠柏 酥油 来 端格

iə^{33} mɑ^{21} tʂhu^{55} pɑ^{33} be^{33}.｜tuɑ^{33} kə^{21} iə^{33} mɑ^{21} dʐər^{21} dɯ^{21} nɯ^{33} pɯ^{33} pɑ^{33} be^{33}, hæ^{33} ʂʅ^{21}
优麻 供养 做 端格 优麻 威力 大 的 变化 做 金 黄

lɑ^{33} hy^{21} dɯ^{33} me^{33} phiə^{55}, ʐuɑ^{33}kv̩^{33} pv̩^{21} gv̩^{33} uə^{33} phər^{21}, tɕi^{55} tshɿ^{21} ʐuɑ^{33} kv̩^{33} ʥɿ^{21} mɯ^{21}
虎 红 一 只 变 马 头 干 九 寨 攻 季 鬼 马 头 生 下

le^{33} sy^{55}. | dæ^{21} mu^{21} tʂhu^{21} mu^{21} tv̩^{33} tv̩^{21} kɯ^{33} kɯ^{21} mu^{33} gv̩^{33} uə^{33} mɯ^{21} le^{33} thv̩^{33} .
又 杀 能干 兵 快速 兵 千 千 万 万 猛鬼 九 寨 下 又 到

mu^{33} tshɿ^{21} y^{21} kv̩^{33} ʥɿ^{21} me^{33} nɯ^{33}, y^{21} kv̩^{33} pv̩^{21} me^{33} gv̩^{33} uə^{33} gv̩^{33} khu^{33} tɕhi^{33}. | mɯ^{33}
猛鬼 绵羊 头 生 的 来 绵羊 头 干 的 九 寨 九 门 守

lɯ^{55} du^{21} ʥɿ^{33} gə^{33} y^{21} ʂʅ^{55} bu^{33} ʥo^{33} py^{21} bv̩^{33} nɯ^{33}, bər^{21} y^{21} ʐʅ^{33} hɑ^{33}、tʂhər^{21} nɑ^{55} ɕy^{55}
美利董主 的 伊世补佐 祭司 来 牦牛 绵羊 酒 饭 肥肉 瘦肉 香火

mɯ^{21} nɯ^{33},
下 来

又来到术家生牛头吐鬼守着的，用牛头骷髅建造有九个寨子的下方。美利董主的祭司伊世补佐就用牦牛和绵羊、醇酒和米饭、肥肉和瘦肉、翠柏和酥油，供养端格和优麻战神。威力无穷的端格和优麻战神施法作变化，降下来白海螺色的狮子战神。白海螺色的狮子战神摧毁了吐鬼的九个寨子，把生有牛头的九个术鬼杀死在下方。

能干快速的神兵千千万万又来到下方，来到了长着马头的九个季鬼守着的，用马头骷髅建造的九个村寨的地方。美利董主的祭司伊世补佐就用牦牛和绵羊、醇酒和米饭、肥肉和瘦肉、翠柏和酥油来供养端格、优麻战神。威力大的端格和优麻战神施法作变化，降下金黄色的猛虎战神。猛虎战神攻下了季鬼的九个寨子，把长马头的季鬼杀死在下方。

能干和快速的神兵千千万万来到了下方，生绵羊头的猛鬼在这里守卫，修筑了九个寨子。美利董主的祭司伊世补佐就用牦牛和绵羊、醇酒和米饭、肥肉和瘦肉、翠柏和酥油，

378-D-64-12

tuɑ^{33} kə^{21} iə^{33} mɑ^{21} khə^{21}, tʂhu^{55} pɑ^{33} gə^{21} le^{33} be^{33}. tuɑ^{33} kə^{21} iə^{33} mɑ^{21} nɯ^{33} pɯ^{33} pɑ^{33}
端格 优麻 前 供养 上 又 做 端格 优麻 来 变 化

be^{33}, dʐʅ^{33} zi^{33} phɑ^{33} phər^{21} dɯ^{33} me^{33} phiə^{33}. sɿ^{21} gə^{33} mu^{33} tshɿ^{21} y^{21} kv̩^{33} ʥɿ^{21} me^{33}
做 豹 美 脸 白 一 头 变 术 的 猛鬼 绵 羊 生 的

mɯ^{21} le^{33} sy^{55}, y^{21} kv̩^{33} pv̩^{21} me^{33} tshɿ^{21} uə^{33} gv̩^{33} uə^{33} mɯ^{21} le^{33} tshe^{55}. | dæ^{21} mu^{21}

下 又 杀 绵羊 头 干 的 鬼 寨 九 寨 下 又 破 能干 兵

tʂhu^{21} mu^{21} tv̩^{33} tv̩^{21} kɯ^{33} kɯ^{21} mɯ^{21} le^{33} thv̩^{33}. tse^{21} uə^{33} gv̩^{33} uə^{33} khə^{21}, tshɿ^{55} kv̩^{33}

快速 兵 千 千 万 万 下 又 到 仄鬼 寨 九 寨 前 山羊 头

dʑɿ^{21} gə^{33} tshe^{21} tshɿ^{21} nɯ^{33} le^{33} tɕhi^{33}. | du^{33} gə^{33} y^{21} ʂʅ^{55} bu^{33} dʑo^{33} py^{21} bv̩^{33} nɯ^{3}, | bər^{33}

生 的 仄鬼 下 又 守 董 的 伊世佐补 祭司 来 牦牛

y^{21} ʐʅ^{33} ha^{33}、tʂhər^{33} na^{55} ɕy^{55} ma^{21} mu^{33}, tua^{33} kə^{21} iə^{33} ma^{21} tʂhu^{55} pa^{33} be^{33}. iə^{33} ma^{21}

绵羊 酒 饭 肥肉 瘦肉 翠柏 酥油 来 端格 优麻 供养 做 优麻

dzər^{21} dɯ^{21} pɯ^{33} pa^{33} be^{33}, dv̩^{33} phər^{21} dzʅ^{33} zi^{33} ga^{33} la^{21} dɯ^{33} phu^{55} phiə^{55}dv̩^{33} phər^{21} dzʅ^{33}

威力 大 变化 做 海螺 白 豹 美 战神 一 只 变 海螺 白 豹

zi^{33} ga^{33} la^{21} nɯ^{33}, tshe^{21} tshɿ^{21} tshɿ^{55} kv̩^{33} dʑɿ^{21}me^{33} mɯ^{2} le^{33} sy^{55}, tshɿ^{55} kv̩^{33} pv̩^{21} tshɿ^{21} uə^{33}

美 战神 来 仄鬼 山羊 头 生 的 下 又 杀 山羊 头 干 鬼 寨

gv̩^{33} uə^{33} mɯ^{21} le^{33} tshe^{55}. | dæ^{21} mu^{21} tʂhu^{21} mu^{21} tv̩^{33} tv̩^{33} kɯ^{33} kɯ^{21} thɯ^{33} sɿ^{33} mɯ^{21}

九 寨 下 又 破 能干 兵 快速 兵 千 千 万 万 以后 下

le^{33} thv̩^{33}. bər^{21} kv̩^{33} pv̩^{21} gv̩^{33} uə^{33} khɯ^{33}, bər^{21} kv̩^{33} dʑɿ^{21} gə^{33} dv̩^{21} tshɿ^{21} nɯ^{33} tɕhi^{33}. | y^{21}

又 到 牦牛 头 干 九 寨 前 牦牛 头 生 的 毒鬼 来 守

ʂʅ^{55} bu^{33} dʑo^{33} py^{21} bv̩^{33} nɯ^{33}, bər^{33} y^{21} ʐʅ^{33} ha^{21} 、tʂhər^{33} na^{55} ɕy^{55} ma^{21} nɯ^{33}, tua^{33} kə^{21}

伊世补佐 祭司 来 牦牛绵羊 酒 饭 肥肉 瘦肉 柏 酥油 来 端格

iə^{33} ma^{21} tʂhu^{55} pa^{33} be^{33}. tua^{33} kə^{21} iə^{33} ma^{21} dzər^{21} dɯ^{21} pɯ^{33} pa^{33} be^{33}, bə^{33} dɯ^{21} la^{33}

优麻 供养 做 端格 优麻 威力 大 变化 做 掌 大 虎

hy^{21} ga^{33} la^{21} dɯ^{33} me^{33} phiə^{55}. dv̩^{21} tshɿ^{21} bər^{33} kv̩^{33} dʑɿ^{21}mɯ^{21} le^{33} sy^{55}, bər^{21} kv̩^{33} pv̩^{21} dv̩^{21}

红 战神 一 只 变 毒 鬼 牦牛 头 生 下 又 杀 牦牛 头 干 毒

tshɿ^{21} uə^{33} gv̩^{33} uə^{33} mɯ^{21} le^{33} tshe^{55}. | dæ^{21} mu^{21} tʂhu^{21} mu^{21} tv̩^{33} tv̩^{21} kɯ^{33} kɯ^{21} mɯ^{21}

鬼 寨 九 寨 下 又 破 能干 兵 快速 兵 千 千 万 万 下

le^{33} thv̩^{33}. thi^{55} lua^{33} tshɿ^{21} æ^{33} kv̩^{33} dʑɿ^{21} nɯ^{33} æ^{33} kv̩^{33} pv̩^{21} gv̩^{55} uə^{33} tɕhi^{33}.

又 到 妥罗鬼 鸡 头 生 来 鸡 头 干 九 寨 守

供养端格和优麻战神。端格、优麻战神施法作变化，降下来了白脸豹子战神。白脸豹子战神杀死了长绵羊头的猛鬼、摧毁了猛鬼用绵羊头骷髅建造的九个寨子。

能干快速的千千万万神兵，又来到了仄鬼的地方。仄鬼用山羊头骷髅建造了九个寨子，由长山羊头的仄鬼在守卫。董家的祭司伊世补佐就用牦牛和绵羊、醇酒和米饭、肥肉和瘦肉、翠柏和酥油来供养端格和优麻战神。有大威力的端格和优麻战神施法作变化，降下来白海螺般的白脸豹子战神。白脸豹子战神杀死长着山羊头的仄鬼，摧毁了仄鬼用九个骷髅构筑成的九个寨子。

能干快速的千千万万神兵，又来到了下一个鬼域。那里是毒鬼的地方，修筑有九个寨子，由长牦牛头的毒鬼儿子守卫着。董家的伊世补佐祭司就用牦牛和绵羊、醇酒和米饭、肥肉和瘦肉、翠柏和酥油为端格、优麻战神作供养。威力大的端格、优麻战神施法作变化，降下了巨掌赤虎战神。巨掌赤虎战神杀死了长牦牛头的毒鬼，摧毁了毒鬼用牦牛头骷髅建造的九个寨子。

能干快速的神兵千千万万来到了下一个鬼域，是妥罗鬼把守的地方。他们用鸡头骷髅筑有九个寨子，长着鸡头的妥罗鬼守卫着寨子。

378-D-64-13

du^{33} gə^{33} y^{21} ʂʅ^{55} bu^{33} ʥo^{33} py^{33} by̩^{22} nɯ^{33}, bər^{33} y^{21} zʅ^{33} hɑ^{33}、tʂhər^{33} nɑ^{55} ɕy^{55} mɑ^{21} nɯ^{33},

董 的 伊世补佐 祭司 来 牦牛 绵羊 酒 饭 肥肉 瘦肉 柏 酥油 来

tuɑ^{33} kə^{21} iə^{33} mɑ^{21} khə^{21} tʂhu^{55} pɑ^{33} be^{33}. tuɑ^{33} kə^{21} iə^{33} mɑ^{21} dʐər^{21} dɯ^{21} nɯ^{33} pɯ^{33} pɑ^{33}

端格 优麻 前 供养 做 端格 优麻 威力 大 来 变化

be^{33}, dy̩^{33} phər^{21} ɕə^{21} gu^{55} gɑ^{33} lɑ^{21} dɯ^{33} me^{33} phiə^{55} . thi^{55} luɑ^{33} gy̩^{55} uə^{33} phy̩^{21}, sɿ^{21} ʥi^{21}

作 海螺 白 大雕 战神 一 只 变化 妥罗鬼 九 村 毁 术 房

gy̩^{33} ʥi^{21} tshy^{55}, thi^{55} luɑ^{33} æ^{21} ky̩^{33} ʥɿ^{21} mɯ^{21} le^{33} sy^{55}. | du^{21} gə^{33} dæ^{21} mu^{21} tʂhu^{21} mu^{21}

九 房 毁 妥罗鬼 鸡 头 生 下 又 杀 董 的 能干 兵 快速 兵

ty̩^{33} ty̩^{21} kɯ^{33} kɯ^{21} mɯ^{21} le^{33} thy̩^{33}. | sɿ^{21} tshɿ^{21} ȵi^{33} ky̩^{33} ʥɿ^{21} me^{33} sɿ^{21} uə^{33} gy̩^{33} uə^{33}

千 千 万 万 下 又 到 术 鬼 鱼 头 生 的 术 寨 九 寨

the^{21} le^{33} tɕhi^{21}. | du^{21} gə^{33} y^{21} ʂʅ^{55} bu^{33} ʥo^{33} py^{21} by̩^{21} nɯ^{33}, bər^{33} y^{21} zʅ^{33} hɑ^{33}、tʂhər^{31}

那 又 守 董 的 伊世补佐 祭司 来 牦牛 绵羊 酒 饭 肥肉

nɑ^{55} ɕy^{55} mɑ^{21} nɯ^{33}, tuɑ^{33} kə^{21} iə^{33} mɑ^{21} khə^{21} tʂhu^{55} pɑ^{33} be^{33}. tuɑ^{33} kə^{21} iə^{33} mɑ^{21} pɯ^{33}

瘦肉 柏 酥油 来 端格 优麻 前 供养 做 端格 优麻 变化

pɑ^{33} be^{33} , ʂu^{21} zo^{33} to^{55} phər^{21} gɑ^{33} lɑ^{21} dɯ^{33} me^{33} phiə^{55}. | sɿ^{21} uə^{33} gv̩^{33} uə^{33} phv̩^{21}, sɿ^{21}
做 水獭 儿 额 白 战神 一 只 变 术鬼 寨 九 寨 毁 术

ʥi^{21} gv̩^{33} ʥi^{21} mɯ^{21} le^{33} tshe^{55}. ȵi^{33} kv̩^{33} ʥɿ^{21} sɿ^{21} tshɿ^{21} mɯ^{21} le^{33} sy^{55}, sɿ^{21} tshɿ^{21}
房 九 房 下 又 毁 鱼 头 生 术 鬼 下 又 杀 术 鬼

mɯ^{21} le^{33} zər^{21}. | du^{21} gə^{33} dæ^{21} mu^{21} tʂhu^{21} mu^{21} tv̩^{33} tv̩^{21} kɯ^{33} kɯ^{21} mɯ^{21} le^{33} thv̩^{33},
下 又 压 董 的 能干 兵 快速 兵 千 千 万 万 下 又 到

uɑ^{33} tshɿ^{21} khɯ^{33} kv̩^{33} ʥɿ^{21} me^{33} sɿ^{21} uə^{33} gv̩^{33} uə^{33} ʨhi^{33} . | dæ^{21} mu^{21} tv̩^{33} tv̩^{21} kɯ^{33} kɯ^{21}
瓦鬼 狗 头 长 的 术 寨 九 寨 守 能干 兵 千 千 万 万

mə^{33} ʨi^{55} lɯ^{33} khuɑ^{33} khuɑ^{33} tsɿ^{55}. | du^{33} gə^{33} y^{55} ʂɿ^{55} bu^{33} ʥo^{33} py^{21} bv̩^{33} nɯ^{33}, bər^{33}
不 害怕 似乎 来 董 的 伊世补佐 祭司 来 牦牛

y^{21} ʐɿ^{33} hɑ^{33}、tʂhər^{21} nɑ^{55} ɕy^{55} mɑ^{21} nɯ^{33}, tuɑ^{33} kə^{21} iə^{33} mɑ^{21} khə^{21} tʂhu^{55} pɑ^{33} be^{33}.
绵羊 酒 饭 肥肉 瘦肉 柏 酥油 来 端格 优麻 前 供养 做

董家的伊世补佐祭司，就用牦牛和绵羊、醇酒和米饭、肥肉和瘦肉、翠柏和酥油来供养端格和优麻战神。端格和优麻战神作变化，降下来白海螺色的大雕战神。大雕战神攻破了妥罗鬼的九个寨子，杀死了生有鸡头的妥罗鬼。

董家能干快速的神兵来到了下一个鬼域，那里有长着鱼头的术鬼守卫着术家的九个寨子。董家的伊世补佐祭司就用牦牛和绵羊、醇酒和米饭、肥肉和瘦肉、翠柏和酥油供养端格和优麻战神。端格和优麻战神施法作变化，降下来白额水獭战神。白额水獭战神攻下了九个术鬼寨，杀死了长着鱼头的术鬼。

董家千千万万能干快速的神兵，来到下一个鬼域。那里有瓦鬼的九个寨子，由长狗头的瓦鬼在守卫，说是不怕董的千千万万之神兵，似乎还是很害怕。董家祭司伊世补佐就用牦牛和绵羊、酒和米饭、肥肉和瘦肉、翠柏和酥油来供养端格和优麻战神。

378-D-64-14

tuɑ^{33} kə^{21} iə^{33} mɑ^{21} dʐər^{21} dɯ^{21} nɯ^{33} pɯ^{33} pɑ^{33} be^{33}, dʐɿ^{33} zi^{33} phɑ^{33} phər^{21} piə^{55}.
端格 优麻 威力 大 来 变化 做 豹 美 脸 白 变

khɯ^{33} kv̩^{33} ʥɿ^{21} uɑ^{33} tshɿ^{21} mɯ^{21} le^{33} sy^{55}, uɑ^{33} tshɿ^{21} gə^{33} gv̩^{33} uə^{21} mɯ^{21} le^{33} phv̩^{21}. |
狗 头 生 瓦鬼 下 又 杀 瓦鬼 的 九 寨 下 又 攻

du^{21} gə^{33} dæ^{21} mu^{21} tʂhu^{21} mu^{21} tv̩^{33} tv̩^{33} kɯ^{33} kɯ^{21} mɯ^{21} le^{33} thv̩^{33}. bɯ^{21} tshɿ^{21} ʥɿ^{21}
董 的 能干 兵 快速 兵 千 千 万 万 下 又 到 苯鬼 犏牛

kv̩^{33} ʥɿ^{21}, gv̩^{33} uə^{21} the^{21} le^{33} ʨhi^{33}. | du^{21} gə^{33} y^{21} ʂʅ^{55} bu^{33} ʥo^{33} nɯ^{33}, | bər^{33} y^{21} ʐʅ^{33}
头 长 九 寨 它 来 守 董 的 伊世补佐 来 牦牛 绵羊 酒

hɑ^{33}、tʂər^{21} nɑ^{55} ɕy^{55} mɑ^{21} nɯ^{33}, tuɑ^{33} kə^{21} iə^{33} mɑ^{21} dʐər^{21} dɯ^{21} khə^{21} tʂhu^{55} pɑ^{33} gə^{21} le^{33}
饭 肥肉 瘦肉翠柏酥油 来 端格 优麻 威力 大 前 供养 上 又

be^{33}. tuɑ^{33} kə^{33} iə^{33} mɑ^{21} nɯ^{33} pɯ^{33} pɑ^{33} be^{33}, bə^{33} dɯ^{21} lɑ^{33} hy^{21} dɯ^{33} me^{33} piə^{55}. bɯ^{21}
做 端格 优麻 来 变化 作 掌 大 虎 红 一 头 变 苯

tshɿ^{21} gv̩^{33} uə^{33} mɯ^{21} le^{33} tshe^{55}, bɯ^{21} tshɿ^{21} ʥɿ^{21} kv̩^{33} ʥɿ^{21} me^{33} mɯ^{21} le^{33} sy^{55}. | du^{21} gə^{33}
鬼 九 寨 下 又 毁 苯鬼 犏牛头 生 的 下 又 杀 董 的

dæ^{21} mu^{21} tʂhu^{21} mu^{21} tv̩^{33} tv̩^{21} kɯ^{33} kɯ^{21} mɯ^{21} dy^{21} thv̩^{33}. tʂhə^{55} tshɿ^{21} pɑ^{33} kv̩^{33} ʥɿ^{21} me^{33}
能干 兵 快速 兵 千 千 万 万 下 地 到 秽鬼 蛙 头 生 者

nɯ^{33}, tʂhə^{55} tshɿ^{21} gv̩^{33} uə^{33} ʨhi^{33}. | du^{21} gə^{33} y^{21} ʂʅ^{55} bu^{33} ʥo^{33} py^{21} bv̩^{21} nɯ^{33}, bər^{33}
来 秽鬼 九 寨 守 董 的 伊世补佐 祭司 来 牦牛

y^{21} ʐʅ^{33} hɑ^{33}、tʂhər^{33} nɑ^{55} ɕy^{55} mɑ^{21} nɯ^{33}, tuɑ^{33} kə^{21} iə^{33} mɑ^{21} khə^{21} tʂhu^{55} pɑ^{33} gə^{21} le^{33}
绵羊 酒 饭 肥肉 瘦肉 翠柏 酥油 来 端格 优麻 前 供养 上 又

be^{33}. tuɑ^{33} kə^{21} iə^{33} mɑ^{21} nɯ^{33} pɯ^{33} pɑ^{33} be^{33}, kə^{55} phər^{21} dɯ^{33} me^{33} piə^{55} le^{33} tshɿ^{21}.
做 端格 优麻 来 变化 作 鹰 白 一 只 变 又 来

有大威力的端格和优麻战神施法作变化，降下了白脸美豹战神。白脸美豹战神攻克了九座瓦鬼寨，杀死了长狗头的瓦鬼。

董家能干快速的神兵千千万万来到了下方的鬼域里。这里是苯鬼的地域，长着犏牛头的苯鬼守卫着他们的九个苯鬼寨。董家的伊世补佐东巴就用牦牛和绵羊、醇酒和米饭、肥肉和瘦肉、翠柏和酥油供养有大威力的端格和优麻战神。端格和优麻战神施法作变化，降下来巨掌红虎战神。巨掌红虎战神摧毁了九座苯鬼寨，杀死了长犏牛头的苯鬼。

董家能干快速的千千万万神兵，来到了下方的鬼域。这是秽鬼的地方，生蛙头的秽鬼守卫着秽鬼的九个鬼寨。董家的伊世补佐祭司用牦牛和绵羊、醇酒和米饭、肥肉和瘦肉、翠柏和酥油来供养有大威力的端格、优麻战神。端格、优麻战神就变化出白鹰战神。

378-D-64-15

kə^{55} phər^{21}gɑ^{33} lɑ^{21} nɯ^{33} , tʂhə^{55} gə^{33} gv̩^{33} uə^{33} phv̩^{21} tʂhə^{55} uə^{33} gv̩^{33} uə^{33} mɯ^{21} le^{33} tshe^{55},
鹰 白 战神 来 秽鬼 的 九 寨 破 秽鬼 寨 九 寨 下 又 毁

pɑ^{33} kv̩^{33}dʐʅ^{21}gə^{33} tʂhə^{55} tshʅ^{21}mɯ^{21} le^{33} sy^{55}. | lɯ^{33} kv̩^{55} py^{21} bv̩^{21} nɯ^{33}, bər^{33} y^{21} ʐʅ^{33} hɑ^{33}、
蛙 头 生 的 秽鬼 下 又 杀 能干 祭司 来 牦牛 绵羊 酒 饭

tʂhər^{21} nɑ^{55} ɕy^{55} mɑ^{21} nɯ^{33}, tuɑ^{33} kə^{21} iə^{33} mɑ^{21} khə^{21} tʂhu^{55} pɑ^{33} gə^{21} le^{33} be^{33}. tuɑ^{33} kə^{21}
肥肉 瘦肉 翠柏 酥油 来 端格 优麻 前 供养 上 又 献 端格

iə^{33} mɑ^{21} nɯ^{33} pɯ^{33} pɑ^{33} be^{33},① | mɯ^{33} lɯ^{55} du^{21} dʐʅ^{33} tʂhər^{55}, | du^{21} gə^{33} dæ^{21} mu^{21} tʂhu^{21}
优麻 来 变化 作 美利董主 代 董 的 能干 兵 快速

mu^{21}、gɑ^{33} mu^{21} u^{21} mu^{21} tv̩^{33} tv̩^{21} kɯ^{33} kɯ^{21} nɯ^{33}, bu^{21} nɑ^{21} gv̩^{33} bu^{33} lo^{55}; bi^{21}
兵 嘎神 兵 吾神 兵 千 千 万 万 来 坡 黑 九 坡 越 林

nɑ^{21} gv̩^{33} bi^{33} dər^{21}; dy^{21} nɑ^{21} dy^{21} dər^{21}; dʑi^{21} nɑ^{21} huɑ^{21} dər^{21}, thɯ^{33} sʅ^{21} mɯ^{21} dy^{21}
黑 九 林 涉 地 黑 地 过 水 黑 条 涉 那之后 下 方

thv̩^{33} . | æ^{33} tɕhi^{33} tʂhu^{55} me^{33} bu^{21} ȵə^{21} thv̩^{33}. æ^{33} bu^{21} kv̩^{33} nɯ^{33} tɯ^{33}, ʂu^{21} dʑy^{21} kv̩^{33}
到 铜 刺 插 者 坡 上 到 铜 坡 顶 来 起 铁 山 顶

ȵə^{21} thv̩^{33} le^{33} tshʅ^{21}. | sʅ^{21} gə^{33} uə^{33} khɯ^{33} æ^{33} tɕhi^{33} ʂu^{21} tɕhi^{33} tshʅ^{55}, uə^{33} kv̩^{33} tɕi^{21}
上 到 又 来 术 的 寨 脚 铜 刺 铁 刺 插 寨 上 云

nɑ^{21} lv̩^{55}. | mɯ^{33} lɯ^{55} sʅ^{21}dʐʅ^{33} gə^{33} sʅ^{21} mu^{21} tshʅ^{55} kv̩^{33} dʐʅ^{21}、khɯ^{33} kv̩^{33} dʐʅ^{21}、ȵi^{33} kv̩^{33}
黑 笼罩 美利术主 的 术 兵 山羊 头 生 狗 头 生 鱼 头

dʐʅ^{21} me^{33} nɯ^{33} tɕhi^{33}. ʂu^{33} hɯ^{55} dɑ^{21} hɯ^{55} tʂhʅ^{33} khu^{33} i^{33}, sʅ^{21} zo^{33} ŋɑ^{33} se^{55} mi^{33} uə^{33} dæ^{21}
生 者 来 守 铁 海 刀 海 这 门 有 术 儿 安生米坞 能干

① 以下还应有的内容，该书没写，可能是抄写有误或该书写者有意略去。

nɯ^{33} tɕhi^{33}.｜ȵi^{33} me^{33} thy̩^{33}, tuɑ^{33} zɑ^{21} ʥi^{33} by̩^{33} nɯ^{33} tɕhi^{33}. sər^{33} uə^{33} gy̩^{33} uə^{33} thy̩^{33},
来 守 东方 呆饶金补 来 守 木 村 九 村 出

sər^{33} khu^{33} gy̩^{33} khu^{33} tshɿ^{55}, lɑ^{33} nɑ^{21} me^{33} nɯ^{33} tɕhi^{33}.｜i^{33} tʂhʅ^{33} mu^{21}, ʂʅ^{21} dzʅ^{33} ʥi^{33} by̩^{33}
木 门 九 门 建 虎 黑 者 来 守 南方 史支金补

nɯ^{33} tɕhi^{33}. mi^{33} uə^{33} gy̩^{33} uə^{33} thy̩^{33}, mi^{33} khu^{33} gy̩^{33} khu^{33} tshɿ^{55}, dzʅ^{33} nɑ^{21} me^{33} nɯ^{33}tɕhi^{33}.
来 守 火 寨 九 寨 出 火 门 九 门 建 豺 黑 者 来 守

攻下了秽鬼的九个寨，摧毁了秽鬼的九个寨，把长蛙头的秽鬼杀死在了下方。

能干的祭司用牦牛和绵羊、醇酒和米饭、肥肉和瘦肉、翠柏和酥油，为有无限大威力的端格、优麻战神作供养。端格、优麻战神施法作变化。

美利董主的时代，董家能干且快速的千千万万神兵，翻过了九道黑坡，穿过了九片森林，经过了九个黑色的地域，涉过了九条大江之后，来到了下方的地域。来到了插有铜刺的铜山坡上，从铜山坡上开拔，来到了铁山上，从铁山上出发，来到了下方美利术主住的地方。

他的寨脚遍插有铜刺和铁刺，寨上笼罩着黑云和黑风。由长有山羊头、长有狗头、长有鱼头的术鬼在把守。寨子的周围还围绕着铁海刀海。美利术主能干的儿子安生米坞是众鬼兵的头。寨子的东方，由鬼王呆饶金补在守卫。他修筑了九座木寨，布防有九道木门，木门由黑虎在守卫。南方由鬼王史支金补在把守。他修建了九座火寨，九道火门，由黑猛豹在守卫。

378-D-64-16

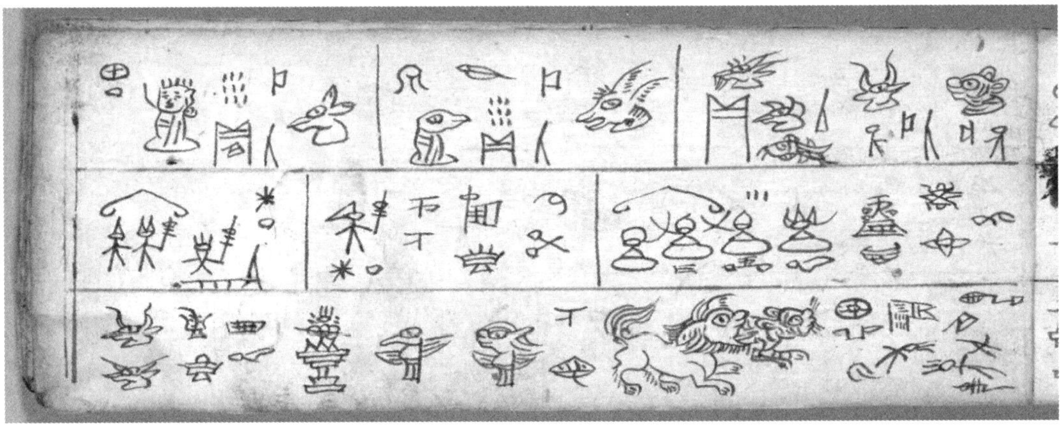

ȵi^{33} me^{33} gy̩^{21}, sɿ^{33} phy̩^{33} ʥi^{21} by̩^{33} nɯ^{33} tɕhi^{33}. ʂu^{21} uə^{33} gy̩^{33} uə^{33} thy̩^{33}, ʂu^{33} khu^{33} gy̩^{33} khu^{33}
西方 斯普金补 来 守 铁 寨 九 寨 建 铁 门 九 门

tshɿ^{55}, gy̩^{33} nɑ^{21} me^{33} nɯ^{33} tɕhi^{33}.｜ho^{33} gy̩^{33} lo^{21}, ny̩^{21} dʐʅ^{33} ʥi^{33} by̩^{33} nɯ^{33}, ʥi^{21} uə^{33} gy̩^{33}
筑 熊 黑 者 来 守 北方 努祖景补 来 水 寨 九

uə^{33} thy̩^{21}, ʥi^{21} khu^{33} gy̩^{33} khu^{33} tshɿ^{55}, nɑ^{21} tɑ^{55} tɕy̩^{33} lu^{21} me^{33} nɯ^{33} tɕhi^{33}.｜tshɿ^{55} ky̩^{33}
寨 建 水 门 九 门 建 拿道居卢 者 来 守 山羊 头

dʐʅ^{21}、khɯ^{33} ky̩^{33} dʐʅ^{21}、ȵi^{33} ky̩^{33} dʐʅ^{21} mu^{33} tʂhʅ^{33} khu^{33} tɕhi^{33}. uæ^{33} khu^{33} bər^{33} nɯ^{33} tɕhi^{33};
生 狗 头 生 鱼 头 生 来 这 门 守 左 门 牦牛 来 守

i^{21} khu^{33} lɑ^{33} nɯ^{33} tɕhi^{33}. | mɯ^{33} bv̩^{21} dv̩^{21} mu^{21} tse^{21} mu^{21} tv̩^{33} tv̩^{21} kɯ^{33} kɯ^{21} nɯ^{33} tɕhi^{33};
右门 虎来 守 天下 毒鬼 兵 仄鬼兵 千 千 万 万 来 守

dy^{21} tɕər^{21} mu^{33} mu^{21} ɯ^{21} mu^{21} tv̩^{33} tv̩^{21} kɯ^{33} kɯ^{21} me^{33} nɯ^{33} tɕhi^{33}. | du^{21} gə^{33} dæ^{21} mu^{21}
地 上 猛鬼 兵 恩鬼 兵 千 千 万 万 者 来 守 董 的 能干 兵

tʂhu^{21}, mu^{21}tv̩^{33} tv̩^{21} kɯ^{33} kɯ^{21}、phər^{21} mu^{21} ʂæ^{21} mu^{21}、gɑ^{33} mu^{21} u^{21} mu^{21} le^{21} mə^{33} tɕi^{55}
快速 兵 千 千 万 万 盘神 兵 禅神 兵 嘎神 兵 吾神 兵 又 不 害

tɕhi^{33} lɯ^{33} khuɑ^{33} khuɑ^{21} kv̩^{33}. | mɯ^{33} bv̩^{21} mɯ^{33} lɯ^{55} du^{21} dʐʅ^{33}、sɑ^{21} lɯ^{33} uə^{33} de^{33}、he^{21}
怕 是 似乎 会 天 下 美利董主 刹依威德

dɯ^{21} uɑ^{33} phər^{21}sʅ^{55} kv̩^{33} le^{33} dʐʅ^{21} guə^{33}. to^{33} bɑ^{21} ʂər^{55} lər^{33} nɯ^{33}, sʅ^{33} phər^{21} ʐʅ^{21} tɯ^{33} khu^{33}
恒迪窝盘 三 个 又 商量 东巴什罗 以 毛毡 白 神坛

du^{21} lv̩^{33} gə^{21} le^{33} tshʅ^{55}. ŋv̩^{33} hæ^{21} o^{33} tʂhu^{21} phv̩^{33} lɑ^{21} i^{33} dɑ^{55} dʑi^{33}. | bər^{33} y^{21} ʐʅ^{33} hɑ^{33} 、
神 石 上 又 竖 银 金 松石 墨玉 神 礼物 献 牦牛 绵羊 酒 饭

tʂhər^{21} nɑ^{55} ɕy^{55} mɑ^{21} nɯ^{33}, tuɑ^{33} kə^{21} iə^{33} mɑ^{21} tʂhu^{55} pɑ^{33} gə^{21} le^{33} be^{33}. | tuɑ^{33} kə^{21}
瘦肉 肥肉 翠柏酥油 来 端格 优麻 供养 上 又 做 端格

iə^{33} mɑ^{21} dzər^{21} dɯ^{21} pɯ^{33} pɑ^{33} be^{33}, dv̩^{33} phər^{21} si^{33} gɯ^{21} dɯ^{21} gə^{33} dɯ^{33} me^{33} piə^{55}. ȵi^{33}
优麻 威力 大 变化 作 海螺 白 狮子 大 的 一 只 变 东方

me^{33} thv̩^{33}, bə^{33} dɯ^{21} lɑ^{33} nɑ^{21} do^{55} le^{33} sy^{55}. ȵi^{33} me^{33} thv̩^{33} gə^{33} sər^{33} uə^{33} phər^{21}, sʅ^{21}
掌 大 虎 黑 扑 又 杀 东方 的 木 寨 攻 术

lɯ^{33} tɕhər^{33} 、sʅ^{21} ly^{33} tɕhər^{33}, sər^{21} tshʅ^{21} gv̩^{33} kv̩^{55} mɯ^{21} le^{33} sy^{55}. tər^{21} zɑ^{33} dʑi^{33} bv̩^{33}
箭 断 术 矛 断 木 鬼 九 个 下 又 杀 呆饶金补

mɯ^{21} le^{33} sy^{55}.
下 又 杀

西方由鬼王斯普金补在把守。他修建了九座铁寨，九道铁门。铁门由黑熊在守卫。北方由鬼王努祖景补在把守。他修建了九座水寨，九道水门。水门由拿道居卢黑马在守卫。长山羊头、长狗头、长鱼头的术家鬼在把守着寨子的正门。此门的左边，还有牦牛在守卫；此门的右边，还有老虎在守卫。天下有千千万万的毒鬼兵和仄鬼兵在守卫；地上有千千万万的猛鬼兵和恩鬼兵在守卫。美利董主能干快速的盘神兵、禅神兵、嘎神兵、吾神兵说是不害怕，似乎还是很害怕。美利董主、刹依威德、恒迪窝盘三个相商量后，由东巴什罗祭司，铺起了白羊毛毡，设置了神坛，竖起了神石。供上了白银和黄金、松石和墨玉，用牦牛和绵羊、酒和饭、肥肉和瘦肉、翠柏和酥油，供养威力无穷的端格战神和优麻战神。端格和优麻战神施法作变化，从上方降下白海螺色的雄狮战神。雄狮战神杀死了守卫着东方木门的黑虎。摧毁了东方的九座术鬼木寨，攻破了鬼寨的九道木门，砍断了术鬼的刀矛和箭，杀死了九个木鬼大头目。杀死了东方鬼王呆饶金补。

378-D-64-17

du^{21} gə^{21} y^{21} ʂʅ^{55} bu^{33} ʥo^{21} py^{33} by̩^{21} nɯ^{33}, bər^{33} y^{21} ʐʅ^{33} hɑ^{33} 、tʂhər^{21} nɑ^{55} ɕy^{55} mɑ^{21}
董 的 伊世补佐 祭司 来 牦牛 绵羊 酒 饭 肥肉 瘦肉 翠柏 酥油

nɯ^{33}, tuɑ^{33} kə^{21} iə^{33} mɑ^{21} dʐər^{21} dɯ^{21} tʂhu^{55} pɑ^{33} be^{33}. tuɑ^{33} kə^{21} iə^{33} mɑ^{21} pɯ^{33} pɑ^{33} be^{33},
用 端格神 优麻神 威风 大 供养 献 端格 优麻 变化 做

uɑ^{21} hər^{21} mɯ^{33} dʐər^{33} gɑ^{33} lɑ^{21} zɑ^{21} le^{33} tshʅ^{21}. i^{33} tʂhʅ^{33} mɯ^{21} gə^{33} dʐʅ^{33} nɑ^{21} do^{55} le^{33} sy^{55}.
松石 绿 天 威 战神 降 又 来 南方 的 豹 黑 扑 又 杀

gy̩^{33} huɑ^{21} gy̩^{33} ʥi^{21} nɯ^{33}, sʅ^{21} gə^{33} mi^{33} uə^{33} gy̩^{33} uə^{33} phy̩^{21}. sʅ^{21} ly^{33} tɕhər^{33} 、sʅ^{21} gæ^{21}
九 条 九 水 来 术 的 火 寨 九 寨 攻 术 箭 断 术 兵器

tshe^{55}, mi^{33} khu^{33} gy̩^{33} khu^{33} mɯ^{21} le^{33} tshe^{55}. ʂʅ^{21} dʐʅ^{33} ʥi^{33} by̩^{33} mi^{33} tshʅ^{21} mɯ^{21} le^{33} sy^{55}. |
毁 火 门 九 门 下 又 毁 史支金补 火 鬼 下 又 杀

du^{21} gə^{21} y^{21} ʂʅ^{55} bu^{33} ʥo^{21} py^{21} by̩^{21} nɯ^{33}, bər^{33} y^{21} | ʐʅ^{33} hɑ^{33} 、tʂhər^{21} nɑ^{55} ɕy^{55} mɑ^{21}
董 的 伊世补佐 祭司 来 牦牛 绵羊 酒 饭 肥肉 瘦肉 柏 酥油

nɯ^{33}, tuɑ^{33} kə^{21} iə^{33} mɑ^{21} dʐər^{21} dɯ^{21} tʂhu^{55} pɑ^{33} be^{33}.tuɑ^{33} kə^{21} iə^{33} mɑ^{21} pɯ^{33} pɑ^{33} be^{33},
来 端格 优麻 威力 大 供养 做 端格 优麻 变化 做

bə^{33} dɯ^{21} lɑ^{33} hy^{21} gɑ^{33} lɑ^{21} zɑ^{21} le^{33} tshʅ^{21}. ȵi^{33} me^{33} gy̩^{33} gə^{33} gy̩^{21} nɑ^{21} do^{55} le^{33} sy^{55}.
掌 大 虎 红 战神 降 又 来 西方 的 熊 黑 扑 又 杀

ʂu^{21} uə^{33} gy̩^{33}uə^{33}mi^{33} nɯ^{33} kuɑ^{33}, ʂu^{21} khu^{33}gy̩^{33} khu^{33} mɯ^{21} le^{33} tshe^{55} sʅ^{33} phy̩^{33}ʥi^{33} by̩^{33}、
铁 寨 九 寨 火 来 吞 铁 门 九 门 下 又 毁 斯普金补

ʂu^{21} tshʅ^{21} gy̩^{33} ky̩^{55} mɯ^{21} le^{33} sy^{55}. lɯ^{33} tɕhər^{33} ly^{33} tɕhər^{33} mɯ^{21} le^{33} zər^{21}. | du^{21} gə^{33}
铁 鬼 九 个 下 又 杀 箭 断 矛 断 下 又 压 董 的

y^{21} ʂʅ^{55} bu^{33} ʥo^{33} py^{21} by̩^{21} nɯ^{33}, bər^{33} y^{21} ʐʅ^{33} hɑ^{33} 、tʂhər^{21} nɑ^{55} ɕy^{55} mɑ^{21} nɯ^{33}, |
伊世补佐 祭司 来 牦牛 绵羊 酒 饭 肥肉 瘦肉 柏 酥油 来

tuɑ^{33} kə^{21} iə^{33} mɑ^{21} dʐər^{33} dɯ^{21} tʂhu^{55} pɑ^{33} be^{33}. tuɑ^{33} kə^{21} iə^{33} mɑ^{21} pɯ^{33} pɑ^{33} be^{33}, hæ^{33} ʂʅ^{21}
端格 优麻 威力 大 供养 做 端格 优麻 变化 做 金 黄

tsho^{21} ze^{33} gɑ^{33} lɑ^{21} zɑ^{21} le^{33} tshʅ^{21}. ho^{33} gv̩^{33} lo^{21} gə^{33} nɑ^{21} tɑ^{55} tɕy^{33} lu^{21} do^{55} le^{33} sy^{55}. dʑi^{21}
大象 战神 降 又 来 北方 的 拿道居卢 扑 又 杀 水

uə^{33} gv̩^{55} uə^{33} tʂʅ^{3} nɯ^{33} le^{33} zər^{21} , dʑi^{33} khu^{33} gv̩^{55} khu^{33} mɯ^{21} le^{33} tshe^{55}. nv̩^{21} dʐʅ^{33} dʑi^{33}
寨 九 寨 土 来 又 压 水 门 九 门 下 又 毁 努祖景补

bv̩^{33}、dʑi^{21} tshʅ^{21} mɯ^{21} le^{33} sy^{55}. lɯ^{33} tɕhər^{33} ly^{33} tɕhər^{33} mɯ^{21} le^{33} zər^{21}. | du^{21} gə^{33}
水 鬼 下 又 杀 箭 断 矛 断 下 又 压 董 的

y^{21} ʂʅ^{55} bu^{33} dʑo^{33} py^{21} bv̩^{21} nɯ^{33}, bər^{33} y^{21} zʅ^{33} hɑ^{21} 、tʂhər^{21} nɑ^{55} ɕy^{55} mɑ^{21} nɯ^{33}, tuɑ^{33}
伊世补佐 祭司 来 牦牛 绵羊 酒 饭 肥肉 瘦肉 翠柏 酥油 来 端格

kə^{21} iə^{33} mɑ^{21} dʐər^{21} dɯ^{21} tʂhu^{55} pɑ^{33} be^{33}.
优麻 威力 大 供养 做

董家的伊世补佐祭司，用牦牛和绵羊、酒和饭、肥肉和瘦肉、翠柏和酥油，为有大威神力的端格、优麻战神祭献上供品。端格、优麻战神作变化，变化出来一只绿松石色的天威兽战神。天威兽战神杀死了南方鬼域的黑豹子，用九条大河水，淹没了南方鬼域的九座火寨。折断了守寨鬼兵的箭、矛等兵器，捣毁了南方火鬼们的九道防卫，杀死了南方鬼王史支金补，杀死了南方九个大火鬼。

董家的伊世补佐祭司，用牦牛和绵羊、酒和饭、肥肉和瘦肉、翠柏和酥油，为有大威力的端格、优麻战神祭献供养。端格、优麻战神作变化，变化出了巨掌红虎战神，扑杀了西方守鬼域的黑熊。还变化出了熊熊的烈火，吞没了西方鬼域的九座铁寨，攻破了西方鬼域的九道铁门，杀死西方鬼王斯普金补和九个铁鬼，折断了它们的箭矛兵器。

董家的伊世补佐祭司用牦牛和绵羊、酒和饭、肥肉和瘦肉、翠柏和酥油，供养有大威力的端格、优麻战神。端格、优麻战神作变化，变化出金黄大象战神，扑杀了守卫着北方鬼域的拿道居卢鬼。用土埋了北方鬼域的九座水寨，攻下北方鬼域的九道水门，把鬼王努祖景补和水鬼杀死在了鬼域里，还折断了它们所有的箭矛兵器。

董家的伊世补佐祭司，用牦牛和绵羊、酒和饭、肥肉和瘦肉、翠柏和酥油，供养有大威力的端格、优麻战神。

378-D-64-18

tuɑ33 kə21 iə33 mɑ21 dzə̧r21 dɯ21 nɯ33 pɯ33 pɑ33 be33, phɑ21 zi33 nv̩33 nɑ21 gɑ33 lɑ21 zɑ21 le33
端格 优麻 威力 大 来 变化 作 狼 美 嘴 黑 战神 降 又

tshʅ21 . sʅ21 gə33 khuɑ21 dʑʅ21 tshʅ55 dʑɑ33 do55 le33 sy55. | du21 gə33 y21 ʂʅ55 bu33 dʑo33 nɯ33,
来 术 的 角 长 山羊 瘦 跳舞 又 杀 董 的 伊世补佐 来

bər21 y21 ʐʅ33 hɑ33、tʂhər21 nɑ55 ɕy55 mɑ21nɯ33, tuɑ33 kə21 iə33 mɑ21tʂhu55 pɑ33 be33.tuɑ33 kə21
牦牛绵羊酒 饭 肥肉 瘦肉 翠柏 酥油 来 端格 优麻 供养 做 端格

iə33mɑ21 nɯ33 pɯ33 pɑ33 be33, | dv̩33 phər21 dʐʅ33 zi33 gɑ33 lɑ21 zɑ21le33 tshʅ21. sʅ21 gə33 khɯ33
优麻 来 变化 作 海螺 白 豹 美 战神 降 又 来 术 的 狗

nɑ21 ʂv̩21 kv̩33 dʑʅ21 do55 le33 sy55. | y21 ʂʅ55 bu33 dʑo33 pv̩33 bv̩21 nɯ33, bər33 y21 ʐʅ33 hɑ33、
黑 铁 头 生 跳 又 杀 伊世补佐 祭司 来 牦牛 绵羊 酒 饭

tʂhər21 nɑ55 ɕy55 mɑ21 nɯ33, tuɑ33 kə21 iə33 mɑ21 tʂhu55 pɑ33 be33.tuɑ33 kə21 iə33 mɑ21 dzə̧r21
肥肉 瘦肉 翠柏 酥油 来 端格 优麻 供养 做 端格 优麻 威力

dɯ21nɯ33 pɯ33 pɑ33be33, dv̩33 phər21 ʂv̩33 zo33 gɑ33 lɑ21 zɑ21 le33 tshʅ21. sʅ21tshʅ21 ȵi33 kv̩33dʑʅ21
大 来 变化 作 海螺 白 水獭 战神 降 又 来 术 鬼 鱼 头 生

me33 do55 le33 sy55, sʅ 21 dʑi21 gv̩33 dʑi21、sʅ21 uə33 gv̩33 uə33 mɯ21 le33 phv̩21. sʅ21 dɑ21 gv̩33
的 跳 又 杀 术 房 九 房 术 寨 九 寨 下 又 破 术 刀 九

khɯ21、sʅ21 dɑ21 gv̩33 tɑ21 nɯ33 le33 hɯ55. | sʅ21 gə33 uə33 kv̩33 tɕi33 nɑ21 hər33 nɑ21 lv̩55, uə33
把 术 镰刀 九 把 来 又 围 术 的 村 头 云 黑 风 黑 罩 村

khɯ33 æ33 tɕhi33 ʂu21 tɕhi33 tho55, nɑ21 lv̩33 ko33 ko21 tse55 gə33 uə33 mɯ21 le33 hɯ55. |
脚 铜 刺 铁 刺插 黑 石 坚固 建 的 寨 下 又 破

du21 gə33 y21 ʂʅ55 bu33 dʑo33 pv̩33 bv̩21 nɯ33, bər33 y21 ʐʅ33 hɑ33、tʂhər21 nɑ55 ɕy55 mɑ21 nɯ33,
董 的 伊世补佐 祭司 来 牦牛 绵羊 酒 饭 肥肉 瘦肉 翠柏酥油来

tuɑ33 kə21 iə33 mɑ21 tʂhu55 pɑ33 be33. tuɑ33 kə21 iə33 mɑ21 dzə̧r21 dɯ21 nɯ33 pɯ33 pɑ33 be33, |
端格 优麻 供养 做 端格 优麻 威力 大 来 变化 作

gɑ33 uə33 lɑ21 duɑ33 zɑ21 le33 tshʅ21. kv̩55 dv̩21 lɑ33 bɑ21 be33; mi33 bɑ21 uə13 dʑi21 be33. khuɑ55
嘎乌劳端 降 又 来 风箱 虎 叫 做 火 花 鹰 飞 做 铠

dʑi33 gæ33 dʑi21 tshʅ55, zə̧r33 ty33 lv̩33 ty33 nɯ33. dʐʅ33dzo33 gə21 le33 tshʅ55.
衣 甲 衣 做 刀 打 矛 打 如此 飞石器 上 又 竖

有大威力的端格、优麻战神作变化，变出黑嘴漂亮的狼战神，跳着扑杀了术家长角的黑瘦山

羊。董家的伊世补佐祭司，用牦牛和绵羊、酒和饭、肥肉和瘦肉、翠柏酥油，为有大威力的端格、优麻战神祭献供养。端格、优麻战神作变化，变出白海螺色的漂亮豹战神。漂亮的豹战神把术家生着铁头的黑狗扑杀了。

董家的伊世补佐祭司，用牦牛和绵羊、酒和饭、肥肉和瘦肉、翠柏和酥油，为有大威力的端格、优麻战神予以供养。有大威力的端格、优麻战神作变化，变化出白海螺色的水獭战神。把长有鱼头的鬼域守卫杀死在下方。攻破捣毁了术家由铁海刀海围着、插着铜刺铁刺，黑云黑风笼罩着，还用黑石垒得非常坚固的术鬼寨子。

美利董主家的祭司用牦牛和绵羊、酒和饭、肥肉和瘦肉、酥油和翠柏，为有大威力的端格、优麻战神予以供养。有大威力的端格、优麻战神施法作变化，降下嘎乌劳端战神。他筑起火炉制造兵器。风箱声似虎啸；打铁的火花似鹰飞。他打出铠和甲，打出锋利的刀和矛，还架起了飞石器。

378-D-64-19

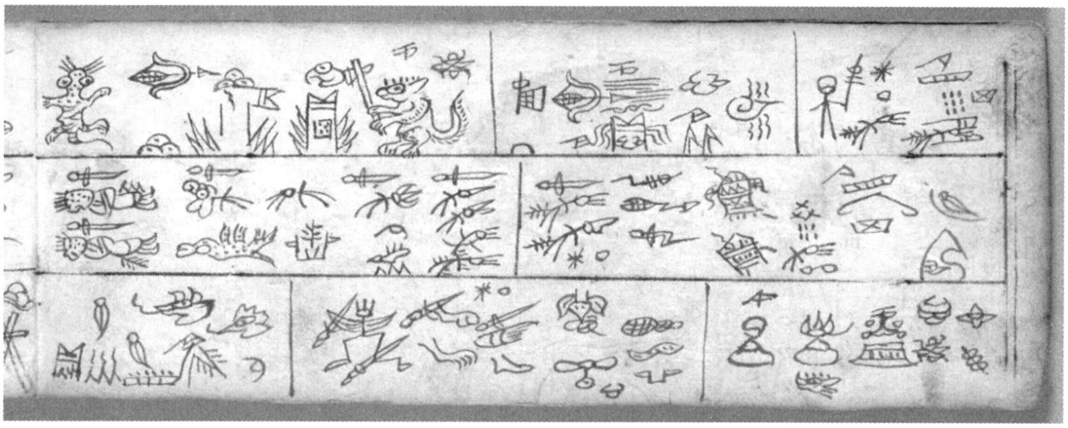

lɑ^{33} ɯ^{33} lɯ^{33} bv̩^{33} tshɿ^{55}, kæ^{55} lɯ^{33} dʐə^{33} bo^{21} ty^{33}. lɯ^{33} sɿ^{33} lɯ^{33} me^{33} ty^{33}, sæ^{33} bæ^{21} lɯ^{33}
虎 皮 箭囊 缝 射 箭 周波 打 箭 弓 打 箭 镞 箭

sɿ^{33} ty^{33}. sɿ^{21} uə^{33} phər^{21}, sɿ^{21} tɕhi^{33} dɑ^{55}, sɿ^{21} tɕhi^{33} tɕhər^{33}. du^{21} gə^{33} hæ^{33} ʂʅ^{21} y^{21} ʂʅ^{21} nɯ^{33},
支 打 术 寨 破 术 刺 砍 术 刺 断 董 的 金 黄 猴 黄 来

sɿ^{21} gə^{33} uə^{21} nɑ^{21} ty^{33}, sɿ^{33} uə^{33} gv̩^{33} uə^{33} phər^{21}, ʂu^{21} tɕhi^{33} ly^{33} tɕhi^{33} tɕhər^{33}. | gɑ^{33} gə^{33}
术 的 鹰 黑 打 术 寨 九 寨 破 铁 刺 矛 刺 断 胜利神 的

dʐə^{33} bo^{21} lɯ^{33} sɿ^{33} nɯ^{33}, tɕi^{33} phər^{21} hər^{33} phər^{21} the^{33} ȵi^{33} be^{33}, sɿ^{21}gə^{33} ʂu^{21} uə^{33} æ^{33} uə^{33}
周波 箭支 来 云 白 风 白 那样 做 术 的 铁 寨 铜 寨

mɯ^{21} le^{33} phv̩^{21}. ʂu^{21} tɕhi^{33} æ^{33} tɕhi^{33} mɯ^{21} le^{33} tɕhər^{33}, sɿ^{21} gə^{33} dv̩^{33} hɯ^{55} dɑ^{21} hɯ^{55}
下 又 破 铁 刺 铜 刺 下 又 断 术 的 毒 海 苦 海

mɯ^{21} le^{33} phv̩^{21}. | mɯ^{33} lɯ^{55} du^{21} ʥʅ^{33} gə^{33} , du^{21} zo^{33} dæ^{21} mu^{21} tv̩^{33} tv̩^{33} kɯ^{33} kɯ^{21} nɯ^{33},
下 又 捅 美利董主 的 董 儿 能干 兵 千 千 万 万 来

mɯ^{33} lɯ^{55} sɿ^{21} ʥʅ^{33} gə^{33} tv̩^{33} tv̩^{21} kɯ^{33} kɯ^{21} mɯ^{21} le^{33} sy^{55}. sɿ^{21} uə^{33} gv̩^{33} uə^{33} mɯ^{21} le^{33}
美利术主 的 千 千 万 万 下 又 杀 术 寨 九 寨 下 又

phy̩^{55}, sɿ^{33} dy^{21} gy̩^{33} dy^{21} mɯ^{21} le^{33} tshe^{55}, | mi^{33} mɑ^{21} se^{21} de^{33}、kɯ^{33} zɑ^{21} nɑ^{21} mu^{21} mɯ^{21}
破 术 地 九 地 下 又 毁 米麻沈登 庚饶拿姆 下

le^{33} sy^{55}. sɿ^{33} khɯ^{33} sɿ^{33} bu^{21} mɯ^{21} le^{33} sy^{55}, sɿ^{21} tshɿ^{21} mɯ^{21} le^{33} py̩^{55}. sɿ^{55} gə^{33} py^{21}
又 杀 术 狗 术 猪 下 又 杀 术 鬼 下 又 送 术 的 祭司

by̩^{21} mə^{33} py^{21} tso^{33} by̩^{33} sy^{55}, sɿ^{21} gə^{33} dy̩^{21} ne^{21} tse^{21} 、mu^{33} ne^{21} ɯ^{33} mɯ^{21} le^{33} sy^{55}. |
牟毕唑补 杀 术 的 毒鬼 和 仄鬼 猛鬼 和 恩鬼 下 又 杀

mɯ^{33} lɯ^{55} sɿ^{21} dʑɿ^{33}、kɯ^{33} zɑ^{21}nɑ^{21} mu^{33} mɯ^{21} le^{33} sy^{55}, sɿ^{21} tshɿ^{21} ty̩^{33} ty̩^{21} kɯ^{33} kɯ^{21}mɯ
美利术主 庚饶拿姆 下 又杀 术 鬼 千 千 万 万 下

le^{33} sy^{55}. sɿ^{21} ly^{33} tɕhər^{33}, sɿ^{21} lɯ ^{33} tɕhər^{33}, sɿ^{21} uɑ^{33} tɕhər^{33}, sɿ^{21} gə^{33} kæ^{55} lɯ^{33} dʐə^{33} bo^{21}
又 杀 术 矛 断 术 箭 断 术 骨 断 术 的 射 箭 周波

tɕhər^{33}, khuɑ^{55} dʑi^{33} gɯ^{21} dʑi^{21} tshe^{55}, tshɿ^{21} uɑ^{33} nɑ^{21} sɿ^{21} ɕi^{33} tʂhuɑ^{55} tshər^{21} mɯ^{21} le^{33}
断 铠 衣 甲 衣 破 术 骨 黑 三 百 六十 下 又

sy^{55}. sɿ^{21} mɯ^{33} tshe^{55} ; sɿ^{21}dy^{21} phy̩^{21}; sɿ^{21} dʑi^{21} tshe^{55}; sɿ^{21} æ^{21} phiə^{21}. | sɿ^{21} uə^{33} mi^{33}
杀 术 天 折 术 地 毁 术 水 捅 术 崖 倒塌 术 寨 火

nɯ^{33} kuɑ^{33}; sɿ^{21} dy^{21} dʑi^{21} nɯ^{33} tʂʅ^{55}. sɿ^{21} dʑər^{21} tɕhər^{33}; sɿ^{21} dʑər^{21} dɑ^{55}。sɿ^{21} dy^{21} khɯ^{33}
来 吞 术 地 水 来 淹 术 树 断 术 树 砍 术 地 狗

mə^{33}lu^{21} ; æ^{21} mə^{33} tɕy^{21} gy̩^{33}. | lu^{33} dʑɿ^{21} tshɿ^{21}、pɯ^{55} dʑɿ^{21} tshɿ^{21}、khuɑ^{33} dʑɿ^{21} tshɿ^{21} ty̩^{33} ty̩^{21}
不 叫 鸡 不 鸣 成 翅 生 鬼 纹 生 鬼 蹄 生 鬼 千 千

kɯ^{33} kɯ^{21} gə^{33} tʂhər^{55} ne^{21} nɯ^{21}、sər^{55} ne^{21} kɯ^{21} hu^{55} ne^{21} tsi^{55} le^{33} thy̩^{33}. | mɯ^{33} lɯ^{55}
万 万 的 肺 和 心 肝 和 胆 肚 和 脾 又 掏 美利董主

du^{21} dʑɿ^{33} gə^{33} y^{21} ʂʅ^{55} bu^{33} dʑo^{33} nɯ^{33}, phy̩^{33} lɑ^{21} ʐʅ^{55} tɯ^{33} gə^{21} le^{33} khu^{33}, ŋy̩^{33} hæ^{21} uɑ^{33}
的 伊世补佐 来 众神 神 坛 上 又 铺 银 金 松石

tʂhu^{21} phu^{33} lɑ^{21} i^{21} dɑ^{55} be^{33} le^{33} dʑi^{33}.
墨玉 众神 礼物 做 又 献

又用虎皮缝制箭囊，打制出了能使射箭更远的周波箭弓。打制出了成千的箭和弓，铸造出了锋利的箭镞。用这利器攻下了术家的鬼寨，砍断了术家的铁矛铜箭。董家的金黄猴战神，打败了术家的黑鹰战神。攻下了术家的九个鬼寨，砍断了鬼们使用的铁刀铁矛。

胜利神的周波弓箭像白云白风似的飞驰闪动，攻下了术家铁寨铜寨，砍断了寨脚下用来防卫的铁矛铜矛，捅穿了术家鬼寨周围的毒海苦海。美利董主家英勇善战的千千万万兵马，杀死了美利术主家千千万万的兵马。攻破了术家的所有寨子，捣毁了术家的所有鬼域，把米麻沈登、庚饶拿姆杀死在了下边。还宰杀了术家的所有猪和狗，把术鬼统统送去了下方。杀死了术家的祭司牟毕唑补，术家的毒鬼和仄鬼、猛鬼和恩鬼，也杀死在下方鬼域。把美利术主、庚饶拿姆杀死在下方，把千千万万的术鬼杀死在下方。砍断了术家的矛和箭，打断了术鬼的骨，拆毁了术家的周波箭弓，砍破了术家的铠衣甲衣，把术鬼家的三百六十个黑骨头鬼统统杀死在下方鬼域。

折断了术家的天，毁了术家的地，捅穿了术家的水。术崖倒塌了，术寨被火吞没了，术地被水淹了。术树被砍了，术树断了。术地狗不再叫、鸡不再鸣了。把生有翅的鬼、生有纹的鬼、生有蹄的鬼的千千万万的肺和心、肝和胆、肠和脾都掏了出来。

美利董主的祭司伊世补佐，为大神们建起神坛，用金、银、松石、墨玉作礼物，祭献给众位大神和战神。

378-D-64-20

sɿ^{33} ky̥^{33} sɿ^{55}, sɿ^{21} uɑ^{33} thy̥^{55} le^{33} gɑ^{33} mu^{21} khuɑ^{33} le^{33} be^{33}. ny̥^{33} me^{33} ʂʅ^{33} nɯ^{33} gɑ^{33} gə^{33}
术 头 剥 术 骨 掏 又 胜利神 号角 又 做 心 肉 来 胜利神 的

tʂhu^{55} pɑ^{33} be^{33}. sæ^{33} nɯ^{33} gɑ^{33} tʂhə^{55} tʂhər^{55}, kɯ^{21} nɯ^{33} gɑ^{33} tʂhər^{33} khɯ^{55}. | mɯ^{33} lɯ^{55} sɿ^{21}
供养 做 血 来 胜利神 秽 洗 胆 来 胜利神 药 放 美利术主

dʐʅ^{33} sy^{55}, iə^{33} mɑ^{21} gɑ^{33} lɑ^{21} dʐʅ^{21} ky̥^{33} sɿ^{21} ɯ^{33} khu^{33}, thɯ^{33} uɑ^{33} mu^{33} khuɑ^{33} be^{33}. tshʅ^{21} sy^{55}
杀 优麻 战神 坐 处 术 皮 铺 他 骨 号角 做 鬼 杀

mɯ^{2} le^{33} sy^{55}. tʂhər^{21}dʑi^{33} dʑi^{33}, nɑ^{55} tər^{33} tər^{33} nɯ^{33} tʂhu^{55} pɑ^{33} gə^{21} le ^{33} be^{33}, dy̥^{21} dʐʅ^{21} iə^{33}
下 又 杀 肥 油油 瘦 精精 来 供养 上 又 做 翼 生 优麻

mɑ^{21}、pər^{55} dʐʅ^{21}iə^{33} mɑ^{21} 、khu^{33} dʐʅ^{21} iə^{33} mɑ^{21} dʑi^{33} . | lu^{21} ne^{21} se^{21} gə^{33} dæ^{21} mu^{21} tʂhu^{21}
斑 生 优麻 角 长 优麻 献 卢 和 沈 的 能干 兵 快速

mu^{21}gə^{21} le^{33} ʂy̥^{33}. tuɑ^{33} kə^{21} iə^{33} mɑ^{21} sɿ^{21} ɕi^{33} tʂhuɑ^{55} tshər^{21} lɑ^{33}, n̥i^{33} me^{33} bu^{33} ly̥^{55} lɑ^{33},
兵 上 又 领 端格 优麻 三 百 六十 也 太阳 光 灿烂

he^{33} me^{33} dʑe^{33} zi^{33}zæ^{33}, phe^{33} phər^{21} kɑ^{33} gə^{33} dʑo^{21} pɑ^{21} ky̥^{33} nɯ^{33} gə^{21} le^{33} ʂy̥^{33}. gu^{33} mi^{21}
月亮 明晃晃 麻 白 好 的 桥 宽 上 来 上 又 领 籐篾

ʥo^{21} kv̩^{33} nɯ^{33} gə^{21} le^{33} ʂv̩^{33}.｜mɯ^{33} lɯ^{55} du^{21} ʥʅ^{33} gə^{33} ŋv̩^{21} phər^{21} phe^{33} ʥo^{21} kv̩^{33} nɯ ,
桥 上 来 上 又 领 美利董主 的 银 白 麻布 桥 上 来

dv̩^{33} phər^{21} ɕə^{33} tɕhy^{33} nɯ^{33} fv̩^{55} ʥi^{33} æ^{21} nɑ^{21}do^{55} me^{33}gə^{21} le^{33} ʂv̩^{33}.｜ŋv̩^{21} phər^{21}ʥər^{21}kv̩^{33}
海螺 白 大鹏 来 火炭 鸡 黑 扑食后 上 又 领 银 白 树 顶

to^{55}, dv̩^{33} phər^{21} ɕə^{33} gu^{55} gə^{21} le^{33} ʂv̩^{33}.｜ŋv̩^{21} phər^{21} gɑ^{33} lɑ^{21} phe^{33} ʥo^{21} kv̩^{33} nɯ^{33} mɯ^{21}
上 海螺 白 大雕 上 又 领 银 白 战神 麻 桥 上 来 下

gə^{21} le^{33} ʂv̩^{33}.｜uɑ^{33} hər^{21} phe^{55} hər^{21} ʥo^{21} kv̩^{33} nɯ^{33}, hæ^{33} ʂʅ^{33} mɑ^{55} iə^{33} gɑ^{33} lɑ^{21} nɯ^{33},
上 又 领 松石 绿 麻 绿 桥 上 来 金 黄 孔雀 战神 来

fv̩^{55} ʥi^{33} dv̩^{21} ʐʅ^{33} me^{33} le^{33} do^{55}, hæ^{33} ʂʅ^{21} mɑ^{33} iə^{33} gɑ^{21} lɑ^{21} gə^{21} le^{33} ʂv̩^{33}.｜uɑ^{33} hər^{21}
火炭 毒 蛇 者 又 啄 金 黄 孔雀 战神 上 又带 松石 绿

phe^{33} ʥo^{21} kv̩^{33} nɯ^{33}, uɑ^{33} hər^{21} tɕər^{55} pu^{33} gɑ^{33} lɑ^{21} mɯ^{21} nɯ^{33} gə^{21} le^{33} ʂv̩^{33}.｜hæ^{33} ʂʅ^{21}
麻布桥 上 来 松石 绿 布谷 战神 下 来 上 又 带 金 黄

phe^{33} ʥo^{21} kv̩^{33} nɯ^{33} tʂhə^{55} pɑ^{21} lɑ^{21} ʂər^{21} me^{33},
麻桥 顶 来 秽 蛙 手 长 者

于是，剥了术鬼的头皮，剔出了术鬼之骨，制作胜利神的号角。用术鬼的心脏，供养胜利神。用术鬼之血，洗净胜利神身上的污秽。取其胆作药给胜神。杀掉美利术主，剥其皮作优麻的褥子，剔其骨作胜利神号角。杀掉术鬼，用它们的肥肉瘦肉来供养神，供养生翅的优麻、生纹的优麻、生角的优麻战神们。之后，把卢神、沈神能干快速的神兵都领到上方来。把三百六十个端格、优麻战神又领到上方来，领到阳光普照、月亮明媚的上方来。从白麻布搭就的宽桥上又领到上方来，从藤桥上领到上方来。

在白银般的麻布神桥上，把吞食如炭黑鸡的白海螺色的大鹏领到上方来。在这白银般的麻布桥上，把白海螺色的大雕领到上方来。把吞食了木炭般黑毒蛇的金黄孔雀战神领到上方来。在绿松石色的麻布神桥上，把绿松石色的布谷鸟战神领到上方来。在金黄麻布神桥上，把吞食长手秽蛙

378-D-64-21

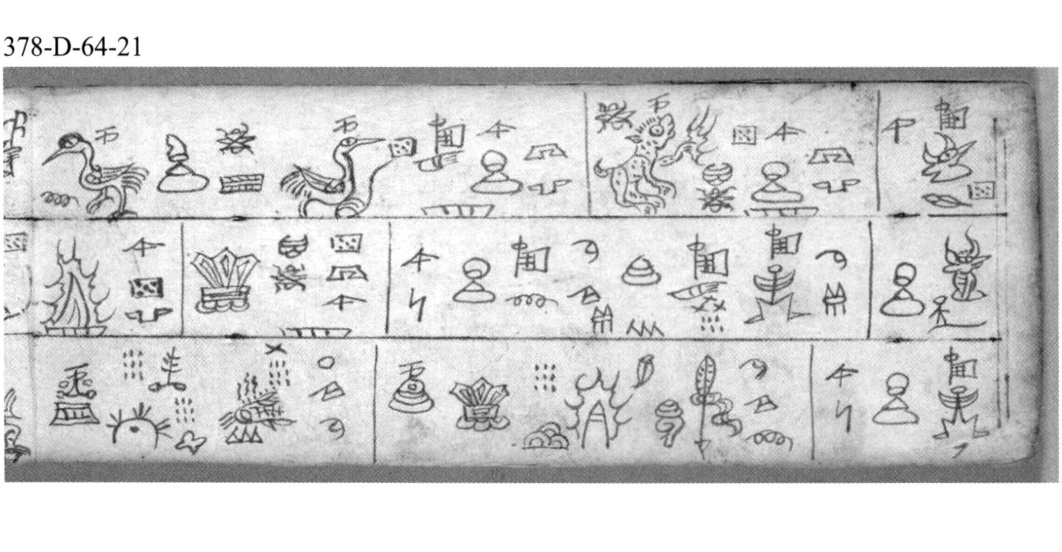

do^{55} le^{33} dʐʅ^{33} gə^{33} kuɑ^{33} phər^{21} gɑ^{33} lɑ^{21} thɯ^{33}, he^{33} gə^{33} phe^{33} hæ^{33} ʂʅ^{21} dʑo^{21} nɯ^{33} gə^{21} le^{33}
扑 又 吃 的 鹤 白 战神 它 神 的麻布 金 黄 桥 上 上 又

ʂv̩^{33}. mɯ^{33} lɯ^{55} du^{21} dʐʅ^{33} gə^{33} dy^{21} ȵə^{21} gə^{21} le^{33} thv̩^{33}. | du^{21} gə^{33} y^{21} ʂʅ^{21} phɑ^{33} phər^{21}
领 美利董主 的 地 里 上 又 到 董 的 猴 黄 脸 白

gɑ^{33} lɑ^{21} i^{33}, ŋv̩^{21} hæ^{21} mi^{33} thv̩^{33} tʂʅ^{55}, mɯ^{33} lɯ^{55} du^{21} dʐʅ^{33} gə^{33} dy^{21} le^{33} thv̩^{33}. | mɯ^{33}
战神 是 银 金 火 把 点 美利董主 的 地 又 到

lɯ^{55} du^{21} dʐʅ^{33} gə^{33} gɑ^{33} lɑ^{21} ɯ^{33} phər^{21} me^{33}, ʂʅ^{21} dʑi^{21} kv̩^{33} nɯ^{33} gə^{21} le^{33} ʂv̩^{33}, | du^{21}
美利董主 的 战神 牛 白 者 苏吉水 顶 来 上 又 领 董

gə^{33} mi^{33} hy^{21} dʑy^{21} kv̩^{33} nɯ^{33} gə^{21} le^{33} ʂv̩^{33}, | ŋv̩^{21} hæ^{21} se^{55} se^{33} by^{21} uɑ^{33} kv̩^{33} nɯ^{33} gə^{21}
的 火 红 山 顶 来 上 又 领 银 金 供盆 上 来 上

le^{33} ʂv̩^{33}, du^{21} dy^{21} gə^{33} le^{33} thv̩^{33}. | mɯ^{33} lɯ^{55} du^{21} dʐʅ^{33} tʂhər^{55}, gɑ^{33} tʂhə^{55} mə^{33} ʂu^{21}
又 领 董 地 上 又 到 美利董主 代 胜利神 秽 不 净

kv̩^{55} . gɑ^{33} lɑ^{21} sʅ^{21} ɕi^{33} tʂhuɑ^{55} tshər^{21} tʂhə^{55} le^{33} tsho^{33} mə^{33} kv̩^{55}, dʑi^{21} kv̩^{55} dʑi^{21} mə^{33} kv̩^{55}
会 战神 三 百 六十 秽 又 跳 不 会 飞 会 飞 不 会

me^{33} dʑy^{33} i^{33} kv̩^{55}. | mɯ^{33} lɯ^{55} du^{21} dʐʅ^{33} nɯ^{33}, ze^{55} tɕi^{33} bə^{33} y^{21} tʂhər^{21}, tʂhə^{55} ʂu^{55} tɕi^{55}
的 有 的 会 美利董主 来 年轻 足轻 使 臭宋敬斑

bər^{21} py^{33} bv̩^{21} dy^{55}. | tʂhə^{55} ʂu^{55} tɕi^{55} bər^{21} nɯ^{33}, sʅ^{33} phər^{21} bər^{33} phər^{21} zv̩^{55} tɯ^{33} khu^{33}.
祭司 请 臭宋敬班 来 羊 白 牦牛 白 神坛 铺

ko^{33} ʂuɑ^{21} ko^{33} kv̩^{33} phər^{21}, sər^{33} uɑ^{33} ɯ^{33} me^{33} gv̩^{33} sy^{21} dɑ^{55}, so^{33} ʂuɑ^{21} tʂhə^{55} mi^{33} gv̩^{33}
高原 高 高原 顶 白 木 质 好 的 九 种 砍 梭刷 秽 火 九

tshər^{21} gv̩^{33} thv̩^{21} dʑi^{55}. tʂhə^{55} me^{33} le^{33} ʂu^{21}, kɯ^{55} me^{33} le^{33} gɯ^{21}. | iə^{13} lo^{33} phər^{21} me^{33} kv̩^{33},
十 九 把 烧 除 后 又 净 熏 后 又 洁 面偶 白 的 上

ŋv̩^{21} phər^{21}se^{55} se^{33} by^{21} uɑ^{33} tʂhə^{55} le^{33} kɯ^{55}, lv̩^{33} phər^{21} gv̩^{33} lv̩^{33} tʂhə^{55} le^{33} kɯ^{55}. dʑy^{21}
银 白 供盆 秽 又 熏 神石 白 九 个 秽 又 熏 山

i^{33} mi^{33} nɯ^{33} kɯ^{55}, lo^{21} i^{33} dʑi^{21} nɯ^{33} ʂu^{55}. dv̩^{33} phər^{21} fv̩^{55} ze^{33}, no^{21} by^{55} lɯ^{33} sʅ^{33} mə^{33}
是 火 来 熏 谷 里 水 来 除 海螺 白 号角 福泽 神箭 不

tʂhə^{55} mə^{33} ʂu^{21} me^{33} tʂhə^{55} le^{33} ʂu^{55}. | mɯ^{33} lɯ^{55} du^{21} dʐʅ^{33} tʂhər^{55}, gɑ^{33} le^{33} tsho^{33} le^{33}
秽 不 净 的 秽 又 除 美利董主 代 胜利神又 跳 又

dʑi^{21} kv̩^{55}.
飞 会

的白鹤战神，从神的黄金般的麻布桥上领到上方来，领到美利董主家的地域里来。把手持金银火把的金猴战神领到上方，领到美利董主家的地界里来。把美利董主的白牛战神从苏吉河的上游领到上方，从美利董主的火山上领回到上方，从金银供盆上领回到上方，领回到美利董主的地方。

在美利董主时代，战神会被污染而不干净。若不为之除秽，就会让三百六十尊战神会跳的不能跳，会飞的不能飞。美利董主就派年轻捷足的小伙子，去请除秽祭司臭宋敬班。臭宋敬班祭司就设置了铺着羊毛毡子，竖着神座的神坛。砍来高原上九种好树枝，扎成了九十九把用来除秽的“梭刷”火把。除秽后干净了，熏走污秽后圣洁了。为白色的神象面偶和供品盆除秽，为九个白石除秽。就像山用火来除秽、谷用水来除秽一样。白海螺、福泽神箭不净也为之除去污秽。除秽后，美利董主的战神，会跳的又能跳、会飞的又能飞了。

378-D-64-22

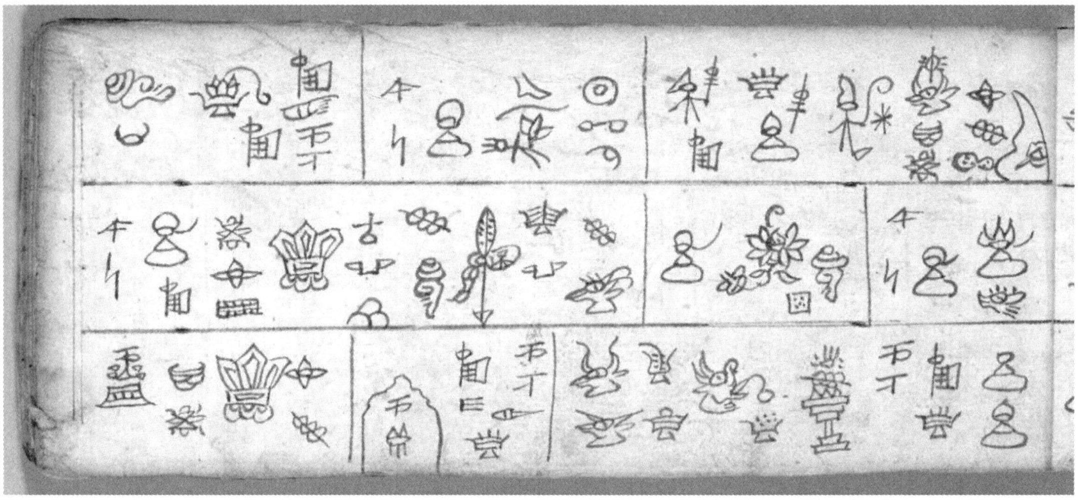

dy̩^{33} phər^{21} mu^{21} khuɑ^{33} ky̩^{33}, tʂhər^{33} dʑi^{21} nuɑ^{33} khuɑ^{55} nɯ^{33}, phər^{21} ne^{21} ʂæ^{21} gɑ^{33} lɑ^{21}
海螺 白 号角 上 药 水 奶 碗 来 盘神 和 禅神 战神

tʂhər^{33} le^{33} khɯ^{55}.｜mɯ^{33} lɯ^{55} du^{21} dʐʅ^{33} tʂhər^{55}, bə^{33} dɯ^{33} zy̩^{21} mə^{33} tɯ^{33} nɯ^{33} zy̩^{21} le^{33}
药 又 献 美利董主 代 大 脚掌 仇 不 起 的 仇 又

zər^{21}, mɑ^{21} lu^{55} uɑ^{33} mə^{33} i^{33} nɯ^{33} uɑ^{33} le^{33} zər^{21}.｜dæ^{21} mu^{21} tʂhu^{21} mu^{21}、gɑ^{33} mu^{21}
压 酥油饼 骨 没 有 的 骨 又 压 能干 兵 快速 兵 嘎神 兵

u^{21} mu^{21} 、o^{55} mu^{21} he^{21} mu^{21} ty̩^{33} ty̩^{21} kɯ^{33} kɯ^{21} nɯ^{33}, uɑ^{33} dʑe^{33} ŋy̩^{33} hæ^{21} uɑ^{33} tʂhu^{21}
吾神兵 沃神 兵 恒神 兵 千 千 万 万 来 礼物 银 金 松石 墨玉

æ^{21} ko^{33} gy̩^{21} le^{33} tɕi^{33}.｜mɯ^{33} lɯ^{55} du^{21} dʐʅ^{33} tʂhər^{55}, gɑ^{33} lɑ^{21} ŋy̩^{33} hæ^{21} uɑ^{33} tʂhu^{33} dʐo^{21},
岩 洞 埋 又 藏 美利董主 代 战神 银 金 松石 墨玉 桥

se^{55} se^{33} by̩^{21} uɑ^{33} ky̩^{33} nɯ^{33}，tʂhʅ^{33} lo^{21} tʂhu^{21} thy̩^{33} lɯ^{33}。dy̩^{33} phər^{21} bər^{33} khuɑ^{33}, sʅ^{55}
供盆 上 从 这 里 快 到 来 海螺 白 号角 素神

gə33 no21 by55 lɯ33sɿ33 tʂhu21 thʏ33 se21。| mɯ33 lɯ55 du21 ʥɿ33 nɯ33, dʏ33 phər21 bɑ55 bɑ33
的 福泽 神箭 快 出 了 美利董主 来 海螺 白 花朵

kʏ33 nɯ33 gə21 le33 ʂʏ33. | mɯ33 lɯ55 du21 ʥɿ33 gə33, y21 ʂʅ55 bu33 ʥo21 py33 bʏ21 nɯ33, |
上 来 上 又 领 美利董主 的 伊世补佐 祭司 来

pʏ33 lɑ21 ʐʏ33 tɯ33 phər21 gə21 le33 khu33. ŋʏ33 hæ221 se55 se33 by21 uɑ33lo21 , uɑ33 tʂhu21
众神 神 坛 白 上 又 铺 银 金 供盆 松石 墨玉

i33 dɑ55 be33. | dʏ33 phər21 kʏ55 ʥi21 bʏ21 nɯ33, gɑ33 ne21 u21、phər21 ne21 ʂæ21 tsɿ33. | bər33
礼物 做 海螺 白 帐蓬里 来 嘎神 和 吾神 盘神 和 禅神 接 牦牛

y21 ʐʅ33 hɑ33、 tʂhər33 nɑ55 ɕy55 mɑ21 nɯ33, lu21 ze21 khu33 nɯ33 thʏ33 gə33 tʂhər33 ʥi21 le33
绵羊 酒 饭 肥肉 瘦肉 翠柏酥油 来 龙 美 口 里 出 的 药 水 又

khɯ33. tʂhu55 pɑ33 gə21 le33 be33. phər21 ne21 ʂæ21、 gɑ33 ne21 u21 、o55 ne21 he21.
献 供养 上 又 献 盘神 和 禅神 嘎神 和 吾神 沃神 和 恒神

在用白海螺号角声中，为战神献药，为盘神、禅神的战神献药。在美利董主时代，趁仇敌还未兴起就进行了有力镇压，就像压无骨的酥油饼一样压下去。

能干快速的嘎神兵、吾神兵、沃神兵、恒神兵千千万万来，把金、银、松石、墨玉礼物埋藏在山洞里。

请来美利董主时代的战神，从金、银、松石、墨玉的桥上，从供盆上来到这里。快快到这里来，从白海螺号角，从素神的福泽神箭上回到这里了。由美利董主从白海螺样白的花朵上领回来。

美利董主的祭司伊世补佐，在上方为众神竖起了神坛。用白银黄金的供盆，献上了松石、墨玉等礼物。要在白海螺一样白净的帐蓬里，迎接嘎神和吾神、盘神和禅神，还要为之祭献上牦牛和绵羊、酒和饭，肥肉和瘦肉、翠柏和酥油及美好的龙口里出的药。

供养盘神和禅神、嘎神和吾神、沃神和恒神，

378-D-64-23

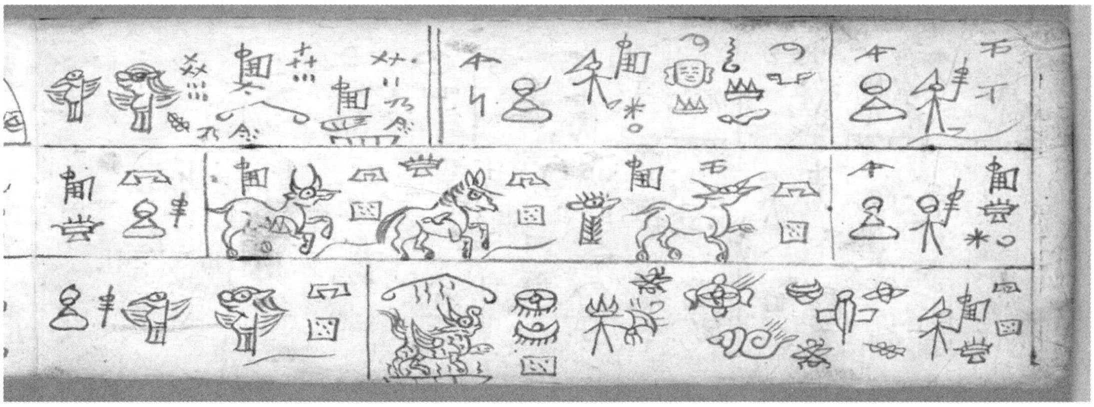

tuɑ33 kə21 iə33 mɑ21 sɿ33 ɕi33 tʂhuɑ55 tshər21 tʂhu55 pɑ33 be33. mɯ33 gə33 sɿ33 tshər21 sɿ33 gɑ33
端格 优麻 三 百 六十 供养 做 天 上 三 十 三 战神

la^{21}, dy^{21} gə^{33} n̥i^{33} tshər^{21} n̥i^{33} ga^{33} la^{21} tʂhu^{55} pa^{33} be^{33}. | mɯ^{33} lɯ^{55} du^{21} dʑʅ^{33} tʂhər^{55},
地 上 二 十 二 战神 供养 做 美利董主 代

dæ^{21}mu^{21} tʂhu^{21} mu^{21} tv̩^{33} tv̩^{21} kɯ^{33} kɯ^{21} i^{33}, kv̩^{55} mi^{21} mu^{21} mə^{33} thv̩^{33}; ʂʅ^{33} mi^{21} mu^{21} mə^{33}
能干兵 快速 兵 千 千 万 万 是 会 名 下 不 到 知 名 下 不

thv̩^{33}; dzər^{21} mi^{21} mu^{21} mə^{33} thv̩^{33}. | mɯ^{33} lɯ^{55} du^{21} dʑʅ^{33} gə^{33} dæ^{21} mu^{21} tʂhu^{21} mu^{21},
到 威 名 下 不 到 美利董主 的 能干 兵 快速 兵

phər^{21} mu^{21} ʂæ^{21} mu^{21}、| ga^{33} mu^{21} u^{21} mu^{21}, o^{55} mu^{21} he^{21} mu^{21} gə^{21} le^{33} ʂv̩^{33}. |
盘神 兵 禅神 兵 嘎神 兵 吾神 兵 沃神 兵 恒神 兵 上 又 领

ga^{33} gə^{33} ɯ^{33} ɕy^{21} gə^{33} le^{33} ʂv̩^{33}, u^{21} gə^{33} ʐua^{33} ʂʅ^{21} gə^{33} le^{33} ʂv̩^{33}, sʅ^{33} bv̩^{33} y^{21}
嘎神 的 牛 红 上 又 领 吾神 的 马 黄 上 又 领 斯补 祖先

ga^{33} la^{21} gə^{33} y^{21} phər^{21} gə^{33} le^{33} ʂv̩^{33}. | mɯ^{33} lɯ^{55} du^{21} dʑʅ^{33} gə^{33} dæ^{21} mu^{21} tʂhu^{21} mu^{21}、
战神 的 绵羊 白 上 又 领 美利董主 的 能干 兵 快速 兵

ga^{33} mu^{21} u^{21} mu^{21}、o^{55} mu^{21} he^{21} mu^{21} thv̩^{33} thv̩^{21} kɯ^{33} kɯ^{21} gə^{21} le^{33} ʂv̩^{33}. | tua^{33}
嘎神 兵 吾神 兵 沃神 兵 恒神 兵 千 千 万 万 上 又 带 端格

kə^{21} iə^{33} ma^{21} gə^{21} le^{33} ʂv̩^{33}. | ua^{33} hər^{21} mɯ^{33} dzər^{33} mɯ^{33} kv̩^{33} hɯ^{21} gɯ^{33}, lɯ^{33} kɯ^{55} be^{33},
优麻 上 又 带 松石 绿 天威兽 天 上 雨 下 地 动 的

bi^{33} bu^{33} le^{21} bu^{33} kv̩^{33} nɯ^{33} gə^{21} le^{33} ʂv̩^{33}. ly^{55} kv̩^{33} py^{33} bv̩^{21}nɯ^{33}, hæ^{33} ʂʅ^{21} tshər^{33} lər^{21}
日 亮 月亮 亮 上 来 上 又 领 举仪 会 祭司 来 金 黄 板铃

khua^{33}, ua^{33} hər^{21} da^{33} khə^{21} khua^{33}, dv̩^{33} phər^{21} bər^{21} khua^{33} khua^{33}, ŋv̩^{21} ne^{21} hæ^{21}、ua^{33}
声 松石 绿 皮鼓 声 海螺 白 号角 声 银 和 金 松石

ne^{21} tʂhu^{21} dʑo^{21} kv̩^{33}, dæ^{21} ne^{21} tʂhu^{21} mu^{21} gə^{21} le^{33} ʂv̩^{33}。
和 墨玉 桥 上 能干 和 快速 兵 上 又 领

供养三百六十个端格战神。供养天上的三十三个战神和地上的二十二个战神。祭献上供品。愿美利董主时代能干快速的千千万万能兵善将，有能者之名的不要去到下方鬼域；有智慧之名的不要去到下方鬼域；有威名的不要去到下方鬼域。美利董主能干快速的兵马，盘神和禅神之兵，嘎神和吾神之兵，沃神和恒神之兵都带到上方来。把嘎神的红牛战神领到上方来，把吾神的黄马战神领到上方来，把斯补祖先的白绵羊战神领到上方来。把美利董主的能兵快速之兵，把嘎神和吾神之兵，沃神和恒神之兵千千万万带到上方来。把端格、优麻战神带到上方来。把绿松石般的天威兽，震天动地又领到上方来，领到阳光普照、月光明媚的上方来。能干的祭司敲响黄金板铃、绿松石大鼓，吹响白海螺号角，在金和银、松石和墨玉的桥上，把能干快速的所有神兵领上来。

378-D-64-24

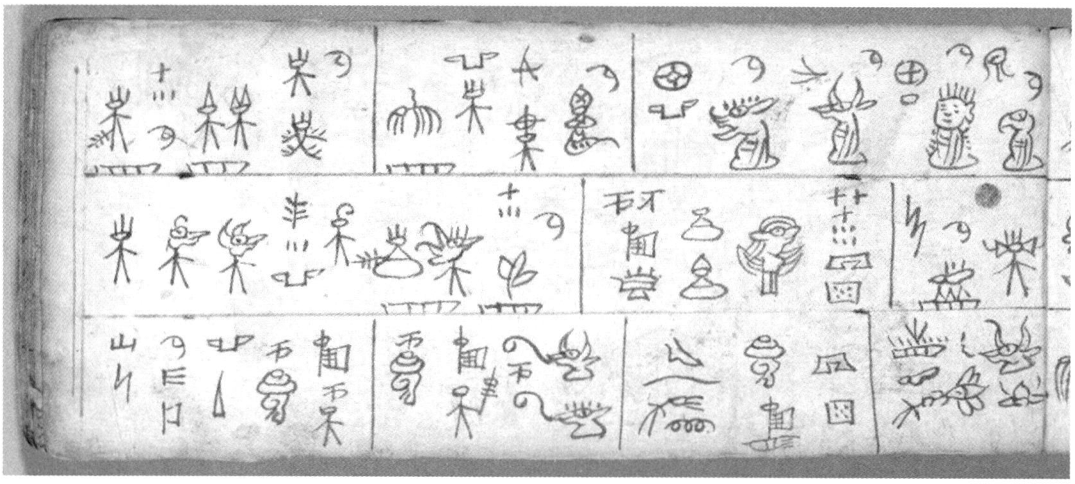

sɿ^{21} dy^{21} tshe^{21} sɿ^{55} dy^{21} lɑ^{33} mə^{33} æ^{33} gə^{21} le^{33} ʂv̩^{33}, dv̩^{21} dy^{21} tse^{21} dy^{21}, mu^{33} dy^{21} ɯ^{21} dy^{21},
术 地 十 三 地 又 不 羁留 上 又 领 毒鬼 地 仄鬼 地 猛鬼 地 恩鬼 地

ȵə^{21} dy^{21} lɑ^{33} dy^{21} mə^{33} æ^{33} gə^{21} le^{33} ʂv̩^{33}. | tshɿ^{33} ne^{21} iə^{21} dy^{21} lɑ^{33} mə^{33} æ^{3}, thv̩^{33} tshɿ^{21} dy^{21}
扭鬼地 拉鬼 地 不 羁留 上 又 领 吊死鬼 和情死鬼 地 也 不 羁留 土鬼 地

tər^{21} tshɿ^{21} dy^{21} thi^{55} luɑ^{21} tshɿ^{21} dy^{21} lɑ^{33} mə^{33} æ^{33}, lɯ^{33} mu^{33} sɿ^{21} dy^{21} lɑ^{33} mə^{33} æ^{33} gə^{21} le^{33}
呆 鬼 地 妥罗鬼 地 也 不 里 里姆 署 地 也 不 羁留 上 又

ʂv̩^{33}. | ȵi^{33} mɯ^{33} thv̩^{33}, tər^{21} zɑ^{21} dʑi^{33} bv̩^{33} dʐɿ^{21} dy^{21} lo^{21} mə^{33} æ^{3}; i^{33} tʂhʅ^{33} mu^{21}, ʂʅ^{21} dzʅ^{33}
领 东方 呆饶金补 住 地 里 不 羁留 南方 史支金补

dʑi^{33} bv̩^{33} dʐɿ^{21} me^{33} dy^{21} lo^{21} mə^{33} æ^{33}; ȵi^{33} me^{33} gv̩^{21}, le^{33} tɕhi^{33} sɿ^{33} bv̩^{33} dʐɿ^{21} me^{33} dy^{21}
住 的 地 里 不 羁留 西方 勒启斯普 住 的 地

lɑ^{33} mə^{33} æ^{33}; ho^{33} gv̩^{33} lo^{21}, nv̩^{21} dʐɿ^{33} dʑi^{33} bv̩^{33} dʐɿ^{21} me^{33} dy^{21} lo^{21} lɑ^{33} mə^{33} æ^{33} gə^{21} le^{33}
里 不 羁留 北方 努祖景补 住 的 地 里 也 不 羁留 的 又

ʂv̩^{33}. | tshɿ^{21} gə^{21} nɑ^{21} zʅ^{33} tso^{33} bv̩^{33} dʐɿ^{21} me^{33} dy^{21}, khɯ^{33} dʐɿ^{21} tər^{33} iə^{21}、nɑ^{21} ȵi^{55} sɿ^{21}
领 鬼 的 拿日唑补 住 的 地 肯孜呆尤 拿尼术土

thv̩^{33}、tho^{33} se^{55} lər^{33} uə^{21}、mɯ^{33} lɯ^{55} sɿ^{21} dʐɿ^{33} gə^{33} sɿ^{33} zo^{33} ŋæ^{33} se^{55} mi^{33} uə^{21} dʐɿ^{21} me^{33}
妥生朗瓦 美利术主 的 术 儿 安生米坞 住 的

dy^{21} lɑ^{33} mə^{33} æ^{33} gə^{21} le^{33} ʂv̩^{33}. zv̩^{21} dy^{21} tshe^{21} sɿ^{55} dy^{21} lɑ^{33} mə^{33} æ^{33} gə^{21} le^{33} ʂv̩^{33}. |
地 也 不 羁留 的 又 领 仇 地 十 三 地 也 不 羁押 的 又 领

phər^{21} ne^{21} ʂæ^{21} 、gɑ^{33} ne^{21} u^{21} 、o^{55} ne^{21} he^{21}、tuɑ^{33} kə^{21} iə^{33} mɑ^{21} sɿ^{21} ɕi^{33} tʂhuɑ^{55} tshər^{21}
盘神 和 禅神 嘎神 和 吾神 沃神 和 恒神 端格 优麻 三 百 六 十

gə²¹ le³³ ʂɣ̩³³.｜thɯ³³ gu²¹ mæ³³ ȵi³³ tʂhər⁵⁵, mə³³ bu³³ uɑ³³ lɣ̩⁵⁵ he³³ thɑ⁵⁵ gə³³ ,｜mə³³
上 又 领 在 这 以后 牟崩乌鲁 耳 尖 的 不

sɑ³³ khu³³ tɕhi³³ khu³³ hɑ⁵⁵ me³³gə³³ dy²¹ ȵə²¹ thɣ̩³³ mə³³ tʂər²¹. dɣ̩³³ phər²¹ gɑ³³phər²¹ zo³³,｜
锁 门 守 门 望 者 的 地 上 到 不 准 海螺 白 战神 白 男

dɣ̩³³ phər²¹ gɑ³³ lɑ²¹ dæ²¹ ne²¹ tʂhu²¹ mu²¹ tʂhər³³ uɑ²¹ me³³, ɯ³³ phər²¹ y²¹ phər²¹ khu³³
海螺 白 战神 能干 和 快速 兵 药 是 的 牛 白 猴 白 口

nɯ³³ thɣ̩³³ gə³³ tʂhər³³ le³³ khɯ⁵⁵.｜tʂhə ⁵⁵ tshɿ²¹ mɯ²¹ le³³ zər²¹, dɣ̩³³ phər²¹ gɑ³³ lɑ²¹ gə²¹
里 出 的 药 又 放 秽 鬼 下 又 压 海螺 白 战神 上

le³³ ʂɣ̩³³.｜dy²¹ ʂɿ²¹ ɕi³³ ʂɿ²¹ dʑɿ³³, ɕi³³ ʂæ³³ thɯ²¹ gə³³ uɑ³³ hər²¹ bər³³ lər⁵⁵ dʑy³³ me³³ dy²¹
又 领 地 黄 人 黄 住 人 血 喝 的 松石 绿 苍蝇 有 的 地

lo²¹ æ³³ mə³³ tʂər²¹.
里 羁留 不 准

不让战神羁留在十三个术鬼地界里，领到上方来。不让战神羁留在毒鬼、仄鬼的地方，不让战神羁留在猛鬼、恩鬼、扭鬼、拉鬼的地方，领到上方来。也不让战神羁留在吊死鬼、情死鬼、土鬼、呆鬼、妥罗鬼的地方，也不让战神留在里姆署家的地方，领到上方来。不让战神羁留在东方鬼王呆饶金补的地方，领到上方来；不让战神羁留在南方鬼王史支金补的地方，领到上方来；不让战神羁留在西方鬼王勒启斯普的地方，领到上方来；不让战神羁留在北方努祖景补的地方，领到上方来。不让战神羁留在拿日唑补、肯孜呆尤、拿尼术土、妥生朗瓦、美利术主及其子安生米坞的地方，从这些仇敌住的十三个地域里领到上方来。把盘神和禅神、嘎神和吾神，沃神和恒神、三百六十尊端格战神和优麻战神，领到上方来。不让诸神到耳尖的牟崩乌鲁鬼，总是不锁门地守卫大门的地方里去。

白海螺般白的战神男儿，能干又神速的白海螺般的战神之兵，给他们点洒由白神牛、白神猴嘴里出来的药水。并把秽鬼镇压下去。把白海螺战神带到上方来。不让诸神羁留在地黄人也黄，绿头苍蝇吃人肉、喝人血的鬼域里。

378-D-64-25

uɑ^{33} hər^{21} phe^{33} le^{21} gɑ^{33} lɑ^{21}, bɑ^{33} bɑ^{21} ʥər^{21} kv̩^{33} to^{55} nɯ^{33} thv̩^{33} me^{33} tʂhər^{33} le^{33} khɯ^{55}.|
松石 绿 蝴蝶 战神 花朵 树 顶 上 来 出 的 药 又 献

gɑ^{33} gə^{33} ɯ^{33} ne^{21} ɑ^{55} y^{21} khu^{33} nɯ^{33} thv̩^{33} me^{33} tʂhər^{33} nɯ^{33} khɯ^{55}. tʂhə^{55} tshʅ^{21} mɯ^{21} le^{33}
胜利 的 牛 和 猴 口 里 出 的 药 来 献 秽 鬼 下 又

zər^{21},| uɑ^{33} hər^{21} phe^{33} le^{33} gɑ^{33} lɑ^{21} gə^{21} le^{33} ʂv̩^{33}.| dv̩^{21} dy^{21} ʨhi^{21} nɑ^{21} luɑ^{21} khuɑ^{33} bɑ^{33}
压 松石 绿 蝴蝶 战神 上 又 领 毒鬼 地 麂 黑 叫 声 喊

me^{33} nɯ^{33}, dv̩^{33} phər^{21} ʐuɑ^{33} phər^{21} tʂhə^{55}。| ɯ^{33} phər^{21} y^{21} phər^{21} khu^{33} nɯ^{33} thv̩^{33} me^{33}
者 的 海螺 白 马 的 秽 牛 白 猴 白 口 来 出 的

tʂhər^{33} le^{33} khɯ^{55}. dɯ^{33} hua^{21} nɯ^{33} dv̩^{33} phər^{21} ʐuɑ^{33} phər^{21} tʂhv̩^{33} ʥi^{21} tshe^{33} ʥi^{21} dɯ^{21}
药 又 放 一 条 来 海螺 白 马 白 硝水 盐水 大

nɯ^{33} tʂhə^{33} le^{33} tʂhər^{33}, tʂhə^{55} tshʅ^{21} mɯ^{21} le^{33} zər^{21}. dv̩^{33} phər^{21} ʐuɑ^{33} phər^{21} gɑ^{33} lɑ^{21}
的 秽 又 洗 秽 鬼 下 又 压 海螺 白 马 的 战神

gə^{21} le^{33} ʂv̩^{33}.| dv̩^{33} phər^{21} bər^{33} phər^{21} me^{33}, ɕi^{33} nɯ^{33} ɕi^{33} ʂʅ^{33} ʥʅ^{33} gə^{33} dɯ^{33} dy^{21}
上 又 领 海螺 白 牦牛 白 者 人 来 人 肉 吃 的 一 地

æ^{33} mə^{33} tʂər^{21}. ɯ^{33} phər^{21} y^{21} phər^{21} khu^{33} nɯ^{33} thv̩^{33} me^{33} tʂhər^{33} le^{33} khɯ^{55}. dv̩^{33}
羁留 不 准 牛 白 猴 白 口 来 出 的 药 又 放 海螺

phər^{21} bər^{33} phər^{21} gɑ^{33} lɑ^{21} tʂhə^{33} le^{33} tʂhər^{33}, tʂhə^{55} tshʅ^{21} mɯ^{21} le^{33} zər^{21}.| dv̩^{33} phər^{21} bər^{33}
白 牦牛 白 战神 秽 又 洗 秽 鬼 下 又 压 海螺 白 牦牛

phər^{21} gɑ^{33} lɑ^{21} gə^{21} le^{33} ʂv̩^{33}.| ɑ^{55} y^{21} miə^{21} hy^{21} miə^{21} bər^{33} thv̩^{33} gə^{33} dɯ^{33} dy^{21} ʥy^{33}, du^{21}
白 战神 上 又 领 猴子 眼 红 流泪 出 的 一 地 有 董

gə^{33} hæ^{33} ʂʅ^{21} ɑ^{55} y^{21} æ^{33} mə^{33} tʂər^{33}, ɯ^{33} ne^{21} y^{21} gə^{33} khu^{33} mɯ^{33} thv̩^{33} gə^{33} tʂhər^{33} le^{33}
的 金 黄 猴子 羁留 不 准 牛 和 猴 的 口 里 出 的 药 又

khɯ^{55}. tʂhə^{55} tshʅ^{21} mɯ^{21} le^{33} zər^{21}, hæ^{33} ʂʅ^{21} y^{21} ʂʅ^{21} gɑ^{33} lɑ^{21} le^{33} ʂv̩^{33}.
放 秽 鬼 下 又 压 金 黄 猴 黄 战神 又 领

给绿松石色的蝴蝶战神，献上花树上采来的药。用胜利神的白神牛和白神猴口里出的药，献给蝴蝶战神。把秽鬼镇压在下方，把绿松石色的蝴蝶战神领到上方来。不让诸神羁留在鬼域里。毒鬼域里的黑麂子恐怖的又喊又叫，污染了白海螺色的骏马战神。为它献上用白神牛和白神猴嘴里产生的药水。用硝水和盐水为白海螺色的骏马洗秽，把秽鬼镇压在下方。把白海螺色的骏马战神又领到上方来。

不让白牦牛战神羁留在人吃人肉的地方。把白神牛和白神猴口里出的药，献给白牦牛战神。把秽鬼镇压在下方，把白牦牛战神又领到上方来。有一常眼红泪流的猴鬼住的鬼域，不让董家生金头的神猴，羁留在那个地方。为它献上白神牛、白神猴嘴里出来的药水。把秽鬼压下去，把生金头的猴战神领到上方来。

378-D-64-26

lɯ^{55} le^{33} mæ^{33} phər^{21} dʑy^{233} me^{33} dɯ^{33} dy^{21} æ^{33} mə^{33} tʂər^{21} nɯ^{33}, dʏ^{33} phər^{21} dʑi^{33} zʅ^{33} tʂhə^{55},
狸猫 尾 白 有 的 一 地 羁留 不 准 的 海螺 白 精如① 秽

ɯ^{33} phər^{21} y^{21} phər^{21} khu^{33} thʏ^{33} gə^{33} tʂhər^{33} le^{33} khɯ^{55} tʂhə^{55} le^{33} tʂhər^{33}. tʂhə^{55} tshʅ^{21} mɯ^{21}
牛 白 猴 白 口 出 的 药 又 来 秽 又 洗 秽 鬼 住下

le^{33} zər^{21}, | dʏ^{33} phər^{21} dʑi^{33} zʅ^{33} gɑ^{33} lɑ^{21} gə^{21} le^{33} ʂʏ^{33}. | ʂə^{55} ʂə^{33} luɑ^{33} nɑ^{21} dʑi^{21} khu^{33} tɕy^{21}
又 压 海螺 白 精如 战神 上 又 领 喜鹊 下巴 黑 河 边 啼

me^{33} dɯ^{33} dy^{21} mɯ^{21} zɑ^{21} tshʅ^{21}, | hæ^{33} ʂər^{21} mɑ^{55} iə^{33} tʂhə^{55}, ɯ^{33} khu^{33} y^{21} khu^{33} thʏ^{33} gə^{33}
的 一 地 下 降 来 金 黄 孔雀 秽 牛 口 猴 口 出 的

tʂhər^{33} nɯ^{33} tʂhə^{55} le^{33} tʂhər^{33}. tʂhə^{55} tshʅ^{21} mɯ^{21} le^{33} zər^{21}, | hæ^{33} ʂər^{21} mɑ^{55} iə^{33} gɑ^{33} lɑ^{21}
药 来 秽 又 洗 秽 鬼 下 又 压 金 黄 孔雀 战神

gə^{21} le^{33} ʂʏ^{33}. | ə ^{21}mu ^{55} tho^{33}lɯ^{33} mi^{33} ɕy^{21} tʂʅ^{55} me^{33} dy^{21} mɯ^{21} zɑ^{21} tshʅ^{21}, uɑ^{33} hər^{33} tɕər^{55}
上 又 领 老鸽子 火 红 点 的 地 下 降 来 松石 绿 布谷

pu^{33} tʂhər^{55}, ɯ^{33} phər^{21}y^{21} phər^{21} khu^{33} mu^{33} thʏ^{33} gə^{33} tʂhər^{33} nɯ^{33} tʂhə^{55} le^{33} tʂhər^{33}. he^{21} i^{33}
秽 牛 白 猴 白 口 里 出 的 药 来 秽 又 洗 含依

bɑ^{33} dɑ^{21} dʑər^{21} kʏ^{33} to^{55} mu^{33} thʏ^{33} me^{33} tʂhər^{33} le^{33} khɯ^{55}. | tʂhə^{55} tshʅ^{21} mɯ^{21} le^{33} zər^{21} ,
巴达 神树 顶 尖 来 出 的 药 又 放 秽 鬼 下 又 压

uɑ^{33} hər^{21} tɕər^{55} pu^{33} gɑ^{33} lɑ^{21} gə^{21} le^{33} ʂʏ^{33}. | phɑ^{21} hy^{21} le^{33} ŋʏ^{21} dɯ^{33} dy^{21} zɑ^{21} le^{33}
松石 绿 布谷 战神 上 又 领 狼 红 又 哭 一 地 降 又

① “精如”是音译名，不知其兽的名，也不知实指何兽。在李霖灿著《纳西族象形、标音文字字典》中，对于此兽的解释：“其兽名尚不识。”（见 2001 年 8 月由云南民族出版社出版的该书第 156 页）

tshʅ²¹, ɯ³³ phər²¹ gɑ³³ lɑ²¹ tʂhə⁵⁵, ɯ³³ phər²¹ y²¹ phər²¹ khu³³ nɯ³³ thʏ̩³³ me³³ tʂhər³³ nɯ³³
来 牛 白 战神 秽 牛 白 猴 白 口 里 出 的 药 来

tʂhər⁵⁵ le³³ tʂhər³³ . tʂhə⁵⁵ tshʅ²¹ mɯ²¹ le³³ zər²¹, | gɑ³³ lɑ²¹
秽 又 洗 秽 鬼 下 又 压 战神

不让白海螺般的精如战神羁留在白尾狸猫的鬼域，为白海螺般的精如战神献上从白神牛、白神猴口里出的药。为它洗去污秽，把秽鬼压下去，把白海螺般的精如战神领到上方来。

不让金黄孔雀战神羁留在有黑下巴喜雀在河边啼哭的鬼域地方，用白神牛、白神猴口里出来的药水，为被黑下巴喜鹊秽污了的金黄孔雀战神洗秽。把秽鬼压下去，把金黄孔雀战神领到上方来。

不让绿松石般的布谷鸟战神羁留在点着红火把的老鸽子住的鬼域里，为它用白神牛、白神猴嘴里出的药洗秽。为它放上含依巴达神树顶上出的神药。把秽鬼压下去，把绿松石般的布谷鸟战神领上来。不让白牛战神羁留在红狼啼哭的鬼域里，用白神牛、白神猴口里出的药水来为它洗秽。把秽鬼压下去，把战神

378-D-64-27

ɯ³³ phər²¹ gə²¹ le³³ ʂʏ̩³³. | dæ²¹me³³ luɑ³³ pɑ²¹ mɯ³³ nɯ³³ zɑ²¹ le³³ tshʅ²¹, bə³³ dɯ²¹ lɑ³³ ɕy²¹
牛 白 上 又 带 狐狸 下巴 宽 下 来 下 又 来 掌 大 虎 红

gɑ³³ lɑ²¹ tʂhə⁵⁵. lɯ³³ kə⁵⁵ ʂə³³ kə⁵⁵ ʥi²¹ nɯ³³ tʂhə⁵⁵ le³³ tʂhər³³, tʂhə⁵⁵ tshʅ²¹ mɯ²¹ le³³
战神 秽 云杉 枝 冷杉枝 水 来 秽 又 洗 秽 鬼 下 又

zər²¹. | bə³³ dɯ²¹ lɑ³³ ɕy²¹ gɑ³³ lɑ²¹ gə²¹ le³³ ʂʏ̩³³. | ko³³ ʂuɑ²¹ ko³³ kʏ̩³³ phər²¹, le⁵⁵ me⁵⁵
压 掌 大 虎 红 战神 上 又 领 高原 顶 白 獐子

ʥæ³³ ʂər²¹ dɯ³³ dy²¹ zɑ²¹ le³³ tshʅ²¹, | dʏ̩³³ phər²¹ bər³³ phər²¹ tʂhə⁵⁵, ɯ³³ phər²¹ y²¹ phər²¹
獠牙 长 一 地 下 又 来 海螺 白 牦牛 白 秽 牛 白 猴 白

khu³³ thʏ̩³³ gə³³ tʂhər³³ nɯ³³ tʂhə⁵⁵ le³³ tʂhər³³. tʂhə⁵⁵ tshʅ²¹ mɯ²¹ le³³ zər²¹, | bər³³ phər²¹
口 出 的 药 来 秽 又 洗 秽 鬼 下 又 压 牦牛 白

gɑ^{33} lɑ^{21} gə^{21} le^{33} ʂɣ̩^{33}.｜sɿ^{21} gə^{33} fɣ̩^{55} tɕi^{33} æ^{21} nɑ^{21} dɯ^{33} ʥy^{21} zɑ^{21} le^{33} tshɿ^{21},dɣ̩^{33} phər^{21}
战神 上 又 领 术 的 木炭 鸡 黑 一 山 降 又 来 海螺 白

ɕə^{33} tɕhy^{33} tʂhə^{55}. hæ^{21} i^{33} bɑ^{33} dɑ^{21} ʥər^{21} kɣ̩^{33} to^{55} nɯ^{33} thɣ̩^{33} me^{33} tʂhər^{33} nɯ^{33} tʂhə^{55} le^{33}
大鹏 秽 含依巴达 树 顶 上 来 出 的 药 来 秽 又

tʂhər^{21}, ɯ^{33} phər^{21} y^{21} phər^{21} khu^{33} nɯ^{33} thɣ̩^{33} gə^{33} tʂhər^{33} nɯ^{33} tʂhə^{55} le^{33} tʂhər^{33}. tʂhə^{55} tshɿ^{21}
洗 牛 白 猴 白 口 里 出 的 药 来 秽 又 洗 秽 鬼

mɯ^{21} le^{33} zər^{21},｜dɣ̩^{33} phər^{21} ɕə^{33} tɕhy^{33} gɑ^{33} lɑ^{21} gə^{21} le^{33} ʂɣ̩^{33}.
下 又 压 海螺 白 大鹏 战神 上 又 领

白牛又领到上方来。巨掌红虎战神在宽下巴狐狸居住的下方，被宽下巴狐狸污秽了。用云杉、冷杉上收集来的水来为它洗去污秽，用白神牛、白神猴口里出来的药水为他洗去污秽。把秽鬼杀死在下方，把巨掌红虎战神带回到上方来。

在高原雪山上，白海螺一样白的白牦牛战神，从长有长獠牙獐子的鬼域经过，被长獠牙獐子污染了。用白神牛、白神猴口里出来的药水为之除秽。把长獠牙獐子秽鬼杀死在下方，把白牦牛战神又带回到上方。

白海螺样白的大鹏鸟战神，曾从术家一座有木炭样黑的黑鸡的山上经过，白海螺样白的大鹏鸟被黑鸡污染了。用含依巴达神树梢上出的药来为它除去污秽，用白神牛、白神猴口里出来的药来为之洗去污秽。并把木炭样黑的黑鸡秽鬼杀死在下方，把白海螺色的大鹏鸟战神又带回到上方来。

378-D-64-28

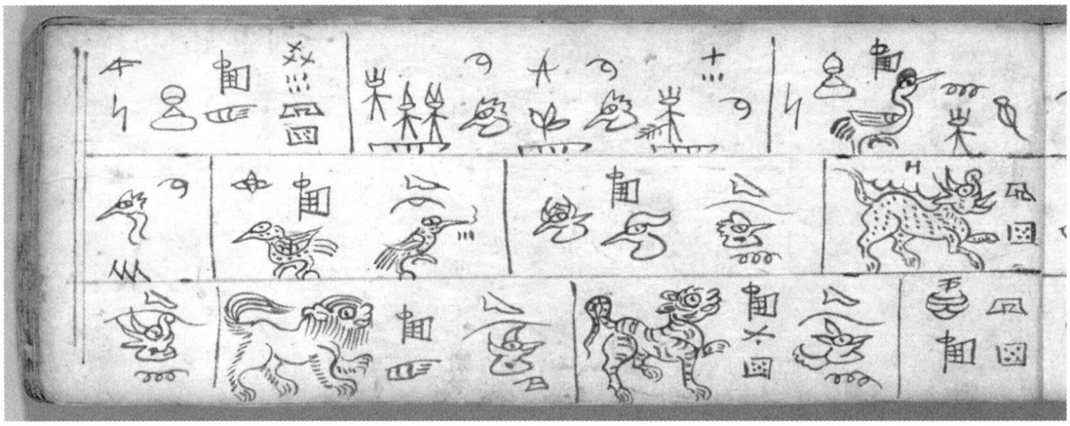

mɯ^{33} lɯ^{55} du^{21} ʥɿ^{33} tʂhər^{55}, gɑ^{33} lɑ^{21} sɿ^{21} ɕi^{33} tʂhuɑ^{55} tshər^{21} gə^{21} nɯ^{33} ʂɣ̩^{33}.｜tshɿ^{21} dy^{21} ȵə^{21}
美利董主 代 战神 三 百 六十 上 又 领 鬼 地 扭鬼

dy^{21} 、dɣ̩^{21} dy^{21} tse^{21} dy^{21} lɑ^{33} mə^{33} æ^{33} se^{21}, tər^{21} dy^{21} ʐɣ̩^{21} dy^{21} mə^{33} æ^{33} se^{21} ，ʂɣ̩^{21} dy^{21}
地 毒鬼 地 仄鬼 地 也 不 羁留 了 呆鬼 地 仇 地 不 羁留 了 术 地

tshe^{21} sɿ^{55} dy^{21} lɑ^{33} mə^{33} æ^{33} se^{21}.｜mɯ^{33} lɯ^{55} du^{21} ʥɿ^{33} tʂhər^{55}, du^{21} gə^{33} kuɑ^{33} phər^{21} nɯ^{33}
十 三 地 也 不 羁留 了 美利董主 代 董 的 鹤 白 来

tʂhə^{55} tshɿ^{21} dʑi^{33} tshɿ^{21}、| ti^{55} lo^{21} æ^{21} kv̩^{33} dʐɿ^{21} mɯ^{21} le^{33} zər^{21}. | uɑ^{33} hər^{21} tɕər^{55} pu^{33} gɑ^{33}
秽鬼 景鬼 替罗 鸡 头 生 的 又 压 松石 绿 布谷 战神

lɑ^{21} nɯ^{33}, ə^{33} mu^{55} tho^{33} lɯ^{33} khuɑ^{33} sɿ^{55} mu^{21} le^{33} zər^{21}. | ɕə^{33} tɕhy^{33} ɕə^{33} gu^{55} gɑ^{33} lɑ^{21}
来 老鸽子 声 嘶 下 又 压 大鹏 大雕 战神

nɯ^{33}, sɿ^{21} gə^{33} tʂhə^{55} tshɿ^{21} æ^{21} kv̩^{33} dʐɿ^{21} mɯ^{21} le^{33} zər^{21}. | uɑ^{33} hər^{21} mɯ^{33} dzər^{33} gɑ^{33} lɑ^{21}
来 术 的 秽 鬼 鸡 头 生 下 又 压 松石 绿 天威兽 战神

gə^{21} le^{33} ʂv̩^{33}, | sɿ^{21} gə^{33} lu^{21} tɕə^{33} nɑ^{21} mɯ^{21} le^{33} zər^{21}. | dv̩^{33} phər^{21} si^{33} gɯ^{33} gɑ^{33} lɑ^{21}
上 又 领 术 的 龙 脖 黑 下 又 压 海螺 白 狮子 战神

gə^{21} le^{33} ʂv̩^{33}, sɿ^{21} gə^{33} khɯ^{33} nɑ^{21} ʂu^{21} kv̩^{33} dʐɿ^{21} mɯ^{21} le^{33} zər^{21}. | bə^{33} dɯ^{21} lɑ^{33} ɕy^{21}gɑ^{33}
上 又 领 术 的 狗 黑 铁 头 生 下 又 压 掌 大 虎 红 战神

lɑ^{21} gə^{21} le^{33} ʂv̩^{33}, tʂhə^{55} tshɿ^{21} dæ^{21} me^{33} luɑ^{33} pɑ^{21} mɯ^{21} le^{33} zər^{21}. | ŋv̩^{33} phər^{21} gɑ^{33} lɑ^{21}
上 又 领 秽 鬼 狐狸 下巴 宽 的 又 压 银 白 战神

gə^{21} le^{33} ʂv̩^{33},
上 又 领

美利董主的时代，把三百六十个战神又带回到了上方。没羁留在鬼域，没羁留在扭鬼、毒鬼、仄鬼的地方，也不羁留在呆鬼和仇人的地方，也不羁留在术的十三个地方。

美利董主的时代，白鹤战神把秽鬼、景鬼、生鸡头的替罗鬼杀死在下方。绿松石般的布谷鸟战神，把声音嘶哑的老鸽子杀死在下方。大鹏和大雕战神，把术家长鸡头的秽鬼杀死在下方。

把绿松石般的天威兽战神领上来，把术家的黑脖子龙杀死在下方。把白海螺般的狮子战神领上来，把术家长有黑铁头的狗杀死在下方。把巨掌红虎战神领上来。把宽下巴的狐狸秽鬼杀死在下方，把白银战神领上来。

378-D-64-29

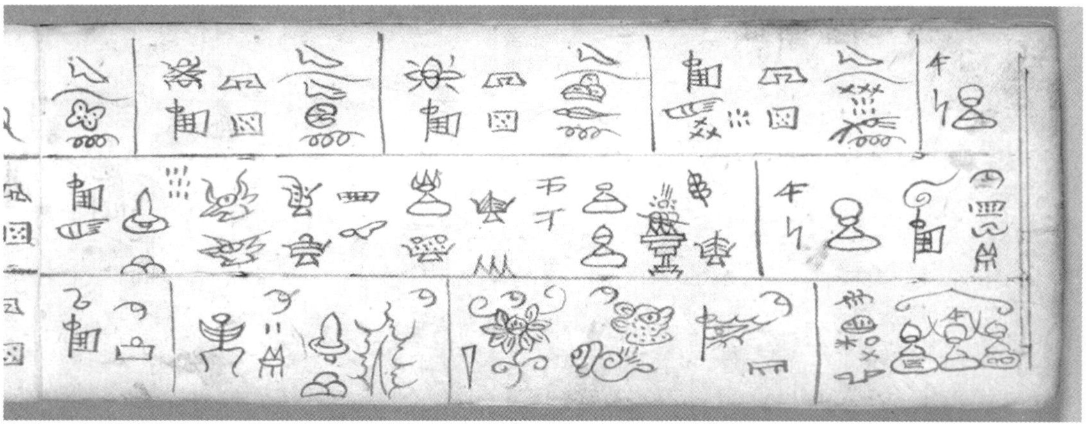

sɿ^{21} gə^{33} tər^{33} tshɿ^{21} tʂhə^{55} tshɿ^{21} mɯ^{21} le^{33} zər^{21}. | hæ^{21} ʂər^{21} gɑ^{33} lɑ^{21} gə^{21} le^{33} ʂv̩^{33}, bə^{33}
术 的 呆 鬼 秽 鬼 下 又 压 金 黄 大神 上 又 领 崩

tshɿ^{21} tʂhə^{55} tshɿ^{21} mɯ^{21} le^{33} zər^{21}. | uɑ^{33} hər^{21} gɑ^{33} lɑ^{21} gə^{21} le^{33} ʂv̩^{33}, lv̩^{33} tshɿ^{21} tʂhə^{55} tshɿ^{21}
鬼 秽 鬼 下 又 压 松石 绿 大神 上 又 领 陆 鬼 秽 鬼

dʑi^{21} tshɿ^{21} mɯ^{21} le^{33} zər^{21}. | gɑ^{33} lɑ^{21} sɿ^{21} ɕi^{33} tʂhuɑ^{55} tshər^{21} gə^{21} le^{33} ʂv̩^{33},tʂhə^{55} tshɿ^{21} sɿ^{33}
水 鬼 下 又 压 大神 三 百 六十 上 又 领 秽 鬼 三

ɕi^{33} tʂhuɑ^{55} tshər^{21} mɯ^{21} le^{33} zər^{21}. | mɯ^{33} lɯ^{55} du^{21} dʐɿ^{33} tʂhər^{55}, | gɑ^{33} lɑ^{21} khuɑ^{33} lv̩^{55}
百 六 十 下 又 压 美利董主 时代 大神 佑罗面偶

gv̩^{33} sy^{21} be^{33}, bər^{33} y^{21} zʅ^{33} hɑ^{33} 、tʂhər^{21} nɑ^{55} ɕy^{55} mɑ^{21} be^{33}, py^{21} khuɑ^{33} sɿ^{55} mi^{55} be^{33},
九 样 做 牦牛绵羊 酒 饭 肥肉 瘦肉 香火 酥油 献 祭米 素神 火 做

phər^{21} ne^{21} ʂæ^{21}、gɑ^{33} ne^{21} u^{21}、o^{55} ne^{21} he^{21}, sɿ^{55} mu^{33} tʂhu^{55} pɑ^{33} gə^{21} le^{33} be^{33}. | mɯ^{33}
盘神 和 禅神 嘎神 和 吾神 沃神 和 恒神 素神 来 供养 上 又 献

lɯ^{55} du^{21} dʐɿ^{33} tʂhər^{55}, gɑ^{33} tʂhər^{33} mə^{33} khɯ^{55} me^{33} mə^{33} hɯ^{21} dʑy^{21} i^{33} kv̩^{55}; | gɑ^{33} tʂhər^{33}
美利董主 时代 胜利 药 不 放 是 不 悦 有 也 会 胜利 药

mə^{33} khɯ^{55} mə^{33} bæ^{21} dʑy^{33} i^{33} kv̩^{55}. | dv̩^{21} dʐɿ^{21} bi^{33} mə^{33} kv̩^{55}; tsho^{33} le^{33} tsho^{33} mə^{33} ɳi^{21}.
不 放 不 喜 有 也 会 翅 长 飞 不 会 跳 又 跳 不 成

gɑ^{33} lv̩^{33} tsɿ^{21} me^{33} mə^{33} tɯ^{33} tɯ^{33}; gɑ^{33} mi^{33} khɯ^{55} me^{33} mi^{33} mə^{33} dzʅ^{33}; | gɑ^{33} khuɑ^{21}
胜利神石 竖 是 不 稳固 胜利神 火 烧 是 火 不 燃 胜利神 桩

tho^{55} me^{33} mə^{33} tɯ^{33} tɯ^{33} ; gɑ^{55} bɑ^{21} zi^{33} mə^{33} ɳi^{21}; gɑ^{33} mu^{21} khuɑ^{33} zʅər^{21} mə^{33} ɳi^{21};
打 是 不 稳定 胜利 花 美 不 了 胜利 号角 响 不 了

the^{33} tɕhi^{21} lu^{55} mə^{33} ɳi^{33}. | pɯ^{33} pɑ^{33} tv̩^{33} tv̩^{21} kɯ^{33} kɯ^{21} thv̩^{33} mə^{33} tshɿ^{21}. mɯ^{21} bv̩^{21}
旗帜 扬 不 起 变化 千 千 万万 出 不 来 天 下

sɑ^{21} lɯ^{55} uə^{33} de^{33}、mɯ^{33} lɯ^{55} du^{21} dʐɿ^{33}、he^{21} dɯ^{21} uɑ^{33} phər^{21} le^{33} dʐɿ^{21} gu^{33}.
刹依威德 美利董主 恒迪窝盘 又 商量

把呆鬼、秽鬼杀死在下方。把金黄大神领到上方来，把崩鬼、秽鬼杀死在下方。把绿松石样的大神领到上方来，把陆鬼、秽鬼、水鬼杀死在下方。把三百六十个大神领到上方来，把秽鬼三百六十个都统统杀死在下方。

美利董主的时代，为大神做九种佑罗面偶。为盘神、禅神、嘎神、吾神、沃神、恒神及素神都要祭献供养。

美利董主的时代，若不给胜利神献药，胜利神就会不高兴；不给胜利神施药，胜利神就会不喜悦。有翅膀的胜利神就不会飞；有脚的胜利神也就不会跳。竖了胜利石会不稳固；烧的胜利火会不明亮；插的胜利桩会不牢固；胜利神之花会变的不鲜艳；胜利神的号角也会吹不响；胜利神的旗子也不能高高飘扬。众战神也不能再作千千万万种的变化与施法。于是在天的下面，刹依威德、美利董主、恒迪窝盘又商量。

378-D-64-30

y^{21} sɿ^{55} bu^{33} ʥo^{33} dy^{55}, sɿ^{33} phər^{21} bər^{21} phər^{21} ʐv̩^{55} tɯ^{33} khu^{33}, ŋv̩^{33} hæ^{21} uɑ^{33} tʂhu^{21} i^{33} dɑ^{55}

伊世补佐 请 毛毡 白 牦牛 白 神 坛 设置 银 金 松石 墨玉 礼物

be^{33} le^{33} ʥi^{33}, ŋv̩^{33} phər^{21} se^{33} se^{33} by^{21} uɑ^{33} be^{33}. ŋv̩^{33} hæ^{21} phər^{21} gə^{33} kv̩^{55} ʥi^{21} bv̩^{21}, gɑ^{33}

做 又 献 银 白 供盆 做 银 金 白 的 帐蓬 下 嘎神

tsɿ^{33} u^{21} tsɿ^{33} 、o^{55} tsɿ^{33} he^{21} tsɿ^{33} 、phər^{21} tsɿ^{33} ʂæ^{21} tsɿ^{33}. bər^{33} y^{21} ʐʅ^{33} hɑ^{33} 、tʂhər^{21}

迎接吾神迎接 沃神 迎 恒神 迎 盘神 迎 禅神 迎 牦牛 绵羊 酒 饭 肥肉

nɑ^{55} ɕy^{55} mɑ^{21} tʂhu^{55} pɑ^{33} gə^{21} le^{33} be^{33}. phər^{21} ne^{21} ʂæ^{21}、gɑ^{33} ne^{21} u^{21} 、o^{55} ne^{21} he^{21}、

瘦肉 翠柏 酥油 供养 上 又 献 盘神 和 禅神 嘎神 和 吾神 沃神 和 恒神

tuɑ^{33} kə^{21} iə^{33} mɑ^{21} sɿ^{21} ɕi^{33} tʂhuɑ^{55} tshər^{21}, | mɯ^{33} gə^{33} sɿ^{33} tshər^{21} sɿ^{33} gɑ^{33} lɑ^{21}, dy^{21} gə^{33}

端格 优麻 三 百 六十 天 的 三 十 三 战神 地 的

ȵi^{33} tshər^{21} ȵi^{33} gɑ^{33} lɑ^{21}, tʂhʅ^{33} khə^{21} ȵə^{21} tʂhu^{55} pɑ^{33} gə^{21} le^{33} be^{33}. | mɯ^{33} kv̩^{33} thv̩^{33} gə^{33}

二 十 二 战神 这 伙 上 供养 上 又 献 天 上 出 的

tʂhər^{21}, uɑ^{33} hər^{21} mɯ^{33}dzər^{33} mɯ^{33} nɯ^{33} tʂhər^{21} le^{33} khɯ^{55}. dv̩^{33} phər^{21} ʥy^{21} ʂuɑ^{21} kv̩^{33}

药 松石 绿 天威兽 上 药 又 放 海螺 白 山 高 顶

nɯ^{33} thv̩^{33} me^{33} tʂhər^{33}, dv̩^{33} phər^{21} si^{33} gɯ^{33} tʂhər^{21} le^{33} khɯ^{55}. | ʥy^{21} nɑ^{55} ʐuɑ^{55} luɑ^{33} kv̩^{33}

上 出 的 药 海螺 白 狮子 药 又 放 居那若罗 顶

nɯ^{33} thv̩^{33} me^{33} tʂhər^{33}, uə^{33} gə^{33} lv̩^{21} ʥə^{21} gɑ^{33} lɑ^{21} tʂhər^{33} le^{33} khɯ^{55}. | hæ^{21} i^{33} bɑ^{33} dɑ^{21}

来 出 的 药 乌革鲁久 战神 药 又 放 含依巴达

ʥər^{21} kv̩^{33} to^{55} nɯ^{33} thv̩^{33} me^{33} tʂhər^{33}, dv̩^{33}phər^{21} ɕə^{33} tɕy^{21} gɑ^{33} lɑ^{21} tʂhər^{33} le^{33} khɯ^{55}. |

树 顶 上 来 出 的 药 海螺白 大鹏 战神 药 又 放

mɯ^{33} lɯ^{55} dɑ^{33} ʥi^{21} hɯ^{55} nɯ^{33} thv̩^{33} me^{33} tʂhər^{33}, hæ^{21} sʅ^{33} bɑ^{55} me^{33} tʂhər^{33} le^{33} khɯ^{55}.

美利达吉 海 里 出 的 药 金 黄 乌龟 药 又 放

lɯ^{55} tʂhu^{21} bi^{33} nɑ^{21} kho^{55} nɯ^{33} thy̩^{33} me^{33} tʂhər^{33}, bə^{33} dɯ^{21} lɑ^{33} ɕy^{21} tʂhər^{33} le^{33} khɯ^{55}. |
杉树 大森林 里 边 出 的 药 掌 大 红虎 药 又 放

he^{21} gə^{33} kuɑ^{33} phər^{21} khu^{33} nɯ^{33} thy̩^{33} me^{33} tʂhər^{33}, mɯ^{33} lɯ^{55} lu^{21} ne^{21} se^{21} gɑ^{33} lɑ^{21}
神 的 鹤 白 嘴 里 出 的 药 天 地 卢神 和 沈神 战神

tʂhər^{33} le^{33} khɯ^{55}.
药 又 放

伊世补佐祭司就用纯白的毛毡铺就了神坛，用金、银、松石、墨玉作礼物祭献，还供奉上了白银的供盆。在如金似银的美好帐蓬里，迎请嘎神和吾神、沃神和恒神、盘神和禅神。用牦牛和绵羊、酒和饭、肥肉和瘦肉、翠柏和酥油作供养祭献。为盘神和禅神、嘎神和吾神、沃神和恒神及三百六十个端格和优麻战神，为天上的三十三个战神，为地上的二十二个战神作供养祭献。

把天上出的药，放给绿松石色的天威兽。把白海螺高山顶上出的药，放给白海螺色的狮子战神。居那若罗神山顶上出的药，放给乌革鲁久战神。含依巴达神树梢上出的药，放给白海螺般白的大鹏战神。美利达吉神海里出的药，放给金黄色的神龟战神，杉树林里出的药，放给巨掌红虎战神。白鹤神鸟嘴里出的药，就放给天地间的卢神和沈神的战神。

378-D-64-31

uɑ^{33} hər^{21} tɕər^{55} pu^{33} khu^{33} nɯ^{33} thy̩^{33} me^{33} tʂhər^{33}, bi^{33} sɑ^{55} le^{21} sɑ^{55} lu^{21} me^{33} tʂhər^{21}, tsho^{21}
松石 绿 布谷鸟 口 里 出 的 药 日 气 月 气 温 的 药

ze^{33} lɯ^{55} ɯ^{33} 、tshe^{55}hɯ^{21}bu^{33} bə^{21} gɑ^{33} lɑ^{21} nɯ^{33} tʂhər^{33} le^{33} khɯ^{55}. | he^{21} i^{33} luɑ^{33} mæ^{21}
崇忍利恩 衬恒褒白 战神 来 药 又 放 神 的 百灵鸟

phər^{21} gə^{33} khu^{33} nɯ^{33} thy̩^{33} me^{33} tʂhər^{33}, kɑ^{33} le^{21} kɑ^{33} tshy^{21}、dʑi^{33} mi^{55} dʑi^{21} tʂy̩^{33} gɑ^{33} lɑ^{21}
的 嘴 里 出 的 药 高勒高趣 金命金兹 战神

tʂhər^{33} le^{33} khɯ^{55}. fy̩^{55} dʑi^{33} dy̩^{21} zʅ^{33} nɑ^{21} le^{33} sy^{55}, sy^{55} nɯ^{33} nɯ^{33} tər^{55} tər^{33} gə^{33} tʂhər^{33},
药 又 放 木炭 毒 蛇 黑 又 杀 杀 时 心 颤抖 的 药

mɯ33lɯ55 du21 dʐʅ33 、tshʅ55 tʂuɑ33 dʑi33 mu33 gɑ33 lɑ21 tʂhər33 le33 khɯ55.丨dy̩21 gə33 bər21 nɑ21
美利董主 茨爪金姆 战神 药 又 放 毒鬼 的 牦牛 黑

kho55, tʂhər55 ly55 gy̩33 gə33 ny̩55 me33 sæ33le33 thy̩55, gɑ33 zo33 gy̩33 ky̩55 、gɑ33 mi55 ʂər33 ky̩55
宰 肺 中间 的 心脏 血 又 出 战神男儿 九 个 战神 女儿 七 个

tʂhər33 le33 khɯ55.丨mɯ33 lɯ55 sʅ21 dʐʅ33 gə33 ɯ33 nɑ21 kho55, tʂhər55 ly55 gy̩33 gə33 ny̩55 me33
药 又 放 美利术主 的 牛 黑 宰 肺 中间 的 心

sæ33 le33 thy̩55, ɯ33 phər21 gɑ33 lɑ21 tʂhər33 le33 khɯ55.丨sʅ21 gə33 fy̩55 dʑi21 æ21 nɑ21 kho55,
血 又 出 牛 白 战神 药 又 放 术 的 火炭 鸡 黑 宰

tʂhər55 ly55 gy̩33 gə33 ny̩55 me33 sæ33 le33 thy̩55, dy̩33 phər21 ɕə33 tɕhy21 ɕy33 gu55 gɑ33 lɑ21
肺 中间 的 心 血 又 出 海螺 白 大鹏 大雕 战神

tʂhər33 le33 khɯ55.丨sʅ21 gə33 fy̩55 dʑi21 lɑ21 nɑ21 kho55 , tʂhər55 ly55 gy̩33 gə33 ny̩55 me33 sæ33
药 又 放 术 的 木炭 虎 黑 宰 肺 中央 的 心脏 血

le33 thy̩55, bə33 dɯ21 lɑ33 ɕy21 gɑ33 lɑ21 tʂhər33 le33 khɯ55.‖ɑ33 ȵi33 lɑ33 ʂər55 ȵi33, tɕy55
又 出 掌 大 虎 红 战神 药 又 放 昨天 又 前天 先

tʂhu21, he21 gə33 sʅ33 sər21 lər21 pɑ33zo33 nɯ33, nɯ33 tər55 tər33 nɯ33 hɯ55 lo21 pɯ33 pɑ33 be33.
前 神 的 司斯朗巴 男 来 心 颤动 的 海 里 变化 作

用绿松石色的布谷神鸟嘴里出的药，用太阳和月亮里出的暖气化成的药，献给崇忍利恩和衬恒褒白战神。用百灵神鸟嘴里出来的药，献给高勒高趣和金命金兹战神。杀死木炭般黑的毒蛇鬼，把它还在颤抖的心脏里出来的药，献给美利董主和茨爪金姆战神。宰杀毒鬼家的黑牦牛，把它肺中央心脏里的血药掏出来，献给九个男战神、七个女战神。宰杀美利术主仇家的黑牛，掏出它肺中间心脏里的血药，献给白牛战神。杀掉术鬼家的黑鸡，取出它肺中间心脏里的血药，献给白海螺色的大鹏战神和大雕战神。杀掉术鬼家的木炭样黑的黑虎，取出它肺中间心脏里的血药，献给巨掌红虎战神。

在很久很久以前，最早的时候，司斯朗巴男神的心发出颤动，在海里作变化，

378-D-64-32

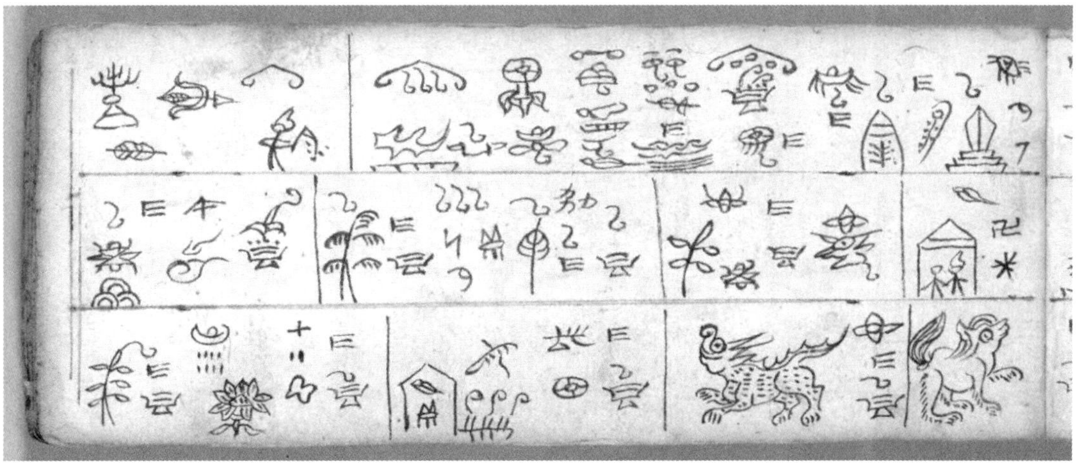

be21 dæ33 lɯ33 sɿ33 khæ55, mɯ33 gy̩33 kɯ21 tse55 mi55 n̥ə21 dər33.｜ ky̩33nɯ33 mɯ33 tʂhər33
本丹 神箭 射 天 上 庚珍 女 上 着 头 来 天 药

piə55, ɯ33 nɯ33 dy21 tʂhər33 piə55, tʂhər55 nɯ33 bi33 tʂhər33 piə55, sər55 nɯ33 le21 tʂhər33 piə55,
变 皮 来 地 药 变 肺 来 太阳 肺 变 肝 来 月 药 变

uɑ33 nɯ33 ly̩33 tʂhər33 piə55, ʂɿ33 nɯ33 tʂɿ33 tʂhər33 piə55, sæ33 nɯ33 dʑi21 tʂhər33 piə55, miə21
骨 来 石 药 变 肉 来 土 药 变 血 来 水 药 变 眼

nɯ33 khɯ21 ne21 zɑ21 tʂhər33 piə55, sɑ55 nɯ33 tɕi33 ne21 hər21 tʂhər33 piə55, tʂhər33 ɯ33 the21
来 星 和 娆星 药 变 气 来 云 和 风 药 变 药 好 那样

nɯ33 thy̩33. mɯ33 by̩21 tʂhʅ33 tʂhər33 khɯ55 , kɯ21 dʐʅ21 mɯ33 ʂər55 hə21； tʂhʅ33 tʂhər21 mɯ21
来 出 天 下 这 药 放 星 生 天 满 了 这 药 下

le33 sɑ55, bi33 tʂhər33 khɯ55 me33 bi33 thy̩33 uə33 lu21, tʂhʅ33 tʂhər33 mɯ21 le33 sɑ55. le21 tʂhər33
又 请 日 药 放 的 日 出 温暖 这 药 下 又 请 月 药

khɯ55 me33 le21 tshe55 mi33 bu33 se21. tʂhʅ33 tʂhər33 mɯ21 le33 sɑ55. dʑər21 tʂhər21 khɯ55 me33
放 是 月 光 火亮 了 这 药 下 又 请 树 药 放 了

dʑər21 dʐʅ21 dʑy21ʂər55 hə21, tʂhʅ33 tʂhər21mɯ21 le33 sɑ55. dʑi21 tʂhər33 khɯ55 me33 dʑi21 dʑi33 lo21
树 长 山 满 了 这 药 下 又 请 水 这 放 是 水 流 谷

ʂər55 hə21, tʂhʅ33 tʂhər21 mɯ21 le33 sɑ55. zo55 lo33 dʑy21 tʂhər55 khɯ55 me33 nɯ33, dʑy21 dɯ21
满 了 这 药 下 又 请 若罗 山 这 放 的 来 山 大

mu55 mə33 ky̩55, tʂhʅ33 tʂhər33 mɯ21 le33 sɑ55.｜tse55 tse33 hæ21 ly̩33 me33 dɯ33 thə55 dər33 me33
老 不 会 这 药 下 又 请 赠争含鲁美 一 滴 着 成

nɯ33, ly̩33 dɯ21 guɑ21 mə33 ky̩55, tʂhʅ33 tʂhər33 mɯ21 le33 sɑ55. mɯ33 lɯ55 dɑ33 dʑi21 hɯ55
是 石 大 裂 不 会 这 药 下 又 请 美利达吉 海

n̥ə21 dɯ21 thə55 dər33 me33 nɯ33, hɯ55 dɯ21 ko55 mə33 ky̩55 me33 hə21, tʂhʅ33 tʂhər33 mɯ21 le33
中 一 滴 着 了 后 海 大 枯 不 会 了 啊 这 药 下 又

sɑ55.｜dɯ33 thə55 lɯ33 nɑ21 dʑər21 n̥ə21 dər33 me33 nɯ33 , tshʅ33 be33 phər21 ty33 me33 le21 mə33
请 一 滴 杉 大 树 上 着 了 后 冬 雪 白 打 是 枯 不

ky̩55, zy̩21 hɯ21 nɑ55 nɯ33 ty33 me33 tʂhər33 mə33 ky̩55, tʂhʅ3 tʂhər21 mɯ21 le33 sɑ55. dɯ33 thə55
会 夏 雨 大 的 打 是 腐 不 会 这 药 下 又 请 一 滴

ɕy55 n̥ə21 dər33, tshʅ33 be33 phər21 ty33 me33 le21 mə33 ky̩55, zy̩21 hɯ21 ty21 me33 tʂhər33 mə33
柏 上 着 冬 白 雪 打 了 枯 不 会 夏 雨 打 了 腐 不

kv̩^{55}, tʂhʅ^{33} tʂhər^{33} mɯ^{33} le^{33} sɑ^{55}. | dɯ^{33} thiə^{55} bɯ^{33} ʂʅ^{21} dʑər^{21} tɕər^{21} dər^{33}, kv̩^{55} dʑy^{21} hər^{21}

会 这 药 下 又 请 一 滴 栗 黄 树 上 着 叶面 绿

lər^{55} lər^{33}, khv̩^{21} dʑy^{21} ʂʅ^{21} phɯ^{33}phɯ^{33}, nɯ^{21} tʂhər^{33} uɑ^{21} tʂhər^{33} gv̩^{33}, tʂhʅ^{33} tʂhər^{33} mɯ^{21} le^{33}

菌菌 叶背 黄 生生 福 药 吉 药 成 这 药 下 又

sɑ^{55}. | ɯ^{33} me^{33} tʂhʅ^{33} dɯ^{33} dʑi^{21}, tv̩^{33} y^{21} zo^{33}, ɕi^{33} y^{21} mi^{55} gə^{33} tʂhʅ^{33} dɯ^{33} dʑi^{21}, | dɯ^{33}

请 好 的 这 一 家 千 活 儿 百 活 女 的 这 一 家 一

thə^{55} si^{33} li^{33} bɑ^{21} phər^{21} dʑər^{21} n̩ə^{21} dər^{33}, dɯ^{33} dʑər^{21} tv̩^{21} kə^{55} dər^{33}, tv̩^{21} kə^{55} ɑ^{21} bɑ^{21} bɑ^{21},

滴 梨子 花 白 树 上 着 一 树 千 枝 发 千 枝 亿 花 发

ɑ^{33} bɑ^{21} ɑ^{21} ly^{33} tæ^{55}, tʂhʅ^{33} tʂhər^{21} mɯ^{21} le^{33} sɑ^{55}. dɯ^{33} thiə^{55} sʅ^{21} khɑ^{33} ʂʅ^{21} phɯ^{33} phɯ^{33}

亿 花 亿 果 结 这 药 下 又 请 一 滴 梅子 黄 生生

tɕər^{21} dər^{33}, ho^{55} he^{33} n̩i^{33} dʑy^{21} bɑ^{21} me^{33} tʂhər^{33}, the^{21} n̩i^{33} sy^{21}gə^{33} tʂhər^{33} le^{33} sɑ^{55}. | dɯ^{33}

上 着 八 月 两 次 开花 的 药 十 二 样 的 药 又 请 一

thə^{55} dʑi^{21} kv̩^{33} dʑi^{21} mæ^{33} kɯ^{55} ʂu^{21} khuɑ^{21} n̩ə^{21} dər^{33}, khv̩^{55} tshər^{55} so^{21} le^{33} hər^{21} me^{33}tʂhər^{33},

滴 房 前 屋 后 偏韭菜 菜园 里 着 晚 割 早 又 绿 的 药

thɯ^{33} tʂhər^{33} mɯ^{33} le^{33} sɑ^{55}. | dɯ^{33} thiə^{55} uɑ^{33} hæ^{21} mɯ^{33} dʐər^{33} tɕər^{21} n̩ə^{21} dər^{33}, uɑ^{33} hər^{21}

那 药 下 又 请 一 滴 松石 绿 天 威 兽 上 着 松石 绿

mɯ^{33} dʐər^{33} mə^{33} gu^{21} gə^{33} tʂhər^{33}, thɯ^{33} tʂhər^{21} mɯ^{21} le^{33} sɑ^{55}. | dɯ^{33} thiə^{55} dv̩^{33} phər^{21}

天 威兽 不 病 的 药 那 药 下 又 请 一 滴 海螺 白

si^{33} gɯ^{33} tɕər^{33} n̩ə^{21} dər^{33}, tɕi^{55} mə^{33} sʅ^{33} gə^{33} tʂhər^{33}, thɯ^{33} tʂhər^{33} mɯ^{21} le^{33} sɑ^{55}.

狮子 上 面 着 怕 不 知 的 药 那 药 下 又 请

本丹战神就射出了箭，但这箭却射中了天上的庚珍神女。于是她的头变成了天上的药，她的皮变成了地的药，她的肺变成了太阳的药，她的肝变成了月亮的药，她的骨变成了石头的药，她的肉变成了土的药，她的血变成了水的药，她的眼睛变成了星宿和娆星的药，她的气变成了云和风的药。最好的药就这样产生出来了。

这药洒在天上，天上就布满了星星，请下来这样的药。这药洒在太阳上，太阳出来光亮又温暖，请下来这种药。这药洒在月亮上，月儿分外的明媚，请下来这样的药。这药洒在天下，洒到树上，树绿满山又满坡，请下来这样的药。这药洒在水上，流水注满了山谷，请下来这样的药。这药洒到居那若罗神山上，山大永远不会老，请下来这样的药。这药洒在含依巴达神树上，树叶永绿不会枯，请下来这样的药。这药洒在赠争含鲁美神石上，神石坚固永不裂，请下来这样的药。这药洒到美利达吉神海里，海水盈盈永不涸，请下来这样的药。这药洒在高原铁杉上，冬天遭雪压不会枯，夏天逢雨击不会腐，请下来这样的药。这药洒在高原柏树上，冬天遭雪压不会枯，夏天逢雨击不会腐，请下来这样的药。这药洒在黄栗树上，树叶叶面绿茵茵，树叶叶背黄生生，此药是成就福泽吉祥的药，请下来这种药。

美好的主人这一家，是养育了千个儿子、百个女儿之家。这药一滴滴在这家开白花的梨树上，这树就一树生千枝，千枝开满亿朵花，亿朵花结出亿个果，请下来这种药。这药一滴滴在黄生生的梅树上，梅树就在八月里开了两次花，请下来这有十二样好处的药。这药一滴滴在房前屋后种着偏韭菜的菜园里，偏韭菜就会晚上割后早上又发绿了，请下来这种药。一滴滴在绿松石色的天威兽上，是使绿松石色的天威兽不会生病的药，请下来这种药。一滴滴在白海螺色的神狮上，神狮就成了什么都不怕的神兽，请下来这种药。

378-D-64-33

dɯ^{33} tʂhər^{33} sɑ^{55},｜ zʅ^{21} ɯ^{33} tɕər^{33} hər^{21} tɕər^{21} ȵə^{21} dər^{33}, zʅ^{33} ɯ^{33} tɕər^{33} phɯ^{33} me^{33} le^{33}
一 药 请 蛇 脖子 绿 上 面 着 蛇 脖子 断 是 又

tʂu^{55} kʏ^{55} gə^{33} tʂhər^{33}, thɯ^{33} tʂhər^{33} mɯ^{21} le^{33} sɑ^{55}.｜dɯ^{33} thiə^{55} lʏ^{33} phər^{21} dʑy^{33} dʐæ^{21} tɕər^{33}
结 会 的 药 这 药 下 又 请 一 滴 石 白 垒垒 上

ȵə^{21} dər^{33}, hæ^{33} ʂʅ^{21} tse^{33} mɑ^{21} lʏ^{33}, lʏ^{33} kʏ^{33} lʏ^{33} tshɿ^{55} tshɿ^{33}, lʏ^{33} tshɿ^{55} mi^{33} bɑ^{21} thʏ^{33}, mi^{33}
面 着 金 黄 火镰 石 石 上 石 撞 击 石 击 火 花 出 火

dʐʅ^{33} tʂhʅ^{33} huɑ^{33} huɑ^{21} gə^{33} tʂhər^{33}. thɯ^{33} tʂhər^{33} mɯ^{21} le^{33} sɑ^{55}.｜dɯ^{33} tʂhər^{33} tshe^{33} khuɑ^{33}
燃 这 旺盛 的 药 这 药 下 又 请 一 药 盐 井

tshe^{33} dʑi^{21}kʏ^{33} ȵə^{21} dər^{33}, tshe^{33} phər^{21} bʏ^{33} ʂər^{55} kuɑ^{21} ʂər^{55} me^{33} gə^{33} tʂhər^{33}, thɯ^{33} tʂhər^{33}
盐 水 上 里 着 盐 白 锅 满 灶 满 是 的 药 那 药

mɯ^{21} le^{33} sɑ^{55}. mɯ^{33} gə^{33} uɑ^{21} hər^{21} nʏ^{55} me^{33} tʂhər^{33} le^{33} sɑ^{55}.｜dy^{21} gə^{33} hæ^{33} ʂʅ^{21} nʏ^{55}
下 又 请 天 的 松石 绿 心 药 又 请 地 的 金 黄 心

me^{33} tʂhər^{33} le^{33} sɑ^{55}. dʑər^{21} kʏ^{33} bɑ^{21} phər^{21} nʏ^{55} me^{33} tʂhər^{33} , bɑ^{33} phər^{21} bæ^{33} zi^{33} nʏ^{55} me^{33}
药 又 请 树 上 花 白 心 药 花 白 蜜蜂 心

tʂhər^{21} le^{33} sɑ^{55}.｜ dy^{21} gə^{33} lər^{55} tɕhy^{33} gʏ^{33} sy^{21} gə^{33} zʅ^{33} tʂhər^{21} mɯ^{21} le^{33} sɑ^{55}.｜dɯ^{33} khʏ^{55}
药 又 请 地 上 种子 类 九 种 的 酒 药 下 又 请 一 年

mi^{33} kɑ^{33} do^{33}, gʏ^{33} dʑy^{21} mi^{33} nɯ^{33} bər^{21}, dɯ^{33} tʂhər^{21} mu^{55} ȵə^{21} dər^{33}, mu^{55} gʏ^{33} pɯ^{33}
火 疯狂 九 山 火 来 燎 一 药 竹 上 着 竹 秆 笛子

lɯ^{21} sɑ^{55} mə^{33} ko^{55}, | thɯ^{33} tʂhər^{21} mɯ^{33} le^{33} sɑ^{55}. | dɯ^{33} khv̩^{55} ʂər^{33} lo^{21} dʑi^{21} kɑ^{33} do^{33},
声 不 停 那 药 下 又 请 一 年 七 谷 水 爆发

lo^{21} n̩ə^{21} dʑi^{21} mə^{33} ko^{55} me^{33} khɑ^{21} be^{33} khɯ^{55} me^{33} tʂhər^{21} le^{33} sɑ^{55}. | dɯ^{33} tʂhər^{33} mɯ^{33}
谷 里 水 不 涸 的 随时 放 的 药 又 请 一 药 美

lɯ^{55} n̩i^{33} khɑ^{33} khæ^{33} gə^{21} dɑ^{33} iə^{21} dʑər^{21} n̩ə^{21} dər^{33}, dɑ^{21} phiə^{55} tshɿ^{55} nɯ^{33} dʑɿ^{33}, tshɿ^{55}
利尼坎坎 的 青㭎 树 上 着 青㭎 叶 山羊 来 吃 山羊

thɑ^{55} uæ^{33} tshɿ^{21} ɯ^{33} gə^{33} tʂhər^{33} le^{33} sɑ^{55}. dɑ^{21} tshe^{55} bv̩^{33} nɯ^{33} thər^{55}, bv̩^{33} thɑ^{55} i^{21} tshi^{21}
壮 左 胛骨 吉祥 的 药 又 请 青㭎 叶 绵羊 来 吃 绵羊 壮 右 肩胛骨

uɑ^{33} me^{33} tʂhər^{33} le^{33} sɑ^{55} ①.
吉祥 的 药 又 请

这药一滴落在绿颈蛇上，是使绿颈蛇身断了又能连结好的药，请下来这种药。这药一滴滴在白石堆上，白石就成了金黄色的火镰石，两石相撞击，击石出火花，能使烈火熊熊燃，请下来这种药。这药一滴滴在盐井盐水上，白盐就会满锅又满灶，请下来这种药。

献上天的绿松石心子这种药，献上地的黄金心子这种药，献上树上的白花心子这种药，献上白花心子上有蜜蜂的药，献上大地上九种谷类酿制的酒药。

那年发大火，火吞没了九山，因一滴药曾落竹子上，竹笛就还存活。竹子发出的笛声永不息，放上这种药。那年七谷里发大水，水流满山谷，从此随时都可引水浇灌田地，放这种药。一滴滴落在利尼坎坎的青枫树上，山羊吃了青㭎叶，羊儿茁壮长。用它的左胛骨占卜，能显出吉祥的卦象，放上这种药。绵羊吃了青㭎叶，羊儿茁壮长。用它的右胛骨占卜，能显出吉祥的卦象，放上这种药。

378-D-64-34

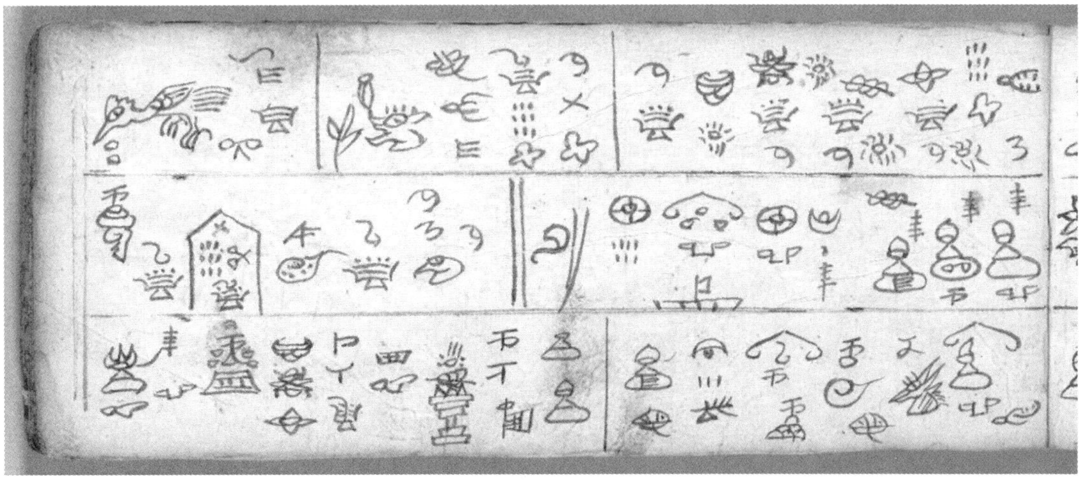

① 纳西语中，该词“sɑ^{55}”本意有往下、洒、落等多意，译文中就据含意不同而有变化，因为在祭仪中，念诵该文时，祭司持象征神药水碗要洒祭神和人。

dɑ^{21} ly^{33} æ^{21}nɯ^{33} sɿ^{55}, ly^{55} i^{33} æ^{21} bər^{33} ɯ^{33} gə^{33} tʂhər^{33} le^{33} sɑ^{55}.｜ʥi^{21} khu^{21} phy̩^{21} ʥər^{21}
青稞 果 鸡 来 捡 果 是 鸡 卦 好 的 药 又 洒 河 边 补 树

ʥɿ^{21}, ʥər^{21} khɯ^{33} bu^{21} nɯ^{33} dy̩^{33}, tʂhər^{21} nɯ^{33} gɯ^{55} gɯ^{21} gə^{33} tʂhər^{33} le^{33} sɑ^{55}. tʂhər^{33} ɯ^{33}
长 树 脚 猪 来 拱 肥肉 以 生生 的 药 又 洒 药 物

gy̩^{33} sy^{21} tshe^{33} sy^{21} gy̩^{33},｜ sy^{21} mə^{33} i^{33} gə^{33} ŋy̩^{21} khuɑ^{55} bu^{33}; mɑ^{55} mə^{33} i^{33} gə^{33} hæ^{21}
九 种 十 样 成 铅 不 有 的 银 碗 亮 细沙 不 含 的 金

khuɑ^{55} bu^{33}; ly̩^{33} mə^{33} i^{33} gə^{33} uɑ^{21} khuɑ^{55} bu^{33} ; tʂhər^{33} mə^{33} i^{33} gə^{33} tʂhu ^{21} khuɑ^{55} bu^{33}.
碗 亮 石 不 含 的 松石 碗 亮 杂质 不 含 的 墨玉 碗 亮

bu^{33} gə^{33} gy̩^{33} sy^{21} khuɑ^{55} lo^{21} khɯ^{55}.bu^{33} gə^{33} gy̩^{33} sy^{21} khuɑ^{55} gə^{33} tʂhər^{33} nɯ^{33} le^{33} kɯ^{55}
亮 的 九 样 碗 里 放 亮 的 九 样 碗 的 药 来 又 除秽

le^{33} gɯ^{21} se^{21}.｜dy̩^{33} phər^{21} khuɑ^{55} gy̩^{33} tshər^{21} gy̩^{33} ʥi^{21} lo^{21} ȵə^{21} tɕi^{33}, mɯ^{33} lɯ^{55} dɑ^{33} ʥi^{21}
又 纯 了 海螺 白 碗 九 十 九 房 里 边 放 美利达吉

hɯ^{55} ʂər^{55} be^{33} tʂhər^{33} khuɑ^{55} ʂər^{55}, ko^{55} mə^{33} se^{33}、kə^{21} mə^{33} se^{33} .‖ dɯ^{33} tʂhər^{55}, ə^{33} ȵi^{33}
海 满 的 药 碗 满 涸 不 了 倒 不 完 一 代 昨天

lɑ^{21} ʂər^{55} ȵi^{33}, mɯ^{33} phər^{21}dy^{21} phər^{21}、kɯ^{21} phər^{21} zɑ^{21} phər^{21} 、bi^{21} phər^{21} le^{21} phər^{21} thy̩^{33}
和 前天 天 白 地 白 星 白 饶星 白 太阳 白 月亮 白 出

dɯ^{33} zɿ^{33}; tɕy^{55} tʂhu^{21}, he^{21} gə^{33} sɿ^{33} phe^{33} sɑ^{21} lɯ^{55} uə^{33} de^{33}、he^{21} dɯ^{21} uɑ^{33} phər^{21}、mɯ^{33}
一 代 最 早 神 的 头目 刹依威德 恒迪窝盘

lɯ^{55} du^{21} ʥɿ^{33} thy̩^{33} thɯ^{33} zɿ^{33}.｜y^{33} ʂʅ^{55}bu^{33} ʥo^{33} py^{33} by̩^{33} nɯ^{33}, sɿ^{33} phər^{21} phər^{21} zʅ^{55} tɯ^{33}
美利董主 出 那 时 伊世补佐 祭司 来 羊毛 白 毡 神 坛

khu^{33}, tʂhuɑ^{33} phər^{21} kuɑ^{55} le^{33} u^{55}, ŋy̩^{33} hæ^{21} uɑ^{33} tʂhu^{21} i^{33} dɑ^{55} tɕi^{33}. bər^{33} y^{21} zʅ^{33} hɑ^{33}、
竖 米 白 祭粮 又 撒 银 金 松石 墨玉 礼物 放 牦牛 绵羊 酒 饭

tʂhər^{21} nɑ^{55} ɕy^{55} mɑ^{21} nɯ^{33}, phər^{21} ʂæ^{21} gɑ^{33} u^{21} o^{55} he^{21} tʂhu^{55} pɑ^{33} be^{33}.｜sɑ^{21} lɯ^{55}
肥肉 瘦肉 柏 酥油 来 盘神 禅神 嘎神 吾神 沃神 恒神 供养 做 刹依威德

uə^{33} de^{33} pɯ^{33} pɑ^{33} be^{33}. sɿ^{55} hɑ^{33} ȵi^{33} so^{33} le^{33} gy̩^{33} ȵə^{21}, mɯ^{33} gə^{33} dər^{33} phər^{21} dɯ^{33} ly̩^{55}
变化 作 三 夜 两 早 又 到 时 天 的 沫 白 一 团

thy̩^{33}. duɑ^{33} phər^{21} pɯ^{33} pɑ^{33} be^{33}, ky̩^{33} phər^{21} dɯ^{33} ly^{33} thy̩^{33}. ky̩^{33} phər^{21} tʂhʅ^{33} ly^{33} nɯ^{33} ,
出 泡沫 白 变化 作 蛋 白 一 个 出 蛋 白 这 个 来

hɯ^{55} phər^{21} uə^{33} ko^{33} lo^{21} nɯ^{33} pɯ^{33} pɑ^{33} be^{33}, mɯ^{33} mi^{55} nɑ^{55} se^{33} py^{33} mu^{21} thy̩^{33}.
海 白 里面 里边 来 变化 作 天 女 那森丙蒙 出

鸡吃青桐果，鸡卦就能显吉兆，洒放这种药。水边的大补树，野猪拱树根，这药使猪满身长肥膘，洒放这种药。成了九种与十样的药。不含铅的银碗亮晶晶；不含沙的金碗闪闪亮；不含石的松石碗绿茵茵；不含杂质的黑玉碗黑黝黝。把这九种的药装进这些发亮的碗里，用这发亮碗里的药除秽则干净纯洁了。把这白海螺般的药碗放进有九十九间屋的大房子里，碗里的药就像美利达吉神海之水永不涸、永远倒不完了。

最早一代，远古的时候，产生那白天和白地、白星和白宿、白太阳和白月亮的时候；最早，神的首领刹依威德、恒迪窝盘、美利董主出世的那个时代。伊世补佐祭司就用羊毛白毡子铺设神坛，供上白米祭粮，献上白银、黄金、松石、墨玉，还用牦牛、绵羊、酒和饭、肥肉和瘦肉、柏枝和酥油，来为盘神和禅神、嘎神和吾神、沃神和恒神祭献供养。刹依威德大神就施法作变化，过了三天两早上之后，天上产生出了一团白泡沫。这团白泡沫再作变化，从中产生出一个白蛋。这枚白蛋在神海里作变化，产生出天女那森丙蒙。

378-D-64-35

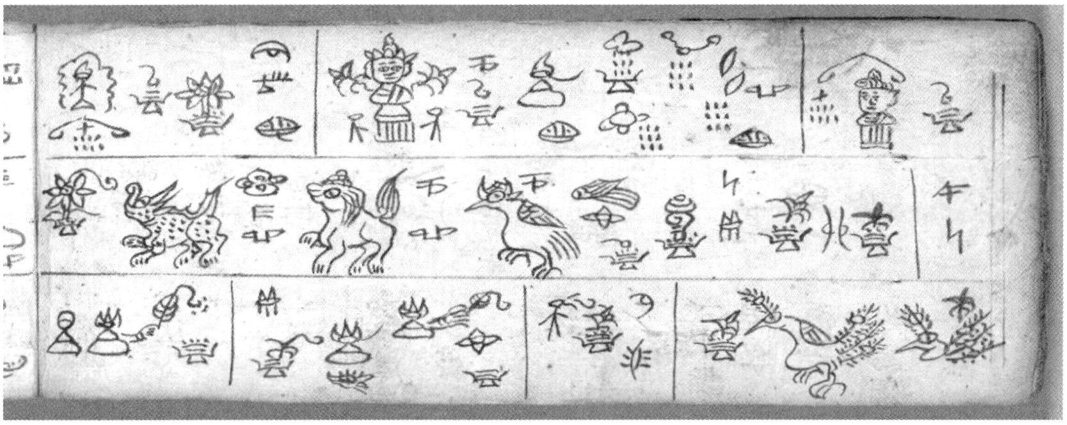

nɑ^{55} se^{33} py^{33} mu^{21} mɯ^{33} tɕər^{21} tshe^{21} ho^{55} ty^{33}, i^{21} pu^{33} phər^{21} me^{33} ky̩^{55} dʑi^{21} by̩^{21} nɯ^{33} dʐʅ^{21}.
那森丙蒙 天 上 十 八层 绸子 白 的 帐蓬 里 来 坐

thɯ^{33} gə^{33} khu^{33} nɯ^{33} tʂhər^{33} dʑi^{21} thy̩^{33}, tʂhər^{33} khuɑ^{55} lo^{21} ɳə^{21} khɯ^{55}. bɑ^{55} bɑ^{33} tʂhər^{33} dʑi^{21}
她 的 口 里 药 水 出 药 碗 里 边 放 花 开 药 水

tʂhər^{33} khuɑ^{55} pɯ^{33} pɑ^{33} be^{33}, sʅ^{55} hɑ^{33} ɲi^{33} so^{21} le^{33} gy̩^{33} ɳə^{21}, | thɯ^{33}gə^{33}uæ^{33}tɕy^{21}dɯ^{33} bɑ^{33}
药 碗 变化 作 三 天 两 早 又 到 时 她 的 左 边 一 花

bɑ^{21}, i^{21} tɕy^{21} dɯ^{33} bɑ^{21} bɑ^{21}, tʂhər^{33} dʑi^{21} tʂhər^{33} khuɑ^{55} gə^{21} le^{33} u^{21}. mɯ^{33} mi^{55} nɑ^{55} se^{33}
开 右 边 一 花 开 药 水 药 碗 上 又 倒 天 女 那森

py^{33} mɯ^{21} khu^{33} nɯ^{33} pɯ^{33} pɑ^{33} be^{33}, tʂhər^{33} ɯ^{33} gy̩^{33} sy^{21} thy̩^{33}. gy̩^{33} sy^{21} le^{33} thy̩^{33} thy̩^{21},
丙蒙 嘴 里 变化 作 药 九 种 出 九 样 又 相配

tʂæ^{21}me^{33}dɯ^{33} tʂhər^{33}the^{21}nɯ^{33} thy̩^{33}. dɯ^{21} me^{33} gy̩^{33} phiə^{55}, dɯ^{21} me^{33} gy̩^{33} ly^{33} thy̩^{33}. gy̩^{33}
纯 的 一 药 那 里 出 大 的 九 叶 大 的 九 果 出 九

phiə^{55} le^{33} pɑ^{55} pɑ^{33}, tʂæ^{21} me^{33} dɯ^{21} me^{33} dɯ^{33} phiə^{55} the^{21} nɯ^{33} thy̩^{33}. gy̩^{33} ly^{33} le^{33} tʂu^{55}
片 交 叠 纯 的 大 张 一 叶 那里 出 九 果 又 相接

tʂu33, tʂæ21 me33 dɯ21 me33 dɯ33 ly33 the33 nɯ33 thv̩33. | mɯ33 se33 hɯ55 thv̩33 ə33 nɑ21 mi55
纯 的 大 的 一 果 那 里 出 天 上 亥土阿纳 女

nɯ33 mɯ33 tɕər21 tshe21 ho55 ty33 nɯ33 dʐʅ21, khu33 mɯ33 tʂhər33 dʑi21 thv̩33 , tʂhər33 khuɑ55 gə21
来 天 上 十 八 层 上 坐 嘴 里 药 水 出 药 碗 上

le33 u21. | khuɑ55nɯ33 tʂhər21 bɑ21 bɑ21, uɑ33 hər21 mɯ33 dzər33 tʂhər33 le33 khɯ55, uɑ33 hər33
又装 碗 里 药 花 开 松石 绿 天威兽 药 又 放 松石 绿

mɯ33 dzər33 khuɑ33 ɯ33 sɑ55 ɯ33 thv̩33. dv̩33 phər21 si33 gɯ33 tʂhər33 le33 khɯ55, uɑ33 hər21
天威兽 声 好 气 好 出 海螺 白 狮子 药 又 放 松石 绿

luɑ21 pɑ33 dʑi33 dʑi33 the21 nɯ33 thv̩33. dv̩33 phər21ɕə33 tɕhy21 tʂhər33 le33 khɯ55, dv̩33 phər21
鬃毛 威风 由 此 出 海螺 白 大鹏 药 又 放 海螺 白

ɕə33 tɕhy21 gə33 uɑ33 hər21 dv̩33 tshʅ33 mæ33 tshi33 the33 nɯ33 thv̩33.dv̩33 phər21 khuɑ55 lo21
大鹏 的 松石 绿 翅膀 尾巴 由此 出 海螺 白 碗 里

tʂhər33 khuɑ55 ʂər55 me33 thv̩33. khuɑ55 kv̩33 tʂhər33 bɑ21 bɑ21, khuɑ55 thæ33 dv̩21 bɑ21 bɑ21
药 碗 满 是 成 碗 顶 药 花 开 碗 底 毒 花 开

khɯ55,tʂhər33 dv̩21 mə33 huɑ55 huɑ33. | mɯ33 lɯ55 du21 dʐʅ33 tʂhər55, | du21 gə33 y21 ʂʅ55 bu33
放 药 毒 不 掺杂 美利董主 时代 董 的 伊世补佐

dʑo33nɯ33, ɕy55 kə55 lɑ21 ȵə21 zʅ33, tʂhər33 khuɑ55 lo21ȵə21 khɯ55, ɕy55 kə55 tʂhər33 dʑi21 tæ55. |
来 柏 枝 手 里 握 药 碗 里 边 放 柏 枝 药 水 沾

khuɑ55 kv̩33 tʂhər33 bɑ21 bɑ21. y21 ʂʅ55 bu33 dʑo33 nɯ33, mɑ55 iə33 mæ33 hər21 nɯ33, tʂhər33
碗 顶 药 花 开 伊世补佐 来 孔雀 尾 绿 来 药

khuɑ55 lo21 ȵə21 khɯ55, | dv̩21 bɑ21 dɑ21 mə33 tʂər33. tʂhər33 so33 ɕi33 mə33 dʑy21, | hæ33 ʂʅ21
碗 里 边 放 毒 花 漂 不 让 药 尝 人 没 有 金 黄

mɑ55 iə33 nɯ33 so33. mɑ55 iə33 kv̩33 nɯ33 tʂhər33 bɑ21 bɑ21, khuɑ55 thæ33 dv̩21 bɑ21 i33.
孔雀 来 尝 孔雀 头 上 药 花 开 碗 底 毒药 花 有

mɑ55 iə33 tʂʅ21 nɯ33 bæ21, mæ33 nɯ33 dv̩21 bɑ21 bɑ21. mɑ55 iə33 gv̩33 ʂʅ21 mæ33 hər21 pɯ55
孔雀 爪 来 扒 尾 上 毒 花 开 孔雀 身 黄 尾 绿 出处

lɯ33 ʂu33 mu21 the33 mu33 thv̩33.
来历 由 此 出

神女那森丙蒙，住在十八层天上的白绸帐蓬里。她嘴里流出的是药水，这药水装在药碗里。药水碗发生变化，开出美丽的药花。三夜两昼后，那森丙蒙神女的左肩开出一朵药花，右肩也开出一朵药花。她把从花上采来的药也装入药水碗中。那森丙蒙嘴里再次作变化，产生出九种药。九种又相配，制出最好最纯正的一种药。这正是：有大的九片叶，结了九个果。九叶相连结，连结成一张更大的叶。九个果相聚，聚成一个更大的果。

天上的亥土阿纳神女，住在十八层天上。她嘴里流出的是药水，药水装在碗里，碗里长出了药花。把这药洒放在绿松石般的天威兽上，绿松石般的天威兽嘴里就发出佳音佳气。把这药洒放在白海螺般的狮子上，狮子就长出了威风的鬃毛。把这药洒放在白海螺色的大鹏上，大鹏就生出绿松石般的翅膀和尾巴。把白海螺放入药碗里，药碗满荡荡。碗上药花开，碗底毒花开，好药和毒药不相杂。

美利董主的时代，伊世补佐祭司手拿翠柏枝，放在药碗里，让柏枝沾上了药。碗上开药花，伊世补佐把孔雀绿尾放入药碗里，不让碗底毒花开上来。没有人敢尝这药，就由金黄的孔雀来尝药，孔雀的头上就开出了药花，碗底的毒花由孔雀的爪来扒，孔雀尾巴就开出了毒花。这也就是孔雀的身子黄、尾巴绿的原因了。

378-D-64-36

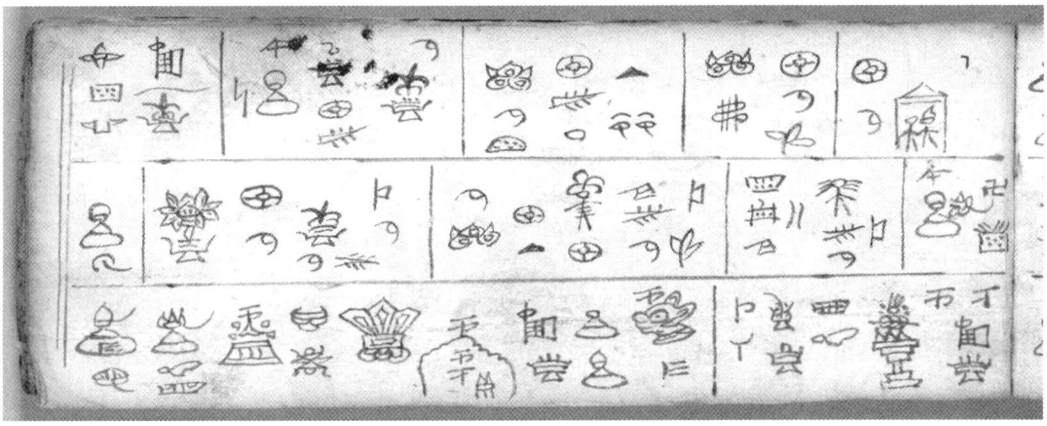

dy̩^{21} tɕər^{21} tʂhər^{33} nɯ^{33} gɑ^{33} gə^{33} pɯ^{55} lɯ^{33} ʂu^{33} mu^{21} the^{33} nɯ^{33} thy̩^{33}。| mɯ^{33} lɯ^{55} du^{21} dʐʅ^{33}
毒药 上 药 来 胜 的 出处 来历 由 此 出 美利董主

tʂhər^{55}, tʂhər^{33} mə^{33} mæ^{33} thɯ^{33} ȵi^{33}, dy̩^{21} nɯ^{33} mə^{33} mæ^{21} gy̩^{33}; | ɯ^{33} mə^{33} mæ^{33} thɯ^{33} ȵi^{33},
代 药 不 得 那 天 毒 来 不 着 成 吉祥 不 及 这 天

khuɑ^{21} nɯ^{33} mə^{33} mæ^{33} gy̩^{33}; | kho^{21} ɯ^{33} mə^{33} mæ^{33} me^{33} dɯ^{33} ȵi^{33}, zy̩^{21} nɯ^{33} mə^{33} mæ^{21}
坏 来 不 遇到 成 亲人 好 不 得 的 一 天 仇人 来 不 侵袭

gy̩^{33}. | bi^{33} thy̩^{33} mə^{33} tʂhʅ^{33} ȵi^{33}, i^{33} dɑ^{21} ɯ^{33} me^{33} tʂhʅ^{33} dɯ^{33} dʑi^{21}, | mɯ^{33} lɯ^{55} du^{21} dʐʅ^{33}
成 日 出 晴 这 天 主人 好 的 这 一 家 美利董主

gə^{33} tɕhy^{33} tʂhʅ^{21} ky̩^{33} mæ^{33} gy̩^{33}. | tʂhər^{33} mə^{33} mæ^{33} dɯ^{33} ȵi^{33}, dy̩^{21} nɯ^{33} mə^{33} mæ^{33} gy̩^{33}
的 宗族 后裔 成 药 不 找着 一 天 毒 来 不 着 好

be^{33} ho^{55}；| ɯ^{33} mə^{33} mæ^{33} dɯ^{33} n̥i^{33}, khuɑ^{21} nɯ^{33} mə^{33} mæ^{21} gv̩^{33} be^{33} ho^{55}；kho^{21} lɯ^{33}
做 愿 好 不 找着 一 天 坏 来 不 跟 好 做 愿 亲人 宗族

mə^{33} ʂu^{21} me^{33} dɯ^{33} n̥i^{33}, zv̩^{21} nɯ^{33} mə^{33} mæ^{21} gv̩^{33} be^{33} ho^{55}；| hɯ^{21} ne^{21} dʐæ^{33} ʂu^{21} mə^{33}
不 找 着 一 天 仇人 来 不 着 好 做 愿 富 和 强 找 不

mæ^{33} dɯ^{33} n̥i^{33}, hɯ^{21} si^{33} mə^{33} gu^{33} gu^{33}, si^{33} nɯ^{33} mə^{33} mæ^{33} gv̩^{33} be^{33} ho^{55}. | mɯ^{33} lɯ^{55}
得 一 天 富 穷 不 区分 穷 来 不 着 好 做 愿 美利董主

du^{21} dzɿ^{33} tʂhər^{55}, nv̩^{55} me^{33} kɑ^{33} me^{33} ɯ^{33} me^{33} sɿ^{33}. | sɑ^{33} lɯ^{55} uə^{33} de^{33} nɯ^{33} ne^{21} sɑ^{55}
代 心 好 的 善 的 思 刹依威德 心 和 气

nɯ^{33} pɯ^{33} pɑ^{33} be^{33}, to^{33} bɑ^{21} ʂər^{55} lər^{33} the^{33} nɯ^{33} thv̩^{33}. py^{33} bv̩^{21} nɯ^{33} py^{21} ɕy^{33} khuə^{55} ɕy^{33}
来 变化 作 东巴什罗 那 里 出 祭司 来 祭祀 法事

be^{33}, sɿ^{33} phər^{21} bər^{33} phər^{21} zv̩^{55} tɯ^{33} khu^{33}, tʂhuɑ^{33} phər^{21} kuɑ^{55} le^{33} u^{55}, ŋv̩^{33} hæ^{21} uɑ^{33}
做 羊毛 白 牦牛 白 神坛 铺 米 白 祭米 又 倒 银 金 松石

tʂhu^{21}gə^{21} le^{33} dʑi^{33}. se^{55} se^{33} by^{21} uɑ^{33} be^{33}. i^{21} pu^{33} phər^{21} me^{33} kv̩^{55} dʑi^{21} bv̩^{21}, phər^{21} ʂæ^{21}
墨玉 上 又 献 供盆 供 绸子 白 的 帐蓬 下 盘神 禅神

gɑ^{33} u^{21}、o^{55} he^{21} phv̩^{33} lɑ^{21} sɑ^{55}. | bər^{33} y^{21} zɿ^{33} hɑ^{33} 、tʂhər^{21} nɑ^{55} ɕy^{55} mɑ^{21} nɯ^{33}, phər^{21}
嘎神吾神 沃神 恒神 大神 请 牦牛绵羊 酒 饭 肥肉 瘦肉 翠柏 酥油 来 盘神

ʂæ^{21} gɑ^{33} u^{21} 、o^{55} he^{21} gə^{33} tʂhu^{55} pɑ^{33} be^{33}.
禅神 嘎神吾神 沃神 恒神 的 供养 做

这也就是好药能胜过毒药的原因和出处来历了。

在美利董主时代，当未找到好药时，也不曾发现毒药；当未得到吉祥时，也未曾遇到凶恶；当未有亲戚时，也未曾受到仇人的侵袭。在太阳晴朗的今天，这一善良的主人家，是美利董主的宗族后裔。愿这一家也在未得到好药时，不被毒药毒中；愿在还未得到吉祥时，不要遇到坏事；愿还未结好亲戚时，别受到仇人的侵袭。还未获得富裕强盛时，没富穷的分别，但愿也不要受到穷的折磨。

在美利董主时代，美利董主总思想着善良与美好，大神刹依威德的心和气就作变化，变化出东巴什罗，从此人世间有了祭司，祭司会作各种的祭仪。祭司用纯白的毛毡铺就了神坛，在神坛上祭献上白米，还献上金、银、松石、墨玉，摆放上供盆。在白绸子的帐蓬里，迎请盘神和禅神、嘎神和吾神、沃神和恒神。还用牦牛和绵羊、酒和饭、肥肉和瘦肉、翠柏和酥油，供养盘神和禅神、嘎神和吾神、沃神和恒神。

378-D-64-37

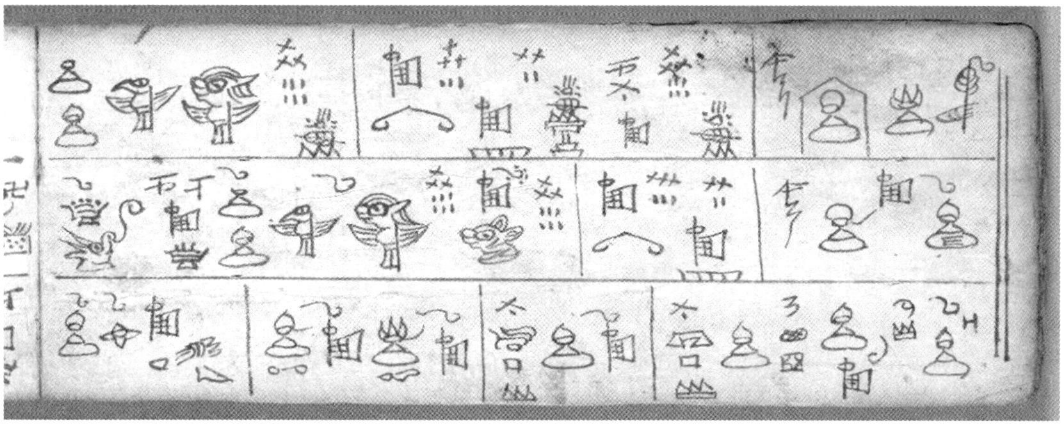

tuɑ^{33} kə^{21} iə^{33} mɑ^{21} sɿ^{21}ɕi^{33} tʂhuɑ^{55} tshər^{21} tʂhu^{55} pɑ^{33} be^{33}. | mɯ^{33} tɕər^{21} sɿ^{21} tshər^{21} sɿ^{33} gɑ^{33},

端格 优麻 三 百 六十 供养 做 天 上 三 十 三 战神

dy^{21} tɕər^{21}ȵi^{33} tshər^{21} ȵi^{33} gɑ^{33} lɑ^{21} tʂhu^{55} pɑ^{33} be^{33}. phʏ^{33} lɑ^{21} gɑ^{33} lɑ^{21} sɿ^{33} ɕi^{33} tʂhuɑ^{55} tshər^{21}

地 上 二 十 二 战神 供养 做 众神 战神 三 百 六 十

tʂhu^{55} pɑ^{33} be^{33}. | mɯ^{33} lɯ^{55} du^{21} ʥɿ^{33} tʂhər^{55}, y^{21} ʂʅ^{55} bɯ^{33} ʥo^{33} py^{33} bʏ^{21} nɯ^{33}, ɕy^{55} hər^{33}

供养 做 美利董主 代 伊世补佐 祭司 来 柏 绿

tʂhər^{33} le^{33} khɯ^{55}. | uɑ^{33} hər^{21} mɯ^{33} dʐər^{33} khu^{33} nɯ^{33} thʏ^{33} gə^{33} tʂhər^{33} le^{33} khɯ^{55}. phər^{21}

药 又 放 松石 绿 天 威兽 嘴 来 出 的 药 又 放 盘神

ne^{21} ʂæ^{21}、gɑ^{33} ne^{21} u^{21}、o^{55} ne^{21} he^{21} 、tuɑ^{33} kə^{21} iə^{33} mɑ^{21} sɿ^{21} ɕi^{33} tʂhuɑ^{55} tshər^{33} tʂhər^{33} le^{33}

和禅神 嘎神 和 吾神 沃和 恒神 端格 优麻 三 百 六十 药 又

khɯ^{55}. phʏ^{33} lɑ^{21} gɑ^{33}lɑ^{21} sɿ^{21} ɕi^{33} tʂhuɑ^{55}tshər^{21} tʂhər^{33} le^{33} khɯ^{55}. | mɯ^{33} tɕər^{33} sɿ^{33} tshər^{21}

放 众神 战神 三 百 六 十 药 又 放 天 上 三 十

sɿ^{55} gɑ^{33} lɑ^{21}, dy^{21} tɕər^{21} ȵi^{33} tshər^{33} ȵi^{33} gɑ^{33} lɑ^{21} tʂhər^{33} le^{33} khɯ^{55}. | mɯ^{33} lɯ^{55} du^{21} ʥɿ^{33}

三 战神 地 上 二 十 二 战神 药 又 放 美利董主

gɑ^{33} lɑ^{21} tʂhər^{33} le^{33} khɯ^{55}; sɑ^{21} lɯ^{55} uə^{33} de^{33} tʂhər^{33} le^{33} khɯ^{55}; | he^{21} dɯ^{21} uɑ^{33} phər^{21}

战神 药 又 放 刹依威德 药 又 放 恒迪窝盘

tʂhər^{33} le^{33} khɯ^{55}; | he^{21} i^{33} kɯ^{21}khu^{33}tʂhər^{33} le^{33} khɯ^{55}; to^{33} bɑ^{21} ʂər^{55} lor^{33} gɑ^{33} lɑ^{21} tʂhər^{33}

药 又 放 恒依格空 药 又 放 东巴什罗 战神 药

le^{33} khɯ^{55}; | lɑ^{21}tʂhʅ^{33} to^{21} mi^{55} he^{21} dɯ^{21} gɑ^{33} lɑ^{21} tʂhər^{33} le^{33} khɯ^{55}; | lɑ^{21} gə^{33} to^{21} mi^{55}

又 放 劳芝铎命 大神 战神 药 又 放 劳勾铎密

he^{21} dɯ^{21} gɑ^{33} lɑ^{21} tʂhər^{33} le^{33} khɯ^{55}; se^{55} se^{33} khə^{33} ʥə^{21} he^{21} dɯ^{21} gɑ^{33} lɑ^{21} tʂhər^{33} le^{33}

大神 战神 药 又 放 胜生柯久 大神 战神 药 又

khɯ^{55} ; mɑ^{55} mi^{33} pɑ^{33} lɑ^{33} he^{33} dɯ^{33} gɑ^{33} lɑ^{21} tʂhər^{33} le^{33} khɯ^{55}.
放 冒米巴拉 大神 战神 药 又 放

供养三百六十个端格、优麻战神。供养天上三十三个战神，供养地上的二十二个战神。供养三百六十个大神、战神。

美利董主的时代，伊世补佐祭司用翠柏来点洒药水。点洒从那绿松石般的天威兽口里出来的药。把这样的药水洒献给盘神和禅神、嘎神和吾神、沃神和恒神、大神和战神。洒献药给天上三十三个战神，洒献给地上二十二个战神。洒献给美利董主战神；洒献给刹依威德大神；洒献给恒迪窝盘大神；洒献给恒依格空大神；洒献给东巴什罗战神；洒献给劳芝铎命大战神；洒献给劳勾铎蜜大战神；洒献给胜生柯久大战神；洒献给冒米巴拉大战神。

378-D-64-38

phər^{21} nɑ^{55} lɯ^{33} kæ^{33} tʂu^{55} , tshɿ^{33} ʂu^{33} phər^{21} me^{33} mi^{33} hy^{21} tshy^{55} hy^{21} kv̩^{33} dʑi^{21} bv̩^{21}, iə^{33}
白 黑 地 相接 铧 铁 白 的 火 红 闪电 红 帐篷 下 优麻

mɑ^{21}dæ^{21} ne^{21} tʂhu^{21} me^{33} gɑ^{33}lɑ^{21} tʂhər^{33} le^{33} khɯ^{55}. n̩i^{33} bv̩^{33} lɑ^{33} duɑ^{33} gɑ^{33} lɑ^{21} tʂhər^{33}le^{33}
能 和 快 的 战神 药 又 放 尼补劳端 战神 药 又

khɯ^{55}; he^{21} ne^{21}tshɿ^{21} tʂhv̩^{33} phi^{21} me^{33} gɑ^{33} lɑ^{21} tʂhər^{33} le^{33} khɯ^{55}. | uɑ^{33} hər^{21} mɯ^{33} khu^{33}
放 神 和 鬼 分开 的 战神 药 又 放 松石 绿 天 门

gæ^{33} me^{33} gə^{21} uɑ^{33} hər^{21} mɯ^{33} dzər^{33} gɑ^{33} lɑ^{21} tʂhər^{33} le^{33} khɯ^{55}; | dv̩^{33} phər^{21} so^{33} ʂuɑ^{21}
守 卫 的 松石 绿 天威兽 战神 药 又 放 海螺 白 高原

kv̩^{33}gæ^{33} me^{33} | dv̩^{33} phər^{21} si^{33} gɯ^{33} gɑ^{33} lɑ^{21} tʂhər^{33} le^{33} khɯ^{55}; | he^{21} i^{33} bɑ^{33} dɑ^{21} dʑər^{21}
上 守 卫 海螺 白 狮子 战神 药 又 放 含依巴达 树

khu^{33} gæ^{33} me^{33} dv̩^{33} phər^{21} ɕə^{33} tɕhy^{21} gɑ^{33} lɑ^{21} tʂhər^{33} le^{33} khɯ^{55}; dʑy^{21} nɑ^{55} ʐuɑ^{55} luɑ^{33}
门 守卫 的 海螺 白 大鹏 战神 药 又 放 居那若罗

dʑy^{21}khu^{33} gæ^{33} me^{33} uə^{21} gə^{33} lv̩^{33} dʑə^{33} gɑ^{33}lɑ^{221} tʂhər^{33} le^{33} khɯ^{55}; | æ^{21} gə^{33} khu^{33} dɯ^{21}
山 门 守 的 乌革鲁久 战神 药 又 放 崖 的 门 大

gæ^{33} me^{33} uɑ^{33} hər^{21} py^{21} zi^{33} gɑ^{33} lɑ^{21} tʂhər^{33} le^{33} khɯ^{55}; dy^{21} dɯ^{21} khu^{33} gæ^{33} me^{33} hæ^{33}
守 的 松石 绿 刺猬 战神 药 又 放 地 大 门 守 的 金

ʂʅ^{21} pɑ^{55} me^{33} gɑ^{33} lɑ^{21} tʂhər^{33} le^{33} khɯ^{55}; | lɯ^{55} tʂhu^{21} bi^{33} nɑ^{21} khu^{33} gæ^{33} me^{33}, | bə^{33}
黄 大蛙 战神 药 又 放 杉 密 森林 大 门 守 的 掌

dɯ^{21} lɑ^{33} hy^{21} gɑ^{33} lɑ^{21} tʂhər^{33} le^{33} khɯ^{55}. | ȵi^{33} me^{33} thʏ^{33} gə^{33} dʏ^{33} phər^{21} si^{33} gɯ^{33} gɑ^{33}
大 虎 红 战神 药 又 放 东方 的 海螺 白 狮 战神

lɑ^{221} tʂhər^{33} le^{33} khɯ^{55}; | i^{33} tʂhʅ^{33} mu^{21} gə^{33} uɑ^{21} hər^{21} mɯ^{33} dʐər^{33} gɑ^{33} lɑ^{21} tʂhər^{33} le^{33}
药 又 放 南方 的 松石 绿 天威兽 战神 药 又

khɯ^{55}; ȵi^{33} me^{33} gʏ^{21} gə^{33} tʂhu^{21} nɑ^{55} fʏ^{55} ze^{33} gɑ^{33} lɑ^{21} tʂhər^{33} le^{33} khɯ^{55};
放 西方 的 墨 玉 海螺 战神 药 又 放

把药洒献给住在黑白交界地，住在像闪着炼铸犁尖的火炉里的红火、红光帐蓬里的、能干快速的优麻战神。把药洒献给尼补劳端战神；把药洒献给了能把神和鬼分开来的战神。把药洒献给守卫着绿松石天门的、绿松石色的天威兽战神；把药洒献给守卫着那白海螺一般的高原高山，也如白海螺一样白的狮子战神；把药洒献给守卫着含依巴达神树的、白海螺一样白的大鹏神鸟战神；把药洒献给守卫着居那若罗神山的乌革鲁久战神；把药洒献给守卫着高崖的绿松石色的刺猬战神；把药洒献给守卫着大地之门的黄金大蛙战神；把药洒献给守卫着密密大森林的巨掌红虎战神。把药洒献给东方的白海螺色的狮子战神；把药洒献给南方的绿松石般绿的天威兽战神；把药洒献给西方的黑墨玉色的海螺战神；

378-D-64-39

ho^{33} gʏ^{33} lo^{21} gə^{33} hæ^{33} ʂʅ^{21} ɕə^{33} tɕhy^{21} gɑ^{33} lɑ^{21} tʂhər^{33} le^{33} khɯ^{55}. | mɯ^{33} lɯ^{55} du^{21} dʑʅ^{33}
北方 的 金 黄 大鹏 战神 药 又 放 美利董主

gə^{33} phʏ^{33} lɑ^{21}、gɑ^{33} lɑ^{33} sʅ^{33} ɕi^{33} tʂhuɑ^{55} tshər^{21} tʂhər^{33} le^{33} khɯ^{55}. | mɯ^{33} lɯ^{55} du^{21} dʑʅ^{33}
的 大神 战神 三 百 六 十 药 又 放 美利董主

tʂhər^{55}, mɯ^{33} lɯ^{55} du^{21} dʑʅ^{33} gə^{33} gɑ^{33}lɑ^{21}gə^{33}, zʐər^{33} thɑ^{55} gæ^{21} thɑ^{55} tʂhər^{33} le^{33} khɯ^{55}. ʂu^{21} phər^{21}
时代 美利董主 的 战神 的 刀 利 大刀 利 药 又 放 铁 白

kə55 tʂʅ21、dɑ21 ly33 kv̩33phər21、dʑʅ33 lɑ21 khuɑ55 phər21、khuɑ55 gæ21 gv̩33 hy21、gu33 mi21 bə33
鹰 爪 毒 矛 尖 白 坚固 头盔 白 铠甲 身 红 竹 藤 护

phv̩55、dv̩33 phər21 bər21 khuɑ33、hæ33 ʂʅ21 tsər33 lər21、uɑ21 hər21 dɑ33 khə21 tʂhər33 le33 khɯ55.
胸 海螺 白 号角 金 黄 板铃 松石 绿 鼓 药 又 放

ŋv̩21hæ21 uɑ33 tʂu21、se55 se33 by21 uɑ33、no33 by55 lɯ33 sʅ33 tʂhər33le33 khɯ55.｜mɯ33 lɯ55 du21
银 金 松石 墨玉 供盆 五 宝神 箭 药 又 放 美利董主

dʑʅ33 gə33 gɑ33 lɑ21｜dʑi21 kv̩55 me33 le33 dʑi21；tsho33 kv̩55 me33 le33 tsho33. gɑ33 mi33 zi33 me33
的 战神 飞 会 者 又 飞 跳 会 者 又 跳 胜利 火 亮 的

mə33 gə21；gɑ33 dʑi21 i33 me33 mə33 ko55；gɑ33 lv̩33 mə33 gɯ33 tsʅ21；gɑ33 khuɑ21 tho55 tɯ33
不 熄 胜利 水流 的 不涸 胜利 石 不 裂 竖 胜利 桩 打 稳固

tɯ33；gɑ33 bɑ21 zi33 me33 mə33 gə21.｜gɑ33 gə33 dv̩33 phər21 mɯ21 khuɑ33 zər21；gɑ33 the33
胜利花 美 的 不 凋谢 胜利 的 海螺 白 号角 响 胜利 旗

tɕi21 ȵi33 gɯ33 khæ55；lɯ33 me33 lɯ33 sʅ33 tv̩21 le33 ɕi33 pɑ55 gv̩33.｜mɯ33lɯ55 du21 dʑʅ33
两 面 闪亮 弓 箭 千 又 百 射 中 美利董主

tʂhər55, khuɑ33 y21 he33 hɯ21, dʑi21 i33 dər33 ʂər33, nɯ21 ne21 uɑ21、｜hɯ21 ne21 dzæ33 、zʅ33
代 声 轻 耳 安 水 流 塘 满 生儿 和 育女 富 和 强 寿

ʂər21 hɑ55 i33, phv̩33 do21 lv̩55 do21 gv̩33 le33 hə21.｜bi33 thv̩33 mə33 tʂhʅ33 ȵi33, i33 dɑ21
长 日 延 祖 见 孙 见 好 又 去 日 出 之 这 天 主人

tʂhʅ33 dɯ33 dʑi21, mɯ33 lɯ55 du21 dʑʅ33 gə33, tɕhy33 tʂhʅ21 kv̩33 mæ55 gv̩33 me33 nɯ33. lɯ55
这 一 家 美利董主 的 宗族 后裔 继 者 是 贤

kv̩33 py21 bv̩21 dy55, sʅ33 phər21 zv̩55 tɯ33 khu33. tʂhuɑ33 phər21 kuɑ33 le33 u55, ŋv̩33 hæ21 uɑ33
能 祭司 赶 毛毡 白 神 坛 铺 米 白 祭粮 又 倒 银 金 松石

tʂhu21 phv̩33 lɑ21 i33 dɑ55 tɕi33,｜ŋv̩33 hæ21 se55 se33 by21 uə33 lo21 ȵə21 khɯ55. i33 pu33 phər21
墨玉 大神 礼物 献 银 金 供盆 里 边 放 丝绸 白

me33 kv̩55 dʑi21 bv̩21, phər21 tsʅ33 ʂæ21 tsʅ33、gɑ33 tsʅ33 u21 tsʅ21、
的 帐蓬 下 盘神 迎接 禅神 迎接 嘎神 迎 吾神 迎

洒献药给北方的黄金般的大鹏战神。洒献药给美利董主的三百六十个大神和战神。洒献药给美利董主时代战神们使用的利刀快矛上，洒献药给白铁的鹰爪、尖锐的毒矛、坚固的头盔、红色的铠甲、竹藤的护胸、白海螺的号角、金黄的板铃、绿松石的战鼓上。洒献药给金银、松石、墨玉和供盆、五宝神箭上。

洒献了圣药后，美利董主的战神会飞者又能高飞；会跳者又能奔腾跳跃了。胜利之火明亮不熄了；胜利之水长流不涸了；胜利之石不裂竖立了；胜利之桩牢固打下了；胜利之花永艳不凋谢了。胜利的白海螺号角响彻天际；胜利的旗帜两面闪亮、迎风招展了。成百上千的弯弓利箭，都箭箭中靶了。美利董主一代，身轻耳安、流水满塘了；生儿又生女、富裕又强盛了。人人长寿又延年，祖辈都见到了孙辈，如此有福美好了。

主人这一家，是美利董主家的宗族后裔，也就请祭司用纯白的毛毡设置了神坛。倒上了祭粮，还用金、银、松石、墨玉作礼品，供养在白银的供盆里。在白绸的帐蓬里，迎请盘神、迎请禅神、迎请嘎神、迎请吾神、

378-D-64-40

o^{55} tsɿ^{33} he^{21} tsɿ^{33} phʏ̩^{33} lɑ^{21} tʂhu^{55} pɑ^{33} be^{33}. bər^{33} y^{21} ʐʅ^{33} hɑ^{33} nɯ^{33}, tuɑ^{33} kə^{21} iə^{33} mɑ^{21}
沃神 迎 恒神 迎 大神 天香 做 牦牛 绵羊 酒 饭 来 端格 优麻

sɿ^{21} ɕi^{33} tʂhuɑ^{55} tshər^{21} tʂhu^{55} pɑ^{33} be^{33}. | bi^{33} thʏ̩^{33} mə^{55} tʂhʅ^{33} ȵi^{33}, i^{33} dɑ^{21} ɯ^{33} me^{33} tʂhʅ^{33}
三 百 六十 供养 做 日 出 的 这 天 主人 好 的 这

dɯ^{33} ʥi^{21}, lɯ^{55} kʏ̩^{33} py^{21} bʏ̩^{21} nɯ^{33}, ɕy^{55} hər^{21} tʂhər^{33} le^{33} khɯ^{55}. bɑ^{55} bɑ^{21} nʏ̩^{55} nɯ^{33} thʏ̩^{33}
一 家 贤能 祭司 来 柏 绿 药 又 放 花开 蕊 里 出

gə^{33} tʂhər^{33}, o^{33} hər^{21} mɯ^{33} dʐər^{21} khu^{33} nɯ^{33} thʏ̩^{33} gə^{33} tʂhər^{33} le^{33} khɯ^{55}. phər^{21} ʂæ^{21} gɑ^{33}
的 药 松石 绿 天威兽 口 里 出 的 药 又 放 盘神 禅神 嘎神

u^{21} o^{55} he^{21} tʂhər^{33} le^{33} khɯ^{55}. | tʂhər^{33} khɯ^{55} mɯ^{33} ʂər^{55} dy^{21}ʂər^{55} ne^{21}. | ʥʅ^{33} ne^{21}uə^{33} gə^{33}
吾神沃神恒神 药 又 放 药 放 天 满 地 满 了 村 和 寨 的

gɑ^{33} lɑ^{21} tʂhər^{33} le^{33} khɯ^{55}, sɑ^{21} dɑ^{55} gɑ^{33} lɑ^{21} tʂhər^{33} le^{33} khɯ^{55}, mɯ^{33} lɯ^{55} lu^{33} se^{21} ȵi^{33} kʏ̩^{55}
战神 药 又 放 刹道 战神 药 又 放 天 地 卢 沈 两 个

tʂhər^{21}le^{33} khɯ^{55}. se^{55} se^{33} by^{21} uɑ^{33} tʂhər^{33} le^{33} khɯ^{55}. | mɯ^{33} tɕər^{21} sɿ^{33} tshər^{21} tʂhuɑ^{55} gɑ^{33}
药 又 放 供盆 药 又 放 天 上 三 十 六 战神

lɑ^{21}、dy^{21} tɕər^{21} ȵi^{33} tshər^{21} ȵi^{33} gɑ^{33} lɑ^{21} tʂhər^{33} le^{33} khɯ^{55}. | sɿ^{33} bʏ̩^{33} phʏ̩^{33} sɿ^{55} tʂhər^{55} y^{21}
地 上 二 十 二 战神 药 又 放 祖先 祖父 三 代 祖

gə^{33} gɑ^{33} lɑ^{21} sɿ^{21} ɕi^{33} tʂhuɑ^{55} tshər^{21} tʂhər^{33} le^{33} khɯ^{55}.｜bi^{21} thʏ^{33} mə^{55} tʂhʅ^{33} ȵi^{33}, i^{33} dɑ^{21}
的 战神 三 百 六 十 药 又 放 日 出 明 这 天 主人

ɯ^{33} me^{33} tʂhʅ^{33}dɯ^{33}dʑi^{21}, uæ^{33} tɕy^{21} dʑi^{21} sɿ^{33} phe^{33}, i^{21} tɕy^{21} dæ^{21} ə^{33} me^{33}, ly^{55} gʏ^{33} zo^{33} mi^{55}
好 的 这 一 家 左 边 房 首领 右 边 能干 母亲 中间 儿 女

tʂhər^{33} le^{33} khɯ^{55}.｜kʏ^{33} phər^{21} dzæ^{33} ʂʅ^{21}, phʏ^{33} do^{21} lʏ^{55} do^{21}. sɿ^{33} me^{33} nɯ^{33} ɯ^{33}；｜tɑ^{33}
药 又 放 头 白 牙 黄 祖 见 孙 见 想 的 心 好 说

me^{33} ɕi^{55} kɑ^{33}；lɑ^{21} dər^{33}khæ^{55} ɯ^{33}. phʏ^{33} khu^{33} lɯ^{55} tʂu^{55}；phʏ^{33} zʅ^{33} lɯ^{55} dʑi^{33} ho^{55}.｜iə^{33}
的 舌 好 手 短 射 好 祖 口 孙 接 祖 路 孙 走 愿 优麻

mɑ^{21} dæ^{21} me^{33} gə^{33} zər^{33} thɑ^{55} ly^{33} thɑ^{55}, ʂu^{33} phər^{21} tɕæ^{33} tɕy^{33} tʏ^{33} tʏ^{21} kɯ^{33} kɯ^{21} tʂhər^{33}
能干 者 的 刀 利 矛 利 铁 白 三叉戟 千 千 万 万 药

le^{33} khɯ^{55}。
又 放

迎请沃神、迎请恒神，供养大神们。用牦牛和绵羊、酒和饭供养三百六十个端格战神、优麻战神。

日出明朗的这一天，主人好的这一家，贤能的祭司用翠绿的柏枝来洒献圣药。洒献那花蕊里出来的药，洒献那绿松石般的天威兽嘴里出来的药。洒献给盘神和禅神、嘎神和吾神、沃神和恒神。到处点洒放药放得天满地盈了。

给村和寨的战神洒献上药，给刹道战神洒献上药，给天地间的卢神和沈神两个洒献上药。给供奉着的供盆洒献上药。给天上的三十三个战神、地上的二十二个战神洒献上药。给三代祖先神的三百六十个战神洒献上药。

日出光明的这一天，给好的主人这一家，在屋里左面的男主人，房里右边能干的女主妇及中间的儿女们点洒上药。愿这一家，长辈活到头白牙黄，祖父能见孙儿面。愿这一家的人，想时心敏慧，说时舌灵巧。还愿手短却射的准。愿孙遵祖之训，孙走祖之路。

给能干的优麻战神的千千万万快刀利矛、白铁三叉戟上点洒上圣药；

378-D-64-41

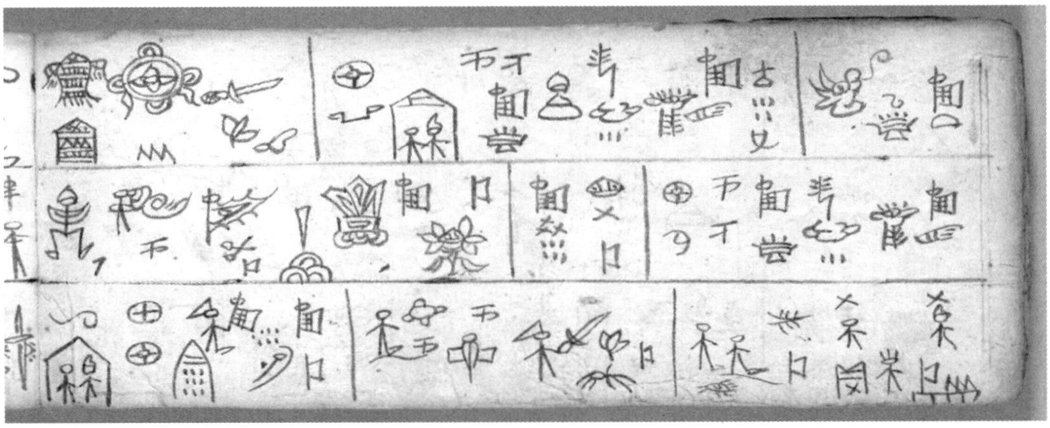

dʑʅ^{33} lɑ^{21} khuɑ^{55} phər^{21}、khuɑ^{55} gæ^{21} gv̩^{33} hy^{21} tv̩^{33} tv̩^{21} kɯ^{33} kɯ^{21} tʂhər^{21}le^{33} khɯ^{55}. lɑ^{21} pɑ^{55}
坚 固 铠盔 白 铠甲 身 红 千 千 万 万 药 又 放 护臂

lɑ^{21} bæ^{33}、 bə^{33} phv̩^{55} tʂhər^{33}le^{33}khɯ^{55}. ʐv̩^{21} ʂʅ^{33}ʐv̩^{13} ko^{21} pɯ^{55}. ｜bi^{33} thv̩^{33} mə^{33} tʂhʅ^{33} ȵi^{33}, i^{33}
护胸 药 又 放 仇 死 仇 失 魂 日 出 的 这 天 主

dɑ^{21} ɯ^{33} me^{33} tʂhʅ^{33} dɯ^{33} dʑi^{21}, phər^{21} ʂæ^{21} gɑ^{33} u^{21} o^{55} he^{21}, sʅ^{33} bv̩^{21} phv̩^{33} sʅ^{55} tʂhər^{55} gə^{33}
人 好 的 这 一 家 盘神 禅神 嘎神吾神沃神恒神 祖先 祖父 三 代 的

y^{21} gɑ^{33} lɑ^{21} tʂhʅ^{21} uɑ^{21} me^{33}, ｜ uɑ^{33} hər^{21} mɯ^{33} dzər^{33} khu^{33} nɯ^{33} thv̩^{33} gə^{33} tʂhər^{33} le^{33} u^{21},
祖先 战神 所有 的 松石 绿 天 威兽 口 里 出 的 药 又 接

gɑ^{33} o^{33} tʂhər^{33}le^{33} khɯ^{55}.｜ gɑ^{33} lɑ^{21} dʑi^{21} kv̩^{55} le^{33} dʑi^{21} thv̩^{33}; tsho^{33} kv̩^{55} le^{33} tsho^{33} thv̩^{33} .
战神 集中 药 又 放 战神 飞 会 又 飞 出 跳 会 又 跳 出

dv̩^{33} phər^{21} mu^{33} khuɑ^{33} mu^{33} me^{33} le^{33} ʐər^{21}; gɑ^{33} lɑ^{21} the^{33} tɕi^{21} gɑ^{33} khu^{33} khɯ^{33} nɯ^{33} le^{33}
海螺 白 号 角 吹 是 又 响 战神 旗子 胜利 门 放 是 又

ly^{55} se^{21}.gɑ^{33} lv̩^{33} tsʅ^{21}me^{33} le^{33} tɯ^{33} tɯ^{33}; gɑ^{33} khuɑ^{21} tho^{55} me^{33} le^{33} tɯ^{33} tɯ^{33}. se^{55} se^{33} by^{21}
了 胜利 石 竖 是 又 牢固 胜利 桩 钉 是 又 牢固 供品

uɑ^{33} lo^{21}, gɑ^{33} u^{33} gɑ^{33} khu^{33} le^{33} zi^{33} ho^{55}.｜gɑ^{33} lɑ^{21} sʅ^{33} ɕi^{33} tʂhuɑ^{55} tshər^{21} pɯ^{33} pɑ^{33} be^{33},
盆 里 胜集中 胜 门 又 美 愿 战神 三 百 六十 变化 做

tv̩^{21} le^{33} ɕi^{33} sy^{21} gv̩^{33} be^{33} thv̩^{33} ho^{55}.｜bi^{33} thv̩^{33} mə^{55} tʂhʅ^{33} ȵi^{33}, phər^{21} ʂæ^{33} gɑ^{33} u^{21} o^{55}
千 又 百 种 成 做 出 愿 日 出 明 这 天盘神 禅神 嘎神 吾神 沃神

tʂhʅ^{33} uɑ^{21} me^{33}, phv̩^{33} sʅ^{55} tʂhər^{55} gə^{33} y^{21} gɑ^{33} lɑ^{21} tʂhʅ^{33} uɑ^{21} me^{33} nɯ^{33},｜i^{33} dɑ^{13} tɕər^{21}
所有 的 先祖 三 代 的 祖先 战神 所有 者 来 主人 上

gu^{33} lu^{21} kɑ^{33} le^{21} thy^{55} me^{33} tʂhʅ^{33} dɯ^{33} ȵi^{33}, gv̩^{33} dʑy^{21} dʑər^{21} tɕər^{33} gɑ^{33}; ʂər^{33} lo^{21} mu^{21}
保福 保佑 赐 的 这 一 天 九 山 强盗 上 胜利 七 谷 兵

tɕər^{33} gɑ^{33} be^{33} ho^{55}.｜dʑi^{33} bɯ^{33} ʐʅ^{33} phər^{21} dɯ^{33}; tɑ^{55} bɯ^{33} dʑo^{33} phər^{21} dɯ^{33} be^{33} ho^{55}. ʐʅ^{21}
上 胜 做 愿 走 去 路 白 得 渡河 去 桥 白 得 做 愿 仇

sy^{55} ʐʅ^{21} ʂʅ^{33} ho^{55}; ｜ u^{33} phu^{21} u^{33} lɯ^{55} ho^{55}; ʐʅ^{21} dy^{55}ʐʅ^{21} mæ^{33} ho^{55}.tshe^{21} zo^{33} ɕi^{21} me^{33}
杀 仇 死 愿 自己 逃 自己 脱 愿 仇敌追 仇 得 愿 十 儿 养 是

tshe^{21} uə^{33} tshʅ^{55}; tshe^{21} mi^{55} ɕi^{21} me^{33} tshe^{21}dy^{21} khu^{33} be^{33} ho^{55}. tɕhy^{33} dʑʅ^{33} tshɑ^{21} dʑʅ^{33} ho^{55}.
十 寨 建 十 女 育 是 十 地 辟 做 愿 宗族 发展 亲属 发展 愿

给千千万万坚牢的白头盔、红色的铠甲点洒上药；给千千万万的护臂、护胸点洒上药。愿仇人死，其魂不能复生。

日出明朗的这一天，主人好的这一家，为盘神和禅神、嘎神和吾神、沃神和恒神及三代祖先战神，洒献上从绿松石般的天威兽口里出来的药。洒献上圣药后，会飞的战神又能飞了；会跳的战神又能跳了。白海螺号角吹起来更响了；战神之旗又在胜利之门高高飘扬了。胜利之石竖起来稳当了；胜利之桩打下牢固了。神坛供盆上，愿胜利神聚集之门里,美好长在。愿三百六十个战神都来作变化，变化出成千成百的奇迹。

日出明朗的这一天，盘神和禅神、嘎神和吾神、沃神和恒神都来到了这里，三代祖先战神都集中来到了这里，来保福保佑主人这一家。愿主人这一家，在九山上遇强盗能胜；七谷里遇到伏击能赢。愿出门有大路可走；愿渡河能逢宽桥。愿杀仇敌仇敌死；愿自己要逃跑时能跑脱；愿追赶仇人追得着。愿养十儿能建立起十个村寨；愿育出十女能开辟十个地方。愿内亲外戚都发展兴旺。

378-D-64-42

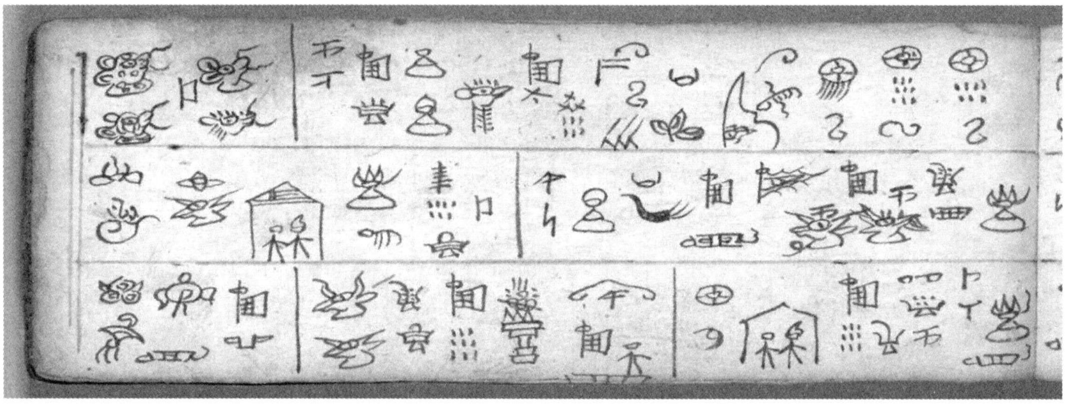

ʐər^{21} lɑ^{33} khu^{33} by̩^{21} mə^{33} i^{33} se^{21}；| gy̩^{21} bu^{21} khu^{33} by̩^{21} mə^{33} i^{33} se^{21}. | phər^{21} ʂæ^{21} gɑ^{33} u^{21}
豺 虎口 里 没 有 了 熊 野猪 口 里 没 有 了 盘神 禅神 嘎神吾神

o^{55} he^{21}, y^{21} gɑ^{33} lɑ^{21} sʅ^{21} ɕi^{33} tʂhuɑ^{55} tshər^{21} nɯ^{33}, ʂuɑ^{21} ʥʅ^{21} hy^{21} gu^{33} lu^{21}；khuɑ^{21} ʥʅ^{21} ny̩^{55}
沃神恒神祖先战神 三 百 六十 来 高 坐 低 保佑 远 坐 近

gu^{33} lu^{21}; dɑ^{21} ʥʅ^{21} bɑ^{21} gu^{33} lu^{21}; tshʅ^{33} ʥy^{21} py̩^{21} gu^{33} lu^{21}. gy̩^{33} ȵi^{33} gu^{33} lu^{21} tʂhər^{33} tʂhər^{21};
保佑 阴坡 坐 阳坡 保佑 潮 有 干 保佑 九 天 保佑 稳固

ʂər^{33} ȵi^{33} kɑ^{33}le^{21}dɑ^{55} dɑ^{33}. | khuɑ^{33} y^{21} he^{33} hɯ^{21}, ʥi^{21} i^{33}dər^{33} ʂər^{55} le^{33} nɯ^{33} le^{33} uɑ^{21}. i^{33}
七 天 保福 稳当 声 轻 耳 安 水 流 塘 满 又 生儿 又 生女 主人

dɑ^{21} zʅ^{33} ʂər^{21} hɑ^{55} i^{33}, py^{33} by̩^{21} zʅ^{33} ʂər^{21} hɑ^{55} i^{33} gy̩^{33} be^{33} ho^{55}. | mɯ^{33} lɯ^{55} du^{21} ʥʅ^{33}
寿 长 日延 祭司 寿 长 日 延 好 做 愿 美利董主

tʂhər^{55}, dy̩^{33} phər^{21} gɑ^{33} mu^{21} khuɑ^{33} khuɑ^{33} nɯ^{33} gɑ^{33} le^{33} khy̩^{21}, gɑ^{33} lɑ^{21} the^{33} phər^{21} ky̩^{33}
代 海螺 白 胜利神 号角 声 来 胜利神又 请 战神 麻 布 顶

nɯ^{33} gɑ^{33} le^{33} khy̩^{21}.tshʅ^{55} phər^{21} y^{21} phər^{21} 、ʐʅ^{33} hɑ^{33} tʂhər^{21} nɑ^{55} ɕy^{55} mɑ^{21} ky̩^{33} nɯ^{33} gɑ^{33}
上 胜利神 又 请 山羊 白 绵羊 白 酒 饭 肥肉 瘦肉 翠柏酥油 顶上 来 战神

le³³ khʏ̩²¹. py³³ bʏ̩²¹ khuɑ³³ ɯ³³. | hæ³³ ʂʅ²¹ tsər³³ lər²¹ khuɑ³³, uɑ³³ hər²¹ dɑ³³ khə²¹ khuɑ³³
又 请 祭司 声 好 金 黄 板铃 声 松石 绿 皮鼓 声

nɯ³³ gɑ³³ le³³ khʏ̩²¹. | bər³³ y²¹ ʐʅ³³ hɑ³³、tʂhər²¹ nɑ⁵⁵ ɕy⁵⁵ mɑ²¹ nɯ³³ gɑ³³ zo³³ gʏ̩³³ kʏ̩⁵⁵
来 战神 又 请 牦牛 绵羊 酒 饭 肥肉 瘦肉 翠柏 酥油 来 胜利神 儿 九 个

tʂhu⁵⁵ pɑ³³ be³³, gɑ³³ nɯ³³ sʅ⁵⁵ tɕər²¹ mɯ²¹ gu³³ lu²¹. gɑ³³ zo³³ dy²¹ ɳə²¹ hy⁵⁵, khuɑ³³ ɯ³³
供养 做 胜利神 来 活人 上 下 庇佑 胜利神 儿 地 上 站 声 好

mɯ³³ ɳə²¹ thʏ̩³³. | bi²¹ thʏ̩³³ mə⁵⁵ tʂhʅ³³ ɳi³³, i³³ dɑ¹³ tʂhʅ³³ dɯ³³ dʑi²¹, ʐʅ³³ hɑ³³ tʂhər⁵⁵
天 上 出 日 出 明 这 天 主人 这 一 家 酒 饭 肥肉

nɑ⁵⁵ ɕy⁵⁵ mɑ²¹ nɯ³³, py³³ bʏ̩²¹ khuɑ³³ ɯ³³ nɯ³³ gɑ³³ zo³³ gʏ̩³³ kʏ̩⁵⁵ khʏ̩²¹.
瘦肉 翠柏 酥油 来 祭司 声 好 的 胜利神 儿 九 个 请

愿不落入豹和虎的口中，愿不落入熊和野猪的口中。愿盘神和禅神、嘎神和吾神、沃神和恒神，三百六十位三代祖先战神，都来保佑这一家。愿住高处的能保佑住在低处的；愿住在远处的能保佑住在近处的；愿住在阴坡的能保佑住在阳坡的；愿住在湿处的能保佑住在干处的。愿九天得到的福泽牢固；愿七天得到的吉祥稳定。愿从此声轻耳安，流水满塘，能生儿又生女。愿主人长寿延年；愿祭司也延年长寿，顺利美好。

美利董主的时代，用白海螺胜利神号角来迎请胜利神；在战神的白麻布上来迎请胜利神。祭献白山羊、白绵羊、酒和饭、肥肉和瘦肉、翠柏和酥油等供养来迎请胜利神。祭司悦耳的唱诵，黄金的板铃声，绿松石的鼓声来迎请胜利神。

用牦牛和绵羊、酒和饭、肥肉和瘦肉、翠柏和酥油来供养九个胜利神。胜利神就会保佑世间的活人；胜利神男儿往地上一站，好声就会传天上。

日出明朗的这一天，主人这一家，用酒和饭、肥肉和瘦肉、翠柏和酥油，伴随祭司悦耳的唱颂来迎请九个胜利神。

378-D-64-43

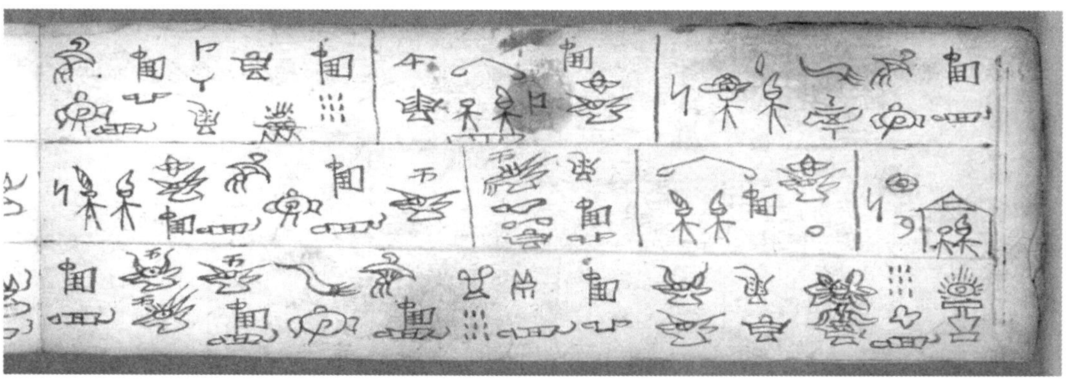

hæ³³ ʂʅ²¹ tshər³³ lər²¹ khuɑ³³, uɑ³³ hər²¹ dɑ³³ khə²¹ khuɑ³³ nɯ³³ gɑ³³ le³³ khʏ̩²¹. gɑ³³
金 黄 板铃 声 松石 绿 皮鼓 声 来 胜利神 又 请 胜利神

khʏ̩²¹ gɑ³³ thʏ̩³³ se²¹.bər³³ y²¹ ʐʅ³³ hɑ³³、tʂhər³³ nɑ⁵⁵ ɕy⁵⁵ mɑ²¹ nɯ³³ gɑ³³ zo³³ gʏ̩³³ kʏ̩⁵⁵
请 胜利神出 了 牦牛 绵羊 酒 饭 肥肉 瘦肉 翠柏 酥油 来 胜利神 儿 九 个

tʂhu^{55} pɑ^{33} gə^{21} le^{33} be^{33}.｜gɑ^{33} nɯ^{33} sɿ^{55} tɕər^{33} mɯ^{21} gu^{33} lu^{21}, gɑ^{33} mɯ^{33} thʏ^{33}、gɑ^{33}
天香 上 又 献 胜利神 来 活人 上 下 庇佑 胜利 天 开 胜利

dy^{21} khu^{33}, gɑ^{33} nɯ^{33} nɯ^{21} ne^{21} uɑ^{21}.｜tsho^{21} ze^{33} lɯ^{55} ɯ^{33}、tshe^{55} hɯ^{21} bə^{33} bə^{13} tʂhər^{55},
地 辟 胜利神来 生儿 和 生女 崇忍利恩 衬恒褒白 代

dʏ^{33} phər^{21}mu^{33} khuɑ^{33} khuɑ^{33}, hæ^{33} ʂʅ^{21} tsər^{33} lər^{21} khuɑ^{33}, uɑ^{33} hər ^{21} dɑ^{33} khə^{21} khuɑ^{33}
海螺 白 号角 声 金 黄 板铃 声 松石 绿 皮鼓 声

nɯ^{33} gɑ^{33} le^{33} khʏ^{21}. gɑ^{33} khʏ^{21} gɑ^{33} le^{33} thʏ^{33}.｜kɑ^{33} le^{21} kɑ^{33} tshy^{55}、dʑi^{33} mi^{55} dʑi^{33} tʂʏ^{33}
来 胜利神又 请 胜利神 请 胜利神 又 到 高勒高趣 金命金兹

tʂhər^{55}, dʏ^{33} phər^{21} mu^{21} khuɑ^{33}khuɑ^{33}, uɑ^{33} hər^{21} dɑ^{33} khə^{21} khuɑ^{33}, hæ^{33} ʂʅ^{21} tsər^{33} lər^{21}
代 海螺 白 号角 声 松石 绿 皮鼓 声 金 黄 板铃

khuɑ^{33} nɯ^{33} gɑ^{33} le^{33} khʏ^{21}. y^{21} phər^{21} ｜ tshʅ^{55} phər^{21}、tʂhər^{33} nɑ^{55} ɕy^{55} mɑ^{21} zʅ^{33} hɑ^{33}
声 来 胜利神 又 请 绵羊 白 山羊 白 肥肉 瘦肉 翠柏 酥油 酒 饭

nɯ^{33} gɑ^{33} gə^{33} tʂhu^{55}pɑ^{33} gə^{21} le^{33} be^{33}. gɑ^{33} khʏ^{21} gɑ^{33} le^{33} thʏ^{33}.｜kɑ^{33} le^{21} kɑ^{33} tɕhy^{55},
来 胜利神 的 供养 上 又 做 胜利神请 胜利神 又 到 高勒高趣

dʑi^{33} mi^{55} dʑi^{33} tʂʏ^{33} lɑ^{33}, gɑ^{33} mɯ^{33} thʏ^{33} 、gɑ^{33} dy^{21} khu^{33}, le^{33} nɯ^{21} le^{33} uɑ^{21} gʏ^{33}.｜ bi^{33}
金命金兹 也 胜利 天 出 胜利 地 辟 又 生儿 又 生女 成 日

thʏ^{33} mə^{55} tʂhʅ^{33} ȵi^{33}, i^{33} dɑ^{21} ɯ^{33} me^{33} tʂhʅ^{33} dɯ^{33} dʑi^{21} ｜gɑ^{33} le^{33} khʏ^{21} . bər^{33} phər^{21}、
出 的 这 天 主人 好 的 这 一 家 胜利神又 请 牦牛 白

tshʅ^{55} phər^{21}、y^{21} phər^{21} kʏ^{33} mɯ^{33} gɑ^{33} le^{33} khʏ^{21}. dʏ^{33} phər^{21} mu^{21} khuɑ^{33} khuɑ^{33}, uɑ^{33}
山羊 白 绵羊 白 上 来 胜利神 又 请 海螺 白 号角 声 松石

hər^{21} dɑ^{33} khə^{21} khuɑ^{33} , hæ^{33} ʂʅ^{21} tshər^{33} lər^{21} khuɑ^{33} nɯ^{33}gɑ^{33} le^{33} khʏ^{21}. gɑ^{33} zo^{33} gʏ^{33} kʏ^{55}
绿 鼓 声 金 黄 板铃 声 来胜利神又 请 胜利神儿 九 个

khʏ^{21}, gɑ^{33} khʏ^{21}gɑ^{33} le^{33} thʏ^{33}.bər^{21} y^{21} zʅ^{33} hɑ^{33}、tʂhər^{33} nɑ^{55} ɕy^{55} mɑ^{21} 、bɑ^{13} bɑ^{33} tʂhər^{33}
请 胜利神 请 胜利神又 到牦牛绵羊 酒 饭 肥肉 瘦肉 翠柏 酥油 开 花 药

ɯ^{33} gʏ^{33} sy^{21} kʏ^{33} nɯ^{33} gɑ^{33} le^{33} khʏ^{21}. gɑ^{33} gə^{33} tʂhu^{55} pɑ^{33} be^{33}.
好 九 样 上 来 胜利神 又 请 胜利神的 供养 做

用黄金板铃声、绿松石鼓声来迎请胜利神。请胜利神，胜利神来到了。用牦牛和绵羊、酒和饭、肥肉和瘦肉、翠柏和酥油来供养九个胜利神。胜利神就会庇佑世间的活人，就能开出胜利之天，辟出胜利之地，还能保佑人生儿又生女。

崇忍利恩、衬恒褒白的时代，就用白海螺的号角声、黄金板铃声、绿松石鼓声来迎请胜

利神。迎请胜利神，胜利神来到了。高勒高趣、金命金兹的时代，用白海螺号角声、绿松石鼓声、黄金板铃声来迎请胜利神。用白绵羊和白山羊、肥肉和瘦肉、翠柏和酥油、酒和饭来供养胜利神。迎请胜利神，胜利神来到了。高勒高趣、金命金兹开出了胜利之天，辟出了胜利之地，并有儿有女，日子和美了。

日出明朗的这一天，好的主人这一家，也来迎请胜利神。祭献上白牦牛、白绵羊、白山羊来迎请胜利神。用白海螺号角声、绿松石鼓声、黄金板铃声来迎请胜利神，迎请九个胜利神。迎请胜利神，胜利神来到了。用牦牛和绵羊、酒和饭、肥肉和瘦肉、翠柏和酥油，用正开花时采来的九种好药来迎请胜利神，来供养胜利神。

378-D-64-44

tʂhu^{21} nɯ^{33} gɑ^{33} mɯ^{33} thy̩^{33}, gɑ^{33} dy^{21} khu^{33}， le^{33} nɯ^{21} le^{33} uɑ^{21} se^{21}.｜gɑ^{33} khɯ^{33} ɯ^{33} me^{33}
快 的 胜利 天 出 胜利 地 辟 又 生儿 又 生女 了 胜利神 犬 好 的

kuɑ^{21} le^{33} lɯ^{55}, hy^{33} dy^{21} lo^{21} nɯ^{33} gə^{21} le^{33} khɯ^{55}. gɑ^{33} gə^{33} lɯ^{55} khɯ^{33} ɯ^{33} me^{33} ʐʅ^{13} dy^{21}
脖圈 脱 兽 地 里 从 上 又 放 的 胜利神 猎 犬 好 的 仇 地

gə^{21} le^{33} khɯ^{55}.｜mɯ^{33} i^{33} uɑ^{21} hər^{21} khu^{33} ly̩^{55} khu^{33}; dy^{21} i^{33} hæ^{33} ʂʅ^{21} khu^{33} ly̩^{55} khu^{33}.｜
上 又 放 天 是 松石 绿 褥子 铺 地 上 金 黄 褥子 铺

ʥy^{21} nɑ^{55} ʐuɑ^{55} luɑ^{33} ky̩^{33}, ŋy̩^{21} phər^{21} khu^{33} ly̩^{55} khu^{33}. gɑ^{33} gə^{33} khu^{33} ly̩^{55} khu^{33}. mɯ^{21}
居那若罗 上 银 白 褥子 铺 战神 的 褥子 铺 下

nɯ^{33}dy̩^{33} phər^{21} gy̩^{33} ky̩^{33} iə^{33} mɑ^{21} uə^{33} le^{33} tshʅ^{55}. gɑ^{33} zo^{33} ʐʅ^{33} do^{21} le^{33} mə^{33} tɕi^{55}.｜
方 海螺 白 九 座 优麻 寨 又 建 胜利 儿 仇 见 又 不 怕

dy̩^{21} do^{21} tse^{21} do^{21}、sʅ^{21} do^{21} mu^{33} do^{21} le^{33} mə^{33} tɕi^{55}. ʐy̩^{21} dy^{21} gy̩^{33} dy^{21} mə^{33} æ^{33} se^{21}，
毒鬼 见 仄鬼 见 术鬼 见 猛鬼 见 又 不 怕 仇 地 九 地 不 滞留 了

mu^{33} dy^{21}ɯ^{33} dy^{21} mə^{33} æ^{33} se^{21}，｜gɑ^{33} zo^{33} le^{33} gy̩^{33} se^{21}. i^{33} dɑ^{21} le^{33} nɯ^{21} le^{33} uɑ^{21} gy̩^{33}
猛鬼 地 恩鬼地 不 滞留 了 胜利 儿 又 好 了 主人 又 福 又 吉祥 好

be^{33} se^{21}.｜bi^{33} thy̩^{33} mə^{33} tʂhʅ^{33} ȵi^{33}, i^{33} dɑ^{33} tʂhʅ^{33} dɯ^{33} ʥi^{21}, gə^{21} ʂy̩^{33} nɯ^{33} phər^{21} ʂæ^{21}
做 了 日出 的 这 天 主人 这 一 家 上 供 的盘神 禅神

gɑ^{33} u^{21} o^{55} he^{33}、 phy̩^{33} lɑ^{21} gɑ^{33} lɑ^{21}、

嘎神 吾神 沃神 恒神 大神 战神

于是，很快开出了胜利之天，辟出了胜利之地，能又生儿又生女了。解开胜利神神狗的项圈，把它放到野兽地里去咬野兽，把胜利神的好猎犬放到仇地去咬仇人。

天上铺绿松石褥子，地上铺黄金褥子，给居那若罗山上铺上白银褥子。给胜利神们铺上褥子。在下方人间，用白海螺为优麻战神搭建九个神寨 。从此，常胜的男儿见到仇人不惧，见到毒鬼、仄鬼、术鬼、猛鬼也不惧了。他们的魂灵也再不会滞留在九个仇地，不会滞留在猛鬼、恩鬼的地方了，他们成为真正常胜的男儿了。

日出明朗的这一天，主人这一家前来祈求，向上方的盘神和禅神、嘎神和吾神、沃神和恒神等大神和战神、

378-D-64-45

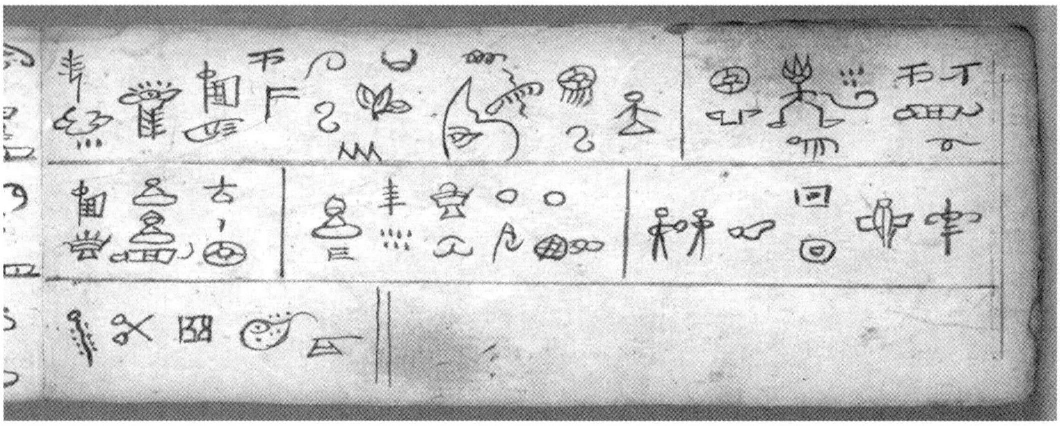

sɿ^{33} pu^{33} phy̩^{33} sɿ^{55} tʂhər^{55} gə^{33} y^{21} gɑ^{33} lɑ^{21}：ʂuɑ^{21} ʥɿ^{21} hy^{21} gu^{33} lu^{21}；khuɑ^{21} ʥɿ^{21} ny̩^{55} gu^{33}

斯补 祖先 三 代 的 祖先 战神 高 坐 矮 保佑 远 坐 近 保佑

lu^{21}；dɑ^{21} ʥɿ^{21} bɑ^{21} gu^{33} lu^{21} ；tshɿ^{33} ʥy^{21} py̩^{21} gu^{33} lu^{21}. gu^{33} lu^{21} tʂhər^{33} tʂhər^{33}；kɑ^{33} le^{21}

阴坡 坐 阳坡 保佑 潮湿 有 干燥 保佑 保佑 稳固 保佑

dɑ^{33} dɑ^{55} gy̩^{33} be^{33} ho^{55}. | bi^{33} thy̩^{33} mə^{33} tʂhɿ^{33} ȵi^{33}, ly^{55} ky̩^{33} py^{21} by̩^{21} ŋə^{21}, phər^{21} ʂæ^{21} |

稳当 好 做 愿 日 出 明 这 天 贤能 祭司 我 盘神 禅神

gɑ^{33} u^{21}、 o^{55} he^{21} khy̩^{21} tʂhə^{33} dɯ^{33} ȵi^{33}, | he^{21} sɑ^{55} zɿ^{33} ʂər^{21} hɑ^{55} i^{33} gy̩^{33} be^{33}

嘎神 吾神 沃神 恒神 请 这 一 天 神 降 寿 长 日 延 好 成

ho^{55}. | dæ^{33} ʂɿ^{21} be^{33} mɑ^{33} ʥo^{33} li^{33}, | tʂhu^{33} tɕi^{33} ʥə^{21} dər^{33} ʂu^{21}[①].

愿 丹 施 本 玛 左 里 崇 几 久 呆 熟

向三代祖先战神们祷告祈求：祈望居于天高处的，保佑居于矮处的；居于远处的，保佑居于近处的；居于阴坡的，保佑居于阳坡的；居于湿处的，保佑居于干处的。愿这样的保佑牢靠巩固；愿这样的保佑持久稳当，成就美好。

① 为咒语，故音译。

日出明朗的这一天，愿神降下长寿延年，健康无病痛，事事顺利和美。（咒语：丹施本玛左里，崇几久呆熟。）

378-D-64-46

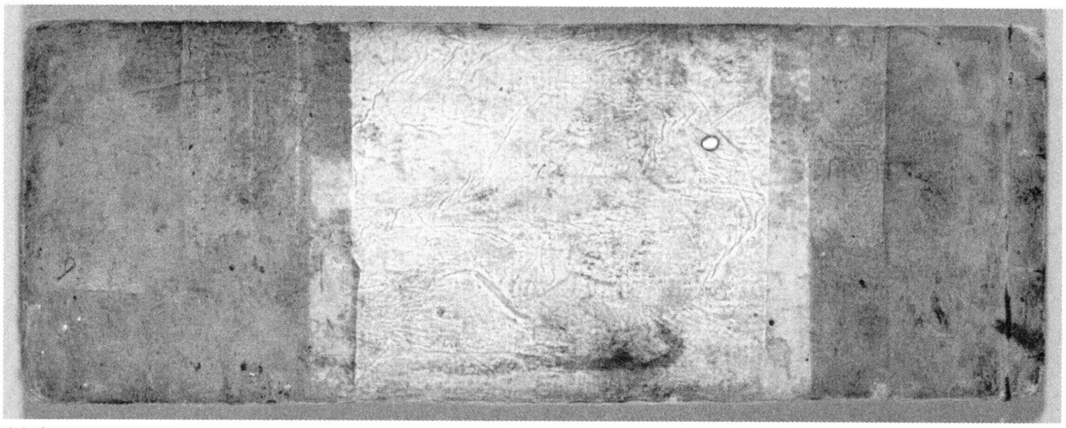

封底

（诵读：和桂华　翻译：李例芬）

71-D-65-01

zɿ^{33} tʂu^{55} py^{21} • sɿ^{55} tʂhər^{33} y^{21} gɑ^{33} lɑ^{21} khy̩^{21} •
y^{21} gɑ^{33} lɑ^{21} tsɿ^{33} • y^{21} gɑ^{33} lɑ^{21} gə^{21} le^{33} py̩^{55}

延寿仪式 · 迎请三代祖先 · 迎接胜神祖先 ·
把胜神祖先送上去

71–D–65 延寿仪式·迎请三代祖先·迎接胜神祖先·把胜神祖先送上去

【内容提要】

主人家为了祈寿求岁而供奉三代祖先，献上宝贵的供品，嘱咐祖先不要滞留于仇地和鬼地，施食给阻挡祖先灵魂到祭坛的各种鬼，把祖先胜神迎到祭坛上给予供奉。再献上能通鬼神的白绵羊，让胜神和白绵羊相逢相见。祈寿求岁后把祖先胜神送回去。祝愿主人家长寿百岁、富足有余。

【英文提要】

Prolonging Life Ritual, Greeting the Three Generations Ancestors, Greeting the God of Victory Ancestor, Sending off the God of Victory Ancestor

The family, for blessing longevity, worshipped the three generations ancestors by offering them precious oblations and told them not to wander around enemy lands and ghostdom. Members of the family gave food to ghosts who prevented the spirit of ancestor to altar. They greeted ancestors and gods befalling and offered oblations. Then, they offered white sheep, which could connect ghosts and gods, also could meet the god of victory. Finally, they sent off ancestors and gods after praying for longevity. This would bless the family with longevity and opulence.

71-D-65-02

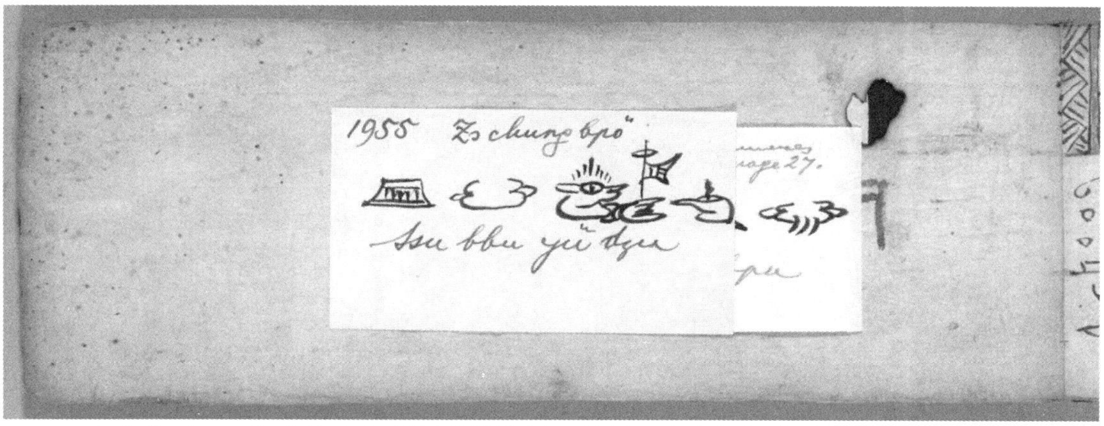

上方的“1955”为洛克收藏经书的编号，并用洛克音标标注了经书用于延寿仪式。

中间四个字为东巴文书名：迎请司补祖先战神。

下方以洛克音标标注了书名的读音。

71-D-65-03

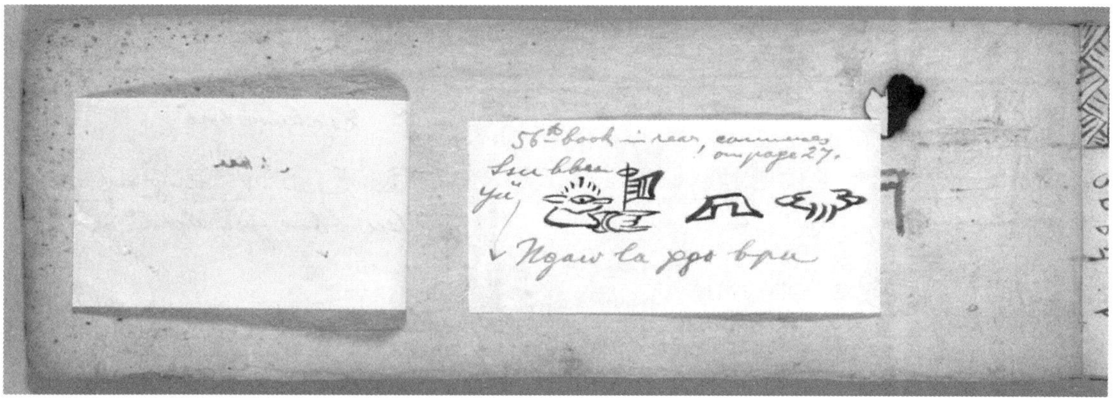

上方的“56”为洛克收藏经书的编号。（此处也许为洛克笔误）英文意为：从第 27 页开始有下面的东巴文所记写的内容。

中间东巴文字意为：把祖先战神送到上方去。

下方及东巴文左侧的音标标注了东巴文的读音。

71-D-65-04

空卡片的右面：梵文咒语。

71-D-65-05

ə33 lɑ33 mə33 ʂər55 ȵi33, mɯ33 lɑ33 kɯ21 tʂhʅ33 dzʅ21, kɯ21 dzʅ21 tʂhʅ33 ȵi33 ɯ33； dy21
远古的时候 天 么 星 所 长 星 长 这 天 好 地

lɑ33 zə̩21 tʂhʅ33 y21, zə̩21 y21 tʂhʅ33 ȵi33 hər21； uæ33 nɯ33 bi33 thy̩33 ly̩21, bi33 thy̩33 tʂhʅ33 ȵi33
么 草 所 长 草 长 这 天 绿 左边 日 出 暖 日 出 这天

ly̩21； i21 nɯ33 le21 tshe55 bu33, le21 tshe55 tʂhʅ33 ȵi33 bu33. | gə21 i33 lɑ33 sɑ33 to55 khɯ33
暖 右边 月光 亮 月光 这 天 亮 上方 拉萨垛肯盘

phər21, gy̩33 dzʅ21 khy̩55 tsʅ21 ɯ33, khy̩55 lɑ33 tʂhʅ33 khy̩55 ɯ33； | mu21 i33 by̩33 ly̩55 zʅ33 zɑ21
藏族 年 算 好 年 么 这年 好 下方 补鲁日饶满

mæ33, le33 by̩33 he33 tsʅ21 ɯ33, he33 lɑ33 tʂhʅ33 he33 ɯ33； | mɯ33 ne21 dy21 ly55 gy̩33, nɑ21ɕi33
白族 月 算 好 月 么 这 月 好 天 和 地 中间 纳西

hɑ55 tsʅ21 ɯ33,zy21 ɯ33 hɑ55 ɯ33kɯ21 ɯ33 tʂhʅ33 dɯ33ȵi33. | i33 dɑ13 tʂhʅ33 dɯ33 dʑi13,o21 hər21
日 算 好蕊星好 日 好 星 好 这 一 天 主人 这 一 家 绿松石

kə55 pu33 lər21me33 khy̩55 ʂʅ55 le33 thy̩33 iə33, | mɯ33 gy̩33 lɯ33 kɯ55 mɯ33 dzə̩r21 lər21 me33
布谷 叫 么 年 新 又 来 到 天 摇 地 动 天龙 叫 么

khy̩55 ʂʅ55 le33 thy̩33 iə33. | ȵə21 mɯ33 ȵə21 sʅ55 he33, kho33 hər21 le33 thy̩33 iə33, | bɑ55 bɑ33
年 新 又 来 到 春天 春 三 月 芽 绿 又 来 到 花朵

le33 do21 iə33. | lɯ55 ky̩33 py33 by̩21 gə33, hæ33 ʂʅ21 tsər33 lər21 kho33、dy̩33 phər21 bər21 kho33
又 见 到 祭司 东巴 的 金 黄 板铃 声 白海螺 螺号

kho33、o21 her21 dɑ33 khə21 kho33 nɯ33 sʅ33 by̩33 sʅ55 tʂhər33 y21 gɑ33 lɑ21 le33 khy̩21. |
声 绿松石 大鼓 声 来 司补 三 代 祖先 胜者 又 请

远古的时候，天上出星星，星星这天好；地上长青草，青草这天绿；左边出太阳，太阳这天暖；右边出月亮，月亮这天明。住在上方拉萨垛肯盘的藏族人善于算年份，算出的年份这年好；住在下方补鲁日饶满的白族人善于算月份，算出的月份这月好；住在天地中间的纳西人善于算日子，算出的日子这天好。在年好、月好、日好、星好、蕊星好的这天里，主人家听到了布谷鸟的叫声，听到天上青龙发出的震天动地的吼声。春天春三月，看到了地里破土而出的嫩芽，又看到了满山遍野的花朵，它表明新年新岁来到了大地上。

祭司摇起金黄色的板铃，吹起白海螺的号角，擂起绿松石的大鼓，迎请三代司补祖先胜神。

71-D-65-06

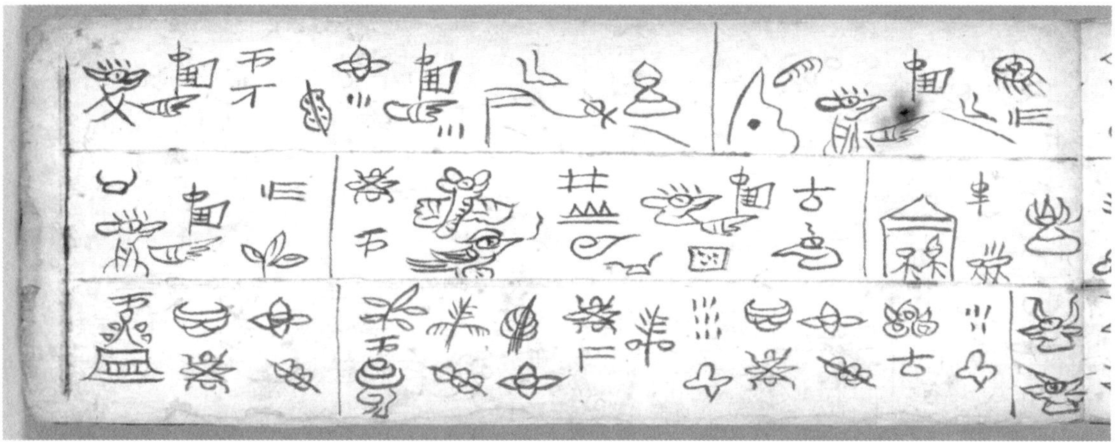

y^{21} ga^{33} la^{21} 、phər^{21} ne^{21} sæ^{21} me^{33} i^{33}, ɕy^{55} hər^{21} khɯ^{33} phər^{21} bɯ^{33} kɯ^{55} kɯ^{55} me^{33} sɿ^{33}
祖先 胜神 盘神 和 禅神 者 么 翠柏 根 白 腰带 系 者 三

dzər^{21} nɯ^{33} le^{33} khv̩^{21}. ga^{33} la^{21} sɿ^{55} tʂhər^{33} me^{33}, he^{21} be^{33} sua^{21} nɯ^{33} mɯ^{21} tɕy^{21} dɯ^{33} sa^{55}
棵 用 又 请 胜神 三 代 么 神 作为 高 从 下方 一 降

dɯ^{33} za^{21} lu^{33}, | da^{21} nɯ^{33} ba^{21} tɕy^{21} dɯ^{33} sa^{55} dɯ^{33} za^{21} lu^{33}; | kho^{33} nɯ^{33} nv̩^{55} tɕy^{21} dɯ^{33}
一 下 来 阴地 从 阳地 一 降 一 下 来 远处 从 近处 一

sa^{55} dɯ^{33} za^{21} lu^{33}. | hæ^{21} i^{33} dzi^{33} bə^{21} phər^{21}, dv̩^{33} phər^{21} ɕə^{21} ku^{55} dzæ^{33}, gu^{33} mi^{21} ər^{33}
降 一 下 来 神 的 白蝙蝠 白 海螺 大雕 骑 金竹 筷子

ʂər^{21} dzo^{21}、dv̩^{33} tsɿ^{33} ma^{33} phər^{21} hɯ^{55} khua^{55} lo^{21} nɯ^{33} ga^{33} la^{21} tʂhʅ^{33} ua^{21} gə^{21} le^{33} tsɿ^{33}
桥 纯净 酥油 海 碗 里 从 胜神 所有 上 又 接

gə^{21} le^{33} sɿ^{33}. | i^{33} da^{13} tʂhʅ^{33} dɯ^{33} dʑi^{13}, lɯ^{55} kv̩^{33} py^{33} bv̩^{21} dy^{55}, sɿ^{33} phər^{21} zʅ^{21} lv̩^{33} tɯ^{21},
上 又 领 主人 这 一 家 祭司 请 羊毛毡 白 神坛 设

ŋv̩^{33} hæ^{21} o^{33} tshu^{21} i^{33} da^{55} be^{33}, | dv̩^{33} phər^{21} hua^{33} sər^{33}、tshu^{21} na^{55} lɯ^{33} ser^{33}、o^{33} her^{21}
银 金 松石 墨玉 供品 做 白海螺 桦树 墨玉 杉树 绿松石

ɕy^{55} sər^{33}、hæ^{33} ʂʅ^{21} sua^{33} sər^{33}, sər^{33} o^{33} gv̩^{33} sy^{21} be^{33}, ŋv̩^{33} hæ^{21} o^{33} tshu^{21} no^{21} by^{55} tʂhʅ^{33}
柏树 金 黄 杜鹃树 树木 九 种 做 银 金 松石 墨玉 宝贝 所有

ua^{21} ua^{33} sy^{21} be^{33}, | bər^{33} y^{21}
五 种 做 牦牛 绵羊

用三棵以白云为腰带的白根翠柏迎请三百六十个三代司补祖先胜神。请祖先胜神们从高处降临到低处，从背阴的地方降临到充满阳光的地方，从远方降临到近处。神的白蝙蝠骑着大雕迎请祖先，在金竹桥梁上、在如海的纯净的酥油碗上，把祖先领上来。主人家请祭司铺上白毡子设神坛，摆上金、银、松石、墨玉，供上白海螺色的桦树、墨玉色的杉树、松石色的柏树、金黄色的杜鹃树和九种上好的树木，供上金、银、松石、墨玉，还有五种宝贝。献上牦牛、绵羊、

71-D-65-07

ʐʅ^{33} ha^{33} tʂhər^{21} na^{55} ɕy^{55} ma^{21} tshu^{55} pa^{33} be^{33},mɯ^{33} gə^{33} phər^{21} sæ^{21} ga^{33} u^{21} o^{55} he^{21}, |
酒 饭 肥肉 瘦肉 翠柏 油 烧天香 天 的 盘神 禅神 嘎神 吾神沃神 恒神

mɯ^{33} tɕər^{21} ga^{33} la^{21} sɿ^{21} tshər^{21} sɿ^{55} dzər^{33}①、dy^{21} khua^{55} ga^{33} la^{21} ȵi^{33} tsər^{21} ȵi^{33} dzər^{33}
天 上 胜神 三 十 三 位 地 上 胜神 二十二 位

kæ^{33} i^{33} tshu^{55} pa^{33} be^{33}, | sɿ^{33} bv̩^{33} sɿ^{55} tʂhər^{33} y^{21} ga^{33} la^{21} sɿ^{21} ɕi^{33} tshua^{55} tshər^{21} kæ^{33} i^{33}
前面 烧天香 司补 三 代 祖先 胜者 三 百 六十 前面

tshu^{55} pa^{33} be^{33}, | dzɿ^{33} ne^{21} uə^{33} le^{33} dzɿ^{21} gə^{33} sa^{21} da^{55} ga^{33} la^{21}、sɿ^{21} ga^{33} la^{21}
烧天香 村 和 寨 又 住 的 刹道 胜者 署 胜神

tshu^{55} pa^{33} be^{33}. | ga^{33} la^{21} sɿ^{21} ɕi^{33} tshua^{55} tshər^{21} so^{33} be^{33} khv̩^{21} me^{33} i^{33}, | he^{13}gə^{33} bər^{33}
烧天香 胜者 三 百 六十 所有 请 的话 神 的 牦牛

phər^{21} y^{21} phər^{21} ʐʅ^{33} ha^{33} tʂhər^{21} na^{55} ɕy^{55} ma^{21} ga^{33} la^{21} kæ^{33} le^{33} iə^{55}. | i^{33} da^{21} tʂhʅ^{33}
白 绵羊 白 酒 饭 肥肉 瘦肉 柏枝 酥油 胜者 前 又 供 主人 这

① 三十三：一般的说法是天上的胜神为三十三位，原文写成三百六十，有错。

dɯ^{33} dʑi^{13}, bi^{33} thʏ^{33} mə^{55} tʂhʅ^{33} ȵi^{33}, he^{21} i^{33} i^{21} po^{33} phər^{21} me^{33} kʏ^{55} dʑi^{21} thʏ^{21},sʅ^{33} phər^{21}
一 家 太阳出来的这一天 神 的 绸子 白 的 帐房 毡子 白

zʅ^{21} lʏ^{33} tɯ^{21}, ŋʏ^{33} hæ^{21} o^{33} tshu^{21} be^{33}, sʅ^{33} phər^{21} dʑi^{33} zi^{33} be^{33},
神坛 设 银 金 松石 墨玉 做 毡子 白 衣 漂亮 做

肥肉、瘦肉、翠柏、酒、饭供奉天上的盘神、禅神、嘎神、吾神、沃神、恒神，供奉天上的三十三位胜神，供奉居住在地上的二十二位胜神，供奉三百六十位三代司补祖先胜神，供奉住在村寨里的刹道胜神和署胜神。迎请所有的三百六十位战神，是用神的白牦牛、白绵羊，还有酒、饭、肥肉、瘦肉、柏枝、酥油。太阳出来的这一天，主人家搭建神的白绸帐房，把神迎到白毡子铺就的神坛上，再供上金、银、松石、墨玉和漂亮的毡衣。

71-D-65-08

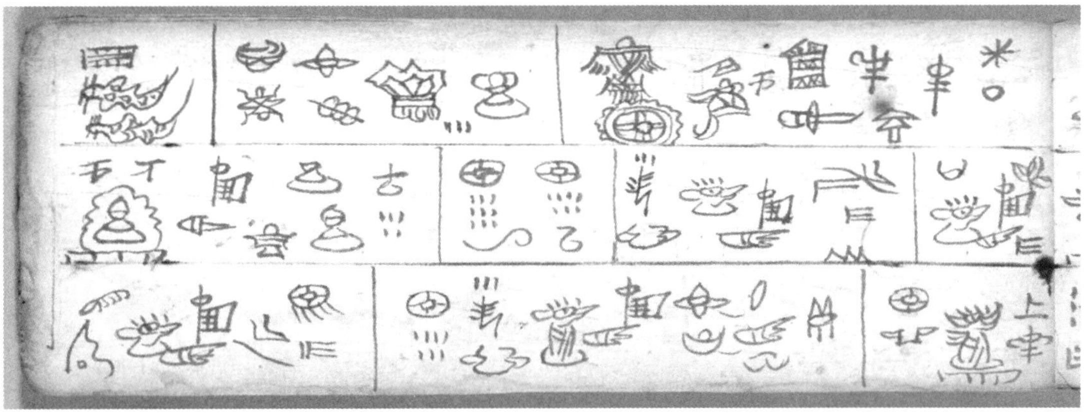

i^{21} po^{33} phər^{21} me^{33} be^{33}, zər^{21} ɯ^{33} la^{33} ɯ^{33} khu^{33} lu^{55} be^{33}, | ŋʏ^{33} hæ^{21} o^{33} tshu^{21} 、se^{55} se^{33}
绸子 白 的 做 豹 皮 虎 皮 垫子 做 金 银 松石 墨玉 盆装

bʏ^{33} u^{21} sʅ^{33} sy^{21} be^{33} le^{33} du^{33}, | khua^{55} phər^{21} khu^{33} lu^{55}、su^{33} phər^{21} mu^{33} kuə^{21}、gæ^{21}
宝物 三 种 做 又 供 铠 白 法轮 铁 白 头盔 长刀

tha^{55} zər^{33} tha^{55}、su^{33} phər^{21} tɕæ^{33} tɕə^{33} 、ly^{33} tha^{55} dɯ^{33} tʏ^{21} dɯ^{33} kɯ^{21}, | i^{21} po^{33} kʏ^{55} dʑi^{21}
利 刀 利 铁 白 戟叉 矛 利 一 千 一 万 绸子 帐房

lo^{21} nɯ^{33} dzʅ^{21} gə^{33} he^{33} dɯ^{21} kæ^{33} le^{33} tsu^{55}，phər^{21} sæ^{21}、ga^{33} u^{21}、 o^{55} he^{21} tʂhʅ^{33} ua^{21}
里 在 住 的 神 大 前 又 献 盘神 禅神 嘎神 吾神 沃神 恒神 所有

kæ^{33} le^{33} tsu^{55}, | gʏ^{33} ȵi^{33} le^{33} gʏ^{33} lu^{21}、ʂer^{33} ȵi^{33} le^{33} ka^{33} le^{21} iə^{55} ho^{55}. | sʅ^{33} bʏ^{33} sʅ^{55}
前 又 献 九 天 又 保佑 七天 又 庇荫 祝愿 司补 三

tʂhər^{33} y^{21}ga^{33} la^{21}, sua^{21} nɯ^{33} mu^{21} le^{33} sa^{55}, | kho^{33} nɯ^{33} nʏ^{55} le^{33} sa^{55}, | da^{21} nɯ^{33} ba^{21}
代 祖先 胜神 高处 从 低处 又 降 远处 从 近处 又 降 阴坡 从 阳坡

le^{33} sa^{55}. | ə^{33} ȵi^{33} la^{33} ʂər^{55} ȵi^{33},sʅ^{33} bʏ^{33} y^{21}sʅ^{55} tʂhər^{33} gə^{33}ga^{33}la^{21} i^{33},o^{21} phi^{55} he^{33}tɕhia^{33}
又 降 远古的时候 司补 祖先 三 代 的 胜神 么 魂 丢 魄 游荡

la^{33} me^{33} dʑy^{33} i^{33} ky̩^{55}. | ȵi^{33} me^{33} thy̩^{33}, sə^{55} i^{33} ler^{21} pa^{33} phy^{13} nɯ^{33} dzɿ^{21} gə^{33} tər^{21} za^{55}
者 有 么 会 东方 寿依朗巴聘 由 住 的 呆饶久补

dʑə^{21} by̩^{33} me^{33} nɯ^{33} zɿ^{33} i^{33} ky̩^{55}.
者 由 抓 么 会

献上白绸子、虎皮、豹皮，献上金、银、松石、墨玉和装在盆子里的宝贝，献上白铠甲、法轮、白铁盔，献上千千万万的利刀快矛和白铁戟叉。献给在白绸帐房里的盘神和禅神，献给所有的沃神和恒神，请神灵们保佑九天、庇荫七天。请三代司补祖先们从高坡降到低地，从远方降到近处，从阴坡降到阳坡。远古的时候，祖先胜神会有丢魂失魄的情况，其魂会被住在东方寿依朗巴聘的鬼王呆饶久补抓住。

71-D-65-09

y^{21} la^{33} mə^{33} sɿ^{33} tshɿ^{21} mə^{33} py̩^{55}, mə^{33} do^{21} bər^{33} mə^{33} lo^{21}. | y^{21} la^{33} tər^{21} za^{55} dʑə^{21} by̩^{33}
祖先 么 不 知 鬼 不 送 不 见 客 不 接 祖先 么 呆饶久补

dzɿ^{21} me^{33} dy^{21}, dy̩^{33} phər^{21} pha^{33} dzɿ^{21} mi^{55} zi^{33} dʑy^{21}, mə^{33} ly^{21}mə^{33} sa^{21} sɿ^{33}, dɯ^{33} ly^{21} le^{33}
住 的 地方 海螺 白 脸 长 美 女 有 不 看 不 甘心 一 看 又

nɯ^{21} khɯ^{55}, y^{21} gə^{33} o^{21} he^{33} the^{33} ȵə^{21} æ^{33} i^{33} ky̩^{55}. | mɯ^{33} phər^{21} dy^{21} phər^{21}、bi^{21} phər^{21}
（助）去 祖先 的 灵魂 那里 滞留 会 天 白 地 白 日 白

le^{21} phər^{21} kɯ^{21} phər^{21} za^{21} phər^{21} dy^{21}、dzɿ^{33} phər^{21} uə^{33} phər^{21} dy^{21}, dy̩^{33} phər^{21} uə^{33} ko^{33}
月 白 星 白 娆星 白 地 村 白 寨 白 地 海螺 白 地方

lo^{21} i^{33} mə^{33} æ^{33} na^{55}, | ȵi^{33} me^{33} thy̩^{33} ho^{21} he^{33} zo^{33} mi^{55} dzɿ^{21} me^{33} dy^{21} ȵə^{21} mə^{33} æ^{33}
么 不 滞留 虽 东方 禾 亨 男 女 住 者 地方 不 滞留

na^{55}, the^{33} ȵə^{21} æ^{33} me^{33} dʑy^{33} bɯ^{33} la^{33}. | bi^{33} thy̩^{33} mə^{55} tʂhɿ^{33} ȵi^{33}, zo^{33} ɯ^{33} mi^{55} ɯ^{33}
虽 那里 滞留 的 有 即使 太阳出来的这天 男 好 女 好

nɯ^{33}, lɯ^{55} ky̩^{33} py^{33} by̩^{21} dy^{55}, bər^{33} phər^{21} dɯ^{33} ty̩^{21}、bər^{21} nɑ^{55} dɯ^{33} kɯ^{21} thy̩^{55}, to^{33} mɑ^{33}
由 祭司 请 牦牛 白 一 千 牦牛 黑 一 万 出 朵马

gy̩^{55} ly̩^{33}、lɑ^{21}ʐʅ^{33} gy̩^{55} ʐʅ^{33} nɯ^{33}, tər^{21}zɑ^{55}dʑə^{21} by̩^{33}、sər^{33} tshʅ^{21}gy̩^{33} lu^{13} dzu^{33} le^{33} zuɑ^{21}. |
九 个 饭团 九 条 用 呆饶久补 木 鬼 九 个 债 又 还

lɯ^{55} ky̩^{33} py^{33} by̩^{21} nɯ^{33}, dy̩^{33} phər^{21} ɯ^{33} phər^{21} thy̩^{55}, sʅ^{33} by̩^{33} sʅ^{55} tʂhər^{33} y^{21} gɑ^{33} lɑ^{21} gə^{33}
祭司 由 海螺 白 牛 白 出 司补 三 代 祖先 胜神 的

o^{21} he^{33} gə^{21} le^{33} ʂər^{55}. | n̥i^{33} me^{33} thy̩^{33}, ɕi^{33} gə^{33} mɯ^{33} ɯ^{33} me^{33}, u^{33} mɯ^{33} ɯ^{33} mə^{33} gy̩^{21};
灵魂 上 又 招 东方 别人 的 天 好 么 自己 天 好 不 如

ɕi^{33} gə^{33} dy^{21} ɯ^{33} me^{33}, u^{33} dy^{21} ɯ^{33} mə^{33} gy̩^{21};
别人 的 地 好 么 自己 地 好 不 如

祖先在世时不祭祀不知道的鬼，不招待不见面的客人。在呆饶久补居住的东方，有长着似白海螺脸庞的美女，祖先往往会忍不住去看美女，其灵魂会因此而滞留在有白天白地、白日白月、白星白娆星、白村白寨的白海螺色的东方。但是，灵魂即使滞留在东方，在太阳出来的这一天，好男好女们会请来祭司，用一千只白牦牛、一万只黑牦牛，用九个朵马、九条用饭捏制的饭团偿还呆饶久补和九个属木之鬼的鬼债，献出很多白海螺色的牛，招回三代司补祖先胜神的灵魂。东方，别人的天再好，也没有自家的天好；别人的地再好，也没有自家的地好；

71-D-65-10

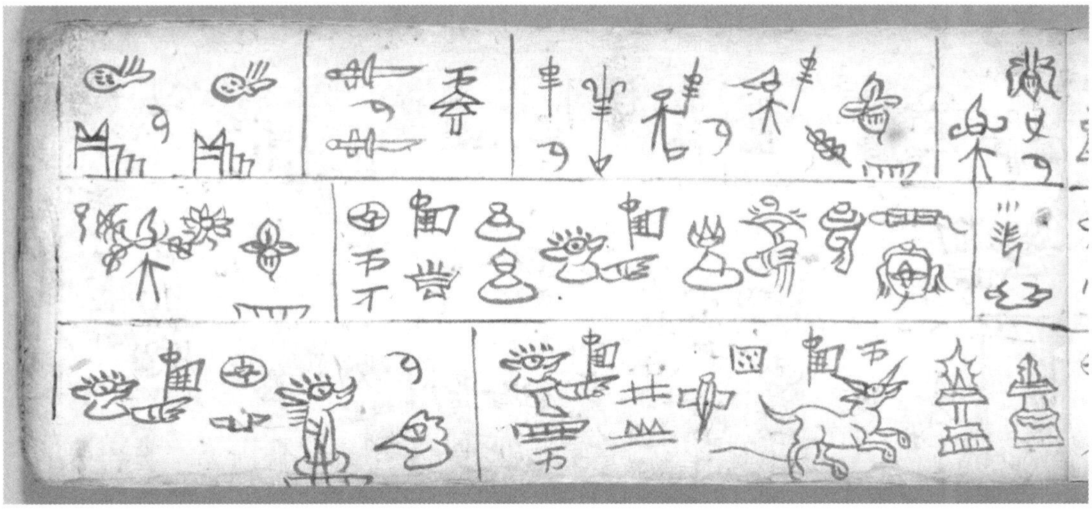

ɕi^{33} gə^{33} uə^{33} gy̩^{33} me^{33}, u^{33} uə^{33}gy̩^{33} mə^{33} gy̩^{21}; ɕi^{33} gə^{33} dzʅ^{33} ɯ^{33} me^{33}, u^{33} gə^{33} dzʅ^{33} mə^{33}
别人 的 村 好 么 自己 村 好 不 如 别人 的 寨 好 么 自己 的 寨 不

gy̩^{21}; | ɕi^{33} gə^{33} gæ^{21} thɑ^{55} me^{33},u^{33} gə^{33} gæ^{21} thɑ^{55} phər^{21} mə^{33} gy̩^{21}; | ɕi^{33} gə^{33} ly^{33} thɑ^{55}
如 别人 的 刀 快 么 自己 的 刀 快 白 不 如 别人 的 矛 快

me^{33}, u^{33} gə^{33} ly^{33} thɑ^{55} uə^{21} mə^{33} gy̩^{21}; ɕi^{33} gə^{33} tɕæ^{33} tɕə^{33} thɑ^{55} me^{33}, u^{33} gə^{33} tɕæ^{33} tɕə^{33}
么 自己 的 矛 快 似 不 如 别人 的 戟叉 快 么 自己 的 戟叉

thɑ^{55} mə^{33} gv̩^{21}；ɕi^{33} dy^{21} tshu^{21} me^{33} dæ^{21} me^{33} dʑy^{21}, u^{33} dy^{21} tshu^{21} me^{33} dæ^{21} me^{33} uə^{21}
快 不 如 别人 地方 勤快 者 能干 者 有 自己 地方 勤快 么 能干 么 似

mə^{33} gv̩^{33}, dæ^{21} me^{33} tʂhu^{21} me^{33} tʂhɿ^{33} dy^{21} dʑy^{21}；| ɕi^{33} gə^{33} tʂhər^{33} me^{33} kɑ^{33}, u^{33} gə^{33}
不 如 能干 者 勤快 者 这里 有 别人 的 媳妇 好 自己 的

tʂhər^{33} me^{33} kɑ^{33} mə^{33} gv̩^{21}, tʂhər^{33} me^{33} kɑ^{33} me^{33}tʂhɿ^{33} dy^{21} dʑy^{21}；| ɕi^{33} dy^{21} dʑi^{33} zi^{33} mu^{21}
媳妇 好 不 如 媳妇 好 者 这里 有 别人 地方 衣 好 穿

me^{33} mi^{55} zi^{33} dʑy^{21}, u^{33} dy^{21} mi^{55} zi^{33} le^{33} mə^{33} gv̩^{21}, mi^{55} zi^{33} tʂhɿ^{33} dy^{21} dʑy^{21}. | tʂhɿ^{33} n̥i^{33}
者 女 漂亮 有 自己 地方 女 漂亮 又 不 如 女 美 这里 有 这天

i^{33} dɑ^{13} phər^{21} sæ^{21} gɑ^{33} u^{21} o^{55} he^{21} y^{21} gɑ^{33} lɑ^{21} le^{33} khv̩^{21}, lɯ^{55} kv̩^{33} py^{33} bv̩^{21}
主人 盘神 禅神 嘎神 吾神 沃神 恒神 祖先 胜神 又 请 祭司

nɯ^{33}, hæ^{33} ʂɿ^{21} tsər^{33} lər^{21} do^{55},o^{21} hər^{21} dɑ^{33} khə^{21} lɑ^{55}, dv̩^{33} phər^{21} bər^{21} kho^{33} mu^{21}, gɑ^{33}
由 金 黄 板铃 摇 绿松石 大鼓 击 白海螺 号角 吹 胜神

lɑ^{21} tʂhɿ^{33} uɑ^{21} kæ^{33} le^{33} khv̩^{21}, | y^{21} gɑ^{33} lɑ^{21} i^{33} tər^{21} zɑ^{55} dʑə^{21} bv̩^{33} dʑy^{21} gə^{33} n̥i^{33} me^{33}
所有 前 又 请 祖先 胜神 么 呆饶久补 在 的 东方

thv̩^{33} tɕy^{21} mə^{33} æ^{33} se^{21}. | y^{21} gɑ^{33} lɑ^{21} i^{33} tho^{33} phe^{33} dzo^{21} phər^{21} kv̩^{33}、gu^{33} mi^{21} ər^{33}
方向 不 滞留 了 祖先 胜神 么 土布 桥 白 上 金竹 筷子

ʂər^{21} dzo^{21} nɯ^{33} gə^{21} le^{33} sɿ^{33}, gɑ^{33} lɑ^{21} y^{21} phər^{21} kv̩^{33} nɯ^{33} gə^{21} le^{33} sɿ^{33}, ɕy^{21} mi^{33} bæ^{33}
桥 从 上 又 领 胜神 绵羊 白 上 从 上 又 领 香火 灯火

mi^{33} kv̩^{33} nɯ^{33} gə^{21} le^{33} sɿ^{33}. |
在 从 上 又 领

别人的村寨再好，也没有自己的村寨好；别人的刀子再快，也没有自己的刀子快；别人的长矛、戟叉再利，也没有自己的长矛、戟叉锋利。别人的男子再勤快再能干，也没有自己的男子勤快能干，勤快能干的男子就在这里；别人的媳妇再贤惠，也没有自己的媳妇贤惠；别人的女儿再漂亮，也没有自己的女儿漂亮；漂亮的媳妇和女儿在这里。这天，主人迎请盘神、禅神、嘎神、吾神、沃神、恒神等胜神，祭司摇起金黄色的板铃，吹起白海螺的号角，擂起绿松石的大鼓迎请胜神。三代司补祖先胜神没有滞留在呆饶久补居住的东方了。把祖先胜神从土布白桥上，从金竹长桥上领上来，献上胜神的白绵羊，点起金黄色的灯火，燃起香炉，

71-D-65-11

sɿ^{33} phər^{21} zʅ^{21} lv̩^{33} kv̩^{33} nɯ^{33} gə^{21} thv̩^{33} se^{21} me^{55}. | ə^{33} ȵi^{33} lɑ^{33} ʂər^{55} ȵi^{33}, sɿ^{33} bv̩^{33} sɿ^{55}
毡子 白 神坛 上 从 上 到 已经 远古的时候 司补 三

tshər^{33} y^{21} gɑ^{33} lɑ^{21} tʂhʅ^{33} uɑ^{21}, mɯ^{33} bv̩^{21} uɑ^{33} dy^{21} o^{21} phi^{55} he^{33} tɕhɑ^{33} lɑ^{33} me^{33} dʑy^{33} i^{33}
代 祖先 胜神 所有 天 下 五 地 魂 丢 魄 游荡 者 有 么

kv̩^{55}. | i^{33}tʂhʅ^{33} mɯ^{21}, ʂʅ^{21} dʐʅ^{33} dʑə^{21} bv̩^{33} dzɿ^{21} me^{33} dy^{21} ȵə^{21} mə^{33} æ^{33} nɑ^{55}, æ^{33} me^{33}
会 南方 史支久补 住 的 地方 不 滞留 虽 滞留 者

dʑy^{33} bɯ^{33}lɑ^{33}, | ho^{21} i^{33} dzo^{21} bv̩^{33} ly^{13} gə^{33} dy^{21} ȵə^{21} thv̩^{33} bɯ^{33} lɑ^{33}, | mɯ^{33} hər^{21} dy^{21}
有 即使 禾依佐补律 的 地方 到 即使 天 绿 地

hər^{21} kho^{55}、bi^{33} hər^{21} le^{21} hər^{21} kho^{55}、kɯ^{21} hər^{21} zɑ^{21} hər^{21} kho^{55}、dzɿ^{33} hər^{21} uə^{33} hər^{21}
绿 处 日 绿 月 绿 处 星 绿 娆星 绿 处 村 绿 寨 绿

kho^{55}, the^{33}ȵə^{21} mə^{33} æ^{33} nɑ^{55}, | y^{21} lɑ^{33} ʂʅ^{21} dʐʅ^{33} dʑə^{21} bv̩^{33} dzɿ^{21} me^{33} dy^{21}, o^{33} hər^{21}phɑ^{33}
处 那里 不 滞留 虽 祖先 么 史支久补 住 的 地 绿松石 脸

hər^{21} mi^{55} zi^{33} dʑy^{21}, mə^{33} ly^{21} mə^{33} sɑ^{21} sɿ^{33}, dɯ^{33} ly^{21} le^{33} nɯ^{21} khɯ^{55}, y^{21} gə^{33} o^{21} he^{33}
绿 女 漂亮 有 不 看 不 甘心 一 看 又 (助) 去 祖先 的 灵魂

the^{33} ȵə^{21} æ^{33} i^{33} kv̩^{55}. | i^{33} tʂhʅ^{33} mɯ^{21} gə^{33} ʂʅ^{21} dʐʅ^{33} dʑə^{21} bv̩^{33} dzɿ^{21} me^{33} dy^{21} ȵə^{21} mə^{33}
那里 滞留 么 会 南方 的 史支久补 住 的 地方 不

æ^{33} nɑ^{55},æ^{33} me^{33} dʑy^{33} bɯ^{33} lɑ^{33},zo^{33} ɯ^{33} mi^{55} ɯ^{33} nɯ^{33},lɯ^{55} kv̩^{33} py^{33} bv̩^{21} dy^{55},o^{21} hər^{21}
滞留 虽 滞留 者 有 即使 男 好 女 好 由 祭司 请 绿松石

ɯ^{33} hər^{21} tv̩^{33} tv̩^{21} kɯ^{33} kɯ^{21} thv̩^{55}, y^{21} gɑ^{33} lɑ^{21} gə^{33} o^{21} le^{33} ʂər^{55}. | bər^{33} phər^{21} dɯ^{33} tv̩^{21}
牛 绿 千 千 万 万 出 祖先 胜神 的 灵魂 又 招 牦牛 白 一 千

bər^{21} nɑ^{55}dɯ^{33} kɯ^{21} thv̩^{55}, to^{33} mɑ^{33} gv̩^{55} lv̩^{33} be^{33}, lɑ^{21} zʅ^{33} gv̩^{33} lv̩^{55} be^{33}, | dzu^{33} i^{33} tv̩^{33}
牦牛 黑 一 万 出 朵马 九 个 做 饭团 九 条 做 债 么 千

tv̩^{21} kɯ^{33} kɯ^{21} be^{33} le^{33} zuɑ^{21}, ʂʅ^{21} dzʅ^{33} dʑə^{21} bv̩^{33} 、mi^{33} tshɿ^{21}
千 万 万 地 又 还 史支久补 火 鬼

把祖先的灵魂从神坛上接回来。三代司补祖先的灵魂会游荡在天下的五方五地，灵魂虽然没有滞留在史支久补居住的南方，没有滞留在禾依佐补律（即南方），没有滞留在有绿天绿地、绿日绿月、绿星绿娆星的地方，没有滞留在绿村绿寨里。但是史支久补住的地方有长着绿松石脸庞的美女，祖先忍不住会去看美女，灵魂就会滞留在南方。即使祖先的灵魂滞留在南方，太阳出来的这一天，好男好女们请来祭司，献出千千万万松石色的绿牛，招回祖先的灵魂。献出一千只白牦牛、一万只黑牦牛，供上九个朵马、九条用手捏制的饭团，偿还史支久补的债、千万个鬼的债、九个属火之鬼的债。

71-D-65-12

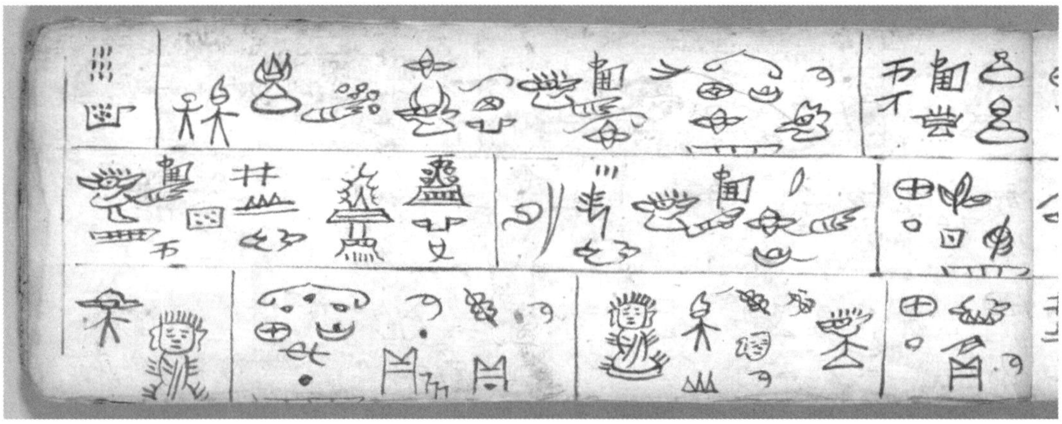

gv̩^{33} lu^{21} dzu^{33} le^{33} zuɑ^{21}. | zo^{33} ɯ^{33} mi^{55} ɯ^{33} nɯ^{33}, lɯ^{55} kv̩^{33} py^{33} bv̩^{21} dy^{55}, o^{33} hər^{21} ɯ^{33}
九 个 债 又 还 男 好 女 好 由 祭司 请 绿松石 牛

hər^{21} dɯ^{33} tv̩^{21} dɯ^{33} kɯ^{21} thv̩^{55}, y^{21} gɑ^{33} lɑ^{21} gə^{33} o^{21} le^{33} ʂər^{55}, i^{33} tʂhʅ^{33} mɯ^{21} gə^{33} mɯ^{33}
绿 一 千 一 万 出 祖先 胜神 的 魂 又 招 南方 的 天

hər^{21} dy^{21} hər^{21}、bi^{33} hər^{21} le^{21} hər^{21}、kɯ^{21} hər^{21} zɑ^{21} hər^{21} dy^{21} ȵə^{21} mə^{33} æ^{33} se^{21}. | phər^{21}
绿 地 绿 日 绿 月 绿 星 绿 娆星 绿 地方 不 滞留 了 盘神

sæ^{21} gɑ^{33} u^{21} o^{55} he^{21} y^{21} gɑ^{33} lɑ^{21} tʂhʅ^{33} uɑ^{21}, tho^{33} phe^{33} dzo^{21} phər^{21} kv̩^{33}、gu^{33} mi^{21}
禅神 嘎神 吾神 沃神 恒神 祖先 胜神 所有 土布 桥 白 上 金竹

ər^{33} ʂər^{21} dzo^{21} nɯ^{33} gə^{21} le^{33} sɿ^{33}、gə^{21} le^{33} py^{55}, hæ^{33} ʂʅ^{21} bæ^{33} mi^{33} kv̩^{33}、sɿ^{33} phər^{21} zʅ^{21}
筷子 桥 从 上 又 领 上 又 送 金 黄 灯火 上 毡子 白 神坛

lv̩^{33} kv̩^{33} nɯ^{33} gə^{21} le^{33} thv̩^{33}. | ə^{33} ȵi^{33} lɑ^{33} ʂər^{55} ȵi^{33}, sɿ^{33} bv̩^{33} sɿ^{55} tʂhər^{33} y^{21} gɑ^{33} lɑ^{21} i^{33}
上 从 上 又 到 远古的时候 司补 三代 祖先 胜神 么

o^{21} phi^{55} he^{33} tɕhɑ^{33} lɑ^{33} me^{33} ʥy^{33} i^{33} kv̩^{55}.｜ȵi^{33} me^{33} gv̩^{21}, le^{55} tɕhi^{33} sɿ^{33} bv̩^{33} dzɿ^{21} me^{33}
魂 丢 魄 游荡 者 有 么 会 西方 楞启斯补 住 的

dy^{21}、nv̩^{21} uə^{33} pɑ^{21} lo^{33} ɕy^{13} gə^{33} dy^{21} ȵə^{21} æ^{33} i^{33} kv̩^{55}.｜mɯ^{33} nɑ^{21} dy^{21} nɑ^{21}、bi^{33} nɑ^{21}
地方 努坞巴罗许 的 地方 滞留 么 会 天 黑 地 黑 日 黑

le^{21} nɑ^{21}、kɯ^{21} nɑ^{21} zɑ^{21} nɑ^{21} kho^{55} i^{33} mə^{33} æ^{33} nɑ^{55}, dzɿ^{33} nɑ^{21} uə^{33} nɑ^{21} kho^{55} i^{33} mə^{33} æ^{33}
月 黑 星 黑 娆星 黑 处 么 不 滞留 虽 村 黑 寨 黑 处 么 不 滞留

nɑ^{55}, y^{21} lɑ^{33} le^{55} tɕhi^{33} sɿ^{33} bv̩^{33} dzɿ^{21} me^{33} dy^{21}, tshu^{21} nɑ^{55} phɑ^{33} nɑ^{21} dzɿ^{21} gə^{33} mi^{55} zi^{33}
虽 祖 么 楞启斯补 住 的 地方 墨玉 脸 黑 长 的 女 美

ʥy^{21}, y^{21} lɑ^{33} mə^{33} ly^{21} mə^{33} sɑ^{21} sɿ^{33}, dɯ^{33} ly^{21} le^{33} nɯ^{21} khɯ^{55},y^{21} gə^{33} o^{21} he^{33} the^{33} ȵə^{21}
有 祖 么 不 看 不 甘心 一 看 又（助） 去 祖 的 灵魂 那里

æ^{33} i^{33} kv̩^{55}.｜ȵi^{33} me^{33} gv̩^{21}, su^{21} uə^{33} ər^{33} uə^{33} lo^{21} ȵə^{21} mə^{33} æ^{33} nɑ^{55},
滞留 么 会 西方 铁 村 铜 寨 里面 不 滞留 虽

好男好女们请来祭司，献出松石似的绿牛，招回祖先的灵魂，祖先胜神的灵魂不再滞留于有绿天绿地、绿日绿月、绿星绿娆星的南方了。架起土布桥、金竹筷子桥，点起金黄灯火，铺上白毡子神坛，把盘神、禅神、嘎神、吾神、沃神、恒神及祖先胜神从南方领回来、接上来、送上去。司补祖先会有丢魂失魄的情况，他们的灵魂虽然不滞留于楞启斯补居住的努坞巴罗许之西方，不滞留于有黑天黑地、黑日黑月、黑星黑娆星的地方，不滞留于黑村黑寨里。但是那里有长着墨玉脸庞的美女，祖先忍不住会去看美女，这样，祖先的灵魂就会滞留在楞启斯补所住的西方，灵魂会滞留在铁村铜寨里。

71-D-65-13

ȵi^{33} me^{33} gv̩^{21} gə^{33} le^{55} tɕhi^{33} sɿ^{33} bv̩^{33} dy^{21} ȵə^{21} æ^{33} me^{33} mə^{33} ʥy^{33} nɑ^{55}, æ^{33} me^{33} ʥy^{33}
西方 的 楞启斯补 地方 滞留 的 不 有 虽 滞留 的 有

bɯ^{33} la^{33}. | bi^{33} thy̩^{33} mə^{55} tʂʅ^{33} ȵi^{33}, zo^{33} ɯ^{33} mi^{55} ɯ^{33} nɯ^{33}, lɯ^{55} ky̩^{33} py^{33} by̩^{21} dy^{55},bər^{33}
即使 太阳出来的一天 男 好 女 好 由 祭司 请 牦牛

phər^{21} dɯ^{33} ty̩^{21}、bər^{21} na^{55} dɯ^{33} kɯ^{21}、to^{33} ma^{33} gy̩^{55} ly̩^{33}、la^{21} ʐʅ^{33} gy̩^{55} ʐʅ^{33} le^{55} tɕhi^{33} sʅ^{33}
白 一 千 牦牛黑 一 万 朵马 九 个 饭团 九 条 楞启斯补

by̩^{33} dzu^{33} le^{33} zua^{21}, tshʅ^{21} zo^{33} ty̩^{33} ty̩^{21} kɯ^{33} kɯ^{21} dzu^{33} le^{33} zua^{21}, su^{33} tshʅ^{21} gy̩^{33} lu^{21}
债 又 还 鬼卒 千 千 万 万 债 又 还 铁 鬼 九 个

dzu^{33} le^{33} zua^{21}. | tshu^{21} na^{21} ɯ^{33} na^{21} dɯ^{33} ty̩^{21} dɯ^{33} kɯ^{21} thy̩^{55}. y^{21} ga^{33} la^{21} gə^{33} o^{21} le^{33}
债 又 还 墨玉 牛 黑 一 千 一 万 出 祖先 胜神 的 魂 又

ʂər^{55}, | ȵi^{33} me^{33} gy̩^{21} gə^{33} mɯ^{33} na^{21} dy^{21} na^{21}、bi^{33} na^{21} le^{21} na^{21}、kɯ^{21} na^{21} za^{21} na^{21} lo^{21}
招 西方 的 天 黑 地 黑 日 黑 月 黑 星 黑 娆星 黑 里面

ȵə^{21} mə^{33} æ^{33} na^{55}, | phər^{21} sæ^{21} ga^{33} u^{21} o^{55} he^{21} y^{21} ga^{33} la^{21},tho^{33} phe^{33} dzo^{21} phər^{21}
不滞留 虽 盘神 禅神 嘎神 吾神 沃神 恒神 祖先 胜神 土布 桥 白

ky̩^{33}、gu^{33} mi^{21} ər^{33} ʂər^{21} dzo^{21}、hæ^{33} ʂʅ^{21} bæ^{33} mi^{33}、sʅ^{33} phər^{21} ʐʅ^{21} ly̩^{33} ky̩^{33} nɯ^{33} gə^{21} le^{33}
上 金竹 筷子 桥 金黄 灯火 毡子 白 神坛 上 从 上 又

sʅ^{33}. | ə^{33} la^{33} mə^{33} ʂər^{55} ȵi^{33}, sʅ^{33} by̩^{33} sʅ^{55} tʂhər^{33} y^{21} ga^{33} la^{21}, o^{21} phi^{55} he^{33} tɕha^{33} la^{33} i^{33}
领 远古的时候 司补 三 代 胜神 胜神 魂 丢 魄 游荡 么

mə^{33} dʑy^{33} na^{55}, | ho^{33} gy̩^{33} lo^{21}, ɕy^{21} uə^{33} dæ^{21} mu^{33} ȵə^{13} me^{33} dy^{21}, |
不 有 虽 北方 许坞丹姆纽 的 地方

祖先的灵魂即使滞留在楞启斯补居住的地方，太阳出来的这一天，好男好女请祭司献上一千只白牦牛、一万只黑牦牛，献上九个朵马、九条饭团偿还楞启斯补的债，偿还千万个鬼卒的债，偿还九个属铁之鬼的债。献出墨玉色的黑牛招祖先胜神的灵魂，盘神、禅神、嘎神、吾神、沃神、恒神及祖先胜神的灵魂不再滞留于西方，不再滞留于有黑天黑地、黑日黑月、黑星黑娆星的地方了。神灵们从土布白桥上、金竹长桥上、金黄灯火上、白色毡子铺成的神坛上接回来，领上来。远古的时候，司补胜神会有失魂落魄的情况，灵魂虽然没有滞留在许坞丹姆纽之北方，

71-D-65-14

nv̩²¹ dzɿ³³ ʥi³³ bv̩³³ me³³ nɯ³³ dzɿ²¹, gə²¹ lo⁵⁵ tshy⁵⁵ bə³³ lɯ²¹ nɯ³³ dzɿ²¹ me³³ dy²¹, mɯ³³
努祖景补　者　由　住　果洛趣　念经人　由　住　的　地方　天

ʂɿ²¹ dy²¹ ʂɿ²¹、bi³³ ʂɿ²¹ le²¹ ʂɿ²¹、kɯ²¹ ʂɿ²¹ za²¹ ʂɿ²¹ kho⁵⁵ i³³ mə³³ æ³³ na⁵⁵. | nv̩²¹dzɿ³³ ʥi³³
黄　地　黄　日　黄　月　黄　星　黄　娆星　黄　处　么　不　滞留　虽　努主久补

bv̩³³ dy²¹, hæ³³ ʂɿ²¹ pha³³ ʂɿ²¹ dzɿ²¹ me³³ mi⁵⁵ zi⁵⁵ the³³ ȵə²¹ ʥy²¹, y²¹ ga³³ la²¹ me³³ mə³³
地　金　黄　脸庞　黄　长　者　女　美　那里　有　祖先　胜神　者　不

ly²¹ mə³³ sa²¹ sɿ³³, dɯ³³ ly²¹ le³³ nɯ²¹ khɯ⁵⁵, | hæ³³ ʂɿ²¹ ʥy²¹ sua²¹ lo²¹ ȵə²¹ mə³³ æ³³ na⁵⁵,
看　不　甘心　一　看　又（助）　去　金　黄　山　高　上面　不　滞留　虽

dzɿ³³ ne²¹ uə³³ ʂɿ²¹ lo²¹ ȵə²¹ mə³³ æ³³ na⁵⁵, æ³³ me³³ ʥy³³ bɯ³³ la³³, | bi³³ thv̩³³ mə⁵⁵ tʂhɿ³³
村　和　寨　黄　里面　不　滞留　虽　滞留　者　有　即使　太阳出来的这一天

ȵi³³, zo³³ ɯ³³ mi⁵⁵ ɯ³³ nɯ³³, lɯ⁵⁵ kv̩³³ py³³ bv̩²¹ dy⁵⁵, bər³³ phər²¹ dɯ³³ tv̩²¹、bər²¹ na⁵⁵dɯ³³
男　好　女　好　由　祭司　请　牦牛　白　一　千　牦牛　黑　一

kɯ²¹ thv̩⁵⁵, to³³ ma³³ gv̩⁵⁵ lv̩³³、la²¹ zɿ³³ gv̩⁵⁵ zɿ³³, nv̩²¹ dzɿ³³ ʥə²¹ bv̩³³ dzu³³ le³³ zua²¹, ʥi³³
万　出　朵马　九　个　饭团　九　条　努主久补　债　又　还　水鬼

tshɿ²¹ gv̩³³ lu¹³ dzu³³ le³³ zua²¹. | lɯ⁵⁵ kv̩³³ py³³ bv̩²¹ nɯ³³, ɯ³³ ʂɿ²¹ tv̩³³ tv̩²¹ kɯ³³ kɯ²¹
九　个　债　又　还　祭司　由　牛　黄　千　千　万　万

thv̩⁵⁵, y²¹ ga³³ la²¹ gə³³ o²¹ le³³ ʂər⁵⁵. | ho³³ gv̩³³ lo²¹, mɯ³³ ʂɿ²¹ dy²¹ ʂɿ²¹、bi³³ ʂɿ²¹ le²¹ ʂɿ²¹、
出　祖先　胜神　的　魂　又　招　北方　天　黄　地　黄　日　黄　月　黄

kɯ²¹ ʂɿ²¹ za²¹ ʂɿ²¹ kho⁵⁵、nv̩²¹ dzɿ³³ ʥi³³ bv̩³³ dzɿ²¹ me³³ dy²¹ i³³ mə³³ æ³³ na⁵⁵, mə³³ æ³³
星　黄　娆星　黄　处　努祖景补　住　的　地　么　不　滞留　虽　不　滞留

the³³ ȵə²¹ ʥy³³ bɯ³³ la³³, lɯ⁵⁵ kv̩³³ py³³ bv̩²¹ nɯ³³, hæ³³ ʂɿ²¹ tsər³³ ler²¹ do⁵⁵, dv̩³³ phər²¹
那里　有　即使　祭司　由　金　黄　板铃　摇　海螺　白

bər²¹ kho³³ mu²¹, o³³ hər²¹ da³³ khə²¹ la⁵⁵, phər²¹ sæ²¹ ga³³ u²¹ o⁵⁵ he²¹ . |
号角　吹　绿松石　大鼓　擂　盘神　禅神　嘎神　吾神　沃神　恒神

没有滞留在努祖景补住的北方，没有滞留在果洛趣念经人居住的地方，没有滞留在有黄天黄地、黄日黄月、黄星黄娆星的地方。但是那里有长着金黄色脸庞的美女，祖先胜神会忍不住去看那里的美女，这样，祖先的灵魂就会滞留在黄色的北方。灵魂虽然没有滞留在黄色的高山上，没有滞留在黄色的村寨里，但是即使滞留在那里，好男好女们会请来祭司，献上一千只白牦牛、一万只黑牦牛，献上九个朵马、九条用手捏制的饭团，偿还努祖景补和九个属水鬼的债。献出千千万万的黄牛招祖先胜神的灵魂，祖先胜神的灵魂不再滞留于有黄天黄地、黄日黄月、黄星黄娆星的地方了，不再滞留于努祖景补住的北方了。即使滞留在北方，祭司摇着金黄色的板铃，吹起白海螺的号角，擂起绿松石的大鼓，迎请盘神、禅神、嘎神、吾神、沃神、恒神，

71-D-65-15

y^{21} gɑ^{33} lɑ^{21} i^{33} tho^{33} phe^{33} dzo^{21} phər^{21} kv̩^{33} nɯ^{33} gə^{21} le^{33} sɿ^{33}, gu^{33} mi^{21} ər^{33} ʂər^{21} dzo^{21}

祖先 胜神 么 土布 桥 白 上 从 上 又 领 金竹 筷子 桥

nɯ^{33} gə^{21} le^{33} sɿ^{33}, hæ^{33} ʂʅ^{21} bæ^{33} mi^{33} kv̩^{33}、sɿ^{33} phər^{21} ʐʅ^{21} lv̩^{33} kv̩^{33} nɯ^{33} gə^{21} le^{33} thv̩^{33}. |

从 上 又 领 金黄 灯火 上 毡子 白 神坛 上 从 上 又 到

ə^{33} n̠i^{33} lɑ^{33} ʂər^{55} n̠i^{33}, sɿ^{33} bv̩^{33} sɿ^{55} tʂhər^{33} y^{21} gɑ^{33} lɑ^{21}, o^{21} phi^{55} he^{33} tɕhɑ^{33} lɑ^{33} me^{33} dʑy^{33}

远古的时候 司补 三 代 祖先 胜神 魂 丢 魄 游荡 者 有

i^{33} kv̩^{55}, | mɯ^{33} ne^{21} dy^{21} ly^{55} gv̩^{33}, mɯ^{33} dzæ^{21} dy^{21} dzæ^{21}、bi^{33} dzæ^{21} le^{21} dzæ^{21}、kɯ^{21}

么 会 天 和 地 中间 天 杂色 地 杂色 日 杂色 月 杂色 星

dzæ^{21} zɑ^{21} dzæ^{21} uə^{33} ko^{33} lo^{21} n̠ə^{21} mə^{33} æ^{33} nɑ^{55}, mu^{33} tshɿ^{21} ɯ^{21} tshɿ^{21} dy^{21} i^{33} mə^{33} æ^{33}

杂色 娆星 杂色 地方 不 滞留 虽 猛鬼 恩鬼 地方 么 不 滞

nɑ^{55}, | sɑ^{21} dɑ^{55} phɑ^{33} ɕy^{21} mi^{55} zi^{33} the^{33} n̠ə^{21} dʑy^{21}, y^{21} lɑ^{33} mə^{33} ly^{21} mə^{33} sɑ^{21} sɿ^{33}, dɯ^{33}

虽 刹道 脸 红 女 美 那里 有 祖先 么 不 看 不 甘心 一

ly^{21} le^{33} nɯ^{21} khɯ^{55}, y^{21} o^{33} thɯ^{33} lo^{21} æ^{33} i^{33} kv̩^{55}. | mə^{33} æ^{33} thɯ^{33} lo^{21} æ^{33} bɯ^{33} lɑ^{33},bi^{33}

看 又 (助) 去 祖先 魂 那里 滞留 么 会 不 滞留 那里 滞留 即使 太阳

thv̩^{33} mə^{55} tʂhʅ^{33} n̠i^{33}, zo^{33} ɯ^{33} mi^{55} ɯ^{33} nɯ^{33}, bər^{33} phər^{21} dɯ^{33} tv̩^{21}、bər^{21} nɑ^{55} dɯ^{33} kɯ^{21}

出来的这天 男 好 女 好 由 牦牛 白 一 千 牦牛 黑 一 万

thv̩^{55} be^{33} tshɿ^{21} dzu^{33} zuɑ^{21}, to^{33} mɑ^{33} gv̩^{33} lv̩^{55}、lɑ^{21} ʐʅ^{33} gv̩^{55} ʐʅ^{33} be^{33} me^{33} dv̩^{21} tshɿ^{21} tse^{21}

出 做 鬼 债 还 朵马 九 个 饭团 九 条 做 的 毒鬼 仄鬼

tshɿ^{21} dzu^{33} le^{33} zuɑ^{21}, mu^{33} tshɿ^{21} ɯ^{21} tshɿ^{21} dzu^{33} le^{33} zuɑ^{21}. | lɯ^{55} kv̩^{33} py^{33} bv̩^{21} nɯ^{33},

债 又 还 猛鬼 恩鬼 债 又 还 祭司 由

tshu^{21} nɑ^{55} ɯ^{33} dzæ^{21} tv̩^{33} tv̩^{21} kɯ^{33} kɯ^{21} thv̩^{55}, y^{21} gɑ^{33} lɑ^{21} gə^{33} o^{21} le^{33} ʂər^{55}, hæ^{33} ʂʅ^{21} o^{33}

墨玉 牛 杂色 千 千 万 万 出 祖先 胜神 的 魂 又 招 金 黄 财

dze^{33} nɯ^{33}, mɯ^{33} ne^{21} dy^{21} ly^{55} gṿ^{33} gə^{33} o^{21} he^{33} le^{33} ʂər^{55} tshɿ^{21}. |
宝 由 天 和 地 中间 的 灵魂 又 招 来

在土布白桥上，在金竹长桥上，在金黄灯火上，在白毡子铺成的神坛上把祖先胜神的灵魂接上来。远古的时候，司补三代祖先胜神会有丢魂失魄的情况。灵魂虽然没有滞留在有杂色天地、杂色日月、杂色星杂色娆星的天地中央，没有滞留在猛鬼恩鬼所在的地方，但是那里有刹道家长红脸庞的美女，祖先会忍不住去看美女，这样，祖先的灵魂就会滞留在那里。灵魂即使滞留在那里，太阳出来的这一天，好男好女们请来祭司，献出一千只白牦牛、一万只黑牦牛，献出九个朵马、九个用手捏制的饭团，偿还毒鬼、仄鬼、猛鬼、恩鬼的债。献出墨玉似杂色的牛招祖先的魂，用金黄的财宝从杂色的天地中央招祖先的灵魂。

71-D-65-16

ho^{33} gṿ^{33} lo^{21} gə^{33} du^{21} nɯ^{33} o^{33} dze^{33} zuɑ^{33} phər^{21} gṿ^{33} to^{55} tɕi^{55} be^{33} y^{21} o^{21} ʂər^{55}, o^{21} kṿ^{33}
北方 的 卢神 由 财宝 马 白 九 驮 驮 做 祖先 魂 招 松石蛋

gṿ^{33} ly^{33} kṿ^{33} nɯ^{33} y^{21} o^{21} ʂər^{55}; | i^{33} tʂhʅ^{33} mɯ^{21} gə^{33} se^{21} nɯ^{33} mu^{55} dze^{33} le^{55} nɑ^{21} ʂər^{33}
九 颗 上 从 祖先 魂 招 南方 的 沈神 由 货物 牛 黑 七

u^{21} tɕi^{55} be^{33} y^{21} o^{21} ʂər^{55}, o^{21} kṿ^{33} ʂər^{33} ly^{33} kṿ^{33} nɯ^{33} y^{21} o^{21} ʂər^{55}. gə^{21} i^{33} dzɿ^{33} nɯ^{33}
架牛 驮 做 祖先 魂 招 松石粒 七 颗 上 从 祖先 魂 招 上方 头领 由

mu^{55} dze^{33} sɿ^{33} phər^{21} zʅ^{21} lṿ^{33} kṿ^{33} nɯ^{33} y^{21} o^{21} ʂər^{55}; mu^{21} i^{33} ze^{55} tɕi^{33} mu^{55} dze^{33} zər^{21}
财宝 毡子 白 神坛 上 从 祖先 魂 招 下方 年轻人 货物 豹

ɯ^{33} lɑ^{33} ɯ^{33} kṿ^{33} nɯ^{33} y^{21} o^{21} ʂər^{55}. o^{21} he^{33} mɯ^{33} ne^{21} dy^{21} ly^{55} gṿ^{33}、bi^{33} ne^{21} le^{21} ko^{55}
皮 虎 皮 上 从 祖先 魂 招 灵魂 天 和 地 中央 日 和 月 之间

gɯ^{33}、kɯ^{21} ne^{21} zɑ^{21} ko^{55} gɯ^{33} lɑ^{33} mə^{33} æ^{33} gə^{21} le^{33} ʂər^{55}. | dʑy^{21} ne^{21} lo^{21} lɑ^{33} y^{21} o^{21}
星 和 娆星 之间 么 不 滞留 上 又 招 山 和 谷 么 祖先 魂

mə^{33} æ^{33} gə^{21} le^{33} ʂər^{55}. | lɯ^{55} kv̩^{33} py^{33} bv̩^{21} nɯ^{33}, bər^{33} phər^{21} dɯ^{33} tv̩^{21} bər^{33} nɑ^{21} dɯ^{33}
不 滞留 上 又 招 祭司 由 牦牛 白 一 千 牦牛 黑 一

kɯ^{21}、to^{33} mɑ^{33} gv̩^{55} lv̩^{33}、lɑ^{21} ʐʅ^{33} gv̩^{55} ʐʅ^{33}、ʂʅ^{33} ɕy^{21} gv̩^{33} phe^{55} be^{33}, tshʅ^{21} o^{33} gv̩^{33} kv̩^{55}
万 朵马 九 个 饭团 九 条 肉 红 九 片 做 鬼 卒 九 个

dzu^{33} le^{33} zuɑ^{21}、le^{21} tshə^{55} tv̩^{33} tv̩^{21} kɯ^{33} kɯ^{21} dzu^{33} le^{33} zuɑ^{21}. | sʅ^{33} bv̩^{33} sʅ^{55} tʂhər^{33} sʅ^{21}
债 又 还 冷凑 千 千 万 万 债 又 还 司补 三 代 三

ɕi^{33} tshuɑ^{55} tshər^{21} so^{33} gə^{33} y^{21} gɑ^{33} lɑ^{21} i^{33} gə^{21} le^{33} sʅ^{33}. | dv̩^{33} tshʅ^{21} gv̩^{33} kv̩^{55} dʑy^{21} me^{33}
百 六十 所有 的 祖先 胜神 么 上 又 领 毒鬼 九 个 住 的

dy^{21} ȵə^{21} mə^{33} æ^{33} se^{21}, tse^{21} tshʅ^{21} gv̩^{33} kv̩^{55} dy^{21} ȵə^{21} mə^{33} æ^{33} se^{21}, ɯ^{33} tshʅ^{21} gv̩^{33} kv̩^{55}、
地方 不 滞留 了 仄鬼 九 个 地方 不 滞留 了 恩鬼 九 个

mu^{33} tshʅ^{21} gv̩^{33} kv̩^{55} dy^{21} ȵə^{21} mə^{33} æ^{33} se^{21}, tər^{21} tshʅ^{21} gv̩^{33} kv̩^{55}、lɑ^{33} tshʅ^{21} gv̩^{33} kv̩^{55} dy^{21}
猛鬼 九 个 地方 不 滞留 了 呆鬼 九 个 佬鬼 九 个 地

ȵə^{21}
方

北方的卢神用九驮马的财宝招祖先的灵魂，用九颗闪亮的松石招祖先的灵魂；南方的沈神用九架牛的货物招祖先的灵魂，用七颗闪亮的松石招祖先的灵魂。上方，头目在白毡子铺设的神坛上供起财宝；下方，年轻人用上好的虎皮豹皮招祖先的灵魂。祖先的灵魂不再滞留于天地日月之间，不再滞留于星星娆星之间，不再滞留于高山深谷之间了。祭司用一千只白牦牛、一万只黑牦牛，献上九个朵马、九条用手捏制的饭团、九块红肉还九个鬼卒的债，还千千万万个冷凑鬼的债。把三百六十个司补祖先的灵魂领上来。灵魂不再滞留于九个毒鬼的地方，不再滞留于九个仄鬼的地方，不再滞留于九个猛鬼的地方，不再滞留于九个恩鬼的地方，不再滞留于九个呆鬼、佬鬼的地方了。

71-D-65-17

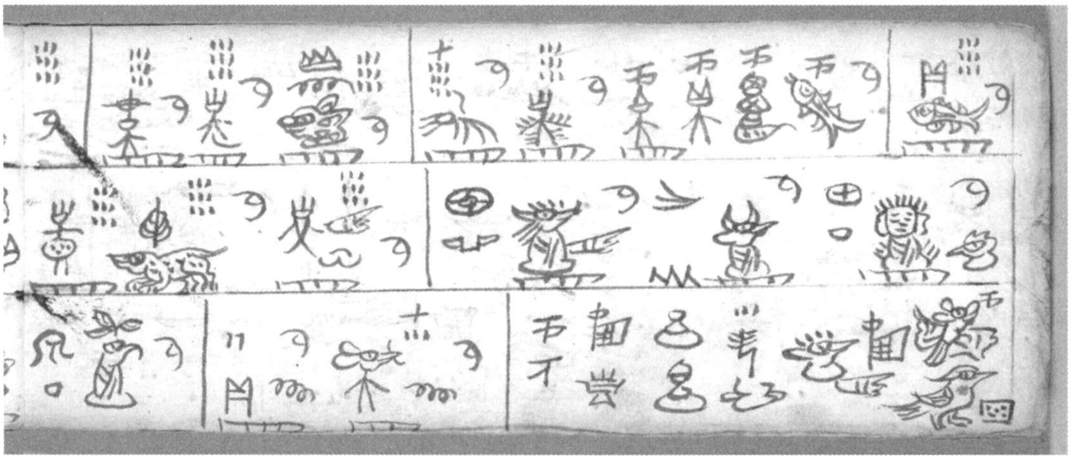

mə^{33} æ^{33} se^{21}. | thi^{55} lo^{33} gv̩^{33} kv̩^{55} dy^{21} n̥ə^{21} mə^{33} æ^{33} se^{21}, bɯ^{21} tshɿ^{21} gv̩^{33} kv̩^{55} dy^{21} n̥ə^{21}
不 滞留 了 替罗鬼 九 个 地方 不 滞留 了 苯鬼 九 个 地方

mə^{33} æ^{33} se^{21}, mi^{33} tshɿ^{21} ʈʂhə^{55} tshɿ^{21} gv̩^{33} kv̩^{55} dy^{21}、dzʅ^{33} tshɿ^{21} gv̩^{33} kv̩^{55} dy^{21} n̥ə^{21} mə^{33}
不 滞留 了 咪鬼 凑鬼 九 个 地方 支鬼 九 个 地方 不

æ^{33} se^{21}. | tshɿ^{33} tshɿ^{21}gv̩^{33} kv̩^{55}① dy^{21} n̥ə^{21}mə^{33} æ^{33} se^{21},ɯ^{21} tshɿ^{21} gv̩^{33} kv̩^{55} dy^{21} n̥ə^{21} mə^{33}
滞留 了 楚鬼 九 个 地方 不 滞留 了 恩鬼 九 个 地方 不

æ^{33} se^{21}, dv̩^{21} phər^{21}、tse^{21} phər^{21}、sɿ^{21} phər^{21}、n̥i^{33} phər^{21} dy^{21} n̥ə^{21} mə^{33} æ^{33} se^{21}. | n̥i^{33}
滞留 了 毒鬼 白 仄鬼 白 署 白 尼 白 地方 不 滞留 了 地狱

uə^{33} gv̩^{33} dy^{21} lo^{21} n̥ə^{21} mə^{33} æ^{33} se^{21}, | i^{33} dɑ^{55} gv̩^{33} dy^{21} lo^{21} n̥ə^{21} mə^{33} æ^{33} se^{21}, ɕy^{21} dzo^{33}
九 地 里面 不 滞留 了 依道 九 地 里面 不 滞留 了 徐佐

dy^{21} n̥ə^{21} mə^{33} æ^{33} se^{21}, lɑ^{21} mɑ^{33} i^{13} gə^{33} dy^{21} n̥ə^{21} mə^{33} æ^{33} se^{21}. | n̥i^{33} me^{33} thv̩^{33}, tər^{21}
地方 不 滞留 了 牢玛依 的 地方 不 滞留 了 东方

zɑ^{55} ʥə^{21} bv̩^{33} dy^{21} n̥ə^{21} mə^{33} æ^{33} se^{21}; i^{33} ʈʂhʅ^{33} mɯ^{21}, ʂʅ^{21} dzʅ^{33} ʥə^{21} bv̩^{33} dy^{21} n̥ə^{21} mə^{33}
呆饶久补 地方 不 滞留 了 南方 史支久补 地方 不

æ^{33} se^{21}; n̥i^{33} me^{33} gv̩^{21}, le^{55} ʨhi^{33} sɿ^{33} bv̩^{33} dy^{21} n̥ə^{21} mə^{33} æ^{33} se^{21}; ho^{33} gv̩^{33} lo^{21},nv̩^{21}
滞留 了 西方 楞启斯补 地方 不 滞留 了 北方

dzɿ^{33} ʥi^{33} bv̩^{33} dzɿ^{21} me^{33} dy^{21} n̥ə^{21} mə^{33} æ^{33} se^{21}. | n̥i^{33} uə^{33} tshə^{55} tshɿ^{21} ʥy^{21} me^{33} dy^{21}
努祖景补 住 的 地方 不 滞留 了 尼坞 凑 鬼 在 的 地方

n̥ə^{21} mə^{33} æ^{33} se^{21}, le^{21} ʈʂhə^{55} tshe^{21} sɿ^{55} kv̩^{33} dzɿ^{21} me^{33} dy^{21} n̥ə^{21} mə^{33} æ^{33} se^{21}. | phər^{21}
不 滞留 了 冷凑 十 三 个 住 的 地方 不 滞留 了 盘神

sæ^{21} gɑ^{33} u^{21} o^{55} he^{21}、sɿ^{33} bv̩^{33} sɿ^{55} ʈʂhər^{33} y^{21} gɑ^{33} lɑ^{21}, he^{21} i^{33} dzi^{33} bə^{21} phər^{21}、dv̩^{33}
禅神 嘎神 吾神 沃神 恒神 司补 三 代 祖先 胜神 神 的 蝙蝠 白 海螺

phər^{21} ɕə^{21} ku^{55} gə^{21} le^{33} sɿ^{33}.
白 大雕 上 又 领

不滞留在九个替罗鬼在的地方、九个绝后鬼在的地方，不滞留在九个苯鬼、咪鬼、凑鬼和支鬼在的地方，不滞留在九个楚鬼在的地方，不滞留在九个恩鬼在的地方，不滞留在白毒鬼、白仄鬼、白署、白尼（与署为同类）在的地方，不滞留在九个尼坞地狱、九个依道地狱、九个徐佐地狱、九个牢玛依地狱里了。祖先的灵魂没有滞留在呆饶久补住的东方了，没有滞留在史支久补住的南方了，没有滞留在楞启斯补住的西方了，没有滞留在努主久补住的北方了。没有滞留在有臭鬼的尼坞地狱里了，没有滞留在十三个冷凑鬼住的地方了。把盘神、禅神、嘎神、吾神、沃神、恒神及三代司补祖先胜神领上来，把

① 与前后鬼的数量相应，这里应该是“九”，但原文多写成“九十”，属误写。

骑着白海螺大雕的白蝙蝠领上来。

71-D-65-18

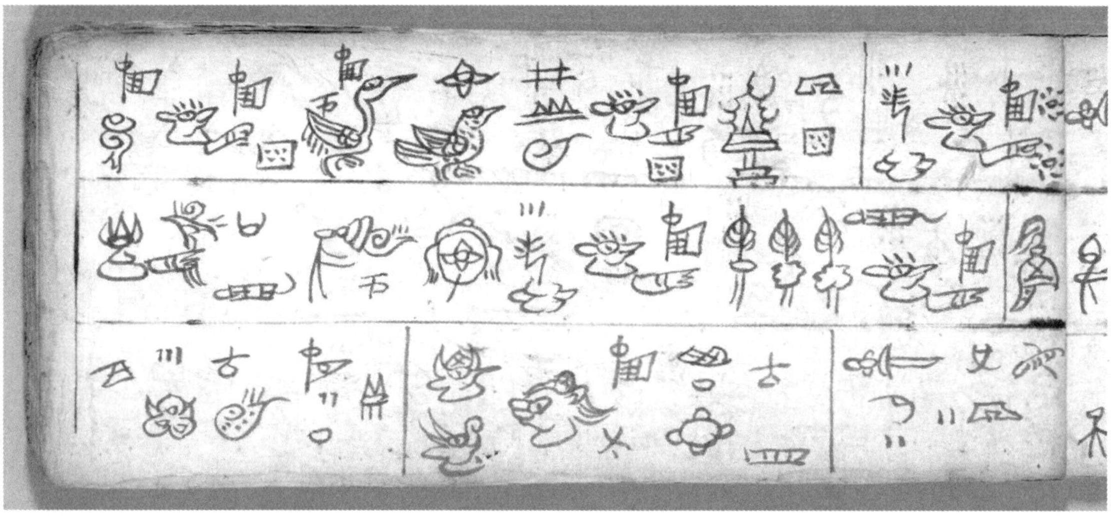

dv̩^{33} phər^{21} y^{21} gɑ^{33} lɑ^{21} i^{33} gə^{21} le^{33} sɿ^{33}, dv̩^{33} phər^{21} ko^{33} phər^{21} kv̩^{33} nɯ^{33} gə^{21} le^{33} sɿ^{33}, o^{33}
海螺 白 祖先 胜神 么 上 又 领 海螺 白 鹤 白 上 从 上 又 领 松石

hər^{21} kə^{55} pu^{33} kv̩^{33} nɯ^{33} gə^{21} le^{33} sɿ^{33}, gu^{33} mi^{21} ər^{33} ʂər^{21} dzo^{21}、ti^{33} tsɿ^{33} mɑ^{33} phər^{21} hɯ^{55}
绿 布谷 上 从 上 又 领 金竹 筷子 桥 纯净 酥油 海

nɯ^{33} y^{21} gɑ^{33} lɑ^{21} i^{33} gə^{21} le^{33} sɿ^{33}, hæ^{33} ʂɿ^{21} bæ^{33} mi^{33} kv̩^{33} nɯ^{33} gə^{21} le^{33} sɿ^{33}. | sɿ^{33} bv̩^{33}
从 祖先 胜神 么 上 又 领 金黄 灯火 上 从 上 又 领 司补

sɿ^{55} tʂhər^{33} y^{21} gɑ^{33} lɑ^{21} i^{33} bu^{33} dɯ^{21} lv̩^{55} lɑ^{33}、dze^{33} dɯ^{21} zi^{55} zæ^{33} kv̩^{33} i^{33} le^{33} tsɿ^{33}
三 代 祖先 胜神 么 光芒四射 闪亮夺目 上 么 又 接

bɯ^{33}. | lɯ^{55} kv̩^{33} py^{33} bv̩^{21} nɯ^{33}, hæ^{33} ʂɿ^{21} tsər^{33} lər^{21} kho^{33}、dv̩^{33} phər^{21} bər^{21} kho^{33} kho^{33}、
将要 祭司 由 金黄 板铃 声 海螺 白 号角 声

o^{21} hər^{21} dɑ^{33} khə^{21} kho^{33} nɯ^{33} sɿ^{33} bv̩^{33} y^{21} gɑ^{33} lɑ^{21} i^{33} gə^{21} le^{33} khv̩^{21},sɿ^{33} bv̩^{33} y^{21} gɑ^{33}lɑ^{21}
绿松石 大鼓 声 在 司补 祖先 胜神 么 上 又 迎 司补 祖先 胜神

i^{33} ɕy^{55} hər^{21} tɕi^{33} phər^{21} bɯ^{33} kɯ^{55} kɯ^{55} me^{33} sɿ^{33} dzər^{21} dzɿ^{21} ko^{55} gə^{21} le^{33} khv̩^{21}. su^{33}
么 翠柏 云 白 腰带 系 者 三 棵 长 处 上 又 迎 铁

phər^{21} mu^{33} kuə^{21} o^{33} ɯ^{33} sɿ^{33} sy^{21} mə^{33} ȵi^{55} ȵi^{21}, su^{33} phər^{21} mu^{33} kuə^{21} o^{33} ɯ^{33} sɿ^{33} sy^{21}
白 头盔 宝物 三种 不 一样 铁 白 头盔 财产 好 三种

hɯ^{55} lo^{21} dər^{21} me^{33} the^{55} ȵi^{21} gv̩^{33} me^{33} kv̩^{33}, bər^{21} tɕhy^{33} si^{21} so^{33} gɑ^{33} lɑ^{21} khə^{33} phv̩^{33}
海里 集中 那样 成为 处 鹏 龙 狮 三 胜神 威力

dɯ^{21} me^{33} tʂhʅ^{33} dy^{21} dʑy^{33}. | khy̩^{55} me^{55} gə^{21} le^{33} me^{55},gæ^{21} ne^{13} gæ^{21} lɑ^{33} mə^{33} ȵi^{55} ȵi^{21}. |
大 者 这里 有 岁 求 上 又 求 刀 与 刀 也 不 一样

把白海螺似的祖先从鬼地领上来，让祖先骑上白海螺白鹤领上来，骑着绿松石色布谷鸟领上来，用金竹筷子当桥领上来，供上酥油点上神灯领上来，把三代祖先胜神领到光芒四射、闪亮夺目的地方。祭司们摇着金黄色的板铃，吹起白海螺的号角，擂起绿松石的大鼓，迎请司补祖先们，这里长着三棵以白云作腰带的翠柏树，集中着三种白铁头盔等宝物，有鹏、龙、狮子三种大威力的胜神。向胜神祈寿求岁，请胜神来到这里。刀子与刀子不一样，

71-D-65-19

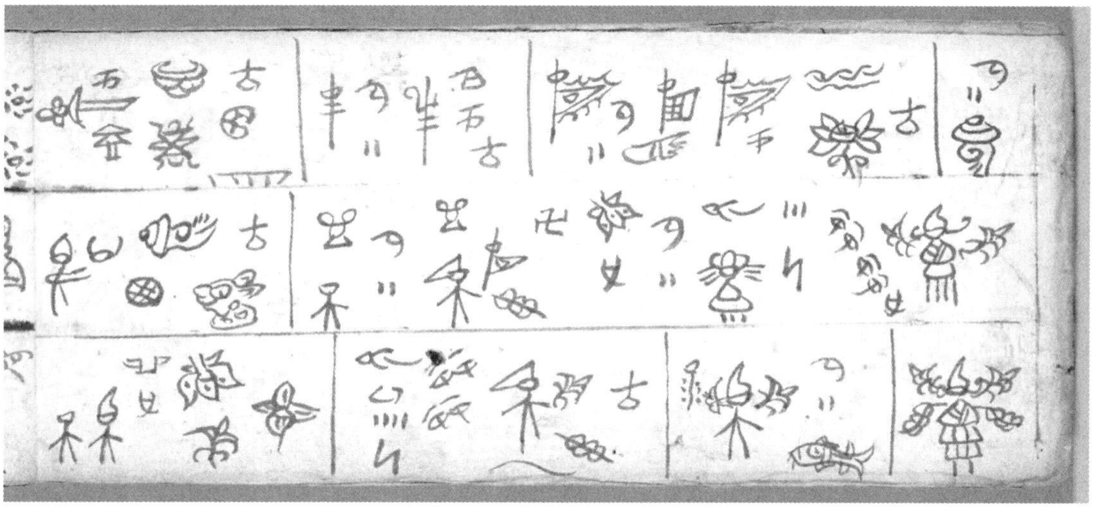

su^{33} phər^{21} gæ^{21} thɑ^{55} 、ŋy̩^{33} gæ^{21} hæ^{21} gæ^{21} tʂhʅ^{33} dy^{21} dʑy^{33}. | su^{33} phər^{21} ly^{33} thɑ^{55} su^{33}
铁 白 刀 快 银 刀 金 刀 这里 有 铁 白 矛 快 铁

phər^{21} tɕæ^{33} tɕə^{33} thɑ^{55} me^{33} mə^{33} ȵi^{55} ȵi^{21}, su^{33} phər^{21} tɕæ^{33} tɕə^{33} thɑ^{55} me^{33} tʂhʅ^{33} dy^{21}
白 戟叉 快 者 不 一样 铁 白 戟叉 快 者 这里

dʑy^{33}. | the^{33} ne^{21} the^{33} lɑ^{33} mə^{33} ȵi^{55} ȵi^{21}, tɕi^{21} be^{33} phər^{21} ne^{21} zi^{33} gə^{33} gɑ^{33} lɑ^{21} the^{33}
有 旗 和 旗 也 不 一样 云 似 白 和 美 的 胜者 旗

phər^{21} tʂhʅ^{33} dy^{21} dʑy^{33}. | dy̩^{33} phər^{21} bər^{21} kho^{33} kho^{33} lɑ^{33} mə^{33} ȵi^{55} ȵi^{21}, bər^{21} kho^{33}
白 这里 有 海螺 白 号角 声 也 不 一样 号角

dʐʅ^{33} gə^{33} mu^{21} le^{33} kho^{33} ɯ^{33} thy̩^{55} me^{33} tʂhʅ^{33} dy^{21} dʑy^{33}. | zo^{33} ne^{21} zo^{33} lɑ^{33} mə^{33} ȵi^{55}
漂亮 的 吹 又 声 好 出 者 这里 有 男 与 男 也 不 一样

ȵi^{21}, zo^{33} dæ^{21} zo^{33} tshu^{21} tʂhʅ^{33} lo^{21} dʑy^{21}. tʂhər^{33} me^{33} tʂhər^{33} me^{33} mə^{33} ȵi^{55} ȵi^{21}, ɯ^{33} ne^{21}
男 能干 男 勤快 这里 有 媳妇 媳妇 不 一样 贤惠 与

zi^{33} gə^{33} tʂhər^{33} me^{33} tʂhʅ^{33} dy^{21} dʑy^{21}. phy̩^{33} sʅ^{55} tʂhər^{33} gə^{33} y^{21} lɑ^{33} tʂhʅ^{33} dy^{21} dɯ^{33} ly^{21}
美 的 媳妇 这里 有 祖先 三 代 的 祖先 么 这里 一 看

lu^{33}. | zo^{33} mi^{55} tʂhər^{33} me^{33} kɑ^{33} me^{33} ɯ^{33} me^{33} tʂhʅ^{33} dy^{21} lo^{21} nɯ^{33} thy̩^{33}、tʂhʅ^{33} dy^{21} lo^{21}
来 男 女 媳妇 好 者 能干 者 这里面 从 出 这里面

nɯ^{33} ʥy^{21}, | ə^{33} phy̩^{33} lu^{55} tʂhər^{33} dæ^{21} ne^{21} tshu^{21} zo^{33} ʥy^{21} me^{33} dɯ^{33} ly^{21} ne^{21} le^{33}
在 有 祖先 四 代 能干 和 勤快 者 有 的 一 看（助）又

lu^{33}. | huɑ^{21} mi^{55} zi^{33} me^{33} mə^{33} ȵi^{55} ȵi^{21}, | ky̩^{33} ly^{33} bɑ^{55} bɑ^{33} tshu^{55}、kho^{33} phi^{21} tshu^{21}
来 华神 女 美 者 不 一样 头 上 花朵 插 肩上 墨玉

nɑ^{55} hæ^{33} gə^{33} mi^{55} zi^{33} tʂhʅ^{33} dy^{21} ʥy^{21}, |
挂 的 女 美 这里 有

银刀金刀在这里；长矛与长矛不一样，戟叉与戟叉不一样，白铁长矛和锋利戟叉在这里；旗子与旗子不一样，白如云、美如花的胜利旗子在这里；海螺与海螺不一样，会吹出美妙声音的白海螺号角在这里；男儿与男儿不一样，能干和勤快的男子在这里；媳妇与媳妇不一样，贤惠美丽的媳妇在这里，这是个有孝顺儿女和贤惠媳妇的地方。请三代祖先来这里看一看。请四代祖先来这里看一看能干、勤快和漂亮的儿女、媳妇。华神的女子与华神的女子不一样，生育力旺盛的女子在这里，头插鲜花、肩挂墨玉串珠的美女在这里。

71-D-65-20

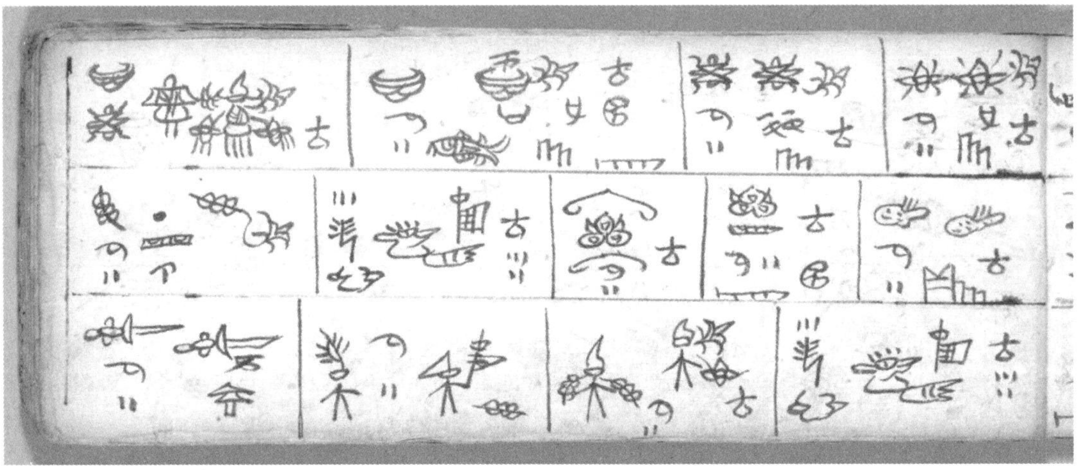

ŋy̩^{33} hæ^{21} ʥi^{33} zi^{33} mu^{21} 、ky̩^{33} ly^{33} bɑ^{55} bɑ^{33} tshu^{55}、kho^{33} phi^{21} o^{21} hər^{21} hæ^{33} gə^{33} mi^{55} zi^{33}
银 金 衣 漂亮 穿 头上 鲜花 插 肩上 绿松石 挂 的 女 美

tʂhʅ^{33} dy^{21} ʥy^{21}. | ŋy̩^{21} ne^{21} ŋy̩^{21} lɑ^{33} mə^{33} ȵi^{55} ȵi^{21}, ŋy̩^{21} kho^{33} dzʅ^{21} me^{33} zi^{33} me^{33} tʂhʅ^{33}
这里 有 银 和 银 也 不 一样 银 角 长 者 美 者 这里

dy^{21} ʥy^{33}. | hæ^{21} ne^{33} hæ^{21} lɑ^{33} mə^{33} ȵi^{55} ȵi^{21}, hæ^{21} miə^{21} dzʅ^{21} me^{33} zi^{33} me^{33} tʂhʅ^{33} dy^{21}
有 金 和 金 也 不 一样 金 眼 长 者 美 者 这里

ʥy^{33}. | o^{21} ne^{21} o^{21} lɑ^{33} mə^{33} ȵi^{55} ȵi^{21}, o^{21} bu^{33} zi^{55} zæ^{33} me^{33} lɑ^{33} tʂhʅ^{33} dy^{21} ʥy^{21}. tshu^{21}
有 松石 和 松石 也 不 一样 松石 闪亮发光 者 也 这里 有 墨玉

ne^{33} tshu^{21} lɑ^{33} mə^{33} ȵi^{55} ȵi^{21}, tshu^{21} nɑ^{55} zi^{33} zæ^{33} ɕə^{33} lo^{21} nɯ^{33} dɯ^{21} zi^{33} me^{33} tʂhʅ^{33} dy^{21}
和 墨玉 也 不 一样 墨玉 闪亮 珠宝 颗 大 美 者 这里

ʥy^{33}. | sʅ^{33} bʏ^{33} sʅ^{55} tʂhər^{33} y^{21} gɑ^{33} lɑ^{21} tʂhʅ^{33} uɑ^{21}, | mɯ^{33} ne^{21} mɯ^{33} lɑ^{33} mə^{33} ȵi^{55} ȵi^{21},
有 司补 三 代 祖先 胜神 所有 天 和 天 也 不 一样

mɯ^{33} ɯ^{33} tʂhʅ^{33} dy^{21} ʥy^{33}; dy^{21} ne^{21} dy^{21} lɑ^{33} mə^{33} ȵi^{55} ȵi^{21}, dy^{21} ɯ^{33} tʂhʅ^{33} dy^{21} ʥy^{33}; |
天 好 这里 有 地 和 地 也 不 一样 地 好 这里 有

dzʅ^{33} ne^{21} uə^{33} lɑ^{33} mə^{33} ȵi^{55} ȵi^{21}, dzʅ^{33} gʏ^{33} uə^{33} gʏ^{33} tʂhʅ^{33} dy^{21} ʥy^{33}; | gæ^{21} ne^{21} gæ^{21} lɑ^{33}
村 和 寨 也 不 一样 村 好寨 好 这里 有 刀 和 刀 也

mə^{33} ȵi^{55} ȵi^{21}, su^{33} phər^{21} gæ^{21} thɑ^{55} tʂhʅ^{33} dy^{21} ʥy^{33}; | ɕi^{33} ne^{21} ɕi^{33} lɑ^{33} mə^{33} ȵi^{55} ȵi^{21},
不 一样 铁 白 刀 利 这里 有 人 和 人 也 不 一样

ɕi^{33} dæ^{21} ɕi^{33} tshu^{21} tʂhʅ^{33} dy^{21} ʥy^{21}. | mi^{55} zi^{33} me^{33} lɑ^{33} mə^{33} ȵi^{55} ȵi^{21},o^{21} her^{21} mi^{55} zi^{33}
人 能干 人 勤快 这里 有 女 美 者 也 不 一样 绿松石 女 美

tʂhʅ^{33} dy^{21} ʥy^{21}. | sʅ^{33} bʏ^{33} sʅ^{55} tʂhər^{33} y^{21} gɑ^{33} lɑ^{21} tʂhʅ^{33} uɑ^{21},
这里 有 司补 三 代 祖先 胜神 所有

穿着金衣银衣、头上插着鲜花、肩上挂着松石的美女在这里。银子与银子不一样，长着双角的闪亮银子在这里；金子与金子不一样，长着眼睛的黄金在这里；松石与松石不一样，碧绿的松石在这里；墨玉与墨玉不一样，有颗大成串珠宝的墨玉在这里。请所有的三代祖先胜神来到这里。天与天不一样，好天在这里；地与地不一样，好地在这里；村寨与村寨不一样，好村好寨在这里；刀与刀不一样，锋利长刀在这里；人与人不一样，能干、勤快、漂亮的人在这里；女儿与女儿不一样，头插鲜花、肩挂墨玉松石的漂亮女儿在这里。所有的三代司补祖先胜神，

71-D-65-21

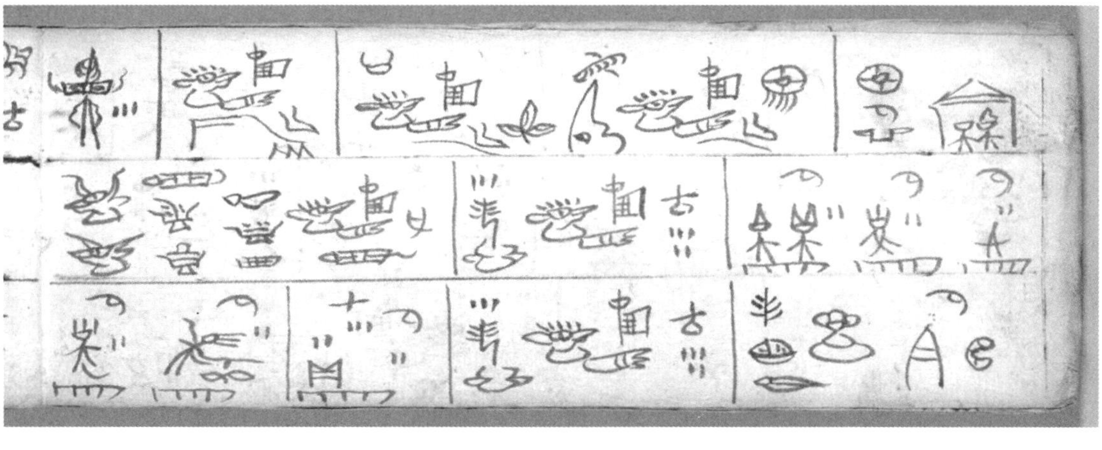

ɕy^{55}hər^{21} khɯ^{33} phər^{21} tɕi^{33} phər^{21} bɯ^{33}kɯ^{55} kɯ^{55} gə^{33} sʅ^{55} tər^{33} kʏ^{33} nɯ^{33}kæ^{33} le^{33} khʏ^{21}, |
翠柏 根 白 云 白 腰带 系 的 三 根 上 从 前 又 迎

y^{21} gɑ^{33} lɑ^{21} i^{33} suɑ^{21} nɯ^{33} mɯ^{21} ʨy^{21} dɯ^{33} zɑ^{21} lu^{33}, | kho^{33} nɯ^{33} ny̩^{55} ʨy^{21} dɯ^{33} zɑ^{21}
祖先 胜神 么 高 从 下方 一 降 来 远 从 近处 一 降

lu^{33}, dɑ^{21} nɯ^{33} bɑ^{21} ʨy^{21} dɯ^{33} zɑ^{21} lu^{33}. | bi^{33} thy̩^{33} mə^{55} tʂhʅ^{33}ȵi^{33}, i^{33} dɑ^{13} tʂhʅ^{33} dɯ^{33} ʥi^{13},
来 阴 从 阳处 一 降 来 太阳出来的这一天 主人 这 一 家

bər^{33} y^{21} ʐʅ^{33} hɑ^{33} tʂhər^{21} nɑ^{55} ɕy^{55} mɑ^{21} le^{55}khɑ^{33} nɯ^{33},y^{21} gɑ^{33}lɑ^{21} i^{33} le^{33} khy̩^{21} bɯ^{33} . |
牦牛 绵羊 酒 饭 肥肉 瘦肉 翠柏 酥油 酽茶 用 祖先 胜神 么 又 迎请 将要

sʅ^{33} by̩^{33} sʅ^{55} tʂher^{33} y^{21} gɑ^{33} lɑ^{21} tʂhʅ^{33} uɑ^{21}, | dy̩^{21} dy^{21} tse^{21} dy^{21} ɕy^{55} mə^{33} ȵi^{21}, mu^{33} dy^{21}
司补 三 代 祖先 胜神 所有 毒鬼 地 仄鬼 地 站 不 要 猛鬼 地

ɯ^{21} dy^{21} ɕy^{55} mə^{33} ȵi^{21}, tər^{21} dy^{21} lɑ^{33} dy^{21} ɕy^{55} mə^{33} ȵi^{21}, | bɯ^{21} dy^{21} tshə^{55} dy^{21} ɕy^{55}
恩鬼 地 站 不 要 呆鬼 地 佬鬼 地 站 不 要 苯鬼 地 凑鬼 地 站

mə^{33} ȵi^{21}, tshʅ^{33} dy^{21} iə^{21} dy^{21} ɕy^{55} mə^{33} ȵi^{21}, | ȵi^{33} uə^{33} tshe^{21} sʅ^{33} dy^{21} lɑ^{33} ɕy^{55} mə^{33}
不 要 楚鬼 地 尤鬼 地 站 不 要 尼坞 十 三 地 也 站 不

ȵi^{21}. | sʅ^{33} by̩^{33} sʅ^{55} tʂhər^{33} y^{21} gɑ^{33} lɑ^{21} tʂhʅ^{33} uɑ^{21}, | sʅ^{33} pɑ^{33} ʥi^{33} by̩^{33} the^{55} ȵi^{21} ʥy^{21} ȵə^{21}
要 司补 三 代 祖先 胜神 所有 司巴景补 那样 山上

bɯ^{33} mə^{33} ȵi^{21}, ʥy^{33} suɑ^{21} dzər^{21} i^{33} ko^{33} py̩^{55} ky̩^{55};
去 不要 山 高 匪 么 碰到 会

用三根系着白云腰带的柏树把祖先迎到这里，请祖先从高处降到低处，从远处降到近处，从阴坡降到阳坡。太阳出来的这一天，主人这一家，献上牦牛、绵羊、酒饭、肥肉、瘦肉、酽茶等迎请祖先胜神。请所有的三代祖先胜神，不要留在毒鬼、仄鬼的地方，不要留在猛鬼、恩鬼的地方，不要留在呆鬼、佬鬼的地方，不要留在苯鬼、凑鬼的地方，不要留在楚鬼、尤鬼的地方，不要留在十三个尼坞地狱里。所有的司补三代祖先们，不要像司巴景补那样到山上游荡，高山上会碰到土匪；

71-D-65-22

sɿ³³ pɑ³³ ʥi³³ mu³³ the⁵⁵ ȵi²¹ lo²¹ ȵə²¹ bɯ³³ mə³³ ȵi²¹, o²¹ lɑ³³ lo²¹ ho⁵⁵ dʐʅ³³ i³³ ko³³ pʏ̩⁵⁵
司巴景姆 那样 谷 里去 不要 灵魂么 谷 深 强盗么 碰到

kʏ̩⁵⁵. | y²¹ gɑ³³ lɑ²¹ i³³ dʏ̩²¹ tshɿ²¹ dy²¹ ȵə²¹ the²¹ ɕy⁵⁵ bɯ³³ mə³³ ȵi²¹, | tse²¹ tshɿ²¹ dy²¹
会 祖先 胜神 么 毒鬼 地方 站立 去 不 要 仄鬼 地方

ȵə²¹ khə ³³ ʥə²¹ bɯ³³ mə³³ ȵi²¹, le⁵⁵ tɕhi³³ sɿ³³ phʏ̩³³ dy²¹ ȵə²¹ sɿ²¹ to⁵⁵ bæ²¹ lɑ⁵⁵ bɯ³³ mə³³
游荡 去 不要 楞启斯普 地方 骰子 掷 打牌 去 不要

ȵi²¹, | nɯ³³ kɯ²¹ lɑ³³ uɑ²¹ the⁵⁵ ȵi²¹ be³³, o²¹ he³³ ɕi³³ gə³³ khu³³ tho²¹ khu³³ kæ³³ the²¹
尼庚拉瓦 那样 地 灵魂 别人 的 门 背 门 前 （助）

ku⁵⁵ the²¹ tɕhi³³ bɯ³³ mə³³ ȵi²¹. | sɑ³³ lɑ²¹ gʏ̩³³ bu²¹ the⁵⁵ ȵi²¹ ʂɿ³³ dy²¹ bɯ³³ mə³³ ȵi²¹,
伫立 (助) 守 去 不要 莎劳恭补 那样 死 地 去 不要

tshɿ²¹ nɯ³³ ʂər²¹ bə⁵⁵ bɯ³³ i³³ kʏ̩⁵⁵; | sɿ³³ sy²¹ thʏ̩³³ lər²¹ the⁵⁵ ȵi²¹ o²¹ he³³ zɿ²¹ dy²¹ bɯ³³
鬼 被 牵着 去 么 会 司许土朗 那样 灵魂 仇 地 去

mə³³ ȵi²¹. | sɿ³³ bʏ̩³³ sɿ⁵⁵ tʂhər³³ y²¹ gɑ³³ lɑ²¹ tʂhʅ³³ uɑ²¹, | ɕy⁵⁵ her²¹ khɯ³³ phər²¹ tɕi³³
不 要 司补 三 代 祖先 胜神 所有 翠柏 根 白 云

phər²¹ bɯ³³ kɯ⁵⁵ kɯ⁵⁵ me³³ sɿ³³ dzər²¹ dzɿ²¹ dy²¹ gə²¹ le³³ tɕhi³³, | ȵi³³ me³³ bu³³ dɯ²¹ lʏ̩⁵⁵
白 腰带 系 者 三 棵 长 地 上 又 送 太阳 光芒四射

lɑ³³ dy²¹ ȵə²¹ gə²¹ le³³ tɕhi³³ bɯ³³ me³³, | he³³ me³³ dze³³ dɯ²¹ zi⁵⁵ zæ³³ dy²¹ i³³ gə²¹ le³³
地方 上 又 送 去 么 月亮 皎洁 发光 地方 上 又

tɕhi³³ lu³³ me⁵⁵. | sɿ³³ bʏ̩³³ sɿ⁵⁵ tʂhər³³ y²¹ gɑ³³ lɑ²¹, | i³³ dɑ²¹ tʂhʅ³³ dɯ³³ ʥi¹³, bi³³ thʏ̩³³
送 来 吧 司补 三 代 祖先 胜神 主人 这 一 家 太阳出天

mə⁵⁵ tʂhʅ³³ ȵi³³, hæ³³ ʂɿ²¹ dze³³ mɑ²¹ tse⁵⁵ le³³ bæ³³ mi³³ tʂʅ⁵⁵,
来的一天 金 黄 火镰 打火 又 灯火 点

不要像司巴景姆那样到箐谷里穿行，深谷里会遇到强盗。祖先胜神们不要站立在毒鬼所在的地方，不要游荡在仄鬼所在的地方，不要到楞启斯普所在的地方玩牌掷骰子，不要像尼庚拉瓦那样站在别人家的门前门后，不要像莎劳恭补那样去往死地，那里的鬼会把你牵走。不要像司许土朗那样去往仇人居住的地方。要把三代司补祖先送到长着三棵用白云作腰带的翠柏树的地方，送到太阳光芒四射、月亮皎洁发亮的地方。太阳出来的这一天，主人这一家的好男好女们打击火镰点燃灯火，

71-D-65-23

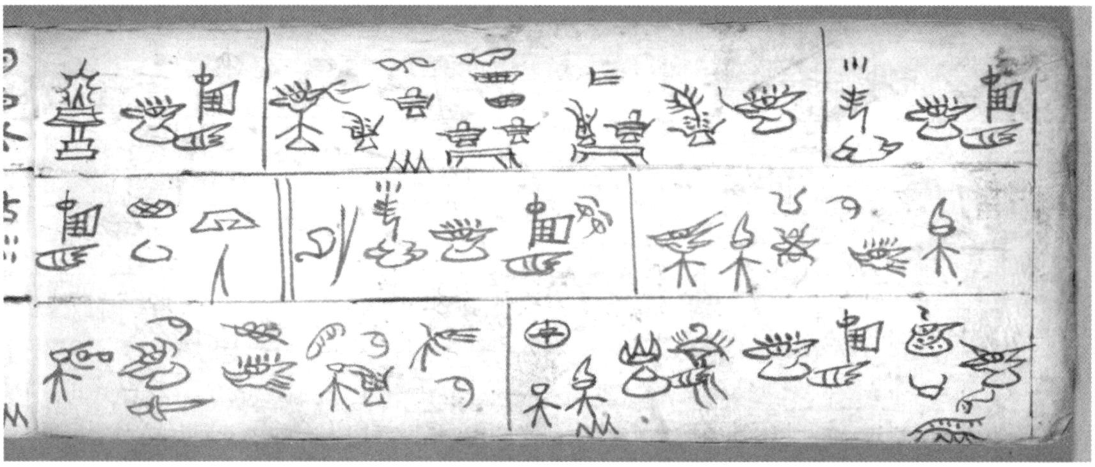

y^{21} ɡɑ^{33} lɑ^{21} i^{33} hæ^{33} ʂʅ^{21} bæ^{33} mi^{33} kv̩^{33} nɯ^{33} ɡə^{21} le^{33} tɕhi^{33}. | ə^{33} i^{33} mi^{33} dʐʅ^{33} tʂhʅ^{33}huɑ^{33}

祖先 胜神 么 金 黄 灯火 上 从 上 又 送 现在 火 燃 熊熊

huɑ^{33} be^{33} tʂʅ^{55} iə^{55} bə^{21}, y^{21} lɑ^{33} khɯ^{33} tɕhi^{55} khɯ^{33} ʥər^{55}、lɑ^{21} tɕhi^{55} lɑ^{21} tɑ^{21} lu^{33}, pv̩^{21}

地 点 给予 祖先 么 脚 冷 脚 烤 手 冷 手 烤来是 渴

me^{33} ʐʅ^{33} sɑ^{55} iə^{55}, ʐu^{21} me^{33} hɑ^{33} sɑ^{55} iə^{55} , tʂhər^{21} nɑ^{55} ɕy^{55} mɑ^{21} le^{33} iə^{55} , tshʅ^{33} ɡə^{33}

者 祭酒 给予 饿 者 祭饭 给予 肥肉 瘦肉 翠柏 酥油 又 给予 冬天 的

ɕi^{33} phər^{21} le^{33} iə^{55} bə^{21}, y^{21} lɑ^{33} thɯ^{21} me^{33} ko^{21} dzʅ^{33} me^{33} ɡɯ^{33} be^{33} dɯ^{33} dzʅ^{33} lu^{33}. |

稻 白 又 给予 祖先 么 喝 么 醉 吃 么 饱 地 一 吃 来

sʅ^{33} bv̩^{33} sʅ^{55} tʂhər^{33} y^{21} ɡɑ^{33} lɑ^{21}, | khə^{33} phv̩^{33} ɡə^{21} le^{33} tɕhi^{33}. ‖ sʅ^{33} bv̩^{33} sʅ^{55} tʂhər^{33} y^{21}

司补 三 代 祖先 胜神 隆重 上 又 送 司补 三 代 祖先

ɡɑ^{33} lɑ^{21}, tʂhʅ^{33} dy^{21} lo^{21} i^{33} le^{33} ly^{21} lu^{33}, | dzʅ^{21} tɕhi^{33} bu^{21} hæ^{21} phv̩^{33} lɑ^{33} le^{33} dzuɑ^{33}

胜神 这 地方 么 又 看 来 夫 卖 妻 买 价 么 又 争执

dzuɑ^{21} mə^{33} nɯ^{21}, | mə^{33} dzʅ^{33} khɯ^{33} kho^{55}、mə^{33} thɯ^{21} bu^{21} kho^{55} lɑ^{33} mə^{33} nɯ^{21}, dv̩^{21}

不 在 不 吃 狗 杀 不 喝 猪 宰 也 不 在 毒

dzʅ^{33} dɑ^{21} dzʅ^{33} ʂʅ^{33} me^{33} be^{33} mə^{33} nɯ^{21}. ‖ bi^{33} thv̩^{33} mə^{55} tʂhʅ^{33} ȵi^{33}, zo^{33} ɯ^{33} mi^{55} ɯ^{33}

吃 巨毒 吃 死 者 做 不 在 太阳 出 来 一 天 男 好 女 好

nɯ^{33}, lɯ^{55} kv̩^{33} py^{33} bv̩^{21} dy^{55}, hæ^{33} ʂʅ^{21} tsər^{33} lər^{21} do^{55} ɡə^{33} kho^{33}, y^{21} ɡɑ^{33} lɑ^{21} i^{33} sʅ^{55}

由 祭司 请 金 黄 板铃 摇 的 声 祖先 胜神 么 活人

ɡə^{33} y^{21} mu^{33} nɯ^{21} phər^{21} kv̩^{33} nɯ^{33} ɡə^{21} le^{33} tsʅ^{33}.

的 绵羊 牲畜 白 上 从 上 又 接

在金黄灯火上迎接祖先胜神。燃起熊熊大火，给祖先脚冷者烤脚、手冷者烤手。献上酒饭、肥肉、瘦肉、翠柏、酥油和冬天产出的稻谷，请祖先喝得大醉、吃得大饱，隆重地把三代司补祖先送上去。三代司补祖先来这里看看，并不在争执买妻卖妻的价钱，没有不吃狗肉而杀狗，没有不喝猪血而宰猪，也没有吃毒寻死者，这里是在迎接祖先。太阳出来的这一天，好男好女请祭司摇起金黄色的板铃，用金黄色的板铃声迎接祖先，主人献上肥壮的绵羊等白牲畜，迎接祖先胜神。

71-D-65-24

y^{21} gɑ^{33} lɑ^{21} gu^{21} tshər^{33} khuɑ^{21} tʂhʅ^{33} uɑ^{21} i^{33} ȵi^{33} uə^{33} tshe^{21} sʅ^{55} dy^{21} nɯ^{33} mu^{21} le^{33} phi^{55}.
祖先 胜者 病痛 坏 所有 么 尼坞 十 三 地 从 下 又 丢

mə^{33} kɑ^{33} khuɑ^{21} me^{33} tʂhʅ^{33} uɑ^{21} mɯ^{21} le^{33} phi^{55}. ‖ lɯ^{55} kv̩^{33} py^{33} bv̩^{21} nɯ^{33}, tɕi^{33} phər^{21}
不 好 坏者 所有 下 又 丢 祭司 由 云 白

bɯ^{33} kɯ^{55} kɯ^{55} gə^{33} ɕy^{55} khɯ^{33} phər^{21} me^{33} sʅ^{33} dzər^{21} y^{21} phər^{21} thɯ^{55} tɕər^{21} tɕi^{55}, kuɑ^{55}
腰带 系 的 柏 根 白 者 三 棵 绵羊 白 背 上 放 神粮

phər^{21} kæ^{33} le^{33} tɕi^{33}, phər^{21} sæ^{21} gɑ^{33} u^{21} o^{55} he^{21} dzi^{33} me^{33} gu^{33} lu^{21} kɑ^{33} le^{21} dɯ^{33} thy^{55}
白 前 又 放 盘神 禅神 嘎神吾神沃神恒神 献上 保佑 庇荫 一 给予

iə^{55}. | sʅ^{33} bv̩^{33} sʅ^{55} tʂhər^{33} y^{21} gɑ^{33} lɑ^{21} tʂhʅ^{33}lɑ^{21}, y^{21} phər^{21} me^{33} nɯ^{33} to^{33} dɑ^{55} sɑ^{21} dɑ^{55}
司补 三 代 祖先 胜神 这些 绵羊 白 者 由 朵道 刹道

sʅ^{21} ne^{21} ȵi^{21} tɕy^{21} phɑ^{33} i^{33} gə^{21} le^{33} tsʅ^{33} bə^{55} bɯ^{33}. ʂu^{33} phər^{21} y^{21} phər^{21}, ʂu^{33} phər^{21} dʑy^{21}
署 和 尼 那儿 么 上 又 接 将要 铁 白 绵羊 白 铁 白 山

ne^{21} lo^{21} ko^{55} thy̩^{33},thɯ^{33} lo^{21} gə^{21} le^{33} dzʅ^{33},mɯ^{33} ne^{21} dy^{21} gə^{33} y^{21} gɑ^{33} lɑ^{21} tʂhʅ^{33} uɑ^{21} me^{33}
和 谷 里 到 那里 上 又 坐 天 和 地 的 祖先 胜神 所有 么

i^{33} gə^{21} le^{33} tsʅ^{33}; dy̩^{33} phər^{21} y^{21} phər^{21} tʂhʅ^{33}dɯ^{33} phu^{55},dy̩^{33} phər^{21} dʑy^{21} ne^{21} lo^{21} ko^{55} thy̩^{33}
上 又 接 海螺 白 绵羊 白 这 一 只 海螺 白 山 和 谷 里 到

le^{33} dzʅ^{21}, mɯ^{33} ne^{21} dy^{21} gə^{33} gɑ^{33} lɑ^{21} gə^{21} le^{33} tsʅ^{33};
又 住 天 和 地 的 胜神 上 又 接

把祖先胜神的所有病痛凶灾丢到十三个尼坞地狱里，把所有的邪恶和不吉丢下去。祭司把三棵白云作腰带的翠柏驮在白绵羊上，再向盘神、禅神、嘎神、吾神、沃神、恒神敬上神粮，请神灵们保佑庇荫主人家。白绵羊要到朵道、刹道、署和尼所在的地方，把三代司补祖先胜神接到那儿。白铁似的绵羊去到白铁似的山谷里住下来，把天地间的所有祖先胜神接到那儿；

71-D-65-25

tshu^{21} nɑ^{55} y^{21} tʂhʅ^{33} phu^{55},tshu^{21} nɑ^{55}dʑy^{21} ne^{21} lo^{21} ko^{55} thy̩^{33} le^{33} dzʅ^{21},mɯ^{33} ne^{21} dy^{21} gə^{33}
墨玉 绵羊 这 只 墨玉 山 和 谷 里 到 又 住 天 和 地 的

gɑ^{33} lɑ^{21} gə^{21} le^{33} tsʅ^{33}; | ŋy̩^{33} phər^{21} y^{21} phər^{21} tʂhʅ^{33} dɯ^{33} phu^{55},ŋy̩^{33} phər^{21} dʑy^{21} ne^{21} lo^{21}
胜神 上 又 接 银 白 绵羊 白 这 一 只 银 白 山 和 谷

ko^{55} thy̩^{33} le^{33} dzʅ^{21},mɯ^{33} ne^{21} dy^{21} gə^{33} gɑ^{33} lɑ^{21} gə^{21} le^{33} tsʅ^{33}; | hæ^{33} ʂʅ^{21} y^{21} phər^{21} tʂhʅ^{33}
里 到 又 住 天 和 地 的 胜神 上 又 接 金 黄 绵羊 白 这

dɯ^{33} phu^{55}, hæ^{33} ʂʅ^{21} dʑy^{21} ne^{21} lo^{21} ko^{55} thy̩^{33} le^{33} dzʅ^{21}, mɯ^{33} ne^{21} dy^{21} gə^{33} gɑ^{33} lɑ^{21} gə^{21}
一 只 金 黄 山 和 谷 里 到 又 住 天 和 地 的 胜神 上

le^{33} tsʅ^{33}; | ɯ^{33} hɯ^{21} nɯ^{21} tʂhʅ^{33} phu^{55}, ɯ^{33} me^{33} dʑy^{21} ne^{21} lo^{21} ko^{55} thy̩^{33} le^{33} dzʅ^{21}, mɯ^{33}
又 接 肥壮 牲畜 这 只 好 的 山 和 谷 里 到 又 住 天

ne^{21} dy^{21} gə^{33} gɑ^{33} lɑ^{21} gə^{21} le^{33} tsʅ^{33}. y^{21} gɑ^{33} lɑ^{21} i^{33} gə^{21} le^{33} tsʅ^{33} bə^{55} hæ^{21} ly^{33} pɑ^{55} lo^{21}
和 地 的 胜神 上 又 接 祖先 胜神 么 上 又 接 到 金锞 盆 里

khɯ^{55} me^{33} dy^{21} le^{33} thy̩^{33}, dy̩^{33} phər^{21} dʑy^{21} ko^{33} lo^{21} le^{33} thy̩^{33}. | zu^{21} mɯ^{33} zu^{21} sʅ^{55} he^{33},
装 的 地 又 到 海螺 白 山 上 又 到 夏天 三 月

o^{21} hər^{21} dʑy^{21} ko^{21} lo^{21} le^{33} thy̩^{33}, | tshɿ^{55} mɯ^{33} tshɿ^{55} sɿ^{55} he^{33}, ko^{21} do^{33} bi^{33} dzɿ^{21} pɑ^{55} le^{33}
绿松石 山 上 又 到 秋天 三 月 深山 爬 丛林 长 处 又

thy̩^{33}, |
到

墨玉绵羊要到墨玉山谷里住下来，把天地间的祖先胜神接到那儿；白银绵羊去到白银山谷里住下来，把天地间的祖先胜神接到那儿；黄金绵羊去到黄金山谷里住下来，把天地间的祖先胜神接到那儿；肥壮的白绵羊牲畜去到好山好谷里住下来，把天地间的祖先胜神接到那儿。把祖先胜神接到盆里装满金的地方，到白海螺高山上。夏天三个月祖先胜神到绿松石高山上，秋天三个月祖先胜神到长满树木的深山里，

71-D-65-26

tshɿ^{33} mɯ^{33} tshɿ^{33} sɿ^{55} he^{33}, ɕy^{55} hər^{21} tɕi^{33} phər^{21} bɯ^{33} kɯ^{55} kɯ^{55} me^{33} dy^{21} i^{33} gə^{21} le^{33}
冬天 三 月 翠柏 云 白 腰带 系 的 地方 上 又

thy̩^{33}; | ȵə^{21} mɯ^{33}ȵə^{21}sɿ^{55} he^{33},ɯ^{33}hɯ^{21}dzɿ^{33} me^{33} ɯ^{55}ɯ^{33} sɑ^{21}ȵə^{21} thy̩^{33}, | gɑ^{33} lɑ^{21} tʂhʅ^{33}
到 春天 三 月 肥羊 增长 遍地 布满 到 胜神 所有

uɑ^{21} ɕy^{55} hər^{21} thɯ^{55} ȵə^{21} tɕi^{55} gə^{33} y^{21} phər^{21} tɕy^{21} le^{33} ly^{21} ,by̩^{33} be^{33} ɯ^{55} ɯ^{33} gɯ^{33} gɯ^{21}
翠柏 腰 间 驮 的 绵羊 白 朝 了 看 成群 围绕 成为

gə^{21} ly^{21} he^{21} tɑ^{55} sɿ^{55},mu^{21} tɕy^{21} tshɿ^{21} tɑ^{55} sɿ^{55}, hu^{21} kho^{33} sɿ^{21} tɑ^{55} sɿ^{55},ȵi^{55} i^{33} ly^{55} gy̩^{33} be^{33}
上方 神 对话 下方 鬼 对话 半夜 署 对话 白天 中间

tshɿ^{21} zɿ^{33} tɕər^{21} le^{33} tɑ^{55} sɿ^{55}. | bi^{33}thy̩^{33} mə^{55} tʂhʅ^{33} ȵi^{33},i^{33} dɑ^{13} tʂhʅ^{33} dʑi^{21} i^{33},lɯ^{55} ky̩^{33} py^{33}
人类 上 又 对话 太阳出来这天 主人家 祭司 东巴

by̩^{21}dy^{55},hæ^{33} ʂʅ^{21} tsər^{33} lər^{21} do^{55},o^{21} hər^{21} dɑ^{33} khə^{21} lɑ^{55}, dy̩^{33} phər^{21} bər^{21} kho^{33} mu^{21}, sɿ^{33}
请 金 黄 板铃 摇 绿松石 大鼓 击 海螺 白 号角 吹 毡子

phər^{21} zʅ^{21} lṿ^{33} tɯ^{21}, ŋṿ^{33} hæ^{21} o^{33} tshu^{21}、| bər^{33} phər^{21} y^{21} phər^{21} nɯ^{33},
白 神坛 设 银 金 松石 墨玉 牦牛 白 绵羊 白 用

冬天三个月，祖先胜神到了白云作腰带的翠柏常青的地方；春天三个月，祖先胜神到了遍地是肥羊的草地上。请所有的祖先胜神聚集围绕在神的白绵羊旁边。供在上方的这只白绵羊，能与上方的神灵对话，能与下方的众鬼对话。半夜能与署灵对话，白天能与中间的人类对话。太阳出来的这一天，主人家请祭司摇起金黄色的板铃，擂起绿松石的大鼓，吹起白海螺的号角，铺上白羊毛毡子设神坛，献上金银松石墨玉，用白牦牛和白绵羊向神烧天香，

71-D-65-27

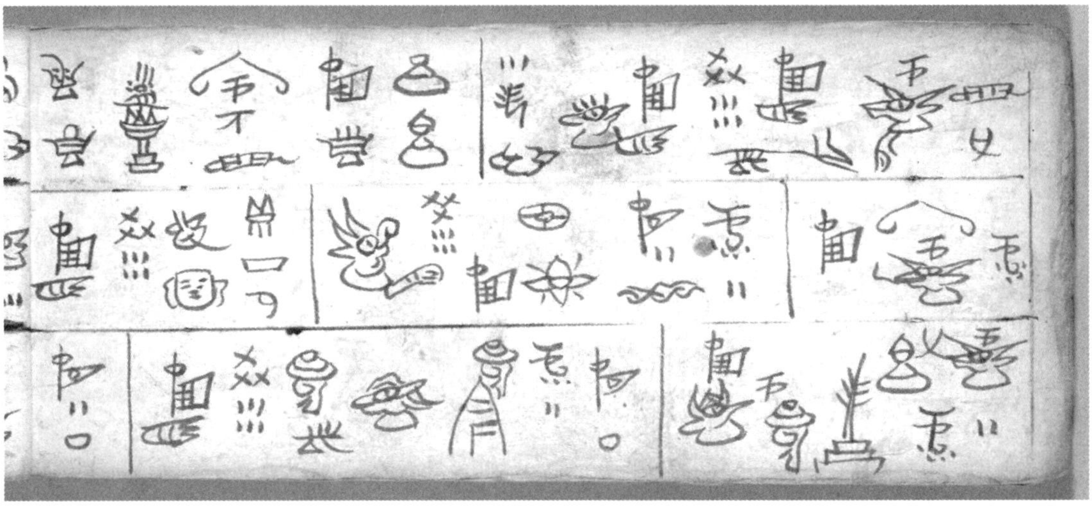

zʅ^{33} hɑ^{33} tshu^{55} pɑ^{33} dʑi^{55} me^{33} mɯ^{33} kṿ^{33} phər^{21} ne^{21} sæ^{21} le^{33} khṿ^{21}、gɑ^{33} ne^{21} u^{21} le^{33}
酒 饭 天香 烧 么 天 上 盘神 和 禅神 又 请 嘎神 和 吾神又

khṿ^{21}、o^{55} ne^{21} he^{21} le^{33} khṿ^{21}. | sɿ^{33} bṿ^{33} sɿ^{55} tʂhər^{33} y^{21} gɑ^{33} lɑ^{21}、gɑ^{33} lɑ^{21} sɿ^{21} ɕi^{33} tʂhuɑ^{55}
请 沃神 和 恒神又 请 司补 三 代 祖先 胜神 胜神 三 百 六

tshər^{21} tʂhʅ^{33},so^{33} be^{33} gə^{21} nɯ^{33} mu^{21} i^{33} zɑ^{21} iə^{55} me^{33},y^{21} phər^{21} me^{33}nɯ^{33} le^{33} khṿ^{21} bɯ^{33}.
十 这些 全部 上 从 下方 降 给予 绵羊 白 者 由 又 请 要

gɑ^{33} lɑ^{21} sɿ^{21} ɕi^{33} tʂhuɑ^{55} tshər^{21} nɯ^{33} phɑ^{33} kṿ^{33} to^{21} mə^{33} ȵi^{21}. | gɑ^{33} lɑ^{21} sɿ^{21} ɕi^{33} tshuɑ^{55}
胜神 三 百 六 十 由 脸 头 相背 不 能 胜神 三 百 六

tshər^{21} i^{33}, o^{21} hər^{21} mɯ^{33} dzər^{21} tɕi^{21} tsu^{55} thṿ^{33} me^{33} the^{55} ȵi^{21} gṿ^{33}, | mɯ^{33} bṿ^{21} gɑ^{33} lɑ^{21}
十 么 绿松石 青龙 云 间 到 以 那样 成 天 下 胜神

y^{21} phər^{21} no^{33} le^{33} kho^{33} thṿ^{55} tshɿ^{21}； | gɑ^{33} lɑ^{21} sɿ^{21} ɕi^{33} tshuɑ^{55} tshər^{21} i^{33}, dṿ^{33} phər^{21}
绵羊 白 知道后 声 发出 胜神 三 百 六 十 么 海螺 白

si^{33} gɯ^{33} dṿ^{33} phər^{21} dʑy^{21} ʂuɑ^{21} thṿ^{33} me^{33} the^{55} ȵi^{21} gṿ^{33}, y^{21} phər^{21} le^{33} no^{33} se^{21}； | gɑ^{33}
狮子 海螺 白 山 高 到 么 那样 成 绵羊 白 又 知道 了 胜神

la^{21} me^{33} i^{33} dv̩^{33} phər^{21} ɕə^{55} tɕhy^{21} hæ^{21} i^{33} ba^{33} da^{21} dzər^{21} ko^{55} thv̩^{33} me^{33} the^{55} ȵi^{21} gv̩^{33},
者 么 海螺 白 大鹏 含依巴达树 上 到 么 那样 成

y^{21} phər^{21} le^{33} no^{33} se^{21}, he^{21} ne^{21} y^{21} phər^{21} le^{33} ta^{55} ko^{33} me^{33}
绵羊 白 又 知道 了 神 和 绵羊 白 又 对话 么

用酒、饭迎请盘神、禅神、嘎神、吾神、沃神、恒神。用神的白绵羊迎请所有的神灵，请三百六十个三代司补祖先从高处降下来。请三百六十个祖先胜神和白绵羊的头脸不要相背。三百六十个胜神降到神坛，就像绿松石青龙冲入云际，胜神的白绵羊知道祖先胜神降下来；白绵羊向天发出叫声，像白海螺狮子跳到白海螺高山上，白绵羊知道祖先胜神降下来；像白海螺大鹏飞到含依巴达神树上，胜神与白绵羊可以在一起对话。

71-D-65-28

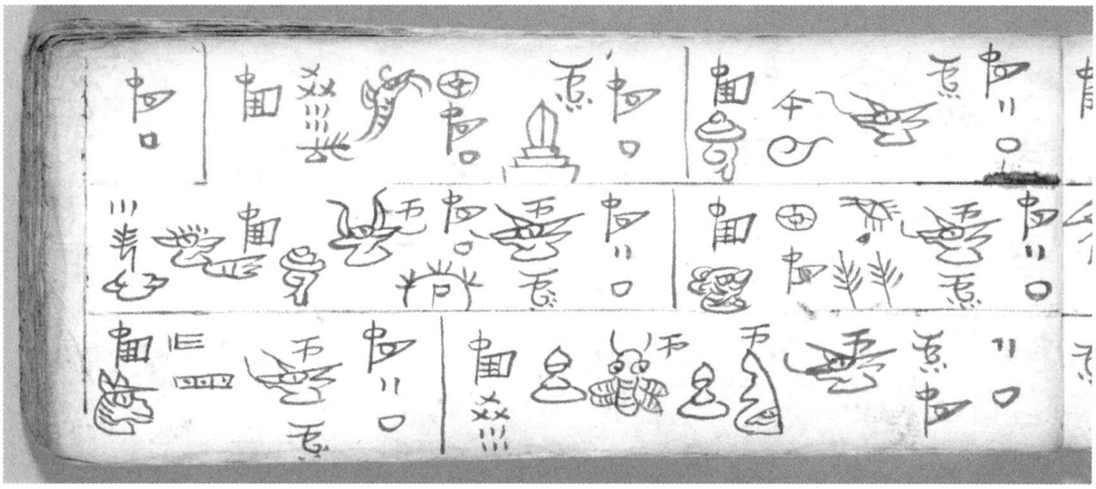

the^{55} ȵi^{21} gv̩^{33}. | ga^{33} la^{21} sɿ^{21} ɕi^{33} tshua^{55} tshər^{21} i^{33},so^{33} gə^{33} lv̩^{21} dʑə^{33} dʑy^{21} na^{55} zo^{55} lo^{33}
那样 成 胜神 三 百 六 十 么 所有 飞蟒 居那若罗

kv̩^{33} i^{33} thv̩^{33} me^{33} the^{55} ȵi^{21} gv̩^{33}, y^{21} phər^{21} le^{33} no^{33} se^{21}; | dv̩^{33} phər^{21} ga^{33} la^{21} mɯ^{33}
上 么 到 么 那样 成 绵羊 白 又 知道 了 白海螺 胜神

lɯ^{55} da^{33} dʑi^{21} hɯ^{55} lo^{21} thv̩^{33} me^{33} the^{55} ȵi^{21} gv̩^{33}; y^{21} phər^{21} le^{33} no^{33} se^{21}; | sɿ^{33} bv̩^{33}
美利达吉海 里 到 么 那样 成 绵羊 白 又 知道 了 司补

sɿ^{55} tʂhər^{33} y^{21} ga^{33} la^{21},dv̩^{33} phər^{21} bər^{21} phər^{21} ko^{21} kv̩^{33} le^{33} thv̩^{33} the^{55} ȵi^{21} gv̩^{33},y^{21} phər^{21}
三 代 祖先 胜神 海螺 白 牦牛 白 深山 又 到 那样 成 绵羊 白

le^{33} no^{33} se^{21}; | ga^{33} gə^{33} la^{33} ɕy^{21} lɯ^{55} na^{21} bi^{33} lo^{21} thv̩^{33} me^{33} the^{55} ȵi^{21} gv̩^{33}, y^{21} phər^{21}
又 知道 了 胜 的 虎 红 茂密 丛林 到 么 那样 成 绵羊 白

le^{33} no^{33} se^{21}; | ga^{33} gə^{33} ʐua^{33} tshu^{21} sa^{21} bə^{55} dʐɿ^{33} lv̩^{55} gv̩^{33} le^{33} thv̩^{33} the^{55} ȵi^{21} gv̩^{33},
又 知道 了 胜 的 马 快 跑到 坝子 又 到 那样 成

y^{21} phər^{21} le^{33} no^{33} se^{21}；| gɑ^{33} lɑ^{21} phy̩^{33} lɑ^{21} sɿ^{21} ɕi^{33} tʂhuɑ^{55} tshər^{21} me^{33}、bæ^{33} zi^{33} æ^{21}
绵羊 白 又 知道 了 胜神 神灵 三 百 六 十 么 蜜蜂 漂亮 岩

ko^{55} le^{33} thy̩^{33} the^{55} n̥i^{21} gy̩^{33},y^{21} phər^{21} le^{33} no^{33} se^{21}. |
间 又 到 那样 成 绵羊 白 又 知道 了

三百六十个胜神像飞蟒到了居那若罗山那样，白绵羊知道胜神来到了；像白海螺胜神飞到美利达吉海那样，白绵羊知道胜神来到了；像白海螺色牦牛进入深山密林那样，白绵羊知道三代司补祖先来到了；像红虎跳进高山丛林里那样，白绵羊知道胜神来到了；像骏马跑到坝子里那样，白绵羊知道胜神来到了；像美丽的蜜蜂飞到高岩上那样，白绵羊知道胜神来到了；

71-D-65-29

gɑ^{33} gə^{33} o^{21} hər^{21} py^{21} zi^{33} æ^{21} gy̩^{33} bi^{33} lo^{21} le^{33} thy̩^{33} the^{55} n̥i^{21} gy̩^{33}, y^{21} phər^{21} le^{33} no^{33}
胜 的 绿松石 刺猬 岩 上 丛 里 又 到 那样 成 绵羊 白 又 知道

se^{21}. | gɑ^{33} lɑ^{21} mɯ^{33} by̩^{21} n̥i^{33} me^{33} bu^{33} dɯ^{21} lu^{55} lɑ^{33} he^{33} me^{33} dze^{33} dɯ^{21} zi^{55} zæ^{33} dy^{21}
了 胜神 天 下 太阳 光芒四射 月亮 皎洁光明 地

le^{33} thy̩^{33}, tɕi^{33} phər^{21} hər^{33} phər^{21} gə^{33} dy^{21} me^{33} thy̩^{33} le^{33} the^{55} n̥i^{21} gy̩^{33}, y^{21} phər^{21} le^{33}
又 到 云 白 风 白 的 地方 到 又 那样 成 绵羊 白 又

no^{33} se^{21}； | dæ^{21} le^{33} tshu^{21}me^{33} pɑ^{33} u^{33} iə^{33} mɑ^{2} mi^{33} ɕy^{21} tshy^{55} ɕy^{21}uə^{33} ko^{33} lo^{21} i^{33} le^{33}
知道 了 能干 又 勇敢 的 巴乌 优麻 火 红 火苗 红 村寨 里 么 又

thy̩^{33} the^{55} n̥i^{21} gy̩^{33}, y^{21} phər^{21} le^{33} no^{33} se^{21}. | gɑ^{33} lɑ^{21} sɿ^{21} ɕi^{33} tshuɑ^{55} tshər^{21} kæ^{33}, sɿ^{33}
到 那样 成 绵羊 白 又 知道 了 胜神 三 百 六 十 前 毡子

phər^{21}zɻ^{21} ly^{33} tɯ^{21}, se^{55}se^{33} bi^{33}uə^{21} be^{33}, ŋy^{33} hæ^{21}ty^{33} ty^{21} kɯ^{33} kɯ^{21} tɕi^{33} me^{33} the^{55} n̥i^{21}
白 神坛 设 装着供品的盘子 银 金 千 千 万 万 放 么 那样

gv̩^{33}, y^{21} phər^{21} le^{33} no^{33} se^{21}; gɑ^{33} gə^{33} ly̩^{55} i^{33} dʑi^{33} bv̩^{33} mɯ^{33} lɯ^{55} dɑ^{33} dʑi^{21} hɯ^{55}
成 绵羊 白 又 知道 了 胜 的 律依景补 美利达吉海

lo^{21} le^{33} thv̩^{33} the^{55} ȵi^{33} gv̩^{33}, y^{21} phər^{21} le^{33} no^{33} se^{21}. | sɿ^{33} bv̩^{33} y^{21} gɑ^{33} lɑ^{21},
里 又 到 那样 成 绵羊 白 又 知道 了 司补 祖先 胜神

胜神们像绿松石刺猬到了岩石树林里那样，白绵羊知道了；胜神们像到了太阳光芒四射、月亮皎洁光明的地方那样，像到了白云白风里那样，白绵羊知道了；像勇敢能干的巴乌优麻回到火苗四射的村子里那样，白绵羊知道了。设三百六十个胜神的神坛，献上装着供品的盘子，献上千千万万的金银，白绵羊知道了；像胜者律依景补进入美利达吉海那样，白绵羊知道了。三代司补祖先胜神们，

71-D-65-30

gɑ^{33} lɑ^{21} sɿ^{21} ɕi^{33} tshuɑ^{55} tshər^{21} ȵi^{33}me^{33} bu^{33} dɯ^{21} ly̩^{55} lɑ^{33}, he^{33} me^{33} dze^{33} dɯ^{21} zi^{55} zæ^{33}
胜神 三 百 六 十 太阳 光芒四射 月亮 皎洁光明

dy^{21} le^{33} thv̩^{33}, gɑ^{33} lɑ^{21} y^{21} phər^{21} ȵi^{33} kv̩^{55} le^{33} do^{33} do^{21}. sɿ^{33} phv̩^{33} y^{21} gɑ^{33} lɑ^{21} sɿ^{21}
地方 又 到 胜神 绵羊 白 两 个 又 见面 司补 祖先 胜神 三

ɕi^{33} tshuɑ^{55} tshər^{21}khə^{33} phv̩^{33} gə^{21} le^{33} tɕhi^{33} be^{33} se^{21}, | i^{33} dɑ^{13} tɕər^{21} ȵə^{21} gu^{33} lu^{21} kɑ^{33}
百 六 十 隆重 上 又 送 作 了 主人 对于 保佑 庇荫

le^{21} iə^{55}, kv̩^{33} phər^{21} dzæ^{33} ʂɿ^{21}、phv̩^{33} do^{21} lɯ^{55} do^{21} gv̩^{33} be^{33} ho^{55}, nɯ^{21} o^{21} hɯ^{21} dzæ^{33}、
给予 头 白 牙 黄 祖 见 孙 见 成为 愿 生儿 育女 富足有

zɿ^{33} su^{21} zɿ^{33} dɯ^{33}、khv̩^{55} me^{55} khv̩^{55} dɯ^{33} gv̩^{33} iə^{55} ho^{55}.
寿 祈 寿 得 岁 求 岁 得 成 祝愿

三百六十个司补祖先胜神又到了太阳光芒四射、月亮皎洁光明的地方，胜神和白绵羊相逢见面了。隆重地把三代司补祖先送上去了。请胜神们庇荫主人家，愿主人白头黄牙、祖孙同堂，生儿育女、富足有余，祈寿得寿，求岁得岁。

71-D-65-31

ə33 lɑ33 mə33 ʂər55 ȵi33, mɯ33 lɑ33 kɯ21 tʂhʅ33 dzʅ21, kɯ21 dzʅ21 tʂhʅ33 ȵi33 ɯ33； dy21 lɑ33 zə21

远古的时候 天 么 星 所有 星 有 这 天 好 地 么 草

tʂhʅ33 y21, zə21 y21 tʂhʅ33 ȵi33 hər21； uæ33 nɯ33 bi33 thy̩33 ly̩21, bi33 thy̩33 tʂhʅ33 ȵi33 ly̩21； i21

所 长 草 长 这 天 绿 左边 日 出 暖 日 出 这 天 暖 右边

nɯ33 le21 tshe55 bu33, le21 tshe55 tʂhʅ33 ȵi33 bu33. | gy̩33 dzʅ21 khy̩55 tsʅ21 ɯ33,khy̩55 lɑ33 tʂhʅ33

月 光 明 月 光 这 天 明 藏族 年 算 好 年 么 这

khy̩55 ɯ33； le33 by̩33 he33 tsʅ21 ɯ33, he33 lɑ33 tʂhʅ33 he33 ɯ33； mɯ33 ne21 dy21 ly55 gy̩33, nɑ21

年 好 白族 月 算 好 月 么 这 月 好 天 和 地 中间 纳西

ɕi33 hɑ55 tsʅ21 ɯ33, hɑ55 lɑ33 tʂhʅ33 hɑ55 ɯ33. | khy̩55 ɯ33 he33 ɯ33 hɑ55 ɯ33 kɯ21 ɯ33 zy21 ɯ33

日 算 好 日 么 这 天 好 年 好 月 好 日 好 星 好 蕊星 好

gə33 tʂhʅ33 ȵi33. | bi33 thy̩33 mə55 tʂhʅ33 ȵi33, i33 dɑ21 tʂhʅ33 dɯ33 ʥi13, mɯ33 tɕer21 tshe21 ho55

的 这 天 太阳出来的这天 主人 这 一 家 天 上 十 八

ty33 gə33 phæ21 sæ21 gɑ3 u2 o55 he21 gɑ33 lɑ21 sʅ21 ɕi33 tshuɑ55 tshər21 gə21 le33 py̩55, |

层 的 盘神 禅神 嘎神 吾神 沃神 恒神 胜神 三 百 六十 上 又 送

tɕy55 tshu21, mɯ33 ne21 dy21 gə33 sɑ21 i33 uɑ33 de33 gə21 le33 py̩55, | he33 dɯ21 o33 phər21、i33

最初 天 和 地 的 刹依威德 上 又 送 恒迪窝盘

gy̩21 ə33 kə21、to33 bɑ21 ʂər55 lər33、he21 i33 kɯ21 khu55、se55 se33 khə33 ʥə21、mɑ55 mi33 pɑ33

依谷阿格 东巴什罗 恒依格空 胜生柯久 冒米巴拉

lər33 gə21 le33 py̩55. | to21 tshy55 kə55 by̩33 ɕə13 tɕhy21 ɕy55 hər21 py21 bɑ33 ky̩33 nɯ33 gə21

上 又 送 朵趣格补大鹏 翠柏 净水壶 上 从 上

le^{33} py̩^{55}, pɑ^{33} u^{33} iə^{33} mɑ^{21}、mi^{21} ʂʅ^{33} gɯ^{21} ʂʅ^{33} to^{33} kə^{21}
又 送 巴乌优麻 明史庚史 多格

远古的时候，天上长星星，星星这天亮；地上长青草，青草这天绿。太阳从左边出来，这天的太阳特别温暖；月亮从右边出来，这天的月亮特别皎洁。藏族人善于算年份，算出的年份这年好；白族人善于算月份，算出的月份这月好；住在天地中间的纳西人善于算日子，算出的日子这天好。太阳出来的这一天，主人家要把十八层天上的盘神、禅神、嘎神、吾神、沃神、恒神等三百六十位胜神送上去。最早，送刹依威德，送恒迪窝盘、依谷阿格、东巴什罗、恒依格空、胜生柯久、冒米巴拉。供上插着翠柏的净水壶，送朵趣格补大鹏，送巴乌优麻，送明史庚史多格。

71-D-65-32

i^{33} dər^{33} tshʅ^{55} i^{33} lɑ^{33} mu^{33} tshe^{21} sʅ^{55} ky̩^{33}, no^{21} by^{55} lɯ^{33} sʅ^{33} lɑ^{21} phə^{33} ty^{55} me^{33} gə^{21} le^{33}
尊贵 茨依拉姆 十 三 个 宝贵 箭 手 中 持 者 上 又

py̩^{55}, phy̩^{33} lɑ^{21} ty̩^{33} ty̩^{21} kɯ^{33} kɯ^{21} tʂhʅ^{33} uɑ^{21} gə^{21} le^{33} py̩^{55}. | ə^{33} so^{33} khy̩^{21} me^{33} bər^{33} y^{21}
送 神灵 千 千 万 万 所有 上 又 送 最初 请 么 牦牛 绵羊

ʐʅ^{33} hɑ^{33} tʂhər^{21} nɑ^{55} ɕy^{55} mɑ^{21} tshu^{55} pɑ^{33} be^{33} me^{33} le^{33} khy̩^{21} se^{21}. | mɯ^{33} tɕər^{21} tshe^{21}
酒 饭 肥肉 瘦肉 翠柏 酥油 供奉 做 的 又 请 了 天 上 十

ho^{55} dy^{33}, phər^{21} sæ^{21} gɑ^{33} u^{21} o^{55} he^{21}、y^{21} gɑ^{33}lɑ^{21}tʂhʅ^{33} uɑ^{21} me^{33}, dzi^{33} dʑə^{21} lɑ^{33} lər^{33}
八 层 盘神 禅神 嘎神 吾神 沃神 恒神 祖先 胜神 所有 的 人类居住的大地上

dy^{21}, i^{33} dɑ^{21} tʂhʅ^{33} dʑə^{13} tɕər^{21}, gy̩^{33} ȵi^{33} le^{33} kɑ^{33} le^{21}、ʂər^{33} ȵi^{33} le^{33} gu^{33} lu^{21} gy̩^{33} se^{21}. |
主人 这 家 对 九 天 又 保佑 七 天 又 庇荫 成 了

i^{33} dɑ^{21} tʂhʅ^{33} dʑi^{21} khy̩^{55} me^{55} khy̩^{55} dɯ^{33}, o^{21} me^{55} o^{21} dɯ^{33}, nɯ^{21} me^{55} nɯ^{21} dɯ^{33}, hɯ^{21}
主人 这 家 岁 祈 岁 得 福 祈 福 得 吉 祈 吉 得 富裕

dzæ^{33} me^{55} me^{33} hɯ^{21} dzæ^{33} dɯ^{33}. | ə^{33} i^{33} me^{33}. | bər^{33} y^{21} ʐʅ^{33} hɑ^{33} ʈʂhər^{21} nɑ^{55} ɕy^{55} mɑ^{21}
祈 么 富裕 得 现在 牦牛 绵羊 酒 饭 肥肉 瘦肉 翠柏 酥油

tshu^{55} pɑ^{33} be^{33} me^{33} gə^{21} le^{33} pv̩^{55}. | lɯ^{55} kv̩^{33} py^{33} bv̩^{21} nɯ^{33}, hæ^{33} ʂʅ^{21} tsər^{33} lər^{21} do^{55},
供品 作 么 上 又 送 祭司 由 金 黄 板铃 摇

dv̩^{33} phər^{21} bər^{21} kho^{33} mu^{21},o^{21} hər^{21} dɑ^{33} khə^{21} lɑ^{55} be^{33} gə^{21} le^{33} pv̩^{55}, phv̩^{33} lɑ^{21} tv̩^{33} tv̩^{21}
海螺 白 号角 吹 绿松石 大鼓 擂 地 上 又 送 神灵 千 千

kɯ^{33} kɯ^{21} gə^{21} le^{33} pv̩^{55}, gɑ^{33} lɑ^{21} sʅ^{21} ɕi^{33} tshuɑ^{55} tshər^{21}
万 万 上 又 送 胜神 三 百 六十

送十三个手持宝箭的尊贵的茨依拉姆，送千千万万尊神灵。最早迎请所有的胜神时，献上了牦牛、绵羊，供上了酒、饭、肥肉、瘦肉、翠柏、酥油。请十八层天上的盘神、禅神、嘎神、吾神、沃神、恒神和祖先胜神保佑住在大地上的主人家。这样，主人家得到了九天的保佑，得到了七天的庇荫。主人家祈岁得岁，祈福分得福分，祈吉祥得吉祥，祈富裕得富裕。这时要献上牦牛、绵羊，供上酒、饭、肥肉、瘦肉、翠柏、酥油，把所有的神灵送上去。祭司摇着金黄色的板铃，吹起白海螺的号角，擂起绿松石的大鼓，用法器的声音把千千万万的神灵送上去。

71-D-65-33

gə^{21} le^{33} pv̩^{55}. | phər^{21} sæ^{21} gɑ^{33} u^{21} o^{55} he^{21} gɑ^{33} lɑ^{21} gə^{21} le^{33} pv̩^{55}, | sʅ^{33} bv̩^{33} sʅ^{55}
上 又 送 盘神 禅神 嘎神 吾神 沃神 恒神 胜神 上 又 送 司补 三

ʈʂhər^{33} y^{21} gɑ^{33} lɑ^{21} sʅ^{21} ɕi^{33} tshuɑ^{55} tshər^{21} gə^{21} le^{33} pv̩^{55}. | dɯ^{33}ʈʂhər^{55}, tɕy^{55} tshu^{21} sɑ^{21} i^{33}
代 祖先 胜神 三 百 六十 上 又 送 一 代 最初 刹依

uə^{33} de^{33}、he^{33} dɯ^{21} o^{33} phər^{21}、he^{21} i^{33} kɯ^{21} khu^{55}、i^{33} gv̩^{21} ə^{33} kə^{21}、mɑ^{55} mi^{33} pɑ^{33}lər^{33}、
威德 恒迪窝盘 恒依格空 依谷阿格 冒米巴拉

ɑ^{33} gə^{33} ə^{33} kə^{21} ʈʂhʅ^{33} uɑ^{21} me^{33}, mu^{21}nɯ^{33} suɑ^{21} kv̩^{33}gə^{21} le^{33} pv̩^{55}, he^{33} dɯ^{21} he^{21} i^{33} mɯ^{33}
阿格阿格 所有 者 下 从 高处 上 又 送 神 大 神住的地方

kə^{55} khy̩^{21} i^{33} gə^{21} le^{33} py̩^{55}, ȵi^{33} me^{33} he^{33} me^{33} tsuɑ^{33} ky̩^{33} gə^{21} le^{33} py̩^{55} me^{33} .｜lɯ^{55}
上 又 送 太阳 月亮 床 上 上 又 送 么 祭司

ky̩^{33} py^{33} by̩^{21} nɯ^{33}, ȵi^{33} me^{33} dɯ^{33} gə^{33} hæ^{33} ʂʅ^{21} tsər^{33} lər^{21} do^{55}, he^{33} me^{33} dɯ^{33} gə^{33} o^{33}
由 太阳 似 的 金 黄 板铃 摇 月亮 似 的 松石

hər^{21} dɑ^{33} khə^{21} lɑ^{55}, gə^{21} bɑ^{21} sʅ^{21} ɕi^{33} tshuɑ^{55} tshər^{21} gə^{21} le^{33} sʅ^{33}, dʑy^{21} nɑ^{55} zo^{55} lo^{33} ky̩^{33}
绿 大鼓 擂 弟子 三 百 六十 上 又 领 居那若罗 上

gə^{33} i^{21} po^{33} phər^{21} me^{33} ky̩^{55} dʑi^{21} by̩^{21} ȵə^{21} gə^{21} le^{33} py̩^{55}.｜i^{33} dər^{33} lɑ^{33} mu^{33} mi^{55} zi^{33}
的 绸子 白 者 帐房 里面 上 又 送 尊贵 拉姆 女 美

tshe^{21} sʅ^{55} ky̩^{33}, no^{21} by^{55} lɯ^{33} sʅ^{33} lɑ^{21} phə^{33} ty^{55}, ȵi^{33} me^{33} he^{33} me^{33} bu^{33} dɯ^{21} zi^{55} zæ^{33}
十 三 个 宝贝 箭 手 中 拿 太阳 月亮 光芒四射

uə^{33} ko^{33} lo^{21} i^{33} gə^{21} le^{33} py̩^{55},｜iə^{33} mɑ^{21} sʅ^{21} ɕi^{33} tshuɑ^{55} tshər^{21} i^{33}, phər^{21} nɑ^{55} lɯ^{33} kæ^{33}
地方 么 上 又 送 优麻 三 百 六十 么 白 黑 交界处

tshu^{55}, tshʅ^{33} su^{33} phər^{21} me^{33} mi^{33} dzʅ^{33} tʂhʅ^{33} huɑ^{33} huɑ^{33} me^{33} ky̩^{55} dʑi^{21} by̩^{21} i^{33} gə^{21} le^{33}
铸铁 白 者 火燃 熊熊 者 帐房 里面 上 又

py̩^{55}.
送

把盘神、禅神、嘎神、吾神、沃神、恒神等所有的胜神送上去，把三百六十位三代司补祖先胜神送上去。最早，把刹依威德、恒迪窝盘、恒依格空、依谷阿格、冒米巴拉、阿格阿格从低处往高处送，送到大神居住的地方，送到有太阳月亮床的地方。祭司摇起太阳似的板铃，擂起月亮似的大鼓，把三百六十个弟子领上来，送到居那若罗山顶上的白绸子帐房里。把尊贵的手持宝箭的拉姆女神送到有太阳月亮的光芒四射的地方，把三百六十个优麻胜神送到铸铁般熊熊烈火的黑白交界地。

71-D-65-34

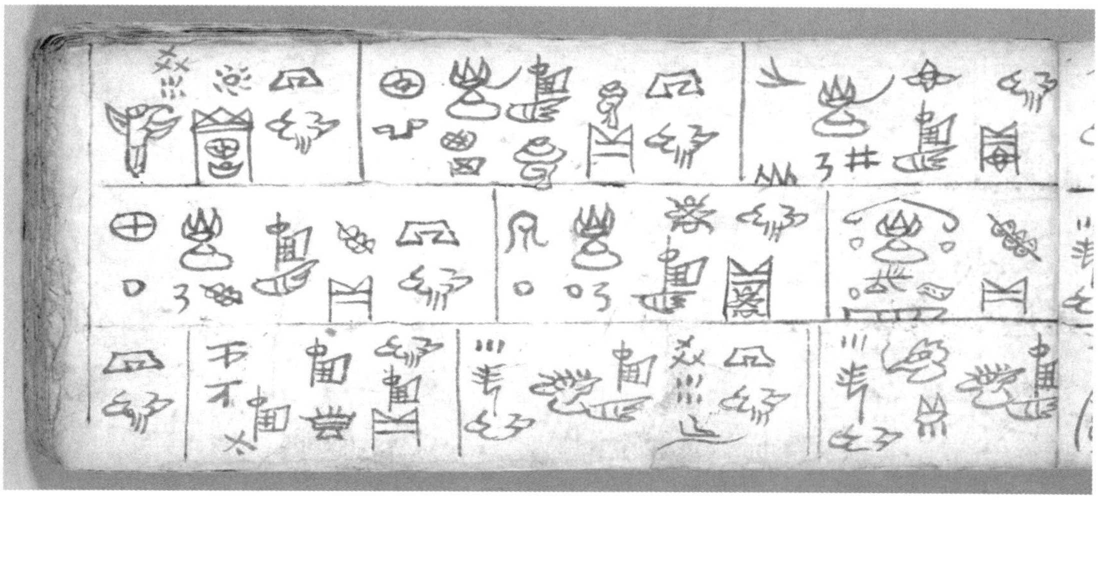

to^{33} kə^{21} sɿ^{21} ɕi^{33} tshuɑ^{55} tshər^{21} i^{33}, ȵi^{33} me^{33} he^{33} me^{33} ʥy̩^{33} gə^{33} bu^{33} dɯ^{21} ly̩^{55} lɑ^{33} uə^{33}
多格 三 百 六十 么 太阳 月亮 有 的 光芒四射 地方

ko^{33} lo^{21} i^{33} gə^{21} le^{33} py̩^{55}. ȵi^{33} me^{33} thy̩^{33}, gə^{21} tshe^{55} tshe^{55} by̩^{33} gɑ^{33} lɑ^{21} dy̩^{33} phər^{21} uə^{33}
么 上 又 送 东方 格衬称补 胜神 海螺 白 地方

ko^{33} lo^{21} i^{33} gə^{21} le^{33} py̩^{55}. | i^{33} tʂhɿ^{33} mɯ^{21}, se^{55} zɿ^{33} mi^{21} gu^{33} gɑ^{33} lɑ^{21} o^{33} hər^{21} uə^{33} ko^{33}
么 上 又 送 南方 胜日明恭 胜神 绿松石 地方

lo^{21} i^{33}gə^{21} le^{33} py̩^{55}. | ȵi^{33}me^{33} gy̩^{21}, nɑ^{55} se^{33} tshu^{33} lu^{21} tshu^{21} dzæ^{21} uə^{33} ko^{33} lo^{21} i^{33} gə^{21}
么 上 又 送 西方 纳生初卢 墨玉 地方 么 上

le^{33} py̩^{55}. | ho^{33} gy̩^{33} lo^{21}, gy̩^{33} se^{33} khə^{33} bɑ^{21} hæ^{33} ʂɿ^{21} uə^{33} ko^{33} lo^{21} i^{33} gə^{21} le^{33} py̩^{55}. |
又 送 北方 古生抠巴 金 黄 地方 么 上 又 送

mɯ^{33} ne^{21} dy^{21} ly^{55} gy̩^{33}, so^{33} y^{21} tsi^{55} gy̩^{33} tshu^{21} nɑ^{55} uə^{33} ko^{33} lo^{21} i^{33} gə^{21} le^{33} py̩^{55}. |
天 和 地 中间 梭余晋古 墨玉 地方 么 上 又 送

phər^{21} sæ^{21}、gɑ^{33} u^{21} o^{55} he^{21} gɑ^{33} lɑ^{21} gɑ^{33} gə^{33} uə^{33} ko^{33} lo^{21} i^{33} gə^{21} le^{33} py̩^{55}. | sɿ^{33}
盘神 禅神 嘎神 吾神 沃神 恒神 胜神 胜 的 地方 么 上 又 送 司补

by̩^{33} sɿ^{55} tʂhər^{33} sɿ^{21} ɕi^{33} tshuɑ^{55} tshər^{21} y^{21} gɑ^{33} lɑ^{21} i^{33} gə^{21} le^{33} py̩^{55}. ‖ sɿ^{55} tʂhər^{33} sɿ^{33}
三 代 三 百 六 十 祖先 胜神 么 上 又 送 三 代 司补

by̩^{33} ky̩^{33} gə^{33} tɕy^{55} tʂhər^{55} y^{21} gɑ^{33} lɑ^{21},
头代 的 最早 代 祖先 胜神

把三百六十个多格送到太阳月亮发光闪亮的地方。把东方的格衬称补胜神送到白海螺村子里，把南方的胜日明恭胜神送到绿松石村子里，把西方的纳生初卢胜神送到墨玉村子里，把北方的古生抠巴胜神送到黄金村子里，把天地中央的梭余晋古胜神送到杂色墨玉村子里。把盘神、禅神、嘎神、吾神、沃神、恒神胜神送到胜利的地方，把三百六十个三代司补祖先送上去。把三代司补祖先中的头代祖先

71-D-65-35

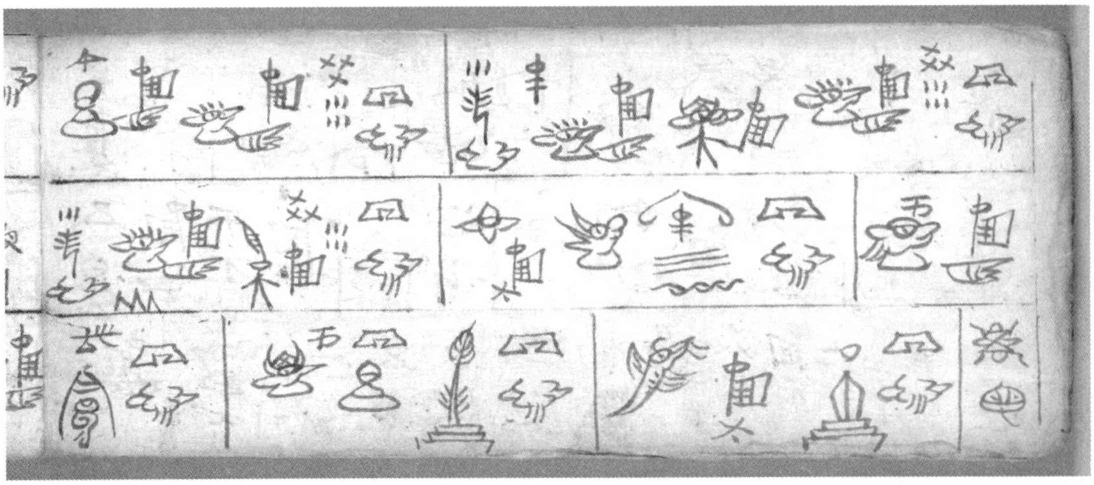

mɯ^{33} lɯ^{55} du^{21} dzʅ^{33} tʂhər^{55} gə^{33} sʅ^{21} ɕi^{33} tshuɑ^{55} tshər^{21} y^{21} gɑ^{33} lɑ^{21} i^{33} gə^{21} le^{33} pʏ^{55}. | sʅ^{55}
美利董主 代 的 三 百 六十 祖先 胜神 么 上 又 送 三

tʂhər^{33} sʅ^{33} bʏ^{33} ly^{55} tʂhər^{55} y^{21} gɑ^{33} lɑ^{21}, tsho^{21} ze^{33} lɯ^{55} ɯ^{33} tʂhər^{55} gə^{33} sʅ^{21} ɕi^{33} tshuɑ^{55}
代 司补 中 代 祖先 胜神 崇忍利恩 代 的 三 百 六

tshər^{21} y^{21} gɑ^{33} lɑ^{21} i^{33} gə^{21} le^{33} pʏ^{55}. sʅ^{55} tʂhər^{33} sʅ^{33} bʏ^{33} tɕi^{55} tʂhər^{55} y^{21} gɑ^{33} lɑ^{21}, kɑ^{33} le^{21}
十 祖先 胜神 么 上 又 送 三 代 司补 小 代 祖先 胜神 高勒

kɑ^{33} tshu^{55} tʂhər^{55} gə^{33} sʅ^{21} ɕi^{33} tshuɑ^{55} tshər^{21} y^{21} gɑ^{33} lɑ^{21} i^{33} gə^{21} le^{33} pʏ^{55}. | o^{21} hər^{21}
高趣 代 的 三 百 六十 祖先 胜神 么 上 又 送 绿松石

mɯ^{33} dzər^{33} gɑ^{33} lɑ^{21} i^{33}, mɯ^{33} ly^{55} gʏ^{33} gə^{33} tɕi^{21} ne^{21} hər^{33} ko^{55} gə^{21} le^{33} pʏ^{55}. | dʏ^{33}
天龙 胜神 么 天 中间 的 云 和 风 间 上 又 送 海螺

phər^{21} si^{33} gɯ^{33} i^{33}, dʏ^{33} phər^{21} dʑy^{33} suɑ^{21} so^{33} suɑ^{21} kʏ^{33} i^{33} gə^{21} le^{33} pʏ^{55}. | dʏ^{33} phər^{21}
白 狮子 么 海螺 白 山 高 岭 高 上 么 上 又 送 海螺 白

ɕə^{33} tɕhy^{21} gɑ^{33} lɑ^{21} i^{33}, hæ^{21} i^{33} pɑ^{33} dɑ^{21} dzər^{21} kʏ^{33} gə^{21} le^{33} pʏ^{55}. | uə^{33} gə^{33} lʏ^{21} dʑə^{33}
大鹏 胜神 么 含依巴达 树 上 上 又 送 威 的 飞蟒

gɑ^{33} lɑ^{21} i^{33}, dʑy^{21} nɑ^{55} zo^{55} lo^{33} kʏ^{33} i^{33} gə^{21} le^{33} pʏ^{55}. | hæ^{33} ʂʅ^{21} pɑ^{55} me^{33} gɑ^{33} lɑ^{21} i^{33},
胜神 么 居那若罗 上 么 上 又 送 金 黄 大蛙 胜神 么

美利董主代的三百六十个胜神送上去，把三代司补祖先的中代崇忍利恩代的三百六十个胜神送上去，把三代祖先中的末代高勒高趣代的三百六十个胜神送上去。把绿松石青龙胜神送到天中间的白云白风中，把白海螺色狮子胜神送到白海螺高山峻岭上，把白海螺色大鹏胜神送到含依巴达神树上，把威风的飞蟒胜神送到居那若罗山上，把金黄大蛙送到

71-D-65-36

dzi^{33} dʑə^{21} lɑ^{33} lər^{33} dy^{21} i^{33} gə^{21} le^{33} py̩^{55}. | hæ^{33} ʂʅ^{21} lɑ^{33} ʂʅ^{21} i^{33}, lɯ^{33} nɑ^{21} bi^{33} dɯ^{21} lo^{21}
人类居住的地方 么 上 又 送 金 黄 虎 黄 么 大森林 里面

ȵə^{21} gə^{21} le^{33} py̩^{55}. | bər^{33} phər^{21}gɑ^{33} lɑ^{21} i^{33}, dʑy^{21} suɑ^{21}ko^{33} phər^{21} ky̩^{33} i^{33} gə^{21} le^{33} py̩^{55}. |
上 又 送 牦牛 白 胜神 么 山 高 牧场 白 上 么 上 又 送

o^{33} hər^{21} tɕər^{55} pu^{33} gɑ^{33} lɑ^{21} i^{33}, hæ^{21} i^{33} pɑ^{33} dɑ^{21} dzər^{21} ky̩^{33} gə^{21} le^{33} py̩^{55}. sɿ^{13} gə^{33} ly^{21}
绿松石 布谷鸟 胜神 么 含依巴达 树 上 上 又 送 署 的

i^{33} dʑi^{33} by̩^{33} gɑ^{33} lɑ^{21} i^{33}, mɯ^{33} lɯ^{55} dɑ^{33} dʑi^{21} hɯ^{55} lo^{21} gə^{21} le^{33} py̩^{55}. | bi^{33} thy̩^{33} mə^{55}
律依景补 胜神 么 美利达吉 海 里 上 又 送 太阳出来的

tʂhʅ^{33} ȵi^{33}, i^{33} dɑ^{21} tʂhʅ^{33} dɯ^{33} dʑi^{21}, phər^{21} sæ^{21} gɑ^{33} u^{21} o^{55} he^{21} gɑ^{33} lɑ^{21},sɿ^{33} by̩^{33} sɿ^{55}
这一天 主人 这 一 家 盘神 禅神 嘎神 吾神 沃神恒神 胜神 司补 三

tʂhər^{33} sɿ^{21} ɕi^{33} tshuɑ^{55} tshər^{21} y^{21} gɑ^{33} lɑ^{21}, phy̩^{33} lɑ^{21} ty̩^{33} ty̩^{21} kɯ^{33} kɯ^{21} tʂhʅ^{33}uɑ^{21} gɑ^{33} lɑ^{21}
代 三 百 六十 祖先 胜神 神灵 千 千 万 万 所有 胜神

i^{33}, mɯ^{33} tɕər^{21} tshe^{21} ho^{55} ty^{33}, he^{21} nɯ^{33} dzʅ^{21} gə^{33} ȵi^{33} me^{33} bu^{33} dɯ^{21} ly̩^{55} lɑ^{33}、he^{33} me^{33}
么 天 上 十 八 层 神 由 住 的 太阳 光芒四射 月亮

dze^{33} dɯ^{21} zi^{55} zæ^{33} khə^{21} i^{33} gə^{21} le^{33} py̩^{55}. | lɑ^{33} ʂʅ^{21} tər^{21} by̩^{33} gɑ^{33} lɑ^{21} khə^{21} i^{33} gə^{21} le^{33}
皎洁明亮 处 么 上 又 送 拉史呆补 胜神 处 么 上 又

py̩^{55} gə^{21} le^{33} thy̩^{33}.
送 上 又 到

人类居住的地方，把金黄的老虎胜神送到大森林里，把白海螺色牦牛胜神送到高山牧场里，把绿松石色布谷鸟胜神送到含依巴达树上，把署的首领律依景补送到美利达吉海里。太阳出来的这一天，主人家来送胜神，把盘神、禅神、嘎神、吾神、沃神、恒神、三百六十个司补三代祖先胜神送上去，把千千万万的神灵送上去，把他们送到太阳光芒四射、月亮皎洁明亮的十八层天上，送到拉史呆补胜神那儿。

71-D-65-37

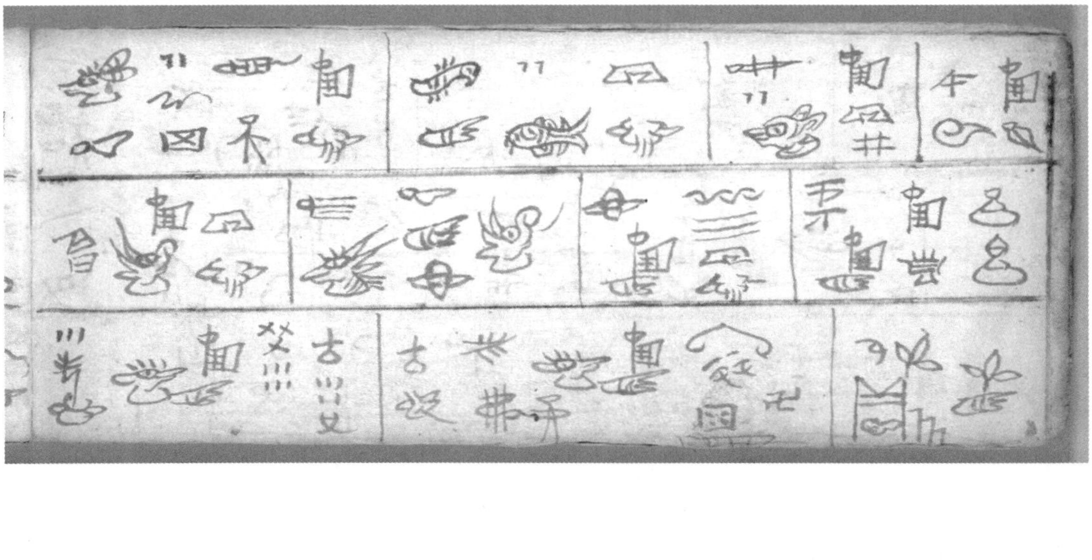

lo^{21} ʂʅ^{33} ȵi^{33} bər^{21} tshe^{33} khv̩^{21} gɑ^{33} zo^{33} gə^{21} le^{33} pv̩^{55},| di^{33} lɑ^{21} ȵi^{33} ȵi^{33} khɯ^{33} i^{33} gə^{21}
罗史尼般称库 胜 者 上 又 送 迪劳尼尼 旁边 上

le^{33} pv̩^{55},| dɑ^{55} ȵi^{33} lɑ^{33} gu^{21} gɑ^{33} khə^{21} gə^{21} le^{33} pv̩^{55},| mɯ^{33} lɯ^{55} hɯ^{55} ʥi^{21} ty^{33} lv̩^{21}
又 送 道尼拉恭 胜者 处 上 又 送 天 地 海 水 堆鲁

gɑ^{33} khɯ^{33} gə^{21} le^{33} pv̩^{55},| bæ^{33} i^{21} ʂʅ^{33} lɑ^{21} khɯ^{33} i^{33} gə^{21} le^{33} pv̩^{55},| o^{21} hər^{21} mɯ^{33}
胜 旁 上 又 送 般衣史拉 旁边 上 又 送 绿松石 青龙

dʐər^{21} gɑ^{33} lɑ^{21} tɕi^{21} ne^{21} hər^{33} kv̩^{33} gə^{21} le^{33} pv̩^{55}.| phər^{21} sæ^{21} gɑ^{33} u^{21} o^{55} he^{21} gɑ^{33} lɑ^{21}、
胜神 云 和 风 里 上 又 送 盘神 禅神 嘎神吾神沃神恒神胜神

sɿ^{33} bv̩^{33} sɿ^{55} tʂhər^{33} y^{21} gɑ^{33} lɑ^{21} tʂhʅ^{33} uɑ^{21} me^{33},| tʂhʅ^{33} nɯ^{33} mæ^{55} kho^{33} tho^{21}, y^{21} gɑ^{33}
司补 三 代 祖先 胜神 所有 么 从此以后 祖先 胜神

lɑ^{21} tʂhʅ^{33} uɑ^{21}, mɯ^{33} ɯ^{33} dy^{21} ɯ^{33} ȵə^{21} le^{33} sɿ^{33},| uə^{33} gv̩^{33} dzɿ^{33} gv̩^{33} lo^{21} ȵə^{21} khɯ^{55},
所有 天 好 地 好 处 又 领 村 好 寨 好 里面 去

zɿ^{21} uə^{33} zɿ^{21} dzɿ^{33} lo^{21} ȵə^{21} khɯ^{55} mə^{33} dɯ^{33},zɿ^{13} gə^{33} lɑ^{21} phə^{33}
仇 寨 仇 村 里面 放 不 到 仇 的 手 中

把祖先胜神送到胜者罗史尼般称库旁边，送到胜者迪劳尼尼旁边，送到胜者道尼拉恭旁边，送到天地间深海里的堆鲁旁边，送到胜者般衣史拉旁边。把绿松石青龙胜者送到云里风里。从此以后，盘神、禅神、嘎神、吾神、沃神、恒神和所有的三代司补祖先胜神领到好天好地里，领到好村好寨里，而不是领到仇人的村寨里，

71-D-65-38

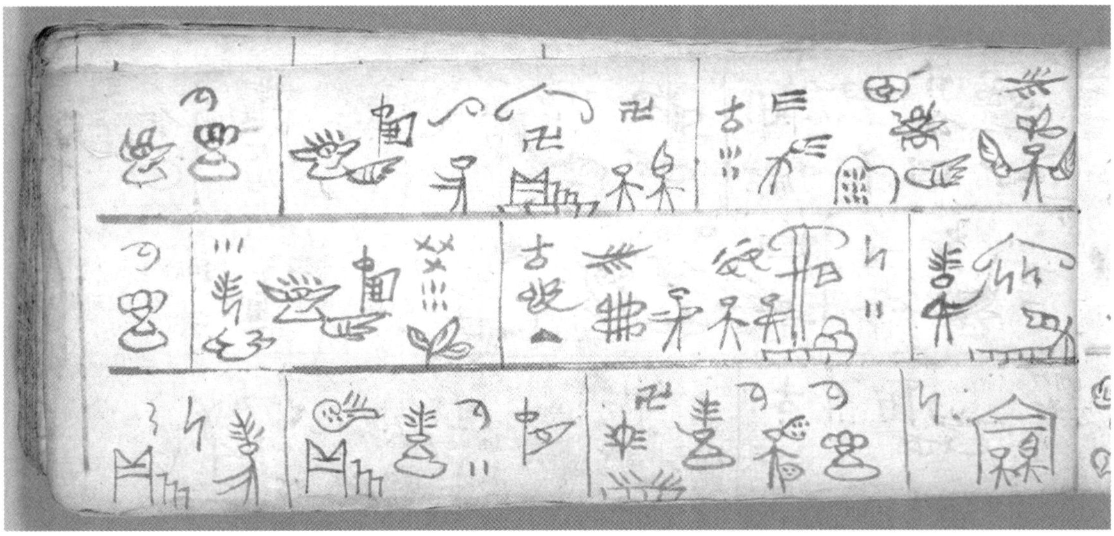

khɯ^{55} mə^{33} du^{33}.| y^{21} gɑ^{33} lɑ^{21} nɯ^{33} gu^{33} lu^{21} le^{33} thy^{55} iə^{55}, mɯ^{33} ɯ^{33} dy^{21} ɯ^{33}、dzɿ^{33} ɯ^{33}
放 不 兴 祖先 胜神 由 保佑 又 帮 给予 天 好 地 好 村 好

uə33 ɯ33 gv̩33. zo33 ɯ33 mi55 ɯ33 tʂhʅ33 uɑ21 me33, | sɑ33 lɑ21 gv̩33 bu21 ʂʅ33 dy21 bɯ33 mə33
寨 好 成 男 好 女 好 所有 么 莎劳恭补 死 地 去 不

ȵi21, hæ21tsu55 lɑ33ȵi21 sæ33 thv̩55 to55to33 mæ55 tse55 zʅ21 lɑ21ku21 mə33 du33. u33 o33 mæ55
能 金黄 锥子 手指 血 淌 甩出 别处 仇人 手 递 不 兴 自己 财物 别处

ly21 zʅ21 gə33 to21 to33 ȵi55 mə33 du33. | sʅ33 bv̩33 sʅ55 tʂhər33 y21 gɑ33 lɑ21, sʅ21 ɕi33 tshuɑ55
仇人 的 怀抱 寄 不 兴 斯补 三 代 祖先 胜神 三 百 六

tshər21 zʅ21 tɕər21 gɑ33. | tʂhʅ33 sʅ21 nɑ21 nɯ33 mæ55 kho33 tho21, zo33 ɯ33 mi55 ɯ33 dzʅ21 me33
十 仇人 对 胜 从这以后 男 好 女 好 住 的

dy21, o21 hər21 mɯ33 tv̩55 su33 zər21 kv̩33 nɯ33 mɯ33 tv̩55 ko33 ko21、khɯ33 nɯ33 dy21 zər21
地 绿松石 顶 天 铁 柱 上 从 天 顶 牢靠 脚根 由 地 镇

tʂhər33 tʂhər33 ho55. | mɯ33 sʅ33 phe33 nɯ33 mɯ33 zʅ33 ko33ko21 ho55,dy21 sʅ33 phe33 nɯ33 dy21
稳固 祝愿 天 司者 由 天 掌管 牢靠 祝愿 地 司者 由 地

zʅ33 tʂhər33 tʂhər33 ho55; dzʅ33 sʅ33 phe33 nɯ33 dzʅ33 zʅ33 ko33 ko21 ho55, uə33 sʅ33 phe33 nɯ33
掌握 稳固 祝愿 村 司者 由村 掌管 稳固 祝愿 寨 司者 由

uə33 zʅ33 tʂhər33 tʂhər33 ho55; sʅ33 phe33 me33 nɯ33 zʅ33 gə33 dzʅ33 gv̩33 uə33 gv̩33 me33,zo33 ɯ33
寨 掌管 牢靠 祝愿 司者 们 由 掌管 的 村 好 寨 好 么 男 好

gɑ33 ko21 mə33 ȵi55 the55 ȵi21 gv̩33; | dər33 ɯ33 sʅ33 phe33 æ33 phv̩55 æ33 mi55 me33, mə33
胜 内容 不 空 那样 成 田 好 司者 庄稼 撒 庄稼 成熟 么 不

dzʅ33 dzʅ33 me33 the55 ȵi21 gv̩33, su21 lɑ33 dɯ33 mə33 du33. | dɯ33 tʂhər55, i33 dɑ13 tʂhʅ33 dɯ33
吃 吃过 那样 成 找 也 得 不 兴 一 代 主人 这 一

dʑi13,
家

好男好女祈求得到祖先胜神的保佑和庇荫，使自己所处的地方是好天好地好村好寨。所有的好男好女，不能到莎劳恭补死地去，不能把被金锥子扎着手指后淌出的血甩到仇人的手上，不能把自己的东西放到仇人的怀抱中。祝愿司补祖先战胜三百六十个仇人。从此以后，祝愿好男好女所在的地方，顶天铁柱顶部顶天牢靠，镇地铁柱根部镇地稳固。祝愿司天者掌管天则天牢靠，司地者掌管地则地稳固，司村者掌管村则村平安，司寨者掌管寨则兴旺，就像村寨里绝不缺少胜利的气概。祝愿司庄稼者使播种的庄稼得到丰收，即使不吃粮食，仅是看一下所得的收获也感到饱了一样，这样的事情不会凭空得到。到了另一代，主人这一家，

71-D-65-39

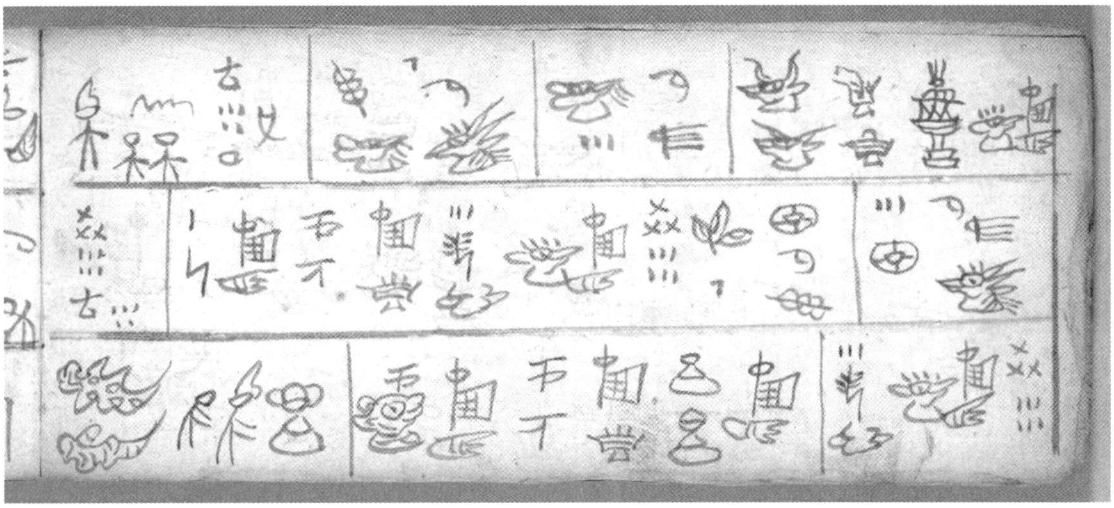

me^{33} by̩^{21} zo^{33} mi^{55} tʂʅ^{33} uɑ^{21} me^{33}, tshu^{21} me^{33} dɯ^{33} khy̩^{55} mə^{33} tshu^{21} se^{21}, | ho^{21} lɑ^{33} sʅ^{55}
母 下 儿 女 所有 么 快 者 一 年 不 快 了 慢 也 三

khy̩^{33} mə^{33} ho^{21} se^{21}. | bər^{33} y^{21} ʐʅ^{33} hɑ^{33} tʂhər^{21} nɑ^{55} ɕy^{55} mɑ^{21} nɯ^{33},sʅ^{21} ɕi^{33} tshuɑ^{55}tshər^{21}
年 不 慢 了 牦牛 绵羊 酒 饭 肥肉 瘦肉 翠柏 酥油 用 三 百 六 十

y^{21} gɑ^{33} lɑ^{21} kæ^{33} tʂʅ^{33} uɑ^{21} tshu^{55} pɑ^{33} be^{33}. | dɯ^{33} tʂhər^{55}, phər^{21} sæ^{21} gɑ^{33} u^{21} o^{55}
祖先 胜神 前 所有 供奉 做 一 代 盘神 禅神 嘎神 吾神 沃神

he^{21} gɑ^{33} lɑ^{21}、sʅ^{33} by̩^{33} sʅ^{55} tʂhər^{33} y^{21} gɑ^{33} lɑ^{21}、gɑ^{33} lɑ^{21} sʅ^{21} ɕi^{33} tshuɑ^{55} tshər^{21} ny̩^{21} tʂʅ^{33}
恒神 胜神 司补 三 代 祖先 胜神 胜神 三 百 六十 您们 所有

uɑ^{21},dɯ^{33} ȵi^{33} lɑ^{33} mə^{33} tshu^{21}, | sʅ^{21} ȵi^{33} lɑ^{33} mə^{33} ho^{21}se^{21}, | zər^{21} ɯ^{33} lɑ^{33} ɯ^{33} tse^{21}、zo^{33}
一 日 也 不 快 三 天 也 不 慢 了 豹 皮 虎 皮 用 男

ɯ^{33} mi^{55} ɯ^{33} nɯ^{33} le^{33} du^{33}. | phy̩^{33} lɑ^{21} gɑ^{33} lɑ^{21} 、phər^{21} sæ^{21} gɑ^{33} u^{21} o^{55} he^{21} gɑ^{33}
好 女 好 由 又 供奉 神灵 胜神 盘神 禅神 嘎神 吾神 沃神 恒神 胜神

lɑ^{21}、| sʅ^{33} by̩^{33} sʅ^{55} tʂhər^{33} sʅ^{21} ɕi^{33} tshuɑ^{55} tshər^{21} y^{21} gɑ^{33} lɑ^{21}.
司补 三 代 三 百 六十 祖先 胜神

母亲养育儿女一年不嫌快，三年不嫌慢，在不快不慢的时候，用牦牛、绵羊、酒、饭、肥肉、瘦肉、翠柏、酥油供奉三百六十位司补祖先胜神。一代，好男好女一日不嫌快，三日不嫌慢地供奉盘神、禅神、嘎神、吾神、沃神、恒神等胜神，供奉三百六十位三代司补祖先胜神，用豹皮虎皮供奉胜神。供奉盘神、禅神、嘎神、吾神、沃神、恒神等胜神，供奉三百六十位三代司补祖先胜神。

71-D-65-40

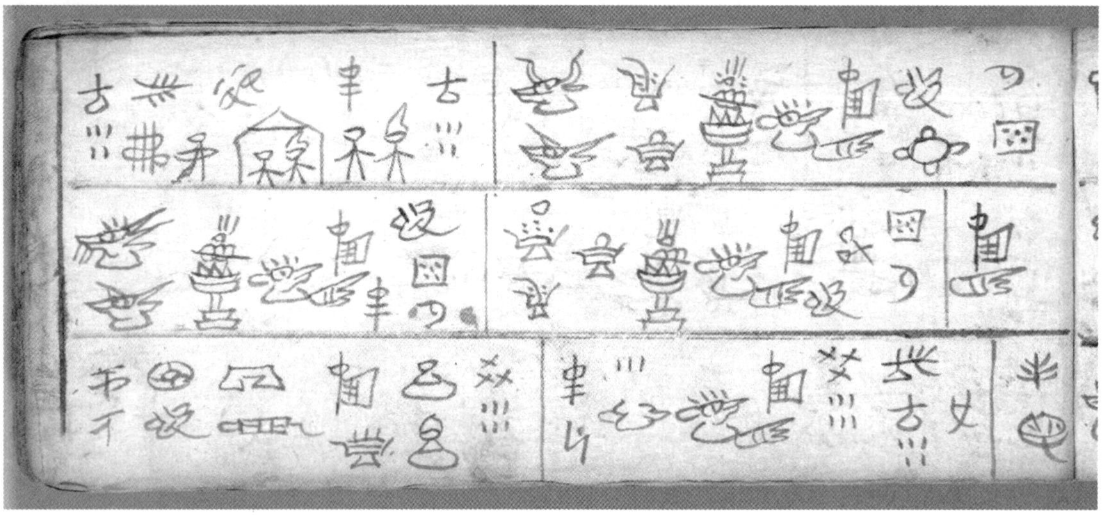

y^{21} gɑ^{33} lɑ^{21} tʂhʅ^{33} uɑ^{21},tʂhʅ^{33} sɿ^{21} mæ^{55} kho^{33} tho^{21}, i^{33} dɑ^{13} tɕæ^{21} ȵə^{21} le^{33} ly^{21} lu^{33}, zo^{33} ɯ^{33}
祖先 胜神 所有 从此以后 主人 对于 又 看 来 男 好

mi^{55} ɯ^{33} tʂhʅ^{33} uɑ^{21} me^{33}, | bər^{33} y^{21} ʐʅ^{33} hɑ^{33} tʂhər^{21} nɑ^{55} ɕy^{55} mɑ^{21} nɯ^{33}gɑ^{33} lɑ^{21} kæ^{33} i^{33}
女 好 所有 者 牦牛 绵羊 酒 饭 肥肉 瘦肉 柏枝 酥油 用 胜神 前面

tshu^{55} pɑ^{33} be^{33}. dɯ^{21} tʂhər^{55} nɯ^{33} mə^{33} sɿ^{21}. | tshʅ^{55} y^{21} ʐʅ^{33} hɑ^{33} tʂhər^{21} nɑ^{55} ɕy^{55} mɑ^{21} gɑ^{33}
供养 作 上辈 由 不 嫌弃 山羊 绵羊 酒 饭 肥肉 瘦肉 柏枝 酥油 胜神

lɑ^{21} kæ^{33} i^{33} tshu^{55} pɑ^{33} be^{33},y^{21} gɑ^{33} lɑ^{21} gə^{33} ly^{55} tʂhər^{55} nɯ^{33} mə^{33} sɿ^{21}, | bər^{33} y^{21} ʐʅ^{33}
前面 供奉 做 祖先 胜神 的 中辈 由 不 嫌弃 牦牛 绵羊 酒

hɑ^{33} tʂhər^{21} nɑ^{55} ɕy^{55} mɑ^{21} nɯ^{33}, sɿ^{21} ɕi^{33} tshuɑ^{55}tshər^{21} y^{21} gɑ^{33} lɑ^{21} kæ^{33} tshu^{55} pɑ^{33} be^{33},
饭 肥肉 瘦肉 柏枝 酥油 用 三 百 六 十 祖先 胜神 前 供奉 做

tɕi^{55} tʂhər^{55} nɯ^{33} mə^{33} sɿ^{21}. | gɑ^{33} lɑ^{21} phər^{21} sæ^{21}gɑ^{33} u^{21} o^{55} he^{21}、gɑ^{33} lɑ^{21} sɿ^{21} ɕi^{33}tshuɑ^{55}
下辈 由 不 嫌弃 胜神 盘神 禅神嘎神吾神沃神恒神 胜者 三 百 六

tshər^{21} gə^{21} le^{33} khy̩^{21}. | ly^{55} tʂhər^{55} sɿ^{33} by̩^{33} sɿ^{55} tʂhər^{33} y^{21} gɑ^{21} lɑ^{21} sɿ^{21} ɕi^{33} tshuɑ^{55} tshər^{21}
十 上 又 请 中辈 司补 三 代 祖先 胜神 三 百 六 十

so^{33} tʂhʅ^{33} uɑ^{21} me^{33} i^{33}, | sɿ^{33} pɑ^{33}
全部 所有 么 么 司巴

从此以后，请所有的祖先胜神又来关照主人的好男好女。好男好女献上牦牛、绵羊、酒、饭、肥肉、瘦肉、柏枝、酥油，请上辈祖先不要嫌弃；好男好女献上牦牛、绵羊、酒、饭、肥肉、瘦肉、柏枝、酥油，请中辈祖先不要嫌弃；好男好女献上牦牛、绵羊、酒、饭、肥肉、瘦肉、柏枝、酥油，请下辈祖先不要嫌弃。迎请三百六十个胜神和盘神、禅神、嘎神、沃神、恒神，迎请三百六十个所有的三代司补祖先胜神。

71-D-65-41

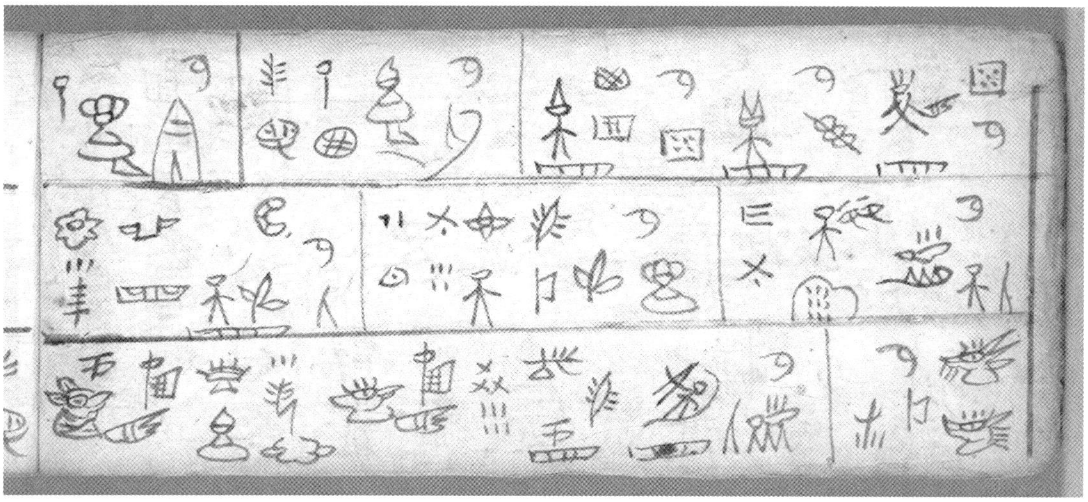

dʑi^{33} by̩^{33} me^{33} nɯ^{33} dzʅ^{21} gə^{33} dʑy^{21} ky̩^{33} le^{33} mə^{33} tɕhi^{33}, | sʅ^{33} pɑ^{33} dʑi^{33} mu^{33} me^{33} nɯ^{33}
景补 者 由 住 的 山 上 又 不 送 司巴景姆 者 由

ɕy^{55} gə^{33} lo^{21} n̩ə^{21} le^{21} mə^{33} tɕhi^{33}. | dy̩^{21} dy^{21} sʅ^{33} bə^{55} khə^{33} dʑə^{21} le^{21} mə^{33} tɕhi^{33},tse^{21} dy^{21}
住 的 谷 里 又 不 送 毒鬼 地 领着 游荡 又 不 送 仄鬼 地

sʅ^{33} bə^{55} gu^{33} lu^{21} le^{21} mə^{33} tɕhi^{33}, le^{55} tɕhi^{33} sʅ^{33} phy̩^{33} dy^{21} n̩ə^{21} sʅ^{33} bə^{55} sʅ^{21} to^{55} bæ^{21} lɑ^{55}
领着 游玩 又 不 送 楞启斯普 地方 领着 骰掷 打牌

le^{21} mə^{33} tɕhi^{33}. | sʅ^{33} zʅ^{33} tho^{33} lo^{21} the^{55} n̩i^{21} zʅ^{21} dʑy^{21} dy^{21} n̩ə^{21} thy̩^{55} tɕhi^{33} le^{21} mə^{33} du^{33},
又 不 送 司汝妥罗 那样 仇人 有 地方 进出 又 不 规矩

y^{21} lɑ^{33} thɯ^{33} lo^{21} the^{21} mə^{33} tɕhi^{33}. | n̩i^{33} kɯ^{21} lɑ^{33} uɑ^{33} the^{55} n̩i^{21} ɕi^{33} khu^{33} ɕy^{55} mə^{33}
祖先 么 那里 （助） 不 送 尼庚拉瓦 那样 别人 门 站 不

du^{33}, zʅ^{13} dy^{21} o^{21} mə^{33} du^{33}, y^{21} lɑ^{33} thɯ^{33} lo^{21} the^{21} mə^{33} tɕhi^{33}. | sɑ^{33} lɑ^{21} gy̩^{33} bu^{21} ly^{21}
规矩 仇人 地 聚 不 规矩 祖先 么 那里 （助） 不 送 莎劳恭补 看

mə^{33} n̩i^{21}, pi^{21} ny̩^{21} khuɑ^{55} khɯ^{33} ɕy^{55} mə^{33} n̩i^{21}, y^{21} lɑ^{33} thɯ^{33} lo^{21} the^{21} mə^{33} tɕhi^{33}. |
不 能 焦味 碗 旁 站 不 能 祖先 么 那里 （助） 不 送

phy̩^{33} lɑ^{21} gɑ^{33} lɑ^{21}、pher^{21} sæ^{21} gɑ^{33} u^{21} o^{55} he^{21}、sʅ^{33} by̩^{33} sʅ^{55} tʂhər^{21} sʅ^{21} ɕi^{33} tshuɑ^{55}
神灵 胜神 盘神 禅神 嘎神 吾神 沃神 恒神 司补 三 代 三 百 六

tshər^{21} y^{21} gɑ^{33} lɑ^{21} so^{33} tʂhʅ^{33} uɑ^{21} me^{33}, phər^{21} nɑ^{55} lɯ^{33} kæ^{33} tsu^{55}, ɕi^{33} gə^{33} to^{55} khɯ^{55}
十 祖先 胜神 全部 所有 者 白 黑 交界处 别人 的 送垛鬼

do^{21} py̩^{55} pi^{21} ny̩^{21} dʑi^{55} khɯ^{33} bɯ^{33} mə^{33} n̩i^{21}, y^{21} lɑ^{33} tʂhʅ^{33} lo^{21} the^{21} mə^{33} tɕhi^{33}. | tshʅ^{55}
铎鬼 焦味 烧 处 去 不 能 祖先 么 那里 （助） 不 送 山羊

ʂʅ^{33} bu^{21} ʂʅ^{33} dʑi^{55} be^{33} py^{21} nɯ^{21} tʂhʅ^{33} khu^{55} bɯ^{33} mə^{33} ȵi^{21}, y^{21} lɑ^{33} tʂhʅ^{33} lo^{21} the^{21} mə^{33}
肉 猪 肉 烧 作祭祀 着 那里 去 不 能 祖先 么 那里 （助）不

tɕhi^{33}.
送

没有把祖先送到司巴景补所在的山上，没有把祖先送到司巴景姆所在的谷里。没有把祖先领到毒鬼所在的地方游荡玩耍，没有把祖先领到仄鬼所在的地方进出穿梭，没有把祖先领到楞启斯普所在的地方掷骰子玩牌，没有把祖先送到这些地方。不能让祖先像司汝妥罗那样进出于仇人居住的地方，不能让祖先像尼庚拉瓦那样聚集在仇人居住的地方。不能让祖先去看莎劳恭补，不能让祖先去闻别人所烧的焦味盆，不能让盘神、禅神、嘎神、吾神、沃神、恒神等所有的三百六十个胜神去到白黑交界处看别人送垛鬼、铎鬼，不能让祖先去到烧山羊肉和猪肉进行祭祀的地方，不能把祖先送到以上的地方。

71-D-65-42

tɕi^{55} khu^{33} py^{21} kv̩^{33} bɯ^{33} mə^{33} ȵi^{21}, y^{21} lɑ^{33} thɯ^{33} lo^{21} the^{21} mə^{33} tɕhi^{33}. | sɿ^{33} bv̩^{33} sɿ^{55}
退送口舌是非 处 去 不 能 祖先 么 那里 （助） 不 送 司补 三

tʂhər^{33} y^{21} gɑ^{33} lɑ^{21}, zɿ^{13} dy^{21} zɿ^{21} hɑ^{33} dzɿ^{33} mə^{33} du^{33}, zɿ^{13} dy^{21} tʂhər^{33} dʑi^{21} thɯ^{21} mə^{33} du^{33},
代 祖先 胜神 仇 地 仇 饭 吃 不 规矩 仇 地 药水 喝 不 规矩

zɿ^{13} dy^{21} zɿ^{21} dʑi^{33} tʂhə^{55} dʑi^{33} mu^{21} mə^{33} du^{33}, y^{21} lɑ^{33} zɿ^{13} dy^{21} le^{21} mə^{33} tɕhi^{33}. ‖ i^{33} dɑ^{21}
仇 地 仇 衣 污 衣 穿 不 能 祖先 么 仇 地 又 不 送 主人

tʂhʅ^{33} dʑi^{21} nɯ^{33}, phv̩^{33} lɑ^{21} gɑ^{33} lɑ^{21} sɿ^{21} ɕi^{33} tshuɑ^{55} tshər^{21} so^{33} tʂhʅ^{33} uɑ^{21} kæ^{33} tshu^{55} pɑ^{33}
这一家 由 神灵 胜神 三 百 六十 全部 所有 前 供奉

be^{33}, sɿ^{33} bv̩^{33} sɿ^{55} tʂhər^{33} y^{21} gɑ^{33}lɑ^{21} kæ^{33} hɑ^{33} le^{33} dzɿ^{33} iə^{55} du^{33}, ŋv̩^{33} hæ^{21} o^{33} tshu^{21} kæ^{33}
做 司补 三 代 祖先 胜神 前 饭 又 吃 给予 供 银 金 松石 墨玉 前

le^{33} du^{33}.｜y^{21} kæ^{33} dʑi^{21} thɯ^{21}、ʐʅ^{33} su^{21} thɯ^{21} be^{33} kæ^{33} le^{33} du^{33}.｜ɕi^{21} phər^{21} hɑ^{33} phər^{21}
又 供 祖先 前 水 喝 酒 纯 喝 地 前 又 供 稻 白 饭 白

dzʅ^{33} iə^{55} be^{33} le^{33} du^{33}.｜tʂhər^{21} nɑ^{55} ɕy^{55} mɑ^{21} by^{21} su^{21} bæ^{33} mi^{33} ɕy^{21} mi^{33} tshu^{55} pɑ^{33}
吃 给予 地 又 供 肥肉 瘦肉 翠柏 酥油 面 净 灯火 香火 供奉

be^{33}.｜ŋv̩^{33} hæ^{21} o^{33} tshu^{21} bɑ^{33} lɑ^{21} y^{21} le^{33} du^{33}.
做 银 金 松石 墨玉 衣服 祖先 又 供

不能把祖先送到退送口舌是非的地方。不能让司补三代祖先胜神吃仇人的饭，喝仇人的药水，不能穿仇人的污秽衣服，不能把祖先送到仇人的地方。这家主人供奉所有的三百六十个神灵和胜神，请祖先享用吃食供品，向三代司补祖先供上金、银、松石、墨玉，请祖先吃用白谷制成的白饭，请祖先喝醇清的酒。供上肥肉、瘦肉、翠柏、酥油、净面和灯火香火，献上金、银、松石、墨玉、衣服。

71-D-65-43

bɑ^{55} bɑ^{33} khu^{33} lu^{55} gv̩^{33} ty^{55} y^{21} gɑ^{33} lɑ^{21} kæ^{33} le^{33} tɕi^{33} iə^{55}.｜dɯ^{33} ȵi^{33} mə^{33} ty^{33} ty^{21},
花朵 垫褥 九 层 祖先 胜神 前 又 放 给予 一 天 无聊

dʑy^{21} kv̩^{33} khɯ^{33} khɯ^{55} lɑ^{33} mə^{33} ȵi^{21}, le^{33} tshʅ^{21} dʑy^{21} mə^{33} sʅ^{33}, tshʅ^{21} nɯ^{33} tɕhi^{33} i^{33} kv̩^{55},
山上 狗 放 也 不 要 又 来 山 不 知 鬼 由 缠住 会

le^{33} tshʅ^{21} dʑy^{21} mə^{33} sʅ^{33}, mu^{33} nɯ^{33} tɕhi^{33} i^{33} kv̩^{55}.｜o^{33} ɯ^{33} uɑ^{33} sy^{21} dʑy^{33} me^{33} dʑy^{21} ȵə^{21}
又 来 山 不 知 猛鬼 由 缠住 会 财宝 五 种 有 么 山里

le^{33} dzʅ^{21} lu^{33}, y^{21} gɑ^{33} lɑ^{21} i^{33} hæ^{21} dʑy^{21}、ŋv̩^{21} dʑy^{21}、o^{21} dʑy^{21} tshu^{21} dʑy^{21}、o^{33} ɯ^{33} uɑ^{33}
又 住 来 祖先 祖先 么 金 山 银 山 松石 山 墨玉 山 财宝 五

sy^{21} dʑy^{33} me^{33} dy^{21} i^{33} ɯ^{55} ɯ^{33} le^{33} dzʅ^{21} lu^{33}.｜o^{33} ɯ^{33} uɑ^{33} sy^{21} dʑy^{33} me^{33} lo^{21} lo^{21} le^{33}
种 有 么 地方 围绕 又 住 来 财宝 五 种 有 么 山谷 又

dzɿ^{21} lu^{33}, dʑi^{21} dʑy^{33} hɑ^{33} dʑy^{33} dy^{21} lo^{21} le^{33} dzɿ^{21} lu^{33}, bɑ^{55} bɑ^{33} dʑy^{33} me^{33} lo^{21}、ŋʏ^{21} lo^{21}、

住 来 水 有 饭 有 地方 又 住 来 花朵 有 么 里 银 谷

hæ^{21} lo^{21}、o^{21} lo^{21} tshu^{21} lo^{21} zi^{21} li^{33} le^{33} dzɿ^{21} lu^{33}. | dɯ^{33} ȵi^{33} mə^{33} ty^{33} ty^{21}, y^{21} lɑ^{33} ȵi^{33}

金 谷 松石谷 墨玉 谷 围绕 又 住 来 一 天 无聊 祖先 么 鱼

dʑy^{21} dʑi^{21} su^{21} khæ^{33} lo^{21} le^{33} dzɿ^{21} lu^{33}. | no^{21} by^{55} uɑ^{33} sy^{21} dʑy^{33} me^{33} dʑi^{21} khæ^{33} lo^{21} i^{33}

有 水 清 沟 里 又 住 来 宝物 五 种 有 的 水 沟 里面

ɯ^{55} ɯ^{33} le^{33} dzɿ^{21} lu^{33}. | no^{21} by^{55} uɑ^{33} sy^{21} dʑy^{33} me^{33} dy^{21} i^{33} ɯ^{55} ɯ^{33} le^{33} dzɿ^{21} lu^{33}. |

围绕 又 住 来 宝物 五 种 有 者 地方 围绕 又 住 来

y^{21} gɑ^{33} lɑ^{21} lɑ^{33} bu^{33} to^{55} dzɿ^{21} iə^{55} me^{33}

祖先 胜神 么 坡 上 住 (助) 么

献上有花朵装饰的九层垫褥。如果祖先有一天感到无聊，也不要到山上放狗打猎，山里不知祖先来到，因此会被猛鬼缠住。祖先要来到有五种宝物的山上，来到银山、金山、松石山、墨玉山上，要围绕在有五种宝物的山上。要来到有水有饭的地方，来到开满鲜花的地方。来到有银谷、金谷、松石谷、墨玉谷里，要围绕在有五种宝物的山谷里。如果有一天感到无聊，祖先要来到清水里游鱼的河沟里，围绕在有五种宝物的河沟里。请住在坡上的祖先保佑主人。

71-D-65-44

phʏ^{33} sɿ^{55} tʂhər^{33} i^{33} mu^{21} tɕy^{21} dɯ^{33} ly^{21} lu^{33}, y^{21} gɑ^{33} lɑ^{21} sɿ^{21} ɕi^{33} tshuɑ^{55} tshər^{21} tʂhɿ^{33} uɑ^{21}

祖先 三 代 么 下方 一 看 来 祖先 胜神 三 百 六十 所有

me^{33}, gə^{21} i^{33} he^{21} dy^{21} ly^{21} le^{33} dzɿ^{21}, | no^{21} by^{55} uɑ^{33} sy^{21} dʑy^{33} me^{33} dy^{21} ȵə^{21} ly^{21} le^{33}

者 上方 神 地 看 又 住 宝贝 五种 有 么 地方 看 又

dzɿ^{21}. | y^{21} gɑ^{33} lɑ^{21} tʂhɿ^{33} uɑ^{21}, mɯ^{21} i^{33} sɿ^{55} gə^{33} dy^{21} ȵə^{21} ly^{21} le^{33} dzɿ^{21}, | ly^{55} i^{33} be^{33}

住 祖先 胜神 所有 下方 活人 的 地方 看 又 住 中间

tshɿ^{21} zi^{33} gə^{33} dy^{21} ȵə^{21} ly^{21} le^{33} dzɿ^{21}. | dɯ^{33} tʂhər^{55}, phər^{21} sæ^{21} phʏ^{33} lɑ^{21} gɑ^{33} lɑ^{21} i^{33},
人类 的 地方 看 又 住 一 代 盘神 禅神 神灵 胜神 么

sɿ^{33} bʏ^{33} sɿ^{55} tʂhər^{33} y^{21} gɑ^{33}lɑ^{21} me^{33} i^{33}, i^{33} dɑ^{13} tɕər^{21} i^{33} gu^{33} lu^{21} kɑ^{33} le^{21} iə^{55}, ʂuɑ^{21} nɯ^{33}
司补 三 代 祖先 胜神 者 么 主人 对于 保佑 庇荫 给予 高 从

ɕy^{21} tɕər^{21} gu^{33} lu^{21} kɑ^{33} le^{21} iə^{55}, kho^{33} nɯ^{33} nʏ^{55} tɕər^{21} gu^{33} lu^{21} kɑ^{33} le^{21} iə^{55}, | dɑ^{21} nɯ^{33}
低 向 保佑 庇荫 给予 远 从 近 向 保佑 庇荫 给予 阴 从

bɑ^{21} phər^{21} kho^{55} i^{33} gu^{33} lu^{21}kɑ^{33} le^{21} iə^{55}. ‖ bi^{33} thʏ^{33} mə^{55} tʂhʅ^{33} ȵi^{33}, sɿ^{33} bʏ^{33} y^{21} gɑ^{33}
阳光 白 处 么 保佑 庇荫 给予 太阳出来的一天 司补 祖先 胜神

lɑ^{21} me^{33} nɯ^{33}, i^{33} dɑ^{13} tɕər^{21} me^{33} gu^{33} lu^{21}kɑ^{33} le^{21} le^{33} thy^{55} iə^{55}, dɯ^{33} ȵi^{33} gʏ^{33} dʑy^{21} kʏ^{33}
们 由 主人 对于 保佑 庇荫 又 赐 给予 一 天 九 山 上

ȵə^{21} thʏ^{33}, gʏ^{33} dʑy^{21} dzər^{21} to^{55} gɑ^{33} be^{33} ho^{55}.
面 到 九 山 强盗 对 胜 祝愿

请祖先站在高处却看往低处。请三百六十个祖先胜神，往上看着神地住下来，往下看着活人的地方住下来，中间看着崇人的地方住下来。一代，盘神、禅神等胜神和司补祖先胜神给予主人保佑和庇荫，从高处保佑低地，从远处庇荫近处，从阴地保佑阳地。太阳出来的一天，如果主人到九山上去，请祖先胜神保佑主人战胜山上遇到的强盗。

71-D-65-45

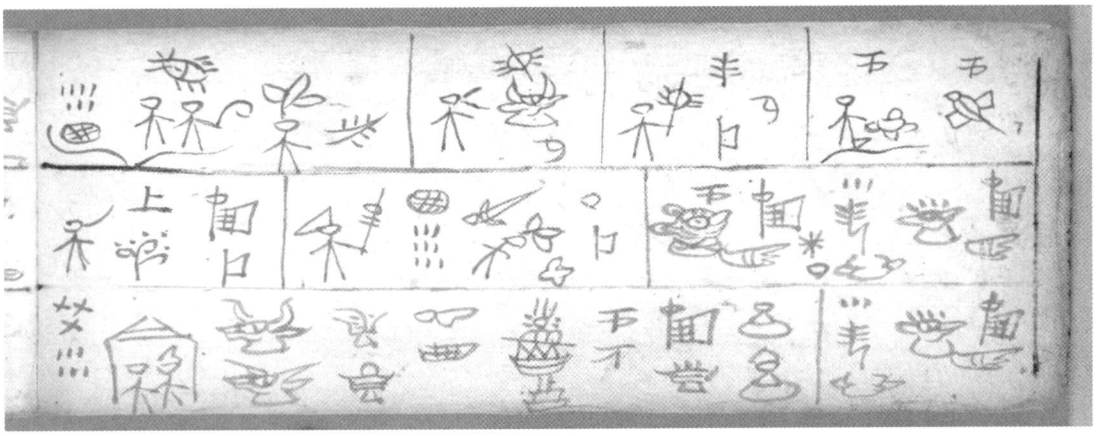

mɯ^{21} gə^{33} ʂər^{33} lo^{21} lo^{21} ȵə^{21} thʏ^{33}, ʂər^{33} lo^{21} dʐʅ^{33} ko^{33} pʏ^{55}, ʂər^{33} lo^{21} mu^{21} tɕər^{21} gɑ^{33} iə^{55}
下方 的 七 谷 里面 到 七 谷 土匪 遇到 七 谷 兵 对 胜 祝愿

ho^{55}. u^{33} zo^{33} khu^{33} lo^{21} zɿ^{21} lɯ^{55} zɿ^{21} dy^{55} zɿ^{21} y^{21} zɿ^{21} mæ^{33} ho^{55}. | o^{33} dze^{33} mə^{33} sɿ^{33}
自己 儿 门里 仇人 逃 仇人 追 仇人 捉 仇人 拿到 祝愿 财宝 不知

me^{33}, khu^{33} lo^{21} zɑ^{21} iə^{55} ho^{55}. | o^{33} dze^{33} mə^{33} sɿ^{33} me^{33}, zɿ^{33} be^{33} khu^{33} lo^{21} dzu^{21} iə^{55}
么 嘴里 降 祝愿 财宝 不 知 么 世代 地 门里 掉 祝愿

ho^{55} , dʑi^{33} bɯ^{33} dɯ^{33} ȵi^{33} i^{33}, zʅ^{33} phər^{21} mæ^{33} iə^{55} ho^{55}; gv̩^{33} bɯ^{33} dɯ^{33} ȵi^{33} i^{33}, dzo^{33}
走 要 一 天 么 路 白 得到 祝愿 渡 要 一 天 么 桥

phər^{21} mæ^{33} iə^{55} ho^{55}. | dzʅ^{33} ʂə^{55} dzʅ^{33} tɕər^{21} gɑ^{33} iə^{55} ho^{33}, | dæ^{21} le^{33} zʅ^{21} mu^{21} gv̩^{33} kv̩^{55}
白 得到 祝愿 纠纷 调解 纠纷 对 赢 祝愿 勇敢 么 仇 兵 九 个

mu^{21} le^{33} sy^{55} iə^{55} ho^{55}. | phv̩^{33} lɑ^{21} gɑ^{33} lɑ^{21} tv̩^{33} tv̩^{21} kɯ^{33} kɯ^{21} me^{33}、sʅ^{33} bv̩^{33} sʅ^{55} tʂhər^{33}
往下 杀 祝愿 神灵 胜神 千 千 万 万 者 司补 三 代

y^{21} gɑ^{33} lɑ^{21} sʅ^{21} ɕi^{33} tshuɑ^{55} tshər^{21} kæ^{33}, i^{33} dɑ^{13} tʂhʅ^{33} dɯ^{33} dʑi^{21} nɯ^{33} tshu^{55} pɑ^{33} be^{33},
祖先 胜神 三 百 六十 前 主人 这 一 家 由 供奉 做

bər^{33} y^{21} zʅ^{33} hɑ^{33} tʂhər^{21} nɑ^{55} ɕy^{55} mɑ^{21} nɯ^{33}, phər^{21} sæ^{21} gɑ^{33} u^{21} o^{55} he^{21} kæ^{33} i^{33}
牦牛 绵羊 酒 饭 肥肉 瘦肉 翠柏 酥油 用 盘神 禅神 嘎神 吾神 沃神 恒神 面前

tshu^{55} pɑ^{33} be^{33}, | sʅ^{33} bv̩^{33} sʅ^{55} tʂhər^{33} y^{21} gɑ^{33} lɑ^{21} kæ^{33} tshu^{55} pɑ^{33} be^{33}.
供奉 做 司补 三 代 祖先 胜神 前 供奉 做

如果主人到七座箐谷里去，请祖先胜神保佑主人战胜七座谷里的土匪和仇兵，祝愿主人追到捉到拿到从门下逃跑的仇人。祝愿不知道的财宝降到嘴巴里，祝愿不认识的财宝世代掉进大门里。祝愿想走时得到白路，想渡时得到白桥。祝愿赢得调解的纠纷，祝愿勇敢地战胜九个仇兵并能杀死它们。请千千万万个神灵胜神和三百六十个三代司补祖先胜神保佑主人家，主人家用牦牛、绵羊、酒、饭、肥肉、瘦肉、翠柏、酥油供奉祖先，供奉盘神、禅神、嘎神、吾神、沃神、恒神。

71-D-65-46

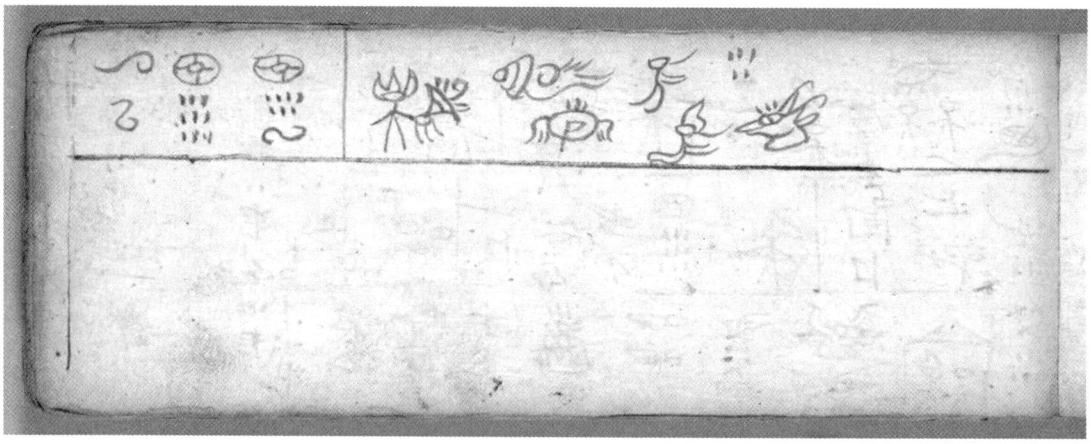

gv̩^{33} ȵi^{33} gu^{33} lu^{21}、ʂər^{33} ȵi^{33} kɑ^{33} le^{21} iə^{55}, | lɯ^{55} kv̩^{33} py^{33} bv̩^{21} nɯ^{33}, hæ^{33} ʂʅ^{21} tʂər^{33} lər^{21}
九 天 保佑 七 天 庇荫 给予 祭司 由 金 黄 板铃

do^{55}, dv̩^{33} phər^{21} bər^{21} kho^{33} mu^{21}, o^{21} hər^{21} dɑ^{33} khə^{21} lɑ^{55}; zo^{33} ɯ^{33} mi^{55} ɯ^{33} nɯ^{33}, phv̩^{33}
摇 海螺 白 号角 吹 绿松石 大鼓 擂 男 好 女 好 由 神灵

la^{21} ga^{33} la^{21} y^{21} ga^{33} la^{21} tʂhʅ^{33} ua^{21} tɕər^{21} tshu^{55} pa^{33} le^{33} be^{33} se^{21}.
胜神 祖先 胜神 所有 向 供奉 又 做 了

请神灵和祖先给予九天的保佑，给予七天的庇荫。祭司摇着金黄色的板铃，吹起白海螺的号角，擂起绿松石的大鼓供奉神灵和祖先，好男好女们已经供奉神灵和祖先了。

71-D-65-47

封底

（释读：习煜华 翻译：习煜华）

418-D-66-01

zʅ^{33} tʂu^{55} py^{21} • kuɑ^{55} uo^{55} • se^{33} do^{33} tshʅ^{55} •

bæ^{33} mi^{33} tʂʅ^{55} • phy̩^{33} lɑ^{21} sɑ^{55} me^{55}

延寿仪式 · 撒神粮 · 竖神石 · 点神灯 · 迎请神灵

418-D-66 延寿仪式·撒神粮·竖神石·点神灯·迎请神灵

【内容提要】

主人家为了向神灵求得寿岁和福分，选择年好月好日好的一天，请祭司设神坛献上各种各样的供品，向各尊能给予寿岁和福分的神灵撒神粮。竖神石镇压鬼，并向神灵点上灯火，供神以后，祝愿主人家求寿得寿，祈福得福，子孙同堂。

【英文提要】

Prolonging Life Ritual, Seeding Sacred Grain,

Erecting Sacred Stone, Lighting Sacred Lantern, Greeting the Gods

In order to pray for longevity and fortunes, the family chose an auspice day, asked priest to build an altar and offer various oblations. The priest seeded sacred grain to those gods who could bless longevity and fortunes. He erected sacred stone to suppress ghosts and lit sacred lantern. After the consecration, it blessed the family with longevity, fortunes and posterity.

418-D-66-02

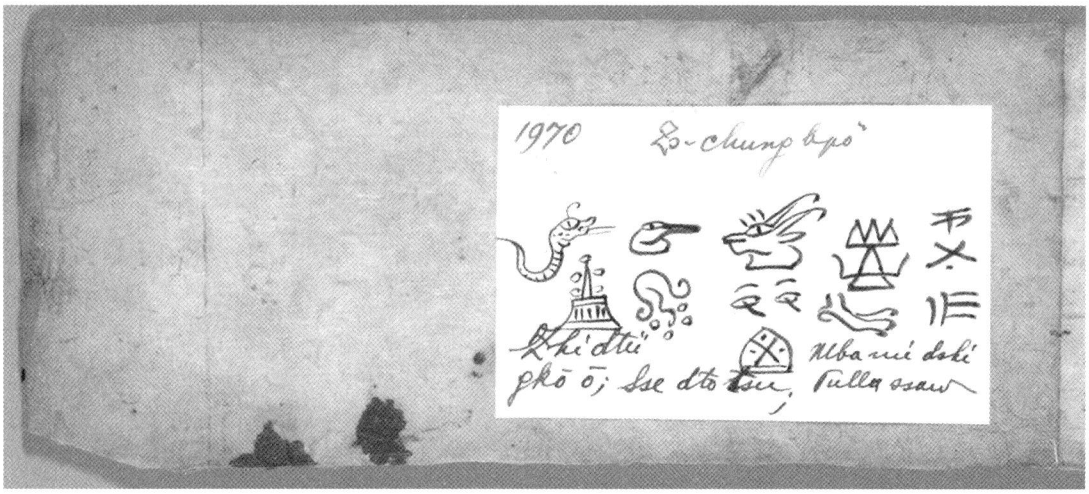

上方的“1970”为洛克收藏经书的编号，并用洛克音标标注了经书用于延寿仪式。
中间为记写的东巴文书名：设神坛・撒神粮・竖神石・点神灯・请神。
下方以洛克音标标注了书名的读音。

418-D-66-03

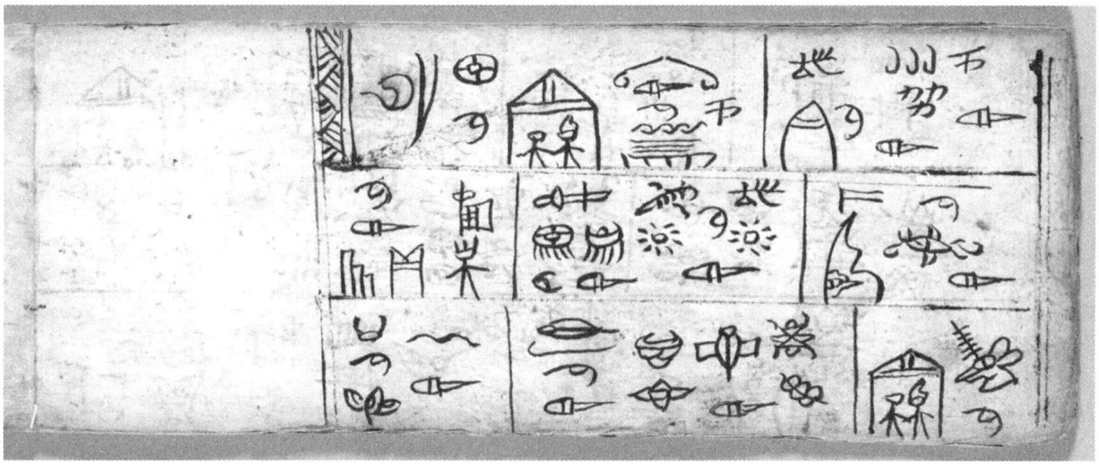

bi^{33} thy̩^{33} mə^{55} tʂhʅ^{33} ȵi^{33}, i^{33} dɑ^{13} tʂhʅ^{33} dɯ^{33} dʑi^{13}, mɯ^{33} ne^{21} dy^{21} mə^{33} tsu^{55}, tɕi^{21}
太阳出来的这天 主人这一家 天 和 地 不 接 云

phər^{21} hər^{33} phər^{21} me^{33} nɯ^{33} tsu^{55}; so^{33} ne^{21} dʑy^{21} mə^{33} tsu^{55}, hɯ^{21} nɑ^{55} be^{33} phər^{21} me^{33}
白 风 白 者 由 接 岭 和 山 不 接 大雨 雪 白 者

nɯ^{33} tsu^{55}; dzʅ^{33} nɯ^{21} uə^{33} mə^{33} tsu^{55}, gɑ^{33}nɯ^{33} tshʅ^{55} le^{33} tsu^{55}; | bi^{33} ne^{21} le^{21} mə^{33} tsu^{55},
来 接 村 和 寨 不 接 强盛 树立 又 接 日 和 月 不 接

khy̩^{55} ɯ^{33} so^{33} ɯ^{33} me^{33} nɯ^{33} tsu^{55}; | æ^{21} suɑ^{21} dʑy^{21} suɑ^{21} le^{33} mə^{33} tsu^{55}, bæ^{33} zi^{33} me^{33}
启明星 长庚星 者 由 接 崖 高 山 高 又 不 接 蜂 美 者

nɯ^{33} tsu^{55}; kho^{33} nɯ^{21}ny̩^{55} mə^{33} tsu^{55}, zʅ^{33} gy̩^{33} ʂər^{21}nɯ^{33} tsu^{55}; | dʑi^{21} ne^{21} khæ^{33} mə^{33} tsu^{55},
由 接 远 和 近 不 接 道路 长 由 接 水 和 渠 不 接

ŋɣ̩^{21} dzo^{21} hæ^{21} dzo^{21} o^{33} dzo^{21} tshu^{21} dzo^{21} me^{33} nɯ^{33} tsu^{55}. | i^{33} dɑ^{13} tʂhʅ^{33} dɯ^{33} ʥi^{13}, khɣ̩^{55}
银 桥 金 桥 松石 桥 墨玉 桥 者 由 接 主人 这 一 家 寿

ne^{21} zʅ^{33} mə^{33} tsu^{55},
和 岁 不 接

太阳出来的这一天，主人家向神灵祈求寿岁，就像天和地不接，用白风白云相连接；岭和山不接，用大雨白雪相连接；村和寨不接，树立强盛相连接；太阳和月亮不相接，用启明星和长庚星连接；高山和悬崖不相接，用漂亮的蜜蜂相连接；远处和近处不相接，用悠长的道路相连接；水渠和沟壑不连接，用银桥、金桥、松石桥和墨玉桥相连接。主人这一家，与寿岁不连接，

418-D-66-04

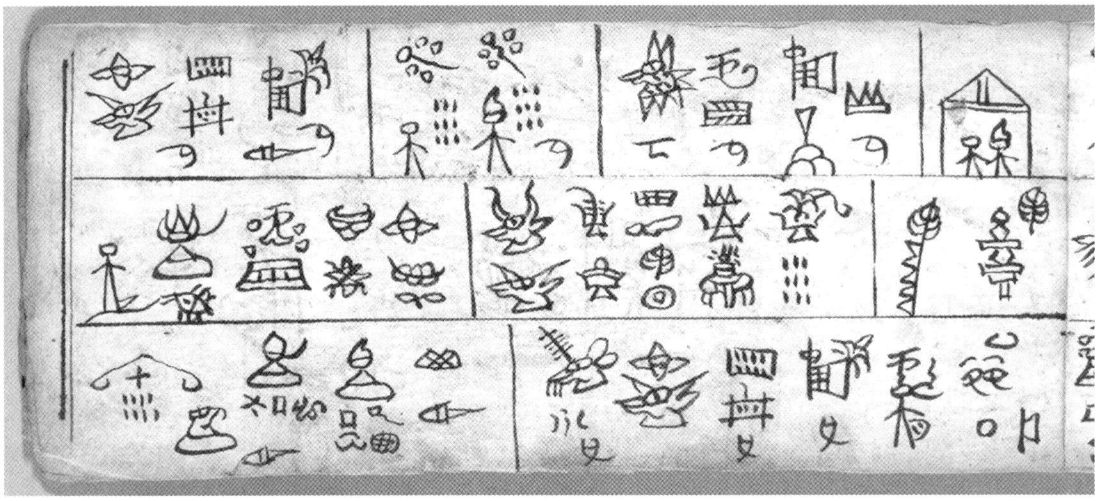

nɯ^{21} o^{21} hɯ^{21} dzæ^{33} le^{21} mə^{33} tsu^{55}, gɑ^{33} ne^{21} zi^{33} i^{33} le^{21} mə^{33} tsu^{55}, | huɑ^{21} zo^{33} gɣ̩^{33}
生儿 育女 富足 有余 又 不 接 强盛 和 美丽 么 又 不 接 华神 儿 九

kɣ̩^{33} huɑ^{21} mi^{55} gɣ̩^{33} kɣ̩^{55} le^{21} mə^{33} tsu^{55}, | py^{21} tso^{33} phɑ^{21} pɯ^{21} le^{21} mə^{33} tsu^{55}, gɑ^{33} kho^{21}
个 华神 女 九 个 又 不接 祭祀 规矩 占卜 方法 又 不接 胜利桩

tho^{55}、gɑ^{33} lɣ̩^{33} tshʅ^{21}、gɑ^{33} mi^{33} khɯ^{55} i^{33} le^{21} mə^{33} tsu^{55}. | i^{33} dɑ^{13} tʂhʅ^{33} dɯ^{33} ʥi^{13},ze^{55}
打 胜利 石 竖 胜利 火 烧 么 又 不接 主人这一家

tɕi^{33} bə^{33} y^{21} tʂər^{21}, lɯ^{55} kɣ̩^{33} py^{33} bɣ̩^{21} dy^{55}. sʅ^{33} phər^{21} zʅ^{21} lɣ̩^{33} tɯ^{21}, ŋɣ̩^{33} hæ^{21} o^{33}
勤快的年轻人 派 祭司 请 毡子 白 神坛 设 银 金 绿松石

tshu^{21} i^{33} dɑ^{55} iə^{55}, | bər^{33} y^{21} zʅ^{33} hɑ^{33} tʂhər^{21} nɑ^{55} ɕy^{55} mɑ^{21} be^{33}, bæ^{33} mi^{33} ɕy^{21} mi^{33}
墨玉 供品 献 牦牛 绵羊 酒 饭 肥肉 瘦肉 翠柏 酥油 做 灯火 香火

tʂʅ^{55}, tʂhər^{33} ɯ^{33} gɣ̩^{33} sy^{21} be^{33}, | ɕy^{55} hər^{21} le^{33} ʥi^{21} tso^{55}, ɕy^{55} hər^{21} thɑ^{55} le^{33} tshʅ^{55}, |
点 药草 九 种 做 翠柏 梯子 做 翠柏 塔 又 建

mɯ^{33} tɕər^{21} tshe^{21} ho^{55} ty^{33} gə^{33} lɑ^{33} tʂʅ^{21} to^{21} mi^{55}、to^{55} i^{33} dʑi^{33} mu^{33} khə^{21} le^{33} tsu^{55}, |

天上 十八 层 的 拉直朵命 朵衣景姆 旁 又 接

khv̩^{55} by^{33} zʅ^{33} by^{33} le^{33} me^{55} bɯ^{33}, nɯ^{21} by^{33} o^{21} by^{33} hɯ^{21} by^{33} dzæ^{33} by^{33} le^{33} me^{55}

岁 份 寿 份 又 祈 要 生儿 份 育女 份 富裕 份 兴旺 份 又 祈

bɯ^{33}, gɑ^{33} ne^{21} zi^{33} i^{33} le^{33} me^{55} bɯ^{33}, i^{33} dɑ^{13} kv̩^{33} phər^{21} dzæ^{33} ʂʅ^{21} 、phv̩^{33} do^{21} lɯ^{55} do^{21}

要 胜利 和 美丽 么 又 祈 要 主人 头 白 牙 黄 祖 见 孙 见

gv̩^{33} be^{33} ho^{55}.

成为 祝愿

与生儿育女不连接，与强盛和美丽不连接，与九个华神①的儿子和九个华神的姑娘不连接，与祭祀的规矩和占卜的方法不连接，与胜利桩和胜利火不连接，主人家就派年轻小伙子去请祭司举行延寿仪式。用白毡子铺设神坛，献上金、银、松石、墨玉，献上牦牛、绵羊、酒、饭、肥肉、瘦肉、翠柏、酥油、灯火、香火和九种草药，献上翠柏梯子、建翠柏塔，供奉十八层天上的拉直朵命神、朵衣景姆神，向神灵祈求寿岁的福分，祈求生儿育女的福分，祈求富足兴旺的福分，祈求强盛美丽的福分。祝愿这家主人的寿岁活到头长白发、嘴出黄牙，祝愿子孙同堂。

418-D-66-05

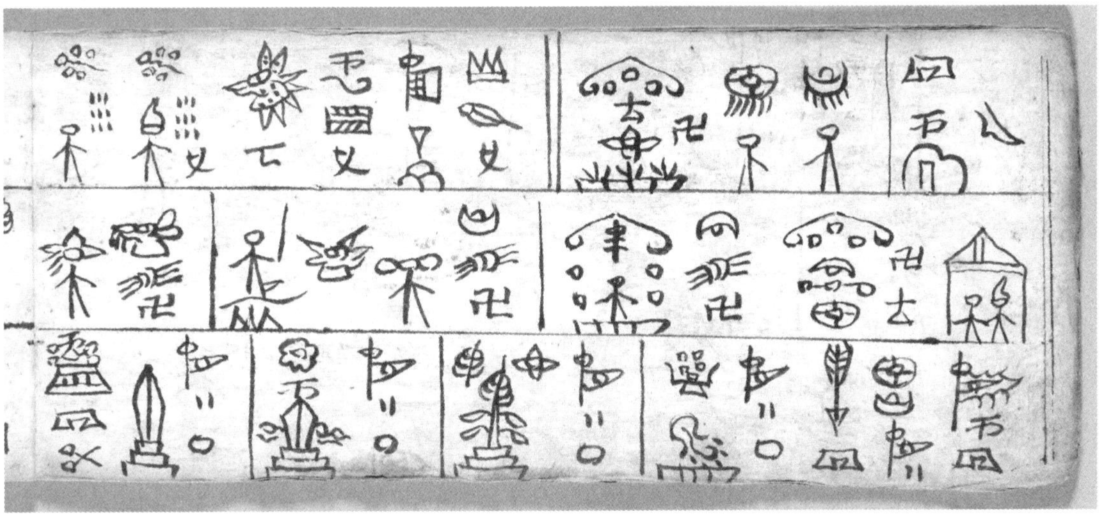

huɑ^{21} zo^{33} gv̩^{33} kv̩^{55} huɑ^{21} mi^{55} gv̩^{33} kv̩^{55} i^{33} le^{33} me^{55}, py^{21} tso^{33} phɑ^{21} pɯ^{21} i^{33} le^{33} me^{55},

华神 子 九 个 华神① 女 九 个 么 又 祈 祭祀 规矩 占卜 方法 么 又 祈求

gɑ^{33} kho^{21} tho^{55}、gɑ^{33} lv̩^{33} tshʅ^{55} 、gɑ^{33} mi^{33} khɯ^{55}、gɑ^{33} dʑi^{21} i^{33} le^{33} me^{55}. | mɯ^{33} lɑ^{33} kɯ^{21}

胜利 桩 钉 胜利 石 竖 胜利 火 烧 胜利 水 流 又 祈求 天 么 星

dzʅ^{21} tʂhʅ^{33} ȵi^{33} ɯ^{33}, dy^{21} lɑ^{33} zə^{21} y^{21} tʂhʅ^{33} ȵi^{33} hər^{21},uæ^{33} nɯ^{33} bi^{33} thv̩^{33} lv̩^{21}, i^{21} nɯ^{33} le^{21}

有 这 天 好 地 么 草 生 这 天 绿 左边 太阳 出 暖 右边 月光

① 华神：主宰人类之神。

tshe^{55} bu^{33}, | gə^{21} i^{33} lɑ^{33} sɑ^{33} to^{55} khɯ^{33} phər^{21}, gv̩^{33} dzɿ^{21} khv̩^{55} tsɿ^{21} ɯ^{33}； | mu^{21} i^{33}
明 上方 拉萨垛肯盘 藏族 年 算 好 下方

bv̩^{33} lv̩^{55} zʅ^{33} zɑ^{21} mæ^{33}, le^{33} bv̩^{33} he^{33} tsɿ^{21} ɯ^{33}； | mɯ^{33} ne^{21} dy^{21} ly^{55} gv̩^{33}, nɑ^{21} ɕi^{33} hɑ^{55}
补鲁日饶满 白族 月 算 好 天 和 地 中央 纳西 日

tsɿ^{21} ɯ^{33}. mɯ^{33} ɯ^{33} dy^{21} ɯ^{33} khv̩^{55} ɯ^{33} he^{33} ɯ^{33} hɑ^{55} ɯ^{33} kɯ^{21} ɯ^{33} zy^{21} ɯ^{33} gə^{33} tʂhʅ^{33} n̥i^{33},
算 好 天 好 地 好 年 好 月 好 日 好 星 好 蕊星 好 的 这 天

i^{33} dɑ^{13} tʂhʅ^{33} dɯ^{33} dʑi^{13}, sɿ^{33} phər^{21} zʅ^{21} lv̩^{33}gə^{21} nɯ^{33} tɯ^{21}, tshɿ^{33} su^{33} phər^{21} me^{33} gə^{21} le^{33}
主人 这 一 家 毡子 白 神坛 上方 设 犁头 铁 白 者 上 又

tɕi^{33}, dʑy^{21} nɑ^{55} zo^{55} lo^{33} the^{55} n̥i^{33} gv̩^{33}； | sɿ^{33} phər^{21} the^{21} le^{33} tɕi^{33}, dʑy^{21} nɑ^{55} zo^{55} lo^{33} kv̩^{33}
放 居那若罗 那样 成 羊毛 白（助）又 放 居那若罗 上

gə^{33} tɕi^{21} phər^{21} the^{55} n̥i^{21} gv̩^{33}； | ɕy^{55} hər^{21} the^{21} tshu^{55} hæ^{21} i^{33} bɑ^{33} dɑ^{21} dzər^{21} me^{33} the^{13}
的 云 白 那样 成 翠柏 （助） 插 含依巴达树 者 那样

n̥i^{21} gv̩^{33}； | kuɑ^{55} the^{21} o^{55} me^{33} dy^{21} n̥ə^{21} lər^{55} phv̩^{55} the^{55} n̥i^{21} gv̩^{33}； sɿ^{55} gə^{33} no^{21} by^{55}
成 神粮（助）撒 么 地 上 撒种 那样 成 素神 的 宝贵

lɯ^{33} sɿ^{33} the^{21} le^{33} tshu^{55}, n̥i^{33} me^{33} he^{33} me^{33} the^{55} n̥i^{33} gv̩^{33}. the^{33} phər^{21} gə^{21} le^{33} tshu^{55},
箭 （助）又 插 太阳 月亮 那样 成 旗 白 上 又 插

好男好女祈求九个华神儿子似的生殖力，祈求九个华神女儿似的繁衍力；祈求祭祀的规矩和占卜的方法；祈求胜利之桩常钉，胜利之石常竖，胜利之火常燃，胜利之水常流。天上出星星，这天的星星特别璀灿；地上长青草，这天的青草特别嫩绿；左边升起太阳，这天的太阳特别温暖；右边升起月亮，这天的月亮特别皎洁。上方拉萨垛肯盘，住着善于算年份的藏族人，算出的年份这年好；下方补鲁日饶满，住着善于算月份的白族人，算出的月份这月好；天地中央住着善于算日子的纳西人，算出的日子这日好。在天好地好、星星好、蕊星好、太阳好、月亮好的这一天，在年好月好日好的这一天，主人家要铺上白毡子在上方陈设神坛，神坛上竖起的犁头就像居那若罗神山那样高大，犁头上缠绕的白羊毛就像若罗山顶上的白云那样美丽，神坛上插着的翠柏就像含依巴达神树那样常青，供起的神粮就像种子撒在大地上那样旺盛，素神的宝贵长箭插在上方，就像日、月那样闪亮。上方插着白旗，就那样光彩夺目，

418-D-66-06

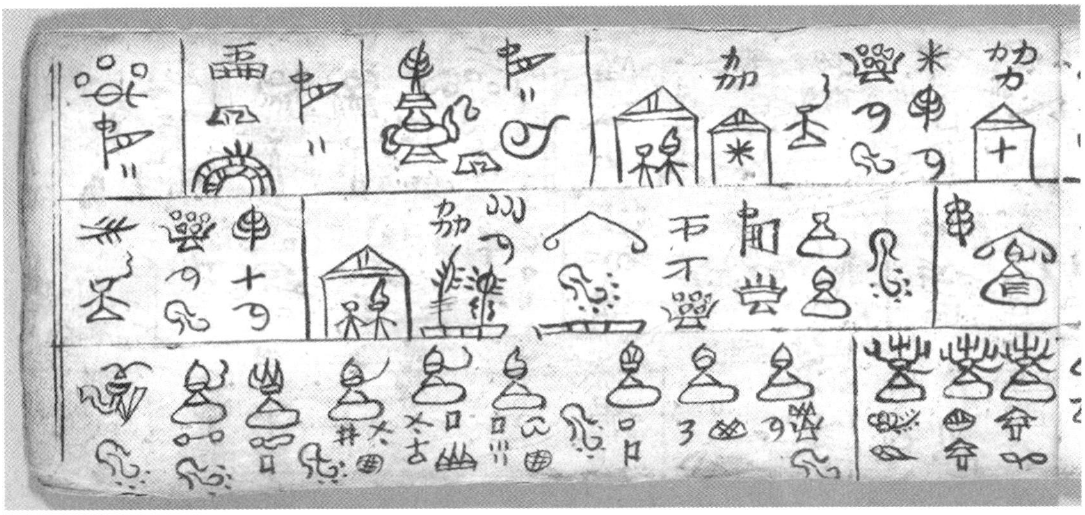

kɯ^{21} ne^{21} zɑ^{21} me^{33} the^{55} ȵi^{21} gv̩^{33}; | tho^{33} phe^{33} phər^{21} me^{33} gə^{21} le^{33} ʂʅ^{21}, mɯ^{33} lɯ^{55} ʂʅ^{33}
星 和 娆星 者 那样 成 土布 白 者 上 又 铺 彩虹

hər^{21} the^{55} ȵi^{33} gv̩^{33}; | ɕy^{55} her^{21} pu^{21} bɑ^{33} gə^{21} le^{33} tɕi^{33}, mɯ^{33} lɯ^{55} dɑ^{33} dʑi^{21} hɯ^{55} me^{33}
那样 成 翠柏 净水壶 上 又 放 美利达吉 海 者

the^{55} ȵi^{21} gv̩^{33}. | i^{33} dɑ^{13} tʂhʅ^{33} dɯ^{33} dʑi^{13}, be^{33} kv̩^{33} tv̩^{21} dʑi^{21} dzʅ^{21}, tv̩^{21} kuɑ^{55} tʂhə^{21} mə^{33}
那样 成 主人 这 一 家 村 头 千 家 住 千 神粮 这里 不

uo^{55}, tv̩^{21} ɕy^{33} tʂhə^{21} mə^{33} be^{33}; be^{33} mæ^{33} ɕi^{33} dʑi^{21} dzʅ^{21}, ɕi^{33} kuɑ^{55} tʂhə^{21} mə^{33} uo^{55}, ɕi^{33}
撒 千 祭 这里 不 做 村 尾 百 家 住 百 神粮 这里 不 撒 百

ɕy^{33} tʂhə^{21} mə^{33} be^{33}. | i^{33} dɑ^{13} tʂhʅ^{33} dɯ^{33} dʑi^{13} , tshʅ^{33} gə^{33} ɕi^{33} phər^{21} mə^{33} fv̩^{33} me^{33}gə^{33}
祭 这里 不 做 主人 这 一 家 冬天 的 稻谷 白 不 瘪 者 的

kuɑ^{55} le^{33} uo^{55}, zu^{21} gə^{33} dze^{33} ɕy^{21} mə^{33} huɑ^{55} me^{33} gə^{33} kuɑ^{55} le^{33} uo^{55}. mɯ^{33} tɕər^{21} kuɑ^{55}
神粮 又 供 夏天 的 麦 红 不 锈 者 的 神粮 又 撒 天 上 神粮

uo^{55} kɯ^{21} iə^{21} dzʅ^{33}, dy^{21} tɕər^{21} kuɑ^{55} uo^{55} zə^{21} iə^{21} dzʅ^{33}. phər^{21} ne^{21} sæ^{21}、gɑ^{33} ne^{21} uo^{21}、
撒 星 似 增 地 上 神粮 撒 草 似 繁 盘神 和 禅神 嘎神 和 吾神

o^{55} ne^{21} he^{21} tɕər^{21} kuɑ^{55} le^{33} uo^{55}. | tɕy^{55} tshu^{21}, mɯ^{33} gə^{33} sɑ^{21} i^{33} uə^{33} de^{33} kuɑ^{55} le^{33}
沃神 和 恒神 向 神粮 又 撒 最初 天 的 刹依威德 神粮 又

uo^{55}, i^{33} gv̩^{21} ə^{33} kə^{21} kuɑ^{55} le^{33} uo^{55}, he^{21} dɯ^{21} o^{33} phər^{21} kuɑ^{55} le^{33} uo^{55},to^{33} bɑ^{21} ʂər^{55} lər^{33}
撒 依谷阿格 神粮 又 撒 恒迪窝盘 神粮 又 撒 东巴什罗

kuɑ^{55} le^{33} uo^{55}, gu^{33} lɑ^{21} kə^{55} mu^{33} kuɑ^{55} le^{33} uo^{55},lɑ^{33} tʂʅ^{21} to^{21} mi^{55} kuɑ^{55} le^{33} uo^{55},to^{21} uɑ^{33}
神粮 又 撒 恭劳构姆 神粮 又 撒 拉直朵命 神粮 又 撒 朵瓦

ʥi^{33} mu^{33} kuɑ^{55} le^{33} uo^{55}, kɯ^{21} khu^{55} dv̩^{21} dʐʅ^{33} 、se^{55} se^{33} khə^{33} ʥə^{21}、mɑ^{55} mi^{33} pɑ^{33} lər^{33}
景姆 神粮 又 撒 格空毒支 胜生柯久 冒米巴拉

kuɑ^{55} le^{33}uo^{55}, | lər^{21}ʥə^{33} tɕi^{55}ʥə^{33}、lər^{21}pɑ^{33} thɑ^{33}kə^{55}、thɑ^{55} iə^{33} ti^{33} bɑ^{33} kuɑ^{55} le^{33} uo^{55}. |
神粮 又 撒 朗久敬久 罗巴涛构 套优丁巴 神粮 又 撒

白旗就像星星和娆星那样闪亮；铺在上方的白布就像彩虹那样五光十色；插着翠柏的净水壶就像美利达吉海那样浩瀚。村头有千家，但不是千家都来这里撒神粮；村尾住百家，但不是百家都来这里撒神粮，是主人家在这里向神撒神粮。供上冬天产出的不瘪的白谷，供上夏天产出的不锈的红麦。向天撒神粮则天上布满星星，向地撒神粮则地上长遍青草。向盘神、禅神、嘎神、吾神、沃神、恒神撒神粮。最早，向天上的刹依威德撒神粮，向依谷阿格、恒迪窝盘、东巴什罗、恭劳构姆、拉直朵命、朵瓦景姆、格空毒支、胜生柯久、冒米巴拉撒神粮，向朗久敬久、罗巴涛构、套优丁巴撒神粮。

418-D-66-07

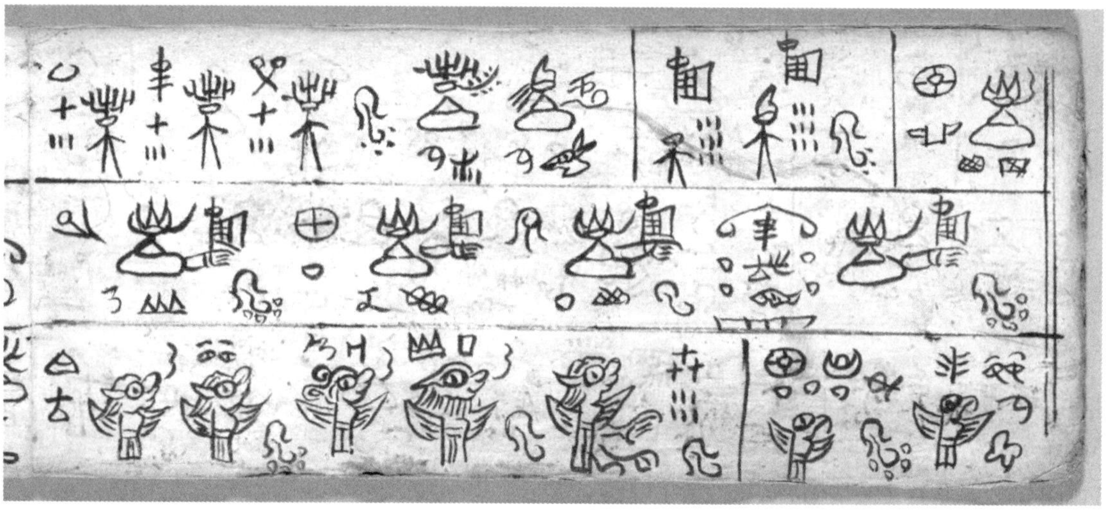

y^{21} phy^{55} tʂuɑ^{21} so^{33} tshe^{21} sʅ^{55} kv̩^{33}, y^{21} ly^{55} tʂuɑ^{21} so^{33} tshe^{21} sʅ^{55} kv̩^{33}, y^{21} tɕi^{55} tsuɑ^{21} so^{33}
余聘爪梭 十 三 个 余吕爪梭 十 三 个 余敬爪梭

tshe^{21} sʅ^{55} kv̩^{33} kæ^{33} kuɑ^{55} le^{33} uo^{55}, mə^{33} py^{21} dzi^{33} zʅ^{21}、mə^{33} phɑ^{21} ɯ^{33} hɑ^{55} kæ^{33} i^{33} kuɑ^{55}
十 三 个 前 神粮 又 撒 莫毕精如 莫盘恩浩 前 么 神粮

le^{33} uo^{55}. | gɑ^{33} zo^{33} gv̩^{55} kv̩^{33} gɑ^{33} mi^{55} gv̩^{55} kv̩^{33} kæ^{33} i^{33} kuɑ^{55} le^{33} uo^{55}. | n̥i^{33} me^{33} thv̩^{33}
又 撒 胜利 男 九 个 胜利 女 九 个 前 么 神粮 又 撒 东方

gə^{33} gə^{21} tshe^{55} tshe^{55} bu^{33} kæ^{33} i^{33} kuɑ^{55} le^{33} uo^{55}, | i^{33} tʂhʅ^{33} mɯ^{21} gə^{33} se^{55} zʅ^{33} mi^{21} gu^{33}
的 格衬称补 前 么 神粮 又 撒 南方 的 胜日明恭

kæ^{33} i^{33} kuɑ^{55} le^{33} uo^{55}, n̥i^{33} me^{33} gv̩^{21} gə^{33} nɑ^{55} se^{33} tʂhu^{33} lu^{21} kæ^{33} i^{33} kuɑ^{55} le^{33} uo^{55},ho^{33}
前 么 神粮 又 撒 西方 的 纳生初卢 前 么 神粮 又 撒

gv̩^{33} lo^{21} gə^{33} gv̩^{33} se^{33} khə^{33} bɑ^{21} kæ^{33} i^{33} kuɑ^{55} le^{33} uo^{55}, mɯ^{33} ne^{21} dy^{21} ly^{55} gv̩^{33} gə^{33}
北方 的 古生抠巴 前 么 神粮 又 撒 天 和 地 中央 的

so^{33} y^{21} tsi^{55} gv̩^{33} kæ^{33} i^{33} kuɑ^{55} le^{33} uo^{55}.| thv̩^{33} tʂʅ^{33} iə^{33} mɑ^{21}、ȵə^{33} ȵə^{21} iə^{33} mɑ^{21}、pɑ^{33}
梭余晋古 前 么 神粮 又 撒 吐蚩优麻 扭扭优麻

u^{33} iə^{33} mɑ^{21}、mi^{21} to^{33} iə^{33} mɑ^{21} kæ^{33} i^{33} kuɑ^{55} le^{33} uo^{55}, tʂʅ^{21} dzʅ^{21} iə^{33} mɑ^{21} khuɑ^{33} dzʅ^{21}
巴乌优麻 明朵优麻 前 么 神粮 又 撒 爪 长 优麻 蹄 长

iə^{33} mɑ^{21} dv̩^{33} dzʅ^{21} iə^{33} mɑ^{21} kæ^{33} i^{33} kuɑ^{55} le^{33}uo^{55}.| bi^{33} gə^{33} to^{33} kə^{21}、le^{21} gə^{33} to^{33} kə^{21}、
优麻 翅 长 优麻 前 么 神粮 又 撒 太阳 的 端格 月亮 的 端格

kɯ^{21}gə^{33} to^{33} kə^{21} kæ^{33} i^{33} kuɑ^{55} le^{33} uo^{55},to^{33} kə^{21} mə^{33} sʅ^{33} sy^{21} mə^{33} ʥy^{33}、mə^{33} do^{21} sy^{21}
星 的 端格 前 么 神粮又 撒 端格 不 知 何 没 有 不 见 何

mə^{33} ʥy^{33}.|
没 有

向十三个余聘爪梭撒神粮，向十三个余吕爪梭撒神粮，向十三个余敬爪梭撒神粮，向莫毕精如、莫盘恩浩撒神粮，向九个胜利的男子和九个胜利的女子撒神粮。向东方的格衬称补撒神粮，向南方的胜日明恭撒神粮，向西方的纳生初卢撒神粮，向北方的古生抠巴撒神粮，向天和地中央的梭余晋古撒神粮，向吐蚩优麻、扭扭优麻、巴乌优麻、明朵优麻撒神粮，向长爪优麻、长蹄优麻、长翅优麻撒神粮，向太阳的端格、月亮的端格、星星的端格撒神粮，端格是无所不知、无所不见的战神。

418-D-66-08

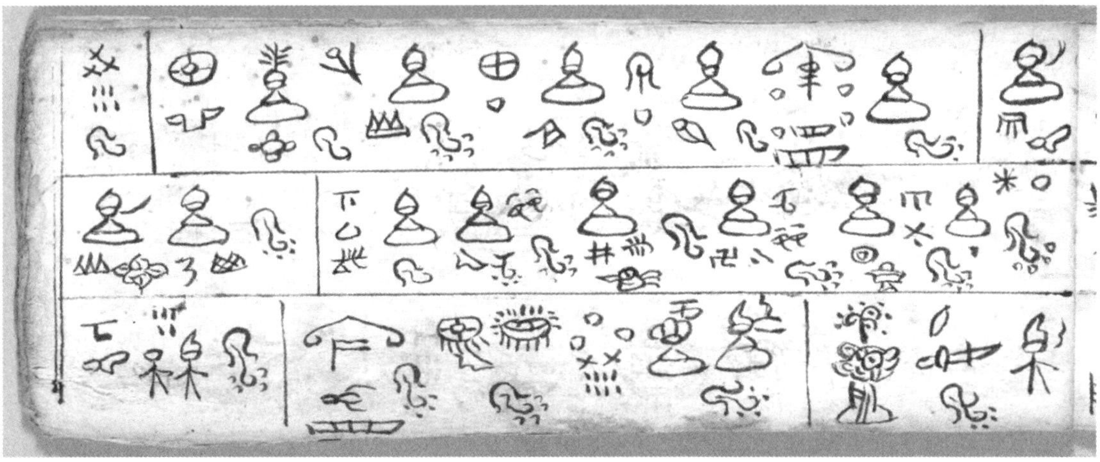

to^{21} kə^{21} sʅ^{21} ɕi^{33} tshuɑ^{55} tshər^{21} kæ^{33} i^{33} kuɑ^{55} le^{33} uo^{55}.| ȵi^{33}me^{33} thv̩^{33} sər^{33} gə^{33} he^{33} dɯ^{21}
端格 三 百 六十 前 么 神粮 又 撒 东方 木 的 神 大

kæ^{33} i^{33} kuɑ^{55} le^{33} uo^{55}; i^{33} tʂhʅ^{33} mɯ^{21}, mi^{33} gə^{33} he^{33} dɯ^{21} kæ^{33} i^{33} kuɑ^{55} le^{33} uo^{55}; ȵi^{33}
前 么 神粮 又 撒 南方 火 的 神 大 前 么 神粮 又 撒 西方

me^{33} gv̩^{21}, su^{21} gə^{33} he^{33} dɯ^{21} kæ^{33} i^{33} kuɑ^{55} le^{33} uo^{55}; ho^{33} gv̩^{33} lo^{21}, dʑi^{21} gə^{33} he^{33} dɯ^{21}
铁 的 神 大 前 么 神粮 又 撒 北方 水 的 神 大

kæ^{33} i^{33} kuɑ^{55} le^{33} uo^{55}; mɯ^{33} ne^{21} dy^{21} lv̩^{55} gv̩^{33}, tʂʅ^{33} gə^{33} he^{33} dɯ^{21} kæ^{33} i^{33} kuɑ^{55} le^{33}
前 么 神粮 又 撒 天 和 地 中央 土 的 神 大 前 么 神粮 又

uo^{55}. | tsuɑ^{21} ʂʅ^{33} he^{33} dɯ^{21} kæ^{33}、mi^{21} dʑy^{33} he^{33} dɯ^{21}、se^{55} se^{33} khə^{33} dʑə^{21} kæ^{33} i^{33} kuɑ^{55} le^{33}
撒 爪史 神 大 前 明居 神 大 胜生柯久 前 么 神粮 又

uo^{55}, | ɕɑ^{13} phv̩^{33} so^{33} he^{33} dɯ^{21} kæ^{33} i^{33} kuɑ^{55} le^{33} uo^{55}, bə^{33} ʂʅ^{21} sæ^{33} do^{33} kæ^{33} i^{33} kuɑ^{55}
撒 雄普梭 神 大 前 么 神粮 又 撒 白沙 山朵 前 么 神粮

le^{33} uo^{55}, gu^{21} be^{33} tʂhʅ^{21} huɑ^{21} kæ^{33} i^{33} kuɑ^{55} le^{33} uo^{55}, ɯ^{55} le^{33} to^{33} ʂæ^{33} tɑ^{55} ʂʅ^{21} kæ^{33} i^{33}
又 撒 大研 城隍 前 么 神粮 又 撒 恩冷 东山 大 神 前 么

kuɑ^{55} le^{33} uo^{55}, mɑ^{21} hɑ^{55} kɑ^{33} lɑ^{33} kæ^{33} i^{33} kuɑ^{55} le^{33} uo^{55}, he^{21} dɯ^{21} dɯ^{33} tv̩^{21} dɯ^{33} kɯ^{21}
神粮 又 撒 麻浩嘎拉 前 么 神粮 又 撒 神 大 一 千 一 万

kæ^{33} i^{33} kuɑ^{55} le^{33} uo^{55}, | tʂo^{33} ʂʅ^{21} uɑ^{55} be^{33} gu^{33}、tʂo^{33} mi^{55} uɑ^{55} me^{33} he^{21} kæ^{33} kuɑ^{55} le^{33}
前 么 神粮 又 撒 灶神 五 兄弟 灶神 女 五 姐妹 前 神粮 又

uo^{55}; | mɯ^{33} dʑy^{33} ku^{33} suɑ^{21} zʅ^{33} nɯ^{33} py^{21} me^{33} dzə̢r^{21}、dy^{21} dʑy^{33} khuə^{55} gɯ^{21} zʅ^{33} nɯ^{33}
撒 天 有 高远 时代 从 祭 的 威力 地 有 深邃 时代 从

py^{21} me^{33} dzə̢r^{21}、bi^{33} thv̩^{33} khɯ^{33} ʂer^{21} zʅ^{33} nɯ^{33} py^{21} me^{33} dzə̢r^{21}、le^{21} thv̩^{33} uə^{55} uə^{33} zʅ^{33}
祭 的 威力 日 出 光线 长 时代 从 祭 的 威力 月 出 圆满 时代

nɯ^{33} py^{21} me^{33} dzə̢r^{21} kæ^{33} kuɑ^{55} le^{33} uo^{55}, kɯ^{21} ɯ^{33} n̩i^{33} tsər^{21} ho^{55} kɯ^{21} kæ^{33} i^{33} kuɑ^{55} le^{33}
从 祭 的 威力 前 神粮 又 撒 星 好 二 十 八 宿 前 么 神粮 又

uo^{55}, du^{21} kv̩^{33} phər^{21}、se^{21} dzæ^{33} ʂər^{21} kæ^{33} kuɑ^{55} le^{33} uo^{55}. | dzʅ^{33} lɑ^{21} ə^{33} phv̩^{33} mɯ^{33}、
撒 卢神 头 白 沈神 牙 长 前 神粮 又 撒 孜劳阿普 天父

tshe^{55} hɯ^{21} ə^{33} dzʅ^{33} dɑ^{33} kæ^{33} kuɑ^{55} le^{33} uo^{55}.
衬恒阿孜 地祇 前 神粮 又 撒

向三百六十个优麻、端格战神撒神粮。向东方的属木大神撒神粮，向南方的属火大神撒神粮，向西方的属铁大神撒神粮，向北方的属水大神撒神粮，向天地中央的属土大神撒神粮。向爪史、明居、胜生柯久大神撒神粮，向雄普梭大神、白沙山朵大神、大研镇的城隍大神、恩冷的东山大神撒神粮，向麻浩嘎拉等千千万万的大神撒神粮，向灶神五兄弟和灶神五姐妹撒神粮。向祭天后使天穹高远时代的威力撒神粮，向祭地以后使地面深邃时代的威力撒神粮，向祭太阳以后使太阳光线更长时代的威力撒神粮，向祭月亮以后使月亮更加圆满时代的威力撒神粮，向祭星以后使二十八星宿更加璀灿时代的威力撒神粮。向白头卢神和黄牙沈神撒神粮。向天父孜劳阿普撒神粮，向地母衬恒阿孜撒神粮。

418-D-66-09

mɯ^{33} lɯ^{55} du^{21} dzɿ^{33}、tshɿ^{55} tsuɑ^{33} ʥi^{33} mu^{33} kæ^{33} i^{33} kuɑ^{55} le^{33} uo^{55}. iə^{21} lɑ^{55} di^{33} duɑ^{33}、
美利董主 茨爪金姆 前 么 神粮 又 撒 尤拉丁端

thɑ^{55} i^{33} lɑ^{33} mu^{33} kæ^{33} i^{33} kuɑ^{55} le^{33} uo^{55}, | tɑ^{33} tsə^{33} ə^{33} u^{55}、tshɑ^{33} zɑ^{21} ʨhy^{21} mu^{33} kæ^{33}
套依拉姆 前 么 神粮 又 撒 岛周欧吾 操娆曲姆 前

i^{33} kuɑ^{55} le^{33} uo^{55}, | tsho^{21} ze^{33} lɯ^{55} ɯ^{33}、tshe^{55} hɯ^{21} bu^{33} bə^{21} kæ^{33} i^{33} kuɑ^{55} le^{33} uo^{55}. |
么 神粮 又 撒 崇忍利恩 衬恒褒白 前 么 神粮 又 撒

kɑ^{33} le^{21} kɑ^{33} tshy^{55}、ʥi^{33} mi^{55} ʥi^{33} tsɿ^{33} kæ^{33} i^{33} kuɑ^{55} le^{33} uo^{55}. | to^{21} ne^{21} u^{21}、tsv̩^{55} ne^{21}
高勒高趣 金命金兹 前 么 神粮 又 撒 朵神 和 吾神 连接神 和

huɑ^{21}、dzɿ^{33} ne^{21} uə^{33}、hər^{33} ne^{21} lɯ^{55} kæ^{33} i^{33} kuɑ^{55} le^{33} uo^{55}, | ə^{33} phv̩^{33} gv̩^{33} ʈʂhər^{55} dzə̣r^{21}
华神 村神 和 寨神 风神 和 猎神 前 么 神粮 又 撒 祖父 九 代 威力

dɯ^{21} kæ^{33} i^{33} kuɑ^{55} le^{33} uo^{55}, phv̩^{33} sɿ^{55} ʈʂhər^{33} gə^{33} dzə̣r^{21} dɯ^{21} kæ^{33} i^{33} kuɑ^{55} le^{33} uo^{55}, y^{21}
大 前 么 神粮 又 撒 祖先 三 代 的 威力 大 前 么 神粮 又 撒 祖先

ʨy^{55} ʈʂhər^{55} gə^{33} y^{21} gɑ^{33} lɑ^{21} 、| y^{21} ly^{21} ʈʂhər^{55} gə^{33} y^{21} gɑ^{33} lɑ^{21}、y^{21} ʨi^{55} ʈʂhər^{55} gə^{33} y^{21}
最早 代 的 祖先 胜神 祖先 中间代 的 祖先 胜神 祖先 最末代 的 祖先

gɑ^{33} lɑ^{21} kæ^{33} kuɑ^{55} le^{33} uo^{55}, y^{21} gɑ^{33} lɑ^{21} gə^{33} sɿ^{21} ɕi^{33} tshuɑ^{55} tshər^{21} kæ^{33} i^{33} kuɑ^{55} le^{33}
胜神 前 神粮 又 撒 祖先 胜神 的 三 百 六十 前 么 神粮 又

uo^{55}. | y^{21} tsi^{55} phv̩^{33} lɑ^{21} sɿ^{21} ɕi^{33} tshuɑ^{55} tshər^{21} kæ^{33} i^{33} kuɑ^{55} le^{33} uo^{55}, y^{21} tsi^{55} gɑ^{33} lɑ^{21}
撒 余晋 神灵 三 百 六十 前 么 神粮 又 撒 余晋 胜神

dɯ^{33} tv̩^{21} dɯ^{33} kɯ^{21} kæ^{33} i^{33} kuɑ^{55} le^{33} uo^{55}. |
一 千 一 万 前 么 神粮 又 撒

向美利董主、茨爪金姆撒神粮，向尤拉丁端、套依拉姆撒神粮，向岛周欧吾、操娆曲姆撒神

粮，向崇忍利恩、衬恒褒白撒神粮，向高勒高趣、金命金兹撒神粮， 向朵神和吾神①、连接神和华神、村神和寨神、风神和猎神撒神粮，向大威力的九代祖父胜神撒神粮，向大威力的祖先三代胜神撒神粮，向最早辈的祖先胜神撒神粮，向中间辈的祖先胜神撒神粮，向最小辈的祖先胜神撒神粮，向三百六十位祖先胜神撒神粮，向三百六十位余晋②大神撒神粮，向一千一万个余晋胜神撒神粮。

418-D-66-10

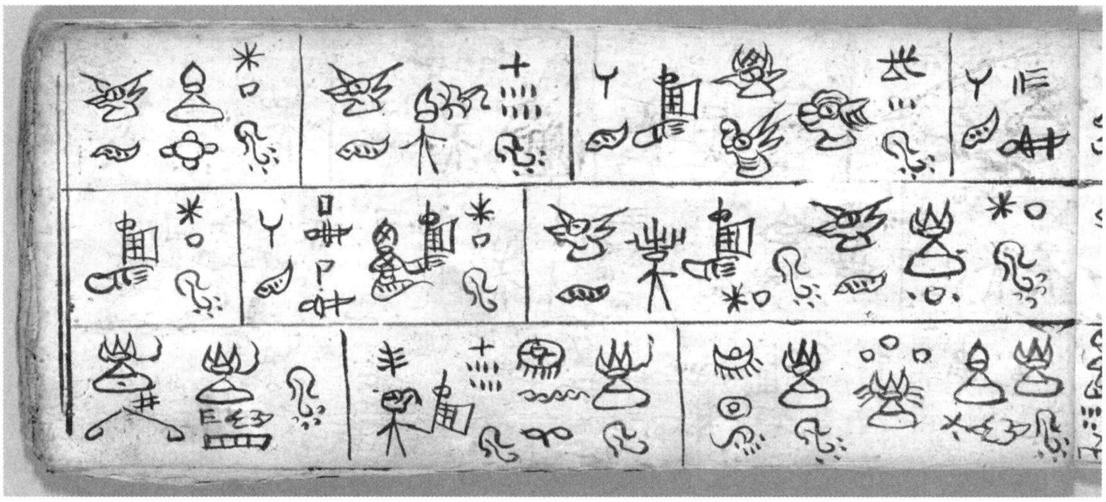

y^{21} tsi^{55} he^{33} dɯ^{21} dɯ^{33} tv̩^{21} dɯ^{33} kɯ^{21} kæ^{33} i^{33} kuɑ^{55} le^{33} uo^{55}, | y^{21} tsi^{55} mi^{55} zi^{33} tshe^{21}
余晋 神 大 一 千 一 万 前 么 神粮 又 撒 余晋 女 美 十

ho^{21} kv̩^{33} kæ^{33} kuɑ^{55} le^{33} uo^{55}, | y^{21} tsi^{55} gɑ^{33} lɑ^{21} bər^{21} tɕhy^{33} si^{13} so^{33} sɿ^{55} kv̩^{33} kæ^{33} i^{33}
八 个 前 神粮 又 撒 余晋 胜神 大鹏 青龙 狮子 三 三 个 前 么

kuɑ^{55} le^{33} uo^{55}, | y^{21} tsi^{55} sɑ^{21} dɑ^{55} gɑ^{33} lɑ^{21} tv̩^{33} tv̩^{21} kɯ^{33} kɯ^{21} kæ^{33} i^{33} kuɑ^{55} le^{33} uo^{55}, |
神粮 又 撒 余晋 刹道 胜神 千 千 万 万 前 么 神粮 又 撒

y^{21} tsi^{55} to^{33} dɑ^{55} ko^{21} dɑ^{55} sɿ^{21} gɑ^{33} lɑ^{21} tv̩^{33} tv̩^{21} kɯ^{33} kɯ^{21} kæ^{33} i^{33} kuɑ^{55} le^{33} uo^{55}, | y^{21}
余晋 朵道 各道 署 胜神 千 千 万 万 前 么 神粮 又 撒 余晋

tsi^{55} be^{21} dæ^{33} gɑ^{33} lɑ^{21} tv̩^{33} tv̩^{21} kɯ^{33} kɯ^{21} kæ^{33} i^{33} kuɑ^{55} le^{33} uo^{55}, y^{21} tsi^{55} py^{33} bv̩^{21} tv̩^{33}
本丹 胜神 千 千 万 万 前 么 神粮 又 撒 余晋 祭司 千

tv̩^{21} kɯ^{33} kɯ^{21} kæ^{33} i^{33} kuɑ^{55} le^{33} uo^{55}, | mɯ^{33} gə^{33} py^{33} bv̩^{21} nɑ^{55} bv̩^{33} so^{33} gu^{33}、dy^{21} gə^{33}
千 万 万 前 么 神粮 又 撒 天 的 祭司 纳补梭恭 地 的

py^{33} bv̩^{21} sɑ^{33} bv̩^{33} sɑ^{33} lɑ^{21} kæ^{33} i^{33} kuɑ^{55} le^{33} uo^{55}, | tho^{33} kə^{55} gɑ^{33} lɑ^{21} tshe^{21} ho^{55} kv̩^{33}
祭司 莎补莎劳 前 么 神粮 又 撒 妥构 胜神 十 八 个

kæ^{33} kuɑ^{55} le^{33} uo^{55}, bi^{21} gə^{33} py^{33} bv̩^{21} tɕi^{55} thɑ^{55} tɕi^{55} iə^{33} kæ^{33} i^{33} kuɑ^{55} le^{33} uo^{55}, | le^{21}
前 神粮 又 撒 日 的 祭司 敬套敬尤 前 么 神粮 又 撒 月

---

① 朵神和吾神：为好运之神，例如，在狩猎时有朵神和吾神的保佑，就会得到成背的猎获物。
② 余晋：音译，不知为何在神名前冠以“余晋”两字，存疑。

gə33 py33 bʏ21 tər21 mɑ55 tər21 dʐʅ33 kæ33 i33 kuɑ55 le33 uo55, kɯ21 gə33 py33 bʏ21 lo21pɑ55 zi55
的 祭司 呆冒呆支 前 么 神粮 又 撒 星 的 祭司 罗巴汝冉

zæ33 kæ33 i33 kuɑ55 le33 uo55, iə21 lɑ55 di33 duɑ33 py33 bʏ21 lɑ21 bʏ33 thʏ33 kə55 kæ33 i33 kuɑ55
前 么 神粮 又 撒 尤拉丁端 祭司 劳补妥构 前 么 神粮

le33 uo55, |
又 撒

向余晋千千万万个大神撒神粮，向余晋十八个美女撒神粮，向余晋大鹏、青龙、狮子三个战神撒神粮，向千千万万个余晋刹道大神撒神粮，向千千万万个余晋朵道各道胜神撒神粮，向千千万万个余晋本丹胜神撒神粮，向千千万万个余晋祭司撒神粮。向天上的祭司纳补梭恭、地上的祭司莎补莎劳撒神粮，向十八个妥构胜神撒神粮。向太阳的祭司呆冒呆支撒神粮，向月亮的祭司敬套敬尤[①]撒神粮，向星宿的祭司罗巴汝冉撒神粮。向尤拉丁端的祭司劳补妥构撒神粮，

418-D-66-11

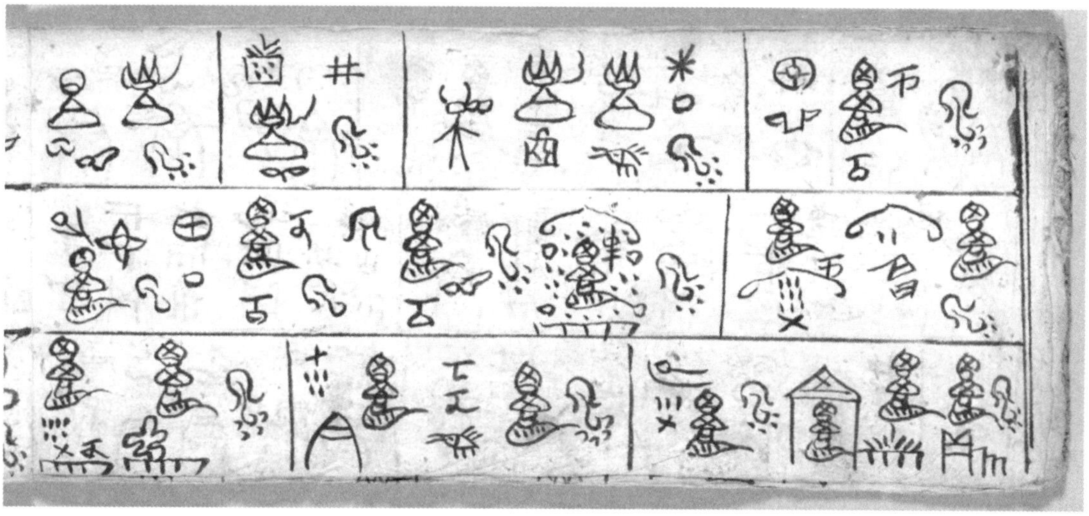

mɯ33 lɯ55 du21 dzʅ33 py33 bʏ21 i21 ʂʅ55 o33 dzo33 kæ33 i33 kuɑ55 le33 uo55, | sʅ13 gə33 py33 bʏ21
美利董主 祭司 益世窝佐 前 么 神粮 又 撒 署 的 祭司

iə21 ȵi55 tɕi33 gu33 kæ33 i33 kuɑ55 le33 uo55, | tsho21 ze33 lɯ55 ɯ33 py33 bʏ21 dʑə21 bʏ33 thʏ33
尤聂金恭 前 么 神粮 又 撒 崇忍利恩 祭司 久补土蚩

tʂhʅ33 kæ33 i33 kuɑ55 le33 uo55, lɯ55 kʏ33 py33 bʏ21 dɯ33 tʏ21 dɯ33 kɯ21 kæ33 i33 kuɑ55 le33
前 么 神粮 又 撒 祭司 东巴 一 千 一 万 前 么 神粮 又

uo55. | ȵi33 me33 thʏ33, sʅ33 pher21 lʏ33 phər21 kæ33 i33 kuɑ55 le33 uo55; | i33 tʂhʅ33 mɯ21,
撒 东方 署 白 龙 白 前 么 神粮 又 撒 南方

sʅ33 hər21 lʏ33 hər21 kæ33 i33 kuɑ55 le33 uo55; ȵi33 me33 gʏ21, sʅ33 nɑ21 lʏ33 nɑ21 kæ33 i33 kuɑ55
署 绿 龙 绿 前 么 神粮 又 撒 西方 署 黑 龙黑 前 么 神粮

① 敬套敬尤：日的祭司应为“呆冒呆支”，“敬套敬尤”是月的祭司，此处有错。

le^{33} uo^{55}；ho^{33} gv̩^{33} lo^{21}, sʅ^{33} ʂʅ^{21} lv̩^{33} ʂʅ^{21} kæ^{33} i^{33} kuɑ^{55} le^{33} uo^{55}；mɯ^{33} ne^{21} dy^{21} ly^{55} gv̩^{33},
又 撒 北方 署 黄 龙 黄 前 么 神粮 又 撒 天 和 地 中央

sʅ^{33} dzæ^{21} lv̩^{33} dzæ^{21} kæ^{33} i^{33} kuɑ^{55} le^{33} uo^{55}. | mɯ^{33} kv̩^{33} sʅ^{21} pher^{21} gv̩^{33} tshər^{21} gv̩^{33}[①] dzʅ^{33}
署 杂色 龙 杂色 前 么 神粮 又 撒 天 上 署 白 九 十 九 个

kæ^{33} i^{33} kuɑ^{55} le^{33} uo^{55}, ȵo^{55} gə^{33} ty^{33} u^{21} kæ^{33} i^{33} kuɑ^{55} le^{33} uo^{55}； | dy^{21} gə^{33} sʅ^{21} nɑ^{21} ʂər^{33}
前 么 神粮 又 撒 纽格敦乌 前 么 神粮 又 撒 地 的 署 黑 七

tshər^{21} ʂər^{33} dzʅ^{33} kæ^{33} i^{33} kuɑ^{55} le^{33} uo^{55}, ȵo^{55} sɑ^{33} ɕo^{33} lo^{21} kæ^{33} i^{33} kuɑ^{55} le^{33} uo^{55}； | ʥy^{21}
十 七 个 前 么 神粮 又 撒 纽沙许罗 前 么 神粮 又 撒 山

gə^{33} uɑ^{33} tshər^{21} uɑ^{33} dzʅ^{33} sʅ^{21} kæ^{33} kuɑ^{55} le^{33} uo^{55}；tse^{33} nɑ^{33} lɯ^{21} tʂhʅ^{33} kæ^{33} i^{33} kuɑ^{55} le^{33}
的 五 十 五 个 署 前 神粮 又 撒 增纳林斥 前 么 神粮 又

uo^{55}； | lo^{21} gə^{33} sʅ^{33} tshər^{21}sʅ^{55} dzʅ^{33} sʅ^{21} kæ^{33} kuɑ^{55} le^{33} uo^{55}, ʥi^{21} ne^{21} dæ^{33} lo^{21} dzʅ^{21} me^{33}
撒 谷 的 三 十 三 个 署 前 神粮 又 撒 房子 与 宅基 里 住 的

sʅ^{21} kæ^{33} kuɑ^{55} le^{33} uo^{55}, dzʅ^{33} ne^{21} uə^{33} lo^{21} dzʅ^{21} me^{33} sʅ^{21} kæ^{33} kuɑ^{55} le^{33} uo^{55}.
署 前 神粮 又 撒 村 与 寨 里 住 的 署 前 神粮 又 撒

向美利董主的祭司益世窝佐[②]撒神粮，向署家的祭司尤聂金恭撒神粮，向崇忍利恩的祭司久补土蚩撒神粮，向一千一万个祭司撒神粮。向东方的白署白龙撒神粮，向南方的绿署绿龙撒神粮，向西方的黑署黑龙撒神粮，向北方的黄署黄龙撒神粮，向天地中央的杂色署杂色龙撒神粮。向天上的九十九个白署和纽格敦乌撒神粮，向地上的七十七个黑署黑龙和纽沙许罗撒神粮，向山上的五十五个署和增纳林斥撒神粮，向谷里的三十三个署撒神粮，向住在房子与宅基地里的署撒神粮，向住在村寨里的署撒神粮。

418-D-66-12

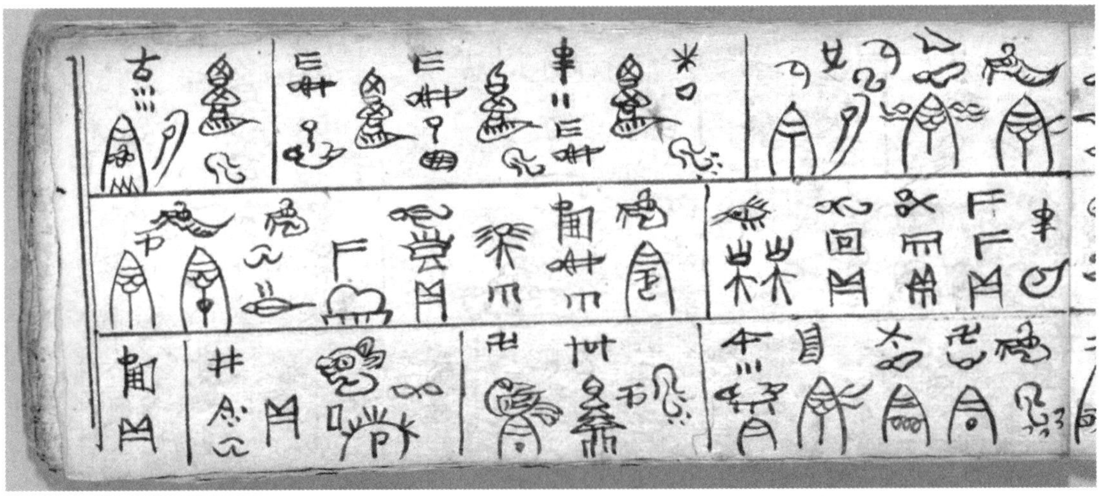

① 原经书的象形字写成“九十”，但是在“祭署”或一些经书中，东巴释读成“九十九”，这里也译成“九十九”，以下“七十”译成“七十七”等。

② 益世窝佐：音译人名，因方言差异，有的译为“伊世科佐”。

dʑy^{21} mi^{21} lo^{21} mi^{21} ze^{21} dɯ^{21} dzʅ^{21} me^{33} tʂhʅ^{33}uɑ^{21}① sʅ^{21} kæ^{33} kuɑ^{55} le^{33} uo^{55}. | sɑ^{21} dɑ^{55} dʑi^{33}
山 名 谷 名 哪 大 住 者 所有 署 前 神粮 又 撒 刹道景补

bv̩^{33} 、sɑ^{21} dɑ^{55} dʑi^{33} mu^{33} sʅ^{21} kæ^{33} kuɑ^{55} le^{33} uo^{55}, ly^{33} ȵi^{33} sɑ^{21} dɑ^{55} sʅ^{21} kæ^{33} kuɑ^{55} le^{33}
刹道景姆 署 前 神粮 又 撒 吕尼刹道 署 前 神粮 又

uo^{55}, tv̩^{33} tv̩^{21} kɯ^{33} kɯ^{21} sʅ^{21} kæ^{33} kuɑ^{55} le^{33} uo^{55}. | u^{33} dy^{21} dʑy^{21} mə^{33} uɑ^{21}, u^{33} gu^{33} lu^{21}
撒 千 千 万 万 署 前 神粮 又 撒 自己 地 山 不 是 自己 保佑

mə^{33} lo^{21}, u^{33} dy^{21} lo^{21}mə^{33} uɑ^{21}, u^{33} kɑ^{33} le^{21}mə^{33} lɯ^{33}. | bə^{33}ʂʅ^{21} ŋv̩^{33} lv̩^{33} dʑy^{21} ʂʅ^{55} ʐʅ^{21}, |
无力 自己 地 谷 不 是 自己 庇荫 不 来 白沙 雪山 世日

ʐər^{21} ŋv̩^{33} lv̩^{33} ʂʅ^{55} ʐʅ^{21}, phər^{21} ŋv̩^{33} lv̩^{33}ʂʅ^{55} ʐʅ^{21}, nɑ^{21} ŋv̩^{33} lv̩^{33} ʂʅ^{55} ʐʅ^{21}, i^{33} bi^{21} dʑi^{21} ʂʅ^{55} ʐʅ^{21},
文笔雪山 世日 白 雪山 世日 黑 雪山 世日 金沙江 世日

suɑ^{21} bu^{21} kv̩^{33}、ə^{33} u^{33} uə^{33}、si^{33} ko^{21}、kɑ^{33} dɑ^{55} ko^{21}、no^{33} phər^{21} dʑy^{21} ʂʅ^{55} ʐʅ^{21}, | lɯ^{55}
高 坡 上 阿吾坞 生阁 嘎道阁 乳 白 山 世日

tshʅ^{33} tshʅ^{33}、ə^{33} tɑ^{55} uə^{33}、tɕi^{55} tʂuɑ^{21} kv̩^{33}、suɑ^{33} suɑ^{21} uə^{33}、ly^{55} hɯ^{55} gɑ^{33} uə^{33}、| gu^{21}
利楚楚 阿道坞 敬爪古 刷刷坞 中济嘎坞

be^{33} i^{33} gv̩^{21} uə^{33}、gv̩^{21} to^{55} lɑ^{33} iə^{21} ko^{21}、| ɯ^{55} le^{33} le^{33} kæ^{21} dʑy^{21}、kæ^{21} kv̩^{33} thɑ^{55} phər^{21}
大研镇坞 古垛拉尤阁 恩冷 冷刚 山 关坡 塔 白

dʑy^{21}, tʂhʅ^{33} dy^{21} tʂhʅ^{33} dʑy^{21} ʂʅ^{55} ʐʅ^{21} kæ^{33} i^{33} kuɑ^{55} le^{33} uo^{55}, | mu^{33} pu^{21} sʅ^{33} bv̩^{33} dʑy^{21}、
山 这 地 这 山 世日 前 么 神粮 又 撒 文笔村 司补 山

se^{33} pi^{21} ʐər^{21} ŋv̩^{33} lv̩^{33}、lɑ^{33} ʂʅ^{55} tshə^{55} me^{33}dʑy^{21}、ɯ^{33} kho^{21} ə^{33} nɑ^{55} dʑy^{21}, tʂhʅ^{33} dy^{21} tʂhʅ^{33}
文笔雪山 拉市凑美 山 长水 阿纳山 这 地 这

dʑy^{21} ʂʅ^{55} ʐʅ^{21} kæ^{33} i^{33} kuɑ^{55} le^{33} uo^{55}.
山 世日 前 么 神粮 又 撒

向所有住在大山深谷和著名山川河流中的署撒神粮，向刹道景补、刹道景姆撒神粮，向吕尼刹道撒神粮，向千千万万的署前撒神粮。不是自己的山地无力保佑自己，不是自己的深谷不来庇荫自己。向白沙雪山世日②、文笔雪山世日、白雪山世日、黑雪山世日、金沙江世日撒神粮。向高坡上的阿吾坞、生阁、嘎道阁、乳白高山等世日撒神粮。向利楚楚、阿道坞、敬爪古、刷刷坞、中济嘎坞、大研镇坞、古垛拉尤阁、恩冷冷刚山、关坡白塔山的世日撒神粮，向这地这山的世日撒神粮。向文笔村的司补山、文笔雪山、拉市凑美山、长水阿纳山的世日撒神粮，向这地这山的世日撒神粮。

---

① tʂhʅ^{33} uɑ^{21}：所有，uɑ^{21}假借数字五，应写成五点，本文写多了一点，写成六点，属错。

② 世日，与署同类。

418-D-66-13

bə^{33} ʂʅ^{21} kə^{33} lo^{21} dʑi^{21}、bə^{33} ʂʅ^{21} bi^{21} dy̩^{33} hɯ^{55}、sɑ^{55} uə^{33} æ^{21} kho^{33} hɯ^{55}、dʑi^{21} uə^{33} dʑi^{21}
白沙沟里水 白沙 毕都海 束河 岩洞海 清溪 水

thy̩^{33} ky̩^{33}、gu^{21} be^{33} gu^{33} lu^{21} dʑi^{21}、kæ^{21} ky̩^{33} dʑi^{33} hər^{21} dʑi^{21} thy̩^{33} ky̩^{33}、ɯ^{55} le^{33} sʅ^{21} kho^{33}
出 处 大研镇 古卢水 关坡 绿水出水处 恩冷 司科

dʑi^{21} thy̩^{33} ky̩^{33}、| se^{33} pi^{21} dʑi^{21} dər^{33} khu^{33}、mu^{33} pu^{21} the^{33} hər^{21} khə^{33} lo^{21} dʑi^{21} thy̩^{33}
出水 处 文笔 水塘边 文笔上村绿水沟 出水

ky̩^{33}、| tʂhər^{33} kho^{33} dy̩^{21} gə^{33} dʑi^{21} thy̩^{33} ky̩^{33}、to^{21} lɯ^{33} me^{33} gə^{33} dʑi^{21} thy̩^{33} ky̩^{33}、| dy̩^{21}
处 斥科督 出水 处 朵里美 的 出水 处

mɯ^{33} ɳə^{21} dʑi^{21} kho^{33}、ɕy^{55} hər^{21} dʑi^{21} thy̩^{33} ky̩^{33}、iə^{21} tʂhə^{55} bu^{33} by̩^{21} dʑi^{21} thy̩^{33} ky̩^{33}, tʂhʅ^{33}
敦孟纽 出水处 翠柏 出水 处 尤凑保补 出水 处 这

dy^{21} tʂhʅ^{33} dʑi^{21} kæ^{33} i^{33} kuɑ^{55} le^{33} uo^{55}. | dʑy^{21} nɑ^{55} ʐo^{55} lo^{33} gə^{21} nɯ^{33} mu^{21} dɯ^{55} dɯ^{33}、
地 这 水 前 么 神粮 又 撒 居那若罗 从上到下

æ^{33} phər^{21} dʑy^{21} gə^{33} khɯ^{33} nɯ^{33} mu^{21} nɯ^{33} gə^{21} dɯ^{55} dɯ^{33}, | lər^{21} kho^{33} ɑ^{33} dʑi^{21} gə^{21}
白岩山脚下 从下到上 热水塘 出水地

nɯ^{33} mu^{21} dɯ^{55} dɯ^{33}, | dʑi^{33} mæ^{33} khu^{33} khɯ^{33} gə^{21} nɯ^{33} mu^{21} dɯ^{55} dɯ^{33}, | tɕər^{33} phy^{33}
从上到下 水尾旁边 从下到上 姜比

khɯ^{33} nɯ^{33} gə^{21} nɯ^{33} mu^{21} dɯ^{55} dɯ^{55}, | dʑi^{33} nɑ^{55} lɑ^{33} khuɑ^{55} thæ^{55} mu^{21} nɯ^{33} gə^{21}dɯ^{55}
旁边 从上到下 吉纳拉夸太 从下到上

dɯ^{33}, | to^{33} dɑ^{55} ko^{21}
朵道阁

白沙水沟、白沙毕都海、束河岩洞海出水处、中济出水处、大研镇古卢水、关坡绿水出水处、恩冷司科出水处、文笔水塘边、文笔上村绿水沟出水处、斥科督出水处、朵里美出水处、敦孟纽出水处、翠柏出水处、尤凑保补出水处，向以上这地这水源的世日前撒神粮。居那若罗从上到下，白岩山脚下从下到上，热水塘从上到下，水尾旁边从下到上，姜比旁边从上到下，吉纳拉夸太从下到上；向以上这些地方的世日撒神粮。向朵道阁

418-D-66-14

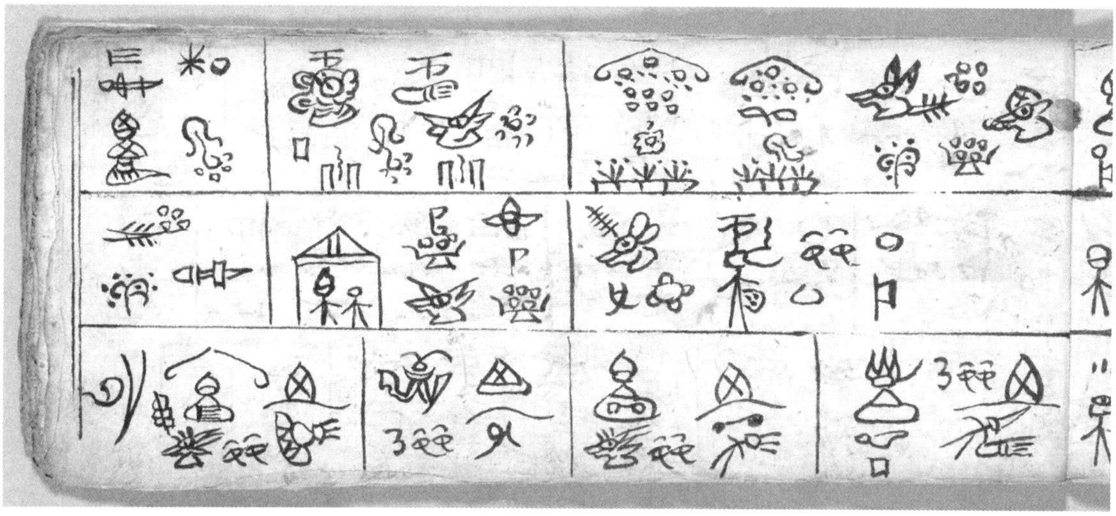

gə^{33} sɑ^{21} dɑ^{55} dɯ^{33} ty̩^{21} dɯ^{33} kɯ^{21} kæ^{33} i^{33} kuɑ^{55} le^{33} uo^{55}. | phy̩^{33} lɑ^{21} to^{33} gɯ^{33} kæ^{33} i^{33}
的 刹道 一 千 一 万 前 么 神粮 又 撒 神 朵庚 前 么

kuɑ^{55} le^{33} uo^{55}, phy̩^{33} lɑ^{21} nɯ^{33} gɯ^{33} kæ^{33} i^{33} kuɑ^{55} le^{33} uo^{55}. | mɯ^{33} tɕər^{21} kuɑ^{55} le^{33} uo^{55},
神粮 又 撒 神 尼庚 前 么 神粮 又 撒 天 上 神粮 又 撒

nɯ^{21} dʑy^{33} mɯ^{33} ky̩^{33} kɯ^{21} ʂər^{55} sɿ^{21} le^{33} gy̩^{33}; dy^{21} tɕər^{21} kuɑ^{55} le^{33} uo^{55}, o^{21} dʑy^{33} zə^{21}ʂər^{55}
生儿 有 天 上 星 满 似 又 成 地 上 神粮 又 撒 育女 有 草 满

iə^{21} le^{33} gy̩^{33}. dzi^{33} mæ^{55} kuɑ^{55} nɯ^{33} tər^{55}, dzi^{33} dzɿ^{33} suɑ^{33} suɑ^{33} ho^{55}; tsho^{21} mæ^{55} kuɑ^{55}
似 又 成 精人 后 神粮 由 关 精人 增 整齐 愿 崇人 后 神粮

nɯ^{33} tər^{55}, tsho^{21} dzɿ^{33} dɑ^{33} dɑ^{33} ho^{55}. | i^{33} dɑ^{13} tʂhʅ^{33} dɯ^{33} dʑi^{13}, kuɑ^{55} uo^{55} nɯ^{21} le^{33} tsu^{55},
由 关 崇人 增 牢靠 愿 主人 这 一 家 神粮 撒 生儿 又 接

kuɑ^{55} uo^{55} o^{21} le^{33} tsu^{55}. | khy̩^{55} me^{55} khy̩^{55} le^{33} dɯ^{33}, zɿ^{33} me^{55} zɿ^{33} le^{33} dɯ^{33}, ky̩^{33} phər^{21}
神粮 撒 育女 又 接 岁 求 岁 又 得 寿 求 寿 又 得 头 白

dzæ^{33} ʂʅ^{21} 、phy̩^{33} do^{21} lɯ^{55} do^{21} gy̩^{33} be^{33} ho^{55}. | tɕy^{21} tshu^{21},mɯ^{33} gə^{33} sɑ^{21} lɯ^{33} uə^{33} de^{33}
牙 黄 祖 见 孙 见 成为 愿 最初 天 的 刹依威德

se^{33} do^{33} tshʅ^{55}, mi^{33} mɑ^{21} se^{21} te^{55} mu^{21} le^{33} zər^{21}; | i^{33} gy̩^{21} ə^{33} kə^{21} se^{33} do^{33} tshʅ^{55}, i^{33}
神石 竖 米麻沈登 下 又 压 依谷阿格 神石 竖

gv̩^{21} ti^{33} nɑ^{55} mu^{21} le^{33} zər^{21}； | he^{33} dɯ^{21} o^{33} phər^{21} se^{33} do^{33} tshɿ^{55}, tshɿ^{21} dɯ^{21} o^{33} nɑ^{21}
依谷丁纳 下 又 压 恒迪窝盘 神石 竖 此迪窝拿

mu^{21} le^{33} zər^{21}； | to^{33} bɑ^{21} ʂər^{55} lər^{33} se^{33} do^{33} tshɿ^{55}, dv̩^{21} zo^{33} tɕhɑ^{33} pɑ^{33} lɑ^{33} lɯ^{21} mu^{21}
下 又 压 东巴什罗 神石 竖 毒若巧巴拉利 下

le^{33} zər^{21}；
又 压

的一千一万个刹道撒神粮。向朵庚大神、尼庚大神撒神粮。向天撒神粮，生儿的福分就像天上的星星那样众多；向地撒神粮，育女的福分就像地上的青草那样繁茂。精人的后面由神粮关上，愿精人永远兴旺；崇人的后面由神粮关上，愿崇人长久发展。主人这一家，撒了神粮以后，就与生儿的福分相联系了；撒了神粮以后，就与育女的运数相接了。祝愿主人家祈岁得岁，祈寿得寿，祖孙同堂。

最初，刹依威德竖神石镇压米麻沈登，依谷阿格竖神石镇压依谷丁纳，恒迪窝盘竖神石镇压此迪窝拿，东巴什罗竖神石镇压毒若巧巴拉利。

418-D-66-15

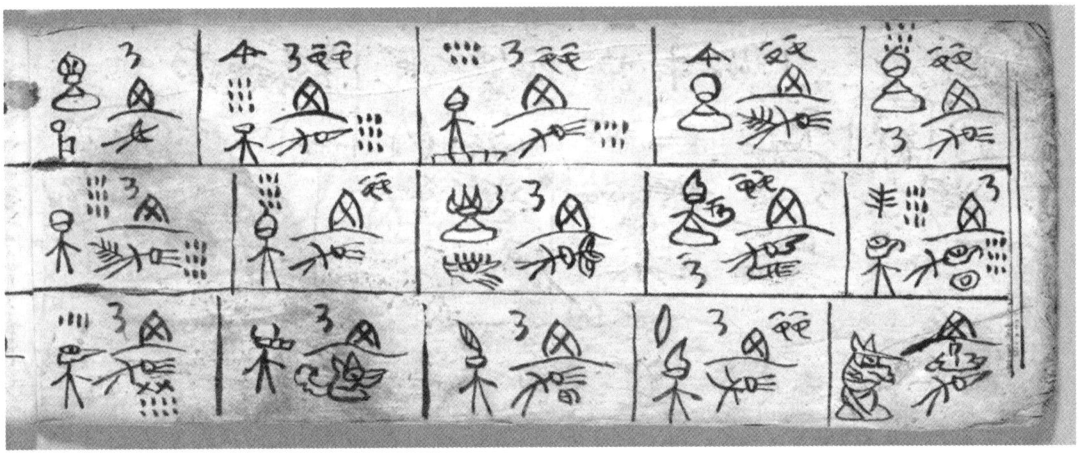

he^{21} i^{33} kɯ^{21} khu^{55} se^{33} do^{33} tshɿ^{55}, tər^{21} tshɿ^{21} mu^{21} le^{33} zər^{21}； | mɯ^{33} zɿ^{33} gv̩^{55} zɿ^{33} se^{33}
恒依格空 神石 竖 呆鬼 下 又 压 天子 九 个

do^{33} tshɿ^{55}, dv̩^{21} tshɿ^{21} gv̩^{33} kv̩^{55} mu^{21} le^{33} zər^{21}； | dy^{21} zɿ^{33} ʂər^{33} zɿ^{33} se^{33} do^{33} tshɿ^{55}, mu^{33}
神石 竖 毒 鬼 九 个 下 又 压 地子 七 个 神石 竖 猛

tshɿ^{21} ʂər^{33} kv̩^{55} mu^{21} le^{33} zər^{21}； | mɯ^{33} lɯ^{55} du^{21} dzɿ^{33} se^{33} do^{33} tshɿ^{55}, mɯ^{33} lɯ^{55} sɿ^{21} dzɿ^{33}
鬼 七 个 下 又 压 美利董主 神石 竖 美利术主

mu^{21} le^{33} zər^{21}； | he^{33} zo^{33} gv̩^{33} kv̩^{55} se^{33} do^{33} tshɿ^{55}, tshɿ^{21} zo^{33}gv̩^{33} kv̩^{55} mu^{21} le^{33} zər^{21}； |
下 又 压 神子 九 个 神石 竖 鬼子 九 个 下 又 压

du^{21} zo^{33} gv̩^{33} kv̩^{55} se^{33} do^{33} tshɿ^{55}, sɿ^{21} zo^{33} gv̩^{33} kv̩^{55} mu^{21} le^{33} zər^{21}； | hɑ^{33} zo^{33} gv̩^{33} kv̩^{55}
董子 九 个 神石 竖 术子 九 个 下 又 压 哈子 九 个

se^{33} do^{33} tshɿ^{55}, sɿ^{33} tshɿ^{21} gv̩^{33} kv̩^{55} mu^{21} le^{33} zər^{21}; | i^{21} ʂɿ^{55} o^{33} dzo^{33} se^{33} do^{33} tshɿ^{55},
神石 竖 斯鬼 九 个 下 又 压 益世窝佐 神石 竖

zɿ^{21} zo^{33} tʂhɿ^{33} uɑ^{21} mu^{21} le^{33} zər^{21}; | mə^{33} phɑ^{21} ɯ^{33} hɑ^{55} se^{33} do^{33} tshɿ^{55}, mə^{33} bɑ^{33} uə^{33}
仇人 所有 下 又 压 莫盘恩浩 神石 竖 牟巴伍拉

lɑ^{33} mu^{21} le^{33} zər^{21}; tho^{33} kə^{55} gv̩^{33} kv̩^{33} se^{33} do^{33} tshɿ^{55}, tho^{33} mɑ^{21} gv̩^{33} kv̩^{33} mu^{21} le^{33}
下 又 压 妥构 九 个 神石 竖 妥麻 九 个 下 又

zər^{21}, tʂə^{33} bu^{21} lu^{55} zɿ^{33} se^{33} do^{33} tshɿ^{55}, tʂə^{33} mɑ^{33} ȵi^{33} tsər^{21} ho^{55} kv̩^{33} mu^{21} le^{33} zər^{21};
压 宙补 四 个 神石 竖 宙玛 二 十 八 个 下 又 压

tshu^{21} ze^{33} lɯ^{55} ɯ^{33} se^{33} do^{33} tshɿ^{55}, dæ^{33} me^{33} lo^{33} pɑ^{21} mu^{21} le^{33} zər^{21}; | kɑ^{33} le^{21} kɑ^{33}
崇忍利恩 神石 竖 丹每罗巴 下 又 压 高勒高趣

tshy^{55} se^{33} do^{33} tshɿ^{55}, dv̩^{33} phər^{21} lo^{33} ȵo^{55} mu^{21} le^{33} zər^{21}; | tshe^{55} hɯ^{21} bu^{33} bə^{21} se^{33} do^{33}
神石 竖 毒盘罗纽 下 又 压 衬恒褒白 神石

tshɿ^{55}, lv̩^{33} me^{33} mu^{33} ɯ^{21} mu^{21} le^{33} zər^{21}; | tɑ^{55} tsə^{33} ə^{33} uə^{21} se^{33} do^{33} tshɿ^{55},tshɿ^{21} gə^{33} dʑi^{33}
竖 鲁每猛恩 下 又 压 岛周欧吾 神石 竖 鬼 的 鬼王

bv̩^{33} dv̩^{21} nɑ^{55} tɑ^{33} so^{33} mu^{21} le^{33} zər^{21}; |
毒纳岛梭 下 又 压

恒依格空竖神石镇压呆鬼，九个天子竖神石镇压九个毒鬼，七个地子竖神石镇压七个猛鬼，美利董主竖神石镇压美利术主鬼，九个神之子竖神石镇压九个鬼之子，九个董之子竖神石镇压九个术之子，九个哈之子竖神石镇压九个斯之子，益世窝佐竖神石镇压仇人，莫盘恩浩竖神石镇压牟巴伍拉，九个妥构竖神石镇压九个妥麻鬼，四个宙补竖神石镇压二十八个宙玛，崇忍利恩竖神石镇压丹每罗巴，高勒高趣竖神石镇压毒盘罗纽，衬恒褒白竖神石镇压鲁每猛恩，岛周欧吾竖神石镇压鬼王毒纳岛梭，

418-D-66-16

bi^{33} thv̩^{33} mə^{55} tʂhʅ^{33} ȵi^{33}, i^{33} dɑ^{13} tʂhʅ^{33} dɯ^{33} dʑi^{13}, ze^{55} tɕi^{33} bə^{33} y^{21} tʂər^{21}, lɯ^{55} kv̩^{33} py^{33}
太阳出来的这天 主人 这 一 家 年轻人 派 祭司

bv̩^{21} dy^{55}, | sʅ^{33} phər^{21} ʐʅ^{21} lv̩^{33} tɯ^{21},ɕi^{33} phər^{21} dze^{33} ɕy^{21} i^{33} dɑ^{55} be^{33}, gv̩^{33} tshər^{21} mɑ^{21} lv̩^{55}
请 毡子 白 神坛 设 稻 白 麦 红 供品 做 九 十 酥油

ɕy^{55} hər^{21} be^{33} le^{33} se^{33} do^{33} tshʅ^{55}. | se^{33} do^{33} phər^{21} me^{33} tshʅ^{55}, tshʅ^{33} phər^{21} mu^{21} le^{33}
翠柏 做 又 神石 竖 神石 白 的 竖 鬼 白 下 又

zər^{21}; se^{33} do^{33} hər^{21} me^{33} tshʅ^{55}, tshʅ^{33} hər^{21} mu^{21} le^{33} zər^{21}; se^{33} do^{33} nɑ^{21} me^{33} tshʅ^{55}, tshʅ^{33}
压 神石 绿 的 竖 鬼 绿 下 又 压 神石 黑 的 竖 鬼

nɑ^{21} mu^{21} le^{33} zər^{21}; se^{33} do^{33} ʂʅ^{21} me^{33} tshʅ^{55}, tshʅ^{33} ʂʅ^{21} mu^{21} le^{33} zər^{21}; se^{33} do^{33} dzæ^{21}
黑 下 又 压 神石 黄 的 竖 鬼 黄 下 又 压 神石 杂色

me^{33} tshʅ^{55}, tshʅ^{33} dzæ^{21} mu^{21} le^{33} zər^{21}; | se^{33} do^{33} sʅ^{21} ɕi^{33} tshuɑ^{55} tshər^{21} tshʅ^{55}, tshʅ^{21} o^{33}
的 竖 鬼 杂色 下 又 压 神石 三 百 六十 竖 鬼卒

sʅ^{21} ɕi^{33} tshuɑ^{55} tshər^{21} mu^{21} le^{33} zər^{21}; | mɯ^{33} ne^{21} dy^{21} ly^{55} gv̩^{33}, ɕy^{55} hər^{21} le^{33} dʑi^{21}
三 百 六十 下 又 压 天 和 地 中央 翠柏 梯子

tshe^{21} ho^{55} tʂər^{33} dʑy^{33} me^{33} kæ^{33} le^{33} tɕi^{33}, ɕy^{55} hər^{21} tha^{55} le^{33} tshʅ^{55}, tv̩^{21}dzər^{21} the^{21} le^{33}
十 八 级 有 的 前 又 放 翠柏 塔 又 建 督树 （助）又

tshʅ^{55}, se^{33}do^{33} tshʅ^{55} me^{33} tshʅ^{33}tshʅ^{21} iə^{21} tshʅ^{21}、dv̩^{21} tshʅ^{21} tse^{21} tshʅ^{21}、bɯ^{21} tshʅ^{21} sʅ^{33} tshʅ^{21}、
竖 神石 竖 么 楚 鬼 尤 鬼 毒 鬼 仄 鬼 苯 鬼 术 鬼

tər^{21} tshʅ^{21} lɑ^{33} tshʅ^{21} mu^{21} le^{33} zər^{21}, se^{33} do^{33} tshʅ^{55} me^{33} mu^{33} tshʅ^{21} ɯ^{21} tshʅ^{21}、tʂhə^{55} tshʅ^{21}
呆 鬼 佬 鬼 下 又 压 神石 竖 么 猛 鬼 恩 鬼 凑 鬼

dʐʅ^{33} tshʅ^{21} mu^{21} le^{33} zər^{21}, se^{33}do^{33} tshʅ^{55} me^{33} tshʅ^{21} o^{33} dɯ^{33} tv̩^{21} dɯ^{33} kɯ^{21} mu^{21} le^{33} zər^{21}
支 鬼 下 又 压 神石 竖 么 鬼卒 一 千 一 万 下 又 压

be^{33} ho^{55}. |
作 祝愿

太阳出来的这一天，主人家派年轻小伙子去请祭司。铺上白毡子陈设神坛，供上白谷红麦，供上九十饼酥油和翠柏，竖神石压鬼。竖白神石镇压白色鬼，竖绿神石镇压绿鬼，竖黑神石镇压黑鬼，竖黄神石镇压黄鬼，竖杂色石镇压杂色鬼，竖三百六十个神石镇压三百六十个鬼卒。在天地中央架起有十八级台阶的翠柏梯子，建翠柏塔，竖起督树。竖神石镇压楚鬼、尤鬼、毒鬼、仄鬼、苯鬼、术鬼、呆鬼、佬鬼、猛鬼、恩鬼、凑鬼、支鬼。祝愿竖了神石后压住千千万万的鬼卒。

418-D-66-17

mɯ^{33} la^{33} kɯ^{21} tʂhʅ^{33} dzʅ^{21}, kɯ^{21} dzʅ^{21} tʂhʅ^{33} ȵi^{33} ɯ^{33}; dy^{21} la^{33} zə^{21} tʂhʅ^{33} y^{21}, zə^{21} y^{21} tʂhʅ^{33}
天 么 星 所 有 星 有 这 天 好 地 么 草 所 长 草 长 这

ȵi^{33} hər^{21}; uæ^{33} nɯ^{33} bi^{33} thv̩^{33} lv̩^{21}, bi^{33} thv̩^{33} tʂhʅ^{33} ȵi^{33} lv̩^{21}; i^{21} nɯ^{33} le^{21} tshe^{55} bu^{33}, le^{21}
天 绿 左边 太阳 出 暖 太阳 出 这 天 暖 右边 月光 亮 月光

tshe^{55} tʂhʅ^{33} ȵi^{33} bu^{33}. | gv̩^{33} dzʅ^{21} khv̩^{55} tsʅ^{21} ɯ^{33}, le^{33} bv̩^{33} he^{33} tsʅ^{21} ɯ^{33}, na^{21} ɕi^{33} ha^{55} tsʅ^{21}
这 天 明 藏族 岁 算 好 白族 月 算 好 纳西 日 算

ɯ^{33}. mɯ^{33} bv̩^{21} khv̩^{55} ɯ^{33} he^{33} ɯ^{33} ha^{55} ɯ^{33} kɯ^{21} ɯ^{33} zy^{21} ɯ^{33} tʂhʅ^{33} dɯ^{33} ȵi^{33}, | i^{33} da^{13}
好 天 下 岁 好 月 好 日 好 星 好 蕊星 好 这 一 天 主人

tʂhʅ^{33} dɯ^{33} dʑi^{13}, khv̩^{55} me^{55} khv̩^{55} iə^{55}、zʅ^{33} me^{55} zʅ^{33} iə^{55}、nɯ^{21} me^{55} nɯ^{21} iə^{55}、o^{21} me^{55}
这 一 家 岁 祈 岁 得 寿 祈 寿 赐 生儿 祈 生儿 赐 育女 祈

o^{21} iə^{55} bɯ^{33} dɯ^{33} ȵi^{33}, ko^{21} ɕy^{55} zo^{33} mi^{55} nɯ^{33},bæ^{33} mi^{33} he^{21} kæ^{33} le^{33} tʂʅ^{55} bɯ^{33}. | he^{21}
育女 赐 将要 一 天 求愿 男 女 由 神灯 神 向 又 点 要 神

gə^{33} bər^{33} phər^{21} ɯ^{33} phər^{21}、tshʅ^{55} phər^{21} y^{21} phər^{21} no^{33} le^{33} tsha^{21}, | sər^{33} kv̩^{33} gv̩^{33} dv̩^{21}
的 牦牛 白 牛 白 山羊 白 绵羊 白 乳 又 挤 木 上 核桃

iæ^{21} le^{33} nər^{55}, lv̩^{33} kv̩^{33} sa^{55} me^{33} iæ^{21} le^{33} nər^{55}. | ŋv̩^{33} hæ^{21} o^{33} tshu^{21} ɯ^{33} me^{33} ua^{33} sy^{21}
油 又 榨 石 上 麻子 油 又 榨 银 金 松石 墨玉 好 者 五 种

bæ^{33} mi^{33} the^{21} le^{33} tʂʅ^{55}. | sʅ^{33} phər^{21} zʅ^{21} lv̩^{33} kv̩^{33} nɯ^{33} bæ^{33} mi^{33} tʂʅ^{55}, bu^{33} me^{33} mɯ^{33}
神灯 （助） 又 点 毡子 白 神坛 上 在 神灯 点 亮 么 天

tɕər^{21} tshe^{21} ho^{55} ty^{33} la^{33} the^{21} zi^{55} zæ^{33}.
上 十 八 层 也（助） 闪亮

天上出星星，这天的星星特别璀灿；地上长青草，这天的青草特别嫩绿；左边升起太阳，这天的太阳特别温暖；右边升起月亮，这天的月亮特别皎洁。上方拉萨垛肯盘，住着善于算年份的藏族人，算出的年份这年好；下方补鲁日饶满，住着善于算月份的白族人，算出的月份这月好；天地中央住着善于算日子的纳西人，算出的日子这日好。在天好地好、星星好、蕊星好、太阳好、月亮好的这天里，在年好月好日好的这天里，主人家要向神求岁祈寿，向神求生儿育女的福分，祝愿神灵给予寿岁和福分。在神灵将要赐予寿岁福分的这一天，祈寿求愿的男女们，挤来神的白牦牛、白牛、白山羊、白绵羊的乳汁，制成酥油点神灯，用树上的核桃、石上的麻子榨油点神灯，用金、银、松石、墨玉等五种宝物点神灯。神灯点在用白毡子铺成的神坛上，燃起的神灯照亮十八层天。

418-D-66-18

o^{33} mɑ^{21} kɑ^{33} ho^{33}. | tɕy^{55} tshu^{21}, mɯ^{33} tɕər^{21} o^{33} ne^{21} ɑ^{33} gə^{33} uə^{33} ko^{33} lo^{21} le^{33} tshu^{55},
哦麻嘎哄 最初 天 上 沃神和 阿神 的 地方 又 献

gɑ^{33} lɑ^{21} bər^{21} tɕhy^{33} si^{21} so^{33} ʂʅ^{55} ky̩^{33} kæ^{33} le^{33} tshu^{55}. | mɯ^{33} gə^{33} sɑ^{21} i^{33} uə^{33} de^{21}
胜神 青龙 大鹏 狮子 三 三 个 前 又 献 天 的 刹依威德

kæ^{33} le^{33} tshu^{55}, i^{33} gy̩^{21} o^{33} kə^{21} kæ^{33} le^{33} tshu^{55}, he^{21} dɯ^{21} o^{33} phər^{21} kæ^{33} le^{33} tshu^{55}, to^{33}
前 又 献 依谷阿格 前 又 献 恒迪窝盘 前 又 献

bɑ^{21} ʂər^{55} lər^{33} kæ^{33} le^{33} tshu^{55}, gu^{33} lɑ^{21} kə^{55} by̩^{33} kæ^{33} le^{33} tshu^{55}, gu^{33} lɑ^{21} kə^{55} mu^{33} kæ^{33}
东巴什罗 前 又 献 恭劳构补 前 又 献 恭劳构姆 前

le^{33} tshu^{55}, | lɑ^{33} tʂʅ^{21} to^{21} mi^{55}、to^{21} uɑ^{33} i^{33} ʂʅ^{55} dʑi^{33} mu^{33} kæ^{33} le^{33}tshu^{55}. | ɲi^{33} me^{33} thy̩^{33},
又 献 拉直朵命 朵瓦益示景姆 前 又 献 东方

sər^{33} gə^{33} he^{33} dɯ^{21} kæ^{33} le^{33} tshu^{55}, dy̩^{33} phər^{21} he^{21} mi^{55} tshe^{21} ʂʅ^{55} ky̩^{33} kæ^{33} tshu^{55}, gə^{21}
木 的 神 大 前 又 献 海螺 白 神 女 十 三 个 前 献

tshe^{21}tshe^{21}bu^{33} kæ^{33} le^{33} tshu^{55}, sə^{55} tɑ^{55} dʑə^{33} uo^{21} kæ^{33} le^{33} tshu^{55}. i^{33} tʂhʅ^{33} mɯ^{21},mi^{33} gə^{33}
格衬称补 前 又 献 寿道久吾 前 又 献 南方 火 的

he^{33} dɯ^{21} kæ^{33} le^{33} tshu^{55}, o^{21} hər^{21} mi^{55} zi^{33} tshe^{21} ʂʅ^{55} ky̩^{33} kæ^{33} tshu^{55}, se^{55} ʐʅ^{33} mi^{21} gu^{33}
神 大 前 又 献 绿松石 女 美 十 三 个 前 献 胜日明恭

kæ^{33} le^{33} tshu^{55}, ȵi^{55} tʂʅ^{33} ko^{21} uɑ^{33} kæ^{33} le^{33} tshu^{55}. | ȵi^{33} me^{33} gy̩^{21}, su^{21} gə^{33} he^{33} dɯ^{21}
前 又 献 尼支各瓦 前 又 献 西方 铁 的 神 大

kæ^{33} le^{33} tshu^{55}, tʂhu^{21} nɑ^{55} mi^{55} zi^{33} tshe^{21} sʅ^{55} ky̩^{33} kæ^{33} tshu^{55}, nɑ^{55}se^{33} tshu^{33} lu^{21} kæ^{33} le^{33}
前 又 献 墨玉 女 美 十 三 个 前 献 纳生初卢 前 又

tshu^{55}, mɑ^{21} i^{33} tʂhʅ^{55} by̩^{55} kæ^{33} le^{33} tshu^{55}.
献 麻依斥布 前 又 献

哦麻嘎哄。神灯献给天上的沃神和阿神，献给青龙、大鹏、狮子三位胜神，献给刹依威德、依谷阿格、恒迪窝盘、东巴什罗、恭劳构补、恭劳构姆、拉直朵命、朵瓦益示景姆。献给东方属木的大神，献给十三个白海螺似的美女，献给格衬称补，献给寿道久吾。献给南方属火的大神，献给十三个绿松石似的美女，献给胜日明恭，献给尼支各瓦。献给西方属铁的大神，献给十三个墨玉似的美女，献给纳生初卢，献给麻依斥布。

418-D-66-19

ho^{33} gy̩^{33} lo^{21}, ʥi^{21} gə^{33} he^{33} dɯ^{21} kæ^{33}、hæ^{33} ʂʅ^{21} mi^{55} zi^{33} tshe^{21} sʅ^{55} ky̩^{33} kæ^{33} tshu^{55}，gy̩^{33}
北方 水 的 神 大 前 金 黄 女 美 十 三 个 前 献

se^{33} khə^{33} bɑ^{21} kæ^{33} le^{33} tshu^{55}, luæ^{21} be^{33} ʥə^{33} lu^{21} kæ^{33} le^{33} tshu^{55}. | mɯ^{33} ne^{21} dy^{21} ly^{55}
古生抠巴 前 又 献 峦本玖卢 前 又 献 天 和 地 中央

gy̩^{33}, tʂʅ^{33} gə^{33} he^{33} dɯ^{21} kæ^{33} le^{33} tshu^{55}, ŋy̩^{33} phər^{21} mi^{55} zi^{33}tshe^{21} sʅ^{55} ky̩^{33} kæ^{33} tshu^{55},so^{33}
土 的 神 大 前 又 献 银 白 女 美 十 三 个 前 献

y^{21} tsi^{55} gy̩^{33} kæ^{33} le^{33} tshu^{55}, tse^{33} nɑ^{33} lɯ^{21} tʂhʅ^{55} kæ^{33} le^{33} tshu^{55}. | tsuɑ^{21} ʂʅ^{33} he^{33} dɯ^{21}、
梭余晋古 前 又 献 增纳林斥 前 又 献 爪史 神 大

ɕy^{21} ʂʅ^{33} he^{33}dɯ^{21}、mi^{21}ʥy^{33} he^{33}dɯ^{21} kæ^{33} le^{33} tshu^{55},se^{55} se^{55} khə^{33} ʥə^{21}kæ^{33} le^{33}tshu^{55}. |
许史 神 大 明居 神 大 前 又 献 胜生柯久 前 又 献

bə^{33} ʂʅ^{21} sæ^{33} do^{33} he^{33} dɯ^{21} kæ^{33} le^{33} tshu^{55}, gu^{21}be^{33} tshɑ^{21}huɑ^{33} kæ^{33} le^{33} tshu^{55}, | ɯ^{55}
白沙山朵 神 大 前 又 献 大研 城隍 前 又 献 恩冷

le^{33} to^{33} sæ^{33} he^{33} dɯ^{21} kæ^{33} le^{33} tshu^{55}, mɑ^{21} hɑ^{55} kɑ^{33} lɑ^{33} kæ^{33} le^{33} tshu^{55}, | tso^{33} zo^{33}
东山 神 大 前 又 献 麻浩嘎拉 前 又 献 灶神 男

uɑ^{55} be^{33} gu^{33}、tso^{33} mi^{55} uɑ^{55} me^{33} he^{21} kæ^{33} tshu^{55}, he^{33} dɯ^{21} dɯ^{33} tv̩^{21} dɯ^{33} kɯ^{21} kæ^{33}
五 兄弟 灶神 女 五 姐妹 前 献 神 大 一 千 一 万 前

le^{33} tshu^{55}, kɯ^{21} khu^{55} dv̩^{21} dʐʅ^{33}、se^{55}se^{33} khə^{33} dʑə^{21}、mɑ^{55} mi^{33} pɑ^{33} lər^{33} kæ^{33} le^{33} tshu^{55},
又 献 格空毒支 胜生柯久 冒米巴拉 前 又 献

mə^{33} py^{21} dzi^{33} zʅ^{21}、mə^{33} phæ^{21} ɯ^{33} hɑ^{55}、lər^{21} dʑə^{33} tɕi^{55} dʑə^{33}、lo^{21} pɑ^{33} thɑ^{33} kə^{55} kæ^{33}
莫毕精汝 莫盘恩浩 朗久敬久 罗巴涛构 前

le^{33} tshu^{55}.
又 献

神灯献给北方属水的大神，献给十三个黄金似的美女，献给古生抠巴，献给骑金黄蜥蜴的峦本玖卢，献给天地中央属土的大神，献给十三个白银似的美女，献给梭余晋古，献给增纳林斥，献给爪史大神、许史大神、明居大神。献给胜生柯。献给白沙山朵大神、大研镇的城隍大神、恩冷的东山大神。献给麻浩嘎拉，献给灶神五兄弟和灶神五姐妹，献给一千一万个大神。献给格空毒支、胜生柯久、冒米巴拉、莫毕精汝、莫盘恩浩、朗久敬久、罗巴涛构。

418-D-66-20

thɑ^{55} iə^{33} ti^{33} bɑ^{33} kæ^{33} le^{33} tshu^{55}, y^{21} phv̩^{55} tsuɑ^{21} so^{33} tshe^{21} sʅ^{55} kv̩^{33}、y^{21} ly^{55} tsuɑ^{21} so^{33}
套尤丁巴 前 又 献 余聘爪梭 十 三 个 余吕爪梭

tshe^{21} sʅ^{55} kv̩^{33}、y^{21} tɕi^{55} tsuɑ^{21} so^{33} tshe^{21} sʅ^{55} kv̩^{33}、be^{21} dæ^{33} tv̩^{33} tv̩^{21} kɯ^{33} kɯ^{21} kæ^{33} le^{33}
十 三 个 余敬爪梭 十 三 个 本丹 千 千 万 万 前 又

tshu^{55}.｜mɯ^{33} gə^{33} gɑ^{33} zo^{33} gv̩^{33} kv̩^{55} kæ^{33}、dy^{21} gə^{33} gɑ^{33} mi^{55} ʂər^{33} kv̩^{55} kæ^{33} le^{33} tshu^{55},
献 天 的 胜 子 九 个 前 地 的 胜 女 七 个 前 又 献

khuɑ^{33} dzʅ^{21} gɑ^{33} lɑ^{21}、tʂʅ^{21} dzʅ^{21} gɑ^{33} lɑ^{21}、pər^{55} dzʅ^{21} gɑ^{33} lɑ^{21} tv̩^{33} tv̩^{21} kɯ^{33} kɯ^{21} kæ^{33} le^{33}
蹄 长 胜神 爪 长 胜神 斑 长 胜神 千 千 万 万 前 又

tshu^{55}.｜thv̩^{33} tʂʅ^{33} iə^{33} mɑ^{21}、ȵə^{33} ȵə^{21} iə^{33} mɑ^{21}、pɑ^{33} u^{33} iə^{33} mɑ^{21} 、mi^{33} to^{21} iə^{33} mɑ^{21}
献 土蚩优麻 纽纽优麻 巴乌优麻 明朵优麻

kæ^{33} le^{33} tshu^{55}. kho^{33} dzʅ^{21} iə^{33} mɑ^{21}、khuɑ^{33} dzʅ^{21} iə^{33} mɑ^{21}、dv̩^{33} dzʅ^{21} iə^{33} mɑ^{21}、pər^{55} dzʅ^{21}
前 又 献 角 长 优麻 蹄 长 优麻 翅 长 优麻 斑 长

iə^{33} mɑ^{21} tv̩^{33} tv̩^{21} kɯ^{33} kɯ^{21} kæ^{33} le^{33} tshu^{55}.｜mɯ^{33} gə^{33} to^{33} kə^{21}、bi^{21} ne^{21} le^{21} gə^{33} to^{33}
优麻 千 千 万 万 前 又 献 天 的 端格 日 和 月 的 端格

kə^{21}、kɯ^{21} ne^{21} zɑ^{21} gə^{33} to^{33} kə^{21} kæ^{33} le^{33} tshu^{55}.｜mə^{33} sʅ^{33} sy^{21} mə^{33} dʑy^{33}、mə^{33} do^{21}
星 和 娆星 的 端格 前 又 献 不 知 何 没有 不 见

sy^{21} mə^{33} dʑy^{33} gə^{33} to^{33} kə^{21} tv̩^{33} tv̩^{21} kɯ^{33} kɯ^{21} kæ^{33} le^{33} tshu^{55}.｜huɑ^{21} zo^{33} gv̩^{55} kv̩^{55}、
何 没有 的 端格 千 千 万 万 前 又 献 华神 男 九 个

huɑ^{21} mi^{55} gv̩^{33} kv̩^{55} kæ^{33} le^{33} tshu^{55}.｜mɯ^{33} thv̩^{33} kuə^{55} suɑ^{21} py^{21} me^{33} dzə̥r^{21} kæ^{33} tshu^{55},
华神 女 九 个 前 又 献 天 开 高远 祭 么 威力 前 献

dy^{21} dʑy^{33} khuə^{55} gɯ^{21} py^{21} me^{33} dzə̥r^{21} kæ^{33} tshu^{55}, bi^{33} thv̩^{33} khɯ^{33} ʂər^{21} py^{21} me^{33} dzə̥r^{21}
地 有 深邃 祭 么 威力 前 献 日 出 脚 长 祭 么 威力

kæ^{33} tshu^{55}, le^{21} thv̩^{33} uə^{55}uə^{21} py^{21} me^{33} dzə̥r^{21}kæ^{33} tshu^{55},mɯ^{33} lɯ^{55} du^{21} kv̩^{33} phər^{21} nɯ^{33}
前 献 月 出 圆范 祭 么 威力 前 献 美利卢 头 白 由

py^{21} me^{33} dzə̥r^{21} kæ^{33} tshu^{55}, le^{55} tɕhi^{33} se^{33} dzæ^{33} ʂʅ^{21} nɯ^{33} py^{21} me^{33} dzə̥r^{21} kæ^{33} tshu^{55}.
祭 么 威力 前 献 勒启 沈神 牙 黄 由 祭 么 威力 前 献

神灯献给套尤丁巴、十三个余聘爪梭、十三个余吕爪梭、十三个余敬爪梭和千千万万的本丹神。献给天的九个胜利之子和地的七个胜利之女。献给千千万万个长蹄、长爪、长斑的胜利神。献给土蚩优麻神、纽纽优麻神、巴乌优麻神、明朵优麻神。献给千千万万长角、长蹄、长翅、长斑的优麻神。神灯献给天上的端格神、太阳的端格神、月亮的端格神、星星和娆星的端格神。献给千千万万个无所不知无所不见的端格神。献给九个华神的男子和九个华神的女子。神灯献给祭天后使天穹高远时代的威力，献给祭地以后使地面深邃时代的威力，献给祭太阳以后使太阳光线更长时代的威力，献给祭月亮以后使月亮更圆之时代的威力。献给白头卢神祭祀产生的威力，献给黄牙沈神祭祀产生的威力。

418-D-66-21

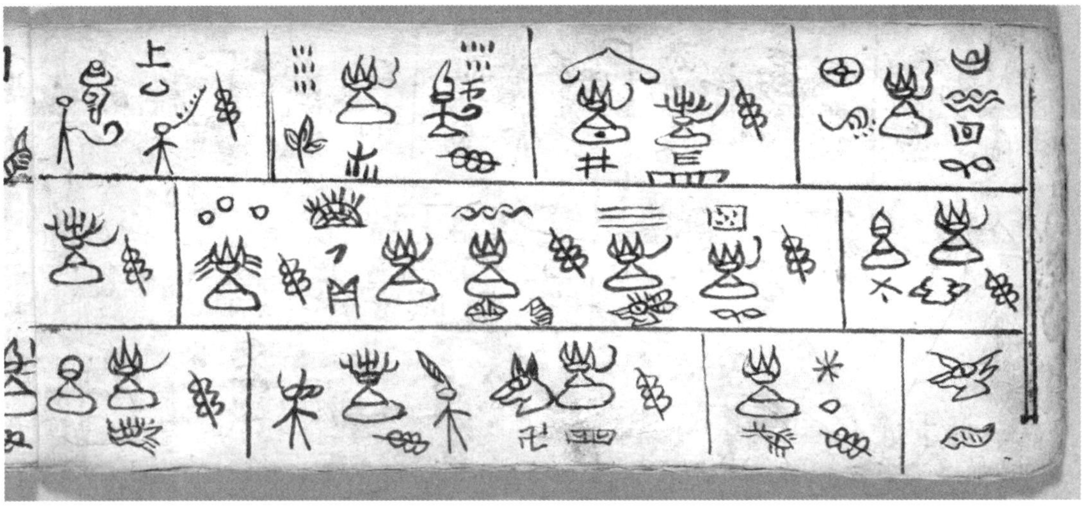

uæ^{33} gə^{33} dv̩^{33} khuɑ^{33} lv̩^{55} lv̩^{55} zʅ^{33} nɯ^{33} py^{21} me^{33} dʐər^{21}、i^{21} gə^{33} sə^{55} lɑ^{33} phv̩^{33} tʂhʅ^{33} zʅ^{33}
左边 的 督柯鲁鲁 时代 由 祭 么 威力 右边 的 寿拉普斥 时代

nɯ^{33} py^{21} me^{33} dʐər^{21} kæ^{33} tshu^{55}. | py^{21} kv̩^{55} gv̩^{33} nv̩^{21} zʅ^{33} nɯ^{33} py^{21} me^{33} dʐər^{21} kæ^{33}
由 祭 么 威力 前 献 祭 会 九 个 辈 由 祭 的 威力 前

tshu^{55}, phɑ^{21} kv̩^{55} ʂər^{33} nv̩^{21} zʅ^{33} nɯ^{33} phɑ^{21} me^{33} dʐər^{21} kæ^{33} tshu^{55}. mɯ^{33} gə^{33} py^{33} bv̩^{21}
献 占卜 会 七 个 辈 由 占卜 的 威力 前 献 天 的 祭司

nɑ^{55} bv̩^{33} so^{33} gv̩^{33}、dy^{21} gə^{33} py^{33} bv̩^{21} sɑ^{33} bv̩^{33} sɑ^{33} lɑ^{21} kæ^{33} le^{33} tshu^{55}, | bi^{33} gə^{33} py^{33}
纳补梭恭 地 的 祭司 莎补莎劳 前 又 献 日 的 祭司

bv̩^{21} ter^{21} mɑ^{55} tər^{21} dʐʅ^{33}、le^{21} gə^{33} py^{33} bv̩^{21} tɕi^{55} thɑ^{55} tɕi^{55} iə^{33} kæ^{33} le^{33} tshu^{55}. | be^{21} dæ^{33}
呆冒呆支 月 的 祭司 敬套敬尤 前 又 献 本丹

kæ^{33} le^{33} tshu^{55}, | kɯ^{21} gə^{33} py^{33} bv̩^{21} lo^{21} pɑ^{33} zi^{55} zæ^{33} kæ^{33} le^{33} tshu^{55}, kv̩^{55} gə^{33} py^{33} bv̩^{21}
前 又 献 星 的 祭司 罗巴汝冉 前 又 献 彩虹 的 祭司

kv̩^{55} thɑ^{55} gɑ^{33} u^{21} kæ^{33} le^{33} tshu^{55}, tɕi^{21} gə^{33} py^{33} bv̩^{21} tɕi^{55} lɑ^{33} pɑ^{33} ty^{33} kæ^{33} le^{33} tshu^{55},
固套嘎吾 前 又 献 云 的 祭司 敬拉巴迪 前 又 献

her^{33} gə^{33} py^{33} bv̩^{21} hər^{33} dɑ^{55} lo^{21} ɕə^{55} kæ^{33} le^{33} tshu^{55},sʅ^{21} gə^{33} py^{33} bv̩^{21} iə^{21} ȵi^{55} tɕi^{33} gu^{33}
风 的 祭司 亨道罗秀 前 又 献 署 的 祭司 尤聂季恭

kæ^{33} le^{33} tshu^{55}. | he^{21} gə^{33} py^{33} bv̩^{21} lɑ^{21} bv̩^{33} thv̩^{33} kə^{55} kæ^{33} le^{33} tshu^{55}, | du^{21} gə^{33} py^{33}
前 又 献 神 的 祭司 劳补妥构 前 又 献 董 的 祭司

bv̩^{21} i^{21} ʂʅ^{55} o^{33} dzo^{33} kæ^{33} le^{33} tshu^{55}, | tsho^{21} ze^{33} lɯ^{55} ɯ^{33} py^{33} bv̩^{21} dʑə^{21} bv̩^{33} thv̩^{33} tʂhʅ^{33}
益世窝佐 前 又 献 崇忍利恩 祭司 久补土蚩

kæ^{33} le^{33} tshu^{55}, kɑ^{33} le^{21} tshy^{55} gə^{33} py^{33} by̩^{21} dzi^{33} ɯ^{33} ʂər^{55} lər^{33} kæ^{33} le^{33} tshu^{55}, | lɯ^{55}
前 又 献 高勒趣 的 祭司 精恩什罗 前 又 献

ky̩^{33} py^{33} by̩^{21} dɯ^{33} ty̩^{21} dɯ^{33} kɯ^{21} kæ^{33} le^{33} tshu^{55}. | y^{21} tsi^{55}
高明的祭司 一 千 一 万 前 又 献 余晋

神灯献给左边的督柯鲁鲁时代祭祀产生的威力，献给右边的寿拉普斥时代祭祀产生的威力。献给传承了九代的祭司产生的威力，献给因袭了七代的卜师产生的威力。献给天的祭司纳补梭恭、地的祭司莎补莎劳、太阳的祭司呆冒呆支、月亮的祭司敬套敬尤。献给本丹大神。献给星星的祭司罗巴汝冉、彩虹的祭司固套嘎吾、云彩的祭司敬拉巴迪、风的祭司亨道罗秀、署的祭司尤聂季恭。献给神的祭司劳补妥构、董的祭司益世窝佐、崇忍利恩的祭司久补土蚩、高勒趣的祭司精恩什罗，献给千千万万个大威力的祭司。

418-D-66-22

he^{33} dɯ^{21} dɯ^{33} ty̩^{21} dɯ^{33} kɯ^{21} kæ^{33} le^{33} tshu^{55}, | y^{21} tsi^{55} phy̩^{33} lɑ^{21} gɑ^{33} lɑ^{21} dɯ^{33} ty̩^{21} dɯ^{33}
神 大 一 千 一 万 前 又 献 余晋 神灵 胜神 一 千 一

kɯ^{21} kæ^{33} le^{33} tshu^{55}, | y^{21} tsi^{55} mi^{55} zi^{33} tshe^{21} ho^{55} ky̩^{33} kæ^{33} tshu^{55}. | ȵi^{33} me^{33} thy̩^{33}, sɿ^{21}
万 前 又 献 余晋 女 美 十 八 个 前 献 东方 署

phər^{21} ly̩^{21} phər^{21} kæ^{33} le^{33} tshu^{55}, dy̩^{33} phər^{21} ʥy^{21} suɑ^{21} æ^{33} suɑ^{21} ky̩^{33}、dy̩^{33} phər^{21} hɯ^{55}
白 龙 白 前 又 献 海螺 白 山 高 岩 高 处 海螺 白 海

ko^{33} lo^{21} gə^{33} sɿ^{21} ne^{21} ly̩^{21} kæ^{33} tshu^{55}. | i^{33} tʂhʅ^{33} mɯ^{21}, sɿ^{21} hər^{21} ly̩^{21} hər^{21} kæ^{33} le^{33} tshu^{55},
里面 的 署 和 龙 前 献 南方 署 绿 龙 绿 前 又 献

o^{33} hər^{21} ʥy^{21} suɑ^{21} æ^{33} suɑ^{21} ky̩^{33}、o^{33} hər^{21} hɯ^{55} ko^{33} lo^{21} gə^{33} sɿ^{21} ne^{21} ly̩^{21} kæ^{33} tshu^{55},
绿松石 山 高 岩 高 处 绿松石 海 里面 的 署 和 龙 前 献

phy^{33} by^{33} ty̩^{33} ty̩^{21} kɯ^{33} kɯ^{21} kæ^{33} le^{33} tshu^{55}. | ȵi^{33} me^{33} gy̩^{21}, sɿ^{21} nɑ^{21} ly̩^{21} nɑ^{21} kæ^{33} le^{33}
降魔杵 千 千 万 万 前 又 献 西方 署 黑 龙 黑 前 又

tshu^{55}, tshu^{21} nɑ^{55} dʑy^{33} suɑ^{21} æ^{33} suɑ^{21} kv̩^{33}、tshu^{21} nɑ^{55} hɯ^{55} ko^{33} lo^{21} gə^{33} sɿ^{21} nɑ^{21} lv̩^{21}
献 墨玉 山 高 岩 高 处 墨玉 海 里面 的 署 黑 龙

nɑ^{21} kæ^{33} le^{33} tshu^{55}, ɕy^{55} hər^{21} phy^{33} by^{33} tv̩^{33} tv̩^{21} kɯ^{33} kɯ^{21} kæ^{33} le^{33} tshu^{55}.｜ho^{33} gv̩^{33}
黑 前 又 献 翠柏 降魔杵 千 千 万 万 前 又 献 北方

lo^{21}, sɿ^{21} ʂɿ^{21} lv̩^{21} ʂɿ^{21} kæ^{33} le^{33} tshu^{55}, hæ^{21} ʂɿ^{21} dʑy^{33} suɑ^{21} æ^{33} suɑ^{21} kv̩^{33}、hæ^{33} ʂɿ^{21} hɯ^{55}
署 黄 龙 黄 前 又 献 金 黄 山 高 岩 高 处 金 黄 海

ko^{33} lo^{21} gə^{33} sɿ^{21} ʂɿ^{21} lv̩^{21} ʂɿ^{21} kæ^{33} le^{33} tshu^{55}, phy^{33} by^{33} tv̩^{33} tv̩^{21} kɯ^{33} kɯ^{21} kæ^{33} le^{33}
里面 的 署 黄 龙 黄 前 又 献 降魔杵 千 千 万 万 前 又

tshu^{55}.｜mɯ^{33} ne^{21} dy^{21} ly^{55} gv̩^{33}, sɿ^{21} dzæ^{21} lv̩^{21} dzæ^{21} kæ^{33} le^{33} tshu^{55}, ŋv̩^{33} phər^{21} dʑy^{33}
献 天 和 地 中央 署 杂色 龙 杂色 前 又 献 银 白 山

suɑ^{21} æ^{33} suɑ^{21} kv̩^{33}, hæ^{33} ʂɿ^{21} hɯ^{55} ko^{33} lo^{21} gə^{33} sɿ^{21} dzæ^{21} lv̩^{21} dzæ^{21} tv̩^{33} tv̩^{21} kɯ^{33} kɯ^{21}
高 岩 高 处 金 黄 海 里面 的 署 杂色 龙 杂色 千 千 万 万

kæ^{33} le^{33} tshu^{55},｜mɯ^{33} gə^{33} sɿ^{21} phər^{21} lv̩^{21} phər^{21}｜
前 又 献 天 的 署 白 龙 白

神灯献给千千万万个余晋大神，献给千千万万个余晋胜神，献给十八个余晋美女。献给东方的白署白龙，献给白海螺高山高岩和大海里的白署白龙。献给南方的绿署绿龙，献给绿松石高山高岩和大海里的绿署绿龙。献给千千万万支降魔杵。献给西方的黑署黑龙，献给墨玉高山高岩和大海里的黑署黑龙。献给千千万万支翠柏降魔杵。献给北方的黄署黄龙，献给金黄高山高岩和大海里的黄署黄龙。献给千千万万支翠柏降魔杵。献给天地中央杂色的署和龙，献给银白高山高岩和大海里的千千万万个杂色署和龙。

418-D-66-23

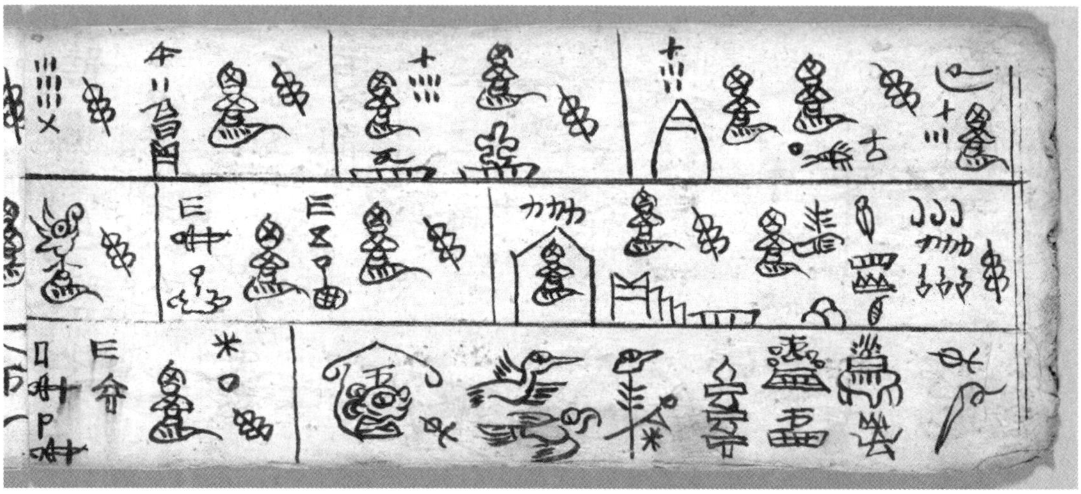

gv̩^{33} tshər^{21} gv̩^{33} dzɿ^{33} kæ^{33} le^{33} tshu^{55}, mɯ^{33} gə^{33} ɳə^{55} gə^{33} ty^{33} u^{21} kæ^{33} le^{33} tshu^{55}.｜dy^{21}
九 十 九 位 前 又 献 天 的 纽格敦乌 前 又 献 地

gə^{33} sɿ^{21} nɑ^{21} ly̩^{21} nɑ^{21} ʂər^{33} tshər^{21} ʂər^{33} dzɿ^{33} kæ^{33} le^{33} tshu^{55}, n̩o^{55} sɑ^{33} ɕo^{33} lo^{21} kæ^{33}

的 署 黑 龙 黑 七 十 七 位 前 又 献 纽莎许罗 前

le^{33} tshu^{55}. | dʑy^{21}suɑ^{21} uɑ^{33} tshər^{21}uɑ^{33} dzɿ^{33}sɿ^{21} ne^{21} ly̩^{21}kæ^{33} tshu^{55},tse^{33}nɑ^{33} lɯ^{21}tʂhʅ^{55}kæ^{33}

又 献 山 高 五 十 五 位 署 和 龙 前 献 增纳林斥 前

le^{33} tshu^{55},lo^{21} nɑ^{55} sɿ^{33} tshər^{21} sɿ^{33} dzɿ^{33} sɿ^{21} nɑ^{21} ly̩^{21} nɑ^{21} kæ^{33} le^{33} tshu^{55}. | sɑ^{21} dɑ^{55} dʑi^{33}

又 献 深谷 三 十 三 位 署 黑 龙 黑 前 又 献 刹道金补

by̩^{33} 、sɑ^{21} dɑ^{55} dʑi^{33} mu^{33} sɿ^{21} kæ^{33} tshu^{55}, | be^{33} ne^{21} py̩^{55} gə^{33} sɿ^{21}、dzɿ^{33} ne^{21} uə^{33} gə^{33} sɿ^{21}

刹道金姆 署 前 献 村 和 村落 的 署 宅 和 寨 的 署

kæ^{33} tshu^{55},sər^{33} zɿ^{33} ly̩^{33} zɿ^{33}、dʑi^{21} zɿ^{33} tʂʅ^{33} zɿ^{33}、mi^{33} zɿ^{33} 、hɯ^{21} gɯ^{33} tshe^{55} phy̩^{55}

前 献 木 司 石 司 水 司 土 司 火 司 雨 下 叶 落

zɿ^{33}、be^{33} gɯ^{33} dzo^{33} gɯ^{33} zɿ^{33} gə^{33} sɿ^{21} kæ^{33} tshu^{55}. to^{33} dɑ^{55} ko^{21} dɑ^{55}、sɑ^{21} dɑ^{55} sɿ^{21} ty̩^{33}

司 雪 下 雹 降 司 的 署 前 献 朵道 葛道 刹道 署 千

ty̩^{21} kɯ^{33} kɯ^{21} kæ^{33} le^{33} tshu^{55}. | mɯ^{33} ky̩^{33} phy̩^{33} lɑ^{21} zɑ^{21}, ko^{33} dzi^{21} kə^{55} dzi^{21} the^{55}

千 万 万 前 又 献 天 上 神灵 降 鹤 飞 鹰 飞 那样

n̩i^{33} ty̩^{21} dzər^{21} ky̩^{33} i^{33} le^{33} zɑ^{21} lu^{33}, phy^{33} by^{33} ky̩^{33} i^{33} le^{33} zɑ^{21} lu^{33}, sɿ^{33} phər^{21} zʅ^{21}

督树 上 么 又 降 来 降魔杵 上 么 又 降 来 毡子 白 神坛

ly̩^{33} ky̩^{33}、tho^{33} phe^{33} dzo^{21} phər^{21} ky̩^{33}、ɕy^{21} mi^{33} bæ^{33} mi^{33} ɕy^{55} dy^{21} tɕər^{21} i^{33} dɯ^{33} zɑ^{21}

上 土布 桥 白 上 香火 神灯 香炷 上 么 一 降

lu^{33}, |

来

献给天上的九十九个白署白龙和纽格敦乌，献给地上的七十七个黑署黑龙和纽莎许罗，献给高山上的五十五个署龙和增纳林斥，献给箐谷里的三十三个黑署黑龙。献给刹道金补和刹道金姆，献给村寨里的署，献给房院宅基里的署。献给司木、司石、司水、司土、司火的署，献给司下雨落叶、大雪冰雹的署。献给千千万万个朵道、葛道和刹道署。迎请大神，请神像白鹤飞入云际那样降到督树上，降到降魔杵上，降到白毡子铺成的神坛上，降到土布白桥上，降到香火神灯香炷上。

418-D-66-24

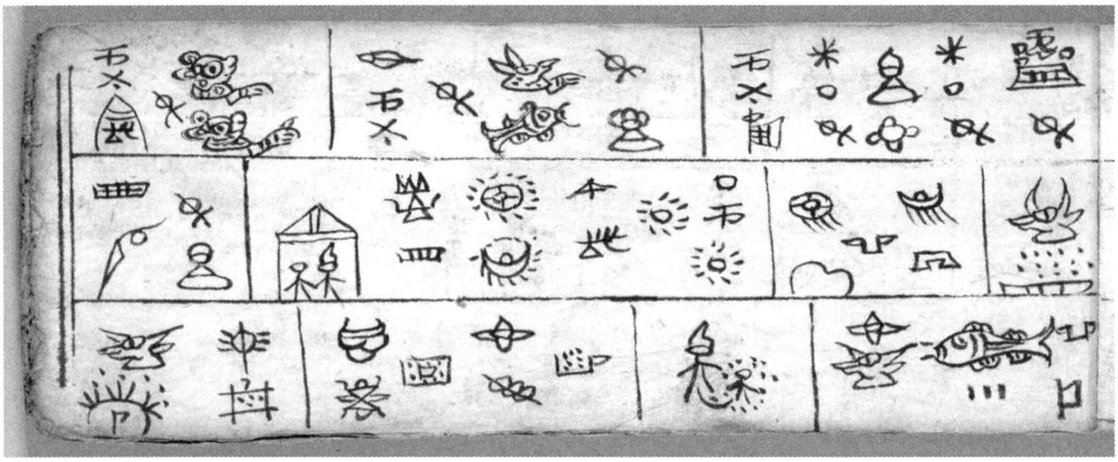

phy̩^{33} lɑ^{21} so^{33} gə^{33} zə̩r^{21} tsho^{33} lɑ^{33} tsho^{33} the^{55} n̩i^{21} dɯ^{33} zɑ^{21} lu^{33}, | phy̩^{33} lɑ^{21} dʑi^{21} lo^{21}
神灵 岭 的 豹子 跳 虎 跳 那样 一 降 来 神灵 水 里

su^{21} dzə̩r^{33} n̩i^{33} dzə̩r^{21} the^{55} n̩i^{21} dɯ^{33} zɑ^{21} lu^{33}, | phy̩^{33} lɑ^{21} gɑ^{33} lɑ^{21} ty̩^{33} ty̩^{21} kɯ^{33} kɯ^{21}、
水獭 游 鱼 游 那样 一 降 来 神灵 胜神 千 千 万 万

he^{21} dɯ^{21} ty̩^{33} ty̩^{21} kɯ^{33} kɯ^{21} dɯ^{33} zɑ^{21} lu^{33}, sɿ^{33} phər^{21} zʅ^{21} ly̩^{33} ky̩^{33} i^{33} dɯ^{33} zɑ^{21} lu^{33},
神 大 千 千 万 万 一 降 来 毡子 白 神坛 上 么 一 降 来

tho^{33} phe^{33} dzo^{21} phər^{21} tɕy^{21} i^{33} dɯ^{33} zɑ^{21} lu^{33}. | i^{33} dɑ^{13} tʂhʅ^{33} dɯ^{33} dʑi^{13}, bæ^{33} mi^{33} tʂʅ^{55}
土布 桥 白 上 么 一 降 来 主人 这 一 家 神灯 点

me^{33} n̩i^{33} me^{33} bu^{33} dɯ^{21} ly̩^{55} lɑ^{33}、he^{33} me^{33} dze^{33} dɯ^{21} zi^{55} zæ^{33} the^{55} n̩i^{21} gy̩^{33},bu^{33} me^{33}
么 太阳 闪烁发光 月亮 皎洁明亮 那样 成 亮 么

mɯ^{33} ky̩^{33} so^{33} ɯ^{33} khy̩^{55} ɯ^{33} the^{55} n̩i^{33} gy̩^{33}, kɯ^{33} phər^{21} zɑ^{21} phər^{21} the^{55} n̩i^{33} gy̩^{33}. | bi^{33}
天 上 启明星 长庚星 那样 成 星 白 娆星 白 那样 成 太阳

thy̩^{33} bu^{33} tɕər^{21} khæ^{55}, le^{21} tshe^{55} gə^{21} le^{33} thy̩^{33}. | mu^{21} hɯ^{21} dy^{21} iə^{21} dzɿ^{33}, by̩^{33} o^{33} ko^{21}
出 坡 上 照 月光 上 又 照 壮牛 地 似 增 肥羊 牧场

ʂər^{55} ɕy^{55}, dze^{33}nɯ^{33}gu^{21} ʂər^{55} i^{33}, | ŋy̩^{33} hæ^{21} tɑ^{55}ʂər^{55} dʑy^{33},o^{33} tshu^{21} py^{33} ʂər^{55} khɯ^{55}. |
满 站 财宝 由 仓库 满 有 银 金 柜 满 有 松石 墨玉 升 满 放

mi^{55} hæ^{21} tsho^{21} dzɿ^{33} gy̩^{33} be^{33} ho^{55}, | nɯ^{21} o^{21} n̩i^{33} sɿ^{21} thy̩^{33} iə^{55} ho^{55}.
女 买 人丁 增 成为 愿 生儿 育女 鱼 似 成为 愿

请神灵像豹子猛虎跳进山岭那样降下来，像水獭鱼儿游向水里那样降下来，请千千万万的胜神和大神降到神坛上，降到土布白桥上。这家主人向所有的神灵点上神灯，神灯像太阳那样闪烁发光，像月亮那样皎洁明亮，像天上的启明星和长庚星那样璀灿，像白星和娆星那样闪亮。太阳爬到坡地上，月亮照到高山上。壮牛遍地站，肥羊满山跑，财宝装满仓，金银装满柜，松石墨玉装满升。祝愿主人买女增人丁，繁衍的子女就像鱼群那样增长。

418-D-66-25

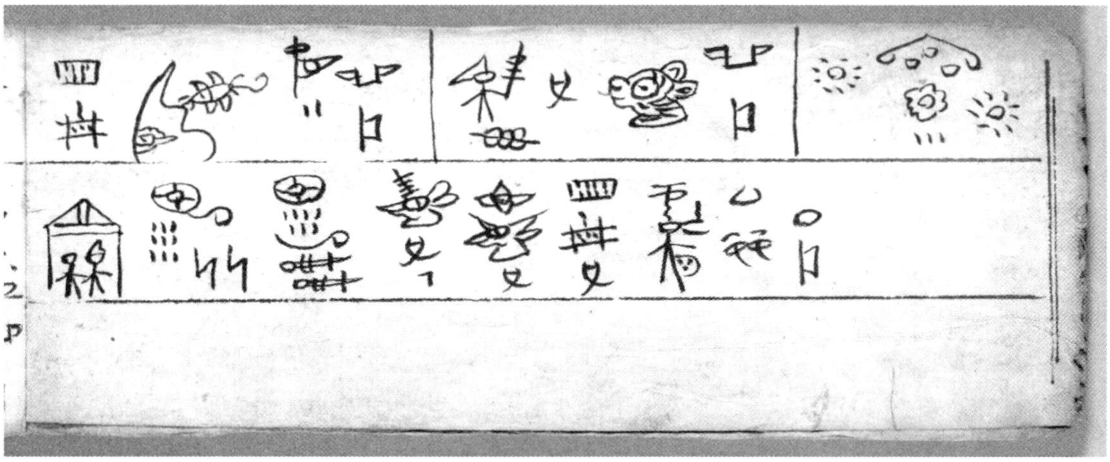

hɯ^{21} dzæ^{33} æ^{33} suɑ^{21} bæ^{33} zi^{33} the^{55} n̥i^{21} thy̩^{33} be^{33} ho^{55}.| dæ^{21} ne^{21} tshu^{21} me^{33} lɑ^{33} ɕy^{21}
富裕 充足 崖 高 蜂蜜 那样 成为 愿 能干 和 勤快 么 虎 红

the^{55} n̥i^{21} thy̩^{33} be^{33} ho^{55}.| mɯ^{33} ky̩^{33} kɯ^{21} sɿ^{21} kɯ^{21} iə^{21} bu^{33} zæ^{33} ho^{55}.| i^{33}dɑ^{13} tʂhɿ^{33}dɯ^{33}
那样 成为 愿 天 上 星 似 星 似 闪亮 愿 主人 这 一

ʥi^{13}, gy̩^{33} n̥i^{33} gu^{33} lu^{21} tʂhər^{33} tʂhər^{33} ho^{55}, ʂer^{33} n̥i^{33} kɑ^{33} le^{21} dɑ^{55} dɑ^{33} ho^{55}, khy̩^{55} ne^{21}zɿ^{33}
家 九 天 保佑 牢靠 愿 七 天 庇荫 稳固 愿 岁 和 寿

me^{55} khy̩^{55} ne^{21} zɿ^{33} le^{33} dɯ^{33}, nɯ^{21} ne^{21} o^{21} me^{55} nɯ^{21} ne^{21} o^{21} le^{33} dɯ^{33}, hɯ^{21} ne^{21} dzæ^{33}
祈 岁 和 寿 又 得 生儿 和 育女 祈 生儿 和 育女 又 得 富裕 和 充足

me^{55} hɯ^{21} ne^{21} dzæ^{33} le^{33} dɯ^{33}, i^{33} dɑ^{13} ky̩^{33} phər^{21} dzæ^{33} ʂɿ^{21},phy̩^{33} do^{21} lɯ^{55} do^{21} gy̩^{33}
祈 富裕 和 充足 又 得 主人 头 白 牙 黄 祖孙同堂 成为

be^{33} ho^{55}.
愿

祝愿富裕充足就像高山上的蜂蜜那样兴旺。祝愿主人家像红虎那样勇敢和能干，就像天上的星星那样繁密。愿主人家得到九天牢靠的保佑，得到七天稳固的庇荫，愿祈寿岁得寿岁，祈儿女得儿女，祈富足得有余。祝愿主人家活到白头黄牙、祖孙同堂。

418-D-66-26

封底

（释读：习煜华　翻译：习煜华）

397-D-68-01

zɿ³³ tʂu⁵⁵ py²¹ · y²¹ ɕə⁵⁵

延寿仪式·白羊卜

397-D-68 延寿仪式·白羊卜

【内容提要】

大凡做祭祀都要用牲畜作为牺牲，或牛或猪或羊，这是一本用白绵羊作为牺牲祭祀神灵的经书。这里白绵羊被称作胜神。胜神白绵羊被送到祭祀场后，根据白绵羊的体貌特征，白绵羊在祭祀场上的各种表现，以及宰杀白绵羊后，内脏的各种情况，来占卜做祭祀的这一户主人家吉祥与否。这本经书主要讲了白绵羊在祭祀场上颤抖和朝各个方向叫唤的情形，以及白绵羊在祭祀场上出现的各种情况。因经书中所讲的情形并非正常发生的，因此，大多数是凶兆。若经书只是根据体貌特征及内脏的情况进行占卜，大多数是吉祥语和喜庆话。

【英文提要】

Life Prolonging Ritual, White Sheep Divination

Once there was a sacrificial ritual, livestock like cow, pig and sheep were killed. This book is about killing the white sheep as an oblation for gods. Here, the white sheep was called “god of victory”. After the white sheep was brought to the shrine, priests would divine whether the family was propitious according to the feature of the sheep, its reaction on the shrine and the situation of internal organs after it was killed. The book describes the status of the sheep trembling on the shrine and bleating to each direction. It also describes all situations of the sheep showed on the shrine. Due to the book, such situation was abnormal occurred, much of the possibility, therefore, was a knell. If divined just based on body features and internal organs, most of the word was auspicious and joyous.

397-D-68-02

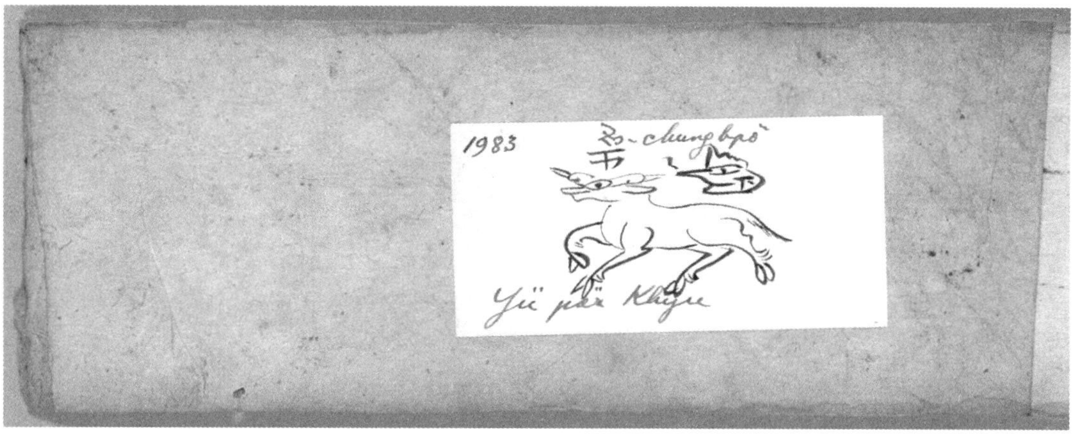

第 1 行："1983"为洛克收藏经书的编号，并用洛克音标标注此书用于"延寿仪式"。
第 2 行：三个东巴文字符是此书之书名："用白绵羊占卜"。
第 3 行：洛克音标标注的读音。

397-D-68-03

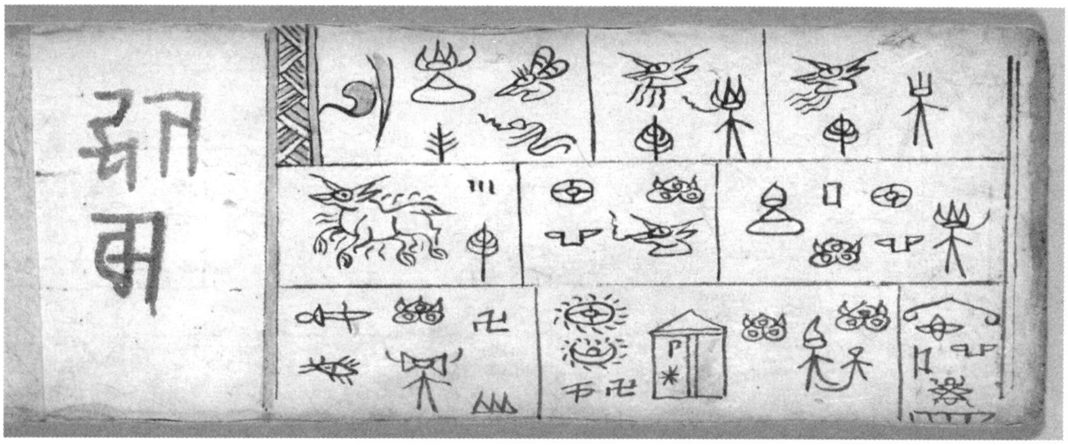

py^{21} dɯ^{21} tʂhʅ^{33} dzər^{33} tɕər^{21},mɑ^{21} ky̩^{33} dzʅ^{55} dzʅ^{21} tshʅ^{55},lo^{55} po^{33} ty^{33}.｜y^{21} phər^{21} tʂʅ^{55} tʂʅ^{33}
祭司 大 这 尊 前 膝盖 双双 跪 跪拜 羊 白 颤颤

n̡ə^{55} n̡ə^{33} nɯ^{33} py^{21} ɕy^{33} be^{33} .｜y^{21} phər^{21} tʂʅ^{55} tʂʅ^{33} n̡ə^{55} n̡ə^{33} nɯ^{33} tshʅ^{21} ɕy^{33} be^{33}.｜y^{21}
抖抖 来 祭祀 做 羊 白 颤颤 抖抖 来 鬼 祭 做 羊

phər^{21} tʂʅ^{55} tʂʅ^{33} n̡ə^{55} n̡ə^{33} nɯ^{33} sʅ^{55} ɕy^{33} be^{33}.｜y^{21} phər^{21} gɑ^{33} lɑ^{21} nɯ^{33}, n̡i^{33} me^{33} thy̩^{33}
白 颤颤 抖抖 来 生命神 祭 做 羊 白 胜神 由 东方

tɕy^{21} bɑ^{21} me^{33} ɯ^{33}.｜to^{21} ne^{21} u^{21} ɯ^{33} thy̩^{33}, n̡i^{33} me^{33} thy̩^{33} nɯ^{33} py^{33} by̩^{21} dɑ^{33} hɯ^{21}
向 叫 是 吉祥 朵神 和 吾神 吉祥 现 东边 由 祭司

kho^{33} ɯ^{33} sɑ^{55} ɯ^{33} mi^{33}.｜bi^{21} phər^{21} le^{21}phər^{21} ɯ^{33} me^{33} thy̩^{33}, i^{33} dɑ^{13} tʂhʅ^{33} dʑi^{13} ko^{21},
声 好 气 好 闻 太阳 白 月亮 白 吉祥 的 出 主人 这 家里

ʥi^{33} me^{33} mɯ^{33} tv̩^{55} ʂu^{33}zər^{21} ɯ^{33} me^{33} thv̩^{33},bɯ^{33}ɯ^{33} zo^{33} ɯ^{33} ɕi^{21}. | mɯ^{33} i^{33} hər^{21} lər^{55}
房 大 天 顶 铁 柱 吉祥 兆 出 妇 好 儿 好 养 天 是 绿 莹

lər^{33} me^{33} thv̩^{33}, dy^{21} i^{33} ʂʅ^{21} ɯ^{55} ɯ^{33} me^{33} khu^{33}. |
莹 的 开 地 是 黄 橙橙 的 辟

这一户主人家在大祭司面前双膝下跪，行跪拜礼。用颤颤抖抖的白羊以祭神。用这只颤颤抖抖的白绵羊祭鬼，用这只颤颤抖抖的白绵羊祭生命神（素神）。这一只胜神白绵羊在祭祀场上往东边方向叫，是美好吉祥的朕兆；为朵神和吾神的吉兆，似升起白日白月一样吉祥。为这一主人家的顶天铁柱牢固的吉兆。这一户主人家中贤惠的妇女将生育聪明能干的小孩；这一户主人家将开出绿莹莹的天，将辟出黄橙橙的地。

397-D-68-04

dæ^{21} ɕy^{33} be^{33} me^{33} tv̩^{21} le^{33} ɕi^{33} sy^{21} ɯ^{33}, | zo^{33} ɯ^{33} hɯ^{21} ne^{21} dzæ^{33} tshi^{21} thv̩^{33}, | bɯ^{33}
勇士 祭祀 做 是 千 又 百 样 吉祥 男 好 富 和 豪 朕兆 出 妇

ɯ^{33} zo^{33} ɯ^{33} ɕi^{21} me^{33} dɯ^{33} bu^{21} ʥy^{33}, | me^{33} he^{21} mi^{55} sʅ^{55} kv̩^{33} ɕi^{21} tɑ^{55} lɑ^{33} mə^{33} uɑ^{21}, |
好 男 好 养 的 一 福分 有 姐妹 女 三 个 养 仅仅 不 是

mæ^{55} gu^{21} bɯ^{33} ɯ^{33} zo^{33} ɯ^{33} ɕi^{21}，khv̩^{55} lo^{21} uɑ^{55} kv̩^{33} mə^{33} i^{33} lɑ^{33},zo^{33} ɯ^{33} phv̩^{55} lv̩^{33} ɕi^{21}
后边 妇 好 儿 好 养 年 内 五 个 不 有 也 儿 好 聪明 养

tso^{33} uɑ^{21}. | ʥi^{21} i^{33} ho^{33} gv̩^{33} lo^{21} nɯ^{33},gɑ^{33} lɑ^{21} y^{21} phər^{21}ko^{33} lv̩^{55} me^{33}, | mɯ^{33}gə^{33} dv̩^{21}
会 的 水 流水头 方向 来 胜神 羊 白 角 缠 是 天 的 毒鬼

ne^{21} tse^{21} thv̩^{33} kv̩^{55} ,ɕi^{33} khv̩^{33} ʐv̩^{21} nɯ^{33} khu^{33} lo^{21}tər^{33},zo^{33} ɯ^{33} ʐv̩^{21} dy^{21} thv̩^{33} i^{33} kv̩^{55}. |
和 仄鬼 出 会 小偷 仇人 来 门口 堵 儿 好 仇 地 到 也 会

khɑ^{33} khɑ^{33} ʂə^{55} ʂə^{33} me^{33} , ʥi^{33} thv̩^{33} ʐv̩^{21}thv̩^{33} tshʅ^{21} i^{33} kv̩^{55}. | ko^{21} kv̩^{33} bv̩^{33} lv̩^{55} khɯ^{55}
对骂 吵架 是 灾祸 发生 仇 出 来 也 会 高原 上 羊 牧 去

me^{33} ,bv̩^{33} lɯ^{55} bv̩^{33} le^{33} phi^{55}, ʐv̩^{21}nɯ^{33} sy^{55} le^{33} ʂʅ^{33} me^{33} thv̩^{33} i^{33} kv̩^{55}.｜tshy^{55} khɯ^{33}

是 羊走脱 羊 又 失 仇 由 杀 又 死 事 发生也 会 小米地

bu^{21} lv̩^{55} kv̩^{33} ,kho^{21} ɕi^{33} u^{33} ɕi^{33}nɯ^{33} khuɑ^{21} ʂə^{55} ʥi^{33} be^{33} me^{33}, ʥi^{33} kho^{33} khuɑ^{21} kho^{33}

猪 牧 处 亲戚 自己人 由 坏话 说 灾祸 起 会 灾 话 坏 话

mi^{33} i^{33} kv̩^{55}.｜i^{33} dɑ^{13}bə^{33} mu^{33} sʅ^{55} ʥi^{21} khu^{33},gu^{21} khuɑ^{21} tshər^{33} khuɑ^{21} thv̩^{33} ,kho^{33}

闻 也 会 主人 村庄 人 房 前 病 灾 疾 灾 生 消息

khuɑ^{21} ʂə^{55} lɯ^{33} kv̩^{55}.｜n̥i^{33} me^{33} gv̩^{21}

坏 说 来 会 西方

给勇敢战士做祭祀，百般千般吉祥，会给好男儿带来富裕吉祥的朕兆，还会给予贤惠的妇女带来养育子女的福分，她们不仅会生养三姐妹。即使不在年内连续生下五个儿子，也会生养聪明能干的儿子。

在水流的上游（北方），若胜神绵羊的角被绳索缠绕，天上的毒鬼和仄鬼就会出现在大地上；小偷和仇敌就会来到这一户主人家的门口；善良的儿女也会不知不觉地走到仇人的地方去；一般的吵架对骂也会发展成出人命的灾祸；这一户主人家到高原上去放牧，会发生丢失羊儿，羊被仇家杀害的事件；到小米地里去放猪，会把猪放丢了；也会在亲戚和自家人之间发生因说背后话而引起的灾祸；还会从这一户主人家居住的村庄里传出发生瘟疫的坏消息。

397-D-68-05

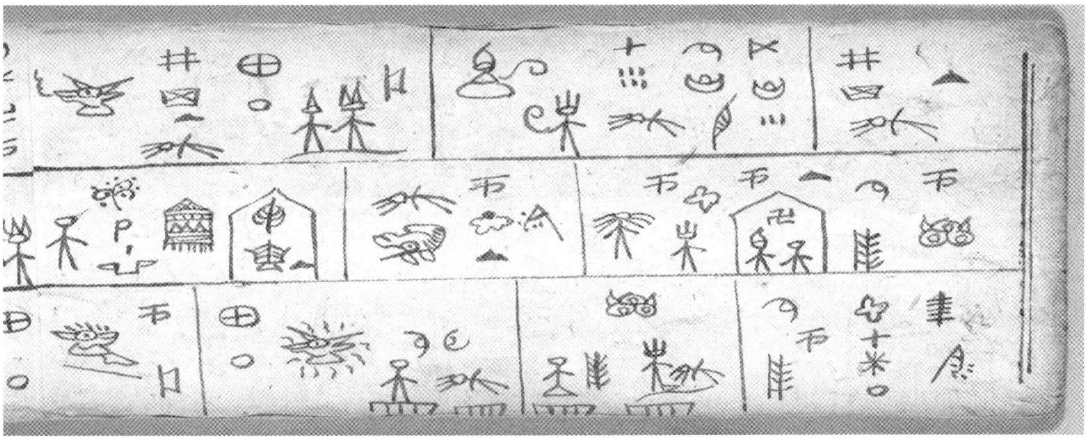

tɕy^{21} gɑ^{33} lɑ^{21} y^{21} phər^{21} nɯ^{33} bɑ^{21} me^{33}, gu^{21} tshər^{33} khuɑ^{21} me^{33} thv̩^{33}, ɕi^{33} ʂʅ^{33} i^{33} kv̩^{55} .

方向 胜神 羊 白 来 叫 是 疾病 坏 生 人 死 会

n̥i^{33} me^{33} gv̩^{21} nɯ^{33} dv̩^{21} tse^{21} dy^{21} le^{33} khu^{33} i^{33} kv̩^{55}.｜he^{21} nɯ^{33} gu^{33} lu^{21} me^{33},tshʅ^{21} nɯ^{33}

太阳 落 由 毒鬼 仄鬼 地 又 辟 会 神 由 赐福 是 鬼 来

uə^{13} . ʂʅ^{33} tshʅ^{21} tshe^{21} tʂhuɑ^{55} kv^{33} ,mə^{33} he^{33} tshy^{55} i^{33} mə^{33} he^{33} le^{33} sʅ^{21} tshʅ^{21}.｜gu^{21} ne^{21}

抢 死鬼 十 六 个 无止 债 是 不 停 又 索 来 病 和

tshər^{33}, ʂʅ^{33} tshʅ^{21} khuɑ^{21} me^{33} nɯ^{33} zo^{33} dʐv̩^{33} ko^{21} i^{33} dɯ^{33} thv̩^{33} gæ^{33}.i^{33} dɑ^{21} sʅ^{55} ɕy^{33}

疾 死 鬼 恶 的 来 儿女 繁衍 内 是 一 事 占 主人 生命神 祭祀

be^{33} me^{33} khuɑ^{21}. | gu^{21} ʐuɑ^{33} tshu^{21} me^{33} tshʅ^{21} nɯ^{33} sy^{55}, sʅ^{33} phər^{21} nɑ^{21} khɯ^{55} tshʅ^{21},
做 是 凶 骏马 快 的 鬼 由 杀 毛 白 黑 放 来

khuɑ^{21} me^{33} le^{33} be^{33} tshʅ^{21}. | kv̩^{33} phər^{21} si^{33} me^{33} tshʅ^{21}nɯ^{33} sy^{55},i^{33} dɑ^{21} ʥi^{21} phər^{21} kv̩^{33},
坏事 是 又 做 来 头 白 穷 的 鬼 由 杀 主人 房 白 上

zo^{33} ɯ^{33} mi^{55} ɯ^{33} ʨər^{21} khuɑ^{21} me^{33} le^{33} khɯ^{55} tshʅ^{21}.mə^{33} ŋv^{55} ʂʅ^{33} me^{33} nɯ^{33},i^{33} dɑ^{21} no^{21}
儿 好 女 好 上 坏 的 又 放 来 不 超度 死 的 来 主人 宝

py^{55} phər^{21} me^{33} ʨər^{21}, phər^{21} khu^{33}khɯ^{55} lo^{21} bv̩^{33} khɯ^{55} tshʅ^{55}. | gɑ^{33} lɑ^{21} y^{21} phər^{21} nɯ^{33},
物 白 的 上 白 门 前 边 是非鬼 放 来 胜神 羊 白 由

ȵi^{33} me^{33}gv̩^{21} ʨy^{21} ʈʂʅ^{55} ʈʂʅ^{33}ȵə^{55} ȵə^{33} me^{33}, | he^{21} dy^{21} tshʅ^{21} dy^{21} le^{33} du^{33} by^{33}, | y^{21} i^{33}
太阳 落 方向 颤颤 抖抖 是 神 地 鬼 地 又 分开 祖先 是

y^{21} dy^{21} dzʅ^{21}, tshʅ^{21} i^{33} tshʅ^{21} dy^{21} ʥi^{33}, ɯ^{33} me^{33} uɑ^{21} tshi^{21} uɑ^{21}. | phər^{21} zo^{33} phər^{21}
祖先 地方 住 鬼 是 鬼 地 走 好 的 朕兆 是 白 儿 白

mi^{55} ʂʅ^{33} me^{33} mə^{33} ŋv̩^{55} me^{33} mə^{33} ʥy^{33}, ɕi^{33} sy^{21} tv̩^{21} sy^{21} zʅ^{33} be^{33} gv̩^{21}. |
女 死 的 不 超度 的 没有 百样 千 样 一辈 地 吉祥

胜神绵羊朝西边方向叫，会给这一户主人家带来疾病和瘟疫，会发生死人的事。毒鬼和仄鬼会在西边开辟它们的地方。神灵赐给人们的福分，会被鬼夺去，十六个死鬼不停地索取无休止的债。疾病和死事会长时间地占据在这一户主人家生儿育女、繁衍后代的事情中。即使去祭祀生命神，也会呈现出凶兆。这一户主人家的快马会突然死亡，鬼会在白色的羊毛中施放黑色斑点，会给主人家施放各种不吉祥的事。被鬼杀死的白头穷人，在这一户主人家白色的房头上，在这一户主人家的好儿好女身上施放不吉祥的事。死后不经过超度的人，会在这一户主人的财宝中，在这一户主人白色的大门前，施放是非灾祸。

若胜神绵羊朝着西边方向颤抖，是神地和鬼地相分开，祖先住在祖先应该住的地方，鬼又往鬼地去的好兆头。这一户主人家的好儿女，死后没有不超度的，是百样千样吉祥，一辈子平安幸福的好兆头。

397-D-68-06

gɑ^{33} lɑ^{21} y^{21}phər^{21}nɯ^{33}, i^{33} tʂhʅ^{33} i^{33} mɯ^{21} dy^{21} tɕy^{21}ly^{13} bɑ^{21} me^{33},mɯ^{33} hər^{21}lər^{55}nɯ^{33}

胜神 羊 白 来 水流 下游 地方 方向 朝 叫 是 天 绿莹莹 由

sʅ^{55} khɯ^{33} phər^{21} zɑ^{21} me^{33} dɯ^{33} bu^{21} dɯ^{33} ,nɑ^{21} zo^{33} ko^{21}, nɯ^{21} ne^{21} uɑ^{21} le^{33} khu^{33}. | bv̩^{21}

晨曦 白 降 的 一 福分 得 纳西儿女 家 福 和 泽 又 陈 兄

zʅ^{21} ɯ^{33} me^{33} nɯ^{33},u^{33} dze^{33} ɯ^{33} me^{33} dɯ^{33}. | tʂuɑ^{21} ɯ^{33} bɯ^{33} ɯ^{33} lɑ^{33}, bu^{21} ʂu^{21} bu^{21} le^{33}

弟 好 的 来 财物 好 的 得 男 好 女 好 也 配偶 找 配偶 又

dɯ^{33}. | tshu^{21} nɯ^{33} ɯ^{33} mə^{33} thv̩^{33} lɑ^{33} ɯ^{33} le^{33} thv̩^{33}, | mæ^{55} gu^{21} u^{33} dze^{33} ɯ^{33} me^{33} dɯ^{33},

得到 早 就 好 不 得 也 好 又 得 后面 财物 好 的 得

i^{33} dɑ^{21} tʂhʅ^{33} dʑi^{21} hɯ^{21} ne^{21} dzæ^{33} me^{33} uɑ^{21} tshi^{21} uɑ^{21}. | kho^{21} ɯ^{33} me^{33} nɯ^{33} dɯ^{33} bu^{21}

主人 这 家 富 和 豪 的 朕兆 是 亲戚 好 的 由 一 福分

iə^{55}, u^{33} dze^{33} ɯ^{33} me^{33} dɯ^{33} bu^{21} iə^{55}. | gɑ^{33} lɑ^{21} y^{21} phər^{21} nɯ^{33}, i^{33} tʂhʅ^{33} i^{33} mɯ^{21} dy^{21}

给 财物 好 的 一 福分 给 胜神 羊 白 由 水流 下游 地方

tɕy^{21} tʂhʅ^{55} tʂʅ^{33} ȵə^{55} ȵə^{33} me^{33} ɯ^{33}. | he^{21} i^{33} sʅ^{33} phər^{21} zʅ^{21} lv̩^{33} kv̩^{33}, tshuɑ^{33} phər^{21} kuɑ^{21}

方向 颤颤 抖抖 是 吉祥 神 的 毡 白 神座 上 米 白 神

mu^{21} kv̩^{33} nɯ^{33} mɯ^{21} le^{33} zɑ^{21} ,gɑ^{33} lɑ^{21} y^{21} phər^{21} khɯ^{33} le^{33} thv̩^{33}. lɯ^{55} kv̩^{33} py^{33} bv̩^{21},

粮 上 由 下 又 降 胜神 羊 白 跟前 又 到 东巴祭司

gɑ^{33} lɑ^{21} y^{21} phər^{21} kho^{33} ɯ^{33} sɑ^{55} ɯ^{33} thv̩^{55}, | lɯ^{55} kv̩^{33} py^{33} bv̩^{21},gɑ^{33} lɑ^{21} y^{21} phər^{21} kho^{33}

胜神 羊 白 声 好 气 好 发 东巴祭司 胜神 羊 白 声

sɑ^{55} ɯ^{33} me^{33}tʂhuɑ^{55} thv̩^{33} le^{33} dzʅ^{21}guə^{33}, | lɯ^{55} kv̩^{33} py^{33}bv̩^{21} u^{33} dze^{33}ɯ^{33}me^{33}dɯ^{33}. | lɯ^{55}

气 好 的 六 件 又 商量 东巴祭司 财物 好 得

kv̩^{33} py^{33} bv̩^{21} nɯ^{33}, gɑ^{33} lɑ^{21} y^{21} phər^{21} gu^{21} tʂhuɑ^{55} thv̩^{33} dʑi^{33}, u^{33} dze^{33} phi^{55} me^{33} lɯ^{55}

东巴祭司 由 胜神 羊 白 随 六 步 走 财物 丢 的 失

me^{33} dɯ^{33}. | gɑ^{55} lɑ^{21} y^{21} phər^{21} nɯ^{33}, kho^{33} dɯ^{21} thv̩^{55} me^{33} ɯ^{33}. |

的 得 胜神 羊 白 由 声 大 发 是 吉祥

胜神白绵羊朝着南边方向叫，是吉祥的朕兆。人们会得到像绿莹莹天上出现晨曦一样的福分，纳西人家中将充满福泽。好兄弟之间会得到好财物，想寻找伴侣的男女之间，也会如愿以偿。若早些时候没有得到财物，也会慢慢得到，是这一户主人家将要富裕的好兆头。亲戚也会给这一户人家带来得到财物的好福气。

若胜神白绵羊朝着南边的方向颤颤抖抖，是吉祥的朕兆。神将会从白色的神粮中，白毡神座上降临下来，来到胜神白绵羊跟前。东巴祭司和胜神白绵羊，都会说出吉祥的话语，东巴祭司和胜神白绵羊用吉祥的话语商量六件事，东巴祭司将得到好的财物。若东巴祭司跟随胜神白绵羊走六步，已经丢失了的财物也能找回来。若胜神白绵羊大声地吼喊，也是吉祥的朕兆。

397-D-68-07

ga33 la21 nɯ33 i33 da21 phər21 zo33 phər21 mi55 tɕər21 ɯ33 le33 be33,dæ21 mu21 gu21ɯ33 gu21
胜神 由 主人 白 儿 白 女 上 好 又 做 勇 士 骏马 快马

tshu21 le33 dɯ33. | i33 da21 zo33 ɯ33, hɯ21 ne21 dzæ33 me33 ua21 tshi21 thy̩33. | ga33 la21 y21
又 得 主人 男儿 好 富 和 裕 的 朕兆 出 胜神 羊

phər21 nɯ33, dy21 n̥ə21 ba21 me33 khua21,i33 da21 zo33 ne21mi55 tʂʅ33 khua33 mi21 y̩33 i33 ky̩55,
白 由 地 上 叫 是 凶 主人 男 和 女 土 坑 下 陷 也 会

u33 dze33 khua21 nɯ33 ga33 la21 dzi33 , i33 da13 dʑi33 phər21 tshʅ21 nɯ33 tɕhi33, nɯ21 zo33
财物 坏 由 胜神 供 主人 房 白 鬼 由 守 福 儿

ua21 mi55 tɕər21 khua21,ky̩33 phər21 si33 me33 tshʅ21 nɯ33 sy55, | dæ21 ɕy33 be33 me33 khua21,
泽 女 上 凶 头 白 穷 的 鬼 来 杀 勇士 祭祀 做 是 晦

gu21tshər33thy̩33,ɕi33 ʂʅ33 lo55 lɯ33me33ua21 tshi21ua21. | mɯ33gə33 sa55 li 55uə33 de33 tɕy21 ly21
疾病 生 人 死 起 来 的 朕兆 是 天 的 刹依威德 上 看

lo55 po33 ty33, he21 dɯ21 uə33 tʂə55 ho21 mu33 tɕər21 lo55 po33 ty33. | ga33 la21 y21 phər21 nɯ33
跪拜 做 神 大 乌宙合姆 上 跪拜 做 胜神 羊 白 由

py21 ɕy33 be33 me33, | ga33 la21 y21 phər21 nɯ33 py21 by̩21 tɕy21 ba21 me33 khua21. | ga33 la21
祭祀 做 是 胜神 羊 白 由 祭司 朝 叫 是 凶 胜神

y21 phər21 ba21 i55 la21 tsa55 la21 lu21 bæ21 hɯ33 me33, i33 da13 tʂhʅ33 dʑi13 ko21□py33 by̩21、
羊 白 叫 地 手 扒 手 动 跑 去 是 主人 这 家 里 东巴

i^{33} dɑ^{21} tɕər^{21} khuɑ^{21}.gɑ^{33} lɑ^{21} y^{21} phər^{21} lỵ^{55} mæ^{33} lɑ^{21}, i^{33} dɑ^{21} nɯ^{21} lỵ^{55} nɯ^{21} i^{33} ɕi^{33}
主人 上 凶 胜神 羊 白 罩 得 也 主人 畜 牧 畜 是 别人

nɯ^{33} khỵ^{33} i^{33} kỵ^{55}. |
来 偷 也 会

胜神会保佑这一户主人家的好儿女，勇敢的战士能寻找到满意的快马，是这一户主人家将要富裕的好朕兆。

胜神白绵羊朝着地上叫，是凶兆。这一户主人家的好儿女，会陷进地穴之中去。由于用带有晦气的财物供养胜利神，鬼会占据这一户主人家的好房子，白头发的穷人会被鬼杀死。即使给勇士做祭祀，也不会出现吉祥的朕兆，是家人生病甚至是会死人的凶兆。这一户主人应该给天上的刹依威德大神行跪拜礼，给乌宙合姆大神行跪拜礼。

用胜神白绵羊做祭祀，若胜神白绵羊朝着祭司吼叫，是凶兆。若胜神白绵羊叫着跑去，是在这一户人家中做祭祀的祭司和主人家不吉祥的朕兆，即使将白绵羊抓回来了，也是这一户主人放牧牲畜的时候，牲畜被别人偷盗的朕兆。

397-D-68-08

gɑ^{33} lɑ^{21} y^{21} phər^{21} nɯ^{33} mæ^{55} gu^{21} bɑ^{21} lɯ^{33} me^{33},dʑi^{21} ȵə^{21} do^{55} le^{33} ʂʅ^{33} i^{33} kỵ^{55}. gɑ^{33} lɑ^{21}
胜神 羊 白 由 紧随 叫 来 是 水 中 跌 又 死 的 会 胜神

y^{21} phər^{21}nɯ^{33},ȵi^{33} me^{33} thỵ^{33} tɕy^{2} le^{33}bɑ^{21} me^{33},tshi^{21} ly^{55}gỵ^{33}nɯ^{33} tshi^{21} ɯ^{33} thỵ^{33} i^{33} kỵ^{55},
羊 白 由 太阳 出 方向 叫 是 胛 中央 由 朕兆 好 出 的 会

phi^{21} dɑ^{33} dɑ^{21} nɯ^{33} gɯ^{33} khuɑ^{21} zɑ^{21} i^{33} kỵ^{55}. | gɑ^{33} lɑ^{21} y^{21} phər^{21} nɯ^{33} i^{33} tʂhʅ^{33}
肩 边上 由 裂 晦 降 也 会 胜神 羊 白 由 水流

mɯ^{21} nɯ^{33} ȵi^{33} me^{33} thỵ^{33} tɕy^{21}le^{33}bɑ^{21} me^{33},tshi^{21} ɯ^{33} thỵ^{33}. | i^{21} nɯ^{33} ȵi^{33} me^{33} thỵ^{33} tɕy^{21}
下游 由 太阳 出 方向 叫 是 朕兆 好 出 右 由 太阳 出 方向

bɑ^{21},uæ^{33} nɯ^{33} ȵi^{33} me^{33} gỵ^{21} tɕy^{21} bɑ^{21} me^{33},tʂhər^{55} ko^{55} nɯ^{33} tshi^{21} khuɑ^{21} thỵ^{33} i^{33} kỵ^{55}. |
叫 左 由 太阳 落 方向 叫 是 肺 中间 由 朕兆 晦 出 的 会

gɑ^{33} lɑ^{21} y^{21} phər^{21} nɯ^{33}, i^{21} nɯ^{33} i^{33} ʈʂhʅ^{33} mɯ^{21} tɕy^{21} bɑ^{21} me^{33}, tshi^{21} mə^{33} thṿ^{33}. | gɑ^{33}
胜神 羊 白 由 右 由 水流 下游 方向 叫 是 朕兆 没 生 胜利

lɑ^{21} y^{21} phər^{21} ɕi^{33} nɯ^{33} dzæ^{33}bɑ^{21} me^{33}, khuɑ^{21} me^{33} zo^{33} mi^{55} tɕər^{21} phṿ^{55} kṿ^{55}.lɯ^{55} kṿ^{33}
羊 白 别人 由 骑 叫 是 晦 的 儿 女 上 撒 会 东巴祭司

py^{33} bṿ^{21} nɯ^{33} uɑ^{33} hər^{21} dɑ^{33} khə^{21} lɑ^{55}, hæ^{33} ʂʅ^{21} tsər^{33} lər^{21} do^{55} tsho^{33} dər^{33}. zo^{33} mi^{55}
由 松 绿 法鼓 敲 金 黄 板铃 摇 跳 该 儿 女

tɕər^{21} khuɑ^{21} kṿ^{55}. | gɑ^{33} lɑ^{21} y^{21} phər^{21} nɯ^{33} le^{33} tɕy^{21} ly^{21} bɑ^{21} me^{33},du^{21} hɯ^{55} khu^{33}nɯ^{33}
上 晦 会 胜神 羊 白 由 回头 瞧 叫 是 卢神 海 边 由

zo^{33}mi^{55} tɕər^{21} khuɑ^{21}. | gɑ^{33} lɑ^{21} y^{21} phər^{21} nɯ^{33} i^{33} ʈʂhʅ^{33} mɯ^{21} tɕy^{21} mɯ^{21} bɑ^{21} me^{33}, i^{33}
儿 女 上 晦 胜神 羊 白 由 水流 下游 方向 下 叫 是 主人

dɑ^{21} ʈʂhʅ^{33} dʑi^{21} gə^{33} me^{33} he^{21} ho^{21} tər^{55} nɯ^{33} mi^{33} tshʅ^{21} thṿ^{33} kṿ^{55} khuɑ^{21}. | gɑ^{33} lɑ^{21} y^{21}
这 家 的 姐妹 腰间 来 火 鬼 产生 会 凶 胜神 羊

phər^{21} nɯ^{33} dɯ^{33} bɑ^{21} me^{33},
白 由 一次 叫 是

胜神白绵羊逃跑途中一直叫唤，它会跌进水中。胜神白绵羊朝着东边方向叫，肩胛骨中间会出现吉祥的朕兆，肩胛骨的边上会出现不好的裂纹。若胜神白绵羊由南边向东边方向叫，是吉祥的好兆头。若胜神白绵羊从右边往东边方向叫，从左边向西边方向叫，在它的肺部将出现不吉祥的朕兆。若胜神白绵羊由右边向南边方向叫，就不是什么朕兆。若胜神白绵羊被人骑着叫唤，那么，所有的晦兆就会撒向这一户主人的儿女身上。东巴祭司应该敲响绿松石般的法鼓，摇晃着金黄色的板铃跳神，否则对这一户主人不利。若胜神白绵羊边回头边叫唤，是这一户主人家的儿女将在卢神的大海边，碰上晦事的朕兆。若胜神白绵羊朝着南边方向叫唤，那是将在这一户主人家姐妹的腰身上，出现火鬼和秽鬼的朕兆。若胜神白绵羊只叫一次，

397-D-68-09

zv̩^{21} gə^{33} dzʅ^{33}mu^{55} kv̩^{33} sɑ^{21}tɕər^{21} khuɑ^{21}, | ko^{33} tɕər^{21}ʂʅ^{33} lo^{33} me^{33} zo^{33}mi^{55} tɕər^{21}khuɑ^{21}. |
仇 的 酋长 老 头发 散 上 晦 鹤 上 肉 想 的 儿 女 上 晦

gɑ^{33} lɑ^{21} y^{21} phər^{21} nɯ^{33}, y^{21} dzʅ^{21} tɯ^{33} tɕy^{21} lu^{33} zʅ^{21} bɑ^{21} me^{33}, i^{33} dɑ^{55} zo^{33} mi^{55} tɕər^{21}
胜神 羊 白 由 羊 方位 方向 四 次 叫 是 饿鬼 儿 女 上

khuɑ^{21}. | ʂʅ^{33} ɕy^{55} lo^{33} lo^{21} bi^{33} di^{21} khɯ^{21} i^{33} kv̩^{55},zo^{33} mi^{55} tɕər^{21}khuɑ^{21}. | y^{21} nɯ^{33} ȵi^{33}
晦 肉 红 盆 里 虫子 生 也 会 儿 女 上 晦 羊 由 二

zʅ^{21} bɑ^{21} me^{33}, khu^{33} khɯ^{33} thv̩^{33} me^{33} ʂʅ^{33} ɕy^{21} tshuɑ^{55} uɑ^{33}tɯ^{33},zo^{33} mi^{55} tɕər^{21} khuɑ^{21}. |
次 叫 是 嘴 旁 到 的 肉 红 蚂蚁 生 儿 女 上 晦

i^{33} dɑ^{55} khuɑ^{21} nɯ^{33} dze^{33} ɕy^{21} khuɑ^{21}khɯ^{55} tshʅ^{21} i^{33} kv̩^{55}, zo^{33}mi^{55} tɕər^{21} khuɑ^{21}. | gɑ^{33} lɑ^{21}
饿鬼 坏 由 麦 红 霉坏 放 来 也 会 儿 女 上 晦 胜神

y^{21} phər^{21} nɯ^{33}, ȵi^{33} me^{33} gv̩^{21} tɕy^{21} bɑ^{21}me^{33}, i^{33} dɑ^{55} ɯ^{33} dzi^{21} lo^{55} nɯ^{21} do^{21}, zo^{33} mi^{55}
羊 白 由 太阳 落 方向 叫 是 饿鬼 鸟 飞 过 在 见 儿 女

tɕər^{21} khuɑ^{21}. | gɑ^{33} lɑ^{21} y^{21} phər^{21} ȵi^{33} me^{33} gv̩^{21} tɕy^{21} lu^{33} zʅ^{21} bɑ^{21} me^{33}, i^{21} ne^{21} uæ^{33}
上 晦 胜神 羊 白 太阳 落 方向 四 次 叫 是 左 和 右

tɕy^{21} bə^{21},me^{33} nɯ^{33} dzu^{33} sʅ^{21} i^{33} kv̩^{55}, zo^{33} mi^{55} tɕər^{21} khuɑ^{21}. | ȵi^{55} me^{33} do^{21} i^{33} kv̩^{55},
方向上 母 由 债 索 也 会 儿 女 上 晦 空 的 见 也 会

zo^{33} mi^{55} tɕər^{21} khuɑ^{21}. | ɕi^{33} nɯ^{33} ʂu^{21} ər^{21} ku^{55} tshʅ^{21} i^{33} kv̩^{55}, zo^{33} mi^{55} tɕər^{21} khuɑ^{21}. |
儿 女 上 晦 别人 由 铁索 抛 来 也 会 儿 女 上 晦

ȵi^{33} me^{33} gv̩^{21}, gɑ^{33}lɑ^{21} y^{21} phər^{21} nɯ^{33} uæ^{33} tɕy^{21} bɑ^{21} me^{33},
太阳 落 胜神 羊 白 由 左 方向 叫 是

是仇方白头发酋长不吉祥的朕兆。是想食天上鹤肉的儿女之凶兆。

若胜神白绵羊朝着羊方位（西南）方向叫四声，是饿鬼给儿女们带来的凶兆，会在盛着红肉的木盆里生虫子。若再叫两声，已到嘴边的红肉也会生出蚂蚁来。饿鬼还会让红麦发生霉坏的病变，是饿鬼给儿女们带来的凶兆。若胜神白绵羊朝着西边的方向叫唤，人们会看到饿鬼在眼前飞过。是饿鬼给儿女带来的凶兆。若胜神白绵羊朝西边方向叫四声，从左边和右边的方向上，会有人来索取饿鬼母亲欠下的债，饿鬼会使儿女一无所有，有人会在他们面前抛下捉拿他们的铁索。是饿鬼给儿女带来的凶兆。若胜神白绵羊在西边方向往左边叫唤，

397-D-68-10

gɑ^{33} lɑ^{21} y^{21} phər^{21} uæ^{33} kho^{33} ʈʂhə^{55} thy̩^{33} me^{33}, sy^{21} be^{33} mi^{55} ȵə^{21} tər^{55}. | gɑ^{33} lɑ^{21} y^{21}
胜神 羊 白 左 角 秽 生 是 全部 地 女 上 缠 胜神 羊

phər^{21} nɯ^{33}ȵi^{33} me^{33} gy̩^{21} nɯ^{33} uæ^{33} tɕy^{21} bɑ^{21} me^{33}, ʈʂhər^{55} ko^{55} gɯ^{33} nɯ^{33} tshi^{21} khuɑ^{21}
白 由 太阳 落 由 左 边 叫 是 肺 中间 由 兆 凶

thy̩^{33}. | gɑ^{33} lɑ^{21} y^{21} phər^{21}, y^{21} le^{21} ȵi^{55} ȵi^{33} tɯ^{55} me^{33},mæ^{55} khɯ^{33} ʈʂhə^{55} thy̩^{33} mi^{55} ȵə^{21}
生 胜神 羊 白 羊羔 奶水 喂 是 后 脚 秽 生 女 上

tər^{55}. | gɑ^{33} lɑ^{21} y^{21} phər^{21}, ko^{33} tɕər^{21} bər^{21} sɿ^{21} bə^{55} i^{55} bɑ^{21} me^{33},uæ^{33} khɯ^{33} ɯ^{33} bər^{21}
缠 胜神 羊 白 角 上 绳 拖着 的 叫 是 左 角 好 绳

nɯ^{21} tɕər^{21} kɑ^{55}, nɯ^{21} ɕi^{21} nɯ^{21} ɯ^{33}. | gɑ^{33} lɑ^{21} y^{21} phər^{21} sɿ^{55} bər^{21}khɯ^{33} ȵə^{21} hæ^{55} i^{55}
畜 上 遮 畜 羊 畜 好 胜神 羊 白 草绳 脚 上 挂 的

bɑ^{21} me^{33}, ʈʂhər^{55} ne^{21} sər^{55} ko^{55} uɑ^{21} tshi^{21} khuɑ^{21} me^{33} thy̩^{33}. | gɑ^{33} lɑ^{21} y^{21} phər^{21} dɯ^{33}
叫 是 肺 和 肝 中 朕兆 晦 的 产生 胜神 羊 白 一

zɿ^{21} bɑ^{21} me^{33}, by̩^{33} ly̩^{33} tshi^{21} mə^{33} thy̩^{33}. | gɑ^{33} lɑ^{21} y^{21} phər^{21}dʑi^{21} ho^{21} khu^{33} nɯ^{33} bɑ^{21}
声 叫 是 肾 脏 朕兆 不 是 胜神 羊 白 大河 边 由 叫

me^{33}, no^{21} dʑi^{33} mi^{33} uə^{21} kho^{33} le^{33} thy̩^{33}. | gɑ^{33} lɑ^{21} y^{21} phər^{21} nɯ^{33} dɯ^{33} zɿ^{21} bɑ^{21} me^{33}
是 畜 走 火堆 旁 又 到 胜神 羊 白 由 一 声 叫 是

nɯ^{21} ly̩^{55} mə^{33} lɯ^{55} nɑ^{55}, æ^{33} ȵə^{21} do^{55} le^{33} ʂɿ^{33}. | sæ^{55} ko^{55} uɑ^{21} tshi^{21} khuɑ^{21} me^{33} thy̩^{33}. |
畜 牧 未 丢失 也 崖 间 跌 又 死 肝 间 朕兆 晦 的 产生

gɑ^{33} lɑ^{21} y^{21} phər^{21} ʈʂɿ^{55} ʈʂɿ^{33} ȵə^{55} ȵə^{33} dɯ^{33} thy̩^{33} bɑ^{21} me^{33},zo^{33} ne^{21} mi^{55} ȵə^{21} khuɑ^{21}. |
胜神 羊 白 颤颤 抖抖 一 声 叫 是 儿 和 女 上 晦

zo^{33} ne^{21} mi^{55} gə^{33} dzi^{33} uə^{21} khuɑ^{21} me^{33} thy̩^{33}, kə^{55} dy̩^{33} lɯ^{55}, zo^{33} mi^{55} tɕər^{21} khuɑ^{21}. |
儿 和 女 的 精威 晦 的 出 耙 犁 脱 儿 女 上 晦

gɑ^{33} lɑ^{21} y^{21} phər^{21} nɯ^{33}ʥi^{33} ho^{21} uæ^{33} dɯ^{33} phɑ^{33} nɯ^{33} bɑ^{21} me^{33}, ʂʅ^{33} ɕy^{21} mi^{33} uə^{21}khɯ^{33}
胜神 羊 白 由 大河 左 一 边 来 叫 是 肉 红 火 堆 旁

thv̩^{33} uə^{21} gv̩^{33}，dze^{33} ɯ^{33} zo^{33} mi^{55} tɕər^{21} khuɑ^{21}.
到 似成 外甥 儿 女 上 晦

胜神白绵羊左角产生的所有秽气，将全部都缠在这一户主人家女儿身上。胜神白绵羊在西边往左面叫唤，胜神白绵羊的肺部将出现不吉祥的朕兆。胜神白绵羊若在祭祀场上给小羊羔喂奶，从它后腿产生的秽气，将缠在这一户主人家女儿身上。若胜神白绵羊角上拴着绳子叫唤，绳下的牲畜将兴旺发展。若胜神白绵羊的脚上缠着草绳，将在它的肺脏和肝脏中产生凶兆，若胜神白绵羊只叫一声，在它的肾脏中无法出现朕兆。若胜神白绵羊跑到河边去叫，就像牲畜走近火堆，即使胜神白绵羊只叫一声，这一户主人家放牧的牲畜不丢失，也会在悬崖上摔死，会在肝脏中呈现出晦兆。若胜神白绵羊颤颤抖抖地叫一声，是这一户主人家儿女们的凶兆，他们的“精威”（类似汉族五行）中将出现凶兆，去田地里犁田耙地，耙子和犁尖会脱落，凶于儿女。胜神白绵羊在河的左边叫一声，就像红肉到了火堆旁，是这一户主人家儿女及外甥的凶兆。

397-D-68-11

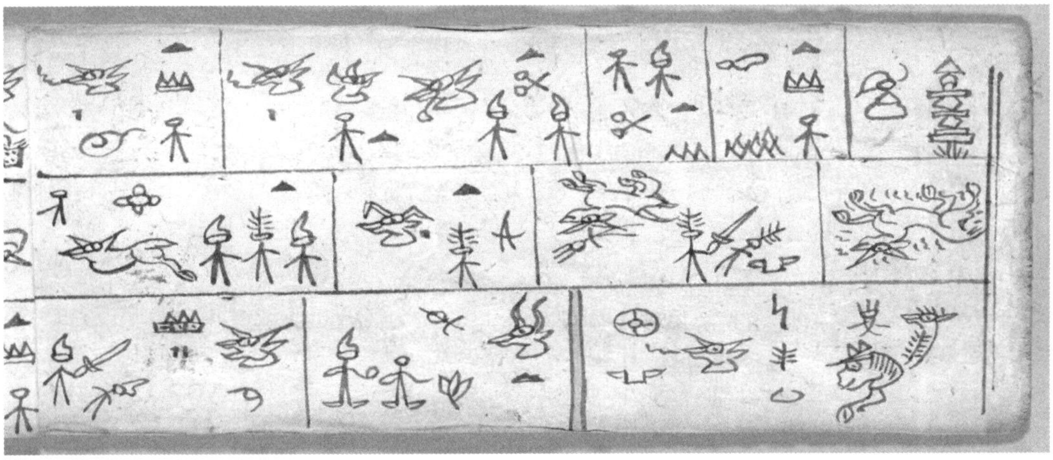

gɑ^{33} lɑ^{21} y^{21} phər^{21} nɯ^{33} hɯ^{55} khu^{33} nɯ^{33} dɯ^{33} zʅ^{21} bɑ^{21} me^{33}, zo^{33} mi^{55} tɕər^{21} khuɑ^{21}, | le^{33}
胜神 羊 白 由 海 边 来 一 声 叫 是 儿 女 上 晦 又

uə^{21} dɯ^{33} zʅ^{21} bɑ^{21} me^{33}, khɯ^{33} khv̩^{33} zo^{33} tɕər^{21} khuɑ^{21} ,gɑ^{33} lɑ^{21} y^{21} phər^{21} miə^{21} bər^{33}
一 次 叫 是 狗 年 人 上 晦 胜神 羊 白 眼泪

thv̩^{33} me^{33},me^{33} he^{21} tɕi^{55} me^{33} tɕər^{21} khuɑ^{21}, | zo^{33} mi^{55} tɕi^{55} me^{33} tɕər^{21} khuɑ^{21}. | ʂʅ^{33} nɯ^{33}
出 是 姐妹 小 的 上 晦 儿 女 小 的 上 晦 肉 由

mi^{33} uə^{21} khɯ^{33} thv̩^{33} uə^{21} gv̩^{33}, zo^{33} mi^{55} tɕər^{21} khuɑ^{21}. | bə^{33} lɯ^{21} lɑ^{33} mɑ^{21} nɯ^{33} mɯ^{55}
火 堆 旁 到 似 成 儿 女 上 晦 崩仂 喇嘛 来 法杖

thv̩^{33} uɑ^{33} zʅ^{33} py^{21} me^{33}, y^{21} gə^{33} i^{21} ʂʅ^{33} dɯ^{21} dɯ^{33}ʂuɑ^{21}, sʅ^{21} ne^{21} me^{33} ȵi^{33} kv̩^{55} ko^{55}
杆 持祭祀 是 羊 的右 肉 大 一 边 父和 母 两人 上

khuɑ²¹. | gɑ³³ lɑ²¹ y²¹ phər²¹ kho³³ tɕhər³³ me³³, ə³³ sɿ²¹ tər²¹ thv̩³³ kv̩⁵⁵. | gɑ³³ lɑ²¹ y²¹
晦 胜神 羊 白 角 断 是 父亲 呆鬼 产生 会 胜神 羊

phər²¹ tshɿ²¹ nɯ³³ dzæ³³ me³³, sɿ²¹ nɯ³³ sɿ²¹ sy⁵⁵ thv̩³³ i³³ kv̩⁵⁵. | gɑ³³ lɑ²¹ y²¹ phər²¹ tʂʅ⁵⁵
白 鬼 由 骑 是 父 和 父 杀 产生 也 会 胜神 羊 白 颤

tʂʅ³³ ȵə⁵⁵ ȵə³³ le³³ ʂʅ³³ me³³, mi⁵⁵ ȵi³³ kv̩⁵⁵ le³³ sy⁵⁵ ʂʅ³³ i³³ kv̩⁵⁵, nɯ²¹ mə³³ ȵi²¹. | bər²¹
颤 抖抖 又 死 是 女 两 会 又 杀 死 也 会 安宁 不 成 牦牛

phu²¹ ko²¹ le³³ zɑ²¹, zo³³ ne²¹ mi⁵⁵ ȵi³³ kv̩⁵⁵,bər²¹ ʂu²¹ bər²¹ gu²¹ dy⁵⁵, zv̩²¹ dy²¹ thv̩³³ i³³
逃 高原 又 下 儿 和 女 两 个 牦牛 找 牦牛 后 赶 仇人 地方 到 也

kv̩⁵⁵, khuɑ²¹. | gɑ³³ lɑ²¹ y²¹ phər²¹ nɯ³³, ȵi³³ me³³ thv̩³³ tɕy²¹ bɑ²¹ me³³,sɿ³³ bv̩³³ phv̩³³ dɯ³³
会 凶 胜神 羊 白 由 太阳 出 方向 叫 是 祖先 祖父 一

tʂhər⁵⁵, y²¹ dzæ³³ gu²¹ i³³ mu³³ nɯ³³ dʐuɑ⁵⁵,
代 祖先 乘 骑 是 猛鬼 由 夺

若胜神白绵羊跑到海边叫一声，是这一户主人家儿女不吉祥的朕兆。再叫一声，是属狗人的凶兆。若羊流眼泪是家中小姐妹的凶兆，是家中最小的儿女的凶兆，就像肉拿到了火堆旁，儿女们会有不吉祥的事情发生。若崩仂喇嘛拿着法杖做祭祀，在羊儿右边一大半的肉食中，会出现父母亲两人的凶兆。若胜神白绵羊的两只角被折断，父辈中有人会变成呆鬼（凶死鬼）。若胜神白绵羊被鬼所骑，就会在父辈之中发生相互残杀的事情。若胜神白绵羊颤颤抖抖地死去，会在两个女人之间发生相互残杀的事情，使家中得不到安宁。放牧的牦牛也会从高原上逃跑，儿女们会因寻找牦牛，而误入仇人的地方，发生种种危险。

若胜神白绵羊朝着东边的方向叫，人们送给祖先的乘骑，会被猛鬼夺去。

397-D-68-12

ʂʅ³³ me³³ mɯ³³ tsɿ²¹ dv̩²¹ mə³³ hɯ³³, | ko²¹ ʂuɑ²¹ mi²¹ nɯ³³ lo⁵⁵ le³³ hɯ³³. | phər²¹ zo³³
死 是 火葬场 不 去 高原 高 下 由 越 又 去 白 儿

phər²¹ mi⁵⁵ nɯ³³, sɑ³³ lɯ³³ kho⁵⁵ nɯ³³, ŋv̩³³ dʑi²¹ ɯ³³ me³³ thv̩²¹, ʂʅ³³ me³³ mɯ³³tsɿ²¹ dv̩²¹
白 女 由 麻 地 里 来 木身 房 好 的 建 死 的 火葬场

le^{33} dʑi^{55}.| gɑ^{33} lɑ^{21} y^{21} phər^{21} nɯ^{33} i^{33} tʂhʅ^{33} mɯ^{21} tɕy^{21} bɑ^{21} me^{33},sɿ^{33} bv̩^{33} phv̩^{33} dɯ^{33}
又 焚 胜利 羊 白 由 流水 下游 方向 叫 是 祖先 祖父 一

tʂhər^{55} , ʐuɑ^{33} hər^{21} y^{21} gu^{21} mu^{33} nɯ^{33} dʐuɑ^{55}, ʂʅ^{33} me^{33} tho^{33} phər^{21} kɑ^{33} lɑ^{33} bu^{21} le^{33}
代 马 绿 祖先 乘骑 猛鬼 由 夺 死 后 松 白 垭口 坡 又

lo^{55},| ŋv̩^{33} lv̩^{33} tho^{33} dʑy^{21} uɑ^{33} nɯ^{33} le^{33} du^{33} dər^{33},| sɑ^{33} lɯ^{33} kho^{55} nɯ^{33} bər^{33} lo^{21}
越 雪山 松 山 处 来 又 供 该 麻 地 里 来 客 侍

tshɿ^{21},| lɯ^{55} kv̩^{33} py^{33} bv̩^{21} nɯ^{33}, ʐuɑ^{33} hər^{21} gu^{21} tsæ^{55} dər^{33}, ʂʅ^{33} me^{33} kɑ^{33} lɑ^{33} hɯ^{33}
来 东巴祭司 由 马 绿 乘骑 献 该 死 后 游荡 去

mə^{33} tʂər^{21},sɑ^{33} lɯ^{33} kho^{55} lɯ^{55} kv̩^{33} py^{33} bv̩^{21} kho^{33}ɯ^{33} sɑ^{55} ɯ^{33} nɯ^{33}, i^{33} dɑ^{21} tʂhʅ^{33} dʑi^{21}
不 使 麻 地 里 东巴祭司 声 好 气 好 由 主人 这 家

tɕər^{21} khuɑ^{21} lɯ^{33} tʂhʅ^{33} le^{33} ʂu^{55}.| gɑ^{33} lɑ^{21} y^{21} phər^{21} nɯ^{33}, ȵi^{33} me^{33} gv̩^{21} tɕy^{21} bɑ^{21} me^{33},
上 晦 来 那 又 祭 胜神 羊 白 由 太阳 落 方向 叫 是

sɿ^{33} bv̩^{33} y^{21} gə^{33} gu^{21} hər^{21} mu^{33} nɯ^{33} dʐuɑ^{55} i^{33} kv̩^{55},| ʂʅ^{33} me^{33} ȵi^{33} me^{33} gv̩^{21} gə^{33} dʑi^{21}
祖先 死者 的 乘骑 绿 猛鬼 由 夺 也 会 死 的 太阳 落 的 水

ȵə^{21} le^{33} hɯ^{33} dər^{33}, æ^{21} ʂuɑ^{21} kho^{33} ho^{55} le^{33} hɯ^{33} dər^{33},| tshɿ^{21} nɯ^{33} tɕi^{55} khɑ^{33} phi^{55},
中 又 去 该 崖 高 渊 深 又 去 该 鬼 来 唾沫 苦 吐

dʑy^{21} kv̩^{33} lv̩^{33} nɯ^{33} mɯ^{33} tsɿ^{21} dv̩^{21} le^{33} tshe^{55},| gu^{21} tshər^{33} zɑ^{21},
山 上 石 由 火葬场 又 毁 疾病 降

死者没有去火葬场，从高原上往下走去了。家里的儿女们应该在麻地里，给死者建造置放木身的房子，应该让死者回到火葬场里去。

若胜神白绵羊朝着南边方向叫，祖先的乘骑会被猛鬼夺去了，死者越过松山垭口去游荡了，应该把它们从雪山松林中请回来，在麻地里招待。东巴祭司应该献绿色的乘骑，不再让它们游荡。

若胜神白绵羊朝着西边方向叫，死者的乘骑会被猛鬼夺去，死者会到西方的水流中、高山悬崖的深渊之中去。鬼会吐唾沫，将山上的石头搬来，捣毁焚化死者尸体的火葬场。这样，疾病就会降临到这一户主人家中，

397-D-68-13

dy̩^{21} ne^{21} tse^{21} thy̩^{33} i^{33} ky̩^{55}.｜lɯ^{55} ky̩^{33} py^{33} bv^{21} nɯ^{33}. sɑ^{33} lɯ^{33} kho^{55} nɯ^{33} kho^{33} ɯ^{33} sɑ^{55}
毒鬼 和 仄鬼 产生 也 会 东巴祭司 来 麻 地 里 由 声 好 气

ɯ^{33} py^{21}, ʂʅ^{33} me^{33} mɯ^{33} tsʅ^{21} dy̩^{21} nɯ^{33} fy̩^{33}.｜gɑ^{33} lɑ^{21} y^{21} phər^{21} nɯ^{33} dʑi^{21} khu^{33} nɯ^{33}
好祭祀 死 的 火葬场 由 焚 胜神 羊 白 由 河 边 上

bɑ^{21} me^{33},ʂʅ^{33} by̩^{33} phy̩^{33} dɯ^{33} tʂhər^{21}, y^{21} dzæ^{55} gu^{21} phər^{21} mu^{33} nɯ^{33} dʐuɑ^{55} i^{33} ky̩^{55}.｜
叫 是 祖先 祖父 一 代 祖先 乘骑 白 猛鬼 由 夺 也 会

dʑi^{21} bi^{33} ʂʅ^{33} me^{33},hɯ^{55} gə^{33} mɯ^{33} tsʅ^{21} dy̩^{21} le^{33} fy̩^{33},｜bi^{33} by̩^{21} ʂʅ^{33} me^{33},bi^{33} gə^{33} mɯ^{33}
水 中 死 是 海 的 火葬场 又 焚 森林 中 死 的 林 的

tsʅ^{21} dy̩^{21} nɯ^{33} fy̩^{33}, ko^{21} ky̩^{33} ʂʅ^{33} me^{33} ko^{21} gə^{33} mɯ^{33} tsʅ^{21} dy̩^{21} le^{33} fy̩^{33}.｜i^{33} dɑ^{21} tʂhʅ^{33}
火葬场 来 焚 高原 上 死 是 高原 的 火葬场 又 焚 主人 这

dʑi^{21} gə^{33} zo^{33} ɯ^{33} gy^{33} ky̩^{55} tʂhuɑ^{55} ky̩^{33} tɕər^{21} tʂhə^{55} nɯ^{33} tər^{55} i^{33} me^{33},｜gu^{21} mi^{21} ʐuɑ^{21}
家 的 儿 好 九 个 六 个 上 秽 来 缠 来 是 竹藤 乘骑

gu^{21} phi^{55},｜ȵi^{33} me^{33} thy̩^{33} bi^{21} ɯ^{33} mɯ^{33} tsʅ^{21} dy̩^{21}nɯ^{33} fy̩^{33}.｜i^{33} tʂhʅ^{33} mɯ^{21}, gɑ^{33} lɑ^{21}
抛 太阳 升 太阳 吉 火葬场 来 焚 水流 下游 胜神

y^{21} phər^{21} nɯ^{33}, dʑi^{21} tɕy^{21} le^{33} tɕy^{21} ly^{21} bɑ^{21} me^{33},｜i^{33} tʂhʅ^{33} mɯ^{21} nɯ^{33} ʂʅ^{33} me^{33}, mɯ^{33}
羊 白 由 水中 回头 瞧 叫 是 水流 下游 来 死 的

tsʅ^{21} dy̩^{21} mə^{33} hɯ^{33} me^{33} dʑy^{33} i^{33} ky̩^{55},｜i^{33} dɑ^{21} zo^{33} tɕi^{55} mi^{55} tɕi^{33} tɕər^{21} khuɑ^{21}, iə^{33} ko^{21}
火葬场 不 去 的 有 也 会 主人 儿 小 女 小 上 晦 家中

u^{33} dze^{33} tɕər^{21} khuɑ^{21},｜y^{21} gə^{33} me^{33} he^{21} tɕər^{21} khuɑ^{21} i^{33} ky̩^{55}.gɑ^{33} lɑ^{21} y^{21} phər^{21} nɯ^{33}
财物 上 晦 祖先 的 姐妹 上 晦 也 会 胜神 羊 白 由

dʑi^{33} khu^{33} nɯ^{33} i^{33} tʂhʅ^{33} mɯ^{21} tɕy^{21} ly^{21} bɑ^{21} me^{33},
水边 由 水流 下游 方向 瞧 叫 是

毒鬼和仄鬼会来到这一户主人家中，东巴祭司在麻地里，用好言好语安慰死者，祭祀他们。死后没有经过火葬场的，又在火葬场里焚化。

若胜神白绵羊跑到河边去叫唤，可能是祖先的白色乘骑被猛鬼夺去了。若祖先是在河边死的，就到大海边去焚化；若是在森林中死的，就在林地里去焚化；若是在高原上死的，就在高原上去焚化。不再让秽气纠缠住这一户主人家的九个或六个弟兄，给死去的祖先送去竹藤做的乘骑，死者的尸体在东边的好太阳底下去焚化。若胜神白绵羊在南边回头朝河流叫唤，就会有死在南方而不去火葬场焚化的事情发生过，是这一户主人家儿女的凶兆，是这一户主人家将会破财的凶兆，是这一户主人家死去之人姐妹的凶兆。若胜神白绵羊在水边往南边方向叫唤，

397-D-68-14

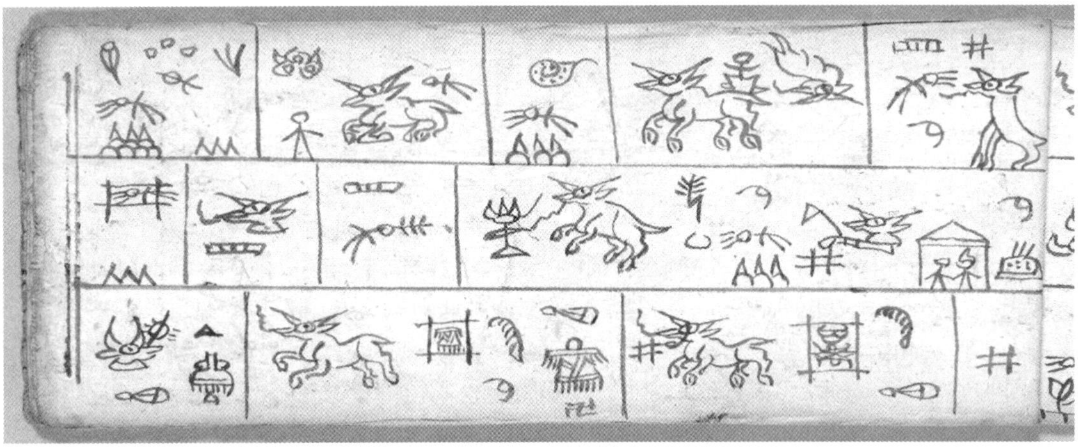

dʑi^{33} khu^{33} ʂʅ^{33} me^{33} dʑy^{33} i^{33} kv̩^{55} , ʂʅ^{33} me^{33} i^{33} tʂhʅ^{33} mɯ^{21} gə^{33} mɯ^{33}tsʅ^{21} dv̩^{21}, kɯ^{21} ne^{21}
水 边 死 的 有 也 会 死 是 水流 下游 的 火葬场 星 和

zɑ^{21} bv̩^{21} nɯ^{33} fv̩^{55}. | zo^{33} ɯ^{33} nɯ^{33} nɯ^{33} ku^{55}, | ʂʅ^{33} me^{33} mɯ^{33} tsʅ^{21} dv̩^{21} nɯ^{33} le^{33} fv̩^{33}
宿 下 由 焚 男 好 畜 由 抛 死 的 火葬场 由 又 焚

dər^{33}. | ɕi^{33} nɯ^{33} nɯ^{21} dzæ^{33} nɯ^{21} ʂʅ^{33} me^{33}, ʂʅ^{33} me^{33} tʂʅ^{33} bv̩^{21} le^{21}me^{33} nv̩^{33}, nɯ^{21} nɯ^{33}
该 人 由 畜 骑 畜 死 是 死 是 土 下 又 不 埋 畜 由

gu^{21} lər^{21} tshər^{33} lər^{21} kv̩^{55}. | ɕi^{33} ʂʅ^{33} kuə^{55} lo^{21} mi^{21} le^{33} khɯ^{33}, | nɯ^{21} i^{33} tʂʅ^{33} kv̩^{33} bɑ^{21}, |
病 喊 疾 唤 会 人 死 棺 里 下 又 放 畜 是 土 上 叫

ə^{33} sʅ^{21} tʂʅ^{33} bv̩^{21} nv̩^{33} i^{33} kv̩^{55}, | lɯ^{55} kv̩^{33} py^{33}bv̩^{21} nɯ^{33} y^{21} ʂər^{21} py^{21} i^{33} me^{33}, gɑ^{33} lɑ^{21}
父辈 土 下 埋 也 会 东巴祭司 来 羊 牵 祭祀 做 是 胜神

y^{21} phər^{21} lɑ^{21} tsɑ^{55} lɑ^{21} lu^{21} me^{33}, sʅ^{33} bv̩^{33}phv̩^{33} dɯ^{33} tʂhər^{55}, ʂʅ^{33} me^{33} le^{33} mə^{33} fv̩^{33} me^{33}
羊 白 手 抓 手 抬 是 祖先 祖父 一 代 死 的 又 不 焚 的

dʑy^{33} i^{33} kv̩^{55}, y^{21} phər^{21} la^{21} tsa^{55} me^{33},gu^{21} ne^{21} tshər^{33} tsa^{55} ne^{21}, i^{33} da^{21} tʂhʅ^{33} dʑi^{21} le^{21}
有 也 会 羊 白 手 扒 是 病 和 疾 扒 在 主人 这 家 又

mə^{33} sʅ^{55}, u^{33} dze^{33} phi^{55}, khua^{21} nɯ^{33} gæ^{33} i^{33} kv̩^{55}. | ga^{33} la^{21} y^{21} phər^{21} nɯ^{33} ba^{21} lɯ^{33}
不安宁 财物 失 晦事 由 占 也 会 胜神 羊 白 来 叫 来

me^{33},gæ^{21} ɯ^{33} gu^{21} lo^{21} mə^{33}da^{33} phi^{55} i^{33} kv̩^{55}. | ga^{33} la^{21} y^{21} phər^{21} nɯ^{33} gu^{21} khɯ^{33} miə^{21}
是 铠甲 柜 里 不 收 失 也 会 胜神 羊 白 由 柜 旁 眼

ko^{21} miə^{21} bər^{33} thv̩^{33} i^{55} ba^{21} lɯ^{33} me^{33},gu^{21} lo^{21} ŋv̩^{33} hæ^{21} mə^{33} da^{33} phi^{55} i^{33} kv̩^{55}. | gu^{21}
里 眼 泪 出 地 叫 来 是 柜 里 银 金 不 收 失 也 会 柜

khɯ^{33}
旁

南面的河边会有人死而不经过焚化的事情发生，应该就在南边的火葬场里，满天的星星之下将死者尸体焚化。南边还会发生在牲畜背上摔死的事情，死尸也应该到火葬场中去焚化。还会发生人骑牲畜而将牲畜累死摔死的事，若死去的牲畜不在地下埋葬，死畜还会将疾病瘟疫叫过来。将死人装在棺木中，让牲畜在地上叫唤，父辈中有人就会进入到地下土里去。

若东巴祭司手牵着白绵羊做祭祀，白绵羊不听话，前脚高高抬起挥动，是因为这一户主人家的祖父辈祖先中，有死去而没有到火葬场焚化的事情发生过。白绵羊挥动前脚是在扒疾病和瘟疫，会使这一户主人家得不到安宁，使主人家的财物丢失，不吉祥的事长期地占据着家庭。若胜神白绵羊嘴里还在叫唤，那意味着这一户主人家收在柜子里的铠甲已经不在了。若胜神白绵羊是在仓库旁边流着眼泪叫唤，那收在柜子里的金银财富恐怕已经不在了。

397-D-68-15

ga^{33} la^{21} y^{21} phər^{21} miə^{21} ko^{21} miə^{21} bər^{33} thv̩^{33} ba^{21} ne^{21} me^{33}, i^{33} da^{21} tʂhʅ^{33} dʑi^{21} gə^{33} iə^{33}
胜神 羊 白 眼 中 眼 泪 出 叫 在 是 主人 这 家 的 家

ko^{21}、gu^{21} khɯ^{33} nɯ^{33} tshʅ^{33} le^{33} ʂʅ^{33} me^{33} dʑy^{33} i^{33} kv̩^{55}, tɕi^{55} guə^{33} bər^{21} guə^{33} kv̩^{33} nɯ^{33}
里 仓库 旁 由 吊 又 死 的 有 也 会 水牛 牦牛 背 由

tshi^{55} le^{33} ʂʅ^{33} me^{33} dʑy^{33} i^{33} kv̩^{55}. | gɑ^{33} lɑ^{21} y^{21} phər^{21} nɯ^{33}, gu^{21} tɕy^{21} miə^{21} ko^{21} miə^{21}
抛 又 死 的 有 也 会 胜神 羊 白 由 马 朝 眼 中 眼

bər^{33} thv̩^{33} bɑ^{21} ne^{21} me^{33}, i^{33} dɑ^{21} tʂhʅ^{33} dʑi^{33} gu^{21} tshu^{21} tɕi^{55} kv̩^{33} nɯ^{33} ku^{55} le^{33} ʂʅ^{33} me^{33}
泪 出 叫 在 是 主人 这 家 骏马 鞍 上 由 抛 又 死 的

dʑy^{33} i^{33} kv̩^{55}. | gɑ^{33} lɑ^{21} y^{21} phər^{21} nɯ^{33} khɯ^{33} mu^{33} tɕy^{21} miə^{21} ko^{21}miə^{21} bər^{33} thv̩^{33} bɑ^{21}
有 也 会 胜神 羊 白 由 狗儿 朝 眼 中 眼 泪 出 叫

ne^{21} me^{33}, i^{33} dɑ^{21} tʂhʅ^{33} dʑi^{21} khɯ^{33} hɑ^{33} iə^{55} me^{33} khɯ^{33} nɯ^{33} lɑ^{21}le^{33} khæ^{33} me^{33} dʑy^{33} i^{33}
在 是 主人 这 家 狗 食 喂 是 狗 来 手 又 咬 的 有 也

kv̩^{55}. | lɯ^{55} kv̩^{33}py^{33}bv̩^{21} nɯ^{33}, dʑi^{21}ne^{21} hɑ^{33} nɯ^{33} y^{21} le^{33} lo^{21}, sʅ^{33} bv̩^{33} phv̩^{33} dɯ^{33} tʂhər^{55}
会 东巴祭司 由 水 和 饭 由 羊 又 饲 祖先 祖父 一 代

nɯ^{33} thv̩^{33} me^{33} dʑi^{33} ne^{21} uɑ^{21}, tər^{21} ne^{21} lɑ^{33} i^{33} mi^{21}le^{33} tshi^{55}. | gɑ^{33} lɑ^{21} y^{21} phər^{21} nɯ^{33}
由 出 的 纠纷 和 灾祸 呆鬼 和 佬鬼 是 下 又 抛 胜神 羊 白 由

miə^{21} kho^{21} miə^{21} bər^{33} thv̩^{33} dzi^{33} ɯ^{33} kæ^{33} nɯ^{33} bɑ^{21} ne^{21} me^{33}, ɕi^{33} i^{33} zv̩^{21} dy^{21} ʂʅ^{33},v̩^{55}
眼 中 眼 泪 出 飞禽 前 由 叫 在 是 人 是 仇 地 死 鸟

zi^{33} nɯ^{33} ʂʅ^{33} dzʅ^{33} o^{33} khæ^{33} ne^{21} me^{33} dʑy^{33} i^{33} kv̩^{55}. | gɑ^{33} lɑ^{21} y^{21} phər^{21} mæ^{33} nɯ^{33} mi^{33}
儿 由 肉 吃 骨 咬 在 的 有 也 会 胜神 羊 白 尾 来 火

sʅ^{21} bɑ^{21} ne^{21} me^{33}, khuɑ^{21} thv̩^{33} kv̩^{55}, sʅ^{21} ȵə^{21} khuɑ^{21} , sʅ^{33} phər^{21} zʅ^{21} lv̩^{33} kv̩^{33} dzi^{33} uə^{21}
拖 叫 在 是 晦 出 会 父 上 晦 毡 白 神座 上 精威

thv̩^{33} dər^{33}. | by^{21} ty^{55} v̩^{55} zi^{33} nɯ^{33} iə^{33} ko^{21} do^{21} thv̩^{33} lɯ^{33} me^{33} khuɑ^{21}, mɯ^{33} tsʅ^{21} dv̩^{21}
出 该 野外 鸟儿 由 家中 铎鬼 出 来 是 晦 火葬场

bɯ^{21} dzər^{21} tshe^{55} dər^{33}. | py^{21} nɯ^{33}
栗树 砍 应 祭司 由

若胜神白绵羊眼中流着眼泪在仓库旁边叫唤，是这一户主人家曾在家中或仓库中吊死过人的朕兆，是这一户主人家的水牛和牦牛背上摔死过人的朕兆。若胜神白绵羊流着眼泪，朝着马儿叫，那是这一户主人家的马鞍上摔死过人的朕兆。若胜神白绵羊流着眼泪朝着狗儿叫，那是主人喂狗，手被狗咬伤的朕兆。东巴祭司用水和饭施羊食，将祖父辈祖先中出现的是非和灾祸，呆鬼（被人杀害的鬼）、佬鬼（野兽等咬死的鬼）抛出去。胜神白绵羊流着眼泪在飞禽面前叫唤，那是有人死在仇人的地方，他的肉和骨头都被飞禽啄食的朕兆。若胜神白绵羊尾巴着了火在叫唤，那是父辈中人的凶兆，要在神坛上做“精威”出处来历的祭祀。若野外的飞鸟到家中的异常事，是凶兆，要到火葬场里砍掉旁边的栗树，

397-D-68-16

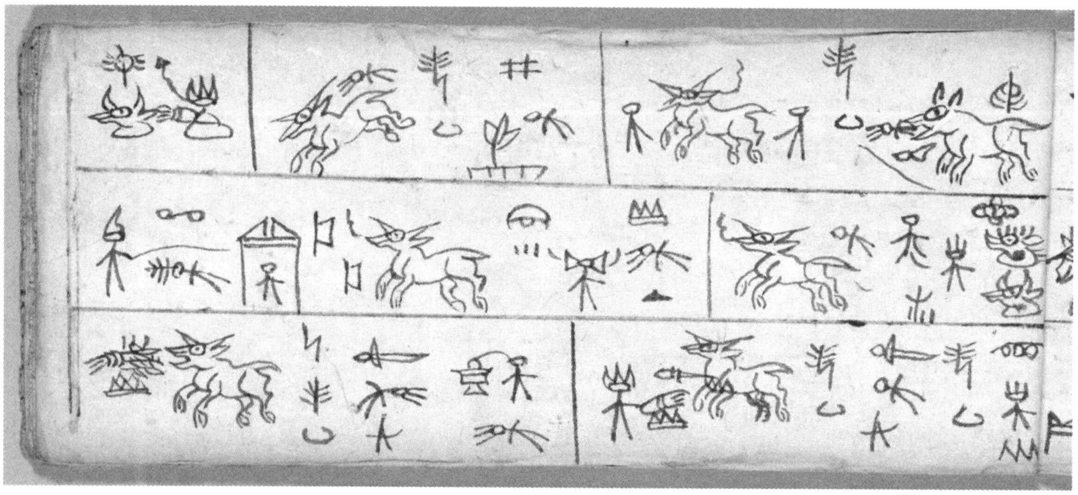

tɕi^{55} khɑ^{33}phi^{55},to^{55} ne^{21}do^{21} gə^{33} u^{33} dze^{33}mi^{21}le^{33} tshi^{55}. | sɿ^{33} by̩^{33} phy̩^{33} dɯ^{33} tʂhər^{55},nɯ^{21}
唾沫 唾 垛鬼和铎鬼 的 财物 下 又 抛 祖先 祖父 一 代 畜

nɯ^{33} tshi^{55} le^{33} ʂʅ^{33} me^{33} nɯ^{33} khɯ^{55} le^{33} tshɿ^{21} me^{33} gu^{21} ne^{21} tshər^{33} tʂhʅ^{33} uɑ^{21}, ʐy̩^{21} dy^{21}
由 抛 又 死 的 来 放 又 来 的 疾 和 病 所有 仇人 地方

mɯ^{21} le^{33} tshi^{55}. | gɑ^{33} lɑ^{21} y^{21} phər^{21} nɯ^{33}, i^{21} ly^{21} uæ^{33} ly^{21} bɑ^{21} lɯ^{33} me^{33}, sɿ^{33} by̩^{33} phy̩^{33}
下 又 抛 胜神 羊 白 由 右看 左 看 叫 来 是 祖先 祖父

dɯ^{33} tʂhər^{55}, ɕy^{55} khɯ^{33}phɑ^{21} khɯ^{33} nɯ^{33} tshɑ^{55} le^{33} ʂʅ^{33} me^{33} dʑy^{33} i^{33} ky̩^{55}, me^{33} nɯ^{33} sɿ^{21}
一 代 豺 狼 由 咬 又 死 的 有 也 会 母 由 父

sy^{55} me^{33} dʑi^{33} nɯ^{21} uɑ^{33} dʑy^{33} i^{33} ky̩^{55}, dʑi^{33} tshɿ^{21} uɑ^{33} tshɿ^{21} nɯ^{33} i^{33} dɑ^{21} khu^{33} khɯ^{33}thy̩^{33}
杀 的 是非 和 灾祸 有 也 会 是非 鬼 灾祸 鬼 由 主人 门 前 到

i^{33} ky̩^{55}. gɑ^{33} lɑ^{21} y^{21} phər^{21} nɯ^{33} i^{33} dɑ^{33} khu^{33} khɯ^{33} bɑ^{21}, sɿ^{55} hɑ^{33} i^{33} so^{21} gy̩^{33}, ɕi^{33} ʂʅ^{33}
也 会 胜神 羊 白 由 主人 门 前 叫 三 天 两 早 到 人 死

me^{33} kho^{33} khuɑ^{21} mi^{33} i^{33} ky̩^{55}. | ɕi^{33} i^{33} gɑ^{33} lɑ^{21} y^{21} phər^{21} ky̩^{33} nɯ^{33} le^{33} do^{55} me^{33}, bɯ^{21}
的 消息 晦 闻 也 会 人 是 胜神 羊 白 上 由 又 跌 的 绝嗣

tshɿ^{21} py^{21} dər^{33},bu^{21} nɑ^{21} ɯ^{33} nɑ^{21} dɯ^{21} me^{33} nɯ^{33},bɯ^{21} tshɿ^{21} mu^{33} khɯ^{55} dər^{33},so^{33} ʂuɑ^{21}
鬼 祭 该 猪 黑 牛 黑 大 的 由 绝嗣 鬼 牺牲 施 该 梭刷

mi^{33} thy̩^{21} nɯ^{33}, y^{21} phər^{21} tʂhə^{55} ʂu^{55} dər^{33}, sɿ^{33} by̩^{33} phy̩^{33} dɯ^{33} tʂhər^{55} gə^{33} tər^{21} tshɿ^{21}
火 把 由 羊 白 秽 除 该 祖先 祖父 一 代 的 呆 鬼

mɯ^{21} le^{33} sy^{55}, ʂʅ^{33} me^{33} hɑ^{33} le^{33} ʂʅ^{21}. | lɯ^{55} ky̩^{33} py^{33} by̩^{21} gə^{33} lɑ^{21} biə^{21} ɕy^{21} nɯ^{33} gɑ^{33}
下 又 杀 死 的 饭 又 施 东巴祭司 的 手 掌 红 的 胜

lɑ^{21} y^{21} phər^{21} sæ^{33} ɕy^{21} thy̩^{55}, sɿ^{33} by̩^{33} phy̩^{33} dɯ^{33} tʂhər^{55} tər^{21} tshɿ^{21} mɯ^{21} le^{33} sy^{55}, sɿ^{33}
神 羊 白 血 红 刺 祖先 祖父 一 代 呆鬼 下 又 杀 祖先

by̩^{33} phy̩^{33} dɯ^{33} tʂhər^{55} gə^{33} tʂhə^{55} tshɿ^{21} mi^{33} tshɿ^{21} mɯ^{21} le^{33} sy^{55}. |
祖父 一 代 的 秽 鬼 火 鬼 下 又 杀

东巴祭司吐唾沫，把垛鬼和铎鬼的财物抛出去，把死去的祖先中，在牲畜上摔死的鬼带来的疾病和瘟疫都抛到仇人的地方去。若胜神白绵羊左看右看地叫唤，是祖父辈的祖先中曾经发生过被豺狼等野兽咬死过的朕兆，是他们的母亲杀死过父亲的朕兆，由此产生的是非鬼和灾祸鬼会来到这一户主人的家门前，若胜神白绵羊再朝着这一户主人的大门叫唤，那不久将会听到死人的凶讯。若有人在白色绵羊上摔过，那就要祭祀绝嗣鬼，要用黑色的大猪和大牛给绝嗣鬼施食，用梭刷（除秽火把名）火把给白绵羊除秽，杀掉从死去的祖先中产生的呆鬼，给死者施食。用东巴祭司红色手掌刺胜神白绵羊，用它的血，除掉死去祖先中产生的呆鬼、秽鬼和火鬼。

397-D-68-17

gɑ^{33} lɑ^{21} y^{21} phər^{21} sæ^{33} ɕy^{21} nɯ^{33} uɑ^{33} tshɿ^{21} thy̩^{33} me^{33} uɑ^{33} tshɿ^{21} py^{21}, i^{33} dɑ^{33} zo^{33} mi^{55}
胜神 羊 白 血 红 由 灾祸 鬼 产生 是 灾祸 鬼 祭 主人 儿 女

tɕi^{55} khɑ^{33} nɯ^{33} uɑ^{33} tshɿ^{21} le^{33} phi^{55}. | gɑ^{33} lɑ^{21} y^{21} phər^{21} dy̩^{21} me^{33} nɑ^{21} i^{33} me^{33}, tshə^{55}
唾沫 苦 由 灾祸 鬼 又 唾 胜神 羊 白 肚 子 黑 的 是 秽

tshɿ^{21} thy̩^{33} i^{33} ky̩^{55}, gɑ^{33} lɑ^{21} y^{21} phər^{21} mi^{33} tshɿ^{21} tʂhə^{55} tshɿ^{21} thy̩^{33} me^{33} py^{21}. | gɑ^{33}lɑ^{21}
鬼 产生 也 会 胜利 羊 白 火 鬼 秽 鬼 产生 的 祭祀 胜神

y^{21} phər^{21} kæ^{33} phɑ^{33} hər^{21} me^{33} i^{33}, gu^{21} gy̩^{33} phər^{21} nɯ^{33} y^{21} dzæ^{55} gu^{21} be^{33}me^{33} uɑ^{21},
羊 白 前胸 绿 的 是 马 身 白 的 祖先 乘骑 做 的 是

zər^{33} ʂu^{55} y^{21} phɑ^{33} tshe^{55} dər^{33}, zər^{33} ky̩^{33} tɕhy^{33} nɯ^{33} y^{21} tshi^{21} tɕər^{55} dər^{33}. | zuɑ^{33} mu^{33}
刀 淬火 羊 脸 割 该 刀 尖 尖 由 羊 肩胛 掏 该 马 灰

nɯ^{33} y^{21} gu^{21} dzæ^{55} me^{33} uɑ^{21}, gɑ^{33} lɑ^{21} y^{21} phər^{21} zy̩^{55} hər^{21} mə^{33}thər^{55} me^{33} ɯ^{33},gɑ^{33} lɑ^{21}
由 祖先 乘骑 乘 的 是 胜神 羊 白 草 绿 不 吃 的 好 胜神

y^{21} phər^{21} uə^{33} khɯ^{33} sɿ^{55} zɿ^{33} uɑ^{21} me^{33}, y^{21} nɑ^{21} ɕi^{33} gə^{33} y^{21} mə^{33} uɑ^{21}, | gɑ^{33} lɑ^{21} y^{21}

羊 白 村 旁 茅草 吃 是 羊 黑 人 的 羊 不 是 胜神 羊

phər^{21} i^{21} kho^{33} tɕhər^{33} me^{33}, zo^{33} tɕi^{55} mi^{55} tɕi^{33} tɕər^{21} khuɑ^{21},mi^{55} ʂɿ^{33} kv̩^{55}. | gɑ^{33} lɑ^{21} y^{21}

白 右 角 断 是 儿 小 女 小 上 晦 女儿 死 会 胜神 羊

phər^{21} nɯ^{33} i^{33} tʂhɿ^{33} mɯ^{21} tɕy^{21} dʑə^{21} me^{33}, i^{33} tʂhɿ^{33} mɯ^{21} nɯ^{33} ʂɿ^{33} me^{33} ɕi^{33} dʑy^{21} dər^{33}.

白 由 水流 下游 方向 跑 是 水流 下游 由 死 的 人 有 会

用胜神白绵羊身上刺出的血做祭祀，这一户主人家儿女吐唾沫，将死去祖先中产生的秽鬼、火鬼、灾祸鬼除掉。

若胜神白绵羊的腹部有黑颜色，那么在它的身上会产生出火鬼和秽鬼，应该先把这些火鬼和秽鬼除掉。若胜神白绵羊的前胸有绿颜色，那是人们用白马做死去祖先之乘骑的朕兆，杀牲时要用淬过火的刀子来收拾羊的头和脸，要用尖锐的刀尖仔细地掏出羊肩胛骨中的肉；是用灰色的马做死去祖先的乘骑的朕兆，若羊儿不去吃青草，羊儿还是好羊儿。若去吃村前的茅草，那么，这羊应该是鬼的黑羊，而不是人类的羊。若胜神白绵羊的右角折断了，是儿女的凶兆，儿女将有死亡的凶险。若胜神白绵羊往南边方向跑去，人就会死在南方。

397-D-68-18

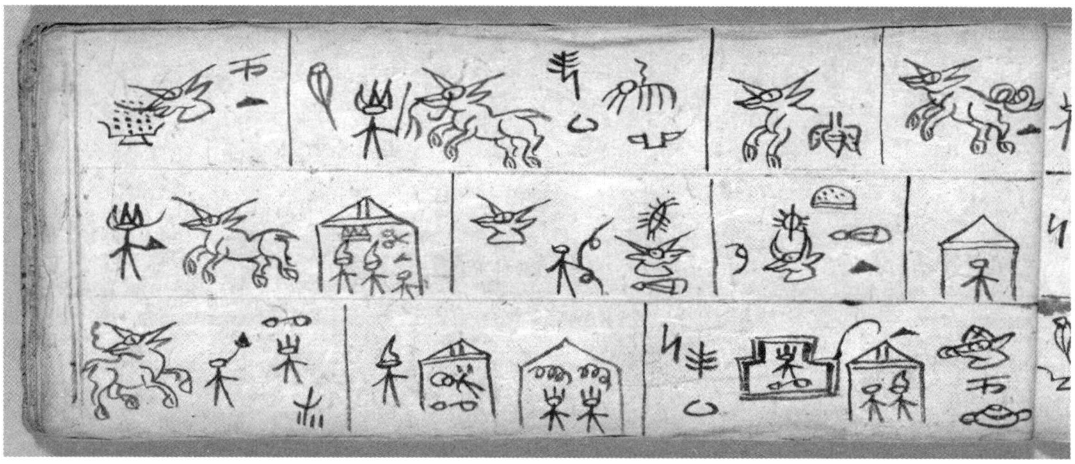

gɑ^{33} lɑ^{21} y^{21} phər^{21} nɯ^{33} khuɑ^{55} lo^{21} kuɑ^{55} phər^{21} uɑ^{21} me^{33} khuɑ^{21}. | lɯ^{55} kv̩^{33} py^{33} bv̩^{21}

胜神 羊 白 由 碗 里 神粮 白 吃 的 晦 东巴祭司

nɯ^{33},gɑ^{33} lɑ^{21} y^{21} phər^{21} dʑi^{21} thɯ^{21} mə^{33} tʂər^{21} le^{33} dy^{55} me^{33}, gɑ^{33} lɑ^{21} y^{21} phər^{21}miə^{21}ko^{21}

由 胜神 羊 白 水 喝 不 使 又 赶 是 胜神 羊 白 眼 中

miə^{21} bər^{33}thv̩^{33} bɑ^{21} i^{33} me^{33}, sɿ^{33} bv̩^{33} phv̩^{33}dɯ^{33} tʂhər^{55} tshɿ^{33} le^{33}ʂɿ^{33} me^{33} thv̩^{33} i^{33} kv̩^{55}. |

眼 泪 出 叫 做 是 祖先 祖父 一 代 吊 又 死 的 产生 也 会

gɑ^{33} lɑ^{21} y^{21} phər^{21} gə^{33} kæ^{33} ʂuɑ^{21}, tʂhər^{55} ko^{55}nɯ^{33} khuɑ^{33} me^{33} uɑ^{21}tshi^{21} thv̩^{33}, | gɑ^{33} lɑ^{21}

胜神 羊 白 的 前节 肺 部 由 晦 的 朕兆 出 胜神

y^{21} phər^{21} mæ^{55} tər^{55} nɯ^{33} uɑ^{21} tshi^{21} khuɑ^{21} me^{33} thv̩^{33}. | lɯ^{55} kv̩^{33} py^{33} bv̩^{21} nɯ^{33}, khuɑ^{21}

羊 白 后节 由 朕兆 晦 的 产生 东巴祭司 由 晦

me^{33} gɑ^{33} lɑ^{21} y^{21}phər^{21} kv̩^{33} le^{33} ȵi^{55}, i^{33} dɑ^{21} zo^{33}tɕi^{55} mi^{55} tɕi^{33} tɕər^{21} khuɑ^{21} mə^{33} tʂər^{21}, |
的 胜神 羊 白 上 又 寄 主人 儿 小 女 小 上 晦 不 使

y^{21} tɕər^{21} le^{33} tər^{55} tər^{33}, mə^{33} lɯ^{55} y^{21} nɯ^{33} le^{33} phi^{55} tʂər^{21}, | u^{33} dze^{33} kɑ^{33} mə^{33} phi^{55},
羊 上 又 拴系 不 脱 羊 由 又 抛 使 财物 好 不 抛

tʂʅ^{21} ne^{21} o^{21} mə^{33} phi^{55}, khuɑ^{21} me^{33} mi^{21}le^{33} phi^{55}. | i^{33} dɑ^{21} tʂhʅ^{33} dʑi^{33} gə^{33} zo^{33} nɯ^{33} tɕi^{55}
庄稼 和 粮 不 抛 晦 的 下 又 抛 主人 这 家 的 男 由 唾沫

khɑ^{33} phi^{55}, gɑ^{33} lɑ^{21} y^{21} phər^{21} kv̩^{33} nɯ^{33} uɑ^{21} tshi^{21} thv̩^{33} me^{33}, uɑ^{33} tshʅ^{21} py^{21}, | mi^{55} i^{33}
吐 胜神 羊 白 上 由 朕兆 出 的 灾祸 鬼 祭 女 是

he^{21} dʑi^{21} ȵi^{55} me^{33} uɑ^{33} nɯ^{33} gæ^{33} mə^{33} tʂər^{21}, mi^{33} tshʅ^{21} tʂhə^{55} tshʅ^{21} ɕy^{55} mə^{33} tʂər^{21}, |
神 房 空 的 灾祸鬼 由 占 不 使 火鬼 鬼 秽 鬼 站 不 使

sʅ^{33} bv̩^{33} phv̩^{33} gə^{33} uɑ^{21} tshʅ^{21} nɑ^{21} dzæ^{21} nɯ^{33} i^{33} dɑ^{21} ko^{21} khuɑ^{21} khɯ^{55} lɯ^{33} mə^{33} tʂər^{21},
祖先 祖父 的 灾祸 鬼 黑 域 由 主人 家 晦 放 来 不 使

dzi^{33} tsho^{21} phər^{21} i^{33} tshə^{55} nɯ^{33} ȵə^{55} mə^{33} tʂər^{21}. |
人类 白 是 秽 由 缠 不 使

若胜神白绵羊跑来吃碗里的神粮，那是凶兆。若东巴祭司不让白绵羊喝水，将羊赶走，而羊儿流泪叫唤，是死去祖先中有人上吊身亡的朕兆，这只白绵羊前一节、最后一节及肺部将出现凶兆。东巴祭司们应该把所有的凶兆，又寄给这一只白绵羊；不让这一户主人的儿女身上出现不吉祥的事，将不吉祥的东西全部系在白绵羊身上，将它们抛到下边仇人的地方去。不要将这一户主人家好的财物，这一户主人家的庄稼丰收，粮食增产的福分抛掉，只将不吉祥的东西抛弃掉。这一户的男主人唾吐沫，让所有从白绵羊身上出现的灾祸抛掉，这一户女主人，不让是非鬼和灾祸鬼占据家中的空房，不让火鬼和秽鬼缠在家中，不让死去的祖先中产生的灾祸鬼，从它们居住的黑色城堡中给家人带来灾祸和秽事，

397-D-68-19

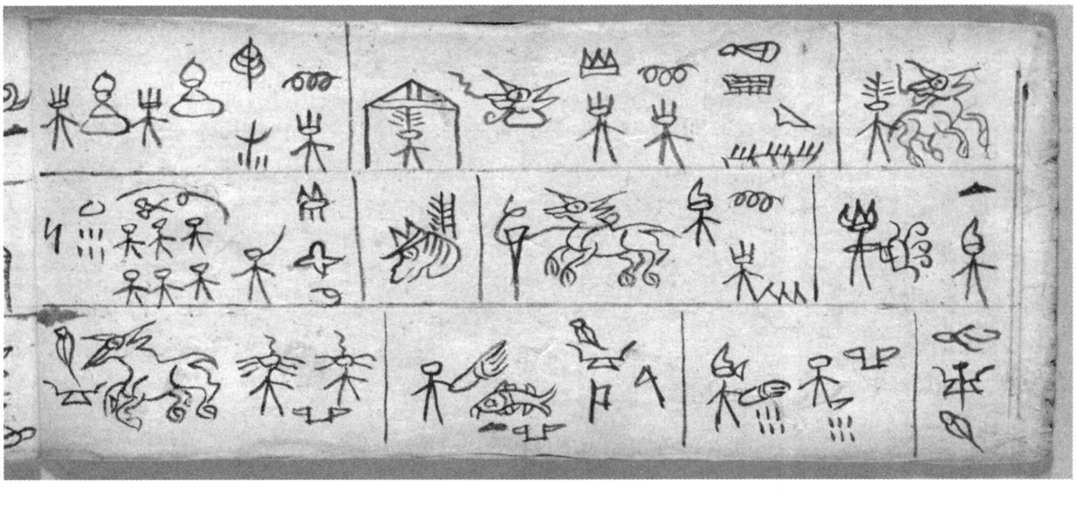

he^{21} i^{33} tshʅ^{21} nɯ^{33} lv̩^{21},he^{33} ɕy^{33} le^{33} be^{33} dər^{33}, tʂhə^{55} tshʅ^{21} le^{33} py^{21} dər^{33}.| ɡɑ^{33} lɑ^{21} y^{21}
神 是 鬼 由 抬 神 祭祀 又 做 该 秽 鬼 又 祭 该 胜神 羊

phər^{21} nɯ^{33}, miə^{21} ko^{21} miə^{21} bər^{33} thv̩^{33}, ə^{33} sʅ^{21} dʑi^{21} lo^{21} le^{33} bɑ^{21} me^{33}, mi^{33} tshʅ^{21} tʂhə^{55}
白 由 眼 中 眼 泪 出 父亲 房 里 又 叫 是 火 鬼 秽

tshʅ^{21} thv̩^{33} i^{33} kv̩^{55}, mi^{33} tshʅ^{21} tshə^{55} tshʅ^{21} thɯ^{33},dər^{33} lɯ^{33} khɯ^{21} lɯ^{33} kho^{55} le^{33} phi^{55}.|
鬼 产生 也 会 火 鬼 秽 鬼 是 肥 田 荒 地 里 又 抛

ɡɑ^{33} lɑ^{21} y^{21} phər^{21} nɯ^{33} miə^{33} ko^{21} miə^{21} bər^{33} thv̩^{33}, ɡv̩^{33} tho^{21} ə^{33}sʅ^{21} dʑy^{21} ȵə^{21} le^{33} bɑ^{21}
胜神 羊 白 由 眼 中 眼 泪 流 身 后 父亲 方向 上 又 叫

me^{33}, sʅ^{21} dɯ^{33} tʂhər^{55}、zo^{33} tɕi^{55} tʂhuɑ^{55} kv̩^{33} ɕi^{21}, kho^{33} he^{33} le^{33} tər^{55} tər^{33},tɑ^{55} mi^{21} sy^{21}
是 父 一 代 儿 小 六 个 养 声 耳 又 闭锁 话儿 什么

lɑ^{33} phv̩^{55} mə^{33} kv̩^{33},| ŋv̩^{33} ɡu^{21} le^{33} dzæ^{55} dər^{33}.| ɡɑ^{33} lɑ^{21} y^{21} phər^{21} phæ^{33} ər^{21} lɯ^{55} i^{33}
也 说 不 会 木身 乘骑 又 送 该 胜神 羊 白 拴绳 脱 来

me^{33}, me^{33} ne^{21} mi^{55} ɡə^{33} tʂhə^{55} tshʅ^{21} le^{33} thv̩^{33}kv̩^{55},| lɯ^{55} kv̩^{33} py^{33} bv̩^{21} nɯ^{33}, me^{33} ne^{21}
是 母 和 女 的 秽 鬼 又 产生会 东巴祭司 由 母 和

mi^{55} tɕər^{21} khuɑ^{21} me^{33} tʂhə^{55} tshʅ^{21} lo^{21}.| ɡɑ^{33} lɑ^{21} y^{21} phər^{21} nɯ^{33}, lo^{33} khɯ^{33} tshʅ^{55} le^{33}
女 上 晦 的 秽鬼 施鬼 胜神 羊 白 由 木盆 旁 跪 又

dʑi^{21} thɯ^{21} me^{33}, ɕi^{33} si^{33} tshʅ^{33} me^{33} thv̩^{33} i^{33} kv̩^{55},| i^{33} dɑ^{21} zo^{33} lɑ^{21} ȵi^{55} me^{33} thv̩^{33},
水 喝 是 人 穷 上吊 的 发生 也 会 主人 男 手 空 的 产生

khuɑ^{21}. dʑi^{33} lo^{33} khu^{33} tshe^{55} dər^{33},| khɯ^{33} lɑ^{21} u^{21} dʑy^{21} tʂhuɑ^{55} kv̩^{33} thv̩^{33} i^{33} kv̩^{55}. dʑi^{21}
晦 水 木盆 口 毁 该 奴仆 奴婢 六 个 产生 也 会 水

thv̩^{21} dʑi^{21} i^{21}
桶 水 漏

神灵会被鬼抬走，要给神做祭祀，要除去秽鬼。若胜神白绵羊眼中流着眼泪，朝着父辈居住的房子叫，会在父辈居住的房子里产生出火鬼和秽鬼，应把房中的火鬼和秽鬼抛到野外的田地里去。若胜神白绵羊眼中流着眼泪，朝着身后的父辈叫唤，那是这父辈将生下六个孩子，六个都耳朵聋、嘴里不会说话的朕兆。应该给死而没有得到冥马的人送去乘骑。若拴系胜神白绵羊的绳子脱了，那是母亲或女人身上产生秽鬼的朕兆，东巴祭司应该给这些秽鬼施食。若走脱的胜神白绵羊跪在木盆跟前喝木盆里的水，那是因为贫困而上吊身亡的朕兆，这一户主人家的男人往往会空手而回，得不到东西，应该把装水的木盆打毁，否则家中的儿女就会成为别人的奴婢。

用漏水水桶

397-D-68-20

dʑi^{21} kho^{33} kho^{33}dʑi^{21} bu^{21} bu^{21} kho^{55} khɯ^{33} kho^{55}, khɯ^{33}ʂʅ^{33} bu^{21} ʂʅ^{33} dzʅ^{33} me^{33}, tʂhə^{55} zo^{33}
水 泉 泉 水 担 猪 杀 狗 肉 狗 肉 猪 肉 吃 是 秽 儿

sʅ^{55} kv̩^{33} phi^{55} dər^{33} se^{21}. | mi^{55} gə^{33} tʂhə^{55} tshʅ^{21} thv̩^{33} i^{33} kv̩^{55}. | ga^{33} la^{21} y^{21} phər^{21} la^{33}
三 个 抛 该 了 女人 的 秽 鬼 产生 也 会 胜神 羊 白 也

tshə^{55} nɯ^{33} n̩ə^{55}, tʂhə^{55} tshʅ^{21} mi^{33} tshʅ^{21} thv̩^{33}, tʂhə^{55} tshʅ^{21} mi^{33} tshʅ^{21} mɯ^{21} le^{33} sy^{55} dər^{33}
秽 由 缠 秽 鬼 火 鬼 产生 秽 鬼 火 鬼 下 又 杀 该

se^{21}, ɕi^{33} le^{33} sʅ^{55}. | tɕhi^{21} dy^{21} y^{21} le^{33} dy^{55}, ga^{33} la^{21} y^{21} phər^{21} dzʅ^{21} lɯ^{33}、tsho^{33} lɯ^{3}、za^{21}
了 人 又 兴旺 刺 枝 羊 又 赶 胜神 羊 白 坐 来 跳 来 下

lɯ^{33} me^{33} la^{33} khua^{21}. | ɕi^{33} dzʅ^{33} uə^{33} khɯ^{33} thv̩^{55} gə^{33} du^{21} kv̩^{33} phər^{21} tɕər^{21} khua^{21}. | bi^{33}
来 的 都 晦 人 住 村寨 旁边 的 董神 头 白 上 晦 林

kho^{55} y^{21} phər^{21} lər^{21}, dzi^{33} ne^{21} tsho^{21} nɯ^{33} bu^{21} kho^{55} bu^{21} tsha^{21} le^{33} be^{33} me^{33}, khua^{21}. |
间 羊 白 叫 精人 和 崇人 由 猪 杀 猪 刺 又 做 是 晦

tshʅ^{33} bæ^{21} tshʅ^{33} thv̩^{33} tshʅ^{21} i^{33} kv̩^{55}. | lɯ^{55} kv̩^{33} py^{33} bv̩^{21} nɯ^{33}, uæ^{33} tɕy^{21} tər^{21} mu^{21}
吊死鬼 跑 吊死鬼 出现 来 也 会 东巴祭司 由 左 边 呆鬼 兵

sy^{55}, tər^{21} tshʅ^{21} mɯ^{21} le^{33} zər^{21}. | y^{21} phər^{21} tʂhʅ^{33} dɯ^{33} dzər^{33},
杀 呆 鬼 下 又 压 羊 白 这 一 尊

从水泉中担水杀猪、杀狗，吃狗肉、吃猪肉者，会让女儿生下三个秽鬼，抛掉三个死婴，从女人身上产生出秽鬼，这秽鬼纠缠在白绵羊身旁，使白绵羊身上也产生出火鬼和秽鬼，只有杀掉和除去秽鬼，家人才能兴旺发展。

若用带刺的树枝去赶白绵羊，无论白绵羊坐而不起，或是跳了起来，或是跑了下去，都不是好兆头，会给村寨跟前的白头发董神带来不吉祥，若把白绵羊从林子中叫回，像人们杀猪、捉猪一样去对待白绵羊，只会让吊死鬼跑散，产生出吊死鬼。东巴祭司从左边杀掉呆鬼的兵卒，将呆鬼镇压下去。

这一尊胜神白绵羊，

397-D-68-21

du^{21} nɯ^{33} le^{33} dzʅ^{21} guə^{33} lɑ^{33} khuɑ^{21}, | se^{21} nɯ^{33} le^{33} dzʅ^{21} guə^{33} lɑ^{33} khuɑ^{21}. i^{33}dɑ^{21} tʂhʅ^{21}
董神 由 又 商量 也 晦 沈神 由 又 商量 也 晦 主人 这

ʥi^{33} gə^{33} zo^{33} ne^{21} mi^{55} le^{33} by^{33}, i^{33} dɑ^{21}tʂhʅ^{33} ʥi^{21} gə^{33} zo^{33} nɯ^{33}ʂə^{55} me^{33}kho^{33} le^{33}ȵi^{55}, |
家 的 男 和 女 又 区分 主人 这 家 的 男 由 说 的 话 又 寄

nɯ^{33} gə^{33} tshʅ^{21} le^{33} dy^{55}, | dzi^{33} ne^{21} tsho^{21} gə^{33} tshʅ^{21}, | ɕi^{33} mə^{33}no^{33} be^{33} nɯ^{21}khuɑ^{21} me^{33}
心 的 鬼 又 赶 精人 和 崇人 的 鬼 人 不 知 地 来 坏 的

zʯ^{13} dy^{21} dzʅ^{21} le^{33} fæ^{33}, | ɯ^{33} kʯ^{33} pʯ^{21} gʯ^{55} ly^{33} nɯ^{33} to^{55} ne^{21} do^{21}, tər^{21} ne^{21} lɑ^{33} le^{33}
仇人 地方 住 又 去 牛 头 干 九 颗 由 垛鬼 和 铎鬼 呆鬼 和 佬鬼 又

phi^{55}, | nɯ^{33} kʯ^{33} dzæ^{33} me^{33} he^{21} mu^{21} ɯ^{33}, | i^{33} dɑ^{21} sʅ^{55} ɕy^{33} khuɑ^{21} me^{33}, | gɑ^{33} lɑ^{21}
抛 畜 上 骑 的 神 兵 好 主人 生命神 祭 晦 的 胜神

y^{21} phər^{21} nɯ^{33} py^{21} ɕy^{33} le^{33} be^{33} se^{21}.
羊 白 由 祭祀 又 做 了

董神们商量也有不吉祥的朕兆，沈神商量也有不吉祥的朕兆。将这一户主人家的男女区别开来，把男人说的话寄给这一尊白绵羊胜利神。把这一户主人家心中产生的鬼赶走，让精人和崇人（指人类）中产生的各种各样的鬼，不知不觉地住到仇人的地方去。抛九个干牛头把垛鬼和铎鬼、呆鬼和佬鬼驱到外面去。骑在牲畜上的是善良勇敢的神兵。让这一户主人在祭祀生命神中所产生的不吉祥，都消失在用胜神白绵羊做的祭祀中去。

397-D-68-22

封底

（翻译：和宝林）

385-D-69-01

ɕy^{55} hər^{21} le^{55} ʥi^{21} ʦo^{55} zʅ^{33} tʂu^{55} py^{21} •

lv^{21} pү̩^{55} • tү̩^{21} ɕi^{55} uɑ^{21} mu^{21} me^{55}

搭柏木梯子求神赐与延续寿岁的福泽仪式·

恭送龙神·放倒督树经

385-D-69 搭柏木梯子求神赐与延续寿岁的福泽仪式·恭送龙神·放倒督树经

【内容提要】

这是一本在举行延寿仪式的最后时间里，祭司在送白鹤、龙神时诵唱的经典，全书主要内容依次如下。

一、叙述主人家请来贤能的祭司建神座、撒上祭粮、献上酬劳，用九种好树木、百种好粮食以及五宝，给众多的神灵作食物供养，结果，神灵们都高兴欢欣了，都分别地赐给主人家年岁和寿岁的福泽了。

二、叙述主人这一家把求年岁和寿岁、生育和繁衍的福泽的语言文字写成经典，托久阿神界里的白鹤带到十八层天上的巩劳构补、铎洼景姆、拉旨铎命大神处。各位大神，各位神女，都先后骑在来自久阿神界的白鹤的身上，降临到主人这一家里来了，神灵们口中唯说要主人延年益寿的话，赐给主人年岁和寿岁、生育和繁衍、祭祀和占卜的福泽了。现在白鹤要返回神界了。主人用食物给白鹤作供养，把白鹤送往天上有白云白风处，请白鹤居高处则护佑居低处的主人这一家。

三、在神灵与主人之间，是东、南、西、北、中五方的美龙为主人接续上年岁和寿岁的福泽了。十八层天上的神灵带着年岁和寿岁、生育和繁衍、富足和富余、祭祀和占卜的福泽降临下来时，是骑在五方美龙的身上下来的。盘神、禅神、天神、地神、柏神、董神、景神、本神、铎神、吾神、著神、华神、孜神、坞神、夯神、利神、精神、华神、窝神、旨神都为主人家求年岁和寿岁的福泽了，愿主人真真诚诚地敬奉这些神灵。祭司为主人用食物给龙神作食物供养，送五方龙神返回各自的住地，送往十八层天上。

四、祭祀的主人这一家，在祭场的东、南、西、北、中五方树立了五棵松树督树，这五棵督树赐福保佑了主人这一家，为主人家求得年岁和寿岁、生育和繁衍的福泽了。五方的祭司神为五方督树作食物供养。五方督树把五方的鬼镇压下去了，不让五方鬼来偷盗主人这家的年岁和寿岁、生育和繁衍的福泽，不让五方鬼来作祟主人这一家。愿主人一家求年岁能获得年岁的福泽、求寿岁能获得寿岁的福泽。

【英文提要】

Prosperity Ritual for Blessing and Longevity by Setting the Cedar Ladder. Sending of the God of Dragon. Scripture about Toppling the *tv* Tree

This scripture is chanted at the end of the longevity ritual when the priest ascends the white crane and the god of dragon. It introduces the following parts:

First, it introduces the host family invites the sage priest to set the sacred throne and to offer the grain and tribute as well. The priest consecrates all gods with nine types of fine lumber, numerous kinds of grains and the five treasures, which pleased all gods who bestow the prosperity of ages and longevity.

Second, it introduces the host family writes the words of prosperity blessing for ages, longevity and posterity into a scripture. This scripture, then, is took by the white crane from the divinity world *ʥə a* to the gods *gu la kə bv, to ua ʥi mu, la ʈʂʅ to mi* at the eighteenth-level heaven. All gods and goddess ride on this white crane one after another and descend to the host family bringing blessing words of longevity and posterity, prosperity in sacrifice and augury. Since the white crane is leaving, the host family consecrate it with food and send it back to heaven with white cloud and wind. The host family also asks the crane to bless and protect the them from a height.

Third, amidst gods and the host, there are the dragons in five directions that cohere the prosperity of longevity. When the gods from the eighteenth-level heaven descend with blessing for longevity, posterity, affluence and augury, the dragon is took as the mount. Gods of *phər*, ʂæ, heaven, earth, cedar, *du, ʥi, be dæ, to, u, ʈʂv, hua, dzʅ, uə, hər, lɯ, dzi, o, ʈʂʅ* are all those may bless the host family with longevity, which should be consecrate sincerely. The priest, on behalf of the host, consecrates the god of dragon with food and send them back to the eighteenth-level heaven.

Fourth, the host family erects five pines and *tv* in five direction around the altar, which will bless the family with longevity and posterity. The priests in five directions consecrate tree of *tv* with food. On blessing the family successfully obtain the posterity, these *tv* suppress the ghosts in relevant direction and block them away from stealing the posterity of longevity and posterity, also away from haunting the host family.

385-D-69-02

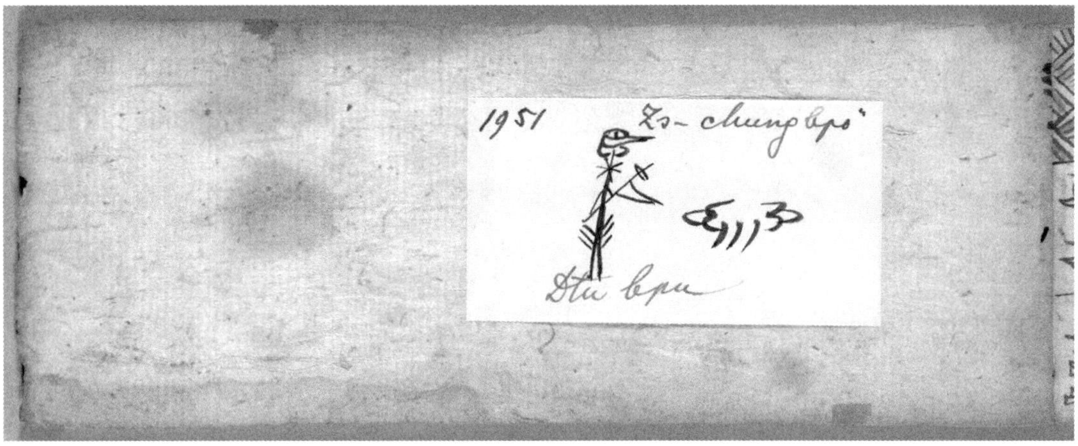

此封二上的标签，是收集这本经书且作初步编目者约瑟夫・洛克所为。标签左上角处的数字可能是收集经书时的编号。标签正中是这本经书的东巴文书名。东巴文上面是编目者用音标写的这本经书所从属仪式的名称，意即延寿仪式。东巴文下面是编写者用音标写的这本经书的具体书名，意即送督树。

385-D-69-03

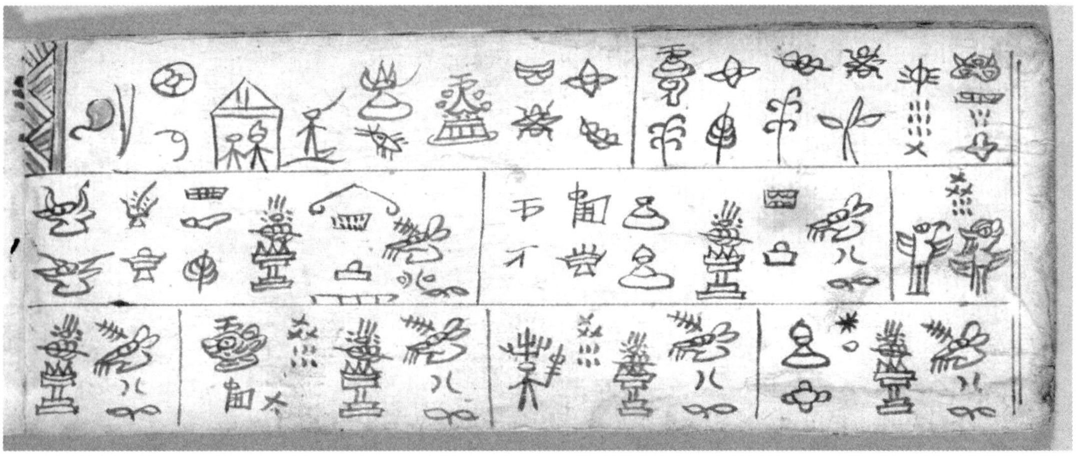

bi^{33} thy̩^{33} mə^{55} tʂhʅ^{33} ȵi^{33}, i^{33} dɑ^{21} tʂhʅ^{33} dɯ^{33} dʑi^{13}, ze^{55} tɕi^{33} bə^{33} y^{21} tʂər^{21}, lɯ^{55} ky̩^{33} py^{33} by̩^{21} dy^{55},
日 出 的 今天 主人 这 一 家 年轻人 足捷 使唤 贤能 祭司 请

sʅ^{33} i^{33} bər^{33} phər^{21} ʐʅ^{21} ly̩^{33} tɯ^{21}, dze^{33} ne^{21} tʂhuɑ^{33} phər^{21} kɑ^{55} le^{33} o^{55}, tshʅ^{33} ʂu^{33} phər^{21} me^{33} du^{21}
羊毛的 毡子 白 神座 设 麦子 和 米 白 祭粮又 倒上犁铧 铸 白 的 卢神

ly̩^{21} gə^{21} nɯ^{33} tsʅ^{21}, ŋy̩^{33} hæ^{21} ɑ^{33} tʂhu^{21} phy̩^{33}lɑ^{21} i^{33} dɑ^{55} be^{33} le^{33} tɕi^{33}. | dy̩^{33} phər^{21} huɑ^{33} sər^{33} dɑ^{55},
石 上 在 立 银 金 松石宝石 神灵 酬劳 作为又 放 海螺 白 桦 木 砍

uɑ^{21} hər^{21} ɕy^{55} sər^{33} dɑ^{55}、tʂhu^{21} nɑ^{55} lɯ^{33} sər^{33} dɑ^{55}, hæ^{33} ʂʅ^{21} bɯ^{21} sər^{33} dɑ^{55}, sər^{33} uɑ^{33} ɯ^{33} me^{33}
松石 绿 柏 木 砍 宝石 黑 杉 木 砍 金 黄 栎 木 砍 树木 种类 好 的

gy̩^{33} sy^{21} dɑ^{55}; tʂʅ^{21} me^{33} ɕi^{33} lər^{55} tɕi^{33}; no^{21} by^{55}、luɑ^{21} by̩^{33} tʂʅ^{21} po^{33} ɯ^{33} uɑ^{33} sy^{21} tɕi^{33}; bər^{33} y^{21}
九 样 砍 纯正 的 百 种子 放 吉祥宝物 如意宝物 宝物 好 五 样 放 牦牛绵羊

ʐʅ33 hɑ33、tʂhər21 nɑ55 ɕy55 mɑ21 nɯ33,mɯ33 ne21 dɑ33 gə33 tʂhu55 pɑ33 gə21 le33 be33, mɯ33 hɯ21 dɑ33
酒 饭 肥肉 瘦肉柏枝酥油 用 天神 和 地神 的 供养 上 又 作 天神高兴地神

bæ21 iə33, i33 dɑ21 tʂhʅ33 dʑi13 tɕər21, khv̩55 by33 ʐʅ33 by33 be33 le33 iə55; | phər21 ne21 ʂæ21、gɑ33 ne21
欢欣 了 主人 这 家 上 年岁 分 寿岁 分 做 又 给 盘神 和 禅神 嘎神 和

u21、o55 ne21 he21 gə33 tʂhu55 pɑ33 gə21 le33 be33,phər21 hɯ21 ʂæ21 bæ21、gɑ33 hɯ21 u21 bæ21、
吾神 沃神 和 恒神 的 供养 上 又 作 盘神 高兴 禅神 欢欣 嘎神 高兴 吾神 欢欣

o55 hɯ21 he21 bæ21 se21, phər21 ne21 ʂæ21、gɑ33 ne21 u21、o55 ne21 he21 nɯ33, i33 dɑ21 tʂhʅ33 dʑi13
沃神高兴 恒神 欢欣 了 盘神 和 禅神 嘎神 和 吾神 沃神 和 恒神 来 主人 这 家

tɕər21, khv̩55 by33 ʐʅ33 by33 be33 le33 iə55; | tər33 kə21 iə33 mɑ21 sʅ21 ɕi33 tʂhuɑ55 tshər21 tɕər21,tʂhu55 pɑ33
上 年岁 分 寿岁分 做 又 给 端格神 优麻神 三 百 六 十 上 供养

gə21 le33 be33, tər33 kə21 iə33 mɑ21 sʅ21 ɕi33 tʂhuɑ55 tshər21 nɯ33, i33 dɑ21 tʂhʅ33 dʑi13 tɕər21, khv̩55 by33
上 又 作 端格神 优麻神 三 百 六 十 来 主人 这 家 上 年岁 分

ʐʅ33 by33 be33 le33 iə55; | phv̩33 lɑ21 gɑ33 lɑ21 sʅ21 ɕi33 tʂhuɑ55 tshər21 tɕər21, tʂhu55 pɑ33 gə21 le33 be33.
寿岁 分 做 又 给 神灵 嘎劳神 三 百 六 十 上 供养 上 又 作

phv̩33 lɑ21 gɑ33 lɑ21 sʅ21 ɕi33 tʂhuɑ55 tshər21 nɯ33, khv̩55 by33 ʐʅ33 by33 be33 le33 iə55; | be21 dæ33 sʅ21
神灵 嘎劳神 三 百 六 十 来 年岁 分 寿岁 分 做 又 给 本丹神 三

ɕi33 tʂhuɑ55 tshər21 tɕər21, tʂhu55 pɑ33 gə21 le33 be33. be21 dæ33 sʅ21 ɕi33 tʂhuɑ55 tshər21 nɯ33, khv̩55 by33
百 六 十 上 供养 上 又 作 本丹神 三 百 六 十 来 年岁 分

ʐʅ33 by33 be33 le33 iə55; | he33 dɯ21 dɯ33 tv̩21 dɯ33 kɯ21 kæ33, tʂhu55 pɑ33 gə21 le33 be33, he33 dɯ21
寿岁 分 做 又 给 神灵 大 一 千 一 万 面前 供养 上 又 作 神灵 大

dɯ33 tv̩21 dɯ33 kɯ21 nɯ33, khv̩55 by33 ʐʅ33 by33 be33 le33 iə55;
一 千 一 万 来 年岁 分 寿岁 分 做 又 给

日出的今天，主人这一家，使唤捷足的年轻人，请来贤能的祭司作祭仪，把白羊毛毡子铺在上方设为神座，把麦子和白米倒在神座上作为给神的祭粮，把铸铁白犁铧立在上方神座上作为卢神石，把黄金、白银、松石和宝石放在神座上作为给神的酬劳。砍来白海螺色的桦树枝，砍来绿松石色的柏树枝，砍来黑宝石色的杉树枝，砍来金黄色的栎树枝，砍来九样好树木的树枝；供上纯正的百种粮食种子；放上吉祥宝物、如意宝物等五样好的宝物；用牦牛肉、绵羊肉、酒和饭，用肥肉、瘦肉、柏枝和酥油，给天神和地神作供养，天神高兴了，地神欢欣了，天神和地神来给主人这一家分年岁和寿岁了；给盘神和禅神、嘎神和吾神、沃神和恒神作供养，盘神高兴禅神欢欣了，盘神和禅神、嘎神和吾神、沃神和恒神，来给主人这一家分年岁和寿岁了；给三百六十个端格神和优麻神烧天香作供养，三百六十个端格神和优麻神，来给主人这一家分年岁和寿岁了；给三百六十个嘎劳神烧天香作供养，三百六十个嘎

劳神，来给主人这一家分年岁和寿岁了；给三百六十个本丹神作供养，三百六十个本丹神，来给主人这一家分年岁和寿岁了；在成千上万的大神面前作供养，成千上万的大神，来给主人这一家分年岁和寿岁了；

385-D-69-04

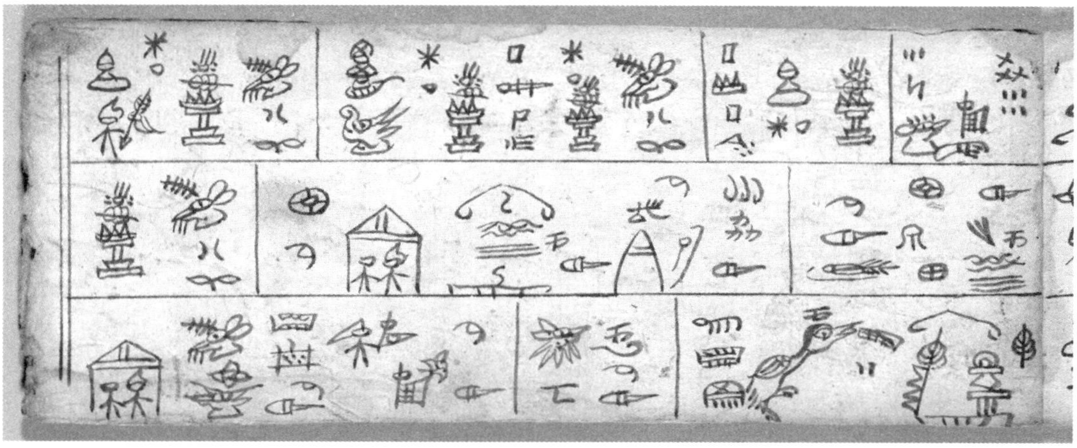

he^{21} mi^{55} dɯ^{33} ty̩^{21} dɯ^{33} kɯ^{21} kæ^{33}, tʂhu^{55} pɑ^{33} gə^{21} le^{33} be^{33}, he^{21} mi^{55} dɯ^{33} ty̩^{21} dɯ^{33} kɯ^{21} nɯ^{33},
神灵 女 一 千 一 万 面前 供养 上 又 作 神 女 一 千 一 万 来

khy̩^{55} by^{33} zʅ^{33} by^{33} be^{33} le^{33} iə^{55}; | ʂy̩^{21} ne^{21} ly̩^{21} dɯ^{33} ty̩^{21} dɯ^{33} kɯ^{21} kæ^{33}, tʂhu^{55} pɑ^{33} gə^{21} le^{33} be^{33},
年岁 分 寿岁分 做 又 给 署神 和龙神 一 千 一 万 面前 供养 上 又 作

ʂy̩^{21} ne^{21} ly̩^{21} dɯ^{33} ty̩^{21} dɯ^{33} kɯ^{21} nɯ^{33}, khy̩^{55} by^{33} zʅ^{33} by^{33} be^{33} le^{33} iə^{55}; zʐər^{21} dɑ^{55} ko^{21} dɑ^{55} dɯ^{33}
署神 和龙神 一 千 一 万 面前 年岁 分 寿岁 分 做 又 给 冉道神 郭道神 一

ty̩^{21} dɯ^{33} kɯ^{21} kæ^{33}, tʂhu^{55} pɑ^{33} gə^{21} le^{33} be^{33}, zʐər^{21} dɑ^{55} ko^{21} dɑ^{55} dɯ^{33} ty̩^{21} dɯ^{33} kɯ^{21} nɯ^{33}, khy̩^{55}
千 一 万 面前 供养 上 又 作 冉道神 郭道神 一 千 一 万 来 年岁

by^{33} zʅ^{33} by^{33} be^{33} le^{33} iə^{55}; | to^{21} mi^{55} to^{21} dzʅ^{33} he^{33} dɯ^{21} dɯ^{33} ty̩^{21} dɯ^{33} kɯ^{21} kæ^{33}, tʂhu^{55} pɑ^{33} gə^{21}
分 寿岁分 做 又 给 铎命铎旨 神 大 一 千 一 万 面前 供养 上

le^{33} be^{33}, to^{21} mi^{55}to^{21} dzʅ^{33} he^{33} dɯ^{21} dɯ^{33} ty̩^{21} dɯ^{33} kɯ^{21} nɯ^{33},khy̩^{55} by^{33} zʅ^{33} by^{21} be^{33} le^{33} iə^{55}; |
又 作 铎命铎旨 神 大 一千 一 万 来 年岁 分 寿岁分 做 又 给

sʅ^{55} tʂhər^{33} y^{21} gɑ^{33} lɑ^{21} sʅ^{21} ɕi^{33} tʂhuɑ^{55} tshər^{21} tʂhu^{55} pɑ^{33} gə^{21} le^{33} be^{33}. sʅ^{55} tʂhər^{33} y^{21} gɑ^{33} lɑ^{21} nɯ^{33},
三 代 祖先 嘎劳神 三 百 六 十 供养 上 又 作 三 代 祖先 嘎劳神 来

khy̩^{55} by^{33} zʅ^{33} by^{33} be^{33} le^{33} iə^{55}. | bi^{33} thy̩^{33} mə^{55} tʂhʅ^{33} ɲi^{33}, i^{33} dɑ^{21} tʂhʅ^{33} dɯ^{33} dʑi^{13}, mɯ^{33} ne^{21}
年岁 分 寿岁 分 做 又 给 日 出 的 今日 主人 这 一 家 天 与

dy^{21} tʂu^{55} tʂu^{33} mə^{33} mæ^{21}, tɕi^{33} phər^{21} hər^{33} phər^{21} me^{33} nɯ^{33} tʂu^{55}; | so^{33} ʂuɑ^{21} lo^{21} ho^{55} tʂu^{55} tʂu^{33}
地 接续 不 上 云 白 风 白 者 来 接续 高山 高 沟壑 深 接续

mə^{33} mæ^{21}, hɯ^{21} ne^{21} be^{33} phər^{21} me^{33} nɯ^{33} tʂu^{55}; | dʑy^{21} ne^{21} lo^{21} tʂu^{55} tʂu^{33} mə^{33} mæ^{21}, dʑi^{33} nɑ^{55}
不 上 雨 和 雪 白 者 来 接续 山 与 壑 接续 不 上 水 大

mæ^{33} ʂər^{21} me^{33} nɯ^{33} tʂu^{55}; ȵi^{33} me^{33} thv̩^{33}、ȵi^{33} me^{33} gv̩^{21} tʂu^{55} tʂu^{33} mə^{33} mæ^{21}, bi^{33} ne^{21} le^{21}、kɯ^{21}
尾 长 者 来 接续 东方 西方 接续 不 上 日 和 月 星宿

phər^{21} zɑ^{21} phər^{21} me^{33} nɯ^{33} tʂu^{55}; ho^{33} gv̩^{33} lo^{21}、i^{33} tʂhʅ^{33} mɯ^{21} tʂu^{55} tʂu^{33} mə^{33} mæ^{21}, tɕi^{33} phər^{21}
白 饶星 白 者 来 接续 北方 南方 接续 不 上 云 白

hər^{33} phər^{21} me^{33} nɯ^{33} tʂu^{55}; i^{33} dɑ^{13} tʂhʅ^{33} dɯ^{33} dʑi^{13}, khv̩^{55} ne^{21} zʅ^{33}、nɯ^{21} ne^{21} uɑ^{21}、hɯ^{21} ne^{21} dzæ^{33}
风 白 者 来 接续 主人 这 一 家 年岁 和 寿岁 生育 和 繁衍 富足 和 富余

tʂu^{55} tʂu^{33} mə^{33} mæ^{21}、dæ^{21} ne^{13} tʂhu^{21}、gɑ^{33} ne^{21} zi^{33} tʂu^{55} tʂu^{33} mə^{33} mæ^{21} me^{33}, | py^{21} tso^{33} phæ^{21}
接续 不 上 勤劳 和 快捷 强壮 和 美丽 接续 不 上 的 祭祀 事 占卜

tso^{33} tʂu^{55} tʂu^{33} mə^{33} mæ^{21} me^{33}, khv̩^{55} me^{55} zʅ^{33} me^{55}、| nɯ^{21} me^{55} uɑ^{21} me^{55} the^{33} ɯ^{33} bɯ^{21} lɯ^{33}
事 接续 不 上 的 年岁 求 寿岁 求 生育 求 繁衍 求 文字 经典

the^{21} pər^{55} me^{33}, dʑə^{33} ɑ^{55}① kɑ^{33} phər^{21} khu^{33} ȵə^{21} ȵi^{55}. mɯ^{21} ne^{21} dy^{21} kɑ^{55} gɯ^{33}, ɕy^{55} hər^{21} le^{55} dʑi^{21}
且 写 的 久阿 鹤 白 口 中 寄 天 和 地 之间 柏 绿 梯子

tshe^{21} ho^{55} pɑ^{33}、ɕy^{55} hər^{21} thɑ^{55} phər^{21} kv̩^{33} nɯ^{33} gə^{21},
十 八 把 柏 绿 塔 白 上 从 以上

在成千上万的女神面前作供养，成千上万的女神，来给主人这一家分年岁和寿岁了；在成千上万的署神和龙神面前作供养，成千上万的署神和龙神，来给主人这一家分年岁和寿岁了；在成千上万的冉道神和郭道神面前作供养，成千上万的冉道神和郭道神，来给主人这一家分年岁和寿岁了；在成千上万的铎命铎旨大神面前作供养，成千上万的铎命铎旨大神，来给主人这一家分年岁和寿岁了；给三代祖先的三百六十个嘎劳神作供养，三代祖先的嘎劳神，来给主人这一家分年岁和寿岁了。

日出的今天，主人这一家，如同高天与大地间没有接续时，白云和白风使之接续上；如同高山与深壑间没有接续时，大雨和白雪使之接续上；如同山脉与沟壑间没有接续时，源远流长的江河水使之接续上；如同东方与西方间没有接续时，太阳、月亮、白色的星宿和饶星使之接续上；如同南方与北方间没有接续时，白云和白风使之接续上；主人这一家没有接续上天上神灵赐给的年岁和寿岁、生育和繁衍、富足和富裕、勤劳和快捷、强壮和美丽的福泽时，没有接续上天上神灵赐给的祭祀和占卜的福泽时，就把求年岁和寿岁、求生育和繁衍的语言文字写成经典，托寄给久阿神界的白鹤神鸟。白鹤口衔经书，要从搭在天地之间的十八台柏木梯子、柏木白塔上往上飞，

① 久阿，当是神界一地名。这里作音译。

385-D-69-05

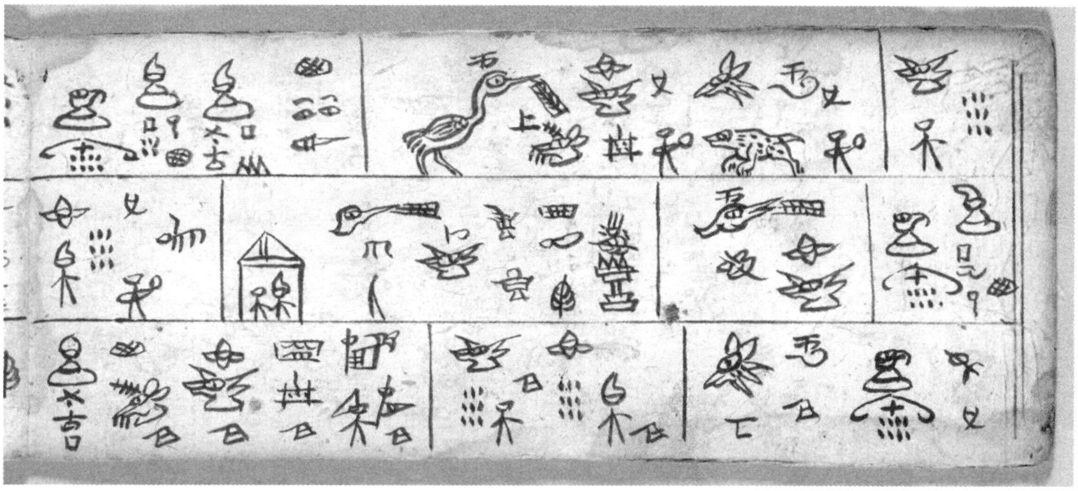

mɯ^{33} tɕər^{21} tshe^{21} ho^{55} ty^{33}. gu^{33} la^{21} kə^{55} bv̩^{33}、to^{21} i^{33} dʑi^{33} mu^{33}、la^{33} tʂʅ^{21} to^{21} mi^{55} he^{33} dɯ^{21} khə^{21}
天 上 十 八 层 巩劳构补 铎依景姆 拉旨铎命 神 大 处

n̩ə^{21} thv̩^{33} le^{33} bɯ^{21}, khv̩^{55} tʂu^{55} zʅ^{33} tʂu^{55}、nɯ^{21} tʂu^{55} ua^{21} tʂu^{55} gə^{21} le^{33} bɯ^{21}. | dʑə^{33} a^{55} ka^{33} phər^{21}
上 到 又 去 年岁接续寿岁接续 生育 接续繁衍接续 上 又 去 久阿 鹤 白

le^{33} ʂə^{55} me^{33}, n̩y^{55} i^{33} khv̩^{55} bu^{33} zʅ^{33} bu^{33} me^{55} pu^{55} lə^{21}, nɯ^{21} bu^{33} ua^{21} bu^{33} me^{55} pu^{55} lə^{21},
又 说 道 我 呢 年岁 福泽 寿岁福泽 求 着 来 生育 福泽 繁衍 福泽 求 着 来

hɯ^{21} bu^{33} dʐæ^{33} bu^{33} me^{55} pu^{55} lə^{21}, py^{21} tso^{33} phæ^{21} tso^{33} me^{55} pu^{55} lə^{21}, | nɯ^{21} zo^{33} gv̩^{55} bu^{33}、
富足 福泽 富余 福泽 求 着 来 祭祀 东西 占卜 东西 求 着 来 生育儿子 九 福泽

ua^{21} mi^{55} gv̩^{55} bu^{33} me^{55} pu^{55} lə^{21}. | i^{33} da^{21} tʂhʅ^{33} dɯ^{33} dʑi^{13}, dʑə^{33} a^{55} ka^{33} phər^{21} le^{33} ka^{33} tɕhi^{33},
繁衍 女儿 九 福泽 求 着 来 主人 这 一 家 久阿 鹤 白 又 请求

bər^{33} y^{21} zʅ^{33} ha^{33}、tʂhər^{21} na^{55} ɕy^{55} ma^{21} nɯ^{33}, ka^{33} phər^{21} tʂhu^{55}pa^{33} be^{33}. | dʑə^{33} a^{55} ka^{33}phər^{21}
牦牛 绵羊 酒 饭 肥肉 瘦肉 柏枝 酥油 用 鹤 白 供养 作 久阿 鹤 白

nɯ^{33}, khv̩^{55} me^{55} zʅ^{33} me^{55}、nɯ^{21} me^{55} ua^{21} me^{55} gə^{33}, the^{33} ɯ^{33} bɯ^{21} lɯ^{33} pər^{55} me^{33} pu^{33}, | mɯ^{33}
来 年岁 求 寿岁 求 生育 求 繁衍 求 的 文字 经书 写 的 衔 天

tɕər^{21} tshe^{21} ho^{55} ty^{33}, gv̩^{33} la^{21} kə^{55} bv̩^{33}、to^{21} i^{33} dʑi^{33} mu^{33}, la^{33} tʂʅ^{21} to^{21} mi^{55} khə^{21} n̩ə^{21} thv̩^{33}, khv̩^{55}
上 十 八 层 巩劳构补 铎依景姆 拉旨铎命 处 往 到 年岁

bu^{33} zʅ^{33} bu^{33} ʂu^{13} le^{33} tshʅ^{21}, nɯ^{21} bu^{33} ua^{21} bu^{33} ʂu^{13} le^{33} tshʅ^{21}, hɯ^{21} bu^{33} dʐæ^{33} bu^{33} ʂu^{13} le^{33}
福泽 寿岁 福泽 找 又 来 生育 福泽 繁衍福泽 找 又 来 富足 福泽富余 福泽 找 又

tshʅ^{21}, ga^{33} bu^{33} zi^{33} bu^{33} ʂu^{13} le^{33} tshʅ^{21}, dæ^{21} bu^{33} tʂhu^{21} bu^{33} ʂu^{13} le^{33} tshʅ^{21}. | nɯ^{21} zo^{33} gv̩^{55} bu^{33}
来 强壮 福泽美丽福泽 找 又 来 勤劳 福泽 快捷福泽 找 又 来 生育 儿子 九福泽

ʂu^{21} pu^{55} tshʅ^{21}, uɑ^{21} mi^{55} gv̩^{33} bu^{21} ʂu^{21} pu^{55} tshʅ^{21}, | py^{21} tso^{33} phæ^{21} tso^{33} ʂu^{21} pu^{55} tshʅ^{21}. mɯ^{33}
找 着 来 繁衍 女儿 九福泽 找 着 来 祭祀 东西 占卜东西 找 着 来 天

tɕər^{21} tshe^{21} ho^{55} ty^{33}, gu^{33} lɑ^{21} kə^{55} bv̩^{33} he^{33} dɯ^{21} zɑ^{21} tshʅ^{21} me^{33},
上 十 八 层 巩劳构补 神 大 降 来 时

飞去了十八层天上，飞去大神巩劳构补、铎依景姆、拉旨铎命处，要为主人接续年岁和寿岁、生育和繁衍的福泽。久阿神界的白鹤说：“我呢，要为主人这一家求来年岁和寿岁的福泽、生育和繁衍的福泽、富足和富余的福泽、祭祀和占卜的东西，以及生育儿子的九种福泽、繁衍女儿的九种福泽。”

主人这一家，请求久阿神界的白鹤上天求年岁和寿岁的福泽，用牦牛肉、绵羊肉、酒和饭，用肥肉、瘦肉、柏枝和酥油，给白鹤作食物供养。

久阿神界的白鹤，把写有求年岁和寿岁、生育和繁衍的福泽的文字经书衔在口中，飞到十八层天上巩劳构补、铎依景姆①、拉旨铎命处，来寻找年岁和寿岁的福泽，来寻找生育和繁衍的福泽，来寻找富足和富余的福泽，来寻找强壮和美丽的福泽，来寻找勤劳和快捷的福泽。白鹤找来了生育儿子的九种福泽，找来了繁衍女儿的九种福泽，找来了祭祀和占卜的东西。居住在十八层天上的巩劳构补大神降临下来时，

385-D-69-06

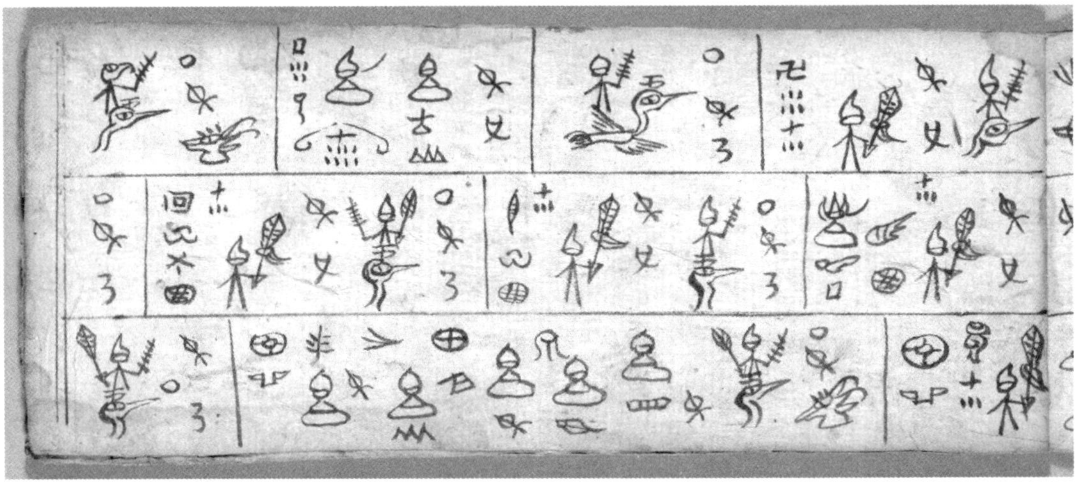

dʑə^{33} ɑ^{55} kɑ^{33} phər^{21} gv̩^{33} nɯ^{33} dʐæ^{33} le^{33} zɑ^{21} tshʅ^{21} se^{21}. mɯ^{33} tɕər^{21} tshe^{21} ho^{55} ty^{33}, to^{21} uɑ^{33} dʑi^{33}
久阿 鹤 白 身 往 骑 又 降 来 了 天 上 十 八 层 铎洼景姆

mu^{33}、lɑ^{33} tʂʅ^{21} to^{21} mi^{55} he^{33} dɯ^{21} zɑ^{21} tshʅ^{21} me^{33}, | dʑə^{33} ɑ^{55} kɑ^{33} phər^{21} gv̩^{33} nɯ^{33} dʐæ^{33} le^{33} zɑ^{21}
拉旨铎命 神 大 降 来 时 久阿 鹤 白 身 往 骑 又 降

tshʅ^{21} se^{21}. | i^{33} duɑ^{33} lɑ^{33} mu^{33} tshe^{21} sʅ^{55} kv̩^{33} i^{33} zɑ^{21} tshʅ^{21} me^{33}, sʅ^{55} gə^{33} no^{21} by^{55} lɯ^{33} sʅ^{33} lɑ^{21}
来 了 依端拉姆 十 三 个 呢 降 来 时 素神 的 农贝 神箭 手

phu^{33} ty^{55},dʑə^{33} ɑ^{55} kɑ^{33} phər^{21} gv̩^{33} nɯ^{33} dʐæ^{33} le^{33} zɑ^{21} tshʅ^{21} se^{21}. | tæ^{55} i^{33} lɑ^{33} mu^{33} tshe^{21} sʅ^{55} kv̩^{33}
中 持 久阿 鹤 白 身 往 骑 又 降 来 了 旦依拉姆 十 三 个

① 铎依景姆：女神名，与上文“铎洼景姆”为同一位女神名，但原文如是，从原文音译。

i³³ zɑ²¹ tshɿ²¹ me³³, sɿ⁵⁵ gə³³ no²¹ by⁵⁵ lɯ³³ sɿ³³ lɑ²¹ phu³³ ty⁵⁵, ʥə³³ ɑ⁵⁵ kɑ³³ phər²¹ gv̩³³ ȵə²¹ dʐæ³³
呢 降 来 时 素神 的 农贝 神箭 手 中 持 久阿 鹤 白 身 上 骑

le³³ zɑ²¹ tshɿ²¹ se²¹. | tshe⁵⁵ i³³ lɑ³³ mu³³ tshe²¹ sɿ⁵⁵ kv̩³³ i³³ zɑ²¹ tshɿ²¹ me³³, sɿ⁵⁵ gə³³ no²¹ by⁵⁵ lɯ³³
又 降 来 了 衬依拉姆 十 三 个 呢 降 来 时 素神 的 农贝 神箭

sɿ³³ lɑ²¹ phu³³ ty⁵⁵, ʥə³³ ɑ⁵⁵ kɑ³³ phər²¹ dʐæ³³ le³³ zɑ²¹ tshɿ²¹ se²¹. to³³ bɑ²¹ ʂər⁵⁵ lər³³ gə³³, ʂər⁵⁵ lər³³
手 中 持 久阿 鹤 白 骑 又 降 来 了 东巴什罗 的 什罗

lɑ³³ mu³³ tshe²¹ sɿ⁵⁵ kv̩³³ i³³ zɑ²¹ tshɿ²¹ me³³, sɿ⁵⁵ gə³³ no²¹ by⁵⁵ lɯ³³ sɿ³³ lɑ²¹ phu³³ ty⁵⁵, ʥə³³ ɑ⁵⁵ kɑ³³
拉姆 十 三 个 呢 降 来 时 素神 的 农贝 神箭 手 中 持 久阿 鹤

phər²¹ gv̩³³ nɯ³³ dʐæ³³ le³³ zɑ²¹ tshɿ²¹ se²¹. | ȵi³³ me³³ thv̩³³ gə³³ sər³³ he³³ dɯ²¹ i³³ zɑ²¹ tshɿ²¹ me³³,
白 身 往 骑 又 降 来 了 东方 的 木 神 大 呢 降 来 时

i³³ tʂhɿ³³ mɯ²¹ gə³³ mi³³ he³³ dɯ²¹ i³³ zɑ²¹ tshɿ²¹ me³³, ȵi³³ me³³ gv̩²¹ gə³³ ʂu²¹ he³³ dɯ²¹ i³³ zɑ²¹ tshɿ²¹
南方 的 火 神 大 呢 降 来 时 西方 的 铁 神 大 呢 降 来

me³³, ho³³ gv̩³³ lo²¹ gə³³ ʥi²¹ he³³ dɯ²¹ i³³ zɑ²¹ tshɿ²¹ me³³, mɯ³³ ne²¹ dy²¹ ly⁵⁵ gv̩³³ gə³³ tʂɿ³³ he³³
时 北方 的 水 神 大 呢 降 来 时 天 和 地 中央 的 土 神

dɯ²¹ i³³ zɑ²¹ tshɿ²¹ me³³, no²¹ by⁵⁵ lɯ³³ sɿ³³ lɑ²¹ phu³³ ty⁵⁵, ʥə³³ ɑ⁵⁵ kɑ³³ phər²¹ gv̩³³ nɯ³³ dʐæ³³ le³³
大 呢 降 来 时 农贝 神箭 手 中 持 久阿 鹤 白 身 往 骑 又

zɑ²¹ tshɿ²¹ se²¹. | ȵi³³ me³³ thv̩³³, dv̩³³ phər²¹ i³³ duɑ³³ lɑ³³ mu³³ tshe²¹ sɿ⁵⁵ kv̩³³, dv̩³³ phər²¹ gv̩³³ ʥi³³
降 来 了 东方 海螺 白 依端拉姆 十 三 个 海螺 白 衣物

mu²¹, sɿ⁵⁵ gə³³ no²¹ by⁵⁵ lɯ³³ sɿ³³ lɑ²¹ phu³³ ty⁵⁵, ʥə³³ ɑ⁵⁵ kɑ³³ phər²¹ dʐæ³³ le³³ zɑ²¹ tshɿ²¹ se²¹.
穿 素神 的 农贝 神箭 手 中 持 久阿 鹤 白 骑 又 降 来 了

巩劳构补骑在久阿神界的白鹤的身上降临下来了。居住在十八层天上的铎洼景姆大神、拉旨铎命大神降临下来时，骑在久阿神界的白鹤身上降临下来了。十三个依端拉姆女神降临下来时，手中拿着素神的农贝神箭，骑在久阿神界的白鹤的身上降临下来了。十三个旦依拉姆女神降临下来时，手中拿着素神的农贝神箭，骑在久阿神界的白鹤身上降临下来了。十三个衬依拉姆女神降临下来时，手中拿着素神的农贝神箭，骑在久阿神界的白鹤身上降临下来了。东巴什罗祖师神的十三个什罗拉姆女神降临下来时，手中拿着素神的农贝神箭，骑在久阿神界的白鹤身上降临下来了。东方的属木的大神降临下来时、南方的属火的大神降临下来时、西方的属铁的大神降临下来时、北方的属水的大神降临下来时、天和地中央属土的大神降临下来时，都是手中拿着农贝神箭，骑在久阿神界的白鹤身上降临下来的。东方的十三个白海螺色的依端拉姆女神，穿着白海螺色的衣服，手中拿着素神的农贝神箭，骑着久阿神界的白鹤降临下来了。

385-D-69-07

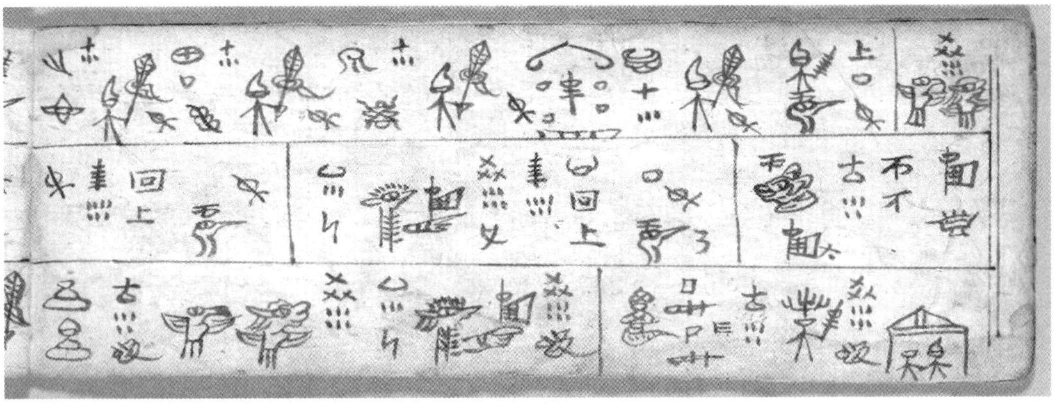

i^{33} tʂhʅ^{33} mɯ^{21}, uɑ^{21} hər^{21} i^{33} duɑ^{33} lɑ^{33} mu^{33} tshe^{21} sʅ^{55} kv̩^{33}, uɑ^{21} hər^{21} gv̩^{33} dʑi^{33} mu^{21},sʅ^{55} gə^{33} no^{21}
南方 松石 绿 依端拉姆 十 三 个 松石 绿 衣物 穿 素神的 农贝

by^{55} lɯ^{33} sʅ^{33} lɑ^{21} phu^{33} ty^{55}, dʑə^{33} ɑ^{55} kɑ^{33} phər^{21} gv̩^{33} n̥ə^{21} dʐæ^{33} le^{33} zɑ^{21} tshʅ^{21} se^{21}. n̥i^{33} me^{33} gv̩^{21},
神箭 手 中 持 久阿 鹤 白 身 上 骑 又 降 来 了 西方

tʂhu^{21} nɑ^{55} i^{33} duɑ^{33} lɑ^{33} mu^{33} tshe^{21} sʅ^{55} kv̩^{33}, tʂhu^{21} nɑ^{55} gv̩^{33} dʑi^{33} mu^{21}, sʅ^{55} gə^{33} no^{21} by^{55} lɯ^{33} sʅ^{33}
宝石 黑 依端拉姆 十 三 个 宝石 黑 衣物 穿 素神 的 农贝 神箭

lɑ^{21} phu^{33} ty^{55}, dʑə^{33} ɑ^{55} kɑ^{33} phər^{21} gv̩^{33} n̥ə^{21} dʐæ^{33} le^{33} zɑ^{21} tshʅ^{21} se^{21}. ho^{33} gv̩^{33} lo^{21}, hæ^{33} ʂʅ^{21} i^{33}
手 中 持 久阿 鹤 白 身 上 骑 又 降 来 了 北方 金 黄

duɑ^{33} lɑ^{33} mu^{33} tshe^{21} sʅ^{55} kv̩^{33}, hæ^{33} ʂʅ^{21} gv̩^{33} dʑi^{33} mu^{21}, sʅ^{55} gə^{33} no^{21} by^{55} lɯ^{33} sʅ^{33} lɑ^{21} phu^{33} ty^{55}
依端拉姆 十 三 个 金 黄 衣物 穿 素神 的 农贝 神箭 手 中 持

kɑ^{33} phər^{21} gv̩^{33} n̥ə^{21} dʐæ^{33} le^{33} zɑ^{21} tshʅ^{21} sə^{21}. mɯ^{33} ne^{21} dy^{21} ly^{55} gv̩^{33}, ŋv̩^{33} phər^{21} i^{33} duɑ^{33} lɑ^{33}
鹤 白 身 上 骑 又 降 来 了 天 和 地 中央 银 白 依端拉姆

mu^{33} tshe^{21} sʅ^{55} kv̩^{33}, ŋv̩^{33} phər^{21} gv̩^{33} dʑi^{33} mu^{21}, sʅ^{55} gə^{33} no^{21} by^{55} lɯ^{33} sʅ^{33} lɑ^{21} phu^{33} ty^{55}, dʑə^{33} ɑ^{55}
十 三 个 银 白 衣物 穿 素神 的 农贝 神箭 手 中 持 久阿

kɑ^{33} phər^{21} gv̩^{33} n̥ə^{21} dʐæ^{33} le^{33} zɑ^{21} tshʅ^{21} se^{21}. i^{33} duɑ^{33} lɑ^{33} mu^{33} nɯ^{33}, khu^{33} nɯ^{33} zʅ^{33} ʂər^{21} hɑ^{55} i^{33}
鹤 白 身 上 骑 又 降 来 了 依端拉姆 来 口 来 寿 长 年延

khɑ^{33} tɑ^{55} ʂə^{55}, kɑ^{33} phər^{21} gv̩^{33} ŋə^{21} dʐæ^{33} le^{33} zɑ^{21} tshʅ^{21} se^{21}. | tər^{33} kə^{21} iə^{33} mɑ^{21} sʅ^{21} ɕi^{33} tʂhuɑ^{55}
话 只 说 鹤 白 身 上 骑 又 降 来 了 端格 优麻 三 百 六

tshər^{21} zɑ^{21} tshʅ^{21} me^{33}, khu^{33} nɯ^{33} zʅ^{33} ʂər^{21} hɑ^{55} i^{33} khɑ^{33} tɑ^{55} ʂə^{55}, dʑə^{33} ɑ^{55} kɑ^{33} phər^{21} gv̩^{33} n̥ə^{21}
十 降 来 的 口 来 寿 长 年延 话 只 说 久阿 鹤 白 身 上

dʐæ^{33} le^{33} zɑ^{21} tshʅ^{21} se^{21}. | phv̩^{33} sʅ^{55} tʂhər^{33} gə^{33} y^{21} gɑ^{33} lɑ^{21} sʅ^{21} ɕi^{33} tʂhuɑ^{55} tshər^{21} me^{33}, khu^{33}
骑 又 降 来 了 祖辈 三 代 的 祖先 嘎劳 三 百 六 十 者 口

nɯ^{33} zɿ^{33} ʂər^{21} hɑ^{55} i^{33} khɑ^{33} tɑ^{55} ʂə^{55}, kɑ^{33} phər^{21} gv̩^{33} ɳə^{21} dʐæ^{33} le^{33} zɑ^{21} tshɿ^{21} se^{21}. | phv̩^{33} lɑ^{21}
来 寿 长 年延 话 只 说 鹤 白 身 上 骑 又 下 来 了 神灵

gɑ^{33} lɑ^{21} tʂhɿ^{33} uɑ^{21} me^{33}, phər^{21} ne^{21} ʂæ^{21}、gɑ^{33} ne^{21} u^{21}、o^{55} ne^{13} he^{21} tʂhɿ^{33} uɑ^{21} nɯ^{33}, tər^{33} kə^{21}
嘎劳神 所有 的 盘神 和 禅神 嘎神 和 吾神 沃神 和 恒神 所有 来 端格

iə^{33} mɑ^{21} sɿ^{21} ɕi^{33} tʂhuɑ^{21} tshər^{21} tʂhɿ^{33} uɑ^{21} nɯ^{33}, phv̩^{33} sɿ^{55} tʂhər^{33} gə^{33} y^{21} gɑ^{33} lɑ^{21} sɿ^{21} ɕi^{33} tʂhuɑ^{55}
优麻 三 百 六 十 所有 来 祖辈 三 代 的 祖先 嘎劳神 三 百 六

tshər^{21} nɯ^{33}, | lɯ^{33} mɯ^{33} ʐər^{21} dɑ^{55} ko^{21} dɑ^{55} sɑ^{21} dɑ^{55} tʂhɿ^{33} uɑ^{21} nɯ^{33}, be^{21} dæ^{33} sɿ^{21} ɕi^{33} tʂhuɑ^{55}
十 来 里美神 日道 郭道 刹道 所有 来 本丹 三 百 六

tshər^{21} tʂhɿ^{33} uɑ^{21} nɯ^{33}, i^{33} dɑ^{13} tʂhɿ^{33} dʑi^{13} tɕər^{21},
十 所有 来 主人 这 家 上

南方的十三个绿松石色的依端拉姆女神，穿着绿松石色的衣服，手中拿着素神的农贝神箭，骑着久阿神界的白鹤降临下来了。西方的十三个黑宝石色的依端拉姆女神，穿着黑宝石色的衣服，手中拿着素神的农贝神箭，骑着久阿神界的白鹤降临下来了。北方的十三个金黄色的依端拉姆女神，穿着金黄色的衣服，手中拿着素神的农贝神箭，骑着久阿神界的白鹤降临下来了。天和地中央的十三个白银色的依端拉姆女神，穿着白银色的衣物，手中拿着素神的农贝神箭，骑着久阿神界的白鹤降临下来了。依端拉姆女神，口中唯说延年益寿的话，骑着白鹤降临下来了。三百六十个端格神和优麻神，口中唯说延年益寿的话，骑着久阿神界的白鹤降临下来了。三百六十个三代祖先的嘎劳神，口中唯说延年益寿的话，骑着久阿神界的白鹤降临下来了。所有的大神嘎劳神，所有的盘神和禅神、嘎神和吾神、沃神和恒神，所有的三百六十个端格神和优麻神，所有的三百六十个三代祖先的嘎劳神，所有的里美神、日道神、郭道神、刹道神，所有的三百六十种神灵，

385-D-69-08

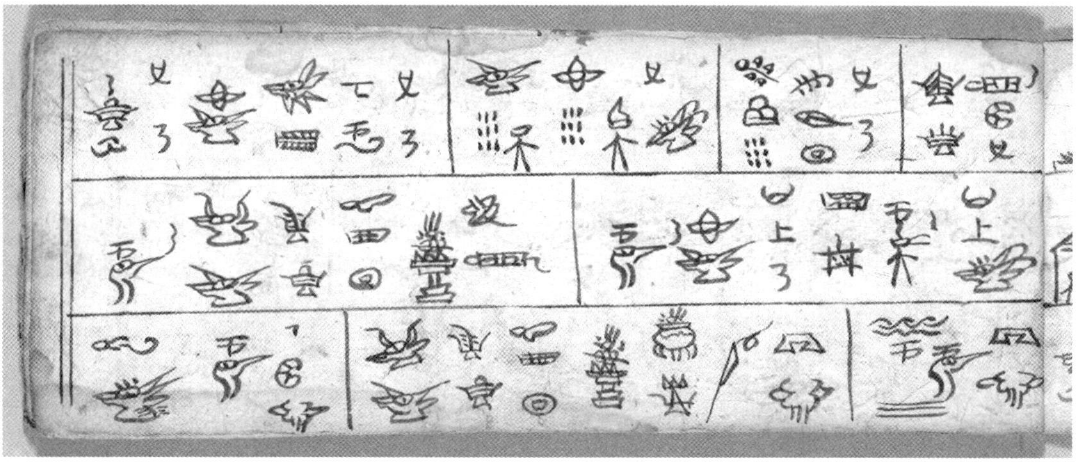

zɿ^{33} ʂər^{21} hɑ^{55} i^{21} me^{55} iə^{55} se^{21}, nɯ^{21} bu^{33} uɑ^{21} bu^{33} me^{55} iə^{55} se^{21}, py^{21} tso^{33} phæ^{21} tso^{33} me^{55} iə^{55}
寿 长 年延 求 给 了 生育 福泽 繁衍 福泽 求 给 了 祭祀东西 占卜东西 求 给

se²¹. | nɯ²¹ zo³³ gv̩³³ bu²¹、uɑ²¹ mi⁵⁵ gv̩³³ bu²¹ me⁵⁵ iə⁵⁵ se²¹. | huɑ²¹ lv̩³³ gv̩³³ lv̩⁵⁵、huɑ²¹ kə⁵⁵ gv̩³³
了 生育 儿子九 福泽 繁衍女子 九 福泽 求 给 了 华神石头 九 颗 华神 树枝 九

kə⁵⁵、huɑ²¹ dʑi²¹ gv̩³³ khuɑ⁵⁵、huɑ²¹ mɑ²¹ gv̩³³ lv̩⁵⁵ me⁵⁵ iə⁵⁵ se²¹. | ɑ³³ so⁵⁵ sɿ⁵⁵ u³³ dʑə³³ ɑ⁵⁵ kɑ³³
枝 华神 水 九 碗 华神 酥油 九 饼 求 给 了 刚才 素神 的 久阿 鹤

phər²¹ dɯ³³ dʑy²¹ khv̩³³ me³³ i³³, dʑə³³ ɑ⁵⁵ kɑ³³ phər²¹ thɯ³³, bər³³ y²¹ ʐʅ³³ hɑ³³、tʂhər²¹ nɑ⁵⁵ ɕy⁵⁵
白 一 回 请 的 呢 久阿 鹤 白 这 牦牛 绵羊 酒 饭 肥肉 瘦肉 柏枝

mɑ²¹ dʑi⁵⁵ le³³ tʂhu⁵⁵ pɑ³³ kv̩³³ nɯ³³ le³³ khv̩²¹ se²¹. | dʑə³³ ɑ⁵⁵ kɑ³³ phər²¹ nɯ³³, mɯ³³ tɕər²¹ tshe²¹
酥油 烧 又 天香 上 在 又 请 了 久阿 鹤 白 来 天 上 十

ho⁵⁵ ty³³, gu³³ lɑ²¹ kə⁵⁵ bv̩³³ he³³ dɯ²¹ khə²¹, nɯ²¹ me⁵⁵ uɑ²¹ me⁵⁵ khɑ³³ i³³ le³³ ʂə⁵⁵ se²¹, hɯ²¹ me⁵⁵
八 层 巩劳构补 神 大 如 生育 求 繁衍 求 话 呢 又 说 了 富足 求

dʐæ³³ me⁵⁵ khɑ³³ i³³ le³³ ʂə⁵⁵ se²¹, zɿ³³ ʂər²¹ hɑ⁵⁵ i²¹ kv̩³³ phər²¹ dʐæ³³ ʂʅ²¹ khɑ³³ i³³ le³³ ʂə⁵⁵ se²¹. to³³
富余 求 话 呢 又 说 了寿岁 长 年延 首 皓 牙 黄 话 呢 又 说 了

i³³ dʑi³³ mu³³、lɑ³³ tʂʅ²¹ to²¹ mi⁵⁵、phæ²¹ dzɿ³³ sɑ³³ me³³① he³³ dɯ²¹ khə²¹, py²¹ tso³³ phæ²¹ tso³³ le³³
铎依景姆 拉旨铎命 盘孜沙美 神 大 处 祭祀 东西 占卜东西 又

me⁵⁵ se²¹. ɑ³³ i³³ dʑə³³ ɑ⁵⁵ kɑ³³ phər²¹ dɯ³³ dʑy²¹ gə²¹ le³³ pv̩⁵⁵ bɯ³³ me³³, | bər³³ y²¹ ʐʅ³³ hɑ³³、tʂhər²¹
求 了 现在 久阿 鹤 白 一 回 上 又 送 要 的 牦牛绵羊酒 饭 肥肉

nɑ⁵⁵ ɕy⁵⁵ mɑ²¹ tʂhu⁵⁵ pɑ³³ be³³, ɕy²¹ mi³³ bæ³³ mi³³ kv̩³³ nɯ³³ dɯ³³ dʑy²¹ gə²¹ le³³ pv̩⁵⁵, | dʑə³³ ɑ⁵⁵
瘦肉 柏枝 酥油 供养 作 柏木香火 油灯 上 在 一 回 上 又 送 久阿

kɑ³³ phər²¹ thɯ³³, tɕi³³ phər²¹ hər³³ phər²¹ kv̩³³ nɯ³³ gə²¹ le³³ pv̩⁵⁵.
鹤 白 它 云 白 风 白 上 往 上 又 送

给主人这一家求来延年益寿的福泽了，求来生育和繁衍的福泽了，求来祭祀和占卜的东西了，求来生育儿子的九种福泽和繁衍女子的九种福泽了；求来九颗华神的石头、九枝华神的树枝、九碗华神的圣水、九饼华神的酥油了。

先前，做了一回迎请素神的久阿神界的白鹤的仪式，对久阿神界的白鹤，是在烧上牦牛肉、绵羊肉、酒和饭，烧上肥肉、瘦肉、柏枝和酥油的天香火上来迎请了。久阿神界的白鹤，已经到十八层天上的巩劳构补大神处，为主人这一家说了求生育和繁衍的福泽、求富足和富余的话了，为主人这一家说了求延年长寿、皓首黄牙的福泽的话了。到铎依景姆、拉旨铎命、盘孜沙美大神处求得祭祀和占卜的东西了。现在，要送久阿神界的白鹤返回的时候，也要用牦牛肉、绵羊肉、酒和饭，用肥肉、瘦肉、柏枝和酥油，给白鹤作食物供养，在柏木香火和油灯上面做一回送白鹤返回神界的仪式，把久阿神界的白鹤，朝天上的白云白风处往上送。

① 盘孜沙美：是东巴教神灵世界里，专司祭祀占卜经典什物的女神。《白蝙蝠求取祭祀占卜经》中记述她的故事。

385-D-69-09

dʑə^{33} ɑ^{55} kɑ^{33} phər^{21} thɯ^{33}, mə^{33} tʂhə^{55} mə^{33} ʂu^{21} me^{33} gə^{33} dy^{21} ȵə^{21} mə^{33} æ^{21} be^{33} i^{33} gə^{21} le^{33}

久阿 鹤 白 它 没有 除秽 不 干净 这样 的 地方 处 不 逗留 的 呢 上 又

py̩^{55}. | dʑə^{33} ɑ^{55} kɑ^{33} phər^{21} gɑ^{33} lɑ^{21} i^{33}, tshɿ^{13} gə^{33} tɕy^{21} æ^{21} tɕər^{33} ʂər^{21} dʑy^{21} me^{33} dy^{21} ȵə^{21} mə^{33} æ^{21}

送 久阿 鹤 白 嘎劳 呢 鬼 的 鸣 鸡 脖颈 长 在 的 地方 处 不逗留

be^{33}, mɯ^{33} tɕər^{21} tshe^{21} ho^{55} ty^{33} nɯ^{33} gə^{21} le^{33} py̩^{55}. | dʑə^{33} ɑ^{55} tsər^{33} lər^{21} he^{33} dɯ^{21} dʑy^{21} me^{33} dy^{21}

地 天 上 十 八 层 往 上 又 送 久阿展朗 神 大 在 的 地

nɯ^{33} gə^{21} le^{33} py̩^{55}. | dʑə^{33} ɑ^{55} kɑ^{33} phər^{21} gɑ^{33} lɑ^{21} nɯ^{33}, i^{33} dɑ^{21} tʂhɿ^{33} dʑi^{13} tɕər^{21}, ʂuɑ^{21} dzɿ^{21} hy^{21}

往 上 又 送 久阿 鹤 白 嘎劳 来 主人 这 家 上 高 居 低

gy̩^{33} dɯ^{33} ly̩^{21} lu^{33}, khɑ^{33} dzɿ^{21} ny̩^{55} gy̩^{33} dɯ^{33} ly̩^{21} lu^{33}, bɑ^{21} dzɿ^{21} dɑ^{21} gy̩^{33} dɯ^{33} ly̩^{21} lu^{33}. bi^{33} thy̩^{33}

保 一 佑 来 远 居 近 保 一 佑 来 阳 居 阴 保 一 佑 来 日 出

mə^{55} tʂhɿ^{33} ȵi^{33}, i^{33} dɑ^{13} tʂhɿ^{33} dɯ^{33} dʑi^{13}, khy̩^{55} tʂu^{55} zɿ^{33} tʂu^{55}、nɯ^{21} tʂu^{55} uɑ^{21} tʂu^{55}、hɯ^{21} tʂu^{55} dzæ^{33}

的 今天 主人 这 一 家 年岁 续寿岁 续 生育 续 繁衍 续 富足 续 富余

tʂu^{55}、gɑ^{33} tʂu^{55} zi^{33} tʂu^{55} me^{33}, py^{21} tʂu^{55} phæ^{21} tʂu^{55} me^{33}, mɯ^{33} ne^{21} dy^{21} i^{33} mə^{33} tʂu^{55} me^{33}, tɕi^{33}

续 强胜 续 美丽 续 的 祭祀 续 占卜 续 时 天 和 地 呢 没有接续 时 云

phər^{21} hər^{33} phər^{21} me^{33} nɯ^{33} tʂu^{55}, | so^{33} ʂuɑ^{21} lo^{21} ho^{55} mə^{33} tʂu^{55} me^{33},hɯ^{21} nɑ^{55} be^{33} phər^{21} me^{33}

白 风 白 的 来 接续 山峰 高沟壑 深 没有 接续 时 雨 大 雪 白 的

nɯ^{33} tʂu^{55}, ȵi^{33} me^{33} thy̩^{33} nɯ^{33} ȵi^{33} me^{33} gy̩^{21} i^{33} mə^{33} tʂu^{55} me^{33}, ȵi^{33} me^{33} he^{33} me^{33} me^{33} nɯ^{33}

来 接续 东方 与 西方 呢 没有 接续 时 太阳 月亮 者 来

tʂu^{55}; i^{33} tʂhɿ^{33} mɯ^{21} nɯ^{33} ho^{33} gy̩^{33} lo^{21} i^{33} mə^{33} tʂu^{55} me^{33}, tɕi^{33} phər^{21} hər^{33} phər^{21} me^{33} nɯ^{33}

接续 南方 与 北方 呢 没有 接续 时 云 白 风 白 者 来

tʂu^{55}; | ȵi^{33} me^{33} thy̩^{33}, dy̩^{33} phər^{21} dʑy^{21} ʂuɑ^{21} ky̩^{33}, dy̩^{33} phər^{21} uə^{33} ko^{33} lo^{21}, dy̩^{33} phər^{21} hɯ^{55} ko^{33}

接续 东方 海螺 白 山 高 上 海螺 白 山丘 里 海螺 白 湖 里

lo^{21}, dv̩^{33} phər^{21} tv̩^{21} dzər^{21} kv̩^{33}, lv̩^{21} zi^{33} phər^{21} me^{33} nɯ^{33}, zʅ^{33} ʂər^{21} hɑ^{55} i^{21} khɑ^{33} tɑ^{55} ʂə^{55} me^{33}, i^{33}
面 海螺 白 督树 上 龙美 白 的 来 寿 长 年延 话 只 说 的主人

dɑ^{13} khv̩^{55} tʂu^{55} zʅ^{33} tʂu^{55} me^{33}, lv̩^{21} zi^{33} phər^{21} me^{33} gv̩^{33} nɯ^{33} tʂu^{55} iə^{55} se^{21}; | i^{33} tʂhʅ^{33} mɯ^{21}, uɑ^{21}
年岁 接续寿岁接续 的 龙 美 白 的 身 来 接续 给 了 南方 松石

hər^{21} dʑy^{21} ʂuɑ^{21} kv̩^{33}, uɑ^{21} hər^{21} uə^{33} ko^{33} lo^{21}, uɑ^{21} hər^{21} hɯ^{55} ko^{33} lo^{21}, uɑ^{21} hər^{21} tv̩^{21} dzər^{21} kv̩^{33},
绿 山 高 上 松石 绿 山丘 里 松石 绿 湖 里 松石 绿 督树 上

lv̩^{21} zi^{33} hər^{21} me^{33} nɯ^{33}, khu^{33} nɯ^{33} zʅ^{33} ʂər^{21} hɑ^{55} i^{21} khɑ^{33} tɑ^{55} ʂə^{55} me^{33}, i^{33} dɑ^{13} khv̩^{55} tʂu^{55} zʅ^{33}
龙 美 绿 的 来 口 来 寿 长 年延 话 只 说 的 主人 年岁 接续寿岁

tʂu^{55} me^{33}, lv̩^{21} zi^{33} hər^{21} me^{33} gv̩^{33} nɯ^{33} tʂu^{55} iə^{55} se^{21}.
接续 的 龙 美 绿 的 身 来 接续 给 了

不让久阿神界的白鹤，逗留在有污秽不干净的地方，把久阿神界的白鹤送往天上神界。不让久阿神界的白鹤嘎劳神，逗留在鬼的长颈的鸡在啼叫的地方，把久阿神界的白鹤送往十八层天上，把久阿神界的白鹤送往久阿展朗大神居住的地方。请久阿神界的白鹤嘎劳神，居于高处则保佑居于低处的主人这一家，居于远处则保佑居于近处的主人这一家，居于阳处则保佑居于阴处的主人这一家。

日出的今天，主人这一家，要接续年岁和寿岁、要接续生育和繁衍，要接续富足和富余，要接续强胜和美丽，要接续祭祀和占卜的福泽时，如同高天与大地没有接续时，白云和白风来使高天与大地接续上；如同高山与深壑没有接续时，大雨和白雪使高山与深壑接续上；如同东方与西方没有接续时，太阳和月亮使东方与西方接续上；如同南方与北方没有接续时，白云和白风使南方与北方接续上；在东方的白海螺色的高山上、白海螺色的山丘上、白海螺色的湖泊里，白海螺色的督树上；白色的美龙，口中唯说延年益寿的话，在神灵与主人之间，白色美龙为主人接续上年岁和寿岁的福泽了；在南方的绿松石色的高山上、绿松石色的山丘上、绿松石色的湖泊里、绿松石色的督树上，绿色的美龙，口中唯说延年益寿的话，在神灵与主人之间，绿色美龙为主人接续上年岁和寿岁的福泽了。

385-D-69-10

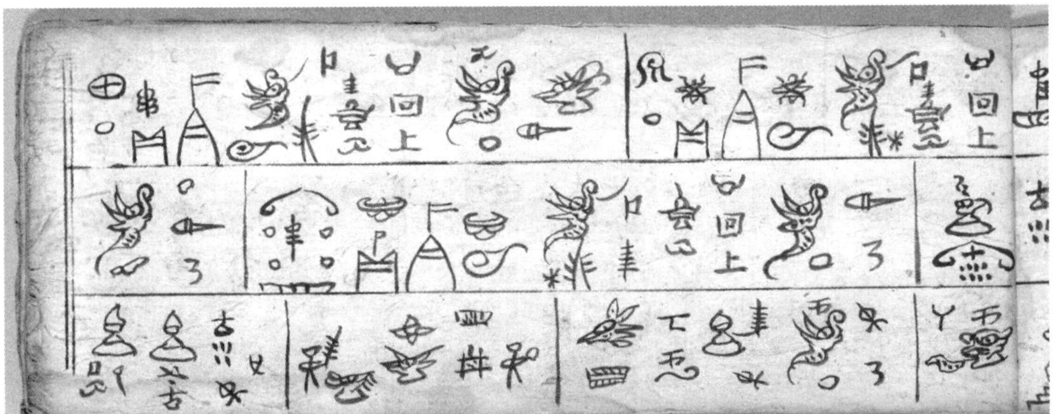

ȵi^{33} me^{33} gv̩^{21}, tʂhu^{21} nɑ^{55} ʥy^{33} ʂuɑ^{21} kv̩^{33}, tʂhu^{21} nɑ^{55} uə^{33} ko^{33} lo^{21}, tʂhu^{21} nɑ^{55} hɯ^{55} ko^{33} lo^{21},
西方 宝石 黑 山 高 上 宝石 黑 山丘 里 宝石 黑 湖 里

tʂhu^{21} nɑ^{55} tv̩^{21} dzər^{21} kv̩^{33}, lv̩^{21} zi^{33} nɑ^{21} me^{33} nɯ^{33}, khu^{33} nɯ^{33} zʅ^{33} ʂər^{21} hɑ^{55} i^{21} khɑ^{33} tɑ^{55} ʂə^{55},
宝石 黑 督树 上 龙 美 黑 的 来 口 来 寿 长 年延 话 只 说

i^{33}dɑ^{13} khv̩^{55} tʂu^{55} zʅ^{33} tʂu^{55} me^{33}, lv̩^{21} zi^{33} nɑ^{21} me^{33} gv̩^{33} nɯ^{33} tʂu^{55} iə^{55} se^{21} | ho^{33} gv̩^{33} lo^{21}, hæ^{33} ʂʅ^{21}
主人 年岁 接 寿岁 接 的 龙 美黑 的 身 来 接续 给 了 北方 金 黄

ʥy^{21} ʂuɑ^{21} kv̩^{33}, hæ^{33} ʂʅ^{21} uə^{33} ko^{33} lo^{21}, hæ^{33} ʂʅ^{21} hɯ^{55} ko^{33} lo^{21}, hæ^{33} ʂʅ^{21} tv̩^{21} dzər^{21} kv̩^{33}, lv̩^{21} zi^{33}
山 高 上 金 黄 山丘 里 金 黄 湖 里 金 黄 督树 上 龙 美

ʂʅ^{21} me^{33} nɯ^{33}, khu^{33} nɯ^{33} zʅ^{33} ʂər^{21} hɑ^{55} i^{21} khɑ^{33} tɑ^{55} ʂə^{55},i^{33} dɑ^{13} khv̩^{55} tʂu^{55} zʅ^{33} tʂu^{55} me^{33}, lv̩^{21} zi^{33}
黄 的 来 口 来 寿 长 年延 话 只 说 主人 年岁接续寿岁接续 的 龙 美

ʂʅ^{21} gə^{33} gv̩^{33} nɯ^{33} tʂu^{55} iə^{55} se^{21}. | mɯ^{33} ne^{21} dy^{21} ly^{55} gv̩^{33}, ŋv̩^{33} phər^{21} ʥy^{21} ʂuɑ^{21} kv̩^{33}, ŋv̩^{33} phər^{21}
黄 的 身 来 接续 给 了 天 和 地 中央 银 白 山 高 上 银 白

uə^{33} ko^{33} lo^{21}, ŋv̩^{33} phər^{21} hɯ^{55} ko^{33} lo^{21}, ŋv̩^{33} phər^{21} tv̩^{21} dzər^{21} kv̩^{33}, lv̩^{21} zi^{33} phər^{21} me^{33} nɯ^{33}, khu^{33}
山丘 里 银 白 湖 里 银 白 督树 上 龙美 白 的 来 口

nɯ^{33} zʅ^{33} ʂər^{21} hɑ^{55} i^{21} khɑ^{33} tɑ^{55} ʂə^{55}, i^{33} dɑ^{13} khv̩^{55} tʂu^{55} zʅ^{33} tʂu^{55} me^{33}, lv̩^{21} zi^{33} phər^{21} gə^{33} gv̩^{33}
来 寿 长 年延 话 只 说 主人 年岁 接续 寿岁 接续 的 龙 美 白 的 身

nɯ^{33} tʂu^{55} iə^{55} se^{21}. | mɯ^{33} tɕər^{21} tshe^{21} ho^{55} ty^{33}, gu^{33} lɑ^{21} kə^{55} bv̩^{33}、to^{21} i^{33} ʥi^{33} mu^{33}、lɑ^{33} tʂʅ^{21} to^{21}
来 接续 给 了 天 上 十 八 层 巩劳构补 铎依景姆 拉旨铎命

mi^{55} he^{33} dɯ^{21} tʂhʅ^{33} uɑ^{21} zɑ^{21} me^{33} i^{33}, | khv̩^{55} bu^{33} zʅ^{33} bu^{33} pu^{55}, nɯ^{21} bu^{33} uɑ^{21} bu^{33} pu^{55}、
神 大 所有 降 时 呢 年岁 福泽 寿岁福泽 带 生育 福泽 繁衍 福泽 带

hɯ^{21} bu^{33} dʐæ^{33} bu^{33} pu^{55}, | py^{21} bu^{33} phæ^{21} tso^{33} pu^{55} i^{33} zɑ^{21} me^{33} i^{33}, lv̩^{21} zi^{33} phər^{21} me^{33} gv̩^{33}
富足 福泽 富余福泽 带 祭祀 福泽 占卜 福泽 带 呢 降 时 呢 龙 美 白 的 身

nɯ^{33} dʐæ^{33} le^{33} zɑ^{21} tshʅ^{21} se^{21}. | y^{21} tsi^{55} phv̩^{33} lɑ^{21}
来 骑 又 降 来 了 余静普劳

在西方的黑宝石色的高山上、黑宝石色的山丘上、黑宝石色的湖泊里、黑宝石色的督树上，黑色的美龙，口中唯说延年益寿的话，在神灵与主人之间，黑色的美龙为主人接续上年岁和寿岁的福泽了。在北方的金黄色的高山上、金黄色的山丘上、金黄色的湖泊里、金黄色的督树上，黄色的美龙，口中唯说延年益寿的话，在神灵与主人之间，黄色的美龙为主人接续上年岁和寿岁的福泽了。在天和地中央的银白色的督树上，白色的美龙，口中唯说延年益寿的话，在神灵与主人之间，白色的美龙为主人接续上年岁和寿岁的福泽了。

十八层天上所有的巩劳构补、铎依景姆、拉旨铎命大神降临下来时，带着年岁和寿岁的福泽、生育和繁衍的福泽、富足和富余的福泽、祭祀和占卜的福泽降临下来时，都是骑在白

色美龙的身上降临下来的。

385-D-69-11

gɑ^{33} lɑ^{21} tʂhʅ^{33} uɑ^{21} zɑ^{21} tshɿ^{21} me^{33}, | khv̩^{55} bu^{33} zɿ^{33} bu^{33} pu^{55}, nɯ^{21} bu^{33} uɑ^{21} bu^{33} pu^{55}, huɑ^{21}

嘎劳 所有 降 来 时 年岁 福泽 寿岁 福泽 带 生育福泽 繁衍福泽 带 华神

lv̩^{33} gv̩^{55} lv̩^{33}、 huɑ^{21} kə^{55} gv̩^{33} kə^{55}、huɑ^{21} mɑ^{21} gv̩^{33} lv̩^{55}、huɑ^{21} ʥi^{21} gv̩^{33} khuɑ^{55} pu^{55}, tv̩^{21} dzər^{21} kv̩^{33}

石 九 颗 华神 树枝 九 枝 华神 酥油 九 饼 华神 水 九 碗 带 督树 上

gə^{33} lv̩^{21} zi^{33} hər^{21} gə^{33} gv̩^{33} ŋ̥ə^{21} dʐæ^{33} le^{33} zɑ^{21} tshɿ^{21} se^{21}. | y^{21} tsi^{55} he^{21} mi^{55} he^{33} dɯ^{21} tʂhʅ^{33} uɑ^{21}

的 龙 美 青 的 身 上 骑 又 降 来 了 余静恒命 神 大 所有

zɑ^{21} tshɿ^{21} me^{33}, y^{21} tsi^{55} ɕy^{33} ʐər^{33} phv̩^{33} lɑ^{21} uɑ^{55} kv̩^{33} tʂhʅ^{33} uɑ^{21} zɑ^{21} tshɿ^{21} me^{33}, khv̩^{55} bu^{33} zɿ^{33}

降 来 的 余静许冉 神灵 五 个 所有 降 来 的 年岁 福泽 寿岁

bu^{33} pu^{55}, nɯ^{21} zo^{33} gv̩^{55} bu^{33}、uɑ^{21} mi^{55} gv̩^{55} bu^{33} pu^{55}, tv̩^{21} dzər^{21} kv̩^{33} gə^{21} lv̩^{21} zi^{33} hər^{21} me^{33} gv̩^{33}

福泽 带 生育男子 九 福泽 繁衍女子 九 福泽 带 督树 上 的 龙 美 青 的 身

ŋ̥ə^{21} dʐæ^{33} le^{33} zɑ^{21} tshɿ^{21} se^{21}. | ʥy^{21} nɑ^{55} ʐuɑ^{55} luɑ^{33} kv̩^{33}, mɯ^{33} ʂuɑ^{21} pər^{21} nɯ^{33} thv̩^{33}, mɯ^{33} ʥy^{33}

上 骑 又 降 来 了 居那若罗 山顶 天 高 盘神 来 开 天 有

ku^{55} ʂuɑ^{21}、kɯ^{33} dzɿ^{21} mɯ^{33} ʂər^{55} phər^{21} nɯ^{33} be^{33}. phər^{21} nɯ^{33} i^{33} dɑ^{21} tʂhʅ^{33} ʥi^{13} tɕər^{21}, gv̩^{33} lu^{21}

空 高 星 出 天 满 盘神 来 做 盘神 来 主人 这 家 上 赐福

kɑ^{33} le^{21} tʂhʅ^{33} le^{33} thy^{55}, khv̩^{55} bu^{33} zɿ^{33} bu^{33}、nɯ^{21} bu^{33} uɑ^{21} bu^{33} me^{33} iə^{55} se^{21}. ʥy^{21} nɑ^{55} ʐuɑ^{55}

保佑 这 又 给 年岁 福泽 寿岁福泽 生育 福泽繁衍福泽者 给 了 居那若罗

luɑ^{33} kv̩^{33}, mɯ^{33} ʂuɑ^{21} phər^{21} ku^{55} zɿ^{33} le^{33} tʂhər^{33} tʂhər^{21} hu^{55}. ʥy^{21} nɑ^{55} ʐuɑ^{55} luɑ^{33} khɯ^{33}, dy^{21}

山顶 天 高 盘神 敬奉 又 真诚 愿 居那若罗 山下 地

khu^{33} ʂæ^{21} nɯ^{33} khu^{33}, dy^{21} ʥy^{33} khuə^{55} gɯ^{21}、ʐə^{33} y^{21} dy^{21} ʂər^{55} ʂæ^{21} nɯ^{33} be^{33}. ʂæ^{21} nɯ^{33} i^{33} dɑ^{21}

辟 禅 神 来 辟 地 有 域 宽 草生长 地 满 禅神 来 做 禅神 来 主人

tʂʅ33 dʑi13 tɕər21, gy̩33 ly̩21 kɑ33 le21 tʂʅ33 le33 thy55, khy̩55 bu33 zʅ33 bu33、nɯ21 bu33 uɑ21 bu33 me55
这 家 上 赐福 保佑 这 又 给 年岁福泽寿岁福泽 生育福泽繁衍福泽 求

iə55 se21. | dʑy21 nɑ55 ʐuɑ55 luɑ33 khɯ33, dy21 dɯ21 ʂæ21 ku55 zʅ33 me33 kɑ33 kɑ21 hu55. | dzy̩33 lɑ21 ɑ33
给 了 居那若罗 山下 地 大 闪神 敬奉 得 实在 愿 孜劳阿普

phy̩33 mɯ33, mɯ33 nɯ33 i33 dɑ21 tʂʅ33 dʑi13 tɕər21, gy̩33 ly̩21 kɑ33 le21 tʂʅ33 le33 thy55.
天神 天 来 主人 这 家 上 赐福 保佑 这 又 给

所有的余静普劳嘎劳神降临下来时，带着年岁和寿岁的福泽、生育和繁衍的福泽，带着九颗华神的石头、九枝华神的树枝、九饼华神的酥油、九碗华神的圣水下来时，都是骑在督树上的青色的美龙身上降临下来的。所有的余静恒命女神降临下来时，所有的五个余静许冉神灵降临下来时，带着年岁和寿岁的福泽、带着男子能生育的九种福泽，女子能繁衍的九种福泽下来时，都是骑在督树上的青色的美龙身上降临下来的。

居那若罗神山顶上的高天是盘神开出来的，天空天高、繁星满天是盘神所为。盘神给主人这一家赐福和保佑，给主人这一家赐予年岁和寿岁、生育和繁衍的福泽了。愿主人真真诚诚敬奉居那若罗山上的开天大神盘神。

居那若罗山下的大地是禅神辟出来的，地域宽广、青草满地是禅神所为。禅神给主人这一家赐福和保佑，给主人这一家求来年岁和寿岁、生育和繁衍的福泽了。愿主人实实在在地敬奉居那若罗山下的辟地大神禅神。

天神孜劳阿普，天神来给主人这一家赐福和保佑了。

385-D-69-12

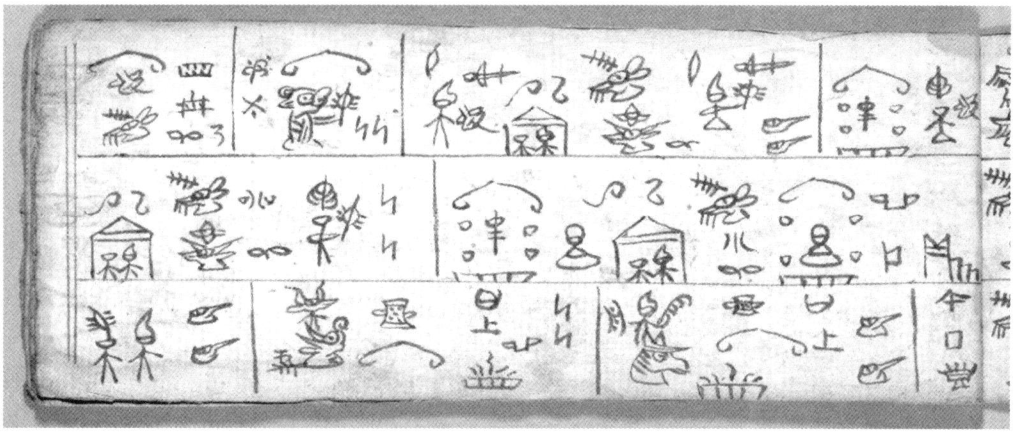

mɯ33 nɯ33 i33dɑ13 khy̩55 bu33 zʅ33 bu33、nɯ21 bu33 uɑ21 bu33、hɯ21 bu33 dzæ33 bu33 me33 iə55
天 来 主人 年岁 福泽 寿岁福泽 生育 福泽 繁衍福泽 富足福泽 富余福泽 者 给

se21. | dzy̩33 lɑ21 ɑ33 phy̩33 mɯ33 ku55 zʅ33 me33 tʂhər33 tʂhər21 hu55. | tshe55 hɯ21 tshe55 dzʅ33 dɑ33,
了 孜劳阿普 天 敬奉 得 真诚 愿 衬恒衬孜 地神

dɑ33 nɯ33 i33 dɑ21 tʂʅ33 dʑi13 tɕər21, gy̩33 ly̩21 kɑ33 le21 tʂʅ33 le33 thy55. dɑ33 nɯ33 i33 dɑ13 khy̩55 bu33
地神 来 主人 这 家 上 赐福 保佑 这 又 给 地神 来 主人 年岁 福泽

zɿ33 bu33、nɯ21 bu33 uɑ21 bu33、hɯ21 bu33 dzæ33 bu33 me55 iə55 se21. tshe55 hɯ21 tshe55 dzɿ33
寿岁 福泽 生育 福泽 繁衍 福泽 富足 福泽 富余 福泽 求 给 了 衬恒衬孜

dɑ33 ku55 zɿ33 me33 kɑ33 kɑ21 hu55. | mɯ33 ne21 dy21 ly55 gv̩33 i33 ɕy55 nɯ33 dzɿ21, ɕy55 nɯ33 i33 dɑ21
地神 敬奉 的 实在 愿 天神 和 地神 中间 呢 柏神 来 坐 柏神 来 主人

tʂhɿ33 dʑi13 tɕər21, gv̩33 lv̩21 kɑ33 le21 tʂhɿ33 le33 thy55. ɕy55 nɯ33 i33 dɑ13 khv̩55 bu33 zɿ33 bu33、nɯ21
这 家 上 赐福 保佑 这 又 给 柏神 来 主人 年岁 福泽 寿岁 福泽 生育

bu33 uɑ21 bu33、hɯ21 bu33 dzæ33 bu33 me55 iə55 se21. ly55 gv̩33 ɕy55 ku55 zɿ33 me33 tʂhər33 tʂhər21
福泽 繁衍 福泽 富足 福泽 富余 福泽 求 给 了 中间 柏神 敬奉 得 真诚

hu55. | mɯ33 ne21 dy21 ly55 gv̩33, du21① nɯ33 i33 dɑ21 tʂhɿ33 dʑi13 tɕər21, gv̩33 lv̩21 kɑ33 le21 tʂhɿ33 le33
愿 天 和 地 中间 董神 来 主人 这 家 上 赐福 保佑 这 又

thy55. du21 nɯ33 i33 dɑ21 khv̩55 bu33 zɿ33 bu33、nɯ21 bu33 uɑ21 bu33、hɯ21 bu33 dzæ33 bu33 me33
给 董神 来 主人 年岁 福泽 寿岁 福泽 生育 福泽繁衍福泽 富足福泽 富余福泽 者

iə55 sə21. i33 dɑ21 du21 sɿ21 mɯ33 thv̩33 dy21 khu33 be33 le33 dzɿ21, dzɿ33 tshɿ55 uə33 zæ21、zo33 ɕi21 mi55
给 了 主人 董神 像 天 开 地 辟 做 又 居住 寨 立 村 建 儿子养育 女儿

ɕi21 be33 le33 dzɿ21 me33 kɑ33 kɑ21 hu55. | uæ33 lɑ21 phu55 gə33 khuɑ33 tv̩21 bər21 dzɿ33 dʑi33, lv̩21 zuɑ33
养育 做 又 居住 的 实在 愿 左 手 边 的 夸督般孜 景神 龙 马

mæ33 phər21 dzæ33, mɯ33 gv̩33 tho21 nɯ33 tshɿ21, dzi33 dʑə21 lɑ33 lər33 dy21 n̥ə21 thv̩33, i33 dɑ13 zɿ33 ʂər21
尾 白 骑 天 体 背后 从 来 人类 居住 辽阔 地方 处 到 主人 寿 长

hɑ55 i33 khɑ33 tɑ55 ʂə55, khv̩55 bu33 zɿ33 bu33、nɯ21 bu33 uɑ21 bu33、hɯ21 bu33 dzæ33 bu33 me33 iə55
年延 话 只 说 年岁 福泽 寿岁 福泽 生育福泽 繁衍 福泽 富足福泽富余福泽 者 给

se21. dʑi33 ku55 zɿ33 me33 tʂhər33 tʂhər21 hu55. | i21 lɑ21 phu55 gə33 lɑ33 lər33 dy21 dzɿ33 bɯ33, tʂv̩33 hɯ21
了 景神 敬奉 的 真诚 愿 右 手 边 的 拉朗敦孜 本神 马 儿

gu21 zi33 dzæ33, mɯ33 gv̩33 tho21 nɯ33 tshɿ21, dzi33 dʑə21 lɑ33 lər33 dy21 n̥ə21 thv̩33, i33 dɑ13 zɿ33 ʂər21 hɑ55
马 美 骑 天 体 背后 从 来 人类居住 辽阔 地 处 到 主人 寿 长 年

i33 khɑ33 tɑ55 ʂə55, khv̩55 bu33 zɿ33 bu33、nɯ21 bu33 uɑ21 bu33、hɯ21 bu33 dzæ33 bu33 me55 iə55
延 话 只 说 年岁 福泽 寿岁 福泽 生育 福泽 繁衍 福泽 富足 福泽富余 福泽 求 给

se21. bɯ33 ku55 zɿ33 me33 kɑ33 kɑ21 hu55. | mɯ33 gə33 to21 ne21 u21,
了 本神 敬奉 得 实在 愿 天 的 铎神 和 吾神

① 董的全称是美利董主，其故事见《董术战争》。

天神赐予主人这一家年岁和寿岁、生育和繁衍、富足和富余的福泽了。愿主人真真诚诚地敬奉天神孜劳阿普。

地神衬恒衬孜，地神来给主人这一家赐福和保佑了。地神来给主人这一家年岁和寿岁、生育和繁衍、富足和富余的福泽了。愿主人这一家实实在在地敬奉地神衬恒衬孜。

在天神和地神的中间坐着柏神，柏神给主人这一家赐福保佑了。柏神给主人这一家赐予年岁和寿岁、生育和繁衍、富足和富余的福泽了。愿主人这一家真真诚诚地敬奉坐在天神和地神中间的柏神。

居住在天和地中间的董神来给主人这一家赐福和保佑了。董神来给主人这一家赐予年岁和寿岁、生育和繁衍、富足和富余的福泽了。愿主人这一家，像董神那样自己实实在在地开天辟地、建村立寨、养育儿女地生活居住着。

位于左手边的景神夸督般孜，以白尾的青龙当坐骑，从天体的背后下来，来到人类居住的辽阔大地上，口中唯为主人说延年益寿的话，来赐予主人这一家年岁和寿岁、生育和繁衍、富足和富余的福泽了。愿主人真真诚诚地敬奉景神。

位于右手边的本神拉朗敦孜，以漂亮的马儿当坐骑，从天体背后下来，来到人类居住的辽阔大地上，只唯为主人说延年益寿的话题。来赐予主人年岁和寿岁、生育和繁衍、富足和富余了。愿主人实实在在地敬奉本神。

天上的铎神和吾神，

385-D-69-13

mi^{33} hy^{21} tshy^{55} hy^{21} gv̩^{33} ʥi^{33} mu^{21}, dv̩^{33} phər^{21} si^{33} gɯ^{33} gv̩^{33} n̥ə^{21} dʐæ^{33} i^{33} zɑ^{13} le^{33} tshɿ^{21}, i^{33} dɑ^{21}
火 红 电光 红 衣物 穿 海螺 白 狮子 身 上 骑 呢 下 又 来 主人

tʂhʅ^{33} ʥi^{13} tɕər^{21}, gv̩^{33} lv̩^{21} kɑ^{33} le^{21} tʂhʅ^{33} le^{33} thy^{55}, i^{33} dɑ^{13} nɯ^{21} bu^{33} uɑ^{21} bu^{33}、dæ^{21} bu^{33} tʂhu^{21}
这 家 上 赐福 保佑 这 又 给 主人 生育 福泽繁衍 福泽 勤劳 福泽快捷

bu^{33} le^{33} iə^{55}. mɯ^{33} ʂuɑ^{21} kɯ^{33} hər^{21} khɑ^{33} nɯ^{33} dzɿ^{21} me^{33} to^{21} ne^{21} u^{21} gə^{33} dæ^{21} ne^{21} tʂhu^{21}
福泽 又 给 天 高 星 绿 处 在 居住 的 铎神 和吾神的 勤劳 和 快捷

zɿ^{33} me^{33}, tʂhər^{33} tʂhər^{21} gv̩^{33} be^{33} hu^{55}. | tʂv̩^{55} ne^{21} huɑ^{21} nɯ^{33} huɑ^{21} lv̩^{33} gv̩^{55} lv̩^{33}、huɑ^{21} kə^{55} gv̩^{33}
敬奉 得 真诚 成 的 愿 著神 和 华神 来 华神 石 九 颗 华神 树枝 九

kə^{55}、huɑ^{21} mɑ^{21} gv̩^{33} lv̩^{55}、huɑ^{21} ʥi^{21} gv̩^{33} khuɑ^{55} pu^{55}, i^{33} dɑ^{21} tʂhʅ^{33} ʥi^{13} tɕər^{21}, gv̩^{33} lv̩^{21} kɑ^{33} le^{21}
枝 华神 酥油 九 饼 华神 水 九 碗 带 主人 这 家 上 赐福 保佑

tʂhʅ^{33} le^{33} thy^{55}. tʂy̩^{55} ne^{21} hua^{21} nɯ^{33} i^{33} da^{13} khy̩^{55} bu^{33} zʅ^{33} bu^{33}、nɯ^{21} bu^{33} ua^{21} bu^{33} le^{33}
这 又 给 著神 和 华神 来 主人 年岁 福泽 寿岁 福泽 生育 福泽繁衍福泽又

iə^{55} se^{21}. tʂy̩^{55} ne^{21} hua^{21} ku^{55} zʅ^{33} me^{33} ka^{33} ka^{21} hu^{55}. | dzʅ^{33} ne^{21} uə^{33}①nɯ^{33}, i^{33} da^{21} tʂhʅ^{33} dʑi^{13}
给 了 著神 和 华神 敬奉 得 实在 愿 孜神 和 坞神 来 主人 这 家

tɕər^{21}, gy̩^{33} ly̩^{21} ka^{33} le^{21} tʂhʅ^{33} le^{33} thy^{55}, i^{33} da^{13} khy̩^{55} bu^{33} zʅ^{33} bu^{33}、nɯ^{21} bu^{33} ua^{21} bu^{33} me^{33}
上 赐福 保佑 这 又 给 主人 年岁 福泽 寿岁福泽 生育 福泽繁衍福泽 者

iə^{55} se^{21}, mɯ^{33} thy̩^{33} dzʅ^{33} nɯ^{33} thy̩^{33}, dy^{21} khu^{33} uə^{33} nɯ^{33} khu^{33} iə^{55} se^{21}. i^{33} da^{13} dzʅ^{33} ne^{21} uə^{33}
给 了 天 开 孜神 来 开 地 辟 坞神 来 辟 给 了 主人 孜神 和 坞神

ku^{55} zʅ^{33} me^{33} tʂhər^{33} tʂhər^{21} hu^{55}. | hər^{33}②ne^{21} lɯ^{55} nɯ^{33} i^{33} da^{21} tʂhʅ^{33} dʑi^{13} tɕər^{21},gy̩^{33} ly̩^{21} ka^{33} le^{21}
敬奉 得 真诚 愿 夯神 和 利神 来 主人 这 家 上 赐福 保佑

tʂhʅ^{33} le^{33} thy^{55}, i^{33} da^{13} khy̩^{55} bu^{33} zʅ^{33} bu^{33}、nɯ^{21} bu^{33} ua^{21} bu^{33}、dæ^{21} bu^{33} tʂhu^{21} bu^{33}
这 又 给 主人 年岁 福泽 寿岁 福泽 生育 福泽 繁衍 福泽 勤劳 福泽 快捷 福泽

me^{33} iə^{55} se^{21}. khɯ^{33} nɯ^{33} tʂhu^{21} me^{33} hər^{33} nɯ^{33} tʂhu^{21} mə^{33} gy̩^{21}, gu^{21} nɯ^{33} tʂhu^{21} me^{33} hər^{33} nɯ^{33}
者 给 了 猎狗 来 快捷 的 夯神 来 快捷 不 如 马 来 快捷 的 夯神 来

tʂhu^{21} mə^{33} gy̩^{21}. hər^{21} ne^{21} lɯ^{55} zʅ^{33} me^{33}, tʂhər^{33} tʂhər^{21} gy̩^{33} be^{33} hu^{55}. | dzi^{33}③ne^{21} hua^{21} nɯ^{33} i^{33}
快捷 不 如 夯神 和 利神敬奉 得 真诚 成 的 愿 精神 和 华神 来

da^{21} tʂhʅ^{33} dʑi^{13} tɕər^{21}, gy̩^{33} ly̩^{21} ka^{33} le^{21} tʂhʅ^{33} le^{33} thy^{55}, i^{33} da^{13} khy̩^{55} bu^{33} zʅ^{33} bu^{33}、nɯ^{21}
主人 这 家 上 赐福 保佑 这 又 赐给 主人 年岁 福泽 寿岁 福泽 生育

bu^{33} ua^{21} bu^{33} me^{33} le^{33} iə^{55}. dzi^{33} dzy̩^{33} hua^{21} dzy̩^{33} me^{33}, dzi^{33} nɯ^{33} hɯ^{21} me^{33} gy̩^{33} tshər^{21} gy̩^{55}
福泽 繁衍福泽 者 又 给 精神 增 华神 增 时 精神 来 富裕 时 九 十 九

uə^{33} tshʅ^{55},
村寨 建立

身上穿着火红的电光衣服，以白海螺色的狮子当坐骑，从天上下来到人间，来给主人这一家赐福和保佑。来赐予主人这一家生育和繁衍、勤劳和快捷的福泽了。愿主人真真诚诚地敬奉居住在高天星崖处的勤劳和快捷的铎神和吾神。

著神和华神带着九颗华神的石头、九枝华神的树枝、九饼华神的酥油、九碗华神的圣水下来，来给主人这一家赐福和保佑了。著神和华神来赐予主人这一家年岁和寿岁、生育和繁衍的福泽了。愿主人这一家实实在在地敬奉著神和华神。

孜神和坞神来给主人这一家赐福和保佑了，来为主人这一家求年岁和寿岁、生育和繁衍

① 孜神、坞神，音译神名，属于东巴教神灵世界里的村寨神。
② 夯神，音译神名，即风神。利神，音译神名，意即猎神。
③ 精神，音译神名，人类神。华神，音译神名，繁衍神。

的福泽，孜神来为主人开天了，坞神来为主人辟地了。愿主人真真诚诚地敬奉孜神和坞神。

夯神和利神来给主人这一家赐福和保佑了，来赐予主人年岁和寿岁、生育和繁衍、勤劳和快捷的福泽了。猎狗再快捷也不如夯神快捷，骏马再快捷也不如夯神快捷。愿主人这一家真真诚诚地敬奉夯神和利神。

精神和华神来给主人这一家赐福和保佑了，来赐予主人这一家年岁和寿岁、生育和繁衍的福泽了。精神和华神繁增时，精神富裕起来时，能建立九十九个村寨；

385-D-69-14

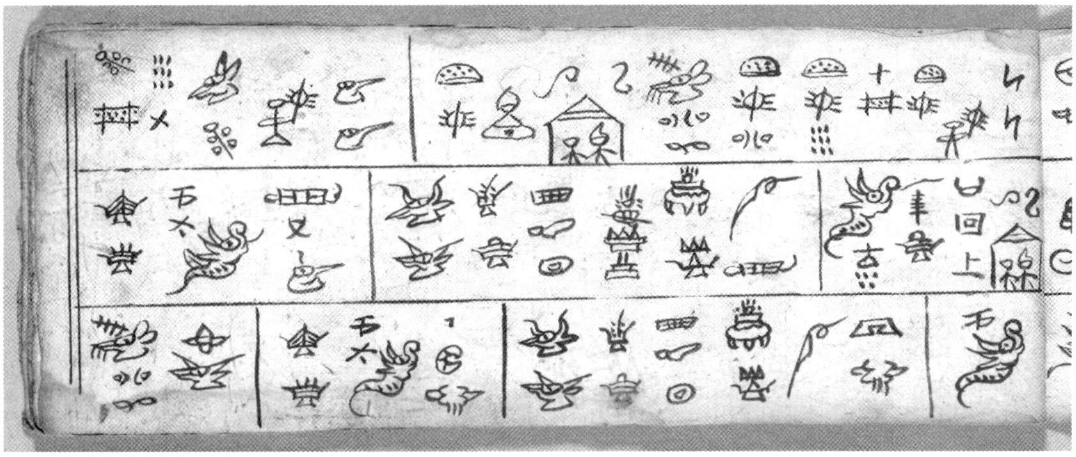

hua^{21} nɯ^{33} dʐæ^{33} me^{33} gɣ^{33} tshər^{21} gɣ^{55} gu^{21} khu^{33}. dzi^{33} ne^{21} hua^{21} ku^{55} zɿ^{33} me^{33} ka^{33} ka^{21} hu^{55}. |
华神 来 富余 时 九 十 九 粮仓 开辟 精神 和 华神 敬奉 得 实地 愿

o^{33} ne^{13} tʂʅ^{21} gə^{33} he^{33} dɯ^{21} na^{55} tho^{33} se^{33} nɯ^{33}, i^{33} da^{13} tʂhʅ^{33} dʑi^{13} tɕər^{21}, gɣ^{33} lɣ^{21} ka^{33} le^{21} tʂhʅ^{33}
窝神 和 旨神 的 神 大 纳妥森 来 主人 这 家 上 赐福 保佑 这

le^{33} thy^{55}, i^{33} da^{13} khɣ^{55} bu^{33} zɿ^{33} bu^{33}、nɯ^{21} bu^{33} ua^{21} bu^{33} me^{33} iə^{55} se^{21}, o^{33} bu^{33} tʂʅ^{21} bu^{33}
又 给 主人 年岁 福泽 寿岁 福泽 生育 福泽繁衍福泽者 给 了粮食 福泽 五谷 福泽

me^{33} iə^{55} se^{21}. o^{33} ne^{21} tʂʅ^{21} gɣ^{33} le^{33} tshe^{33} gu^{21} me^{33} iə^{55} se^{21}. o^{33} ne^{21} tʂʅ^{21} ku^{55} zɿ^{33} me^{33} tʂhər^{33}
者 给 了 粮食 和 五谷 九 至 十 仓 者 给 了 窝神 和 旨神 敬奉 得 真诚

tʂhər^{21} hu^{55}. a^{33} so^{55} sɿ^{55} u^{21} phɣ^{33} la^{21} lɣ^{21} khɣ^{21} lɣ^{21} tʂɣ^{33} ȵə^{13}, | bər^{33} y^{21} zʅ^{21} ha^{33}、tʂhər^{21} na^{55}
愿 先前 素神 的 神灵 龙神 请 龙神迎接 时 牦牛绵羊 酒 饭 肥肉 瘦肉

ɕy^{55} ma^{21} tʂhu^{55} pa^{33} be^{33}, ɕy^{21} mi^{33} bæ^{33} mi^{33} kɣ^{33} nɯ^{33} dɯ^{33} tɕy^{21} le^{33} khɣ^{21} se^{21}. | lɣ^{21} zi^{33} tʂhʅ^{33}
柏枝 酥油 供养 作 柏木香火 油灯 上 在 一 回 又 请 了 龙 美 所有

ua^{21} nɯ^{33}, khu^{33} nɯ^{33} zɿ^{33} ʂər^{21} ha^{55} i^{33} kha^{33} ta^{55} ʂə^{55}, i^{33} da^{21} tʂhʅ^{33} dʑi^{13} tɕər^{21}, gɣ^{33} lɣ^{21} ka^{33} le^{21}
来 口 来 寿 长 年延 话 只 说 主人 这 家 上 赐福 保佑

tʂhʅ^{33} le^{33} thy^{55}, khɣ^{55} bu^{33} zɿ^{33} bu^{33}、nɯ^{21} bu^{33} ua^{21} bu^{33} me^{33} iə^{55} se^{21}. | a^{33} i^{33} sɿ^{55} u^{21}
这 又 给 年岁 福泽 寿岁 福泽 生育 福泽 繁衍福泽者 给 了 现在 素神 的

phv̩^{33} lɑ^{21} lv̩^{21} zi^{33} dɯ^{33} ʥy^{21} gə^{21} le^{33} pv̩^{55} bɯ^{33} me^{33}, | bər^{33} y^{21} ʐʅ^{33} hɑ^{33}、tʂhər^{21} nɑ^{55} ɕy^{55}
神灵 龙 美 一 回 上 又 送 要 时 牦牛 绵羊 酒 饭 肥肉 瘦肉 柏枝

mɑ^{21} tʂhu^{55} pɑ^{33} be^{33}, ɕy^{21} mi^{33} bæ^{33} mi^{33} kv̩^{33} nɯ^{33} dɯ^{33} ʥy^{21} gə^{21} le^{33} pv̩^{55}. | dv̩^{33} phər^{21} lv̩^{21}
酥油 供养 作 柏木 香火 油灯 上 在 一 回 上 又 送 海螺 白 龙

phər^{21} gɑ^{33} lɑ^{21} i^{33},
白 嘎劳神 呢

华神富余起来时，能开辟九十九个粮仓。愿主人这一家实实在在地敬奉精神和华神。

窝神和旨神中最大者是大神纳妥森，纳妥森来给主人这一家赐福和保佑了，赐予主人这一家年岁和寿岁、生育和繁衍的福泽了，赐予主人这一家粮食和五谷的福泽了，赐予主人这一家九至十仓的粮食和五谷了。愿主人这一家真真诚诚地敬奉窝神和旨神。

先前迎请素神的神灵龙神下来时，是用牦牛肉、绵羊肉、酒和饭，用肥肉、瘦肉、柏枝和酥油烧天香作供养，在柏木香火和油灯上面请龙神降临了。所有的美丽龙神，口中唯为主人这一家说延年益寿的吉祥语，为主人这一家赐福和保佑了，来赐予主人这一家年岁和寿岁、生育和繁衍的福泽了。

现在，要一次地把素神的神灵美龙送往上方神地时，也是用牦牛肉、绵羊肉、酒和饭，用肥肉、瘦肉、柏枝和酥油烧天香作供养，在柏木香火和油灯上面一次地把美龙送回上方神地。白海螺色的白龙嘎劳神呢，

385-D-69-15

ȵi^{33} me^{33} thv̩^{33}, dv̩^{33} phər^{21} ʥy^{21} ʂuɑ^{21} kv̩^{33}, dv̩^{33} phər^{21} uə^{33} ko^{33} lo^{21}, dv̩^{33} phər^{21} hɯ^{55} ko^{33} lo^{21} nɯ^{33}
东方 海螺 白 山 高 上 海螺 白 山丘 里 海螺 白 湖 里 往

gə^{21} le^{33} pv̩^{55}. | uɑ^{21} hər^{21} lv̩^{21} hər^{21} gɑ^{33} lɑ^{21} i^{33}, i^{33} tʂhʅ^{33} mɯ^{21}, uɑ^{21} hər^{21} ʥy^{21} ʂuɑ^{21} kv̩^{33}, uɑ^{21}
上 又 送 松石 绿 龙 绿 嘎劳神 地 南方 松石 绿 山 高 上 松石

hər^{21} uə^{33} ko^{33} lo^{21}, uɑ^{21} hər^{21} hɯ^{55} ko^{33} lo^{21} nɯ^{33} gə^{21} le^{33} pv̩^{55}. | tʂhu^{21} nɑ^{55} lv̩^{21} nɑ^{21} gɑ^{33} lɑ^{21} i^{33},
绿 山丘 里 松石 绿 湖 里 往 上 又 送 宝石 黑 龙 黑 嘎劳 呢

ȵi^{33} me^{33} gv̩^{21}, tʂhu^{21} nɑ^{55} ʥy^{21} ʂuɑ^{21} kv̩^{33}, tʂhu^{21} nɑ^{55} uə^{33} ko^{33} lo^{21}, tʂhu^{21} nɑ^{55} hɯ^{55} ko^{33} lo^{21} nɯ^{33}
西方 宝石 黑 山 高 上 宝石 黑 山丘 里 宝石 黑 湖 里 往

gə^{21} le^{33} pv̩^{55}. | hæ^{33} ʂʅ^{21} lv̩^{21} ʂʅ^{21} gɑ^{33} lɑ^{21} i^{33}, ho^{33} gv̩^{33} lo^{21}, hæ^{33} ʂʅ^{21} ʥy^{21} ʂuɑ^{21} kv̩^{33}, hæ^{33} ʂʅ^{21} uə^{33}
上 又 送 金 黄 龙 黄 嘎劳神 呢 北方 金 黄 山 高 上 金 黄山丘

ko^{33} lo^{21}, hæ^{33} ʂʅ^{21} hɯ^{55} ko^{33} lo^{21} nɯ^{33} gə^{21} le^{33} pv̩^{55}. | tʂhu^{33} dʐæ^{21} lv̩^{21} dʐæ^{21} gɑ^{33} lɑ^{21} i^{33}, mɯ^{33}
里 金 黄 湖 里 往 上 又 送 宝石 化斑 龙 花斑 嘎劳神 呢 天

ne^{21} dy^{21} ly^{55} gv̩^{33}, tʂhu^{33} dʐæ^{21} ʥy^{21} ʂuɑ^{21} kv̩^{33}, tʂhu^{33} dʐæ^{21} uə^{33} ko^{33} lo^{21}, tʂhu^{33} dʐæ^{21} hɯ^{55} ko^{33}
和 地 中间 宝石 花斑 山 高 上 宝石 花斑 山丘 里 宝石 花斑 湖 里

lo^{21} nɯ^{33} gə^{21} le^{33} pv̩^{55}. lv̩^{21} zi^{33} gɑ^{33} lɑ^{21} tʂhʅ^{33} uɑ^{21} me^{33}, tɕi^{21} phər^{21} hər^{33} phər^{21} kv̩^{33} nɯ^{33} gə^{21} le^{33}
往 上 又 送 龙 美 嘎劳神 所有 的 云 白 风 白 上 往 上 又

pv̩^{55}. | lv̩^{21} zi^{33} gɑ^{33} lɑ^{21} tʂhʅ^{33} uɑ^{21} me^{33}, tshʅ^{13} gə^{33} fv̩^{55} ʥi^{33} lv̩^{33} nɑ^{21} dzʅ^{21} me^{33} dy^{21} ȵə^{21} mə^{33} æ^{21}
送 龙 美 嘎劳 所有 的 鬼 的 黑炭 龙 黑 居住 的 地方 处 不逗留

be^{33}, mɯ^{33} tɕər^{21} tshe^{21} ho^{55} ty^{33} nɯ^{33} gə^{21} le^{33} pv̩^{55}; | mə^{33} tʂhə^{55} mə^{33} ʂu^{21} me^{33} gə^{33} dy^{21} ȵə^{21} mə^{33}
的 天 上 十 八 层 往 上 又 送 没有 除秽 不 干净 这样 的 地方 处 不

æ^{21} be^{33}, mɯ^{33} tɕər^{21} tshe^{21} ho^{55} ty^{33} nɯ^{33} gə^{21} le^{33} pv̩^{55}.
逗留 的 天 上 十 八 层 往 上 又 送

往东方的白海螺色高山上、白海螺色的山丘上、白海螺色的湖泊里送上去。绿松石色的绿龙嘎劳神呢，往南方的绿松石色的高山上、绿松石色的山丘上、绿松石色的湖泊里送上去。黑宝石色的黑龙嘎劳神呢，往西方的黑宝石色的高山上、黑宝石色的山丘上、黑宝石色的湖泊里送上去。金黄色的黄龙嘎劳神呢，往北方的金黄色的高山上、金黄色的山丘上、金黄色的湖泊里送上去。花斑宝石色的花斑龙嘎劳神龙，往天地中央的花斑宝石色的高山上、花斑宝石色的山丘上、花斑宝石色的湖泊里送上去。把所有的美龙嘎劳神，往白云和白风处送上去。不让所有的美龙嘎劳神逗留在鬼的黑炭般黑的黑龙居住的地方，把美龙送往十八层天上；不让所有的美龙逗留在没有除秽的不干净的地方，把美龙送往十八层天上。

385-D-69-16

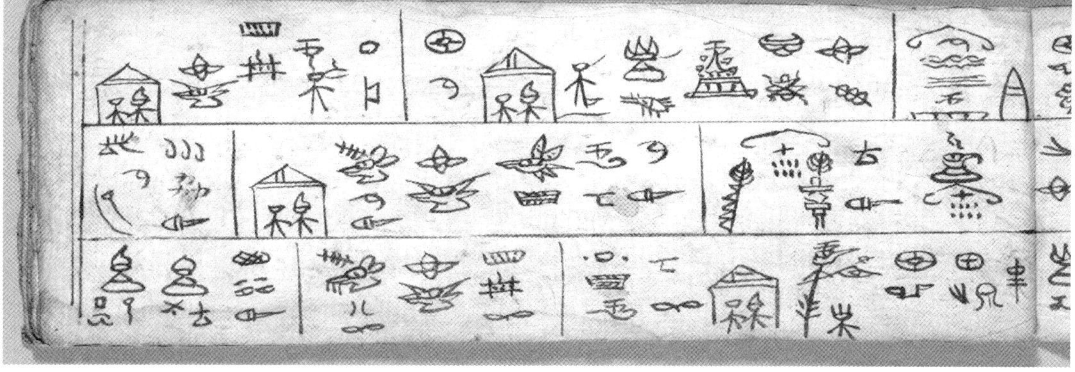

i^{33} dɑ^{21} tʂhʅ^{33} dɯ^{33} ʥi^{13}, nɯ^{21} ne^{21} uɑ^{21}、hɯ^{21} ne^{21} dʐæ^{33}、kv̩^{33} phər^{21} dʐæ^{33} ʂʅ^{21}、zʅ^{33} ʂər^{21} hɑ^{55} i^{33}
主人 这 一 家 生育 和 繁衍 富足 和 富余 首 皓 牙 黄 寿 长 年延

gv̩^{33} be^{33} hu^{55}. | bi^{33} thv̩^{33} mə^{55} tʂhʅ^{33} ȵi^{33}, i^{33} dɑ^{21} tʂhʅ^{33} dɯ^{33} dʑi^{13},ze^{55} tɕi^{33} bə^{33} y^{21} tʂər^{21}, lɯ^{55} kv̩^{33}
成 的 愿 日 出 的 今天 主人 这 一 家 年轻 足捷 使 贤能

py^{33} bv̩^{21} dy^{55} le^{33} py^{21}, sɿ^{33} i^{33} bər^{33} phər^{21} ʐʅ^{21} lv̩^{33} tɯ^{21}, zɿ^{33} i^{33} tʂhuɑ^{33} phər^{21} kɑ^{55} le^{33} o^{55}, ŋv̩^{33}
祭司 请 又 祭祀 羊毛 的 毡子 白 神座 设 青稞 的 米 白 祭粮 又 倒上银

hæ^{21} uɑ^{33} tʂhu^{21} phv̩^{33} lɑ^{21} i^{33} dɑ^{55} be^{33} le^{33} tɕi^{33}. | mɯ^{33} ne^{21} dy^{21} i^{33} mə^{33} tʂu^{55} me^{33}, tɕi^{33} phər^{21}
金 松石 宝石 神灵 酬劳 作为 又 放上 天 与 地 呢 没有 接续 时 云 白

hər^{33} phər^{21} me^{33} nɯ^{33} tʂu^{55}; dʑy^{21} ʂuɑ^{21} so^{33} ʂuɑ^{21} lo^{21} ho^{55} mə^{33} tʂu^{55} me^{33}, hɯ^{55} nɑ^{55} be^{33} phər^{21}
风 白 者 来 接续 山 高 峰 高 壑 深 没有 接续 时 雨 大 雪 白

me^{33} nɯ^{33} tʂu^{55}; | i^{33} dɑ^{21} tʂhʅ^{33} dɯ^{33} dʑi^{13}, khv̩^{55} bu^{33} zɿ^{33} bu^{33} mə^{33} tʂu^{55} me^{33}, nɯ^{21} bu^{33} uɑ^{21}
者 来 接续 主人 这 一 家 年岁 福泽 寿岁 福泽没有 接续 时 生育 福泽繁衍

bu^{33} mə^{33} tʂu^{55} me^{33}, py^{21} bu^{33} phæ^{21} tso^{33} mə^{33} tʂu^{55} me^{33}, | ɕy^{55} hər^{21} le^{33} dʑi^{21} tshe^{21} ho^{55} pɑ^{33}、
福泽 没有 接续 时 祭祀福泽 占卜福泽 没有接续 时 柏木 绿 梯子 十 八 级

ɕy^{55} hər^{21} thɑ^{55} phər^{21} kv̩^{33} nɯ^{33} mɯ^{33} tɕər^{21} tshe^{21} ho^{55} ty^{33} ȵə^{21} le^{33} tʂu^{55} se^{21}, mɯ^{33} tɕər^{21} tshe^{21}
柏 绿 塔 白 上 从 天 上 十 八 层 处 又 接续 了 天 上 十

ho^{55} ty^{33}, gu^{33} lɑ^{21} kə^{55} bv̩^{33} he^{33} dɯ^{21} khə^{21}, to^{21} i^{33} dʑi^{33} mu^{33} he^{33} dɯ^{21} khə^{21}, lɑ^{33} tʂʅ^{21} to^{21} mi^{55} he^{33}
八 层 巩劳构补 神 大 处 铎依景姆 神 大 处 拉旨铎命 神

dɯ^{21} khə^{21} ȵə^{21} tʂu^{55} iə^{55} se^{21}. | i^{33} dɑ^{13} khv̩^{55} bu^{33} zɿ^{33} bu^{33} me^{55} iə^{55} se^{21}, nɯ^{21} bu^{33} uɑ^{21} bu^{33}
大 处 那 接续 给 了 主人 年岁 福泽 寿岁福泽 求 给 了 生育 福泽 繁衍福泽

me^{55} iə^{55} se^{21}, hɯ^{21} bu^{33} dzæ^{33} bu^{33} me^{55} iə^{55} se^{21}. | py^{21} tso^{33} phæ^{21} tso^{33} me^{55} iə^{55} se^{21}. i^{33} dɑ^{13}
求 给 了 富足 福泽 富余 福泽 求 给 了 祭祀 东西 占卜 东西 求 给 了 主人

tʂhʅ^{33} dɯ^{33} dʑi^{13}, tv̩^{21} dzər^{21}① tshɿ^{55} me^{33} i^{33}, ȵi^{33} ṁe^{33} thv̩^{33}、ȵi^{33} me^{33} gv̩^{21}、i^{33} tʂhʅ^{33} mɯ^{21}、ho^{33} gv̩^{33}
这 一 家 督树 立 的 呢 东方 西方 南方 北方

lo^{21} tɕy^{21} ly^{21} be^{33} tshɿ^{55} me^{33} i^{33}.
朝 向 的 立 的 呢

送回龙神后，愿主人这一家能生育和繁衍、富足和富余、皓首黄牙、延年长寿。

日出的今天，主人这一家，使唤捷足的年轻人请贤能的祭司来做祭祀仪式，把白羊毛毡子铺在上方设为神座，把青稞和白米倒在上方神座上作为祭粮，把黄金、白银、松石和宝石放在神座上作为给神的酬劳。高天与大地间没有接续时，白云和白风来使高天与大地接续上；

---

① 督树为除去树枝、只留树尖的松树幡柱。督树一般有5—6米高，树上面拴有竹编纸扎的白鹤和青龙以及绘有日月七星的纸旗。举行延寿仪式时，督树一般立在主人家的天井里或大门口空地里。按传统经典记载，要立五棵督树，代表五方。但实际仪式中也有立1棵或3棵作为象征的。督树下面要摆放供桌，放上各种供品，点上油灯香火，以供养督树上的白鹤青龙神以及降临主人家来赐福的众多神灵。仪式快结束时，就要恭送龙神，此时要放倒督树。这本经典就是在这个时候念诵的。

高峰与深壑间没有接续上，大雨和白雪来使高峰与深壑接续上；主人这一家，没有与十八层天上的神灵接续上时，没有接续到神灵赐与的年岁和寿岁的福泽时，没有接续到神灵赐与的生育和繁衍的福泽时，没有接续到神灵赐与的祭祀和占卜的福泽时，是十八级的绿柏梯子和绿柏白塔来使主人与十八层天上的神灵接续上了，主人与十八层天上的巩劳构补大神、铎依景姆大神、拉旨铎命大神处接续上了。神灵们赐给主人所求的年岁和寿岁的福泽了，赐给主人所求的生育和繁衍的福泽了，赐给主人所有的富足和富余的福泽了，赐给主人所求的祭祀和占卜的东西了。

祭祀的主人这一家，树立松树督树，分别朝东方、朝西方、朝南方、朝北方立。

385-D-69-17

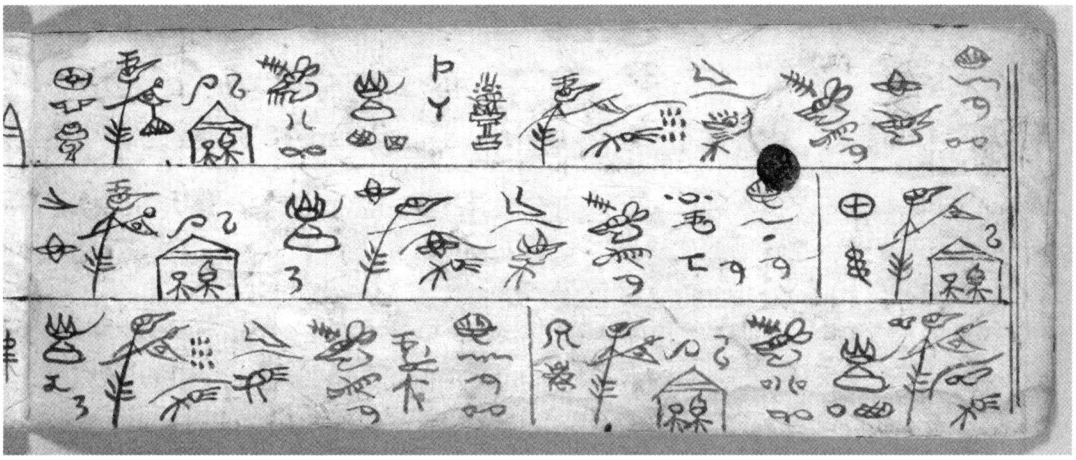

ȵi^{33} me^{33} thv̩^{33}, dv̩^{33} phər^{21} tv̩^{21} dzər^{21} nɯ^{33}, i^{33} dɑ^{13} tʂhʅ^{33} dʑi^{13} tɕər^{21}, gv̩^{33} lv̩^{21} kɑ^{33} le^{21} tʂhʅ^{33} le^{33}
东方 海螺 白 督树 来 主人 这 家 上 赐福 保佑 这 又

thy^{55}, khv̩^{55} bu^{33} zʅ^{33} bu^{33}、nɯ^{21} bu^{33} uɑ^{21} bu^{33} me^{55} iə^{55} se^{21}. gə^{21} tshe^{55} tshe^{55} bu^{33} py^{33} bv̩^{21}
给 年岁 福泽 寿岁 福泽 生育 福泽 繁衍 福泽 求 给 了 格衬称补 祭司

nɯ^{33}, bər^{33} y^{21} ʐʅ^{33} hɑ^{33}, tʂhər^{21} nɑ^{55} ɕy^{55} mɑ^{21} nɯ^{33}, dv̩^{33} phər^{21} tv̩^{21} dzər^{21} tʂhu^{55} pɑ^{33} be^{33}. sər^{33}
来 牦牛绵羊 酒 饭 肥肉 瘦肉 柏枝 酥油 用 海螺 白 督树 供养 作 木

tshʅ^{21} phər^{21} me^{33} gv̩^{33} lu^{33} mɯ^{21} le^{33} zər^{21}, tər^{21} zɑ^{55} dʑə^{21} bv̩^{33} mɯ^{21} le^{33} zər^{21}, i^{33} dɑ^{13} tʂhʅ^{33} dʑi^{13}
鬼 白 的 九 个 下 又 镇压 呆饶景补 下 又 镇压 主人 这 家

gə^{33}, khv̩^{55} bu^{33} zʅ^{33} bu^{33} khv̩^{33} mə^{33} tʂər^{21}, nɯ^{21} bu^{33} uɑ^{21} bu^{33} khv̩^{33} mə^{33} tʂər^{21}, pɯ^{33} pɑ^{33}
的 年岁 福泽 寿岁 福泽 偷 不 让 生育 福泽 繁衍 福泽 偷 不 让 变化

nɑ^{13} pɑ^{33} be^{33} mə^{33} tʂər^{21}. i^{33} tʂhər^{33} mɯ^{21}, uɑ^{21} hər^{21} tv̩^{21} dzər^{21} nɯ^{33}, i^{33} dɑ^{13} tʂhʅ^{33} dʑi^{13} tɕər^{21}, gv̩^{33}
作祟 做 不 让 南方 松石 绿 督树 来 主人 这 家 上 赐福

lu^{21} kɑ^{33} le^{21} tʂhʅ^{33} le^{33} thy^{55}, khv̩^{55} bu^{33} zʅ^{33} bu^{33}、nɯ^{21} bu^{33} uɑ^{21} bu^{33} me^{55} iə^{55} se^{21}. se^{55} ʐʅ^{33} mi^{21}
保佑 这 又 给 年岁福泽寿岁福泽 生育 福泽繁衍福泽 求 给 了 胜日明恭

gu^{33} py^{33} bv̩^{21} nɯ^{33}, bər^{33} y^{21} ʐʅ^{33} hɑ^{33}、tʂhər^{21} nɑ^{55} ɕy^{55} mɑ^{21} nɯ^{33}, uɑ^{21} hər^{21} tv̩^{21} dzər^{21} tʂhu^{55} pɑ^{33}
祭司 来 牦牛绵羊 酒 饭 肥肉 瘦肉柏枝酥油 用 松石 绿 督树 供养

be^{33}. uɑ^{21} hər^{21} ty̩^{21} dzər^{21} nɯ^{33}, mi^{33} tshɿ^{21} hər^{21} me^{33} gy̩^{33} lu^{21} mɯ^{21} le^{33} zər^{21}, ʂʅ^{21} dʐʅ^{33} dʑi^{33} by̩^{33}
作 松石 绿 督树 来 火 鬼 绿 的 九 个 下 又 镇压 史支景补

mɯ^{21} le^{33} zər^{21}, i^{33} dɑ^{13} tʂhʅ^{33} dʑi^{13} gə^{33}, khy̩^{55} bu^{33} zɿ^{33} bu^{33} khy̩^{33} mə^{33} tʂər^{21}, nɯ^{21} bu^{33} uɑ^{21}
下 又 压 主人 这 家 的 年岁 福泽 寿岁 福泽 偷 不 让 生育福泽繁衍

bu^{33}、py^{21} tso^{33} phæ^{21} tso^{33} khy̩^{33} mə^{33} tʂər^{21}, pɯ^{33} pɑ^{33} nɑ^{13} pɑ^{33} be^{33} mə^{33} tʂər^{21}. | ȵi^{33} me^{33}
福泽 祭祀 东西 占卜 东西 偷 不 让 变化 作祟 做 不 让 西方

gy̩^{21},tʂhu^{21} nɑ^{55} ty̩^{21} dzər^{21} nɯ^{33}, i^{33} dɑ^{13} tʂhʅ^{33} dʑi^{13} tɕər^{21}, gy̩^{33} ly̩^{21} kɑ^{33} le^{21} tʂhʅ^{33} le^{33} thy^{55}, khy̩^{55}
宝石 黑 督树 来 主人 这 家 上 赐福 保佑 这 又 给 年岁

bu^{33} zɿ^{33} bu^{33}、nɯ^{21} bu^{33} uɑ^{21} bu^{33} me^{55} iə^{55} se^{21}. nɑ^{55} se^{33} tʂhu^{33} lu^{21} py^{33} by̩^{21} nɯ^{33}, bər^{33}
福泽 寿岁福泽 生育 福泽 繁衍福泽 求 给 了 纳生初卢 祭司 来 牦牛

y^{21} ʐʅ^{33} hɑ^{33}、tʂhər^{21} nɑ^{55} ɕy^{55} mɑ^{21} nɯ^{33}, tʂhu^{21} nɑ^{55} ty̩^{21} dzər^{21} tʂhu^{55} pɑ^{33} be^{33}. tʂhu^{21} nɑ^{55}
绵羊 酒 饭 肥肉 瘦肉 柏枝 酥油 用 宝石 黑 督树 供养 作 宝石 黑

ty̩^{21} dzər^{21} nɯ^{33}, ʂu^{21} tshɿ^{21} nɑ^{21} me^{33} gy̩^{33} lu^{33} mɯ^{21} le^{33} zər^{21}, le^{55} tɕhi^{33} sɿ^{33} phy̩^{33} mɯ^{21} le^{33} zər^{21},
督树 来 铁 鬼 黑 的 九 个 下 又 压 楞启斯普 下 又 镇压

i^{33} dɑ^{13} khy̩^{55} bu^{33} zɿ^{33} bu^{33} khy̩^{33} mə^{33} tʂər^{21}, ky̩^{33} phər^{21} dʐæ^{33} ʂʅ^{21} bu^{33} i^{33} khy̩^{33} mə^{33} tʂər^{21},
主人 年岁 福泽 寿岁 福泽 偷 不 让 首 皓 牙 黄 福泽 呢 偷 不 让

pɯ^{33} pɑ^{33} nɑ^{13} pɑ^{33} be^{33} mə^{33} tʂər^{21}. | ho^{33} gy̩^{33} lo^{21}, hæ^{33} ʂʅ^{21} ty̩^{21} dzər^{21} nɯ^{33}, i^{33} dɑ^{13} tʂhʅ^{33} dʑi^{13}
变化 作祟 做 不 让 北方 金 黄 督树 来 主人 这 家

tɕər^{21}, gy̩^{33} ly̩^{21} kɑ^{33} le^{21} tʂhʅ^{33} le^{33} thy^{55}, khy̩^{55} bu^{33} zɿ^{33} bu^{33}、nɯ^{21} bu^{33} uɑ^{21} bu^{33} me^{55} iə^{55}
上 赐福 保佑 这 又 给 年岁 福泽 寿岁 福泽 生育 福泽 繁衍 福泽 求 给

se^{21}. gy̩^{33} se^{55} khə^{33} bɑ^{33} py^{33} by̩^{21} nɯ^{33}, bər^{33} y^{21} ʐʅ^{33} hɑ^{33}、tʂhər^{21} nɑ^{55} ɕy^{55} mɑ^{21} nɯ^{33}, hæ^{33} ʂʅ^{21}
了 古生抠巴 祭司 来 牦牛 绵羊 酒 饭 肥肉 瘦肉柏枝 酥油 用 金 黄

ty̩^{21} dzər^{21} tʂhu^{55} pɑ^{33} be^{33}. hæ^{33} ʂʅ^{21} ty̩^{21} dzər^{21} nɯ^{33}, dʑi^{21} tshɿ^{21} ʂʅ^{21} me^{33} gy̩^{33} lu^{21} mɯ^{21} le^{33} zər^{21},
督树 供养 作 金 黄 督树 来 水 鬼 黄 的 九 个 下 又 镇压

东方的这棵白海螺色的督树，来赐福保佑主人这一家了，来为主人这一家求年岁和寿岁、生育和繁衍的福泽了。东方的祭司神格衬称补，用牦牛肉和绵羊肉、酒和饭，用肥肉、瘦肉、柏枝和酥油，给东方的这棵白海螺色督树作供养。白海螺色督树把东方属木的九个白鬼镇压下去，把东方的鬼王呆饶景补镇压下去，不让东方的白鬼来偷窃主人这一家年岁和寿岁的福泽，不让东方鬼来偷窃主人这一家生育和繁衍的福泽，不让东方的白鬼来变化作祟主人这一家。

南方的这棵绿松石色的督树，来赐福和保佑主人这一家了，来为主人这一家求年岁和寿岁、生育和繁衍的福泽了。南方的祭司神胜日明恭，用牦牛肉、绵羊肉、酒和饭，用肥肉、瘦肉、柏枝和酥油，给南方的这棵绿松石色督树作供养。绿松石色督树把南方属火的九个绿鬼镇压下去了，把南方鬼王史支景补镇压下去了，不让南方的绿鬼来偷窃主人这一家年岁和寿岁的福泽，不让南方的绿鬼来偷窃主人这一家生育和繁衍的福泽、祭祀和占卜的东西，不让南方的绿鬼来变化作祟主人这一家。

西方的这棵黑宝石色的督树，来赐福保佑主人这一家了，来为主人这一家求年岁和寿岁、生育和繁衍的福泽了。西方的祭司神纳生初卢，用牦牛肉、绵羊肉、酒和饭，用肥肉、瘦肉、柏枝和酥油，给西方的黑宝石色督树作供养。黑宝石色的督树来把西方属铁的九个黑鬼镇压下去了，把西方鬼王楞启斯普镇压下去了，不让西方的黑鬼来偷窃主人这一家的年岁和寿岁，不让西方的黑鬼来偷窃主人这一家皓首黄牙的福泽，不让西方的黑鬼来变化作祟主人这一家。

北方的这棵金黄色的督树，来赐福和保佑主人这一家了，来为主人这一家求年岁和寿岁、生育和繁衍的福泽了。北方的祭司神古生抠巴，用牦牛肉、绵羊肉、酒和饭，用肥肉、瘦肉、柏枝和酥油，给北方金黄色的督树作供养。金黄色督树来把北方属水的九个黄鬼镇压下去了，

385-D-69-18

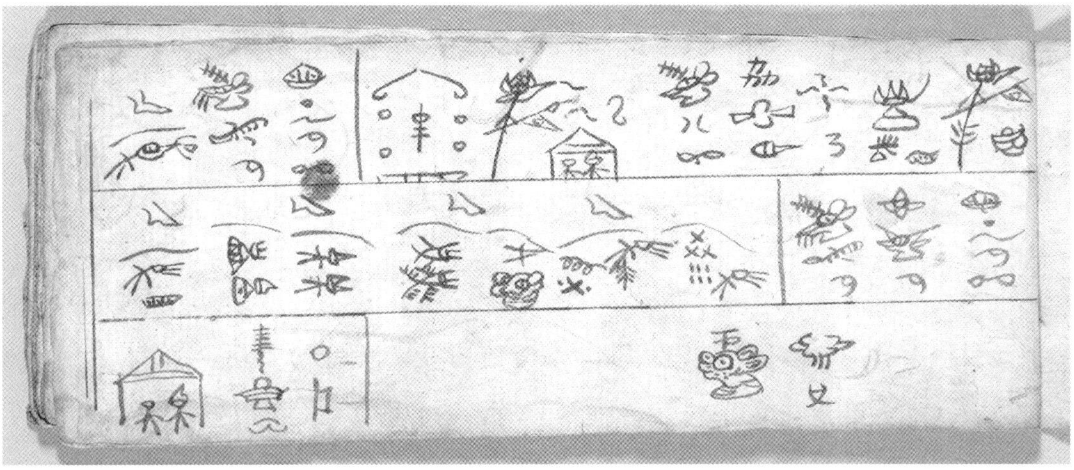

ny̩^{21} dzɿ^{33} tso^{33} by̩^{55} mɯ^{21} le^{33} zər^{21}, i^{33} dɑ^{13} khy̩^{55} bu^{33} zɿ^{33} bu^{33} khy̩^{33} mə^{33} tʂər^{21}, nɯ^{21} bu^{33} uɑ^{21}
奴孜佐补 下 又 镇压 主人 年岁 福泽寿岁福泽 偷 不 让 生育 福泽繁衍

bu^{33} khy̩^{33} mə^{33} tʂər^{21}, pɯ^{33} pɑ^{33} nɑ^{13} pɑ^{33} be^{33} mə^{33} tʂər^{21}. | mɯ^{33} ne^{21} dy^{21} ly^{55} gy̩^{33}, ŋy̩^{33} phər^{21}
福泽 偷 不 让 变化 作祟 做 不 让 天 的 地 中间 银 白

ty̩^{21} dzər^{21} nɯ^{33}, i^{33} dɑ^{13} tʂhʅ^{33} dʑi^{13} tɕər^{21}, gy̩^{33} ly̩^{21} kɑ^{33} le^{21} tʂhʅ^{33} le^{33} thy^{55}, khy̩^{55} bu^{33} zɿ^{33} bu^{33}、
督树 来 主人 这 家 上 赐福 保佑 这 又 给 年岁 福泽 寿岁福泽

nɯ^{21} bu^{33} uɑ^{21} bu^{33} me^{55} iə^{55} se^{21}, be^{33} me^{33} fy̩^{55} iə^{55} se^{21}, phɯ^{55} me^{33} tʂu^{55} iə^{55} se^{21}. so^{33} y^{21} tsi^{55}
生育 福泽 繁衍福泽 求 给 了 薄 者 补 给 了 断 者 接 给 了 梭余晋古

gy̩^{33} py^{33} by̩^{21} nɯ^{33}, bər^{33} y^{21} zʅ^{33} hɑ^{33}、tʂhər^{21} nɑ^{55} ɕy^{55} mɑ^{21} nɯ^{33}, ŋy̩^{33} phər^{21} ty̩^{21}dzər^{21} tʂhu^{55}pɑ^{33}
祭司 来 牦牛 绵羊 酒 饭 肥肉 瘦肉柏枝酥油 来 银 白 督树 供养

be^{33}. ŋy̩^{33} phər^{21} ty̩^{21} dzər^{21} nɯ^{33}, tʂʅ^{33} tshʅ^{21} dzæ^{21} me^{33} gy̩^{33} lu^{33} mɯ^{21} le^{33} zər^{21}, mi^{33} mɑ^{21} se^{21}
作 银 白 督树 来 土 鬼 花斑 的 九 个 下 又 镇压 米麻沈登

de^{55}、kɯ^{33} zɑ^{21} nɑ^{21} mu^{33} mɯ^{21} le^{33} zər^{21}, dv̩^{21} tshɿ^{21} tse^{21} tshɿ^{21} mɯ^{21} le^{33} zər^{21}、mu^{33} tshɿ^{21} ɯ^{21} tshɿ^{21}
庚饶拿姆 下 又 镇压 毒鬼 仄鬼 下 又 镇压 猛鬼 恩鬼

mɯ^{21} le^{33} zər^{21}, tər^{21} tshɿ^{21} lɑ^{33} tshɿ^{21} mɯ^{21} le^{33} zər^{21}, tʂhə^{55} tshɿ^{21} dʐʅ^{33} tshɿ^{21} mɯ^{21} le^{33} zər^{21}, ʂv̩^{21}
下 又 镇压 呆鬼 佬鬼 下 又 镇压 凑鬼 旨鬼 下 又 镇压 术

tshɿ^{21} mɯ^{21} le^{33} zər^{21}, tshɿ^{21} ɑ^{33} sɿ^{21} ɕi^{33} tʂhuɑ^{55} tshər^{21} mɯ^{21} le^{33} zər^{21}. | i^{33} dɑ^{13} khv̩^{55} bu^{33} zɿ^{33}
鬼 下 又 镇压 鬼 类 三 百 六 十 下 又 镇压 主人 年岁 福泽 寿岁

bu^{33} khv̩^{33} mə^{33} tʂər^{21}, nɯ^{21} bu^{33} uɑ^{21} bu^{33} khv̩^{33} mə^{33} tʂər^{21}, pɯ^{33} pɑ^{33} nɑ^{13} pɑ^{33} be^{33} mə^{33} tʂər^{21}.
福泽 偷 不 让 生育 福泽 繁衍 福泽 偷 不 让 变化 作祟 做 不 让

i^{33} dɑ^{13} tʂhʅ^{33} dɯ^{33} dʑi^{13}, khv̩^{55} me^{55} khv̩^{55} dɯ^{33}、zɿ^{33} me^{55} zɿ^{33} dɯ^{33}, zɿ^{33} ʂər^{21} hɑ^{55} i^{33} gv̩^{33} be^{33}
主人 这 一 家 年岁 求 年岁 得到 寿岁 求 寿岁 得到 寿 长 年延 成 的

hu^{55}. | phv̩^{33} lɑ^{21} pv̩^{55} lɑ^{21} me^{55}.
愿 神灵 送 吧 啊

把北方鬼王奴孜佐补镇压下去了，不让北方的黄鬼来偷窃主人这一家年岁和寿岁的福泽，不让北方的黄鬼来偷窃主人这一家生育和繁衍的福泽，不让北方的黄鬼来变化作祟主人这一家。

天和地中央的银白色这棵督树，来赐福和保佑主人这一家了，来为主人这一家求年岁和寿岁、生育和繁衍的福泽了，薄弱的地方已经给予补给了，中断的地方已经给予接续了。中央的祭司神梭余晋古，用牦牛肉、绵羊肉、酒和饭，用肥肉、瘦肉、柏枝和酥油，给银白色的督树作供养。银白色的督树，来把中央属土的九个花斑色的鬼镇压下去，把中央鬼王米麻沈登、庚饶拿姆镇压下去，把毒鬼和仄鬼镇压下去，把猛鬼和恩鬼镇压下去，把呆鬼和佬鬼镇压下去，把凑鬼和旨鬼镇压下去，把术鬼镇压下去，把三百六十种鬼都镇压下去，不让鬼来偷窃主人这一家年岁和寿岁的福泽，不让鬼来偷窃主人这一家生育和繁衍的福泽，不让鬼来变化作祟主人这一家。愿主人这一家，求年岁能获得年岁的福泽，求寿岁能获得寿岁的福泽，延年益寿。之后，可以送神灵了。

385-D-69-19

封底

（翻译：和力民）

514-D-70-01

ze^{21} py^{21} · hɑ^{33} ʂʅ^{21} uɑ^{21} me^{55}

祭壬神仪式·献饭经①

---

① 说明：封面上面正中为白海螺，左右至图框两边为装饰飘带。图框内文字为：祭壬神仪式，献饭经。右上角有上下两个标签，上签写有 514，当为藏书编号；下签写有 D-70，估计是朱宝田编目分类编号。

514-D-70 祭壬神仪式·献饭经

【内容提要】

东巴教祭壬神仪式一般是祭祀主人家在家附近泉水边举行的仪式，主要是求家人生育繁衍和家中牲畜繁殖增长，尤其是为主人家中的牛、羊、马、猪、鸡等牲畜的发展而举行的祭仪。该仪式祭祀崇拜的神灵主要有三，即壬神、趣神和董神，其中，壬神和趣神主要是司牲畜的发展的神灵，董神则是最早的人类祖先神，传说董神生育了九个儿子，建立了九个村寨；董神生育了九个女儿，开辟了九个地方。董神是人类生育繁衍的神，仪式中祭司为主人向董神祈求家人生育和繁衍的福泽。

因为壬神和趣神属于自然神灵，又因为祭场在泉水边举行，因此，除了壬神、趣神和董神的祭坛外，通常还要在水塘边专门设立署神寨，祭祀署神。

祭壬神仪式的核心经典主要有两本，一本是献牲经，另一本是献饭经。这本经书就是给壬神、趣神和董神献饭时吟诵的经典。此经书依次记载了如下内容：

一、现在，主人这一家已经选好树木作祭木，已经选好石头作祭石了，已经给祭木施上血，已经给祭石献上粮了。

二、用蒿草、净水和夹着杜鹃枝的火把在献祭的食物上除秽。

三、给壬神、趣神和董神献饭。第一次给壬神献饭，第二次给趣神献饭，第三次把趣神的酒饭敬给壬神，第四次把壬神的酒饭献给趣神，第五次给董神献饭，第六次壬神把食物献给董神，第七次，趣神把食物献给董神，第八次用董神的酒饭献给董神。

四、从壬神、趣神、董神的神树上折福泽树枝给祭祀的主人家，为主人祈求生育和繁衍的福泽。

五、请求大神和头目祝福。

六、抵灾。祭司为主人抵住天上的恶神柯罗柯欣及其九兄弟放下来的各种疾病和灾祸，给恶神柯罗柯欣及其九兄弟施食。

七、送壬神、趣神和董神返回住地。祝愿主人一家人丁兴旺、六畜兴旺。

八、祭壬神仪式规程。

【英文提要】

Sacrificing Ritual of the God *ze*·The Scripture of Food Consecrating

The sacrificing ritual of the god *ze* in *to ba* religion is mainly indicate the host family holds a ritual along the spring steam, asks for posterity on both human and livestock, specially for cow, sheep, horse, hog and chicken. The gods of worshipping are *ze*, *tshy* and *du*, the first two of which take charge of posterity of livestock. As the earliest god of ancestor, the god *du* raised nine sons and set nine villages. He also raised nine daughters and set nine places. Because of these, the priest in the ritual, on behalf of the host family, prays to the god *du* for human posterity.

Since *ze* and *tshy* are the gods of nature, and the altar is set along the spring, there will erect the village of god *ʂv* along the pond specially to worship him.

There are two main scriptures of the sacrificing ritual, a livestock consecrating and a food consecrating respectively. The scripture is chanted in food consecrating to the three gods. It contents the following parts:

First, the host family has already selected the adequate lumber and stone for sacrificing. The family has dipped blood on the lumber and consecrate grain for the stone.

Second, armoise, pure water and torch with azalea branch are used to exorcising the filth on the consecrated food.

Third, consecrates the three gods with food in sequence as, consecrates food to *ze* consecrates food to *tshy*, exchanges the consecrates food between *tshy* and *ze*, consecrates food to du and exchanges the food among the three gods.

Fourth, the priest breaks branches from the tree of the three gods and bring to the host family for praying posterity and prosperity.

Fifth, the priest prays the Great God and Chief to bestow blessing.

Sixth, to exorcising disaster. The priest fends against the illness and disaster from demon *khua lo khua ɕi* and its nine brothers in the sky and offers them with food.

Seventh, the priest sends the three gods back to the sacred land. May the host family with posterity on human and livestocks.

Eighth, the regulation on sacrificing ritual for god *ze*.

514-D-70-02

o^{33}, ze^{21} ne^{21} tshy^{55}、ly^{55} gy̩^{33} du^{21}① hɑ^{33} i^{21}. ɑ^{33} so^{55} sɿ^{21} ly̩^{33} ɯ^{33} me^{33} mu^{33} mə^{33} dzi^{33}, ly̩^{33} gɯ^{33} ɯ^{33}
哦壬神 和 趣神　中间　董神 食物可口 刚才 生 石 好　的 牺牲 没有 献　石　间 好

me^{33} tɕə^{55} mə^{33} tshɿ^{55} sɿ^{33} ȵə^{13}. ｜ty̩^{33} tʂʅ^{21} nɑ^{21} le^{55} kæ^{21}, dɑ^{33} dʑi^{21} ky̩^{33} mə^{33} thy̩^{33}, ɯ^{33} dzər^{21} dzɿ^{21}
的 符号 没有 留　还　时　　分界地 黑　乌鸦　达吉河 上游没有 到　好　树　生长

me^{33} ɯ^{33} mə^{33} sɿ^{33}, ɯ^{33} ly̩^{33} dʑy^{33} me^{33} ɯ^{33} mə^{33} ly̩^{21}. ɑ^{21} i^{33} sɿ^{21} ly̩^{33} ɯ^{33} me^{33} mu^{33} dɯ^{21} dzi^{33}, ly̩^{33}
的　好　不 知道 好 石　有　的　好　不　抬　现在 生 石 好　的 牺牲　大　献 石

gɯ^{33} ɯ^{33} me^{33} tɕə^{55} dɯ^{21} tshɿ^{55}. dɑ^{33} dʑi^{21} ky̩^{33} lɑ^{33} thy̩^{33}, ɯ^{33} dzɿ^{21} me^{33} i^{33} ɯ^{33} le^{33} sɿ^{33}, ɯ^{33} dʑy^{33}
间　好　的 符号　大　留　达吉河 上游 已　到　好 生长　的 呢 好 又 知道 好 有

me^{33} i^{33} ɯ^{33} le^{33} ly̩^{21}. ｜dzɿ^{21} me^{33} sər^{33}, dʑy^{33} me^{33} ly̩^{33}, ｜tɯ^{33} me^{33} du^{21}, tɑ^{55} me^{33} se^{21}, ｜sər^{33}
的　呢 好 又 抬　　生长 的 树木 存在　的 石头　肇始 者 卢神 号令 者 沈神　树木

phər^{21} thy̩^{55}、sər^{33} kɑ^{33} tɕhi^{33}, sər^{33} dʐu^{33} ʐuɑ^{21}, sər^{33} khu^{33} ɯ^{33} me^{33} nɯ^{21} ne^{21} uɑ^{21} le^{33} thy̩^{33}. ｜ly̩^{33}
白　选出　木　迎请　　木　债　还　木　口　好　的　生育 和 繁衍又 出　　石

phər^{21} thy̩^{55}, ly̩^{33} kɑ^{33} tɕhi^{33}, ly̩^{33} dʐu^{33} ʐuɑ^{21}. ly̩^{33} khu^{33} ɯ^{33} me^{33} uɑ^{21} le^{33} zɑ^{21}. ｜i^{33} dɑ^{21} tʂhʅ^{33} dɯ^{33}
白　选出 石　迎请　石　债　还　石　口　好　的 繁衍 又 现　　主人　这　一

dʑi^{13}, tʂuɑ^{21} nɯ^{33} sər^{33} phər^{21} thy̩^{55} me^{33} uɑ^{33} le^{33} by^{33}; bɯ^{33} nɯ^{33} ly̩^{33} phər^{21} thy̩^{55} me^{33} kɑ^{33} le^{33}
家　男　来　木　白　选出 的 树干 又 粗　女　来 石　白　出　的 重量 又

dɯ^{21}. ｜ty̩^{21}tʂhʅ^{33} tɕhi^{33} me^{33} ŋy̩^{21} nɯ^{33} ŋy̩^{21}, phər^{33} dɯ^{21} ko^{55} ko^{33} gy̩^{33}. bu^{33} dɯ^{21} dzi^{33} me^{33} hæ^{21}
大　　立 所 邀请　的　银　来　镶　白　大　白净净 成为 靠　大 供养 的　金

nɯ^{33} ʂu^{33}, ʂʅ^{33} dɯ^{21} ze^{55} ze^{33} gy̩^{33}. ze^{21} py^{21} ʂæ^{33} nɯ^{33} dər^{33}, ze^{21} tshɿ^{21} nuɑ^{21} nɯ^{33} ny̩^{55}. py^{21} sər^{33}
用　嵌　黄 大　黄生生 成为 所 祭　血　来　涂着 所　立　绒毛　来 贴上 祭　木

---

① du^{21}，董神，美利董主之简称。其东巴文字应写为。但这本经典均写成卢神的字。使董神之字与卢神之字不分。原文不可改，笔者将在译释中加以区别。

tʂhʅ^{33} tshʅ^{55} ʂæ^{33} nɯ^{33} dər^{33} me^{33} phɑ^{33} mə^{33} phər^{21}, du^{21} lv̩^{33} tʂhʅ^{33} nər^{55} kuɑ^{55} nɯ^{33} o^{55} me^{33} kv̩^{33}
所 立 血 来 涂着 的 面 不 白 祭 石 所 压 祭粮 来 倒 的 面

mə^{33} hər^{21}. | du^{21} i^{33} khu^{33} ȵi^{55} dzʅ̩^{33} mə^{33} ʂə^{55}, se^{21} i^{33} lɑ^{21} ȵi^{55} khɯ^{21} mə^{33} bi^{21}.
不 绿 卢神 呢 口 空 事 不 评说 沈神 呢 手 空 线 不 搓

哦，位于左边的壬神、右边的趣神和中间的董神前面的这可口的食物已经准备好了。先前，自然的好石头还没有用牺牲祭献，好石头上面还没有留下祭祀的符号。在黑白分界地的黑乌鸦，没有到达达吉河上游，它不知道那里生长着好树木，它不会抬来那里的好石头。

现在，自然的好石头已经用大牺牲来祭献了，好石头上面已经留下很大的祭祀符号了。主人已经到达达吉河上游，已经知道那里生长着的好树木，已经从那里抬来好的石头。

生长着的树木，存在着的石头，肇始者是卢神，号令者是沈神。选出白色的好树木，迎请好的白色树木，偿还树木的债，好祭木开始说出生育和繁衍的吉祥话语。选出白色的好石头，迎请好的白色石头，偿还石头的债，好石头开始呈现出繁衍的福泽兆头。

主人这一家，男子选出白色的树木树干多么粗壮；女子选出白色的石头重量多么沉重。把邀请来的所立祭木镶上白银，祭木成为白净净的银树了。把供养着的所立神石嵌上黄金，祭石成为黄生生的神石了。所立的祭木涂上了血，所立的神石贴了绒毛。所有立着的祭木都涂上了祭血后，祭木的表面不再是白的了。所压的祭石都倒上了祭粮后，祭石的表面不再是绿的了。卢神是不会空口去评说事端的，沈神是不会空手去搓线绳的。

514-D-70-03

uæ^{33} lɑ^{21} phu^{55} gə^{33} ze^{21}. i^{21} lɑ^{21} phu^{55} gə^{33} tshy^{55}、ly^{55} gv̩^{33} du^{21} hɑ^{33} i^{21}, | mə^{33} ly^{21} bɯ^{33}
左 手 边 的 壬神 右 手 边 的 趣神 中间 董神 食物 可口 没有 除秽 要是

me^{33} thɯ^{21} lo^{33} khu^{33} ȵi^{55} kv̩^{55}, | mə^{33} ly^{21} bɯ^{33} me^{33} dzʅ^{33} lo^{33} khu^{33} khɑ^{33} kv̩^{55}. | gv̩^{33} zʅ̩^{33} dzʅ^{21}
的 饮 事 口 空 会 没有除秽要是 的 吃 事 言 恶 会 九 路 交汇

gə^{33} pɯ^{33} ʂu^{21} pɯ^{33} nɯ^{33} ly^{21}, | gv̩^{33} hɑ^{21} nɑ^{21} gə^{33} ʥi^{21} ʂu^{21} ʥi^{21} nɯ^{33} ly^{21}. æ^{21} lɑ^{33} so^{33} ʂuɑ^{21} kv̩^{33},
的 蒿草 净 蒿草 用来 除秽 九 条 大 的 水 净 水 用 除秽 崖 也 高 高 处

æ²¹ khɯ³³ mə³³ tʂhər³³ ʥi³³ ʂu²¹ ʥi²¹ hɑ⁵⁵ me³³ nɯ³³ ly²¹. | pɯ³³ dzʅ²¹ luɑ³³ ʂə⁵⁵ ko²¹, by̩³³ nɯ³³
崖 脚 不 腐 水 净 水 流出 的 用 除秽 蒿草 生长 栾寿郭 绵羊 来

mə³³ guə³³ pɯ³³ ʂu²¹ pɯ³³ hɑ⁵⁵ me³³ nɯ³³ ly²¹. lo³³ do³³ phər²¹ ʥy²¹ ky̩³³, dzər²¹ mə³³ y²¹ nɯ³³
没有牧放 蒿草 净 蒿草剩下 的 用 除秽 巍巍 白 山 上 树木 没有生长 就

mu¹³ sʅ⁵⁵ y²¹, dzər²¹ y²¹ mu²¹ nɯ³³ tʂhu²¹, mu²¹ tshe⁵⁵ pɑ²¹ nɯ³³ ly²¹. dzi³³ ʥə²¹ lɑ³³ lər³³ dy²¹,
杜鹃 先 生长 树木 生长杜鹃 为 先 杜鹃 叶 宽 用 除秽 人 有 辽阔 地

zə̩²¹ mə³³ hər²¹ nɯ³³ pɯ³³ sʅ⁵⁵ hər²¹, zə̩²¹ hər²¹ pɯ³³ nɯ³³ tʂhu²¹, pɯ⁵⁵ khɯ³³ phər²¹ nɯ³³ ly²¹. |
草 没有 绿 就 蒿草 先 绿 草 绿 蒿草 为 先 蒿草 根须 白 用 除秽

gə²¹ i³³ uæ³³ lɑ²¹ phu⁵⁵ gə³³ ze²¹、i²¹ lɑ²¹ phu⁵⁵ gə³³ tshy⁵⁵、ly⁵⁵ gy̩³³ du²¹ gə³³ py²¹ sər³³ tshʅ⁵⁵、du²¹
上 的 左 手 边 的 壬神 右 手 边 的 趣神 中间 董神 的 祭 木 立 卢神

ly̩³³ nər⁵⁵ lɑ³³ ly²¹, du²¹ zʅ̩³³ du²¹ ʂʅ̩³³ du²¹ hɑ³³ i²¹ lɑ³³ ly²¹, | bu³³ nɑ²¹ lu⁵⁵ khɯ³³ phər²¹ gə³³
石 压 也 除秽 董神酒 董神肉 董神食物 可口 也 除秽 猪 黑 四 脚 白 的

ky̩³³ ky̩³³ fy̩⁵⁵、ho²¹ khɯ³³ bɯ²¹、tʂər⁵⁵ ʂʅ̩³³ dzʅ²¹、ho²¹ ʂʅ̩³³ kə⁵⁵, mæ³³ gy̩³³ py⁵⁵ ly³³ ly²¹, ʂʅ̩³³ tshər²¹
头 脑浆 肋 骨肉 骨节 肉 坨子 肋 肉 肋条 尾巴处 尾巴子 除秽肉 捞

lo³³、ʂʅ̩³³ dɑ⁵⁵ tər²¹ lɑ³³ ly²¹, lɑ³³ khɑ³³ phər²¹、ɯ³³ ty̩⁵⁵ dy²¹ lɑ³³ ly²¹.
木盆 肉 砍 砧子 也 除秽 白杨 白 鸡 献 杆 也 除秽

左手边的壬神、右手边的趣神、居于中间的董神的可口的饭菜，要是没有除秽的话，神灵就会空口不饮；要是没有除秽的话，神灵就会生气不吃。用九条路交汇处的净蒿草来除秽，用九条大河水中的净水来洗秽，用高高山崖下流动不腐的净水来洗秽。生长着蒿草的栾寿郭，用那里没有放牧过绵羊的地方的净蒿草来除秽。巍巍的白色高山上，其他的树木还没有生长时杜鹃树就最先生长了，树木生长以杜鹃树木为最先，用宽叶的杜鹃枝叶来除秽。在有人类的辽阔大地上，其他的草还没有发绿时蒿草就最先发绿了，草儿发绿以蒿草为最先，用白根须的蒿草枝来除秽。给立在神坛上方的左手边的壬神、右手边的趣神、中间的董神的祭木和卢神石除秽，在祭供在上方的酒、肉、饭上除秽，在四脚白的黑猪的脑浆、肋骨肉、骨节肉坨子、肋条、猪尾巴上除秽，在盛肉的木盆、砍肉的砧板上除秽，在献鸡的白杨木杆上除秽。

514-D-70-04

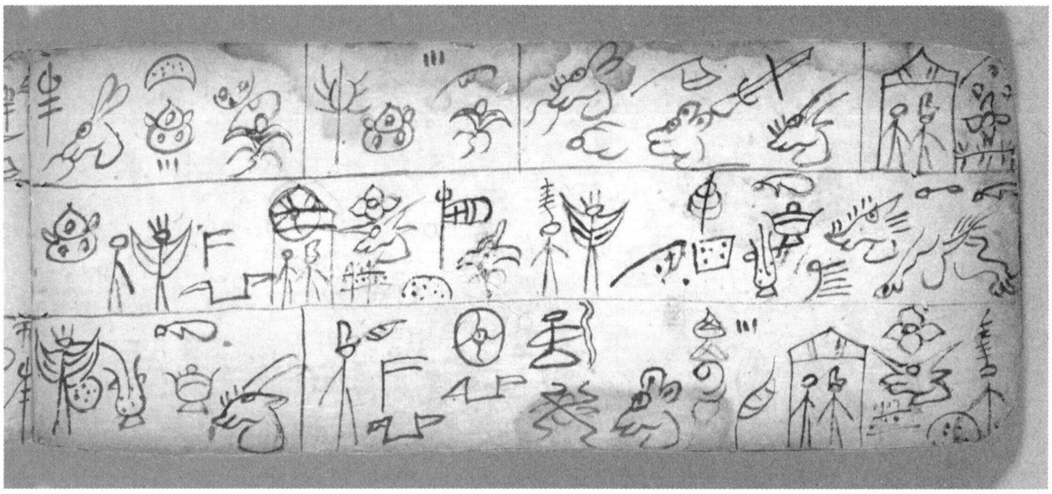

ly^{21} le^{33} o^{33} ɯ^{33} sɿ^{33} sy^{21} dv̩^{21} mə^{33} i^{33}; | ly^{21} le^{33} dze^{33} ɯ^{33} sɿ^{33} sy^{21} dv̩^{21} mə^{33} i^{33}. | ly^{21} le^{33}
除秽又 东西 好 三 样 毒 没 有 除秽 又 粮食 好 三 样 毒 没 有 除秽 又

gɯ^{33} gɯ^{21} ʂu^{55} ʂu^{33} gv̩^{33} gv̩^{21} da^{55} da^{33} se^{21}. | i^{33} da^{21} tʂhʅ^{33} dɯ^{33} dʑi^{21}, mɯ^{33} la^{33} kɯ^{33} dzɿ^{21} ɯ^{33}
洁净 卫生 干干 净净 了 主人 这 一 家 天 也 星 出 好

tʂhʅ^{33} ȵi^{33}, dy^{21} la^{33} ʐə^{21} y^{21} hər^{21} tʂhʅ^{33} ȵi^{33}. uæ^{33} la^{21} phu^{55} gə^{33} ze^{21} py^{21} ɯ^{33} me^{33} ze^{21} sɿ^{55} thv̩^{33}.
今天 地 也 草生长 绿 今天 左 手 边 的 壬神 祭 好 的 壬神 先 到

æ^{21} ʂua^{21} æ^{21} sər^{33} gv̩^{33} tər^{55}、æ^{21} lv̩^{33} gv̩^{55} lv̩^{33}、dʑi^{33} tshe^{55} gv̩^{33} ha^{21} khɯ^{33} nɯ^{33} thv̩^{33} me^{33} ze^{21},
崖 高 崖 树木 九 棵 崖 石 九 颗 溪水 九 条 旁 自 出 的 壬神

mɯ^{55} tshe^{21} gv̩^{33} u^{21} la^{33} kha^{33} gv̩^{55} bi^{33} khɯ^{33} nɯ^{33} thv̩^{33} me^{33} ze^{21}. i^{33} da^{21} tʂhʅ^{33} dɯ^{33} dʑi^{13}, nɯ^{21}
竹子 九 蓬 白杨 九 丛 旁 自 出 的 壬神 主人 这 一 家 生育

iə^{55} ua^{21} iə^{55}. hɯ^{21} iə^{55} dʐæ^{33} iə^{55} me^{33}, ga^{33} iə^{55} zi^{33} iə^{55}、dæ^{21} iə^{55} tʂhu^{21} iə^{55} me^{33}, zɿ^{33} ʂər^{21} ha^{55} i^{33},
给繁衍 给 富足 给 富余 给 的 胜利 给美丽给 贤能 给 快捷 给 的 寿 长 年 延

khv̩^{55} me^{55} khv̩^{55} iə^{55}、zɿ^{33} me^{55} zɿ^{33} iə^{55} me^{33}, uæ^{33} la^{21} phu^{55} gə^{33} ze^{21} nɯ^{33} be^{33} iə^{55} mu^{33}. ze^{21} py^{21}
年岁 求 年岁 给 寿岁 求 寿岁给 的 左 手 边 的 壬神 来 做 给 的 壬神祭祀

ze^{21} ɕy^{55} ʂv̩^{33} tshɿ^{21} gə^{33} tʂhʅ^{33} dɯ^{33} ȵi^{33}, ze^{21} ʐʅ^{33} ze^{21} ha^{33} i^{21}, ze^{13} gə^{33} ze^{21} bu^{21} me^{33} gə^{33}, kv̩^{33}
壬神 供养 来 的 这 一 天 壬神 酒 壬神食物 可口壬神的壬神 母猪 的 头

kv̩^{33} fv̩^{55}、ho^{21} khɯ^{33} bɯ^{21}、tʂər^{55} ʂʅ^{33} dzɿ^{21}、ho^{21} ʂʅ^{33} kə^{55}、mæ^{33} gv̩^{33} py^{55} lv̩^{33} nɯ^{33}, ze^{21} ha^{33}
脑浆 肋 骨肉 骨节 肉 坨子 肋 肉 肋条 尾巴 尾巴子 用 壬神 食物

i^{21} nɯ^{33} ze^{21} le^{33} ʂʅ^{21}, ze^{21} ʐʅ^{33} tɕhi^{21} nɯ^{33} ze^{21} le^{33} ʂʅ^{21}. ze^{21} khu^{33} ɯ^{33} me^{33} ʐʅ^{33} nɯ^{33} ʂv̩^{55}, ze^{21}
可口 用 壬神又 献 壬神 酒 甜 用 壬神 又 献 壬神 口 好 的 酒 用 敬 壬神

khu^{33} ɯ^{33} me^{33} hɑ^{33} nɯ^{33} du^{33}. dʐʅ^{33} le^{33} ze^{21} gɯ^{33}、thɯ^{21} le^{33} ze^{21} kɑ^{21} se^{21}. | thɯ^{33} gu^{21} i^{21} lɑ^{21}
口 好 的 食物 用 供 吃 又 壬神 饱 饮 又 壬神 醉 了 此后 右 手

phu^{55} gə^{33} tshy^{55} py^{21} tshy^{55} thv̩^{33} tshʅ^{21}. æ^{33} ʂuɑ^{21} kv̩^{33} gə^{33} æ^{21}dʑy^{21} gv̩^{33} dʑy^{21}、æ^{21} sər^{33} gv̩^{33} tər^{55}、
边 的 趣神 祭祀 趣神 到 来 崖 高 上 的 崖 山 九 座 崖 树 九 棵

æ^{21} lv̩^{33} gv̩^{55} lv̩^{33}、dʑi^{33} tshe^{55} gv̩^{33} hɑ^{21} khɯ^{33} nɯ^{33} thv̩^{33} me^{33} tshy^{55}, mɯ^{55} tshe^{21} gv̩^{33} u^{21}、lɑ^{33} khɑ^{33}
崖 石 九 颗 溪水 九 条 旁 自 出 的 趣神 竹子 九 蓬 白杨

gv̩^{55} bi^{33} khɯ^{33} nɯ^{33} thv̩^{33} me^{33} tshy^{55}, ȵi^{33} me^{33} thv̩^{33} gə^{33} dv̩^{33} phər^{21} dʑy^{21} ʂuɑ^{21} æ^{21} ʂuɑ^{21} kv̩^{33}
九 丛 旁 自 出 的 趣神 东方 的 海螺 白 山 高 崖 高 上

nɯ^{33} thv̩^{33} me^{33} tshy^{55}, hæ^{21} i^{33} bi^{21} nɯ^{33} thv̩^{33} me^{33} tshy^{55}, hæ^{21} dʑə^{21} lɑ^{33} tshy^{55} ko^{21} nɯ^{33} thv̩^{33} me^{33}
自 出 的 趣神 金沙江 自 出 的 趣神 韩久拉趣郭 自 出 的

tshy^{55}, gv̩^{33} ʂv̩^{33} ko^{21} nɯ^{33} thv̩^{33} me^{33} tshy^{55}, lɯ^{33} mɯ^{33} sɑ^{33} sʅ^{21} khɑ^{33} nɯ^{33} thv̩^{33} me^{33} tshy^{55}. i^{33} dɑ^{21}
趣神 股苏郭 自 出 的 趣神 里美莎斯考 自 出 的 趣神 主人

tʂhʅ^{33} dɯ^{33} dʑi^{13}, nɯ^{21} iə^{55} uɑ^{21} iə^{55}、hɯ^{21} iə^{55} dʐæ^{33} iə^{55} me^{33}, zʅ^{33} ʂər^{21} hɑ^{55} i^{21}. khv̩^{55} iə^{55} zʅ^{33} iə^{55}、
这 一 家 生育 给 繁衍 给 富足 给 富余 给 的 寿 长 年 延 年岁 给 寿岁 给

dæ^{21} iə^{55} tʂhu^{21} iə^{55} me^{33},
贤能 给 快捷 给 的

除秽了以后，三样的好东西都没有毒了；除秽了以后，三样好粮食都没有毒了。除秽了以后，洁净卫生了、干干净净了。

主人这一家，天上出来的星星今天好，地上生长的青草今天绿。左手边所要祭祀的好壬神，壬神先到达。出自于高崖下九棵树木、九颗崖石、九条溪水旁的壬神，出自于九蓬竹子、九丛白杨旁的壬神。主人这一家，得以生育和繁衍、富足和富裕、胜利和美丽、贤能和快捷、延年益寿，求年岁得年岁、求寿岁得寿岁，都是左手边的壬神来赐给福泽的结果。主人祭祀壬神和供养壬神的这一天，用供养在壬神面前的可口的食物来祭献壬神，用祭祀壬神的母猪的脑浆、肋骨、骨节肉坨子、肋条、尾巴来给壬神献食，用可口的食物给壬神献食，用甜甜的酒给壬神献食，用美酒敬献壬神，用美食敬献壬神，让壬神吃得饱了，让壬神喝得醉了。

此后到了右手边要祭祀的趣神。出自高崖下的九座崖山、九棵树木、九颗石头、九条溪水旁的趣神，出自于九蓬竹子、九丛白杨旁的趣神，出自于东方白色高山高崖上的趣神，出自于金沙江里的趣神，出自于韩久拉趣郭的趣神，出自于股苏郭的趣神，出自于里美莎斯考的趣神。主人这一家，得以生育和繁衍、富足和富余，要延年益寿，得到年岁和寿岁、贤能和快捷，

514-D-70-05

gɑ^{33} iə^{55} zi^{33} iə^{55} me^{33}, i^{33} lɑ^{21} phu^{55} gə^{33} tshy^{55} nɯ^{33} be^{33} iə^{55} mu^{33}. tshy^{55} py^{21} tshy^{55} ɕy^{55} ʂv̩^{33}
胜利 给 美丽 给 的 右 手 边 的 趣神 来 做 给 的 趣神 祭祀 趣神 供养

tshɿ^{21} gə^{33} tʂʅ^{33} dɯ^{33} ȵi^{33}, tshy^{55} ʐʅ^{33} tshy^{55} hɑ^{33} i^{21}, tshy^{55} py^{21} tshy^{55} bu^{21} me^{33}, kv̩^{33} kv̩^{33} fv̩^{55}、
来 的 这 一 天 趣神 酒 趣神 食物可口趣神 祭祀趣神 母猪 头 脑浆

ho^{21} khɯ^{33} bɯ^{21}、tʂər^{55} ʂʅ^{33} dzɿ^{21}、ho^{21} ʂʅ^{33} kə^{55}、mæ^{33} gv̩^{33} py^{55} ly^{33} nɯ^{33}, tshy^{55} hɑ^{33} i^{21} nɯ^{33}
肋 骨肉 骨节 肉 坨子 肋 肉 肋条 尾巴 尾巴子 趣神 食物 可口 用

tshy^{55} le^{33} ʂʅ^{21}, tshy^{55} ʐʅ^{33} tɕhi^{21} nɯ^{33} tshy^{55} le^{33} ʂʅ^{21}, tshy^{55} khu^{33} ɯ^{33} me^{33} ʐʅ^{33} nɯ^{33} ʂv̩^{55}, tshy^{55} khu^{33}
趣神 又 献 趣神 酒 甜 用 趣神 又 献 趣神 口 好 的 酒 来 敬 趣神 口

ɯ^{33} me^{33} hɑ^{33} nɯ^{33} du^{33}. dzɿ^{33} le^{33} tshy^{55} gɯ^{33}、thɯ^{21} le^{33} tshy^{55} kɑ^{21} se^{21}, tshy^{55} khu^{33} ɯ^{33} me^{33} nɯ^{21}
好 的 食物 来 供 吃 又 趣神 饱 饮 又 趣神 醉 了 趣神 口 好 的 吉祥

le^{33} thv̩^{33}, tshy^{55} khu^{33} ɯ^{33} me^{33} uɑ^{21} le^{33} zɑ^{21}, tshy^{55} py^{21} tshy^{55} ɕy^{55} ʂv̩^{33} me^{33} do^{33} be^{33} do^{33} gv̩^{33}
又 出现 趣神 口 好 的福泽 又 呈现 趣神 祭 趣神 供养 的 所 做 所 好

se^{21}. | ze^{21} ne^{21} tshy^{55} ȵi^{33} kv̩^{55}, mə^{33} dze^{21} hɑ^{33} mə^{33} dzɿ^{33}, mə^{33} dʐv̩^{33} ʐʅ^{33} mə^{33} dʑi^{33}. | uæ^{33} lɑ^{21}
了 壬神 和 趣神 两 位 不 关照 食物 不 吃 不 结伴 路 不 走 左 手

phu^{55} gə^{33} ze^{21}、i^{21} lɑ^{21} phu^{55} gə^{33} tshy^{55} ȵi^{33} kv̩^{55}, dze^{33} dze^{21} hɑ^{33} dzɿ^{33} i^{21}, thy^{55} thy^{33} dʑi^{33} mu^{21}
边 的 壬神 右 手 边 的 趣神 两 个 相互关照 食物 吃 可口 相互依偎 被 盖

ly^{21}①; o^{33} dʑy^{33} dɯ^{33} ȵi^{33} le^{33} iə^{55} iə^{33}, dze^{33} dʑy^{33} dɯ^{33} ȵi^{33} le^{33} ʐæ^{55} ʐæ^{33}. | tshy^{55} ʐʅ^{33} tshy^{55} hɑ^{33}
暖 东西 有 一 天 又 互赠 粮食 有 一 天 又 互送 趣神 酒 趣神 食物

i^{21} nɯ^{33} ze^{21} le^{33} kə^{55}, kv̩^{33} kv̩^{33} fv̩^{55}、ho^{21} khɯ^{33} bɯ^{21}、tʂər^{55} ʂʅ^{33} dzɿ^{21}、ho^{21} ʂʅ^{33} kə^{55}、mæ^{33} gv̩^{33}
可口用 壬神又 敬 头 脑浆 肋 骨肉 骨节 肉 坨子 肋 肉 肋条 尾巴

py^{55} ly^{33} nɯ^{33}, tshy^{55} hɑ^{33} i^{21} nɯ^{33} ze^{21} le^{33} kə^{55}、tshy^{55} ʐʅ^{33} tɕhi^{21} nɯ^{33} ze^{21} le^{33} kə^{55}, dzɿ^{33} le^{33} ze^{21}
尾巴子 用 趣食 物可口 用 壬神又 敬 趣神 酒 甜 用 壬神 又 敬 吃 又 壬神

① 此句表明壬神和趣神的关系是两性夫妻关系。壬神为男神，趣神为女神。

gɯ^{33}、thɯ^{21} le^{33} ze^{21} kɑ^{21} se^{21}. ze^{21} khu^{33} ɯ^{33} me^{33} nɯ^{21} le^{33} thy̩^{33}, ze^{21} khu^{33} ɯ^{33} me^{33} uɑ^{21} le^{33}
饱 饮 又 壬神 醉 了 壬神 口 好 的 吉祥 又 出现 壬神 口 好 的 福泽 又

zɑ^{21}. | ze^{21} ne^{21} tshy^{55} ȵi^{33} ky̩^{55}, dze^{33} dze^{21} hɑ^{33} dzʅ^{33} i^{21}, thy^{55} thy^{33} ʥi^{33} mu^{21} ly̩^{21}, o^{33} ʥy^{33}
呈现 壬神 和 趣神 两 个 相互关照 食物 吃 可口 相互依偎 坡 盖 暖 东西 有

dɯ^{33} ȵi^{33} le^{33} iə^{55} iə^{33}, dze^{33} ʥy^{33} dɯ^{33} ȵi^{33} le^{33} ʐæ^{55} ʐæ^{33}. | gə^{21} i^{33} uæ^{33} lɑ^{21} phu^{55} gə^{33} ze^{21} ʐʅ^{33}
一 天 又 互赠 粮食 有 一 天 又 互给 上 的 左 手 边 的 壬神 酒

ze^{21} hɑ^{33} i^{21} nɯ^{33} tshy^{55} le^{33} kə^{55}, ze^{21} bu^{21} me^{33} gə^{33} ky̩^{33} ky̩^{33} fy̩^{55}、ho^{21} khɯ^{33} bɯ^{21}、tʂər^{55} ʂʅ^{33}
壬神食物 可口 用 趣神 又 敬 壬神 母猪 的 头 脑浆 肋 骨肉 骨节 肉

dzʅ^{21}、ho^{21} ʂʅ^{33} kə^{55}、mæ^{33} gy̩^{33} py^{55} ly^{33} nɯ^{33}, ze^{21} hɑ^{33} i^{21} nɯ^{33} tshy^{55} le^{33} kə^{55}, ze^{21} ʐʅ^{33} ʨhi^{21}
坨子 肋 肉 肋条 尾巴 尾巴子 用 壬神 食物 可口 用 趣神 又 敬 壬神 酒 甜

nɯ^{33} tshy^{55} le^{33} kə^{55}, dzʅ^{33} le^{33} tshy^{55} gɯ^{33}、thɯ^{21} le^{33} tshy^{55} kɑ^{21} se^{21}. tshy^{55} khu^{33} ɯ^{33} me^{33} nɯ^{21} le^{33}
用 趣神 又 敬 吃 又 趣神 饱 饮 又 趣神 醉 了 趣神 口 好 的 吉祥 又

thy̩^{33}, tshy^{55} khu^{33} ɯ^{33} me^{33} uɑ^{21} le^{33} zɑ^{21}. | uæ^{33} lɑ^{21} phu^{55} gə^{33} ze^{21}、i^{21} lɑ^{21} phu^{55} gə^{33} tshy^{55} thy̩^{33}
出现 趣神 口 好 的 福泽 又 呈现 左 手 边 的 壬神 右手 边 的 趣神 出来

hɯ^{33} me^{33}, ly^{55} gy̩^{33} du^{21} thy̩^{33} tshʅ^{21}. du^{21} i^{33} ȵi^{33} dzʅ^{33} kɑ^{55} gə^{33} mu^{55} be^{33} tshʅ^{21}. | mɯ^{33} gə^{33} mu^{55}
过 的 中间 董神 到 来 董神呢 两 头目 间 的 长老 做 来 天神 的 祭物

dze^{33} uɑ^{21} le^{33} iə^{55}, dy^{21} gə^{33} mu^{55} dze^{33} hæ^{21} le^{33} iə^{55}, du^{21} gə^{33} mu^{55} dze^{33} gu^{33} phər^{21} iə^{55}, | se^{21}
松石 又 献上 地神 的 祭物 黄金 又 献上 卢神 的 祭物 马 白 献给 沈神

gə^{33} mu^{55} dze^{33} le^{55} nɑ^{21} iə^{55}, du^{21} gə^{33} mu^{55} dze^{33} sʅ^{33} phər^{21} tʂhuɑ^{33} phər^{21}. the^{33} phər^{21} tʂhər^{33}
的 祭物 牛 黑 献给 董神 的 祭物 羊毛 白 米 白 布 白 药水

phər^{21} khuɑ^{55} phər^{21} be^{33} le^{33} iə^{55}. ze^{21} ne^{21} tshy^{55}、ly^{55} gy̩^{33} du^{21} py^{21} du^{21} ʂu^{55} ȵə^{13}, nɯ^{21} zo^{33} gy̩^{33}
白 碗 白 供 又 献 壬神 和 趣神 中间 董神 祭 董神 拜 时 生育 男儿九

ky̩^{55} ʂy̩^{33} gə^{33} du^{21}, uɑ^{21} mi^{55} gy̩^{33} ky̩^{55} ʂy̩^{33} me^{33} du^{21}. | i^{33} dɑ^{21} tʂhʅ^{33} dɯ^{33} ʥi^{13}, nɯ^{21} iə^{55} uɑ^{21} iə^{55}.
个 生育 的 董神 繁衍女儿九 个 生育 的 董神 主人 这 一 家 生育 给 繁衍给

胜利和美丽，都是右手边的趣神所为。主人来祭祀趣神和供养趣神的这一天，用供放在趣神树前的酒和食物，用祭祀趣神的母猪的脑浆、肋骨肉、骨节肉坨子、肋条和尾巴，用食物敬献趣神，用甜酒敬献趣神，用美酒敬献趣神，用美食敬献趣神，让趣神吃饱了，让趣神喝醉了。趣神的好口说出吉祥的话语，趣神的好口流露出福泽的兆头。祭祀和供养趣神中，所做言行都呈现出好的现象了。

壬神和趣神两位大神，相互不关照就不想吃食，相互不结伴就不想上路。左手边的壬神和右手边的趣神他们这两位，相互关照着吃饭，吃得就可口，相互依偎着睡觉，被盖就暖和，有东西的这一天，相互又赠送，有食物的这一天，相互又敬送。用趣神的美酒和美食敬壬神，用猪的脑浆、肋骨肉、骨节肉坨子、肋条、尾巴，用趣神的美食敬壬神，用趣神的甜酒敬壬神，让壬神吃饱了，让壬神喝醉了。壬神的好口说出吉祥的话语，壬神的好口流露出福泽的兆头了。

壬神和趣神两位大神，相互关照着吃饭，吃得就可口，相互依偎着睡觉，被盖就暖和。有东西的这一天，相互又赠送；有食物的这一天，相互又敬送。用神座上方左手边的壬神的美酒和美食敬趣神，用猪的脑浆、肋骨肉、骨节肉坨子、肋条、尾巴，用壬神的美食敬趣神，用壬神的甜酒敬趣神，让趣神吃饱了，让趣神喝醉了。趣神的好口说出吉祥的话语，趣神的好口流露出福泽的兆头了。

给左手边的壬神和右手边的趣神献饭之后，就到中间的董神了。董神呢，是来做两个头目之间的和事长老的。天神的祭物要献上绿松石，地神的祭物要献上黄金，卢神的祭物要献上白马，沈神的祭物要献上黑牛，董神的祭物就献上白羊毛、白米、白布、白药水、白碗作为供品。

在祭拜壬神和趣神中间的董神这个时候，这是生育了九个能生育的男儿的董神，这是繁衍了九个能繁衍的女儿的董神。主人这一家，得以生育和繁衍、

514-D-70-06

hɯ^{21} iə^{55} dʐæ^{33} iə^{55}、dæ^{21} iə^{55} tʂhu^{21} iə^{55}、gɑ^{33} iə^{55} zi^{33} iə^{55}、zɿ^{33} ʂər^{21} hɑ^{55} i^{33}、khy̩^{55} iə^{55} zɿ^{33} iə^{55}
富足给　富余 给　贤能 给 快捷 给 胜利 给 美丽给　寿 长　年延　年岁 给 寿岁给

me^{33}, ly^{55} gy̩^{33} du^{21} nɯ^{33} be^{33} iə^{55} mu^{33}. ze^{21} ne^{21} tshy^{55}, ly^{55} gy̩^{33} du^{21} py^{21} du^{21} ɕy^{55} ʂy̩^{33} tshɿ^{21} gə^{33}
的　中间　董神 来　做　给　的 壬神 和 趣神　中间 董神 祭 董神　供奉　来 的

tʂhʅ^{33} dɯ^{33} ȵi^{33}, mu^{21} tshe^{55} pɑ^{21} nɯ^{33}, ky̩^{33} ky̩^{33} fy̩^{55}、ho^{21} khɯ^{33} bɯ^{21}、 tʂər^{55} ʂʅ^{33} dzɿ^{21}、ho^{21} ʂʅ^{33}
这　一　天　杜鹃　叶　宽　用　头　脑浆　肋　骨肉　骨节 肉 坨子　肋 肉

kə^{55}、mæ^{33} gy̩^{33} py^{55} ly^{33} du^{21} le^{33} ʂʅ^{21}. du^{21} ʐʅ^{33} tɕhi^{21} nɯ^{33} du^{21} le^{33} ʂʅ^{21}, du^{21} hɑ^{33} i^{21} nɯ^{33} du^{21} le^{33}
肋条 尾　上　尾巴 董神又 祭献 董神酒　甜　用 董神　又 献 董神 饭可口 用 董神 又

ʂʅ^{21}. | mu^{21} tshe^{55} pɑ^{21} nɯ^{33} du^{21} æ^{21} phər^{21} i^{33} du^{21} le^{33} ʂʅ^{21}. mu^{21} tshe^{55} pɑ^{21} nɯ^{33} du^{21} khu^{33} ɯ^{33}
献　杜鹃　叶　宽　用 董神　公鸡　的 董神又　献 杜鹃　叶　宽　用 董神　口　好

me^{33} ʐʅ^{33} nɯ^{33} ʂv̩^{55}, du^{21} khu^{33} ɯ^{33} me^{33} hɑ^{33} nɯ^{33} du^{33}, dzɿ^{33} le^{33} du^{21} gɯ^{33}、thɯ^{21} le^{33} du^{21} kɑ^{21}
的 酒 来 敬 董神 口 好 的 饭 来 供 吃 又 董神 饱 饮 又 董神 醉

se^{21}. | gə^{21} i^{33} uæ^{33} lɑ^{21} pu^{55} gə^{33} ze^{21}、mɯ^{21} i^{33} i^{21} lɑ^{21} phu^{55} gə^{33} tshy^{55}, ŋv̩^{21} dʑy^{33} ŋv̩^{21} nɯ^{33} lɑ^{33}
了 上面 的 左 手 边 的 壬神 下面 的右 手 边 的 趣 银 有 银 用 也

mə^{33} tv̩^{55}, hæ^{21} dʑy^{33} hæ^{21} nɯ^{33} lɑ^{33} mə^{33} tv̩^{55}. du^{21} ʐʅ^{33} tɕhi^{21} nɯ^{33} du^{21} le^{33} tv̩^{55}, du^{21} hɑ^{33} i^{21}
不 敬 金 有 金 用 也 不 献给董神 酒 甜 用 董神 又 献给 董神 饭 可口

nɯ^{33} du^{21} le^{33} tv̩^{55}. tʂhər^{21} dʑi^{33} dʑi^{33}、nɑ^{55} dər^{33} dər^{33} nɯ^{33} du^{21} tɕər^{21} dɯ^{33} ɯ^{33} gə^{21} le^{33} tv̩^{55}. gə^{21}
用 董神 又 献给 肥肉 油油 瘦肉 净净 用 董神 上 一 好 上 又 献给 上面

i^{33} uæ^{33} lɑ^{21} phu^{55} gə^{33} ze^{21} ʐʅ^{33} tɕhi^{21} nɯ^{33} du^{21} tɕər^{21} tv̩^{55}, ze^{21} hɑ^{33} i^{21} nɯ^{33} du^{21} tɕər^{21} tv̩^{55}. mɯ^{21}
的 左 手 边 的壬神 酒 甜 用 董神 上 献给壬神 饭 可口 用 董神 上 献给 下面

i^{33} i^{21} lɑ^{21} phu^{55} gə^{33} tshy^{55} ʐʅ^{33} tɕhi^{21} nɯ^{33} du^{21} tɕər^{21} tv̩^{55}, tshy^{55} hɑ^{33} i^{21} nɯ^{33} du^{21} tɕər^{21} tv̩^{55}.
的 右 手 边 的 趣神 酒 甜 用 董神 上 献给 趣神 饭 可口 用 董神 上 献给

ly^{55} gv̩^{33} du^{21} ʐʅ^{33} tɕhi^{21} nɯ^{33} du^{21} le^{33} tv̩^{55}. du^{21} hɑ^{33} i^{21} nɯ^{33} du^{21} le^{33} tv̩^{55}. gə^{21} i^{33} uæ^{33} lɑ^{21}
中间 董神 酒 甜 用 董神 又 献给 董神 饭 可口 用 董神又 献给上面 的 左 手

phu^{55} gə^{33} ze^{21}, dzɿ^{33} le^{33} ze^{21} gɯ^{33}、thɯ^{21} le^{33} ze^{21} kɑ^{21} se^{21}. ze^{21} khu^{33} ɯ^{33} me^{33} nɯ^{21} le^{33} thv̩^{33},
边 的 壬神 吃 又 壬神 饱 饮 又 壬神 醉 了 壬神 口 好 的 吉祥 又 说出

ze^{21} khu^{33} ɯ^{33} me^{33} uɑ^{21} le^{33} zɑ^{21}. mɯ^{21} i^{33} i^{21} lɑ^{21} phu^{55} gə^{33} tshy^{55}, dzɿ^{33} le^{33} tshy^{55} gɯ^{33}、thɯ^{21}
壬神 口 好 的 福泽 又呈现 下面 的 右 手 边 的 趣神 吃 又 趣神 饱 饮

le^{33} tshy^{55} kɑ^{21} se^{21}. tshy^{55} khu^{33} ɯ^{33} me^{33} nɯ^{21} le^{33} thv̩^{33}, tshy^{55} khu^{33} ɯ^{33} me^{33} uɑ^{21} le^{33} zɑ^{21}. |
又 趣神 醉 了 趣神 口 好 的 吉祥 又 说出 趣神 口 好 的 福泽 又 呈现

ly^{55} gv̩^{33} du^{21} lɑ^{33} dzɿ^{33} le^{33} du^{21} gɯ^{33}、thɯ^{21} le^{33} du^{21} kɑ^{21} se^{21}. du^{21} khu^{33} ɯ^{33} me^{33} nɯ^{21} le^{33} thv̩^{33},
中间 董神 也 吃 又 董神 饱 饮 又 董神 醉 了 董神 口 好 的 吉祥 又 说出

du^{21} khu^{33} ɯ^{33} me^{33} uɑ^{21} le^{33} zɑ^{21}. | i^{33} dɑ^{21} tʂhʅ^{33} dɯ^{33} dʑi^{13}, gə^{21} i^{33} uæ^{33} lɑ^{21} phu^{55} gə^{33} ze^{21}、mɯ^{21}
董神 口 好 的 福泽 又 呈现 主人 这 一 家 上面的 左 手 边 的 壬神 下面

i^{33} i^{21} lɑ^{21} phu^{55} gə^{33} tshy^{55}、ly^{55} gv̩^{33} du^{21} nɯ^{33} gv̩^{33} lv̩^{33} kɑ^{33} le^{21} tʂhʅ^{33} le^{33} thy^{55}, dɯ^{33} zo^{33} ɕi^{21} me^{33}
的吉手 边 的 趣神 中间 董神 来 赐福 保佑 这 又 赐 一 男 养育 的

gv̩^{33} zo^{33} le^{33} dzv̩^{33} iə^{55}、dɯ^{33} mi^{55} ɕi^{21} me^{33} ʂər^{33} mi^{55} le^{33} dzv̩^{33} iə^{55}, | bv̩^{33} tɕi^{33} lv̩^{55} me^{33} tv̩^{33} y^{21}
九 男 又 增 给 一 女儿养育 的 七 女儿 又 增 给 绵羊 独 牧 的 千绵羊

le^{33} dzv̩^{33} iə^{55}, mu^{21} tɕi^{33} lɯ^{21} me^{33} ɕi^{33} u^{21} le^{33} khu^{33} iə^{55}. | ze^{21} ne^{21} tshy^{55}、ly^{55} gv̩^{33} du^{21} sɿ^{55} kv̩^{33},
又 增 给 牛 独 耕 的 百 架 又 成 给 壬神 和 趣神 中间 董神 三 个

phy̩^{33} lɑ^{21} khɑ^{33} khu^{33} be^{33}, du^{21} i^{33} tɑ^{55} me^{33} le^{33} gy̩^{33} se^{21}, se^{21} i^{33} bi^{21} me^{33} le^{33} zy̩^{55} se^{21}. | ze^{21}
神灵 话语 说 卢神 呢 说 的 又 成 了 沈神 呢 搓 的 又 紧 了 壬神

ne^{21} tshy^{55}、ly^{55} gy̩^{33} du^{21} nɯ^{33} i^{33} dɑ^{21} tʂhʅ^{33} ʥi^{13} tɕər^{21}, gy̩^{33} ly̩^{21} kɑ^{33} le^{21} be^{33} tʂhʅ^{33} ȵi^{33}, i^{33} dɑ^{21}
和 趣神 中间 董神 来 主人 这 家 上 赐福 保佑 做 这 天 主人

nɯ^{21} me^{55} uɑ^{21} me^{55} me^{33},
生育 求 繁衍 求 的

富足和富余、贤能和快捷、胜利和美丽、延年长寿，得到年岁和寿岁，这一切都是中间的这位董神所为。主人来祭祀壬神和趣神以及中间的董神的这一天，用宽宽的杜鹃叶子来盛猪的脑浆、肋骨肉、骨节肉坨子、肋条、尾巴，给董神献饭。用宽宽的杜鹃叶子盛公鸡肉来祭献董神，用宽宽的杜鹃叶子来盛酒和肉，用美酒来敬董神，用美食来献董神，让董神吃饱了，让董神喝醉了。

上面左手边的壬神，下面右手边的趣神，有银子也不是用银子来献给董神，有金子也不是用金来献给董神的，是要用董神爱吃的可口的美食来献给董神，要用油油的大肥肉和净净的瘦肉来好好地献给董神一次。用上面的左手边的壬神的甜酒来献给董神，用壬神的可口的饭菜美食献给董神。用下面右手边趣神的甜酒来献给董神，用趣神的可口的饭菜美食来献给董神。让上面左手边的壬神吃饱了、喝醉了。壬神的好口说出吉祥的话语，壬神的好口流露出福泽的兆头了。让下面右手边的趣神吃饱了、喝醉了。趣神的好口说出吉祥的话语，趣神的好口流露出福泽的兆头了。让中间的董神也吃饱了、喝醉了。董神的好口说出吉祥的话语，董神的好口流露出福泽的兆头了。愿主人这一家，得到上面左手边的壬神、下面右手边的趣神、中间的董神的赐福和保佑后，养育一个男儿能够繁衍出九个男儿，养育一个女儿能繁衍出七个女儿，放牧一只绵羊能够繁衍出千只绵羊，饲养一头耕牛能够繁衍出百架耕牛。壬神和趣神、中间董神这三位，遵循规矩神说的话语做事，卢神呢，所说的话已成为现实了；沈神呢，所搓的绳子已搓紧了。壬神和趣神及中间的董神，来赐福和保佑主人这一家的今天，主人家要祈求生育和繁衍的福泽，

514-D-70-07

gə^{21} i^{33} uæ^{33} lɑ^{21} phu^{55} gə^{33} ze^{21} gə^{33} py^{21} sər^{33} tɕər^{21}, si^{55} li^{21} dzər^{21} i^{33} bɑ^{33} phər^{21} mɯ^{21} le^{33}
上面 的 左 手 边 的 壬神 的 祭 树 上 梨子 树 呢 花 白 下 又

tɕhər^{33}, no^{33} uɑ^{21} dzər^{21} i^{33} kə^{55} hər^{21} mɯ^{21} le^{33} me^{55}; mɯ^{21} i^{33} i^{33} phu^{55} phu^{55} gə^{33} tshy^{55} gə^{33} py^{21}
枝 福泽 树 呢 技 绿 下 又 求 下面 呢 右 手 边 的 趣神 的 祭

sər^{33} tɕər^{21}, si^{55} li^{21} dzər^{21} i^{33} bɑ^{33} phər^{21} mɯ^{21} le^{33} tɕhər^{33}, no^{33} uɑ^{21} dzər^{21} i^{33} kə^{55} hər^{21} mɯ^{21} le^{33}
树 上 梨子 树 呢 花 白 下 又 折 福泽 树 呢 枝 绿 下 又

me^{55}; ly^{55} gv̩^{33} du^{13} gə^{33} ɕy^{55} gə^{33} py^{21} sər^{33} tɕər^{21}, si^{55} li^{21} dzər^{21} i^{33} bɑ^{33} phər^{21} mɯ^{21} le^{33} tɕhər^{33},
求 中间 董神 的 柏 的 祭 树 上 梨子 树 呢 花 白 下 又 折

no^{33} uɑ^{21} dzər^{21} i^{33} kə^{55} hər^{21} mɯ^{21} le^{33} me^{55}. dzər^{21} gə^{21} dzʅ^{21} me^{33} tshe^{55} mɯ^{21} tʂv̩^{55}, dʑi^{21} mɯ^{21}
福泽 树 呢 枝 绿 下 又 求 树 上 生长 的 叶 下 迎下 水 下

i^{33} me^{33} dər^{21} gə^{21} uɑ^{21}. | i^{33} dɑ^{21} tʂhʅ^{33} dɯ^{33} dʑi^{13}, dɯ^{33} zo^{33} y^{21} me^{33} gv̩^{33} zo^{33} dʐv̩^{33} gv̩^{33} uə^{33}
流动 的 泡沫 上 接上 主人 这 一 家 一 男儿 生育 的 九 男 增 九 寨

tshʅ^{55} iə^{55} ho^{55}, dɯ^{33} mi^{55} ɕi^{21} me^{33} ʂər^{33} mi^{55} dʐv̩^{33} ʂər^{33} dy^{21} khu^{33} iə^{55} hu^{55}. zo^{33} y^{21} zo^{33} dæ^{21},
建 祝愿 一 女儿 生育 的 七 女儿 增 七 地 开 祝愿 男儿生育 男儿贤能

mi^{55} ɕi^{21} mi^{55} zi^{33} hu^{55}, ɕi^{33} phər^{21} mə^{33} fv̩^{33} tv̩^{21} gv̩^{33} dʐv̩^{33} iə^{55} hu^{55}, dze^{33} hy^{21} mə^{33} huɑ^{55} ɕi^{33}
女儿生育 女儿美丽 愿 稻谷 白 不 疯长千 石 增 祝愿 麦子 红 不红锈病 百

gv̩^{33} dʐv̩^{33} iə^{55} hu^{55}; o^{33} mə^{33} sʅ^{33} me^{33} lɑ^{21} phu^{33} ty^{55}, dze^{33} mə^{33} sʅ^{33} me^{33} khu^{33} ȵə^{21} v̩^{21} iə^{55} hu^{55};
石 增 祝愿 货物 不知道 的 手 中 拿 粮食 不 知道 的 口 中 进 祝愿

dzər^{21} dɯ^{21} dzʅ^{21} me^{33} bi^{33} dɯ^{21} biə^{33}、dʑi^{21} dɯ^{21} i^{33} me^{33} dər^{33} dɯ^{21} ʂər^{55} iə^{55} hu^{55}; zo^{33} ɯ^{33} phi^{33}
树 大 生长 的 森林 大 变 水 大流动 的 泡沫 大 满 祝愿 男儿 好 天花

thv̩^{33} phi^{33} zi^{33} hu^{55}, bɯ^{33} ɯ^{33} dʑi^{33} dɑ^{21} dʑi^{33} zi^{33} hu^{55}; gu^{33} tʂhu^{21} to^{55} tʂhuɑ^{55} to^{55} ɯ^{33} hu^{55}, | khɯ^{33}
出 天花 美 愿 女儿 好 布 织 布 漂亮 愿 马 快 坡 爬 坡 好 愿 狗

tʂhu^{21} bi^{33} bv̩^{21} bi^{33} ɯ^{33} hu^{55}. uæ^{33} gə^{33} ze^{21}、i^{21} gə^{33} tshy^{55}、ly^{55} gv̩^{33} du^{21} nɯ^{33} gv̩^{33} lv̩^{21} kɑ^{33} le^{21} iə^{55}
快 林 入 林 好 愿 左 的 壬神 右 的 趣神 中间 董神 来 赐福 保佑 给

me^{33}, khv̩^{55} me^{55} khv̩^{55} dɯ^{33}、zʅ^{33} me^{55} zʅ^{33} dɯ^{33}、nɯ^{21} me^{55} nɯ^{21} dɯ^{33}, uɑ^{21} me^{55} uɑ^{21} dɯ^{33} tʂhʅ^{33}
的 年岁 求 年岁 得到 寿岁求 寿岁得到 生育 求 生育 得到繁衍 求 繁衍 得到 这

dɯ^{33} ȵi^{33}, le^{21} mə^{33} fv̩^{33} me^{33} le^{21} mə^{33} nɯ^{21}, le^{21} mə^{33} fv̩^{33} me^{33} le^{21} mə^{33} uɑ^{21} i^{33} kv̩^{55}. ho^{33} gv̩^{33} lo^{21}
一 天 又 不 祝福 的 又 不 吉 又 不 祝福 的 又 不 祥 的 会 北方

gə^{33} du^{21} zʅ^{33} kv̩^{33} phər^{21} me^{33} nɯ^{33} fv̩^{33}, i^{33} tʂhʅ^{33} mɯ^{21} gə^{33} se^{21} zʅ^{33} dʐæ^{33} ʂʅ^{21} me^{33} nɯ^{33} fv̩^{33}. |
的卢神 寿 首 皓 的 来 祝福 南方 的 沈神 寿 牙 黄 的 来 祝福

gv̩^{33} dy^{21} dzʅ^{21} zʅ^{33} ʂər^{21} nɯ^{33} fv̩^{33}, ʂər^{33} dy^{21} phæ^{21} hɑ^{55} i^{21} nɯ^{33} fv̩^{33}, nɑ^{21} mu^{33} be^{33} tv̩^{55} tɯ^{33}, ly^{55}
九 地方 头目寿 长 来 祝福 七 地方 占卜 年延 来 祝福 广大 村庄 处 中间

gy̩^{33} py^{33} by^{21} khɑ^{33} ɯ^{33} sɑ^{55} ɯ^{33} me^{33} nɯ^{33} fy̩^{33}, fy̩^{33} se^{33} me^{33} kho^{33} tho^{13}, sər^{33} khu^{33} ɯ^{33} me^{33} nɯ^{21}
祭司 声 好 气 好 的 来 祝福祝福了 的 以后 木 口 好 的 吉

le^{33} thy̩^{33}, ly̩^{33} khu^{33} ɯ^{33} me^{33} uɑ^{21} le^{33} zɑ^{21}. | ze^{21} ne^{21} tshy^{55}、ly^{55} gy̩^{33} du^{21} py^{21} tshʅ^{21} tʂhʅ^{33} ȵi^{33},
又 出 石 口 好 的 祥 又 现 壬神 和 趣神 中间 董神 祭祀 来 今天

mɯ^{33} gə^{33} khuɑ^{33} lo^{21} khuɑ^{33} ɕi^{33}①gə^{33}, khuɑ^{33} ɕi^{21} gy̩^{55} zʅ^{33} nɯ^{33}, tshʅ^{33} miə^{33} ʂʅ^{21} khɯ^{55} tshʅ^{21} me^{33}
天 的 柯罗柯欣 的 柯欣 九 兄弟 来 冬 眼 黄 放 来 的

i^{33} gə^{21} le^{33} ty̩^{55}, zʅu^{21} by̩^{33} tɕhi^{21} khɯ^{55} tshʅ^{21} me^{33} i^{33} gə^{21} le^{33} ty̩^{55}, | mə^{33} me^{21} ɑ^{33} py^{33}、mə^{33} zi^{33}
呢 上 又 抵 夏 肠 炎 施 来 的 呢 上 又 抵 不 饱满 杆 粗 不漂亮

kɑ^{33} dɯ^{21} khɯ^{55} tshʅ^{21} me^{33} i^{33} gə^{21} le^{33} ty̩^{55}.
肥胖 施 来 的 呢 上 又 抵

就往上面左手边的壬神的祭树上，如同折下梨树上的梨花，折下福泽树上绿色的福泽枝；就往下面右手边的趣神的祭树上，如同折下梨子树上的梨花，折下福泽树上绿色的福泽枝；就往中间的董神的祭树上，如同折下梨子树上的梨花，折下福泽树上绿色的福泽枝。主人这一家，要把树上生长着的福泽叶子往下迎请下来，要把河流里往下流动的河水的福泽泡沫往上接回。祝愿主人这一家，生育一个男儿能够繁衍出九个男儿、建起九个村寨，生育一个女儿能够繁衍出七个女儿、开辟七个地方。愿主人家生育男儿，男儿贤能、生育女儿，女儿美丽，愿种植的稻谷不患疯长病地能收得千石谷子，愿种植的红麦不患红锈病地能收得百石麦子；愿主人手中能拿到不知道名字的好东西，愿主人口中能食进不知道名字的好食物；愿生长的大树变成大森林，流动的大水出现满满的大泡沫；愿好男儿出天花能出好天花，愿好女儿织布能织出漂亮的布；愿骏马爬坡能翻越过高坡，愿猎狗入林能追赶到猎物。

左手边的壬神、右手边的趣神、中间的董神来赐福保佑主人家，主人家向壬神、趣神和董神求年岁得到年岁，求寿岁得到寿岁，求生育得到生育，求繁衍得到繁衍的这一天，没有祝福是不会吉祥的，没有祝福是不会祥瑞的。现在，有北方皓首长寿的卢神来祝福了，有南方黄牙长寿的沈神来祝福了，有九个地方的长寿的头目来祝福了，有七个地方的延年的卜师来祝福了，在广大的村庄里，有人神鬼中间的贤能的祭司的好声好气来祝福了，祝福了以后，祭木开口说出吉祥的话语了，祭石开口流露出祥瑞的兆头了。

主人这一家，来祭祀壬神和趣神以及中间的董神的今天，要往上抵住天上的柯罗柯欣九兄弟施放下来的疾病灾祸，要往上抵住冬天的黄眼病灾祸，要往上抵住夏天的肠炎病灾祸，要往上抵住使庄稼杆粗而粒不饱满、使人肥胖而身姿不美的疾病灾祸。

---

① 传说柯罗柯欣是天女衬恒褒白的舅舅的儿子，是衬恒褒白的未婚夫，后来衬恒褒白与人类始祖崇忍利恩成婚，得罪了柯罗柯欣，因此他就从天上施放疾病和灾祸到人间。

514-D-70-08

bi^{33} thv̩^{33} mə^{55} tʂhʅ^{33} ȵi^{33}, ze^{21} ne^{21} tshy^{55}、ly^{55} gv̩^{33} du^{21} sʅ^{55} kv̩^{33} i^{33} le^{33} bɯ^{21} ȵə^{13}, | dʑi^{33} bɯ^{33}
日 出 的 今天 壬神 和 趣神 中间 董神 三 位 呢 又 返回 时 行走 要

ʐʅ^{33} tər^{21} lɯ^{33} me^{33} gə^{21} le^{33} tv̩^{55}, gv̩^{33} bɯ^{33} dzo^{21} tər^{21} lɯ^{33} me^{33} gə^{21} le^{33} tv̩^{55}. nɯ^{21} ne^{21} no^{55} mə^{33}
路 阻 来 的 上 又 抵 渡过 要 桥 阻 来 的 上 又 抵 畜 和 畜神 不

tv̩^{55}、| o^{33} ne^{21} tʂʅ^{21} mə^{33} tv̩^{55}、dzi^{33} ne^{21} huɑ^{21} mə^{33} tv̩^{55}, | py^{21} ne^{21} phæ^{21} mə^{33} tv̩^{55}. |
抵 粮食 和 粮食神 不 抵 人类 和 人类神 不 抵 祭司 和 卜师 不 抵

mɯ^{33} zʅ^{33} kuɑ^{33} lo^{21} gə^{33}, khuɑ^{33} lo^{21} khuɑ^{33} ɕi^{33} gv̩^{55} zʅ^{33} nɯ^{33}, khuɑ^{33} ne^{21} dʐʅ^{33} khɯ^{55} tshʅ^{21} me^{33}
美汝柯罗 的 柯罗柯欣 九 兄弟 来 凶灾 和 恶运 施 来 的

gə^{21} le^{33} tv̩^{55}, tshʅ^{33} miə^{33} ʂʅ^{21} khɯ^{55} tshʅ^{21} me^{33} i^{33} gə^{21} le^{33} tv̩^{55}, ʐu^{21} bv̩^{33} tɕhi^{21} khɯ^{55} tshʅ^{21} me^{33} i^{33}
上 又 抵 冬 眼 黄 施 来 的 呢 上 又 抵 夏 肠 炎 施 来 的 呢

gə^{21} le^{33} tv̩^{55}, | ɕi^{33} phər^{21} fv̩^{33} khɯ^{55} tshʅ^{21}、dze^{33} hy^{21} huɑ^{55} khɯ^{55} tshʅ^{21} me^{33} gə^{21} le^{33} tv̩^{55}, dʑy^{33}
上 又 抵 稻 白 疯长 施 来 麦 红 锈 施 来 的 上 又 抵 蔓菁

tɑ^{55} tʂhər^{33} khɯ^{55} tshʅ^{21}, sɑ^{33} ly^{33} ɕy^{21} khɯ^{55} tshʅ^{21} me^{33} gə^{21} le^{33} tv̩^{55}. | dʑy^{21} nɑ^{55} ʐuɑ^{55} luɑ^{33} kv̩^{33},
茎 腐 施 来 麻 籽 空 施 来 的 上 又 抵 居那若罗 山顶

tʂhuɑ^{55} kɑ^{33} ʂər^{21} nɯ^{33} tv̩^{55}; dʑy^{21} nɑ^{55} ʐuɑ^{55} luɑ^{33} thɯ^{55}, le^{55} do^{21} nɑ^{21} nɯ^{33} tv̩^{55}; dʑy^{21} nɑ^{55} ʐuɑ^{55}
鹿 角 长 来 抵 居那若罗 山腰 獐子 屁股 黑 来 抵 居那若罗

luɑ^{33} khɯ^{33}, huɑ^{33} khɯ^{33} hy^{21} nɯ^{33} gə^{21} le^{33} tv̩^{55}. | tv̩^{55} gu^{21} lo^{21} nɯ^{33} mæ^{21}. tshʅ^{33} mɯ^{33} tshʅ^{33} sʅ^{55}
山脚 白鹇鸟 脚 赤 来 上 又 抵 抵 后 施食 来 接上 冬 天 冬 三

he^{33}, sər^{33} tɕhər^{33} ʐʅ^{33} tər^{21} lɯ^{33} me^{33} lo^{21} le^{33} fæ^{33}; ʐu^{21} mɯ^{33} ʐu^{21} sʅ^{55} he^{33}, æ^{21} biə^{21} dʑi^{21} tsər^{33} lɯ^{33}
月 树干 折断 路 阻 来 者 施食 又 去 夏 天 夏 三 月 崖 垮 水 堵 来

me^{33} lo^{21} le^{33} fæ^{21}; | tshʅ^{33} miə^{33} ʂʅ^{21} khɯ^{55} lɯ^{33} me^{33} i^{33} lo^{21} le^{33} fæ^{21}; ʐu^{21} bv̩^{33} tɕhi^{21} khɯ^{55} lɯ^{33}
者 施食 又 去 冬 眼 黄 施 来 者 呢 施食 又 去 夏 肠 炎 施 来

me^{33} i^{33} lo^{21} le^{33} fæ^{21}, | ɕi^{33} phər^{21} fy̩^{33}、dze^{33} hy^{21} huɑ^{55} khɯ^{55} lɯ^{33} me^{33} i^{33} lo^{21} le^{33} fæ^{21}、dʑy^{33} lɯ^{33}
者 呢施食 又 去 稻 白 疯长 麦 红 锈 放 来 者 呢施食又 去 蔓菁 地

tɯ^{33} i^{33} dʑy^{33} tɑ^{55} tʂhər^{33}、sɑ^{33} lɯ^{33} tɯ^{33} i^{33} sɑ^{33} bɑ^{21} ɕy^{21} i^{33} khɯ^{55} lɯ^{33} me^{33} i^{33} lo^{13} le^{33} fæ^{33}.
处 呢 蔓菁 茎 腐 麻 地 处 呢 麻 籽 空 呢 施 来 者 呢 施食 又 去

日出的今天，壬神和趣神以及中间的董神要返回时，抵住那些来阻拦神灵们要行走的道路的鬼怪，抵住那些来阻拦神灵们要渡过的桥梁的鬼怪。主人这一家，不抵牲畜和畜神，不抵粮食和粮食神，不抵人类和人类神，不抵祭司和卜师。主人这一家要抵住美汝柯罗之子柯罗柯欣九兄弟施放下来的凶灾和恶运，抵住他们施放下来的冬天患黄眼病夏天患肠炎病的疾病灾祸，抵住使稻谷疯长、红麦得红锈病的灾祸，抵住使蔓菁茎腐烂、麻籽空瘪的灾祸。在居那若罗神山顶，以白鹿的长角来抵灾；在居那若罗神山腰，以屁股黑的獐子来抵灾；在居那若罗神山脚，以红脚杆的白鹇鸟来抵灾。

抵灾以后接着就是施食。主人这一家，给冬天三个月里折断树干来阻拦神灵要走的路的鬼怪施食；给夏天三个月里推垮山崖来堵水阻拦神灵要走的路的鬼怪施食，给冬日里施放黄眼病的鬼怪施食，给夏日里施放肠炎病的鬼怪施食，给施放稻谷疯长病、红麦红锈病的鬼怪施食，给蔓菁地里施放蔓菁茎腐病、麻地里施放麻籽空瘪病的鬼怪施食。

514-D-70-09

zo^{33} ɯ^{33} mi^{55} ɯ^{33}、phi^{33} thy̩^{33}、gu^{33} tʂhu^{21} sue^{33} thy̩^{33} khɯ^{55} lɯ^{33} me^{33} i^{33} lo^{13} le^{33} fæ^{21}, | tshɿ^{33} mɯ^{33}
男子好女子 好 天花 出 马儿 快 疮 出 施 来 的 呢施食又 去 冬 天

tshɿ^{33} sɿ^{55} he^{33}, uɑ^{21} hər^{21} mɯ^{33} i^{33} gy̩^{33} mə^{33} du^{33}, uɑ^{21} hər^{21} mɯ^{33} i^{33} gy̩^{33} dɯ^{33} n̩i^{33}, bu^{33} tho^{21}
冬 三 月 松石 绿 天 呢 打雷 不 会 松石 绿 天 呢 打雷 一 天 山坡 背后

zy̩^{21} dy^{21} gy̩^{33} le^{33} fæ^{33}. zu̩^{21} mɯ^{33} zu̩^{21} sɿ^{55} he^{33}, bu^{33} tho^{21} lɑ^{33} i^{33} bɑ^{21} mə^{33} du^{33}, bu^{33} tho^{21} lɑ^{33}
仇人 地 击 又 去 夏 天 夏 三 月 坡 背后 虎 呢 啸 不 会 坡 背后 虎

i^{33} bɑ^{21} dɯ^{33} n̩i^{33}, gy̩^{33} bɯ^{21} zy̩^{21} dy^{21} bɑ^{21} le^{33} fæ^{33}. | lo^{21} le^{33} tʂhər^{33} tʂhər^{21} dɑ^{55} dɑ^{33} se^{21}. | the^{33}
呢啸 一 天 世仇 仇人 地 啸 又 去 施食 又 实实 在在 了 经文

ɯ33 kʏ̩33 ʂʏ̩33. py33 bʏ̩21 nɯ33 tsər33 lər21 dɯ33 do55 ne21. ze21 ne21 tshy55 ȵi33 kʏ̩55, ɑ33 so55 le33 tshɿ21
起始 祭司 来 盘铃 一 摇 着 壬神 和 趣神 两 个 刚才 又 来

ze21 tɕy55 tʂhu21, ɑ33 i33 le33 bɯ21 tshy55 tɕy55 tʂhu21. nɯ21 lʏ̩33 no55 lʏ̩33 gə21 mə33 tɕhi33, o33 lʏ̩33
壬神最 早 现在 又 返 趣神 最 先 牲畜 石 牲畜神 石 上 不 送 粮食石

tʂʅ21 lʏ̩33 gə21 mə33 tɕhi33, dzi33 lʏ̩33 huɑ21 lʏ̩33 gə21 mə33 tɕhi33; ŋʏ̩21 lu21 lʏ̩33 i33 ŋʏ̩21 ʥy21 kʏ̩33
粮食神石 上 不 送 人类 石人类神石 上 不 送 银 神石 呢银 山 上

nɯ33 gə21 le33 tɕhi33, hæ21 lu21 lʏ̩33 i33 hæ21 ʥy21 kʏ̩33 nɯ33 gə21 le33 tɕhi33, uɑ21 lu21 lʏ̩33 i33 uɑ21 ʥy21
往 上又 送 金 神石 呢 金 山 上 往 上又 送 松石 神石 呢松石 山

kʏ̩33 nɯ33 gə21 le33 tɕhi33, tʂhu21 lu21 lʏ̩33 i33 tʂhu21 ʥy21 kʏ̩33 nɯ33 gə21 le33 tɕhi33, ze21 tʂhʏ̩33 gə21 le33
上 往 上 又 送 宝石 神石 呢 宝石 山 上 往 上 又 送 壬神 回 上 又

tɕhi33, tshy55 tʂhʏ̩33 gə21 le33 tɕhi33; ze21 phər21 tshy55 phər21 i33, ʥi21 i33 ȵi33 me33 thʏ̩33, dʏ̩33 phər21
送 趣神 回 上 又 送 壬神 白 趣神 白 呢 河水 的 东方 海螺 白

ʥy21 ʂuɑ21 æ21 ʂuɑ21 kʏ̩33, dʏ̩33 phər21 lʏ̩33 phər21 hɯ55 ko33 lo21 nɯ33 gə21 i33 tɕhi33 le33 fæ33 . ze21
山 高 崖 高 上 海螺 白 石 白 湖 里面 往 上 呢 送 又 去 壬神

hər21 tshy55 hər21 i33, ʥi21 i33 bʏ̩33 ʥi21 mæ33, uɑ21 hər21 ʥy33 ʂuɑ21 æ33 ʂuɑ21 kʏ̩33, uɑ21 hər21 lʏ̩33 hər21
绿 趣神 绿 呢 河水的 南方 松石 绿 山 高 崖 高 上 松石 绿 石 绿

hɯ55 ko33 lo21 nɯ33 gə21 i33 tɕhi33 le33 fæ33; | ze21 nɑ21 tshy55 nɑ21 i33, ʥi21 i33 ȵi33 me33 gʏ̩21, tʂhu21
湖 里面 往 上 呢 送 又 去 壬神 黑 趣神 黑 呢 河水的 西方 宝石

nɑ55 ʥy33 ʂuɑ21 æ33 ʂuɑ21 kʏ̩33, tʂhu21 nɑ55 lʏ̩33 nɑ21 hɯ55 ko33 lo21 nɯ33 gə21 i33 tɕhi33 le33 fæ33; |
黑 山 高 崖 高 上 宝石 黑 石 黑 湖 里面 往 上 呢 送 又 去

ze21 ʂʅ21 tshy55 ʂʅ21 i33, ʥi21 i33 bʏ̩33 ʥi21 kʏ̩33, hæ33 ʂʅ21 ʥy33 ʂuɑ21 æ33 ʂuɑ21 kʏ̩33, hæ33 ʂʅ21 lʏ̩33
壬神 黄 趣神 黄 呢 河 水 北方 金 黄 山 高 崖 高 处 金 黄 石

ʂʅ21 hɯ55 ko33 lo21 nɯ33 gə21 i33 tɕhi33 le33 fæ33; | ze21 dʐæ21 tshy55 dʐæ21 i33, mɯ33 ne21 dy21 ly55 gʏ̩33,
黄 湖 里面 往 上 呢 送 又 去 壬神 杂色 趣神 杂色 呢 天 和 地 中间

tʂhu33 dʐæ21 ʥy33 ʂuɑ21 æ33 ʂuæ21 kʏ̩33, tʂhu33 dʐæ21 lʏ̩33 dʐæ21 hɯ55 ko33 lo21 nɯ33 gə21 i33 tɕhi33 le33
宝石 杂色 山 高 崖 高 处 宝石 杂色 石 杂色 湖 里面 往 上 呢 送 又

fæ33. | iə21 khə55 ŋʏ̩33 lʏ̩33 ko21 nɯ33 gə21,
去 优科吴龙郭 往 上

给使好男好女出天花、好马出疮的鬼怪施食。冬天三个月里，绿松石色的高天不会打雷，假如有绿松石色的高天打雷的那一天，愿雷击到山坡背后的仇人住地去。夏天三个月里，山坡背后的老虎不会高声呼啸，假如有山坡背后的老虎呼啸的那一天，愿到冤家仇人住地去呼啸。主人这一家，给柯罗柯欣九兄弟及其鬼怪施食施得实实在在的了。

（新的一段经文起始，祭司此时要拿起盘铃摇动一下。）

壬神和趣神他们两位，刚才来的时候是壬神最先来到的，现在返回神地时是趣神要最先走。主人这一家，不往上送走牲畜和畜神的神石，不往上送走粮食和粮食神的神石，不往上送走人类和人类神的神石，把银色的神石往银色的山上送，把金色的神石往金色的山上送，把松石色的神石往绿松石色的山上送，把宝石色的神石往黑宝石色的山上送。把壬神往上方神地送回，把趣神往上方神地送回；把白色的壬神和趣神呢，送往河水的东方，送往白海螺色的高山高崖上，送往白海螺色的白石白湖里；把绿色的壬神和趣神呢，送往河水的南方，送往绿松石色的高山高崖上，送往绿松石色的绿石绿湖里；把黑色的壬神和趣神呢，送往河水的西方，送往黑宝石色的高山高崖上，送往黑宝石色的黑石黑湖里；把黄色的壬神和趣神呢，送往河水的北方，送往金黄色的高山高崖上，送往金黄色的黄石黄湖里；把杂色的壬神和趣神呢，送往天地中间的杂色宝石色的高山高崖上，送往杂色宝石色的杂色石杂色湖里。

主人这一家，从优科吴龙郭往上，

514-D-70-10

ze^{21} ne^{21} tshy^{55} tʂhv̩^{33} gə^{21} i^{33} tɕhi^{33} le^{33} fæ^{33}; | gv̩^{21} dʑə^{21} gv^{21} ʂv̩^{33} ko^{21} nɯ^{33} gə^{21}, ze^{21} ne^{21} tshy^{55}
壬神和 趣神 回 上 呢 送 又 去 共旧共松郭 往 上 壬神 和 趣神

tʂhv̩^{33} gə^{21} i^{33} tɕhi^{33} le^{33} fæ^{33}; | hæ^{21} dʑə^{21} lɑ^{33} tshy^{55} ko^{21} nɯ^{33} gə^{21}, ze^{21} ne^{21} tshy^{55} tʂhv̩^{33} gə^{21} i^{33}
回 上 呢 送 又 去 海旧腊趣郭 往 上 壬神 和 趣神 回 上 呢

tɕhi^{13} le^{33} fæ^{33}; | dʐɿ^{33} khæ^{55} kv̩^{33} nɯ^{33} gə^{21}, ze^{21} ne^{21} tshy^{55} tʂhv̩^{33} gə^{21} i^{33} tɕhi^{33} le^{33} fæ^{33}. hər^{55} lər^{33}
送 又 去 治开公 往 上 壬神 和 趣神 回 上 呢 送 又 去 含岚公

kv̩^{33} nɯ^{33} gə^{21}, ze^{21} nɯ^{33} tshy^{55} tʂhv̩^{33} gə^{21} i^{33} tɕhi^{33} le^{33} fæ^{33}; | ŋv̩^{33} lv̩^{33} lo^{33} tʂhə^{55} ko^{21}, ze^{21} nɯ^{33}
往 上 壬神 和 趣神 回 上 呢 送 又 去 吴龙罗砗郭 壬神 和

tshy^{55} tʂhv̩^{33} gə^{21} i^{33} tɕhi^{33} le^{33} fæ^{33}; | nɑ^{21} ŋv̩^{33} lv̩^{33} khɯ^{33} thv̩^{55}, se^{21} se^{33} tɕi^{55} bu^{21} ko^{21} nɯ^{33} gə^{21},
趣神 回 上 呢 送 又 去 纳吴龙 旁边 瑟瑟基部郭 往 上

ze^{21} ne^{21} tshy^{55} tʂhv̩^{33} gə^{21} i^{33} tɕhi^{33} le^{33} fæ^{33}; ɯ^{33} kho^{21} ɑ^{33} nɑ^{55} dʑy^{21} nɯ^{33} gə^{21}, ze^{21} nɯ^{33} tshy^{55}
壬神 和 趣神 回 上 呢 送 又 去 恩廓阿纳巨 往 上 壬神 和 趣神

tʂhy̩^{33} gə^{21} i^{33} tɕhi^{33} le^{33} fæ^{33}; | i^{33} gy̩^{21} bu^{21} me^{33} dʑy^{21} nɯ^{33} gə^{21}, ze^{21} ne^{21} tshy^{55} tʂhy̩^{33} gə^{21} i^{33}
回 上 呢 送 又 去 伊共郭美巨 往 上 壬神 和 趣神 回 上 呢

tɕhi^{33} le^{33} fæ^{33}; | kɯ^{33} dy^{21}kɯ^{21} tshɿ^{55}tshɿ^{33} nɯ^{33} gə^{21},ze^{21} ne^{21} tshy^{55} tʂhy̩^{33}gə^{21} i^{33} tɕhi^{13} le^{33} fæ^{33}; |
送 又 去 根钝根此此 往 上壬神 和 趣神 回 上 呢 送 又 去

ly^{33} dy^{21} kə^{55} mu^{55} dʑy^{21} nɯ^{33} gə^{21}, ze^{21} ne^{21} tshy^{55} tʂhy̩^{33} gə^{21} i^{33} tɕhi^{13} le^{33} fæ^{33}; | ho^{21} dy^{21} bər^{33}
律钝戈穆巨 往 上 壬神 和 趣神 回 上 呢 送 又 去 活钝办岚巨

lər^{33} dʑy^{21} nɯ^{33} gə^{21}, ze^{21} ne^{21} tshy^{55} tʂhy̩^{33} gə^{21} i^{33} tɕhi^{13} le^{33} fæ^{33}; | uə^{33} ʐʅ^{21} phy̩^{55} nɑ^{21} dʑy^{21} nɯ^{33}
往 上 壬神 和 趣神 回 上 呢 送 又去 温日烹纳巨 往

gə^{21}, ze^{21} ne^{21} tshy^{55} tʂhy̩^{33} gə^{21} i^{33} tɕhi^{13} le^{33} fæ^{33}.
上 壬神 和 趣神 回 上 呢 送 又 去

把壬神和趣神往上送回去；从共旧共松郭往上，把壬神和趣神往上送回去；从海旧腊趣郭往上，把壬神和趣神往上送回去。从治开公往上，把壬神和趣神往上送回去。从含岚公往上，把壬神和趣神往上送回去；从吴龙罗砗郭往上，把壬神和趣神往上送回去；从纳吴龙、瑟瑟基部郭往上，把壬神和趣神往上送回去；从恩廓阿纳巨往上，把壬神和趣神往上送回去；从伊共郭美巨往上，把壬神和趣神往上送回去；从根钝根此此往上，把壬神和趣神往上送回去；从律钝戈穆巨往上，把壬神和趣神往上送回去；从活钝办岚巨往上，把壬神和趣神往上送回去；从温日烹纳巨往上，把壬神和趣神往上送回去。

514-D-70-11

dʑy^{21} ɯ^{33} tshe^{21} ȵi^{33} dʑy^{21} nɯ^{33} gə^{21}, ze^{21} ne^{21} tshy^{55} tʂhy̩^{33} gə^{21} i^{33} tɕhi^{13} le^{33} fæ^{33}. | dʑi^{21} dʑə^{21}
山 好 十 二 座 往 上 壬神 和 趣神 回 上 呢 送 又去 水 好

tshe^{21} ȵi^{33} hɑ^{21}, uæ^{33} i^{33} ʂy̩^{33} dʑi^{21} dɯ^{21}, i^{21} i^{33} gu^{33} dʑi^{21} dɯ^{21} nɯ^{33} gə^{21}, ze^{21} ne^{21} tshy^{55} tʂhy̩^{33} gə^{21} i^{33}
十 二 条 左 呢 松技河 大 右 呢 固技河 大 往 上 壬神 和 趣神 回 上 呢

tɕhi^{13} le^{33} fæ^{33}. | ly^{55} gy̩^{33} mɯ^{33} lɯ^{55} ʂy̩^{33} dʑi^{21} dɯ^{21} nɯ^{33} gə^{13}, ze^{21} ne^{21} tshy^{55} tʂhy̩^{33} gə^{21} i^{33} tɕhi^{13}
送 又 去 中间 钔冷松技河 大 往 上 壬神 和 趣神 回 上 呢 送

le^{33} fæ^{33}. mɑ^{55} iə^{33} so^{33} dʑi^{21} dɯ^{21} nɯ^{33} gə^{13}, ze^{21} ne^{21} tshy^{55} tʂhy̩^{33} gə^{21} i^{33} tɕhi^{13} le^{33} fæ^{33}. ty̩^{33} ty̩^{21}
又 去 麻优梭技河 大 往 上 壬神 和 趣神 回 上 呢 送 又 去 东东

lər^{21} dʑi^{21} dɯ^{21} nɯ^{33} gə^{13}, ze^{21} ne^{21} tshy^{55} tʂhy̩^{33} gə^{21} i^{33} tɕhi^{13} le^{33} fæ^{33}. lɑ^{33} tshe^{55} tʂhy̩^{33} dʑi^{21} dɯ^{21}
岚技河 大 往 上 壬神 和 趣神 回 上 呢 送 又 去 腊册忡技河 大

nɯ^{33} gə^{21}, ze^{21} ne^{21} tshy^{55} tʂhy̩^{33} gə^{21} i^{33} tɕhi^{13} le^{33} fæ^{33}. | ty^{33} gə^{33} sɿ^{33} phe^{33} æ^{21} nɯ^{33} dzɿ^{21} me^{33}
往 上 壬神 和 趣神 回 上 呢 送 又 去 敦神 的 首领 崖 来 住 的

khə^{21} nɯ^{33} gə^{21} le^{33} tɕhi^{33}, ʂy̩^{13} gə^{33} sɿ^{33} phe^{33} dʑi^{21} nɯ^{33} dzɿ^{21} me^{33} khə^{21} nɯ^{33} gə^{21} le^{33} tɕhi^{33},
处 往 上 又 送 署神 的 首领 水 来 住 的 处 往 上 又 送

sɑ^{21} dɑ^{55} sɿ^{33} phe^{33} dy^{21} nɯ^{33} dzɿ^{21} me^{33} khə^{21} nɯ^{33} gə^{21} le^{33} tɕhi^{33}, n̥i^{33} gə^{33} sɿ^{33} phe^{33} dzər^{21} nɯ^{33}
刹道神 首领 地 来 住 的 处 往 上 又 送 尼神 的 首领 树 来

dzɿ^{21} me^{33} khə^{21} nɯ^{33} gə^{21} le^{33} tɕhi^{33}. tʂɿ^{21} dzɿ^{21} sɿ^{33} phe^{33} i^{33}, lɯ^{55} tʂhu^{21} bi^{33} nɑ^{21} ky̩^{33} nɯ^{21} gə^{21} le^{33}
住 的 处 往 上 又 送 爪 长 首领 呢 冷初敝纳公 往 上 又

tɕhi^{33}; | khuɑ^{33} dzɿ^{21} sɿ^{33} phe^{33} i^{33}, lɑ^{33} do^{33} so^{33} ʂuɑ^{21} ky̩^{33} nɯ^{33} gə^{21} le^{33} tɕhi^{33}; | dy̩^{33} dzɿ^{21} sɿ^{33}
送 蹄 长 首领 呢 高大 峰 高 处 往 上 又 送 翅 长 首领

phe^{33} i^{33}, dzər^{21} dɯ^{21} ky̩^{33} nɯ^{33} gə^{21} le^{33} tɕhi^{33};
呢 树 大 上 往 上 又 送

往十二座好山上，把壬神和趣神往上送回去。往十二条好水处，往左边的松技河、右边的固技河处，把壬神和趣神往上送回去。往中间的钔冷松技河处，把壬神和趣神往上送回去。往麻优梭技河处，把壬神和趣神往上送回去。往东东岚技河处，把壬神和趣神往上送回去。往腊册忡技河处，把壬神和趣神往上送回去。往敦神的首领居住的山崖上送回去，往署神的首领居住的泉水处送回去，往刹道神的首领居住的地方送回去。往尼神的首领居住的树上送回去。长爪的神灵呢，往冷初敝纳公森林处送回去；长蹄的首领呢，往高大的山峰处送回去；长翅的首领呢，往大树上送回去；

514-D-70-12

dɑ^{21} dzʅ^{21} sʅ^{33} phe^{33} i^{33}, hɯ^{55} dɯ^{21} lo^{21} nɯ^{33} gə^{21} le^{33} tɕhi^{33}. | phər^{21} me^{33} uɑ^{33} lɯ^{33} mɯ^{33}, uɑ^{33}
鳍 长 首领 呢 湖 大 里 往 上 又 送 白 的 五 里姆 五

tshər^{21} uɑ^{55} lɯ^{33} mɯ^{33} i^{33} dʑy^{21} ʂuɑ^{21} kv̩^{33} nɯ^{33} gə^{21} le^{33} tɕhi^{33}; nɑ^{21} me^{33} sʅ^{33} lɯ^{33} mɯ^{33}, sʅ^{33} tshər^{21}
十 五 里姆 呢 山 高 上 往 上 又 送 黑 的 三 里姆 三 十

sʅ^{55} lɯ^{33} mɯ^{33} i^{33} lo^{21} ho^{55} kv̩^{33} nɯ^{33} gə^{21} le^{33} tɕhi^{33}; | ȵi^{33} tsər^{21} ȵi^{33} lɯ^{33} mɯ^{33} i^{33} so^{33} ʂuɑ^{21} ze^{21}
三 里姆 呢 壑 深 处 来 上 又 送 二 十 二 里姆 呢 峰 高 那

zi^{33} kv̩^{33} nɯ^{33} gə^{21} le^{33} tɕhi^{33}; dɯ^{33} tshər^{21} dɯ^{33} lɯ^{33} mɯ^{33} i^{33} dʑy^{21} dɯ^{21} ze^{21} zi^{33} kv̩^{33} nɯ^{33} gə^{21} le^{33}
美 处 往 上 又 送 一 十 一 里姆 呢 山 大 那 美 处 往 上 又

tɕhi^{33}, æ^{21} dʑy^{21} zi^{33} me^{33} gv̩^{33} dʑy^{21} kv̩^{33} nɯ^{33} gə^{21} le^{33} tɕhi^{33}, æ^{21} sər^{33} gv̩^{33} tər^{55} khɯ^{33} nɯ^{33} gə^{21} le^{33}
送 崖 山 美 的 九 座 上 往 上 又 送 崖 木 九 丛 处 往 上 又

tɕhi^{33}, ze^{21} ne^{21} tshy^{55} tʂhv̩^{33} gə^{21} le^{33} tɕhi^{33}. | æ^{21} lv̩^{33} gv̩^{55} lv̩^{33} khɯ^{33}, ze^{21} ne^{21} tshy^{55} tʂhv̩^{33} gə^{21}
送 壬神 和 趣神 回 上 又 送 崖 石 九 颗 处 壬神 和 趣神 回 上

le^{33} tɕhi^{33}. mɯ^{55} tshe^{21} gv̩^{33} u^{21}、lɑ^{33} khɑ^{33} gv̩^{55} bi^{33}、uɑ^{21} hər^{21} mɯ^{55} tshe^{21} tʂhu^{21} nɑ^{55} lɯ^{33} dzər^{21}
又 送 竹子 九 丛 白杨 九 片 松石 绿 竹子 宝石 黑 杉 树

khɯ^{33} nɯ^{33}, ze^{21} ne^{21} tshy^{55} tʂhv̩^{33} gə^{21} le^{33} tɕhi^{33}. | ʂv̩^{13} gə^{33} dʑi^{33} khɑ^{33} gv̩^{55} khɑ^{33} khɯ^{33} nɯ^{33} ze^{21}
旁 来 壬神 和 趣神 回 上 又 送 署神 的 泉水塘 九 塘 旁 往 壬神

ne^{21} tshy^{55} tʂhv̩^{33} gə^{21} le^{33} tɕhi^{33}. | dʑy^{21} dɯ^{21} dʑy^{21} tɕi^{55} kv̩^{33} nɯ^{33}, ze^{21} ne^{21} tshy^{55} tʂhv̩^{33} gə^{21} le^{33}
和 趣神 回 上 又 送 山 大 山 小 上 来 壬神 和 趣神 回 上 又

tɕhi^{33}. ko^{21} dɯ^{21} ko^{21} tɕi^{55} kv̩^{33} nɯ^{33}, ze^{21} ne^{21} tshy^{55} tʂhv̩^{33} gə^{21} le^{33} tɕhi^{33}. | i^{33} dɑ^{21} tʂhʅ^{33} dɯ^{33}
送 草场 大 草场 小 上 往 壬神 和 趣神 回 上 又 送 主人 这 一

dʑi^{21}, ze^{21} ne^{21} tshy^{55} nɯ^{33} le^{33} gv̩^{33} lv̩^{21} kɑ^{33} le^{21} be^{33} iə^{55} me^{33}, khv̩^{55} me^{55} khv̩^{55} dɯ^{33} zʅ^{33} me^{55} zʅ^{33}
家 壬神 和 趣神 来 又 赐福 保佑 做 给 的 年岁 求 年岁 得到寿岁求 寿岁

dɯ^{33} se^{21}, | nɯ^{21} me^{55} nɯ^{21} dɯ^{33}、uɑ^{21} me^{55} uɑ^{21} dɯ^{33} se^{21}, | hɯ^{21} me^{55} hɯ^{21} dɯ^{33}、dzæ^{33}
得到 了 生育 求 生育 得到 繁衍 求 繁衍 得到 了 富足 求 富足 得到 富余

me^{55} dzæ^{33} dɯ^{33} se^{21}.
求 富余 得到 了

长鳍的首领呢，往大湖泊里送回去。白色的五个里姆神乃至五十五个里姆神呢，往高山上送回去；黑色的三个里姆神乃至三十三个里姆神呢，往深壑处送回去；二十二个里姆神呢，往险峰美景处送回去；一十一个里姆神呢，往高山美景处送回去，往九座山崖美景处送回去，往九丛崖木处送回去，把壬神和趣神往上送回去。往九颗崖石处，把壬神和趣神送回去。往九丛竹子处、九片白杨处、绿松石色竹子处、黑宝石色杉树旁，把壬神和趣神送回去。往署神的九个泉水塘旁，把壬神和趣神送回去。往大山小山上，把壬神和趣神送回去。往大大小小的草场处，把壬神和趣神送回去。主人这一家，得到壬神和趣神的赐福和保佑后，求年岁得年岁、求寿岁得寿岁、求生育得生育、求繁衍得繁衍、求富足得富足、求富余得富余。

514-D-70-13

dɯ^{33} zo^{33} ɕi^{21} me^{33} gv̩^{33} zo^{33} le^{33} dɯ^{33} iə^{33}, dɯ^{33} mi^{55} ɕi^{21} me^{33} ʂər^{33} mi^{55} le^{33} dɯ^{33} iə^{33}. | ʂu^{21}
一 男子养育 的 九 男子 又 得到 了 一 女子养育 的 七 女子 又 得到 了 寻找

me^{33} le^{33} dɯ^{33}、me^{55} me^{33} le^{33} mæ^{33} se^{21}. | lv̩^{33} dʑy^{33} bu^{21} i^{33} tv̩^{21} tʂhv̩^{33} le^{33} tɕhi^{33} se^{21}, | kɑ^{33} lv̩^{33}
的 又 找到 讨要 的 又 得到 了 石 有 坡 呢 千 回 又 送 了 歇息坡

bu^{21} i^{33} dzi^{21} kɑ^{33} le^{33} thv̩^{33} se^{21}. | i^{33} dɑ^{21} tʂhʅ^{33} dɯ^{33} dʑi^{13}, mɯ^{33} bv̩^{21} kɯ^{33} iə^{21} dzv̩^{33}, dy^{21} tɕər^{21}
呢 人力 又 到 了 主人 这 一 家 天 下 星 繁密 增 地 上

ʐə^{21} iə^{21} dzv̩^{33} le^{33} gv̩^{33}, ʐuɑ^{33} phər^{21} fv̩^{33} iə^{21} dzv̩^{33} le^{33} gv̩^{33}, | zo^{33} ɯ^{33} gv̩^{33} kv̩^{55} ɕi^{21} me^{33} gv̩^{33}
草茂盛 增 又 成 马 白 鬃毛 密集 增 又 成 男 好 九 个 养 的 九

uə^{33} tshʅ^{55}, mi^{55} ɯ^{33} ʂər^{33} kv̩^{55} ɕi^{21} me^{33} ʂər^{33} dy^{21} khu^{33} be^{33} hu^{55}. | nɯ^{21} ȵi^{33} ɑ^{33} sʅ^{21} nɯ^{33}, sʅ^{21}
寨 建 女 好 七 个 养 的 七 地方 开 的 愿 生育 要 父亲 来 父

nɯ^{33} zo^{33} ʂv̩^{33} ʂv̩^{33}, sʅ^{21} to^{21} zo^{33} to^{21} dɯ^{55} dɯ^{33} hu^{55}. uɑ^{21} ȵi^{33} ɑ^{21} me^{33} nɯ^{33}, me^{33} nɯ^{33} mi^{55}
来 儿 带领 父 抱 儿 抱 均等 愿 繁衍 要 母亲 来 母 来 女儿

ʂv̩^{33} ʂv̩^{33}, me^{33} hy^{55} mi^{55} hy^{55} ʂuɑ^{55} ʂuɑ^{33} hu^{55}. | ze^{21} py^{21} ze^{21} me^{55} gə^{33} du^{33} mu^{21} tʂhʅ^{33}, ze^{21} thv̩^{33}
带领 母 站 女 站 整齐 愿 壬神 祭 壬神 求 的 规程 这 壬神 出

ze^{21} pɯ^{55} sʅ^{55} ʂə^{55} dər^{33} me^{55}. uæ^{33} gə^{33} ze^{21}、i^{21} gə^{33} tshy^{55}、ly^{55} gv̩^{33} du^{21} gə^{33} py^{21} sər^{33} tshʅ^{55}, du^{21}
壬神 来 先 说 应该 啊 左 的 壬神 右 的 趣神 中间 董神 的 祭 木 立 卢神

lv̩^{33} nər^{55}, ze^{21} ne^{21} tshy^{55} gə^{33} tʂhər^{33} dʑi^{21} tʂhər^{33} khuɑ^{55} tʂʅ^{21} be^{33} the^{21} o^{55}. | du^{33} se^{21} tʂhə^{55} ʂu^{55}、
石 压 壬神 和 趣神 的 药 水 药 碗 纯 的 且 倒上 卢神 沈神 秽气 除

tʂhə^{55} tʂhər^{33}, | du^{21} ly̩^{33} ɑ^{21} tsɿ^{21} me^{33} tʂhɿ^{33} to^{55} by^{21} ʂu^{21} mɑ^{21} ʂu^{21} iə^{55}. | tʂhu^{55} pɑ^{33} dʑi^{55}, tʂhu^{55}
秽 洗 卢神 石 且 立 的 这 上 面粉净 酥油 净 给 天香 烧 天香

pɑ^{33} tʂɿ^{21}, uɑ^{21} ʂər^{55}.
禳灾 魂 招

养育一个男子将会得到九个男子，养育一个女儿将会得到七个女子。寻找的东西将会找到，讨要的东西将会得到。在有石头的山坡上已经把石头送回去了，歇息坡上已经用够人力了。愿主人这一家，之孙像天上密集的星星一样多，像地上茂盛的青草一样多，像白马密集的鬃毛一样多，养育九个好男儿能建立起九个寨子，养育七个好女子能开辟七个地方。但愿要生育的父亲，父亲领着儿子，父子相拥抱，父子身体长得一般高。但愿要繁衍的母亲，母亲领着女儿，母女站在一起，母女身体长得整齐。

这后面是祭祀壬神向壬神求生育繁衍的福泽的仪式规程；首先要叙说壬神来历的经语。在神座上方的左边立壬神的神树和神石，在神座的右边立趣神的神树和神石，在壬神树和趣神树的中间立董神的神树和神石，在壬神和趣神树前都献上纯的药水。用夹着杜鹃枝叶的火把给卢神石、沈神石除秽，用净水给卢神、沈神洗秽，在所立的卢神石和沈神石上撒上净面粉，抹上酥油。烧上天香火，给众大神作食物祭献，在天香火上以苦荞爆花来禳灾，用稻谷爆花招回主人一家的魂魄。

514-D-70-14

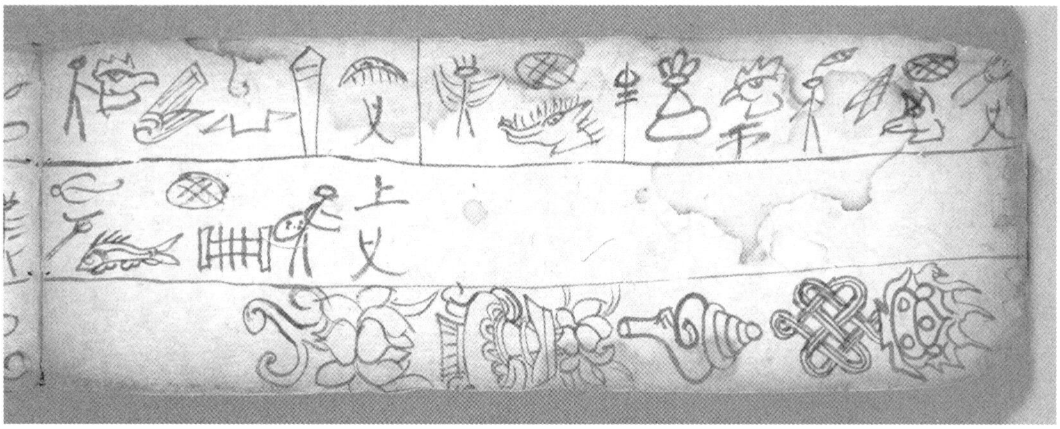

æ^{21} kho^{55}, æ^{21} dy̩^{33} æ^{21} ʂæ^{33} thy̩^{55} le^{33} khuɑ^{55} pər^{55} me^{55}. | ze^{21} ne^{21} tshy^{55} gə^{33} mu^{33} se^{55} bu^{21} zɑ^{55}
鸡 杀 鸡 翅 鸡 血 取 又 木牌 画 吧 壬神 和 趣神 的 牺牲 呢 小母猪

me^{33} tse^{21}, ly^{55} gy̩^{33} du^{21} gə^{33} mu^{33} se^{55} æ^{21} phər^{21} dɯ^{33} me^{33} tse^{21}, mu^{21} tshe^{55} pɑ^{21} the^{21} khu^{33} be^{33}
用 中间 董神 的 牺牲 呢 公鸡 一 只 用 杜鹃 叶 宽 且 垫 的

mu^{33} dzi^{33} lɑ^{21} me^{55}. thɯ^{33} gu^{21} se^{55} ɑ^{33} nɑ^{33} ȵi^{33}、mu^{21} phe^{33} gu^{33} ʂə^{55} lɑ^{21} me^{55}.…… no^{21} by^{55}、
献牲 呢 啊 此 后 呢 远古 时 簸箕簸 如此说 吧 啊 农贝宝物

i^{33} duɑ^{33}、fy̩^{55} dze^{33}、bo^{21} bɑ^{33}、bɑ^{55} bɑ^{33}.
如意结 白海螺 净水壶 花朵

然后，杀鸡，用鸡的翅膀和鸡血来画木牌吧。献牲的时候，壬神和趣神的牺牲，是用一头小母猪，位于壬神和趣神中间的董神的牺牲呢，是用一只公鸡，要在地上垫上宽叶的杜鹃叶来给三尊大神献牲。此后就要念诵“远古时，大地像簸箕簸那样动弹不止……”

下面是绘招魂木牌的图案内容，把本子竖起来看（使装订一面在下），是纳西族东巴教八宝图案中的一些内容，自上而下的内容是：农贝宝物、如意结、白海螺、净水壶、花朵。

514-D-70-15

tɕi^{21} tʂu^{55} uɑ^{21} hər^{21} mɯ^{33} dzər^{33} nɯ^{55}.
云 间 松石 绿 青龙 舞

绿松石色青龙戏云图。

514-D-70-16

封底

（翻译：和力民）

后　记

《哈佛燕京学社藏纳西东巴经书》第七卷所收经卷的译稿完成于2010年，结集于2011年。自2011年至今的9年时间里，中国社会科学院民族学与人类学研究所和丽江市东巴文化研究院的专家一起进行了几次修改和校订：首先补译了缺译的内容；统一了译名用字；改正了音标；规范了用语等。2015—2016年，针对专家的评审意见，我们又一次通读全文、规范用语，对注释和提要中的文字表述问题加以规范。2020年出版之前，再次延请丽江市东巴文化研究院王世英研究员对全文进行了全面校订，具体工作体现在以下几个方面：

1. 就同一本经书中同一个概念记字不一的情况尽量进行了统一。美国学者洛克的这些搜集品在入藏时并未逐本注明所搜集的地点，而不同地方的东巴传承经书使用的是不同方言，或存在不同经书同一字的读音有所不同的情况。就这一问题，我们曾在项目开始之前进行过专门研究，订立了体例，即尽量保持原有的翻译用字，以体现方言的差异，以便于今后根据文本进行语言分析。这次通读和校改仅就同一译本的同一概念进行了统一，以便与此前订立的体例相对应。

2. 对译稿重加注释，所加注释主要就翻译存疑、译文不通畅、不易理解的纳西族文化词语等适当出注说明。

3. 补充了读经人等信息。

时光荏苒，从立项到现在，该项目已历经十余年。其间，我们得到了来自境内外专家的很多肯定和鼓励，已经出版的成果也产生了非常好的反响。2013年，孙宏开先生在美国国会图书馆遇见该馆东亚部的负责人，他们希望效法我们与哈佛燕京学社图书馆的做法，愿意提供该馆所藏3700多卷纳西东巴经的资料，开展整理翻译工作。该项成果得到了台湾地区同行的好评，也得到了国内外审专家的肯定。在此，我们再次感谢哈佛燕京学社图书馆免费给予扫描版高清图像，同时，感谢中国社会科学院科研局和民族学与人类学研究所的领导与专家的无私关怀和资助，感谢外审专家的悉心指导，感谢丽江市东巴文化研究院院长李德静、赵世红等所率领的专业团队的全力投入，感谢中国社会科学出版社田文编审的精心审读和校对。

孙伯君

2020年6月18日